U1010273

2024
年 版

法律法规全书系列

中华人民共和国

安全生产法律法规全书

WORK SAFETY LAWS AND REGULATIONS

· 含全部规章 ·

法律出版社法规中心 编

法律出版社
LAW PRESS · CHINA
北 京

图书在版编目(CIP)数据

中华人民共和国安全生产法律法规全书：含全部规章／法律出版社法规中心编. -- 10 版. -- 北京：法律出版社, 2024

(法律法规全书系列)

ISBN 978-7-5197-8740-0

Ⅰ. ①中… Ⅱ. ①法… Ⅲ. ①安全生产-安全法规-汇编-中国 Ⅳ. ①D922.549

中国国家版本馆 CIP 数据核字(2024)第 004194 号

中华人民共和国安全生产法律法规全书(含全部规章)
ZHONGHUA RENMIN GONGHEGUO ANQUAN SHENGCHAN FALÜ FAGUI QUANSHU(HAN QUANBU GUIZHANG)

法律出版社法规中心 编

责任编辑 李争春
装帧设计 臧晓飞

出版发行 法律出版社
编辑统筹 法规出版分社
责任校对 张红蕊
责任印制 耿润瑜
经　　销 新华书店

开本 787 毫米×960 毫米 1/16
印张 49.5 **字数** 1710 千
版本 2024 年 1 月第 10 版
印次 2024 年 1 月第 1 次印刷
印刷 永清县金鑫印刷有限公司

地址:北京市丰台区莲花池西里 7 号(100073)
网址:www.lawpress.com.cn
投稿邮箱:info@lawpress.com.cn
举报盗版邮箱:jbwq@lawpress.com.cn

销售电话:010-83938349
客服电话:010-83938350
咨询电话:010-63939796
版权所有·侵权必究
书号:ISBN 978-7-5197-8740-0
定价:98.00 元
凡购买本社图书,如有印装错误,我社负责退换。电话:010-83938349

编辑出版说明

“安全责任，重于泰山”，这是社会的共识。然而，尽管国家和政府高度重视安全生产工作，各项安全法规不断出台，但是安全生产事故依然高发，群死群伤事件仍不时发生，给人民群众生命财产带来重大损失。究其原因，固然有资金投入、物质装备、监管难度等客观因素，但根源还是相关责任人责任意识淡薄，未能严格按照国家法律法规的要求规范生产行为，有的事故责任人甚至并未学习和了解安全生产方面的法律法规。

在安全生产形势依然严峻的今天，高危行业的劳动者更应该学习和掌握安全生产相关法律法规，树立自我保护意识，严格遵章作业，避免事故发生，保障生命健康安全；监管人员和高危行业负责人更应当了解相关安全生产法规政策，切实落实法律规定，把发生事故的风险降低到最小，保障自身的职务安全。为此，我们精心编辑出版了这本《中华人民共和国安全生产法律法规全书（含全部规章）》。本书具有以下特点：

一、收录全面，编排合理，查询方便

收录改革开放以来至2023年12月期间公布的现行有效的与安全生产相关的法律、行政法规、部门规章及司法解释、规范性文件。内容按照法律法规的规范领域，分为上篇“安全生产综合性规定”和下篇“各行业各领域安全生产规定”。上篇包括事故预防与处置、相关机构和人员、安全生产责任等一般性规定，下篇收录了煤矿、非煤矿山、化学品、民用爆炸物品、建设工程与项目等高危行业以及劳动安全与职业健康、消防安全等常规安全领域的相关规定。全书涵盖了应急管理部、原国家安监总局及原安监局与安全生产相关的全部现行有效规章（这些规章和法律、法规在目录中采用**黑体**加以突出），并在附录逐一列明。本书具有体例清晰、查询方便的特点。

二、特设条旨、案例，实用性强

全书对重点法律附加条旨，可指引读者迅速找到自己需要的条文；分类细致，对内容较多的领域进一步细分，便于读者按需查找；附加高法公报的典型案例，可供参考。

三、特色服务，动态增补

为保持本书与新法的同步更新，避免读者在一定周期内重复购书，特结合法律出版社法规中心的资源优势提供动态增补服务。读者可扫描封底二维码，查看、下载免费增补材料。

由于编者水平有限，还望读者在使用过程中不吝赐教，提出您的宝贵意见（邮箱地址：faguizhongxin@163.com），以便本书继续修订完善。谢谢！

法律出版社法规中心

2024年1月

总　目　录

上篇　安全生产综合性规定

下篇　各行业各领域安全生产规定

目　　录

上篇　安全生产综合性规定

一、综　　合

二、事故预防与处置

1. 事故预防

2. 安全培训

3. 应急管理

4. 事故处理

① 目录中对有修改的文件，将其第一次公布的时间和最近一次修改的时间一并列出，在正文中收录的是最新修改后的文本。特此说明。

三、相关机构和人员

四、安全生产责任

1.行政执法

2.行政责任

3.刑事责任

五、相关规定

下篇　各行业各领域安全生产规定

一、煤 矿 安 全

1. 综合

2. 事故预防

（1）综合

（2）瓦斯防治

（3）井下爆破

（4）井下紧急避险系统

（5）隐患治理

（6）其他

二、非煤矿山安全

三、化学品安全

四、民用爆炸物品安全

五、劳动安全与职业健康

六、建设工程与项目安全

七、消防安全

八、其　他

上篇　安全生产综合性规定

一、综合

资料补充栏

中华人民共和国安全生产法

1. 2002年6月29日第九届全国人民代表大会常务委员会第二十八次会议通过

2. 根据2009年8月27日第十一届全国人民代表大会常务委员会第十次会议《关于修改部分法律的决定》第一次修正

3. 根据2014年8月31日第十二届全国人民代表大会常务委员会第十次会议《关于修改〈中华人民共和国安全生产法〉的决定》第二次修正

4. 根据2021年6月10日第十三届全国人民代表大会常务委员会第二十九次会议《关于修改〈中华人民共和国安全生产法〉的决定》第三次修正

目　　录

第一章　总　　则

第一条　【立法目的】①为了加强安全生产工作，防止和减少生产安全事故，保障人民群众生命和财产安全，促进经济社会持续健康发展，制定本法。

第二条　【效力范围】在中华人民共和国领域内从事生产经营活动的单位（以下统称生产经营单位）的安全生产，适用本法；有关法律、行政法规对消防安全和道路交通安全、铁路交通安全、水上交通安全、民用航空安全以及核与辐射安全、特种设备安全另有规定的，适用其规定。

第三条　【工作方针、理念、机制】安全生产工作坚持中国共产党的领导。

安全生产工作应当以人为本，坚持人民至上、生命至上，把保护人民生命安全摆在首位，树牢安全发展理念，坚持安全第一、预防为主、综合治理的方针，从源头上防范化解重大安全风险。

安全生产工作实行管行业必须管安全、管业务必须管安全、管生产经营必须管安全，强化和落实生产经营单位主体责任与政府监管责任，建立生产经营单位负责、职工参与、政府监管、行业自律和社会监督的机制。

第四条　【生产经营单位的基本义务】生产经营单位必须遵守本法和其他有关安全生产的法律、法规，加强安全生产管理，建立健全全员安全生产责任制和安全生产规章制度，加大对安全生产资金、物资、技术、人员的投入保障力度，改善安全生产条件，加强安全生产标准化、信息化建设，构建安全风险分级管控和隐患排查治理双重预防机制，健全风险防范化解机制，提高安全生产水平，确保安全生产。

平台经济等新兴行业、领域的生产经营单位应当根据本行业、领域的特点，建立健全并落实全员安全生产责任制，加强从业人员安全生产教育和培训，履行本法和其他法律、法规规定的有关安全生产义务。

第五条　【生产经营单位主要负责人及其他负责人的职责】生产经营单位的主要负责人是本单位安全生产第一责任人，对本单位的安全生产工作全面负责。其他负责人对职责范围内的安全生产工作负责。

第六条　【从业人员安全生产权利义务】生产经营单位的从业人员有依法获得安全生产保障的权利，并应当依法履行安全生产方面的义务。

第七条　【工会职责】工会依法对安全生产工作进行监督。

生产经营单位的工会依法组织职工参加本单位安全生产工作的民主管理和民主监督，维护职工在安全生产方面的合法权益。生产经营单位制定或者修改有关安全生产的规章制度，应当听取工会的意见。

第八条　【安全生产规划】国务院和县级以上地方各级人民政府应当根据国民经济和社会发展规划制定安全生产规划，并组织实施。安全生产规划应当与国土空间规划等相关规划相衔接。

各级人民政府应当加强安全生产基础设施建设和安全生产监管能力建设，所需经费列入本级预算。

县级以上地方各级人民政府应当组织有关部门建立完善安全风险评估与论证机制，按照安全风险管控要求，进行产业规划和空间布局，并对位置相邻、行业相近、业态相似的生产经营单位实施重大安全风险联防联控。

第九条　【各级人民政府安全生产工作职责】国务院和县级以上地方各级人民政府应当加强对安全生产工作的领导，建立健全安全生产工作协调机制，支持、督促

① 条文主旨为编者所加，下同。

各有关部门依法履行安全生产监督管理职责，及时协调、解决安全生产监督管理中存在的重大问题。

乡镇人民政府和街道办事处，以及开发区、工业园区、港区、风景区等应当明确负责安全生产监督管理的有关工作机构及其职责，加强安全生产监管力量建设，按照职责对本行政区域或者管理区域内生产经营单位安全生产状况进行监督检查，协助人民政府有关部门或者按照授权依法履行安全生产监督管理职责。

第十条 【安全生产监督管理体制】国务院应急管理部门依照本法，对全国安全生产工作实施综合监督管理；县级以上地方各级人民政府应急管理部门依照本法，对本行政区域内安全生产工作实施综合监督管理。

国务院交通运输、住房和城乡建设、水利、民航等有关部门依照本法和其他有关法律、行政法规的规定，在各自的职责范围内对有关行业、领域的安全生产工作实施监督管理；县级以上地方各级人民政府有关部门依照本法和其他有关法律、法规的规定，在各自的职责范围内对有关行业、领域的安全生产工作实施监督管理。对新兴行业、领域的安全生产监督管理职责不明确的，由县级以上地方各级人民政府按照业务相近的原则确定监督管理部门。

应急管理部门和对有关行业、领域的安全生产工作实施监督管理的部门，统称负有安全生产监督管理职责的部门。负有安全生产监督管理职责的部门应当相互配合、齐抓共管、信息共享、资源共用，依法加强安全生产监督管理工作。

第十一条 【安全生产相关标准】国务院有关部门应当按照保障安全生产的要求，依法及时制定有关的国家标准或者行业标准，并根据科技进步和经济发展适时修订。

生产经营单位必须执行依法制定的保障安全生产的国家标准或者行业标准。

第十二条 【安全生产国家标准的制定】国务院有关部门按照职责分工负责安全生产强制性国家标准的项目提出、组织起草、征求意见、技术审查。国务院应急管理部门统筹提出安全生产强制性国家标准的立项计划。国务院标准化行政主管部门负责安全生产强制性国家标准的立项、编号、对外通报和授权批准发布工作。国务院标准化行政主管部门、有关部门依据法定职责对安全生产强制性国家标准的实施进行监督检查。

第十三条 【安全生产教育】各级人民政府及其有关部门应当采取多种形式，加强对有关安全生产的法律、法规和安全生产知识的宣传，增强全社会的安全生产意识。

第十四条 【协会组织职责】有关协会组织依照法律、行政法规和章程，为生产经营单位提供安全生产方面的信息、培训等服务，发挥自律作用，促进生产经营单位加强安全生产管理。

第十五条 【为安全生产提供技术、管理服务机构的职责】依法设立的为安全生产提供技术、管理服务的机构，依照法律、行政法规和执业准则，接受生产经营单位的委托为其安全生产工作提供技术、管理服务。

生产经营单位委托前款规定的机构提供安全生产技术、管理服务的，保证安全生产的责任仍由本单位负责。

第十六条 【生产安全事故责任追究制度】国家实行生产安全事故责任追究制度，依照本法和有关法律、法规的规定，追究生产安全事故责任单位和责任人员的法律责任。

第十七条 【安全生产权力和责任清单】县级以上各级人民政府应当组织负有安全生产监督管理职责的部门依法编制安全生产权力和责任清单，公开并接受社会监督。

第十八条 【国家鼓励安全生产科研及技术推广】国家鼓励和支持安全生产科学技术研究和安全生产先进技术的推广应用，提高安全生产水平。

第十九条 【国家奖励】国家对在改善安全生产条件、防止生产安全事故、参加抢险救护等方面取得显著成绩的单位和个人，给予奖励。

第二章 生产经营单位的安全生产保障

第二十条 【生产经营单位应当具备安全生产条件】生产经营单位应当具备本法和有关法律、行政法规和国家标准或者行业标准规定的安全生产条件；不具备安全生产条件的，不得从事生产经营活动。

第二十一条 【生产经营单位的主要负责人的职责】生产经营单位的主要负责人对本单位安全生产工作负有下列职责：

（一）建立健全并落实本单位全员安全生产责任制，加强安全生产标准化建设；

（二）组织制定并实施本单位安全生产规章制度和操作规程；

（三）组织制定并实施本单位安全生产教育和培训计划；

（四）保证本单位安全生产投入的有效实施；

（五）组织建立并落实安全风险分级管控和隐患排查治理双重预防工作机制，督促、检查本单位的安全生产工作，及时消除生产安全事故隐患；

（六）组织制定并实施本单位的生产安全事故应急救援预案；

（七）及时、如实报告生产安全事故。

第二十二条　【全员安全生产责任制】生产经营单位的全员安全生产责任制应当明确各岗位的责任人员、责任范围和考核标准等内容。

生产经营单位应当建立相应的机制，加强对全员安全生产责任制落实情况的监督考核，保证全员安全生产责任制的落实。

第二十三条　【安全投入保障义务】生产经营单位应当具备的安全生产条件所必需的资金投入，由生产经营单位的决策机构、主要负责人或者个人经营的投资人予以保证，并对由于安全生产所必需的资金投入不足导致的后果承担责任。

有关生产经营单位应当按照规定提取和使用安全生产费用，专门用于改善安全生产条件。安全生产费用在成本中据实列支。安全生产费用提取、使用和监督管理的具体办法由国务院财政部门会同国务院应急管理部门征求国务院有关部门意见后制定。

第二十四条　【安全生产管理机构及人员的设置、配备】矿山、金属冶炼、建筑施工、运输单位和危险物品的生产、经营、储存、装卸单位，应当设置安全生产管理机构或者配备专职安全生产管理人员。

前款规定以外的其他生产经营单位，从业人员超过一百人的，应当设置安全生产管理机构或者配备专职安全生产管理人员；从业人员在一百人以下的，应当配备专职或者兼职的安全生产管理人员。

第二十五条　【安全生产管理机构及管理人员的职责】生产经营单位的安全生产管理机构以及安全生产管理人员履行下列职责：

（一）组织或者参与拟订本单位安全生产规章制度、操作规程和生产安全事故应急救援预案；

（二）组织或者参与本单位安全生产教育和培训，如实记录安全生产教育和培训情况；

（三）组织开展危险源辨识和评估，督促落实本单位重大危险源的安全管理措施；

（四）组织或者参与本单位应急救援演练；

（五）检查本单位的安全生产状况，及时排查生产安全事故隐患，提出改进安全生产管理的建议；

（六）制止和纠正违章指挥、强令冒险作业、违反操作规程的行为；

（七）督促落实本单位安全生产整改措施。

生产经营单位可以设置专职安全生产分管负责人，协助本单位主要负责人履行安全生产管理职责。

第二十六条　【履职要求与履职保障】生产经营单位的安全生产管理机构以及安全生产管理人员应当恪尽职守，依法履行职责。

生产经营单位作出涉及安全生产的经营决策，应当听取安全生产管理机构以及安全生产管理人员的意见。

生产经营单位不得因安全生产管理人员依法履行职责而降低其工资、福利等待遇或者解除与其订立的劳动合同。

危险物品的生产、储存单位以及矿山、金属冶炼单位的安全生产管理人员的任免，应当告知主管的负有安全生产监督管理职责的部门。

第二十七条　【知识和管理能力】生产经营单位的主要负责人和安全生产管理人员必须具备与本单位所从事的生产经营活动相应的安全生产知识和管理能力。

危险物品的生产、经营、储存、装卸单位以及矿山、金属冶炼、建筑施工、运输单位的主要负责人和安全生产管理人员，应当由主管的负有安全生产监督管理职责的部门对其安全生产知识和管理能力考核合格。考核不得收费。

危险物品的生产、储存、装卸单位以及矿山、金属冶炼单位应当有注册安全工程师从事安全生产管理工作。鼓励其他生产经营单位聘用注册安全工程师从事安全生产管理工作。注册安全工程师按专业分类管理，具体办法由国务院人力资源和社会保障部门、国务院应急管理部门会同国务院有关部门制定。

第二十八条　【安全生产教育和培训】生产经营单位应当对从业人员进行安全生产教育和培训，保证从业人员具备必要的安全生产知识，熟悉有关的安全生产规章制度和安全操作规程，掌握本岗位的安全操作技能，了解事故应急处理措施，知悉自身在安全生产方面的权利和义务。未经安全生产教育和培训合格的从业人员，不得上岗作业。

生产经营单位使用被派遣劳动者的，应当将被派遣劳动者纳入本单位从业人员统一管理，对被派遣劳动者进行岗位安全操作规程和安全操作技能的教育和培训。劳务派遣单位应当对被派遣劳动者进行必要的安全生产教育和培训。

生产经营单位接收中等职业学校、高等学校学生实习的，应当对实习学生进行相应的安全生产教育和培训，提供必要的劳动防护用品。学校应当协助生产经营单位对实习学生进行安全生产教育和培训。

生产经营单位应当建立安全生产教育和培训档案，如实记录安全生产教育和培训的时间、内容、参加人员以及考核结果等情况。

第二十九条 【技术更新的安全教育培训】生产经营单位采用新工艺、新技术、新材料或者使用新设备，必须了解、掌握其安全技术特性，采取有效的安全防护措施，并对从业人员进行专门的安全生产教育和培训。

第三十条 【特种作业人员安全管理规定】生产经营单位的特种作业人员必须按照国家有关规定经专门的安全作业培训，取得相应资格，方可上岗作业。

特种作业人员的范围由国务院应急管理部门会同国务院有关部门确定。

第三十一条 【建设项目安全设施"三同时"制度】生产经营单位新建、改建、扩建工程项目（以下统称建设项目）的安全设施，必须与主体工程同时设计、同时施工、同时投入生产和使用。安全设施投资应当纳入建设项目概算。

第三十二条 【特殊建设项目安全评价】矿山、金属冶炼建设项目和用于生产、储存、装卸危险物品的建设项目，应当按照国家有关规定进行安全评价。

第三十三条 【建设项目安全设计审查】建设项目安全设施的设计人、设计单位应当对安全设施设计负责。

矿山、金属冶炼建设项目和用于生产、储存、装卸危险物品的建设项目的安全设施设计应当按照国家有关规定报经有关部门审查，审查部门及其负责审查的人员对审查结果负责。

第三十四条 【建设项目安全设施施工与验收】矿山、金属冶炼建设项目和用于生产、储存、装卸危险物品的建设项目的施工单位必须按照批准的安全设施设计施工，并对安全设施的工程质量负责。

矿山、金属冶炼建设项目和用于生产、储存、装卸危险物品的建设项目竣工投入生产或者使用前，应当由建设单位负责组织对安全设施进行验收；验收合格后，方可投入生产和使用。负有安全生产监督管理职责的部门应当加强对建设单位验收活动和验收结果的监督核查。

第三十五条 【安全警示标志】生产经营单位应当在有较大危险因素的生产经营场所和有关设施、设备上，设置明显的安全警示标志。

第三十六条 【安全设备管理】安全设备的设计、制造、安装、使用、检测、维修、改造和报废，应当符合国家标准或者行业标准。

生产经营单位必须对安全设备进行经常性维护、保养，并定期检测，保证正常运转。维护、保养、检测应当作好记录，并由有关人员签字。

生产经营单位不得关闭、破坏直接关系生产安全的监控、报警、防护、救生设备、设施，或者篡改、隐瞒、销毁其相关数据、信息。

餐饮等行业的生产经营单位使用燃气的，应当安装可燃气体报警装置，并保障其正常使用。

第三十七条 【特种设备安全管理】生产经营单位使用的危险物品的容器、运输工具，以及涉及人身安全、危险性较大的海洋石油开采特种设备和矿山井下特种设备，必须按照国家有关规定，由专业生产单位生产，并经具有专业资质的检测、检验机构检测、检验合格，取得安全使用证或者安全标志，方可投入使用。检测、检验机构对检测、检验结果负责。

第三十八条 【工艺、设备淘汰制度】国家对严重危及生产安全的工艺、设备实行淘汰制度，具体目录由国务院应急管理部门会同国务院有关部门制定并公布。法律、行政法规对目录的制定另有规定的，适用其规定。

省、自治区、直辖市人民政府可以根据本地区实际情况制定并公布具体目录，对前款规定以外的危及生产安全的工艺、设备予以淘汰。

生产经营单位不得使用应当淘汰的危及生产安全的工艺、设备。

第三十九条 【危险物品的监管】生产、经营、运输、储存、使用危险物品或者处置废弃危险物品的，由有关主管部门依照有关法律、法规的规定和国家标准或者行业标准审批并实施监督管理。

生产经营单位生产、经营、运输、储存、使用危险物品或者处置废弃危险物品，必须执行有关法律、法规和国家标准或者行业标准，建立专门的安全管理制度，采取可靠的安全措施，接受有关主管部门依法实施的监督管理。

第四十条 【重大危险源安全管理】生产经营单位对重大危险源应当登记建档，进行定期检测、评估、监控，并制定应急预案，告知从业人员和相关人员在紧急情况下应当采取的应急措施。

生产经营单位应当按照国家有关规定将本单位重大危险源及有关安全措施、应急措施报有关地方人民政府应急管理部门和有关部门备案。有关地方人民政府应急管理部门和有关部门应当通过相关信息系统实现信息共享。

第四十一条　【风险管控和隐患排查治理】生产经营单位应当建立安全风险分级管控制度，按照安全风险分级采取相应的管控措施。

生产经营单位应当建立健全并落实生产安全事故隐患排查治理制度，采取技术、管理措施，及时发现并消除事故隐患。事故隐患排查治理情况应当如实记录，并通过职工大会或者职工代表大会、信息公示栏等方式向从业人员通报。其中，重大事故隐患排查治理情况应当及时向负有安全生产监督管理职责的部门和职工大会或者职工代表大会报告。

县级以上地方各级人民政府负有安全生产监督管理职责的部门应当将重大事故隐患纳入相关信息系统，建立健全重大事故隐患治理督办制度，督促生产经营单位消除重大事故隐患。

第四十二条　【生产经营场所和员工宿舍安全管理】生产、经营、储存、使用危险物品的车间、商店、仓库不得与员工宿舍在同一座建筑物内，并应当与员工宿舍保持安全距离。

生产经营场所和员工宿舍应当设有符合紧急疏散要求、标志明显、保持畅通的出口、疏散通道。禁止占用、锁闭、封堵生产经营场所或者员工宿舍的出口、疏散通道。

第四十三条　【危险作业现场安全管理】生产经营单位进行爆破、吊装、动火、临时用电以及国务院应急管理部门会同国务院有关部门规定的其他危险作业，应当安排专门人员进行现场安全管理，确保操作规程的遵守和安全措施的落实。

第四十四条　【从业人员安全管理】生产经营单位应当教育和督促从业人员严格执行本单位的安全生产规章制度和安全操作规程；并向从业人员如实告知作业场所和工作岗位存在的危险因素、防范措施以及事故应急措施。

生产经营单位应当关注从业人员的身体、心理状况和行为习惯，加强对从业人员的心理疏导、精神慰藉，严格落实岗位安全生产责任，防范从业人员行为异常导致事故发生。

第四十五条　【生产经营单位提供劳动防护用品】生产经营单位必须为从业人员提供符合国家标准或者行业标准的劳动防护用品，并监督、教育从业人员按照使用规则佩戴、使用。

第四十六条　【检查职责及重大事故隐患报告】生产经营单位的安全生产管理人员应当根据本单位的生产经营特点，对安全生产状况进行经常性检查；对检查中发现的安全问题，应当立即处理；不能处理的，应当及时报告本单位有关负责人，有关负责人应当及时处理。检查及处理情况应当如实记录在案。

生产经营单位的安全生产管理人员在检查中发现重大事故隐患，依照前款规定向本单位有关负责人报告，有关负责人不及时处理的，安全生产管理人员可以向主管的负有安全生产监督管理职责的部门报告，接到报告的部门应当依法及时处理。

第四十七条　【经费保障】生产经营单位应当安排用于配备劳动防护用品、进行安全生产培训的经费。

第四十八条　【交叉作业的安全管理】两个以上生产经营单位在同一作业区域内进行生产经营活动，可能危及对方生产安全的，应当签订安全生产管理协议，明确各自的安全生产管理职责和应当采取的安全措施，并指定专职安全生产管理人员进行安全检查与协调。

第四十九条　【发包与出租的安全生产责任】生产经营单位不得将生产经营项目、场所、设备发包或者出租给不具备安全生产条件或者相应资质的单位或者个人。

生产经营项目、场所发包或者出租给其他单位的，生产经营单位应当与承包单位、承租单位签订专门的安全生产管理协议，或者在承包合同、租赁合同中约定各自的安全生产管理职责；生产经营单位对承包单位、承租单位的安全生产工作统一协调、管理，定期进行安全检查，发现安全问题的，应当及时督促整改。

矿山、金属冶炼建设项目和用于生产、储存、装卸危险物品的建设项目的施工单位应当加强对施工项目的安全管理，不得倒卖、出租、出借、挂靠或者以其他形式非法转让施工资质，不得将其承包的全部建设工程转包给第三人或者将其承包的全部建设工程支解以后以分包的名义分别转包给第三人，不得将工程分包给不具备相应资质条件的单位。

第五十条　【事故发生时主要负责人职责】生产经营单位发生生产安全事故时，单位的主要负责人应当立即组织抢救，并不得在事故调查处理期间擅离职守。

第五十一条　【工伤保险和安全生产责任保险】生产经营单位必须依法参加工伤保险，为从业人员缴纳保险费。

国家鼓励生产经营单位投保安全生产责任保险；属于国家规定的高危行业、领域的生产经营单位，应当投保安全生产责任保险。具体范围和实施办法由国务院应急管理部门会同国务院财政部门、国务院保险监督管理机构和相关行业主管部门制定。

第三章　从业人员的安全生产权利义务

第五十二条　【劳动合同应载明的安全事项】生产经营单位与从业人员订立的劳动合同，应当载明有关保障从业人员劳动安全、防止职业危害的事项，以及依法为从业人员办理工伤保险的事项。

生产经营单位不得以任何形式与从业人员订立协议，免除或者减轻其对从业人员因生产安全事故伤亡依法应承担的责任。

第五十三条　【知情权和建议权】生产经营单位的从业人员有权了解其作业场所和工作岗位存在的危险因素、防范措施及事故应急措施，有权对本单位的安全生产工作提出建议。

第五十四条　【批评、检举、控告、拒绝权】从业人员有权对本单位安全生产工作中存在的问题提出批评、检举、控告；有权拒绝违章指挥和强令冒险作业。

生产经营单位不得因从业人员对本单位安全生产工作提出批评、检举、控告或者拒绝违章指挥、强令冒险作业而降低其工资、福利等待遇或者解除与其订立的劳动合同。

第五十五条　【紧急撤离权】从业人员发现直接危及人身安全的紧急情况时，有权停止作业或者在采取可能的应急措施后撤离作业场所。

生产经营单位不得因从业人员在前款紧急情况下停止作业或者采取紧急撤离措施而降低其工资、福利等待遇或者解除与其订立的劳动合同。

第五十六条　【及时救治义务及损害赔偿请求权】生产经营单位发生生产安全事故后，应当及时采取措施救治有关人员。

因生产安全事故受到损害的从业人员，除依法享有工伤保险外，依照有关民事法律尚有获得赔偿的权利的，有权提出赔偿要求。

第五十七条　【从业人员安全生产义务】从业人员在作业过程中，应当严格落实岗位安全责任，遵守本单位的安全生产规章制度和操作规程，服从管理，正确佩戴和使用劳动防护用品。

第五十八条　【从业人员接受安全生产教育培训】从业人员应当接受安全生产教育和培训，掌握本职工作所需的安全生产知识，提高安全生产技能，增强事故预防和应急处理能力。

第五十九条　【对事故隐患及不安全因素的报告义务】从业人员发现事故隐患或者其他不安全因素，应当立即向现场安全生产管理人员或者本单位负责人报告；接到报告的人员应当及时予以处理。

第六十条　【工会监督】工会有权对建设项目的安全设施与主体工程同时设计、同时施工、同时投入生产和使用进行监督，提出意见。

工会对生产经营单位违反安全生产法律、法规，侵犯从业人员合法权益的行为，有权要求纠正；发现生产经营单位违章指挥、强令冒险作业或者发现事故隐患时，有权提出解决的建议，生产经营单位应当及时研究答复；发现危及从业人员生命安全的情况时，有权向生产经营单位建议组织从业人员撤离危险场所，生产经营单位必须立即作出处理。

工会有权依法参加事故调查，向有关部门提出处理意见，并要求追究有关人员的责任。

第六十一条　【被派遣劳动者的权利义务】生产经营单位使用被派遣劳动者的，被派遣劳动者享有本法规定的从业人员的权利，并应当履行本法规定的从业人员的义务。

第四章　安全生产的监督管理

第六十二条　【政府和应急管理部门职责】县级以上地方各级人民政府应当根据本行政区域内的安全生产状况，组织有关部门按照职责分工，对本行政区域内容易发生重大生产安全事故的生产经营单位进行严格检查。

应急管理部门应当按照分类分级监督管理的要求，制定安全生产年度监督检查计划，并按照年度监督检查计划进行监督检查，发现事故隐患，应当及时处理。

第六十三条　【安全生产事项的审批、验收】负有安全生产监督管理职责的部门依照有关法律、法规的规定，对涉及安全生产的事项需要审查批准（包括批准、核准、许可、注册、认证、颁发证照等，下同）或者验收的，必须严格依照有关法律、法规和国家标准或者行业标准规定的安全生产条件和程序进行审查；不符合有关法律、法规和国家标准或者行业标准规定的安全生产条件的，不得批准或者验收通过。对未依法取得批准或者验收合格的单位擅自从事有关活动的，负责行政审批的部门发现或者接到举报后应当立即予以取缔，并依法予以处理。对已经依法取得批准的单位，负责行政审批的部门发现其不再具备安全生产条件的，应当撤销原批准。

第六十四条　【审批、验收的禁止性规定】负有安全生产监督管理职责的部门对涉及安全生产的事项进行审查、验收,不得收取费用;不得要求接受审查、验收的单位购买其指定品牌或者指定生产、销售单位的安全设备、器材或者其他产品。

第六十五条　【现场检查权】应急管理部门和其他负有安全生产监督管理职责的部门依法开展安全生产行政执法工作,对生产经营单位执行有关安全生产的法律、法规和国家标准或者行业标准的情况进行监督检查,行使以下职权:

(一)进入生产经营单位进行检查,调阅有关资料,向有关单位和人员了解情况;

(二)对检查中发现的安全生产违法行为,当场予以纠正或者要求限期改正;对依法应当给予行政处罚的行为,依照本法和其他有关法律、行政法规的规定作出行政处罚决定;

(三)对检查中发现的事故隐患,应当责令立即排除;重大事故隐患排除前或者排除过程中无法保证安全的,应当责令从危险区域内撤出作业人员,责令暂时停产停业或者停止使用相关设施、设备;重大事故隐患排除后,经审查同意,方可恢复生产经营和使用;

(四)对有根据认为不符合保障安全生产的国家标准或者行业标准的设施、设备、器材以及违法生产、储存、使用、经营、运输的危险物品予以查封或者扣押,对违法生产、储存、使用、经营危险物品的作业场所予以查封,并依法作出处理决定。

监督检查不得影响被检查单位的正常生产经营活动。

第六十六条　【配合监督检查】生产经营单位对负有安全生产监督管理职责的部门的监督检查人员(以下统称安全生产监督检查人员)依法履行监督检查职责,应当予以配合,不得拒绝、阻挠。

第六十七条　【安全生产监督检查人员的工作原则】安全生产监督检查人员应当忠于职守,坚持原则,秉公执法。

安全生产监督检查人员执行监督检查任务时,必须出示有效的行政执法证件;对涉及被检查单位的技术秘密和业务秘密,应当为其保密。

第六十八条　【书面记录】安全生产监督检查人员应当将检查的时间、地点、内容、发现的问题及其处理情况,作出书面记录,并由检查人员和被检查单位的负责人签字;被检查单位的负责人拒绝签字的,检查人员应当将情况记录在案,并向负有安全生产监督管理职责的部门报告。

第六十九条　【各部门联合检查】负有安全生产监督管理职责的部门在监督检查中,应当互相配合,实行联合检查;确需分别进行检查的,应当互通情况,发现存在的安全问题应当由其他有关部门进行处理的,应当及时移送其他有关部门并形成记录备查,接受移送的部门应当及时进行处理。

第七十条　【强制停止生产经营活动】负有安全生产监督管理职责的部门依法对存在重大事故隐患的生产经营单位作出停产停业、停止施工、停止使用相关设施或者设备的决定,生产经营单位应当依法执行,及时消除事故隐患。生产经营单位拒不执行,有发生生产安全事故的现实危险的,在保证安全的前提下,经本部门主要负责人批准,负有安全生产监督管理职责的部门可以采取通知有关单位停止供电、停止供应民用爆炸物品等措施,强制生产经营单位履行决定。通知应当采用书面形式,有关单位应当予以配合。

负有安全生产监督管理职责的部门依照前款规定采取停止供电措施,除有危及生产安全的紧急情形外,应当提前二十四小时通知生产经营单位。生产经营单位依法履行行政决定、采取相应措施消除事故隐患的,负有安全生产监督管理职责的部门应当及时解除前款规定的措施。

第七十一条　【监察】监察机关依照监察法的规定,对负有安全生产监督管理职责的部门及其工作人员履行安全生产监督管理职责实施监察。

第七十二条　【安全生产服务机构资质与义务】承担安全评价、认证、检测、检验职责的机构应当具备国家规定的资质条件,并对其作出的安全评价、认证、检测、检验结果的合法性、真实性负责。资质条件由国务院应急管理部门会同国务院有关部门制定。

承担安全评价、认证、检测、检验职责的机构应当建立并实施服务公开和报告公开制度,不得租借资质、挂靠、出具虚假报告。

第七十三条　【举报核查】负有安全生产监督管理职责的部门应当建立举报制度,公开举报电话、信箱或者电子邮件地址等网络举报平台,受理有关安全生产的举报;受理的举报事项经调查核实后,应当形成书面材料;需要落实整改措施的,报经有关负责人签字并督促落实。对不属于本部门职责,需要由其他有关部门进行调查处理的,转交其他有关部门处理。

涉及人员死亡的举报事项,应当由县级以上人民政府组织核查处理。

第七十四条　【举报权利和公益诉讼】任何单位或者个人对事故隐患或者安全生产违法行为，均有权向负有安全生产监督管理职责的部门报告或者举报。

因安全生产违法行为造成重大事故隐患或者导致重大事故，致使国家利益或者社会公共利益受到侵害的，人民检察院可以根据民事诉讼法、行政诉讼法的相关规定提起公益诉讼。

第七十五条　【居民委员会、村民委员会对安全隐患的报告义务】居民委员会、村民委员会发现其所在区域内的生产经营单位存在事故隐患或者安全生产违法行为时，应当向当地人民政府或者有关部门报告。

第七十六条　【举报奖励】县级以上各级人民政府及其有关部门对报告重大事故隐患或者举报安全生产违法行为的有功人员，给予奖励。具体奖励办法由国务院应急管理部门会同国务院财政部门制定。

第七十七条　【舆论监督】新闻、出版、广播、电影、电视等单位有进行安全生产公益宣传教育的义务，有对违反安全生产法律、法规的行为进行舆论监督的权利。

第七十八条　【违法行为信息库】负有安全生产监督管理职责的部门应当建立安全生产违法行为信息库，如实记录生产经营单位及其有关从业人员的安全生产违法行为信息；对违法行为情节严重的生产经营单位及其有关从业人员，应当及时向社会公告，并通报行业主管部门、投资主管部门、自然资源主管部门、生态环境主管部门、证券监督管理机构以及有关金融机构。有关部门和机构应当对存在失信行为的生产经营单位及其有关从业人员采取加大执法检查频次、暂停项目审批、上调有关保险费率、行业或者职业禁入等联合惩戒措施，并向社会公示。

负有安全生产监督管理职责的部门应当加强对生产经营单位行政处罚信息的及时归集、共享、应用和公开，对生产经营单位作出处罚决定后七个工作日内在监督管理部门公示系统予以公开曝光，强化对违法失信生产经营单位及其有关从业人员的社会监督，提高全社会安全生产诚信水平。

第五章　生产安全事故的应急救援与调查处理

第七十九条　【加强生产安全事故应急能力建设】国家加强生产安全事故应急能力建设，在重点行业、领域建立应急救援基地和应急救援队伍，并由国家安全生产应急救援机构统一协调指挥；鼓励生产经营单位和其他社会力量建立应急救援队伍，配备相应的应急救援装备和物资，提高应急救援的专业化水平。

国务院应急管理部门牵头建立全国统一的生产安全事故应急救援信息系统，国务院交通运输、住房和城乡建设、水利、民航等有关部门和县级以上地方人民政府建立健全相关行业、领域、地区的生产安全事故应急救援信息系统，实现互联互通、信息共享，通过推行网上安全信息采集、安全监管和监测预警，提升监管的精准化、智能化水平。

第八十条　【各级人民政府建立应急救援体系】县级以上地方各级人民政府应当组织有关部门制定本行政区域内生产安全事故应急救援预案，建立应急救援体系。

乡镇人民政府和街道办事处，以及开发区、工业园区、港区、风景区等应当制定相应的生产安全事故应急救援预案，协助人民政府有关部门或者按照授权依法履行生产安全事故应急救援工作职责。

第八十一条　【生产经营单位制定应急救援预案】生产经营单位应当制定本单位生产安全事故应急救援预案，与所在地县级以上地方人民政府组织制定的生产安全事故应急救援预案相衔接，并定期组织演练。

第八十二条　【高危行业生产经营单位的应急救援义务】危险物品的生产、经营、储存单位以及矿山、金属冶炼、城市轨道交通运营、建筑施工单位应当建立应急救援组织；生产经营规模较小的，可以不建立应急救援组织，但应当指定兼职的应急救援人员。

危险物品的生产、经营、储存、运输单位以及矿山、金属冶炼、城市轨道交通运营、建筑施工单位应当配备必要的应急救援器材、设备和物资，并进行经常性维护、保养，保证正常运转。

第八十三条　【安全事故报告和抢救义务】生产经营单位发生生产安全事故后，事故现场有关人员应当立即报告本单位负责人。

单位负责人接到事故报告后，应当迅速采取有效措施，组织抢救，防止事故扩大，减少人员伤亡和财产损失，并按照国家有关规定立即如实报告当地负有安全生产监督管理职责的部门，不得隐瞒不报、谎报或者迟报，不得故意破坏事故现场、毁灭有关证据。

第八十四条　【行政机关事故报告义务】负有安全生产监督管理职责的部门接到事故报告后，应当立即按照国家有关规定上报事故情况。负有安全生产监督管理职责的部门和有关地方人民政府对事故情况不得隐瞒不报、谎报或者迟报。

第八十五条　【事故抢救】有关地方人民政府和负有安

全生产监督管理职责的部门的负责人接到生产安全事故报告后，应当按照生产安全事故应急救援预案的要求立即赶到事故现场，组织事故抢救。

参与事故抢救的部门和单位应当服从统一指挥，加强协同联动，采取有效的应急救援措施，并根据事故救援的需要采取警戒、疏散等措施，防止事故扩大和次生灾害的发生，减少人员伤亡和财产损失。

事故抢救过程中应当采取必要措施，避免或者减少对环境造成的危害。

任何单位和个人都应当支持、配合事故抢救，并提供一切便利条件。

第八十六条 【事故调查处理的原则】事故调查处理应当按照科学严谨、依法依规、实事求是、注重实效的原则，及时、准确地查清事故原因，查明事故性质和责任，评估应急处置工作，总结事故教训，提出整改措施，并对事故责任单位和人员提出处理建议。事故调查报告应当依法及时向社会公布。事故调查和处理的具体办法由国务院制定。

事故发生单位应当及时全面落实整改措施，负有安全生产监督管理职责的部门应当加强监督检查。

负责事故调查处理的国务院有关部门和地方人民政府应当在批复事故调查报告后一年内，组织有关部门对事故整改和防范措施落实情况进行评估，并及时向社会公开评估结果；对不履行职责导致事故整改和防范措施没有落实的有关单位和人员，应当按照有关规定追究责任。

第八十七条 【责任事故的法律后果】生产经营单位发生生产安全事故，经调查确定为责任事故的，除了应当查明事故单位的责任并依法予以追究外，还应当查明对安全生产的有关事项负有审查批准和监督职责的行政部门的责任，对有失职、渎职行为的，依照本法第九十条的规定追究法律责任。

第八十八条 【不得阻挠和干涉对事故的依法调查处理】任何单位和个人不得阻挠和干涉对事故的依法调查处理。

第八十九条 【定期统计分析生产安全事故情况】县级以上地方各级人民政府应急管理部门应当定期统计分析本行政区域内发生生产安全事故的情况，并定期向社会公布。

第六章 法律责任

第九十条 【监管部门工作人员的违法行为及责任】负有安全生产监督管理职责的部门的工作人员，有下列行为之一的，给予降级或者撤职的处分；构成犯罪的，依照刑法有关规定追究刑事责任：

（一）对不符合法定安全生产条件的涉及安全生产的事项予以批准或者验收通过的；

（二）发现未依法取得批准、验收的单位擅自从事有关活动或者接到举报后不予取缔或者不依法予以处理的；

（三）对已经依法取得批准的单位不履行监督管理职责，发现其不再具备安全生产条件而不撤销原批准或者发现安全生产违法行为不予查处的；

（四）在监督检查中发现重大事故隐患，不依法及时处理的。

负有安全生产监督管理职责的部门的工作人员有前款规定以外的滥用职权、玩忽职守、徇私舞弊行为的，依法给予处分；构成犯罪的，依照刑法有关规定追究刑事责任。

第九十一条 【监管部门违法责任】负有安全生产监督管理职责的部门，要求被审查、验收的单位购买其指定的安全设备、器材或者其他产品的，在对安全生产事项的审查、验收中收取费用的，由其上级机关或者监察机关责令改正，责令退还收取的费用；情节严重的，对直接负责的主管人员和其他直接责任人员依法给予处分。

第九十二条 【承担安全评价、认证、检测、检验职责的机构及责任人员的法律责任】承担安全评价、认证、检测、检验职责的机构出具失实报告的，责令停业整顿，并处三万元以上十万元以下的罚款；给他人造成损害的，依法承担赔偿责任。

承担安全评价、认证、检测、检验职责的机构租借资质、挂靠、出具虚假报告的，没收违法所得；违法所得在十万元以上的，并处违法所得二倍以上五倍以下的罚款，没有违法所得或者违法所得不足十万元的，单处或者并处十万元以上二十万元以下的罚款；对其直接负责的主管人员和其他直接责任人员处五万元以上十万元以下的罚款；给他人造成损害的，与生产经营单位承担连带赔偿责任；构成犯罪的，依照刑法有关规定追究刑事责任。

对有前款违法行为的机构及其直接责任人员，吊销其相应资质和资格，五年内不得从事安全评价、认证、检测、检验等工作；情节严重的，实行终身行业和职业禁入。

第九十三条 【未投入保证安全生产所必需的资金的法律责任】生产经营单位的决策机构、主要负责人或者个人经营的投资人不依照本法规定保证安全生产所必需的资金投入，致使生产经营单位不具备安全生产条件的，责令限期改正，提供必需的资金；逾期未改正的，责令生产经营单位停产停业整顿。

有前款违法行为，导致发生生产安全事故的，对生产经营单位的主要负责人给予撤职处分，对个人经营的投资人处二万元以上二十万元以下的罚款；构成犯罪的，依照刑法有关规定追究刑事责任。

第九十四条　【主要负责人未履行安全生产职责的法律责任】生产经营单位的主要负责人未履行本法规定的安全生产管理职责的，责令限期改正，处二万元以上五万元以下的罚款；逾期未改正的，处五万元以上十万元以下的罚款，责令生产经营单位停产停业整顿。

生产经营单位的主要负责人有前款违法行为，导致发生生产安全事故的，给予撤职处分；构成犯罪的，依照刑法有关规定追究刑事责任。

生产经营单位的主要负责人依照前款规定受刑事处罚或者撤职处分的，自刑罚执行完毕或者受处分之日起，五年内不得担任任何生产经营单位的主要负责人；对重大、特别重大生产安全事故负有责任的，终身不得担任本行业生产经营单位的主要负责人。

第九十五条　【发生生产安全事故后主要负责人的法律责任】生产经营单位的主要负责人未履行本法规定的安全生产管理职责，导致发生生产安全事故的，由应急管理部门依照下列规定处以罚款：

（一）发生一般事故的，处上一年年收入百分之四十的罚款；

（二）发生较大事故的，处上一年年收入百分之六十的罚款；

（三）发生重大事故的，处上一年年收入百分之八十的罚款；

（四）发生特别重大事故的，处上一年年收入百分之一百的罚款。

第九十六条　【其他负责人和安全生产管理人员未履行安全生产职责的法律责任】生产经营单位的其他负责人和安全生产管理人员未履行本法规定的安全生产管理职责的，责令限期改正，处一万元以上三万元以下的罚款；导致发生生产安全事故的，暂停或者吊销其与安全生产有关的资格，并处上一年年收入百分之二十以上百分之五十以下的罚款；构成犯罪的，依照刑法有关规定追究刑事责任。

第九十七条　【与从业人员、教育培训相关的违法行为及法律责任】生产经营单位有下列行为之一的，责令限期改正，处十万元以下的罚款；逾期未改正的，责令停产停业整顿，并处十万元以上二十万元以下的罚款，对其直接负责的主管人员和其他直接责任人员处二万元以上五万元以下的罚款：

（一）未按照规定设置安全生产管理机构或者配备安全生产管理人员、注册安全工程师的；

（二）危险物品的生产、经营、储存、装卸单位以及矿山、金属冶炼、建筑施工、运输单位的主要负责人和安全生产管理人员未按照规定经考核合格的；

（三）未按照规定对从业人员、被派遣劳动者、实习学生进行安全生产教育和培训，或者未按照规定如实告知有关的安全生产事项的；

（四）未如实记录安全生产教育和培训情况的；

（五）未将事故隐患排查治理情况如实记录或者未向从业人员通报的；

（六）未按照规定制定生产安全事故应急救援预案或者未定期组织演练的；

（七）特种作业人员未按照规定经专门的安全作业培训并取得相应资格，上岗作业的。

第九十八条　【与矿山、金属冶炼建设项目相关违法行为及法律后果】生产经营单位有下列行为之一的，责令停止建设或者停产停业整顿，限期改正，并处十万元以上五十万元以下的罚款，对其直接负责的主管人员和其他直接责任人员处二万元以上五万元以下的罚款；逾期未改正的，处五十万元以上一百万元以下的罚款，对其直接负责的主管人员和其他直接责任人员处五万元以上十万元以下的罚款；构成犯罪的，依照刑法有关规定追究刑事责任：

（一）未按照规定对矿山、金属冶炼建设项目或者用于生产、储存、装卸危险物品的建设项目进行安全评价的；

（二）矿山、金属冶炼建设项目或者用于生产、储存、装卸危险物品的建设项目没有安全设施设计或者安全设施设计未按照规定报经有关部门审查同意的；

（三）矿山、金属冶炼建设项目或者用于生产、储存、装卸危险物品的建设项目的施工单位未按照批准的安全设施设计施工的；

（四）矿山、金属冶炼建设项目或者用于生产、储存、装卸危险物品的建设项目竣工投入生产或者使用前，安全设施未经验收合格的。

第九十九条　【与安全设备相关的违法行为及法律后果】生产经营单位有下列行为之一的，责令限期改正，处五万元以下的罚款；逾期未改正的，处五万元以上二十万元以下的罚款，对其直接负责的主管人员和其他直接责任人员处一万元以上二万元以下的罚款；情节严重的，责令停产停业整顿；构成犯罪的，依照刑法有关规定追究刑事责任：

（一）未在有较大危险因素的生产经营场所和有关设施、设备上设置明显的安全警示标志的；

（二）安全设备的安装、使用、检测、改造和报废不符合国家标准或者行业标准的；

（三）未对安全设备进行经常性维护、保养和定期检测的；

（四）关闭、破坏直接关系生产安全的监控、报警、防护、救生设备、设施，或者篡改、隐瞒、销毁其相关数据、信息的；

（五）未为从业人员提供符合国家标准或者行业标准的劳动防护用品的；

（六）危险物品的容器、运输工具，以及涉及人身安全、危险性较大的海洋石油开采特种设备和矿山井下特种设备未经具有专业资质的机构检测、检验合格，取得安全使用证或者安全标志，投入使用的；

（七）使用应当淘汰的危及生产安全的工艺、设备的；

（八）餐饮等行业的生产经营单位使用燃气未安装可燃气体报警装置的。

第一百条　【违反危险物品安全管理的法律责任】未经依法批准，擅自生产、经营、运输、储存、使用危险物品或者处置废弃危险物品的，依照有关危险物品安全管理的法律、行政法规的规定予以处罚；构成犯罪的，依照刑法有关规定追究刑事责任。

第一百零一条　【与安全管理制度相关的违法行为及法律责任】生产经营单位有下列行为之一的，责令限期改正，处十万元以下的罚款；逾期未改正的，责令停产停业整顿，并处十万元以上二十万元以下的罚款，对其直接负责的主管人员和其他直接责任人员处二万元以上五万元以下的罚款；构成犯罪的，依照刑法有关规定追究刑事责任：

（一）生产、经营、运输、储存、使用危险物品或者处置废弃危险物品，未建立专门安全管理制度、未采取可靠的安全措施的；

（二）对重大危险源未登记建档，未进行定期检测、评估、监控，未制定应急预案，或者未告知应急措施的；

（三）进行爆破、吊装、动火、临时用电以及国务院应急管理部门会同国务院有关部门规定的其他危险作业，未安排专门人员进行现场安全管理的；

（四）未建立安全风险分级管控制度或者未按照安全风险分级采取相应管控措施的；

（五）未建立事故隐患排查治理制度，或者重大事故隐患排查治理情况未按照规定报告的。

第一百零二条　【未采取措施消除事故隐患的法律责任】生产经营单位未采取措施消除事故隐患的，责令立即消除或者限期消除，处五万元以下的罚款；生产经营单位拒不执行的，责令停产停业整顿，对其直接负责的主管人员和其他直接责任人员处五万元以上十万元以下的罚款；构成犯罪的，依照刑法有关规定追究刑事责任。

第一百零三条　【违反承包、出租中安全管理职责的法律责任】生产经营单位将生产经营项目、场所、设备发包或者出租给不具备安全生产条件或者相应资质的单位或者个人的，责令限期改正，没收违法所得；违法所得十万元以上的，并处违法所得二倍以上五倍以下的罚款；没有违法所得或者违法所得不足十万元的，单处或者并处十万元以上二十万元以下的罚款；对其直接负责的主管人员和其他直接责任人员处一万元以上二万元以下的罚款；导致发生生产安全事故给他人造成损害的，与承包方、承租方承担连带赔偿责任。

生产经营单位未与承包单位、承租单位签订专门的安全生产管理协议或者未在承包合同、租赁合同中明确各自的安全生产管理职责，或者未对承包单位、承租单位的安全生产统一协调、管理的，责令限期改正，处五万元以下的罚款，对其直接负责的主管人员和其他直接责任人员处一万元以下的罚款；逾期未改正的，责令停产停业整顿。

矿山、金属冶炼建设项目和用于生产、储存、装卸危险物品的建设项目的施工单位未按照规定对施工项目进行安全管理的，责令限期改正，处十万元以下的罚款，对其直接负责的主管人员和其他直接责任人员处二万元以下的罚款；逾期未改正的，责令停产停业整顿。以上施工单位倒卖、出租、出借、挂靠或者以其他形式非法转让施工资质的，责令停产停业整顿，吊销资质证书，没收违法所得；违法所得十万元以上的，并处违法所得二倍以上五倍以下的罚款，没有违法所得或者违法所得不足十万元的，单处或者并处十万元以上二十万元以下的罚款；对其直接负责的主管人员和其他直接责任人员处五万元以上十万元以下的罚款；构成犯罪的，依照刑法有关规定追究刑事责任。

第一百零四条 【违反交叉作业安全管理的法律责任】两个以上生产经营单位在同一作业区域内进行可能危及对方安全生产的生产经营活动，未签订安全生产管理协议或者未指定专职安全生产管理人员进行安全检查与协调的，责令限期改正，处五万元以下的罚款，对其直接负责的主管人员和其他直接责任人员处一万元以下的罚款；逾期未改正的，责令停产停业。

第一百零五条 【员工宿舍不符合安全要求的法律责任】生产经营单位有下列行为之一的，责令限期改正，处五万元以下的罚款，对其直接负责的主管人员和其他直接责任人员处一万元以下的罚款；逾期未改正的，责令停产停业整顿；构成犯罪的，依照刑法有关规定追究刑事责任：

（一）生产、经营、储存、使用危险物品的车间、商店、仓库与员工宿舍在同一座建筑内，或者与员工宿舍的距离不符合安全要求的；

（二）生产经营场所和员工宿舍未设有符合紧急疏散需要、标志明显、保持畅通的出口、疏散通道，或者占用、锁闭、封堵生产经营场所或者员工宿舍出口、疏散通道的。

第一百零六条 【免责协议无效】生产经营单位与从业人员订立协议，免除或者减轻其对从业人员因生产安全事故伤亡依法应承担的责任的，该协议无效；对生产经营单位的主要负责人、个人经营的投资人处二万元以上十万元以下的罚款。

第一百零七条 【从业人员不服从安全管理的法律责任】生产经营单位的从业人员不落实岗位安全责任，不服从管理，违反安全生产规章制度或者操作规程的，由生产经营单位给予批评教育，依照有关规章制度给予处分；构成犯罪的，依照刑法有关规定追究刑事责任。

第一百零八条 【拒绝、阻碍安全检查的法律责任】违反本法规定，生产经营单位拒绝、阻碍负有安全生产监督管理职责的部门依法实施监督检查的，责令改正；拒不改正的，处二万元以上二十万元以下的罚款；对其直接负责的主管人员和其他直接责任人员处一万元以上二万元以下的罚款；构成犯罪的，依照刑法有关规定追究刑事责任。

第一百零九条 【未按规定投保的法律责任】高危行业、领域的生产经营单位未按照国家规定投保安全生产责任保险的，责令限期改正，处五万元以上十万元以下的罚款；逾期未改正的，处十万元以上二十万元以下的罚款。

第一百一十条 【主要负责人不立即组织抢救的法律责任】生产经营单位的主要负责人在本单位发生生产安全事故时，不立即组织抢救或者在事故调查处理期间擅离职守或者逃匿的，给予降级、撤职的处分，并由应急管理部门处上一年年收入百分之六十至百分之一百的罚款；对逃匿的处十五日以下拘留；构成犯罪的，依照刑法有关规定追究刑事责任。

生产经营单位的主要负责人对生产安全事故隐瞒不报、谎报或者迟报的，依照前款规定处罚。

第一百一十一条 【对生产安全事故隐瞒不报、谎报或者迟报的法律责任】有关地方人民政府、负有安全生产监督管理职责的部门，对生产安全事故隐瞒不报、谎报或者迟报的，对直接负责的主管人员和其他直接责任人员依法给予处分；构成犯罪的，依照刑法有关规定追究刑事责任。

第一百一十二条 【拒不改正的法律后果】生产经营单位违反本法规定，被责令改正且受到罚款处罚，拒不改正的，负有安全生产监督管理职责的部门可以自作出责令改正之日的次日起，按照原处罚数额按日连续处罚。

第一百一十三条 【“关闭”行政处罚的具体适用】生产经营单位存在下列情形之一的，负有安全生产监督管理职责的部门应当提请地方人民政府予以关闭，有关部门应当依法吊销其有关证照。生产经营单位主要负责人五年内不得担任任何生产经营单位的主要负责人；情节严重的，终身不得担任本行业生产经营单位的主要负责人：

（一）存在重大事故隐患，一百八十日内三次或者一年内四次受到本法规定的行政处罚的；

（二）经停产停业整顿，仍不具备法律、行政法规和国家标准或者行业标准规定的安全生产条件的；

（三）不具备法律、行政法规和国家标准或者行业标准规定的安全生产条件，导致发生重大、特别重大生产安全事故的；

（四）拒不执行负有安全生产监督管理职责的部门作出的停产停业整顿决定的。

第一百一十四条 【应急管理部门处以罚款的情形】发生生产安全事故，对负有责任的生产经营单位除要求其依法承担相应的赔偿等责任外，由应急管理部门依照下列规定处以罚款：

（一）发生一般事故的，处三十万元以上一百万元以下的罚款；

（二）发生较大事故的，处一百万元以上二百万元以下的罚款；

（三）发生重大事故的，处二百万元以上一千万元以下的罚款；

（四）发生特别重大事故的，处一千万元以上二千万元以下的罚款。

发生生产安全事故，情节特别严重、影响特别恶劣的，应急管理部门可以按照前款罚款数额的二倍以上五倍以下对负有责任的生产经营单位处以罚款。

第一百一十五条　【行政处罚决定机关】本法规定的行政处罚，由应急管理部门和其他负有安全生产监督管理职责的部门按照职责分工决定；其中，根据本法第九十五条、第一百一十条、第一百一十四条的规定应当给予民航、铁路、电力行业的生产经营单位及其主要负责人行政处罚的，也可以由主管的负有安全生产监督管理职责的部门进行处罚。予以关闭的行政处罚，由负有安全生产监督管理职责的部门报请县级以上人民政府按照国务院规定的权限决定；给予拘留的行政处罚，由公安机关依照治安管理处罚的规定决定。

第一百一十六条　【赔偿】生产经营单位发生生产安全事故造成人员伤亡、他人财产损失的，应当依法承担赔偿责任；拒不承担或者其负责人逃匿的，由人民法院依法强制执行。

生产安全事故的责任人未依法承担赔偿责任，经人民法院依法采取执行措施后，仍不能对受害人给予足额赔偿的，应当继续履行赔偿义务；受害人发现责任人有其他财产的，可以随时请求人民法院执行。

第七章　附　　则

第一百一十七条　【法律术语】本法下列用语的含义：

危险物品，是指易燃易爆物品、危险化学品、放射性物品等能够危及人身安全和财产安全的物品。

重大危险源，是指长期地或者临时地生产、搬运、使用或者储存危险物品，且危险物品的数量等于或者超过临界量的单元（包括场所和设施）。

第一百一十八条　【安全事故的划分标准】本法规定的生产安全一般事故、较大事故、重大事故、特别重大事故的划分标准由国务院规定。

国务院应急管理部门和其他负有安全生产监督管理职责的部门应当根据各自的职责分工，制定相关行业、领域重大危险源的辨识标准和重大事故隐患的判定标准。

第一百一十九条　【施行日期】本法自2002年11月1日起施行。

中共中央、国务院关于推进安全生产领域改革发展的意见

1. 2016年12月9日
2. 中发〔2016〕32号

安全生产是关系人民群众生命财产安全的大事，是经济社会协调健康发展的标志，是党和政府对人民利益高度负责的要求。党中央、国务院历来高度重视安全生产工作，党的十八大以来作出一系列重大决策部署，推动全国安全生产工作取得积极进展。同时也要看到，当前我国正处在工业化、城镇化持续推进过程中，生产经营规模不断扩大，传统和新型生产经营方式并存，各类事故隐患和安全风险交织叠加，安全生产基础薄弱、监管体制机制和法律制度不完善、企业主体责任落实不力等问题依然突出，生产安全事故易发多发，尤其是重特大安全事故频发势头尚未得到有效遏制，一些事故发生呈现由高危行业领域向其他行业领域蔓延趋势，直接危及生产安全和公共安全。为进一步加强安全生产工作，现就推进安全生产领域改革发展提出如下意见。

一、总体要求

（一）指导思想。全面贯彻党的十八大和十八届三中、四中、五中、六中全会精神，以邓小平理论、“三个代表”重要思想、科学发展观为指导，深入贯彻习近平总书记系列重要讲话精神和治国理政新理念新思想新战略，进一步增强“四个意识”，紧紧围绕统筹推进“五位一体”总体布局和协调推进“四个全面”战略布局，牢固树立新发展理念，坚持安全发展，坚守发展决不能以牺牲安全为代价这条不可逾越的红线，以防范遏制重特大生产安全事故为重点，坚持安全第一、预防为主、综合治理的方针，加强领导、改革创新，协调联动、齐抓共管，着力强化企业安全生产主体责任，着力堵塞监督管理漏洞，着力解决不遵守法律法规的问题，依靠严密的责任体系、严格的法治措施、有效的体制机制、有力的基础保障和完善的系统治理，切实增强安全防范治理能力，大力提升我国安全生产整体水平，确保人民群众安康幸福、共享改革发展和社会文明进步成果。

（二）基本原则

——坚持安全发展。贯彻以人民为中心的发展思想，始终把人的生命安全放在首位，正确处理安全与发

展的关系,大力实施安全发展战略,为经济社会发展提供强有力的安全保障。

——坚持改革创新。不断推进安全生产理论创新、制度创新、体制机制创新、科技创新和文化创新,增强企业内生动力,激发全社会创新活力,破解安全生产难题,推动安全生产与经济社会协调发展。

——坚持依法监管。大力弘扬社会主义法治精神,运用法治思维和法治方式,深化安全生产监管执法体制改革,完善安全生产法律法规和标准体系,严格规范公正文明执法,增强监管执法效能,提高安全生产法治化水平。

——坚持源头防范。严格安全生产市场准入,经济社会发展要以安全为前提,把安全生产贯穿城乡规划布局、设计、建设、管理和企业生产经营活动全过程。构建风险分级管控和隐患排查治理双重预防工作机制,严防风险演变、隐患升级导致生产安全事故发生。

——坚持系统治理。严密层级治理和行业治理、政府治理、社会治理相结合的安全生产治理体系,组织动员各方面力量实施社会共治。综合运用法律、行政、经济、市场等手段,落实人防、技防、物防措施,提升全社会安全生产治理能力。

(三)目标任务。到2020年,安全生产监管体制机制基本成熟,法律制度基本完善,全国生产安全事故总量明显减少,职业病危害防治取得积极进展,重特大生产安全事故频发势头得到有效遏制,安全生产整体水平与全面建成小康社会目标相适应。到2030年,实现安全生产治理体系和治理能力现代化,全民安全文明素质全面提升,安全生产保障能力显著增强,为实现中华民族伟大复兴的中国梦奠定稳固可靠的安全生产基础。

二、健全落实安全生产责任制

(四)明确地方党委和政府领导责任。坚持党政同责、一岗双责、齐抓共管、失职追责,完善安全生产责任体系。地方各级党委和政府要始终把安全生产摆在重要位置,加强组织领导。党政主要负责人是本地区安全生产第一责任人,班子其他成员对分管范围内的安全生产工作负领导责任。地方各级安全生产委员会主任由政府主要负责人担任,成员由同级党委和政府及相关部门负责人组成。

地方各级党委要认真贯彻执行党的安全生产方针,在统揽本地区经济社会发展全局中同步推进安全生产工作,定期研究决定安全生产重大问题。加强安全生产监管机构领导班子、干部队伍建设。严格安全生产履职绩效考核和失职责任追究。强化安全生产宣传教育和舆论引导。发挥人大对安全生产工作的监督促进作用、政协对安全生产工作的民主监督作用。推动组织、宣传、政法、机构编制等单位支持保障安全生产工作。动员社会各界积极参与、支持、监督安全生产工作。

地方各级政府要把安全生产纳入经济社会发展总体规划,制定实施安全生产专项规划,健全安全投入保障制度。及时研究部署安全生产工作,严格落实属地监管责任。充分发挥安全生产委员会作用,实施安全生产责任目标管理。建立安全生产巡查制度,督促各部门和下级政府履职尽责。加强安全生产监管执法能力建设,推进安全科技创新,提升信息化管理水平。严格安全准入标准,指导管控安全风险,督促整治重大隐患,强化源头治理。加强应急管理,完善安全生产应急救援体系。依法依规开展事故调查处理,督促落实问题整改。

(五)明确部门监管责任。按照管行业必须管安全、管业务必须管安全、管生产经营必须管安全和谁主管谁负责的原则,厘清安全生产综合监管与行业监管的关系,明确各有关部门安全生产和职业健康工作职责,并落实到部门工作职责规定中。安全生产监督管理部门负责安全生产法规标准和政策规划制定修订、执法监督、事故调查处理、应急救援管理、统计分析、宣传教育培训等综合性工作,承担职责范围内行业领域安全生产和职业健康监管执法职责。负有安全生产监督管理职责的有关部门依法依规履行相关行业领域安全生产和职业健康监管职责,强化监管执法,严厉查处违法违规行为。其他行业领域主管部门负有安全生产管理责任,要将安全生产工作作为行业领域管理的重要内容,从行业规划、产业政策、法规标准、行政许可等方面加强行业安全生产工作,指导督促企事业单位加强安全管理。党委和政府其他有关部门要在职责范围内为安全生产工作提供支持保障,共同推进安全发展。

(六)严格落实企业主体责任。企业对本单位安全生产和职业健康工作负全面责任,要严格履行安全生产法定责任,建立健全自我约束、持续改进的内生机制。企业实行全员安全生产责任制度,法定代表人和实际控制人同为安全生产第一责任人,主要技术负责人负有安全生产技术决策和指挥权,强化部门安全生产职责,落实一岗双责。完善落实混合所有制企业以及跨地区、多层级和境外中资企业投资主体的安全生产责任。建立企业全过程安全生产和职业健康管理制度，做到安全责任、管理、投入、培训和应急救援"五到位"。国有企业要发挥安全生产工作示范带头作用，自觉接受属地监管。

（七）健全责任考核机制。建立与全面建成小康社会相适应和体现安全发展水平的考核评价体系。完善考核制度，统筹整合、科学设定安全生产考核指标，加大安全生产在社会治安综合治理、精神文明建设等考核中的权重。各级政府要对同级安全生产委员会成员单位和下级政府实施严格的安全生产工作责任考核，实行过程考核与结果考核相结合。各地区各单位要建立安全生产绩效与履职评定、职务晋升、奖励惩处挂钩制度，严格落实安全生产"一票否决"制度。

（八）严格责任追究制度。实行党政领导干部任期安全生产责任制，日常工作依责尽职、发生事故依责追究。依法依规制定各有关部门安全生产权力和责任清单，尽职照单免责、失职照单问责。建立企业生产经营全过程安全责任追溯制度。严肃查处安全生产领域项目审批、行政许可、监管执法中的失职渎职和权钱交易等腐败行为。严格事故直报制度，对瞒报、谎报、漏报、迟报事故的单位和个人依法依规追责。对被追究刑事责任的生产经营者依法实施相应的职业禁入，对事故发生负有重大责任的社会服务机构和人员依法严肃追究法律责任，并依法实施相应的行业禁入。

三、改革安全监管监察体制

（九）完善监督管理体制。加强各级安全生产委员会组织领导，充分发挥其统筹协调作用，切实解决突出矛盾和问题。各级安全生产监督管理部门承担本级安全生产委员会日常工作，负责指导协调、监督检查、巡查考核本级政府有关部门和下级政府安全生产工作，履行综合监管职责。负有安全生产监督管理职责的部门，依照有关法律法规和部门职责，健全安全生产监管体制，严格落实监管职责。相关部门按照各自职责建立完善安全生产工作机制，形成齐抓共管格局。坚持管安全生产必须管职业健康，建立安全生产和职业健康一体化监管执法体制。

（十）改革重点行业领域安全监管监察体制。依托国家煤矿安全监察体制，加强非煤矿山安全生产监管监察，优化安全监察机构布局，将国家煤矿安全监察机构负责的安全生产行政许可事项移交给地方政府承担。着重加强危险化学品安全监管体制改革和力量建设，明确和落实危险化学品建设项目立项、规划、设计、施工及生产、储存、使用、销售、运输、废弃处置等环节的法定安全监管责任，建立有力的协调联动机制，消除监管空白。完善海洋石油安全生产监督管理体制机制，实行政企分开。理顺民航、铁路、电力等行业跨区域监管体制，明确行业监管、区域监管与地方监管职责。

（十一）进一步完善地方监管执法体制。地方各级党委和政府要将安全生产监督管理部门作为政府工作部门和行政执法机构，加强安全生产执法队伍建设，强化行政执法职能。统筹加强安全监管力量，重点充实市、县两级安全生产监管执法人员，强化乡镇（街道）安全生产监管力量建设。完善各类开发区、工业园区、港区、风景区等功能区安全生产监管体制，明确负责安全生产监督管理的机构，以及港区安全生产地方监管和部门监管责任。

（十二）健全应急救援管理体制。按照政事分开原则，推进安全生产应急救援管理体制改革，强化行政管理职能，提高组织协调能力和现场救援时效。健全省、市、县三级安全生产应急救援管理工作机制，建设联动互通的应急救援指挥平台。依托公安消防、大型企业、工业园区等应急救援力量，加强矿山和危险化学品等应急救援基地和队伍建设，实行区域化应急救援资源共享。

四、大力推进依法治理

（十三）健全法律法规体系。建立健全安全生产法律法规立改废释工作协调机制。加强涉及安全生产相关法规一致性审查，增强安全生产法制建设的系统性、可操作性。制定安全生产中长期立法规划，加快制定修订安全生产法配套法规。加强安全生产和职业健康法律法规衔接融合。研究修改刑法有关条款，将生产经营过程中极易导致重大生产安全事故的违法行为列入刑法调整范围。制定完善高危行业领域安全规程。设区的市根据立法法的立法精神，加强安全生产地方性法规建设，解决区域性安全生产突出问题。

（十四）完善标准体系。加快安全生产标准制定修订和整合，建立以强制性国家标准为主体的安全生产标准体系。鼓励依法成立的社会团体和企业制定更加严格规范的安全生产标准，结合国情积极借鉴实施国际先进标准。国务院安全生产监督管理部门负责生产经营单位职业危害预防治理国家标准制定发布工作；统筹提出安全生产强制性国家标准立项计划，有关部门按照职责分工组织起草、审查、实施和监督执行，国务院标准化行政主管部门负责及时立项、编号、对外通报、批准并发布。

（十五）严格安全准入制度。严格高危行业领域安全准入条件。按照强化监管与便民服务相结合原则,科学设置安全生产行政许可事项和办理程序,优化工作流程,简化办事环节,实施网上公开办理,接受社会监督。对与人民群众生命财产安全直接相关的行政许可事项,依法严格管理。对取消、下放、移交的行政许可事项,要加强事中事后安全监管。

(十六)规范监管执法行为。完善安全生产监管执法制度,明确每个生产经营单位安全生产监督和管理主体,制定实施执法计划,完善执法程序规定,依法严格查处各类违法违规行为。建立行政执法和刑事司法衔接制度,负有安全生产监督管理职责的部门要加强与公安、检察院、法院等协调配合,完善安全生产违法线索通报、案件移送与协查机制。对违法行为当事人拒不执行安全生产行政执法决定的,负有安全生产监督管理职责的部门应依法申请司法机关强制执行。完善司法机关参与事故调查机制,严肃查处违法犯罪行为。研究建立安全生产民事和行政公益诉讼制度。

(十七)完善执法监督机制。各级人大常委会要定期检查安全生产法律法规实施情况,开展专题询问。各级政协要围绕安全生产突出问题开展民主监督和协商调研。建立执法行为审议制度和重大行政执法决策机制,评估执法效果,防止滥用职权。健全领导干部非法干预安全生产监管执法的记录、通报和责任追究制度。完善安全生产执法纠错和执法信息公开制度,加强社会监督和舆论监督,保证执法严明、有错必纠。

(十八)健全监管执法保障体系。制定安全生产监管监察能力建设规划,明确监管执法装备及现场执法和应急救援用车配备标准,加强监管执法技术支撑体系建设,保障监管执法需要。建立完善负有安全生产监督管理职责的部门监管执法经费保障机制,将监管执法经费纳入同级财政全额保障范围。加强监管执法制度化、标准化、信息化建设,确保规范高效监管执法。建立安全生产监管执法人员依法履行法定职责制度,激励保证监管执法人员忠于职守、履职尽责。严格监管执法人员资格管理,制定安全生产监管执法人员录用标准,提高专业监管执法人员比例。建立健全安全生产监管执法人员凡进必考、入职培训、持证上岗和定期轮训制度。统一安全生产执法标志标识和制式服装。

(十九)完善事故调查处理机制。坚持问责与整改并重,充分发挥事故查处对加强和改进安全生产工作的促进作用。完善生产安全事故调查组组长负责制。健全典型事故提级调查、跨地区协同调查和工作督导机制。建立事故调查分析技术支撑体系,所有事故调查报告要设立技术和管理问题专篇,详细分析原因并全文发布,做好解读,回应公众关切。对事故调查发现有漏洞、缺陷的有关法律法规和标准制度,及时启动制定修订工作。建立事故暴露问题整改督办制度,事故结案后一年内,负责事故调查的地方政府和国务院有关部门要组织开展评估,及时向社会公开,对履职不力、整改措施不落实的,依法依规严肃追究有关单位和人员责任。

五、建立安全预防控制体系

(二十)加强安全风险管控。地方各级政府要建立完善安全风险评估与论证机制,科学合理确定企业选址和基础设施建设、居民生活区空间布局。高危项目审批必须把安全生产作为前置条件,城乡规划布局、设计、建设、管理等各项工作必须以安全为前提,实行重大安全风险"一票否决"。加强新材料、新工艺、新业态安全风险评估和管控。紧密结合供给侧结构性改革,推动高危产业转型升级。位置相邻、行业相近、业态相似的地区和行业要建立完善重大安全风险联防联控机制。构建国家、省、市、县四级重大危险源信息管理体系,对重点行业、重点区域、重点企业实行风险预警控制,有效防范重特大生产安全事故。

(二十一)强化企业预防措施。企业要定期开展风险评估和危害辨识。针对高危工艺、设备、物品、场所和岗位,建立分级管控制度,制定落实安全操作规程。树立隐患就是事故的观念,建立健全隐患排查治理制度、重大隐患治理情况向负有安全生产监督管理职责的部门和企业职代会"双报告"制度,实行自查自改自报闭环管理。严格执行安全生产和职业健康"三同时"制度。大力推进企业安全生产标准化建设,实现安全管理、操作行为、设备设施和作业环境的标准化。开展经常性的应急演练和人员避险自救培训,着力提升现场应急处置能力。

(二十二)建立隐患治理监督机制。制定生产安全事故隐患分级和排查治理标准。负有安全生产监督管理职责的部门要建立与企业隐患排查治理系统联网的信息平台,完善线上线下配套监管制度。强化隐患排查治理监督执法,对重大隐患整改不到位的企业依法采取停产停业、停止施工、停止供电和查封扣押等强制措施,按规定给予上限经济处罚,对构成犯罪的要移交司法机关依法追究刑事责任。严格重大隐患挂牌督办制度,对整改和督办不力的纳入政府核查问责范围,实行约谈告诫、公开曝光,情节严重的依法依规追究相关人员责任。

（二十三）强化城市运行安全保障。定期排查区域内安全风险点、危险源，落实管控措施，构建系统性、现代化的城市安全保障体系，推进安全发展示范城市建设。提高基础设施安全配置标准，重点加强对城市高层建筑、大型综合体、隧道桥梁、管线管廊、轨道交通、燃气、电力设施及电梯、游乐设施等的检测维护。完善大型群众性活动安全管理制度，加强人员密集场所安全监管。加强公安、民政、国土资源、住房城乡建设、交通运输、水利、农业、安全监管、气象、地震等相关部门的协调联动，严防自然灾害引发事故。

（二十四）加强重点领域工程治理。深入推进对煤矿瓦斯、水害等重大灾害以及矿山采空区、尾矿库的工程治理。加快实施人口密集区域的危险化学品和化工企业生产、仓储场所安全搬迁工程。深化油气开采、输送、炼化、码头接卸等领域安全整治。实施高速公路、乡村公路和急弯陡坡、临水临崖危险路段公路安全生命防护工程建设。加强高速铁路、跨海大桥、海底隧道、铁路浮桥、航运枢纽、港口等防灾监测、安全检测及防护系统建设。完善长途客运车辆、旅游客车、危险物品运输车辆和船舶生产制造标准，提高安全性能，强制安装智能视频监控报警、防碰撞和整车整船安全运行监管技术装备，对已运行的要加快安全技术装备改造升级。

（二十五）建立完善职业病防治体系。将职业病防治纳入各级政府民生工程及安全生产工作考核体系，制定职业病防治中长期规划，实施职业健康促进计划。加快职业病危害严重企业技术改造、转型升级和淘汰退出，加强高危粉尘、高毒物品等职业病危害源头治理。健全职业健康监管支撑保障体系，加强职业健康技术服务机构、职业病诊断鉴定机构和职业健康体检机构建设，强化职业病危害基础研究、预防控制、诊断鉴定、综合治疗能力。完善相关规定，扩大职业病患者救治范围，将职业病失能人员纳入社会保障范围，对符合条件的职业病患者落实医疗与生活救助措施。加强企业职业健康监管执法，督促落实职业病危害告知、日常监测、定期报告、防护保障和职业健康体检等制度措施，落实职业病防治主体责任。

六、加强安全基础保障能力建设

（二十六）完善安全投入长效机制。加强中央和地方财政安全生产预防及应急相关资金使用管理，加大安全生产与职业健康投入，强化审计监督。加强安全生产经济政策研究，完善安全生产专用设备企业所得税优惠目录。落实企业安全生产费用提取管理使用制度，建立企业增加安全投入的激励约束机制。健全投融资服务体系，引导企业集聚发展灾害防治、预测预警、检测监控、个体防护、应急处置、安全文化等技术、装备和服务产业。

（二十七）建立安全科技支撑体系。优化整合国家科技计划，统筹支持安全生产和职业健康领域科研项目，加强研发基地和博士后科研工作站建设。开展事故预防理论研究和关键技术装备研发，加快成果转化和推广应用。推动工业机器人、智能装备在危险工序和环节广泛应用。提升现代信息技术与安全生产融合度，统一标准规范，加快安全生产信息化建设，构建安全生产与职业健康信息化全国"一张网"。加强安全生产理论和政策研究，运用大数据技术开展安全生产规律性、关联性特征分析，提高安全生产决策科学化水平。

（二十八）健全社会化服务体系。将安全生产专业技术服务纳入现代服务业发展规划，培育多元化服务主体。建立政府购买安全生产服务制度。支持发展安全生产专业化行业组织，强化自治自律。完善注册安全工程师制度。改革完善安全生产和职业健康技术服务机构资质管理办法。支持相关机构开展安全生产和职业健康一体化评价等技术服务，严格实施评价公开制度，进一步激活和规范专业技术服务市场。鼓励中小微企业订单式、协作式购买运用安全生产管理和技术服务。建立安全生产和职业健康技术服务机构公示制度和由第三方实施的信用评定制度，严肃查处租借资质、违法挂靠、弄虚作假、垄断收费等各类违法违规行为。

（二十九）发挥市场机制推动作用。取消安全生产风险抵押金制度，建立健全安全生产责任保险制度，在矿山、危险化学品、烟花爆竹、交通运输、建筑施工、民用爆炸物品、金属冶炼、渔业生产等高危行业领域强制实施，切实发挥保险机构参与风险评估管控和事故预防功能。完善工伤保险制度，加快制定工伤预防费用的提取比例、使用和管理具体办法。积极推进安全生产诚信体系建设，完善企业安全生产不良记录"黑名单"制度，建立失信惩戒和守信激励机制。

（三十）健全安全宣传教育体系。将安全生产监督管理纳入各级党政领导干部培训内容。把安全知识普及纳入国民教育，建立完善中小学安全教育和高危行业职业安全教育体系。把安全生产纳入农民工技能培训内容。严格落实企业安全教育培训制度，切实做到先培训、后上岗。推进安全文化建设,加强警示教育,强化全民安全意识和法治意识。发挥工会、共青团、妇联等群团组织作用,依法维护职工群众的知情权、参与权与监督权。加强安全生产公益宣传和舆论监督。建立安全生产"12350"专线与社会公共管理平台统一接报、分类处置的举报投诉机制。鼓励开展安全生产志愿服务和慈善事业。加强安全生产国际交流合作,学习借鉴国外安全生产与职业健康先进经验。

各地区各部门要加强组织领导,严格实行领导干部安全生产工作责任制,根据本意见提出的任务和要求,结合实际认真研究制定实施办法,抓紧出台推进安全生产领域改革发展的具体政策措施,明确责任分工和时间进度要求,确保各项改革举措和工作要求落实到位。贯彻落实情况要及时向党中央、国务院报告,同时抄送国务院安全生产委员会办公室。中央全面深化改革领导小组办公室将适时牵头组织开展专项监督检查。

国务院关于进一步加强企业安全生产工作的通知

1. 2010年7月19日
2. 国发〔2010〕23号

近年来,全国生产安全事故逐年下降,安全生产状况总体稳定、趋于好转,但形势依然十分严峻,事故总量仍然很大,非法违法生产现象严重,重特大事故多发频发,给人民群众生命财产安全造成重大损失,暴露出一些企业重生产轻安全、安全管理薄弱、主体责任不落实,一些地方和部门安全监管不到位等突出问题。为进一步加强安全生产工作,全面提高企业安全生产水平,现就有关事项通知如下:

一、总体要求

1. 工作要求。深入贯彻落实科学发展观,坚持以人为本,牢固树立安全发展的理念,切实转变经济发展方式,调整产业结构,提高经济发展的质量和效益,把经济发展建立在安全生产有可靠保障的基础上;坚持"安全第一、预防为主、综合治理"的方针,全面加强企业安全管理,健全规章制度,完善安全标准,提高企业技术水平,夯实安全生产基础;坚持依法依规生产经营,切实加强安全监管,强化企业安全生产主体责任落实和责任追究,促进我国安全生产形势实现根本好转。

2. 主要任务。以煤矿、非煤矿山、交通运输、建筑施工、危险化学品、烟花爆竹、民用爆炸物品、冶金等行业(领域)为重点,全面加强企业安全生产工作。要通过更加严格的目标考核和责任追究,采取更加有效的管理手段和政策措施,集中整治非法违法生产行为,坚决遏制重特大事故发生;要尽快建成完善的国家安全生产应急救援体系,在高危行业强制推行一批安全适用的技术装备和防护设施,最大程度减少事故造成的损失;要建立更加完善的技术标准体系,促进企业安全生产技术装备全面达到国家和行业标准,实现我国安全生产技术水平的提高;要进一步调整产业结构,积极推进重点行业的企业重组和矿产资源开发整合,彻底淘汰安全性能低下、危及安全生产的落后产能;以更加有力的政策引导,形成安全生产长效机制。

二、严格企业安全管理

3. 进一步规范企业生产经营行为。企业要健全完善严格的安全生产规章制度,坚持不安全不生产。加强对生产现场监督检查,严格查处违章指挥、违规作业、违反劳动纪律的"三违"行为。凡超能力、超强度、超定员组织生产的,要责令停产停工整顿,并对企业和企业主要负责人依法给予规定上限的经济处罚。对以整合、技改名义违规组织生产,以及规定期限内未实施改造或故意拖延工期的矿井,由地方政府依法予以关闭。要加强对境外中资企业安全生产工作的指导和管理,严格落实境内投资主体和派出企业的安全生产监督责任。

4. 及时排查治理安全隐患。企业要经常性开展安全隐患排查,并切实做到整改措施、责任、资金、时限和预案"五到位"。建立以安全生产专业人员为主导的隐患整改效果评价制度,确保整改到位。对隐患整改不力造成事故的,要依法追究企业和企业相关负责人的责任。对停产整改逾期未完成的不得复产。

5. 强化生产过程管理的领导责任。企业主要负责人和领导班子成员要轮流现场带班。煤矿、非煤矿山要有矿领导带班并与工人同时下井、同时升井,对无企业负责人带班下井或该带班而未带班的,对有关责任人按擅离职守处理,同时给予规定上限的经济处罚。发生事故而没有领导现场带班的,对企业给予规定上限的经济处罚,并依法从重追究企业主要负责人的责任。

6. 强化职工安全培训。企业主要负责人和安全生产管理人员、特殊工种人员一律严格考核,按国家有关规定持职业资格证书上岗;职工必须全部经过培训合格后上岗。企业用工要严格依照劳动合同法与职工签订劳动合同。凡存在不经培训上岗、无证上岗的企业，依法停产整顿。没有对井下作业人员进行安全培训教育，或存在特种作业人员无证上岗的企业，情节严重的要依法予以关闭。

7. 全面开展安全达标。深入开展以岗位达标、专业达标和企业达标为内容的安全生产标准化建设，凡在规定时间内未实现达标的企业要依法暂扣其生产许可证、安全生产许可证，责令停产整顿；对整改逾期未达标的，地方政府要依法予以关闭。

三、建设坚实的技术保障体系

8. 加强企业生产技术管理。强化企业技术管理机构的安全职能，按规定配备安全技术人员，切实落实企业负责人安全生产技术管理负责制，强化企业主要技术负责人技术决策和指挥权。因安全生产技术问题不解决产生重大隐患的，要对企业主要负责人、主要技术负责人和有关人员给予处罚；发生事故的，依法追究责任。

9. 强制推行先进适用的技术装备。煤矿、非煤矿山要制定和实施生产技术装备标准，安装监测监控系统、井下人员定位系统、紧急避险系统、压风自救系统、供水施救系统和通信联络系统等技术装备，并于 3 年之内完成。逾期未安装的，依法暂扣安全生产许可证、生产许可证。运输危险化学品、烟花爆竹、民用爆炸物品的道路专用车辆，旅游包车和三类以上的班线客车要安装使用具有行驶记录功能的卫星定位装置，于 2 年之内全部完成；鼓励有条件的渔船安装防撞自动识别系统，在大型尾矿库安装全过程在线监控系统，大型起重机械要安装安全监控管理系统；积极推进信息化建设，努力提高企业安全防护水平。

10. 加快安全生产技术研发。企业在年度财务预算中必须确定必要的安全投入。国家鼓励企业开展安全科技研发，加快安全生产关键技术装备的换代升级。进一步落实《国家中长期科学和技术发展规划纲要（2006－2020 年）》等，加大对高危行业安全技术、装备、工艺和产品研发的支持力度，引导高危行业提高机械化、自动化生产水平，合理确定生产一线用工。“十二五”期间要继续组织研发一批提升我国重点行业领域安全生产保障能力的关键技术和装备项目。

四、实施更加有力的监督管理

11. 进一步加大安全监管力度。强化安全生产监管部门对安全生产的综合监管，全面落实公安、交通、国土资源、建设、工商、质检等部门的安全生产监督管理及工业主管部门的安全生产指导职责，形成安全生产综合监管与行业监管指导相结合的工作机制，加强协作，形成合力。在各级政府统一领导下，严厉打击非法违法生产、经营、建设等影响安全生产的行为，安全生产综合监管和行业管理部门要会同司法机关联合执法，以强有力措施查处、取缔非法企业。对重大安全隐患治理实行逐级挂牌督办、公告制度，重大隐患治理由省级安全生产监管部门或行业主管部门挂牌督办，国家相关部门加强督促检查。对拒不执行监管监察指令的企业，要依法依规从重处罚。进一步加强监管力量建设，提高监管人员专业素质和技术装备水平，强化基层站点监管能力，加强对企业安全生产的现场监管和技术指导。

12. 强化企业安全生产属地管理。安全生产监管监察部门、负有安全生产监管职责的有关部门和行业管理部门要按职责分工，对当地企业包括中央、省属企业实行严格的安全生产监督检查和管理，组织对企业安全生产状况进行安全标准化分级考核评价，评价结果向社会公开，并向银行业、证券业、保险业、担保业等主管部门通报，作为企业信用评级的重要参考依据。

13. 加强建设项目安全管理。强化项目安全设施核准审批，加强建设项目的日常安全监管，严格落实审批、监管的责任。企业新建、改建、扩建工程项目的安全设施，要包括安全监控设施和防瓦斯等有害气体、防尘、排水、防火、防爆等设施，并与主体工程同时设计、同时施工、同时投入生产和使用。安全设施与建设项目主体工程未做到同时设计的一律不予审批，未做到同时施工的责令立即停止施工，未同时投入使用的不得颁发安全生产许可证，并视情节追究有关单位负责人的责任。严格落实建设、设计、施工、监理、监管等各方安全责任。对项目建设生产经营单位存在违法分包、转包等行为的，立即依法停工停产整顿，并追究项目业主、承包方等各方责任。

14. 加强社会监督和舆论监督。要充分发挥工会、共青团、妇联组织的作用，依法维护和落实企业职工对安全生产的参与权与监督权，鼓励职工监督举报各类安全隐患，对举报者予以奖励。有关部门和地方要进一步畅通安全生产的社会监督渠道，设立举报箱，公布举报电话，接受人民群众的公开监督。要发挥新闻媒体的舆论监督，对舆论反映的客观问题要深查原因，切实整改。

五、建设更加高效的应急救援体系

15. 加快国家安全生产应急救援基地建设。按行业类型和区域分布，依托大型企业，在中央预算内基建投资支持下，先期抓紧建设7个国家矿山应急救援队，配备性能可靠、机动性强的装备和设备，保障必要的运行维护费用。推进公路交通、铁路运输、水上搜救、船舶溢油、油气田、危险化学品等行业（领域）国家救援基地和队伍建设。鼓励和支持各地区、各部门、各行业依托大型企业和专业救援力量，加强服务周边的区域性应急救援能力建设。

16. 建立完善企业安全生产预警机制。企业要建立完善安全生产动态监控及预警预报体系，每月进行一次安全生产风险分析。发现事故征兆要立即发布预警信息，落实防范和应急处置措施。对重大危险源和重大隐患要报当地安全生产监管监察部门、负有安全生产监管职责的有关部门和行业管理部门备案。涉及国家秘密的，按有关规定执行。

17. 完善企业应急预案。企业应急预案要与当地政府应急预案保持衔接，并定期进行演练。赋予企业生产现场带班人员、班组长和调度人员在遇到险情时第一时间下达停产撤人命令的直接决策权和指挥权。因撤离不及时导致人身伤亡事故的，要从重追究相关人员的法律责任。

六、严格行业安全准入

18. 加快完善安全生产技术标准。各行业管理部门和负有安全生产监管职责的有关部门要根据行业技术进步和产业升级的要求，加快制定修订生产、安全技术标准，制定和实施高危行业从业人员资格标准。对实施许可证管理制度的危险性作业要制定落实专项安全技术作业规程和岗位安全操作规程。

19. 严格安全生产准入前置条件。把符合安全生产标准作为高危行业企业准入的前置条件，实行严格的安全标准核准制度。矿山建设项目和用于生产、储存危险物品的建设项目，应当分别按照国家有关规定进行安全条件论证和安全评价，严把安全生产准入关。凡不符合安全生产条件违规建设的，要立即停止建设，情节严重的由本级人民政府或主管部门实施关闭取缔。降低标准造成隐患的，要追究相关人员和负责人的责任。

20. 发挥安全生产专业服务机构的作用。依托科研院所，结合事业单位改制，推动安全生产评价、技术支持、安全培训、技术改造等服务性机构的规范发展。制定完善安全生产专业服务机构管理办法，保证专业服务机构从业行为的专业性、独立性和客观性。专业服务机构对相关评价、鉴定结论承担法律责任，对违法违规、弄虚作假的，要依法依规从严追究相关人员和机构的法律责任，并降低或取消相关资质。

七、加强政策引导

21. 制定促进安全技术装备发展的产业政策。要鼓励和引导企业研发、采用先进适用的安全技术和产品，鼓励安全生产适用技术和新装备、新工艺、新标准的推广应用。把安全检测监控、安全避险、安全保护、个人防护、灾害监控、特种安全设施及应急救援等安全生产专用设备的研发制造，作为安全产业加以培育，纳入国家振兴装备制造业的政策支持范畴。大力发展安全装备融资租赁业务，促进高危行业企业加快提升安全装备水平。

22. 加大安全专项投入。切实做好尾矿库治理、扶持煤矿安全技改建设、瓦斯防治和小煤矿整顿关闭等各类中央资金的安排使用，落实地方和企业配套资金。加强对高危行业企业安全生产费用提取和使用管理的监督检查，进一步完善高危行业企业安全生产费用财务管理制度，研究提高安全生产费用提取下限标准，适当扩大适用范围。依法加强道路交通事故社会救助基金制度建设，加快建立完善水上搜救奖励与补偿机制。高危行业企业探索实行全员安全风险抵押金制度。完善落实工伤保险制度，积极稳妥推行安全生产责任保险制度。

23. 提高工伤事故死亡职工一次性赔偿标准。从2011年1月1日起，依照《工伤保险条例》的规定，对因生产安全事故造成的职工死亡，其一次性工亡补助金标准调整为按全国上一年度城镇居民人均可支配收入的20倍计算，发放给工亡职工近亲属。同时，依法确保工亡职工一次性丧葬补助金、供养亲属抚恤金的发放。

24. 鼓励扩大专业技术和技能人才培养。进一步落实完善校企合作办学、对口单招、订单式培养等政策，鼓励高等院校、职业学校逐年扩大采矿、机电、地质、通风、安全等相关专业人才的招生培养规模，加快培养高危行业专业人才和生产一线急需技能型人才。

八、更加注重经济发展方式转变

25. 制定落实安全生产规划。各地区、各有关部门要把安全生产纳入经济社会发展的总体布局，在制定国家、地区发展规划时，要同步明确安全生产目标和专项规划。企业要把安全生产工作的各项要求落实在企业发展和日常工作之中，在制定企业发展规划和年度生产经营计划中要突出安全生产，确保安全投入和各项安全措施到位。

26. 强制淘汰落后技术产品。不符合有关安全标准、安全性能低下、职业危害严重、危及安全生产的落后技术、工艺和装备要列入国家产业结构调整指导目录,予以强制性淘汰。各省级人民政府也要制订本地区相应的目录和措施,支持有效消除重大安全隐患的技术改造和搬迁项目,遏制安全水平低、保障能力差的项目建设和延续。对存在落后技术装备、构成重大安全隐患的企业,要予以公布,责令限期整改,逾期未整改的依法予以关闭。

27. 加快产业重组步伐。要充分发挥产业政策导向和市场机制的作用,加大对相关高危行业企业重组力度,进一步整合或淘汰浪费资源、安全保障低的落后产能,提高安全基础保障能力。

九、实行更加严格的考核和责任追究

28. 严格落实安全目标考核。对各地区、各有关部门和企业完成年度生产安全事故控制指标情况进行严格考核,并建立激励约束机制。加大重特大事故的考核权重,发生特别重大生产安全事故的,要根据情节轻重,追究地市级分管领导或主要领导的责任;后果特别严重、影响特别恶劣的,要按规定追究省部级相关领导的责任。加强安全生产基础工作考核,加快推进安全生产长效机制建设,坚决遏制重特大事故的发生。

29. 加大对事故企业负责人的责任追究力度。企业发生重大生产安全责任事故,追究事故企业主要负责人责任;触犯法律的,依法追究事故企业主要负责人或企业实际控制人的法律责任。发生特别重大事故,除追究企业主要负责人和实际控制人责任外,还要追究上级企业主要负责人的责任;触犯法律的,依法追究企业主要负责人、企业实际控制人和上级企业负责人的法律责任。对重大、特别重大生产安全责任事故负有主要责任的企业,其主要负责人终身不得担任本行业企业的矿长(厂长、经理)。对非法违法生产造成人员伤亡的,以及瞒报事故、事故后逃逸等情节特别恶劣的,要依法从重处罚。

30. 加大对事故企业的处罚力度。对于发生重大、特别重大生产安全责任事故或一年内发生2次以上较大生产安全责任事故并负主要责任的企业,以及存在重大隐患整改不力的企业,由省级及以上安全监管监察部门会同有关行业主管部门向社会公告,并向投资、国土资源、建设、银行、证券等主管部门通报,一年内严格限制新增的项目核准、用地审批、证券融资等,并作为银行贷款等的重要参考依据。

31. 对打击非法生产不力的地方实行严格的责任追究。在所辖区域对群众举报、上级督办、日常检查发现的非法生产企业(单位)没有采取有效措施予以查处,致使非法生产企业(单位)存在的,对县(市、区)、乡(镇)人民政府主要领导以及相关责任人,根据情节轻重,给予降级、撤职或者开除的行政处分,涉嫌犯罪的,依法追究刑事责任。国家另有规定的,从其规定。

32. 建立事故查处督办制度。依法严格事故查处,对事故查处实行地方各级安全生产委员会层层挂牌督办,重大事故查处实行国务院安全生产委员会挂牌督办。事故查处结案后,要及时予以公告,接受社会监督。

各地区、各部门和各有关单位要做好对加强企业安全生产工作的组织实施,制订部署本地区本行业贯彻落实本通知要求的具体措施,加强监督检查和指导,及时研究、协调解决贯彻实施中出现的突出问题。国务院安全生产委员会办公室和国务院有关部门要加强工作督查,及时掌握各地区、各部门和本行业(领域)工作进展情况,确保各项规定、措施执行落实到位。省级人民政府和国务院有关部门要将加强企业安全生产工作情况及时报送国务院安全生产委员会办公室。

国务院安全生产委员会办公室关于全面加强企业全员安全生产责任制工作的通知

1. 2017年10月10日
2. 安委办〔2017〕29号

各省、自治区、直辖市及新疆生产建设兵团安全生产委员会,国务院安委会各成员单位:

为深入贯彻《中共中央　国务院关于推进安全生产领域改革发展的意见》(以下简称《意见》)关于企业实行全员安全生产责任制的要求,全面落实企业安全生产(含职业健康,下同)主体责任,进一步提升企业的安全生产水平,推动全国安全生产形势持续稳定好转,现就全面加强企业全员安全生产责任制工作有关事项通知如下:

一、高度重视企业全员安全生产责任制

(一)明确企业全员安全生产责任制的内涵。企业全员安全生产责任制是由企业根据安全生产法律法规和相关标准要求，在生产经营活动中，根据企业岗位的性质、特点和具体工作内容，明确所有层级、各类岗位从业人员的安全生产责任，通过加强教育培训、强化管理考核和严格奖惩等方式，建立起安全生产工作“层层负责、人人有责、各负其责”的工作体系。

（二）充分认识企业全员安全生产责任制的重要意义。全面加强企业全员安全生产责任制工作，是推动企业落实安全生产主体责任的重要抓手，有利于减少企业“三违”现象（违章指挥、违章作业、违反劳动纪律）的发生，有利于降低因人的不安全行为造成的生产安全事故，对解决企业安全生产责任传导不力问题，维护广大从业人员的生命安全和职业健康具有重要意义。

二、建立健全企业全员安全生产责任制

（三）依法依规制定完善企业全员安全生产责任制。企业主要负责人负责建立、健全企业的全员安全生产责任制。企业要按照《安全生产法》《职业病防治法》等法律法规规定，参照《企业安全生产标准化基本规范》（GB/T 33000－2016）和《企业安全生产责任体系五落实五到位规定》（安监总办〔2015〕27 号）等有关要求，结合企业自身实际，明确从主要负责人到一线从业人员（含劳务派遣人员、实习学生等）的安全生产责任、责任范围和考核标准。安全生产责任制应覆盖本企业所有组织和岗位，其责任内容、范围、考核标准要简明扼要、清晰明确、便于操作、适时更新。企业一线从业人员的安全生产责任制，要力求通俗易懂。

（四）加强企业全员安全生产责任制公示。企业要在适当位置对全员安全生产责任制进行长期公示。公示的内容主要包括：所有层级、所有岗位的安全生产责任、安全生产责任范围、安全生产责任考核标准等。

（五）加强企业全员安全生产责任制教育培训。企业主要负责人要指定专人组织制定并实施本企业全员安全生产教育和培训计划。企业要将全员安全生产责任制教育培训工作纳入安全生产年度培训计划，通过自行组织或委托具备安全培训条件的中介服务机构等实施。要通过教育培训，提升所有从业人员的安全技能，培养良好的安全习惯。要建立健全教育培训档案，如实记录安全生产教育和培训情况。

（六）加强落实企业全员安全生产责任制的考核管理。企业要建立健全安全生产责任制管理考核制度，对全员安全生产责任制落实情况进行考核管理。要健全激励约束机制，通过奖励主动落实、全面落实责任，惩处不落实责任、部分落实责任，不断激发全员参与安全生产工作的积极性和主动性，形成良好的安全文化氛围。

三、加强对企业全员安全生产责任制的监督检查

（七）明确对企业全员安全生产责任制监督检查的主要内容。地方各级负有安全生产监督管理职责的部门要按照“管行业必须管安全、管业务必须管安全、管生产经营必须管安全”和“谁主管、谁负责”的要求，切实履行安全生产监督管理职责，加强对企业建立和落实全员安全生产责任制工作的指导督促和监督检查。监督检查的内容主要包括：

1. 企业全员安全生产责任制建立情况。包括：是否建立了涵盖所有层级和所有岗位的安全生产责任制；是否明确了安全生产责任范围；是否认真贯彻执行《企业安全生产责任体系五落实五到位》等。

2. 企业安全生产责任制公示情况。包括：是否在适当位置进行了公示；相关的安全生产责任制内容是否符合要求等。

3. 企业全员安全生产责任制教育培训情况。包括：是否制定了培训计划、方案；是否按照规定对所有岗位从业人员（含劳务派遣人员、实习学生等）进行了安全生产责任制教育培训；是否如实记录相关教育培训情况等。

4. 企业全员安全生产责任制考核情况。包括：是否建立了企业全员安全生产责任制考核制度；是否将企业全员安全生产责任制度考核贯彻落实到位等。

（八）强化监督检查和依法处罚。地方各级负有安全生产监督管理职责的部门要把企业建立和落实全员安全生产责任制情况纳入年度执法计划，加大日常监督检查力度，督促企业全面落实主体责任。对企业主要负责人未履行建立健全全员安全生产责任制职责，直接负责的主管人员和其他直接责任人员未对从业人员（含被派遣劳动者、实习学生等）进行相关教育培训或者未如实记录教育培训情况等违法违规行为，由地方各级负有安全生产监督管理职责的部门依照相关法律法规予以处罚。健全安全生产不良记录“黑名单”制度，因拒不落实企业全员安全生产责任制而造成严重后果的，要纳入惩戒范围，并定期向社会公布。

四、工作要求

（九）加强分类指导。地方各级安全生产委员会、国务院安委会各成员单位要根据本通知精神，指导督促相关行业领域的企业密切联系实际，制定全员安全生产责任制，努力实现“一企一标准，一岗一清单”，形成可操作、能落实的制度措施。

（十）注重典型引路。地方各级安全生产委员会要充分发挥指导协调作用，及时研究、协调解决企业全

员安全生产责任制贯彻实施中出现的突出问题。要通过实施全面发动、典型引领、对标整改等方式，整体推动企业全员安全生产责任制的落实。目前尚未开展企业全员安全生产责任制工作的地区，要根据本通知精神，结合本地区实际，统筹制定落实方案，并印发至企业；已开展此项工作的地区，要结合本通知精神，进一步完善原有政策措施，确保本通知的各项要求落到实处。国务院安全生产委员会办公室将适时遴选一批典型做法在全国推广。

（十一）营造良好氛围。地方各级安全生产委员会、国务院安委会各成员单位要以落实中央《意见》为契机，加大企业全员安全生产责任制工作的宣传力度，发动全员共同参与。各级工会、共青团、妇联等要积极参与监督，大力推动企业加快落实全员安全生产责任制，形成合力，共同营造人人关注安全、人人参与安全、人人监督安全的浓厚氛围，促进企业改进安全生产管理，改善安全生产条件，提升安全生产水平，真正实现从“要我安全”到“我要安全”“我会安全”的转变。

二、事故预防与处置

资料补充栏

1. 事故预防

安全生产事故隐患排查治理暂行规定

1. *2007年12月28日国家安全生产监督管理总局令第16号公布*
2. *自2008年2月1日起施行*

第一章 总 则

第一条 为了建立安全生产事故隐患排查治理长效机制,强化安全生产主体责任,加强事故隐患监督管理,防止和减少事故,保障人民群众生命财产安全,根据安全生产法等法律、行政法规,制定本规定。

第二条 生产经营单位安全生产事故隐患排查治理和安全生产监督管理部门、煤矿安全监察机构(以下统称安全监管监察部门)实施监管监察,适用本规定。

有关法律、行政法规对安全生产事故隐患排查治理另有规定的,依照其规定。

第三条 本规定所称安全生产事故隐患(以下简称事故隐患),是指生产经营单位违反安全生产法律、法规、规章、标准、规程和安全生产管理制度的规定,或者因其他因素在生产经营活动中存在可能导致事故发生的物的危险状态、人的不安全行为和管理上的缺陷。

事故隐患分为一般事故隐患和重大事故隐患。一般事故隐患,是指危害和整改难度较小,发现后能够立即整改排除的隐患。重大事故隐患,是指危害和整改难度较大,应当全部或者局部停产停业,并经过一定时间整改治理方能排除的隐患,或者因外部因素影响致使生产经营单位自身难以排除的隐患。

第四条 生产经营单位应当建立健全事故隐患排查治理制度。

生产经营单位主要负责人对本单位事故隐患排查治理工作全面负责。

第五条 各级安全监管监察部门按照职责对所辖区域内生产经营单位排查治理事故隐患工作依法实施综合监督管理;各级人民政府有关部门在各自职责范围内对生产经营单位排查治理事故隐患工作依法实施监督管理。

第六条 任何单位和个人发现事故隐患,均有权向安全监管监察部门和有关部门报告。

安全监管监察部门接到事故隐患报告后,应当按照职责分工立即组织核实并予以查处;发现所报告事故隐患应当由其他有关部门处理的,应当立即移送有关部门并记录备查。

第二章 生产经营单位的职责

第七条 生产经营单位应当依照法律、法规、规章、标准和规程的要求从事生产经营活动。严禁非法从事生产经营活动。

第八条 生产经营单位是事故隐患排查、治理和防控的责任主体。

生产经营单位应当建立健全事故隐患排查治理和建档监控等制度,逐级建立并落实从主要负责人到每个从业人员的隐患排查治理和监控责任制。

第九条 生产经营单位应当保证事故隐患排查治理所需的资金,建立资金使用专项制度。

第十条 生产经营单位应当定期组织安全生产管理人员、工程技术人员和其他相关人员排查本单位的事故隐患。对排查出的事故隐患,应当按照事故隐患的等级进行登记,建立事故隐患信息档案,并按照职责分工实施监控治理。

第十一条 生产经营单位应当建立事故隐患报告和举报奖励制度,鼓励、发动职工发现和排除事故隐患,鼓励社会公众举报。对发现、排除和举报事故隐患的有功人员,应当给予物质奖励和表彰。

第十二条 生产经营单位将生产经营项目、场所、设备发包、出租的,应当与承包、承租单位签订安全生产管理协议,并在协议中明确各方对事故隐患排查、治理和防控的管理职责。生产经营单位对承包、承租单位的事故隐患排查治理负有统一协调和监督管理的职责。

第十三条 安全监管监察部门和有关部门的监督检查人员依法履行事故隐患监督检查职责时,生产经营单位应当积极配合,不得拒绝和阻挠。

第十四条 生产经营单位应当每季、每年对本单位事故隐患排查治理情况进行统计分析,并分别于下一季度15日前和下一年1月31日前向安全监管监察部门和有关部门报送书面统计分析表。统计分析表应当由生产经营单位主要负责人签字。

对于重大事故隐患,生产经营单位除依照前款规定报送外,应当及时向安全监管监察部门和有关部门报告。重大事故隐患报告内容应当包括:

(一)隐患的现状及其产生原因;

(二)隐患的危害程度和整改难易程度分析;

(三)隐患的治理方案。

第十五条 对于一般事故隐患,由生产经营单位(车间、分厂、区队等)负责人或者有关人员立即组织整改。

对于重大事故隐患,由生产经营单位主要负责人组织制定并实施事故隐患治理方案。重大事故隐患治理方案应当包括以下内容:

(一)治理的目标和任务;

(二)采取的方法和措施;

(三)经费和物资的落实;

(四)负责治理的机构和人员;

(五)治理的时限和要求;

(六)安全措施和应急预案。

第十六条 生产经营单位在事故隐患治理过程中,应当采取相应的安全防范措施,防止事故发生。事故隐患排除前或者排除过程中无法保证安全的,应当从危险区域内撤出作业人员,并疏散可能危及的其他人员,设置警戒标志,暂时停产停业或者停止使用;对暂时难以停产或者停止使用的相关生产储存装置、设施、设备,应当加强维护和保养,防止事故发生。

第十七条 生产经营单位应当加强对自然灾害的预防。对于因自然灾害可能导致事故灾难的隐患,应当按照有关法律、法规、标准和本规定的要求排查治理,采取可靠的预防措施,制定应急预案。在接到有关自然灾害预报时,应当及时向下属单位发出预警通知;发生自然灾害可能危及生产经营单位和人员安全的情况时,应当采取撤离人员、停止作业、加强监测等安全措施,并及时向当地人民政府及其有关部门报告。

第十八条 地方人民政府或者安全监管监察部门及有关部门挂牌督办并责令全部或者局部停产停业治理的重大事故隐患,治理工作结束后,有条件的生产经营单位应当组织本单位的技术人员和专家对重大事故隐患的治理情况进行评估;其他生产经营单位应当委托具备相应资质的安全评价机构对重大事故隐患的治理情况进行评估。

经治理后符合安全生产条件的,生产经营单位应当向安全监管监察部门和有关部门提出恢复生产的书面申请,经安全监管监察部门和有关部门审查同意后,方可恢复生产经营。申请报告应当包括治理方案的内容、项目和安全评价机构出具的评价报告等。

第三章 监督管理

第十九条 安全监管监察部门应当指导、监督生产经营单位按照有关法律、法规、规章、标准和规程的要求,建立健全事故隐患排查治理等各项制度。

第二十条 安全监管监察部门应当建立事故隐患排查治理监督检查制度,定期组织对生产经营单位事故隐患排查治理情况开展监督检查;应当加强对重点单位的事故隐患排查治理情况的监督检查。对检查过程中发现的重大事故隐患,应当下达整改指令书,并建立信息管理台账。必要时,报告同级人民政府并对重大事故隐患实行挂牌督办。

安全监管监察部门应当配合有关部门做好对生产经营单位事故隐患排查治理情况开展的监督检查,依法查处事故隐患排查治理的非法和违法行为及其责任者。

安全监管监察部门发现属于其他有关部门职责范围内的重大事故隐患的,应该及时将有关资料移送有管辖权的有关部门,并记录备查。

第二十一条 已经取得安全生产许可证的生产经营单位,在其被挂牌督办的重大事故隐患治理结束前,安全监管监察部门应当加强监督检查。必要时,可以提请原许可证颁发机关依法暂扣其安全生产许可证。

第二十二条 安全监管监察部门应当会同有关部门把重大事故隐患整改纳入重点行业领域的安全专项整治中加以治理,落实相应责任。

第二十三条 对挂牌督办并采取全部或者局部停产停业治理的重大事故隐患,安全监管监察部门收到生产经营单位恢复生产的申请报告后,应当在10日内进行现场审查。审查合格的,对事故隐患进行核销,同意恢复生产经营;审查不合格的,依法责令改正或者下达停产整改指令。对整改无望或者生产经营单位拒不执行整改指令的,依法实施行政处罚;不具备安全生产条件的,依法提请县级以上人民政府按照国务院规定的权限予以关闭。

第二十四条 安全监管监察部门应当每季将本行政区域重大事故隐患的排查治理情况和统计分析表逐级报至省级安全监管监察部门备案。

省级安全监管监察部门应当每半年将本行政区域重大事故隐患的排查治理情况和统计分析表报国家安全生产监督管理总局备案。

第四章 罚 则

第二十五条 生产经营单位及其主要负责人未履行事故隐患排查治理职责,导致发生生产安全事故的,依法给予行政处罚。

第二十六条 生产经营单位违反本规定,有下列行为之一的,由安全监管监察部门给予警告,并处三万元以下的罚款:

(一)未建立安全生产事故隐患排查治理等各项制度的;

（二）未按规定上报事故隐患排查治理统计分析表的；

（三）未制定事故隐患治理方案的；

（四）重大事故隐患不报或者未及时报告的；

（五）未对事故隐患进行排查治理擅自生产经营的；

（六）整改不合格或者未经安全监管监察部门审查同意擅自恢复生产经营的。

第二十七条 承担检测检验、安全评价的中介机构，出具虚假评价证明，尚不够刑事处罚的，没收违法所得，违法所得在五千元以上的，并处违法所得二倍以上五倍以下的罚款，没有违法所得或者违法所得不足五千元的，单处或者并处五千元以上二万元以下的罚款，同时可对其直接负责的主管人员和其他直接责任人员处五千元以上五万元以下的罚款；给他人造成损害的，与生产经营单位承担连带赔偿责任。

对有前款违法行为的机构，撤销其相应的资质。

第二十八条 生产经营单位事故隐患排查治理过程中违反有关安全生产法律、法规、规章、标准和规程规定的，依法给予行政处罚。

第二十九条 安全监管监察部门的工作人员未依法履行职责的，按照有关规定处理。

第五章 附 则

第三十条 省级安全监管监察部门可以根据本规定，制定事故隐患排查治理和监督管理实施细则。

第三十一条 事业单位、人民团体以及其他经济组织的事故隐患排查治理，参照本规定执行。

第三十二条 本规定自2008年2月1日起施行。

企业安全生产责任体系五落实五到位规定

1. 2015年3月16日国家安全生产监督管理总局发布
2. 安监总办〔2015〕27号

一、必须落实“党政同责”要求，董事长、党组织书记、总经理对本企业安全生产工作共同承担领导责任。

二、必须落实安全生产“一岗双责”，所有领导班子成员对分管范围内安全生产工作承担相应职责。

三、必须落实安全生产组织领导机构，成立安全生产委员会，由董事长或总经理担任主任。

四、必须落实安全管理力量，依法设置安全生产管理机构，配齐配强注册安全工程师等专业安全管理人员。

五、必须落实安全生产报告制度，定期向董事会、业绩考核部门报告安全生产情况，并向社会公示。

六、必须做到安全责任到位、安全投入到位、安全培训到位、安全管理到位、应急救援到位。

国务院安全生产委员会办公室关于印发标本兼治遏制重特大事故工作指南的通知

1. 2016年4月28日
2. 安委办〔2016〕3号

各省、自治区、直辖市及新疆生产建设兵团安全生产委员会，国务院安委会各成员单位，各中央企业：

为认真贯彻落实党中央、国务院决策部署，坚决遏制重特大事故频发势头，国务院安委会办公室在研究总结重特大事故发生规律特点、深入调查研究、广泛征求意见的基础上，制定了《标本兼治遏制重特大事故工作指南》（以下简称《指南》），现印发给你们，并就有关事项通知如下：

一、提高认识，加强组织领导。要进一步提高对防范遏制重特大事故重要性、紧迫性和事故规律性的认识，把遏制重特大事故工作作为安全生产“牛鼻子”工程，摆在重中之重的突出位置，采取有力措施抓实抓好，带动安全生产各项工作全面推进。要切实加强组织领导，结合实际制定本地区、本系统、本单位具体工作方案，明确目标任务，落实工作措施，细化责任分工，抓紧组织推进，力争取得实效。

二、突出重点，做到精准施策。要结合事故规律特点，抓住关键时段、关键地区、关键单位、关键环节，从构建双重预防性工作机制、强化技术保障、加大监管执法力度、推进保护生命重点工程建设、加强源头治理、提高应急处置能力等方面入手，从制度、技术、工程、管理等多个角度，制定采取有针对性的措施，对症下药、精准施策，力争尽快在减少重特大事故数量、频次和减轻危害后果上见到实效。

三、抓好试点，强化典型引路。要充分发挥基层首创精神，分级选取一批有代表性、领导重视、基础较好的地区和单位开展试点，逐步推进。经推荐研究，国家安全监管总局确定了河北省张家口市、山西省阳泉市、辽宁省大连市、浙江省宁波市、江西省赣州市、福建省福州市、山东省泰安市和枣庄市、湖北省鄂州市、广东省深圳市、甘肃省兰州市等11个试点城市，进行直接跟踪指导。各试点城市要根据《指南》并结合本地区实际，抓紧研究制定试点工作方案，积极探索创新、先行先试，尽快形成一批可复制、可借鉴的经验做法。

四、广泛发动，促进齐抓共管。要切实加强安全生产宣传教育，在各级广播、电视、报刊和政府网站全面开设安全生产专题栏目，充分利用政务微信、微博、新闻客户端和手机报，加强宣传、广泛发声。组织实施安全文化示范工程，积极推进“互联网＋安全培训”建设。充分发动社会各方面力量积极支持、参与安全生产工作，重点宣传基层安全生产好的经验做法，定期曝光一批重大隐患，惩治一批典型违法行为，通报一批“黑名单”生产经营单位，取缔一批非法违法企业，关闭一批不符合安全生产条件企业，形成齐抓共管、社会共治的工作格局。

五、加强督导，推动工作落实。要加大遏制重特大事故工作成效在安全生产工作考核中的比重，建立跟踪督办制度，定期通报工作完成情况。适时组织开展专项督查，加快各项工作推进步伐。地方各级人民政府安委会要切实加强组织协调，及时解决实施过程中存在的问题，督促指导工作措施落实，确保遏制重特大事故工作取得实效。

附：

标本兼治遏制重特大事故工作指南

为认真贯彻落实党中央、国务院决策部署，着力解决当前安全生产领域存在的薄弱环节和突出问题，强化安全风险管控和隐患排查治理，坚决遏制重特大事故频发势头，制定本工作指南。

一、指导思想和主要工作目标

（一）指导思想。坚持标本兼治、综合治理，把安全风险管控挺在隐患前面，把隐患排查治理挺在事故前面，扎实构建事故应急救援最后一道防线。坚持关口前移，超前辨识预判岗位、企业、区域安全风险，通过实施制度、技术、工程、管理等措施，有效防控各类安全风险；加强过程管控，通过构建隐患排查治理体系和闭环管理制度，强化监管执法，及时发现和消除各类事故隐患，防患于未然；强化事后处置，及时、科学、有效应对各类重特大事故，最大限度减少事故伤亡人数、降低损害程度。

（二）主要工作目标。到2018年，构建形成点、线、面有机结合、无缝对接的安全风险分级管控和隐患排查治理双重预防性工作体系，全社会共同防控安全风险和共同排查治理事故隐患的责任、措施和机制更加精准、有效；构建形成完善的安全技术研发推广体系，安全科技保障能力水平得到显著提升；构建形成严格规范的惩治违法违规行为制度机制体系，使违法违规行为引发的重特大事故得到有效遏制；构建形成完善的安全准入制度体系，淘汰一批安全保障水平低的小矿小厂和工艺、技术、装备，安全生产源头治理能力得到全面加强；实施一批保护生命重点工程，根治一批可能诱发重特大事故的重大隐患；健全应急救援体系和应急响应机制，事故应急处置能力得到明显提升。

二、着力构建安全风险分级管控和隐患排查治理双重预防性工作机制

（一）健全安全风险评估分级和事故隐患排查分级标准体系。根据存在的主要风险隐患可能导致的后果并结合本地区、本行业领域实际，研究制定区域性、行业性安全风险和事故隐患辨识、评估、分级标准，为开展安全风险分级管控和事故隐患排查治理提供依据。

（二）全面排查评定安全风险和事故隐患等级。在深入总结分析重特大事故发生规律、特点和趋势的基础上，每年排查评估本地区的重点行业领域、重点部位、重点环节，依据相应标准，分别确定安全风险“红、橙、黄、蓝”（红色为安全风险最高级）4个等级，分别确定事故隐患为重大隐患和一般隐患，并建立安全风险和事故隐患数据库，绘制省、市、县以及企业安全风险等级和重大事故隐患分布电子图，切实解决“想不到、管不到”问题。

（三）建立实行安全风险分级管控机制。按照“分区域、分级别、网格化”原则，实施安全风险差异化动态管理，明确落实每一处重大安全风险和重大危险源的安全管理与监管责任，强化风险管控技术、制度、管理措施，把可能导致的后果限制在可防、可控范围之内。健全安全风险公告警示和重大安全风险预警机制，定期对红色、橙色安全风险进行分析、评估、预警。落实企业安全风险分级管控岗位责任，建立企业安全风险公告、岗位安全风险确认和安全操作“明白卡”制度。

（四）实施事故隐患排查治理闭环管理。推进企业安全生产标准化和隐患排查治理体系建设，建立自查、自改、自报事故隐患的排查治理信息系统，建设政府部门信息化、数字化、智能化事故隐患排查治理网络管理平台并与企业互联互通，实现隐患排查、登记、评估、报告、监控、治理、销账的全过程记录和闭环管理。

三、强化安全生产技术保障

(一)强化信息化、自动化技术应用。针对可能引发重特大事故的重点区域、单位、部位、环节,加强远程监测预警、自动化控制和紧急避险、自救互救等设施设备的使用,强化技术防范。完善危险化学品生产装置、储存设施自动化控制和紧急停车(切断)系统,可燃有毒气体泄漏报警系统,鼓励推广“两客一危”车辆(长途客车、旅游包车、危险货物运输车)安装防碰撞系统。

(二)推进企业技术装备升级改造。及时发布淘汰落后和推广先进适用安全技术装备目录,通过法律、行政、市场等多种手段,推动、引导高风险企业开展安全技术改造和工艺设备更新,淘汰一批不符合安全标准、安全性能低下、职业危害严重、危及安全生产的工艺、技术和装备。推动一批高危行业企业实现“机械化换人、自动化减人”。

(三)加大安全科技支撑力度。充分利用高等院校、科研机构、社会团体等科研资源,加大对遏制重特大事故关键安防技术装备的研发力度。依托省部共建院校,建设一批安全工程学院、院士工作站。加大安全科技成果推广力度,搭建“产学研用”一体化平台,完善国家、地方和企业等多层次科研成果转化推广机制。

四、严厉打击惩治各类违法违规行为

(一)加强安全监管执法规范化建设。负有安全生产监督管理职责的部门要依法履职,结合实际分行业领域制定安全监管执法工作细则,进一步规范执法内容、执法程序、执法尺度和执法主体。坚持公开为常态、不公开为例外的原则,强化执法信息公开,加大执法监督力度。

(二)依法依规严格落实执法措施。健全“双随机”检查、暗查暗访、联合执法和重点执法制度,对情节恶劣、屡禁不止、可能导致重特大事故的严重违法违规行为,依法依规严格落实查封、扣押、停电、停止民用爆炸物品供应、吊销证照,以及停产整顿、上限处罚、关闭取缔、从严追责“四个一律”执法措施。

(三)运用司法手段强化从严治理。加强安全执法和刑事司法的衔接,建立公安、检察、审判机关介入安全执法工作机制。对抗拒执法、逾期不执行执法决定的,由公安机关依法强制执行或向人民法院申请强制执行,对涉嫌犯罪的违法案件,及时移送司法机关,坚决杜绝有案不移、有案不立、以罚代刑。探索设立安全生产审判庭、检察室,建立查办和审判安全生产案件沟通协调制度。

(四)强化群防群控。推行执法曝光工作机制,强化警示教育。加大举报奖励力度,进一步畅通渠道,鼓励发动群众举报、媒体曝光违法违规生产经营建设行为,加强社会监督。完善生产经营单位安全生产不良记录“黑名单”制度,完善联合惩戒机制。

五、全面加强安全生产源头治理

(一)严格规划准入。探索建立安全专项规划制度,把安全规划纳入地方经济社会和城镇发展总体规划,并加强规划之间的统筹与衔接。加强城乡规划安全风险的前期分析,完善城乡规划、设计和建设的安全准入标准,研究建立招商引资安全风险评估制度,严格高风险项目建设安全审核把关,科学论证高危企业的选址和布局,严禁违反国家标准、行业标准规范在高风险项目周边设置人口密集区。

(二)严格规模准入。根据产业政策、法律法规、国家标准、行业标准和本地区、本行业领域实际,明确高危行业企业最低生产经营规模标准,严禁新建不符合最低规模要求的小企业。建立大型经营性活动备案审批制度和人员密集场所安全预警制度,严格控制人流密度。推动实施劳动密集型作业场所空间物理隔离技术工程,严格限制劳动密集型作业场所单位空间作业人数。

(三)严格工艺设备和人员素质准入。实施更加严格的生产工艺、技术、设备安全标准,严禁使用国家明令禁止或淘汰的设备和工艺,对不符合相关国家标准、行业标准要求的,一律不准投入使用。明确高危行业企业负责人、安全管理人员和特种作业人员的文化程度、专业素质及年龄、身体状况等条件要求,完善高危行业从业人员安全素质准入制度。

(四)强力推动淘汰退出落后产能。紧密结合供给侧结构性改革和国家化解钢铁、煤炭等过剩产能工作要求,顺势而为,研究细化安全生产方面的配套措施,严格安全生产标准条件,依法关停退出达不到安全标准要求的产能和违法违规企业,及时注销到期不申请延期的安全生产许可证,提请有关人民政府关闭经停产整顿仍达不到安全生产条件的企业。加大政策支持力度,通过资金奖补、兼并重组等途径,引导安全保障能力低、长期亏损、扭转无望的企业主动退出。

六、着力加强保护生命重点工程建设

(一)加快建设实施一批重点工程。以高安全风险行业领域、关键生产环节为重点,紧盯重大事故隐患、重要设施和重大危险源,精准确定、高效建设实施一批保护生命重点工程。国家层面重点建设煤矿重大灾害隐患排查治理示范工程、金属非金属地下矿山采空区治理工程、尾矿库“头顶库”综合治理工程、公路安全生命防护工程、重大危险源在线监测及事故预警工程、危险化学品罐区本质安全提升工程、烟花爆竹生产机械化示范工程、工贸行业粉尘防爆治理工程等。

（二）强化政策和资金支持。探索建立有利于工程实施的财政、税收、信贷政策，建立以企业投入为主、市场筹资为辅，政府奖励支持的投入保障机制，引导、带动企业和社会各界积极主动支持实施保护生命重点工程，努力构建保护生命的“安全网”。

七、切实提升事故应急处置能力

（一）加强员工岗位应急培训。健全企业全员应急培训制度，针对员工岗位工作实际组织开展应急知识培训，提升一线员工第一时间化解险情和自救互救的能力。

（二）健全快速应急响应机制。建立健全部门之间、地企之间应急协调联动制度，加强安全生产预报、预警。完善企业应急预案，加强应急演练，严防盲目施救导致事态扩大。强化应急响应，确保第一时间赶赴事故现场组织抢险救援。

（三）加强应急保障能力建设。进一步优化布局，加强矿山、危险化学品、油气管道等专业化应急救援队伍和实训演练基地建设，强化大型先进救援装备、应急物资和紧急运输、应急通信能力储备。建立救援队伍社会化服务补偿机制，鼓励和引导社会力量参与应急救援。

2. 安全培训

生产经营单位安全培训规定

1. 2006年1月17日国家安全生产监督管理总局令第3号公布
2. 根据2013年8月29日国家安全生产监督管理总局令第63号《关于修改〈生产经营单位安全培训规定〉等11件规章的决定》第一次修正
3. 根据2015年5月29日国家安全生产监督管理总局令第80号《关于废止和修改劳动防护用品和安全培训等领域十部规章的决定》第二次修正

第一章　总　　则

第一条　为加强和规范生产经营单位安全培训工作，提高从业人员安全素质，防范伤亡事故，减轻职业危害，根据安全生产法和有关法律、行政法规，制定本规定。

第二条　工矿商贸生产经营单位（以下简称生产经营单位）从业人员的安全培训，适用本规定。

第三条　生产经营单位负责本单位从业人员安全培训工作。

生产经营单位应当按照安全生产法和有关法律、行政法规和本规定，建立健全安全培训工作制度。

第四条　生产经营单位应当进行安全培训的从业人员包括主要负责人、安全生产管理人员、特种作业人员和其他从业人员。

生产经营单位使用被派遣劳动者的，应当将被派遣劳动者纳入本单位从业人员统一管理，对被派遣劳动者进行岗位安全操作规程和安全操作技能的教育和培训。劳务派遣单位应当对被派遣劳动者进行必要的安全生产教育和培训。

生产经营单位接收中等职业学校、高等学校学生实习的，应当对实习学生进行相应的安全生产教育和培训，提供必要的劳动防护用品。学校应当协助生产经营单位对实习学生进行安全生产教育和培训。

生产经营单位从业人员应当接受安全培训，熟悉有关安全生产规章制度和安全操作规程，具备必要的安全生产知识，掌握本岗位的安全操作技能，了解事故应急处理措施，知悉自身在安全生产方面的权利和义务。

未经安全培训合格的从业人员，不得上岗作业。

第五条　国家安全生产监督管理总局指导全国安全培训工作，依法对全国的安全培训工作实施监督管理。

国务院有关主管部门按照各自职责指导监督本行业安全培训工作，并按照本规定制定实施办法。

国家煤矿安全监察局指导监督检查全国煤矿安全培训工作。

各级安全生产监督管理部门和煤矿安全监察机构（以下简称安全生产监管监察部门）按照各自的职责，依法对生产经营单位的安全培训工作实施监督管理。

第二章　主要负责人、安全生产管理人员的安全培训

第六条　生产经营单位主要负责人和安全生产管理人员应当接受安全培训，具备与所从事的生产经营活动相适应的安全生产知识和管理能力。

第七条　生产经营单位主要负责人安全培训应当包括下列内容：

（一）国家安全生产方针、政策和有关安全生产的法律、法规、规章及标准；

（二）安全生产管理基本知识、安全生产技术、安全生产专业知识；

（三）重大危险源管理、重大事故防范、应急管理和救援组织以及事故调查处理的有关规定；

（四）职业危害及其预防措施；

（五）国内外先进的安全生产管理经验；

（六）典型事故和应急救援案例分析；

（七）其他需要培训的内容。

第八条　生产经营单位安全生产管理人员安全培训应当包括下列内容：

（一）国家安全生产方针、政策和有关安全生产的法律、法规、规章及标准；

（二）安全生产管理、安全生产技术、职业卫生等知识；

（三）伤亡事故统计、报告及职业危害的调查处理方法；

（四）应急管理、应急预案编制以及应急处置的内容和要求；

（五）国内外先进的安全生产管理经验；

（六）典型事故和应急救援案例分析；

（七）其他需要培训的内容。

第九条　生产经营单位主要负责人和安全生产管理人员初次安全培训时间不得少于32学时。每年再培训时间不得少于12学时。

煤矿、非煤矿山、危险化学品、烟花爆竹、金属冶炼

等生产经营单位主要负责人和安全生产管理人员初次安全培训时间不得少于48学时，每年再培训时间不得少于16学时。

第十条　生产经营单位主要负责人和安全生产管理人员的安全培训必须依照安全生产监管监察部门制定的安全培训大纲实施。

非煤矿山、危险化学品、烟花爆竹、金属冶炼等生产经营单位主要负责人和安全生产管理人员的安全培训大纲及考核标准由国家安全生产监督管理总局统一制定。

煤矿主要负责人和安全生产管理人员的安全培训大纲及考核标准由国家煤矿安全监察局制定。

煤矿、非煤矿山、危险化学品、烟花爆竹、金属冶炼以外的其他生产经营单位主要负责人和安全管理人员的安全培训大纲及考核标准，由省、自治区、直辖市安全生产监督管理部门制定。

第三章　其他从业人员的安全培训

第十一条　煤矿、非煤矿山、危险化学品、烟花爆竹、金属冶炼等生产经营单位必须对新上岗的临时工、合同工、劳务工、轮换工、协议工等进行强制性安全培训，保证其具备本岗位安全操作、自救互救以及应急处置所需的知识和技能后，方能安排上岗作业。

第十二条　加工、制造业等生产单位的其他从业人员，在上岗前必须经过厂（矿）、车间（工段、区、队）、班组三级安全培训教育。

生产经营单位应当根据工作性质对其他从业人员进行安全培训，保证其具备本岗位安全操作、应急处置等知识和技能。

第十三条　生产经营单位新上岗的从业人员，岗前安全培训时间不得少于24学时。

煤矿、非煤矿山、危险化学品、烟花爆竹、金属冶炼等生产经营单位新上岗的从业人员安全培训时间不得少于72学时，每年再培训的时间不得少于20学时。

第十四条　厂（矿）级岗前安全培训内容应当包括：

（一）本单位安全生产情况及安全生产基本知识；

（二）本单位安全生产规章制度和劳动纪律；

（三）从业人员安全生产权利和义务；

（四）有关事故案例等。

煤矿、非煤矿山、危险化学品、烟花爆竹、金属冶炼等生产经营单位厂（矿）级安全培训除包括上述内容外，应当增加事故应急救援、事故应急预案演练及防范措施等内容。

第十五条　车间（工段、区、队）级岗前安全培训内容应当包括：

（一）工作环境及危险因素；

（二）所从事工种可能遭受的职业伤害和伤亡事故；

（三）所从事工种的安全职责、操作技能及强制性标准；

（四）自救互救、急救方法、疏散和现场紧急情况的处理；

（五）安全设备设施、个人防护用品的使用和维护；

（六）本车间（工段、区、队）安全生产状况及规章制度；

（七）预防事故和职业危害的措施及应注意的安全事项；

（八）有关事故案例；

（九）其他需要培训的内容。

第十六条　班组级岗前安全培训内容应当包括：

（一）岗位安全操作规程；

（二）岗位之间工作衔接配合的安全与职业卫生事项；

（三）有关事故案例；

（四）其他需要培训的内容。

第十七条　从业人员在本生产经营单位内调整工作岗位或离岗一年以上重新上岗时，应当重新接受车间（工段、区、队）和班组级的安全培训。

生产经营单位采用新工艺、新技术、新材料或者使用新设备时，应当对有关从业人员重新进行有针对性的安全培训。

第十八条　生产经营单位的特种作业人员，必须按照国家有关法律、法规的规定接受专门的安全培训，经考核合格，取得特种作业操作资格证书后，方可上岗作业。

特种作业人员的范围和培训考核管理办法，另行规定。

第四章　安全培训的组织实施

第十九条　生产经营单位从业人员的安全培训工作，由生产经营单位组织实施。

生产经营单位应当坚持以考促学、以讲促学，确保全体从业人员熟练掌握岗位安全生产知识和技能；煤矿、非煤矿山、危险化学品、烟花爆竹、金属冶炼等生产经营单位还应当完善和落实师傅带徒弟制度。

第二十条　具备安全培训条件的生产经营单位，应当以自主培训为主；可以委托具备安全培训条件的机构，对从业人员进行安全培训。

不具备安全培训条件的生产经营单位，应当委托具备安全培训条件的机构，对从业人员进行安全培训。

生产经营单位委托其他机构进行安全培训的，保证安全培训的责任仍由本单位负责。

第二十一条 生产经营单位应当将安全培训工作纳入本单位年度工作计划。保证本单位安全培训工作所需资金。

生产经营单位的主要负责人负责组织制定并实施本单位安全培训计划。

第二十二条 生产经营单位应当建立健全从业人员安全生产教育和培训档案，由生产经营单位的安全生产管理机构以及安全生产管理人员详细、准确记录培训的时间、内容、参加人员以及考核结果等情况。

第二十三条 生产经营单位安排从业人员进行安全培训期间，应当支付工资和必要的费用。

第五章 监督管理

第二十四条 煤矿、非煤矿山、危险化学品、烟花爆竹、金属冶炼等生产经营单位主要负责人和安全生产管理人员，自任职之日起6个月内，必须经安全生产监管监察部门对其安全生产知识和管理能力考核合格。

第二十五条 安全生产监管监察部门依法对生产经营单位安全培训情况进行监督检查，督促生产经营单位按照国家有关法律法规和本规定开展安全培训工作。

县级以上地方人民政府负责煤矿安全生产监督管理的部门对煤矿井下作业人员的安全培训情况进行监督检查。煤矿安全监察机构对煤矿特种作业人员安全培训及其持证上岗的情况进行监督检查。

第二十六条 各级安全生产监管监察部门对生产经营单位安全培训及其持证上岗的情况进行监督检查，主要包括以下内容：

（一）安全培训制度、计划的制定及其实施的情况；

（二）煤矿、非煤矿山、危险化学品、烟花爆竹、金属冶炼等生产经营单位主要负责人和安全生产管理人员安全培训以及安全生产知识和管理能力考核的情况；其他生产经营单位主要负责人和安全生产管理人员培训的情况；

（三）特种作业人员操作资格证持证上岗的情况；

（四）建立安全生产教育和培训档案，并如实记录的情况；

（五）对从业人员现场抽考本职工作的安全生产知识；

（六）其他需要检查的内容。

第二十七条 安全生产监管监察部门对煤矿、非煤矿山、危险化学品、烟花爆竹、金属冶炼等生产经营单位的主要负责人、安全管理人员应当按照本规定严格考核。考核不得收费。

安全生产监管监察部门负责考核的有关人员不得玩忽职守和滥用职权。

第二十八条 安全生产监管监察部门检查中发现安全生产教育和培训责任落实不到位、有关从业人员未经培训合格的，应当视为生产安全事故隐患，责令生产经营单位立即停止违法行为，限期整改，并依法予以处罚。

第六章 罚 则

第二十九条 生产经营单位有下列行为之一的，由安全生产监管监察部门责令其限期改正，可以处1万元以上3万元以下的罚款：

（一）未将安全培训工作纳入本单位工作计划并保证安全培训工作所需资金的；

（二）从业人员进行安全培训期间未支付工资并承担安全培训费用的。

第三十条 生产经营单位有下列行为之一的，由安全生产监管监察部门责令其限期改正，可以处5万元以下的罚款；逾期未改正的，责令停产停业整顿，并处5万元以上10万元以下的罚款，对其直接负责的主管人员和其他直接责任人员处1万元以上2万元以下的罚款：

（一）煤矿、非煤矿山、危险化学品、烟花爆竹、金属冶炼等生产经营单位主要负责人和安全管理人员未按照规定经考核合格的；

（二）未按照规定对从业人员、被派遣劳动者、实习学生进行安全生产教育和培训或者未如实告知其有关安全生产事项的；

（三）未如实记录安全生产教育和培训情况的；

（四）特种作业人员未按照规定经专门的安全技术培训并取得特种作业人员操作资格证书，上岗作业的。

县级以上地方人民政府负责煤矿安全生产监督管理的部门发现煤矿未按照本规定对井下作业人员进行安全培训的，责令限期改正，处10万元以上50万元以下的罚款；逾期未改正的，责令停产停业整顿。

煤矿安全监察机构发现煤矿特种作业人员无证上岗作业的，责令限期改正，处10万元以上50万元以下的罚款；逾期未改正的，责令停产停业整顿。

第三十一条 安全生产监管监察部门有关人员在考核、

发证工作中玩忽职守、滥用职权的，由上级安全生产监管监察部门或者行政监察部门给予记过、记大过的行政处分。

第七章　附　　则

第三十二条　生产经营单位主要负责人是指有限责任公司或者股份有限公司的董事长、总经理，其他生产经营单位的厂长、经理、（矿务局）局长、矿长（含实际控制人）等。

生产经营单位安全生产管理人员是指生产经营单位分管安全生产的负责人、安全生产管理机构负责人及其管理人员，以及未设安全生产管理机构的生产经营单位专、兼职安全生产管理人员等。

生产经营单位其他从业人员是指除主要负责人、安全生产管理人员和特种作业人员以外，该单位从事生产经营活动的所有人员，包括其他负责人、其他管理人员、技术人员和各岗位的工人以及临时聘用的人员。

第三十三条　省、自治区、直辖市安全生产监督管理部门和省级煤矿安全监察机构可以根据本规定制定实施细则，报国家安全生产监督管理总局和国家煤矿安全监察局备案。

第三十四条　本规定自2006年3月1日起施行。

安全生产培训管理办法

1. *2012年1月19日国家安全生产监督管理总局令第44号公布*
2. *根据2013年8月29日国家安全生产监督管理总局令第63号《关于修改〈生产经营单位安全培训规定〉等11件规章的决定》第一次修正*
3. *根据2015年5月29日国家安全生产监督管理总局令第80号《关于废止和修改劳动防护用品和安全培训等领域十部规章的决定》第二次修正*

第一章　总　　则

第一条　为了加强安全生产培训管理，规范安全生产培训秩序，保证安全生产培训质量，促进安全生产培训工作健康发展，根据《中华人民共和国安全生产法》和有关法律、行政法规的规定，制定本办法。

第二条　安全培训机构、生产经营单位从事安全生产培训（以下简称安全培训）活动以及安全生产监督管理部门、煤矿安全监察机构、地方人民政府负责煤矿安全培训的部门对安全培训工作实施监督管理，适用本办法。

第三条　本办法所称安全培训是指以提高安全监管监察人员、生产经营单位从业人员和从事安全生产工作的相关人员的安全素质为目的的教育培训活动。

前款所称安全监管监察人员是指县级以上各级人民政府安全生产监督管理部门、各级煤矿安全监察机构从事安全监管监察、行政执法的安全生产监管人员和煤矿安全监察人员；生产经营单位从业人员是指生产经营单位主要负责人、安全生产管理人员、特种作业人员及其他从业人员；从事安全生产工作的相关人员是指从事安全教育培训工作的教师、危险化学品登记机构的登记人员和承担安全评价、咨询、检测、检验的人员及注册安全工程师、安全生产应急救援人员等。

第四条　安全培训工作实行统一规划、归口管理、分级实施、分类指导、教考分离的原则。

国家安全生产监督管理总局（以下简称国家安全监管总局）指导全国安全培训工作，依法对全国的安全培训工作实施监督管理。

国家煤矿安全监察局（以下简称国家煤矿安监局）指导全国煤矿安全培训工作，依法对全国煤矿安全培训工作实施监督管理。

国家安全生产应急救援指挥中心指导全国安全生产应急救援培训工作。

县级以上地方各级人民政府安全生产监督管理部门依法对本行政区域内的安全培训工作实施监督管理。

省、自治区、直辖市人民政府负责煤矿安全培训的部门、省级煤矿安全监察机构（以下统称省级煤矿安全培训监管机构）按照各自工作职责，依法对所辖区域煤矿安全培训工作实施监督管理。

第五条　安全培训的机构应当具备从事安全培训工作所需要的条件。从事危险物品的生产、经营、储存单位以及矿山、金属冶炼单位的主要负责人和安全生产管理人员，特种作业人员以及注册安全工程师等相关人员培训的安全培训机构，应当将教师、教学和实习实训设施等情况书面报告所在地安全生产监督管理部门、煤矿安全培训监管机构。

安全生产相关社会组织依照法律、行政法规和章程，为生产经营单位提供安全培训有关服务，对安全培训机构实行自律管理，促进安全培训工作水平的提升。

第二章　安全培训

第六条　安全培训应当按照规定的安全培训大纲进行。

安全监管监察人员，危险物品的生产、经营、储存单位与非煤矿山、金属冶炼单位的主要负责人和安全生产管理人员、特种作业人员以及从事安全生产工作的相关人员的安全培训大纲，由国家安全监管总局组织制定。

煤矿企业的主要负责人和安全生产管理人员、特种作业人员的培训大纲由国家煤矿安监局组织制定。

除危险物品的生产、经营、储存单位和矿山、金属冶炼单位以外其他生产经营单位的主要负责人、安全生产管理人员及其他从业人员的安全培训大纲，由省级安全生产监督管理部门、省级煤矿安全培训监管机构组织制定。

第七条 国家安全监管总局、省级安全生产监督管理部门定期组织优秀安全培训教材的评选。

安全培训机构应当优先使用优秀安全培训教材。

第八条 国家安全监管总局负责省级以上安全生产监督管理部门的安全生产监管人员、各级煤矿安全监察机构的煤矿安全监察人员的培训工作。

省级安全生产监督管理部门负责市级、县级安全生产监督管理部门的安全生产监管人员的培训工作。

生产经营单位的从业人员的安全培训，由生产经营单位负责。

危险化学品登记机构的登记人员和承担安全评价、咨询、检测、检验的人员及注册安全工程师、安全生产应急救援人员的安全培训，按照有关法律、法规、规章的规定进行。

第九条 对从业人员的安全培训，具备安全培训条件的生产经营单位应当以自主培训为主，也可以委托具备安全培训条件的机构进行安全培训。

不具备安全培训条件的生产经营单位，应当委托具有安全培训条件的机构对从业人员进行安全培训。

生产经营单位委托其他机构进行安全培训的，保证安全培训的责任仍由本单位负责。

第十条 生产经营单位应当建立安全培训管理制度，保障从业人员安全培训所需经费，对从业人员进行与其所从事岗位相应的安全教育培训；从业人员调整工作岗位或者采用新工艺、新技术、新设备、新材料的，应当对其进行专门的安全教育和培训。未经安全教育和培训合格的从业人员，不得上岗作业。

生产经营单位使用被派遣劳动者的，应当将被派遣劳动者纳入本单位从业人员统一管理，对被派遣劳动者进行岗位安全操作规程和安全操作技能的教育和培训。劳务派遣单位应当对被派遣劳动者进行必要的安全生产教育和培训。

生产经营单位接收中等职业学校、高等学校学生实习的，应当对实习学生进行相应的安全生产教育和培训，提供必要的劳动防护用品。学校应当协助生产经营单位对实习学生进行安全生产教育和培训。

从业人员安全培训的时间、内容、参加人员以及考核结果等情况，生产经营单位应当如实记录并建档备查。

第十一条 生产经营单位从业人员的培训内容和培训时间，应当符合《生产经营单位安全培训规定》和有关标准的规定。

第十二条 中央企业的分公司、子公司及其所属单位和其他生产经营单位，发生造成人员死亡的生产安全事故的，其主要负责人和安全生产管理人员应当重新参加安全培训。

特种作业人员对造成人员死亡的生产安全事故负有直接责任的，应当按照《特种作业人员安全技术培训考核管理规定》重新参加安全培训。

第十三条 国家鼓励生产经营单位实行师傅带徒弟制度。

矿山新招的井下作业人员和危险物品生产经营单位新招的危险工艺操作岗位人员，除按照规定进行安全培训外，还应当在有经验的职工带领下实习满 2 个月后，方可独立上岗作业。

第十四条 国家鼓励生产经营单位招录职业院校毕业生。

职业院校毕业生从事与所学专业相关的作业，可以免予参加初次培训，实际操作培训除外。

第十五条 安全培训机构应当建立安全培训工作制度和人员培训档案。安全培训相关情况，应当如实记录并建档备查。

第十六条 安全培训机构从事安全培训工作的收费，应当符合法律、法规的规定。法律、法规没有规定的，应当按照行业自律标准或者指导性标准收费。

第十七条 国家鼓励安全培训机构和生产经营单位利用现代信息技术开展安全培训，包括远程培训。

第三章 安全培训的考核

第十八条 安全监管监察人员、从事安全生产工作的相关人员、依照有关法律法规应当接受安全生产知识和管理能力考核的生产经营单位主要负责人和安全生产管理人员、特种作业人员的安全培训的考核，应当坚持教考分离、统一标准、统一题库、分级负责的原则，分步推行有远程视频监控的计算机考试。

第十九条 安全监管监察人员，危险物品的生产、经营、储存单位及非煤矿山、金属冶炼单位主要负责人、安全生产管理人员和特种作业人员，以及从事安全生产工作的相关人员的考核标准，由国家安全监管总局统一制定。

煤矿企业的主要负责人、安全生产管理人员和特种作业人员的考核标准，由国家煤矿安监局制定。

除危险物品的生产、经营、储存单位和矿山、金属冶炼单位以外其他生产经营单位主要负责人、安全生产管理人员及其他从业人员的考核标准，由省级安全生产监督管理部门制定。

第二十条 国家安全监管总局负责省级以上安全生产监督管理部门的安全生产监管人员、各级煤矿安全监察机构的煤矿安全监察人员的考核；负责中央企业的总公司、总厂或者集团公司的主要负责人和安全生产管理人员的考核。

省级安全生产监督管理部门负责市级、县级安全生产监督管理部门的安全生产监管人员的考核；负责省属生产经营单位和中央企业分公司、子公司及其所属单位的主要负责人和安全生产管理人员的考核；负责特种作业人员的考核。

市级安全生产监督管理部门负责本行政区域内除中央企业、省属生产经营单位以外的其他生产经营单位的主要负责人和安全生产管理人员的考核。

省级煤矿安全培训监管机构负责所辖区域内煤矿企业的主要负责人、安全生产管理人员和特种作业人员的考核。

除主要负责人、安全生产管理人员、特种作业人员以外的生产经营单位的其他从业人员的考核，由生产经营单位按照省级安全生产监督管理部门公布的考核标准，自行组织考核。

第二十一条 安全生产监督管理部门、煤矿安全培训监管机构和生产经营单位应当制定安全培训的考核制度，建立考核管理档案备查。

第四章 安全培训的发证

第二十二条 接受安全培训人员经考核合格的，由考核部门在考核结束后10个工作日内颁发相应的证书。

第二十三条 安全生产监管人员经考核合格后，颁发安全生产监管执法证；煤矿安全监察人员经考核合格后，颁发煤矿安全监察执法证；危险物品的生产、经营、储存单位和矿山、金属冶炼单位主要负责人、安全生产管理人员经考核合格后，颁发安全合格证；特种作业人员经考核合格后，颁发《中华人民共和国特种作业操作证》（以下简称特种作业操作证）；危险化学品登记机构的登记人员经考核合格后，颁发上岗证；其他人员经培训合格后，颁发培训合格证。

第二十四条 安全生产监管执法证、煤矿安全监察执法证、安全合格证、特种作业操作证和上岗证的式样，由国家安全监管总局统一规定。培训合格证的式样，由负责培训考核的部门规定。

第二十五条 安全生产监管执法证、煤矿安全监察执法证、安全合格证的有效期为3年。有效期届满需要延期的，应当于有效期届满30日前向原发证部门申请办理延期手续。

特种作业人员的考核发证按照《特种作业人员安全技术培训考核管理规定》执行。

第二十六条 特种作业操作证和省级安全生产监督管理部门、省级煤矿安全培训监管机构颁发的主要负责人、安全生产管理人员的安全合格证，在全国范围内有效。

第二十七条 承担安全评价、咨询、检测、检验的人员和安全生产应急救援人员的考核、发证，按照有关法律、法规、规章的规定执行。

第五章 监 督 管 理

第二十八条 安全生产监督管理部门、煤矿安全培训监管机构应当依照法律、法规和本办法的规定，加强对安全培训工作的监督管理，对生产经营单位、安全培训机构违反有关法律、法规和本办法的行为，依法作出处理。

省级安全生产监督管理部门、省级煤矿安全培训监管机构应当定期统计分析本行政区域内安全培训、考核、发证情况，并报国家安全监管总局。

第二十九条 安全生产监督管理部门和煤矿安全培训监管机构应当对安全培训机构开展安全培训活动的情况进行监督检查，检查内容包括：

（一）具备从事安全培训工作所需要的条件的情况；

（二）建立培训管理制度和教师配备的情况；

（三）执行培训大纲、建立培训档案和培训保障的情况；

（四）培训收费的情况；

（五）法律法规规定的其他内容。

第三十条 安全生产监督管理部门、煤矿安全培训监管机构应当对生产经营单位的安全培训情况进行监督检查，检查内容包括：

（一）安全培训制度、年度培训计划、安全培训管理档案的制定和实施的情况；

（二）安全培训经费投入和使用的情况；

（三）主要负责人、安全生产管理人员接受安全生产知识和管理能力考核的情况；

（四）特种作业人员持证上岗的情况；

（五）应用新工艺、新技术、新材料、新设备以及转岗前对从业人员安全培训的情况；

（六）其他从业人员安全培训的情况；

（七）法律法规规定的其他内容。

第三十一条 任何单位或者个人对生产经营单位、安全培训机构违反有关法律、法规和本办法的行为，均有权向安全生产监督管理部门、煤矿安全监察机构、煤矿安全培训监管机构报告或者举报。

接到举报的部门或者机构应当为举报人保密，并按照有关规定对举报进行核查和处理。

第三十二条 监察机关依照《中华人民共和国行政监察法》等法律、行政法规的规定，对安全生产监督管理部门、煤矿安全监察机构、煤矿安全培训监管机构及其工作人员履行安全培训工作监督管理职责情况实施监察。

第六章 法律责任

第三十三条 安全生产监督管理部门、煤矿安全监察机构、煤矿安全培训监管机构的工作人员在安全培训监督管理工作中滥用职权、玩忽职守、徇私舞弊的，依照有关规定给予处分；构成犯罪的，依法追究刑事责任。

第三十四条 安全培训机构有下列情形之一的，责令限期改正，处1万元以下的罚款；逾期未改正的，给予警告，处1万元以上3万元以下的罚款：

（一）不具备安全培训条件的；

（二）未按照统一的培训大纲组织教学培训的；

（三）未建立培训档案或者培训档案管理不规范的；

安全培训机构采取不正当竞争手段，故意贬低、诋毁其他安全培训机构的，依照前款规定处罚。

第三十五条 生产经营单位主要负责人、安全生产管理人员、特种作业人员以欺骗、贿赂等不正当手段取得安全合格证或者特种作业操作证的，除撤销其相关证书外，处3000元以下的罚款，并自撤销其相关证书之日起3年内不得再次申请该证书。

第三十六条 生产经营单位有下列情形之一的，责令改正，处3万元以下的罚款：

（一）从业人员安全培训的时间少于《生产经营单位安全培训规定》或者有关标准规定的；

（二）矿山新招的井下作业人员和危险物品生产经营单位新招的危险工艺操作岗位人员，未经实习期满独立上岗作业的；

（三）相关人员未按照本办法第十二条规定重新参加安全培训的。

第三十七条 生产经营单位存在违反有关法律、法规中安全生产教育培训的其他行为的，依照相关法律、法规的规定予以处罚。

第七章 附 则

第三十八条 本办法自2012年3月1日起施行。2004年12月28日公布的《安全生产培训管理办法》（原国家安全生产监督管理局〈国家煤矿安全监察局〉令第20号）同时废止。

国务院安全生产委员会关于进一步加强安全培训工作的决定

1. 2012年11月21日
2. 安委〔2012〕10号

各省、自治区、直辖市人民政府，新疆生产建设兵团，国务院安委会各成员单位，各中央企业：

为提高企业从业人员安全素质和安全监管监察效能，防止和减少违章指挥、违规作业和违反劳动纪律（以下简称“三违”）行为，促进全国安全生产形势持续稳定好转，现就进一步加强安全培训工作作出如下决定：

一、加强安全培训工作的重要意义和总体要求

（一）重要意义。党中央、国务院高度重视安全培训工作，安全培训力度不断加大，企业职工安全素质和安全监管监察人员执法能力明显提高。但一些地区和单位安全培训工作仍然存在着思想认识不到位、责任落实不到位、实效性不强、投入不足、基础工作薄弱、执法偏轻偏软等问题，给安全生产带来较大压力。实践表明，进一步加强安全培训工作，是落实党的十八大精神，深入贯彻科学发展观，实施安全发展战略的内在要求；是强化企业安全生产基础建设，提高企业安全管理水平和从业人员安全素质，提升安全监管监察效能的重要途径；是防止“三违”行为，不断降低事故总量，遏制重特大事故发生的源头性、根本性举措。

（二）总体思路。深入贯彻落实科学发展观，认真落实党中央、国务院关于加强安全生产工作的决策部署，牢固树立“培训不到位是重大安全隐患”的意识，坚持依法培训、按需施教的工作理念，以落实持证上岗和先培训后上岗制度为核心，以落实企业安全培训主体责任、提高企业安全培训质量为着力点，全面加强安全培训基础建设，严格安全培训监察执法和责任追究，扎实推进安全培训内容规范化、方式多样化、管理信息化、方法现代化和监督日常化，努力实施全覆盖、多手段、高质量的安全培训，切实减少“三违”行为，促进全国安全生产形势持续稳定好转。

（三）工作目标。到“十二五”时期末，矿山、建筑施工单位和危险物品生产、经营、储存等高危行业企业（以下简称高危企业）主要负责人、安全管理人员和生产经营单位特种作业人员（以下简称“三项岗位”人员）100%持证上岗，以班组长、新工人、农民工为重点的企业从业人员100%培训合格后上岗，各级安全监管监察人员100%持行政执法证上岗，承担安全培训的教师100%参加知识更新培训，安全培训基础保障能力和安全培训质量得到明显提高。

二、全面落实安全培训工作责任

（四）认真落实企业安全培训主体责任。企业是从业人员安全培训的责任主体，要把安全培训纳入企业发展规划，健全落实以“一把手”负总责、领导班子成员“一岗双责”为主要内容的安全培训责任体系，建立健全机构并配备充足人员，保障经费需求，严格落实“三项岗位”人员持证上岗和从业人员先培训后上岗制度，健全安全培训档案。劳务派遣单位要加强劳务派遣工基本安全知识培训，劳务使用单位要确保劳务派遣工与本企业职工接受同等安全培训。境内投资主体要指导督促境外中资企业依法加强安全培训工作。安全生产技术研发、装备制造单位要与使用单位共同承担新工艺、新技术、新设备、新材料培训责任。

（五）切实履行政府及有关部门安全培训监管和安全监管监察人员培训职责。地方各级政府要统筹指导相关部门加强本地区安全培训工作。有关主管部门要根据有关法律法规，组织实施职责范围内的安全培训工作，完善安全培训法规制度，统一培训大纲、考试标准，加强教材建设，严格管理培训机构，做好证件发放和复审工作，避免多头管理、重复发证；要强化安全培训监督检查，依法严惩不培训就上岗和乱办班、乱收费、乱发证行为；要组织培训安全监管监察人员。要将安全生产知识作为领导干部培训、义务教育、职业教育、职业技能培训等的重要内容。要减少对培训班的直接参与，由办培训向管培训、管考试、监督培训转变。

（六）强化承担安全培训和考试的机构培训质量保障责任。承担安全培训的机构是安全培训施教主体，担负保证安全培训质量的主要责任，要健全落实安全培训质量控制制度，严格按培训大纲培训，严格学员、培训档案和培训收费管理，加强师资队伍建设和资金投入，持续改善培训条件。承担安全培训考试的机构要严格教考分离制度，健全考务管理体系，建立考试档案，切实做到考试不合格不发证。

三、全面落实持证上岗和先培训后上岗制度

（七）实施高危企业从业人员准入制度。有关主管部门要结合实际，制定本行业领域从业人员准入制度。矿山和危险物品生产企业专职安全管理人员要至少具备相关专业中专以上学历或者中级以上专业技术职称、高级工以上技能等级，或者具备注册安全工程师资格。各类特种作业人员要具有初中及以上文化程度，危险化学品特种作业人员要具有高中或者相当于高中及以上文化程度。矿山井下、危险化学品生产单位从业人员要具有初中及以上文化程度。安全生产专业服务机构为企业提供安全技术服务时，要对企业安全培训情况进行审核。高危企业安全生产许可证发放、延期和安全生产标准化考评时，有关主管部门要审核企业安全培训情况。

（八）严格落实“三项岗位”人员持证上岗制度。企业新任用或者招录“三项岗位”人员，要组织其参加安全培训，经考试合格持证后上岗。取得注册安全工程师资格证并经注册的，可以直接申领矿山、危险物品行业主要负责人和安全管理人员安全资格证。对发生人员死亡事故负有责任的企业主要负责人、实际控制人和安全管理人员，要重新参加安全培训考试。要严格证书延期继续教育制度。有关主管部门要按照职责分工，定期开展本行业领域“三项岗位”人员持证上岗情况登记普查，建立信息库。要建立特种作业人员范围修订机制。

（九）严格落实企业职工先培训后上岗制度。矿山、危险物品等高危企业要对新职工进行至少72学时的安全培训，建筑企业要对新职工进行至少32学时的安全培训，每年进行至少20学时的再培训；非高危企业新职工上岗前要经过至少24学时的安全培训，每年进行至少8学时的再培训。企业调整职工岗位或者采用新工艺、新技术、新设备、新材料的，要进行专门的安全培训。矿山和危险物品生产企业逐步实现从职业院校和技工院校相关专业毕业生中录用新职工。政府有关部门要实施“中小企业安全培训援助”工程，推动大型企业和培训机构与中小企业签订培训服务协议；组织讲师团，开展培训下基层进企业活动。

（十）完善和落实师傅带徒弟制度。高危企业新

职工安全培训合格后，要在经验丰富的工人师傅带领下，实习至少2个月后方可独立上岗。工人师傅一般应当具备中级工以上技能等级，3年以上相应工作经历，成绩突出，善于“传、帮、带”，没有发生过“三违”行为等条件。要组织签订师徒协议，建立师傅带徒弟激励约束机制。

（十一）严格落实安全监管监察人员持证上岗和继续教育制度。市（地）及以下政府分管安全生产工作的领导同志要在明确分工后半年内参加专题安全培训。各级安全监管监察人员要经执法资格培训考试合格，持有效行政执法证上岗；新上岗人员要在上岗一年内参加执法资格培训考试；执法证有效期满的，要参加延期换证继续教育和考试。鼓励安全监管监察人员报考注册安全工程师等职业资格，在职攻读安全生产相关专业学历和学位。

四、全面加强安全培训基础保障能力建设

（十二）完善安全培训大纲和教材。有关主管部门要定期制定、修订各类人员安全培训大纲和考核标准，根据安全生产工作发展需要和企业安全生产实际，不断规范安全培训内容。鼓励行业组织、企业及培训机构编写针对性、实效性强的实用教材。要分行业组织编写企业职工安全生产应知应会读本、建立生产安全事故案例库和制作警示教育片。

（十三）加强安全培训师资队伍建设。承担安全培训的机构要建立健全安全培训专职教师考核合格后上岗制度，保证专职教师定期参加继续教育，积极组织教师参加国际学术交流。有关主管部门要加强承担安全培训的教师培训，定期开展教师讲课大赛，建立安全培训师资库。企业要建立领导干部上讲台制度，选聘一线安全管理、技术人员担任兼职教师。

（十四）加强安全培训机构建设。要根据实际需要，科学规划安全培训机构建设，控制数量，合理布局。支持大中型企业和欠发达地区建立安全培训机构，重点建设一批具有仿真、体感、实操特色的示范培训机构。要加强安全培训机构管理，定期公布安全培训机构名单和培训范围，接受社会监督。支持高等学校、职业院校、技工院校、工会培训机构等开展安全培训。

（十五）加强远程安全培训。开发国家安全培训网和有关行业网络学习平台，实现优质资源共享。建立安全培训视频课程征集、遴选、审核制度，建设课程“超市”，推行自主选学。实行网络培训学时学分制，将学时和学分结果与继续教育、再培训挂钩，与安全监管监察人员年度考核、提拔使用、评先评优挂钩。利用视频、电视、手机等拓展远程培训形式。

（十六）加强安全培训管理信息化建设。编制安全培训信息管理数据标准。开发安全培训信息管理系统。健全“三项岗位”人员、安全监管监察人员培训持证情况和考试题库、培训机构、考试机构、培训教师等数据库，实现全国安全培训数据共享。

五、全面提高安全培训质量

（十七）强化实际操作培训。制定特种作业人员实训大纲和考试标准。建立安全监管监察人员实训制度。推动科研和装备制造企业在安全培训场所展示新装备新技术。提高3D、4D、虚拟现实等技术在安全培训中的应用，组织开发特种作业各工种仿真实训系统。

（十八）强化现场安全培训。高危企业要严格班前安全培训制度，有针对性地讲述岗位安全生产与应急救援知识、安全隐患和注意事项等，使班前安全培训成为安全生产第一道防线。要大力推广“手指口述”等安全确认法，帮助员工通过心想、眼看、手指、口述，确保按规程作业。要加强班组长培训，提高班组长现场安全管理水平和现场安全风险管控能力。

（十九）建立安全培训示范视频课程体系。分行业建立“三项岗位”人员安全培训示范视频课程体系，上网发布，逐步实现优质培训资源社会共享。将示范课程作为教师培训的重要内容。建立示范课程跟踪评价制度，定期评选优质课程，给予荣誉称号或者适当资助。

（二十）加强安全培训过程管理和质量评估。建立安全培训需求调研、培训策划、培训计划备案、教学管理、培训效果评估等制度，加强安全培训全过程管理。制定安全培训质量评估指标体系，定期向全社会公布评估结果，并将评估结果作为安全培训机构考评的重要依据。

（二十一）完善安全培训考试体系。有关主管部门要按照职责分工，建立健全本行业领域安全培训考试制度，加强考试机构建设，严格教考分离制度。要建立健全安全资格考试题库，完善国家与地方相结合的题库应用机制。建立网络考试平台，加快计算机考试点建设，开发实际操作模拟考试系统。加强考试监督，严格考试纪律，依法严肃处理考试违纪行为。有关主管部门要统一本行业领域一般从业人员安全培训合格证书式样，规范考试发证管理。

六、加强安全培训监督检查

（二十二）加大安全培训执法力度。有关主管部门要把安全培训纳入年度执法计划，作为日常执法的必查内容,定期开展安全培训专项执法。要规范安全培训执法程序和方法,将抽查持证情况、抽考职工安全生产应知应会知识作为日常执法的重要方式。要加强对承担安全培训的机构管理,深入开展专项治理,促进安全培训机构健康发展。企业要建立安全培训自查自考制度,加大“三违”行为处罚力度。

(二十三)严肃追究安全培训责任。对应持证未持证或者未经培训就上岗的人员,一律先离岗、培训持证后再上岗,并依法对企业按规定上限处罚,直至停产整顿和关闭。对存在不按大纲教学、不按题库考试、教考不分、乱办班等行为的安全培训和考试机构,一律依法严肃处罚。对各类生产安全责任事故,一律倒查培训、考试、发证不到位的责任。对因未培训、假培训或者未持证上岗人员的直接责任引发重特大事故的,所在企业主要负责人依法终身不得担任本行业企业矿长(厂长、经理),实际控制人依法承担相应责任。

(二十四)建立安全培训绩效考核制度。制定安全培训工作绩效考核指标体系,做到定性与定量、内部考核与外部评议相结合。安全培训绩效考核结果要纳入安全生产综合考核内容。每年通报安全培训绩效考核结果。

七、切实加强对安全培训工作的组织领导

(二十五)把安全培训摆上更加突出位置。各级政府及有关主管部门、各企业要把安全培训工作纳入实施安全发展战略的总体布局。各级安委会要定期研究解决安全培训突出问题,有关主管部门主要负责同志要亲自抓、负总责,各级安委会办公室要牵头抓总,当好参谋,创新实践,整合资源,示范引领。要经常深入基层、企业开展安全培训调查研究。要支持工会、共青团、妇联、科协以及新闻媒体等参与、监督安全培训工作。

(二十六)保证安全培训投入。建立以企业投入为主、社会资金积极资助的安全培训投入机制。要将政府应当承担的安全培训经费纳入财政保障范围。企业要在职工培训经费和安全费用中足额列支安全培训经费,实施技术改造和项目引进时要专门安排安全培训资金。研究探索由开展安全生产责任险、建筑意外伤害险的保险机构安排一定资金,用于事故预防与安全培训工作。

(二十七)充分运用典型和媒体推动安全培训工作。要总结推广政府有关主管部门加大安全培训监管力度、企业落实安全培训主体责任、培训机构提高安全培训质量的典型经验,以点带面推动工作。要定期公布安全培训问题企业和问题培训机构名单。要广泛宣传安全培训工作的重要地位和作用,宣传安全生产知识和技能,不断提高人民群众安全素质,努力形成全社会更加支持安全生产工作的氛围。

各省级安委会和国务院有关主管部门及各有关中央企业要根据本决定制定实施意见,并及时将实施意见和落实情况报告国务院安委会办公室。

应急管理部、人力资源和社会保障部、教育部、财政部、国家煤矿安全监察局关于高危行业领域安全技能提升行动计划的实施意见

1. 2019年10月28日
2. 应急〔2019〕107号

各省、自治区、直辖市及新疆生产建设兵团应急管理厅(局)、人力资源和社会保障厅(局)、教育厅(局)、财政厅(局)、煤矿安全培训主管部门,各省级煤矿安全监察局,有关中央企业,各有关单位:

按照《国务院办公厅关于印发职业技能提升行动方案(2019－2021年)的通知》(国办发〔2019〕24号)要求,为认真实施高危行业领域安全技能提升行动计划,现提出以下意见。

一、目标任务

从现在开始至2021年底,重点在化工危险化学品、煤矿、非煤矿山、金属冶炼、烟花爆竹等高危行业企业(以下简称高危企业)实施安全技能提升行动计划,推动从业人员安全技能水平大幅度提升。

——高危企业在岗和新招录从业人员100%培训考核合格后上岗;特种作业人员100%持证上岗;高危企业班组长普遍接受安全技能提升培训,其中取得职业资格证书或职业技能等级证书或接受相关专业中职及以上学历教育的人员比例提高20个百分点以上;化工危险化学品、煤矿、金属非金属地下矿山、金属冶炼、石油天然气开采企业从业人员中取得职业资格证书或职业技能等级证书的比例达到30%以上。

——遴选培育50个以上具有辐射引领作用的安全技能实训和特种作业人员实操考试示范基地、50个以上安全生产教育培训示范职业院校(含技工院校,下同)、100家以上安全生产产教融合型企业;安全技能培训基础进一步夯实,培训供给能力和质量大幅度提升。

——安全技能培训制度机制更加完善，以企业为主体、各类机构积极参与、劳动者踊跃参加、部门协调配合、政府激励推动的高危行业领域安全技能培训格局初步形成。

二、有针对性地开展安全技能提升培训

（一）开展在岗员工安全技能提升培训。高危企业是安全技能提升培训的责任主体，企业主要负责人要组织制定并推动实施安全技能提升培训计划。培训计划要覆盖全员，将被派遣劳动者、外包施工队伍人员纳入统一管理和培训。要围绕提升职工基本技能水平和操作规程执行、岗位风险管控、安全隐患排查及初始应急处置的能力，构建针对性培训课程体系和考核标准。要分岗位对全体员工考核一遍，考核不合格的，按照新上岗人员培训标准离岗培训，考核合格后再上岗。企业要制定计划，2021 年底前安排 10% 以上的重点岗位职工完成职业技能晋级培训，取得职业资格证书或职业技能等级证书后，按照有关规定给予职业培训补贴或参保职工技能提升补贴。

（二）严把新上岗员工安全技能培训关。高危企业新上岗人员安全生产与工伤预防培训不得少于 72 学时，考核合格后方可上岗；要建立健全并严格落实师带徒制度，出徒后方可独立上岗。要加大从职业院校招收新员工力度，逐步提高从业人员中高中阶段及以上文化程度的招收比例。工作岗位调整或离岗 3 个月以上重新上岗的人员要接受针对性安全培训，考核合格方可重新上岗。人力资源社会保障、教育、财政部门要会同应急管理、煤矿安监部门在危险化学品“两重点一重大”装置操作、矿山井下作业、石油天然气钻井作业、油气管道带压开孔、金属冶炼煤气作业等风险偏高的技能操作型岗位新招录员工中，推行企业新型学徒制，实行“入企即入校”企校合作培养培训，按规定给予职业培训补贴。

（三）实施班组长安全技能提升专项培训。各省级应急管理、煤矿安全培训主管部门要统筹制定总体方案，明确目标进度、培训内容、考核形式、实施主体、保障措施等，2021 年底前将高危企业班组长轮训一遍。实行企业内安全培训、职业技能培训等学习成果互认。各级应急管理、煤矿安全培训主管部门要会同教育、人力资源社会保障部门搭建校企合作平台，推动职业院校设置安全管理相关专业，通过“文化素质＋职业技能”等多种方式面向高危班组长招生，由校企共研培养方案，根据企业生产特点灵活安排学习，推行面向真实生产环境的任务式培养模式，实施“学历证书＋若干职业技能等级证书制度”试点。对于符合条件人员，按规定给予职业培训补贴。

（四）强化特种作业人员安全技能培训考试。各企业要依法明确从事特种作业岗位的人员，新任用或招录特种作业人员要参加专门的安全技能培训，考试合格后持证上岗。严格危险化学品和新申请煤矿安全作业的特种作业人员须具备高中阶段及以上文化程度，严格特种作业人员理论和实际操作培训课时要求，不具备实际操作条件的机构不得承担培训任务，鼓励企业建立特种作业人员培训考试点。应急管理部门、煤矿安全培训主管部门要组织实施特种作业实操考点创优提升计划，取消以问答代替实际操作的培训和考试方式。结合培训内容、培训时长、考核结果、物价水平等因素，确定特种作业人员安全技能培训补贴。

（五）将安全生产知识贯穿各类人员职业培训全过程。人力资源社会保障部门要把安全生产与工伤预防内容编入各类人员职业技能标准和培训教材，明确培训课时要求，考核评价中涉及安全生产的关键技能不合格的，则技能考核成绩不及格。教育、人力资源社会保障部门要在职业院校相关专业教学标准中增加安全生产知识，作为必修内容。应急管理部门要提供专家、内容资源等支持，会同人力资源社会保障和教育部门组织编制培训大纲和有关教材。

三、提高安全技能培训供给质量

（一）重点提升企业安全技能培训能力。鼓励有能力的企业设立职工培训中心、编制课程体系、建立考核标准和题库，自主组织安全技能培训考核；其他不具备能力的企业要委托有能力的企业或机构，提供长期、量身定制的培训考核服务。强化规划布局和经费投入，支持在高危企业集中的地区新建或提升改造一批具有辐射引领作用的高水平安全生产和技能实训基地，其中 2021 年底前实现省级以上化工园区都有具备实训条件的专业机构、其他化工园区都有自建共建或委托具备实训条件的专业机构提供安全技能培训服务。应急管理、煤矿安全培训主管部门要遴选一批安全技能培训示范企业，推荐纳入产教融合型企业，按规定给予政策激励。

（二）推动职业院校开展安全技能培训。应急管理、人力资源社会保障和教育部门要联合遴选公布一批安全技能提升培训能力和意愿较强的示范职业院校，引导强化高危行业安全技能培训供给，开展化工危险化学品产业工人培养试点。应急管理部门要会同有

关部门经常举办高危行业产教融合对接洽谈活动，推动一批化工园区与职业院校建立产教联盟，推动一批职业院校在高危企业设立分校区，推动一批高危企业依托职业院校设置职工培训机构、实训基地。应急管理部门、煤矿安全培训主管部门要共建一批安全生产特色职业院校，支持职业院校申报特种作业人员考试点。鼓励社会培训机构开展安全技能提升培训，落实同等支持政策。

（三）建设安全生产网络平台和机制。应急管理部门要引导各类力量参与，建设企业安全生产网络学院和高危行业分院，建立完善课程超市和自主选学机制。建立高危行业安全技能学习培训学分银行制度，有序开展学习成果的认定、积累、转换，制定线上学习课时按比例计入培训总课时的标准，逐步实现理论知识更新再培训以线上培训为主。探索为每位高危企业从业人员建立安全技能培训学习个人终身账号和档案，存储个人学习、培训、从业等信息，一人一档、终身有效，使培训和考核过程可追溯。推动现代模拟实训考试技术应用，防止过度虚拟化。

（四）强化专兼职师资队伍建设。高危企业要建立健全内部培训师选拔、考核和退出机制，大力推动管理、技术人员和能工巧匠上讲台，并给予授课技巧培训和基本课件、通用案例等支持，逐步实现企业在岗培训以企业内训师承担为主。省级以上应急管理部门要公开遴选、择优公布若干区域性、专业性安全技能培训师资研修基地。各培训机构要制定师资培养培训计划，并组织教师每年到企业实践或调研，提高授课针对性和感染力。

（五）规范培训考核标准体系。应急管理部门、煤矿安全培训主管部门要发挥标准在安全技能培训中的基础性作用，加快构建培训机构标准、实训条件标准体系。推广结构化、模块化的矩阵培训方法和职业培训包制度，提升培训规范性、系统性。按照看得懂、记得住、用得上原则，开发分层次、分专业、分岗位的教材体系，倡导使用新型活页式、工作手册式教材，鼓励企业编写企业内部培训教材。建设安全生产数字资源库，推动安全培训课件、事故案例、电子教材等资源共建共享。

四、强化保障措施

（一）强化组织领导保障。各省级应急管理部门要会同人力资源社会保障、教育、财政、煤矿安全培训主管部门研究制定本地区高危行业领域安全技能提升行动计划实施方案。要建立工作抽查评估和情况通报机制，将方案实施情况纳入对下级政府安全生产和消防综合考核内容，作为安全生产标准化达标评审必要条件。发挥行业协会在促进校企合作对接、培训考试标准建设等方面的作用。注重总结经验、推广典型，层层培育示范企业、示范院校、示范基地。强化政策解读和宣传，适时举办全国性安全技能竞赛，营造良好工作氛围。

（二）落实职业培训补贴政策。要将高危行业领域安全技能提升行动计划中相关内容纳入职业技能提升行动，细化有关资金补贴条件和具体标准。高危企业要在职工教育培训经费和安全生产费用预算中配套安排安全技能培训资金，用于一般从业人员安全技能培训；落实企业职工教育经费税前扣除限额提高至工资薪金总额8%的税收政策。依法从工伤保险基金提取工伤预防费用于工伤预防的宣传培训。推动安全生产责任险保险机构为参保企业提供安全技能培训服务。通过现有渠道安排资金，对安全技能实训基地建设、培训教材开发、师资培训、数字资源建设等给予支持。省级应急管理部门、煤矿安全培训主管部门要会同人力资源社会保障部门建立完善安全技能培训机构管理制度，将符合条件的安全技能培训机构名单，纳入人力资源社会保障部门统一目录清单管理；要建立安全技能培训实名制管理平台，及时向人力资源社会保障部门推送补贴性培训人员信息，减少企业及个人报送纸质材料，提高审核拨付补贴资金工作效率。

（三）加大执法检查力度。各级应急管理部门、煤矿安监部门要把企业安全培训纳入年度执法计划，规范安全培训执法程序和方法，将抽查企业培训计划、持证情况、抽考安全生产常识作为培训执法重要内容，发现应持证未持证或未经培训就上岗的人员，依法责令企业限期改正并予以处罚。发现不按统一的培训大纲组织教学培训、不按统一题库进行考试等行为的安全培训和考试机构，要依法严肃处理。

3. 应急管理

中华人民共和国突发事件应对法

1. 2007年8月30日第十届全国人民代表大会常务委员会第二十九次会议通过
2. 2007年8月30日中华人民共和国主席令第69号公布
3. 自2007年11月1日起施行

目　　录

第一章　总　　则

第一条　【立法目的】为了预防和减少突发事件的发生，控制、减轻和消除突发事件引起的严重社会危害，规范突发事件应对活动，保护人民生命财产安全，维护国家安全、公共安全、环境安全和社会秩序，制定本法。

第二条　【调整范围】突发事件的预防与应急准备、监测与预警、应急处置与救援、事后恢复与重建等应对活动，适用本法。

第三条　【突发事件的内涵、分类、分级和分级标准】本法所称突发事件，是指突然发生，造成或者可能造成严重社会危害，需要采取应急处置措施予以应对的自然灾害、事故灾难、公共卫生事件和社会安全事件。

按照社会危害程度、影响范围等因素，自然灾害、事故灾难、公共卫生事件分为特别重大、重大、较大和一般四级。法律、行政法规或者国务院另有规定的，从其规定。

突发事件的分级标准由国务院或者国务院确定的部门制定。

第四条　【建立突发事件应急管理体制的要求】国家建立统一领导、综合协调、分类管理、分级负责、属地管理为主的应急管理体制。

第五条　【突发事件应对工作原则和重大突发事件风险评估体系】突发事件应对工作实行预防为主、预防与应急相结合的原则。国家建立重大突发事件风险评估体系，对可能发生的突发事件进行综合性评估，减少重大突发事件的发生，最大限度地减轻重大突发事件的影响。

第六条　【提高避险救助能力】国家建立有效的社会动员机制，增强全民的公共安全和防范风险的意识，提高全社会的避险救助能力。

第七条　【突发事件应对分工】县级人民政府对本行政区域内突发事件的应对工作负责；涉及两个以上行政区域的，由有关行政区域共同的上一级人民政府负责，或者由各有关行政区域的上一级人民政府共同负责。

突发事件发生后，发生地县级人民政府应当立即采取措施控制事态发展，组织开展应急救援和处置工作，并立即向上一级人民政府报告，必要时可以越级上报。

突发事件发生地县级人民政府不能消除或者不能有效控制突发事件引起的严重社会危害的，应当及时向上级人民政府报告。上级人民政府应当及时采取措施，统一领导应急处置工作。

法律、行政法规规定由国务院有关部门对突发事件的应对工作负责的，从其规定；地方人民政府应当积极配合并提供必要的支持。

第八条　【突发事件领导机构、应急指挥机构及职责】国务院在总理领导下研究、决定和部署特别重大突发事件的应对工作；根据实际需要，设立国家突发事件应急指挥机构，负责突发事件应对工作；必要时，国务院可以派出工作组指导有关工作。

县级以上地方各级人民政府设立由本级人民政府主要负责人、相关部门负责人、驻当地中国人民解放军和中国人民武装警察部队有关负责人组成的突发事件应急指挥机构，统一领导、协调本级人民政府各有关部门和下级人民政府开展突发事件应对工作；根据实际需要，设立相关类别突发事件应急指挥机构，组织、协调、指挥突发事件应对工作。

上级人民政府主管部门应当在各自职责范围内，指导、协助下级人民政府及其相应部门做好有关突发事件的应对工作。

第九条　【突发事件应急办事机构】国务院和县级以上地方各级人民政府是突发事件应对工作的行政领导机关，其办事机构及具体职责由国务院规定。

第十条　【突发事件应对决定、命令公开原则】有关人民政府及其部门作出的应对突发事件的决定、命令，应当及时公布。

第十一条 【突发事件应对行为合理性原则和公民、法人、其他组织应对义务】有关人民政府及其部门采取的应对突发事件的措施,应当与突发事件可能造成的社会危害的性质、程度和范围相适应;有多种措施可供选择的,应当选择有利于最大程度地保护公民、法人和其他组织权益的措施。

公民、法人和其他组织有义务参与突发事件应对工作。

第十二条 【征用财产与补偿】有关人民政府及其部门为应对突发事件,可以征用单位和个人的财产。被征用的财产在使用完毕或者突发事件应急处置工作结束后,应当及时返还。财产被征用或者征用后毁损、灭失的,应当给予补偿。

第十三条 【时效中止和程序中止】因采取突发事件应对措施,诉讼、行政复议、仲裁活动不能正常进行的,适用有关时效中止和程序中止的规定,但法律另有规定的除外。

第十四条 【武装力量参加突发事件应急救援和处置】中国人民解放军、中国人民武装警察部队和民兵组织依照本法和其他有关法律、行政法规、军事法规的规定以及国务院、中央军事委员会的命令,参加突发事件的应急救援和处置工作。

第十五条 【突发事件应对国际合作与交流】中华人民共和国政府在突发事件的预防、监测与预警、应急处置与救援、事后恢复与重建等方面,同外国政府和有关国际组织开展合作与交流。

第十六条 【对突发事件处置工作的监督】县级以上人民政府作出应对突发事件的决定、命令,应当报本级人民代表大会常务委员会备案;突发事件应急处置工作结束后,应当向本级人民代表大会常务委员会作出专项工作报告。

第二章 预防与应急准备

第十七条 【突发事件应急预案体系】国家建立健全突发事件应急预案体系。

国务院制定国家突发事件总体应急预案,组织制定国家突发事件专项应急预案;国务院有关部门根据各自的职责和国务院相关应急预案,制定国家突发事件部门应急预案。

地方各级人民政府和县级以上地方各级人民政府有关部门根据有关法律、法规、规章、上级人民政府及其有关部门的应急预案以及本地区的实际情况,制定相应的突发事件应急预案。

应急预案制定机关应当根据实际需要和情势变化,适时修订应急预案。应急预案的制定、修订程序由国务院规定。

第十八条 【突发事件应急预案的基本内容】应急预案应当根据本法和其他有关法律、法规的规定,针对突发事件的性质、特点和可能造成的社会危害,具体规定突发事件应急管理工作的组织指挥体系与职责和突发事件的预防与预警机制、处置程序、应急保障措施以及事后恢复与重建措施等内容。

第十九条 【城乡规划应当符合预防、处置突发事件的需要】城乡规划应当符合预防、处置突发事件的需要,统筹安排应对突发事件所必需的设备和基础设施建设,合理确定应急避难场所。

第二十条 【人民政府对危险源、危险区域的管理职责】县级人民政府应当对本行政区域内容易引发自然灾害、事故灾难和公共卫生事件的危险源、危险区域进行调查、登记、风险评估,定期进行检查、监控,并责令有关单位采取安全防范措施。

省级和设区的市级人民政府应当对本行政区域内容易引发特别重大、重大突发事件的危险源、危险区域进行调查、登记、风险评估,组织进行检查、监控,并责令有关单位采取安全防范措施。

县级以上地方各级人民政府按照本法规定登记的危险源、危险区域,应当按照国家规定及时向社会公布。

第二十一条 【基层政府和基层群众自治组织调解处理矛盾纠纷的职责】县级人民政府及其有关部门、乡级人民政府、街道办事处、居民委员会、村民委员会应当及时调解处理可能引发社会安全事件的矛盾纠纷。

第二十二条 【单位预防突发事件的义务】所有单位应当建立健全安全管理制度,定期检查本单位各项安全防范措施的落实情况,及时消除事故隐患;掌握并及时处理本单位存在的可能引发社会安全事件的问题,防止矛盾激化和事态扩大;对本单位可能发生的突发事件和采取安全防范措施的情况,应当按照规定及时向所在地人民政府或者人民政府有关部门报告。

第二十三条 【高危行业企业预防突发事件的义务】矿山、建筑施工单位和易燃易爆物品、危险化学品、放射性物品等危险物品的生产、经营、储运、使用单位,应当制定具体应急预案,并对生产经营场所、有危险物品的建筑物、构筑物及周边环境开展隐患排查,及时采取措施消除隐患,防止发生突发事件。

**第二十四条 【公共交通工具、公共场所和其他人员密集场所的经营单位或者管理单位预防突发事件的义务】公共交通工具、公共场所和其他人员密集场所的经营单位或者管理单位应当制定具体应急预案，为交通工具和有关场所配备报警装置和必要的应急救援设备、设施，注明其使用方法，并显著标明安全撤离的通道、路线，保证安全通道、出口的畅通。

有关单位应当定期检测、维护其报警装置和应急救援设备、设施，使其处于良好状态，确保正常使用。

第二十五条　【突发事件应急管理培训】县级以上人民政府应当建立健全突发事件应急管理培训制度，对人民政府及其有关部门负有处置突发事件职责的工作人员定期进行培训。

第二十六条　【应急救援队伍建设】县级以上人民政府应当整合应急资源，建立或者确定综合性应急救援队伍。人民政府有关部门可以根据实际需要设立专业应急救援队伍。

县级以上人民政府及其有关部门可以建立由成年志愿者组成的应急救援队伍。单位应当建立由本单位职工组成的专职或者兼职应急救援队伍。

县级以上人民政府应当加强专业应急救援队伍与非专业应急救援队伍的合作，联合培训、联合演练，提高合成应急、协同应急的能力。

第二十七条　【政府和有关单位对专业应急救援人员的人身保障职责】国务院有关部门、县级以上地方各级人民政府及其有关部门、有关单位应当为专业应急救援人员购买人身意外伤害保险，配备必要的防护装备和器材，减少应急救援人员的人身风险。

第二十八条　【军队、武警和民兵组织开展应急救援专门训练】中国人民解放军、中国人民武装警察部队和民兵组织应当有计划地组织开展应急救援的专门训练。

第二十九条　【应急知识的宣传普及和应急演练】县级人民政府及其有关部门、乡级人民政府、街道办事处应当组织开展应急知识的宣传普及活动和必要的应急演练。

居民委员会、村民委员会、企业事业单位应当根据所在地人民政府的要求，结合各自的实际情况，开展有关突发事件应急知识的宣传普及活动和必要的应急演练。

新闻媒体应当无偿开展突发事件预防与应急、自救与互救知识的公益宣传。

第三十条　【学校开展应急知识教育】各级各类学校应当把应急知识教育纳入教学内容，对学生进行应急知识教育，培养学生的安全意识和自救与互救能力。

教育主管部门应当对学校开展应急知识教育进行指导和监督。

第三十一条　【突发事件应对工作的经费保障】国务院和县级以上地方各级人民政府应当采取财政措施，保障突发事件应对工作所需经费。

第三十二条　【应急物资储备】国家建立健全应急物资储备保障制度，完善重要应急物资的监管、生产、储备、调拨和紧急配送体系。

设区的市级以上人民政府和突发事件易发、多发地区的县级人民政府应当建立应急救援物资、生活必需品和应急处置装备的储备制度。

县级以上地方各级人民政府应当根据本地区的实际情况，与有关企业签订协议，保障应急救援物资、生活必需品和应急处置装备的生产、供给。

第三十三条　【应急通信保障】国家建立健全应急通信保障体系，完善公用通信网，建立有线与无线相结合、基础电信网络与机动通信系统相配套的应急通信系统，确保突发事件应对工作的通信畅通。

第三十四条　【公众支持和捐赠】国家鼓励公民、法人和其他组织为人民政府应对突发事件工作提供物资、资金、技术支持和捐赠。

第三十五条　【国家发展保险事业】国家发展保险事业，建立国家财政支持的巨灾风险保险体系，并鼓励单位和公民参加保险。

第三十六条　【人才培养和技术开发】国家鼓励、扶持具备相应条件的教学科研机构培养应急管理专门人才，鼓励、扶持教学科研机构和有关企业研究开发用于突发事件预防、监测、预警、应急处置与救援的新技术、新设备和新工具。

第三章　监测与预警

第三十七条　【统一的突发事件信息系统】国务院建立全国统一的突发事件信息系统。

县级以上地方各级人民政府应当建立或者确定本地区统一的突发事件信息系统，汇集、储存、分析、传输有关突发事件的信息，并与上级人民政府及其有关部门、下级人民政府及其有关部门、专业机构和监测网点的突发事件信息系统实现互联互通，加强跨部门、跨地区的信息交流与情报合作。

第三十八条　【信息收集和报告途径】县级以上人民政府及其有关部门、专业机构应当通过多种途径收集突发事件信息。

县级人民政府应当在居民委员会、村民委员会和有关单位建立专职或者兼职信息报告员制度。

获悉突发事件信息的公民、法人或者其他组织，应当立即向所在地人民政府、有关主管部门或者指定的专业机构报告。

第三十九条 【突发事件信息报告与通报】地方各级人民政府应当按照国家有关规定向上级人民政府报送突发事件信息。县级以上人民政府有关主管部门应当向本级人民政府相关部门通报突发事件信息。专业机构、监测网点和信息报告员应当及时向所在地人民政府及其有关主管部门报告突发事件信息。

有关单位和人员报送、报告突发事件信息，应当做到及时、客观、真实，不得迟报、谎报、瞒报、漏报。

第四十条 【突发事件隐患和预警信息会商、评估与报告】县级以上地方各级人民政府应当及时汇总分析突发事件隐患和预警信息，必要时组织相关部门、专业技术人员、专家学者进行会商，对发生突发事件的可能性及其可能造成的影响进行评估；认为可能发生重大或者特别重大突发事件的，应当立即向上级人民政府报告，并向上级人民政府有关部门、当地驻军和可能受到危害的毗邻或者相关地区的人民政府通报。

第四十一条 【突发事件监测制度】国家建立健全突发事件监测制度。

县级以上人民政府及其有关部门应当根据自然灾害、事故灾难和公共卫生事件的种类和特点，建立健全基础信息数据库，完善监测网络，划分监测区域，确定监测点，明确监测项目，提供必要的设备、设施，配备专职或者兼职人员，对可能发生的突发事件进行监测。

第四十二条 【突发事件预警制度】国家建立健全突发事件预警制度。

可以预警的自然灾害、事故灾难和公共卫生事件的预警级别，按照突发事件发生的紧急程度、发展势态和可能造成的危害程度分为一级、二级、三级和四级，分别用红色、橙色、黄色和蓝色标示，一级为最高级别。

预警级别的划分标准由国务院或者国务院确定的部门制定。

第四十三条 【发布预警】可以预警的自然灾害、事故灾难或者公共卫生事件即将发生或者发生的可能性增大时，县级以上地方各级人民政府应当根据有关法律、行政法规和国务院规定的权限和程序，发布相应级别的警报，决定并宣布有关地区进入预警期，同时向上一级人民政府报告，必要时可以越级上报，并向当地驻军和可能受到危害的毗邻或者相关地区的人民政府通报。

第四十四条 【三级、四级预警期内的应对措施】发布三级、四级警报，宣布进入预警期后，县级以上地方各级人民政府应当根据即将发生的突发事件的特点和可能造成的危害，采取下列措施：

（一）启动应急预案；

（二）责令有关部门、专业机构、监测网点和负有特定职责的人员及时收集、报告有关信息，向社会公布反映突发事件信息的渠道，加强对突发事件发生、发展情况的监测、预报和预警工作；

（三）组织有关部门和机构、专业技术人员、有关专家学者，随时对突发事件信息进行分析评估，预测发生突发事件可能性的大小、影响范围和强度以及可能发生的突发事件的级别；

（四）定时向社会发布与公众有关的突发事件预测信息和分析评估结果，并对相关信息的报道工作进行管理；

（五）及时按照有关规定向社会发布可能受到突发事件危害的警告，宣传避免、减轻危害的常识，公布咨询电话。

第四十五条 【一级、二级预警期内的应对措施】发布一级、二级警报，宣布进入预警期后，县级以上地方各级人民政府除采取本法第四十四条规定的措施外，还应当针对即将发生的突发事件的特点和可能造成的危害，采取下列一项或者多项措施：

（一）责令应急救援队伍、负有特定职责的人员进入待命状态，并动员后备人员做好参加应急救援和处置工作的准备；

（二）调集应急救援所需物资、设备、工具，准备应急设施和避难场所，并确保其处于良好状态、随时可以投入正常使用；

（三）加强对重点单位、重要部位和重要基础设施的安全保卫，维护社会治安秩序；

（四）采取必要措施，确保交通、通信、供水、排水、供电、供气、供热等公共设施的安全和正常运行；

（五）及时向社会发布有关采取特定措施避免或者减轻危害的建议、劝告；

（六）转移、疏散或者撤离易受突发事件危害的人员并予以妥善安置，转移重要财产；

（七）关闭或者限制使用易受突发事件危害的场所，控制或者限制容易导致危害扩大的公共场所的活动；

（八）法律、法规、规章规定的其他必要的防范性、保护性措施。

第四十六条 【社会安全事件上报制度】对即将发生或者已经发生的社会安全事件，县级以上地方各级人民政府及其有关主管部门应当按照规定向上一级人民政府及其有关主管部门报告，必要时可以越级上报。

第四十七条 【预警级别调整和预警解除】发布突发事件警报的人民政府应当根据事态的发展，按照有关规定适时调整预警级别并重新发布。

有事实证明不可能发生突发事件或者危险已经解除的，发布警报的人民政府应当立即宣布解除警报，终止预警期，并解除已经采取的有关措施。

第四章 应急处置与救援

第四十八条 【采取应急处置措施的要求】突发事件发生后，履行统一领导职责或者组织处置突发事件的人民政府应当针对其性质、特点和危害程度，立即组织有关部门，调动应急救援队伍和社会力量，依照本章的规定和有关法律、法规、规章的规定采取应急处置措施。

第四十九条 【自然灾害、事故灾难或者公共卫生事件的应急处置措施】自然灾害、事故灾难或者公共卫生事件发生后，履行统一领导职责的人民政府可以采取下列一项或者多项应急处置措施：

（一）组织营救和救治受害人员，疏散、撤离并妥善安置受到威胁的人员以及采取其他救助措施；

（二）迅速控制危险源，标明危险区域，封锁危险场所，划定警戒区，实行交通管制以及其他控制措施；

（三）立即抢修被损坏的交通、通信、供水、排水、供电、供气、供热等公共设施，向受到危害的人员提供避难场所和生活必需品，实施医疗救护和卫生防疫以及其他保障措施；

（四）禁止或者限制使用有关设备、设施，关闭或者限制使用有关场所，中止人员密集的活动或者可能导致危害扩大的生产经营活动以及采取其他保护措施；

（五）启用本级人民政府设置的财政预备费和储备的应急救援物资，必要时调用其他急需物资、设备、设施、工具；

（六）组织公民参加应急救援和处置工作，要求具有特定专长的人员提供服务；

（七）保障食品、饮用水、燃料等基本生活必需品的供应；

（八）依法从严惩处囤积居奇、哄抬物价、制假售假等扰乱市场秩序的行为，稳定市场价格，维护市场秩序；

（九）依法从严惩处哄抢财物、干扰破坏应急处置工作等扰乱社会秩序的行为，维护社会治安；

（十）采取防止发生次生、衍生事件的必要措施。

第五十条 【社会安全事件的应急处置措施】社会安全事件发生后，组织处置工作的人民政府应当立即组织有关部门并由公安机关针对事件的性质和特点，依照有关法律、行政法规和国家其他有关规定，采取下列一项或者多项应急处置措施：

（一）强制隔离使用器械相互对抗或者以暴力行为参与冲突的当事人，妥善解决现场纠纷和争端，控制事态发展；

（二）对特定区域内的建筑物、交通工具、设备、设施以及燃料、燃气、电力、水的供应进行控制；

（三）封锁有关场所、道路，查验现场人员的身份证件，限制有关公共场所内的活动；

（四）加强对易受冲击的核心机关和单位的警卫，在国家机关、军事机关、国家通讯社、广播电台、电视台、外国驻华使领馆等单位附近设置临时警戒线；

（五）法律、行政法规和国务院规定的其他必要措施。

严重危害社会治安秩序的事件发生时，公安机关应当立即依法出动警力，根据现场情况依法采取相应的强制性措施，尽快使社会秩序恢复正常。

第五十一条 【发生严重影响国民经济正常运行的突发事件的应急处置措施】发生突发事件，严重影响国民经济正常运行时，国务院或者国务院授权的有关主管部门可以采取保障、控制等必要的应急措施，保障人民群众的基本生活需要，最大限度地减轻突发事件的影响。

第五十二条 【应急处置中的征用、征集和组织生产、运输】履行统一领导职责或者组织处置突发事件的人民政府，必要时可以向单位和个人征用应急救援所需设备、设施、场地、交通工具和其他物资，请求其他地方人民政府提供人力、物力、财力或者技术支援，要求生产、供应生活必需品和应急救援物资的企业组织生产、保证供给，要求提供医疗、交通等公共服务的组织提供相应的服务。

履行统一领导职责或者组织处置突发事件的人民政府，应当组织协调运输经营单位，优先运送处置突发事件所需物资、设备、工具、应急救援人员和受到突发事件危害的人员。

第五十三条 【发布突发事件事态发展和应急处置工作的信息】履行统一领导职责或者组织处置突发事件的人民政府，应当按照有关规定统一、准确、及时发布有关突发事件事态发展和应急处置工作的信息。

第五十四条 【禁止编造、传播虚假信息】任何单位和个人不得编造、传播有关突发事件事态发展或者应急处置工作的虚假信息。

第五十五条 【居委会、村委会和其他组织在突发事件应急处置中的义务】突发事件发生地的居民委员会、村民委员会和其他组织应当按照当地人民政府的决定、命令,进行宣传动员,组织群众开展自救和互救,协助维护社会秩序。

第五十六条 【有关单位在突发事件应急处置中的义务】受到自然灾害危害或者发生事故灾难、公共卫生事件的单位,应当立即组织本单位应急救援队伍和工作人员营救受害人员,疏散、撤离、安置受到威胁的人员,控制危险源,标明危险区域,封锁危险场所,并采取其他防止危害扩大的必要措施,同时向所在地县级人民政府报告;对因本单位的问题引发的或者主体是本单位人员的社会安全事件,有关单位应当按照规定上报情况,并迅速派出负责人赶赴现场开展劝解、疏导工作。

突发事件发生地的其他单位应当服从人民政府发布的决定、命令,配合人民政府采取的应急处置措施,做好本单位的应急救援工作,并积极组织人员参加所在地的应急救援和处置工作。

第五十七条 【公民在突发事件应急处置中的义务】突发事件发生地的公民应当服从人民政府、居民委员会、村民委员会或者所属单位的指挥和安排,配合人民政府采取的应急处置措施,积极参加应急救援工作,协助维护社会秩序。

第五章 事后恢复与重建

第五十八条 【应急处置措施的停止】突发事件的威胁和危害得到控制或者消除后,履行统一领导职责或者组织处置突发事件的人民政府应当停止执行依照本法规定采取的应急处置措施,同时采取或者继续实施必要措施,防止发生自然灾害、事故灾难、公共卫生事件的次生、衍生事件或者重新引发社会安全事件。

第五十九条 【恢复与重建中政府的职责】突发事件应急处置工作结束后,履行统一领导职责的人民政府应当立即组织对突发事件造成的损失进行评估,组织受影响地区尽快恢复生产、生活、工作和社会秩序,制定恢复重建计划,并向上一级人民政府报告。

受突发事件影响地区的人民政府应当及时组织和协调公安、交通、铁路、民航、邮电、建设等有关部门恢复社会治安秩序,尽快修复被损坏的交通、通信、供水、排水、供电、供气、供热等公共设施。

第六十条 【恢复与重建中上一级政府的职责】受突发事件影响地区的人民政府开展恢复重建工作需要上一级人民政府支持的,可以向上一级人民政府提出请求。上一级人民政府应当根据受影响地区遭受的损失和实际情况,提供资金、物资支持和技术指导,组织其他地区提供资金、物资和人力支援。

第六十一条 【恢复与重建中的善后工作】国务院根据受突发事件影响地区遭受损失的情况,制定扶持该地区有关行业发展的优惠政策。

受突发事件影响地区的人民政府应当根据本地区遭受损失的情况,制定救助、补偿、抚慰、抚恤、安置等善后工作计划并组织实施,妥善解决因处置突发事件引发的矛盾和纠纷。

公民参加应急救援工作或者协助维护社会秩序期间,其在本单位的工资待遇和福利不变;表现突出、成绩显著的,由县级以上人民政府给予表彰或者奖励。

县级以上人民政府对在应急救援工作中伤亡的人员依法给予抚恤。

第六十二条 【事后查明原因总结经验】履行统一领导职责的人民政府应当及时查明突发事件的发生经过和原因,总结突发事件应急处置工作的经验教训,制定改进措施,并向上一级人民政府提出报告。

第六章 法律责任

第六十三条 【政府和政府有关部门的行政责任】地方各级人民政府和县级以上各级人民政府有关部门违反本法规定,不履行法定职责的,由其上级行政机关或者监察机关责令改正;有下列情形之一的,根据情节对直接负责的主管人员和其他直接责任人员依法给予处分:

(一)未按规定采取预防措施,导致发生突发事件,或者未采取必要的防范措施,导致发生次生、衍生事件的;

(二)迟报、谎报、瞒报、漏报有关突发事件的信息,或者通报、报送、公布虚假信息,造成后果的;

(三)未按规定及时发布突发事件警报、采取预警期的措施,导致损害发生的;

(四)未按规定及时采取措施处置突发事件或者处置不当,造成后果的;

(五)不服从上级人民政府对突发事件应急处置工作的统一领导、指挥和协调的;

(六)未及时组织开展生产自救、恢复重建等善后工作的;

(七)截留、挪用、私分或者变相私分应急救援资金、物资的;

（八）不及时归还征用的单位和个人的财产，或者对被征用财产的单位和个人不按规定给予补偿的。

第六十四条 【有关单位的法律责任】有关单位有下列情形之一的，由所在地履行统一领导职责的人民政府责令停产停业，暂扣或者吊销许可证或者营业执照，并处五万元以上二十万元以下的罚款；构成违反治安管理行为的，由公安机关依法给予处罚：

（一）未按规定采取预防措施，导致发生严重突发事件的；

（二）未及时消除已发现的可能引发突发事件的隐患，导致发生严重突发事件的；

（三）未做好应急设备、设施日常维护、检测工作，导致发生严重突发事件或者突发事件危害扩大的；

（四）突发事件发生后，不及时组织开展应急救援工作，造成严重后果的。

前款规定的行为，其他法律、行政法规规定由人民政府有关部门依法决定处罚的，从其规定。

第六十五条 【编造、传播虚假信息的法律责任】违反本法规定，编造并传播有关突发事件事态发展或者应急处置工作的虚假信息，或者明知是有关突发事件事态发展或者应急处置工作的虚假信息而进行传播的，责令改正，给予警告；造成严重后果的，依法暂停其业务活动或者吊销其执业许可证；负有直接责任的人员是国家工作人员的，还应当对其依法给予处分；构成违反治安管理行为的，由公安机关依法给予处罚。

第六十六条 【违反本法规定的治安管理处罚】单位或者个人违反本法规定，不服从所在地人民政府及其有关部门发布的决定、命令或者不配合其依法采取的措施，构成违反治安管理行为的，由公安机关依法给予处罚。

第六十七条 【违反本法规定的民事责任】单位或者个人违反本法规定，导致突发事件发生或者危害扩大，给他人人身、财产造成损害的，应当依法承担民事责任。

第六十八条 【违反本法规定的刑事责任】违反本法规定，构成犯罪的，依法追究刑事责任。

第七章 附　　则

第六十九条 【因发生突发事件进入紧急状态的条件、程序和紧急状态期间的非常措施】发生特别重大突发事件，对人民生命财产安全、国家安全、公共安全、环境安全或者社会秩序构成重大威胁，采取本法和其他有关法律、法规、规章规定的应急处置措施不能消除或者有效控制、减轻其严重社会危害，需要进入紧急状态的，由全国人民代表大会常务委员会或者国务院依照宪法和其他有关法律规定的权限和程序决定。

紧急状态期间采取的非常措施，依照有关法律规定执行或者由全国人民代表大会常务委员会另行规定。

第七十条 【施行日期】本法自2007年11月1日起施行。

生产安全事故应急条例

1. 2019年2月17日国务院令第708号公布
2. 自2019年4月1日起施行

第一章 总　　则

第一条 为了规范生产安全事故应急工作，保障人民群众生命和财产安全，根据《中华人民共和国安全生产法》和《中华人民共和国突发事件应对法》，制定本条例。

第二条 本条例适用于生产安全事故应急工作；法律、行政法规另有规定的，适用其规定。

第三条 国务院统一领导全国的生产安全事故应急工作，县级以上地方人民政府统一领导本行政区域内的生产安全事故应急工作。生产安全事故应急工作涉及两个以上行政区域的，由有关行政区域共同的上一级人民政府负责，或者由各有关行政区域的上一级人民政府共同负责。

县级以上人民政府应急管理部门和其他对有关行业、领域的安全生产工作实施监督管理的部门（以下统称负有安全生产监督管理职责的部门）在各自职责范围内，做好有关行业、领域的生产安全事故应急工作。

县级以上人民政府应急管理部门指导、协调本级人民政府其他负有安全生产监督管理职责的部门和下级人民政府的生产安全事故应急工作。

乡、镇人民政府以及街道办事处等地方人民政府派出机关应当协助上级人民政府有关部门依法履行生产安全事故应急工作职责。

第四条 生产经营单位应当加强生产安全事故应急工作，建立、健全生产安全事故应急工作责任制，其主要负责人对本单位的生产安全事故应急工作全面负责。

第二章 应 急 准 备

第五条 县级以上人民政府及其负有安全生产监督管理职责的部门和乡、镇人民政府以及街道办事处等地方人民政府派出机关，应当针对可能发生的生产安全事故的特点和危害，进行风险辨识和评估，制定相应的生产安全事故应急救援预案，并依法向社会公布。

生产经营单位应当针对本单位可能发生的生产安全事故的特点和危害，进行风险辨识和评估，制定相应的生产安全事故应急救援预案，并向本单位从业人员公布。

第六条　生产安全事故应急救援预案应当符合有关法律、法规、规章和标准的规定，具有科学性、针对性和可操作性，明确规定应急组织体系、职责分工以及应急救援程序和措施。

有下列情形之一的，生产安全事故应急救援预案制定单位应当及时修订相关预案：

（一）制定预案所依据的法律、法规、规章、标准发生重大变化；

（二）应急指挥机构及其职责发生调整；

（三）安全生产面临的风险发生重大变化；

（四）重要应急资源发生重大变化；

（五）在预案演练或者应急救援中发现需要修订预案的重大问题；

（六）其他应当修订的情形。

第七条　县级以上人民政府负有安全生产监督管理职责的部门应当将其制定的生产安全事故应急救援预案报送本级人民政府备案；易燃易爆物品、危险化学品等危险物品的生产、经营、储存、运输单位，矿山、金属冶炼、城市轨道交通运营、建筑施工单位，以及宾馆、商场、娱乐场所、旅游景区等人员密集场所经营单位，应当将其制定的生产安全事故应急救援预案按照国家有关规定报送县级以上人民政府负有安全生产监督管理职责的部门备案，并依法向社会公布。

第八条　县级以上地方人民政府以及县级以上人民政府负有安全生产监督管理职责的部门，乡、镇人民政府以及街道办事处等地方人民政府派出机关，应当至少每2年组织1次生产安全事故应急救援预案演练。

易燃易爆物品、危险化学品等危险物品的生产、经营、储存、运输单位，矿山、金属冶炼、城市轨道交通运营、建筑施工单位，以及宾馆、商场、娱乐场所、旅游景区等人员密集场所经营单位，应当至少每半年组织1次生产安全事故应急救援预案演练，并将演练情况报送所在地县级以上地方人民政府负有安全生产监督管理职责的部门。

县级以上地方人民政府负有安全生产监督管理职责的部门应当对本行政区域内前款规定的重点生产经营单位的生产安全事故应急救援预案演练进行抽查；发现演练不符合要求的，应当责令限期改正。

第九条　县级以上人民政府应当加强对生产安全事故应急救援队伍建设的统一规划、组织和指导。

县级以上人民政府负有安全生产监督管理职责的部门根据生产安全事故应急工作的实际需要，在重点行业、领域单独建立或者依托有条件的生产经营单位、社会组织共同建立应急救援队伍。

国家鼓励和支持生产经营单位和其他社会力量建立提供社会化应急救援服务的应急救援队伍。

第十条　易燃易爆物品、危险化学品等危险物品的生产、经营、储存、运输单位，矿山、金属冶炼、城市轨道交通运营、建筑施工单位，以及宾馆、商场、娱乐场所、旅游景区等人员密集场所经营单位，应当建立应急救援队伍；其中，小型企业或者微型企业等规模较小的生产经营单位，可以不建立应急救援队伍，但应当指定兼职的应急救援人员，并且可以与邻近的应急救援队伍签订应急救援协议。

工业园区、开发区等产业聚集区域内的生产经营单位，可以联合建立应急救援队伍。

第十一条　应急救援队伍的应急救援人员应当具备必要的专业知识、技能、身体素质和心理素质。

应急救援队伍建立单位或者兼职应急救援人员所在单位应当按照国家有关规定对应急救援人员进行培训；应急救援人员经培训合格后，方可参加应急救援工作。

应急救援队伍应当配备必要的应急救援装备和物资，并定期组织训练。

第十二条　生产经营单位应当及时将本单位应急救援队伍建立情况按照国家有关规定报送县级以上人民政府负有安全生产监督管理职责的部门，并依法向社会公布。

县级以上人民政府负有安全生产监督管理职责的部门应当定期将本行业、本领域的应急救援队伍建立情况报送本级人民政府，并依法向社会公布。

第十三条　县级以上地方人民政府应当根据本行政区域内可能发生的生产安全事故的特点和危害，储备必要的应急救援装备和物资，并及时更新和补充。

易燃易爆物品、危险化学品等危险物品的生产、经营、储存、运输单位，矿山、金属冶炼、城市轨道交通运营、建筑施工单位，以及宾馆、商场、娱乐场所、旅游景区等人员密集场所经营单位，应当根据本单位可能发生的生产安全事故的特点和危害，配备必要的灭火、排水、通风以及危险物品稀释、掩埋、收集等应急救援器材、设备和物资，并进行经常性维护、保养，保证正常运转。

第十四条 下列单位应当建立应急值班制度，配备应急值班人员：

（一）县级以上人民政府及其负有安全生产监督管理职责的部门；

（二）危险物品的生产、经营、储存、运输单位以及矿山、金属冶炼、城市轨道交通运营、建筑施工单位；

（三）应急救援队伍。

规模较大、危险性较高的易燃易爆物品、危险化学品等危险物品的生产、经营、储存、运输单位应当成立应急处置技术组，实行24小时应急值班。

第十五条 生产经营单位应当对从业人员进行应急教育和培训，保证从业人员具备必要的应急知识，掌握风险防范技能和事故应急措施。

第十六条 国务院负有安全生产监督管理职责的部门应当按照国家有关规定建立生产安全事故应急救援信息系统，并采取有效措施，实现数据互联互通、信息共享。

生产经营单位可以通过生产安全事故应急救援信息系统办理生产安全事故应急救援预案备案手续，报送应急救援预案演练情况和应急救援队伍建设情况；但依法需要保密的除外。

第三章 应急救援

第十七条 发生生产安全事故后，生产经营单位应当立即启动生产安全事故应急救援预案，采取下列一项或者多项应急救援措施，并按照国家有关规定报告事故情况：

（一）迅速控制危险源，组织抢救遇险人员；

（二）根据事故危害程度，组织现场人员撤离或者采取可能的应急措施后撤离；

（三）及时通知可能受到事故影响的单位和人员；

（四）采取必要措施，防止事故危害扩大和次生、衍生灾害发生；

（五）根据需要请求邻近的应急救援队伍参加救援，并向参加救援的应急救援队伍提供相关技术资料、信息和处置方法；

（六）维护事故现场秩序，保护事故现场和相关证据；

（七）法律、法规规定的其他应急救援措施。

第十八条 有关地方人民政府及其部门接到生产安全事故报告后，应当按照国家有关规定上报事故情况，启动相应的生产安全事故应急救援预案，并按照应急救援预案的规定采取下列一项或者多项应急救援措施：

（一）组织抢救遇险人员，救治受伤人员，研判事故发展趋势以及可能造成的危害；

（二）通知可能受到事故影响的单位和人员，隔离事故现场，划定警戒区域，疏散受到威胁的人员，实施交通管制；

（三）采取必要措施，防止事故危害扩大和次生、衍生灾害发生，避免或者减少事故对环境造成的危害；

（四）依法发布调用和征用应急资源的决定；

（五）依法向应急救援队伍下达救援命令；

（六）维护事故现场秩序，组织安抚遇险人员和遇险遇难人员亲属；

（七）依法发布有关事故情况和应急救援工作的信息；

（八）法律、法规规定的其他应急救援措施。

有关地方人民政府不能有效控制生产安全事故的，应当及时向上级人民政府报告。上级人民政府应当及时采取措施，统一指挥应急救援。

第十九条 应急救援队伍接到有关人民政府及其部门的救援命令或者签有应急救援协议的生产经营单位的救援请求后，应当立即参加生产安全事故应急救援。

应急救援队伍根据救援命令参加生产安全事故应急救援所耗费用，由事故责任单位承担；事故责任单位无力承担的，由有关人民政府协调解决。

第二十条 发生生产安全事故后，有关人民政府认为有必要的，可以设立由本级人民政府及其有关部门负责人、应急救援专家、应急救援队伍负责人、事故发生单位负责人等人员组成的应急救援现场指挥部，并指定现场指挥部总指挥。

第二十一条 现场指挥部实行总指挥负责制，按照本级人民政府的授权组织制定并实施生产安全事故现场应急救援方案，协调、指挥有关单位和个人参加现场应急救援。

参加生产安全事故现场应急救援的单位和个人应当服从现场指挥部的统一指挥。

第二十二条 在生产安全事故应急救援过程中，发现可能直接危及应急救援人员生命安全的紧急情况时，现场指挥部或者统一指挥应急救援的人民政府应当立即采取相应措施消除隐患，降低或者化解风险，必要时可以暂时撤离应急救援人员。

第二十三条 生产安全事故发生地人民政府应当为应急救援人员提供必需的后勤保障，并组织通信、交通运输、医疗卫生、气象、水文、地质、电力、供水等单位协助应急救援。

第二十四条 现场指挥部或者统一指挥生产安全事故应急救援的人民政府及其有关部门应当完整、准确地记录应急救援的重要事项,妥善保存相关原始资料和证据。

第二十五条 生产安全事故的威胁和危害得到控制或者消除后,有关人民政府应当决定停止执行依照本条例和有关法律、法规采取的全部或者部分应急救援措施。

第二十六条 有关人民政府及其部门根据生产安全事故应急救援需要依法调用和征用的财产,在使用完毕或者应急救援结束后,应当及时归还。财产被调用、征用或者调用、征用后毁损、灭失的,有关人民政府及其部门应当按照国家有关规定给予补偿。

第二十七条 按照国家有关规定成立的生产安全事故调查组应当对应急救援工作进行评估,并在事故调查报告中作出评估结论。

第二十八条 县级以上地方人民政府应当按照国家有关规定,对在生产安全事故应急救援中伤亡的人员及时给予救治和抚恤;符合烈士评定条件的,按照国家有关规定评定为烈士。

第四章 法律责任

第二十九条 地方各级人民政府和街道办事处等地方人民政府派出机关以及县级以上人民政府有关部门违反本条例规定的,由其上级行政机关责令改正;情节严重的,对直接负责的主管人员和其他直接责任人员依法给予处分。

第三十条 生产经营单位未制定生产安全事故应急救援预案、未定期组织应急救援预案演练、未对从业人员进行应急教育和培训,生产经营单位的主要负责人在本单位发生生产安全事故时不立即组织抢救的,由县级以上人民政府负有安全生产监督管理职责的部门依照《中华人民共和国安全生产法》有关规定追究法律责任。

第三十一条 生产经营单位未对应急救援器材、设备和物资进行经常性维护、保养,导致发生严重生产安全事故或者生产安全事故危害扩大,或者在本单位发生生产安全事故后未立即采取相应的应急救援措施,造成严重后果的,由县级以上人民政府负有安全生产监督管理职责的部门依照《中华人民共和国突发事件应对法》有关规定追究法律责任。

第三十二条 生产经营单位未将生产安全事故应急救援预案报送备案、未建立应急值班制度或者配备应急值班人员的,由县级以上人民政府负有安全生产监督管理职责的部门责令限期改正;逾期未改正的,处3万元以上5万元以下的罚款,对直接负责的主管人员和其他直接责任人员处1万元以上2万元以下的罚款。

第三十三条 违反本条例规定,构成违反治安管理行为的,由公安机关依法给予处罚;构成犯罪的,依法追究刑事责任。

第五章 附则

第三十四条 储存、使用易燃易爆物品、危险化学品等危险物品的科研机构、学校、医院等单位的安全事故应急工作,参照本条例有关规定执行。

第三十五条 本条例自2019年4月1日起施行。

突发事件应急预案管理办法

1. 2013年10月25日国务院办公厅发布
2. 国办发〔2013〕101号

第一章 总则

第一条 为规范突发事件应急预案(以下简称应急预案)管理,增强应急预案的针对性、实用性和可操作性,依据《中华人民共和国突发事件应对法》等法律、行政法规,制订本办法。

第二条 本办法所称应急预案,是指各级人民政府及其部门、基层组织、企事业单位、社会团体等为依法、迅速、科学、有序应对突发事件,最大程度减少突发事件及其造成的损害而预先制定的工作方案。

第三条 应急预案的规划、编制、审批、发布、备案、演练、修订、培训、宣传教育等工作,适用本办法。

第四条 应急预案管理遵循统一规划、分类指导、分级负责、动态管理的原则。

第五条 应急预案编制要依据有关法律、行政法规和制度,紧密结合实际,合理确定内容,切实提高针对性、实用性和可操作性。

第二章 分类和内容

第六条 应急预案按照制定主体划分,分为政府及其部门应急预案、单位和基层组织应急预案两大类。

第七条 政府及其部门应急预案由各级人民政府及其部门制定,包括总体应急预案、专项应急预案、部门应急预案等。

总体应急预案是应急预案体系的总纲,是政府组织应对突发事件的总体制度安排,由县级以上各级人民政府制定。

专项应急预案是政府为应对某一类型或某几种类型突发事件,或者针对重要目标物保护、重大活动保障、应急资源保障等重要专项工作而预先制定的涉及多个部门职责的工作方案,由有关部门牵头制订,报本级人民政府批准后印发实施。

部门应急预案是政府有关部门根据总体应急预案、专项应急预案和部门职责,为应对本部门(行业、领域)突发事件,或者针对重要目标物保护、重大活动保障、应急资源保障等涉及部门工作而预先制定的工作方案,由各级政府有关部门制定。

鼓励相邻、相近的地方人民政府及其有关部门联合制定应对区域性、流域性突发事件的联合应急预案。

第八条 总体应急预案主要规定突发事件应对的基本原则、组织体系、运行机制,以及应急保障的总体安排等,明确相关各方的职责和任务。

针对突发事件应对的专项和部门应急预案,不同层级的预案内容各有所侧重。国家层面专项和部门应急预案侧重明确突发事件的应对原则、组织指挥机制、预警分级和事件分级标准、信息报告要求、分级响应及响应行动、应急保障措施等,重点规范国家层面应对行动,同时体现政策性和指导性;省级专项和部门应急预案侧重明确突发事件的组织指挥机制、信息报告要求、分级响应及响应行动、队伍物资保障及调动程序、市县级政府职责等,重点规范省级层面应对行动,同时体现指导性;市县级专项和部门应急预案侧重明确突发事件的组织指挥机制、风险评估、监测预警、信息报告、应急处置措施、队伍物资保障及调动程序等内容,重点规范市(地)级和县级层面应对行动,体现应急处置的主体职能;乡镇街道专项和部门应急预案侧重明确突发事件的预警信息传播、组织先期处置和自救互救、信息收集报告、人员临时安置等内容,重点规范乡镇层面应对行动,体现先期处置特点。

针对重要基础设施、生命线工程等重要目标物保护的专项和部门应急预案,侧重明确风险隐患及防范措施、监测预警、信息报告、应急处置和紧急恢复等内容。

针对重大活动保障制定的专项和部门应急预案,侧重明确活动安全风险隐患及防范措施、监测预警、信息报告、应急处置、人员疏散撤离组织和路线等内容。

针对为突发事件应对工作提供队伍、物资、装备、资金等资源保障的专项和部门应急预案,侧重明确组织指挥机制、资源布局、不同种类和级别突发事件发生后的资源调用程序等内容。

联合应急预案侧重明确相邻、相近地方人民政府及其部门间信息通报、处置措施衔接、应急资源共享等应急联动机制。

第九条 单位和基层组织应急预案由机关、企业、事业单位、社会团体和居委会、村委会等法人和基层组织制定,侧重明确应急响应责任人、风险隐患监测、信息报告、预警响应、应急处置、人员疏散撤离组织和路线、可调用或可请求援助的应急资源情况及如何实施等,体现自救互救、信息报告和先期处置特点。

大型企业集团可根据相关标准规范和实际工作需要,参照国际惯例,建立本集团应急预案体系。

第十条 政府及其部门、有关单位和基层组织可根据应急预案,并针对突发事件现场处置工作灵活制定现场工作方案,侧重明确现场组织指挥机制、应急队伍分工、不同情况下的应对措施、应急装备保障和自我保障等内容。

第十一条 政府及其部门、有关单位和基层组织可结合本地区、本部门和本单位具体情况,编制应急预案操作手册,内容一般包括风险隐患分析、处置工作程序、响应措施、应急队伍和装备物资情况,以及相关单位联络人员和电话等。

第十二条 对预案应急响应是否分级、如何分级、如何界定分级响应措施等,由预案制定单位根据本地区、本部门和本单位的实际情况确定。

第三章 预 案 编 制

第十三条 各级人民政府应当针对本行政区域多发易发突发事件、主要风险等,制定本级政府及其部门应急预案编制规划,并根据实际情况变化适时修订完善。

单位和基层组织可根据应对突发事件需要,制定本单位、本基层组织应急预案编制计划。

第十四条 应急预案编制部门和单位应组成预案编制工作小组,吸收预案涉及主要部门和单位业务相关人员、有关专家及有现场处置经验的人员参加。编制工作小组组长由应急预案编制部门或单位有关负责人担任。

第十五条 编制应急预案应当在开展风险评估和应急资源调查的基础上进行。

(一)风险评估。针对突发事件特点,识别事件的危害因素,分析事件可能产生的直接后果以及次生、衍生后果,评估各种后果的危害程度,提出控制风险、治理隐患的措施。

(二)应急资源调查。全面调查本地区、本单位第一时间可调用的应急队伍、装备、物资、场所等应急资源状况和合作区域内可请求援助的应急资源状况,必要时对本地居民应急资源情况进行调查,为制定应急响应措施提供依据。

第十六条 政府及其部门应急预案编制过程中应当广泛听取有关部门、单位和专家的意见,与相关的预案作好衔接。涉及其他单位职责的,应当书面征求相关单位意见。必要时,向社会公开征求意见。

单位和基层组织应急预案编制过程中,应根据法律、行政法规要求或实际需要,征求相关公民、法人或其他组织的意见。

第四章 审批、备案和公布

第十七条 预案编制工作小组或牵头单位应当将预案送审稿及各有关单位复函和意见采纳情况说明、编制工作说明等有关材料报送应急预案审批单位。因保密等原因需要发布应急预案简本的,应当将应急预案简本一起报送审批。

第十八条 应急预案审核内容主要包括预案是否符合有关法律、行政法规,是否与有关应急预案进行了衔接,各方面意见是否一致,主体内容是否完备,责任分工是否合理明确,应急响应级别设计是否合理,应对措施是否具体简明、管用可行等。必要时,应急预案审批单位可组织有关专家对应急预案进行评审。

第十九条 国家总体应急预案报国务院审批,以国务院名义印发;专项应急预案报国务院审批,以国务院办公厅名义印发;部门应急预案由部门有关会议审议决定,以部门名义印发,必要时,可以由国务院办公厅转发。

地方各级人民政府总体应急预案应当经本级人民政府常务会议审议,以本级人民政府名义印发;专项应急预案应当经本级人民政府审批,必要时经本级人民政府常务会议或专题会议审议,以本级人民政府办公厅(室)名义印发;部门应急预案应当经部门有关会议审议,以部门名义印发,必要时,可以由本级人民政府办公厅(室)转发。

单位和基层组织应急预案须经本单位或基层组织主要负责人或分管负责人签发,审批方式根据实际情况确定。

第二十条 应急预案审批单位应当在应急预案印发后的20个工作日内依照下列规定向有关单位备案:

(一)地方人民政府总体应急预案报送上一级人民政府备案。

(二)地方人民政府专项应急预案抄送上一级人民政府有关主管部门备案。

(三)部门应急预案报送本级人民政府备案。

(四)涉及需要与所在地政府联合应急处置的中央单位应急预案,应当向所在地县级人民政府备案。

法律、行政法规另有规定的从其规定。

第二十一条 自然灾害、事故灾难、公共卫生类政府及其部门应急预案,应向社会公布。对确需保密的应急预案,按有关规定执行。

第五章 应急演练

第二十二条 应急预案编制单位应当建立应急演练制度,根据实际情况采取实战演练、桌面推演等方式,组织开展人员广泛参与、处置联动性强、形式多样、节约高效的应急演练。

专项应急预案、部门应急预案至少每3年进行一次应急演练。

地震、台风、洪涝、滑坡、山洪泥石流等自然灾害易发区域所在地政府,重要基础设施和城市供水、供电、供气、供热等生命线工程经营管理单位,矿山、建筑施工单位和易燃易爆物品、危险化学品、放射性物品等危险物品生产、经营、储运、使用单位,公共交通工具、公共场所和医院、学校等人员密集场所的经营单位或者管理单位等,应当有针对性地经常组织开展应急演练。

第二十三条 应急演练组织单位应当组织演练评估。评估的主要内容包括:演练的执行情况,预案的合理性与可操作性,指挥协调和应急联动情况,应急人员的处置情况,演练所用设备装备的适用性,对完善预案、应急准备、应急机制、应急措施等方面的意见和建议等。

鼓励委托第三方进行演练评估。

第六章 评估和修订

第二十四条 应急预案编制单位应当建立定期评估制度,分析评价预案内容的针对性、实用性和可操作性,实现应急预案的动态优化和科学规范管理。

第二十五条 有下列情形之一的,应当及时修订应急预案:

(一)有关法律、行政法规、规章、标准、上位预案中的有关规定发生变化的;

(二)应急指挥机构及其职责发生重大调整的;

(三)面临的风险发生重大变化的;

(四)重要应急资源发生重大变化的;

(五)预案中的其他重要信息发生变化的;

(六)在突发事件实际应对和应急演练中发现问题需要作出重大调整的;

(七)应急预案制定单位认为应当修订的其他情况。

第二十六条 应急预案修订涉及组织指挥体系与职责、应急处置程序、主要处置措施、突发事件分级标准等重要内容的，修订工作应参照本办法规定的预案编制、审批、备案、公布程序组织进行。仅涉及其他内容的，修订程序可根据情况适当简化。

第二十七条　各级政府及其部门、企事业单位、社会团体、公民等，可以向有关预案编制单位提出修订建议。

第七章　培训和宣传教育

第二十八条　应急预案编制单位应当通过编发培训材料、举办培训班、开展工作研讨等方式，对与应急预案实施密切相关的管理人员和专业救援人员等组织开展应急预案培训。

各级政府及其有关部门应将应急预案培训作为应急管理培训的重要内容，纳入领导干部培训、公务员培训、应急管理干部日常培训内容。

第二十九条　对需要公众广泛参与的非涉密的应急预案，编制单位应当充分利用互联网、广播、电视、报刊等多种媒体广泛宣传，制作通俗易懂、好记管用的宣传普及材料，向公众免费发放。

第八章　组 织 保 障

第三十条　各级政府及其有关部门应对本行政区域、本行业（领域）应急预案管理工作加强指导和监督。国务院有关部门可根据需要编写应急预案编制指南，指导本行业（领域）应急预案编制工作。

第三十一条　各级政府及其有关部门、各有关单位要指定专门机构和人员负责相关具体工作，将应急预案规划、编制、审批、发布、演练、修订、培训、宣传教育等工作所需经费纳入预算统筹安排。

第九章　附　　则

第三十二条　国务院有关部门、地方各级人民政府及其有关部门、大型企业集团等可根据实际情况，制定相关实施办法。

第三十三条　本办法由国务院办公厅负责解释。

第三十四条　本办法自印发之日起施行。

生产安全事故应急预案管理办法

1. 2016年6月3日国家安全生产监督管理总局令第88号公布

2. 根据2019年7月11日应急管理部令第2号《关于修改〈生产安全事故应急预案管理办法〉的决定》修正

第一章　总　　则

第一条　为规范生产安全事故应急预案管理工作，迅速有效处置生产安全事故，依据《中华人民共和国突发事件应对法》《中华人民共和国安全生产法》《生产安全事故应急条例》等法律、行政法规和《突发事件应急预案管理办法》（国办发〔2013〕101号），制定本办法。

第二条　生产安全事故应急预案（以下简称应急预案）的编制、评审、公布、备案、实施及监督管理工作，适用本办法。

第三条　应急预案的管理实行属地为主、分级负责、分类指导、综合协调、动态管理的原则。

第四条　应急管理部负责全国应急预案的综合协调管理工作。国务院其他负有安全生产监督管理职责的部门在各自职责范围内，负责相关行业、领域应急预案的管理工作。

县级以上地方各级人民政府应急管理部门负责本行政区域内应急预案的综合协调管理工作。县级以上地方各级人民政府其他负有安全生产监督管理职责的部门按照各自的职责负责有关行业、领域应急预案的管理工作。

第五条　生产经营单位主要负责人负责组织编制和实施本单位的应急预案，并对应急预案的真实性和实用性负责；各分管负责人应当按照职责分工落实应急预案规定的职责。

第六条　生产经营单位应急预案分为综合应急预案、专项应急预案和现场处置方案。

综合应急预案，是指生产经营单位为应对各种生产安全事故而制定的综合性工作方案，是本单位应对生产安全事故的总体工作程序、措施和应急预案体系的总纲。

专项应急预案，是指生产经营单位为应对某一种或者多种类型生产安全事故，或者针对重要生产设施、重大危险源、重大活动防止生产安全事故而制定的专项性工作方案。

现场处置方案，是指生产经营单位根据不同生产安全事故类型，针对具体场所、装置或者设施所制定的应急处置措施。

第二章　应急预案的编制

第七条　应急预案的编制应当遵循以人为本、依法依规、符合实际、注重实效的原则，以应急处置为核心，明确应急职责、规范应急程序、细化保障措施。

第八条　应急预案的编制应当符合下列基本要求：

（一）有关法律、法规、规章和标准的规定；

（二）本地区、本部门、本单位的安全生产实际情况；

（三）本地区、本部门、本单位的危险性分析情况；

（四）应急组织和人员的职责分工明确，并有具体的落实措施；

（五）有明确、具体的应急程序和处置措施，并与其应急能力相适应；

（六）有明确的应急保障措施，满足本地区、本部门、本单位的应急工作需要；

（七）应急预案基本要素齐全、完整，应急预案附件提供的信息准确；

（八）应急预案内容与相关应急预案相互衔接。

第九条　编制应急预案应当成立编制工作小组，由本单位有关负责人任组长，吸收与应急预案有关的职能部门和单位的人员，以及有现场处置经验的人员参加。

第十条　编制应急预案前，编制单位应当进行事故风险辨识、评估和应急资源调查。

事故风险辨识、评估，是指针对不同事故种类及特点，识别存在的危险危害因素，分析事故可能产生的直接后果以及次生、衍生后果，评估各种后果的危害程度和影响范围，提出防范和控制事故风险措施的过程。

应急资源调查，是指全面调查本地区、本单位第一时间可以调用的应急资源状况和合作区域内可以请求援助的应急资源状况，并结合事故风险辨识评估结论制定应急措施的过程。

第十一条　地方各级人民政府应急管理部门和其他负有安全生产监督管理职责的部门应当根据法律、法规、规章和同级人民政府以及上一级人民政府应急管理部门和其他负有安全生产监督管理职责的部门的应急预案，结合工作实际，组织编制相应的部门应急预案。

部门应急预案应当根据本地区、本部门的实际情况，明确信息报告、响应分级、指挥权移交、警戒疏散等内容。

第十二条　生产经营单位应当根据有关法律、法规、规章和相关标准，结合本单位组织管理体系、生产规模和可能发生的事故特点，与相关预案保持衔接，确立本单位的应急预案体系，编制相应的应急预案，并体现自救互救和先期处置等特点。

第十三条　生产经营单位风险种类多、可能发生多种类型事故的，应当组织编制综合应急预案。

综合应急预案应当规定应急组织机构及其职责、应急预案体系、事故风险描述、预警及信息报告、应急响应、保障措施、应急预案管理等内容。

第十四条　对于某一种或者多种类型的事故风险，生产经营单位可以编制相应的专项应急预案，或将专项应急预案并入综合应急预案。

专项应急预案应当规定应急指挥机构与职责、处置程序和措施等内容。

第十五条　对于危险性较大的场所、装置或者设施，生产经营单位应当编制现场处置方案。

现场处置方案应当规定应急工作职责、应急处置措施和注意事项等内容。

事故风险单一、危险性小的生产经营单位，可以只编制现场处置方案。

第十六条　生产经营单位应急预案应当包括向上级应急管理机构报告的内容、应急组织机构和人员的联系方式、应急物资储备清单等附件信息。附件信息发生变化时，应当及时更新，确保准确有效。

第十七条　生产经营单位组织应急预案编制过程中，应当根据法律、法规、规章的规定或者实际需要，征求相关应急救援队伍、公民、法人或者其他组织的意见。

第十八条　生产经营单位编制的各类应急预案之间应当相互衔接，并与相关人民政府及其部门、应急救援队伍和涉及的其他单位的应急预案相衔接。

第十九条　生产经营单位应当在编制应急预案的基础上，针对工作场所、岗位的特点，编制简明、实用、有效的应急处置卡。

应急处置卡应当规定重点岗位、人员的应急处置程序和措施，以及相关联络人员和联系方式，便于从业人员携带。

第三章　应急预案的评审、公布和备案

第二十条　地方各级人民政府应急管理部门应当组织有关专家对本部门编制的部门应急预案进行审定；必要时，可以召开听证会，听取社会有关方面的意见。

第二十一条　矿山、金属冶炼企业和易燃易爆物品、危险化学品的生产、经营（带储存设施的，下同）、储存、运输企业，以及使用危险化学品达到国家规定数量的化工企业、烟花爆竹生产、批发经营企业和中型规模以上的其他生产经营单位，应当对本单位编制的应急预案进行评审，并形成书面评审纪要。

前款规定以外的其他生产经营单位可以根据自身需要，对本单位编制的应急预案进行论证。

第二十二条　参加应急预案评审的人员应当包括有关安全生产及应急管理方面的专家。

评审人员与所评审应急预案的生产经营单位有利害关系的，应当回避。

第二十三条　应急预案的评审或者论证应当注重基本要素的完整性、组织体系的合理性、应急处置程序和措施

的针对性、应急保障措施的可行性、应急预案的衔接性等内容。

第二十四条　生产经营单位的应急预案经评审或者论证后，由本单位主要负责人签署，向本单位从业人员公布，并及时发放到本单位有关部门、岗位和相关应急救援队伍。

事故风险可能影响周边其他单位、人员的，生产经营单位应当将有关事故风险的性质、影响范围和应急防范措施告知周边的其他单位和人员。

第二十五条　地方各级人民政府应急管理部门的应急预案，应当报同级人民政府备案，同时抄送上一级人民政府应急管理部门，并依法向社会公布。

地方各级人民政府其他负有安全生产监督管理职责的部门的应急预案，应当抄送同级人民政府应急管理部门。

第二十六条　易燃易爆物品、危险化学品等危险物品的生产、经营、储存、运输单位，矿山、金属冶炼、城市轨道交通运营、建筑施工单位，以及宾馆、商场、娱乐场所、旅游景区等人员密集场所经营单位，应当在应急预案公布之日起20个工作日内，按照分级属地原则，向县级以上人民政府应急管理部门和其他负有安全生产监督管理职责的部门进行备案，并依法向社会公布。

前款所列单位属于中央企业的，其总部（上市公司）的应急预案，报国务院主管的负有安全生产监督管理职责的部门备案，并抄送应急管理部；其所属单位的应急预案报所在地的省、自治区、直辖市或者设区的市级人民政府主管的负有安全生产监督管理职责的部门备案，并抄送同级人民政府应急管理部门。

本条第一款所列单位不属于中央企业的，其中非煤矿山、金属冶炼和危险化学品生产、经营、储存、运输企业，以及使用危险化学品达到国家规定数量的化工企业、烟花爆竹生产、批发经营企业的应急预案，按照隶属关系报所在地县级以上地方人民政府应急管理部门备案；本款前述单位以外的其他生产经营单位应急预案的备案，由省、自治区、直辖市人民政府负有安全生产监督管理职责的部门确定。

油气输送管道运营单位的应急预案，除按照本条第一款、第二款的规定备案外，还应当抄送所经行政区域的县级人民政府应急管理部门。

海洋石油开采企业的应急预案，除按照本条第一款、第二款的规定备案外，还应当抄送所经行政区域的县级人民政府应急管理部门和海洋石油安全监管机构。

煤矿企业的应急预案除按照本条第一款、第二款的规定备案外，还应当抄送所在地的煤矿安全监察机构。

第二十七条　生产经营单位申报应急预案备案，应当提交下列材料：

（一）应急预案备案申报表；

（二）本办法第二十一条所列单位，应当提供应急预案评审意见；

（三）应急预案电子文档；

（四）风险评估结果和应急资源调查清单。

第二十八条　受理备案登记的负有安全生产监督管理职责的部门应当在5个工作日内对应急预案材料进行核对，材料齐全的，应当予以备案并出具应急预案备案登记表；材料不齐全的，不予备案并一次性告知需要补齐的材料。逾期不予备案又不说明理由的，视为已经备案。

对于实行安全生产许可的生产经营单位，已经进行应急预案备案的，在申请安全生产许可证时，可以不提供相应的应急预案，仅提供应急预案备案登记表。

第二十九条　各级人民政府负有安全生产监督管理职责的部门应当建立应急预案备案登记建档制度，指导、督促生产经营单位做好应急预案的备案登记工作。

第四章　应急预案的实施

第三十条　各级人民政府应急管理部门、各类生产经营单位应当采取多种形式开展应急预案的宣传教育，普及生产安全事故避险、自救和互救知识，提高从业人员和社会公众的安全意识与应急处置技能。

第三十一条　各级人民政府应急管理部门应当将本部门应急预案的培训纳入安全生产培训工作计划，并组织实施本行政区域内重点生产经营单位的应急预案培训工作。

生产经营单位应当组织开展本单位的应急预案、应急知识、自救互救和避险逃生技能的培训活动，使有关人员了解应急预案内容，熟悉应急职责、应急处置程序和措施。

应急培训的时间、地点、内容、师资、参加人员和考核结果等情况应当如实记入本单位的安全生产教育和培训档案。

第三十二条　各级人民政府应急管理部门应当至少每两年组织一次应急预案演练，提高本部门、本地区生产安全事故应急处置能力。

第三十三条　生产经营单位应当制定本单位的应急预案演练计划，根据本单位的事故风险特点，每年至少组织一次综合应急预案演练或者专项应急预案演练，每半年至少组织一次现场处置方案演练。

易燃易爆物品、危险化学品等危险物品的生产、经营、储存、运输单位，矿山、金属冶炼、城市轨道交通运营、建筑施工单位，以及宾馆、商场、娱乐场所、旅游景区等人员密集场所经营单位，应当至少每半年组织一次生产安全事故应急预案演练，并将演练情况报送所在地县级以上地方人民政府负有安全生产监督管理职责的部门。

县级以上地方人民政府负有安全生产监督管理职责的部门应当对本行政区域内前款规定的重点生产经营单位的生产安全事故应急救援预案演练进行抽查；发现演练不符合要求的，应当责令限期改正。

第三十四条 应急预案演练结束后，应急预案演练组织单位应当对应急预案演练效果进行评估，撰写应急预案演练评估报告，分析存在的问题，并对应急预案提出修订意见。

第三十五条 应急预案编制单位应当建立应急预案定期评估制度，对预案内容的针对性和实用性进行分析，并对应急预案是否需要修订作出结论。

矿山、金属冶炼、建筑施工企业和易燃易爆物品、危险化学品等危险物品的生产、经营、储存、运输企业、使用危险化学品达到国家规定数量的化工企业、烟花爆竹生产、批发经营企业和中型规模以上的其他生产经营单位，应当每三年进行一次应急预案评估。

应急预案评估可以邀请相关专业机构或者有关专家、有实际应急救援工作经验的人员参加，必要时可以委托安全生产技术服务机构实施。

第三十六条 有下列情形之一的，应急预案应当及时修订并归档：

（一）依据的法律、法规、规章、标准及上位预案中的有关规定发生重大变化的；

（二）应急指挥机构及其职责发生调整的；

（三）安全生产面临的风险发生重大变化的；

（四）重要应急资源发生重大变化的；

（五）在应急演练和事故应急救援中发现需要修订预案的重大问题的；

（六）编制单位认为应当修订的其他情况。

第三十七条 应急预案修订涉及组织指挥体系与职责、应急处置程序、主要处置措施、应急响应分级等内容变更的，修订工作应当参照本办法规定的应急预案编制程序进行，并按照有关应急预案报备程序重新备案。

第三十八条 生产经营单位应当按照应急预案的规定，落实应急指挥体系、应急救援队伍、应急物资及装备，建立应急物资、装备配备及其使用档案，并对应急物资、装备进行定期检测和维护，使其处于适用状态。

第三十九条 生产经营单位发生事故时，应当第一时间启动应急响应，组织有关力量进行救援，并按照规定将事故信息及应急响应启动情况报告事故发生地县级以上人民政府应急管理部门和其他负有安全生产监督管理职责的部门。

第四十条 生产安全事故应急处置和应急救援结束后，事故发生单位应当对应急预案实施情况进行总结评估。

第五章　监 督 管 理

第四十一条 各级人民政府应急管理部门和煤矿安全监察机构应当将生产经营单位应急预案工作纳入年度监督检查计划，明确检查的重点内容和标准，并严格按照计划开展执法检查。

第四十二条 地方各级人民政府应急管理部门应当每年对应急预案的监督管理工作情况进行总结，并报上一级人民政府应急管理部门。

第四十三条 对于在应急预案管理工作中做出显著成绩的单位和人员，各级人民政府应急管理部门、生产经营单位可以给予表彰和奖励。

第六章　法 律 责 任

第四十四条 生产经营单位有下列情形之一的，由县级以上人民政府应急管理等部门依照《中华人民共和国安全生产法》第九十四条的规定，责令限期改正，可以处5万元以下罚款；逾期未改正的，责令停产停业整顿，并处5万元以上10万元以下的罚款，对直接负责的主管人员和其他直接责任人员处1万元以上2万元以下的罚款：

（一）未按照规定编制应急预案的；

（二）未按照规定定期组织应急预案演练的。

第四十五条 生产经营单位有下列情形之一的，由县级以上人民政府应急管理部门责令限期改正，可以处1万元以上3万元以下的罚款：

（一）在应急预案编制前未按照规定开展风险辨识、评估和应急资源调查的；

（二）未按照规定开展应急预案评审的；

（三）事故风险可能影响周边单位、人员的，未将事故风险的性质、影响范围和应急防范措施告知周边单位和人员的；

（四）未按照规定开展应急预案评估的；

（五）未按照规定进行应急预案修订的；

（六）未落实应急预案规定的应急物资及装备的。

生产经营单位未按照规定进行应急预案备案的，由县级以上人民政府应急管理等部门依照职责责令限期改正；逾期未改正的，处3万元以上5万元以下的罚款，对直接负责的主管人员和其他直接责任人员处1万元以上2万元以下的罚款。

第七章 附 则

第四十六条 《生产经营单位生产安全事故应急预案备案申报表》和《生产经营单位生产安全事故应急预案备案登记表》由应急管理部统一制定。

第四十七条 各省、自治区、直辖市应急管理部门可以依据本办法的规定，结合本地区实际制定实施细则。

第四十八条 对储存、使用易燃易爆物品、危险化学品等危险物品的科研机构、学校、医院等单位的安全事故应急预案的管理，参照本办法的有关规定执行。

第四十九条 本办法自2016年7月1日起施行。

生产安全事故应急处置评估暂行办法

1. 2014年9月22日国家安全生产监督管理总局办公厅发布

2. 安监总厅应急〔2014〕95号

第一条 为规范生产安全事故应急处置评估工作，总结和吸取应急处置经验教训，不断提高生产安全事故应急处置能力，持续改进应急准备工作，根据《安全生产法》、《生产安全事故报告和调查处理条例》，《国务院安委会关于进一步加强生产安全事故应急处置工作的通知》（安委〔2013〕8号），制定本办法。

第二条 本办法适用于除环境污染事故、核设施事故、国防科研生产事故以外的各类生产安全事故的应急处置评估工作。

第三条 生产安全事故应急处置评估应当按照客观、公正、科学的原则进行。

第四条 国家安全生产监督管理总局指导和监督全国生产安全事故应急处置评估工作。

县级以上地方各级人民政府安全生产监督管理部门指导和监督本行政区域内生产安全事故应急处置评估工作。

第五条 国务院和县级以上地方各级人民政府成立或授权、委托成立的事故调查组（以下统称事故调查组），分级负责所调查事故的应急处置评估工作。

上级人民政府安全监管监察部门认为必要时，可以派出工作组协助下级人民政府事故调查组进行应急处置评估。

第六条 事故调查组应当单独设立应急处置评估组，专职负责对事故单位和事发地人民政府的应急处置工作进行评估。

事故调查组应急处置评估组组长一般由安全生产应急管理机构人员担任，有关单位人员参加，并根据需要聘请相关专家参与评估工作。

第七条 应急处置评估组根据工作需要，可以采取下列措施：

（一）听取事故单位和事发地人民政府事故应急处置现场指挥部（以下简称现场指挥部）事故及应急处置情况说明；

（二）现场勘查；

（三）查阅相关文字、音像资料和数据信息；

（四）询问有关人员；

（五）组织专家论证，必要时可以委托相关机构进行技术鉴定。

第八条 事故单位和现场指挥部应当分别总结事故应急处置工作，向事故调查组和上一级安全生产监管监察部门提交总结报告。总结报告内容包括：

（一）事故基本情况；

（二）先期处置情况及事故信息接收、流转与报送情况；

（三）应急预案实施情况；

（四）组织指挥情况；

（五）现场救援方案制定及执行情况；

（六）现场应急救援队伍工作情况；

（七）现场管理和信息发布情况；

（八）应急资源保障情况；

（九）防控环境影响措施的执行情况；

（十）救援成效、经验和教训；

（十一）相关建议。

事故单位和现场指挥部应当妥善保存并整理好与应急处置有关的书证和物证。

第九条 应急处置评估组对事故单位的评估，应当包括以下内容：

（一）应急响应情况，包括事故基本情况、信息报送情况等；

（二）先期处置情况，包括自救情况、控制危险源情况、防范次生灾害发生情况；

（三）应急管理规章制度的建立和执行情况；

（四）风险评估和应急资源调查情况；

（五）应急预案的编制、培训、演练、执行情况；

（六）应急救援队伍、人员、装备、物资储备、资金保障等方面的落实情况。

第十条 应急处置评估组对事发地人民政府的评估，应当包括以下内容：

（一）应急响应情况，包括事故发生后信息接收、流转与报送情况、相关职能部门协调联动情况；

（二）指挥救援情况，包括应急救援队伍和装备资源调动情况、应急处置方案制定情况；

（三）应急处置措施执行情况，包括现场应急救援队伍工作情况、应急资源保障情况、防范次生衍生及事故扩大采取的措施情况、防控环境影响措施执行情况；

（四）现场管理和信息发布情况。

第十一条 应急处置评估组应当向事故调查组提交应急处置评估报告。评估报告包括以下内容：

（一）事故应急处置基本情况；

（二）事故单位应急处置责任落实情况；

（三）地方人民政府应急处置责任落实情况；

（四）评估结论；

（五）经验教训；

（六）相关工作建议。

第十二条 事故调查组应当将应急处置评估内容纳入事故调查报告。

第十三条 安全监管监察部门及其应急管理工作机构应当根据事故调查报告，改进和加强日常管理、应急准备及应急处置等工作。

第十四条 县级以上地方各级安全生产监督管理部门、驻地各级煤矿安全监察机构应当每年对本辖区生产安全事故应急处置评估情况进行总结，并收集典型案例，向上一级安全生产监督管理部门、煤矿安全监察机构报告。

第十五条 生产安全险情的应急处置评估工作，成立事故调查组的，依照本办法执行；未成立事故调查组的，由现场指挥部或事发地人民政府安全生产监督管理部门依照本办法执行。

第十六条 本办法所称的生产安全事故应急处置是指生产安全事故发生到事故危险状态消除期间，为抢救人员、保护财产和环境而采取的措施、行动。

本办法所称的生产安全险情是指在生产经营活动中发生的对人员生命和财产安全造成威胁，但损害未达到生产安全事故等级标准的事件。

第十七条 本办法自印发之日起施行。

4. 事故处理

生产安全事故报告和调查处理条例

1. 2007年4月9日国务院令第493号公布
2. 自2007年6月1日起施行

第一章　总　　则

第一条　为了规范生产安全事故的报告和调查处理，落实生产安全事故责任追究制度，防止和减少生产安全事故，根据《中华人民共和国安全生产法》和有关法律，制定本条例。

第二条　生产经营活动中发生的造成人身伤亡或者直接经济损失的生产安全事故的报告和调查处理，适用本条例；环境污染事故、核设施事故、国防科研生产事故的报告和调查处理不适用本条例。

第三条　根据生产安全事故(以下简称事故)造成的人员伤亡或者直接经济损失，事故一般分为以下等级：

（一）特别重大事故，是指造成30人以上死亡，或者100人以上重伤(包括急性工业中毒，下同)，或者1亿元以上直接经济损失的事故；

（二）重大事故，是指造成10人以上30人以下死亡，或者50人以上100人以下重伤，或者5000万元以上1亿元以下直接经济损失的事故；

（三）较大事故，是指造成3人以上10人以下死亡，或者10人以上50人以下重伤，或者1000万元以上5000万元以下直接经济损失的事故；

（四）一般事故，是指造成3人以下死亡，或者10人以下重伤，或者1000万元以下直接经济损失的事故。

国务院安全生产监督管理部门可以会同国务院有关部门，制定事故等级划分的补充性规定。

本条第一款所称的“以上”包括本数，所称的“以下”不包括本数。

第四条　事故报告应当及时、准确、完整，任何单位和个人对事故不得迟报、漏报、谎报或者瞒报。

事故调查处理应当坚持实事求是、尊重科学的原则，及时、准确地查清事故经过、事故原因和事故损失，查明事故性质，认定事故责任，总结事故教训，提出整改措施，并对事故责任者依法追究责任。

第五条　县级以上人民政府应当依照本条例的规定，严格履行职责，及时、准确地完成事故调查处理工作。

事故发生地有关地方人民政府应当支持、配合上级人民政府或者有关部门的事故调查处理工作，并提供必要的便利条件。

参加事故调查处理的部门和单位应当互相配合，提高事故调查处理工作的效率。

第六条　工会依法参加事故调查处理，有权向有关部门提出处理意见。

第七条　任何单位和个人不得阻挠和干涉对事故的报告和依法调查处理。

第八条　对事故报告和调查处理中的违法行为，任何单位和个人有权向安全生产监督管理部门、监察机关或者其他有关部门举报，接到举报的部门应当依法及时处理。

第二章　事 故 报 告

第九条　事故发生后，事故现场有关人员应当立即向本单位负责人报告；单位负责人接到报告后，应当于1小时内向事故发生地县级以上人民政府安全生产监督管理部门和负有安全生产监督管理职责的有关部门报告。

情况紧急时，事故现场有关人员可以直接向事故发生地县级以上人民政府安全生产监督管理部门和负有安全生产监督管理职责的有关部门报告。

第十条　安全生产监督管理部门和负有安全生产监督管理职责的有关部门接到事故报告后，应当依照下列规定上报事故情况，并通知公安机关、劳动保障行政部门、工会和人民检察院：

（一）特别重大事故、重大事故逐级上报至国务院安全生产监督管理部门和负有安全生产监督管理职责的有关部门；

（二）较大事故逐级上报至省、自治区、直辖市人民政府安全生产监督管理部门和负有安全生产监督管理职责的有关部门；

（三）一般事故上报至设区的市级人民政府安全生产监督管理部门和负有安全生产监督管理职责的有关部门。

安全生产监督管理部门和负有安全生产监督管理职责的有关部门依照前款规定上报事故情况，应当同时报告本级人民政府。国务院安全生产监督管理部门和负有安全生产监督管理职责的有关部门以及省级人民政府接到发生特别重大事故、重大事故的报告后，应当立即报告国务院。

必要时，安全生产监督管理部门和负有安全生产监督管理职责的有关部门可以越级上报事故情况。

第十一条 安全生产监督管理部门和负有安全生产监督管理职责的有关部门逐级上报事故情况，每级上报的时间不得超过2小时。

第十二条 报告事故应当包括下列内容：

（一）事故发生单位概况；

（二）事故发生的时间、地点以及事故现场情况；

（三）事故的简要经过；

（四）事故已经造成或者可能造成的伤亡人数（包括下落不明的人数）和初步估计的直接经济损失；

（五）已经采取的措施；

（六）其他应当报告的情况。

第十三条 事故报告后出现新情况的，应当及时补报。

自事故发生之日起30日内，事故造成的伤亡人数发生变化的，应当及时补报。道路交通事故、火灾事故自发生之日起7日内，事故造成的伤亡人数发生变化的，应当及时补报。

第十四条 事故发生单位负责人接到事故报告后，应当立即启动事故相应应急预案，或者采取有效措施，组织抢救，防止事故扩大，减少人员伤亡和财产损失。

第十五条 事故发生地有关地方人民政府、安全生产监督管理部门和负有安全生产监督管理职责的有关部门接到事故报告后，其负责人应当立即赶赴事故现场，组织事故救援。

第十六条 事故发生后，有关单位和人员应当妥善保护事故现场以及相关证据，任何单位和个人不得破坏事故现场、毁灭相关证据。

因抢救人员、防止事故扩大以及疏通交通等原因，需要移动事故现场物件的，应当做出标志，绘制现场简图并做出书面记录，妥善保存现场重要痕迹、物证。

第十七条 事故发生地公安机关根据事故的情况，对涉嫌犯罪的，应当依法立案侦查，采取强制措施和侦查措施。犯罪嫌疑人逃匿的，公安机关应当迅速追捕归案。

第十八条 安全生产监督管理部门和负有安全生产监督管理职责的有关部门应当建立值班制度，并向社会公布值班电话，受理事故报告和举报。

第三章 事故调查

第十九条 特别重大事故由国务院或者国务院授权有关部门组织事故调查组进行调查。

重大事故、较大事故、一般事故分别由事故发生地省级人民政府、设区的市级人民政府、县级人民政府负责调查。省级人民政府、设区的市级人民政府、县级人民政府可以直接组织事故调查组进行调查，也可以授权或者委托有关部门组织事故调查组进行调查。

未造成人员伤亡的一般事故，县级人民政府也可以委托事故发生单位组织事故调查组进行调查。

第二十条 上级人民政府认为必要时，可以调查由下级人民政府负责调查的事故。

自事故发生之日起30日内（道路交通事故、火灾事故自发生之日起7日内），因事故伤亡人数变化导致事故等级发生变化，依照本条例规定应当由上级人民政府负责调查的，上级人民政府可以另行组织事故调查组进行调查。

第二十一条 特别重大事故以下等级事故，事故发生地与事故发生单位不在同一个县级以上行政区域的，由事故发生地人民政府负责调查，事故发生单位所在地人民政府应当派人参加。

第二十二条 事故调查组的组成应当遵循精简、效能的原则。

根据事故的具体情况，事故调查组由有关人民政府、安全生产监督管理部门、负有安全生产监督管理职责的有关部门、监察机关、公安机关以及工会派人组成，并应当邀请人民检察院派人参加。

事故调查组可以聘请有关专家参与调查。

第二十三条 事故调查组成员应当具有事故调查所需要的知识和专长，并与所调查的事故没有直接利害关系。

第二十四条 事故调查组组长由负责事故调查的人民政府指定。事故调查组组长主持事故调查组的工作。

第二十五条 事故调查组履行下列职责：

（一）查明事故发生的经过、原因、人员伤亡情况及直接经济损失；

（二）认定事故的性质和事故责任；

（三）提出对事故责任者的处理建议；

（四）总结事故教训，提出防范和整改措施；

（五）提交事故调查报告。

第二十六条 事故调查组有权向有关单位和个人了解与事故有关的情况，并要求其提供相关文件、资料，有关单位和个人不得拒绝。

事故发生单位的负责人和有关人员在事故调查期间不得擅离职守，并应当随时接受事故调查组的询问，如实提供有关情况。

事故调查中发现涉嫌犯罪的，事故调查组应当及时将有关材料或者其复印件移交司法机关处理。

第二十七条 事故调查中需要进行技术鉴定的，事故调查组应当委托具有国家规定资质的单位进行技术鉴定。必要时，事故调查组可以直接组织专家进行技术鉴定。技术鉴定所需时间不计入事故调查期限。

第二十八条 事故调查组成员在事故调查工作中应当诚信公正、恪尽职守,遵守事故调查组的纪律,保守事故调查的秘密。

未经事故调查组组长允许,事故调查组成员不得擅自发布有关事故的信息。

第二十九条 事故调查组应当自事故发生之日起60日内提交事故调查报告;特殊情况下,经负责事故调查的人民政府批准,提交事故调查报告的期限可以适当延长,但延长的期限最长不超过60日。

第三十条 事故调查报告应当包括下列内容:

(一)事故发生单位概况;

(二)事故发生经过和事故救援情况;

(三)事故造成的人员伤亡和直接经济损失;

(四)事故发生的原因和事故性质;

(五)事故责任的认定以及对事故责任者的处理建议;

(六)事故防范和整改措施。

事故调查报告应当附具有关证据材料。事故调查组成员应当在事故调查报告上签名。

第三十一条 事故调查报告报送负责事故调查的人民政府后,事故调查工作即告结束。事故调查的有关资料应当归档保存。

第四章 事 故 处 理

第三十二条 重大事故、较大事故、一般事故,负责事故调查的人民政府应当自收到事故调查报告之日起15日内做出批复;特别重大事故,30日内做出批复,特殊情况下,批复时间可以适当延长,但延长的时间最长不超过30日。

有关机关应当按照人民政府的批复,依照法律、行政法规规定的权限和程序,对事故发生单位和有关人员进行行政处罚,对负有事故责任的国家工作人员进行处分。

事故发生单位应当按照负责事故调查的人民政府的批复,对本单位负有事故责任的人员进行处理。

负有事故责任的人员涉嫌犯罪的,依法追究刑事责任。

第三十三条 事故发生单位应当认真吸取事故教训,落实防范和整改措施,防止事故再次发生。防范和整改措施的落实情况应当接受工会和职工的监督。

安全生产监督管理部门和负有安全生产监督管理职责的有关部门应当对事故发生单位落实防范和整改措施的情况进行监督检查。

第三十四条 事故处理的情况由负责事故调查的人民政府或者其授权的有关部门、机构向社会公布,依法应当保密的除外。

第五章 法 律 责 任

第三十五条 事故发生单位主要负责人有下列行为之一的,处上一年年收入40%至80%的罚款;属于国家工作人员的,并依法给予处分;构成犯罪的,依法追究刑事责任:

(一)不立即组织事故抢救的;

(二)迟报或者漏报事故的;

(三)在事故调查处理期间擅离职守的。

第三十六条 事故发生单位及其有关人员有下列行为之一的,对事故发生单位处100万元以上500万元以下的罚款;对主要负责人、直接负责的主管人员和其他直接责任人员处上一年年收入60%至100%的罚款;属于国家工作人员的,并依法给予处分;构成违反治安管理行为的,由公安机关依法给予治安管理处罚;构成犯罪的,依法追究刑事责任:

(一)谎报或者瞒报事故的;

(二)伪造或者故意破坏事故现场的;

(三)转移、隐匿资金、财产,或者销毁有关证据、资料的;

(四)拒绝接受调查或者拒绝提供有关情况和资料的;

(五)在事故调查中作伪证或者指使他人作伪证的;

(六)事故发生后逃匿的。

第三十七条 事故发生单位对事故发生负有责任的,依照下列规定处以罚款:

(一)发生一般事故的,处10万元以上20万元以下的罚款;

(二)发生较大事故的,处20万元以上50万元以下的罚款;

(三)发生重大事故的,处50万元以上200万元以下的罚款;

(四)发生特别重大事故的,处200万元以上500万元以下的罚款。

第三十八条 事故发生单位主要负责人未依法履行安全生产管理职责,导致事故发生的,依照下列规定处以罚款;属于国家工作人员的,并依法给予处分;构成犯罪的,依法追究刑事责任:

(一)发生一般事故的,处上一年年收入30%的罚款;

（二）发生较大事故的，处上一年年收入 40% 的罚款；

（三）发生重大事故的，处上一年年收入 60% 的罚款；

（四）发生特别重大事故的，处上一年年收入 80% 的罚款。

第三十九条　有关地方人民政府、安全生产监督管理部门和负有安全生产监督管理职责的有关部门有下列行为之一的，对直接负责的主管人员和其他直接责任人员依法给予处分；构成犯罪的，依法追究刑事责任：

（一）不立即组织事故抢救的；

（二）迟报、漏报、谎报或者瞒报事故的；

（三）阻碍、干涉事故调查工作的；

（四）在事故调查中作伪证或者指使他人作伪证的。

第四十条　事故发生单位对事故发生负有责任的，由有关部门依法暂扣或者吊销其有关证照；对事故发生单位负有事故责任的有关人员，依法暂停或者撤销其与安全生产有关的执业资格、岗位证书；事故发生单位主要负责人受到刑事处罚或者撤职处分的，自刑罚执行完毕或者受处分之日起，5 年内不得担任任何生产经营单位的主要负责人。

为发生事故的单位提供虚假证明的中介机构，由有关部门依法暂扣或者吊销其有关证照及其相关人员的执业资格；构成犯罪的，依法追究刑事责任。

第四十一条　参与事故调查的人员在事故调查中有下列行为之一的，依法给予处分；构成犯罪的，依法追究刑事责任：

（一）对事故调查工作不负责任，致使事故调查工作有重大疏漏的；

（二）包庇、袒护负有事故责任的人员或者借机打击报复的。

第四十二条　违反本条例规定，有关地方人民政府或者有关部门故意拖延或者拒绝落实经批复的对事故责任人的处理意见的，由监察机关对有关责任人员依法给予处分。

第四十三条　本条例规定的罚款的行政处罚，由安全生产监督管理部门决定。

法律、行政法规对行政处罚的种类、幅度和决定机关另有规定的，依照其规定。

第六章　附　　则

第四十四条　没有造成人员伤亡，但是社会影响恶劣的事故，国务院或者有关地方人民政府认为需要调查处理的，依照本条例的有关规定执行。

国家机关、事业单位、人民团体发生的事故的报告和调查处理，参照本条例的规定执行。

第四十五条　特别重大事故以下等级事故的报告和调查处理，有关法律、行政法规或者国务院另有规定的，依照其规定。

第四十六条　本条例自 2007 年 6 月 1 日起施行。国务院 1989 年 3 月 29 日公布的《特别重大事故调查程序暂行规定》和 1991 年 2 月 22 日公布的《企业职工伤亡事故报告和处理规定》同时废止。

生产安全事故信息报告和处置办法

1. 2009 年 6 月 16 日国家安全生产监督管理总局令第 21 号公布

2. 自 2009 年 7 月 1 日起施行

第一章　总　　则

第一条　为了规范生产安全事故信息的报告和处置工作，根据《安全生产法》、《生产安全事故报告和调查处理条例》等有关法律、行政法规，制定本办法。

第二条　生产经营单位报告生产安全事故信息和安全生产监督管理部门、煤矿安全监察机构对生产安全事故信息的报告和处置工作，适用本办法。

第三条　本办法规定的应当报告和处置的生产安全事故信息（以下简称事故信息），是指已经发生的生产安全事故和较大涉险事故的信息。

第四条　事故信息的报告应当及时、准确和完整，信息的处置应当遵循快速高效、协同配合、分级负责的原则。

安全生产监督管理部门负责各类生产经营单位的事故信息报告和处置工作。煤矿安全监察机构负责煤矿的事故信息报告和处置工作。

第五条　安全生产监督管理部门、煤矿安全监察机构应当建立事故信息报告和处置制度，设立事故信息调度机构，实行 24 小时不间断调度值班，并向社会公布值班电话，受理事故信息报告和举报。

第二章　事故信息的报告

第六条　生产经营单位发生生产安全事故或者较大涉险事故，其单位负责人接到事故信息报告后应当于 1 小时内报告事故发生地县级安全生产监督管理部门、煤矿安全监察分局。

发生较大以上生产安全事故的，事故发生单位在依照第一款规定报告的同时，应当在 1 小时内报告省级安全生产监督管理部门、省级煤矿安全监察机构。

发生重大、特别重大生产安全事故的，事故发生单位在依照本条第一款、第二款规定报告的同时，可以立即报告国家安全生产监督管理总局、国家煤矿安全监察局。

第七条 安全生产监督管理部门、煤矿安全监察机构接到事故发生单位的事故信息报告后，应当按照下列规定上报事故情况，同时书面通知同级公安机关、劳动保障部门、工会、人民检察院和有关部门：

（一）一般事故和较大涉险事故逐级上报至设区的市级安全生产监督管理部门、省级煤矿安全监察机构；

（二）较大事故逐级上报至省级安全生产监督管理部门、省级煤矿安全监察机构；

（三）重大事故、特别重大事故逐级上报至国家安全生产监督管理总局、国家煤矿安全监察局。

前款规定的逐级上报，每一级上报时间不得超过2小时。安全生产监督管理部门依照前款规定上报事故情况时，应当同时报告本级人民政府。

第八条 发生较大生产安全事故或者社会影响重大的事故的，县级、市级安全生产监督管理部门或者煤矿安全监察分局接到事故报告后，在依照本办法第七条规定逐级上报的同时，应当在1小时内先用电话快报省级安全生产监督管理部门、省级煤矿安全监察机构，随后补报文字报告；乡镇安监站（办）可以根据事故情况越级直接报告省级安全生产监督管理部门、省级煤矿安全监察机构。

第九条 发生重大、特别重大生产安全事故或者社会影响恶劣的事故的，县级、市级安全生产监督管理部门或者煤矿安全监察分局接到事故报告后，在依照本办法第七条规定逐级上报的同时，应当在1小时内先用电话快报省级安全生产监督管理部门、省级煤矿安全监察机构，随后补报文字报告；必要时，可以直接用电话报告国家安全生产监督管理总局、国家煤矿安全监察局。

省级安全生产监督管理部门、省级煤矿安全监察机构接到事故报告后，应当在1小时内先用电话快报国家安全生产监督管理总局、国家煤矿安全监察局，随后补报文字报告。

国家安全生产监督管理总局、国家煤矿安全监察局接到事故报告后，应当在1小时内先用电话快报国务院总值班室，随后补报文字报告。

第十条 报告事故信息，应当包括下列内容：

（一）事故发生单位的名称、地址、性质、产能等基本情况；

（二）事故发生的时间、地点以及事故现场情况；

（三）事故的简要经过（包括应急救援情况）；

（四）事故已经造成或者可能造成的伤亡人数（包括下落不明、涉险的人数）和初步估计的直接经济损失；

（五）已经采取的措施；

（六）其他应当报告的情况。

使用电话快报，应当包括下列内容：

（一）事故发生单位的名称、地址、性质；

（二）事故发生的时间、地点；

（三）事故已经造成或者可能造成的伤亡人数（包括下落不明、涉险的人数）。

第十一条 事故具体情况暂时不清楚的，负责事故报告的单位可以先报事故概况，随后补报事故全面情况。

事故信息报告后出现新情况的，负责事故报告的单位应当依照本办法第六条、第七条、第八条、第九条的规定及时续报。较大涉险事故、一般事故、较大事故每日至少续报1次；重大事故、特别重大事故每日至少续报2次。

自事故发生之日起30日内（道路交通、火灾事故自发生之日起7日内），事故造成的伤亡人数发生变化的，应于当日续报。

第十二条 安全生产监督管理部门、煤矿安全监察机构接到任何单位或者个人的事故信息举报后，应当立即与事故单位或者下一级安全生产监督管理部门、煤矿安全监察机构联系，并进行调查核实。

下一级安全生产监督管理部门、煤矿安全监察机构接到上级安全生产监督管理部门、煤矿安全监察机构的事故信息举报核查通知后，应当立即组织查证核实，并在2个月内向上一级安全生产监督管理部门、煤矿安全监察机构报告核实结果。

对发生较大涉险事故的，安全生产监督管理部门、煤矿安全监察机构依照本条第二款规定向上一级安全生产监督管理部门、煤矿安全监察机构报告核实结果；对发生生产安全事故的，安全生产监督管理部门、煤矿安全监察机构应当在5日内对事故情况进行初步查证，并将事故初步查证的简要情况报告上一级安全生产监督管理部门、煤矿安全监察机构，详细核实结果在2个月内报告。

第十三条 事故信息经初步查证后，负责查证的安全生产监督管理部门、煤矿安全监察机构应当立即报告本级人民政府和上一级安全生产监督管理部门、煤矿安全监察机构，并书面通知公安机关、劳动保障部门、工会、人民检察院和有关部门。

第十四条 安全生产监督管理部门与煤矿安全监察机构之间，安全生产监督管理部门、煤矿安全监察机构与其他负有安全生产监督管理职责的部门之间，应当建立有关事故信息的通报制度，及时沟通事故信息。

第十五条 对于事故信息的每周、每月、每年的统计报告，按照有关规定执行。

第三章 事故信息的处置

第十六条 安全生产监督管理部门、煤矿安全监察机构应当建立事故信息处置责任制，做好事故信息的核实、跟踪、分析、统计工作。

第十七条 发生生产安全事故或者较大涉险事故后，安全生产监督管理部门、煤矿安全监察机构应当立即研究、确定并组织实施相关处置措施。安全生产监督管理部门、煤矿安全监察机构负责人按照职责分工负责相关工作。

第十八条 安全生产监督管理部门、煤矿安全监察机构接到生产安全事故报告后，应当按照下列规定派员立即赶赴事故现场：

（一）发生一般事故的，县级安全生产监督管理部门、煤矿安全监察分局负责人立即赶赴事故现场；

（二）发生较大事故的，设区的市级安全生产监督管理部门、省级煤矿安全监察局负责人应当立即赶赴事故现场；

（三）发生重大事故的，省级安全监督管理部门、省级煤矿安全监察局负责人立即赶赴事故现场；

（四）发生特别重大事故的，国家安全生产监督管理总局、国家煤矿安全监察局负责人立即赶赴事故现场。

上级安全生产监督管理部门、煤矿安全监察机构认为必要的，可以派员赶赴事故现场。

第十九条 安全生产监督管理部门、煤矿安全监察机构负责人及其有关人员赶赴事故现场后，应当随时保持与本单位的联系。有关事故信息发生重大变化的，应当依照本办法有关规定及时向本单位或者上级安全生产监督管理部门、煤矿安全监察机构报告。

第二十条 安全生产监督管理部门、煤矿安全监察机构应当依照有关规定定期向社会公布事故信息。

任何单位和个人不得擅自发布事故信息。

第二十一条 安全生产监督管理部门、煤矿安全监察机构应当根据事故信息报告的情况，启动相应的应急救援预案，或者组织有关应急救援队伍协助地方人民政府开展应急救援工作。

第二十二条 安全生产监督管理部门、煤矿安全监察机构按照有关规定组织或者参加事故调查处理工作。

第四章 罚 则

第二十三条 安全生产监督管理部门、煤矿安全监察机构及其工作人员未依法履行事故信息报告和处置职责的，依照有关规定予以处理。

第二十四条 生产经营单位及其有关人员对生产安全事故迟报、漏报、谎报或者瞒报的，依照有关规定予以处罚。

第二十五条 生产经营单位对较大涉险事故迟报、漏报、谎报或者瞒报的，给予警告，并处3万元以下的罚款。

第五章 附 则

第二十六条 本办法所称的较大涉险事故是指：

（一）涉险10人以上的事故；

（二）造成3人以上被困或者下落不明的事故；

（三）紧急疏散人员500人以上的事故；

（四）因生产安全事故对环境造成严重污染（人员密集场所、生活水源、农田、河流、水库、湖泊等）的事故；

（五）危及重要场所和设施安全（电站、重要水利设施、危化品库、油气站和车站、码头、港口、机场及其他人员密集场所等）的事故；

（六）其他较大涉险事故。

第二十七条 省级安全生产监督管理部门、省级煤矿安全监察机构可以根据本办法的规定，制定具体的实施办法。

第二十八条 本办法自2009年7月1日起施行。

生产安全重特大事故和重大未遂伤亡事故信息处置办法（试行）

1. 2006年7月2日国家安全生产监督管理总局发布
2. 安监总调度〔2006〕126号

为适应全国安全生产新形势新情况的要求，建立快速反应、运行有序的信息处置工作机制，进一步规范安全生产监督管理、煤矿安全监察、应急救援，指导协调有关部门做好生产安全重特大事故和重大未遂伤亡事故的信息处置和现场督导工作，制定本办法。

一、重特大事故和重大未遂伤亡事故范围

（一）一次死亡30人以上（含30人，下同）特别重

大事故;

(二)一次死亡10-29人特大事故;

(三)一次死亡3-9人重大事故;

(四)一次受伤10人以上(含10人,下同)的事故;

(五)重大未遂伤亡事故包括:

1. 涉险10人以上(含10人,下同)的事故;

2. 造成3人以上被困或下落不明的事故;

3. 紧急疏散人员500人以上(含500人,下同)和住院观察治疗20人以上(含20人,下同)的事故;

4. 对环境造成严重污染(人员密集场所、生活水源、农田、河流、水库、湖泊等)事故;

5. 危及重要场所和设施安全(电站、重要水利设施,核设施、危化品库、油气站和车站、码头、港口、机场及其他人员密集场所等)事故;

6. 危险化学品大量泄漏、大面积火灾(不含森林火灾)、大面积停电、建筑施工大面积坍塌,大型水利设施、电力设施、海上石油钻井平台垮塌事故;

7. 轮船触礁、碰撞、搁浅,列车、地铁、城铁脱轨、碰撞、民航飞行重大故障和事故征候;

8. 涉外事故;

9. 其它重大未遂伤亡事故。

(六)新闻媒体、互联网披露和群众举报的重特大事故、重大未遂伤亡事故;

(七)社会影响重大的其它事故;

国务院有明确规定后,执行新规定。

二、重特大事故和重大未遂伤亡事故信息报送

(一)报送时限。

1. 省级安全生产监督管理部门、煤矿安全监察机构接到或查到事故信息后,要及时报送至国家安全生产监督管理总局(以下简称总局)调度统计司,可先报送事故概况,有新情况及时续报。

2. 总局接到一次死亡(或下落不明)10人以上特大事故、特别重大事故或社会影响严重的重大事故、重大未遂伤亡事故,要按规定报送中央办公厅、国务院办公厅。

(二)报送内容。

总局和国家煤矿安全监察局(以下简称煤矿安监局)有关司局、国家安全生产应急救援指挥中心(以下简称应急指挥中心)有关部门、省级安全生产监督管理部门和省级煤矿安全监察机构要按照不同行业和领域、不同事故类型,规定事故报告应包括的内容,做到信息规范化、科学化。

三、重特大事故和重大未遂伤亡事故信息的处置

(一)处置原则。

事故信息的处置按照"快速反应、规范运作、分工负责、协调配合、积极处置"的原则进行。总局、煤矿安监局有关司局、应急指挥中心有关部门,省级安全生产监督管理部门和省级煤矿安全监察机构要按照职责范围和业务分工落实工作职责。

(二)处置分工。

1. 总局办公厅:负责向总局领导报送事故信息,涉及煤矿事故同时报送煤矿安监局领导,传达总局领导关于事故抢救及核查工作的批示和意见;及时向中央办公厅、国务院办公厅报送事故信息。接收党中央、国务院领导同志的重要批示,迅速呈报总局领导阅批,并负责督办落实。

2. 总局政策法规司:按照总局有关规定,负责有关事故信息新闻发布;负责与中宣部、国务院新闻办及主要新闻媒体的联系,进行有关宣传报导工作;协助地方有关部门做好事故现场新闻发布工作。

3. 总局安全生产协调司(专员办):按照总局有关规定,负责30天内连续发生3起(含3起)以上特大事故的省(自治区、直辖市)和发生1起以上特大事故的中央企业的通报工作。督促协调中央企业的事故信息处置和现场督导工作。

4. 总局调度统计司:负责事故信息的接报工作,及时跟踪事故抢救情况;起草有关事故抢救处理工作指导意见,并负责传达。负责编制《全国伤亡事故日报》。

5. 总局监督管理一司(海油安办)、监督管理二司、危险化学品安全监督管理司:按照业务分工和工作职责,负责有关行业和领域事故信息的跟踪了解和现场督导工作。

6. 煤矿安监局事故调查司:按照业务分工和工作职责,负责煤矿事故信息的跟踪了解和现场督导工作。

7. 应急指挥中心有关部门:对煤矿、金属与非金属矿、危险化学品、烟花爆竹和其它工商贸企业的事故,商总局或煤矿安监局有关司组织相关人员参加应急救援,跟踪情况,及时提出意见和建议。了解掌握其他行业和领域相关事故的抢救情况。

8. 总局机关服务中心:负责事故信息处置过程中票务、交通等后勤保障工作。

9. 总局通信信息中心:负责互联网事故信息的搜集和发布工作。

10. 省级安全生产监督管理部门:负责本地区事故

信息报告和处置工作及现场督导工作。

11. 省级煤矿安全监察机构:负责驻地(或辖区)煤矿事故信息报告、处置工作及现场督导工作。负责指导协助特大事故应急救援工作。

(三)重特大事故和重大未遂伤亡事故信息的处置。

1. 总局调度统计司接到或发现事故信息后,要及时调度事故基本情况,传送总局办公厅值班室、总局和煤矿安监局有关业务司局和应急指挥中心有关部门,并跟踪调度事故抢救进展情况。及时起草《特大生产安全事故报告》,传送总局办公厅值班室报送总局领导。重要情况及时报送总局领导。其中:

煤矿事故信息传送煤矿安监局事故调查司;

金属与非金属矿、石油、冶金、有色、建材、地质等行业事故信息传送总局监督管理一司(海油安办);

军工、民爆、建筑、水利、电力、教育、邮政、电信、林业、机械、轻工、纺织、烟草、贸易、旅游、道路交通、水上交通、铁路交通、民航、消防、农机、渔业船舶等行业和领域事故信息传送总局监督管理二司;

危险化学品、化工(含石油化工)、医药、烟花爆竹等行业和领域事故信息传送总局危险化学品安全监督管理司;

涉及中央企业事故信息,在传送有关司局的同时传送总局安全生产协调司(专员办);

事故信息同时传送应急指挥中心综合部和指挥协调部;

特大事故、性质严重、社会影响较大的重大事故和重大未遂伤亡事故,按照总局领导的要求,通知总局或煤矿安监局有关司局负责人和应急指挥中心负责人(副主任)到总局调度统计司调度室,研究抢救和处理工作。

2. 总局办公厅值班室接到事故信息后,及时报送总局主要领导和分管领导,涉及煤矿事故同时报送煤矿安监局领导,并及时将总局领导的批示和意见传送总局调度统计司和有关业务司局、煤矿安监局有关司、应急指挥中心有关部门。根据规定及时向中央办公厅、国务院办公厅报送事故信息。

3. 总局政策法规司接到事故信息后,做好有关事故信息的新闻发布和宣传报导工作。

4. 总局有关司局接到或查到事故信息后,要按照本专业事故跟踪内容及时跟踪事故情况,并及时报送总局主要领导和分管领导;协调、督促事故发生地区的地方安全监督管理部门、行业主管部门开展事故抢救和现场督导工作。情况不清楚的,要派人或督促有关地方安全生产监督管理部门赶赴现场查明情况后及时报告。

5. 煤矿安监局综合司和事故调查司接到或发现事故信息后,及时报送煤矿安监局领导。煤矿安监局有关司要及时跟踪了解事故情况,指导、协助事故抢救工作,督促驻地煤矿安全监察机构开展现场督导工作,报告事故抢救情况。情况不清楚的,要派人或督促驻地有关煤矿安全监察机构赶赴现场查明情况后及时报告。

6. 应急指挥中心有关部门接到事故信息后,要及时跟踪事故应急救援情况,根据需要,协调组织救援队伍、设备开展救援,或组织专家和有关人员赶赴现场。对煤矿、金属与非金属矿、危险化学品、烟花爆竹等工矿商贸企业事故要提出救援意见。

7. 省级安全生产监督管理部门接到或查到事故信息后,要及时向总局调度统计司报送事故信息,跟踪事故抢救进展情况并及时续报;派人赶赴事故现场,组织、指导事故抢救工作。

8. 省级煤矿安全监察机构接到或查到事故信息后,要及时向总局调度统计司报送事故信息,跟踪事故抢救进展情况并及时续报;派人赶赴事故现场,协助地方政府开展事故抢救工作。

9. 发生特别重大事故后,除执行上述条款外,总局调度统计司、办公厅或相关司局要立即报总局主要领导和分管领导,涉及煤矿事故同时报煤矿安监局领导。调度统计司要立即通知总局和煤矿安监局机关有关司局主要负责人、应急指挥中心副主任到总局调度统计司调度室,研究处置工作;办公厅要及时向中央办公厅、国务院办公厅报送事故信息。

省级安全生产监督管理部门、煤矿安全监察机构接到事故信息后,要立即报送总局调度统计司;主要领导和分管领导要立即组织研究处置工作,赶赴事故现场。

(四)举报事故信息处置。

总局和煤矿安监局机关司局、省级安全生产监督管理部门和省级煤矿安全监察机构接到事故举报后,要按照《关于进一步规范生产安全事故和事故隐患举报受理及处置工作的通知》(安监总办字〔2005〕154号)的规定,做好事故信息处置和调查核实工作。

1. 即时举报的重特大事故。

总局和煤矿安监局机关司局接到即时举报后,要及时与省级安全生产监督管理部门或煤矿安全监察机构联系，核实情况，提出处置意见。其中举报一次死亡30人以上事故信息传送总局办公厅值班室报总局主要领导和分管领导；举报一次死亡10－29人事故信息传送总局办公厅值班室报总局分管领导；有重大问题、重要情节的应及时报告总局主要领导和分管领导。

2.事后（指事故抢救期已过）举报的重特大事故。

总局和煤矿安监局机关司局接到事后举报重特大事故信息后，要及时转送总局调度统计司。

调度统计司接到举报信息后，对一次死亡10人以上事故举报，起草《特大安全生产举报信息》，传送总局办公厅值班室报总局分管领导；对一次死亡3－9人事故举报，起草事故核查通知书，通知省级安全生产监督管理部门或煤矿安全监察机构组织调查核实；有重大问题、重要情节的，应及时传送总局办公厅值班室报总局主要领导和分管领导。

3.省级安全生产监督管理部门、煤矿安全监察机构接到举报信息或总局核查通知书后，要组织调查核实，并在60日内向总局报告核查结果（有特殊要求的除外）。对于举报一次死亡10人以上及性质严重、社会影响重大的举报信息，主要领导要亲自组织研究，并及时派员进行调查核实。

4.举报事故结果的处理。

举报事故一经调查核实，要按照有关规定对第一举报人予以奖励。瞒报事故要按照“四不放过”的原则，依法从重、从严进行查处。

四、重特大事故和重大未遂伤亡事故的现场督导

（一）特别重大事故的现场督导。

1.发生一次死亡50人以上的特别重大事故，总局主要领导和分管领导率队，赶赴现场。

2.发生一次死亡30－49人的特别重大事故，总局分管领导或主要领导率队，赶赴现场。

（二）煤矿重特大事故和重大未遂伤亡事故的督导。

1.煤矿发生一次死亡（含被困或下落不明）20人以上或一次死亡（含被困或下落不明）10－19人有重大影响的事故，煤矿安监局分管领导或有关司派员赶赴现场。

2.煤矿发生一次死亡（含被困或下落不明）3人以上、一次受伤10人以上的事故，省级煤矿安全监察机构派员赶赴现场。

（三）金属与非金属矿、石油、冶金、有色、建材、地质重特大事故和重大未遂伤亡事故的督导。

1.下列事故，总局监督管理一司派员赶赴现场：

金属与非金属矿发生一次死亡（含被困或下落不明）10人以上、一次受伤20人以上的事故；

冶金、有色、建材、地质发生一次死亡6人以上、一次受伤20人以上和涉险30人以上的事故；

海上石油发生一次死亡3人以上及钻井平台垮塌事故；

石油、天然气井（含有毒气体）发生重大井喷失控事故。

2.金属与非金属矿、石油、冶金、有色、建材、地质发生一次死亡3人以上、一次受伤10人以上、涉险10人以上和石油、天然气井（含有毒气体）重大井喷事故，省级安全生产监督管理部门派员赶赴现场。

（四）有关行业和领域重特大事故和重大未遂伤亡事故的督导。

1.下列事故，总局监督管理二司派员赶赴现场：

军工、民爆、建筑、水利、电力、教育、邮政、电信、林业、机械、轻工、纺织、烟草、贸易等行业发生一次死亡6人以上、一次受伤20人以上和涉险30人以上的事故；

道路交通、水上交通、火灾发生一次死亡20人以上或一次死亡10－19人的典型特大事故和涉险30人以上的事故；

民航飞行发生空难事故；

列车、地铁、城铁重大碰撞事故；

建筑施工大面积坍塌、大面积停电，大型水利设施、电力设施及核设施事故。

2.下列事故，省级安全生产监督管理部门派员赶赴现场：

军工、民爆、建筑、水利、电力、教育、邮政、电信、林业、机械、轻工、纺织、烟草、贸易等行业发生一次死亡3人以上、一次受伤10人以上和涉险10人以上的事故；

道路交通、水上交通、火灾发生一次死亡8人以上、一次受伤10人以上和涉险10人以上的事故；

严重飞行事故征候；

列车、地铁、城铁重大碰撞事故；

大面积火灾（不含森林火灾）、大面积停电、建筑物大面积坍塌，大型水利设施、电力设施及核设施事故；

危及重要场所和设施安全（电站、重要水利设施，核设施，车站、码头、港口、机场及其他人员密集场所等）事故。

（五）危险化学品、烟花爆竹重特大事故和重大未遂伤亡事故的督导。

1. 下列事故，总局危险化学品安全监督管理司派员赶赴现场：

一次死亡6人以上、一次受伤20人以上和涉险30人以上的危险化学品、烟花爆竹事故；

危险化学品大量泄漏、对环境造成严重污染的危险化学品事故；

紧急疏散人员1000人以上和住院观察治疗50人以上的危险化学品事故。

2. 下列事故，省级安全生产监督管理部门派员赶赴现场：

一次死亡3人以上的、一次受伤10人以上、涉险10人以上的烟花爆竹和危险化学品事故；

危险化学品大量泄漏、对环境造成严重污染的危险化学品事故；

紧急疏散人员500人以上和住院观察治疗20人以上的危险化学品事故。

（六）中央企业重特大事故和重大未遂伤亡事故的督导。

中央企业发生一次死亡6人以上和一次涉险10人以上的事故，由安全生产协调司（专员办）按总局领导的要求组织国家安全生产监察专员会同总局有关业务司、省级安全生产监督管理部门或省级煤矿安全监察机构派员赶赴现场。

（七）按照相关职责和联系地区，由安全生产协调司（专员办）组织国家安全生产监察专员参加相关地区重特大事故和重大未遂伤亡事故的现场督导工作。

（八）重特大事故和重大未遂伤亡事故现场救援。

煤矿、金属与非金属矿发生一次死亡（或被困）10人以上或影响重大的事故，危险化学品、烟花爆竹和其它工商贸企业发生一次死亡（或被困）6人以上或影响重大的事故，需要现场协调、指导救援工作的，应急指挥中心直接派员赶赴现场开展救援指导工作；有主管部门的行业和领域发生一次死亡（或被困）10人以上或影响重大的事故，必要时派员赶赴现场协助主管部门处置。

（九）党中央、国务院及总局领导批示和社会影响严重的重特大事故和重大未遂伤亡事故，总局和煤矿安监局有关司局、应急指挥中心有关部门及省级安全生产监督管理部门和省级煤矿安全监察机构派员赶赴现场。

五、重特大事故和重大未遂伤亡事故抢险和核查情况的公布

（一）总局、煤矿安监局、省级安全监督管理部门和省级煤矿安全监察机构对重特大典型事故要在情况基本查清后及时发出或联合有关部门发出事故通报。

（二）重特大事故和重大未遂伤亡事故抢险、核查情况，省级安全监督管理部门、省级煤矿安全监察机构要向总局报备（一式四份）；总局办公厅要将抢险、核查情况分送总局主要领导和分管领导以及有关司局，有关司局阅核后按规定存档。国务院领导批示的和重大典型事故由总局报国务院或国务院办公厅。

（三）重特大事故和重大未遂伤亡事故抢险、核查情况，要通过各种方式向社会公布。

省级安全生产监督管理部门、省级煤矿安全监察机构依照本办法，结合实际情况，制定本地区的重特大事故和重大未遂伤亡事故信息处置办法。

重大事故查处挂牌督办办法

1. 2010年9月2日国务院安全生产委员会发布
2. 安委〔2010〕6号

第一条 为严肃查处重大生产安全事故（以下简称重大事故），保障人民群众生命和财产安全，依据《国务院关于进一步加强企业安全生产工作的通知》（国发〔2010〕23号）的规定，制定本办法。

第二条 国务院安委会对重大事故调查处理实行挂牌督办，国务院安委会办公室具体承担挂牌督办事项。

各省级人民政府负责落实挂牌督办事项，省级人民政府安委会办公室具体承担本行政区域内重大事故挂牌督办事项的综合工作。

第三条 国务院安委会对重大事故查处挂牌督办，按照以下程序办理：

（一）国务院安委会办公室提出挂牌督办建议，报国务院安委会领导同志审定同意后，以国务院安委会名义向省级人民政府下达挂牌督办通知书；

（二）在中央主流媒体和中央政府网站、中国安全生产报、安全监管总局政府网站上公布挂牌督办信息。

第四条 挂牌督办通知书包括下列内容：

（一）事故名称；

（二）督办事项；

（三）办理期限；

（四）督办解除方式、程序。

第五条 省级人民政府接到挂牌督办通知后，应当依据有关规定，组织和督促有关职能部门按照督办通知要求办理下列事项：

（一）做好事故善后工作；
（二）查清事故原因，认定事故性质；
（三）分清事故责任，提出对责任人的处理意见；
（四）依法实施经济处罚；
（五）形成事故调查报告；
（六）监督落实事故防范和整改措施。

第六条 省级人民政府应当自接到挂牌督办通知之日起60日内完成督办事项。

第七条 在重大事故查处督办期间，省级人民政府安委会办公室应当加强与国务院安委会办公室的沟通，及时汇报有关情况。

国务院安委会办公室负责对督办事项的指导、协调和督促。

第八条 重大事故调查报告形成初稿后，省级人民政府安委会应当及时向国务院安委会办公室作出书面报告，经审核同意后，由省级人民政府作出批复决定。

第九条 重大事故查处结案后，省级人民政府安委会和国务院安委会办公室应将重大事故挂牌督办情况和事故查处结案情况，在中央主流媒体和中央政府网站、中国安全生产报、安全监管总局政府网站上予以公告，接受社会监督。

第十条 承担挂牌督办事项的省级人民政府有关职能部门对督办事项无故拖延、敷衍塞责，或者在解除挂牌督办过程中弄虚作假的，依法追究相关人员责任。

第十一条 对依据有关法律、行政法规规定由国务院有关部门或者机构组织调查处理的重大事故的挂牌督办，依照本办法的相关规定执行。

第十二条 对于重大事故以下的事故的挂牌督办，由各省级人民政府安委会参照本办法的规定另行制定。

第十三条 本办法自印发之日起施行。

非法违法较大生产安全事故查处跟踪督办暂行办法

1. 2011年4月19日国务院安全生产委员会办公室发布
2. 安委办〔2011〕12号

第一条 为依法依规严厉打击非法违法生产经营建设导致较大生产安全事故（以下简称非法违法较大事故）的行为，严格事故责任追究，根据《安全生产法》、《生产安全事故报告和调查处理条例》等法律、行政法规和《国务院关于进一步加强企业安全生产工作的通知》（国发〔2010〕23号）、《国务院办公厅关于继续深化“安全生产年”活动的通知》（国办发〔2011〕11号）的规定，制定本办法。

第二条 省（区、市）人民政府安委会对包括非法违法较大事故在内的各类较大事故查处实行挂牌督办，省（区、市）人民政府安委会办公室具体承担挂牌督办事项。

国务院安委会办公室对本办法规定的非法违法较大事故查处实行跟踪督办。

第三条 工矿商贸生产经营单位发生下列非法违法较大事故，应当按照国家有关规定及时报告；省（区、市）人民政府安委会应当对其实行重点挂牌督办，并在10日内将事故简要情况及挂牌督办情况报国务院安委会办公室：

（一）无证、证照不全或者未取得有关安全生产的其他许可，以及超出行政许可范围从事生产经营建设导致的较大事故；

（二）依照国家和地方政府规定应当关闭而未按照标准关闭继续生产经营，或者关闭后又擅自生产经营建设导致的较大事故；

（三）证照过期、停产整顿、整合技改未经验收擅自组织生产，或者违反建设项目安全设施“三同时”规定导致的较大事故；

（四）拒不执行安全监管监察指令或者抗拒安全执法导致的较大事故；

（五）国务院安委会办公室认为需要跟踪督办的其他非法违法较大事故。

第四条 省（区、市）人民政府安委会对较大事故查处实行挂牌督办，应当参照《重大事故查处挂牌督办办法》（安委〔2010〕6号）有关规定，向有关人民政府或者部门（机构）下达挂牌督办通知书，并在省（区、市）主流媒体、省（区、市）人民政府网站或者省（区、市）安全生产监督管理部门网站上公布挂牌督办信息，接受社会监督。

第五条 有关人民政府或者部门（机构）接到挂牌督办通知后，应当依据《生产安全事故报告和调查处理条例》等有关规定，组织、督促有关部门按照“四不放过”（事故原因未查清不放过、责任人员未处理不放过、整改措施未落实不放过、有关人员未受到教育不放过）、“依法依规、实事求是、注重实效”的原则和督办通知的要求做好非法违法较大事故的查处工作。

第六条 国务院安委会办公室对本办法第三条规定的非法违法较大事故查处实行跟踪督办，应当向省（区、市）人民政府安委会下达跟踪督办通知书，并在国家安全生产监督管理总局网站上公布跟踪督办信息。

第七条 跟踪督办通知书包括下列内容：

（一）事故名称、性质；

（二）跟踪督办事项；

（三）跟踪督办责任人；

（四）跟踪督办的解除方式。

前款第（二）项所称的跟踪督办事项，依据《安全生产法》、《国务院关于预防煤矿生产安全事故的特别规定》、《国务院关于进一步加强企业安全生产工作的通知》、《国务院办公厅关于继续深化"安全生产年"活动的通知》等有关规定，结合事故情况确定。重点督办对非法单位是否依法取缔关闭、违法单位是否依法责令停产整顿、事故防范和整改措施是否依法落实、事故发生单位是否依法受到行政处罚、事故相关责任人是否依法依规受到追究等。

第八条 在非法违法较大事故查处跟踪督办期间，省（区、市）人民政府安委会办公室应当加强与国务院安委会办公室的沟通，及时汇报有关情况。

国务院安委会办公室应当加强对跟踪督办事项的指导、协调和监督，及时掌握非法违法较大事故查处的进展情况。必要时，国务院安委会办公室向有关省（区、市）派出工作组进行现场督办，并对非法违法较大事故查处中存在的违法违规等问题责令予以纠正。

第九条 本办法第三条规定的非法违法较大事故调查报告形成初稿后，有关人民政府安委会或者部门（机构）应当及时向省（区、市）人民政府安委会办公室作出书面报告。

省（区、市）人民政府安委会办公室应当对事故调查报告初稿进行审核，并报国务院安委会办公室备案。事故调查报告初稿经审核同意和备案后，由有关人民政府或者部门（机构）依照规定作出批复决定。

第十条 较大事故查处结案后，省（区、市）人民政府安委会办公室应当将事故挂牌督办情况和事故查处情况在省（区、市）主流媒体、省（区、市）人民政府网站或者省（区、市）安全生产监督管理部门网站上予以公告，接受社会监督。

第十一条 本办法第三条规定的非法违法较大事故批复结案后，省（区、市）人民政府安委会办公室应当在15日内将事故调查报告及其批复报国务院安委会办公室。

第十二条 非法违法较大事故批复和跟踪督办通知书中有关整改措施和责任追究等事项全部落实后，国务院安委会办公室解除跟踪督办，并在国家安全生产监督管理总局网站上予以公告，接受社会监督。

第十三条 本办法自印发之日起执行。

关于生产安全事故调查处理中有关问题的规定

1. 2013年11月20日国家安全生产监督管理总局发布

2. 安监总政法〔2013〕115号

第一条 为进一步规范安全生产监督管理部门组织的生产安全事故的调查处理，认真查处每一起事故并严厉及时追责，吸取事故教训，有效遏制重特大事故发生，根据《生产安全事故报告和调查处理条例》（国务院令第493号，以下简称《条例》）等法律、行政法规，制定本规定。

第二条 《条例》第二条所称生产经营活动，是指在工作时间和工作场所，为实现某种生产、建设或者经营目的而进行的活动，包括与工作有关的预备性或者收尾性活动。

第三条 根据《条例》第三条的规定，按照死亡人数、重伤人数（含急性工业中毒，下同）、直接经济损失三者中最高级别确定事故等级。

因事故造成的失踪人员，自事故发生之日起30日后（交通事故、火灾事故自事故发生之日起7日后），按照死亡人员进行统计，并重新确定事故等级。

事故造成的直接经济损失，由事故发生单位依照《企业职工伤亡事故经济损失统计标准》（GB 6721）提出意见，经事故发生单位上级主管部门同意后，报组织事故调查的安全生产监督管理部门确定；事故发生单位无上级主管部门的，直接报组织事故调查的安全生产监督管理部门确定。

第四条 事故调查工作应当按照"四不放过"和依法依规、实事求是、科学严谨、注重实效的原则认真开展。

第五条 事故调查组应当在查明事故原因，认定事故性质的基础上，分清事故责任，依法依规依纪对相关责任单位和责任人员提出严肃的处理意见，杜绝失之于软、失之于宽、失之于慢的现象。

第六条 对挂牌督办、跟踪督办的事故，组织事故调查的安全生产监督管理部门应当及时向督办机关请示汇报。负责督办的部门应当加强督促检查，并对事故查处进行具体指导，严格审核把关。

第七条 对于中央企业发生的事故，事故发生地的上级安全生产监督管理部门认为必要时，可以提请本级人民政府决定提级调查。

事故发生地与事故发生单位不在同一个县级以上行政区域，事故发生地安全生产监督管理部门认为开展事故调查确有困难的，可以报告本级人民政府提请上一级人民政府决定提级调查。

第八条 事故调查组组长一般由安全生产监督管理部门的人员担任。事故调查组成员应当按照《条例》规定，在事故调查组组长统一领导下开展调查工作。

第九条 事故调查组应当制定事故调查方案，经事故调查组组长批准后执行。事故调查方案应当包括调查工作的原则、目标、任务和事故调查组专门小组的分工、应当查明的问题和线索，调查步骤、方法，完成相关调查的期限、措施、要求等内容。

第十条 事故调查组应当按照下列期限，向负责事故调查的人民政府提交事故调查报告：

（一）特别重大事故依照《条例》的有关规定执行；

（二）重大事故自事故发生之日起一般不得超过60日；

（三）较大事故、一般事故自事故发生之日起一般不得超过30日。

特殊情况下，经负责事故调查的人民政府批准，可以延长提交事故调查报告的期限，但最长不得超过30日。

下列时间不计入事故调查期限，但应当在报送事故调查报告时向负责事故调查的人民政府说明：

（一）瞒报、谎报、迟报事故的调查核实所需的时间；

（二）因事故救援无法进行现场勘察的时间；

（三）挂牌督办、跟踪督办的事故的审核备案时间；

（四）特殊疑难问题技术鉴定所需的时间。

第十一条 事故调查报告应当由事故调查组成员签名。事故调查组成员对事故的原因、性质和事故责任者的处理建议不能取得一致意见时，事故调查组组长有权提出结论性意见；仍有不同意见的，应当进一步协调；经协调仍不能统一意见的，应当报请本级人民政府裁决。

事故调查报告应当对落实事故防范和整改措施、责任追究等工作提出明确要求。

第十二条 负责事故调查的人民政府应当按照《条例》第三十二条规定的期限对事故调查报告作出批复，并抄送事故调查组成员所在单位和其他有关单位。

第十三条 经过批复的事故调查报告的正文部分由组织事故调查的安全生产监督管理部门按照国家有关规定及时在政府网站或者通过其他方式全文公开，但依法需要保密的内容除外。

第十四条 有关部门和事故发生单位应当自接到事故调查报告及其批复的3个月内，将有关责任人员和单位的处理情况、事故防范和整改措施的落实情况书面报（抄）送组织事故调查的安全生产监督管理部门及其他有关部门。

第十五条 本规定自印发之日起施行。煤矿、海上石油事故的调查处理，依照本规定执行；国家安全生产监督管理总局另有规定的，从其规定。

国家安全生产监督管理总局
重大生产安全事故调查处理
挂牌督办工作程序

1. 2015年7月14日国家安全生产监督管理总局办公厅发布

2. 安监总厅统计〔2015〕66号

为规范重大生产安全事故（以下简称重大事故）调查处理挂牌督办工作，制定本程序。

1. 重大事故发生后，相关业务司局和应急指挥中心根据总局领导指示派员赴现场，督促指导地方政府做好应急处置和事故调查工作。

2. 相关业务司局负责起草挂牌督办通知书。挂牌督办通知书经总局领导审定同意、以国务院安委会文件向省级人民政府下达，同时抄送国务院安委会有关成员单位，分送办公厅、统计司、人事司（宣教办）和应急指挥中心。

3. 相关业务司局要掌握事故调查处理进展情况，督促省级安委会在重大事故调查报告批复前及时与国务院安委会办公室沟通。

4. 相关业务司局会同统计司和应急指挥中心对挂牌督办的重大事故调查报告审查后，商国务院安委会有关单位提出意见和建议，报请总局领导同意后，提交国务院安委会办公室主任办公会议审议。经国务院安委会办公室主任办公会议审核同意后，以国务院安委会办公室文件办理回复意见，同时抄送国务院安委会有关成员单位，分送办公厅、统计司、人事司（宣教办）和应急指挥中心。

5. 审核意见的复函印发后，相关业务司局负责继续跟踪、督促落实审核意见及其整改措施。

6. 统计司负责统计汇总挂牌督办调查处理情况，定期分析、通报挂牌督办情况。

人事司（宣教办）会同相关业务司局在中央主流媒体和中央政府网站、中国安全生产报、安全监管总局政府网站上公布挂牌督办信息。

7. 典型较大生产安全事故的挂牌督办工作，参照以上程序执行。

国家安全生产监督管理总局关于进一步加强和改进生产安全事故信息报告和处置工作的通知

1. 2010年2月9日

2. 安监总统计〔2010〕24号

各省、自治区、直辖市及新疆生产建设兵团安全生产监督管理局，各省级煤矿安全监察机构，总局和煤矿安监局机关各司局、应急指挥中心：

为适应新形势下安全生产工作的需要，进一步加强和改进生产安全事故信息报告和处置工作，建立健全快速反应、运行有序的生产安全事故信息报告和处置工作机制，及时、准确掌握生产安全事故信息，启动应急预案，有效处置生产安全事故，现就有关要求通知如下：

一、加强事故信息报告工作，全面提高生产安全事故信息报告的时效性

（一）严格安全调度值班制度。

各级安全监管部门和煤矿安全监察机构必须设立生产安全事故信息调度值班机构，建立健全安全调度值班制度，严格实行24小时不间断岗位值班，确保及时接报和处置生产安全事故信息。

（二）严格生产安全事故信息报告制度。

各级安全监管部门和煤矿安全监察机构接到各类生产安全事故信息报告后，要严格按照事故报告的时限、内容和要求逐级上报：

1. 重大和特别重大事故信息，要在事故发生后3小时内逐级上报至国家安全监管总局；

2. 较大事故和较大涉险事故信息、煤矿一般事故信息，要在事故发生后7小时内逐级上报至国家安全监管总局。事故具体情况一时难以核实清楚的，可先电话报告事故概况，随后及时报告文字材料；

3. 加强事故跟踪调度，及时续报事故抢救进展情况。重特大事故和社会影响重大的事故要每天早、晚各续报1次；较大事故和较大涉险事故要每天续报1次。续报工作直至事故抢救工作结束。

必要时，安全监管部门、煤矿安全监察机构可以越级上报事故情况。

（三）建立健全生产安全事故报告情况通报制度。

国务院安委会办公室决定从2010年开始，建立每月对各地重特大生产安全事故信息报告情况通报制度，对未按规定及时报告重特大生产安全事故的单位进行通报。各省（区、市）、市（地）安委会办公室也要建立健全生产安全事故信息报告情况的通报制度，每月对各地生产安全事故信息的报告情况进行通报，督促各地进一步加强和改进事故报告工作，全面提高生产安全事故信息报告的时效性。

（四）建立生产安全事故信息报告激励约束机制。

各地要建立生产安全事故信息报告的激励约束机制，将生产安全事故信息报告工作纳入各地安全生产工作绩效考核表彰奖励办法之中，与安全生产工作开展、控制指标实施和行政执法工作等一并进行考核。同时，将生产安全事故信息报告情况纳入安全生产评优评先的条件之一，对有瞒报、谎报、漏报或迟报重特大事故行为的，实行"一票否决"。

二、加强事故现场督导，及时有效地处置生产安全事故

（一）特别重大事故的现场督导。

发生一次死亡30人以上的特别重大事故（含被困和下落不明的情形，以下同），国家安全监管总局、国家煤矿安监局（煤矿事故，以下同）主要领导、分管领导和有关业务司局主要负责人、应急指挥中心负责人以及省、市、县级安全监管部门、驻地煤矿安全监察机构（煤矿事故，以下同）（以下简称安全监管监察机构）的主要负责人赶赴事故现场。

（二）重大事故的现场督导。

1. 发生一次死亡20－29人的重大事故，国家安全监管总局、国家煤矿安监局分管领导和有关业务司局、应急指挥中心负责人赶赴事故现场。

2. 发生一次死亡10－19人的重大事故，或有重大社会影响的事故，国家安全监管总局、国家煤矿安监局有关业务司局、应急指挥中心有关部门负责人赶赴事故现场。

3. 发生重大事故，省、市、县级安全监管监察机构主要负责人和有关业务处（科）室的主要负责人赶赴事故现场。

（三）较大及较大涉险事故的现场督导。

1. 发生一次死亡6－9人的较大事故，或受伤

25－50人，或社会影响较大的事故，省级安全监管监察机构分管负责人和有关处室负责人赶赴事故现场。

2. 发生一次死亡3－5人的较大事故，或受伤10－24人或较大涉险事故，省级安全监管监察机构有关处室负责人赶赴事故现场。

3. 发生较大事故或较大涉险事故，市、县级安全监管监察机构主要负责人和有关科室主要负责人赶赴事故现场。

4. 下列事故，国家安全监管总局、国家煤矿安监局有关司局、应急指挥中心有关部门派员赶赴事故现场：

（1）煤矿发生一次死亡6－9人的典型事故，或一次受伤或涉险20人以上的事故。国家煤矿安监局相关司与应急指挥中心的有关处室负责人赶赴事故现场。

（2）金属与非金属矿、地质勘探等行业发生一次死亡6－9人，或一次受伤20人以上，或涉险30人以上的事故；海上石油发生一次死亡3－9人，或平台倾覆事故；石油、天然气井（含有毒气体）发生井喷失控事故。国家安全监管总局监管一司、应急指挥中心有关处室负责人赶赴事故现场。

（3）军工（民用）、民爆、建筑、水利、电力、教育、邮政、电信、林业等行业（领域）发生一次死亡6人以上，或一次受伤10人以上，或涉险30人以上的事故；列车、地铁、城铁较大伤亡事故；建筑施工大面积坍塌、大型水利设施、电力设施事故。国家安全监管总局监管二司、应急指挥中心有关处室负责人赶赴事故现场。

（4）危险化学品、化工、医药、烟花爆竹等行业（领域）发生一次死亡6人以上，或一次受伤20人以上，或涉险30人以上的事故；危险化学品大量泄漏、对环境造成严重污染的事故；紧急疏散人员1000人以上，或住院观察治疗50人以上的危险化学品事故。国家安全监管总局监管三司、应急指挥中心有关处室负责人赶赴事故现场。

（5）冶金、有色、建材、机械、轻工、纺织、烟草、商贸等行业（领域）发生一次死亡6人以上，或一次受伤10人以上，或涉险30人以上的事故。国家安全监管总局监管四司、应急指挥中心有关处室负责人赶赴事故现场。

三、进一步完善事故举报核查和处置制度，加大事故举报核查和瞒报事故的查处力度

（一）事故举报信息的核查。

国家安全监管总局接到事故举报后，有关司局要通知有关地区进行核查。接到重特大事故举报后，有关司局在立即通知有关地区进行核查的同时，要派员会同有关省（区、市）安全监管监察机构，共同组织开展核查工作。

各省级安全监管监察机构接到重特大事故举报后，要立即报告国家安全监管总局统计司，同时由分管负责人带队组织开展调查核实工作。接到较大事故举报后，在立即通知有关地区核查的同时，要派员会同有关市（地）政府及其安全监管部门和区域煤矿安全监察分局共同开展核查工作。

（二）瞒报事故的查处。

对瞒报事故，要按照提高一个事故等级进行调查处理。瞒报重大事故的，由国家安全监管总局派出工作组，会同有关省（区、市）政府及省级安全监管监察机构，共同开展瞒报事故查处工作；瞒报较大事故的，由有关省级安全监管监察机构派出工作组，会同有关市（地）政府及其安全监管部门和区域煤矿安全监察分局共同开展瞒报事故查处工作。

瞒报事故要依照《生产安全事故报告和调查处理条例》（国务院令第493号）、《刑法修正案（六）》等有关法律、法规规定进行查处。

四、加强领导，落实责任，切实做好生产安全事故信息报告和处置工作

各级安全监管监察机构要高度重视生产安全事故信息报告和处置工作，主要领导要亲自抓，认真落实领导负责制和部门责任制。要建立健全生产安全事故信息报告和处置制度，进一步改进和完善事故报告制度、报告方式和方法，强化制度落实，从组织、机构、人员、装备等方面为事故信息报告和处置工作提供保障。要建立联动机制，扩展信息渠道，提高事故报告时效性。总之，要采取有力措施，进一步加强和改进生产安全事故信息报告和处置工作，确保及时、有效地报告和处置生产安全事故。

三、相关机构和人员

资料补充栏

安全评价检测检验机构管理办法

1. 2019年3月20日应急管理部令第1号公布
2. 自2019年5月1日起施行

第一章 总 则

第一条 为了加强安全评价机构、安全生产检测检验机构(以下统称安全评价检测检验机构)的管理,规范安全评价、安全生产检测检验行为,依据《中华人民共和国安全生产法》《中华人民共和国行政许可法》等有关规定,制定本办法。

第二条 在中华人民共和国领域内申请安全评价检测检验机构资质,从事法定的安全评价、检测检验服务(附件1),以及应急管理部门、煤矿安全生产监督管理部门实施安全评价检测检验机构资质认可和监督管理适用本办法。

从事海洋石油天然气开采的安全评价检测检验机构的管理办法,另行制定。

第三条 国务院应急管理部门负责指导全国安全评价检测检验机构管理工作,建立安全评价检测检验机构信息查询系统,完善安全评价、检测检验标准体系。

省级人民政府应急管理部门、煤矿安全生产监督管理部门(以下统称资质认可机关)按照各自的职责,分别负责安全评价检测检验机构资质认可和监督管理工作。

设区的市级人民政府、县级人民政府应急管理部门、煤矿安全生产监督管理部门按照各自的职责,对安全评价检测检验机构执业行为实施监督检查,并对发现的违法行为依法实施行政处罚。

第四条 安全评价检测检验机构及其从业人员应当依照法律、法规、规章、标准,遵循科学公正、独立客观、安全准确、诚实守信的原则和执业准则,独立开展安全评价和检测检验,并对其作出的安全评价和检测检验结果负责。

第五条 国家支持发展安全评价、检测检验技术服务的行业组织,鼓励有关行业组织建立安全评价检测检验机构信用评定制度,健全技术服务能力评定体系,完善技术仲裁工作机制,强化行业自律,规范执业行为,维护行业秩序。

第二章 资质认可

第六条 申请安全评价机构资质应当具备下列条件:

(一)独立法人资格,固定资产不少于八百万元;

(二)工作场所建筑面积不少于一千平方米,其中档案室不少于一百平方米,设施、设备、软件等技术支撑条件满足工作需求;

(三)承担矿山、金属冶炼、危险化学品生产和储存、烟花爆竹等业务范围安全评价的机构,其专职安全评价师不低于本办法规定的配备标准(附件1);

(四)承担单一业务范围的安全评价机构,其专职安全评价师不少于二十五人;每增加一个行业(领域),按照专业配备标准至少增加五名专职安全评价师;专职安全评价师中,一级安全评价师比例不低于百分之二十,一级和二级安全评价师的总数比例不低于百分之五十,且中级及以上注册安全工程师比例不低于百分之三十;

(五)健全的内部管理制度和安全评价过程控制体系;

(六)法定代表人出具知悉并承担安全评价的法律责任、义务、权利和风险的承诺书;

(七)配备专职技术负责人和过程控制负责人;专职技术负责人具有一级安全评价师职业资格,并具有与所开展业务相匹配的高级专业技术职称,在本行业领域工作八年以上;专职过程控制负责人具有安全评价师职业资格;

(八)正常运行并可以供公众查询机构信息的网站;

(九)截至申请之日三年内无重大违法失信记录;

(十)法律、行政法规规定的其他条件。

第七条 申请安全生产检测检验机构资质应当具备下列条件:

(一)独立法人资格,固定资产不少于一千万元;

(二)工作场所建筑面积不少于一千平方米,有与从事安全生产检测检验相适应的设施、设备和环境,检测检验设施、设备原值不少于八百万元;

(三)承担单一业务范围的安全生产检测检验机构,其专业技术人员不少于二十五人;每增加一个行业(领域),至少增加五名专业技术人员;专业技术人员中,中级及以上注册安全工程师比例不低于百分之三十,中级及以上技术职称比例不低于百分之五十,且高级技术职称人员比例不低于百分之二十五;

(四)专业技术人员具有与承担安全生产检测检验相适应的专业技能,以及在本行业领域工作两年以上;

(五)法定代表人出具知悉并承担安全生产检测

检验的法律责任、义务、权利和风险的承诺书；

（六）主持安全生产检测检验工作的负责人、技术负责人、质量负责人具有高级技术职称，在本行业领域工作八年以上；

（七）符合安全生产检测检验机构能力通用要求等相关标准和规范性文件规定的文件化管理体系；

（八）正常运行并可以供公众查询机构信息的网站；

（九）截至申请之日三年内无重大违法失信记录；

（十）法律、行政法规规定的其他条件。

第八条　下列机构不得申请安全评价检测检验机构资质：

（一）本办法第三条规定部门所属的事业单位及其出资设立的企业法人；

（二）本办法第三条规定部门主管的社会组织及其出资设立的企业法人；

（三）本条第一项、第二项中的企业法人出资设立（含控股、参股）的企业法人。

第九条　符合本办法第六条、第七条规定条件的申请人申请安全评价检测检验机构资质的，应当将申请材料报送其注册地的资质认可机关。

申请材料清单目录由国务院应急管理部门另行规定。

第十条　资质认可机关自收到申请材料之日起五个工作日内，对材料齐全、符合规定形式的申请，应当予以受理，并出具书面受理文书；对材料不齐全或者不符合规定形式的，应当当场或者五个工作日内一次性告知申请人需要补正的全部内容；对不予受理的，应当说明理由并出具书面凭证。

第十一条　资质认可机关应当自受理之日起二十个工作日内，对审查合格的，在本部门网站予以公告，公开有关信息（附件2、附件3），颁发资质证书，并将相关信息纳入安全评价检测检验机构信息查询系统；对审查不合格的，不予颁发资质证书，说明理由并出具书面凭证。

需要专家评审的，专家评审时间不计入本条第一款规定的审查期限内，但最长不超过三个月。

资质证书的式样和编号规则由国务院应急管理部门另行规定。

第十二条　安全评价检测检验机构的名称、注册地址、实验室条件、法定代表人、专职技术负责人、授权签字人发生变化的，应当自发生变化之日起三十日内向原资质认可机关提出书面变更申请。资质认可机关经审查后符合条件的，在本部门网站予以公告，并及时更新安全评价检测检验机构信息查询系统相关信息。

安全评价检测检验机构因改制、分立或者合并等原因发生变化的，应当自发生变化之日起三十日内向原资质认可机关书面申请重新核定资质条件和业务范围。

安全评价检测检验机构取得资质一年以上，需要变更业务范围的，应当向原资质认可机关提出书面申请。资质认可机关收到申请后应当按照本办法第九条至第十一条的规定办理。

第十三条　安全评价检测检验机构资质证书有效期五年。资质证书有效期届满需要延续的，应当在有效期届满三个月前向原资质认可机关提出申请。原资质认可机关应当按照本办法第九条至第十一条的规定办理。

第十四条　安全评价检测检验机构有下列情形之一的，原资质认可机关应当注销其资质，在本部门网站予以公告，并纳入安全评价检测检验机构信息查询系统：

（一）法人资格终止；

（二）资质证书有效期届满未延续；

（三）自行申请注销；

（四）被依法撤销、撤回、吊销资质；

（五）法律、行政法规规定的应当注销资质的其他情形。

安全评价检测检验机构资质注销后无资质承继单位的，原安全评价检测检验机构及相关人员应当对注销前作出的安全评价检测检验结果继续负责。

第三章　技术服务

第十五条　生产经营单位可以自主选择具备本办法规定资质的安全评价检测检验机构，接受其资质认可范围内的安全评价、检测检验服务。

第十六条　生产经营单位委托安全评价检测检验机构开展技术服务时，应当签订委托技术服务合同，明确服务对象、范围、权利、义务和责任。

生产经营单位委托安全评价检测检验机构为其提供安全生产技术服务的，保证安全生产的责任仍由本单位负责。应急管理部门、煤矿安全生产监督管理部门以安全评价报告、检测检验报告为依据，作出相关行政许可、行政处罚决定的，应当对其决定承担相应法律责任。

第十七条　安全评价检测检验机构应当建立信息公开制度，加强内部管理，严格自我约束。专职技术负责人和过程控制负责人应当按照法规标准的规定，加强安全评价、检测检验活动的管理。

安全评价项目组组长应当具有与业务相关的二级以上安全评价师资格，并在本行业领域工作三年以上。项目组其他组成人员应当符合安全评价项目专职安全评价师专业能力配备标准。

第十八条 安全评价检测检验机构开展技术服务时，应当如实记录过程控制、现场勘验和检测检验的情况，并与现场图像影像等证明资料一并及时归档。

安全评价检测检验机构应当按照有关规定在网上公开安全评价报告、安全生产检测检验报告相关信息及现场勘验图像影像。

第十九条 安全评价检测检验机构应当在开展现场技术服务前七个工作日内，书面告知(附件4)项目实施地资质认可机关，接受资质认可机关及其下级部门的监督抽查。

第二十条 生产经营单位应当对本单位安全评价、检测检验过程进行监督，并对本单位所提供资料、安全评价和检测检验对象的真实性、可靠性负责，承担有关法律责任。

生产经营单位对安全评价检测检验机构提出的事故预防、隐患整改意见，应当及时落实。

第二十一条 安全评价、检测检验的技术服务收费按照有关规定执行。实行政府指导价或者政府定价管理的，严格执行政府指导价或者政府定价政策；实行市场调节价的，由委托方和受托方通过合同协商确定。安全评价检测检验机构应当主动公开服务收费标准，方便用户和社会公众查询。

审批部门在审批过程中委托开展的安全评价检测检验技术服务，服务费用一律由审批部门支付并纳入部门预算，对审批对象免费。

第二十二条 安全评价检测检验机构及其从业人员不得有下列行为：

(一)违反法规标准的规定开展安全评价、检测检验的；

(二)不再具备资质条件或者资质过期从事安全评价、检测检验的；

(三)超出资质认可业务范围，从事法定的安全评价、检测检验的；

(四)出租、出借安全评价检测检验资质证书的；

(五)出具虚假或者重大疏漏的安全评价、检测检验报告的；

(六)违反有关法规标准规定，更改或者简化安全评价、检测检验程序和相关内容的；

(七)专职安全评价师、专业技术人员同时在两个以上安全评价检测检验机构从业的；

(八)安全评价项目组组长及负责勘验人员不到现场实际地点开展勘验等有关工作的；

(九)承担现场检测检验的人员不到现场实际地点开展设备检测检验等有关工作的；

(十)冒用他人名义或者允许他人冒用本人名义在安全评价、检测检验报告和原始记录中签名的；

(十一)不接受资质认可机关及其下级部门监督抽查的。

本办法所称虚假报告，是指安全评价报告、安全生产检测检验报告内容与当时实际情况严重不符，报告结论定性严重偏离客观实际。

第四章 监督检查

第二十三条 资质认可机关应当建立健全安全评价检测检验机构资质认可、监督检查、属地管理的相关制度和程序，加强事中事后监管，并向社会公开监督检查情况和处理结果。

国务院应急管理部门可以对资质认可机关开展资质认可等工作情况实施综合评估，发现涉及重大生产安全事故、存在违法违规认可等问题的，可以采取约谈、通报，撤销其资质认可决定，以及暂停其资质认可权等措施。

第二十四条 资质认可机关应当将其认可的安全评价检测检验机构纳入年度安全生产监督检查计划范围。按照国务院有关"双随机、一公开"的规定实施监督检查，并确保每三年至少覆盖一次。

安全评价检测检验机构从事跨区域技术服务的，项目实施地资质认可机关应当及时核查其资质有效性、认可范围等信息，并对其技术服务实施抽查。

资质认可机关及其下级部门应当对本行政区域内登记注册的安全评价检测检验机构资质条件保持情况、接受行政处罚和投诉举报等情况进行重点监督检查。

第二十五条 资质认可机关及其下级部门、煤矿安全监察机构、事故调查组在安全生产行政许可、建设项目安全设施"三同时"审查、监督检查和事故调查中，发现生产经营单位和安全评价检测检验机构在安全评价、检测检验活动中有违法违规行为的，应当依法实施行政处罚。

吊销、撤销安全评价检测检验机构资质的，由原资质认可机关决定。

对安全评价检测检验机构作出行政处罚等决定，决定机关应当将有关情况及时纳入安全评价检测检验机构信息查询系统。

第二十六条　负有安全生产监督管理职责的部门及其工作人员不得干预安全评价检测检验机构正常活动。除政府采购的技术服务外，不得要求生产经营单位接受指定的安全评价检测检验机构的技术服务。

没有法律法规依据或者国务院规定，不得以备案、登记、年检、换证、要求设立分支机构等形式，设置或者变相设置安全评价检测检验机构准入障碍。

第五章　法律责任

第二十七条　申请人隐瞒有关情况或者提供虚假材料申请资质（包括资质延续、资质变更、增加业务范围等）的，资质认可机关不予受理或者不予行政许可，并给予警告。该申请人在一年内不得再次申请。

第二十八条　申请人以欺骗、贿赂等不正当手段取得资质（包括资质延续、资质变更、增加业务范围等）的，应当予以撤销。该申请人在三年内不得再次申请；构成犯罪的，依法追究刑事责任。

第二十九条　未取得资质的机构及其有关人员擅自从事安全评价、检测检验服务的，责令立即停止违法行为，依照下列规定给予处罚：

（一）机构有违法所得的，没收其违法所得，并处违法所得一倍以上三倍以下的罚款，但最高不得超过三万元；没有违法所得的，处五千元以上一万元以下的罚款；

（二）有关人员处五千元以上一万元以下的罚款。

对有前款违法行为的机构及其人员，由资质认可机关记入有关机构和人员的信用记录，并依照有关规定予以公告。

第三十条　安全评价检测检验机构有下列情形之一的，责令改正或者责令限期改正，给予警告，可以并处一万元以下的罚款；逾期未改正的，处一万元以上三万元以下的罚款，对相关责任人处一千元以上五千元以下的罚款；情节严重的，处一万元以上三万元以下的罚款，对相关责任人处五千元以上一万元以下的罚款：

（一）未依法与委托方签订技术服务合同的；

（二）违反法规标准规定更改或者简化安全评价、检测检验程序和相关内容的；

（三）未按规定公开安全评价报告、安全生产检测检验报告相关信息及现场勘验图像影像资料的；

（四）未在开展现场技术服务前七个工作日内，书面告知项目实施地资质认可机关的；

（五）机构名称、注册地址、实验室条件、法定代表人、专职技术负责人、授权签字人发生变化之日起三十日内未向原资质认可机关提出变更申请的；

（六）未按照有关法规标准的强制性规定从事安全评价、检测检验活动的；

（七）出租、出借安全评价检测检验资质证书的；

（八）安全评价项目组组长及负责勘验人员不到现场实际地点开展勘验等有关工作的；

（九）承担现场检测检验的人员不到现场实际地点开展设备检测检验等有关工作的；

（十）安全评价报告存在法规标准引用错误、关键危险有害因素漏项、重大危险源辨识错误、对策措施建议与存在问题严重不符等重大疏漏，但尚未造成重大损失的；

（十一）安全生产检测检验报告存在法规标准引用错误、关键项目漏检、结论不明确等重大疏漏，但尚未造成重大损失的。

第三十一条　承担安全评价、检测检验工作的机构，出具虚假证明的，没收违法所得；违法所得在十万元以上的，并处违法所得二倍以上五倍以下的罚款；没有违法所得或者违法所得不足十万元的，单处或者并处十万元以上二十万元以下的罚款；对其直接负责的主管人员和其他直接责任人员处二万元以上五万元以下的罚款；给他人造成损害的，与生产经营单位承担连带赔偿责任；构成犯罪的，依照刑法有关规定追究刑事责任。

对有前款违法行为的机构，由资质认可机关吊销其相应资质，向社会公告，按照国家有关规定对相关机构及其责任人员实行行业禁入，纳入不良记录“黑名单”管理，以及安全评价检测检验机构信息查询系统。

第六章　附　则

第三十二条　本办法自 2019 年 5 月 1 日起施行。原国家安全生产监督管理总局 2007 年 1 月 31 日公布、2015 年 5 月 29 日修改的《安全生产检测检验机构管理规定》（原国家安全生产监督管理总局令第 12 号），2009 年 7 月 1 日公布、2013 年 8 月 29 日、2015 年 5 月 29 日修改的《安全评价机构管理规定》（原国家安全生产监督管理总局令第 22 号）同时废止。

附件：（略）

附件 1

安全评价机构业务范围
与专职安全评价师专业能力配备标准

业务范围	专职安全评价师专业能力配备标准
煤炭开采业	安全、机械、电气、采矿、通风、矿建、地质各 1 名及以上。
金属、非金属矿及其他矿采选业	安全、机械、电气、采矿、通风、地质、水工结构各 1 名及以上。
陆地石油和天然气开采业	安全、机械、电气、采油、储运各 1 名及以上。
陆上油气管道运输业	油气储运 2 名及以上，设备、仪表、电气、防腐、安全各 1 名及以上。
石油加工业，化学原料、化学品及医药制造业	化工工艺、化工机械、电气、安全各 2 名及以上，自动化 1 名及以上。
烟花爆竹制造业	火炸药（爆炸技术）、机械、电气、安全各 1 名及以上。
金属冶炼	安全、机械、电气、冶金、有色金属各 1 名及以上。

备注：1. 安全评价师专业能力与学科基础专业对照表另行制定。
2. 安全生产检测检验资质认可业务范围以矿山井下特种设备目录为准。

附件 2

安全评价机构信息公开表
（样式）

<table>
<tr><td>机构名称</td><td colspan="3"></td></tr>
<tr><td colspan="2">统一社会信用代码/注册号</td><td colspan="2"></td></tr>
<tr><td>办公地址</td><td></td><td>邮政编码</td><td></td></tr>
<tr><td>机构信息公开网址</td><td></td><td>法定代表人</td><td></td></tr>
<tr><td>联系人</td><td></td><td>联系电话</td><td></td></tr>
<tr><td>专职技术负责人</td><td></td><td>过程控制负责人</td><td></td></tr>
<tr><td>资质证书编号</td><td></td><td>发证日期</td><td></td></tr>
<tr><td>资质证书批准部门</td><td></td><td>有效日期</td><td></td></tr>
<tr><td colspan="4">业务范围</td></tr>
<tr><td colspan="4"></td></tr>
</table>

续表

<table>
<tr><td colspan="6">本机构的安全评价师</td></tr>
<tr><td>姓名</td><td>专业</td><td>证书号码</td><td>姓名</td><td>专业</td><td>证书号码</td></tr>
<tr><td></td><td></td><td></td><td></td><td></td><td></td></tr>
<tr><td></td><td></td><td></td><td></td><td></td><td></td></tr>
<tr><td colspan="6">机构违法受处罚信息（初次申请不填写）</td></tr>
<tr><td colspan="2">违法事实</td><td colspan="2">处罚决定</td><td>处罚时间</td><td>执法机关</td></tr>
<tr><td colspan="2"></td><td colspan="2"></td><td></td><td></td></tr>
<tr><td colspan="2"></td><td colspan="2"></td><td></td><td></td></tr>
</table>

附件 3

安全生产检测检验机构信息公开表
（样式）

<table>
<tr><td colspan="2">机构名称</td><td colspan="5"></td></tr>
<tr><td colspan="3">统一社会信用代码/注册号</td><td colspan="4"></td></tr>
<tr><td colspan="2">通信地址</td><td colspan="2"></td><td colspan="2">邮政编码</td><td></td></tr>
<tr><td colspan="2">实验室地址</td><td colspan="2"></td><td colspan="2">邮政编码</td><td></td></tr>
<tr><td colspan="2">机构信息公开网址</td><td colspan="2"></td><td colspan="2">法定代表人</td><td></td></tr>
<tr><td colspan="2">机构联系人</td><td colspan="2"></td><td colspan="2">联系电话</td><td></td></tr>
<tr><td colspan="2">主持检测检验工作负责人</td><td colspan="2"></td><td colspan="2">技术负责人</td><td></td></tr>
<tr><td colspan="2">资质证书编号</td><td colspan="2"></td><td colspan="2">发证日期</td><td></td></tr>
<tr><td colspan="2">资质证书批准部门</td><td colspan="2"></td><td colspan="2">有效日期</td><td></td></tr>
<tr><td colspan="7">批准的业务范围</td></tr>
<tr><td rowspan="2">序号</td><td rowspan="2">被检对象</td><td colspan="2">项目/参数</td><td rowspan="2">依据标准编号及名称</td><td rowspan="2">限制范围</td><td rowspan="2">说明</td></tr>
<tr><td>序号</td><td>名称</td></tr>
<tr><td></td><td></td><td></td><td></td><td></td><td></td><td></td></tr>
<tr><td></td><td></td><td></td><td></td><td></td><td></td><td></td></tr>
<tr><td></td><td></td><td></td><td></td><td></td><td></td><td></td></tr>
<tr><td colspan="7">批准的授权签字人及授权签字领域</td></tr>
<tr><td>序号</td><td colspan="2">姓名</td><td colspan="4">授权签字领域</td></tr>
<tr><td></td><td colspan="2"></td><td colspan="4"></td></tr>
<tr><td></td><td colspan="2"></td><td colspan="4"></td></tr>
<tr><td colspan="7">机构违法受处罚信息（初次申请不填写）</td></tr>
</table>

续表

违法事实	处罚决定	处罚时间	执法机关

附件 4

安全评价检测检验机构从业告知书
（样式）

__________：

我单位承接了____________□安全评价/□安全生产检测检验项目，拟于近期开展技术服务活动，现按照规定将有关信息告知如下。

<table>
<tr><td>机构名称</td><td colspan="5"></td></tr>
<tr><td>机构资质证书编号</td><td colspan="2"></td><td colspan="2">机构信息
公开网址</td><td></td></tr>
<tr><td>办公地址</td><td colspan="2"></td><td colspan="2">邮政编码</td><td></td></tr>
<tr><td>法定代表人</td><td></td><td>联系人</td><td></td><td>联系电话</td><td></td></tr>
<tr><td>项目名称</td><td colspan="5"></td></tr>
<tr><td>项目地址</td><td colspan="5"></td></tr>
<tr><td>项目所属行业</td><td colspan="5"></td></tr>
<tr><td>项目组长</td><td colspan="2"></td><td colspan="2">联系电话</td><td></td></tr>
<tr><td>技术服务期限</td><td colspan="5"></td></tr>
<tr><td>计划现场勘验
（检测检验）时间</td><td colspan="5"></td></tr>
<tr><td colspan="6">项目组成员、专业及工作任务（安全评价机构填写）</td></tr>
<tr><td>姓名</td><td colspan="2">专业</td><td colspan="3">工作任务</td></tr>
<tr><td></td><td colspan="2"></td><td colspan="3"></td></tr>
<tr><td></td><td colspan="2"></td><td colspan="3"></td></tr>
<tr><td colspan="6">现场检测检验人员（安全生产检测检验机构填写）</td></tr>
<tr><td colspan="3">姓名</td><td colspan="3">检测检验项目</td></tr>
<tr><td colspan="3"></td><td colspan="3"></td></tr>
<tr><td colspan="3"></td><td colspan="3"></td></tr>
</table>

机构（盖章）：

年　　月　　日

煤矿安全监察员管理办法

1. 2003年6月13日国家安全生产监督管理局、国家煤矿安全监察局令第2号公布

2. 根据2015年6月8日国家安全生产监督管理总局令第81号《关于修改〈煤矿安全监察员管理办法〉等五部煤矿安全规章的决定》修正

第一条　为加强和规范煤矿安全监察员管理工作，保障煤矿安全监察员依法行政，根据《公务员法》、《安全生产法》、《煤矿安全监察条例》等法律法规，制定本办法。

第二条　煤矿安全监察机构实行煤矿安全监察员制度。煤矿安全监察员是从事煤矿安全监察和行政执法工作的国家公务员。

第三条　国家安全生产监督管理总局、省级煤矿安全监察局按干部管理权限对煤矿安全监察员实行分级管理。

第四条　煤矿安全监察员除符合国家公务员的条件外，还应当具备下列条件：

（一）热爱煤矿安全监察工作，熟悉国家有关煤矿安全的方针、政策、法律、法规、规章、标准、规程；

（二）熟悉煤矿安全监察业务，具有煤矿安全方面的专业知识；

（三）具有大学专科以上学历；

（四）符合国家煤矿安全监察机构规定的工作经历和年龄要求；

（五）身体健康，适应煤矿安全监察工作需要。

第五条　煤矿安全监察员由国家安全生产监督管理总局考核，并颁发煤矿安全监察执法证。

第六条　煤矿安全监察员按照法律行政法规规定的职责实施煤矿安全监察，不受任何组织和个人的非法干涉，煤矿及其有关人员不得拒绝、阻挠。

第七条　煤矿安全监察员依法履行下列职责：

（一）依照安全生产法、煤矿安全监察条例和其他有关安全生产的法律、法规、规章、标准，对煤矿安全实施监察；

（二）对划定区域内的煤矿安全情况实施经常性安全检查和重点检查；

（三）查处煤矿安全违法行为，依法作出现场处理决定或提出实施行政处罚的意见；

（四）参与煤矿建设项目安全设施设计审查以及对建设单位竣工验收活动和验收结果的监督核查；

（五）监督检查煤矿职业危害的防治工作；

（六）参加煤矿伤亡事故的应急救援、调查和处理工作；

（七）法律、法规规定由煤矿安全监察员履行的其他职责。

第八条 煤矿安全监察员履行安全监察职责，具有下列权力：

（一）有权随时进入煤矿作业场所进行检查，调阅有关资料，参加煤矿安全生产会议，向有关单位或者人员了解情况；

（二）在检查中发现影响煤矿安全的违法行为，有权当场予以纠正或者要求限期改正；

（三）进行现场检查时，发现存在事故隐患的，有权要求煤矿立即消除或者限期解决；发现威胁职工生命安全的紧急情况时，有权要求立即停止作业，下达立即从危险区域内撤出作业人员的命令，并立即将紧急情况和处理措施报告煤矿安全监察机构；

（四）发现煤矿作业场所的瓦斯、粉尘或者其他有毒有害气体的浓度超过国家安全标准或者行业安全标准的，煤矿擅自开采保安煤柱的，或者采用危及相邻煤矿生产安全的决水、爆破、贯通巷道等危险方法进行采矿作业的，有权责令立即停止作业，并将有关情况报告煤矿安全监察机构；

（五）发现煤矿矿长或者其他主管人员违章指挥工人或者强令工人违章、冒险作业，或者发现工人违章作业的，有权立即责令纠正或者责令立即停止作业；

（六）发现煤矿使用的设施、设备、器材、劳动防护用品不符合国家安全标准或者行业安全标准的，有权责令其停止使用；需要查封或者扣押的，应当及时报告煤矿安全监察机构依法处理；

（七）法律、法规赋予的其他权力。

第九条 煤矿安全监察机构应当为煤矿安全监察员提供履行职责所需的装备和劳动防护用品。

煤矿安全监察员下井工作，享受井下工作津贴。

第十条 煤矿安全监察员履行安全监察职责，应当向当事人和有关人员出示煤矿安全监察员证。

煤矿安全监察员证只限本人使用，不得伪造、买卖或转借他人。

第十一条 煤矿安全监察员在执行公务时，涉及本人或者涉及本人有关亲属的利害关系的，应当回避。

第十二条 煤矿安全监察员发现煤矿存在事故隐患或危及煤矿安全的违法行为应当及时处理或者向煤矿安全监察机构报告。

煤矿安全监察员对每次安全检查的时间、地点、内容、发现的问题及其处理情况，应当作详细记录、填写执法文书，并由参加检查的煤矿安全监察员签名后归档。

煤矿安全监察员发出安全监察指令，应当填写执法文书并送达行政相对人。

第十三条 煤矿安全监察员应当依法履行煤矿安全监察职责，保守国家秘密和工作秘密，维护国家利益和当事人的合法权益。

第十四条 煤矿安全监察员不得接受煤矿的任何馈赠、报酬、福利待遇，不得在煤矿报销任何费用，不得参加煤矿安排、组织或者支付费用的宴请、娱乐、旅游、出访等活动，不得借煤矿安全监察工作在煤矿为自己、亲友或者他人谋取利益。

第十五条 煤矿安全监察机构负责制定煤矿安全监察员培训规划和办法，组织实施对煤矿安全监察员的岗前培训、年度轮训、特殊培训。煤矿安全监察员每三年应当接受不少于一个月的脱产培训。

第十六条 煤矿安全监察机构应当建立健全煤矿安全监察员的监督约束制度。

煤矿安全监察机构的行政监察部门依照行政监察法的规定，对煤矿安全监察员履行工作职责实施行政监察。

煤矿安全监察机构应当及时受理任何单位和个人对煤矿安全监察员违法违纪行为的检举和控告。

煤矿安全监察员应当自觉接受有关部门、煤矿及其职工和社会的监督。

第十七条 煤矿安全监察员实行定期交流轮岗制度。

第十八条 煤矿安全监察机构按照管理权限和国家有关规定对煤矿安全监察员的德、能、勤、绩、廉进行日常考核和年度考核。考核结果作为煤矿安全监察员使用和奖惩的依据。

第十九条 煤矿安全监察员有下列表现之一的，由煤矿安全监察机构按照国家有关规定予以奖励：

（一）在煤矿安全监察工作中成绩突出，有重大贡献的；

（二）在防止或者抢救煤矿事故中，使国家、煤矿和群众利益免受或者减少损失的；

（三）在煤矿安全监察工作中依法履行职责，使煤矿安全状况有明显好转的；

（四）在煤矿抢险救灾等工作中奋不顾身、作出贡献的；

（五）在煤矿安全技术装备开发与推广方面做出显著成绩的；

（六）同违法违纪行为作斗争有功绩的；

（七）有其他功绩的。

第二十条　煤矿安全监察员有下列行为之一的，由煤矿安全监察机构按国家有关规定给予行政处分；构成犯罪的，依法追究刑事责任。

（一）接受煤矿的馈赠、报酬、礼品、现金、有价证券；

（二）参加煤矿安排、组织或者支付费用的宴请、娱乐、旅游、出访等活动的；

（三）利用职务便利为本人及亲友谋取私利的；

（四）滥施行政处罚或者擅自改变行政处罚决定的；

（五）徇私枉法，包庇、纵容违法单位和个人的；

（六）对被监察的单位和个人进行刁难或者打击报复的；

（七）有其他违法违纪行为的。

第二十一条　煤矿安全监察员滥用职权、玩忽职守、徇私舞弊，有下列行为之一的，给予降级或者撤职的行政处分；构成犯罪的，依法追究刑事责任：

（一）对不符合法定安全生产条件的煤矿予以批准或验收通过的；

（二）发现未依法取得批准、验收的煤矿擅自从事生产活动或者接到举报后不依法予以处理的；

（三）对已经取得批准的煤矿不履行安全监察职责，发现其不再具备安全生产条件而不撤销原批准的；

（四）发现事故隐患或影响煤矿安全的违法行为不依法及时处理或报告的。

第二十二条　本办法自2003年8月1日起施行。2000年12月9日国家煤矿安全监察局发布的《煤矿安全监察员管理暂行办法》同时废止。

注册安全工程师管理规定

1．2007年1月11日国家安全生产监督管理总局令第11号公布

2．根据2013年8月29日国家安全生产监督管理总局令第63号《关于修改〈生产经营单位安全培训规定〉等11件规章的决定》修正

第一章　总　　则

第一条　为了加强注册安全工程师的管理，保障注册安全工程师依法执业，根据《安全生产法》等有关法律、行政法规，制定本规定。

第二条　取得中华人民共和国注册安全工程师执业资格证书的人员注册以及注册后的执业、继续教育及其监督管理，适用本规定。

第三条　本规定所称注册安全工程师是指取得中华人民共和国注册安全工程师执业资格证书（以下简称资格证书），在生产经营单位从事安全生产管理、安全技术工作或者在安全生产中介机构从事安全生产专业服务工作，并按照本规定注册取得中华人民共和国注册安全工程师执业证（以下简称执业证）和执业印章的人员。

第四条　注册安全工程师应当严格执行国家法律、法规和本规定，恪守职业道德和执业准则。

第五条　国家安全生产监督管理总局（以下简称安全监管总局）对全国注册安全工程师的注册、执业活动实施统一监督管理。国务院有关主管部门（以下简称部门注册机构）对本系统注册安全工程师的注册、执业活动实施监督管理。

省、自治区、直辖市人民政府安全生产监督管理部门对本行政区域内注册安全工程师的注册、执业活动实施监督管理。

省级煤矿安全监察机构（以下与省、自治区、直辖市人民政府安全生产监督管理部门统称省级注册机构）对所辖区域内煤矿安全注册安全工程师的注册、执业活动实施监督管理。

第六条　从业人员300人以上的煤矿、非煤矿矿山、建筑施工单位和危险物品生产、经营单位，应当按照不少于安全生产管理人员15%的比例配备注册安全工程师；安全生产管理人员在7人以下的，至少配备1名。

前款规定以外的其他生产经营单位，应当配备注册安全工程师或者委托安全生产中介机构选派注册安全工程师提供安全生产服务。

安全生产中介机构应当按照不少于安全生产专业服务人员30%的比例配备注册安全工程师。

生产经营单位和安全生产中介机构（以下统称聘用单位）应当为本单位专业技术人员参加注册安全工程师执业资格考试以及注册安全工程师注册、继续教育提供便利。

第二章　注　　册

第七条　取得资格证书的人员，经注册取得执业证和执业印章后方可以注册安全工程师的名义执业。

第八条　申请注册的人员，必须同时具备下列条件：

（一）取得资格证书；

（二）在生产经营单位从事安全生产管理、安全技术工作或者在安全生产中介机构从事安全生产专业服务工作。

第九条 注册安全工程师实行分类注册,注册类别包括:

(一)煤矿安全;

(二)非煤矿矿山安全;

(三)建筑施工安全;

(四)危险物品安全;

(五)其他安全。

第十条 取得资格证书的人员申请注册,按照下列程序办理:

(一)申请人向聘用单位提出申请,聘用单位同意后,将申请人按本规定第十一条、第十三条、第十四条规定的申请材料报送部门、省级注册机构;中央企业总公司(总厂、集团公司)经安全监管总局认可,可以将本企业申请人的申请材料直接报送安全监管总局;申请人和聘用单位应当对申请材料的真实性负责;

(二)部门、省级注册机构在收到申请人的申请材料后,应当作出是否受理的决定,并向申请人出具书面凭证;申请材料不齐全或者不符合要求,应当当场或者在5日内一次性告知申请人需要补正的全部内容。逾期不告知的,自收到申请材料之日起即为受理。部门、省级注册机构自受理申请之日起20日内将初步核查意见和全部申请材料报送安全监管总局;

(三)安全监管总局自收到部门、省级注册机构以及中央企业总公司(总厂、集团公司)报送的材料之日起20日内完成复审并作出书面决定。准予注册的,自作出决定之日起10日内,颁发执业证和执业印章,并在公众媒体上予以公告;不予注册的,应当书面说明理由。

第十一条 申请初始注册应当提交下列材料:

(一)注册申请表;

(二)申请人资格证书(复印件);

(三)申请人与聘用单位签订的劳动合同或者聘用文件(复印件);

(四)申请人有效身份证件或者身份证明(复印件)。

第十二条 申请人有下列情形之一的,不予注册:

(一)不具有完全民事行为能力的;

(二)在申请注册过程中有弄虚作假行为的;

(三)同时在两个或者两个以上聘用单位申请注册的;

(四)安全监管总局规定的不予注册的其他情形。

第十三条 注册有效期为3年,自准予注册之日起计算。

注册有效期满需要延续注册的,申请人应当在有效期满30日前,按照本规定第十条规定的程序提出申请。注册审批机关应当在有效期满前作出是否准予延续注册的决定;逾期未作决定的,视为准予延续。

申请延续注册,应当提交下列材料:

(一)注册申请表;

(二)申请人执业证;

(三)申请人与聘用单位签订的劳动合同或者聘用文件(复印件);

(四)聘用单位出具的申请人执业期间履职情况证明材料;

(五)注册有效期内达到继续教育要求的证明材料。

第十四条 在注册有效期内,注册安全工程师变更执业单位,应当按照本规定第十条规定的程序提出申请,办理变更注册手续。变更注册后仍延续原注册有效期。

申请变更注册,应当提交下列材料:

(一)注册申请表;

(二)申请人执业证;

(三)申请人与原聘用单位合同到期或解聘证明(复印件);

(四)申请人与新聘用单位签订的劳动合同或者聘用文件(复印件)。

注册安全工程师在办理变更注册手续期间不得执业。

第十五条 有下列情形之一的,注册安全工程师应当及时告知执业证和执业印章颁发机关;重新具备条件的,按照本规定第十一条、第十四条申请重新注册或者变更注册:

(一)注册有效期满未延续注册的;

(二)聘用单位被吊销营业执照的;

(三)聘用单位被吊销相应资质证书的;

(四)与聘用单位解除劳动关系的。

第十六条 执业证颁发机关发现有下列情形之一的,应当将执业证和执业印章收回,并办理注销注册手续:

(一)注册安全工程师受到刑事处罚的;

(二)有本规定第十五条规定情形之一未申请重新注册或者变更注册的;

(三)法律、法规规定的其他情形。

第三章 执 业

第十七条 注册安全工程师的执业范围包括:

(一)安全生产管理;

(二)安全生产检查;

(三)安全评价或者安全评估;

(四)安全检测检验;

(五)安全生产技术咨询、服务;

（六）安全生产教育和培训；

（七）法律、法规规定的其他安全生产技术服务。

第十八条 注册安全工程师应当由聘用单位委派，并按照注册类别在规定的执业范围内执业，同时在出具的各种文件、报告上签字和加盖执业印章。

第十九条 生产经营单位的下列安全生产工作，应有注册安全工程师参与并签署意见：

（一）制定安全生产规章制度、安全技术操作规程和作业规程；

（二）排查事故隐患，制定整改方案和安全措施；

（三）制定从业人员安全培训计划；

（四）选用和发放劳动防护用品；

（五）生产安全事故调查；

（六）制定重大危险源检测、评估、监控措施和应急救援预案；

（七）其他安全生产工作事项。

第二十条 聘用单位应当为注册安全工程师建立执业活动档案，并保证档案内容的真实性。

第四章 权利和义务

第二十一条 注册安全工程师享有下列权利：

（一）使用注册安全工程师称谓；

（二）从事规定范围内的执业活动；

（三）对执业中发现的不符合安全生产要求的事项提出意见和建议；

（四）参加继续教育；

（五）使用本人的执业证和执业印章；

（六）获得相应的劳动报酬；

（七）对侵犯本人权利的行为进行申诉；

（八）法律、法规规定的其他权利。

第二十二条 注册安全工程师应当履行下列义务：

（一）保证执业活动的质量，承担相应的责任；

（二）接受继续教育，不断提高执业水准；

（三）在本人执业活动所形成的有关报告上署名；

（四）维护国家、公众的利益和受聘单位的合法权益；

（五）保守执业活动中的秘密；

（六）不得出租、出借、涂改、变造执业证和执业印章；

（七）不得同时在两个或者两个以上单位受聘执业；

（八）法律、法规规定的其他义务。

第五章 继续教育

第二十三条 继续教育按照注册类别分类进行。

注册安全工程师在每个注册周期内应当参加继续教育，时间累计不得少于48学时。

第二十四条 继续教育由部门、省级注册机构按照统一制定的大纲组织实施。中央企业注册安全工程师的继续教育可以由中央企业总公司（总厂、集团公司）组织实施。

继续教育应当由具备安全培训条件的机构承担。

第二十五条 煤矿安全、非煤矿矿山安全、危险物品安全（民用爆破器材安全除外）和其他安全类注册安全工程师继续教育大纲，由安全监管总局组织制定；建筑施工安全、民用爆破器材安全注册安全工程师继续教育大纲，由安全监管总局会同国务院有关主管部门组织制定。

第六章 监督管理

第二十六条 安全生产监督管理部门、煤矿安全监察机构和有关主管部门的工作人员应当坚持公开、公正、公平的原则，严格按照法律、行政法规和本规定，对申请注册的人员进行资格审查，颁发执业证和执业印章。

第二十七条 安全监管总局对准予注册以及注销注册、撤销注册、吊销执业证的人员名单向社会公告，接受社会监督。

第二十八条 对注册安全工程师的执业活动，安全生产监督管理部门、煤矿安全监察机构和有关主管部门应当进行监督检查。

第七章 罚则

第二十九条 安全生产监督管理部门、煤矿安全监察机构或者有关主管部门发现申请人、聘用单位隐瞒有关情况或者提供虚假材料申请注册的，应当不予受理或者不予注册；申请人一年内不得再次申请注册。

第三十条 未经注册擅自以注册安全工程师名义执业的，由县级以上安全生产监督管理部门、有关主管部门或者煤矿安全监察机构责令其停止违法活动，没收违法所得，并处三万元以下的罚款；造成损失的，依法承担赔偿责任。

第三十一条 注册安全工程师以欺骗、贿赂等不正当手段取得执业证的，由县级以上安全生产监督管理部门、有关主管部门或者煤矿安全监察机构处三万元以下的罚款；由执业证颁发机关撤销其注册，当事人三年内不得再次申请注册。

第三十二条 注册安全工程师有下列行为之一的，由县级以上安全生产监督管理部门、有关主管部门或者煤矿安全监察机构处三万元以下的罚款;由执业证颁发机关吊销其执业证,当事人五年内不得再次申请注册;造成损失的,依法承担赔偿责任;构成犯罪的,依法追究刑事责任:

(一)准许他人以本人名义执业的;

(二)以个人名义承接业务、收取费用的;

(三)出租、出借、涂改、变造执业证和执业印章的;

(四)泄漏执业过程中应当保守的秘密并造成严重后果的;

(五)利用执业之便,贪污、索贿、受贿或者谋取不正当利益的;

(六)提供虚假执业活动成果的;

(七)超出执业范围或者聘用单位业务范围从事执业活动的;

(八)法律、法规、规章规定的其他违法行为。

第三十三条 在注册工作中,工作人员有下列行为之一的,依照有关规定给予行政处分:

(一)利用职务之便,索取或者收受他人财物或者谋取不正当利益的;

(二)对发现不符合条件的申请人准予注册的;

(三)对符合条件的申请人不予注册的。

第八章 附 则

第三十四条 获准在中华人民共和国境内就业的外籍人员及香港特别行政区、澳门特别行政区、台湾地区的专业人员,符合本规定要求的,按照本规定执行。

第三十五条 本规定自 2007 年 3 月 1 日起施行。原国家安全生产监督管理局 2004 年公布的《注册安全工程师注册管理办法》同时废止。

特种作业人员安全技术培训考核管理规定

1. 2010 年 5 月 24 日国家安全生产监督管理总局令第 30 号公布

2. 根据 2013 年 8 月 29 日国家安全生产监督管理总局令第 63 号《关于修改〈生产经营单位安全培训规定〉等 11 件规章的决定》第一次修正

3. 根据 2015 年 5 月 29 日国家安全生产监督管理总局令第 80 号《关于废止和修改劳动防护用品和安全培训等领域十部规章的决定》第二次修正

第一章 总 则

第一条 为了规范特种作业人员的安全技术培训考核工作,提高特种作业人员的安全技术水平,防止和减少伤亡事故,根据《安全生产法》、《行政许可法》等有关法律、行政法规,制定本规定。

第二条 生产经营单位特种作业人员的安全技术培训、考核、发证、复审及其监督管理工作,适用本规定。

有关法律、行政法规和国务院对有关特种作业人员管理另有规定的,从其规定。

第三条 本规定所称特种作业,是指容易发生事故,对操作者本人、他人的安全健康及设备、设施的安全可能造成重大危害的作业。特种作业的范围由特种作业目录规定。

本规定所称特种作业人员,是指直接从事特种作业的从业人员。

第四条 特种作业人员应当符合下列条件:

(一)年满 18 周岁,且不超过国家法定退休年龄;

(二)经社区或者县级以上医疗机构体检健康合格,并无妨碍从事相应特种作业的器质性心脏病、癫痫病、美尼尔氏症、眩晕症、癔病、震颤麻痹症、精神病、痴呆症以及其他疾病和生理缺陷;

(三)具有初中及以上文化程度;

(四)具备必要的安全技术知识与技能;

(五)相应特种作业规定的其他条件。

危险化学品特种作业人员除符合前款第一项、第二项、第四项和第五项规定的条件外,应当具备高中或者相当于高中及以上文化程度。

第五条 特种作业人员必须经专门的安全技术培训并考核合格,取得《中华人民共和国特种作业操作证》(以下简称特种作业操作证)后,方可上岗作业。

第六条 特种作业人员的安全技术培训、考核、发证、复审工作实行统一监管、分级实施、教考分离的原则。

第七条 国家安全生产监督管理总局(以下简称安全监管总局)指导、监督全国特种作业人员的安全技术培训、考核、发证、复审工作;省、自治区、直辖市人民政府安全生产监督管理部门指导、监督本行政区域特种作业人员的安全技术培训工作,负责本行政区域特种作业人员的考核、发证、复审工作;县级以上地方人民政府安全生产监督管理部门负责监督检查本行政区域特种作业人员的安全技术培训和持证上岗工作。

国家煤矿安全监察局(以下简称煤矿安监局)指导、监督全国煤矿特种作业人员(含煤矿矿井使用的特种设备作业人员)的安全技术培训、考核、发证、复审工作;省、自治区、直辖市人民政府负责煤矿特种作业人员考核发证工作的部门或者指定的机构指导、监督本行政区域煤矿特种作业人员的安全技术培训工作，负责本行政区域煤矿特种作业人员的考核、发证、复审工作。

省、自治区、直辖市人民政府安全生产监督管理部门和负责煤矿特种作业人员考核发证工作的部门或者指定的机构（以下统称考核发证机关）可以委托设区的市人民政府安全生产监督管理部门和负责煤矿特种作业人员考核发证工作的部门或者指定的机构实施特种作业人员的考核、发证、复审工作。

第八条 对特种作业人员安全技术培训、考核、发证、复审工作中的违法行为，任何单位和个人均有权向安全监管总局、煤矿安监局和省、自治区、直辖市及设区的市人民政府安全生产监督管理部门、负责煤矿特种作业人员考核发证工作的部门或者指定的机构举报。

第二章 培 训

第九条 特种作业人员应当接受与其所从事的特种作业相应的安全技术理论培训和实际操作培训。

已经取得职业高中、技工学校及中专以上学历的毕业生从事与其所学专业相应的特种作业，持学历证明经考核发证机关同意，可以免予相关专业的培训。

跨省、自治区、直辖市从业的特种作业人员，可以在户籍所在地或者从业所在地参加培训。

第十条 对特种作业人员的安全技术培训，具备安全培训条件的生产经营单位应当以自主培训为主，也可以委托具备安全培训条件的机构进行培训。

不具备安全培训条件的生产经营单位，应当委托具备安全培训条件的机构进行培训。

生产经营单位委托其他机构进行特种作业人员安全技术培训的，保证安全技术培训的责任仍由本单位负责。

第十一条 从事特种作业人员安全技术培训的机构（以下统称培训机构），应当制定相应的培训计划、教学安排，并按照安全监管总局、煤矿安监局制定的特种作业人员培训大纲和煤矿特种作业人员培训大纲进行特种作业人员的安全技术培训。

第三章 考核发证

第十二条 特种作业人员的考核包括考试和审核两部分。考试由考核发证机关或其委托的单位负责；审核由考核发证机关负责。

安全监管总局、煤矿安监局分别制定特种作业人员、煤矿特种作业人员的考核标准，并建立相应的考试题库。

考核发证机关或其委托的单位应当按照安全监管总局、煤矿安监局统一制定的考核标准进行考核。

第十三条 参加特种作业操作资格考试的人员，应当填写考试申请表，由申请人或者申请人的用人单位持学历证明或者培训机构出具的培训证明向申请人户籍所在地或者从业所在地的考核发证机关或其委托的单位提出申请。

考核发证机关或其委托的单位收到申请后，应当在60日内组织考试。

特种作业操作资格考试包括安全技术理论考试和实际操作考试两部分。考试不及格的，允许补考1次。经补考仍不及格的，重新参加相应的安全技术培训。

第十四条 考核发证机关委托承担特种作业操作资格考试的单位应当具备相应的场所、设施、设备等条件，建立相应的管理制度，并公布收费标准等信息。

第十五条 考核发证机关或其委托承担特种作业操作资格考试的单位，应当在考试结束后10个工作日内公布考试成绩。

第十六条 符合本规定第四条规定并经考试合格的特种作业人员，应当向其户籍所在地或者从业所在地的考核发证机关申请办理特种作业操作证，并提交身份证复印件、学历证书复印件、体检证明、考试合格证明等材料。

第十七条 收到申请的考核发证机关应当在5个工作日内完成对特种作业人员所提交申请材料的审查，作出受理或者不予受理的决定。能够当场作出受理决定的，应当当场作出受理决定；申请材料不齐全或者不符合要求的，应当当场或者在5个工作日内一次告知申请人需要补正的全部内容，逾期不告知的，视为自收到申请材料之日起即已被受理。

第十八条 对已经受理的申请，考核发证机关应当在20个工作日内完成审核工作。符合条件的，颁发特种作业操作证；不符合条件的，应当说明理由。

第十九条 特种作业操作证有效期为6年，在全国范围内有效。

特种作业操作证由安全监管总局统一式样、标准及编号。

第二十条 特种作业操作证遗失的，应当向原考核发证机关提出书面申请，经原考核发证机关审查同意后，予以补发。

特种作业操作证所记载的信息发生变化或者损毁的，应当向原考核发证机关提出书面申请，经原考核发证机关审查确认后，予以更换或者更新。

第四章　复　　审

第二十一条　特种作业操作证每3年复审1次。

特种作业人员在特种作业操作证有效期内，连续从事本工种10年以上，严格遵守有关安全生产法律法规的，经原考核发证机关或者从业所在地考核发证机关同意，特种作业操作证的复审时间可以延长至每6年1次。

第二十二条　特种作业操作证需要复审的，应当在期满前60日内，由申请人或者申请人的用人单位向原考核发证机关或者从业所在地考核发证机关提出申请，并提交下列材料：

（一）社区或者县级以上医疗机构出具的健康证明；

（二）从事特种作业的情况；

（三）安全培训考试合格记录。

特种作业操作证有效期届满需要延期换证的，应当按照前款的规定申请延期复审。

第二十三条　特种作业操作证申请复审或者延期复审前，特种作业人员应当参加必要的安全培训并考试合格。

安全培训时间不少于8个学时，主要培训法律、法规、标准、事故案例和有关新工艺、新技术、新装备等知识。

第二十四条　申请复审的，考核发证机关应当在收到申请之日起20个工作日内完成复审工作。复审合格的，由考核发证机关签章、登记，予以确认；不合格的，说明理由。

申请延期复审的，经复审合格后，由考核发证机关重新颁发特种作业操作证。

第二十五条　特种作业人员有下列情形之一的，复审或者延期复审不予通过：

（一）健康体检不合格的；

（二）违章操作造成严重后果或者有2次以上违章行为，并经查证确实的；

（三）有安全生产违法行为，并给予行政处罚的；

（四）拒绝、阻碍安全生产监管监察部门监督检查的；

（五）未按规定参加安全培训，或者考试不合格的；

（六）具有本规定第三十条、第三十一条规定情形的。

第二十六条　特种作业操作证复审或者延期复审符合本规定第二十五条第二项、第三项、第四项、第五项情形的，按照本规定经重新安全培训考试合格后，再办理复审或者延期复审手续。

再复审、延期复审仍不合格，或者未按期复审的，特种作业操作证失效。

第二十七条　申请人对复审或者延期复审有异议的，可以依法申请行政复议或者提起行政诉讼。

第五章　监 督 管 理

第二十八条　考核发证机关或其委托的单位及其工作人员应当忠于职守、坚持原则、廉洁自律，按照法律、法规、规章的规定进行特种作业人员的考核、发证、复审工作，接受社会的监督。

第二十九条　考核发证机关应当加强对特种作业人员的监督检查，发现其具有本规定第三十条规定情形的，及时撤销特种作业操作证；对依法应当给予行政处罚的安全生产违法行为，按照有关规定依法对生产经营单位及其特种作业人员实施行政处罚。

考核发证机关应当建立特种作业人员管理信息系统，方便用人单位和社会公众查询；对于注销特种作业操作证的特种作业人员，应当及时向社会公告。

第三十条　有下列情形之一的，考核发证机关应当撤销特种作业操作证：

（一）超过特种作业操作证有效期未延期复审的；

（二）特种作业人员的身体条件已不适合继续从事特种作业的；

（三）对发生生产安全事故负有责任的；

（四）特种作业操作证记载虚假信息的；

（五）以欺骗、贿赂等不正当手段取得特种作业操作证的。

特种作业人员违反前款第四项、第五项规定的，3年内不得再次申请特种作业操作证。

第三十一条　有下列情形之一的，考核发证机关应当注销特种作业操作证：

（一）特种作业人员死亡的；

（二）特种作业人员提出注销申请的；

（三）特种作业操作证被依法撤销的。

第三十二条　离开特种作业岗位6个月以上的特种作业人员，应当重新进行实际操作考试，经确认合格后方可上岗作业。

第三十三条　省、自治区、直辖市人民政府安全生产监督管理部门和负责煤矿特种作业人员考核发证工作的部门或者指定的机构应当每年分别向安全监管总局、煤矿安监局报告特种作业人员的考核发证情况。

第三十四条　生产经营单位应当加强对本单位特种作业

人员的管理,建立健全特种作业人员培训、复审档案,做好申报、培训、考核、复审的组织工作和日常的检查工作。

第三十五条　特种作业人员在劳动合同期满后变动工作单位的,原工作单位不得以任何理由扣押其特种作业操作证。

跨省、自治区、直辖市从业的特种作业人员应当接受从业所在地考核发证机关的监督管理。

第三十六条　生产经营单位不得印制、伪造、倒卖特种作业操作证,或者使用非法印制、伪造、倒卖的特种作业操作证。

特种作业人员不得伪造、涂改、转借、转让、冒用特种作业操作证或者使用伪造的特种作业操作证。

第六章　罚　　则

第三十七条　考核发证机关或其委托的单位及其工作人员在特种作业人员考核、发证和复审工作中滥用职权、玩忽职守、徇私舞弊的,依法给予行政处分;构成犯罪的,依法追究刑事责任。

第三十八条　生产经营单位未建立健全特种作业人员档案的,给予警告,并处1万元以下的罚款。

第三十九条　生产经营单位使用未取得特种作业操作证的特种作业人员上岗作业的,责令限期改正,可以处5万元以下的罚款;逾期未改正的,责令停产停业整顿,并处5万元以上10万元以下的罚款,对直接负责的主管人员和其他直接责任人员处1万元以上2万元以下的罚款。

煤矿企业使用未取得特种作业操作证的特种作业人员上岗作业的,依照《国务院关于预防煤矿生产安全事故的特别规定》的规定处罚。

第四十条　生产经营单位非法印制、伪造、倒卖特种作业操作证,或者使用非法印制、伪造、倒卖的特种作业操作证的,给予警告,并处1万元以上3万元以下的罚款;构成犯罪的,依法追究刑事责任。

第四十一条　特种作业人员伪造、涂改特种作业操作证或者使用伪造的特种作业操作证的,给予警告,并处1000元以上5000元以下的罚款。

特种作业人员转借、转让、冒用特种作业操作证的,给予警告,并处2000元以上1万元以下的罚款。

第七章　附　　则

第四十二条　特种作业人员培训、考试的收费标准,由省、自治区、直辖市人民政府安全生产监督管理部门会同负责煤矿特种作业人员考核发证工作的部门或者指定的机构统一制定,报同级人民政府物价、财政部门批准后执行,证书工本费由考核发证机关列入同级财政预算。

第四十三条　省、自治区、直辖市人民政府安全生产监督管理部门和负责煤矿特种作业人员考核发证工作的部门或者指定的机构可以结合本地区实际,制定实施细则,报安全监管总局、煤矿安监局备案。

第四十四条　本规定自2010年7月1日起施行。1999年7月12日原国家经贸委发布的《特种作业人员安全技术培训考核管理办法》(原国家经贸委令第13号)同时废止。

附件:

特种作业目录

1　电工作业

指对电气设备进行运行、维护、安装、检修、改造、施工、调试等作业(不含电力系统进网作业)。

1.1　高压电工作业

指对1千伏(kV)及以上的高压电气设备进行运行、维护、安装、检修、改造、施工、调试、试验及绝缘工、器具进行试验的作业。

1.2　低压电工作业

指对1千伏(kV)以下的低压电器设备进行安装、调试、运行操作、维护、检修、改造施工和试验的作业。

1.3　防爆电气作业

指对各种防爆电气设备进行安装、检修、维护的作业。

适用于除煤矿井下以外的防爆电气作业。

2　焊接与热切割作业

指运用焊接或者热切割方法对材料进行加工的作业(不含《特种设备安全监察条例》规定的有关作业)。

2.1　熔化焊接与热切割作业

指使用局部加热的方法将连接处的金属或其他材料加热至熔化状态而完成焊接与切割的作业。

适用于气焊与气割、焊条电弧焊与碳弧气刨、埋弧焊、气体保护焊、等离子弧焊、电渣焊、电子束焊、激光焊、氧熔剂切割、激光切割、等离子切割等作业。

2.2　压力焊作业

指利用焊接时施加一定压力而完成的焊接作业。

适用于电阻焊、气压焊、爆炸焊、摩擦焊、冷压焊、超声波焊、锻焊等作业。

2.3 钎焊作业

指使用比母材熔点低的材料作钎料，将焊件和钎料加热到高于钎料熔点，但低于母材熔点的温度，利用液态钎料润湿母材，填充接头间隙并与母材相互扩散而实现连接焊件的作业。

适用于火焰钎焊作业、电阻钎焊作业、感应钎焊作业、浸渍钎焊作业、炉中钎焊作业，不包括烙铁钎焊作业。

3 高处作业

指专门或经常在坠落高度基准面2米及以上有可能坠落的高处进行的作业。

3.1 登高架设作业

指在高处从事脚手架、跨越架架设或拆除的作业。

3.2 高处安装、维护、拆除作业

指在高处从事安装、维护、拆除的作业。

适用于利用专用设备进行建筑物内外装饰、清洁、装修，电力、电信等线路架设，高处管道架设，小型空调高处安装、维修，各种设备设施与户外广告设施的安装、检修、维护以及在高处从事建筑物、设备设施拆除作业。

4 制冷与空调作业

指对大中型制冷与空调设备运行操作、安装与修理的作业。

4.1 制冷与空调设备运行操作作业

指对各类生产经营企业和事业等单位的大中型制冷与空调设备运行操作的作业。

适用于化工类（石化、化工、天然气液化、工艺性空调）生产企业，机械类（冷加工、冷处理、工艺性空调）生产企业，食品类（酿造、饮料、速冻或冷冻调理食品、工艺性空调）生产企业，农副产品加工类（屠宰及肉食品加工、水产加工、果蔬加工）生产企业，仓储类（冷库、速冻加工、制冰）生产经营企业，运输类（冷藏运输）经营企业，服务类（电信机房、体育场馆、建筑的集中空调）经营企业和事业等单位的大中型制冷与空调设备运行操作作业。

4.2 制冷与空调设备安装修理作业

指对4.1所指制冷与空调设备整机、部件及相关系统进行安装、调试与维修的作业。

5 煤矿安全作业

5.1 煤矿井下电气作业

指从事煤矿井下机电设备的安装、调试、巡检、维修和故障处理，保证本班机电设备安全运行的作业。

适用于与煤共生、伴生的坑探、矿井建设、开采过程中的井下电钳等作业。

5.2 煤矿井下爆破作业

指在煤矿井下进行爆破的作业。

5.3 煤矿安全监测监控作业

指从事煤矿井下安全监测监控系统的安装、调试、巡检、维修，保证其安全运行的作业。

适用于与煤共生、伴生的坑探、矿井建设、开采过程中的安全监测监控作业。

5.4 煤矿瓦斯检查作业

指从事煤矿井下瓦斯巡检工作，负责管辖范围内通风设施的完好及通风、瓦斯情况检查，按规定填写各种记录，及时处理或汇报发现的问题的作业。

适用于与煤共生、伴生的矿井建设、开采过程中的煤矿井下瓦斯检查作业。

5.5 煤矿安全检查作业

指从事煤矿安全监督检查，巡检生产作业场所的安全设施和安全生产状况，检查并督促处理相应事故隐患的作业。

5.6 煤矿提升机操作作业

指操作煤矿的提升设备运送人员、矿石、矸石和物料，并负责巡检和运行记录的作业。

适用于操作煤矿提升机，包括立井、暗立井提升机，斜井、暗斜井提升机以及露天矿山斜坡卷扬提升的提升机作业。

5.7 煤矿采煤机（掘进机）操作作业

指在采煤工作面、掘进工作面操作采煤机、掘进机，从事落煤、装煤、掘进工作，负责采煤机、掘进机巡检和运行记录，保证采煤机、掘进机安全运行的作业。

适用于煤矿开采、掘进过程中的采煤机、掘进机作业。

5.8 煤矿瓦斯抽采作业

指从事煤矿井下瓦斯抽采钻孔施工、封孔、瓦斯流量测定及瓦斯抽采设备操作等，保证瓦斯抽采工作安全进行的作业。

适用于煤矿、与煤共生和伴生的矿井建设、开采过程中的煤矿地面和井下瓦斯抽采作业。

5.9 煤矿防突作业

指从事煤与瓦斯突出的预测预报、相关参数的收集与分析、防治突出措施的实施与检查、防突效果检验等，保证防突工作安全进行的作业。

适用于煤矿、与煤共生和伴生的矿井建设、开采过程中的煤矿井下煤与瓦斯防突作业。

5.10 煤矿探放水作业

指从事煤矿探放水的预测预报、相关参数的收集与分析、探放水措施的实施与检查、效果检验等,保证探放水工作安全进行的作业。

适用于煤矿、与煤共生和伴生的矿井建设、开采过程中的煤矿井下探放水作业。

6 金属非金属矿山安全作业

6.1 金属非金属矿井通风作业

指安装井下局部通风机,操作地面主要扇风机、井下局部通风机和辅助通风机,操作、维护矿井通风构筑物,进行井下防尘,使矿井通风系统正常运行,保证局部通风,以预防中毒窒息和除尘等的作业。

6.2 尾矿作业

指从事尾矿库放矿、筑坝、巡坝、抽洪和排渗设施的作业。

适用于金属非金属矿山的尾矿作业。

6.3 金属非金属矿山安全检查作业

指从事金属非金属矿山安全监督检查,巡检生产作业场所的安全设施和安全生产状况,检查并督促处理相应事故隐患的作业。

6.4 金属非金属矿山提升机操作作业

指操作金属非金属矿山的提升设备运送人员、矿石、矸石和物料,及负责巡检和运行记录的作业。

适用于金属非金属矿山的提升机,包括竖井、盲竖井提升机,斜井、盲斜井提升机以及露天矿山斜坡卷扬提升的提升机作业。

6.5 金属非金属矿山支柱作业

指在井下检查井巷和采场顶、帮的稳定性,撬浮石,进行支护的作业。

6.6 金属非金属矿山井下电气作业

指从事金属非金属矿山井下机电设备的安装、调试、巡检、维修和故障处理,保证机电设备安全运行的作业。

6.7 金属非金属矿山排水作业

指从事金属非金属矿山排水设备日常使用、维护、巡检的作业。

6.8 金属非金属矿山爆破作业

指在露天和井下进行爆破的作业。

7 石油天然气安全作业

7.1 司钻作业

指石油、天然气开采过程中操作钻机起升钻具的作业。

适用于陆上石油、天然气司钻(含钻井司钻、作业司钻及勘探司钻)作业。

8 冶金(有色)生产安全作业

8.1 煤气作业

指冶金、有色企业内从事煤气生产、储存、输送、使用、维护检修的作业。

9 危险化学品安全作业

指从事危险化工工艺过程操作及化工自动化控制仪表安装、维修、维护的作业。

9.1 光气及光气化工艺作业

指光气合成以及厂内光气储存、输送和使用岗位的作业。

适用于一氧化碳与氯气反应得到光气,光气合成双光气、三光气,采用光气作单体合成聚碳酸酯,甲苯二异氰酸酯(TDI)制备,4,4′-二苯基甲烷二异氰酸酯(MDI)制备等工艺过程的操作作业。

9.2 氯碱电解工艺作业

指氯化钠和氯化钾电解、液氯储存和充装岗位的作业。

适用于氯化钠(食盐)水溶液电解生产氯气、氢氧化钠、氢气,氯化钾水溶液电解生产氯气、氢氧化钾、氢气等工艺过程的操作作业。

9.3 氯化工艺作业

指液氯储存、气化和氯化反应岗位的作业。

适用于取代氯化,加成氯化,氧氯化等工艺过程的操作作业。

9.4 硝化工艺作业

指硝化反应、精馏分离岗位的作业。

适用于直接硝化法,间接硝化法,亚硝化法等工艺过程的操作作业。

9.5 合成氨工艺作业

指压缩、氨合成反应、液氨储存岗位的作业。

适用于节能氨五工艺法(AMV),德士古水煤浆加压气化法、凯洛格法,甲醇与合成氨联合生产的联醇法,纯碱与合成氨联合生产的联碱法,采用变换催化剂、氧化锌脱硫剂和甲烷催化剂的"三催化"气体净化法工艺过程的操作作业。

9.6 裂解(裂化)工艺作业

指石油系的烃类原料裂解(裂化)岗位的作业。

适用于热裂解制烯烃工艺,重油催化裂化制汽油、柴油、丙烯、丁烯,乙苯裂解制苯乙烯,二氟一氯甲烷(HCFC-22)热裂解制得四氟乙烯(TFE),二氟一氯乙烷(HCFC-142b)热裂解制得偏氟乙烯(VDF),

四氟乙烯和八氟环丁烷热裂解制得六氟乙烯(HFP)工艺过程的操作作业。

9.7 氟化工艺作业

指氟化反应岗位的作业。

适用于直接氟化,金属氟化物或氟化氢气体氟化,置换氟化以及其他氟化物的制备等工艺过程的操作作业。

9.8 加氢工艺作业

指加氢反应岗位的作业。

适用于不饱和炔烃、烯烃的三键和双键加氢,芳烃加氢,含氧化合物加氢,含氮化合物加氢以及油品加氢等工艺过程的操作作业。

9.9 重氮化工艺作业

指重氮化反应、重氮盐后处理岗位的作业。

适用于顺法、反加法、亚硝酰硫酸法、硫酸铜触媒法以及盐析法等工艺过程的操作作业。

9.10 氧化工艺作业

指氧化反应岗位的作业。

适用于乙烯氧化制环氧乙烷,甲醇氧化制备甲醛,对二甲苯氧化制备对苯二甲酸,异丙苯经氧化－酸解联产苯酚和丙酮,环己烷氧化制环己酮,天然气氧化制乙炔,丁烯、丁烷、C4馏分或苯的氧化制顺丁烯二酸酐,邻二甲苯或萘的氧化制备邻苯二甲酸酐,均四甲苯的氧化制备均苯四甲酸二酐,苊的氧化制1,8－萘二甲酸酐,3－甲基吡啶氧化制3－吡啶甲酸(烟酸),4－甲基吡啶氧化制4－吡啶甲酸(异烟酸),2－乙基己醇(异辛醇)氧化制备2－乙基己酸(异辛酸),对氯甲苯氧化制备对氯苯甲醛和对氯苯甲酸,甲苯氧化制备苯甲醛、苯甲酸,对硝基甲苯氧化制备对硝基苯甲酸,环十二醇/酮混合物的开环氧化制备十二碳二酸,环己酮/醇混合物的氧化制己二酸,乙二醛硝酸氧化法合成乙醛酸,以及丁醛氧化制丁酸以及氨氧化制硝酸等工艺过程的操作作业。

9.11 过氧化工艺作业

指过氧化反应、过氧化物储存岗位的作业。

适用于双氧水的生产,乙酸在硫酸存在下与双氧水作用制备过氧乙酸水溶液,酸酐与双氧水作用直接制备过氧二酸,苯甲酰氯与双氧水的碱性溶液作用制备过氧化苯甲酰,以及异丙苯经空气氧化生产过氧化氢异丙苯等工艺过程的操作作业。

9.12 胺基化工艺作业

指胺基化反应岗位的作业。

适用于邻硝基氯苯与氨水反应制备邻硝基苯胺,对硝基氯苯与氨水反应制备对硝基苯胺,间甲酚与氯化铵的混合物在催化剂和氨水作用下生成间甲苯胺,甲醇在催化剂和氨气作用下制备甲胺,1－硝基蒽醌与过量的氨水在氯苯中制备1－氨基蒽醌,2,6－蒽醌二磺酸氨解制备2,6－二氨基蒽醌,苯乙烯与胺反应制备N－取代苯乙胺,环氧乙烷或亚乙基亚胺与胺或氨发生开环加成反应制备氨基乙醇或二胺,甲苯经氨氧化制备苯甲腈,以及丙烯氨氧化制备丙烯腈等工艺过程的操作作业。

9.13 磺化工艺作业

指磺化反应岗位的作业。

适用于三氧化硫磺化法,共沸去水磺化法,氯磺酸磺化法,烘焙磺化法,以及亚硫酸盐磺化法等工艺过程的操作作业。

9.14 聚合工艺作业

指聚合反应岗位的作业。

适用于聚烯烃、聚氯乙烯、合成纤维、橡胶、乳液、涂料粘合剂生产以及氟化物聚合等工艺过程的操作作业。

9.15 烷基化工艺作业

指烷基化反应岗位的作业。

适用于C－烷基化反应,N－烷基化反应,O－烷基化反应等工艺过程的操作作业。

9.16 化工自动化控制仪表作业

指化工自动化控制仪表系统安装、维修、维护的作业。

10 烟花爆竹安全作业

指从事烟花爆竹生产、储存中的药物混合、造粒、筛选、装药、筑药、压药、搬运等危险工序的作业。

10.1 烟火药制造作业

指从事烟火药的粉碎、配药、混合、造粒、筛选、干燥、包装等作业。

10.2 黑火药制造作业

指从事黑火药的潮药、浆硝、包片、碎片、油压、抛光和包浆等作业。

10.3 引火线制造作业

指从事引火线的制引、浆引、漆引、切引等作业。

10.4 烟花爆竹产品涉药作业

指从事烟花爆竹产品加工中的压药、装药、筑药、褙药剂、已装药的钻孔等作业。

10.5 烟花爆竹储存作业

指从事烟花爆竹仓库保管、守护、搬运等作业。

11 安全监管总局认定的其他作业

建筑施工特种作业人员管理规定

1. 2008年4月18日住房和城乡建设部发布
2. 建质〔2008〕75号
3. 自2008年6月1日起施行

第一章　总　　则

第一条　为加强对建筑施工特种作业人员的管理，防止和减少生产安全事故，根据《安全生产许可证条例》、《建筑起重机械安全监督管理规定》等法规规章，制定本规定。

第二条　建筑施工特种作业人员的考核、发证、从业和监督管理，适用本规定。

本规定所称建筑施工特种作业人员是指在房屋建筑和市政工程施工活动中，从事可能对本人、他人及周围设备设施的安全造成重大危害作业的人员。

第三条　建筑施工特种作业包括：

（一）建筑电工；

（二）建筑架子工；

（三）建筑起重信号司索工；

（四）建筑起重机械司机；

（五）建筑起重机械安装拆卸工；

（六）高处作业吊篮安装拆卸工；

（七）经省级以上人民政府建设主管部门认定的其他特种作业。

第四条　建筑施工特种作业人员必须经建设主管部门考核合格，取得建筑施工特种作业人员操作资格证书（以下简称"资格证书"），方可上岗从事相应作业。

第五条　国务院建设主管部门负责全国建筑施工特种作业人员的监督管理工作。

省、自治区、直辖市人民政府建设主管部门负责本行政区域内建筑施工特种作业人员的监督管理工作。

第二章　考　　核

第六条　建筑施工特种作业人员的考核发证工作，由省、自治区、直辖市人民政府建设主管部门或其委托的考核发证机构（以下简称"考核发证机关"）负责组织实施。

第七条　考核发证机关应当在办公场所公布建筑施工特种作业人员申请条件、申请程序、工作时限、收费依据和标准等事项。

考核发证机关应当在考核前在机关网站或新闻媒体上公布考核科目、考核地点、考核时间和监督电话等事项。

第八条　申请从事建筑施工特种作业的人员，应当具备下列基本条件：

（一）年满18周岁且符合相关工种规定的年龄要求；

（二）经医院体检合格且无妨碍从事相应特种作业的疾病和生理缺陷；

（三）初中及以上学历；

（四）符合相应特种作业需要的其他条件。

第九条　符合本规定第八条规定的人员应当向本人户籍所在地或者从业所在地考核发证机关提出申请，并提交相关证明材料。

第十条　考核发证机关应当自收到申请人提交的申请材料之日起5个工作日内依法作出受理或者不予受理决定。

对于受理的申请，考核发证机关应当及时向申请人核发准考证。

第十一条　建筑施工特种作业人员的考核内容应当包括安全技术理论和实际操作。

考核大纲由国务院建设主管部门制定。

第十二条　考核发证机关应当自考核结束之日起10个工作日内公布考核成绩。

第十三条　考核发证机关对于考核合格的，应当自考核结果公布之日起10个工作日内颁发资格证书；对于考核不合格的，应当通知申请人并说明理由。

第十四条　资格证书应当采用国务院建设主管部门规定的统一样式，由考核发证机关编号后签发。资格证书在全国通用。

资格证书样式见附件一，编号规则见附件二。

第三章　从　　业

第十五条　持有资格证书的人员，应当受聘于建筑施工企业或者建筑起重机械出租单位（以下简称用人单位），方可从事相应的特种作业。

第十六条　用人单位对于首次取得资格证书的人员，应当在其正式上岗前安排不少于3个月的实习操作。

第十七条　建筑施工特种作业人员应当严格按照安全技术标准、规范和规程进行作业，正确佩戴和使用安全防护用品，并按规定对作业工具和设备进行维护保养。

建筑施工特种作业人员应当参加年度安全教育培训或者继续教育，每年不得少于24小时。

第十八条　在施工中发生危及人身安全的紧急情况时，建筑施工特种作业人员有权立即停止作业或者撤离危险区域，并向施工现场专职安全生产管理人员和项目负责人报告。

第十九条 用人单位应当履行下列职责：

（一）与持有效资格证书的特种作业人员订立劳动合同；

（二）制定并落实本单位特种作业安全操作规程和有关安全管理制度；

（三）书面告知特种作业人员违章操作的危害；

（四）向特种作业人员提供齐全、合格的安全防护用品和安全的作业条件；

（五）按规定组织特种作业人员参加年度安全教育培训或者继续教育，培训时间不少于24小时；

（六）建立本单位特种作业人员管理档案；

（七）查处特种作业人员违章行为并记录在档；

（八）法律法规及有关规定明确的其他职责。

第二十条 任何单位和个人不得非法涂改、倒卖、出租、出借或者以其他形式转让资格证书。

第二十一条 建筑施工特种作业人员变动工作单位，任何单位和个人不得以任何理由非法扣押其资格证书。

第四章 延期复核

第二十二条 资格证书有效期为两年。有效期满需要延期的，建筑施工特种作业人员应当于期满前3个月内向原考核发证机关申请办理延期复核手续。延期复核合格的，资格证书有效期延期2年。

第二十三条 建筑施工特种作业人员申请延期复核，应当提交下列材料：

（一）身份证（原件和复印件）；

（二）体检合格证明；

（三）年度安全教育培训证明或者继续教育证明；

（四）用人单位出具的特种作业人员管理档案记录；

（五）考核发证机关规定提交的其他资料。

第二十四条 建筑施工特种作业人员在资格证书有效期内，有下列情形之一的，延期复核结果为不合格：

（一）超过相关工种规定年龄要求的；

（二）身体健康状况不再适应相应特种作业岗位的；

（三）对生产安全事故负有责任的；

（四）2年内违章操作记录达3次（含3次）以上的；

（五）未按规定参加年度安全教育培训或者继续教育的；

（六）考核发证机关规定的其他情形。

第二十五条 考核发证机关在收到建筑施工特种作业人员提交的延期复核资料后，应当根据以下情况分别作出处理：

（一）对于属于本规定第二十四条情形之一的，自收到延期复核资料之日起5个工作日内作出不予延期决定，并说明理由；

（二）对于提交资料齐全且无本规定第二十四条情形的，自受理之日起10个工作日内办理准予延期复核手续，并在证书上注明延期复核合格，并加盖延期复核专用章。

第二十六条 考核发证机关应当在资格证书有效期满前按本规定第二十五条作出决定；逾期未作出决定的，视为延期复核合格。

第五章 监督管理

第二十七条 考核发证机关应当制定建筑施工特种作业人员考核发证管理制度，建立本地区建筑施工特种作业人员档案。

县级以上地方人民政府建设主管部门应当监督检查建筑施工特种作业人员从业活动，查处违章作业行为并记录在档。

第二十八条 考核发证机关应当在每年年底向国务院建设主管部门报送建筑施工特种作业人员考核发证和延期复核情况的年度统计信息资料。

第二十九条 有下列情形之一的，考核发证机关应当撤销资格证书：

（一）持证人弄虚作假骗取资格证书或者办理延期复核手续的；

（二）考核发证机关工作人员违法核发资格证书的；

（三）考核发证机关规定应当撤销资格证书的其他情形。

第三十条 有下列情形之一的，考核发证机关应当注销资格证书：

（一）依法不予延期的；

（二）持证人逾期未申请办理延期复核手续的；

（三）持证人死亡或者不具有完全民事行为能力的；

（四）考核发证机关规定应当注销的其他情形。

第六章 附 则

第三十一条 省、自治区、直辖市人民政府建设主管部门可结合本地区实际情况制定实施细则，并报国务院建设主管部门备案。

第三十二条 本办法自2008年6月1日起施行。

附件一：建筑施工特种作业操作资格证书样式（略）

附件二：建筑施工特种作业操作资格证书编号规则（略）

注册安全工程师分类管理办法

1. 2017年11月2日国家安全生产监督管理总局、人力资源社会保障部发布

2. 安监总人事〔2017〕118号

第一条 为加强安全生产工作，健全完善注册安全工程师职业资格制度，依据《中华人民共和国安全生产法》及国家职业资格证书制度等规定，制定本办法。

第二条 人力资源社会保障部、国家安全监管总局负责注册安全工程师职业资格制度的制定、指导、监督和检查实施，统筹规划注册安全工程师专业分类。

第三条 注册安全工程师专业类别划分为：煤矿安全、金属非金属矿山安全、化工安全、金属冶炼安全、建筑施工安全、道路运输安全、其他安全（不包括消防安全）。

如需另行增设专业类别，由国务院有关行业主管部门提出意见，人力资源社会保障部、国家安全监管总局共同确定。

第四条 注册安全工程师级别设置为：高级、中级、初级（助理）。

第五条 注册安全工程师按照专业类别进行注册，国家安全监管总局或其授权的机构为注册安全工程师职业资格的注册管理机构。

第六条 注册安全工程师可在相应行业领域生产经营单位和安全评价检测等安全生产专业服务机构中执业。

第七条 高级注册安全工程师采取考试与评审相结合的评价方式，具体办法另行规定。

第八条 中级注册安全工程师职业资格考试按照专业类别实行全国统一考试，考试科目分为公共科目和专业科目，由人力资源社会保障部、国家安全监管总局负责组织实施。

第九条 国家安全监管总局或其授权的机构负责中级注册安全工程师职业资格公共科目和专业科目（建筑施工安全、道路运输安全类别除外）考试大纲的编制和命审题组织工作。

住房城乡建设部、交通运输部或其授权的机构分别负责建筑施工安全、道路运输安全类别中级注册安全工程师职业资格专业科目考试大纲的编制和命审题工作。

人力资源社会保障部负责审定考试大纲，负责组织实施考务工作。

第十条 住房城乡建设部、交通运输部或其授权的机构分别负责其职责范围内建筑施工安全、道路运输安全类别中级注册安全工程师的注册初审工作。各省、自治区、直辖市安全监管部门和经国家安全监管总局授权的机构负责其他中级注册安全工程师的注册初审工作。

国家安全监管总局或其授权的机构负责中级注册安全工程师的注册终审工作。终审通过的建筑施工安全、道路运输安全类别中级注册安全工程师名单分别抄送住房城乡建设部、交通运输部。

第十一条 中级注册安全工程师按照专业类别进行继续教育，其中专业课程学时应不少于继续教育总学时的一半。

第十二条 危险物品的生产、储存单位以及矿山、金属冶炼单位应当有相应专业类别的中级及以上注册安全工程师从事安全生产管理工作。

危险物品的生产、储存单位以及矿山单位安全生产管理人员中的中级及以上注册安全工程师比例应自本办法施行之日起2年内，金属冶炼单位安全生产管理人员中的中级及以上注册安全工程师比例应自本办法施行之日起5年内达到15%左右并逐步提高。

第十三条 助理注册安全工程师职业资格考试使用全国统一考试大纲，考试和注册管理由各省、自治区、直辖市人力资源社会保障部门和安全监管部门会同有关行业主管部门组织实施。

第十四条 取得注册安全工程师职业资格证书并经注册的人员，表明其具备与所从事的生产经营活动相应的安全生产知识和管理能力，可视为其安全生产知识和管理能力考核合格。

第十五条 注册安全工程师各级别与工程系列安全工程专业职称相对应，不再组织工程系列安全工程专业职称评审。

高级注册安全工程师考评办法出台前，工程系列安全工程专业高级职称评审仍然按现行制度执行。

第十六条 本办法施行之前已取得的注册安全工程师执业资格证书、注册助理安全工程师资格证书，分别视同为中级注册安全工程师职业资格证书、助理注册安全工程师职业资格证书。

本办法所称注册安全工程师是指依法取得注册安全工程师职业资格证书，并经注册的专业技术人员。

第十七条 本办法由人力资源社会保障部、国家安全监管总局按照职责分工分别负责解释,自2018年1月1日起施行。以往规定与本办法不一致的,按照本办法规定执行。

注册安全工程师职业资格制度规定

1. 2019年1月25日应急管理部、人力资源社会保障部发布
2. 应急〔2019〕8号
3. 自2019年3月1日起施行

第一章 总 则

第一条 为加强安全生产专业技术人才队伍建设,提高安全生产专业技术人才能力素质,维护人民群众生命财产安全,根据《中华人民共和国安全生产法》《注册安全工程师分类管理办法》(安监总人事〔2017〕118号)和国家职业资格制度有关规定,制定本规定。

第二条 本规定所称注册安全工程师,是指通过职业资格考试取得中华人民共和国注册安全工程师职业资格证书(以下简称注册安全工程师职业资格证书),经注册后从事安全生产管理、安全工程技术工作或提供安全生产专业服务的专业技术人员。

第三条 国家设置注册安全工程师准入类职业资格,纳入国家职业资格目录。

第四条 注册安全工程师级别设置为:高级、中级、初级。高级注册安全工程师评价和管理办法另行制定。

各级别注册安全工程师中英文名称分别为:

高级注册安全工程师 Senior Certified Safety Engineer

中级注册安全工程师 Intermediate Certified Safety Engineer

初级注册安全工程师 Assistant Certified Safety Engineer

第五条 注册安全工程师专业类别划分为:煤矿安全、金属非金属矿山安全、化工安全、金属冶炼安全、建筑施工安全、道路运输安全、其他安全(不包括消防安全)。

第六条 应急管理部、人力资源社会保障部共同制定注册安全工程师职业资格制度,并按照职责分工负责注册安全工程师职业资格制度的实施与监管。

各省、自治区、直辖市应急管理、人力资源社会保障部门,按照职责分工负责本行政区域内注册安全工程师职业资格制度的实施与监管。

第二章 考 试

第七条 中级注册安全工程师职业资格考试全国统一大纲、统一命题、统一组织。

初级注册安全工程师职业资格考试全国统一大纲,各省、自治区、直辖市自主命题并组织实施,一般应按照专业类别考试。

第八条 应急管理部或其授权的机构负责拟定注册安全工程师职业资格考试科目;组织编制中级注册安全工程师职业资格考试公共科目和专业科目(建筑施工安全、道路运输安全类别专业科目除外)的考试大纲,组织相应科目命审题工作;会同国务院有关行业主管部门或其授权的机构编制初级注册安全工程师职业资格考试大纲。

住房城乡建设部、交通运输部或其授权的机构分别负责组织拟定建筑施工安全、道路运输安全类别中级注册安全工程师职业资格考试专业科目的考试大纲,组织相应科目命审题工作。

人力资源社会保障部负责审定考试科目、考试大纲,负责中级注册安全工程师职业资格考试的考务工作,会同应急管理部确定中级注册安全工程师职业资格考试合格标准。

第九条 各省、自治区、直辖市应急管理、人力资源社会保障部门,会同有关行业主管部门,按照全国统一的考试大纲和相关规定组织实施初级注册安全工程师职业资格考试,确定考试合格标准。

第十条 凡遵守中华人民共和国宪法、法律、法规,具有良好的业务素质和道德品行,具备下列条件之一者,可以申请参加中级注册安全工程师职业资格考试:

(一)具有安全工程及相关专业大学专科学历,从事安全生产业务满5年;或具有其他专业大学专科学历,从事安全生产业务满7年。

(二)具有安全工程及相关专业大学本科学历,从事安全生产业务满3年;或具有其他专业大学本科学历,从事安全生产业务满5年。

(三)具有安全工程及相关专业第二学士学位,从事安全生产业务满2年;或具有其他专业第二学士学位,从事安全生产业务满3年。

(四)具有安全工程及相关专业硕士学位,从事安全生产业务满1年;或具有其他专业硕士学位,从事安全生产业务满2年。

(五)具有博士学位,从事安全生产业务满1年。

(六)取得初级注册安全工程师职业资格后,从事安全生产业务满3年。

第十一条 凡遵守中华人民共和国宪法、法律、法规,具有良好的业务素质和道德品行,具备下列条件之一者,可以申请参加初级注册安全工程师职业资格考试：

（一）具有安全工程及相关专业中专学历，从事安全生产业务满4年；或具有其他专业中专学历，从事安全生产业务满5年。

（二）具有安全工程及相关专业大学专科学历，从事安全生产业务满2年；或具有其他专业大学专科学历，从事安全生产业务满3年。

（三）具有大学本科及以上学历，从事安全生产业务。

第十二条　中级注册安全工程师职业资格考试合格者，由各省、自治区、直辖市人力资源社会保障部门颁发注册安全工程师职业资格证书（中级）。该证书由人力资源社会保障部统一印制，应急管理部、人力资源社会保障部共同用印，在全国范围有效。

第十三条　初级注册安全工程师职业资格考试合格者，由各省、自治区、直辖市人力资源社会保障部门颁发注册安全工程师职业资格证书（初级）。该证书由各省、自治区、直辖市应急管理、人力资源社会保障部门共同用印，原则上在所在行政区域内有效。各地可根据实际情况制定跨区域认可办法。

第十四条　对以不正当手段取得注册安全工程师职业资格证书的，按照国家专业技术人员资格考试违纪违规行为处理规定进行处理。

第三章　注　　册

第十五条　国家对注册安全工程师职业资格实行执业注册管理制度，按照专业类别进行注册。取得注册安全工程师职业资格证书的人员，经注册后方可以注册安全工程师名义执业。

第十六条　住房城乡建设部、交通运输部或其授权的机构按照职责分工，分别负责相应范围内建筑施工安全、道路运输安全类别中级注册安全工程师的注册初审工作。

各省、自治区、直辖市应急管理部门和经应急管理部授权的机构，负责其他中级注册安全工程师的注册初审工作。

应急管理部负责中级注册安全工程师的注册终审工作，具体工作由中国安全生产科学研究院实施。终审通过的建筑施工安全、道路运输安全类别中级注册安全工程师名单分别抄送住房城乡建设部、交通运输部。

第十七条　申请注册的人员，必须同时具备下列基本条件：

（一）取得注册安全工程师职业资格证书；

（二）遵纪守法，恪守职业道德；

（三）受聘于生产经营单位安全生产管理、安全工程技术类岗位或安全生产专业服务机构从事安全生产专业服务；

（四）具有完全民事行为能力，年龄不超过70周岁。

第十八条　申请中级注册安全工程师初始注册的，应当自取得中级注册安全工程师职业资格证书之日起5年内由本人向注册初审机构提出。

本规定施行前取得注册安全工程师执业资格证书，申请初始注册的，应当在本规定施行之日起5年内由本人向注册初审机构提出。

超过规定时间申请初始注册的，按逾期初始注册办理。

准予注册的申请人，由应急管理部核发中级注册安全工程师注册证书（纸质或电子证书）。

第十九条　中级注册安全工程师注册有效期为5年。有效期满前3个月，需要延续注册的，应向注册初审机构提出延续注册申请。有效期满未延续注册的，可根据需要申请重新注册。

第二十条　中级注册安全工程师在注册有效期内变更注册的，须及时向注册初审机构提出申请。

第二十一条　中级注册安全工程师初始注册、延续注册、变更注册、重新注册和逾期初始注册的具体要求按相关规定执行。

第二十二条　以不正当手段取得注册证书的，由发证机构撤销其注册证书，5年内不予重新注册；构成犯罪的，依法追究刑事责任。

第二十三条　注册安全工程师注册有关情况应当由注册证书发证机构向社会公布，促进信息共享。

第二十四条　初级注册安全工程师注册管理办法由各省、自治区、直辖市应急管理部门会同有关部门依法制定。

第四章　执　　业

第二十五条　注册安全工程师在执业活动中，必须遵纪守法，恪守职业道德和从业规范，诚信执业，主动接受有关主管部门的监督检查，加强行业自律。

第二十六条　注册安全工程师不得同时受聘于两个或两个以上单位执业，不得允许他人以本人名义执业，不得出租出借证书。违反上述规定的，由发证机构撤销其注册证书，5年内不予重新注册；构成犯罪的，依法追究刑事责任。

第二十七条　注册安全工程师的执业范围包括：

(一)安全生产管理;

(二)安全生产技术;

(三)生产安全事故调查与分析;

(四)安全评估评价、咨询、论证、检测、检验、教育、培训及其他安全生产专业服务。

中级注册安全工程师按照专业类别可在各类规模的危险物品生产、储存以及矿山、金属冶炼等单位中执业,初级注册安全工程师的执业单位规模由各地结合实际依法制定。

各专业类别注册安全工程师执业行业见附表。

第二十八条 注册安全工程师应在本人执业成果文件上签字,并承担相应责任。

第五章 权利和义务

第二十九条 注册安全工程师享有下列权利:

(一)按规定使用注册安全工程师称谓和本人注册证书;

(二)从事规定范围内的执业活动;

(三)对执业中发现的不符合相关法律、法规和技术规范要求的情形提出意见和建议,并向相关行业主管部门报告;

(四)参加继续教育;

(五)获得相应的劳动报酬;

(六)对侵犯本人权利的行为进行申诉;

(七)法律、法规规定的其他权利。

第三十条 注册安全工程师应当履行下列义务:

(一)遵守国家有关安全生产的法律、法规和标准;

(二)遵守职业道德,客观、公正执业,不弄虚作假,并承担在相应报告上签署意见的法律责任;

(三)维护国家、集体、公众的利益和受聘单位的合法权益;

(四)严格保守在执业中知悉的单位、个人技术和商业秘密。

第三十一条 取得注册安全工程师注册证书的人员,应当按照国家专业技术人员继续教育的有关规定接受继续教育,更新专业知识,提高业务水平。

第六章 附 则

第三十二条 本规定施行前取得的注册安全工程师执业资格证书、注册助理安全工程师资格证书,分别与按照本规定取得的中级、初级注册安全工程师职业资格证书效用等同。

第三十三条 专业技术人员取得中级注册安全工程师、初级注册安全工程师职业资格,即视其具备工程师、助理工程师职称,并可作为申报高一级职称的条件。

第三十四条 加强注册安全工程师国际交流与合作,推进注册安全工程师职业资格国际化。

第三十五条 本规定由应急管理部和人力资源社会保障部按职责分工负责解释。

第三十六条 本规定自2019年3月1日起施行。

附表

各专业类别注册安全工程师执业行业界定表

序号	专业类别	执业行业
1	煤矿安全	煤炭行业
2	金属非金属矿山安全	金属非金属矿山行业
3	化工安全	化工、医药等行业(包括危险化学品生产、储存,石油天然气储存)
4	金属冶炼安全	冶金、有色冶炼行业
5	建筑施工安全	建设工程各行业
6	道路运输安全	道路旅客运输、道路危险货物运输、道路普通货物运输、机动车维修和机动车驾驶培训行业
7	其他安全(不包括消防安全)	除上述行业以外的烟花爆竹、民用爆炸物品、石油天然气开采、燃气、电力等其他行业

注册安全工程师职业资格考试实施办法

1. 2019年1月25日应急管理部、人力资源社会保障部发布
2. 应急〔2019〕8号
3. 自2019年3月1日起施行

第一条 根据《注册安全工程师分类管理办法》和《注册安全工程师职业资格制度规定》(以下简称《规定》),制定本办法。

第二条 人力资源社会保障部委托人力资源社会保障部人事考试中心承担中级注册安全工程师职业资格考试的具体考务工作。应急管理部委托中国安全生产科学研究院承担中级注册安全工程师职业资格考试公共科目和专业科目(建筑施工安全、道路运输安全类别专业科目除外)考试大纲的编制和命审题组织工作,会同国务院有关行业主管部门或其授权的机构编制初级注册安全工程师职业资格考试大纲。

住房城乡建设部、交通运输部或其授权的机构分别负责建筑施工安全、道路运输安全类别中级注册安全工程师职业资格考试专业科目考试大纲的编制和命审题工作。

各省、自治区、直辖市人力资源社会保障、应急管理部门共同负责本地区中级注册安全工程师职业资格考试考务工作,会同有关行业主管部门组织实施本地区初级注册安全工程师职业资格考试工作,具体职责分工由各地协商确定。

第三条 中级注册安全工程师职业资格考试设《安全生产法律法规》《安全生产管理》《安全生产技术基础》《安全生产专业实务》4 个科目。其中,《安全生产法律法规》《安全生产管理》《安全生产技术基础》为公共科目,《安全生产专业实务》为专业科目。

《安全生产专业实务》科目分为:煤矿安全、金属非金属矿山安全、化工安全、金属冶炼安全、建筑施工安全、道路运输安全和其他安全(不包括消防安全),考生在报名时可根据实际工作需要选择其一。

初级注册安全工程师职业资格考试设《安全生产法律法规》《安全生产实务》2 个科目。

第四条 中级注册安全工程师职业资格考试分 4 个半天进行,每个科目的考试时间均为 2.5 小时。

初级注册安全工程师职业资格考试分 2 个半天进行。《安全生产法律法规》科目考试时间为 2 小时,《安全生产实务》科目考试时间为 2.5 小时。

如采用电子化考试,各科目考试时间可酌情缩短。

第五条 中级注册安全工程师职业资格考试成绩实行 4 年为一个周期的滚动管理办法,参加全部 4 个科目考试的人员必须在连续的 4 个考试年度内通过全部科目,免试 1 个科目的人员必须在连续的 3 个考试年度内通过应试科目,免试 2 个科目的人员必须在连续的 2 个考试年度内通过应试科目,方可取得中级注册安全工程师职业资格证书。

初级注册安全工程师职业资格考试成绩实行 2 年为一个周期的滚动管理办法,参加考试人员必须在连续的 2 个考试年度内通过全部科目,方可取得初级注册安全工程师职业资格证书。

第六条 已取得中级注册安全工程师职业资格证书的人员,报名参加其他专业类别考试的,可免试公共科目。考试合格后,核发人力资源社会保障部统一印制的相应专业类别考试合格证明。该证明作为注册时变更专业类别等事项的依据。

第七条 符合《规定》中的中级注册安全工程师职业资格考试报名条件,具有高级或正高级工程师职称,并从事安全生产业务满 10 年的人员,可免试《安全生产管理》和《安全生产技术基础》2 个科目。

符合《规定》中的中级注册安全工程师职业资格考试报名条件,本科毕业时所学安全工程专业经全国工程教育专业认证的人员,可免试《安全生产技术基础》科目。

第八条 符合注册安全工程师职业资格考试报名条件的报考人员,按照当地人事考试机构规定的程序和要求完成报名。参加考试人员凭有关证件在指定的日期、时间和地点参加考试。

中央和国务院各部门及所属单位、中央企业的人员按属地原则报名参加考试。

第九条 中级注册安全工程师职业资格考试的考点原则上设在直辖市和省会城市的大、中专院校或高考定点学校;初级注册安全工程师职业资格考试的考点由各省、自治区、直辖市根据实际情况自行设置。

中级、初级注册安全工程师职业资格考试原则上每年举行一次。

第十条 坚持考试与培训相分离的原则。凡参与考试工作(包括命题、审题与组织管理等)的人员,不得参加考试,也不得参与或者举办与考试内容相关的培训工作。应考人员参加培训坚持自愿原则。

第十一条 考试实施机构及其工作人员,应当严格执行国家人事考试工作人员纪律规定和考试工作的各项规章制度,遵守考试工作纪律,切实做好从考试试题的命制到使用等各环节的安全保密工作,严防泄密。

第十二条 对违反考试工作纪律和有关规定的人员,按照国家专业技术人员资格考试违纪违规行为处理规定处理。

第十三条 为保证中级注册安全工程师职业资格考试的平稳过渡,新旧制度衔接按以下要求进行:

原制度文件规定有效期内的各科目合格成绩有效期顺延,按照新制度规定的 4 年为一个周期进行管理。《安全生产法及相关法律知识》《安全生产管理知识》《安全生产技术》《安全生产事故案例分析》科目合格成绩分别对应《安全生产法律法规》《安全生产管理》《安全生产技术基础》《安全生产专业实务》科目合格成绩。

第十四条 本办法自 2019 年 3 月 1 日起施行。

四、安全生产责任

资料补充栏

1. 行政执法

国务院办公厅关于加强安全生产监管执法的通知

1. 2015年4月2日
2. 国办发〔2015〕20号

各省、自治区、直辖市人民政府，国务院各部委、各直属机构：

为贯彻落实党的十八大、十八届二中、三中、四中全会精神和党中央、国务院有关决策部署，按照全面推进依法治国的要求，着力强化安全生产法治建设，严格执行安全生产法等法律法规，切实维护人民群众生命财产安全和健康权益，经国务院同意，现就加强安全生产监管执法有关要求通知如下：

一、健全完善安全生产法律法规和标准体系

（一）加快制修订相关法律法规。抓紧制定安全生产法实施条例等配套法规，积极推动矿山安全法、消防法、道路交通安全法、海上交通安全法、铁路法等相关法律修订出台，加快煤矿安全监察、石油天然气管道保护、民用航空安全保卫、重大设备监理、高毒物品与高危粉尘作业劳动保护、安全生产应急管理等有关法规的研究论证和制修订工作。各省级人民政府要推动安全生产地方性法规、规章制修订工作，健全安全生产法治保障体系。

（二）制定完善安全生产标准。国务院安全生产监督管理部门要加强统筹协调，会同有关部门制定实施安全生产标准发展规划和年度计划，加快制修订安全生产强制性国家标准，逐步缩减推荐性标准。其他负有安全生产监督管理职责的部门要建立完善行业安全管理标准，并在制修订其他行业和技术标准时充分考虑安全生产的要求。要根据经济社会发展和安全生产实际需要，科学建立和优化工作程序，尽可能缩短相关标准出台期限，对于安全生产工作急需标准要按照特事特办原则，加快完成制修订工作并及时向社会公布。

（三）及时做好相关规章制度修改完善工作。加强调查研究，准确把握和研判安全生产形势、特点和规律，认真调查分析每一起生产安全事故，深入剖析事故发生的技术原因和管理原因，有针对性地健全和完善相关规章制度。对事故调查反映出相关法规规章有漏洞和缺陷的，要在事故结案后立即启动制修订工作。要按照深化行政审批制度改革的要求，及时做好有关地方和部门规章及规范性文件清理工作，既要简政放权，又要确保安全准入门槛不降低、安全监管不放松。

二、依法落实安全生产责任

（四）建立完善安全监管责任制。依法加快建立生产经营单位负责、职工参与、政府监管、行业自律和社会监督的安全生产工作机制。全面建立“党政同责、一岗双责、齐抓共管”的安全生产责任体系，落实属地监管责任。负有安全生产监督管理职责的部门要加强对有关行业领域的监督管理，形成综合监管和行业监管合力，提高监管效能，切实做到管行业必须管安全、管业务必须管安全、管生产经营必须管安全。加强安全生产目标责任考核，各级安全生产监督管理部门要定期向同级组织部门报送安全生产情况，将其纳入领导干部政绩业绩考核内容，严格落实安全生产“一票否决”制度。

（五）督促落实企业安全生产主体责任。督促企业严格履行法定责任和义务，建立健全安全生产管理机构，按规定配齐安全生产管理人员和注册安全工程师，切实做到安全生产责任到位、投入到位、培训到位、基础管理到位和应急救援到位。国有大中型企业和规模以上企业要建立安全生产委员会，主任由董事长或总经理担任，董事长、党委书记、总经理对安全生产工作均负有领导责任，企业领导班子成员和管理人员实行安全生产“一岗双责”。所有企业都要建立生产安全风险警示和预防应急公告制度，完善风险排查、评估、预警和防控机制，加强风险预控管理，按规定将本单位重大危险源及相关安全措施、应急措施报有关地方人民政府安全生产监督管理部门和有关部门备案。

（六）进一步严格事故调查处理。各类生产安全事故发生后，各级人民政府必须按照事故等级和管辖权限，依法开展事故调查，并通知同级人民检察院介入调查。完善事故查处挂牌督办制度，按规定由省级、市级和县级人民政府分别负责查处的重大、较大和一般事故，分别由上一级人民政府安全生产委员会负责挂牌督办、审核把关。对性质严重、影响恶劣的重大事故，经国务院批准后，成立国务院事故调查组或由国务院授权有关部门组织事故调查组进行调查。对典型的较大事故，可由国务院安全生产委员会直接督办。建立事故调查处理信息通报和整改措施落实情况评估制度，所有事故都要在规定时限内结案并依法及时向社会全文公布事故调查报告，同时由负责查处事故的地方人民政府在事故结案1年后及时组织开展评估，评估情况报上级人民政府安全生产委员会办公室备案。

三、创新安全生产监管执法机制

（七）加强重点监管执法。地方各级人民政府和负有安全生产监督管理职责的部门要根据辖区、行业领域安全生产实际情况，分别筛选确定重点监管的市、县、乡镇（街道）、行政村（社区）和生产经营单位，实行跟踪监管、直接指导。国务院安全生产监督管理部门要组织各地区排查梳理高危企业分布情况和近5年来事故发生情况，确定重点监管对象，纳入国家重点监管调度范围并实行动态管理。进一步加强部门联合监管执法，做到密切配合、协调联动，依法严肃查处突出问题，并通过暗访暗查、约谈曝光、专家会诊、警示教育等方式督促整改。

（八）加强源头监管和治理。地方各级人民政府要将安全生产和职业病防治纳入经济社会发展规划，实现同步协调发展。各有关部门要进一步加强有关建设项目规划、设计环节的安全把关，防止从源头上产生隐患。建立岗位安全知识、职业病危害防护知识和实际操作技能考核制度，全面推行教考分离，对发生事故的要依法倒查企业安全生产培训制度落实情况。深入开展企业安全生产标准化建设，对不符合安全生产条件的企业要依法责令停产整顿，直至关闭退出。督促企业加强生产经营场所职业病危害源头治理，防止职业病发生。地方各级安全生产监督管理部门要建立与企业联网的隐患排查治理信息系统，实行企业自查自报自改与政府监督检查并网衔接，并建立健全线下配套监管制度，实现分级分类、互联互通、闭环管理。

（九）改进监督检查方式。各地区和相关部门要建立完善“四不两直”（不发通知、不打招呼、不听汇报、不用陪同和接待，直奔基层、直插现场）暗查暗访安全检查制度，制定事故隐患分类和分级挂牌督办标准，对重大事故隐患加大执法检查频次，强化预防控制措施。推行安全生产网格化动态监管机制，力争用3年左右时间覆盖到所有生产经营单位和乡村、社区。地方各级人民政府要营造良好的安全生产监管执法环境，不得以招商引资、发展经济等为由对安全生产监管执法设置障碍，2015年底前要全面清理、废除影响和阻碍安全生产监管执法的相关规定，并向上级人民政府报告。

（十）建立完善安全生产诚信约束机制。地方各级人民政府要将企业安全生产诚信建设作为社会信用体系建设的重要内容，建立健全企业安全生产信用记录并纳入国家和地方统一的信用信息共享交换平台。要实行安全生产“黑名单”制度并通过企业信用信息公示系统向社会公示，对列入“黑名单”的企业，在经营、投融资、政府采购、工程招投标、国有土地出让、授予荣誉、进出口、出入境、资质审核等方面依法予以限制或禁止。各地区要于2016年底前建立企业安全生产违法信息库，2018年底前实现全国联网，并面向社会公开查询。相关部门要加强联动，依法对失信企业进行惩戒约束。

（十一）加快监管执法信息化建设。整合建立安全生产综合信息平台，统筹推进安全生产监管执法信息化工作，实现与事故隐患排查治理、重大危险源监控、安全诚信、安全生产标准化、安全教育培训、安全专业人才、行政许可、监测检验、应急救援、事故责任追究等信息共建共享，消除信息孤岛。要大力提升安全生产“大数据”利用能力，加强安全生产周期性、关联性等特征分析，做到检索查询即时便捷、归纳分析系统科学，实现来源可查、去向可追、责任可究、规律可循。

（十二）运用市场机制加强安全监管。在依法推进各类用人单位参加工伤保险的同时，鼓励企业投保安全生产责任保险，并理顺安全生产责任保险与风险抵押金的关系，推动建立社会商业保险机构参与安全监管的机制。要在长途客运、危险货物道路运输领域继续实施承运人责任保险制度的同时，进一步推动在煤矿、非煤矿山、危险化学品、烟花爆竹、建筑施工、民用爆炸物品、特种设备、金属冶炼与加工、水上运输等高危行业和重点领域实行安全生产责任保险制度，推动公共聚集场所和易燃易爆危险品生产、储存、运输、销售企业投保火灾公共责任保险。建立健全国家、省、市、县四级安全生产专家队伍和服务机制。培育扶持科研院所、行业协会、专业服务组织和注册安全工程师事务所参与安全生产工作，积极提供安全管理和技术服务。

（十三）加强与司法机关的工作协调。制定安全生产非法违法行为等涉嫌犯罪案件移送规定，明确移送标准和程序，建立安全生产监管执法机构与公安机关和检察机关安全生产案情通报机制，加强相关部门间的执法协作，严厉查处打击各类违法犯罪行为。安全生产监督管理部门对逾期不履行安全生产行政决定的，要依法强制执行或者向人民法院申请强制执行，维护法律的权威性和约束力，切实保障公民生命安全和职业健康。

四、严格规范安全生产监管执法行为

（十四）建立权力和责任清单。按照强化安全生产监管与透明、高效、便民相结合的原则，进一步取消或下放安全生产行政审批事项，制定完善事中和事后监管办法，提高政府安全生产监管服务水平。地方各级人民政府及其相关部门、中央垂直管理部门设在地方的机构要依照安全生产法等法律法规和规章，以清单方式明确每项安全生产监管监察职权和责任，制定工作流程图，并通过政府网站和政府公告等载体，及时向社会公开，切实做到安全生产监管执法不缺位、不越位。

（十五）完善科学执法制度。各级安全生产监督管理部门要制定年度执法计划，明确重点监管对象、检查内容和执法措施，并根据安全生产实际情况及时进行调整和完善，确保执法效果。建立安全生产与职业卫生一体化监管执法制度，对同类事项进行综合执法，降低执法成本，提高监管实效。各有关部门依法对企业作出安全生产执法决定之日起 20 个工作日内，要向社会公开执法信息。

（十六）强化严格规范执法。各级安全生产监督管理部门和其他负有安全生产监督管理职责的部门要依法明确停产停业、停止施工、停止使用相关设施或者设备，停止供电、停止供应民用爆炸物品，查封、扣押、取缔和上限处罚等执法决定的具体情形、时限、执行责任和落实措施。加强执法监督，建立执法行为审议制度和重大行政执法决策机制，依法规范执法程序和自由裁量权，评估执法效果，防止滥用职权；对同类安全生产执法案件按不低于 10% 的比例，召集相关企业进行公开裁定。

五、加强安全生产监管执法能力建设

（十七）健全监管执法机构。2016 年底前，所有的市、县级人民政府要健全安全生产监管执法机构，落实监管责任。地方各级人民政府要结合实际，强化安全生产基层执法力量，对安全生产监管人员结构进行调整，3 年内实现专业监管人员配比不低于在职人员的 75% 。各市、县级人民政府要通过探索实行派驻执法、跨区域执法、委托执法和政府购买服务等方式，加强和规范乡镇（街道）及各类经济开发区安全生产监管执法工作。

（十八）加强监管执法保障建设。国务院安全生产监督管理部门、发展改革部门要做好安全生产监管部门和煤矿安全监察机构监管监察能力建设发展规划的编制实施工作。国务院社会保险行政部门要会同财政、安全生产监督管理等部门，在总结做好工伤预防试点工作基础上，抓紧制定工伤预防费提取比例、使用和管理的具体办法，加大对工伤预防的投入。地方各级人民政府要将安全生产监管执法机构作为政府行政执法机构，健全安全生产监管执法经费保障机制，将安全生产监管执法经费纳入同级财政保障范围，深入开展安全生产监管执法机构规范化、标准化建设，改善调查取证等执法装备，保障基层执法和应急救援用车，满足工作需要。

（十九）加强法治教育培训。按照谁执法、谁负责的原则，加强安全生产法等法律法规普法宣传教育，提高全民安全生产法治素养。地方各级人民政府要把安全法治纳入领导干部教育培训的重要内容，加强安全生产监管执法人员法律法规和执法程序培训，对新录用的安全生产监管执法人员坚持凡进必考必训，对在岗人员原则上每 3 年轮训一次，所有人员都要经执法资格培训考试合格后方可执证上岗。

（二十）加强监管执法队伍建设。地方各级人民政府和相关部门要加强安全生产监管执法人员的思想建设、作风建设和业务建设，建立健全监督考核机制。建立现场执法全过程记录制度，2017 年底前，所有执法人员配备使用便携式移动执法终端，切实做到严格执法、科学执法、文明执法。进一步加强党风廉政建设，强化纪律约束，坚决查处腐败问题和失职渎职行为，宣传推广基层安全生产监管执法的先进典型，树立廉洁执法的良好社会形象。

各地区、各有关部门要充分认识进一步加强安全生产监管执法的重要意义，切实强化组织领导，积极抓好工作落实。各级领导干部要做尊法学法守法用法的模范，带头厉行法治、依法办事，运用法治思维和法治方式解决安全生产问题。国务院安全生产监督管理部门要会同有关部门认真开展监督检查，促进安全生产监管执法措施的落实，重大情况及时向国务院报告。

地方党政领导干部安全生产责任制规定

1. 2018 年 4 月 8 日中共中央办公厅、国务院办公厅印发
2. 自 2018 年 4 月 8 日起施行

第一章　总　　则

第一条　为了加强地方各级党委和政府对安全生产工作的领导，健全落实安全生产责任制，树立安全发展理念，根据《中华人民共和国安全生产法》、《中华人民共和国公务员法》等法律规定和《中共中央、国务院关于推进安全生产领域改革发展的意见》、《中国共产党地方委员会工作条例》、《中国共产党问责条例》等中央有关规定，制定本规定。

第二条 本规定适用于县级以上地方各级党委和政府领导班子成员（以下统称地方党政领导干部）。

县级以上地方各级党委工作机关、政府工作部门及相关机构领导干部，乡镇（街道）党政领导干部，各类开发区管理机构党政领导干部，参照本规定执行。

第三条 实行地方党政领导干部安全生产责任制，必须以习近平新时代中国特色社会主义思想为指导，切实增强政治意识、大局意识、核心意识、看齐意识，牢固树立发展决不能以牺牲安全为代价的红线意识，按照高质量发展要求，坚持安全发展、依法治理，综合运用巡查督查、考核考察、激励惩戒等措施，加强组织领导，强化属地管理，完善体制机制，有效防范安全生产风险，坚决遏制重特大生产安全事故，促使地方各级党政领导干部切实承担起“促一方发展、保一方平安”的政治责任，为统筹推进“五位一体”总体布局和协调推进“四个全面”战略布局营造良好稳定的安全生产环境。

第四条 实行地方党政领导干部安全生产责任制，应当坚持党政同责、一岗双责、齐抓共管、失职追责，坚持管行业必须管安全、管业务必须管安全、管生产经营必须管安全。

地方各级党委和政府主要负责人是本地区安全生产第一责任人，班子其他成员对分管范围内的安全生产工作负领导责任。

第二章 职 责

第五条 地方各级党委主要负责人安全生产职责主要包括：

（一）认真贯彻执行党中央以及上级党委关于安全生产的决策部署和指示精神，安全生产方针政策、法律法规；

（二）把安全生产纳入党委议事日程和向全会报告工作的内容，及时组织研究解决安全生产重大问题；

（三）把安全生产纳入党委常委会及其成员职责清单，督促落实安全生产“一岗双责”制度；

（四）加强安全生产监管部门领导班子建设、干部队伍建设和机构建设，支持人大、政协监督安全生产工作，统筹协调各方面重视支持安全生产工作；

（五）推动将安全生产纳入经济社会发展全局，纳入国民经济和社会发展考核评价体系，作为衡量经济发展、社会治安综合治理、精神文明建设成效的重要指标和领导干部政绩考核的重要内容；

（六）大力弘扬生命至上、安全第一的思想，强化安全生产宣传教育和舆论引导，将安全生产方针政策和法律法规纳入党委理论学习中心组学习内容和干部培训内容。

第六条 县级以上地方各级政府主要负责人安全生产职责主要包括：

（一）认真贯彻落实党中央、国务院以及上级党委和政府、本级党委关于安全生产的决策部署和指示精神，安全生产方针政策、法律法规；

（二）把安全生产纳入政府重点工作和政府工作报告的重要内容，组织制定安全生产规划并纳入国民经济和社会发展规划，及时组织研究解决安全生产突出问题；

（三）组织制定政府领导干部年度安全生产重点工作责任清单并定期检查考核，在政府有关工作部门“三定”规定中明确安全生产职责；

（四）组织设立安全生产专项资金并列入本级财政预算、与财政收入保持同步增长，加强安全生产基础建设和监管能力建设，保障监管执法必需的人员、经费和车辆等装备；

（五）严格安全准入标准，推动构建安全风险分级管控和隐患排查治理预防工作机制，按照分级属地管理原则明确本地区各类生产经营单位的安全生产监管部门，依法领导和组织生产安全事故应急救援、调查处理及信息公开工作；

（六）领导本地区安全生产委员会工作，统筹协调安全生产工作，推动构建安全生产责任体系，组织开展安全生产巡查、考核等工作，推动加强高素质专业化安全监管执法队伍建设。

第七条 地方各级党委常委会其他成员按照职责分工，协调纪检监察机关和组织、宣传、政法、机构编制等单位支持保障安全生产工作，动员社会各界力量积极参与、支持、监督安全生产工作，抓好分管行业（领域）、部门（单位）的安全生产工作。

第八条 县级以上地方各级政府原则上由担任本级党委常委的政府领导干部分管安全生产工作，其安全生产职责主要包括：

（一）组织制定贯彻落实党中央、国务院以及上级及本级党委和政府关于安全生产决策部署，安全生产方针政策、法律法规的具体措施；

（二）协助党委主要负责人落实党委对安全生产的领导职责，督促落实本级党委关于安全生产的决策部署；

（三）协助政府主要负责人统筹推进本地区安全生产工作，负责领导安全生产委员会日常工作，组织实施安全生产监督检查、巡查、考核等工作，协调解决重点难点问题；

（四）组织实施安全风险分级管控和隐患排查治理预防工作机制建设，指导安全生产专项整治和联合执法行动，组织查处各类违法违规行为；

（五）加强安全生产应急救援体系建设，依法组织或者参与生产安全事故抢险救援和调查处理，组织开展生产安全事故责任追究和整改措施落实情况评估；

（六）统筹推进安全生产社会化服务体系建设、信息化建设、诚信体系建设和教育培训、科技支撑等工作。

第九条 县级以上地方各级政府其他领导干部安全生产职责主要包括：

（一）组织分管行业（领域）、部门（单位）贯彻执行党中央、国务院以及上级及本级党委和政府关于安全生产的决策部署，安全生产方针政策、法律法规；

（二）组织分管行业（领域）、部门（单位）健全和落实安全生产责任制，将安全生产工作与业务工作同时安排部署、同时组织实施、同时监督检查；

（三）指导分管行业（领域）、部门（单位）把安全生产工作纳入相关发展规划和年度工作计划，从行业规划、科技创新、产业政策、法规标准、行政许可、资产管理等方面加强和支持安全生产工作；

（四）统筹推进分管行业（领域）、部门（单位）安全生产工作，每年定期组织分析安全生产形势，及时研究解决安全生产问题，支持有关部门依法履行安全生产工作职责；

（五）组织开展分管行业（领域）、部门（单位）安全生产专项整治、目标管理、应急管理、查处违法违规生产经营行为等工作，推动构建安全风险分级管控和隐患排查治理预防工作机制。

第三章 考核考察

第十条 把地方党政领导干部落实安全生产责任情况纳入党委和政府督查督办重要内容，一并进行督促检查。

第十一条 建立完善地方各级党委和政府安全生产巡查工作制度，加强对下级党委和政府的安全生产巡查，推动安全生产责任措施落实。将巡查结果作为对被巡查地区党委和政府领导班子和有关领导干部考核、奖惩和使用的重要参考。

第十二条 建立完善地方各级党委和政府安全生产责任考核制度，对下级党委和政府安全生产工作情况进行全面评价，将考核结果与有关地方党政领导干部履职评定挂钩。

第十三条 在对地方各级党委和政府领导班子及其成员的年度考核、目标责任考核、绩效考核以及其他考核中，应当考核其落实安全生产责任情况，并将其作为确定考核结果的重要参考。

地方各级党委和政府领导班子及其成员在年度考核中，应当按照“一岗双责”要求，将履行安全生产工作责任情况列入述职内容。

第十四条 党委组织部门在考察地方党政领导干部拟任人选时，应当考察其履行安全生产工作职责情况。

有关部门在推荐、评选地方党政领导干部作为奖励人选时，应当考察其履行安全生产工作职责情况。

第十五条 实行安全生产责任考核情况公开制度。定期采取适当方式公布或者通报地方党政领导干部安全生产工作考核结果。

第四章 表彰奖励

第十六条 对在加强安全生产工作、承担安全生产专项重要工作、参加抢险救护等方面作出显著成绩和重要贡献的地方党政领导干部，上级党委和政府应当按照有关规定给予表彰奖励。

第十七条 对在安全生产工作考核中成绩优秀的地方党政领导干部，上级党委和政府按照有关规定给予记功或者嘉奖。

第五章 责任追究

第十八条 地方党政领导干部在落实安全生产工作责任中存在下列情形之一的，应当按照有关规定进行问责：

（一）履行本规定第二章所规定职责不到位的；

（二）阻挠、干涉安全生产监管执法或者生产安全事故调查处理工作的；

（三）对迟报、漏报、谎报或者瞒报生产安全事故负有领导责任的；

（四）对发生生产安全事故负有领导责任的；

（五）有其他应当问责情形的。

第十九条 对存在本规定第十八条情形的责任人员，应当根据情况采取通报、诫勉、停职检查、调整职务、责令辞职、降职、免职或者处分等方式问责；涉嫌职务违法犯罪的，由监察机关依法调查处置。

第二十条　严格落实安全生产"一票否决"制度，对因发生生产安全事故被追究领导责任的地方党政领导干部，在相关规定时限内，取消考核评优和评选各类先进资格，不得晋升职务、级别或者重用任职。

第二十一条　对工作不力导致生产安全事故人员伤亡和经济损失扩大，或者造成严重社会影响负有主要领导责任的地方党政领导干部，应当从重追究责任。

第二十二条　对主动采取补救措施，减少生产安全事故损失或者挽回社会不良影响的地方党政领导干部，可以从轻、减轻追究责任。

第二十三条　对职责范围内发生生产安全事故，经查实已经全面履行了本规定第二章所规定职责、法律法规规定有关职责，并全面落实了党委和政府有关工作部署的，不予追究地方有关党政领导干部的领导责任。

第二十四条　地方党政领导干部对发生生产安全事故负有领导责任且失职失责性质恶劣、后果严重的，不论是否已调离转岗、提拔或者退休，都应当严格追究其责任。

第二十五条　实施安全生产责任追究，应当依法依规、实事求是、客观公正，根据岗位职责、履职情况、履职条件等因素合理确定相应责任。

第二十六条　存在本规定第十八条情形应当问责的，由纪检监察机关、组织人事部门和安全生产监管部门按照权限和职责分别负责。

第六章　附　　则

第二十七条　各省、自治区、直辖市党委和政府应当根据本规定制定实施细则。

第二十八条　本规定由应急管理部商中共中央组织部解释。

第二十九条　本规定自2018年4月8日起施行。

安全生产监督罚款管理暂行办法

2004年11月3日国家安全生产监督管理局、国家煤矿安全监察局令第15号公布施行

第一条　为加强安全生产监督罚款管理工作，依法实施安全生产综合监督管理，根据《安全生产法》、《罚款决定与罚款收缴分离实施办法》和《财政部关于做好安全生产监督有关罚款收入管理工作的通知》等法律、法规和有关规定，制定本办法。

第二条　县级以上人民政府安全生产监督管理部门（以下简称安全生产监督管理部门）对生产经营单位及其有关人员在生产经营活动中违反安全生产的法律、行政法规、部门规章、国家标准、行业标准和规程的违法行为（以下简称安全生产违法行为）依法实施罚款，适用本办法。

第三条　安全生产监督罚款实行处罚决定与罚款收缴分离。

安全生产监督管理部门按照有关规定，对安全生产违法行为实施罚款，开具安全生产监督管理行政处罚决定书；被处罚人持安全生产监督管理部门开具的行政处罚决定书到指定的代收银行及其分支机构缴纳罚款。

罚款代收银行的确定以及会计科目的使用应严格按照财政部《罚款代收代缴管理办法》和其他有关规定办理。代收银行的代收手续费按照《财政部、中国人民银行关于代收罚款手续费有关问题的通知》的规定执行。

第四条　罚款票据使用省、自治区、直辖市财政部门统一印制的罚款收据，并由代收银行负责管理。

安全生产监督管理部门可领取小额罚款票据，并负责管理。罚没款票据的使用，应当符合罚款票据管理暂行规定。

尚未实行银行代收的罚款，由县级以上安全生产监督管理部门统一向同级财政部门购领罚款票据，并负责本单位罚款票据的管理。

第五条　安全生产监督罚款收入纳入同级财政预算，实行"收支两条线"管理。

罚款缴库时间按照当地财政部门有关规定办理。

第六条　安全生产监督管理部门定期到代收银行索取缴款票据，据以登记统计，并和安全生产监督管理行政处罚决定书核对。

各地安全生产监督管理部门应于每季度终了后7日内将罚款统计表（格式附后）逐级上报。各省级安全生产监督管理部门应于每半年（年）终了后15日内将罚款统计表报国家安全生产监督管理局。

第七条　安全生产监督管理部门罚款收入的缴库情况，应接受同级财政部门的检查和监督。

第八条　安全生产监督罚款应严格执行国家有关罚款收支管理的规定，对违反"收支两条线"管理的机构和个人，依照《违反行政事业性收费和罚没收入收支两条线管理规定行政处分暂行规定》追究责任。

第九条　本办法自公布之日起施行。

附件：（略）

生产安全事故罚款处罚规定(试行)

1. 2007年7月12日国家安全生产监督管理总局令第13号公布
2. 根据2011年9月1日国家安全生产监督管理总局令第42号《关于修改〈《生产安全事故报告和调查处理条例》罚款处罚暂行规定〉部分条款的决定》第一次修正
3. 根据2015年4月2日国家安全生产监督管理总局令第77号《关于修改〈《生产安全事故报告和调查处理条例》罚款处罚暂行规定〉等四部规章的决定》第二次修正

第一条 为防止和减少生产安全事故,严格追究生产安全事故发生单位及其有关责任人员的法律责任,正确适用事故罚款的行政处罚,依照《安全生产法》、《生产安全事故报告和调查处理条例》(以下简称《条例》)的规定,制定本规定。

第二条 安全生产监督管理部门和煤矿安全监察机构对生产安全事故发生单位(以下简称事故发生单位)及其主要负责人、直接负责的主管人员和其他责任人员等有关责任人员依照《安全生产法》和《条例》实施罚款的行政处罚,适用本规定。

第三条 本规定所称事故发生单位是指对事故发生负有责任的生产经营单位。

本规定所称主要负责人是指有限责任公司、股份有限公司的董事长或者总经理或者个人经营的投资人,其他生产经营单位的厂长、经理、局长、矿长(含实际控制人)等人员。

第四条 本规定所称事故发生单位主要负责人、直接负责的主管人员和其他直接责任人员的上一年年收入,属于国有生产经营单位的,是指该单位上级主管部门所确定的上一年年收入总额;属于非国有生产经营单位的,是指经财务、税务部门核定的上一年年收入总额。

生产经营单位提供虚假资料或者由于财务、税务部门无法核定等原因致使有关人员的上一年年收入难以确定的,按照下列办法确定:

(一)主要负责人的上一年年收入,按照本省、自治区、直辖市上一年度职工平均工资的5倍以上10倍以下计算;

(二)直接负责的主管人员和其他直接责任人员的上一年年收入,按照本省、自治区、直辖市上一年度职工平均工资的1倍以上5倍以下计算。

第五条 《条例》所称的迟报、漏报、谎报和瞒报,依照下列情形认定:

(一)报告事故的时间超过规定时限的,属于迟报;

(二)因过失对应当上报的事故或者事故发生的时间、地点、类别、伤亡人数、直接经济损失等内容遗漏未报的,属于漏报;

(三)故意不如实报告事故发生的时间、地点、初步原因、性质、伤亡人数和涉险人数、直接经济损失等有关内容的,属于谎报;

(四)隐瞒已经发生的事故,超过规定时限未向安全监管监察部门和有关部门报告,经查证属实的,属于瞒报。

第六条 对事故发生单位及其有关责任人员处以罚款的行政处罚,依照下列规定决定:

(一)对发生特别重大事故的单位及其有关责任人员罚款的行政处罚,由国家安全生产监督管理总局决定;

(二)对发生重大事故的单位及其有关责任人员罚款的行政处罚,由省级人民政府安全生产监督管理部门决定;

(三)对发生较大事故的单位及其有关责任人员罚款的行政处罚,由设区的市级人民政府安全生产监督管理部门决定;

(四)对发生一般事故的单位及其有关责任人员罚款的行政处罚,由县级人民政府安全生产监督管理部门决定。

上级安全生产监督管理部门可以指定下一级安全生产监督管理部门对事故发生单位及其有关责任人员实施行政处罚。

第七条 对煤矿事故发生单位及其有关责任人员处以罚款的行政处罚,依照下列规定执行:

(一)对发生特别重大事故的煤矿及其有关责任人员罚款的行政处罚,由国家煤矿安全监察局决定;

(二)对发生重大事故和较大事故的煤矿及其有关责任人员罚款的行政处罚,由省级煤矿安全监察机构决定;

(三)对发生一般事故的煤矿及其有关责任人员罚款的行政处罚,由省级煤矿安全监察机构所属分局决定。

上级煤矿安全监察机构可以指定下一级煤矿安全监察机构对事故发生单位及其有关责任人员实施行政处罚。

第八条 特别重大事故以下等级事故，事故发生地与事故发生单位所在地不在同一个县级以上行政区域的，由事故发生地的安全生产监督管理部门或者煤矿安全监察机构依照本规定第六条或者第七条规定的权限实施行政处罚。

第九条 安全生产监督管理部门和煤矿安全监察机构对事故发生单位及其有关责任人员实施罚款的行政处罚，依照《安全生产违法行为行政处罚办法》规定的程序执行。

第十条 事故发生单位及其有关责任人员对安全生产监督管理部门和煤矿安全监察机构给予的行政处罚，享有陈述、申辩的权利；对行政处罚不服的，有权依法申请行政复议或者提起行政诉讼。

第十一条 事故发生单位主要负责人有《安全生产法》第一百零六条、《条例》第三十五条规定的下列行为之一的，依照下列规定处以罚款：

（一）事故发生单位主要负责人在事故发生后不立即组织事故抢救的，处上一年年收入100%的罚款；

（二）事故发生单位主要负责人迟报事故的，处上一年年收入60%至80%的罚款；漏报事故的，处上一年年收入40%至60%的罚款；

（三）事故发生单位主要负责人在事故调查处理期间擅离职守的，处上一年年收入80%至100%的罚款。

第十二条 事故发生单位有《条例》第三十六条规定行为之一的，依照《国家安全监管总局关于印发〈安全生产行政处罚自由裁量标准〉的通知》（安监总政法〔2010〕137号）等规定给予罚款。

第十三条 事故发生单位的主要负责人、直接负责的主管人员和其他直接责任人员有《安全生产法》第一百零六条、《条例》第三十六条规定的下列行为之一的，依照下列规定处以罚款：

（一）伪造、故意破坏事故现场，或者转移、隐匿资金、财产、销毁有关证据、资料，或者拒绝接受调查，或者拒绝提供有关情况和资料，或者在事故调查中作伪证，或者指使他人作伪证的，处上一年年收入80%至90%的罚款；

（二）谎报、瞒报事故或者事故发生后逃匿的，处上一年年收入100%的罚款。

第十四条 事故发生单位对造成3人以下死亡，或者3人以上10人以下重伤（包括急性工业中毒，下同），或者300万元以上1000万元以下直接经济损失的一般事故负有责任的，处20万元以上50万元以下的罚款。

事故发生单位有本条第一款规定的行为且有谎报或者瞒报事故情节的，处50万元的罚款。

第十五条 事故发生单位对较大事故发生负有责任的，依照下列规定处以罚款：

（一）造成3人以上6人以下死亡，或者10人以上30人以下重伤，或者1000万元以上3000万元以下直接经济损失的，处50万元以上70万元以下的罚款；

（二）造成6人以上10人以下死亡，或者30人以上50人以下重伤，或者3000万元以上5000万元以下直接经济损失的，处70万元以上100万元以下的罚款。

事故发生单位对较大事故发生负有责任且有谎报或者瞒报情节的，处100万元的罚款。

第十六条 事故发生单位对重大事故发生负有责任的，依照下列规定处以罚款：

（一）造成10人以上15人以下死亡，或者50人以上70人以下重伤，或者5000万元以上7000万元以下直接经济损失的，处100万元以上300万元以下的罚款；

（二）造成15人以上30人以下死亡，或者70人以上100人以下重伤，或者7000万元以上1亿元以下直接经济损失的，处300万元以上500万元以下的罚款。

事故发生单位对重大事故发生负有责任且有谎报或者瞒报情节的，处500万元的罚款。

第十七条 事故发生单位对特别重大事故发生负有责任的，依照下列规定处以罚款：

（一）造成30人以上40人以下死亡，或者100人以上120人以下重伤，或者1亿元以上1.2亿元以下直接经济损失的，处500万元以上1000万元以下的罚款；

（二）造成40人以上50人以下死亡，或者120人以上150人以下重伤，或者1.2亿元以上1.5亿元以下直接经济损失的，处1000万元以上1500万元以下的罚款；

（三）造成50人以上死亡，或者150人以上重伤，或者1.5亿元以上直接经济损失的，处1500万元以上2000万元以下的罚款。

事故发生单位对特别重大事故发生负有责任且有下列情形之一的，处2000万元的罚款：

（一）谎报特别重大事故的；

（二）瞒报特别重大事故的；

（三）未依法取得有关行政审批或者证照擅自从事生产经营活动的；

（四）拒绝、阻碍行政执法的；

（五）拒不执行有关停产停业、停止施工、停止使用相关设备或者设施的行政执法指令的；

（六）明知存在事故隐患，仍然进行生产经营活动的；

（七）一年内已经发生2起以上较大事故，或者1起重大以上事故，再次发生特别重大事故的；

（八）地下矿山负责人未按照规定带班下井的。

第十八条 事故发生单位主要负责人未依法履行安全生产管理职责，导致事故发生的，依照下列规定处以罚款：

（一）发生一般事故的，处上一年年收入30%的罚款；

（二）发生较大事故的，处上一年年收入40%的罚款；

（三）发生重大事故的，处上一年年收入60%的罚款；

（四）发生特别重大事故的，处上一年年收入80%的罚款。

第十九条 个人经营的投资人未依照《安全生产法》的规定保证安全生产所必需的资金投入，致使生产经营单位不具备安全生产条件，导致发生生产安全事故的，依照下列规定对个人经营的投资人处以罚款：

（一）发生一般事故的，处2万元以上5万元以下的罚款；

（二）发生较大事故的，处5万元以上10万元以下的罚款；

（三）发生重大事故的，处10万元以上15万元以下的罚款；

（四）发生特别重大事故的，处15万元以上20万元以下的罚款。

第二十条 违反《条例》和本规定，事故发生单位及其有关责任人员有两种以上应当处以罚款的行为的，安全生产

监督管理部门或者煤矿安全监察机构应当分别裁量，合并作出处罚决定。

第二十一条 对事故发生负有责任的其他单位及其有关责任人员处以罚款的行政处罚，依照相关法律、法规和规章的规定实施。

第二十二条 本规定自公布之日起施行。

安全生产违法行为行政处罚办法

1. 2007年11月30日国家安全生产监督管理总局令第15号公布

2. 根据2015年4月2日国家安全生产监督管理总局令第77号《关于修改〈《生产安全事故报告和调查处理条例》罚款处罚暂行规定〉等四部规章的决定》修正

第一章 总 则

第一条 为了制裁安全生产违法行为，规范安全生产行政处罚工作，依照行政处罚法、安全生产法及其他有关法律、行政法规的规定，制定本办法。

第二条 县级以上人民政府安全生产监督管理部门对生产经营单位及其有关人员在生产经营活动中违反有关安全生产的法律、行政法规、部门规章、国家标准、行业标准和规程的违法行为（以下统称安全生产违法行为）实施行政处罚，适用本办法。

煤矿安全监察机构依照本办法和煤矿安全监察行政处罚办法，对煤矿、煤矿安全生产中介机构等生产经营单位及其有关人员的安全生产违法行为实施行政处罚。

有关法律、行政法规对安全生产违法行为行政处罚的种类、幅度或者决定机关另有规定的，依照其规定。

第三条 对安全生产违法行为实施行政处罚，应当遵循公平、公正、公开的原则。

安全生产监督管理部门或者煤矿安全监察机构（以下统称安全监管监察部门）及其行政执法人员实施行政处罚，必须以事实为依据。行政处罚应当与安全生产违法行为的事实、性质、情节以及社会危害程度相当。

第四条 生产经营单位及其有关人员对安全监管监察部门给予的行政处罚，依法享有陈述权、申辩权和听证权；对行政处罚不服的，有权依法申请行政复议或者提起行政诉讼；因违法给予行政处罚受到损害的，有权依法申请国家赔偿。

第二章 行政处罚的种类、管辖

第五条 安全生产违法行为行政处罚的种类：

（一）警告；

（二）罚款；

（三）没收违法所得、没收非法开采的煤炭产品、采掘设备；

（四）责令停产停业整顿、责令停产停业、责令停止建设、责令停止施工；

（五）暂扣或者吊销有关许可证，暂停或者撤销有关执业资格、岗位证书；

（六）关闭；

（七）拘留；

（八）安全生产法律、行政法规规定的其他行政处罚。

第六条 县级以上安全监管监察部门应当按照本章的规定，在各自的职责范围内对安全生产违法行为行政处罚行使管辖权。

安全生产违法行为的行政处罚，由安全生产违法行为发生地的县级以上安全监管监察部门管辖。中央企业及其所属企业、有关人员的安全生产违法行为的行政处罚，由安全生产违法行为发生地的设区的市级以上安全监管监察部门管辖。

暂扣、吊销有关许可证和暂停、撤销有关执业资格、岗位证书的行政处罚，由发证机关决定。其中，暂扣有关许可证和暂停有关执业资格、岗位证书的期限一般不得超过6个月；法律、行政法规另有规定的，依照其规定。

给予关闭的行政处罚，由县级以上安全监管监察部门报请县级以上人民政府按照国务院规定的权限决定。

给予拘留的行政处罚，由县级以上安全监管监察部门建议公安机关依照治安管理处罚法的规定决定。

第七条 两个以上安全监管监察部门因行政处罚管辖权发生争议的，由其共同的上一级安全监管监察部门指定管辖。

第八条 对报告或者举报的安全生产违法行为，安全监管监察部门应当受理；发现不属于自己管辖的，应当及时移送有管辖权的部门。

受移送的安全监管监察部门对管辖权有异议的，应当报请共同的上一级安全监管监察部门指定管辖。

第九条 安全生产违法行为涉嫌犯罪的，安全监管监察部门应当将案件移送司法机关，依法追究刑事责任；尚不够刑事处罚但依法应当给予行政处罚的，由安全监管监察部门管辖。

第十条 上级安全监管监察部门可以直接查处下级安全监管监察部门管辖的案件，也可以将自己管辖的案件交由下级安全监管监察部门管辖。

下级安全监管监察部门可以将重大、疑难案件报请上级安全监管监察部门管辖。

第十一条 上级安全监管监察部门有权对下级安全监管监察部门违法或者不适当的行政处罚予以纠正或者撤销。

第十二条 安全监管监察部门根据需要，可以在其法定职权范围内委托符合《行政处罚法》第十九条规定条件的组织或者乡、镇人民政府以及街道办事处、开发区管理机构等地方人民政府的派出机构实施行政处罚。受委托的单位在委托范围内，以委托的安全监管监察部门名义实施行政处罚。

委托的安全监管监察部门应当监督检查受委托的单位实施行政处罚，并对其实施行政处罚的后果承担法律责任。

第三章 行政处罚的程序

第十三条 安全生产行政执法人员在执行公务时，必须出示省级以上安全生产监督管理部门或者县级以上地方人民政府统一制作的有效行政执法证件。其中对煤矿进行安全监察，必须出示国家安全生产监督管理总局统一制作的煤矿安全监察员证。

第十四条 安全监管监察部门及其行政执法人员在监督检查时发现生产经营单位存在事故隐患的，应当按照下列规定采取现场处理措施：

（一）能够立即排除的，应当责令立即排除；

（二）重大事故隐患排除前或者排除过程中无法保证安全的，应当责令从危险区域撤出作业人员，并责令暂时停产停业、停止建设、停止施工或者停止使用相关设施、设备，限期排除隐患。

隐患排除后，经安全监管监察部门审查同意，方可恢复生产经营和使用。

本条第一款第（二）项规定的责令暂时停产停业、停止建设、停止施工或者停止使用相关设施、设备的期限一般不超过6个月；法律、行政法规另有规定的，依照其规定。

第十五条 对有根据认为不符合安全生产的国家标准或者行业标准的在用设施、设备、器材，违法生产、储存、使用、经营、运输的危险物品，以及违法生产、储存、使用、经营危险物品的作业场所，安全监管监察部门应当依照《行政强制法》的规定予以查封或者扣押。查封或者扣押的期限不得超过30日，情况复杂的，经安全监管监察部门负责人批准，最多可以延长30日，并在查封或者扣押期限内作出处理决定：

（一）对违法事实清楚、依法应当没收的非法财物予以没收；

（二）法律、行政法规规定应当销毁的，依法销毁；

（三）法律、行政法规规定应当解除查封、扣押的，作出解除查封、扣押的决定。

实施查封、扣押，应当制作并当场交付查封、扣押决定书和清单。

第十六条 安全监管监察部门依法对存在重大事故隐患的生产经营单位作出停产停业、停止施工、停止使用相关设施、设备的决定，生产经营单位应当依法执行，及时消除事故隐患。生产经营单位拒不执行，有发生生产安全事故的现实危险的，在保证安全的前提下，经本部门主要负责人批准，安全监管监察部门可以采取通知有关单位停止供电、停止供应民用爆炸物品等措施，强制生产经营单位履行决定。通知应当采用书面形式，有关单位应当予以配合。

安全监管监察部门依照前款规定采取停止供电措施，除有危及生产安全的紧急情形外，应当提前24小时通知生产经营单位。生产经营单位依法履行行政决定、采取相应措施消除事故隐患的，安全监管监察部门应当及时解除前款规定的措施。

第十七条 生产经营单位被责令限期改正或者限期进行隐患排除治理的，应当在规定限期内完成。因不可抗力无法在规定限期内完成的，应当在进行整改或者治理的同时，于限期届满前10日内提出书面延期申请，安全监管监察部门应当在收到申请之日起5日内书面答复是否准予延期。

生产经营单位提出复查申请或者整改、治理限期届满的，安全监管监察部门应当自申请或者限期届满之日起10日内进行复查，填写复查意见书，由被复查单位和安全监管监察部门复查人员签名后存档。逾期未整改、未治理或者整改、治理不合格的，安全监管监察部门应当依法给予行政处罚。

第十八条 安全监管监察部门在作出行政处罚决定前，应当填写行政处罚告知书，告知当事人作出行政处罚决定的事实、理由、依据，以及当事人依法享有的权利，并送达当事人。当事人应当在收到行政处罚告知书之日起3日内进行陈述、申辩，或者依法提出听证要求，逾期视为放弃上述权利。

第十九条 安全监管监察部门应当充分听取当事人的陈述和申辩，对当事人提出的事实、理由和证据，应当进行复核；当事人提出的事实、理由和证据成立的，安全监管监察部门应当采纳。

安全监管监察部门不得因当事人陈述或者申辩而加重处罚。

第二十条 安全监管监察部门对安全生产违法行为实施行政处罚，应当符合法定程序，制作行政执法文书。

第一节　简易程序

第二十一条 违法事实确凿并有法定依据，对个人处以50元以下罚款、对生产经营单位处以1000元以下罚款或者警告的行政处罚的，安全生产行政执法人员可以当场作出行政处罚决定。

第二十二条 安全生产行政执法人员当场作出行政处罚决定，应当填写预定格式、编有号码的行政处罚决定书并当场交付当事人。

安全生产行政执法人员当场作出行政处罚决定后应当及时报告，并在5日内报所属安全监管监察部门备案。

第二节　一般程序

第二十三条 除依照简易程序当场作出的行政处罚外，安全监管监察部门发现生产经营单位及其有关人员有应当给予行政处罚的行为的，应当予以立案，填写立案审批表，并全面、客观、公正地进行调查，收集有关证据。对确需立即查处的安全生产违法行为，可以先行调查取证，并在5日内补办立案手续。

第二十四条 对已经立案的案件，由立案审批人指定两名或者两名以上安全生产行政执法人员进行调查。

有下列情形之一的，承办案件的安全生产行政执法人员应当回避：

（一）本人是本案的当事人或者当事人的近亲属的；

（二）本人或者其近亲属与本案有利害关系的；

（三）与本人有其他利害关系，可能影响案件的公正处理的。

安全生产行政执法人员的回避，由派出其进行调查的安全监管监察部门的负责人决定。进行调查的安全监管监察部门负责人的回避，由该部门负责人集体讨论决定。回避决定作出之前，承办案件的安全生产行政执法人员不得擅自停止对案件的调查。

第二十五条 进行案件调查时，安全生产行政执法人员不得少于两名。当事人或者有关人员应当如实回答安全生产行政执法人员的询问，并协助调查或者检查，不得拒绝、阻挠或者提供虚假情况。

询问或者检查应当制作笔录。笔录应当记载时间、地点、询问和检查情况，并由被询问人、被检查单位和安全生产行政执法人员签名或者盖章；被询问人、被检查单位要求补正的,应当允许。被询问人或者被检查单位拒绝签名或者盖章的,安全生产行政执法人员应当在笔录上注明原因并签名。

第二十六条 安全生产行政执法人员应当收集、调取与案件有关的原始凭证作为证据。调取原始凭证确有困难的,可以复制,复制件应当注明“经核对与原件无异”的字样和原始凭证存放的单位及其处所,并由出具证据的人员签名或者单位盖章。

第二十七条 安全生产行政执法人员在收集证据时,可以采取抽样取证的方法;在证据可能灭失或者以后难以取得的情况下,经本单位负责人批准,可以先行登记保存,并应当在7日内作出处理决定:

(一)违法事实成立依法应当没收的,作出行政处罚决定,予以没收;依法应当扣留或者封存的,予以扣留或者封存;

(二)违法事实不成立,或者依法不应当予以没收、扣留、封存的,解除登记保存。

第二十八条 安全生产行政执法人员对与案件有关的物品、场所进行勘验检查时,应当通知当事人到场,制作勘验笔录,并由当事人核对无误后签名或者盖章。当事人拒绝到场的,可以邀请在场的其他人员作证,并在勘验笔录中注明原因并签名;也可以采用录音、录像等方式记录有关物品、场所的情况后,再进行勘验检查。

第二十九条 案件调查终结后,负责承办案件的安全生产行政执法人员应当填写案件处理呈批表,连同有关证据材料一并报本部门负责人审批。

安全监管监察部门负责人应当及时对案件调查结果进行审查,根据不同情况,分别作出以下决定:

(一)确有应受行政处罚的违法行为的,根据情节轻重及具体情况,作出行政处罚决定;

(二)违法行为轻微,依法可以不予行政处罚的,不予行政处罚;

(三)违法事实不能成立,不得给予行政处罚;

(四)违法行为涉嫌犯罪的,移送司法机关处理。

对严重安全生产违法行为给予责令停产停业整顿、责令停产停业、责令停止建设、责令停止施工、吊销有关许可证、撤销有关执业资格或者岗位证书、5万元以上罚款、没收违法所得、没收非法开采的煤炭产品或者采掘设备价值5万元以上的行政处罚的,应当由安全监管监察部门的负责人集体讨论决定。

第三十条 安全监管监察部门依照本办法第二十九条的规定给予行政处罚,应当制作行政处罚决定书。行政处罚决定书应当载明下列事项:

(一)当事人的姓名或者名称、地址或者住址;

(二)违法事实和证据;

(三)行政处罚的种类和依据;

(四)行政处罚的履行方式和期限;

(五)不服行政处罚决定,申请行政复议或者提起行政诉讼的途径和期限;

(六)作出行政处罚决定的安全监管监察部门的名称和作出决定的日期。

行政处罚决定书必须盖有作出行政处罚决定的安全监管监察部门的印章。

第三十一条 行政处罚决定书应当在宣告后当场交付当事人;当事人不在场的,安全监管监察部门应当在7日内依照民事诉讼法的有关规定,将行政处罚决定书送达当事人或者其他的法定受送达人:

(一)送达必须有送达回执,由受送达人在送达回执上注明收到日期,签名或者盖章;

(二)送达应当直接送交受送达人。受送达人是个人的,本人不在交他的同住成年家属签收,并在行政处罚决定书送达回执的备注栏内注明与受送达人的关系;

(三)受送达人是法人或者其他组织的,应当由法人的法定代表人、其他组织的主要负责人或者该法人、组织负责收件的人签收;

(四)受送达人指定代收人的,交代收人签收并注明受当事人委托的情况;

(五)直接送达确有困难的,可以挂号邮寄送达,也可以委托当地安全监管监察部门代为送达,代为送达的安全监管监察部门收到文书后,必须立即交受送达人签收;

(六)当事人或者他的同住成年家属拒绝接收的,送达人应当邀请有关基层组织或者所在单位的代表到场,说明情况,在行政处罚决定书送达回执上记明拒收的事由和日期,由送达人、见证人签名或者盖章,将行政处罚决定书留在当事人的住所;也可以把行政处罚决定书留在受送达人的住所,并采用拍照、录像等方式记录送达过程,即视为送达;

(七)受送达人下落不明,或者用以上方式无法送达的,可以公告送达,自公告发布之日起经过60日,即视为送达。公告送达,应当在案卷中注明原因和经过。

安全监管监察部门送达其他行政处罚执法文书,按照前款规定办理。

第三十二条 行政处罚案件应当自立案之日起30日内作出行政处罚决定;由于客观原因不能完成的,经安全监管监察部门负责人同意,可以延长,但不得超过90日;特殊情况需进一步延长的,应当经上一级安全监管监察部门批准,可延长至180日。

第三节 听证程序

第三十三条 安全监管监察部门作出责令停产停业整顿、责令停产停业、吊销有关许可证、撤销有关执业资格、岗位证书或者较大数额罚款的行政处罚决定之前,应当告知当事人有要求举行听证的权利;当事人要求听证的,安全监管监察部门应当组织听证,不得向当事人收取听证费用。

前款所称较大数额罚款,为省、自治区、直辖市人大常委会或者人民政府规定的数额;没有规定数额的,其数额对个人罚款为2万元以上,对生产经营单位罚款为5万元以上。

第三十四条 当事人要求听证的,应当在安全监管监察部门依照本办法第十八条规定告知后3日内以书面方式提出。

第三十五条 当事人提出听证要求后,安全监管监察部门应当在收到书面申请之日起15日内举行听证会,并在举行听证会的7日前,通知当事人举行听证的时间、地点。

当事人应当按期参加听证。当事人有正当理由要求延期的,经组织听证的安全监管监察部门负责人批准可以延期1次;当事人未按期参加听证,并且未事先说明理由的,视为放弃听证权利。

第三十六条 听证参加人由听证主持人、听证员、案件调查人员、当事人及其委托代理人、书记员组成。

听证主持人、听证员、书记员应当由组织听证的安全监管监察部门负责人指定的非本案调查人员担任。

当事人可以委托1至2名代理人参加听证,并提交委托书。

第三十七条 除涉及国家秘密、商业秘密或者个人隐私外,听证应当公开举行。

第三十八条 当事人在听证中的权利和义务:

(一)有权对案件涉及的事实、适用法律及有关情况进行陈述和申辩;

(二)有权对案件调查人员提出的证据质证并提出新的证据;

(三)如实回答主持人的提问;

(四)遵守听证会场纪律,服从听证主持人指挥。

第三十九条 听证按照下列程序进行:

(一)书记员宣布听证会场纪律、当事人的权利和义务。听证主持人宣布案由,核实听证参加人名单,宣布听证开始;

(二)案件调查人员提出当事人的违法事实、出示证据,说明拟作出的行政处罚的内容及法律依据;

(三)当事人或者其委托代理人对案件的事实、证据、适用的法律等进行陈述和申辩,提交新的证据材料;

(四)听证主持人就案件的有关问题向当事人、案件调查人员、证人询问;

(五)案件调查人员、当事人或者其委托代理人相互辩论;

(六)当事人或者其委托代理人作最后陈述;

(七)听证主持人宣布听证结束。

听证笔录应当当场交当事人核对无误后签名或者盖章。

第四十条 有下列情形之一的,应当中止听证:

(一)需要重新调查取证的;

(二)需要通知新证人到场作证的;

(三)因不可抗力无法继续进行听证的。

第四十一条 有下列情形之一的,应当终止听证:

(一)当事人撤回听证要求的;

(二)当事人无正当理由不按时参加听证的;

(三)拟作出的行政处罚决定已经变更,不适用听证程序的。

第四十二条 听证结束后,听证主持人应当依据听证情况,填写听证会报告书,提出处理意见并附听证笔录报安全监管监察部门负责人审查。安全监管监察部门依照本办法第二十九条的规定作出决定。

第四章 行政处罚的适用

第四十三条 生产经营单位的决策机构、主要负责人、个人经营的投资人(包括实际控制人,下同)未依法保证下列安全生产所必需的资金投入之一,致使生产经营单位不具备安全生产条件的,责令限期改正,提供必需的资金,可以对生产经营单位处1万元以上3万元以下罚款,对生产经营单位的主要负责人、个人经营的投资人处5000元以上1万元以下罚款;逾期未改正的,责令生产经营单位停产停业整顿:

(一)提取或者使用安全生产费用;

(二)用于配备劳动防护用品的经费;

(三)用于安全生产教育和培训的经费;

(四)国家规定的其他安全生产所必须的资金投入。

生产经营单位主要负责人、个人经营的投资人有前款违法行为，导致发生生产安全事故的，依照《生产安全事故罚款处罚规定（试行）》的规定给予处罚。

第四十四条 生产经营单位的主要负责人未依法履行安全生产管理职责，导致生产安全事故发生的，依照《生产安全事故罚款处罚规定（试行）》的规定给予处罚。

第四十五条 生产经营单位及其主要负责人或者其他人员有下列行为之一的，给予警告，并可以对生产经营单位处1万元以上3万元以下罚款，对其主要负责人、其他有关人员处1000元以上1万元以下的罚款：

（一）违反操作规程或者安全管理规定作业的；

（二）违章指挥从业人员或者强令从业人员违章、冒险作业的；

（三）发现从业人员违章作业不加制止的；

（四）超过核定的生产能力、强度或者定员进行生产的；

（五）对被查封或者扣押的设施、设备、器材、危险物品和作业场所，擅自启封或者使用的；

（六）故意提供虚假情况或者隐瞒存在的事故隐患以及其他安全问题的；

（七）拒不执行安全监管监察部门依法下达的安全监管监察指令的。

第四十六条 危险物品的生产、经营、储存单位以及矿山、金属冶炼单位有下列行为之一的，责令改正，并可以处1万元以上3万元以下的罚款：

（一）未建立应急救援组织或者生产经营规模较小、未指定兼职应急救援人员的；

（二）未配备必要的应急救援器材、设备和物资，并进行经常性维护、保养，保证正常运转的。

第四十七条 生产经营单位与从业人员订立协议，免除或者减轻其对从业人员因生产安全事故伤亡依法应承担的责任的，该协议无效；对生产经营单位的主要负责人、个人经营的投资人按照下列规定处以罚款：

（一）在协议中减轻因生产安全事故伤亡对从业人员依法应承担的责任的，处2万元以上5万元以下的罚款；

（二）在协议中免除因生产安全事故伤亡对从业人员依法应承担的责任的，处5万元以上10万元以下的罚款。

第四十八条 生产经营单位不具备法律、行政法规和国家标准、行业标准规定的安全生产条件，经责令停产停业整顿仍不具备安全生产条件的，安全监管监察部门应当提请有管辖权的人民政府予以关闭；人民政府决定关闭的，安全监管监察部门应当依法吊销其有关许可证。

第四十九条 生产经营单位转让安全生产许可证的，没收违法所得，吊销安全生产许可证，并按照下列规定处以罚款：

（一）接受转让的单位和个人未发生生产安全事故的，处10万元以上30万元以下的罚款；

（二）接受转让的单位和个人发生生产安全事故但没有造成人员死亡的，处30万元以上40万元以下的罚款；

（三）接受转让的单位和个人发生人员死亡生产安全事故的，处40万元以上50万元以下的罚款。

第五十条 知道或者应当知道生产经营单位未取得安全生产许可证或者其他批准文件擅自从事生产经营活动，仍为其提供生产经营场所、运输、保管、仓储等条件的，责令立即停止违法行为，有违法所得的，没收违法所得，并处违法所得1倍以上3倍以下的罚款，但是最高不得超过3万元；没有违法所得的，并处5000元以上1万元以下的罚款。

第五十一条 生产经营单位及其有关人员弄虚作假，骗取或者勾结、串通行政审批工作人员取得安全生产许可证书及其他批准文件的，撤销许可及批准文件，并按照下列规定处以罚款：

（一）生产经营单位有违法所得的，没收违法所得，并处违法所得1倍以上3倍以下的罚款，但是最高不得超过3万元；没有违法所得的，并处5000元以上1万元以下的罚款；

（二）对有关人员处1000元以上1万元以下的罚款。

有前款规定违法行为的生产经营单位及其有关人员在3年内不得再次申请该行政许可。

生产经营单位及其有关人员未依法办理安全生产许可证书变更手续的，责令限期改正，并对生产经营单位处1万元以上3万元以下的罚款，对有关人员处1000元以上5000元以下的罚款。

第五十二条 未取得相应资格、资质证书的机构及其有关人员从事安全评价、认证、检测、检验工作，责令停止违法行为，并按照下列规定处以罚款：

（一）机构有违法所得的，没收违法所得，并处违法所得1倍以上3倍以下的罚款，但是最高不得超过3万元；没有违法所得的，并处5000元以上1万元以下的罚款；

（二）有关人员处5000元以上1万元以下的罚款。

第五十三条 生产经营单位及其有关人员触犯不同的法律规定，有两个以上应当给予行政处罚的安全生产违法行为的，安全监管监察部门应当适用不同的法律规定，分别裁量，合并处罚。

第五十四条 对同一生产经营单位及其有关人员的同一安全生产违法行为，不得给予两次以上罚款的行政处罚。

第五十五条 生产经营单位及其有关人员有下列情形之一的，应当从重处罚：

（一）危及公共安全或者其他生产经营单位安全的，经责令限期改正，逾期未改正的；

（二）一年内因同一违法行为受到两次以上行政处罚的；

（三）拒不整改或者整改不力，其违法行为呈持续状态的；

（四）拒绝、阻碍或者以暴力威胁行政执法人员的。

第五十六条 生产经营单位及其有关人员有下列情形之一的，应当依法从轻或者减轻行政处罚：

（一）已满14周岁不满18周岁的公民实施安全生产违法行为的；

（二）主动消除或者减轻安全生产违法行为危害后果的；

（三）受他人胁迫实施安全生产违法行为的；

（四）配合安全监管监察部门查处安全生产违法行为，有立功表现的；

（五）主动投案，向安全监管监察部门如实交待自己的违法行为的；

（六）具有法律、行政法规规定的其他从轻或者减轻处罚情形的。

有从轻处罚情节的，应当在法定处罚幅度的中档以下确定行政处罚标准，但不得低于法定处罚幅度的下限。

本条第一款第（四）项所称的立功表现，是指当事人有揭发他人安全生产违法行为，并经查证属实；或者提供查处其他安全生产违法行为的重要线索，并经查证属实；或者阻止他人实施安全生产违法行为；或者协助司法机关抓捕其他违法犯罪嫌疑人的行为。

安全生产违法行为轻微并及时纠正，没有造成危害后果的，不予行政处罚。

第五章 行政处罚的执行和备案

第五十七条 安全监管监察部门实施行政处罚时，应当同时责令生产经营单位及其有关人员停止、改正或者限期改正违法行为。

第五十八条 本办法所称的违法所得，按照下列规定计算：

（一）生产、加工产品的，以生产、加工产品的销售收入作为违法所得；

（二）销售商品的，以销售收入作为违法所得；

（三）提供安全生产中介、租赁等服务的，以服务收入或者报酬作为违法所得；

（四）销售收入无法计算的，按当地同类同等规模的生产经营单位的平均销售收入计算；

（五）服务收入、报酬无法计算的，按照当地同行业同种服务的平均收入或者报酬计算。

第五十九条 行政处罚决定依法作出后，当事人应当在行政处罚决定的期限内，予以履行；当事人逾期不履的，作出行政处罚决定的安全监管监察部门可以采取下列措施：

（一）到期不缴纳罚款的，每日按罚款数额的3%加处罚款，但不得超过罚款数额；

（二）根据法律规定，将查封、扣押的设施、设备、器材和危险物品拍卖所得价款抵缴罚款；

（三）申请人民法院强制执行。

当事人对行政处罚决定不服申请行政复议或者提起行政诉讼的，行政处罚不停止执行，法律另有规定的除外。

第六十条 安全生产行政执法人员当场收缴罚款的，应当出具省、自治区、直辖市财政部门统一制发的罚款收据；当场收缴的罚款，应当自收缴罚款之日起2日内，交至所属安全监管监察部门；安全监管监察部门应当在2日内将罚款缴付指定的银行。

第六十一条 除依法应当予以销毁的物品外，需要将查封、扣押的设施、设备、器材和危险物品拍卖抵缴罚款的，依照法律或者国家有关规定处理。销毁物品，依照国家有关规定处理；没有规定的，经县级以上安全监管监察部门负责人批准，由两名以上安全生产行政执法人员监督销毁，并制作销毁记录。处理物品，应当制作清单。

第六十二条 罚款、没收违法所得的款项和没收非法开采的煤炭产品、采掘设备，必须按照有关规定上缴，任何单位和个人不得截留、私分或者变相私分。

第六十三条 县级安全生产监督管理部门处以5万元以上罚款、没收违法所得、没收非法生产的煤炭产品或者采掘设备价值5万元以上、责令停产停业、停止建设、停止施工、停产停业整顿、吊销有关资格、岗位证书或者许可证的行政处罚的，应当自作出行政处罚决定之日起10日内报设区的市级安全生产监督管理部门备案。

第六十四条　设区的市级安全生产监管监察部门处以10万元以上罚款、没收违法所得、没收非法生产的煤炭产品或者采掘设备价值10万元以上、责令停产停业、停止建设、停止施工、停产停业整顿、吊销有关资格、岗位证书或者许可证的行政处罚的，应当自作出行政处罚决定之日起10日内报省级安全监管监察部门备案。

第六十五条　省级安全监管监察部门处以50万元以上罚款、没收违法所得、没收非法生产的煤炭产品或者采掘设备价值50万元以上、责令停产停业、停止建设、停止施工、停产停业整顿、吊销有关资格、岗位证书或者许可证的行政处罚的，应当自作出行政处罚决定之日起10日内报国家安全生产监督管理总局或者国家煤矿安全监察局备案。

对上级安全监管监察部门交办案件给予行政处罚的，由决定行政处罚的安全监管监察部门自作出行政处罚决定之日起10日内报上级安全监管监察部门备案。

第六十六条　行政处罚执行完毕后，案件材料应当按照有关规定立卷归档。

案卷立案归档后，任何单位和个人不得擅自增加、抽取、涂改和销毁案卷材料。未经安全监管监察部门负责人批准，任何单位和个人不得借阅案卷。

第六章　附　　则

第六十七条　安全生产监督管理部门所用的行政处罚文书式样，由国家安全生产监督管理总局统一制定。

煤矿安全监察机构所用的行政处罚文书式样，由国家煤矿安全监察局统一制定。

第六十八条　本办法所称的生产经营单位，是指合法和非法从事生产或者经营活动的基本单元，包括企业法人、不具备企业法人资格的合伙组织、个体工商户和自然人等生产经营主体。

第六十九条　本办法自2008年1月1日起施行。原国家安全生产监督管理局（国家煤矿安全监察局）2003年5月19日公布的《安全生产违法行为行政处罚办法》、2001年4月27日公布的《煤矿安全监察程序暂行规定》同时废止。

应急管理行政执法人员依法履职管理规定

1. 2022年10月13日应急管理部令第9号公布
2. 自2022年12月1日起施行

第一条　为了全面贯彻落实行政执法责任制和问责制，监督和保障应急管理行政执法人员依法履职尽责，激励新时代新担当新作为，根据《中华人民共和国公务员法》《中华人民共和国安全生产法》等法律法规和有关文件规定，制定本规定。

第二条　各级应急管理部门监督和保障应急管理行政执法人员依法履职尽责，适用本规定。法律、行政法规或者国务院另有规定的，从其规定。

本规定所称应急管理行政执法人员，是指应急管理部门履行行政检查、行政强制、行政处罚、行政许可等行政执法职责的人员。

应急管理系统矿山安全监察机构、地震工作机构、消防救援机构监督和保障有关行政执法人员依法履职尽责，按照本规定的相关规定执行。根据依法授权或者委托履行应急管理行政执法职责的乡镇政府、街道办事处以及开发区等组织，监督和保障有关行政执法人员依法履职尽责的，可以参照本规定执行。

第三条　监督和保障应急管理行政执法人员依法履职尽责，应当坚持中国共产党的领导，遵循职权法定、权责一致、过罚相当、约束与激励并重、惩戒与教育相结合的原则，做到尽职免责、失职问责。

第四条　应急管理部门应当按照本级人民政府的安排，梳理本部门行政执法依据，编制权责清单，将本部门依法承担的行政执法职责分解落实到所属执法机构和执法岗位。分解落实所属执法机构、执法岗位的执法职责，不得擅自增加或者减少本部门的行政执法权限。

应急管理部门应当制定安全生产年度监督检查计划，按照计划组织开展监督检查。同时，应急管理部门应当按照部署组织开展有关专项治理，依法组织查处违法行为和举报的事故隐患。应急管理部门应当统筹开展前述执法活动，确保对辖区内安全监管重点企业按照明确的时间周期固定开展“全覆盖”执法检查。

应急管理部门应当对照权责清单，对行政许可和其他直接影响行政相对人权利义务的重要权责事项，制定办事指南和运行流程图，并以适当形式向社会公众公开。

第五条 应急管理行政执法人员根据本部门的安排或者当事人的申请，在法定权限范围内依照法定程序履行行政检查、行政强制、行政处罚、行政许可等行政执法职责，做到严格规范公正文明执法，不得玩忽职守、超越职权、滥用职权、徇私舞弊。

第六条 应急管理行政执法人员因故意或者重大过失，未履行、不当履行或者违法履行有关行政执法职责，造成危害后果或者不良影响的，应当依法承担行政执法责任。

第七条 应急管理行政执法人员在履职过程中，有下列情形之一的，应当依法追究有关行政执法人员的行政执法责任：

（一）对符合行政处罚立案标准的案件不立案或者不及时立案的；

（二）对符合法定条件的行政许可申请不予受理的，或者未依照法定条件作出准予或者不予行政许可决定的；

（三）对监督检查中已经发现的违法行为和事故隐患，未依法予以处罚或者未依法采取处理措施的；

（四）涂改、隐匿、伪造、偷换、故意损毁有关记录或者证据，妨碍作证，或者指使、支持、授意他人做伪证，或者以欺骗、利诱等方式调取证据的；

（五）违法扩大查封、扣押范围，在查封、扣押法定期间不作出处理决定或者未依法及时解除查封、扣押，对查封、扣押场所、设施或者财物未尽到妥善保管义务，或者违法使用、损毁查封、扣押场所、设施或者财物的；

（六）违法实行检查措施或者强制措施，给公民人身或者财产造成损害、给法人或者其他组织造成损失的；

（七）选择性执法或者滥用自由裁量权，行政执法行为明显不当或者行政执法结果明显不公正的；

（八）擅自改变行政处罚种类、幅度，或者擅自改变行政强制对象、条件、方式的；

（九）行政执法过程中违反行政执法公示、执法全过程记录、重大执法决定法制审核制度的；

（十）违法增设行政相对人义务，或者粗暴、野蛮执法或者故意刁难行政相对人的；

（十一）截留、私分、变相私分罚款、没收的违法所得或者财物、查封或者扣押的财物以及拍卖和依法处理所得款项的；

（十二）对应当依法移送司法机关追究刑事责任的案件不移送，以行政处罚代替刑事处罚的；

（十三）无正当理由超期作出行政执法决定，不履行或者无正当理由拖延履行行政复议决定、人民法院生效裁判的；

（十四）接到事故报告信息不及时处置，或者弄虚作假、隐瞒真相、通风报信，干扰、阻碍事故调查处理的；

（十五）对属于本部门职权范围的投诉举报不依法处理的；

（十六）无法定依据、超越法定职权、违反法定程序行使行政执法职权的；

（十七）泄露国家秘密、工作秘密，或者泄露因履行职责掌握的商业秘密、个人隐私的；

（十八）法律、法规、规章规定的其他应当追究行政执法责任的情形。

第八条 应急管理行政执法人员在履职过程中，有下列情形之一的，应当从重追究其行政执法责任：

（一）干扰、妨碍、抗拒对其追究行政执法责任的；

（二）打击报复申诉人、控告人、检举人或者行政执法责任追究案件承办人员的；

（三）一年内出现2次以上应当追究行政执法责任情形的；

（四）违法或者不当执法行为造成重大经济损失或者严重社会影响的；

（五）法律、法规、规章规定的其他应当从重追究行政执法责任的情形。

第九条 应急管理行政执法人员在履职过程中，有下列情形之一的，可以从轻、减轻追究其行政执法责任：

（一）能够主动、及时报告过错行为并采取补救措施，有效避免损失、阻止危害后果发生或者挽回、消除不良影响的；

（二）在调查核实过程中，能够配合调查核实工作，如实说明本人行政执法过错情况的；

（三）检举同案人或者其他人应当追究行政执法责任的问题，或者有其他立功表现，经查证属实的；

（四）主动上交或者退赔违法所得的；

（五）法律、法规、规章规定的其他可以从轻、减轻追究行政执法责任的情形。

第十条 有下列情形之一的，不予追究有关行政执法人员的行政执法责任：

（一）因行政执法依据不明确或者对有关事实和依据的理解认识不一致，致使行政执法行为出现偏差的，但故意违法的除外；

（二）因行政相对人隐瞒有关情况或者提供虚假

材料导致作出错误行政执法决定，且已按照规定认真履行审查职责的；

（三）依据检验、检测、鉴定、评价报告或者专家评审意见等作出行政执法决定，且已按照规定认真履行审查职责的；

（四）行政相对人未依法申请行政许可或者登记备案，在其违法行为造成不良影响前，应急管理部门未接到投诉举报或者由于客观原因未能发现的，但未按照规定履行监督检查职责的除外；

（五）按照批准、备案的安全生产年度监督检查计划以及有关专项执法工作方案等检查计划已经认真履行监督检查职责，或者虽尚未进行监督检查，但未超过法定或者规定时限，行政相对人违法的；

（六）因出现新的证据致使原认定事实、案件性质发生变化，或者因标准缺失、科学技术、监管手段等客观条件的限制未能发现存在问题、无法定性的，但行政执法人员故意隐瞒或者因重大过失遗漏证据的除外；

（七）对发现的违法行为或者事故隐患已经依法立案查处、责令改正、采取行政强制措施等必要的处置措施，或者已依法作出行政处罚决定，行政相对人拒不改正、违法启用查封扣押的设备设施或者仍违法生产经营的；

（八）对拒不执行行政处罚决定的行政相对人，已经依法申请人民法院强制执行的；

（九）因不可抗力或者其他难以克服的因素，导致未能依法履行职责的；

（十）不当执法行为情节显著轻微并及时纠正，未造成危害后果或者不良影响的；

（十一）法律、法规、规章规定的其他不予追究行政执法责任的情形。

第十一条　在推进应急管理行政执法改革创新中因缺乏经验、先行先试出现的失误，尚无明确限制的探索性试验中的失误，为推动发展的无意过失，免予或者不予追究行政执法责任。但是，应当及时依法予以纠正。

第十二条　应急管理部门对发现的行政执法过错行为线索，依照《行政机关公务员处分条例》等规定的程序予以调查和处理。

第十三条　追究应急管理行政执法人员行政执法责任，应当充分听取当事执法人员的意见，全面收集相关证据材料，以法律、法规、规章等规定为依据，综合考虑行政执法过错行为的性质、情节、危害程度以及执法人员的主观过错等因素，做到事实清楚、证据确凿、定性准确、处理恰当、程序合法、手续完备。

行政执法过错行为情节轻微、危害较小，且具有法定从轻或者减轻情形的，根据不同情况，可以予以谈话提醒、批评教育、责令检查、诫勉、取消当年评优评先资格、调离执法岗位等处理，免予或者不予处分。

第十四条　应急管理部门发现有关行政执法人员涉嫌违反党纪或者涉嫌职务违法、职务犯罪的，应当依照有关规定及时移送纪检监察机关处理。

纪检监察机关和其他有权单位介入调查的，应急管理部门可以按照要求对有关行政执法人员是否依法履职、是否存在行政执法过错行为等问题，组织相关专业人员进行论证并出具书面论证意见，作为有权机关、单位认定责任的参考。

对同一行政执法过错行为，纪检监察机关已经给予党纪、政务处分的，应急管理部门不再重复处理。

第十五条　应急管理行政执法人员依法履行职责受法律保护。有权拒绝任何单位和个人违反法定职责、法定程序或者有碍执法公正的要求。

对地方各级党委、政府以及有关部门、单位领导干部及相关人员非法干预应急管理行政执法活动的，应急管理行政执法人员应当全面、如实记录，其所在应急管理部门应当及时向有关机关通报反映情况。

第十六条　应急管理行政执法人员因依法履行职责遭受不实举报、诬告陷害以及侮辱诽谤，致使名誉受到损害的，其所在的应急管理部门应当以适当方式及时澄清事实，消除不良影响，维护应急管理行政执法人员声誉，并依法追究相关单位或者个人的责任。

应急管理行政执法人员因依法履行职责，本人或者其近亲属遭受恐吓威胁、滋事骚扰、攻击辱骂或者人身、财产受到侵害的，其所在的应急管理部门应当及时告知当地公安机关并协助依法处置。

第十七条　各级应急管理部门应当为应急管理行政执法人员依法履行职责提供必要的办公用房、执法装备、后勤保障等条件，并采取措施保障其人身健康和生命安全。

第十八条　各级应急管理部门应当加强对应急管理行政执法人员的专业培训，建立标准化制度化培训机制，提升应急管理行政执法人员依法履职能力。

应急管理部门应当适应综合行政执法体制改革需要，组织开展应急管理领域综合行政执法人才能力提升行动，培养应急管理行政执法骨干人才。

第十九条　应急管理部门应当建立健全评议考核制度，遵循公开、公平、公正原则，将应急管理行政执法人员依法履职尽责情况纳入行政执法评议考核范围，有关考核标准、过程和结果以适当方式在一定范围内公开。强化考核结果分析运用，并将其作为干部选拔任用、评优评先的重要依据。

第二十条　对坚持原则、敢抓敢管、勇于探索、担当作为，在防范化解重大安全风险、应急抢险救援等方面或者在行政执法改革创新中作出突出贡献的应急管理行政执法人员，应当按照规定给予表彰奖励。

第二十一条　本规定自2022年12月1日起施行。原国家安全生产监督管理总局2009年7月25日公布、2013年8月29日第一次修正、2015年4月2日第二次修正的《安全生产监管监察职责和行政执法责任追究的规定》同时废止。

应急管理行政裁量权基准暂行规定

1. 2023年11月1日应急管理部令第12号公布
2. 自2024年1月1日起施行

第一章　总　　则

第一条　为了建立健全应急管理行政裁量权基准制度，规范行使行政裁量权，保障应急管理法律法规有效实施，保护公民、法人和其他组织的合法权益，根据《中华人民共和国行政处罚法》《中华人民共和国行政许可法》等法律法规和有关规定，制定本规定。

第二条　应急管理部门行政裁量权基准的制定、实施和管理，适用本规定。消防救援机构、矿山安全监察机构、地震工作机构行政裁量权基准的制定、实施和管理，按照本规定的相关规定执行。

本规定所称应急管理行政裁量权基准，是指结合工作实际，针对行政处罚、行政许可、行政征收征用、行政强制、行政检查、行政确认、行政给付和其他行政行为，按照裁量涉及的不同事实和情节，对法律、法规、规章规定中的原则性规定或者具有一定弹性的执法权限、裁量幅度等内容进行细化量化，以特定形式向社会公布并施行的具体执法尺度和标准。

第三条　应急管理行政裁量权基准应当符合法律、法规、规章有关行政执法事项、条件、程序、种类、幅度的规定，做好调整共同行政行为的一般法与调整某种具体社会关系或者某一方面内容的单行法之间的衔接，确保法制的统一性、系统性和完整性。

第四条　制定应急管理行政裁量权基准应当广泛听取公民、法人和其他组织的意见，依法保障行政相对人、利害关系人的知情权和参与权。

第五条　制定应急管理行政裁量权基准应当综合考虑行政职权的种类，以及行政执法行为的事实、性质、情节、法律要求和本地区经济社会发展状况等因素，确属必要、适当，并符合社会公序良俗和公众合理期待。应当平等对待公民、法人和其他组织，对类别、性质、情节相同或者相近事项的处理结果应当基本一致。

第六条　应急管理部门应当牢固树立执法为民理念，依法履行职责，简化流程、明确条件、优化服务，提高行政效能，最大程度为公民、法人和其他组织提供便利。

第二章　制定职责和权限

第七条　应急管理部门行政处罚裁量权基准由应急管理部制定，国家消防救援局、国家矿山安全监察局、中国地震局按照职责分别制定消防、矿山安全、地震领域行政处罚裁量权基准。

各省、自治区、直辖市和设区的市级应急管理部门，各省、自治区、直辖市消防救援机构，国家矿山安全监察局各省级局，各省、自治区、直辖市地震局可以依照法律、法规、规章以及上级行政机关制定的行政处罚裁量权基准，制定本行政区域（执法管辖区域）内的行政处罚裁量权基准。

县级应急管理部门可以在法定范围内，对上级应急管理部门制定的行政处罚裁量权基准适用的标准、条件、种类、幅度、方式、时限予以合理细化量化。

第八条　应急管理部门行政许可、行政征收征用、行政强制、行政检查、行政确认、行政给付以及其他行政行为的行政裁量权基准，由负责实施该行政行为的应急管理部门或者省（自治区、直辖市）应急管理部门按照法律、法规、规章和本级人民政府有关规定制定。

第九条　应急管理部门应当采用适当形式在有关政府网站或者行政服务大厅、本机关办事机构等场所向社会公开应急管理行政裁量权基准，接受公民、法人和其他组织监督。

第三章　范围内容和适用规则

第十条　应急管理行政处罚裁量权基准应当坚持过罚相当、宽严相济，避免畸轻畸重、显失公平。

应急管理行政处罚裁量权基准应当包括违法行为、法定依据、裁量阶次、适用条件和具体标准等内容。

第十一条　法律、法规、规章规定对同一种违法行为可以选择处罚种类的，应急管理行政处罚裁量权基准应当明确选择处罚种类的情形和适用条件。

法律、法规、规章规定可以选择处罚幅度的，应急管理行政处罚裁量权基准应当确定适用不同裁量阶次的具体情形。

第十二条 罚款数额的从轻、一般、从重档次情形应当明确具体，严格限定在法定幅度内。

罚款为一定金额倍数的，应当在最高倍数与最低倍数之间合理划分不少于三个阶次；最高倍数是最低倍数十倍以上的，应当合理划分不少于五个阶次；罚款数额有一定幅度的，应当在最高额与最低额之间合理划分不少于三个阶次。

第十三条 应急管理部门实施行政处罚，纠正违法行为，应当坚持处罚与教育相结合，发挥行政处罚教育引导公民、法人和其他组织自觉守法的作用。

应急管理部门实施行政处罚时，应当责令当事人改正或者限期改正违法行为。

当事人有违法所得，除依法应当退赔的外，应当予以没收。

法律、行政法规规定应当先予没收物品、没收违法所得，再作其他行政处罚的，不得直接选择适用其他行政处罚。

第十四条 不满十四周岁的未成年人有违法行为的，不予行政处罚，责令监护人加以管教；已满十四周岁不满十八周岁的未成年人有违法行为的，应当从轻或者减轻行政处罚。

第十五条 精神病人、智力残疾人在不能辨认或者不能控制自己行为时有违法行为的，不予行政处罚，但应当责令其监护人严加看管和治疗。间歇性精神病人在精神正常时有违法行为的，应当给予行政处罚。尚未完全丧失辨认或者控制自己行为能力的精神病人、智力残疾人有违法行为的，可以从轻或者减轻行政处罚。

第十六条 违法行为轻微并及时改正，没有造成危害后果的，不予行政处罚。初次违法且危害后果轻微并及时改正的，可以不予行政处罚。

除已经按照规定制定轻微违法不予处罚事项清单外，根据本条第一款规定对有关违法行为作出不予处罚决定的，应当经应急管理部门负责人集体讨论决定。

当事人有证据足以证明没有主观过错的，不予行政处罚。法律、行政法规另有规定的，从其规定。

对当事人的违法行为依法不予行政处罚的，应急管理部门应当对当事人进行教育。

第十七条 当事人有下列情形之一的，应当依法从轻或者减轻行政处罚：

（一）主动消除或者减轻违法行为或者事故危害后果的；

（二）受他人胁迫或者诱骗实施违法行为的；

（三）主动供述应急管理部门及其他行政机关尚未掌握的违法行为的；

（四）配合应急管理部门查处违法行为或者进行事故调查有立功表现的；

（五）法律、法规、规章规定其他应当从轻或者减轻行政处罚的。

第十八条 当事人存在从轻处罚情节的，应当在依法可以选择的处罚种类和处罚幅度内，适用较轻、较少的处罚种类或者较低的处罚幅度。

当事人存在减轻处罚情节的，应当适用法定行政处罚最低限度以下的处罚种类或者处罚幅度，包括应当并处时不并处、在法定最低罚款限值以下确定罚款数额等情形。

对当事人作出减轻处罚决定的，应当经应急管理部门负责人集体讨论决定。

第十九条 当事人有下列情形之一的，应当依法从重处罚：

（一）因同一违法行为受过刑事处罚，或者一年内因同一种违法行为受过行政处罚的；

（二）拒绝、阻碍或者以暴力方式威胁行政执法人员执行职务的；

（三）伪造、隐匿、毁灭证据的；

（四）对举报人、证人和行政执法人员打击报复的；

（五）法律、法规、规章规定其他应当从重处罚的。

发生自然灾害、事故灾难等突发事件，为了控制、减轻和消除突发事件引起的社会危害，对违反突发事件应对措施的行为，应当依法快速、从重处罚。

当事人存在从重处罚情节的，应当在依法可以选择的处罚种类和处罚幅度内，适用较重、较多的处罚种类或者较高的处罚幅度。

第二十条 对当事人的同一个违法行为，不得给予两次以上罚款的行政处罚。同一个违法行为违反多个法律规定应当给予罚款处罚的，按照罚款数额高的规定处罚。

对法律、法规、规章规定可以处以罚款的，当事人首次违法并按期整改违法行为、消除事故隐患的，可以不予罚款。

第二十一条 当事人违反不同的法律规定，或者违反同一条款的不同违法情形，有两个以上应当给予行政处罚的违法行为的，适用不同的法律规定或者同一法律条款规定的不同违法情形，按照有关规定分别裁量，合并处罚。

第二十二条 制定应急管理行政许可裁量权基准时，应当明确行政许可的具体条件、工作流程、办理期限等内容，不得增加许可条件、环节，不得增加证明材料，不得设置或者变相设置歧视性、地域限制等不公平条款，防止行业垄断、地方保护、市场分割。

应急管理行政许可由不同层级应急管理部门分别实施的，应当明确不同层级应急管理部门的具体权限、流程和办理时限。对于法定的行政许可程序，负责实施的应急管理部门应当优化简化内部工作流程，合理压缩行政许可办理时限。

第二十三条 法律、法规、规章没有对行政许可规定数量限制的，不得以数量控制为由不予审批。

应急管理行政许可裁量权基准涉及需要申请人委托中介服务机构提供资信证明、检验检测、评估等中介服务的，不得指定具体的中介服务机构。

第二十四条 法律、法规、国务院决定规定由应急管理部门实施某项行政许可，没有同时规定行政许可的具体条件的，原则上应当以规章形式制定行政许可实施规范。

第二十五条 制定应急管理行政征收征用裁量权基准时，应当明确行政征收征用的标准、程序、权限等内容，合理确定征收征用财产和物品的范围、数量、数额、期限、补偿标准等。

对行政征收项目的征收、停收、减收、缓收、免收情形，应当明确具体情形、审批权限和程序。

第二十六条 制定应急管理行政强制裁量权基准时，应当明确强制种类、条件、程序、期限等内容。

第二十七条 制定应急管理行政检查裁量权基准时，应当明确检查主体、依据、标准、范围、方式和频率等内容。

第二十八条 根据法律、法规、规章规定，存在裁量空间的其他行政执法行为，有关应急管理部门应当按照类别细化、量化行政裁量权基准和实施程序。

第二十九条 应急管理部门在作出有关行政执法决定前，应当告知行政相对人行政执法行为的依据、内容、事实、理由，有行政裁量权基准的，应当在行政执法决定书中对行政裁量权基准的适用情况予以明确。

第四章 制定程序和管理

第三十条 应急管理行政裁量权基准需要以规章形式制定的，应当按照《规章制定程序条例》规定，履行立项、起草、审查、决定、公布等程序。

应急管理部门需要以行政规范性文件形式制定行政裁量权基准的，应当按照国务院及有关人民政府关于行政规范性文件制定和监督管理工作有关规定，履行评估论证、公开征求意见、合法性审核、集体审议决定、公开发布等程序。

第三十一条 应急管理行政裁量权基准制定后，应当按照规章和行政规范性文件备案制度确定的程序和时限报送备案，接受备案审查机关监督。

第三十二条 应急管理部门应当建立行政裁量权基准动态调整机制，行政裁量权基准所依据的法律、法规、规章作出修改，或者客观情况发生重大变化的，应当及时按照程序修改并公布。

第三十三条 应急管理部门应当通过行政执法情况检查、行政执法案卷评查、依法行政考核、行政执法评议考核、行政复议附带审查、行政执法投诉举报处理等方式，加强对行政裁量权基准制度执行情况的监督检查。

第三十四条 推进应急管理行政执法裁量规范化、标准化、信息化建设，充分运用人工智能、大数据、云计算、区块链等技术手段，将行政裁量权基准内容嵌入行政执法信息系统，为行政执法人员提供精准指引，有效规范行政裁量权行使。

第五章 附 则

第三十五条 本规定自 2024 年 1 月 1 日起施行。原国家安全生产监督管理总局 2010 年 7 月 15 日公布的《安全生产行政处罚自由裁量适用规则（试行）》同时废止。

安全生产非法违法行为查处办法

1. 2011 年 10 月 14 日国家安全生产监督管理总局发布
2. 安监总政法〔2011〕158 号
3. 自 2011 年 12 月 1 日起施行

第一条 为了严厉打击安全生产非法违法行为，维护安全生产法治秩序，根据《中华人民共和国安全生产法》、《国务院关于进一步加强企业安全生产工作的通知》（国发〔2010〕23 号）等法律、行政法规和规定，制定本办法。

第二条 安全生产监督管理部门和煤矿安全监察机构（以下统称安全监管监察部门）依法查处安全生产非法违法行为，适用本办法。

本办法所称安全生产非法行为，是指公民、法人或者其他组织未依法取得安全监管监察部门负责的行政许可，擅自从事生产经营建设活动的行为，或者行政许可已经失效，继续从事生产经营建设活动的行为。

本办法所称安全生产违法行为，是指生产经营单位及其从业人员违反安全生产法律、法规、规章、强制性国家标准或者行业标准的规定，从事生产经营建设活动的行为。

第三条 安全监管监察部门依法查处安全生产非法违法行为，实行查处与引导相结合、处罚与教育相结合的原则，督促引导生产经营单位依法办理相应行政许可手续，合法从事生产经营建设活动。

第四条 任何单位和个人从事生产经营活动，不得违反安全生产法律、法规、规章和强制性标准的规定。

生产经营单位主要负责人对本单位安全生产工作全面负责，并对本单位安全生产非法违法行为承担法律责任；公民个人对自己的安全生产非法违法行为承担法律责任。

第五条 安全监管监察部门应当制订并实施年度安全监管监察执法工作计划，依照法律、法规和规章规定的职责、程序和要求，对发现和被举报的安全生产非法违法行为予以查处。

第六条 任何单位和个人均有权向安全监管监察部门举报安全生产非法违法行为。举报人故意捏造或者歪曲事实、诬告或者陷害他人的，应当承担相应的法律责任。

第七条 安全监管监察部门应当建立健全举报制度，对举报人的有关情况予以保密，不得泄露举报人身份或者将举报材料、举报人情况透露给被举报单位、被举报人；对举报有功人员，应当按照有关规定给予奖励。

第八条 安全监管监察部门接到举报后，能够当场答复是否受理的，应当当场答复；不能当场答复的，应当自收到举报之日起15个工作日内书面告知举报人是否受理。但举报人的姓名（名称）、住址或者其他联系方式不清的除外。

对于不属于本部门受理范围的举报，安全监管监察部门应当告知举报人向有处理权的单位反映，或者将举报材料移送有处理权的单位，并书面告知实名举报人。

第九条 对已经受理的举报，安全监管监察部门应当依照下列规定处理：

（一）对实名举报的，立即组织核查。安全监管监察部门认为举报内容不清的，可以请举报人补充情况；

（二）对匿名举报的，根据举报具体情况决定是否进行核查。有具体的单位、安全生产非法违法事实、联系方式等线索的，立即组织核实；

（三）举报事项经核查属实的，依法予以处理；

（四）举报事项经核查不属实的，以适当方式在一定范围内予以澄清，并依法保护被举报人的合法权益。

安全监管监察部门核查安全生产非法违法行为确有困难的，可以提请本级人民政府组织有关部门共同核查。

安全监管监察部门对举报的处理情况，应当在办结的同时书面答复实名举报人，但举报人的姓名（名称）、住址或者其他联系方式不清的除外。

第十条 对安全生产非法违法行为造成的一般、较大、重大生产安全事故，设区的市级以上人民政府安委会应当按照规定对事故查处情况实施挂牌督办，有关人民政府安委会办公室（安全生产监督管理部门）具体承担督办事项。

负责督办的人民政府安委会办公室应当在当地主要新闻媒体或者本单位网站上公开督办信息，接受社会监督。

负责督办的人民政府安委会办公室应当加强对督办事项的指导、协调和监督，及时掌握安全生产非法违法事故查处的进展情况；必要时，应当派出工作组进行现场督办，并对安全生产非法违法行为查处中存在的问题责令有关单位予以纠正。

第十一条 安全监管监察部门查处安全生产非法违法行为，有权依法采取下列行政强制措施：

（一）对有根据认为不符合安全生产的国家标准或者行业标准的在用设施、设备、器材，予以查封或者扣押，并应当在作出查封、扣押决定之日起15日内依法作出处理决定；

（二）查封违法生产、储存、使用、经营危险化学品的场所，扣押违法生产、储存、使用、经营、运输的危险化学品以及用于违法生产、使用、运输危险化学品的原材料、设备；

（三）法律、法规规定的其他行政强制措施。

安全监管监察部门查处安全生产非法违法行为时，可以会同有关部门实施联合执法，必要时可以提请本级人民政府组织有关部门共同查处。

第十二条 安全监管监察部门查处安全生产非法行为，对有关单位和责任人，应当依照相关法律、法规、规章规定的上限予以处罚。

安全监管监察部门查处其他安全生产违法行为，对有关单位和责任人，应当依照《安全生产行政处罚自由裁量适用规则》、《安全生产行政处罚自由裁量标准》或者《煤矿安全监察行政处罚自由裁量实施标准》确定的处罚种类和幅度进行处罚。

第十三条 当事人逾期不履行行政处罚决定的，安全监管监察部门可以采取下列措施：

（一）到期不缴纳罚款的，每日按罚款数额的3%加处罚款；

（二）根据法律规定，将查封、扣押的设施、设备、器材拍卖所得价款抵缴罚款；

（三）申请人民法院强制执行。

第十四条 对跨区域从事生产经营建设活动的生产经营单位及其相关人员的安全生产非法违法行为，应当依法给予重大行政处罚的，安全生产非法违法行为发生地负责查处的安全监管监察部门应当书面邀请生产经营单位注册地有关安全监管监察部门参与查处。

第十五条 对跨区域从事生产经营建设活动的生产经营单位不履行负责查处的安全监管监察部门作出的行政处罚决定的，生产经营单位注册地有关安全监管监察部门应当配合负责查处的安全监管监察部门采取本办法第十三条规定的措施。

对跨区域从事生产经营建设活动的生产经营单位及其相关人员的安全生产非法违法行为，应当给予暂扣或者吊销安全生产许可证、安全资格证处罚的，安全生产非法违法行为发生地负责查处的安全监管监察部门应当提出暂扣或者吊销安全生产许可证、安全资格证的建议，并移送负责安全生产许可证、安全资格证颁发管理的安全监管监察部门调查处理，接受移送的安全监管监察部门应当依法予以处理；接受移送的安全监管监察部门对前述行政处罚建议有异议的，应当报请共同的上级安全监管监察部门作出裁决。

第十六条 安全监管监察部门在安全生产监管监察中，发现不属于职责范围的下列非法违法行为的，应当移送工商行政管理部门、其他负责相关许可证或者批准文件的颁发管理部门处理：

（一）未依法取得营业执照、其他相关许可证或者批准文件，擅自从事生产经营建设活动的行为；

（二）已经办理注销登记或者被吊销营业执照，以及营业执照有效期届满后未按照规定重新办理登记手续，擅自继续从事生产经营建设活动的行为；

（三）其他相关许可证或者批准文件有效期届满后，擅自继续从事生产经营建设活动的行为；

（四）超出核准登记经营范围、其他相关许可证或者批准文件核准范围的违法生产经营建设行为。

第十七条 拒绝、阻碍安全监管监察部门依法查处安全生产非法违法行为，构成违反治安管理行为的，安全监管监察部门应当移送公安机关依照《中华人民共和国治安管理处罚法》的规定予以处罚；涉嫌犯罪的，依法追究刑事责任。

第十八条 安全监管监察部门应当将安全生产非法行为的查处情况，自查处结案之日起15个工作日内在当地有关媒体或者安全监管监察部门网站上予以公开，接受社会监督。

对安全生产非法违法事故查处情况实施挂牌督办的有关人民政府安委会办公室，应当在督办有关措施和处罚事项全部落实后解除督办，并在解除督办之日起10个工作日内在当地主要媒体和本单位网站上予以公告，接受社会监督。

第十九条 安全监管监察部门应当建立完善安全生产非法违法行为记录和查询系统，记载安全生产非法违法行为及其处理结果。

生产经营单位因非法违法行为造成重大、特别重大生产安全事故或者一年内发生2次以上较大生产安全责任事故并负主要责任，以及存在重大隐患整改不力的，省级安全监管监察部门应当会同有关行业主管部门向社会公告，并向投资、国土资源、建设、银行、证券等主管部门通报，作为一年内严格限制其新增的项目核准、用地审批、证券融资、银行贷款等的重要参考依据。

第二十条 安全监管监察部门查处安全生产非法行为，应当在作出行政处罚决定之日起10个工作日内，将行政处罚决定书及相关证据材料报上一级安全监管监察部门备案。

安全生产监管监察部门查处其他安全生产违法行为，应当依照《安全生产违法行为行政处罚办法》第六十二条、第六十三条、第六十四条的规定，将行政处罚决定书报上一级安全监管监察部门备案。

第二十一条 县（市、区）、乡（镇）人民政府对群众举报、上级督办、日常检查发现的所辖区域的非法生产企业（单位）没有采取有效措施予以查处，致使非法生产企业（单位）存在的，对县（市、区）、乡（镇）人民政府主要领导以及相关责任人，依照国家有关规定予以纪律处分；涉嫌犯罪的，依法追究刑事责任。

县（市、区）、乡（镇）人民政府所辖区域存在非法煤矿的，依据《国务院关于预防煤矿生产安全事故的特别规定》的有关规定予以处理。

第二十二条 国家机关工作人员参与安全生产非法违法行为的，依照有关法律、行政法规和纪律处分规定由监察机关或者任免机关按照干部管理权限予以处理；涉嫌犯罪的，依法追究刑事责任。

第二十三条　安全监管监察部门工作人员对发现或者接到举报的安全生产非法违法行为，未依照有关法律、法规、规章和本办法规定予以查处的，由任免机关按照干部管理权限予以处理；涉嫌犯罪的，依法追究刑事责任。

第二十四条　本办法自2011年12月1日起施行。

转变作风开展安全生产暗查抽查工作制度

1．2013年10月30日国家安全生产监督管理总局发布
2．安监总办〔2013〕111号

为深入贯彻落实中央八项规定和习近平总书记一系列重要指示精神，进一步反“四风”、转作风，规范安全生产暗查抽查工作，制定本制度。

一、总局和煤矿安监局机关各司局、应急指挥中心要定期组织开展安全生产暗查抽查，各业务司局至少每季度一次，各综合司局、应急指挥中心至少每半年一次。开展暗查抽查前，要制定严密细致的工作方案，报总局主要领导同志或分管领导同志审批同意。

二、暗查抽查由具有行政执法资格的人员携带执法证实施。根据工作需要，可邀请相关行业领域安全生产专家和新闻媒体记者参加。

三、暗查抽查工作采取“四不两直”方式进行，即：不发通知，不向地方政府打招呼，不听取一般性工作汇报，不用当地安全监管局、煤矿安监局人员陪同，直奔基层，直插现场，开展突击检查、随机抽查。

四、坚持“零容忍、严执法”，对检查发现的安全生产隐患要依法依规严肃处理，对安全生产非法违法、违规违章行为要按照“四个一律”要求依法严厉惩处。

五、暗查抽查人员进行检查时要规范言行，注意形象，按规定配戴防护装备，避免不安全行为，并做好检查的文字、图片、音像等资料记录。进入危险作业地点、环节检查时，必须遵守安全生产有关法律、制度、规定。

六、暗查抽查结束后，要及时向被检查单位反馈检查情况，提出整改要求，并通报被检查单位所在地人民政府，跟踪督办。需要曝光的重大安全隐患和非法违法单位、个人，由政法司统筹把握，报请总局主要领导同志同意后实施。

七、暗查抽查人员要坚持为民务实清廉的作风，严格遵守保密纪律和抽查工作方案，不泄露与暗查抽查工作有关的信息和被检查单位秘密，维护被检查单位正常的工作或生产经营秩序。

八、总局办公厅负责做好暗查抽查的综合协调和服务保障工作。

安全生产执法程序规定

1．2016年7月15日国家安全生产监督管理总局发布
2．安监总政法〔2016〕72号

第一章　总　　则

第一条　为了规范安全生产执法行为，保障公民、法人或者其他组织的合法权益，根据有关法律、行政法规、规章，制定本规定。

第二条　本规定所称安全生产执法，是指安全生产监督管理部门依照法律、行政法规和规章，在履行安全生产（含职业卫生，下同）监督管理职权中，作出的行政许可、行政处罚、行政强制等行政行为。

第三条　安全生产监督管理部门应当建立安全生产执法信息公示制度，将执法的依据、程序和结果等事项向当事人公开，并在本单位官方网站上向社会公示，接受社会公众的监督；涉及国家秘密、商业秘密、个人隐私的除外。

第四条　安全生产监督管理部门应当公正行使安全生产执法职权。行使裁量权应当符合立法目的和原则，采取的措施和手段应当合法、必要、适当；可以采取多种措施和手段实现执法目的的，应当选择有利于保护公民、法人或者其他组织合法权益的措施和手段。

第五条　安全生产监督管理部门在安全生产执法过程中应当依法及时告知当事人、利害关系人相关的执法事实、理由、依据、法定权利和义务。

当事人对安全生产执法，依法享有陈述权、申辩权；有权依法申请行政复议或者提起行政诉讼。

第六条　安全生产执法采用国家安全生产监督管理总局统一制定的《安全生产监督管理部门行政执法文书》格式。

第二章　安全生产执法主体和管辖

第七条　安全生产监督管理部门的内设机构或者派出机构对外行使执法职权时，应当以安全生产监督管理部门的名义作出行政决定，并由该部门承担法律责任。

第八条　依法受委托的机关或者组织在委托的范围内，以委托的安全生产监督管理部门名义行使安全生产执法职权，由此所产生的后果由委托的安全生产监督管理部门承担法律责任。

第九条 委托的安全生产监督管理部门与受委托的机关或者组织之间应当签订委托书。委托书应当载明委托依据、委托事项、权限、期限、双方权利和义务、法律责任等事项。委托的安全生产监督管理部门、受委托的机关或者组织应当将委托的事项、权限、期限向社会公开。

第十条 委托的安全生产监督管理部门应当对受委托机关或者组织办理受委托事项的行为进行指导、监督。

受委托的机关或者组织应当自行完成受委托的事项,不得将受委托的事项再委托给其他行政机关、组织或者个人。

有下列情形之一的,委托的安全生产监督管理部门应当及时解除委托,并向社会公布:

(一)委托期限届满的;

(二)受委托行政机关或者组织超越、滥用行政职权或者不履行行政职责的;

(三)受委托行政机关或者组织不再具备履行相应职责的条件的;

(四)应当解除委托的其他情形。

第十一条 法律、法规和规章对安全生产执法地域管辖未作明确规定的,由行政管理事项发生地的安全生产监督管理部门管辖,但涉及个人资格许可事项的,由行政管理事项发生所在地或者实施资格许可的安全生产监督管理部门管辖。

第十二条 安全生产监督管理部门依照职权启动执法程序后,认为不属于自己管辖的,应当移送有管辖权的同级安全生产监督管理部门,并通知当事人;受移送的安全生产监督管理部门对于不属于自己管辖的,不得再行移送,应当报请其共同的上一级安全生产监督管理部门指定管辖。

第十三条 两个以上安全生产监督管理部门对同一事项都有管辖权的,由最先受理的予以管辖;发生管辖权争议的,由其共同的上一级安全生产监督管理部门指定管辖。情况紧急、不及时采取措施将对公共利益或者公民、法人或者其他组织合法权益造成重大损害的,行政管理事项发生地的安全生产监督管理部门应当进行必要处理,并立即通知有管辖权的安全生产监督管理部门。

第十四条 开展安全生产执法时,有下列情形之一的,安全生产执法人员应当自行申请回避;本人未申请回避的,本级安全生产监督管理部门应当责令其回避;公民、法人或者其他组织依法以书面形式提出回避申请:

(一)本人是本案的当事人或者当事人的近亲属的;

(二)与本人或者本人近亲属有直接利害关系的;

(三)与本人有其他利害关系,可能影响公正执行公务的。

安全生产执法人员的回避,由指派其进行执法工作的安全生产监督管理部门的负责人决定。实施执法工作的安全生产监督管理部门负责人的回避,由该部门负责人集体讨论决定。回避决定作出之前,安全生产执法人员不得擅自停止执法行为。

第三章 安全生产行政许可程序

第十五条 安全生产监督管理部门应当将本部门依法实施的行政许可事项、依据、条件、数量、程序、期限以及需要提交的全部材料的目录和申请书示范文本等进行公示。公示应当采取下列方式:

(一)在实施许可的办公场所设置公示栏、电子显示屏或者将公示信息资料集中在本部门专门场所供公众查阅;

(二)在联合办理、集中办理行政许可的场所公示;

(三)在本部门官方网站上公示。

第十六条 公民、法人或者其他组织依法申请安全生产行政许可的,应当依法向实施许可的安全生产监督管理部门提出。

第十七条 申请人申请安全生产行政许可,应当如实向实施许可的安全生产监督管理部门提交有关材料和反映真实情况,并对其申请材料实质内容的真实性负责。

第十八条 安全生产监督管理部门有多个内设机构办理安全生产行政许可事项的,应当确定一个机构统一受理申请人的申请,统一送达安全生产行政许可决定。

第十九条 申请人可以委托代理人代为提出安全生产行政许可申请,但依法应当由申请人本人申请的除外。

代理人代为提出申请的,应当出具载明委托事项和代理人权限的授权委托书,并出示能证明其身份的证件。

第二十条 公民、法人或者其他组织因安全生产行政许可行为取得的正当权益受法律保护。非因法定事由并经法定程序,安全生产监督管理部门不得撤销、变更、注销已经生效的行政许可决定。

安全生产监督管理部门不得增加法律、法规规定以外的其他行政许可条件。

第二十一条 安全生产监督管理部门实施安全生产行政

许可,应当按照以下程序办理:

（一）申请。申请人向实施许可的安全生产监督管理部门提交申请书和法定的文件资料,也可以按规定通过信函、传真、互联网和电子邮件等方式提出安全生产行政许可申请;

（二）受理。实施许可的安全生产监督管理部门按照规定进行初步审查,对符合条件的申请予以受理并出具书面凭证;对申请文件、资料不齐全或者不符合要求的,应当当场告知或者在收到申请文件、资料之日起5个工作日内出具补正通知书,一次告知申请人需要补正的全部内容;对不符合条件的,不予受理并书面告知申请人理由;逾期不告知的,自收到申请材料之日起,即为受理;

（三）审查。实施许可的安全生产监督管理部门对申请材料进行书面审查,按照规定,需要征求有关部门意见的,应当书面征求有关部门意见,并得到书面回复;属于法定听证情形的,实施许可的安全生产监督管理部门应当举行听证;发现行政许可事项直接关系他人重大利益的,应当告知该利害关系人。需要到现场核查的,应当指派两名以上执法人员实施核查,并提交现场核查报告;

（四）作出决定。实施许可的安全生产监督管理部门应当在规定的时间内,作出许可或者不予许可的书面决定。对决定许可的,许可机关应当自作出决定之日起10个工作日内向申请人颁发、送达许可证件或者批准文件;对决定不予许可的,许可机关应当说明理由,并告知申请人享有的法定权利。

依照法律、法规规定实施安全生产行政许可,应当根据考试成绩、考核结果、检验、检测结果作出行政许可决定的,从其规定。

第二十二条　已经取得安全生产行政许可,因法定事由,有关许可事项需要变更的,应当按照有关规定向实施许可的安全生产监督管理部门提出变更申请,并提交相关文件、资料。实施许可的安全生产监督管理部门应当按照有关规定进行审查,办理变更手续。

第二十三条　需要申请安全生产行政许可延期的,应当在规定的期限内,向作出安全生产行政许可的安全生产监督管理部门提出延期申请,并提交延期申请书及规定的申请文件、资料。

提出安全生产许可延期申请时,可以同时提出变更申请,并按有关规定向作出安全生产行政许可的安全生产监督管理部门提交相关文件、资料。

作出安全生产行政许可的安全生产监督管理部门受理延期申请后,应当依照有关规定,对延期申请进行审查,作出是否准予延期的决定;作出安全生产行政许可的安全生产监管管理部门逾期未作出决定的,视为准予延期。

第二十四条　作出安全生产行政许可的安全生产监督管理部门或者其上级安全生产监督管理部门发现公民、法人或者其他组织属于吊销或者撤销法定情形的,应当依法吊销或者撤销该行政许可。

已经取得安全生产行政许可的公民、法人或者其他组织存在有效期届满未按规定提出申请延期、未被批准延期或者被依法吊销、撤销的,作出行政许可的安全生产监督管理部门应当依法注销该安全生产许可,并在新闻媒体或者本机关网站上发布公告。

第四章　安全生产行政处罚程序

第一节　简易程序

第二十五条　安全生产违法事实确凿并有法定依据,对个人处以50元以下罚款、对生产经营单位处以1千元以下罚款或者警告的行政处罚的,安全生产执法人员可以当场作出行政处罚决定。

适用简易程序当场作出行政处罚决定的,应当遵循以下程序:

（一）安全生产执法人员不得少于两名,应当向当事人或者有关人员出示有效的执法证件,表明身份;

（二）行政处罚(当场)决定书,告知当事人作出行政处罚决定的事实、理由和依据;

（三）听取当事人的陈述和申辩,并制作当事人陈述申辩笔录;

（四）将行政处罚决定书当场交付当事人,并由当事人签字确认;

（五）及时报告行政处罚决定,并在5日内报所属安全生产监督管理部门备案。

安全生产执法人员对在边远、水上、交通不便地区,当事人向指定银行缴纳罚款确有困难,经当事人提出,可以当场收缴罚款,但应当出具省级人民政府财政部门统一制发的罚款收据,并自收缴罚款之日起2日内,交至所属安全生产监督管理部门;安全生产监督管理部门应当在2日内将罚款缴付指定的银行。

第二节　一般程序

第二十六条　一般程序适用于依据简易程序作出的行政处罚以外的其他行政处罚案件,遵循以下程序:

（一）立案。

对经初步调查认为生产经营单位涉嫌违反安全生

产法律法规和规章的行为、依法应给予行政处罚、属于本部门管辖范围的，应当予以立案，并填写立案审批表。对确需立即查处的安全生产违法行为，可以先行调查取证，并在5日内补办立案手续。

（二）调查取证。

1. 进行案件调查取证时，安全生产执法人员不得少于两名，应当向当事人或者有关人员出示有效的执法证件，表明身份；

2. 向当事人或者有关人员询问时，应制作询问笔录；

3. 安全生产执法人员应当全面、客观、公正地进行调查，收集、调取与案件有关的原始凭证作为证据。调取原始凭证确有困难的，可以复制，复制件应当注明"经核对与原件无异"的字样、采集人、出具人、采集时间和原始凭证存放的单位及其处所，并由出具证据的生产经营单位盖章；个体经营且没有印章的生产经营单位，应当由该个体经营者签名；

4. 安全生产执法人员在收集证据时，可以采取抽样取证的方法；在证据可能灭失或者以后难以取得的情况下，经本部门负责人批准，可以先行登记保存，并应当在7日内依法作出处理决定；

5. 调查取证结束后，负责承办案件的安全生产执法人员拟定处理意见，编写案件调查报告，并交案件承办机构负责人审核，审核后报所在安全生产监督管理部门负责人审批。

（三）案件审理。

安全生产监督管理部门应当建立案件审理制度，对适用一般程序的安全生产行政处罚案件应当由内设的法制机构进行案件的合法性审查。

负责承办案件的安全生产执法人员应当根据审理意见，填写案件处理呈批表，连同有关证据材料一并报本部门负责人审批。

（四）行政处罚告知。

经审批，应当给予行政处罚的案件，安全生产监督管理部门在依法作出行政处罚决定之前，应当告知当事人作出行政处罚决定的事实、理由、依据、拟作出的行政处罚决定、当事人享有的陈述和申辩权利等，并向当事人送达《行政处罚告知书》。

（五）听证告知。

符合听证条件的，应当告知当事人有要求举行听证的权利，并向当事人送达《听证告知书》。

（六）听取当事人陈述申辩。

安全生产监督管理部门听取当事人陈述申辩，除法律法规规定可以采用的方式外，原则上应当形成书面证据证明，没有当事人书面材料的，安全生产执法人员应当制作当事人陈述申辩笔录。

（七）作出行政处罚决定的执行。

安全生产监督管理部门应当对案件调查结果进行审查，并根据不同情况，分别作出以下决定：

1. 依法应受行政处罚的违法行为的，根据情节轻重及具体情况，作出行政处罚决定；

2. 违法行为轻微，依法可以不予行政处罚的，不予行政处罚；违法事实不能成立，不得给予行政处罚；

3. 违法行为涉嫌犯罪的，移送司法机关处理。

对严重安全生产违法行为给予责令停产停业整顿、责令停产停业、责令停止建设、责令停止施工、吊销有关许可证、撤销有关执业资格或者岗位证书、5万元以上罚款、没收违法所得5万元以上的行政处罚的，应当由安全生产监督管理部门的负责人集体讨论决定。

（八）行政处罚决定送达。

《行政处罚决定书》应当当场交付当事人；当事人不在场的，安全监督管理部门应当在7日内，依照《民事诉讼法》的有关规定，将《行政处罚决定书》送达当事人或者其他的法定受送达人。送达必须有送达回执，由受送达人在送达回执上注明收到日期，签名或者盖章。具体可以采用下列方式：

1. 送达应当直接送交受送达人。受送达人是个人的，本人不在时，交他的同住成年家属签收，并在《行政处罚决定书》送达回执的备注栏内注明与受送达人的关系；受送达人是法人或者其他组织的，应当由法人的法定代表人、其他组织的主要负责人或者该法人、组织负责收件的人签收；受送达人指定代收人或者委托代理人的，交代收人或者委托代理人签收并注明受当事人委托的情况；

2. 直接送达确有困难的，可以挂号邮寄送达，也可以委托当地安全监督管理部门代为送达，代为送达的安全监督管理部门收到文书后，应当及时交受送达人签收；

3. 当事人或者他的同住成年家属拒绝接收的，送达人可以邀请有关基层组织或者所在单位的代表到场，说明情况，在《行政处罚决定书》送达回执上记明拒收的事由和日期，由送达人、见证人签名或者盖章，将行政处罚决定书留在当事人的住所；也可以把《行政处罚决定书》留在受送达人的住所，并采用拍照、录像等方式记录送达过程，即视为送达；

4. 受送达人下落不明，或者用以上方式无法送达

的,可以公告送达,自公告发布之日起经过60日,即视为送达。公告送达,应当在案卷中注明原因和经过;

5. 经受送达人同意,还可采用传真、电子邮件等能够确认其收悉的方式送达;

6. 法律、法规规定的其他送达方式。

(九)行政处罚决定的执行。

当事人应当在行政处罚决定的期限内,予以履行。当事人按时全部履行处罚决定的,安全生产监督管理部门应该保留相应的凭证;行政处罚部分履行的,应有相应的审批文书;当事人逾期不履行的,作出行政处罚决定的安全生产监督管理部门可按每日以罚款数额的3%加处罚款,但加处罚款的数额不得超出原罚款的数额;根据法律规定,将查封、扣押的设施、设备、器材拍卖所得价款抵缴罚款和申请人民法院强制执行等措施。

当事人对行政处罚决定不服,申请行政复议或者提起行政诉讼的,行政处罚不停止执行,法律、法规另有规定的除外。

(十)备案。

安全生产监督管理部门实施5万元以上罚款、没收违法所得5万元以上、责令停产停业、责令停止建设、责令停止施工、责令停产停业整顿、撤销有关资格、岗位证书或者吊销有关许可证的行政处罚的,按有关规定报上一级安全生产监督管理部门备案。

对上级安全生产监督管理部门交办的案件给予行政处罚的,由决定行政处罚的安全生产监督管理部门自作出行政处罚决定之日起10日内报上级安全生产监督管理部门备案。

(十一)结案。

行政处罚案件应当自立案之日起30日内作出行政处罚决定;由于客观原因不能完成的,经安全生产监督管理部门负责人同意,可以延长,但不得超过90日;特殊情况需进一步延长的,应当经上一级安全生产监督管理部门批准,可延长至180日。

案件执行完毕后,应填写结案审批表,经安全生产监督管理部门负责人批准后结案。

(十二)归档。

安全生产行政处罚案件结案后,应按安全生产执法文书的时间顺序和执法程序排序进行归档。

第三节 听证程序

第二十七条 当事人要求听证的,应当在安全生产监督管理部门告知后3日内以书面方式提出;逾期未提出申请的,视为放弃听证权利。

第二十八条 当事人提出听证要求后,安全生产监督管理部门应当在收到书面申请之日起15日内举行听证会,并在举行听证会的7日前,通知当事人举行听证的时间、地点。

当事人应当按期参加听证。当事人有正当理由要求延期的,经组织听证的安全生产监督管理部门负责人批准可以延期1次;当事人未按期参加听证,并且未事先说明理由的,视为放弃听证权利。

第二十九条 听证参加人由听证主持人、听证员、案件调查人员、当事人、书记员组成。

当事人可以委托1至2名代理人参加听证,并按规定提交委托书。

听证主持人、听证员、书记员应当由组织听证的安全生产监督管理部门负责人指定的非本案调查人员担任。

第三十条 除涉及国家秘密、商业秘密或者个人隐私外,听证应当公开举行。

第三十一条 听证按照下列程序进行:

(一)书记员宣布听证会场纪律、当事人的权利和义务。听证主持人宣布案由,核实听证参加人名单,询问当事人是否申请回避。当事人提出回避申请的,由听证主持人宣布暂停听证;

(二)案件调查人员提出当事人的违法事实、出示证据,说明拟作出的行政处罚的内容及法律依据;

(三)当事人或者其委托代理人对案件的事实、证据、适用的法律等进行陈述和申辩,提交新的证据材料;

(四)听证主持人就案件的有关问题向当事人、案件调查人员、证人询问;

(五)案件调查人员、当事人或者其委托代理人相互辩论与质证;

(六)当事人或者其委托代理人作最后陈述;

(七)听证主持人宣布听证结束。

听证笔录应当当场交当事人核对无误后签名或者盖章。

第三十二条 有下列情形之一的,应当中止听证:

(一)需要重新调查取证的;

(二)需要通知新证人到场作证的;

(三)因不可抗力无法继续进行听证的。

第三十三条 有下列情形之一的,应当终止听证:

(一)当事人撤回听证要求的;

(二)当事人无正当理由不按时参加听证,或者未经听证主持人允许提前退席的;

(三)拟作出的行政处罚决定已经变更,不适用听证程序的。

第三十四条 听证结束后,听证主持人应当依据听证情况,形成听证会报告书,提出处理意见并附听证笔录报送安全生产监督管理部门负责人。

第三十五条 听证结束后,安全生产监督管理部门依照本法第二十六条第七项的规定,作出决定。

第五章 安全生产行政强制程序

第三十六条 安全生产行政强制的种类:

(一)对有根据认为不符合保障安全生产的国家标准或者行业标准的设施、设备、器材以及违法生产、储存、使用、经营的危险物品予以查封或者扣押,对违法生产、储存、使用、经营危险物品的作业场所予以查封;

(二)临时查封易制毒化学品有关场所、扣押相关的证据材料和违法物品;

(三)查封违法生产、储存、使用、经营危险化学品的场所,扣押违法生产、储存、使用、经营的危险化学品以及用于违法生产、使用危险化学品的原材料、设备工具;

(四)通知有关部门、单位强制停止供电,停止供应民用爆炸物品;

(五)封存造成职业病危害事故或者可能导致职业病危害事故发生的材料和设备;

(六)加处罚款;

(七)法律、法规规定的其他安全生产行政强制。

第三十七条 安全生产行政强制应当在法律、法规规定的职权范围内实施。安全生产行政强制措施权不得委托。

安全生产行政强制应当由安全生产监督管理部门具备资格的执法人员实施,其他人员不得实施。

第三十八条 实施安全生产行政强制,应当向安全生产监督管理部门负责人报告并经批准;情况紧急,需要当场实施安全生产行政强制的,执法人员应当在24小时内向安全生产监督管理部门负责人报告,并补办批准手续。安全生产监督管理部门负责人认为不应当采取安全生产行政强制的,应当立即解除。

第三十九条 实施安全生产行政强制应当符合下列规定:

(一)应有两名以上安全生产执法人员到场实施,现场出示执法证件及相关决定;

(二)实施前应当通知当事人到场;

(三)当场告知当事人采取安全生产行政强制的理由、依据以及当事人依法享有的权利、救济途径;

(四)听取当事人的陈述和申辩;

(五)制作现场笔录;

(六)现场笔录由当事人和安全生产执法人员签名或者盖章,当事人拒绝的,在笔录中予以注明;

(七)当事人不到场的,邀请见证人到场,由见证人和执法人员在现场笔录上签名或者盖章;

(八)法律、法规规定的其他程序。

第四十条 安全生产监督管理部门依法对存在重大事故隐患的生产经营单位作出停产停业、停止施工、停止使用相关设施或者设备的决定,生产经营单位应当依法执行,及时消除事故隐患。生产经营单位拒不执行,有发生生产安全事故的现实危险的,在保证安全的前提下,经本部门主要负责人批准,安全生产监督管理部门可以采取通知有关单位停止供电、停止供应民用爆炸物品等措施,强制生产经营单位履行决定,通知应当采用书面形式。

安全生产监督管理部门依照前款规定采取停止供电、停止供应民用爆炸物品措施,除有危及生产安全的紧急情形外,停止供电措施应当提前二十四小时通知生产经营单位。

第四十一条 安全生产监督管理部门依法通知有关单位采取停止供电、停止供应民用爆炸物品等措施决定书的内容应当包括:

(一)生产经营单位名称、地址及法定代表人姓名;

(二)采取停止供电、停止供应民用爆炸物品等措施的理由、依据和期限;

(三)停止供电的区域范围;

(四)安全生产监督管理部门的名称、印章和日期。

对生产经营单位的通知除包含前款规定的内容外,还应当载明申请行政复议或者提起行政诉讼的途径。

第四十二条 生产经营单位依法履行行政决定、采取相应措施消除事故隐患的,经安全生产监督管理部门复核通过,安全生产监督管理部门应当及时作出解除停止供电、停止供应民用爆炸物品等措施并书面通知有关单位。

第四十三条 安全生产监督管理部门适用加处罚款情形的,按照下列规定执行:

(一)在《行政处罚决定书》中,告知加处罚款的标准;

(二)当事人在决定期限内不履行义务,依照《中华人民共和国行政强制法》规定，制作并向当事人送达缴纳罚款《催告书》；

（三）听取当事人陈述、申辩，并制作陈述申辩笔录；

（四）制作并送达《加处罚款决定书》。

第四十四条 当事人仍不履行罚款处罚决定，又不提起行政复议、行政诉讼的，安全生产监督管理部门按照下列规定，依法申请人民法院强制执行：

（一）依照《中华人民共和国行政强制法》第五十四条向当事人送达《催告书》，催促当事人履行有关缴纳罚款、履行行政决定等义务；

（二）缴纳罚款《催告书》送达10日后，由执法机关自提起行政复议、行政诉讼期限届满之日起3个月内向安全生产监督管理部门所在地基层人民法院申请强制执行；执行对象是不动产的，向不动产所在地有管辖权的人民法院申请强制执行，并提交下列材料：

1. 强制执行申请书；
2. 行政决定书及作出决定的事实、理由和依据；
3. 当事人的意见及行政机关催告情况；
4. 申请强制执行标的情况；
5. 法律、行政法规规定的其他材料。

强制执行申请书应当由安全生产监督管理部门负责人签名，加盖本部门的印章，并注明日期。

（三）依照《中华人民共和国行政强制法》第五十九条规定，因情况紧急，为保障公共安全，安全生产监督管理部门可以申请人民法院立即执行；

（四）安全生产监督管理部门对人民法院不予受理或者不予执行的裁定有异议的，可以自收到裁定之日起在15日内向上一级人民法院申请复议。

第六章 附　　则

第四十五条 安全生产监督管理部门以及法律、法规授权的机关或者组织和依法受委托的机关或者组织履行安全生产执法职权，按照有关法律、法规、规章和本规定的程序办理。

第四十六条 省级安全生产监督管理部门可以根据本规定制定相关实施细则。

安全生产约谈实施办法（试行）

1. 2018年2月26日国务院安全生产委员会发布

2. 安委〔2018〕2号

第一条 为促进安全生产工作，强化责任落实，防范和遏制重特大生产安全事故（生产安全事故以下简称“事故”），依据《中共中央 国务院关于推进安全生产领域改革发展的意见》《国务院关于坚持科学发展安全发展促进安全生产形势持续稳定好转的意见》，制定本办法。

第二条 本办法所称安全生产约谈（以下简称约谈），是指国务院安全生产委员会（以下简称国务院安委会）主任、副主任及国务院安委会负有安全生产监督管理职责的成员单位负责人约见地方人民政府负责人，就安全生产有关问题进行提醒、告诫，督促整改的谈话。

第三条 国务院安委会进行的约谈，由国务院安委会办公室承办，其他约谈由国务院安委会有关成员单位按工作职责单独或共同组织实施。

共同组织实施约谈的，发起约谈的单位（以下简称约谈方）应与参加约谈的单位主动沟通，并就约谈事项达成一致。

第四条 发生特别重大事故或贯彻落实党中央、国务院安全生产重大决策部署不坚决、不到位的，由国务院安委会主任或副主任约谈省级人民政府主要负责人。

第五条 发生重大事故，有下列情形之一的，由国务院安委会办公室负责人或国务院安委会有关成员单位负责人约谈省级人民政府分管负责人：

（一）30日内发生2起的；

（二）6个月内发生3起的；

（三）性质严重、社会影响恶劣的；

（四）事故应急处置不力，致使事故危害扩大，死亡人数达到重大事故的；

（五）重大事故未按要求完成调查的，或未落实责任追究、防范和整改措施的；

（六）其他需要约谈的情形。

第六条 安全生产工作不力，有下列情形之一的，由国务院安委会办公室负责人或国务院安委会有关成员单位负责人或指定其内设司局主要负责人约谈市（州）人民政府主要负责人：

（一）发生重大事故或6个月内发生3起较大事故的；

（二）发生性质严重、社会影响恶劣较大事故的；

（三）事故应急处置不力，致使事故危害扩大，死亡人数达到较大事故的；

（四）国务院安委会督办的较大事故，未按要求完成调查的，或未落实责任追究、防范和整改措施的；

（五）国务院安委会办公室督办的重大事故隐患，未按要求完成整改的；

（六）其他需要约谈的情形。

第七条　约谈程序的启动：

（一）国务院安委会进行的约谈，由国务院安委会办公室提出建议，报国务院领导同志审定后，启动约谈程序；

（二）国务院安委会办公室进行的约谈，由国务院安委会有关成员单位按工作职责提出建议，报国务院安委会办公室主要负责人审定后，启动约谈程序；

（三）国务院安委会成员单位进行的约谈，由本部门有关内设机构提出建议，报本部门分管负责人批准后，抄送国务院安委会办公室，启动约谈程序。

第八条　约谈经批准后，由约谈方书面通知被约谈方，告知被约谈方约谈事由、时间、地点、程序、参加人员、需要提交的材料等。

第九条　被约谈方应根据约谈事由准备书面材料，主要包括基本情况、原因分析、主要教训以及采取的整改措施等。

第十条　被约谈方为省级人民政府的，省级人民政府主要或分管负责人及其有关部门主要负责人、市（州）人民政府主要负责人和分管负责人等接受约谈。视情要求有关企业主要负责人接受约谈。

被约谈方为市（州）人民政府的，市（州）人民政府主要负责人和分管负责人及其有关部门主要负责人、省级人民政府有关部门负责人等接受约谈。视情要求有关企业主要负责人接受约谈。

第十一条　约谈人员除主约谈人外，还包括参加约谈的国务院安委会成员单位负责人或其内设司局负责人，以及组织约谈的相关人员等。

第十二条　根据约谈工作需要，可邀请有关专家、新闻媒体、公众代表等列席约谈。

第十三条　约谈实施程序：

（一）约谈方说明约谈事由和目的，通报被约谈方存在的问题；

（二）被约谈方就约谈事项进行陈述说明，提出下一步拟采取的整改措施；

（三）讨论分析，确定整改措施及时限；

（四）形成约谈纪要。

国务院安委会成员单位进行的约谈，约谈纪要抄送国务院安委会办公室。

第十四条　整改措施落实与督促：

（一）被约谈方应当在约定的时限内将整改措施落实情况书面报约谈方，约谈方对照审核，必要时可进行现场核查；

（二）落实整改措施不力，连续发生事故的，由约谈方给予通报，并抄送被约谈方的上一级监察机关，依法依规严肃处理。

第十五条　约谈方根据政务公开的要求及时向社会公开约谈情况，接受社会监督。

第十六条　国务院安委会有关成员单位对中央管理企业的约谈参照本办法实施。

国务院安委会办公室对约谈办法实施情况进行督促检查。国务院安委会有关成员单位、各省级安委会可以参照本办法制定本单位、本地区安全生产约谈办法。

第十七条　本办法自印发之日起实施。

安全生产监管执法监督办法

1．2018年3月5日国家安全监管总局发布

2．安监总政法〔2018〕34号

第一条　为督促安全生产监督管理部门依法履行职责、严格规范公正文明执法，及时发现和纠正安全生产监管执法工作中存在的问题，根据《安全生产法》《职业病防治法》等法律法规及国务院有关规定，制定本办法。

第二条　本办法所称安全生产监管执法行为（以下简称执法行为），是指安全生产监督管理部门（以下简称安全监管部门）依法履行安全生产、职业健康监督管理职责，按照有关法律、法规、规章对行政相对人实施监督检查、现场处理、行政处罚、行政强制、行政许可等行为。

本办法所称安全生产监管执法监督（以下简称执法监督），是指安全监管部门对执法行为及相关活动的监督，包括上级安全监管部门对下级安全监管部门，安全监管部门对本部门内设机构、专门执法机构（执法总队、支队、大队等，下同）及其执法人员开展的监督。

第三条　安全监管部门开展执法监督工作，适用本办法。

安全监管部门对接受委托执法的乡镇人民政府、街道办事处、开发区管理机构等组织、机构开展执法监督工作，参照本办法执行。

第四条　执法监督工作遵循监督与促进相结合的原则，强化安全监管部门对内设机构、专门执法机构及其执法人员的监督，不断完善执法工作制度和机制，提升执法效能。

第五条　安全监管部门应指定一内设机构（以下简称执

法监督机构）具体负责组织开展执法监督工作。

安全监管部门应当配备满足工作需要的执法监督人员，为执法监督机构履行职责提供必要的条件。

第六条　安全监管部门应当通过政府网站和办事大厅、服务窗口等，公布本部门执法监督电话、电子邮箱及通信地址，接受并按规定核查处理有关举报投诉。

第七条　安全监管部门通过综合监督、日常监督、专项监督等三种方式开展执法监督工作。

综合监督是指上级安全监管部门按照本办法规定的检查内容，对下级安全监管部门执法总体情况开展的执法监督。

日常监督是指安全监管部门对内设机构、专门执法机构及其执法人员日常执法情况开展的执法监督。

专项监督是指安全监管部门针对有关重要执法事项或者执法行为开展的执法监督。

第八条　综合监督主要对下级安全监管部门建立健全下列执法工作制度特别是其贯彻执行情况进行监督：

（一）执法依据公开制度。依照有关法律、法规、规章及“三定”规定，明确安全生产监管执法事项、设定依据、实施主体、履责方式等，公布并及时调整本部门主要执法职责及执法依据。

（二）年度监督检查计划制度。编制年度监督检查计划时，贯彻落实分类分级执法、安全生产与职业健康执法一体化和“双随机”抽查的要求。年度监督检查计划报本级人民政府批准并报上一级安全监管部门备案。根据安全生产大检查、专项治理有关安排部署，及时调整年度监督检查计划，按规定履行重新报批、备案程序。

（三）执法公示制度。按照规定的范围和时限，及时主动向社会公开有关执法情况以及行政许可、行政强制、行政处罚结果等信息。

（四）行政许可办理和监督检查制度。依照法定条件和程序实施行政许可。加强行政许可后的监督检查，依法查处有关违法行为。

（五）行政处罚全过程管理制度。规范现场检查、复查，规范调查取证，严格执行行政处罚听证、审核、集体讨论、备案等规定，规范行政处罚自由裁量，推行监督检查及行政处罚全过程记录，规范行政处罚的执行和结案。

（六）执法案卷评查制度。定期对本部门和下级安全监管部门的行政处罚、行政强制、行政许可等执法案卷开展检查、评分；评查结果在一定范围内通报，针对普遍性问题提出整改措施和要求。

（七）执法统计制度。按照规定的时限和要求，逐级报送行政执法统计数据，做好数据质量控制工作，加强统计数据的分析运用。

（八）执法人员管理制度。执法人员必须参加统一的培训考核，取得行政执法资格后，方可从事执法工作。执法人员主动出示执法证件，遵守执法礼仪规范。对执法辅助人员实行统一管理。

（九）行政执法评议考核和奖惩制度。落实行政执法责任制，按年度开展本部门内设机构、专门执法机构及其执法人员的行政执法评议。评议结果按规定纳入执法人员年度考核的范围，加强考核结果运用，落实奖惩措施。

（十）行政复议和行政应诉制度。发挥行政复议的层级监督作用，严格依法审查被申请人具体行政行为的合法性、合理性。完善行政应诉工作，安全监管部门负责人依法出庭应诉。积极履行人民法院生效裁判。

（十一）安全生产行政执法与刑事司法衔接制度。加强与司法机关的协作配合，执法中发现有关单位、人员涉嫌犯罪的，依法向司法机关移送案件，定期通报有关案件办理情况。

第九条　国家安全监管总局每3年至少开展一轮对省级安全监管部门的综合监督，省级安全监管部门每2年至少开展一轮对本地区设区的市级安全监管部门的综合监督。

国家安全监管总局对省级安全监管部门开展综合监督的，应当一并检查其督促指导本地区设区的市级安全监管部门开展执法监督工作的情况。省级安全监管部门对本地区设区的市级安全监管部门开展综合监督的，应当一并检查其督促指导本地区县级安全监管部门开展执法监督工作的情况。

设区的市级安全监管部门按照省级安全监管部门的规定，开展对本地区县级安全监管部门的综合监督。

第十条　开展综合监督前，应当根据实际检查的安全监管部门数量、地域分布等，制定详细的工作方案。

综合监督采用百分制评分，具体评分标准由开展综合监督的安全监管部门结合实际工作情况制定。

第十一条　综合监督结束后，应当将综合监督有关情况、主要成效、经验做法以及发现的主要问题和整改要求、对策措施等在一定范围内通报。

省级安全监管部门应当在综合监督结束后将工作情况报告国家安全监管总局执法监督机构。

第十二条 地方各级安全监管部门应当制定日常监督年度计划，经本部门负责人批准后组织实施。

日常监督重点对本部门内设机构、专门执法机构及其执法人员严格依照有关法律、法规、规章的要求和程序实施现场处理、行政处罚、行政强制，以及事故调查报告批复的有关处理落实情况等进行监督，确保执法行为的合法性、规范性。

第十三条 安全监管部门对有关机关交办、转办、移送的重要执法事项以及行政相对人、社会公众举报投诉集中反映的执法事项、执法行为，应当开展专项监督。

专项监督由执法监督机构报经安全监管部门负责人批准后开展，并自批准之日起30日内形成专项监督报告。需要延长期限的，应当经安全监管部门负责人批准。

第十四条 上级安全监管部门在综合监督、专项监督中发现下级安全监管部门执法行为存在《行政处罚法》《行政强制法》《行政许可法》等法律法规规定的违法、不当情形的，应当立即告知下级安全监管部门予以纠正。对存在严重问题的，应当制作《行政执法监督整改通知书》，责令下级安全监管部门依法改正、纠正。

上级安全监管部门在制作《行政执法监督整改通知书》前，应当将相关执法行为存在的违法、不当情形告知下级安全监管部门，听取其陈述和申辩，必要时可以聘请专家对执法行为涉及的技术问题进行论证。

下级安全监管部门应当自收到《行政执法监督整改通知书》之日起30日内，将整改落实情况书面报告上级安全监管部门。

安全监管部门在日常监督、专项监督中发现本部门执法行为存在《行政处罚法》《行政强制法》《行政许可法》等法律法规规定的违法、不当情形的，应当及时依法改正、纠正。

第十五条 执法行为存在有关违法、不当情形，应当追究行政执法责任的，按照《安全生产监管监察职责和行政执法责任追究的规定》（国家安全监管总局令第24号）等规定，追究有关安全监管部门及其机构、人员的行政执法责任。对有关人员应当给予行政处分等处理的，依照有关规定执行；涉嫌犯罪的，移交司法机关处理。

第十六条 各级安全监管部门对在执法监督工作中表现突出的单位和个人，应当按规定给予表彰和奖励。

第十七条 地方各级安全监管部门应当于每年3月底前将本部门上一年度执法监督工作情况报告上一级安全监管部门。

第十八条 各省级安全监管部门可以结合本地区实际，制定具体实施办法。

第十九条 本办法自印发之日起施行。

安全生产严重失信主体名单管理办法

1. 2023年8月8日应急管理部令第11号公布
2. 自2023年10月1日起施行

第一章 总 则

第一条 为了加强安全生产领域信用体系建设，规范安全生产严重失信主体名单管理，依据《中华人民共和国安全生产法》等有关法律、行政法规，制定本办法。

第二条 矿山（含尾矿库）、化工（含石油化工）、医药、危险化学品、烟花爆竹、石油开采、冶金、有色、建材、机械、轻工、纺织、烟草、商贸等行业领域生产经营单位和承担安全评价、认证、检测、检验职责的机构及其人员的安全生产严重失信名单管理适用本办法。

第三条 本办法所称安全生产严重失信（以下简称严重失信）是指有关生产经营单位和承担安全评价、认证、检测、检验职责的机构及其人员因生产安全事故或者违反安全生产法律法规，受到行政处罚，并且性质恶劣、情节严重的行为。

严重失信主体名单管理是指应急管理部门依法将严重失信的生产经营单位或者机构及其有关人员列入、移出严重失信主体名单，实施惩戒或者信用修复，并记录、共享、公示相关信息等管理活动。

第四条 国务院应急管理部门负责组织、指导全国严重失信主体名单管理工作；省级、设区的市级应急管理部门负责组织、实施并指导下一级应急管理部门严重失信主体名单管理工作。

县级以上地方应急管理部门负责本行政区域内严重失信主体名单管理工作。按照“谁处罚、谁决定、谁负责”的原则，由作出行政处罚决定的应急管理部门负责严重失信主体名单管理工作。

第五条 各级应急管理部门应当建立健全严重失信主体名单信息管理制度，加大信息保护力度。推进与其他部门间的信息共享共用，健全严重失信主体名单信息查询、应用和反馈机制，依法依规实施联合惩戒。

第二章 列入条件和管理措施

第六条 下列发生生产安全事故的生产经营单位及其有关人员应当列入严重失信主体名单：

（一）发生特别重大、重大生产安全事故的生产经营单位及其主要负责人，以及经调查认定对该事故发生负有责任，应当列入名单的其他单位和人员；

（二）12 个月内累计发生 2 起以上较大生产安全事故的生产经营单位及其主要负责人；

（三）发生生产安全事故，情节特别严重、影响特别恶劣，依照《中华人民共和国安全生产法》第一百一十四条的规定被处以罚款数额 2 倍以上 5 倍以下罚款的生产经营单位及其主要负责人；

（四）瞒报、谎报生产安全事故的生产经营单位及其有关责任人员；

（五）发生生产安全事故后，不立即组织抢救或者在事故调查处理期间擅离职守或者逃匿的生产经营单位主要负责人。

第七条 下列未发生生产安全事故，但因安全生产违法行为，受到行政处罚的生产经营单位或者机构及其有关人员，应当列入严重失信主体名单：

（一）未依法取得安全生产相关许可或者许可被暂扣、吊销期间从事相关生产经营活动的生产经营单位及其主要负责人；

（二）承担安全评价、认证、检测、检验职责的机构及其直接责任人员租借资质、挂靠、出具虚假报告或者证书的；

（三）在应急管理部门作出行政处罚后，有执行能力拒不执行或者逃避执行的生产经营单位及其主要负责人；

（四）其他违反安全生产法律法规受到行政处罚，且性质恶劣、情节严重的。

第八条 应急管理部门对被列入严重失信主体名单的对象（以下简称被列入对象）可以采取下列管理措施：

（一）在国家有关信用信息共享平台、国家企业信用信息公示系统和部门政府网站等公示相关信息；

（二）加大执法检查频次、暂停项目审批、实施行业或者职业禁入；

（三）不适用告知承诺制等基于诚信的管理措施；

（四）取消参加应急管理部门组织的评先评优资格；

（五）在政府资金项目申请、财政支持等方面予以限制；

（六）法律、行政法规和党中央、国务院政策文件规定的其他管理措施。

第三章 列入和移出程序

第九条 应急管理部门作出列入严重失信主体名单书面决定前，应当告知当事人。告知内容应当包括列入时间、事由、依据、管理措施提示以及依法享有的权利等事项。

第十条 应急管理部门作出列入严重失信主体名单决定的，应当出具书面决定。书面决定内容应当包括市场主体名称、统一社会信用代码、有关人员姓名和有效身份证件号码、列入时间、事由、依据、管理措施提示、信用修复条件和程序、救济途径等事项。

告知、送达、异议处理等程序参照《中华人民共和国行政处罚法》有关规定执行。

第十一条 应急管理部门应当自作出列入严重失信主体名单决定后 3 个工作日内将相关信息录入安全生产信用信息管理系统；自作出列入严重失信主体名单决定后 20 个工作日内，通过国家有关信用信息共享平台、国家企业信用信息公示系统和部门政府网站等公示严重失信主体信息。

第十二条 被列入对象公示信息包括市场主体名称、登记注册地址、统一社会信用代码、有关人员姓名和有效身份证件号码、管理期限、作出决定的部门等事项。用于对社会公示的信息，应当加强对信息安全、个人隐私和商业秘密的保护。

第十三条 严重失信主体名单管理期限为 3 年。管理期满后由作出列入严重失信主体名单决定的应急管理部门负责移出，并停止公示和解除管理措施。

被列入对象自列入严重失信主体名单之日起满 12 个月，可以申请提前移出。依照法律、行政法规或者国务院规定实施职业或者行业禁入期限尚未届满的不予提前移出。

第十四条 在作出移出严重失信主体名单决定后 3 个工作日内，负责移出的应急管理部门应当在安全生产信用信息管理系统修改有关信息，并在 10 个工作日内停止公示和解除管理措施。

第十五条 列入严重失信主体名单的依据发生变化的，应急管理部门应当重新进行审核认定。不符合列入严重失信主体名单情形的，作出列入决定的应急管理部门应当撤销列入决定，立即将当事人移出严重失信主体名单并停止公示和解除管理措施。

第十六条 被列入对象对列入决定不服的，可以依法申请行政复议或者提起行政诉讼。

第四章 信用修复

第十七条 鼓励被列入对象进行信用修复，纠正失信行为、消除不良影响。符合信用修复条件的，应急管理部门应当按照有关规定将其移出严重失信主体名单并解除管理措施。

第十八条 被列入对象列入严重失信主体名单满12个月并符合下列条件的，可以向作出列入决定的应急管理部门提出提前移出申请：

（一）已经履行行政处罚决定中规定的义务；

（二）已经主动消除危害后果或者不良影响；

（三）未再发生本办法第六条、第七条规定的严重失信行为。

第十九条 被列入对象申请提前移出严重失信主体名单的，应当向作出列入决定的应急管理部门提出申请。申请材料包括申请书和本办法第十八条规定的相关证明材料。

应急管理部门应当在收到提前移出严重失信主体名单申请后5个工作日内作出是否受理的决定。申请材料齐全、符合条件的，应当予以受理。

第二十条 应急管理部门自受理提前移出严重失信主体名单申请之日起20个工作日内进行核实，决定是否准予提前移出。制作决定书并按照有关规定送达被列入对象；不予提前移出的，应当说明理由。

设区的市级、县级应急管理部门作出准予提前移出严重失信主体名单决定的，应当通过安全生产信用信息管理系统报告上一级应急管理部门。

第二十一条 应急管理部门发现被列入对象申请提前移出严重失信主体名单存在隐瞒真实情况、弄虚作假情形的，应当撤销提前移出决定，恢复列入状态。名单管理期自恢复列入状态之日起重新计算。

第二十二条 被列入对象对不予提前移出决定不服的，可以依法申请行政复议或者提起行政诉讼。

第五章 附 则

第二十三条 法律、行政法规和党中央、国务院政策文件对严重失信主体名单管理另有规定的，依照其规定执行。

第二十四条 矿山安全监察机构对严重失信主体名单的管理工作可以参照本办法执行。

第二十五条 本办法自2023年10月1日起施行。《国家安全监管总局关于印发〈对安全生产领域失信行为开展联合惩戒的实施办法〉的通知》（安监总办〔2017〕49号）、《国家安全监管总局办公厅关于进一步加强安全生产领域失信行为信息管理工作的通知》（安监总厅〔2017〕59号）同时废止。

安全生产行政执法与刑事司法衔接工作办法

1. 2019年4月16日应急管理部、公安部、最高人民法院、最高人民检察院发布

2. 应急〔2019〕54号

第一章 总 则

第一条 为了建立健全安全生产行政执法与刑事司法衔接工作机制，依法惩治安全生产违法犯罪行为，保障人民群众生命财产安全和社会稳定，依据《中华人民共和国刑法》《中华人民共和国刑事诉讼法》《中华人民共和国安全生产法》《中华人民共和国消防法》和《行政执法机关移送涉嫌犯罪案件的规定》《生产安全事故报告和调查处理条例》《最高人民法院最高人民检察院关于办理危害生产安全刑事案件适用法律若干问题的解释》等法律、行政法规、司法解释及有关规定，制定本办法。

第二条 本办法适用于应急管理部门、公安机关、人民法院、人民检察院办理的涉嫌安全生产犯罪案件。

应急管理部门查处违法行为时发现的涉嫌其他犯罪案件，参照本办法办理。

本办法所称应急管理部门，包括煤矿安全监察机构、消防机构。

属于《中华人民共和国监察法》规定的公职人员在行使公权力过程中发生的依法由监察机关负责调查的涉嫌安全生产犯罪案件，不适用本办法，应当依法及时移送监察机关处理。

第三条 涉嫌安全生产犯罪案件主要包括下列案件：

（一）重大责任事故案件；

（二）强令违章冒险作业案件；

（三）重大劳动安全事故案件；

（四）危险物品肇事案件；

（五）消防责任事故、失火案件；

（六）不报、谎报安全事故案件；

（七）非法采矿，非法制造、买卖、储存爆炸物，非法经营，伪造、变造、买卖国家机关公文、证件、印章等涉嫌安全生产的其他犯罪案件。

第四条 人民检察院对应急管理部门移送涉嫌安全生产犯罪案件和公安机关有关立案活动，依法实施法律监督。

第五条 各级应急管理部门、公安机关、人民检察院、人民法院应当加强协作，统一法律适用，不断完善案件移送、案情通报、信息共享等工作机制。

第六条 应急管理部门在行政执法过程中发现行使公权力的公职人员涉嫌安全生产犯罪的问题线索，或者应急管理部门、公安机关、人民检察院在查处有关违法犯罪行为过程中发现行使公权力的公职人员涉嫌贪污贿赂、失职渎职等职务违法或者职务犯罪的问题线索，应当依法及时移送监察机关处理。

第二章 日常执法中的案件移送与法律监督

第七条 应急管理部门在查处违法行为过程中发现涉嫌安全生产犯罪案件的，应当立即指定2名以上行政执法人员组成专案组专门负责，核实情况后提出移送涉嫌犯罪案件的书面报告。应急管理部门正职负责人或者主持工作的负责人应当自接到报告之日起3日内作出批准移送或者不批准移送的决定。批准移送的，应当在24小时内向同级公安机关移送；不批准移送的，应当将不予批准的理由记录在案。

第八条 应急管理部门向公安机关移送涉嫌安全生产犯罪案件，应当附下列材料，并将案件移送书抄送同级人民检察院。

（一）案件移送书，载明移送案件的应急管理部门名称、违法行为涉嫌犯罪罪名、案件主办人及联系电话等。案件移送书应当附移送材料清单，并加盖应急管理部门公章；

（二）案件调查报告，载明案件来源、查获情况、嫌疑人基本情况、涉嫌犯罪的事实、证据和法律依据、处理建议等；

（三）涉案物品清单，载明涉案物品的名称、数量、特征、存放地等事项，并附采取行政强制措施、现场笔录等表明涉案物品来源的相关材料；

（四）附有鉴定机构和鉴定人资质证明或者其他证明文件的检验报告或者鉴定意见；

（五）现场照片、询问笔录、电子数据、视听资料、认定意见、责令整改通知书等其他与案件有关的证据材料。

对有关违法行为已经作出行政处罚决定的，还应当附行政处罚决定书。

第九条 公安机关对应急管理部门移送的涉嫌安全生产犯罪案件，应当出具接受案件的回执或者在案件移送书的回执上签字。

第十条 公安机关审查发现移送的涉嫌安全生产犯罪案件材料不全的，应当在接受案件的24小时内书面告知应急管理部门在3日内补正。

公安机关审查发现涉嫌安全生产犯罪案件移送材料不全、证据不充分的，可以就证明有犯罪事实的相关证据要求等提出补充调查意见，由移送案件的应急管理部门补充调查。根据实际情况，公安机关可以依法自行调查。

第十一条 公安机关对移送的涉嫌安全生产犯罪案件，应当自接受案件之日起3日内作出立案或者不予立案的决定；涉嫌犯罪线索需要查证的，应当自接受案件之日起7日内作出决定；重大疑难复杂案件，经县级以上公安机关负责人批准，可以自受案之日起30日内作出决定。依法不予立案的，应当说明理由，相应退回案件材料。

对属于公安机关管辖但不属于本公安机关管辖的案件，应当在接受案件后24小时内移送有管辖权的公安机关，并书面通知移送案件的应急管理部门，抄送同级人民检察院。对不属于公安机关管辖的案件，应当在24小时内退回移送案件的应急管理部门。

第十二条 公安机关作出立案、不予立案决定的，应当自作出决定之日起3日内书面通知应急管理部门，并抄送同级人民检察院。

对移送的涉嫌安全生产犯罪案件，公安机关立案后决定撤销案件的，应当将撤销案件决定书送达移送案件的应急管理部门，并退回案卷材料。对依法应当追究行政法律责任的，可以同时提出书面建议。有关撤销案件决定书应当抄送同级人民检察院。

第十三条 应急管理部门应当自接到公安机关立案通知书之日起3日内将涉案物品以及与案件有关的其他材料移交公安机关，并办理交接手续。

对保管条件、保管场所有特殊要求的涉案物品，可以在公安机关采取必要措施固定留取证据后，由应急管理部门代为保管。应急管理部门应当妥善保管涉案物品，并配合公安机关、人民检察院、人民法院在办案过程中对涉案物品的调取、使用及鉴定等工作。

第十四条 应急管理部门接到公安机关不予立案的通知书后，认为依法应当由公安机关决定立案的，可以自接到不予立案通知书之日起3日内提请作出不予立案决定的公安机关复议，也可以建议人民检察院进行立案监督。

公安机关应当自收到提请复议的文件之日起3日内作出复议决定，并书面通知应急管理部门。应急管理部门对公安机关的复议决定仍有异议的，应当自收到复议决定之日起3日内建议人民检察院进行立案监督。

应急管理部门对公安机关逾期未作出是否立案决定以及立案后撤销案件决定有异议的，可以建议人民检察院进行立案监督。

第十五条 应急管理部门建议人民检察院进行立案监督的，应当提供立案监督建议书、相关案件材料，并附公安机关不予立案通知、复议维持不予立案通知或者立案后撤销案件决定及有关说明理由材料。

第十六条 人民检察院应当对应急管理部门立案监督建议进行审查，认为需要公安机关说明不予立案、立案后撤销案件的理由的，应当要求公安机关在7日内说明理由。公安机关应当书面说明理由，回复人民检察院。

人民检察院经审查认为公安机关不予立案或者立案后撤销案件理由充分，符合法律规定情形的，应当作出支持不予立案、撤销案件的检察意见。认为有关理由不能成立的，应当通知公安机关立案。

公安机关收到立案通知书后，应当在15日内立案，并将立案决定书送达人民检察院。

第十七条 人民检察院发现应急管理部门不移送涉嫌安全生产犯罪案件的，可以派员查询、调阅有关案件材料，认为应当移送的，应当提出检察意见。应急管理部门应当自收到检察意见后3日内将案件移送公安机关，并将案件移送书抄送人民检察院。

第十八条 人民检察院对符合逮捕、起诉条件的犯罪嫌疑人，应当依法批准逮捕、提起公诉。

人民检察院对决定不起诉的案件，应当自作出决定之日起3日内，将不起诉决定书送达公安机关和应急管理部门。对依法应当追究行政法律责任的，可以同时提出检察意见，并要求应急管理部门及时通报处理情况。

第三章 事故调查中的案件移送与法律监督

第十九条 事故发生地有管辖权的公安机关根据事故的情况，对涉嫌安全生产犯罪的，应当依法立案侦查。

第二十条 事故调查中发现涉嫌安全生产犯罪的，事故调查组或者负责火灾调查的消防机构应当及时将有关材料或者其复印件移交有管辖权的公安机关依法处理。

事故调查过程中，事故调查组或者负责火灾调查的消防机构可以召开专题会议，向有管辖权的公安机关通报事故调查进展情况。

有管辖权的公安机关对涉嫌安全生产犯罪案件立案侦查的，应当在3日内将立案决定书抄送同级应急管理部门、人民检察院和组织事故调查的应急管理部门。

第二十一条 对有重大社会影响的涉嫌安全生产犯罪案件，上级公安机关采取挂牌督办、派员参与等方法加强指导和督促，必要时，可以按照有关规定直接组织办理。

第二十二条 组织事故调查的应急管理部门及同级公安机关、人民检察院对涉嫌安全生产犯罪案件的事实、性质认定、证据采信、法律适用以及责任追究有意见分歧的，应当加强协调沟通。必要时，可以就法律适用等方面问题听取人民法院意见。

第二十三条 对发生一人以上死亡的情形，经依法组织调查，作出不属于生产安全事故或者生产安全责任事故的书面调查结论的，应急管理部门应当将该调查结论及时抄送同级监察机关、公安机关、人民检察院。

第四章 证据的收集与使用

第二十四条 在查处违法行为的过程中，有关应急管理部门应当全面收集、妥善保存证据材料。对容易灭失的痕迹、物证，应当采取措施提取、固定；对查获的涉案物品，如实填写涉案物品清单，并按照国家有关规定予以处理；对需要进行检验、鉴定的涉案物品，由法定检验、鉴定机构进行检验、鉴定，并出具检验报告或者鉴定意见。

在事故调查的过程中，有关部门根据有关法律法规的规定或者事故调查组的安排，按照前款规定收集、保存相关的证据材料。

第二十五条 在查处违法行为或者事故调查的过程中依法收集制作的物证、书证、视听资料、电子数据、检验报告、鉴定意见、勘验笔录、检查笔录等证据材料以及经依法批复的事故调查报告，在刑事诉讼中可以作为证据使用。

事故调查组依照有关规定提交的事故调查报告应当由其成员签名。没有签名的，应当予以补正或者作出合理解释。

第二十六条 当事人及其辩护人、诉讼代理人对检验报告、鉴定意见、勘验笔录、检查笔录等提出异议，申请重新检验、鉴定、勘验或者检查的，应当说明理由。人民法院经审理认为有必要的，应当同意。人民法院同意重新鉴定申请的，应当及时委托鉴定，并将鉴定意见告知人民检察院、当事人及其辩护人、诉讼代理人；也可以由公安机关自行或者委托相关机构重新进行检验、鉴定、勘验、检查等。

第五章　协 作 机 制

第二十七条　各级应急管理部门、公安机关、人民检察院、人民法院应当建立安全生产行政执法与刑事司法衔接长效工作机制。明确本单位的牵头机构和联系人,加强日常工作沟通与协作。定期召开联席会议,协调解决重要问题,并以会议纪要等方式明确议定事项。

各省、自治区、直辖市应急管理部门、公安机关、人民检察院、人民法院应当每年定期联合通报辖区内有关涉嫌安全生产犯罪案件移送、立案、批捕、起诉、裁判结果等方面信息。

第二十八条　应急管理部门对重大疑难复杂案件,可以就刑事案件立案追诉标准、证据的固定和保全等问题咨询公安机关、人民检察院;公安机关、人民检察院可以就案件办理中的专业性问题咨询应急管理部门。受咨询的机关应当及时答复;书面咨询的,应当在7日内书面答复。

第二十九条　人民法院应当在有关案件的判决、裁定生效后,按照规定及时将判决书、裁定书在互联网公布。适用职业禁止措施的,应当在判决、裁定生效后10日内将判决书、裁定书送达罪犯居住地的县级应急管理部门和公安机关,同时抄送罪犯居住地的县级人民检察院。具有国家工作人员身份的,应当将判决书、裁定书送达罪犯原所在单位。

第三十条　人民检察院、人民法院发现有关生产经营单位在安全生产保障方面存在问题或者有关部门在履行安全生产监督管理职责方面存在违法、不当情形的,可以发出检察建议、司法建议。有关生产经营单位或者有关部门应当按规定及时处理,并将处理情况书面反馈提出建议的人民检察院、人民法院。

第三十一条　各级应急管理部门、公安机关、人民检察院应当运用信息化手段,逐步实现涉嫌安全生产犯罪案件的网上移送、网上受理和网上监督。

第六章　附　　则

第三十二条　各省、自治区、直辖市的应急管理部门、公安机关、人民检察院、人民法院可以根据本地区实际情况制定实施办法。

第三十三条　本办法自印发之日起施行。

国家安全生产监督管理总局办公厅关于加强安全生产应急管理执法检查工作的意见

1. 2016年7月22日
2. 安监总厅应急〔2016〕74号

各省、自治区、直辖市及新疆生产建设兵团安全生产监督管理局,各省级煤矿安全监察局:

为贯彻落实《国务院办公厅关于加强安全生产监管执法的通知》(国办发〔2015〕20号)精神,加强安全生产应急管理(以下简称应急管理)执法检查工作,依据《安全生产法》等法律法规和国务院有关规定,提出如下意见:

一、指导思想和工作目标

以党的十八大精神为指引,深入贯彻落实“四个全面”战略布局,将应急管理执法检查工作纳入安全生产执法检查框架,坚持日常检查与行政执法相结合,规范执法检查行为,创新执法检查方式,严厉查处违法违规行为,推动企业依法完善应急组织机构、健全应急制度机制、落实应急保障条件、优化应急资源配置,确保应急管理各项法律法规落地生根。

二、应急管理执法检查基本要素

(一)执法检查对象和主要内容。应急管理执法检查对象是各类生产经营单位,特别是矿山、金属冶炼和危险化学品的生产、经营(带储存设施的)、储存企业,使用危险化学品达到国家规定数量的化工企业。内容主要包括企业应急管理组织体系建设、应急救援队伍建设、应急救援物资装备配备、执行应急预案管理规定、组织开展应急演练、应急管理教育培训和事故应急处置等七个方面情况。应急管理执法检查包括对企业应急管理工作的日常监督检查活动和查处企业应急管理非法违法行为。

(二)执法检查实施主体。应急管理执法检查工作的实施主体是各级安全监管监察部门及其应急管理机构。已有专门执法机构的,原则上交由专门执法机构执行。

(三)执法检查方式。应急管理执法检查,是指各级安全监管监察部门及其应急管理机构按照安全生产年度监督检查工作计划,对生产经营单位及其工作人员是否遵守应急管理法律、法规、规章和有关规定进行监督检查,必要时依法实施行政处罚、行政强制的行为。执法检查主要采取重点检查、专项检查、随机抽查、暗查暗访、交互检查等方式。

三、应急管理执法检查组织实施要求

（一）建立健全年度应急管理执法检查工作计划。将应急管理执法检查内容编入安全生产年度监督检查工作计划，根据工作计划编制应急管理现场检查方案，落实分级分类执法检查的要求，按照辖区内企业的数量、分布、危险源状况等，明确执法检查覆盖区域，灵活运用执法检查方式，适当加大对重点监管企业的执法检查频次，消除对企业应急管理工作的监管盲区和死角。

（二）推行表格化应急管理执法检查。参照应急管理执法检查清单（见附件），结合生产经营单位实际，确定检查项目和检查内容，通过现场检查、调阅有关资料，向相关单位和人员了解情况等方式，逐项检查、逐项记录情况。对执法检查过程中发现的问题，要当场告知被检查单位，并明确整改要求和复查期限。

（三）规范应急管理执法行政处罚过程。严格按照《行政处罚法》和《安全生产违法行为行政处罚办法》（国家安全监管总局令第15号公布，第77号修改）的要求，规范行政处罚执行程序。根据《国家安全监管总局关于印发〈安全生产行政执法文书（式样）〉的通知》（安监总政法〔2010〕112号）要求，正确选择使用和规范制作执法文书。证据形式和取得方式要符合《行政处罚法》《行政诉讼法》和有关司法解释规定，未经调查取证或者证据不足的，不得采取不利于当事人的执法措施。要严格规范行政处罚自由裁量权的行使，严禁以罚代管、以罚代整改，当事人对自由裁量结果有疑义的，应当予以解释说明。依法作出行政处罚决定前，应当告知当事人作出行政处罚决定的事实、理由、依据、拟作出的行政处罚决定、当事人享有的陈述和申辩权利等事项。

（四）注重应急管理执法检查实效。减少执法检查层级，推进执法检查重心下移。提高执法检查信息化水平，加快将应急管理执法检查工作纳入安全生产执法信息系统。加强基层执法检查装备建设，开发配备智能执法检查终端，逐步实现执法检查信息、流程、活动、卷宗网上留痕。强化执法检查结果统计分析工作，定期进行量化对比，注重态势把握，找出阶段性特点和苗头性问题，提出有针对性的对策建议，切实提高应急管理执法检查效能。

四、应急管理执法检查保障措施

（一）进一步提高对应急管理执法检查工作的认识。应急管理执法检查是安全监管监察部门及其应急管理机构依法履行应急管理监督检查和行政执法职责的一种方式。应急管理执法检查作为安全生产执法检查的重要组成部分，也是督促企业有效应对事故灾难、减少人员财产损失，确保应急救援到位的必要措施。各级安全监管监察部门要进一步提高认识、明晰思路，有效运用执法检查手段，推动企业不断提高应急管理工作水平。

（二）加强应急管理执法检查组织领导。各级安全监管监察部门要将加强应急管理执法检查工作作为全面履行应急管理工作职能的一项重要任务，建立主要领导全面负责的应急管理执法检查责任制，明确职责分工，强化制度建设，积极探索有利于推动基层执法检查工作的有效途径，提供必要的人力、物力和财力，确保应急管理执法检查工作顺利开展。

（三）落实应急管理执法检查工作监督。要通过评议考核、案卷评查等途径强化层级监督，及时发现并纠正执法检查中存在的问题。对有关部门和执法检查人员不履行、违法履行或者不当履行职责的行为，应当及时纠正、责令限期改正、直接予以撤销或变更，并严肃追究相关部门和人员的责任。要进一步建立健全执法检查公开和行政执法投诉等工作制度，自觉接受社会监督；适时邀请新闻媒体参与执法检查工作，发挥舆论监督作用，增强应急管理执法检查工作的透明度。

（四）强化应急管理执法检查队伍建设。选配与应急管理执法检查工作要求相适应的专业人员，充实基层执法检查力量，严禁无安全生产执法资格的人员从事应急管理执法检查工作。加强应急管理执法检查能力培训，建立执法检查人员培训考核制度，全面提高执法检查队伍的专业技能和履职能力。

附件：安全生产应急管理执法检查清单（略）

应急管理部关于加强安全生产执法工作的意见

1. 2021年3月29日
2. 应急〔2021〕23号

中国地震局、国家矿山安监局，各省、自治区、直辖市应急管理厅（局），新疆生产建设兵团应急管理局，部消防救援局、森林消防局，部机关各司局，国家安全生产应急救援中心：

为加强安全生产执法工作，提高运用法治思维和法治方式解决安全生产问题的能力和水平，有力有效防范化解安全风险、消除事故隐患，切实维护人民群众生命财产安全和社会稳定，推动实现更为安全的发展，根据中共中央办公厅、国务院办公厅印发的《关于深化应急管理综合行政执法改革的意见》提出的“突出加强安全生产执法工作，有效防范遏制生产安全事故发生”原则要求，现提出以下意见：

一、总体要求

以习近平新时代中国特色社会主义思想为指导，认真学习贯彻落实习近平法治思想和习近平总书记关于安全生产重要论述，提高政治站位，统筹发展和安全，坚持人民至上、生命至上，建立完善与新发展阶段、新发展理念、新发展格局相适应的科学高效的安全生产执法体制机制。强化安全生产法治观念，坚持严格规范公正文明执法，切实解决多层多头重复执法和屡罚不改、屡禁不止问题。创新执法模式，科学研判风险、强化精准执法，转变工作作风、敢于动真碰硬，以高质量执法推动提升安全生产水平，切实把确保人民生命安全放在第一位落到实处，以实际行动和实际效果践行“两个维护”。

二、坚持精准执法，着力提高执法质量

（一）明确层级职责。地方各级应急管理部门对辖区内安全生产执法工作负总责，承担本级法定执法职责和对下级执法工作的监督指导、抽查检查以及跨区域执法的组织协调等工作。各省级应急管理部门要在统筹分析辖区内行业领域安全风险状况、企业规模、执法难度以及各层级执法能力水平等情况的基础上，明确省市县三级执法管辖权限，确定各级执法管辖企业名单，原则上一家企业对应一个层级的执法主体，下级应急管理部门不对上级部门负责的企业开展执法活动。对下级部门难以承担的执法案件或管辖有争议的案件，上级部门可依照程序进行管辖或指定管辖；对重大和复杂案件，要及时报告上级部门立案查处。

（二）科学确定重点检查企业。完善执法计划制度，地方各级应急管理部门要将矿山、危险化学品、烟花爆竹、金属冶炼、涉爆粉尘等重点行业领域安全风险等级较高的企业纳入年度执法计划，确定为重点检查企业，每年至少进行一次“全覆盖”执法检查，其他企业实行“双随机、一公开”执法抽查。对近三年内曾发生生产安全亡人事故、一年内因重大事故隐患被应急管理部门实施过行政处罚、存在重大事故隐患未按期整改销号、纳入失信惩戒名单、停产整顿、技改基建、关闭退出以及主要负责人安全“红线”意识不牢、责任不落实等企业单位，要纳入重点检查企业范围，在正常执法计划的基础上实施动态检查，年度内检查次数至少增加一次。对于安全生产标准化一级企业或三年以上未发生事故等守法守信的重点检查企业，可纳入执法抽查。对典型事故等暴露出的严重违法行为或落实临时性重点任务以及通过投诉举报、转办交办、动态监测等发现的问题，要及时开展执法检查，不受执法计划、固定执法时间和对象限制，确保执法检查科学有效。

（三）聚焦执法检查重点事项。依据重点行业领域重大事故隐患判定标准，分行业领域建立执法检查重点事项清单并动态更新。围绕重点事项开展有针对性的执法检查，确保企业安全风险突出易发生事故的关键环节、要害岗位、重点设施检查到位。执法检查要坚持问题导向、目标导向、结果导向，实施精准执法，防止一般化、简单化、“大呼隆”等粗放式检查扰乱企业生产经营，以防风险、除隐患、遏事故的执法检查实效优化营商环境。

三、坚持严格执法，着力提升执法效能

（四）严格执法处罚。针对执法检查中发现的各类违法行为，要盯住不放，督促企业彻底整改，严格执法闭环管理。对于严重违法行为，要求企业主要负责人牵头负责整改落实，压实整改责任。严格依据法律法规进行处罚，不得以责令限期改正等措施代替处罚，对存在多种违法行为的案件要分别裁量、合并处罚，不得选择性处罚。对违法行为逾期未整改或整改不到位的，以及同一违法行为反复出现的，要依法严肃查处、从重处罚，坚决防止执法“宽松软”。

（五）建立典型执法案例定期报告制度。各省级、市级、县级应急管理部门分别按照每半年、每季度和每两个月的时间周期，直接向应急管理部至少报送一个执法案例，市、县两级同时抄报上一级应急管理部门。执法案例须聚焦执法检查重点事项，从执法严格、程序规范并由本级直接作出行政处罚的案件中选取。应急管理部建立典型执法案例数据库，健全案例汇总、筛选、发布和奖惩机制，选取优秀执法案例，对有关单位和执法人员依据有关规定给予记功和嘉奖；对执法不严格、程序不规范的案例将适时进行通报。

（六）密切行刑衔接。严格贯彻实施《刑法修正案（十一）》，加大危险作业行为刑事责任追究力度。发现在生产、作业中有关闭、破坏直接关系生产安全的设备设施，或篡改、隐瞒、销毁其相关数据信息，或拒不执行因存在重大事故隐患被依法责令停产停业、停止使用设备设施场所、立即采取整改措施的执法决定，或未经依法批准或许可擅自从事高度危险的生产作业活动等违反有关安全管理规定的情形，具有导致重大伤亡事故或者其他严重后果的现实危险行为，各级应急管理部门及消防救援机构要按照《安全生产行政执法与刑事司法衔接工作办法》（应急〔2019〕54 号），及时移送司法机关，依法追究刑事责任，不得以行政处罚代替移送，坚决纠正有案不送、以罚代刑等问题。对其他涉及刑事责任的违法行为，按照有关法律法规和程序，及时移交查办。

（七）加强失信联合惩戒。严格执行安全生产失信行为联合惩戒制度，对于存在严重违法行为的失信主体要及时纳入安全生产失信惩戒名单，提高执法工作严肃性和震慑力。对于列入严重失信惩戒名单的企业和人员，将相关信息推送全国信用信息共享平台，按照《关于对安全生产领域失信生产经营单位及其有关人员开展联合惩戒的合作备忘录》（发改财金〔2016〕1001 号）要求，实施联合惩戒。

（八）建立联合执法机制。结合贯彻落实中共中央办公厅、国务院办公厅印发的《关于深化消防执法改革的意见》，加强地方应急管理部门与消防救援机构的协调联动，创新执法方式，强化优势互补，建立安全生产执法与消防执法联合执法机制，加强信息共享，形成执法合力。

四、规范执法行为，着力强化执法权威

（九）全面落实行政执法“三项制度”。严格落实行政执法公示制度，按照“谁执法谁公示”的原则，及时通过各级应急管理部门政府网站和政务新媒体、服务窗口等平台向社会公开行政执法基本信息和结果信息；建立健全执法决定信息公开发布、撤销和更新机制，严格按照相关规定对执法决定信息进行公开，公开期满要及时撤下。落实执法全过程记录制度，全面配备使用执法记录仪，综合运用文字记录、音像记录等方式，实现现场执法和案件办理全过程留痕和可回溯管理。严格执行重大执法决定法制审核制度，明确审核机构、审核范围、审核内容、审核责任。

（十）规范执法程序。严格规范日常执法检查、专项执法、明查暗访、交叉互检等工作方式，坚持严格执法与指导服务相结合，在对重点检查企业的检查中实行“执法告知、现场检查、交流反馈”“企业主要负责人、安全管理人员、岗位操作员工全过程在场”和“执法＋专家”的执法工作模式。提前做好现场检查方案，检查前进行执法告知；检查中企业有关人员必须全过程在场，客观规范记录检查情况，对重大事故隐患排除前或者排除过程中无法保证安全的依法采取现场处理措施，对依法应当给予行政处罚的要及时立案，全面客观公正开展调查、收集证据；检查后进行交流反馈，开展“说理式”执法，注重适用法律答疑解惑，提供安全咨询和整改指导。存在法定不予处罚、从轻处罚、减轻处罚情形的，应依法执行，防止执法乱收费、乱罚款等现象。对检查中发现存在的安全问题应当由其他有关部门进行处理的，应当及时移送并形成记录备查；对需要地方政府和上级应急管理部门研究解决的重大风险和突出隐患问题，要及时报告。要综合运用约谈、警示、通报和考核巡查等手段，及时督促有关地方政府和部门单位落实安全防范措施。

（十一）加强案卷评查和执法评议考核。以执法质量作为案卷评查重点，定期对行政处罚、行政强制等执法案卷开展评查，以评查促规范，持续提高执法能力和办案水平。以落实行政执法责任制为重点，建立健全执法评议考核制度，从执法力度、办案质量、工作成效、指导服务等方面对执法工作开展评议考核，依法依规责令改正存在违法、不当情形的行政处罚。强化考核结果运用，将执法评议考核作为年度工作考核的重要指标。

五、推进执法信息化建设，着力完善执法手段

（十二）建立完善企业安全基础电子台账。地方各级应急管理部门要建立企业安全基础电子台账并进行动态更新，全面掌握辖区内企业类型和数量变化。汇总增加与安全生产有关的设备设施、安评报告、事故调查等安全管理内容，形成“一企一档”，研究分析企业安全风险状况，为确定重点检查企业提供数据支撑。

（十三）建立健全安全生产执法信息化工作机制。整合建立全国统一的应急管理监管执法信息平台，将重点检查企业生产过程监控视频和安全生产数据接入平台，充分运用风险监测预警、信用监管、投诉举报、信访等平台数据，加强对执法对象安全风险分析研判和预测预警，推动加快实施“工业互联网＋安全生产”行动计划。坚持现场执法检查和网络巡查执法“两条腿”走路，结合疫情防控常态化条件下安全生产执法工作实际，积极拓展非现场监管执法手段及应用，建立完善非现场监管执法制度办法，明确工作流程、落实责任要求。

（十四）大力推进“互联网＋执法”系统应用。推进智能移动执法系统和手持终端应用，执法行为全过程要上线入网。加强生产作业现场重点设备、工艺、装

置风险隐患样本库建设，提高对同类风险隐患的自动辨识能力，增强执法实效。利用执法系统实时掌握执法检查情况，实现执法计划、执法检查、统计分析的实时管理，及时提醒纠正各类违法行为。

六、加强执法力量建设，着力增强执法队伍能力水平

（十五）加强组织领导。全面加强党对安全生产执法工作的领导，各级应急管理部门党委（党组）每年要定期专题研究安全生产执法工作。要认真贯彻落实中央关于“应急管理执法体制调整后，安全生产执法工作只能加强不能削弱”的要求，充分认识加强和改进安全生产执法工作的重要性和紧迫性，加强执法队伍建设，落实执法保障，构建权责一致、权威高效的执法体制，持续提升防范化解重大风险和遏制重特大事故的执法能力。

（十六）加强执法教育培训。健全系统化执法教育培训机制，建立并规范实施入职培训、定期轮训和考核制度。制定年度执法教育培训计划，把理论学习与实践锻炼、课程讲授与实际运用有机结合，不断增强执法人员综合素质特别是一线人员的履职能力，持续提高具有安全生产专业知识和实践经验的执法人员比例。突出执法工作重点环节，采取理论考试、现场实操、模拟执法等方式组织开展执法队伍岗位比武练兵，充分发挥其检验、激励和导向作用，推动执法人员提高实战能力、锤炼工作作风、规范执法行为。

（十七）加强专业力量建设。严把专业入口关，加大紧缺专业人才引进力度，强化专业人干专业事。加大矿山、危险化学品、工贸等重点行业领域专业执法骨干力量培养力度，从理论、实践等方面制定专门培养计划，突出培养重点，建设法治素养和安全生产专业素质齐备的执法骨干力量。突出安全生产执法专业特色，提高执法装备水平，开展执法机构业务标准化建设，加强执法保障能力。聘请相关行业领域有影响力的技术人员和专家学者等，组成执法监督员队伍，为安全生产执法工作提供理论和专业力量支撑。

各省级应急管理部门要将落实本意见重要情况，及时报告应急管理部。

2. 行政责任

国务院关于特大安全事故行政责任追究的规定

2001年4月21日国务院令第302号公布施行

第一条 为了有效地防范特大安全事故的发生，严肃追究特大安全事故的行政责任，保障人民群众生命、财产安全，制定本规定。

第二条 地方人民政府主要领导人和政府有关部门正职负责人对下列特大安全事故的防范、发生，依照法律、行政法规和本规定的规定有失职、渎职情形或者负有领导责任的，依照本规定给予行政处分；构成玩忽职守罪或者其他罪的，依法追究刑事责任：

（一）特大火灾事故；

（二）特大交通安全事故；

（三）特大建筑质量安全事故；

（四）民用爆炸物品和化学危险品特大安全事故；

（五）煤矿和其他矿山特大安全事故；

（六）锅炉、压力容器、压力管道和特种设备特大安全事故；

（七）其他特大安全事故。

地方人民政府和政府有关部门对特大安全事故的防范、发生直接负责的主管人员和其他直接责任人员，比照本规定给予行政处分；构成玩忽职守罪或者其他罪的，依法追究刑事责任。

特大安全事故肇事单位和个人的刑事处罚、行政处罚和民事责任，依照有关法律、法规和规章的规定执行。

第三条 特大安全事故的具体标准，按照国家有关规定执行。

第四条 地方各级人民政府及政府有关部门应当依照有关法律、法规和规章的规定，采取行政措施，对本地区实施安全监督管理，保障本地区人民群众生命、财产安全，对本地区或者职责范围内防范特大安全事故的发生、特大安全事故发生后的迅速和妥善处理负责。

第五条 地方各级人民政府应当每个季度至少召开一次防范特大安全事故工作会议，由政府主要领导人或者政府主要领导人委托政府分管领导人召集有关部门正职负责人参加，分析、布置、督促、检查本地区防范特大安全事故的工作。会议应当作出决定并形成纪要，会议确定的各项防范措施必须严格实施。

第六条 市（地、州）、县（市、区）人民政府应当组织有关部门按照职责分工对本地区容易发生特大安全事故的单位、设施和场所安全事故的防范明确责任、采取措施，并组织有关部门对上述单位、设施和场所进行严格检查。

第七条 市（地、州）、县（市、区）人民政府必须制定本地区特大安全事故应急处理预案。本地区特大安全事故应急处理预案经政府主要领导人签署后，报上一级人民政府备案。

第八条 市（地、州）、县（市、区）人民政府应当组织有关部门对本规定第二条所列各类特大安全事故的隐患进行查处；发现特大安全事故隐患的，责令立即排除；特大安全事故隐患排除前或者排除过程中，无法保证安全的，责令暂时停产、停业或者停止使用。法律、行政法规对查处机关另有规定的，依照其规定。

第九条 市（地、州）、县（市、区）人民政府及其有关部门对本地区存在的特大安全事故隐患，超出其管辖或者职责范围的，应当立即向有管辖权或者负有职责的上级人民政府或者政府有关部门报告；情况紧急的，可以立即采取包括责令暂时停产、停业在内的紧急措施，同时报告；有关上级人民政府或者政府有关部门接到报告后，应当立即组织查处。

第十条 中小学校对学生进行劳动技能教育以及组织学生参加公益劳动等社会实践活动，必须确保学生安全。严禁以任何形式、名义组织学生从事接触易燃、易爆、有毒、有害等危险品的劳动或者其他危险性劳动。严禁将学校场地出租作为从事易燃、易爆、有毒、有害等危险品的生产、经营场所。

中小学校违反前款规定的，按照学校隶属关系，对县（市、区）、乡（镇）人民政府主要领导人和县（市、区）人民政府教育行政部门正职负责人，根据情节轻重，给予记过、降级直至撤职的行政处分；构成玩忽职守罪或者其他罪的，依法追究刑事责任。

中小学校违反本条第一款规定的，对校长给予撤职的行政处分，对直接组织者给予开除公职的行政处分；构成非法制造爆炸物罪或者其他罪的，依法追究刑事责任。

第十一条 依法对涉及安全生产事项负责行政审批（包括批准、核准、许可、注册、认证、颁发证照、竣工验收等，下同）的政府部门或者机构，必须严格依照法律、法规和规章规定的安全条件和程序进行审查；不符合法律、法规和规章规定的安全条件的，不得批准；不符合法律、法规和规章规定的安全条件，弄虚作假，骗取批准或者勾结串通行政审批工作人员取得批准的，负责行政审批的政府部门或者机构除必须立即撤销原批准外，应当对弄虚作假骗取批准或者勾结串通行政审批工作人员的当事人依法给予行政处罚；构成行贿罪或者其他罪的，依法追究刑事责任。

负责行政审批的政府部门或者机构违反前款规定，对不符合法律、法规和规章规定的安全条件予以批准的，对部门或者机构的正职负责人，根据情节轻重，给予降级、撤职直至开除公职的行政处分；与当事人勾结串通的，应当开除公职；构成受贿罪、玩忽职守罪或者其他罪的，依法追究刑事责任。

第十二条 对依照本规定第十一条第一款的规定取得批准的单位和个人，负责行政审批的政府部门或者机构必须对其实施严格监督检查；发现其不再具备安全条件的，必须立即撤销原批准。

负责行政审批的政府部门或者机构违反前款规定，不对取得批准的单位和个人实施严格监督检查，或者发现其不再具备安全条件而不立即撤销原批准的，对部门或者机构的正职负责人，根据情节轻重，给予降级或者撤职的行政处分；构成受贿罪、玩忽职守罪或者其他罪的，依法追究刑事责任。

第十三条 对未依法取得批准，擅自从事有关活动的，负责行政审批的政府部门或者机构发现或者接到举报后，应当立即予以查封、取缔，并依法给予行政处罚；属于经营单位的，由工商行政管理部门依法相应吊销营业执照。

负责行政审批的政府部门或者机构违反前款规定，对发现或者举报的未依法取得批准而擅自从事有关活动的，不予查封、取缔、不依法给予行政处罚，工商行政管理部门不予吊销营业执照的，对部门或者机构的正职负责人，根据情节轻重，给予降级或者撤职的行政处分；构成受贿罪、玩忽职守罪或者其他罪的，依法追究刑事责任。

第十四条 市（地、州）、县（市、区）人民政府依照本规定应当履行职责而未履行，或者未按照规定的职责和程序履行，本地区发生特大安全事故的，对政府主要领导人，根据情节轻重，给予降级或者撤职的行政处分；构成玩忽职守罪的，依法追究刑事责任。

负责行政审批的政府部门或者机构、负责安全监督管理的政府有关部门，未依照本规定履行职责，发生特大安全事故的，对部门或者机构的正职负责人，根据情节轻重，给予撤职或者开除公职的行政处分；构成玩忽职守罪或者其他罪的，依法追究刑事责任。

第十五条 发生特大安全事故，社会影响特别恶劣或者性质特别严重的，由国务院对负有领导责任的省长、自治区主席、直辖市市长和国务院有关部门正职负责人给予行政处分。

第十六条 特大安全事故发生后，有关县（市、区）、市（地、州）和省、自治区、直辖市人民政府及政府有关部门应当按照国家规定的程序和时限立即上报，不得隐瞒不报、谎报或者拖延报告，并应当配合、协助事故调查，不得以任何方式阻碍、干涉事故调查。

特大安全事故发生后，有关地方人民政府及政府有关部门违反前款规定的，对政府主要领导人和政府部门正职负责人给予降级的行政处分。

第十七条 特大安全事故发生后，有关地方人民政府应当迅速组织救助，有关部门应当服从指挥、调度，参加或者配合救助，将事故损失降到最低限度。

第十八条 特大安全事故发生后，省、自治区、直辖市人民政府应当按照国家有关规定迅速、如实发布事故消息。

第十九条 特大安全事故发生后，按照国家有关规定组织调查组对事故进行调查。事故调查工作应当自事故发生之日起60日内完成，并由调查组提出调查报告；遇有特殊情况的，经调查组提出并报国家安全生产监督管理机构批准后，可以适当延长时间。调查报告应当包括依照本规定对有关责任人员追究行政责任或者其他法律责任的意见。

省、自治区、直辖市人民政府应当自调查报告提交之日起30日内，对有关责任人员作出处理决定；必要时，国务院可以对特大安全事故的有关责任人员作出处理决定。

第二十条 地方人民政府或者政府部门阻挠、干涉对特大安全事故有关责任人员追究行政责任的，对该地方人民政府主要领导人或者政府部门正职负责人，根据情节轻重，给予降级或者撤职的行政处分。

第二十一条 任何单位和个人均有权向有关地方人民政府或者政府部门报告特大安全事故隐患，有权向上级人民政府或者政府部门举报地方人民政府或者政府部门不履行安全监督管理职责或者不按照规定履行职责的情况。接到报告或者举报的有关人民政府或者政府部门，应当立即组织对事故隐患进行查处，或者对举报的不履行、不按照规定履行安全监督管理职责的情况进行调查处理。

第二十二条 监察机关依照行政监察法的规定，对地方各级人民政府和政府部门及其工作人员履行安全监督管理职责实施监察。

第二十三条 对特大安全事故以外的其他安全事故的防范、发生追究行政责任的办法，由省、自治区、直辖市人民政府参照本规定制定。

第二十四条 本规定自公布之日起施行。

安全生产领域违法违纪行为政纪处分暂行规定

2006年11月22日监察部、国家安全生产监督管理总局令第11号公布施行

第一条 为了加强安全生产工作，惩处安全生产领域违法违纪行为，促进安全生产法律法规的贯彻实施，保障人民群众生命财产和公共财产安全，根据《中华人民共和国行政监察法》、《中华人民共和国安全生产法》及其他有关法律法规，制定本规定。

第二条 国家行政机关及其公务员，企业、事业单位中由国家行政机关任命的人员有安全生产领域违法违纪行为，应当给予处分的，适用本规定。

第三条 有安全生产领域违法违纪行为的国家行政机关，对其直接负责的主管人员和其他直接责任人员，以及对有安全生产领域违法违纪行为的国家行政机关公务员（以下统称有关责任人员），由监察机关或者任免机关按照管理权限，依法给予处分。

有安全生产领域违法违纪行为的企业、事业单位，对其直接负责的主管人员和其他直接责任人员，以及对有安全生产领域违法违纪行为的企业、事业单位工作人员中由国家行政机关任命的人员（以下统称有关责任人员），由监察机关或者任免机关按照管理权限，依法给予处分。

第四条 国家行政机关及其公务员有下列行为之一的，对有关责任人员，给予警告、记过或者记大过处分；情节较重的，给予降级或者撤职处分；情节严重的，给予开除处分：

（一）不执行国家安全生产方针政策和安全生产法律、法规、规章以及上级机关、主管部门有关安全生产的决定、命令、指示的；

（二）制定或者采取与国家安全生产方针政策以及安全生产法律、法规、规章相抵触的规定或者措施，造成不良后果或者经上级机关、有关部门指出仍不改正的。

第五条 国家行政机关及其公务员有下列行为之一的，对有关责任人员，给予警告、记过或者记大过处分；情节较重的，给予降级或者撤职处分；情节严重的，给予开除处分：

（一）向不符合法定安全生产条件的生产经营单位或者经营者颁发有关证照的；

（二）对不具备法定条件机构、人员的安全生产资质、资格予以批准认定的；

（三）对经责令整改仍不具备安全生产条件的生产经营单位，不撤销原行政许可、审批或者不依法查处的；

（四）违法委托单位或者个人行使有关安全生产的行政许可权或者审批权的；

（五）有其他违反规定实施安全生产行政许可或者审批行为的。

第六条 国家行政机关及其公务员有下列行为之一的，对有关责任人员，给予警告、记过或者记大过处分；情节较重的，给予降级或者撤职处分；情节严重的，给予开除处分：

（一）批准向合法的生产经营单位或者经营者超量提供剧毒品、火工品等危险物资，造成后果的；

（二）批准向非法或者不具备安全生产条件的生产经营单位或者经营者，提供剧毒品、火工品等危险物资或者其他生产经营条件的。

第七条 国家行政机关公务员利用职权或者职务上的影响，违反规定为个人和亲友谋取私利，有下列行为之一的，给予警告、记过或者记大过处分；情节较重的，给予降级或者撤职处分；情节严重的，给予开除处分：

（一）干预、插手安全生产装备、设备、设施采购或者招标投标等活动的；

（二）干预、插手安全生产行政许可、审批或者安全生产监督执法的；

（三）干预、插手安全生产中介活动的；

（四）有其他干预、插手生产经营活动危及安全生产行为的。

第八条 国家行政机关及其公务员有下列行为之一的，对有关责任人员，给予警告、记过或者记大过处分；情节较重的，给予降级或者撤职处分；情节严重的，给予开除处分：

（一）未按照有关规定对有关单位申报的新建、改建、扩建工程项目的安全设施，与主体工程同时设计、同时施工、同时投入生产和使用中组织审查验收的；

（二）发现存在重大安全隐患，未按规定采取措施，导致生产安全事故发生的；

（三）对发生的生产安全事故瞒报、谎报、拖延不报，或者组织、参与瞒报、谎报、拖延不报的；

（四）生产安全事故发生后，不及时组织抢救的；

（五）对生产安全事故的防范、报告、应急救援有其他失职、渎职行为的。

第九条　国家行政机关及其公务员有下列行为之一的，对有关责任人员，给予警告、记过或者记大过处分；情节较重的，给予降级或者撤职处分；情节严重的，给予开除处分：

（一）阻挠、干涉生产安全事故调查工作的；

（二）阻挠、干涉对事故责任人员进行责任追究的；

（三）不执行对事故责任人员的处理决定，或者擅自改变上级机关批复的对事故责任人员的处理意见的。

第十条　国家行政机关公务员有下列行为之一的，给予警告、记过或者记大过处分；情节较重的，给予降级或者撤职处分；情节严重的，给予开除处分：

（一）本人及其配偶、子女及其配偶违反规定在煤矿等企业投资入股或者在安全生产领域经商办企业的；

（二）违反规定从事安全生产中介活动或者其他营利活动的；

（三）在事故调查处理时，滥用职权、玩忽职守、徇私舞弊的；

（四）利用职务上的便利，索取他人财物，或者非法收受他人财物，在安全生产领域为他人谋取利益的。

对国家行政机关公务员本人违反规定投资入股煤矿的处分，法律、法规另有规定的，从其规定。

第十一条　国有企业及其工作人员有下列行为之一的，对有关责任人员，给予警告、记过或者记大过处分；情节较重的，给予降级、撤职或者留用察看处分；情节严重的，给予开除处分：

（一）未取得安全生产行政许可及相关证照或者不具备安全生产条件从事生产经营活动的；

（二）弄虚作假，骗取安全生产相关证照的；

（三）出借、出租、转让或者冒用安全生产相关证照的；

（四）未按照有关规定保证安全生产所必需的资金投入，导致产生重大安全隐患的；

（五）新建、改建、扩建工程项目的安全设施，不与主体工程同时设计、同时施工、同时投入生产和使用，或者未按规定审批、验收，擅自组织施工和生产的；

（六）被依法责令停产停业整顿、吊销证照、关闭的生产经营单位，继续从事生产经营活动的。

第十二条　国有企业及其工作人员有下列行为之一，导致生产安全事故发生的，对有关责任人员，给予警告、记过或者记大过处分；情节较重的，给予降级、撤职或者留用察看处分；情节严重的，给予开除处分：

（一）对存在的重大安全隐患，未采取有效措施的；

（二）违章指挥，强令工人违章冒险作业的；

（三）未按规定进行安全生产教育和培训并经考核合格，允许从业人员上岗，致使违章作业的；

（四）制造、销售、使用国家明令淘汰或者不符合国家标准的设施、设备、器材或者产品的；

（五）超能力、超强度、超定员组织生产经营，拒不执行有关部门整改指令的；

（六）拒绝执法人员进行现场检查或者在被检查时隐瞒事故隐患，不如实反映情况的；

（七）有其他不履行或者不正确履行安全生产管理职责的。

第十三条　国有企业及其工作人员有下列行为之一的，对有关责任人员，给予记过或者记大过处分；情节较重的，给予降级、撤职或者留用察看处分；情节严重的，给予开除处分：

（一）对发生的生产安全事故瞒报、谎报或者拖延不报的；

（二）组织或者参与破坏事故现场、出具伪证或者隐匿、转移、篡改、毁灭有关证据，阻挠事故调查处理的；

（三）生产安全事故发生后，不及时组织抢救或者擅离职守的。

生产安全事故发生后逃匿的，给予开除处分。

第十四条　国有企业及其工作人员不执行或者不正确执行对事故责任人员作出的处理决定，或者擅自改变上级机关批复的对事故责任人员的处理意见的，对有关责任人员，给予警告、记过或者记大过处分；情节较重的，给予降级、撤职或者留用察看处分；情节严重的，给予开除处分。

第十五条　国有企业负责人及其配偶、子女及其配偶违反规定在煤矿等企业投资入股或者在安全生产领域经商办企业的，对由国家行政机关任命的人员，给予警告、记过或者记大过处分;情节较重的,给予降级、撤职或者留用察看处分;情节严重的,给予开除处分。

第十六条 承担安全评价、培训、认证、资质验证、设计、检测、检验等工作的机构及其工作人员,出具虚假报告等与事实不符的文件、材料,造成安全生产隐患的,对有关责任人员,给予警告、记过或者记大过处分;情节较重的,给予降级、降职或者撤职处分;情节严重的,给予开除留用察看或者开除处分。

第十七条 法律、法规授权的具有管理公共事务职能的组织以及国家行政机关依法委托的组织及其工勤人员以外的工作人员有安全生产领域违法违纪行为,应当给予处分的,参照本规定执行。

企业、事业单位中除由国家行政机关任命的人员外,其他人员有安全生产领域违法违纪行为,应当给予处分的,由企业、事业单位参照本规定执行。

第十八条 有安全生产领域违法违纪行为,需要给予组织处理的,依照有关规定办理。

第十九条 有安全生产领域违法违纪行为,涉嫌犯罪的,移送司法机关依法处理。

第二十条 本规定由监察部和国家安全生产监督管理总局负责解释。

第二十一条 本规定自公布之日起施行。

3. 刑事责任

中华人民共和国刑法(节录)

1. 1979年7月1日第五届全国人民代表大会第二次会议通过
2. 1997年3月14日第八届全国人民代表大会第五次会议修订
3. 根据1998年12月29日第九届全国人民代表大会常务委员会第六次会议通过的《关于惩治骗购外汇、逃汇和非法买卖外汇犯罪的决定》、1999年12月25日第九届全国人民代表大会常务委员会第十三次会议通过的《中华人民共和国刑法修正案》、2001年8月31日第九届全国人民代表大会常务委员会第二十三次会议通过的《中华人民共和国刑法修正案(二)》、2001年12月29日第九届全国人民代表大会常务委员会第二十五次会议通过的《中华人民共和国刑法修正案(三)》、2002年12月28日第九届全国人民代表大会常务委员会第三十一次会议通过的《中华人民共和国刑法修正案(四)》、2005年2月28日第十届全国人民代表大会常务委员会第十四次会议通过的《中华人民共和国刑法修正案(五)》、2006年6月29日第十届全国人民代表大会常务委员会第二十二次会议通过的《中华人民共和国刑法修正案(六)》、2009年2月28日第十一届全国人民代表大会常务委员会第七次会议通过的《中华人民共和国刑法修正案(七)》、2009年8月27日第十一届全国人民代表大会常务委员会第十次会议通过的《关于修改部分法律的决定》、2011年2月25日第十一届全国人民代表大会常务委员会第十九次会议通过的《中华人民共和国刑法修正案(八)》、2015年8月29日第十二届全国人民代表大会常务委员会第十六次会议通过的《中华人民共和国刑法修正案(九)》、2017年11月4日第十二届全国人民代表大会常务委员会第三十次会议通过的《中华人民共和国刑法修正案(十)》、2020年12月26日第十三届全国人民代表大会常务委员会第二十四次会议通过的《中华人民共和国刑法修正案(十一)》和2023年12月29日第十四届全国人民代表大会常务委员会第七次会议通过的《中华人民共和国刑法修正案(十二)》修正

第一百三十一条　【重大飞行事故罪】航空人员违反规章制度,致使发生重大飞行事故,造成严重后果的,处三年以下有期徒刑或者拘役;造成飞机坠毁或者人员死亡的,处三年以上七年以下有期徒刑。

第一百三十二条　【铁路运营安全事故罪】铁路职工违反规章制度,致使发生铁路运营安全事故,造成严重后果的,处三年以下有期徒刑或者拘役;造成特别严重后果的,处三年以上七年以下有期徒刑。

第一百三十三条　【交通肇事罪】违反交通运输管理法规,因而发生重大事故,致人重伤、死亡或者使公私财产遭受重大损失的,处三年以下有期徒刑或者拘役;交通运输肇事后逃逸或者有其他特别恶劣情节的,处三年以上七年以下有期徒刑;因逃逸致人死亡的,处七年以上有期徒刑。

第一百三十三条之一　【危险驾驶罪】在道路上驾驶机动车,有下列情形之一的,处拘役,并处罚金:

(一)追逐竞驶,情节恶劣的;

(二)醉酒驾驶机动车的;

(三)从事校车业务或者旅客运输,严重超过额定乘员载客,或者严重超过规定时速行驶的;

(四)违反危险化学品安全管理规定运输危险化学品,危及公共安全的。

机动车所有人、管理人对前款第三项、第四项行为负有直接责任的,依照前款的规定处罚。

有前两款行为,同时构成其他犯罪的,依照处罚较重的规定定罪处罚。

第一百三十三条之二　【妨害安全驾驶罪】对行驶中的公共交通工具的驾驶人员使用暴力或者抢控驾驶操纵装置,干扰公共交通工具正常行驶,危及公共安全的,处一年以下有期徒刑、拘役或者管制,并处或者单处罚金。

前款规定的驾驶人员在行驶的公共交通工具上擅离职守,与他人互殴或者殴打他人,危及公共安全的,依照前款的规定处罚。

有前两款行为,同时构成其他犯罪的,依照处罚较重的规定定罪处罚。

第一百三十四条　【重大责任事故罪】在生产、作业中违反有关安全管理的规定,因而发生重大伤亡事故或者造成其他严重后果的,处三年以下有期徒刑或者拘役;情节特别恶劣的,处三年以上七年以下有期徒刑。

【强令、组织他人违章冒险作业罪】强令他人违章冒险作业,或者明知存在重大事故隐患而不排除,仍冒险组织作业,因而发生重大伤亡事故或者造成其他严重后果的,处五年以下有期徒刑或者拘役;情节特别恶劣的,处五年以上有期徒刑。

第一百三十四条之一　【危险作业罪】在生产、作业中违反有关安全管理的规定,有下列情形之一,具有发生重大伤亡事故或者其他严重后果的现实危险的，处一年以下有期徒刑、拘役或者管制：

（一）关闭、破坏直接关系生产安全的监控、报警、防护、救生设备、设施，或者篡改、隐瞒、销毁其相关数据、信息的；

（二）因存在重大事故隐患被依法责令停产停业、停止施工、停止使用有关设备、设施、场所或者立即采取排除危险的整改措施，而拒不执行的；

（三）涉及安全生产的事项未经依法批准或者许可，擅自从事矿山开采、金属冶炼、建筑施工，以及危险物品生产、经营、储存等高度危险的生产作业活动的。

第一百三十五条　【重大劳动安全事故罪】安全生产设施或者安全生产条件不符合国家规定，因而发生重大伤亡事故或者造成其他严重后果的，对直接负责的主管人员和其他直接责任人员，处三年以下有期徒刑或者拘役；情节特别恶劣的，处三年以上七年以下有期徒刑。

第一百三十五条之一　【大型群众性活动重大安全事故罪】举办大型群众性活动违反安全管理规定，因而发生重大伤亡事故或者造成其他严重后果的，对直接负责的主管人员和其他直接责任人员，处三年以下有期徒刑或者拘役；情节特别恶劣的，处三年以上七年以下有期徒刑。

第一百三十六条　【危险物品肇事罪】违反爆炸性、易燃性、放射性、毒害性、腐蚀性物品的管理规定，在生产、储存、运输、使用中发生重大事故，造成严重后果的，处三年以下有期徒刑或者拘役；后果特别严重的，处三年以上七年以下有期徒刑。

第一百三十七条　【工程重大安全事故罪】建设单位、设计单位、施工单位、工程监理单位违反国家规定，降低工程质量标准，造成重大安全事故的，对直接责任人员，处五年以下有期徒刑或者拘役，并处罚金；后果特别严重的，处五年以上十年以下有期徒刑，并处罚金。

第一百三十八条　【教育设施重大安全事故罪】明知校舍或者教育教学设施有危险，而不采取措施或者不及时报告，致使发生重大伤亡事故的，对直接责任人员，处三年以下有期徒刑或者拘役；后果特别严重的，处三年以上七年以下有期徒刑。

第一百三十九条　【消防责任事故罪】违反消防管理法规，经消防监督机构通知采取改正措施而拒绝执行，造成严重后果的，对直接责任人员，处三年以下有期徒刑或者拘役；后果特别严重的，处三年以上七年以下有期徒刑。

第一百三十九条之一　【不报、谎报安全事故罪】在安全事故发生后，负有报告职责的人员不报或者谎报事故情况，贻误事故抢救，情节严重的，处三年以下有期徒刑或者拘役；情节特别严重的，处三年以上七年以下有期徒刑。

第二百七十七条　【妨害公务罪】以暴力、威胁方法阻碍国家机关工作人员依法执行职务的，处三年以下有期徒刑、拘役、管制或者罚金。

以暴力、威胁方法阻碍全国人民代表大会和地方各级人民代表大会代表依法执行代表职务的，依照前款的规定处罚。

在自然灾害和突发事件中，以暴力、威胁方法阻碍红十字会工作人员依法履行职责的，依照第一款的规定处罚。

故意阻碍国家安全机关、公安机关依法执行国家安全工作任务，未使用暴力、威胁方法，造成严重后果的，依照第一款的规定处罚。

暴力袭击正在依法执行职务的人民警察的，处三年以下有期徒刑、拘役或者管制；使用枪支、管制刀具，或者以驾驶机动车撞击等手段，严重危及其人身安全的，处三年以上七年以下有期徒刑。

第三百九十七条　【滥用职权罪；玩忽职守罪】国家机关工作人员滥用职权或者玩忽职守，致使公共财产、国家和人民利益遭受重大损失的，处三年以下有期徒刑或者拘役；情节特别严重的，处三年以上七年以下有期徒刑。本法另有规定的，依照规定。

国家机关工作人员徇私舞弊，犯前款罪的，处五年以下有期徒刑或者拘役；情节特别严重的，处五年以上十年以下有期徒刑。本法另有规定的，依照规定。

最高人民法院、最高人民检察院关于办理危害生产安全刑事案件适用法律若干问题的解释

1. 2015年11月9日最高人民法院审判委员会第1665次会议、2015年12月9日最高人民检察院第十二届检察委员会第44次会议通过
2. 2015年12月14日公布
3. 法释〔2015〕22号
4. 自2015年12月16日起施行

为依法惩治危害生产安全犯罪，根据刑法有关规

定,现就办理此类刑事案件适用法律的若干问题解释如下:

第一条 刑法第一百三十四条第一款规定的犯罪主体,包括对生产、作业负有组织、指挥或者管理职责的负责人、管理人员、实际控制人、投资人等人员,以及直接从事生产、作业的人员。

第二条 刑法第一百三十四条第二款规定的犯罪主体,包括对生产、作业负有组织、指挥或者管理职责的负责人、管理人员、实际控制人、投资人等人员。

第三条 刑法第一百三十五条规定的"直接负责的主管人员和其他直接责任人员",是指对安全生产设施或者安全生产条件不符合国家规定负有直接责任的生产经营单位负责人、管理人员、实际控制人、投资人,以及其他对安全生产设施或者安全生产条件负有管理、维护职责的人员。

第四条 刑法第一百三十九条之一规定的"负有报告职责的人员",是指负有组织、指挥或者管理职责的负责人、管理人员、实际控制人、投资人,以及其他负有报告职责的人员。

第五条 明知存在事故隐患、继续作业存在危险,仍然违反有关安全管理的规定,实施下列行为之一的,应当认定为刑法第一百三十四条第二款规定的"强令他人违章冒险作业":

(一)利用组织、指挥、管理职权,强制他人违章作业的;

(二)采取威逼、胁迫、恐吓等手段,强制他人违章作业的;

(三)故意掩盖事故隐患,组织他人违章作业的;

(四)其他强令他人违章作业的行为。

第六条 实施刑法第一百三十二条、第一百三十四条第一款、第一百三十五条、第一百三十五条之一、第一百三十六条、第一百三十九条规定的行为,因而发生安全事故,具有下列情形之一的,应当认定为"造成严重后果"或者"发生重大伤亡事故或者造成其他严重后果",对相关责任人员,处三年以下有期徒刑或者拘役:

(一)造成死亡一人以上,或者重伤三人以上的;

(二)造成直接经济损失一百万元以上的;

(三)其他造成严重后果或者重大安全事故的情形。

实施刑法第一百三十四条第二款规定的行为,因而发生安全事故,具有本条第一款规定情形的,应当认定为"发生重大伤亡事故或者造成其他严重后果",对相关责任人员,处五年以下有期徒刑或者拘役。

实施刑法第一百三十七条规定的行为,因而发生安全事故,具有本条第一款规定情形的,应当认定为"造成重大安全事故",对直接责任人员,处五年以下有期徒刑或者拘役,并处罚金。

实施刑法第一百三十八条规定的行为,因而发生安全事故,具有本条第一款第一项规定情形的,应当认定为"发生重大伤亡事故",对直接责任人员,处三年以下有期徒刑或者拘役。

第七条 实施刑法第一百三十二条、第一百三十四条第一款、第一百三十五条、第一百三十五条之一、第一百三十六条、第一百三十九条规定的行为,因而发生安全事故,具有下列情形之一的,对相关责任人员,处三年以上七年以下有期徒刑:

(一)造成死亡三人以上或者重伤十人以上,负事故主要责任的;

(二)造成直接经济损失五百万元以上,负事故主要责任的;

(三)其他造成特别严重后果、情节特别恶劣或者后果特别严重的情形。

实施刑法第一百三十四条第二款规定的行为,因而发生安全事故,具有本条第一款规定情形的,对相关责任人员,处五年以上有期徒刑。

实施刑法第一百三十七条规定的行为,因而发生安全事故,具有本条第一款规定情形的,对直接责任人员,处五年以上十年以下有期徒刑,并处罚金。

实施刑法第一百三十八条规定的行为,因而发生安全事故,具有下列情形之一的,对直接责任人员,处三年以上七年以下有期徒刑:

(一)造成死亡三人以上或者重伤十人以上,负事故主要责任的;

(二)具有本解释第六条第一款第一项规定情形,同时造成直接经济损失五百万元以上并负事故主要责任的,或者同时造成恶劣社会影响的。

第八条 在安全事故发生后,负有报告职责的人员不报或者谎报事故情况,贻误事故抢救,具有下列情形之一的,应当认定为刑法第一百三十九条之一规定的"情节严重":

(一)导致事故后果扩大,增加死亡一人以上,或者增加重伤三人以上,或者增加直接经济损失一百万元以上的;

(二)实施下列行为之一,致使不能及时有效开展事故抢救的:

1. 决定不报、迟报、谎报事故情况或者指使、串通有关人员不报、迟报、谎报事故情况的；

2. 在事故抢救期间擅离职守或者逃匿的；

3. 伪造、破坏事故现场，或者转移、藏匿、毁灭遇难人员尸体，或者转移、藏匿受伤人员的；

4. 毁灭、伪造、隐匿与事故有关的图纸、记录、计算机数据等资料以及其他证据的；

（三）其他情节严重的情形。

具有下列情形之一的，应当认定为刑法第一百三十九条之一规定的“情节特别严重”：

（一）导致事故后果扩大，增加死亡三人以上，或者增加重伤十人以上，或者增加直接经济损失五百万元以上的；

（二）采用暴力、胁迫、命令等方式阻止他人报告事故情况，导致事故后果扩大的；

（三）其他情节特别严重的情形。

第九条 在安全事故发生后，与负有报告职责的人员串通，不报或者谎报事故情况，贻误事故抢救，情节严重的，依照刑法第一百三十九条之一的规定，以共犯论处。

第十条 在安全事故发生后，直接负责的主管人员和其他直接责任人员故意阻挠开展抢救，导致人员死亡或者重伤，或者为了逃避法律追究，对被害人进行隐藏、遗弃，致使被害人因无法得到救助而死亡或者重度残疾的，分别依照刑法第二百三十二条、第二百三十四条的规定，以故意杀人罪或者故意伤害罪定罪处罚。

第十一条 生产不符合保障人身、财产安全的国家标准、行业标准的安全设备，或者明知安全设备不符合保障人身、财产安全的国家标准、行业标准而进行销售，致使发生安全事故，造成严重后果的，依照刑法第一百四十六条的规定，以生产、销售不符合安全标准的产品罪定罪处罚。

第十二条 实施刑法第一百三十二条、第一百三十四条至第一百三十九条之一规定的犯罪行为，具有下列情形之一的，从重处罚：

（一）未依法取得安全许可证件或者安全许可证件过期、被暂扣、吊销、注销后从事生产经营活动的；

（二）关闭、破坏必要的安全监控和报警设备的；

（三）已经发现事故隐患，经有关部门或者个人提出后，仍不采取措施的；

（四）一年内曾因危害生产安全违法犯罪活动受过行政处罚或者刑事处罚的；

（五）采取弄虚作假、行贿等手段，故意逃避、阻挠负有安全监督管理职责的部门实施监督检查的；

（六）安全事故发生后转移财产意图逃避承担责任的；

（七）其他从重处罚的情形。

实施前款第五项规定的行为，同时构成刑法第三百八十九条规定的犯罪的，依照数罪并罚的规定处罚。

第十三条 实施刑法第一百三十二条、第一百三十四条至第一百三十九条之一规定的犯罪行为，在安全事故发生后积极组织、参与事故抢救，或者积极配合调查、主动赔偿损失的，可以酌情从轻处罚。

第十四条 国家工作人员违反规定投资入股生产经营，构成本解释规定的有关犯罪的，或者国家工作人员的贪污、受贿犯罪行为与安全事故发生存在关联性的，从重处罚；同时构成贪污、受贿犯罪和危害生产安全犯罪的，依照数罪并罚的规定处罚。

第十五条 国家机关工作人员在履行安全监督管理职责时滥用职权、玩忽职守，致使公共财产、国家和人民利益遭受重大损失的，或者徇私舞弊，对发现的刑事案件依法应当移交司法机关追究刑事责任而不移交，情节严重的，分别依照刑法第三百九十七条、第四百零二条的规定，以滥用职权罪、玩忽职守罪或者徇私舞弊不移交刑事案件罪定罪处罚。

公司、企业、事业单位的工作人员在依法或者受委托行使安全监督管理职责时滥用职权或者玩忽职守，构成犯罪的，应当依照《全国人民代表大会常务委员会关于〈中华人民共和国刑法〉第九章渎职罪主体适用问题的解释》的规定，适用渎职罪的规定追究刑事责任。

第十六条 对于实施危害生产安全犯罪适用缓刑的犯罪分子，可以根据犯罪情况，禁止其在缓刑考验期限内从事与安全生产相关联的特定活动；对于被判处刑罚的犯罪分子，可以根据犯罪情况和预防再犯罪的需要，禁止其自刑罚执行完毕之日或者假释之日起三年至五年内从事与安全生产相关的职业。

第十七条 本解释自2015年12月16日起施行。本解释施行后，《最高人民法院、最高人民检察院关于办理危害矿山生产安全刑事案件具体应用法律若干问题的解释》（法释〔2007〕5号）同时废止。最高人民法院、最高人民检察院此前发布的司法解释和规范性文件与本解释不一致的，以本解释为准。

最高人民法院、最高人民检察院关于办理危害生产安全刑事案件适用法律若干问题的解释（二）

1. 2022年9月19日最高人民法院审判委员会第1875次会议、2022年10月25日最高人民检察院第十三届检察委员会第106次会议通过
2. 2022年12月15日公布
3. 法释〔2022〕19号
4. 自2022年12月19日起施行

为依法惩治危害生产安全犯罪，维护公共安全，保护人民群众生命安全和公私财产安全，根据《中华人民共和国刑法》《中华人民共和国刑事诉讼法》和《中华人民共和国安全生产法》等规定，现就办理危害生产安全刑事案件适用法律的若干问题解释如下：

第一条　明知存在事故隐患，继续作业存在危险，仍然违反有关安全管理的规定，有下列情形之一的，属于刑法第一百三十四条第二款规定的“强令他人违章冒险作业”：

（一）以威逼、胁迫、恐吓等手段，强制他人违章作业的；

（二）利用组织、指挥、管理职权，强制他人违章作业的；

（三）其他强令他人违章冒险作业的情形。

明知存在重大事故隐患，仍然违反有关安全管理的规定，不排除或者故意掩盖重大事故隐患，组织他人作业的，属于刑法第一百三十四条第二款规定的“冒险组织作业”。

第二条　刑法第一百三十四条之一规定的犯罪主体，包括对生产、作业负有组织、指挥或者管理职责的负责人、管理人员、实际控制人、投资人等人员，以及直接从事生产、作业的人员。

第三条　因存在重大事故隐患被依法责令停产停业、停止施工、停止使用有关设备、设施、场所或者立即采取排除危险的整改措施，有下列情形之一的，属于刑法第一百三十四条之一第二项规定的“拒不执行”：

（一）无正当理由故意不执行各级人民政府或者负有安全生产监督管理职责的部门依法作出的上述行政决定、命令的；

（二）虚构重大事故隐患已经排除的事实，规避、干扰执行各级人民政府或者负有安全生产监督管理职责的部门依法作出的上述行政决定、命令的；

（三）以行贿等不正当手段，规避、干扰执行各级人民政府或者负有安全生产监督管理职责的部门依法作出的上述行政决定、命令的。

有前款第三项行为，同时构成刑法第三百八十九条行贿罪、第三百九十三条单位行贿罪等犯罪的，依照数罪并罚的规定处罚。

认定是否属于“拒不执行”，应当综合考虑行政决定、命令是否具有法律、行政法规等依据，行政决定、命令的内容和期限要求是否明确、合理，行为人是否具有按照要求执行的能力等因素进行判断。

第四条　刑法第一百三十四条第二款和第一百三十四条之一第二项规定的“重大事故隐患”，依照法律、行政法规、部门规章、强制性标准以及有关行政规范性文件进行认定。

刑法第一百三十四条之一第三项规定的“危险物品”，依照安全生产法第一百一十七条的规定确定。

对于是否属于“重大事故隐患”或者“危险物品”难以确定的，可以依据司法鉴定机构出具的鉴定意见、地市级以上负有安全生产监督管理职责的部门或者其指定的机构出具的意见，结合其他证据综合审查，依法作出认定。

第五条　在生产、作业中违反有关安全管理的规定，有刑法第一百三十四条之一规定情形之一，因而发生重大伤亡事故或者造成其他严重后果，构成刑法第一百三十四条、第一百三十五条至第一百三十九条等规定的重大责任事故罪、重大劳动安全事故罪、危险物品肇事罪、工程重大安全事故罪等犯罪的，依照该规定定罪处罚。

第六条　承担安全评价职责的中介组织的人员提供的证明文件有下列情形之一的，属于刑法第二百二十九条第一款规定的“虚假证明文件”：

（一）故意伪造的；

（二）在周边环境、主要建（构）筑物、工艺、装置、设备设施等重要内容上弄虚作假，导致与评价期间实际情况不符，影响评价结论的；

（三）隐瞒生产经营单位重大事故隐患及整改落实情况、主要灾害等级等情况，影响评价结论的；

（四）伪造、篡改生产经营单位相关信息、数据、技术报告或者结论等内容，影响评价结论的；

（五）故意采用存疑的第三方证明材料、监测检验报告，影响评价结论的；

（六）有其他弄虚作假行为，影响评价结论的情形。

生产经营单位提供虚假材料、影响评价结论，承担安全评价职责的中介组织的人员对评价结论与实际情况不符无主观故意的，不属于刑法第二百二十九条第一款规定的“故意提供虚假证明文件”。

有本条第二款情形，承担安全评价职责的中介组织的人员严重不负责任，导致出具的证明文件有重大失实，造成严重后果的，依照刑法第二百二十九条第三款的规定追究刑事责任。

第七条　承担安全评价职责的中介组织的人员故意提供虚假证明文件，有下列情形之一的，属于刑法第二百二十九条第一款规定的“情节严重”：

（一）造成死亡一人以上或者重伤三人以上安全事故的；

（二）造成直接经济损失五十万元以上安全事故的；

（三）违法所得数额十万元以上的；

（四）两年内因故意提供虚假证明文件受过两次以上行政处罚，又故意提供虚假证明文件的；

（五）其他情节严重的情形。

在涉及公共安全的重大工程、项目中提供虚假的安全评价文件，有下列情形之一的，属于刑法第二百二十九条第一款第三项规定的“致使公共财产、国家和人民利益遭受特别重大损失”：

（一）造成死亡三人以上或者重伤十人以上安全事故的；

（二）造成直接经济损失五百万元以上安全事故的；

（三）其他致使公共财产、国家和人民利益遭受特别重大损失的情形。

承担安全评价职责的中介组织的人员有刑法第二百二十九条第一款行为，在裁量刑罚时，应当考虑其行为手段、主观过错程度、对安全事故的发生所起作用大小及其获利情况、一贯表现等因素，综合评估社会危害性，依法裁量刑罚，确保罪责刑相适应。

第八条　承担安全评价职责的中介组织的人员，严重不负责任，出具的证明文件有重大失实，有下列情形之一的，属于刑法第二百二十九条第三款规定的“造成严重后果”：

（一）造成死亡一人以上或者重伤三人以上安全事故的；

（二）造成直接经济损失一百万元以上安全事故的；

（三）其他造成严重后果的情形。

第九条　承担安全评价职责的中介组织犯刑法第二百二十九条规定之罪的，对该中介组织判处罚金，并对其直接负责的主管人员和其他直接责任人员，依照本解释第七条、第八条的规定处罚。

第十条　有刑法第一百三十四条之一行为，积极配合公安机关或者负有安全生产监督管理职责的部门采取措施排除事故隐患，确有悔改表现，认罪认罚的，可以依法从宽处罚；犯罪情节轻微不需要判处刑罚的，可以不起诉或者免予刑事处罚；情节显著轻微危害不大的，不作为犯罪处理。

第十一条　有本解释规定的行为，被不起诉或者免予刑事处罚，需要给予行政处罚、政务处分或者其他处分的，依法移送有关主管机关处理。

第十二条　本解释自2022年12月19日起施行。最高人民法院、最高人民检察院此前发布的司法解释与本解释不一致的，以本解释为准。

最高人民检察院、公安部关于公安机关管辖的刑事案件立案追诉标准的规定（一）（节录）

1. 2008年6月25日
2. 公通字〔2008〕36号
3. 根据2017年4月27日《最高人民检察院、公安部关于公安机关管辖的刑事案件立案追诉标准的规定（一）的补充规定》（公通字〔2017〕12号）修正

第八条　［重大责任事故案（刑法第一百三十四条第一款）］在生产、作业中违反有关安全管理的规定，涉嫌下列情形之一的，应予立案追诉：

（一）造成死亡一人以上，或者重伤三人以上的；

（二）造成直接经济损失五十万元以上的；

（三）发生矿山生产安全事故，造成直接经济损失一百万元以上的；

（四）其他造成严重后果的情形。

第九条　［强令违章冒险作业案（刑法第一百三十四条第二款）］强令他人违章冒险作业，涉嫌下列情形之一的，应予立案追诉：

（一）造成死亡一人以上，或者重伤三人以上的；

（二）造成直接经济损失五十万元以上的；

（三）发生矿山生产安全事故，造成直接经济损失一百万元以上的；

（四）其他造成严重后果的情形。

第十条 ［重大劳动安全事故案(刑法第一百三十五条)］安全生产设施或者安全生产条件不符合国家规定,涉嫌下列情形之一的,应予立案追诉:

(一)造成死亡一人以上,或者重伤三人以上的;

(二)造成直接经济损失五十万元以上的;

(三)发生矿山生产安全事故,造成直接经济损失一百万元以上的;

(四)其他造成严重后果的情形。

第十一条 ［大型群众性活动重大安全事故案(刑法第一百三十五条之一)］举办大型群众性活动违反安全管理规定,涉嫌下列情形之一的,应予立案追诉:

(一)造成死亡一人以上,或者重伤三人以上的;

(二)造成直接经济损失五十万元以上的;

(三)其他造成严重后果的情形。

第十二条 ［危险物品肇事案(刑法第一百三十六条)］违反爆炸性、易燃性、放射性、毒害性、腐蚀性物品的管理规定,在生产、储存、运输、使用中发生重大事故,涉嫌下列情形之一的,应予立案追诉:

(一)造成死亡一人以上,或者重伤三人以上的;

(二)造成直接经济损失五十万元以上的;

(三)其他造成严重后果的情形。

第十三条 ［工程重大安全事故案(刑法第一百三十七条)］建设单位、设计单位、施工单位、工程监理单位违反国家规定,降低工程质量标准,涉嫌下列情形之一的,应予立案追诉:

(一)造成死亡一人以上,或者重伤三人以上的;

(二)造成直接经济损失五十万元以上的;

(三)其他造成严重后果的情形。

第十四条 ［教育设施重大安全事故案(刑法第一百三十八条)］明知校舍或者教育教学设施有危险,而不采取措施或者不及时报告,涉嫌下列情形之一的,应予立案追诉:

(一)造成死亡一人以上、重伤三人以上或者轻伤十人以上的;

(二)其他致使发生重大伤亡事故的情形。

第十五条 ［消防责任事故案(刑法第一百三十九条)］违反消防管理法规,经消防监督机构通知采取改正措施而拒绝执行,涉嫌下列情形之一的,应予立案追诉:

(一)造成死亡一人以上,或者重伤三人以上的;

(二)造成直接经济损失五十万元以上的;

(三)造成森林火灾,过火有林地面积二公顷以上,或者过火疏林地、灌木林地、未成林地、苗圃地面积四公顷以上的;

(四)其他造成严重后果的情形。

第十五条之一 ［不报、谎报安全事故案(刑法第一百三十九条之一)］在安全事故发生后,负有报告职责的人员不报或者谎报事故情况,贻误事故抢救,涉嫌下列情形之一的,应予立案追诉:

(一)导致事故后果扩大,增加死亡一人以上,或者增加重伤三人以上,或者增加直接经济损失一百万元以上的;

(二)实施下列行为之一,致使不能及时有效开展事故抢救的:

1. 决定不报、迟报、谎报事故情况或者指使、串通有关人员不报、迟报、谎报事故情况的;

2. 在事故抢救期间擅离职守或者逃匿的;

3. 伪造、破坏事故现场,或者转移、藏匿、毁灭遇难人员尸体,或者转移、藏匿受伤人员的;

4. 毁灭、伪造、隐匿与事故有关的图纸、记录、计算机数据等资料以及其他证据的;

(三)其他不报、谎报安全事故情节严重的情形。

本条规定的"负有报告职责的人员",是指负有组织、指挥或者管理职责的负责人、管理人员、实际控制人、投资人,以及其他负有报告职责的人员。

第一百条 本规定中的立案追诉标准,除法律、司法解释另有规定的以外,适用于相关的单位犯罪。

第一百零一条 本规定中的"以上",包括本数。

最高人民检察院关于渎职侵权犯罪案件立案标准的规定(节录)

1. 2005年12月29日最高人民检察院第十届检察委员会第49次会议通过

2. 2006年7月26日公布

3. 高检发释字〔2006〕2号

4. 自2006年7月26日起施行

一、渎职犯罪案件

(一)滥用职权案(第三百九十七条)

滥用职权罪是指国家机关工作人员超越职权,违法决定、处理其无权决定、处理的事项,或者违反规定处理公务,致使公共财产、国家和人民利益遭受重大损失的行为。

涉嫌下列情形之一的,应予立案:

1. 造成死亡一人以上,或者重伤二人以上,或者

重伤一人、轻伤三人以上,或者轻伤五人以上的;

2. 导致十人以上严重中毒的;

3. 造成个人财产直接经济损失十万元以上,或者直接经济损失不满十万元,但间接经济损失五十万元以上的;

4. 造成公共财产或者法人、其他组织财产直接经济损失二十万元以上,或者直接经济损失不满二十万元,但间接经济损失一百万元以上的;

5. 虽未达到三、四两项数额标准,但三、四两项合计直接经济损失二十万元以上,或者合计直接经济损失不满二十万元,但合计间接经济损失一百万元以上的;

6. 造成公司、企业等单位停业、停产六个月以上,或者破产的;

7. 弄虚作假,不报、缓报、谎报或者授意、指使、强令他人不报、缓报、谎报情况,导致重特大事故危害结果继续、扩大,或者致使抢救、调查、处理工作延误的;

8. 严重损害国家声誉,或者造成恶劣社会影响的;

9. 其他致使公共财产、国家和人民利益遭受重大损失的情形。

国家机关工作人员滥用职权,符合刑法第九章所规定的特殊渎职罪构成要件的,按照该特殊规定追究刑事责任;主体不符合刑法第九章所规定的特殊渎职罪的主体要件,但滥用职权涉嫌前款第一项至第九项规定情形之一的,按照刑法第三百九十七条的规定以滥用职权罪追究刑事责任。

(二)玩忽职守案(第三百九十七条)

玩忽职守罪是指国家机关工作人员严重不负责任,不履行或者不认真履行职责,致使公共财产、国家和人民利益遭受重大损失的行为。

涉嫌下列情形之一的,应予立案:

1. 造成死亡一人以上,或者重伤三人以上,或者重伤二人、轻伤四人以上,或者重伤一人、轻伤七人以上,或者轻伤十人以上的;

2. 导致二十人以上严重中毒的;

3. 造成个人财产直接经济损失十五万元以上,或者直接经济损失不满十五万元,但间接经济损失七十五万元以上的;

4. 造成公共财产或者法人、其他组织财产直接经济损失三十万元以上,或者直接经济损失不满三十万元,但间接经济损失一百五十万元以上的;

5. 虽未达到三、四两项数额标准,但三、四两项合计直接经济损失三十万元以上,或者合计直接经济损失不满三十万元,但合计间接经济损失一百五十万元以上的;

6. 造成公司、企业等单位停业、停产一年以上,或者破产的;

7. 海关、外汇管理部门的工作人员严重不负责任,造成一百万美元以上外汇被骗购或者逃汇一千万美元以上的;

8. 严重损害国家声誉,或者造成恶劣社会影响的;

9. 其他致使公共财产、国家和人民利益遭受重大损失的情形。

国家机关工作人员玩忽职守,符合刑法第九章所规定的特殊渎职罪构成要件的,按照该特殊规定追究刑事责任;主体不符合刑法第九章所规定的特殊渎职罪的主体要件,但玩忽职守涉嫌前款第一项至第九项规定情形之一的,按照刑法第三百九十七条的规定以玩忽职守罪追究刑事责任。

最高人民法院关于
进一步加强危害生产安全
刑事案件审判工作的意见

1. 2011年12月30日

2. 法发〔2011〕20号

为依法惩治危害生产安全犯罪,促进全国安全生产形势持续稳定好转,保护人民群众生命财产安全,现就进一步加强危害生产安全刑事案件审判工作,制定如下意见。

一、高度重视危害生产安全刑事案件审判工作

1. 充分发挥刑事审判职能作用,依法惩治危害生产安全犯罪,是人民法院为大局服务、为人民司法的必然要求。安全生产关系到人民群众生命财产安全,事关改革、发展和稳定的大局。当前,全国安全生产状况呈现总体稳定、持续好转的发展态势,但形势依然严峻,企业安全生产基础依然薄弱;非法、违法生产,忽视生产安全的现象仍然十分突出;重特大生产安全责任事故时有发生,个别地方和行业重特大责任事故上升。一些重特大生产安全责任事故举国关注,相关案件处理不好,不仅起不到应有的警示作用,不利于生产安全责任事故的防范,也损害党和国家形象,影响社会和谐稳定。各级人民法院要从政治和全局的高度,充分认识审理好危害生产安全刑事案件的重要意义,切实增强工作责任感,严格依法、积极稳妥地审理相关案件,进一步发挥刑事审判工作在创造良好安全生产环境、促进经济平稳较快发展方面的积极作用。

2. 采取有力措施解决存在的问题,切实加强危害生产安全刑事案件审判工作。近年来,各级人民法院依法审理危害生产安全刑事案件,一批严重危害生产安全的犯罪分子及相关职务犯罪分子受到法律制裁,对全国安全生产形势持续稳定好转发挥了积极促进作用。2010 年,监察部、国家安全生产监督管理总局会同最高人民法院等部门对部分省市重特大生产安全事故责任追究落实情况开展了专项检查。从检查的情况来看,审判工作总体情况是好的,但仍有个别案件在法律适用或者宽严相济刑事政策具体把握上存在问题,需要切实加强指导。各级人民法院要高度重视,确保相关案件审判工作取得良好的法律效果和社会效果。

二、危害生产安全刑事案件审判工作的原则

3. 严格依法,从严惩处。对严重危害生产安全犯罪,尤其是相关职务犯罪,必须始终坚持严格依法、从严惩处。对于人民群众广泛关注、社会反映强烈的案件要及时审结,回应人民群众关切,维护社会和谐稳定。

4. 区分责任,均衡量刑。危害生产安全犯罪,往往涉案人员较多,犯罪主体复杂,既包括直接从事生产、作业的人员,也包括对生产、作业负有组织、指挥或者管理职责的负责人、管理人员、实际控制人、投资人等,有的还涉及国家机关工作人员渎职犯罪。对相关责任人的处理,要根据事故原因、危害后果、主体职责、过错大小等因素,综合考虑全案,正确划分责任,做到罪责刑相适应。

5. 主体平等,确保公正。审理危害生产安全刑事案件,对于所有责任主体,都必须严格落实法律面前人人平等的刑法原则,确保刑罚适用公正,确保裁判效果良好。

三、正确确定责任

6. 审理危害生产安全刑事案件,政府或相关职能部门依法对事故原因、损失大小、责任划分作出的调查认定,经庭审质证后,结合其他证据,可作为责任认定的依据。

7. 认定相关人员是否违反有关安全管理规定,应当根据相关法律、行政法规,参照地方性法规、规章及国家标准、行业标准,必要时可参考公认的惯例和生产经营单位制定的安全生产规章制度、操作规程。

8. 多个原因行为导致生产安全事故发生的,在区分直接原因与间接原因的同时,应当根据原因行为在引发事故中所具作用的大小,分清主要原因与次要原因,确认主要责任和次要责任,合理确定罪责。

一般情况下,对生产、作业负有组织、指挥或者管理职责的负责人、管理人员、实际控制人、投资人,违反有关安全生产管理规定,对重大生产安全事故的发生起决定性、关键性作用的,应当承担主要责任。

对于直接从事生产、作业的人员违反安全管理规定,发生重大生产安全事故的,要综合考虑行为人的从业资格、从业时间、接受安全生产教育培训情况、现场条件、是否受到他人强令作业、生产经营单位执行安全生产规章制度的情况等因素认定责任,不能将直接责任简单等同于主要责任。

对于负有安全生产管理、监督职责的工作人员,应根据其岗位职责、履职依据、履职时间等,综合考察工作职责、监管条件、履职能力、履职情况等,合理确定罪责。

四、准确适用法律

9. 严格把握危害生产安全犯罪与以其他危险方法危害公共安全罪的界限,不应将生产经营中违章违规的故意不加区别地视为对危害后果发生的故意。

10. 以行贿方式逃避安全生产监督管理,或者非法、违法生产、作业,导致发生重大生产安全事故,构成数罪的,依照数罪并罚的规定处罚。

违反安全生产管理规定,非法采矿、破坏性采矿或排放、倾倒、处置有害物质严重污染环境,造成重大伤亡事故或者其他严重后果,同时构成危害生产安全犯罪和破坏环境资源保护犯罪的,依照数罪并罚的规定处罚。

11. 安全事故发生后,负有报告职责的国家工作人员不报或者谎报事故情况,贻误事故抢救,情节严重,构成不报、谎报安全事故罪,同时构成职务犯罪或其他危害生产安全犯罪的,依照数罪并罚的规定处罚。

12. 非矿山生产安全事故中,认定"直接负责的主管人员和其他直接责任人员"、"负有报告职责的人员"的主体资格,认定构成"重大伤亡事故或者其他严重后果"、"情节特别恶劣",不报、谎报事故情况,贻误事故抢救,"情节严重"、"情节特别严重"等,可参照最高人民法院、最高人民检察院《关于办理危害矿山生产安全刑事案件具体应用法律若干问题的解释》的相关规定。

五、准确把握宽严相济刑事政策

13. 审理危害生产安全刑事案件,应综合考虑生产安全事故所造成的伤亡人数、经济损失、环境污染、社会影响、事故原因与被告人职责的关联程度、被告人主

观过错大小、事故发生后被告人的施救表现、履行赔偿责任情况等，正确适用刑罚，确保裁判法律效果和社会效果相统一。

14. 造成《关于办理危害矿山生产安全刑事案件具体应用法律若干问题的解释》第四条规定的“重大伤亡事故或者其他严重后果”，同时具有下列情形之一的，也可以认定为刑法第一百三十四条、第一百三十五条规定的“情节特别恶劣”：

（一）非法、违法生产的；

（二）无基本劳动安全设施或未向生产、作业人员提供必要的劳动防护用品，生产、作业人员劳动安全无保障的；

（三）曾因安全生产设施或者安全生产条件不符合国家规定，被监督管理部门处罚或责令改正，一年内再次违规生产致使发生重大生产安全事故的；

（四）关闭、故意破坏必要安全警示设备的；

（五）已发现事故隐患，未采取有效措施，导致发生重大事故的；

（六）事故发生后不积极抢救人员，或者毁灭、伪造、隐藏影响事故调查的证据，或者转移财产逃避责任的；

（七）其他特别恶劣的情节。

15. 相关犯罪中，具有以下情形之一的，依法从重处罚：

（一）国家工作人员违反规定投资入股生产经营企业，构成危害生产安全犯罪的；

（二）贪污贿赂行为与事故发生存在关联性的；

（三）国家工作人员的职务犯罪与事故存在直接因果关系的；

（四）以行贿方式逃避安全生产监督管理，或者非法、违法生产、作业的；

（五）生产安全事故发生后，负有报告职责的国家工作人员不报或者谎报事故情况，贻误事故抢救，尚未构成不报、谎报安全事故罪的；

（六）事故发生后，采取转移、藏匿、毁灭遇难人员尸体，或者毁灭、伪造、隐藏影响事故调查的证据，或者转移财产，逃避责任的；

（七）曾因安全生产设施或者安全生产条件不符合国家规定，被监督管理部门处罚或责令改正，一年内再次违规生产致使发生重大生产安全事故的。

16. 对于事故发生后，积极施救，努力挽回事故损失，有效避免损失扩大；积极配合调查，赔偿受害人损失的，可依法从宽处罚。

六、依法正确适用缓刑和减刑、假释

17. 对于危害后果较轻，在责任事故中不负主要责任，符合法律有关缓刑适用条件的，可以依法适用缓刑，但应注意根据案件具体情况，区别对待，严格控制，避免适用不当造成的负面影响。

18. 对于具有下列情形的被告人，原则上不适用缓刑：

（一）具有本意见第 14 条、第 15 条所规定的情形的；

（二）数罪并罚的。

19. 宣告缓刑，可以根据犯罪情况，同时禁止犯罪分子在缓刑考验期限内从事与安全生产有关的特定活动。

20. 办理与危害生产安全犯罪相关的减刑、假释案件，要严格执行刑法、刑事诉讼法和有关司法解释规定。是否决定减刑、假释，既要看罪犯服刑期间的悔改表现，还要充分考虑原判认定的犯罪事实、性质、情节、社会危害程度等情况。

七、加强组织领导，注意协调配合

21. 对于重大、敏感案件，合议庭成员要充分做好庭审前期准备工作，全面、客观掌握案情，确保案件开庭审理稳妥顺利、依法公正。

22. 审理危害生产安全刑事案件，涉及专业技术问题的，应有相关权威部门出具的咨询意见或者司法鉴定意见；可以依法邀请具有相关专业知识的人民陪审员参加合议庭。

23. 对于审判工作中发现的安全生产事故背后的渎职、贪污贿赂等违法犯罪线索，应当依法移送有关部门处理。对于情节轻微，免予刑事处罚的被告人，人民法院可建议有关部门依法给予行政处罚或纪律处分。

24. 被告人具有国家工作人员身份的，案件审结后，人民法院应当及时将生效的裁判文书送达行政监察机关和其他相关部门。

25. 对于造成重大伤亡后果的案件，要充分运用财产保全等法定措施，切实维护被害人依法获得赔偿的权利。对于被告人没有赔偿能力的案件，应当依靠地方党委和政府做好善后安抚工作。

26. 积极参与安全生产综合治理工作。对于审判中发现的安全生产管理方面的突出问题，应当发出司法建议，促使有关部门强化安全生产意识和制度建设，完善事故预防机制，杜绝同类事故发生。

27. 重视做好宣传工作。对于社会关注的典型案件，要重视做好审判情况的宣传报道，规范裁判信息发布，及时回应社会的关切，充分发挥重大、典型案件的教育警示作用。

28. 各级人民法院要在依法履行审判职责的同时，及时总结审判经验，深入开展调查研究，推动审判工作水平不断提高。上级法院要以辖区内发生的重大生产安全责任事故案件为重点，加强对下级法院危害生产安全刑事案件审判工作的监督和指导，适时检查此类案件的审判情况，提出有针对性的指导意见。

最高人民法院、最高人民检察院等关于依法加强对涉嫌犯罪的非法生产经营烟花爆竹行为刑事责任追究的通知

1. 2012年9月6日最高人民法院、最高人民检察院、公安部、国家安全生产监督管理总局发布
2. 安监总管三〔2012〕116号

各省、自治区、直辖市高级人民法院、人民检察院、公安厅（局）、安全生产监督管理局，新疆维吾尔自治区高级人民法院生产建设兵团分院，新疆生产建设兵团人民检察院、公安局、安全生产监督管理局：

近年来，一些地区非法生产、经营烟花爆竹问题十分突出，由此引发的事故时有发生，给人民群众生命财产安全造成严重危害。为依法严惩非法生产、经营烟花爆竹违法犯罪行为，现就依法加强对涉嫌犯罪的非法生产、经营烟花爆竹行为刑事责任追究有关要求通知如下：

一、非法生产、经营烟花爆竹及相关行为涉及非法制造、买卖、运输、邮寄、储存黑火药、烟火药，构成非法制造、买卖、运输、邮寄、储存爆炸物罪的，应当依照刑法第一百二十五条的规定定罪处罚；非法生产、经营烟花爆竹及相关行为涉及生产、销售伪劣产品或不符合安全标准产品，构成生产、销售伪劣产品罪或生产、销售不符合安全标准产品罪的，应当依照刑法第一百四十条、第一百四十六条的规定定罪处罚；非法生产、经营烟花爆竹及相关行为构成非法经营罪的，应当依照刑法第二百二十五条的规定定罪处罚。上述非法生产经营烟花爆竹行为的定罪量刑和立案追诉标准，分别按照《最高人民法院关于审理非法制造、买卖、运输枪支、弹药、爆炸物等刑事案件具体应用法律若干问题的解释》（法释〔2009〕18号）、《最高人民法院最高人民检察院关于办理生产、销售伪劣商品刑事案件具体应用法律若干问题的解释》（法释〔2001〕10号）、《最高人民检察院、公安部关于公安机关管辖的刑事案件立案追诉标准的规定（一）》（公通字〔2008〕36号）、《最高人民检察院、公安部关于公安机关管辖的刑事案件立案追诉标准的规定（二）》（公通字〔2010〕23号）等有关规定执行。

二、各相关行政执法部门在查处非法生产、经营烟花爆竹行为过程中，发现涉嫌犯罪，依法需要追究刑事责任的，应当依照《行政执法机关移送涉嫌犯罪案件的规定》（国务院令第310号）向公安机关移送，并配合公安机关做好立案侦查工作。公安机关应当依法对相关行政执法部门移送的涉嫌犯罪案件进行审查，认为有犯罪事实，需要追究刑事责任的，应当依法立案，并书面通知移送案件的部门；认为不需要追究刑事责任的，应当说明理由，并书面通知移送案件的部门。公安机关在治安管理工作中，发现非法生产、经营烟花爆竹行为涉嫌犯罪的，应当依法立案侦查。

三、检察机关对于公安机关提请批准逮捕、移送审查起诉的上述涉嫌犯罪的案件，对符合逮捕和提起公诉法定条件的，要依法予以批捕、起诉；要加强对移送、立案案件的监督，对应当移送而不移送、应当立案而不立案的，要及时监督。人民法院对于起诉到法院的上述涉嫌犯罪的案件，要按照宽严相济的政策，依法从快审判，对同时构成多项犯罪或屡次违法犯罪的，要从重处罚；上级人民法院要加强对下级人民法院审判工作的指导，保障依法及时审判。要坚持“以事实为根据，以法律为准绳”的原则，严把案件的事实关、证据关、程序关和适用法律关，切实做到事实清楚，证据确凿，定性准确，量刑适当。人民法院、人民检察院、公安机关、安全生产监督管理部门要积极沟通、相互配合，充分发挥联动机制功能，加大对相关犯罪案件查处、审判情况的宣传，充分发挥刑事审判和处罚的震慑作用，教育群众自觉抵制、检举揭发相关违法犯罪活动。

·典型案例·

最高人民法院有关危害生产安全犯罪典型案例

一、河北蔚县李家洼煤矿“7·14”特别重大事故案

被告人李发奎，男，汉族，1971年5月30日出生，河北省蔚县南留庄镇东寨村党支部书记，蔚县李家洼煤矿开采有限责任公司股东、李家洼煤矿新立井投资人。

被告人李成奎，男，汉族，1963年1月28日出生，蔚

县李家洼煤矿开采有限责任公司法定代表人、股东，李家洼煤矿新立井投资人。

被告人李向奎，男，汉族，1964 年 12 月 1 日出生，蔚县李家洼煤矿开采有限责任公司股东、李家洼煤矿新立井投资人。

被告人苏正喜，男，汉族，1953 年 10 月 19 日出生，蔚县松西二井煤矿矿长。

被告人苏强全，男，汉族，1977 年 1 月 27 日出生，蔚县李家洼煤矿新立井经营矿长。

被告人邓开兴，男，汉族，1969 年 10 月 7 日出生，蔚县李家洼煤矿新立井包工队经理。

1. 关于非法买卖、储存爆炸物事实：因李家洼煤矿新立井无合法手续，被告人李发奎、李成奎等非法购买炸药、雷管用于生产。2008 年 3、4 月份，被告人苏正喜告知李发奎需购买炸药、雷管，李发奎安排苏正喜通过魏满荣（另案处理）联系非法购买炸药 3 吨、雷管 3500 枚。之后，李发奎、苏正喜又向刘成生（另案处理）非法购买炸药 3 吨、雷管 5000 枚。2008 年 7 月 14 日 9 时 30 分，新立井井下非法存放的炸药自燃起火，造成 34 人死亡、1 人失踪。

2. 关于非法采矿事实：2004 年 11 月，被告人李发奎、李成奎、李向奎未取得采矿许可证，在蔚县白草村乡西细庄井田东翼建成李家洼煤矿新立井擅自采矿。其间，被政府相关部门责令停止采矿时采取伪造假协议等手段拒不执行。2007 年至 2008 年，被告人苏正喜、苏强全分别担任新立井经营矿长；被告人邓开兴在其兄邓开才（另案处理）承包新立井采煤期间担任包工队经理，负责采煤和安全管理工作。经评估，新立井从 2006 年 6 月出煤至 2008 年 7 月期间共盗采煤炭 11.46 万吨，价值人民币 2400.18 万元。

3. 关于重大劳动安全事故事实：被告人李发奎、李成奎、李向奎、苏强全、邓开兴明知新立井是独眼井，安全生产设施、安全生产条件均不符合国家规定，仍从事生产作业。2008 年 7 月 14 日 9 时 30 分，该井井下存放的炸药在潮湿环境下热分解，形成自燃，燃烧产生大量一氧化碳、氮氧化合物等有毒有害物质，造成 34 人死亡、1 人失踪，直接经济损失 1924.38 万元。

4. 关于不报安全事故事实：上述安全责任事故发生后，被告人李发奎、李成奎、李向奎、苏正喜、苏强全等人未向有关部门上报，自行组织人员盲目施救，造成次生矿难事故。为隐瞒事故，又安排将其中 28 具死亡人员的尸体转移到河北省阳原县殡仪馆火化，并封闭事故井口，拆毁、转移井架等设备，破坏井下及地面事故现场，销毁新立井账本和技术资料等。

5. 关于行贿事实：2006 年至 2008 年 7 月，被告人李发奎、李成奎、李向奎为谋取不正当利益，分别多次向多名国家工作人员行贿，共计价值人民币 76.13 万元。

河北省张家口市中级人民法院一审判决、河北省高级人民法院复核裁定认为，被告人李发奎、李成奎、苏正喜等非法买卖、储存炸药、雷管，造成严重后果，情节严重，构成非法买卖、储存爆炸物罪；被告人李发奎、李成奎、李向奎、苏正喜、苏强全、邓开兴违反矿产资源法规，未取得采矿许可证擅自采矿，被责令停止开采而拒不执行，造成矿产资源严重破坏，构成非法采矿罪；被告人李发奎、李成奎、李向奎明知矿井安全生产设施和安全生产条件不符合国家规定，仍然组织矿工进行井下生产作业，造成重大伤亡事故，情节特别恶劣，构成重大劳动安全事故罪；被告人李发奎、李成奎、李向奎、苏正喜、苏强全在安全事故发生后，分工负责，相互配合，隐瞒事故真相，贻误事故抢救，情节特别严重，构成不报安全事故罪；被告人李发奎、李成奎、李向奎为谋取不正当利益，共同或单独多次给予国家工作人员钱物，构成行贿罪；被告人李发奎在非法买卖、储存爆炸物、非法采矿、重大劳动安全事故、不报安全事故、行贿犯罪中起主要作用，应承担主要责任。被告人李成奎在非法买卖、储存爆炸物罪具体实施中作用次于李发奎，可依法从轻处罚；在其他犯罪中应承担主要责任。被告人李向奎、苏正喜、苏强全、邓开兴在犯罪中地位、作用次于李发奎、李成奎。被告人苏强全有自首情节，依法从轻处罚。依法对被告人李发奎以非法买卖、储存爆炸物罪判处死刑，缓期二年执行，剥夺政治权利终身；以非法采矿罪判处有期徒刑五年，并处罚金人民币 1000 万元；以重大劳动安全事故罪判处有期徒刑七年；以不报安全事故罪判处有期徒刑五年；以行贿罪判处有期徒刑二年，决定执行死刑，缓期二年执行，剥夺政治权利终身，并处罚金人民币 1000 万元。对被告人李成奎以非法买卖、储存爆炸物罪判处无期徒刑，剥夺政治权利终身；以非法采矿罪判处有期徒刑七年，并处罚金人民币 1500 万元；以重大劳动安全事故罪判处有期徒刑七年；以不报安全事故罪判处有期徒刑五年；以行贿罪判处有期徒刑三年，决定执行无期徒刑，剥夺政治权利终身，并处罚金人民币 1500 万元。对被告人苏正喜、李向奎、苏强全、邓开兴数罪并罚或单处后，决定执行刑罚分别为有期徒刑十七年，剥夺政治权利三年，并处罚金人民币 100 万元；有期徒刑六年，并处罚金人民币 500 万元；有期徒刑三年，并处罚金人民币 50 万元；有期徒刑二年零六个月，并处罚金人民币 10 万元。

二、黑龙江龙煤矿业集团新兴煤矿"11·21"特别重大事故案

被告人岳超胜，男，汉族，1963年10月13日出生，黑龙江省龙煤矿业集团股份有限公司鹤岗分公司新兴煤矿矿长（以下简称新兴煤矿）。

被告人谢荣仁，男，汉族，1960年6月14日出生，新兴煤矿副矿长。

新兴煤矿因未建立地面永久瓦斯抽放系统、安全生产许可证已过期且被暂扣，2009年1月13日至9月18日，黑龙江省煤矿监察局及其鹤滨监察分局7次责令新兴煤矿停产整改，但新兴煤矿拒不执行。新兴煤矿三水平113工作面探煤巷施工中未按作业规程打超前钻探，违章作业。同年9月10日至10月18日，新兴煤矿隐患排查会及矿务会三次将三水平113工作面未打超前钻探措施列为重大安全隐患，均确定负责"一通三防"工作的被告人谢荣仁（副矿长）为整改责任人，但谢荣仁未予整改，被告人岳超胜（矿长）没有督促落实，负责全矿技术管理工作的总工程师董钦奎（已判刑）和负责安全监督检查工作的监察处长刘宗团（已判刑）亦未要求隐患单位整改落实。二开拓区区长、副区长张立君、王守安（已判刑）继续在三水平113工作面违章施工作业。同年11月21日2时，三水平113工作面作业中发生煤与瓦斯突出事故，岳超胜、谢荣仁现场指挥中未下令切断二水平电源，致使三水平113工作面突出的瓦斯进入二水平工作面，遇电火花后发生爆炸，造成108人死亡、133人受伤（其中重伤6人），直接经济损失5614.65万元。

黑龙江省鹤岗市兴山区人民法院判决认为，被告人岳超胜、谢荣仁在生产中违反安全管理规定，发生重大伤亡事故，均已构成重大责任事故罪。被告人岳超胜作为矿长，多次拒不执行煤矿监察部门停产整改指令，组织违法生产，对违章作业监管不力，在发生煤与瓦斯突出事故后，现场指挥中未下令切断瓦斯突出波及的二水平区域电源，造成特别重大事故，后果特别严重，应依法从重处罚。被告人谢荣仁作为主管"一通三防"副矿长，拒不执行煤矿监察部门停产整改指令而违法生产，在违法生产中，多次不履行打超前钻探、排除安全隐患职责，发生煤与瓦斯突出事故后，现场指挥中未下令切断瓦斯突出波及的二水平区域电源，造成特别重大事故，后果特别严重，应从重处罚。依法以重大责任事故罪分别判处被告人岳超胜有期徒刑七年（与另案私分国有资产罪所判刑罚有期徒刑六个月并罚，决定执行有期徒刑七年，罚金人民币3万元），被告人谢荣仁有期徒刑七年。

宣判后，岳超胜、谢荣仁均没有提起上诉，判决已生效。

三、江苏南京城市快速内环工程"11·26"事故案

被告人梁宗刚，男，汉族，1980年9月24日出生，中铁二十四局集团江苏工程有限公司南京市城市快速内环西线南延四标段项目部（以下简称内环项目部）常务副经理。

被告人邵迎，男，汉族，1982年10月2日出生，内环项目部总工程师。

被告人杨军，男，汉族，1970年10月14日出生，南京诚明建设咨询有限公司南京市城市快速内环西线南延四标段专业监理工程师。

2010年11月，南京市城市快速内环西线南延工程四标段项目部五联钢箱梁吊装完毕后，被告人梁宗刚、邵迎等人为赶工期、施工方便，擅自变更设计要求的施工程序，在钢箱梁支座未注浆锚固、两端压重混凝土未浇筑的情况下，安排施工人员进行桥面防撞墙施工。被告人杨军明知施工单位擅自改变施工程序，未能履行监理职责。2010年11月26日20时30分左右，在对B17－B18跨钢箱梁进行桥面防撞墙施工时，该钢箱梁发生倾覆坠落事故，造成正在桥面施工的工人吴存安等7人死亡、桥下工人林先桥等3人受伤、直接经济损失700万元的严重后果。经调查认定，事故直接原因为：B17－B18跨钢箱梁吊装完成后，钢箱梁支座未注浆锚栓，梁体与桥墩间无有效连接；钢箱梁两端未进行浇筑压重混凝土，钢箱梁梁体处于不稳定状况；当工人在桥面使用振捣浇筑外弦防撞墙混凝土时，产生了不利的偏心荷载，导致钢箱梁整体失衡倾覆。此为一起施工单位违反施工顺序、施工组织混乱，监理单位未认真履职，监督部门监管不到位，设计单位交底不细造成的生产安全责任事故。

江苏省南京市雨花台区人民法院一审判决、南京市中级人民法院二审裁定认为，被告人梁宗刚、邵迎、杨军在施工和监理过程中，违反有关安全管理规定，发生重大伤亡事故，情节特别恶劣，其行为均已构成重大责任事故罪。考虑到三被告人事发后第一时间赶到现场，开展施救工作，积极配合调查；有自首情节，认罪、悔罪；事故系多因一果造成，各被告人责任较分散；案发后能积极赔偿被害人亲属的损失和做好安抚工作，部分被害人亲属出具了谅解书，依法以重大责任事故罪判处被告人梁宗刚有期徒刑三年，被告人邵迎有期徒刑三年，被告人杨军有期徒刑三年，缓刑四年。

五、相关规定

资料补充栏

安全生产许可证条例

1. 2004年1月13日国务院令第397号公布
2. 根据2013年7月18日国务院令第638号《关于废止和修改部分行政法规的决定》第一次修订
3. 根据2014年7月29日国务院令第653号《关于修改部分行政法规的决定》第二次修订

第一条 为了严格规范安全生产条件，进一步加强安全生产监督管理，防止和减少生产安全事故，根据《中华人民共和国安全生产法》的有关规定，制定本条例。

第二条 国家对矿山企业、建筑施工企业和危险化学品、烟花爆竹、民用爆炸物品生产企业（以下统称企业）实行安全生产许可制度。

企业未取得安全生产许可证的，不得从事生产活动。

第三条 国务院安全生产监督管理部门负责中央管理的非煤矿矿山企业和危险化学品、烟花爆竹生产企业安全生产许可证的颁发和管理。

省、自治区、直辖市人民政府安全生产监督管理部门负责前款规定以外的非煤矿矿山企业和危险化学品、烟花爆竹生产企业安全生产许可证的颁发和管理，并接受国务院安全生产监督管理部门的指导和监督。

国家煤矿安全监察机构负责中央管理的煤矿企业安全生产许可证的颁发和管理。

在省、自治区、直辖市设立的煤矿安全监察机构负责前款规定以外的其他煤矿企业安全生产许可证的颁发和管理，并接受国家煤矿安全监察机构的指导和监督。

第四条 省、自治区、直辖市人民政府建设主管部门负责建筑施工企业安全生产许可证的颁发和管理，并接受国务院建设主管部门的指导和监督。

第五条 省、自治区、直辖市人民政府民用爆炸物品行业主管部门负责民用爆炸物品生产企业安全生产许可证的颁发和管理，并接受国务院民用爆炸物品行业主管部门的指导和监督。

第六条 企业取得安全生产许可证，应当具备下列安全生产条件：

（一）建立、健全安全生产责任制，制定完备的安全生产规章制度和操作规程；

（二）安全投入符合安全生产要求；

（三）设置安全生产管理机构，配备专职安全生产管理人员；

（四）主要负责人和安全生产管理人员经考核合格；

（五）特种作业人员经有关业务主管部门考核合格，取得特种作业操作资格证书；

（六）从业人员经安全生产教育和培训合格；

（七）依法参加工伤保险，为从业人员缴纳保险费；

（八）厂房、作业场所和安全设施、设备、工艺符合有关安全生产法律、法规、标准和规程的要求；

（九）有职业危害防治措施，并为从业人员配备符合国家标准或者行业标准的劳动防护用品；

（十）依法进行安全评价；

（十一）有重大危险源检测、评估、监控措施和应急预案；

（十二）有生产安全事故应急救援预案、应急救援组织或者应急救援人员，配备必要的应急救援器材、设备；

（十三）法律、法规规定的其他条件。

第七条 企业进行生产前，应当依照本条例的规定向安全生产许可证颁发管理机关申请领取安全生产许可证，并提供本条例第六条规定的相关文件、资料。安全生产许可证颁发管理机关应当自收到申请之日起45日内审查完毕，经审查符合本条例规定的安全生产条件的，颁发安全生产许可证；不符合本条例规定的安全生产条件的，不予颁发安全生产许可证，书面通知企业并说明理由。

煤矿企业应当以矿（井）为单位，依照本条例的规定取得安全生产许可证。

第八条 安全生产许可证由国务院安全生产监督管理部门规定统一的式样。

第九条 安全生产许可证的有效期为3年。安全生产许可证有效期满需要延期的，企业应当于期满前3个月向原安全生产许可证颁发管理机关办理延期手续。

企业在安全生产许可证有效期内，严格遵守有关安全生产的法律法规，未发生死亡事故的，安全生产许可证有效期届满时，经原安全生产许可证颁发管理机关同意，不再审查，安全生产许可证有效期延期3年。

第十条 安全生产许可证颁发管理机关应当建立、健全安全生产许可证档案管理制度，并定期向社会公布企业取得安全生产许可证的情况。

第十一条 煤矿企业安全生产许可证颁发管理机关、建筑施工企业安全生产许可证颁发管理机关、民用爆炸物品生产企业安全生产许可证颁发管理机关，应当每年向同级安全生产监督管理部门通报其安全生产许可证颁发和管理情况。

第十二条 国务院安全生产监督管理部门和省、自治区、直辖市人民政府安全生产监督管理部门对建筑施工企业、民用爆炸物品生产企业、煤矿企业取得安全生产许可证的情况进行监督。

第十三条 企业不得转让、冒用安全生产许可证或者使用伪造的安全生产许可证。

第十四条 企业取得安全生产许可证后，不得降低安全生产条件，并应当加强日常安全生产管理，接受安全生产许可证颁发管理机关的监督检查。

安全生产许可证颁发管理机关应当加强对取得安全生产许可证的企业的监督检查，发现其不再具备本条例规定的安全生产条件的，应当暂扣或者吊销安全生产许可证。

第十五条 安全生产许可证颁发管理机关工作人员在安全生产许可证颁发、管理和监督检查工作中，不得索取或者接受企业的财物，不得谋取其他利益。

第十六条 监察机关依照《中华人民共和国行政监察法》的规定，对安全生产许可证颁发管理机关及其工作人员履行本条例规定的职责实施监察。

第十七条 任何单位或者个人对违反本条例规定的行为，有权向安全生产许可证颁发管理机关或者监察机关等有关部门举报。

第十八条 安全生产许可证颁发管理机关工作人员有下列行为之一的，给予降级或者撤职的行政处分；构成犯罪的，依法追究刑事责任：

（一）向不符合本条例规定的安全生产条件的企业颁发安全生产许可证的；

（二）发现企业未依法取得安全生产许可证擅自从事生产活动，不依法处理的；

（三）发现取得安全生产许可证的企业不再具备本条例规定的安全生产条件，不依法处理的；

（四）接到对违反本条例规定行为的举报后，不及时处理的；

（五）在安全生产许可证颁发、管理和监督检查工作中，索取或者接受企业的财物，或者谋取其他利益的。

第十九条 违反本条例规定，未取得安全生产许可证擅自进行生产的，责令停止生产，没收违法所得，并处10万元以上50万元以下的罚款；造成重大事故或者其他严重后果，构成犯罪的，依法追究刑事责任。

第二十条 违反本条例规定，安全生产许可证有效期满未办理延期手续，继续进行生产的，责令停止生产，限期补办延期手续，没收违法所得，并处5万元以上10万元以下的罚款；逾期仍不办理延期手续，继续进行生产的，依照本条例第十九条的规定处罚。

第二十一条 违反本条例规定，转让安全生产许可证的，没收违法所得，处10万元以上50万元以下的罚款，并吊销其安全生产许可证；构成犯罪的，依法追究刑事责任；接受转让的，依照本条例第十九条的规定处罚。

冒用安全生产许可证或者使用伪造的安全生产许可证的，依照本条例第十九条的规定处罚。

第二十二条 本条例施行前已经进行生产的企业，应当自本条例施行之日起1年内，依照本条例的规定向安全生产许可证颁发管理机关申请办理安全生产许可证；逾期不办理安全生产许可证，或者经审查不符合本条例规定的安全生产条件，未取得安全生产许可证，继续进行生产的，依照本条例第十九条的规定处罚。

第二十三条 本条例规定的行政处罚，由安全生产许可证颁发管理机关决定。

第二十四条 本条例自公布之日起施行。

安全生产行政复议规定

1. 2007年10月8日国家安全生产监督管理总局令第14号公布

2. 自2007年11月1日起施行

第一章 总 则

第一条 为了规范安全生产行政复议工作，解决行政争议，根据《中华人民共和国行政复议法》和《中华人民共和国行政复议法实施条例》，制定本规定。

第二条 公民、法人或者其他组织认为安全生产监督管理部门、煤矿安全监察机构（以下统称安全监管监察部门）的具体行政行为侵犯其合法权益，向安全生产行政复议机关申请行政复议，安全生产行政复议机关受理行政复议申请，作出行政复议决定，适用本规定。

第三条 依法履行行政复议职责的安全监管监察部门是安全生产行政复议机关。安全生产行政复议机关负责法制工作的机构是本机关的行政复议机构（以下简称安全生产行政复议机构）。

安全生产行政复议机关应当领导、支持本机关行政复议机构依法办理行政复议事项，并依照有关规定充实、配备专职行政复议人员，保证行政复议机构的办案能力与工作任务相适应。

第四条 国家安全生产监督管理总局办理行政复议案件按照下列程序，统一受理，分工负责：

（一）政策法规司按照本规定规定的期限，对行政复议申请进行初步审查，做出受理或者不予受理的决定。对决定受理的，将案卷材料转送相关业务司局分口承办；

（二）相关业务司局收到案卷材料后，应当在30日内了解核实有关情况，提出处理意见；

（三）政策法规司根据处理意见，在20日内拟定行政复议决定书，提交本局负责人集体讨论或者主管负责人审定；

（四）本局负责人集体讨论通过或者主管负责人同意后，政策法规司制作行政复议决定书，并送达申请人、被申请人和第三人。

国家煤矿安全监察局和省级及省级以下安全监管监察部门办理行政复议案件参照上述程序执行。

第二章 行政复议范围与管辖

第五条 公民、法人或者其他组织对安全监管监察部门作出的下列具体行政行为不服，可以申请行政复议：

（一）行政处罚决定；

（二）行政强制措施；

（三）行政许可的变更、中止、撤销、撤回等决定；

（四）认为符合法定条件，申请安全监管监察部门办理许可证、资格证等行政许可手续，安全监管监察部门没有依法办理的；

（五）认为安全监管监察部门违法收费或者违法要求履行义务的；

（六）认为安全监管监察部门其他具体行政行为侵犯其合法权益的。

第六条 公民、法人或者其他组织认为安全监管监察部门的具体行政行为所依据的规定不合法，在对具体行政行为申请行政复议时，可以依据行政复议法第七条的规定一并提出审查申请。

第七条 安全监管监察部门作出的下列行政行为，不属于安全生产行政复议范围：

（一）生产安全事故调查报告；

（二）不具有强制力的行政指导行为和信访答复行为；

（三）生产安全事故隐患认定；

（四）公告信息发布；

（五）法律、行政法规规定的非具体行政行为。

第八条 对县级以上地方人民政府安全生产监督管理部门作出的具体行政行为不服的，可以向上一级安全生产监督管理部门申请行政复议，也可以向同级人民政府申请行政复议。已向同级人民政府提出行政复议申请，且同级人民政府已经受理的，上一级安全生产监督管理部门不再受理。

对国家安全生产监督管理总局作出的具体行政行为不服的，向国家安全生产监督管理总局申请行政复议。

第九条 对煤矿安全监察分局作出的具体行政行为不服的，向该分局所隶属的省级煤矿安全监察局申请行政复议。

对省级煤矿安全监察机构作出的具体行政行为不服的，向国家安全生产监督管理总局申请行政复议。

对国家煤矿安全监察局作出的具体行政行为不服的，向国家煤矿安全监察局申请行政复议。

第十条 安全监管监察部门设立的派出机构、内设机构或者其他组织，未经法律、行政法规授权，对外以自己名义作出具体行政行为的，该安全监管监察部门为被申请人。

第十一条 对安全监管监察部门依法委托的机构，以委托的安全监管监察部门名义作出的具体行政行为不服的，依照本规定第八条和第九条的规定申请行政复议。

第十二条 对安全监管监察部门与有关部门共同作出的具体行政行为不服的，可以向其共同的上一级行政机关申请行政复议。共同作出具体行政行为的安全监管监察部门与有关部门为共同被申请人。

对国家安全生产监督管理总局与国务院其他部门共同作出的具体行政行为不服的，可以向国家安全生产监督管理总局或者共同作出具体行政行为的其他任何一个部门提起行政复议申请，由作出具体行政行为的部门共同作出行政复议决定。

第十三条 下级安全监管监察部门依照法律、行政法规、规章规定，经上级安全监管监察部门批准作出具体行政行为的，批准机关为被申请人。

第三章 行政复议的申请与受理

第十四条 安全监管监察部门作出具体行政行为，依法应当向有关公民、法人或者其他组织送达法律文书而未送达的，视为该公民、法人或者其他组织不知道该具体行政行为。

安全监管监察部门作出的具体行政行为对公民、法人或者其他组织的权利、义务可能产生不利影响的，应当告知其申请行政复议的权利、行政复议机关和行政复议申请期限。

第十五条　行政复议可以书面申请,也可以当场口头申请。书面申请可以采取当面递交、邮寄或者传真等方式提出,并在行政复议申请书中载明《行政复议法实施条例》第十九条规定的事项。

当场口头申请的,安全生产行政复议机构应当按照第一款规定的事项,当场制作行政复议申请笔录交申请人核对或者向申请人宣读,并由申请人签字确认。

第十六条　安全生产行政复议机构应当自收到行政复议申请之日起3日内对复议申请是否符合下列条件进行初步审查:

(一)有明确的申请人和被申请人;

(二)申请人与具体行政行为有利害关系;

(三)有具体的行政复议请求和事实依据;

(四)在法定申请期限内提出;

(五)属于本规定第五条规定的行政复议范围;

(六)属于收到行政复议申请的行政复议机关的职责范围;

(七)其他行政复议机关尚未受理同一行政复议申请,人民法院尚未受理同一主体就同一事实提起的行政诉讼。

第十七条　行政复议申请错列被申请人的,安全生产行政复议机构应当告知申请人变更被申请人。

第十八条　行政复议申请材料不齐全或者表述不清楚的,安全生产行政复议机构可以自收到该行政复议申请之日起5日内书面通知申请人补正。补正通知应当载明需要补正的事项和合理的补正期限。无正当理由逾期不补正的,视为申请人放弃行政复议申请。补正申请材料所用时间不计入行政复议审理期限。

第十九条　经初步审查后,安全生产行政复议机构应当自收到行政复议申请之日起5日内按下列规定作出处理:

(一)符合本规定第十六条规定的,予以受理,并制发行政复议受理决定书;

(二)不符合本规定第十六条规定的,决定不予受理,并制发行政复议申请不予受理决定书;

(三)不属于本机关职责范围的,应当告知申请人向有权受理的行政复议机关提出。

第二十条　行政复议期间,安全生产行政复议机构认为申请人以外的公民、法人或者其他组织与被审查的具体行政行为有利害关系的,可以通知其作为第三人参加行政复议。

行政复议期间,申请人以外的公民、法人或者其他组织与被审查的具体行政行为有利害关系的,可以向安全生产行政复议机构申请作为第三人参加行政复议。

第四章　行政复议的审理和决定

第二十一条　安全生产行政复议机构审理行政复议案件,应当由2名以上行政复议人员参加。

第二十二条　安全生产行政复议机构应当自行政复议申请受理之日起7日内,将行政复议申请书副本或者行政复议申请笔录复印件发送被申请人。

被申请人应当自收到申请书副本或者行政复议申请笔录复印件之日起10日内,按照复议机构要求的份数提出书面答复,并提交当初作出具体行政行为的证据、依据和其他有关材料。

被申请人书面答复应当载明下列事项,并加盖单位公章:

(一)作出具体行政行为的基本过程和情况;

(二)作出具体行政行为的事实依据和有关证据材料;

(三)作出具体行政行为所依据的法律、行政法规、规章和规范性文件的文号、具体条款和内容;

(四)对申请人复议请求的意见和理由;

(五)答复的年月日。

第二十三条　有下列情形之一的,被申请人经安全生产行政复议机构允许可以补充相关证据:

(一)在作出具体行政行为时已经收集证据,但因不可抗力等正当理由不能提供的;

(二)申请人或者第三人在行政复议过程中,提出了其在安全监管监察部门实施具体行政行为过程中没有提出的申辩理由或者证据的。

第二十四条　有下列情形之一的,申请人应当提供证明材料:

(一)认为被申请人不履行法定职责的,提供曾经要求被申请人履行法定职责而被申请人未履行的证明材料,但被申请人依法应当主动履行的除外;

(二)申请行政复议时一并提出行政赔偿请求的,提供受具体行政行为侵害而造成损害的证明材料;

(三)申请人自己主张的事实;

(四)法律、行政法规规定由申请人提供证据材料的其他情形。

第二十五条　申请人、被申请人、第三人应当对其提交的证据材料分类编号,对证据材料的来源、证明对象和内容作简要说明,并在证据材料上签字或者盖章,注明提交日期。

证据材料是复印件的,应当经复议机构核对无误,并注明原件存放的单位和处所。

第二十六条 行政复议原则上采取书面审理的方式，但对重大、复杂的案件，申请人提出要求或者安全生产行政复议机构认为必要时，可以采取听证的方式审理。

听证应当保障当事人平等的陈述、质证和辩论的权利。

第二十七条 安全生产行政复议机构采取听证的方式审理复议案件，应当制作听证笔录并载明下列事项：

（一）案由，听证的时间、地点；

（二）申请人、被申请人、第三人及其代理人的基本情况；

（三）听证主持人、听证员、书记员的姓名、职务等；

（四）申请人、被申请人、第三人争议的焦点问题，有关事实、证据和依据；

（五）其他应当记载的事项。

申请人、被申请人、第三人应当核对听证笔录并签字或者盖章。

第二十八条 安全生产行政复议机构认为必要时，可以实地调查核实证据。调查核实时，行政复议人员不得少于2人，并应当向当事人或者有关人员出示证件。

需要现场勘验的，现场勘验所用时间不计入行政复议审理期限。

第二十九条 安全生产行政复议期间涉及专门事项需要鉴定的，当事人可以自行委托鉴定机构进行鉴定，也可以申请行政复议机构委托鉴定机构进行鉴定。鉴定费用由当事人承担。鉴定所用时间不计入行政复议审理期限。

第三十条 申请人在行政复议决定作出前自愿撤回行政复议申请的，经行政复议机构同意，可以撤回。

申请人撤回行政复议申请的，不得以同一事实和理由再次提出行政复议申请。但是，申请人能够证明撤回行政复议申请违背其真实意思表示的除外。

第三十一条 行政复议申请由两个以上申请人共同提出，在行政复议决定作出前，部分申请人撤回行政复议申请的，安全生产行政复议机关应当就其他申请人未撤回的行政复议申请作出行政复议决定。

第三十二条 被申请人在复议期间改变原具体行政行为的，应当书面告知复议机构。

被申请人改变原具体行政行为，申请人撤回复议申请的，行政复议终止；申请人不撤回复议申请的，安全生产行政复议机关经审查认为原具体行政行为违法的，应当作出确认其违法的复议决定；认为原具体行政行为合法的，应当作出维持的复议决定。

第三十三条 公民、法人或者其他组织对安全监管监察部门行使法律、行政法规规定的自由裁量权作出的具体行政行为不服申请行政复议，申请人与被申请人在行政复议决定作出前自愿达成和解的，应当向安全生产行政复议机构提交书面和解协议；和解内容不损害社会公共利益和他人合法权益的，安全生产行政复议机构应当准许。

第三十四条 有下列情形之一的，安全生产行政复议机构可以按照自愿、合法的原则进行调解：

（一）公民、法人或者其他组织对安全监管监察部门行使法律、行政法规规定的自由裁量权作出的具体行政行为不服申请行政复议的；

（二）当事人之间的行政赔偿或者行政补偿的纠纷。

当事人经调解达成协议的，安全生产行政复议机关应当制作行政复议调解书。调解书应当载明行政复议请求、事实、理由和调解结果，并加盖安全生产行政复议机关印章。行政复议调解书经双方当事人签字，即具有法律效力。

调解未达成协议或者调解书生效前一方反悔的，安全生产行政复议机关应当及时作出行政复议决定。

第三十五条 安全生产行政复议机构应当对被申请人作出的具体行政行为进行审查，提出意见，经安全生产行政复议机关集体讨论通过或者负责人同意后，依法作出行政复议决定。

第三十六条 被申请人被责令重新作出具体行政行为的，应当在法律、行政法规、规章规定的期限内重新作出具体行政行为；法律、行政法规、规章未规定期限的，重新作出具体行政行为的期限为60日。

被申请人不得以同一事实和理由作出与原具体行政行为相同或者基本相同的具体行政行为。但因违反法定程序被责令重新作出具体行政行为的除外。

第三十七条 申请人在申请行政复议时一并提出行政赔偿请求，安全生产行政复议机关对符合国家赔偿法有关规定应当给予赔偿的，在决定撤销、变更具体行政行为或者确认具体行政行为违法时，应当同时决定被申请人依法给予赔偿。

申请人在申请行政复议时没有提出行政赔偿请求的，安全生产行政复议机关在依法决定撤销或者变更原具体行政行为确定的罚款以及对设备、设施、器材的扣押、查封等强制措施时，应当同时责令被申请人返还罚款，解除对设备、设施、器材的扣押、查封等强制措施。

第三十八条　安全生产行政复议机关在申请人的行政复议请求范围内,不得作出对申请人更为不利的行政复议决定。

第五章　附　　则

第三十九条　安全生产行政复议机关及其工作人员和被申请人在安全生产行政复议工作中违反本规定的,依照行政复议法及其实施条例的规定,追究法律责任。

第四十条　行政复议期间的计算和行政复议文书的送达,依照民事诉讼法关于期间、送达的规定执行。

本规定关于行政复议期间有关“3 日”“5 日”“7 日”的规定是指工作日,不含节假日。

第四十一条　安全生产行政复议案件审理完毕,案件承办人应当将案件材料在 10 日内立卷、归档。

下一级安全生产行政复议机关应当在作出行政复议决定之日起 15 日内将行政复议决定书报上一级安全生产行政复议机构备案。

第四十二条　安全监管行政复议机关办理行政复议案件,使用国家安全生产监督管理总局统一制定的文书式样。

煤矿安全监察行政复议机关办理行政复议案件,使用国家煤矿安全监察局统一制定的文书式样。

第四十三条　本规定自 2007 年 11 月 1 日起施行。原国家经济贸易委员会 2003 年 2 月 18 日公布的《安全生产行政复议暂行办法》和原国家安全生产监督管理局(国家煤矿安全监察局)2003 年 6 月 20 日公布的《煤矿安全监察行政复议规定》同时废止。

安全生产监管监察部门信息公开办法

1. 2012 年 9 月 21 日国家安全生产监督管理总局令第 56 号公布

2. 自 2012 年 11 月 1 日起施行

第一章　总　　则

第一条　为了深化政务公开,加强政务服务,保障公民、法人和其他组织依法获取安全生产监管监察部门信息,促进依法行政,依据《中华人民共和国政府信息公开条例》(以下简称《政府信息公开条例》)和有关法律、行政法规的规定,制定本办法。

第二条　安全生产监督管理部门、煤矿安全监察机构(以下统称安全生产监管监察部门)公开本部门信息,适用本办法。

第三条　本办法所称安全生产监管监察部门信息(以下简称信息),是指安全生产监管监察部门在依法履行安全生产监管监察职责过程中,制作或者获取的,以一定形式记录、保存的信息。

第四条　安全生产监管监察部门应当加强对信息公开工作的组织领导,建立健全安全生产政府信息公开制度。

第五条　安全生产监管监察部门应当指定专门机构负责本部门信息公开的日常工作,具体职责是:

(一)组织制定本部门信息公开的制度;

(二)组织编制本部门信息公开指南、公开目录和公开工作年度报告;

(三)组织、协调本部门内设机构的信息公开工作;

(四)组织维护和更新本部门已经公开的信息;

(五)统一受理和答复向本部门提出的信息公开申请;

(六)负责对拟公开信息的保密审查工作进行程序审核;

(七)本部门规定与信息公开有关的其他职责。

安全生产监管监察部门的其他内设机构应当依照本办法的规定,负责审核并主动公开本机构有关信息,并配合协助前款规定的专门机构做好本部门信息公开工作。

第六条　安全生产监管监察部门应当依据有关法律、行政法规的规定加强对信息公开工作的保密审查,确保国家秘密信息安全。

第七条　安全生产监管监察部门负责行政监察的机构应当加强对本部门信息公开工作的监督检查。

第八条　安全生产监管监察部门应当建立健全信息公开的协调机制。安全生产监管监察部门拟发布的信息涉及其他行政机关或者与其他行政机关联合制作的,应当由负责发布信息的内设机构与其他行政机关进行沟通、确认,确保信息发布及时、准确。

安全生产监管监察部门拟发布的信息依照国家有关规定需要批准的,未经批准不得发布。

第九条　安全生产监管监察部门应当遵循依法、公正、公开、便民的原则,及时、准确地公开信息,但危及国家安全、公共安全、经济安全和社会稳定的信息除外。

安全生产监管监察部门发现影响或者可能影响社会稳定、扰乱安全生产秩序的虚假或者不完整信息的,应当按照实事求是和审慎处理的原则,在职责范围内发布准确的信息予以澄清,及时回应社会关切,正确引导社会舆论。

第二章 公开范围

第十条 安全生产监管监察部门应当依照《政府信息公开条例》第九条的规定,在本部门职责范围内确定主动公开的信息的具体内容,并重点公开下列信息:

(一)本部门基本信息,包括职能、内设机构、负责人姓名、办公地点、办事程序、联系方式等;

(二)安全生产法律、法规、规章、标准和规范性文件;

(三)安全生产的专项规划及相关政策;

(四)安全生产行政许可的事项、负责承办的内设机构、依据、条件、数量、程序、期限以及申请行政许可需要提交的全部材料的目录及办理情况;

(五)行政事业性收费的项目、依据、标准;

(六)地方人民政府规定需要主动公开的财政信息;

(七)开展安全生产监督检查的情况;

(八)生产安全事故的发生情况,社会影响较大的生产安全事故的应急处置和救援情况,经过有关人民政府或者主管部门依法批复的事故调查和处理情况;

(九)法律、法规和规章规定应当公开的其他信息。

安全生产有关决策、规定或者规划、计划、方案等,涉及公民、法人和其他组织切身利益或者有重大社会影响的,在决策前应当广泛征求有关公民、法人和其他组织的意见,并以适当方式反馈或者公布意见采纳情况。

第十一条 除本办法第十条规定应当主动公开的信息外,公民、法人或者其他组织可以根据自身生产、生活、科研等特殊需要,申请获取相关信息。

公民、法人或者其他组织使用安全生产监管监察部门公开的信息,不得损害国家利益、公共利益和他人的合法权益。

第十二条 安全生产监管监察部门的下列信息不予公开:

(一)涉及国家秘密以及危及国家安全、公共安全、经济安全和社会稳定的;

(二)属于商业秘密或者公开后可能导致商业秘密被泄露的;

(三)属于个人隐私或者公开后可能导致对个人隐私权造成侵害的;

(四)在日常工作中制作或者获取的内部管理信息;

(五)尚未形成,需要进行汇总、加工、重新制作(作区分处理的除外),或者需要向其他行政机关、公民、法人或者其他组织搜集的信息;

(六)处于讨论、研究或者审查中的过程性信息;

(七)依照法律、法规和国务院规定不予公开的其他信息。

安全生产监管监察部门有证据证明与申请人生产、生活、科研等特殊需要无关的信息,可以不予提供。

与安全生产行政执法有关的信息,公开后可能影响检查、调查、取证等安全生产行政执法活动,或者危及公民、法人和其他组织人身或者财产安全的,安全生产监管监察部门可以暂时不予公开。在行政执法活动结束后,再依照本办法的规定予以公开。

涉及商业秘密、个人隐私,经权利人同意公开,或者安全生产监管监察部门认为不公开可能对公共利益造成重大影响的信息,可以予以公开。

第三章 公开方式和程序

第十三条 安全生产监管监察部门应当通过政府网站、公报、新闻发布会或者报刊、广播、电视等便于公众知晓的方式主动公开本办法第十条规定的信息,并依照《政府信息公开条例》的规定及时向当地档案馆和公共图书馆提供主动公开的信息。具体办法由安全生产监管监察部门与当地档案馆、公共图书馆协商制定。

安全生产监管监察部门可以根据需要,在办公地点设立信息查阅室、信息公告栏、电子信息屏等场所、设施公开信息。

第十四条 安全生产监管监察部门制作的信息,由制作该信息的部门负责公开;安全生产监管监察部门从公民、法人或者其他组织获取的信息,由保存该信息的行政机关负责公开。法律、法规对政府信息公开的权限另有规定的,从其规定。

第十五条 安全生产监管监察部门在制作信息时,应当明确该信息的公开属性,包括主动公开、依申请公开或者不予公开。

对于需要主动公开的信息,安全生产监管监察部门应当自该信息形成或者变更之日起20个工作日内予以公开。法律、法规对公开期限另有规定的,从其规定。

第十六条 公民、法人或者其他组织依照本办法第十一条的规定申请获取信息的,应当按照“一事一申请”的原则填写《信息公开申请表》,向安全生产监管监察部门提出申请;填写《信息公开申请表》确有困难的,申请人可以口头提出,由受理该申请的安全生产监管监察部门代为填写,申请人签字确认。

第十七条 安全生产监管监察部门收到《信息公开申请表》后，负责信息公开的专门机构应当进行审查，符合要求的，予以受理，并在收到《信息公开申请表》之日起3个工作日内向申请人出具申请登记回执；不予受理的，应当书面告知申请人不予受理的理由。

第十八条 安全生产监管监察部门受理信息公开申请后，负责信息公开的专门机构能够当场答复的，应当当场答复；不能够当场答复的，应当及时转送本部门相关内设机构办理。

安全生产监管监察部门受理的信息公开申请，应当自收到《信息公开申请表》之日起15个工作日内按照本办法第十九条的规定予以答复；不能在15个工作日内作出答复的，经本部门负责信息公开的专门机构负责人同意，可以适当延长答复期限，并书面告知申请人，延长答复的期限最长不得超过15个工作日。

申请获取的信息涉及第三方权益的，受理申请的安全生产监管监察部门征求第三方意见所需时间不计算在前款规定的期限内。

第十九条 对于已经受理的信息公开申请，安全生产监管监察部门应当根据下列情况分别予以答复：

（一）属于本部门信息公开范围的，应当书面告知申请人获取该信息的方式、途径，或者直接向申请人提供该信息；

（二）属于不予公开范围的，应当书面告知申请人不予公开的理由、依据；

（三）依法不属于本部门职能范围或者信息不存在的，应当书面告知申请人，对能够确定该信息的公开机关的，应当告知申请人该行政机关的名称和联系方式；

（四）申请内容不明确的，应当书面告知申请人作出更改、补充。

申请获取的信息中含有不应当公开的内容，但是能够作区分处理的，安全生产监管监察部门应当向申请人提供可以公开的信息内容。

第二十条 申请获取的信息涉及商业秘密、个人隐私，或者公开后可能损害第三方合法权益的，受理申请的安全生产监管监察部门应当书面征求第三方的意见。第三方不同意公开的，不得公开；但是，受理申请的安全生产监管监察部门认为不公开可能对公共利益造成重大影响的，应当予以公开，并将决定公开的信息内容和理由书面通知第三方。

第二十一条 公民、法人和其他组织有证据证明与其自身相关的信息不准确的，有权要求更正。受理申请的安全生产监管监察部门经核实后，应当予以更正，并将更正后的信息书面告知申请人；无权更正的，应当转送有权更正的部门或者其他行政机关处理，并告知申请人。

第二十二条 对于依申请公开的信息，安全生产监管监察部门应当按照申请人要求的形式予以提供；无法按照申请人要求的形式提供的，可以通过安排申请人查阅相关资料、提供复制件或者其他适当的形式提供。

第二十三条 安全生产监管监察部门依申请提供信息，除可以按照国家规定的标准向申请人收取检索、复制、邮寄等成本费用外，不得收取其他费用。

申请获取信息的公民确有经济困难的，经本人申请、安全生产监管监察部门负责信息公开的专门机构负责人审核同意，可以减免相关费用。

第四章 监督与保障

第二十四条 安全生产监管监察部门应当建立健全信息发布保密审查制度，明确保密审查的人员、方法、程序和责任。

安全生产监管监察部门在公开信息前，应当依照《中华人民共和国保守国家秘密法》、《安全生产工作国家秘密范围的规定》等法律、行政法规和有关保密制度，对拟公开的信息进行保密审查。

安全生产监管监察部门在保密审查过程中不能确定是否涉及国家秘密的，应当说明信息来源和本部门的保密审查意见，报上级安全生产监管监察部门或者本级保密行政管理部门确定。

第二十五条 安全生产监管监察部门应当编制、公布本部门信息公开指南及信息公开目录，并及时更新。

信息公开指南应当包括信息的分类、编排体系、获取方式和信息公开专门机构的名称、办公地址、办公时间、联系电话、传真号码、电子邮箱等内容。

信息公开目录应当包括信息的索引、名称、信息内容概述、生成日期、公开时间等内容。

第二十六条 安全生产监管监察部门应当建立健全信息公开工作考核制度、社会评议制度和责任追究制度，定期对信息公开工作进行考核、评议。

第二十七条 安全生产监管监察部门应当于每年3月31日前公布本部门上一年度信息公开工作年度报告。年度报告应当包括下列内容：

（一）本部门主动公开信息的情况；

（二）本部门依申请公开信息和不予公开信息的情况；

（三）信息公开工作的收费及减免情况；

（四）因信息公开申请行政复议、提起行政诉讼的情况；

（五）信息公开工作存在的主要问题及改进情况；

（六）其他需要报告的事项。

第二十八条 公民、法人或者其他组织认为安全生产监管监察部门不依法履行信息公开义务的，可以向上级安全生产监管监察部门举报。收到举报的安全生产监管监察部门应当依照《信访条例》的规定予以处理，督促被举报的安全生产监管监察部门依法履行信息公开义务。

第二十九条 公民、法人或者其他组织认为信息公开工作中的具体行政行为侵犯其合法权益的，可以依法申请行政复议或者提起行政诉讼。

第三十条 安全生产监管监察部门及其工作人员违反本办法的规定，有下列情形之一的，由本部门负责行政监察的机构或者其上级安全生产监管监察部门责令改正；情节严重的，对部门主要负责人、直接负责的主管人员和其他直接责任人员依法给予处分；构成犯罪的，依法追究刑事责任：

（一）不依法履行信息公开义务的；

（二）不及时更新公开的信息内容、信息公开指南和信息公开目录的；

（三）违反规定收取费用的；

（四）通过其他组织、个人以有偿服务方式提供信息的；

（五）公开不应当公开的信息的；

（六）故意提供虚假信息的；

（七）违反有关法律法规和本办法规定的其他行为。

第五章 附 则

第三十一条 国家安全生产监督管理总局管理的具有行政职能的事业单位的有关信息公开，参照本办法执行。

第三十二条 本办法自2012年11月1日起施行。

安全生产监管档案管理规定

1. 2007年6月4日国家安全生产监督管理总局发布
2. 安监总办〔2007〕126号
3. 自2007年7月1日起施行

一、总则

1. 为加强安全生产监管档案的管理，充分发挥档案在安全生产监督管理工作中的作用，根据《中华人民共和国档案法》及其实施办法，结合安全生产监管工作特点，制定本规定。

2. 安全生产监管档案是指各级安全生产监督管理部门在依法履行安全生产监督管理职责工作中直接形成的，具有保存价值的文字、图表、声像、电子等不同形式和载体的历史记录。

3. 各级安全生产监督管理部门应加强对档案工作的领导，将档案工作列入本单位总体发展规划和检查、考核内容，确定承担档案工作职责的机构（以下简称档案管理机构）和必要的人员，统筹安排开展档案工作所需经费。

4. 安全生产监管档案由本单位档案管理机构或者档案工作人员集中管理，任何人都不得据为己有或者拒绝归档。

二、档案机构及其职责

5. 在国家档案行政管理部门统筹规划、组织协调、统一制度、监督和指导下，安全生产监管档案工作实行统一领导、分级管理。

国家安全监管总局对各省、自治区、直辖市及计划单列市的安全生产监管档案工作进行业务指导。

各级安全监管部门安全生产监管档案工作同时接受上级业务管理部门和同级人民政府档案行政管理部门的监督和指导。

6. 国家安全监管总局的档案机构履行下列职责：

（1）贯彻有关法律、行政法规和国家有关方针政策，研究、制定安全生产档案管理方面的规章、制度、规范和标准；

（2）制定安全生产档案工作发展规划，并组织实施；

（3）指导本单位文件、资料的形成、积累和归档工作，统一管理本单位的档案，并按规定向中央档案馆移交档案；

（4）承办安全生产监管、煤矿安全监察档案工作人员业务培训工作，组织档案业务研究及学术交流活动。

7. 县级以上安全生产监督管理部门应明确档案管理机构，并有专人负责档案工作。具体职责是：

（1）贯彻执行有关法律、行政法规及国家安全监管总局发布的规范、标准，建立、健全本单位的档案工作规章制度；

（2）对本单位的归档工作进行指导，统一管理本单位的档案，积极开发档案信息资源，编制检索工具，汇编文件资料，做好档案利用工作；

（3）监督、指导所属机构的档案工作；

（4）做好档案的鉴定和统计工作，按规定向属地国家综合档案馆移交档案。

8. 档案工作人员应熟悉档案专业理论知识，熟悉安全生产监督管理业务，忠于职守，遵守纪律，具有履行职责必需的文化知识和专业技能，并定期接受相应培训。

三、文件材料的形成和归档

9. 各级安全生产监督管理部门应当建立健全文件材料归档制度，对文件材料的归档范围、时间、质量要求、程序等做出具体规定，确保归档文件材料齐全、完整、准确、系统。

10. 安全生产监管档案主要由安全生产监管日常管理文件材料、执法检查材料、行政审批和备案材料以及事故调查处理文件材料组成。

（1）安全生产监管日常管理文件材料，包括履行安全生产监督管理职责过程中形成的各种文件、立法相关材料、会议材料、安全统计分析材料、信访材料、行政复议材料及其他日常管理文件材料等。

（2）执法检查材料，包括安全生产执法检查、督查、专项整治过程中形成的调查笔录、处理决定等执法文书材料以及相应的安全事故隐患整改材料等。

（3）行政审批和备案材料，包括职责范围内新建、改建、扩建工程项目的安全设施审查及竣工验收审批材料，职责范围内的安全生产许可审批材料，对工矿商贸生产经营单位安全生产条件和有关设备（特种设备除外）进行检测检验、安全评价、安全培训、安全咨询等社会中介组织的资质认定审批材料，生产经营单位主要负责人及安全生产管理人员安全资格考核材料，特种作业人员考核材料，职责范围内要求的各项管理工作备案材料等。

（4）事故调查处理文件材料，包括本单位在事故报告、调查处理和批复结案过程中形成的全部文件材料。

11. 安全生产监督管理部门形成的具有保存价值的文件材料，由文书机构或文件材料形成机构按相关要求整理后，向本单位档案管理机构归档。

12. 安全生产监管日常管理文件材料应于次年 6 月 30 日以前归档；事故调查处理文件材料应在事故处理结束后 1 个月内归档；执法检查材料、行政审批和备案材料可分阶段归档。

13. 归档文件质量要求：

（1）归档的文件材料必须是办理完毕、齐全完整、具有保存价值；

（2）本部门主办的文件，必须归档保存原件，确无原件的，须在备考表中予以说明；

（3）归档的文件所使用的书写材料、纸张、装订材料应符合档案保护要求；

（4）已破损的文件应予修复，字迹模糊或易褪变的文件应予复制；

（5）电子文件形成单位必须将具有永久和长期保存价值的电子文件，制成纸质文件与原电子文件的存储载体一同归档，并使两者建立互联；

（6）归档的电子文件应存储到符合保管要求的脱机载体上。归档保存的电子文件一般不加密，必须加密归档的电子文件应与其解密软件和说明文件一同归档。

14. 文件材料归档时，交接双方应清点、核对文件材料，并在移交方编制的归档移交目录上签字或盖章。

四、档案的管理

15. 安全生产监督管理部门应根据本单位实际情况，对归档文件进行科学系统地分类、排列、编目和保管，采用先进技术和管理方法，推动文档一体化进程，实现档案管理现代化。

16. 安全生产监管日常管理文件材料可按年度、组织机构、保管期限分类，按形成时间顺序排列，或采用适合本单位的档案分类方案，按件整理。

执法检查材料可按年度、行业、地区分类，以每个被监管单位形成的文件材料为保管单位整理，按形成时间顺序排列。

行政审批和备案材料可结合行政审批和备案项目、行业、地区、被监管单位，采用适合本单位的档案分类体系和排列方法，以一个被监管单位的一项行政审批和备案项目形成的文件材料为保管单位整理，一项一卷。行政许可项目在审批手续完成后在许可有效期内发生变更，办理变更手续过程中形成的案卷可与申办案卷合并保管或单独排列。

事故调查处理文件材料以一起事故形成的文件材料为保管单位整理，按年度结合案卷形成时间顺序排列。

17. 安全生产监管档案的保管期限根据国家档案行政管理部门和国家安全监管总局的有关规定执行。

18. 各级安全生产监督管理部门形成的人事、会计、科技档案的管理按国家有关规定执行。

19. 对于已满保管期限的档案，要按照国家有关规定，组织专门鉴定小组进行鉴定。

20. 经鉴定须销毁的档案，档案工作人员应编制销毁清册，经单位主管领导审查批准，由档案工作人员和指定的监销人共同监销，并在销毁清册上签字。销毁清册永久保存。

21. 各级安全生产监督管理部门应建立档案的统计制度，对档案的接收、移交、保管、利用等情况进行统计，并按规定向上级业务管理部门和地方档案行政管理部门报送档案工作基本情况统计报表。

22. 档案工作人员应在调动工作、退休或其他原因离开工作岗位之前，办好档案的交接手续。

其他机构工作人员离职前，必须将未归档的文件材料全部归档，并清退所借档案。

23. 安全生产监督管理部门应设档案专用库房，配备必要的设备设施。档案库房应符合防火、防盗、防潮、防尘、防光、防鼠、防虫、防高温的要求，库房面积应满足今后一段时间档案数量增长的需要。库房应与办公室、阅览室分开。

五、档案的利用

24. 各级安全生产监督管理部门应积极开展档案利用工作，编制适用的检索工具，开展档案编研工作，为安全生产监督管理工作提供档案信息服务。

25. 档案工作人员要严格履行档案借阅手续。遵守《中华人民共和国保守国家秘密法》，认真贯彻执行保密法规，做好保密工作。

26. 对电子文件采用网络的方式利用时，应采取身份认证、权限控制等安全保密措施，并遵守有关的借阅规定。

27. 因利用档案解决重大问题，并产生较大的经济效益和社会效益的，应进行档案利用效果登记。

六、奖惩

28. 凡有下列事迹之一的，安全生产监督管理部门、档案行政管理部门应给予表彰和奖励：

（1）对档案的收集、整理、提供利用做出显著成绩的；

（2）对档案的保护和现代化管理做出显著成绩的；

（3）同违反档案法律、法规的行为作斗争，表现突出的。

29. 对于违反《中华人民共和国档案法》和本规定相关条款的行为，按照《中华人民共和国档案法实施办法》第五章的有关规定予以处罚。

七、附则

30. 本规定由国家安全监管总局负责解释。

31. 本规定自2007年7月1日起施行。

生产安全事故档案管理办法

1. 2008年11月17日国家安全生产监督管理总局、国家档案局发布

2. 安监总办〔2008〕202号

第一条 为规范和加强生产安全事故档案管理，根据《中华人民共和国安全生产法》、《中华人民共和国档案法》和《生产安全事故报告和调查处理条例》的有关规定，制定本办法。

第二条 本办法所称的生产安全事故档案（以下简称事故档案），是指生产安全事故报告、事故调查和处理过程中形成的具有保存价值的各种文字、图表、声像、电子等不同形式的历史记录。

第三条 事故档案管理工作在国家档案行政管理部门统筹规划、组织协调下，按照《生产安全事故报告和调查处理条例》规定的事故等级处理程序，实行分系统、分级管理。

第四条 国务院安全生产监督管理部门或负有安全生产监督管理职责的有关部门负责本系统内事故档案的管理、监督、指导。

地方人民政府安全生产监督管理部门或负有安全生产监督管理职责的有关部门负责本地区所辖范围内事故档案的管理、监督、指导。

各级安全生产监督管理部门或负有安全生产监督管理职责的有关部门、各事故发生单位及其他有关单位的事故档案管理，同时接受上级主管部门和同级地方档案行政管理部门的监督、指导。

第五条 事故档案管理是参与事故调查处理单位档案工作的组成部分。

事故档案的管理应与事故报告、事故调查和处理同步进行。参加事故调查处理的有关单位及个人都有维护事故档案完整、准确、系统、安全的义务。任何单位和个人都不得将事故档案据为已有或拒绝归档。

第六条 事故文件材料的收集归档是事故报告和调查处理工作的重要环节。

事故调查组组长或组长单位应指定人员负责收集、整理事故调查和处理期间形成的文件材料。事故调查组成员应在所承担的工作结束后10日内，将工作中形成的事故调查文件材料收集齐全，移交指定人员。

负责事故处理的部门在事故处理结束后30日内向本单位档案部门移交事故档案。

参加事故调查的其他单位可保存与其职能相关的事故调查文件材料的副本或复制件。

事故文件材料的收集归档，有关法律、行政法规或我国参加的国际公约、协定、条约另有规定的，依照其规定办理。

第七条　事故调查及处理工作中应归档的文件材料主要有：

（一）事故报告及领导批示；

（二）事故调查组织工作的有关材料，包括事故调查组成立批准文件、内部分工、调查组成员名单及签字等；

（三）事故抢险救援报告；

（四）现场勘查报告及事故现场勘查材料，包括事故现场图、照片、录像，勘查过程中形成的其他材料等；

（五）事故技术分析、取证、鉴定等材料，包括技术鉴定报告，专家鉴定意见，设备、仪器等现场提取物的技术检测或鉴定报告以及物证材料或物证材料的影像材料，物证材料的事后处理情况报告等；

（六）安全生产管理情况调查报告；

（七）伤亡人员名单，尸检报告或死亡证明，受伤人员伤害程度鉴定或医疗证明；

（八）调查取证、谈话、询问笔录等；

（九）其他有关认定事故原因、管理责任的调查取证材料，包括事故责任单位营业执照及有关资质证书复印件、作业规程及矿井采掘、通风图纸等；

（十）关于事故经济损失的材料；

（十一）事故调查组工作简报；

（十二）与事故调查工作有关的会议记录；

（十三）其他与事故调查有关的文件材料；

（十四）关于事故调查处理意见的请示（附有调查报告）；

（十五）事故处理决定、批复或结案通知；

（十六）关于事故责任认定和对责任人进行处理的相关单位的意见函；

（十七）关于事故责任单位和责任人的责任追究落实情况的文件材料；

（十八）其他与事故处理有关的文件材料。

第八条　事故档案整理应当以事故为单位进行分类组卷，组卷时应保持文件之间的有机联系。

同一事故的非纸质载体文件材料应与纸质文件材料分别整理存放，并标注互见号。

第九条　归档文件质量要求：纸质文件材料应齐全完整，字迹清晰，签认手续完备；数字照片应打印纸质拷贝；录音、录像文件（包括数字文件）、电子文件应按要求确保内容真实可靠、长期可读。

第十条　文件材料向档案部门归档时，交接双方应按照归档文件材料移交目录对全部文件材料进行清点、核对，对需要说明的事项应编写归档说明。移交清册一式二份，双方责任人签字后各保留一份。

第十一条　事故档案的保管期限分为永久、30年两种。

凡是造成人员死亡或重伤，或1000万元以上（含1000万元）直接经济损失的事故档案，列为永久保管。

未造成人员死亡或重伤，且直接经济损失在1000万元以下的事故档案，结案通知或处理决定以及事故责任追究落实情况的材料列为永久保管，其他材料列为30年保管。

第十二条　事故档案保管单位应对保管期限已满的事故档案进行鉴定。仍有保存价值的事故档案，可以延长保管期限。对于需要销毁的事故档案，要严格履行销毁程序。

事故档案在保管一定时期后随同其他档案按时向同级国家档案馆移交。

第十三条　事故档案保管单位应提供必要的保管保护条件，确保事故档案的安全。

第十四条　事故档案保管单位应依据《政府信息公开条例》以及知识产权保护等规定要求，建立健全事故档案借阅制度，明确相应的借阅范围和审批程序。要确保涉密档案的安全，维护涉及事故各方的合法权益。

第十五条　擅自销毁事故文件材料、未及时归档，或违反本办法，造成事故档案损毁、丢失或泄密的，将依照安全生产法律法规、档案法律法规追究直接责任单位或个人的法律责任。

第十六条　本办法由国家安全生产监督管理总局负责解释。

第十七条　本办法自发布之日起施行。

安全生产工作创新奖励管理暂行办法

1. 2011年5月26日国家安全生产监督管理总局发布

2. 安监总政法〔2011〕81号

第一章　总　　则

第一条　为鼓励各级安全生产监督管理部门、煤矿安全监察机构（以下统称安全监管监察部门）和各类企事业单位创造性地开展安全生产工作，加快建立和完善科学、合理、有效的安全生产长效机制，根据《安全生产法》等有关规定，制定本办法。

第二条 国家安全生产监督管理总局(以下简称安全监管总局)设立安全生产工作创新奖,奖励在安全生产领域取得创新工作成果或者对安全生产发展进步作出突出贡献的单位和个人。

安全生产工作创新奖实行自愿申报、专家评议、综合评定、择优奖励的原则。

安全生产工作创新奖励工作坚持公开、公平、公正的原则。

第三条 地方各级安全监管监察部门和各企事业单位应当重视和推动安全生产工作的创新发展,积极探索工业化、城镇化等快速发展阶段安全生产的规律特点,发现新情况,研究新问题,探索新途径,采取新举措;积极申报或推荐安全生产工作创新奖,建立健全工作创新激励机制,调动和促进安全监管监察部门、企事业单位和人员的创新积极性。

第二章 奖项设置

第四条 安全生产工作创新奖分为安全生产理论创新和安全生产实践应用创新两类。

安全生产工作创新奖每年评选一次。

第五条 安全生产理论创新,是指在安全生产理念原则等重大理论问题上有所建树,或者填补了安全生产领域某些空白,推动了安全生产理论发展,得到学术界的重视和好评。获奖的理论创新成果必须观点鲜明,论据充分,资料翔实,数据准确,逻辑严密,方法科学,具有创新性、前沿性、效益性和实用性。

第六条 安全生产实践应用创新,是指在解决安全生产工作重大现实问题上有所突破,包括在体制建设、制度设计、管理方法、操作程序等方面有突破性的创新。获奖的应用创新成果应当产生显著的安全效益和社会效益。

第七条 安全生产工作创新奖设一、二、三等奖和特别奖。安全生产工作创新奖年度评选等次及数量,由评审组织依据实际情况提出具体意见,经安全监管总局局长办公会议审议决定。

第三章 评审办法和程序

第八条 安全监管总局成立安全生产工作创新成果奖励委员会,由国家安全生产专家和安全监管总局、国家煤矿安全监察局机关有关司局的人员组成,主要职责是为安全生产工作创新奖励制度的建立和实施提供政策性意见建议,研究解决安全生产工作创新奖评审等工作中的重大事项和问题。

安全生产工作创新成果奖励委员会(以下简称创新成果奖励委员会)下设办公室。办公室设在政策法规司,负责创新成果评选奖励的组织协调和日常管理工作。

第九条 安全生产工作创新奖的申报人可以是地方各级安全监管监察部门、安全生产中介机构、各类企事业单位、其他组织等团体,也可以是个人。

多个单位共同完成的安全生产工作创新成果,由其第一负责单位组织申报。

第十条 省级安全监管监察部门、中央企业总部、安全监管总局直属单位申报安全生产工作创新奖的,直接向安全监管总局申报;中央企业下属机构申报安全生产工作创新奖的,应当经中央企业总部初选并向安全监管总局推荐;其他组织和个人申报安全生产工作创新奖的,应当经所在地省级安全监管监察部门初选并向安全监管总局推荐。

第十一条 申报安全生产工作创新奖,应当提交以下材料:

(一)安全生产理论创新的论文或者安全生产实践应用创新的说明。安全生产实践应用创新说明应当包括创新已获安全效益和社会效益的证明或者验算材料;

(二)有关部门或者机构对申报创新成果的评价或者鉴定,或者不少于5名省级以上安全生产专家组成员的评价意见;

(三)作出评价或者鉴定意见的有关部门、机构或者安全生产专家的资质证明影印件。

申报人应当对申报材料的真实性负责。

第十二条 省级安全监管监察部门应当对申报的相关材料进行初步审查,对申报的安全生产工作创新成果作出评价或者鉴定,并提出创新奖类别、授奖等级等具体推荐意见。

中央企业总部应当组织不少于5名省级以上安全生产专家组成员(不得与第十一条的专家重复)对下属机构申报的创新成果作出评价意见,并提出创新奖类别、授奖等级等具体推荐意见。

第十三条 创新成果奖励委员会办公室对申报的材料进行汇总分类,提出初审建议。通过初审的创新成果,在安全监管总局政府网站上公示,公示期一个月。

创新成果奖励委员会组织评审组以记名投票表决方式,对公示后无异议或者有异议但已解决的创新成果提出获奖和奖励等级的建议。

安全监管总局召开局长办公会对创新成果奖励委员会提交的建议进行审议、作出奖励决定,并以安全监管总局的名义向获奖单位和个人颁发奖牌、证书及相应的物质奖励。

第十四条 获奖名单及其工作创新成果在《中国安全生产报》和安全监管总局政府网站公布。

第十五条 获得安全生产工作创新奖的单位,应当对为该创新成果作出贡献的人员给予奖励。

个人获得安全生产工作创新奖的,其所在单位或者人事管理部门应当将获奖情况及其主要贡献记入本人档案。

第十六条 安全生产工作创新奖评审工作实行以下回避制度:

(一)申报安全生产工作创新奖的人员,不得参加该创新成果的评审工作;

(二)与申报的创新成果所属单位属于同一法人单位的专家,不得参加该创新成果的评审工作;

(三)其他可能影响评审工作公正性的人员,不得参加相关创新成果的评审工作。

第四章 附 则

第十七条 剽窃、侵夺他人安全生产工作创新成果,或者以其他不正当手段骗取创新成果奖的,一经查实即撤销奖励,追回奖牌、证书及相应的物质奖励。

第十八条 申请人提供虚假数据、材料,骗取创新成果奖的,取消其评选资格并通报批评。

安全生产专家出具虚假评价意见的,视其严重程度,由该专家管理单位暂停或者取消其安全生产专家资格。

推荐单位提供虚假数据、材料的,视其严重程度,暂停或者取消其推荐资格。

第十九条 参与安全生产工作创新奖评审活动的有关人员在评审活动中弄虚作假、徇私舞弊的,终止其参与评审活动,有关主管部门按照有关规定给予纪律处分。

第二十条 本办法由安全监管总局负责解释。

企业安全生产费用
提取和使用管理办法

1. 2022年11月21日财政部、应急部发布
2. 财资〔2022〕136号

第一章 总 则

第一条 为加强企业安全生产费用管理,建立企业安全生产投入长效机制,维护企业、职工以及社会公共利益,依据《中华人民共和国安全生产法》等有关法律法规和《中共中央 国务院关于推进安全生产领域改革发展的意见》、《国务院关于进一步加强安全生产工作的决定》(国发〔2004〕2号)、《国务院关于进一步加强企业安全生产工作的通知》(国发〔2010〕23号)等,制定本办法。

第二条 本办法适用于在中华人民共和国境内直接从事煤炭生产、非煤矿山开采、石油天然气开采、建设工程施工、危险品生产与储存、交通运输、烟花爆竹生产、民用爆炸物品生产、冶金、机械制造、武器装备研制生产与试验(含民用航空及核燃料)、电力生产与供应的企业及其他经济组织(以下统称企业)。

第三条 本办法所称企业安全生产费用是指企业按照规定标准提取,在成本(费用)中列支,专门用于完善和改进企业或者项目安全生产条件的资金。

第四条 企业安全生产费用管理遵循以下原则:

(一)筹措有章。统筹发展和安全,依法落实企业安全生产投入主体责任,足额提取。

(二)支出有据。企业根据生产经营实际需要,据实开支符合规定的安全生产费用。

(三)管理有序。企业专项核算和归集安全生产费用,真实反映安全生产条件改善投入,不得挤占、挪用。

(四)监督有效。建立健全企业安全生产费用提取和使用的内外部监督机制,按规定开展信息披露和社会责任报告。

第五条 企业安全生产费用可由企业用于以下范围的支出:

(一)购置购建、更新改造、检测检验、检定校准、运行维护安全防护和紧急避险设施、设备支出[不含按照"建设项目安全设施必须与主体工程同时设计、同时施工、同时投入生产和使用"(以下简称"三同时")规定投入的安全设施、设备];

(二)购置、开发、推广应用、更新升级、运行维护安全生产信息系统、软件、网络安全、技术支出;

(三)配备、更新、维护、保养安全防护用品和应急救援器材、设备支出;

(四)企业应急救援队伍建设(含建设应急救援队伍所需应急救援物资储备、人员培训等方面)、安全生产宣传教育培训、从业人员发现报告事故隐患的奖励支出;

(五)安全生产责任保险、承运人责任险等与安全生产直接相关的法定保险支出;

(六)安全生产检查检测、评估评价(不含新建、改建、扩建项目安全评价)、评审、咨询、标准化建设、应急预案制修订、应急演练支出；

（七）与安全生产直接相关的其他支出。

第二章　企业安全生产费用的提取和使用

第一节　煤炭生产企业

第六条　煤炭生产是指煤炭资源开采作业有关活动。

批准进行联合试运转的基本建设煤矿，按照本节规定提取使用企业安全生产费用。

第七条　煤炭生产企业依据当月开采的原煤产量，于月末提取企业安全生产费用。提取标准如下：

（一）煤（岩）与瓦斯（二氧化碳）突出矿井、冲击地压矿井吨煤50元；

（二）高瓦斯矿井，水文地质类型复杂、极复杂矿井，容易自燃煤层矿井吨煤30元；

（三）其他井工矿吨煤15元；

（四）露天矿吨煤5元。

矿井瓦斯等级划分执行《煤矿安全规程》（应急管理部令第8号）和《煤矿瓦斯等级鉴定办法》（煤安监技装〔2018〕9号）的规定；矿井冲击地压判定执行《煤矿安全规程》（应急管理部令第8号）和《防治煤矿冲击地压细则》（煤安监技装〔2018〕8号）的规定；矿井水文地质类型划分执行《煤矿安全规程》（应急管理部令第8号）和《煤矿防治水细则》（煤安监调查〔2018〕14号）的规定。

多种灾害并存矿井，从高提取企业安全生产费用。

第八条　煤炭生产企业安全生产费用应当用于以下支出：

（一）煤与瓦斯突出及高瓦斯矿井落实综合防突措施支出，包括瓦斯区域预抽、保护层开采区域防突措施、开展突出区域和局部预测、实施局部补充防突措施等两个“四位一体”综合防突措施，以及更新改造防突设备和设施、建立突出防治实验室等支出；

（二）冲击地压矿井落实防冲措施支出，包括开展冲击地压危险性预测、监测预警、防范治理、效果检验、安全防护等防治措施，更新改造防冲设备和设施，建立防冲实验室等支出；

（三）煤矿安全生产改造和重大事故隐患治理支出，包括通风、防瓦斯、防煤尘、防灭火、防治水、顶板、供电、运输等系统设备改造和灾害治理工程，实施煤矿机械化改造、智能化建设，实施矿压、热害、露天煤矿边坡治理等支出；

（四）完善煤矿井下监测监控、人员位置监测、紧急避险、压风自救、供水施救和通信联络等安全避险设施设备支出，应急救援技术装备、设施配置和维护保养支出，事故逃生和紧急避难设施设备的配置和应急救援队伍建设、应急预案制修订与应急演练支出；

（五）开展重大危险源检测、评估、监控支出，安全风险分级管控和事故隐患排查整改支出，安全生产信息化建设、运维和网络安全支出；

（六）安全生产检查、评估评价（不含新建、改建、扩建项目安全评价）、咨询、标准化建设支出；

（七）配备和更新现场作业人员安全防护用品支出；

（八）安全生产宣传、教育、培训和从业人员发现并报告事故隐患的奖励支出；

（九）安全生产适用新技术、新标准、新工艺、煤矿智能装备及煤矿机器人等新装备的推广应用支出；

（十）安全设施及特种设备检测检验、检定校准支出；

（十一）安全生产责任保险支出；

（十二）与安全生产直接相关的其他支出。

第二节　非煤矿山开采企业

第九条　非煤矿山开采是指金属矿、非金属矿及其他矿产资源的勘探作业和生产、选矿、闭坑及尾矿库运行、回采、闭库等有关活动。

第十条　非煤矿山开采企业依据当月开采的原矿产量，于月末提取企业安全生产费用。提取标准如下：

（一）金属矿山，其中露天矿山每吨5元，地下矿山每吨15元；

（二）核工业矿山，每吨25元；

（三）非金属矿山，其中露天矿山每吨3元，地下矿山每吨8元；

（四）小型露天采石场，即年生产规模不超过50万吨的山坡型露天采石场，每吨2元。

上款所称原矿产量，不含金属、非金属矿山尾矿库和废石场中用于综合利用的尾砂和低品位矿石。

地质勘探单位按地质勘查项目或工程总费用的2%，在项目或工程实施期内逐月提取企业安全生产费用。

第十一条　尾矿库运行按当月入库尾矿量计提企业安全生产费用，其中三等及三等以上尾矿库每吨4元，四等及五等尾矿库每吨5元。

尾矿库回采按当月回采尾矿量计提企业安全生产费用，其中三等及三等以上尾矿库每吨1元，四等及五等尾矿库每吨1.5元。

第十二条　非煤矿山开采企业安全生产费用应当用于以

下支出：

（一）完善、改造和维护安全防护设施设备（不含“三同时”要求初期投入的安全设施）和重大事故隐患治理支出，包括矿山综合防尘、防灭火、防治水、危险气体监测、通风系统、支护及防治边帮滑坡、防冒顶片帮设备、机电设备、供配电系统、运输（提升）系统和尾矿库等完善、改造和维护支出以及实施地压监测监控、露天矿边坡治理等支出；

（二）完善非煤矿山监测监控、人员位置监测、紧急避险、压风自救、供水施救和通信联络等安全避险设施设备支出，完善尾矿库全过程在线监测监控系统支出，应急救援技术装备、设施配置及维护保养支出，事故逃生和紧急避难设施设备的配置和应急救援队伍建设、应急预案制修订与应急演练支出；

（三）开展重大危险源检测、评估、监控支出，安全风险分级管控和事故隐患排查整改支出，机械化、智能化建设，安全生产信息化建设、运维和网络安全支出；

（四）安全生产检查、评估评价（不含新建、改建、扩建项目安全评价）、咨询、标准化建设支出；

（五）配备和更新现场作业人员安全防护用品支出；

（六）安全生产宣传、教育、培训和从业人员发现并报告事故隐患的奖励支出；

（七）安全生产适用的新技术、新标准、新工艺、智能化、机器人等新装备的推广应用支出；

（八）安全设施及特种设备检测检验、检定校准支出；

（九）尾矿库闭库、销库费用支出；

（十）地质勘探单位野外应急食品、应急器械、应急药品支出；

（十一）安全生产责任保险支出；

（十二）与安全生产直接相关的其他支出。

第三节 石油天然气开采企业

第十三条 石油天然气（包括页岩油、页岩气）开采是指陆上采油（气）、海上采油（气）、钻井、物探、测井、录井、井下作业、油建、海油工程等活动。

煤层气（地面开采）企业参照陆上采油（气）企业执行。

第十四条 陆上采油（气）、海上采油（气）企业依据当月开采的石油、天然气产量，于月末提取企业安全生产费用。其中每吨原油20元，每千立方米原气7.5元。

钻井、物探、测井、录井、井下作业、油建、海油工程等企业按照项目或工程造价中的直接工程成本的2%逐月提取企业安全生产费用。工程发包单位应当在合同中单独约定并及时向工程承包单位支付企业安全生产费用。

石油天然气开采企业的储备油、地下储气库参照危险品储存企业执行。

第十五条 石油天然气开采企业安全生产费用应当用于以下支出：

（一）完善、改造和维护安全防护设施设备支出（不含“三同时”要求初期投入的安全设施），包括油气井（场）、管道、站场、海洋石油生产设施、作业设施等设施设备的监测、监控、防井喷、防灭火、防坍塌、防爆炸、防泄漏、防腐蚀、防颠覆、防漂移、防雷、防静电、防台风、防中毒、防坠落等设施设备支出；

（二）事故逃生和紧急避难设施设备的配置及维护保养支出，应急救援器材、设备配置及维护保养支出，应急救援队伍建设、应急预案制修订与应急演练支出；

（三）开展重大危险源检测、评估、监控支出，安全风险分级管控和事故隐患排查整改支出，安全生产信息化、智能化建设、运维和网络安全支出；

（四）安全生产检查、评估评价（不含新建、改建、扩建项目安全评价）、咨询、标准化建设支出；

（五）配备和更新现场作业人员安全防护用品支出；

（六）安全生产宣传、教育、培训和从业人员发现并报告事故隐患的奖励支出；

（七）安全生产适用的新技术、新标准、新工艺、新装备的推广应用支出；

（八）安全设施及特种设备检测检验、检定校准支出；

（九）野外或海上作业应急食品、应急器械、应急药品支出；

（十）安全生产责任保险支出；

（十一）与安全生产直接相关的其他支出。

第四节 建设工程施工企业

第十六条 建设工程是指土木工程、建筑工程、线路管道和设备安装及装修工程，包括新建、扩建、改建。

井巷工程、矿山建设参照建设工程执行。

第十七条 建设工程施工企业以建筑安装工程造价为依据，于月末按工程进度计算提取企业安全生产费用。提取标准如下：

（一）矿山工程3.5%；

（二）铁路工程、房屋建筑工程、城市轨道交通工程3%；

（三）水利水电工程、电力工程2.5%；

（四）冶炼工程、机电安装工程、化工石油工程、通信工程2%；

（五）市政公用工程、港口与航道工程、公路工程1.5%。

建设工程施工企业编制投标报价应当包含并单列企业安全生产费用，竞标时不得删减。国家对基本建设投资概算另有规定的，从其规定。

本办法实施前建设工程项目已经完成招投标并签订合同的，企业安全生产费用按照原规定提取标准执行。

第十八条 建设单位应当在合同中单独约定并于工程开工日一个月内向承包单位支付至少50%企业安全生产费用。

总包单位应当在合同中单独约定并于分包工程开工日一个月内将至少50%企业安全生产费用直接支付分包单位并监督使用，分包单位不再重复提取。

工程竣工决算后结余的企业安全生产费用，应当退回建设单位。

第十九条 建设工程施工企业安全生产费用应当用于以下支出：

（一）完善、改造和维护安全防护设施设备支出（不含"三同时"要求初期投入的安全设施），包括施工现场临时用电系统、洞口或临边防护、高处作业或交叉作业防护、临时安全防护、支护及防治边坡滑坡、工程有害气体监测和通风、保障安全的机械设备、防火、防爆、防触电、防尘、防毒、防雷、防台风、防地质灾害等设施设备支出；

（二）应急救援技术装备、设施配置及维护保养支出，事故逃生和紧急避难设施设备的配置和应急救援队伍建设、应急预案制修订与应急演练支出；

（三）开展施工现场重大危险源检测、评估、监控支出，安全风险分级管控和事故隐患排查整改支出，工程项目安全生产信息化建设、运维和网络安全支出；

（四）安全生产检查、评估评价（不含新建、改建、扩建项目安全评价）、咨询和标准化建设支出；

（五）配备和更新现场作业人员安全防护用品支出；

（六）安全生产宣传、教育、培训和从业人员发现并报告事故隐患的奖励支出；

（七）安全生产适用的新技术、新标准、新工艺、新装备的推广应用支出；

（八）安全设施及特种设备检测检验、检定校准支出；

（九）安全生产责任保险支出；

（十）与安全生产直接相关的其他支出。

第五节 危险品生产与储存企业

第二十条 危险品生产与储存是指经批准开展列入国家标准《危险货物品名表》（GB 12268）、《危险化学品目录》物品，以及列入国家有关规定危险品直接生产和聚积保存的活动（不含销售和使用）。

危险品运输适用第六节规定。

第二十一条 危险品生产与储存企业以上一年度营业收入为依据，采取超额累退方式确定本年度应计提金额，并逐月平均提取。具体如下：

（一）上一年度营业收入不超过1000万元的，按照4.5%提取；

（二）上一年度营业收入超过1000万元至1亿元的部分，按照2.25%提取；

（三）上一年度营业收入超过1亿元至10亿元的部分，按照0.55%提取；

（四）上一年度营业收入超过10亿元的部分，按照0.2%提取。

第二十二条 危险品生产与储存企业安全生产费用应当用于以下支出：

（一）完善、改造和维护安全防护设施设备支出（不含"三同时"要求初期投入的安全设施），包括车间、库房、罐区等作业场所的监控、监测、通风、防晒、调温、防火、灭火、防爆、泄压、防毒、消毒、中和、防潮、防雷、防静电、防腐、防渗漏、防护围堤和隔离操作等设施设备支出；

（二）配备、维护、保养应急救援器材、设备支出和应急救援队伍建设、应急预案制修订与应急演练支出；

（三）开展重大危险源检测、评估、监控支出，安全风险分级管控和事故隐患排查整改支出，安全生产风险监测预警系统等安全生产信息系统建设、运维和网络安全支出；

（四）安全生产检查、评估评价（不含新建、改建、扩建项目安全评价）、咨询和标准化建设支出；

（五）配备和更新现场作业人员安全防护用品支出；

（六）安全生产宣传、教育、培训和从业人员发现并报告事故隐患的奖励支出；

（七）安全生产适用的新技术、新标准、新工艺、新装备的推广应用支出；

（八）安全设施及特种设备检测检验、检定校准支出；

（九）安全生产责任保险支出；

（十）与安全生产直接相关的其他支出。

第六节 交通运输企业

第二十三条 交通运输包括道路运输、铁路运输、城市轨道交通、水路运输、管道运输。

道路运输是指《中华人民共和国道路运输条例》规定的道路旅客运输和道路货物运输；铁路运输是指《中华人民共和国铁路法》规定的铁路旅客运输和货物运输；城市轨道交通是指依规定批准建设的，采用专用轨道导向运行的城市公共客运交通系统，包括地铁、轻轨、单轨、有轨电车、磁浮、自动导向轨道、市域快速轨道系统；水路运输是指以运输船舶为工具的经营性旅客和货物运输及港口装卸、过驳、仓储；管道运输是指以管道为工具的液体和气体物资运输。

第二十四条 交通运输企业以上一年度营业收入为依据，确定本年度应计提金额，并逐月平均提取。具体如下：

（一）普通货运业务1%；

（二）客运业务、管道运输、危险品等特殊货运业务1.5%。

第二十五条 交通运输企业安全生产费用应当用于以下支出：

（一）完善、改造和维护安全防护设施设备支出（不含"三同时"要求初期投入的安全设施），包括道路、水路、铁路、城市轨道交通、管道运输设施设备和装卸工具安全状况检测及维护系统、运输设施设备和装卸工具附属安全设备等支出；

（二）购置、安装和使用具有行驶记录功能的车辆卫星定位装置、视频监控装置、船舶通信导航定位和自动识别系统、电子海图等支出；

（三）铁路和城市轨道交通防灾监测预警设备及铁路周界入侵报警系统、铁路危险品运输安全监测设备支出；

（四）配备、维护、保养应急救援器材、设备支出和应急救援队伍建设、应急预案制修订与应急演练支出；

（五）开展重大危险源检测、评估、监控支出，安全风险分级管控和事故隐患排查整改支出，安全生产信息化、智能化建设、运维和网络安全支出；

（六）安全生产检查、评估评价（不含新建、改建、扩建项目安全评价）、咨询和标准化建设支出；

（七）配备和更新现场作业人员安全防护用品支出；

（八）安全生产宣传、教育、培训和从业人员发现并报告事故隐患的奖励支出；

（九）安全生产适用的新技术、新标准、新工艺、新装备的推广应用支出；

（十）安全设施及特种设备检测检验、检定校准、铁路和城市轨道交通基础设备安全检测支出；

（十一）安全生产责任保险及承运人责任保险支出；

（十二）与安全生产直接相关的其他支出。

第七节 冶金企业

第二十六条 冶金是指黑色金属和有色金属冶炼及压延加工等生产活动。

第二十七条 冶金企业以上一年度营业收入为依据，采取超额累退方式确定本年度应计提金额，并逐月平均提取。具体如下：

（一）上一年度营业收入不超过1000万元的，按照3%提取；

（二）上一年度营业收入超过1000万元至1亿元的部分，按照1.5%提取；

（三）上一年度营业收入超过1亿元至10亿元的部分，按照0.5%提取；

（四）上一年度营业收入超过10亿元至50亿元的部分，按照0.2%提取；

（五）上一年度营业收入超过50亿元至100亿元的部分，按照0.1%提取；

（六）上一年度营业收入超过100亿元的部分，按照0.05%提取。

第二十八条 冶金企业安全生产费用应当用于以下支出：

（一）完善、改造和维护安全防护设备设施支出（不含"三同时"要求初期投入的安全设施），包括车间、站、库房等作业场所的监控、监测、防高温、防火、防爆、防坠落、防尘、防毒、防雷、防窒息、防触电、防噪声与振动、防辐射和隔离操作等设施设备支出；

（二）配备、维护、保养应急救援器材、设备支出和应急救援队伍建设、应急预案制修订与应急演练支出；

（三）开展重大危险源检测、评估、监控支出，安全风险分级管控和事故隐患排查整改支出，安全生产信息化、智能化建设、运维和网络安全支出；

（四）安全生产检查、评估评价（不含新建、改建、扩建项目安全评价）和咨询及标准化建设支出；

（五）安全生产宣传、教育、培训和从业人员发现并报告事故隐患的奖励支出；

（六）配备和更新现场作业人员安全防护用品支出；

（七）安全生产适用的新技术、新标准、新工艺、新装备的推广应用支出；

（八）安全设施及特种设备检测检验、检定校准支出；

（九）安全生产责任保险支出；

（十）与安全生产直接相关的其他支出。

第八节 机械制造企业

第二十九条 机械制造是指各种动力机械、矿山机械、运输机械、农业机械、仪器、仪表、特种设备、大中型船舶、海洋工程装备、石油炼化装备、建筑施工机械及其他机械设备的制造活动。

按照《国民经济行业分类与代码》（GB/T 4754），本办法所称机械制造企业包括通用设备制造业，专用设备制造业，汽车制造业，铁路、船舶、航空航天和其他运输设备制造业（不含第十一节民用航空设备制造），电气机械和器材制造业，计算机、通信和其他电子设备制造业，仪器仪表制造业，金属制品、机械和设备修理业等8类企业。

第三十条 机械制造企业以上一年度营业收入为依据，采取超额累退方式确定本年度应计提金额，并逐月平均提取。具体如下：

（一）上一年度营业收入不超过1000万元的，按照2.35%提取；

（二）上一年度营业收入超过1000万元至1亿元的部分，按照1.25%提取；

（三）上一年度营业收入超过1亿元至10亿元的部分，按照0.25%提取；

（四）上一年度营业收入超过10亿元至50亿元的部分，按照0.1%提取；

（五）上一年度营业收入超过50亿元的部分，按照0.05%提取。

第三十一条 机械制造企业安全生产费用应当用于以下支出：

（一）完善、改造和维护安全防护设施设备支出（不含“三同时”要求初期投入的安全设施），包括生产作业场所的防火、防爆、防坠落、防毒、防静电、防腐、防尘、防噪声与振动、防辐射和隔离操作等设施设备支出，大型起重机械安装安全监控管理系统支出；

（二）配备、维护、保养应急救援器材、设备支出和应急救援队伍建设、应急预案制修订与应急演练支出；

（三）开展重大危险源检测、评估、监控支出，安全风险分级管控和事故隐患排查整改支出，安全生产信息化、智能化建设、运维和网络安全支出；

（四）安全生产检查、评估评价（不含新建、改建、扩建项目安全评价）、咨询和标准化建设支出；

（五）安全生产宣传、教育、培训和从业人员发现并报告事故隐患的奖励支出；

（六）配备和更新现场作业人员安全防护用品支出；

（七）安全生产适用的新技术、新标准、新工艺、新装备的推广应用支出；

（八）安全设施及特种设备检测检验、检定校准支出；

（九）安全生产责任保险支出；

（十）与安全生产直接相关的其他支出。

第九节 烟花爆竹生产企业

第三十二条 烟花爆竹是指烟花爆竹制品和用于生产烟花爆竹的民用黑火药、烟火药、引火线等物品。

第三十三条 烟花爆竹生产企业以上一年度营业收入为依据，采取超额累退方式确定本年度应计提金额，并逐月平均提取。具体如下：

（一）上一年度营业收入不超过1000万元的，按照4%提取；

（二）上一年度营业收入超过1000万元至2000万元的部分，按照3%提取；

（三）上一年度营业收入超过2000万元的部分，按照2.5%提取。

第三十四条 烟花爆竹生产企业安全生产费用应当用于以下支出：

（一）完善、改造和维护安全设备设施支出（不含“三同时”要求初期投入的安全设施），包括作业场所的防火、防爆（含防护屏障）、防雷、防静电、防护围墙（网）与栏杆、防高温、防潮、防山体滑坡、监测、检测、监控等设施设备支出；

（二）配备、维护、保养防爆机械电器设备支出；

（三）配备、维护、保养应急救援器材、设备支出和应急救援队伍建设、应急预案制修订与应急演练支出；

（四）开展重大危险源检测、评估、监控支出，安全风险分级管控和事故隐患排查整改支出，安全生产信息化、智能化建设、运维和网络安全支出；

（五）安全生产检查、评估评价（不含新建、改建、扩建项目安全评价）、咨询和标准化建设支出；

（六）安全生产宣传、教育、培训和从业人员发现并报告事故隐患的奖励支出；

（七）配备和更新现场作业人员安全防护用品支出；

（八）安全生产适用新技术、新标准、新工艺、新装备的推广应用支出；

（九）安全设施及特种设备检测检验、检定校准支出；

（十）安全生产责任保险支出；

（十一）与安全生产直接相关的其他支出。

第十节 民用爆炸物品生产企业

第三十五条 民用爆炸物品是指列入《民用爆炸物品品名表》的物品。

第三十六条 民用爆炸物品生产企业以上一年度营业收入为依据，采取超额累退方式确定本年度应计提金额，并逐月平均提取。具体如下：

（一）上一年度营业收入不超过 1000 万元的，按照 4% 提取；

（二）上一年度营业收入超过 1000 万元至 1 亿元的部分，按照 2% 提取；

（三）上一年度营业收入超过 1 亿元至 10 亿元的部分，按照 0.5% 提取；

（四）上一年度营业收入超过 10 亿元的部分，按照 0.2% 提取。

第三十七条 民用爆炸物品生产企业安全生产费用应当用于以下支出：

（一）完善、改造和维护安全防护设施设备（不含“三同时”要求初期投入的安全设施），包括车间、库房、罐区等作业场所的监控、监测、通风、防晒、调温、防火、灭火、防爆、泄压、防毒、消毒、中和、防潮、防雷、防静电、防腐、防渗漏、防护屏障、隔离操作等设施设备支出；

（二）配备、维护、保养应急救援器材、设备支出和应急救援队伍建设、应急预案制修订与应急演练支出；

（三）开展重大危险源检测、评估、监控支出，安全风险分级管控和事故隐患排查整改支出，安全生产信息化、智能化建设、运维和网络安全支出；

（四）安全生产检查、评估评价（不含新建、改建、扩建项目安全评价）、咨询和标准化建设支出；

（五）配备和更新现场作业人员安全防护用品支出；

（六）安全生产宣传、教育、培训和从业人员发现并报告事故隐患的奖励支出；

（七）安全生产适用的新技术、新标准、新工艺、新设备的推广应用支出；

（八）安全设施及特种设备检测检验、检定校准支出；

（九）安全生产责任保险支出；

（十）与安全生产直接相关的其他支出。

第十一节 武器装备研制生产与试验企业

第三十八条 武器装备研制生产与试验，包括武器装备和军工危险化学品的科研、生产、试验、储运、销毁、维修保障等。

第三十九条 武器装备研制生产与试验企业以上一年度军品营业收入为依据，采取超额累退方式确定本年度应计提金额，并逐月平均提取。

（一）军工危险化学品研制、生产与试验企业，包括火炸药、推进剂、弹药（含战斗部、引信、火工品）、火箭导弹发动机、燃气发生器等，提取标准如下：

1. 上一年度营业收入不超过 1000 万元的，按照 5% 提取；

2. 上一年度营业收入超过 1000 万元至 1 亿元的部分，按照 3% 提取；

3. 上一年度营业收入超过 1 亿元至 10 亿元的部分，按照 1% 提取；

4. 上一年度营业收入超过 10 亿元的部分，按照 0.5% 提取。

（二）核装备及核燃料研制、生产与试验企业，提取标准如下：

1. 上一年度营业收入不超过 1000 万元的，按照 3% 提取；

2. 上一年度营业收入超过 1000 万元至 1 亿元的部分，按照 2% 提取；

3. 上一年度营业收入超过 1 亿元至 10 亿元的部分，按照 0.5% 提取；

4. 上一年度营业收入超过 10 亿元的部分，按照 0.2% 提取。

（三）军用舰船（含修理）研制、生产与试验企业，提取标准如下：

1. 上一年度营业收入不超过 1000 万元的，按照 2.5% 提取；

2. 上一年度营业收入超过 1000 万元至 1 亿元的部分，按照 1.75% 提取；

3. 上一年度营业收入超过 1 亿元至 10 亿元的部分，按照 0.8% 提取；

4. 上一年度营业收入超过 10 亿元的部分，按照 0.4% 提取。

（四）飞船、卫星、军用飞机、坦克车辆、火炮、轻武器、大型天线等产品的总体、部分和元器件研制、生产与试验企业，提取标准如下：

1. 上一年度营业收入不超过1000万元的，按照2%提取；

2. 上一年度营业收入超过1000万元至1亿元的部分，按照1.5%提取；

3. 上一年度营业收入超过1亿元至10亿元的部分，按照0.5%提取；

4. 上一年度营业收入超过10亿元至100亿元的部分，按照0.2%提取；

5. 上一年度营业收入超过100亿元的部分，按照0.1%提取。

（五）其他军用危险品研制、生产与试验企业，提取标准如下：

1. 上一年度营业收入不超过1000万元的，按照4%提取；

2. 上一年度营业收入超过1000万元至1亿元的部分，按照2%提取；

3. 上一年度营业收入超过1亿元至10亿元的部分，按照0.5%提取；

4. 上一年度营业收入超过10亿元的部分，按照0.2%提取。

第四十条 核工程按照工程造价3%提取企业安全生产费用。企业安全生产费用在竞标时列为标外管理。

第四十一条 武器装备研制生产与试验企业安全生产费用应当用于以下支出：

（一）完善、改造和维护安全防护设施设备支出（不含“三同时”要求初期投入的安全设施），包括研究室、车间、库房、储罐区、外场试验区等作业场所监控、监测、防触电、防坠落、防爆、泄压、防火、灭火、通风、防晒、调温、防毒、防雷、防静电、防腐、防尘、防噪声与振动、防辐射、防护围堤和隔离操作等设施设备支出；

（二）配备、维护、保养应急救援、应急处置、特种个人防护器材、设备、设施支出和应急救援队伍建设、应急预案制修订与应急演练支出；

（三）开展重大危险源检测、评估、监控支出，安全风险分级管控和事故隐患排查整改支出，安全生产信息化、智能化建设、运维和网络安全支出；

（四）高新技术和特种专用设备安全鉴定评估、安全性能检验检测及操作人员上岗培训支出；

（五）安全生产检查、评估评价（不含新建、改建、扩建项目安全评价）、咨询和标准化建设支出；

（六）安全生产宣传、教育、培训和从业人员发现并报告事故隐患的奖励支出；

（七）军工核设施（含核废物）防泄漏、防辐射的设施设备支出；

（八）军工危险化学品、放射性物品及武器装备科研、试验、生产、储运、销毁、维修保障过程中的安全技术措施改造费和安全防护（不含工作服）费用支出；

（九）大型复杂武器装备制造、安装、调试的特殊工种和特种作业人员培训支出；

（十）武器装备大型试验安全专项论证与安全防护费用支出；

（十一）特殊军工电子元器件制造过程中有毒有害物质监测及特种防护支出；

（十二）安全生产适用新技术、新标准、新工艺、新装备的推广应用支出；

（十三）安全生产责任保险支出；

（十四）与安全生产直接相关的其他支出。

第十二节 电力生产与供应企业

第四十二条 电力生产是指利用火力、水力、核力、风力、太阳能、生物质能以及地热、潮汐能等其他能源转换成电能的活动。

电力供应是指经营和运行电网，从事输电、变电、配电等电能输送与分配的活动。

第四十三条 电力生产与供应企业以上一年度营业收入为依据，采取超额累退方式确定本年度应计提金额，并逐月平均提取。

（一）电力生产企业，提取标准如下：

1. 上一年度营业收入不超过1000万元的，按照3%提取；

2. 上一年度营业收入超过1000万元至1亿元的部分，按照1.5%提取；

3. 上一年度营业收入超过1亿元至10亿元的部分，按照1%提取；

4. 上一年度营业收入超过10亿元至50亿元的部分，按照0.8%提取；

5. 上一年度营业收入超过50亿元至100亿元的部分，按照0.6%提取；

6. 上一年度营业收入超过100亿元的部分，按照0.2%提取。

（二）电力供应企业，提取标准如下：

1. 上一年度营业收入不超过500亿元的，按照0.5%提取；

2. 上一年度营业收入超过500亿元至1000亿元

的部分，按照0.4%提取；

3.上一年度营业收入超过1000亿元至2000亿元的部分，按照0.3%提取；

4.上一年度营业收入超过2000亿元的部分，按照0.2%提取。

第四十四条 电力生产与供应企业安全生产费用应当用于以下支出：

（一）完善、改造和维护安全防护设备、设施支出（不含"三同时"要求初期投入的安全设施），包括发电、输电、变电、配电等设备设施的安全防护及安全状况的完善、改造、检测、监测及维护，作业场所的安全监控、监测以及防触电、防坠落、防物体打击、防火、防爆、防毒、防窒息、防雷、防误操作、临边、封闭等设施设备支出；

（二）配备、维护、保养应急救援器材、设备设施支出和应急救援队伍建设、应急预案制修订与应急演练支出；

（三）开展重大危险源检测、评估、监控支出，安全风险分级管控和事故隐患排查整改支出（不含水电站大坝重大隐患除险加固支出、燃煤发电厂贮灰场重大隐患除险加固治理支出），安全生产信息化、智能化建设、运维和网路安全支出；

（四）安全生产检查、评估评价（不含新建、改建、扩建项目安全评价）、咨询和标准化建设支出；

（五）安全生产宣传、教育、培训和从业人员发现并报告事故隐患的奖励支出；

（六）配备和更新现场作业人员安全防护用品支出；

（七）安全生产适用的新技术、新标准、新工艺、新设备的推广应用支出；

（八）安全设施及特种设备检测检验、检定校准支出；

（九）安全生产责任保险支出；

（十）与安全生产直接相关的其他支出。

第三章 企业安全生产费用的管理和监督

第四十五条 企业应当建立健全内部企业安全生产费用管理制度，明确企业安全生产费用提取和使用的程序、职责及权限，落实责任，确保按规定提取和使用企业安全生产费用。

第四十六条 企业应当加强安全生产费用管理，编制年度企业安全生产费用提取和使用计划，纳入企业财务预算，确保资金投入。

第四十七条 企业提取的安全生产费用从成本（费用）中列支并专项核算。符合本办法规定的企业安全生产费用支出应当取得发票、收据、转账凭证等真实凭证。

本企业职工薪酬、福利不得从企业安全生产费用中支出。企业从业人员发现报告事故隐患的奖励支出从企业安全生产费用中列支。

企业安全生产费用年度结余资金结转下年度使用。企业安全生产费用出现赤字（即当年计提企业安全生产费用加上年初结余小于年度实际支出）的，应当于年末补提企业安全生产费用。

第四十八条 以上一年度营业收入为依据提取安全生产费用的企业，新建和投产不足一年的，当年企业安全生产费用据实列支，年末以当年营业收入为依据，按照规定标准计算提取企业安全生产费用。

第四十九条 企业按本办法规定标准连续两年补提安全生产费用的，可以按照最近一年补提数提高提取标准。

本办法公布前，地方各级人民政府已制定下发企业安全生产费用提取使用办法且其提取标准低于本办法规定标准的，应当按照本办法进行调整。

第五十条 企业安全生产费用月初结余达到上一年应计提金额三倍及以上的，自当月开始暂停提取企业安全生产费用，直至企业安全生产费用结余低于上一年应计提金额三倍时恢复提取。

第五十一条 企业当年实际使用的安全生产费用不足年度应计提金额60%的，除按规定进行信息披露外，还应当于下一年度4月底前，按照属地监管权限向县级以上人民政府负有安全生产监督管理职责的部门提交经企业董事会、股东会等机构审议的书面说明。

第五十二条 企业同时开展两项及两项以上以营业收入为安全生产费用计提依据的业务，能够按业务类别分别核算的，按各项业务计提标准分别提取企业安全生产费用；不能分别核算的，按营业收入占比最高业务对应的提取标准对各项合计营业收入计提企业安全生产费用。

第五十三条 企业作为承揽人或承运人向客户提供纳入本办法规定范围的服务，且外购材料和服务成本高于自客户取得营业收入85%以上的，可以将营业收入扣除相关外购材料和服务成本的净额，作为企业安全生产费用计提依据。

第五十四条 企业内部有两个及两个以上独立核算的非法人主体，主体之间生产和转移产品和服务按本办法规定需提取企业安全生产费用的，各主体可以以本主体营业收入扣除自其它主体采购产品和服务的成本（即剔除内部互供收入）的净额，作为企业安全生产费用计提依据。

第五十五条　承担集团安全生产责任的企业集团母公司（一级，以下简称集团总部），可以对全资及控股子公司提取的企业安全生产费用按照一定比例集中管理，统筹使用。子公司转出资金作为企业安全生产费用支出处理，集团总部收到资金作为专项储备管理，不计入集团总部收入。

集团总部统筹的企业安全生产费用应当用于本办法规定的应急救援队伍建设、应急预案制修订与应急演练，安全生产检查、咨询和标准化建设，安全生产宣传、教育、培训，安全生产适用的新技术、新标准、新工艺、新装备的推广应用等安全生产直接相关支出。

第五十六条　在本办法规定的使用范围内，企业安全生产费用应当优先用于达到法定安全生产标准所需支出和按各级应急管理部门、矿山安全监察机构及其他负有安全生产监督管理职责的部门要求开展的安全生产整改支出。

第五十七条　煤炭生产企业和非煤矿山企业已提取维持简单再生产费用的，应当继续提取，但不得重复开支本办法规定的企业安全生产费用。

第五十八条　企业由于产权转让、公司制改建等变更股权结构或者组织形式的，其结余的企业安全生产费用应当继续按照本办法管理使用。

第五十九条　企业调整业务、终止经营或者依法清算的，其结余的企业安全生产费用应当结转本期收益或者清算收益。下列情形除外：

（一）矿山企业转产、停产、停业或者解散的，应当将企业安全生产费用结余用于矿山闭坑、尾矿库闭库后可能的危害治理和损失赔偿；

（二）危险品生产与储存企业转产、停产、停业或者解散的，应当将企业安全生产费用结余用于处理转产、停产、停业或者解散前的危险品生产或者储存设备、库存产品及生产原料支出。

第（一）和（二）项企业安全生产费用结余，有存续企业的，由存续企业管理；无存续企业的，由清算前全部股东共同管理或者委托第三方管理。

第六十条　企业提取的安全生产费用属于企业自提自用资金，除集团总部按规定统筹使用外，任何单位和个人不得采取收取、代管等形式对其进行集中管理和使用。法律、行政法规另有规定的，从其规定。

第六十一条　各级应急管理部门、矿山安全监察机构及其他负有安全生产监督管理职责的部门和财政部门依法对企业安全生产费用提取、使用和管理进行监督检查。

第六十二条　企业未按本办法提取和使用安全生产费用的，由县级以上应急管理部门、矿山安全监察机构及其他负有安全生产监督管理职责的部门和财政部门按照职责分工，责令限期改正，并依照《中华人民共和国安全生产法》、《中华人民共和国会计法》和相关法律法规进行处理、处罚。情节严重、性质恶劣的，依照有关规定实施联合惩戒。

第六十三条　建设单位未按规定及时向施工单位支付企业安全生产费用、建设工程施工总承包单位未向分包单位支付必要的企业安全生产费用以及承包单位挪用企业安全生产费用的，由建设、交通运输、铁路、水利、应急管理、矿山安全监察等部门按职责分工依法进行处理、处罚。

第六十四条　各级应急管理部门、矿山安全监察机构及其他负有安全生产监督管理职责的部门和财政部门及其工作人员，在企业安全生产费用监督管理中存在滥用职权、玩忽职守、徇私舞弊等违法违纪行为的，按照《中华人民共和国安全生产法》、《中华人民共和国监察法》等有关规定追究相应责任。构成犯罪的，依法追究刑事责任。

第四章　附　　则

第六十五条　企业安全生产费用的会计处理，应当符合国家统一的会计制度规定。

企业安全生产费用财务处理与税收规定不一致的，纳税时应当依法进行调整。

第六十六条　本办法第二条规定范围以外的企业为达到应当具备的安全生产条件所需的资金投入，从成本（费用）中列支。

自营烟花爆竹储存仓库的烟花爆竹销售企业、自营民用爆炸物品储存仓库的民用爆炸物品销售企业，分别参照烟花爆竹生产企业、民用爆炸物品生产企业执行。

实行企业化管理的事业单位参照本办法执行。

第六十七条　各省级应急管理部门、矿山安全监察机构可以结合本地区实际情况，会同相关部门制定特定行业具体办法，报省级人民政府批准后实施。

县级以上应急管理部门应当将本地区企业安全生产费用提取使用情况纳入定期统计分析。

第六十八条　本办法由财政部、应急部负责解释。

第六十九条　本办法自印发之日起施行。《企业安全生产费用提取和使用管理办法》（财企〔2012〕16 号）同时废止。

安全生产科技项目管理规定

1. 2014年7月3日国家安全生产监督管理总局办公厅发布
2. 安监总厅科技〔2014〕76号

第一章　总　　则

第一条　为大力实施"科技兴安"战略，强化科技对安全生产的支撑和保障作用，进一步规范安全生产科技项目的管理，特制定本规定。

第二条　安全生产科技项目分为国家科技计划项目和国家安全监管总局立项的项目两大类。国家科技计划项目按照科技部有关规定进行管理。国家安全监管总局立项的项目按本规定进行管理。

第三条　安全生产科技项目管理包括项目申报、遴选、立项、验收或鉴定（以下统称验收）、登记和奖惩等环节。

第四条　项目承担单位国拨研发经费的使用必须符合国家有关规定要求。项目配套经费和自主投入的研发经费必须确保落实，并按项目计划任务书执行。

第二章　项目征集与遴选

第五条　国家安全监管总局根据安全生产科技发展规划和战略，发布项目征集指南，确定项目征集的时间、渠道和方式。项目遴选按照安全生产重点发展领域和方向，充分发挥国家安全监管总局支撑平台单位、产学研协同创新中心优势资源，择优选择。

第六条　申报项目单位应当符合以下基本条件：

（一）符合项目申请的要求；

（二）在相关研究领域和专业应具有一定学术地位和优势；

（三）具有为完成项目必备的人才条件和技术装备；

（四）具有与项目相关的研究经历和积累；

（五）具有完成项目所需的组织管理和协调能力；

（六）具有完成项目的良好信誉。

第七条　申报项目应提供的材料：

（一）项目申请表；

（二）项目建议书；

（三）项目建议书的附件（与项目建议书内容有关的证明材料、相关单位推荐意见）。

第八条　项目建议书内容框架：

（一）立项的背景和意义；

（二）国内外研究现状和发展趋势；

（三）现有研究基础、特色和优势；

（四）应用或产业化的前景、科技发展与市场需求；

（五）研究内容与预期目标；

（六）研究方案、技术路线、组织方式与课题分解；

（七）年度计划内容；

（八）主要研究人员和单位状况及具备的条件；

（九）经费预算；

（十）有关上级单位或评估机构的意见。

第九条　项目征集与遴选原则：

（一）公开、公平、公正原则。公开标准、公平遴选、公正择优。

（二）需求导向原则。满足预防和控制生产安全事故的实际需要，能够提升企业安全生产技术装备水平和安全生产的事故防范与应急处置能力，能够提升安全生产执法监督水平和安全生产控制力。

（三）基础性和战略性原则。面向安全生产重大基础理论，着眼安全生产长远发展战略，破解安全生产重大技术难题。

第十条　征集方式和遴选程序：

（一）自愿申报。符合条件的单位向所在地区省级安全监管局或省级煤矿安监局申报。有关中央企业、教育部直属重点高校、总局直属事业单位申报的项目，将申报材料提交至本单位科技管理部门。

（二）地方推荐。省级安全监管局、省级煤矿安监局和有关中央企业、教育部直属重点高校、总局直属事业单位对申报材料进行初审，并提出推荐意见。

（三）专家评审。国家安全监管总局科技管理机构组织专家对申报单位项目进行评审，专家评审分形式审查、专业审查和综合审查三个阶段。

形式审查。主要是对申报资料进行符合性和相关性审查。

专业审查。主要是对申报项目进行专业性技术审查。

综合审查。主要是对通过专业审查的项目进行综合评定。

（四）网上公示。通过专家评审合格的项目，在国家安全监管总局网站或主流媒体上公示10日。

（五）批复公告或反馈。经国家安全监管总局审定后，向社会公告并通知申报单位。

第三章　项目立项与验收

第十一条　列入国家安全监管总局的安全生产科技项目实行登记注册、统一编号管理。

第十二条 项目承担单位依据批准的项目可行性研究报告填写《安全生产科技项目任务书》(见附件1)。经签约各方共同审核后,方可履行签约手续。

第十三条 计划任务书应包括以下内容:

(一)项目编号、项目名称和项目密级;

(二)计划任务下达部门;

(三)计划任务书承担单位和任务责任人;

(四)立项背景与意义;

(五)主要任务、关键技术和主要研究内容;

(六)验收考核指标;

(七)技术路线与年度计划;

(八)经费预算和用途;

(九)承担单位的保障条件与配套经费;

(十)科技成果及其知识产权的归属;

(十一)涉密项目的科技保密义务;

(十二)争议解决方法。

第十四条 项目验收由国家安全监管总局科技管理机构负责,可委托推荐单位主持验收。

第十五条 项目验收的考核指标应当尽可能量化可测,对不可量化可测的项目必须有准确含义和定性说明。

第十六条 项目验收应当提供的资料:

(一)项目计划任务书;

(二)项目批件或有关批复文件;

(三)项目验收申请表(见附件2);

(四)项目研发工作总结报告;

(五)项目研发技术报告;

(六)项目所获成果、专利一览表(含成果登记号、专利申请号、专利号等);

(七)研制样机、样品图片及数据;

(八)国家认可的检测检验机构出具的有关产品测试报告;

(九)用户使用报告;

(十)建设的中试线、试验基地、示范点一览表、图片及数据;

(十一)购置的仪器、设备等固定资产清单;

(十二)项目经费决算表。

第十七条 研发时间超过3年的重大安全生产科技项目,必须进行中期评估。项目中期评估由推荐单位负责组织。

第十八条 项目验收应当成立专家验收组(或委员会),实行专家验收组(或委员会)负责制。验收组(或委员会)专家构成应当由熟悉项目专业技术、经济和企业管理等方面的专家组成,专家人数一般不得少于9人。

第十九条 项目验收组织和主持单位应当根据专家验收组(或委员会)的意见,提出“同意验收”、“需要复核”或“不通过验收”的结论性意见。

第二十条 验收项目存在下列情况之一的,不得通过验收:

(一)完成计划任务书不到85%;

(一)预定成果未能实现,或成果已无科学和实用价值;

(三)提供的验收文件、资料、数据不真实;

(四)擅自修改计划任务书考核目标、内容、技术路线;

(五)无特殊情况或未经批准,超过计划任务书规定期限1年以上等;

(六)其他不得通过验收的情况。

第二十一条 建立应急立项机制,对于具有紧迫性、重大的科技需求,国家安全监管总局科技管理机构可商有关地方、部门、单位直接立项实施。

第四章 推广应用与奖惩

第二十二条 技术先进、实用性强、保障安全生产有重大贡献、并经实践检验效果明显的安全生产科技项目,由国家安全监管总局纳入重点推广或强制推广应用项目。

第二十三条 由国家安全监管总局立项,经专家验收组(或委员会)认定达到国内先进以上技术水平的项目,可申报国家安全生产科技成果奖。

第二十四条 由国家安全监管总局立项的重大关键技术装备项目,取得重大突破达到国内领先以上技术水平的,优先推荐纳入《安全生产专用设备企业所得税优惠目录》,享受国家优惠税收政策。

第二十五条 超过计划任务书规定期限,不申请延期或无正当理由延期的项目,取消项目立项资格。

第二十六条 弄虚作假和抄袭剽窃的安全生产科技项目,经查实取消项目申报单位的立项资格,并列入黑名单,永久取消项目申报和科技评奖等资格。

第二十七条 涉及成果侵权,引发民事诉讼和造成重大影响的项目,按照国家有关法律法规处理。

第五章 附 则

第二十八条 国家安全监管总局科技管理机构可结合工作实际对本规定的执行进行必要的补充。

第二十九条 本办法自发布之日起施行。

附件:1. 安全生产科技项目任务书(略)

2. 安全生产科技项目验收申请表(略)

生产安全事故统计管理办法

1. 2016年7月27日国家安全生产监督管理总局办公厅发布

2. 安监总厅统计〔2016〕80号

第一条　为进一步规范生产安全事故统计工作，根据《中华人民共和国安全生产法》、《中华人民共和国统计法》和《生产安全事故报告和调查处理条例》有关规定，制定本办法。

第二条　中华人民共和国领域内的生产安全事故统计（不涉及事故报告和事故调查处理），适用本办法。

第三条　生产安全事故由县级安全生产监督管理部门归口统计、联网直报（以下简称"归口直报"）。

跨县级行政区域的特殊行业领域生产安全事故统计信息按照国家安全生产监督管理总局和有关行业领域主管部门确定的生产安全事故统计信息通报形式，实行上级安全生产监督管理部门归口直报。

第四条　县级以上（含本级，下同）安全生产监督管理部门负责接收本行政区域内生产经营单位报告和同级负有安全生产监督管理职责的部门通报的生产安全事故信息，依据本办法真实、准确、完整、及时进行统计。

县级以上安全生产监督管理部门应按规定时限要求在"安全生产综合统计信息直报系统"中填报生产安全事故信息，并按照《生产安全事故统计报表制度》有关规定进行统计。

第五条　生产安全事故按照《国民经济行业分类》（GB/T 4754—2011）分类统计。没有造成人员伤亡且直接经济损失小于100万元（不含）的生产安全事故，暂不纳入统计。

第六条　生产安全事故统计按照"先行填报、调查认定、信息公开、统计核销"的原则开展。经调查认定，具有以下情形之一的，按本办法第七条规定程序进行统计核销：

（一）超过设计风险抵御标准，工程选址合理，且安全防范措施和应急救援措施到位的情况下，由不能预见或者不能抗拒的自然灾害直接引发的。

（二）经由公安机关侦查，结案认定事故原因是蓄意破坏、恐怖行动、投毒、纵火、盗窃等人为故意行为直接或间接造成的。

（三）生产经营单位从业人员在生产经营活动过程中，突发疾病（非遭受外部能量意外释放造成的肌体创伤）导致伤亡的。

第七条　经调查（或由事故发生地人民政府有关部门出具鉴定结论等文书）认定不属于生产安全事故的，由同级安全生产监督管理部门依据有关结论提出统计核销建议，并在本级政府（或部门）网站或相关媒体上公示7日。公示期间，收到对公示的统计核销建议有异议、意见的，应在调查核实后再作决定。

公示期满没有异议的（没有收到任何反映，视为公示无异议），报上一级安全生产监督管理部门备案；完成备案后，予以统计核销，并将相关信息在本级政府（或部门）网站或相关媒体上公开，信息公开时间不少于1年。

备案材料主要包括：事故统计核销情况说明（含公示期间收到的异议、意见及处理情况）、调查认定意见（事故调查报告或由事故发生地人民政府有关部门出具鉴定结论等文书）及其相关证明文件等。

地市级以上安全生产监督管理部门应当对其备案核销的事故进行监督检查。发现问题的，应当要求下一级安全生产监督管理部门提请同级人民政府复核，并在指定时限内反馈核查结果。

第八条　各级安全生产监督管理部门应督促填报单位在"安全生产综合统计信息直报系统"中及时补充完善或修正已填报的生产安全事故信息，及时补报经查实的瞒报、谎报的生产安全事故信息，及时排查遗漏、错误或重复填报的生产安全事故信息。

第九条　各级安全生产监督管理部门应根据各地区实际，建立完善生产安全事故统计信息归口直报制度，进一步明确本行政区域内各行业领域生产安全事故统计信息通报的方式、内容、时间等具体要求，并对本行政区域内生产安全事故统计工作进行监督检查。

第十条　国家安全生产监督管理总局建立健全生产安全事故统计数据修正制度，运用抽样调查等方法开展生产安全事故统计数据核查工作，定期修正并公布生产安全事故统计数据，通报统计工作情况。

第十一条　各级安全生产监督管理部门应定期在本级政府（或部门）网站或相关媒体上公布生产安全事故统计信息和统计资料，接受社会监督。

第十二条　本办法由国家安全生产监督管理总局负责解释。

第十三条　本办法自公布之日起执行。《生产安全事故统计管理办法（暂行）》（安监总厅统计〔2015〕111号）同时废止。

安全监管监察部门许可证档案管理办法

1. 2017年3月22日国家安全生产监督管理总局、国家档案局发布
2. 安监总办〔2017〕27号

第一条 为规范安全监管监察部门许可证档案管理，根据《中华人民共和国安全生产法》《中华人民共和国档案法》和《安全生产许可证条例》（国务院令第397号）和其他有关法律、法规，制定本办法。

第二条 本办法适用于具有许可证颁发和管理职责的各级安全生产监督管理部门和煤矿安全监察机构（以下统称许可机关）。

第三条 本办法所称安全监管监察部门许可证档案，是指许可机关在许可证颁发和管理过程中形成并归档保存的文字、图表、证照、电子数据等不同形式和载体的文件材料。涉及的许可证种类有：煤矿企业安全生产许可证、非煤矿矿山企业安全生产许可证、危险化学品生产企业安全生产许可证、危险化学品经营许可证、危险化学品安全使用许可证、非药品类易制毒化学品生产许可证、非药品类易制毒化学品经营许可证、烟花爆竹生产企业安全生产许可证、烟花爆竹经营（批发）许可证、烟花爆竹经营（零售）许可证。

许可证档案是许可机关行使安全监管监察职能的历史记录，是矿山、危险化学品、非药品类易制毒化学品、烟花爆竹企业（以下统称企业）获得相关安全生产、使用和经营资质的原始凭证，是国家专业档案资源的重要组成部分。

第四条 国家安全监管总局负责组织协调并依法保障许可证档案管理工作。各级许可机关负责本机关颁发的各类许可证档案管理工作，并接受同级档案行政管理部门对许可证档案管理的监督和指导。

上级机关委托下级机关实施许可证颁发管理工作的，相关许可证档案由受委托许可机关管理。

第五条 许可机关应保证许可证档案工作开展所必需的人员、经费、库房、设施设备，确保档案安全。在建立、完善许可证网上审批系统时，要按规定做好电子文件归档及电子档案的管理。

第六条 许可证档案实行集中统一管理。许可机关的承办部门负责收集、整理、归档，档案管理部门对立卷归档工作进行监督和指导，负责许可证档案的接收、保管、利用、统计、鉴定、移交等。

第七条 许可证文件材料归档范围应根据《煤矿企业安全生产许可证实施办法》（国家安全监管总局令第86号）、《非煤矿山企业安全生产许可证实施办法》（国家安全监管总局令第20号）、《危险化学品生产企业安全生产许可证实施办法》（国家安全监管总局令第41号）、《危险化学品经营许可证管理办法》（国家安全监管总局令第55号）、《危险化学品安全使用许可证实施办法》（国家安全监管总局令第57号）、《非药品类易制毒化学品生产、经营许可办法》（国家安全监管总局令第5号）、《烟花爆竹生产企业安全生产许可证实施办法》（国家安全监管总局令第54号）、《烟花爆竹经营许可实施办法》（国家安全监管总局令第65号）中关于许可证申请与颁发、延期、变更的相关规定确定，保存企业提交申请文件、资料以及许可机关审批过程中形成的全部文件材料。办理许可证延期、变更手续时，上一有效期许可证正本和副本收回的，收回的正本和副本应与其他文件材料一并归档。

上述规章中相关条款调整时，归档范围也随之做相应调整。

第八条 许可证档案保管期限按颁证权限结合许可事项、办证程序等因素定为永久、30年、10年、3年四种。国家安全监管总局和国家煤矿监察局负责颁发的安全生产许可证，颁证机关审查材料和许可证申请书保管期限为永久，其他材料保管期限为30年；省级及以下许可机关负责颁发的各类许可证（烟花爆竹经营<零售>许可证除外），颁证机关审查材料和许可证申请书保管期限为30年，其他材料保管期限为10年；烟花爆竹经营（零售）许可证与其他未通过审批的许可证材料保管期限为3年。保管期限从许可证颁发年度的次年1月1日起计算。

第九条 实现许可证管理全程网上申报和审批的，其通过行政审批系统形成的电子文件应当归档。归档电子文件应符合以下条件：

（一）电子文件及其元数据自形成起真实、完整、未被非法修改。许可证申请、流转审批、用印等业务行为，以及相应的责任人、行为时间等管理元数据应在日志文件中予以记录。

（二）归档电子文件与纸质文件原貌保持一致，以开放格式存储，确保能长期有效读取。申报表归档时应转换为PDF格式，上传的文字材料采用TIFF、JPFG、OFD、PDF、PDF/A等格式，图纸材料采用DWG、Auto Cad格式，日志文件采用LOG格式。特殊格式的电子文件应连同其读取平台一并归档。

（三）同一事由形成的全部电子文件及其元数据齐全、完整，一般采用基于XML的封装方式组织数据。电子文件封装包应确定统一命名规则，封装的编码数据不加密。

第十条 电子文件可采用在线或离线方式归档。审批过程中形成纸质档案的，归档电子文件应与其相关联的纸质档案建立检索关系。

第十一条 归档电子文件应在不同存储载体和介质上储存备份至少两套，并建立备份策略，包括增量备份或全量备份、备份周期、核验和检测机制、离线备份介质及其管理等。

第十二条 具有重要价值的电子文件，应当转换为纸质文件同时归档。

第十三条 一次办证审批形成的许可证档案，根据不同保管期限可立为正卷和副卷。正卷以件为单位整理，一次办证审批材料视为一件，副卷以案卷为单位整理。正卷、副卷分别排列，分类和档号保持一致。

第十四条 许可证文件材料应于审批事项结束后的次年完成归档。由许可机关的承办部门按要求整理并编制移交清册后，向单位档案管理部门移交。

因工作需要确需推迟移交、由承办部门临时保管的，应经档案管理部门同意，推迟移交期限最多不超过3年。

第十五条 许可证档案的保管应当使用符合要求的档案装具，需要具备防盗、防光、防火、防虫、防鼠、防潮、防尘、防高温等条件专用的档案库房，配备必要的设施和设备。

第十六条 许可机关应建立许可证档案利用制度，严格履行借阅登记手续。人民法院、人民检察院和公安、监察、司法、审计等机关因公务需要查阅档案时，应持单位介绍信和查阅人身份证明办理查阅手续。律师应凭律师执业证书和律师事务所证明，查阅与承办法律事务有关的档案。公民、法人和其他组织应根据政府信息公开相关规定办理。

许可证档案一般不得出借。确因工作需要且根据国家有关规定必须借出的，应当严格按照规定办理相关手续并及时归还。

第十七条 许可机关应成立档案鉴定工作小组，在机关分管负责人领导下，由档案管理部门会同相关许可证承办部门人员组成，并可根据不同情况，吸收信息系统管理部门人员参加，定期对已达到保管期限的档案进行鉴定。

第十八条 档案鉴定工作结束后，应形成鉴定意见。经鉴定涉及未了事项或仍有保存价值的档案，重新确定保管期限。保管期满，确无继续保存价值的档案，应遵循保密原则和有关规定进行销毁。

需销毁的许可证档案，应编制销毁清册，列明拟销毁档案的年度、档号、案卷题名、许可证号、应保管期限、已保管期限等内容，经单位分管负责人审查批准后销毁。电子档案的销毁还应符合国家有关电子档案管理的规定。

第十九条 销毁档案时，档案管理部门和许可证承办部门共同派员监销。涉及电子档案销毁，还需要信息系统管理部门派员监销。监销人员应按照销毁清册所列内容进行清点核对，现场监督整个销毁过程，销毁工作完成后在销毁清册上签字。销毁清册永久保存。

第二十条 各省级安全监管监察部门可以根据本办法，结合单位实际制定实施细则。

第二十一条 本办法由国家安全监管总局、国家档案局负责解释，自公布之日起施行。

附件：1. 纸质档案整理程序和方法（略）

2. 案卷编目说明及式样（略）

安全生产领域举报奖励办法

1. 2018年1月4日国家安全监管总局、财政部发布

2. 安监总财〔2018〕19号

第一条 为进一步加强安全生产工作的社会监督，鼓励举报重大事故隐患和安全生产违法行为，及时发现并排除重大事故隐患，制止和惩处违法行为，依据《中华人民共和国安全生产法》《中华人民共和国职业病防治法》和《中共中央 国务院关于推进安全生产领域改革发展的意见》等有关法律法规和文件要求，制定本办法。

第二条 本办法适用于所有重大事故隐患和安全生产违法行为的举报奖励。

其他负有安全生产监督管理职责的部门对所监管行业领域的安全生产举报奖励另有规定的，依照其规定。

第三条 任何单位、组织和个人（以下统称举报人）有权向县级以上人民政府安全生产监督管理部门、其他负有安全生产监督管理职责的部门和各级煤矿安全监察机构（以下统称负有安全监管职责的部门）举报重大事故隐患和安全生产违法行为。

第四条 负有安全监管职责的部门开展举报奖励工作，

应当遵循“合法举报、适当奖励、属地管理、分级负责”和“谁受理、谁奖励”的原则。

第五条　本办法所称重大事故隐患，是指危害和整改难度较大，应当全部或者局部停产停业，并经过一定时间整改治理方能排除的隐患，或者因外部因素影响致使生产经营单位自身难以排除的隐患。

煤矿重大事故隐患的判定，按照《煤矿重大生产安全事故隐患判定标准》（国家安全监管总局令第85号）的规定认定。其他行业和领域重大事故隐患的判定，按照负有安全监管职责的部门制定并向社会公布的判定标准认定。

第六条　本办法所称安全生产违法行为，按照国家安全监管总局印发的《安全生产非法违法行为查处办法》（安监总政法〔2011〕158号）规定的原则进行认定，重点包括以下情形和行为：

（一）没有获得有关安全生产许可证或证照不全、证照过期、证照未变更从事生产经营、建设活动的；未依法取得批准或者验收合格，擅自从事生产经营活动的；关闭取缔后又擅自从事生产经营、建设活动的；停产整顿、整合技改未经验收擅自组织生产和违反建设项目安全设施“三同时”规定的。

（二）未依法对从业人员进行安全生产教育和培训，或者矿山和危险化学品生产、经营、储存单位，金属冶炼、建筑施工、道路交通运输单位的主要负责人和安全生产管理人员未依法经安全生产知识和管理能力考核合格，或者特种作业人员未依法取得特种作业操作资格证书而上岗作业的；与从业人员订立劳动合同，免除或者减轻其对从业人员因生产安全事故伤亡依法应承担的责任的。

（三）将生产经营项目、场所、设备发包或者出租给不具备安全生产条件或者相应资质（资格）的单位或者个人，或者未与承包单位、承租单位签订专门的安全生产管理协议，或者未在承包合同、租赁合同中明确各自的安全生产管理职责，或者未对承包、承租单位的安全生产进行统一协调、管理的。

（四）未按国家有关规定对危险物品进行管理或者使用国家明令淘汰、禁止的危及生产安全的工艺、设备的。

（五）承担安全评价、认证、检测、检验工作和职业卫生技术服务的机构出具虚假证明文件的。

（六）生产安全事故瞒报、谎报以及重大事故隐患隐瞒不报，或者不按规定期限予以整治的，或者生产经营单位主要负责人在发生伤亡事故后逃匿的。

（七）未依法开展职业病防护设施“三同时”，或者未依法开展职业病危害检测、评价的。

（八）法律、行政法规、国家标准或行业标准规定的其他安全生产违法行为。

第七条　举报人举报的重大事故隐患和安全生产违法行为，属于生产经营单位和负有安全监管职责的部门没有发现，或者虽然发现但未按有关规定依法处理，经核查属实的，给予举报人现金奖励。具有安全生产管理、监管、监察职责的工作人员及其近亲属或其授意他人的举报不在奖励之列。

第八条　举报人举报的事项应当客观真实，并对其举报内容的真实性负责，不得捏造、歪曲事实，不得诬告、陷害他人和企业；否则，一经查实，依法追究举报人的法律责任。

举报人可以通过安全生产举报投诉特服电话“12350”，或者以书信、电子邮件、传真、走访等方式举报重大事故隐患和安全生产违法行为。

第九条　负有安全监管职责的部门应当建立健全重大事故隐患和安全生产违法行为举报的受理、核查、处理、协调、督办、移送、答复、统计和报告等制度，并向社会公开通信地址、邮政编码、电子邮箱、传真电话和奖金领取办法。

第十条　核查处理重大事故隐患和安全生产违法行为的举报事项，按照下列规定办理：

（一）地方各级负有安全监管职责的部门负责受理本辖区内的举报事项；

（二）设区的市级以上地方人民政府负有安全监管职责的部门、国家有关负有安全监管职责的部门可以依照各自的职责直接核查处理辖区内的举报事项；

（三）各类煤矿的举报事项由所辖区域内属地煤矿安全监管部门负责核查处理。各级煤矿安全监察机构直接接到的涉及煤矿重大事故隐患和安全生产违法行为的举报，应及时向当地政府报告，并配合属地煤矿安全监管等部门核查处理；

（四）地方人民政府煤矿安全监管部门与煤矿安全监察机构在核查煤矿举报事项之前，应当相互沟通，避免重复核查和奖励；

（五）举报事项不属于本单位受理范围的，接到举报的负有安全监管职责的部门应当告知举报人向有处理权的单位举报，或者将举报材料移送有处理权的单位，并采取适当方式告知举报人；

（六）受理举报的负有安全监管职责的部门应当及时核查处理举报事项，自受理之日起60日内办结；

情况复杂的，经上一级负有安全监管职责的部门批准，可以适当延长核查处理时间，但延长期限不得超过30日，并告知举报人延期理由。受核查手段限制，无法查清的，应及时报告有关地方政府，由其牵头组织核查。

第十一条　经调查属实的，受理举报的负有安全监管职责的部门应当按下列规定对有功的实名举报人给予现金奖励：

（一）对举报重大事故隐患、违法生产经营建设的，奖励金额按照行政处罚金额的15%计算，最低奖励3000元，最高不超过30万元。行政处罚依据《安全生产法》《安全生产违法行为行政处罚办法》《安全生产行政处罚自由裁量标准》《煤矿安全监察行政处罚自由裁量实施标准》等法律法规及规章制度执行；

（二）对举报瞒报、谎报事故的，按照最终确认的事故等级和查实举报的瞒报谎报死亡人数给予奖励。其中：一般事故按每查实瞒报谎报1人奖励3万元计算；较大事故按每查实瞒报谎报1人奖励4万元计算；重大事故按每查实瞒报谎报1人奖励5万元计算；特别重大事故按每查实瞒报谎报1人奖励6万元计算。最高奖励不超过30万元。

第十二条　多人多次举报同一事项的，由最先受理举报的负有安全监管职责的部门给予有功的实名举报人一次性奖励。

多人联名举报同一事项的，由实名举报的第一署名人或者第一署名人书面委托的其他署名人领取奖金。

第十三条　举报人接到领奖通知后，应当在60日内凭举报人有效证件到指定地点领取奖金；无法通知举报人的，受理举报的负有安全监管职责的部门可以在一定范围内进行公告。逾期未领取奖金者，视为放弃领奖权利；能够说明理由的，可以适当延长领取时间。

第十四条　奖金的具体数额由负责核查处理举报事项的负有安全监管职责的部门根据具体情况确定，并报上一级负有安全监管职责的部门备案。

第十五条　参与举报处理工作的人员必须严格遵守保密纪律，依法保护举报人的合法权益，未经举报人同意，不得以任何方式透露举报人身份、举报内容和奖励等情况，违者依法承担相应责任。

第十六条　给予举报人的奖金纳入同级财政预算，通过现有资金渠道安排，并接受审计、监察等部门的监督。

第十七条　本办法由国家安全监管总局和财政部负责解释。

第十八条　本办法自印发之日起施行。国家安全监管总局、财政部《关于印发安全生产举报奖励办法的通知》（安监总财〔2012〕63号）同时废止。

生产经营单位从业人员安全生产举报处理规定

1. 2020年9月16日应急管理部发布
2. 应急〔2020〕69号

第一条　为了强化和落实生产经营单位安全生产主体责任，鼓励和支持生产经营单位从业人员对本单位安全生产工作中存在的问题进行举报和监督，严格保护其合法权益，根据《中华人民共和国安全生产法》和《国务院关于加强和规范事中事后监管的指导意见》（国发〔2019〕18号）等有关法律法规和规范性文件，制定本规定。

第二条　本规定适用于生产经营单位从业人员对其所在单位的重大事故隐患、安全生产违法行为的举报以及处理。

前款所称重大事故隐患、安全生产违法行为，依照安全生产领域举报奖励有关规定进行认定。

第三条　应急管理部门（含煤矿安全监察机构，下同）应当明确负责处理生产经营单位从业人员安全生产举报事项的机构，并在官方网站公布处理举报事项机构的办公电话、微信公众号、电子邮件等联系方式，方便举报人及时掌握举报处理进度。

第四条　生产经营单位从业人员举报其所在单位的重大事故隐患、安全生产违法行为时，应当提供真实姓名以及真实有效的联系方式；否则，应急管理部门可以不予受理。

第五条　应急管理部门受理生产经营单位从业人员安全生产举报后，应当及时核查；对核查属实的，应当依法依规进行处理，并向举报人反馈核查、处理结果。

举报事项不属于本单位受理范围的，接到举报的应急管理部门应当告知举报人向有处理权的单位举报，或者将举报材料移送有处理权的单位，并采取适当方式告知举报人。

第六条　应急管理部门可以在危险化学品、矿山、烟花爆竹、金属冶炼、涉爆粉尘等重点行业、领域生产经营单位从业人员中选取信息员，建立专门联络机制，定期或者不定期与其联系，及时获取生产经营单位重大事故隐患、安全生产违法行为线索。

第七条　应急管理部门对受理的生产经营单位从业人员

安全生产举报,以及信息员提供的线索,按照安全生产领域举报奖励有关规定核查属实的,应当给予举报人或者信息员现金奖励,奖励标准在安全生产领域举报奖励有关规定的基础上按照一定比例上浮,具体标准由各省级应急管理部门、财政部门根据本地实际情况确定。

因生产经营单位从业人员安全生产举报,或者信息员提供的线索直接避免了伤亡事故发生或者重大财产损失的,应急管理部门可以给予举报人或者信息员特殊奖励。

举报人领取现金奖励时,应当提供身份证件复印件以及签订的有效劳动合同等可以证明其生产经营单位从业人员身份的材料。

第八条 给予举报人和信息员的奖金列入本级预算,通过现有资金渠道安排,并接受审计和纪检监察机关的监督。

第九条 应急管理部门参与举报处理工作的人员应当严格遵守保密纪律,妥善保管和使用举报材料,严格控制有关举报信息的知悉范围,依法保护举报人和信息员的合法权益,未经其同意,不得以任何方式泄露其姓名、身份、联系方式、举报内容、奖励等信息,违者视情节轻重依法给予处分;构成犯罪的,依法追究刑事责任。

第十条 生产经营单位应当保护举报人和信息员的合法权益,不得对举报人和信息员实施打击报复行为。

生产经营单位对举报人或者信息员实施打击报复行为的,除依法予以严肃处理外,应急管理部门还可以按规定对生产经营单位及其有关人员实施联合惩戒。

第十一条 应急管理部门应当定期对举报人和信息员进行回访,了解其奖励、合法权益保护等有关情况,听取其意见建议;对回访中发现的奖励不落实、奖励低于有关标准、打击报复举报人或者信息员等情况,应当及时依法依规进行处理。

第十二条 应急管理部门鼓励生产经营单位建立健全本单位的举报奖励机制,在有关场所醒目位置公示本单位法定代表人或者安全生产管理机构以及安全生产管理人员的电话、微信、电子邮件、微博等联系方式,受理本单位从业人员举报的安全生产问题。对查证属实的,生产经营单位应当进行自我纠正整改,同时可以对举报人给予相应奖励。

第十三条 举报人和信息员应当对其举报内容的真实性负责,不得捏造、歪曲事实,不得诬告、陷害他人和生产经营单位,不得故意诱导生产经营单位实施安全生产违法行为;否则,一经查实,依法追究法律责任。

第十四条 本规定自公布之日起施行。

国家安全生产监督管理总局关于保护生产安全事故和事故隐患举报人的意见

1. 2013年6月8日
2. 安监总政法〔2013〕69号

第一条 为鼓励举报瞒报、谎报生产安全事故和重大事故隐患等安全生产非法违法行为,保护举报人的合法权益,根据《中华人民共和国安全生产法》、《中华人民共和国保守国家秘密法》、《信访条例》、《行政机关公务员处分条例》等规定,制定本意见。

第二条 本意见所称举报人,是指对生产经营单位瞒报、谎报生产安全事故或者存在重大事故隐患等安全生产非法违法行为,向安全生产监督管理部门或者煤矿安全监察机构(以下统称安全监管监察部门)举报的单位或者个人。

第三条 安全监管监察部门应当加强对信访举报、问题查处等相关工作人员的保密纪律教育,制定并严格执行保密制度。

第四条 安全监管监察部门应当建立泄露举报信息可追溯机制,并按照下列规定管理举报材料:

(一)举报材料由一名工作人员负责专门保管;

(二)对举报材料的原件予以封存,需要上报或者批转查处的,应当另行编辑举报信息纸质件,不得泄露举报人的有关信息;

(三)需要向举报人核实有关情况的,应当向举报材料原件的封存单位提出申请,由负责保管举报材料的专门人员记录申请人信息后,方可提供举报人的有关信息。

第五条 安全监管监察部门有关人员应当对举报材料和举报人的有关信息严格保密,不得有下列行为:

(一)泄露举报人的姓名(名称)、工作单位、住址等信息,以及可能导致上述信息泄露的举报内容;

(二)将举报材料私自转给被举报单位、被举报人或者其他无关单位、人员;

(三)私自摘抄、复制、扫描、拍摄、扣压或者销毁举报材料;

(四)私自对匿名举报材料进行笔迹鉴定;

(五)调查核实有关情况时,向被调查单位和人员出示举报材料原件或者复制件;

（六）对举报人进行奖励或者宣传时，未经举报人书面同意，公开举报人信息。

安全监管监察部门工作人员有上述行为之一的，对有关单位及个人给予通报批评或者组织处理；涉嫌违纪的，移送纪检监察部门处理；涉嫌犯罪的，移送司法机关依法追究刑事责任。

第六条　安全监管监察部门工作人员在信访工作中，有下列情形之一的，应当主动回避：

（一）本人是举报人或者举报人的近亲属的；

（二）本人是被举报人或者被举报人的近亲属的；

（三）本人或其近亲属与举报事项有利害关系的；

（四）本人或其近亲属与举报事项有其他关系，可能影响举报事项公正处理的。

第七条　任何单位和个人不得对举报人或其近亲属打击报复。对举报人或其近亲属有下列情形之一的，属于打击报复行为：

（一）阻拦、压制、恐吓、威胁举报人依法举报的；

（二）以暴力、威胁或者其他方法侵犯人身安全的；

（三）非法占有或者损毁财产的；

（四）诋毁、攻击人格、名誉的；

（五）违反规定扣罚工资、奖金或者其他薪酬的；

（六）违反规定解除与之订立的劳动合同或者给予除名处理的；

（七）违规给予党纪政纪处分或者故意加重处分的；

（八）指使他人打击报复的；

（九）侵害假想举报人合法权益的；

（十）采取其他手段非法侵害举报人或其近亲属合法权益的。

第八条　安全监管监察部门发现有关单位和人员涉嫌打击报复举报人或其近亲属的，应当在职责范围内及时采取措施加以制止，并依法进行处理；对本部门无权处理的，应当依法移送给有管辖权的纪检监察、公安、检察、工会等有关机关或者组织处理。

第九条　本意见由国家安全监管总局负责解释。

第十条　本意见自印发之日起施行。

企业安全生产标准化建设定级办法

1．2021年10月27日应急管理部发布

2．应急〔2021〕83号

3．自2021年11月1日起施行

第一条　为进一步规范和促进企业开展安全生产标准化（以下简称标准化）建设，建立并保持安全生产管理体系，全面管控生产经营活动各环节的安全生产工作，不断提升安全管理水平，根据《中华人民共和国安全生产法》，制定本办法。

第二条　本办法适用于全国化工（含石油化工）、医药、危险化学品、烟花爆竹、石油开采、冶金、有色、建材、机械、轻工、纺织、烟草、商贸等行业企业（以下统称企业）。

第三条　企业应当按照安全生产有关法律、法规、规章、标准等要求，加强标准化建设，可以依据本办法自愿申请标准化定级。

第四条　企业标准化等级由高到低分为一级、二级、三级。

企业标准化定级标准由应急管理部按照行业分别制定。应急管理部未制定行业标准化定级标准的，省级应急管理部门可以自行制定，也可以参照《企业安全生产标准化基本规范》（GB/T 33000）配套的定级标准，在本行政区域内开展二级、三级企业建设工作。

第五条　企业标准化定级实行分级负责。

应急管理部为一级企业以及海洋石油全部等级企业的定级部门。省级和设区的市级应急管理部门分别为本行政区域内二级、三级企业的定级部门。

第六条　标准化定级工作不得向企业收取任何费用。

各级定级部门可以通过政府购买服务方式确定从事安全生产相关工作的事业单位或者社会组织作为标准化定级组织单位（以下简称组织单位），委托其负责受理和审核企业自评报告（格式见附件1）、监督现场评审过程和质量等具体工作，并向社会公布组织单位名单。

各级定级部门可以通过政府购买服务方式委托从事安全生产相关工作的单位负责现场评审工作，并向社会公布名单。

第七条　企业标准化定级按照自评、申请、评审、公示、公告的程序进行。

（一）自评。企业应当自主开展标准化建设，成立由其主要负责人任组长、有员工代表参加的工作组，按照生产流程和风险情况，对照所属行业标准化定级标准，将本企业标准和规范融入安全生产管理体系，做到全员参与，实现安全管理系统化、岗位操作行为规范化、设备设施本质安全化、作业环境器具定置化。每年至少开展一次自评工作，并形成书面自评报告，在企业内部公示不少于10个工作日，及时整改发现的问题，持续改进安全绩效。

（二）申请。申请定级的企业，依拟申请的等级向相应组织单位提交自评报告，并对其真实性负责。

组织单位收到企业自评报告后，应当根据下列情况分别作出处理：

1. 自评报告内容存在错误、不齐全或者不符合规定形式的，在5个工作日内一次书面告知企业需要补正的全部内容；逾期不告知的，自收到自评报告之日起即为受理。

2. 自评报告内容齐全、符合规定形式，或者企业按照要求补正全部内容后，对自评报告逐项进行审核。对符合申请条件的，将审核意见和企业自评报告一并报送定级部门，并书面告知企业；对不符合的，书面告知企业并说明理由。

审核、报送和告知工作应当在10个工作日内完成。

（三）评审。定级部门对组织单位报送的审核意见和企业自评报告进行确认后，由组织单位通知负责现场评审的单位成立现场评审组在20个工作日内完成现场评审，将现场评审情况及不符合项等形成现场评审报告（格式见附件2），初步确定企业是否达到拟申请的等级，并书面告知企业。

企业收到现场评审报告后，应当在20个工作日内完成不符合项整改工作，并将整改情况报告现场评审组。特殊情况下，经组织单位批准，整改期限可以适当延长，但延长的期限最长不超过20个工作日。

现场评审组应当指导企业做好整改工作，并在收到企业整改情况报告后10个工作日内采取书面检查或者现场复核的方式，确认整改是否合格，书面告知企业，并由负责现场评审的单位书面告知组织单位。

企业未在规定期限内完成整改的，视为整改不合格。

（四）公示。组织单位将确认整改合格、符合相应定级标准的企业名单定期报送相应定级部门；定级部门确认后，应当在本级政府或者本部门网站向社会公示，接受社会监督，公示时间不少于7个工作日。

公示期间，收到企业存在不符合定级标准以及其他相关要求问题反映的，定级部门应当组织核实。

（五）公告。对公示无异议或者经核实不存在所反映问题的企业，定级部门应当确认其等级，予以公告，并抄送同级工业和信息化、人力资源社会保障、国有资产监督管理、市场监督管理等部门和工会组织，以及相应银行保险和证券监督管理机构。

对未予公告的企业，由定级部门书面告知其未通过定级，并说明理由。

第八条　申请定级的企业应当在自评报告中，由其主要负责人承诺符合以下条件：

（一）依法应当具备的证照齐全有效；

（二）依法设置安全生产管理机构或者配备安全生产管理人员；

（三）主要负责人、安全生产管理人员、特种作业人员依法持证上岗；

（四）申请定级之日前1年内，未发生死亡、总计3人及以上重伤或者直接经济损失总计100万元及以上的生产安全事故；

（五）未发生造成重大社会不良影响的事件；

（六）未被列入安全生产失信惩戒名单；

（七）前次申请定级被告知未通过之日起满1年；

（八）被撤销标准化等级之日起满1年；

（九）全面开展隐患排查治理，发现的重大隐患已完成整改。

申请一级企业的，还应当承诺符合以下条件：

（一）从未发生过特别重大生产安全事故，且申请定级之日前5年内未发生过重大生产安全事故、前2年内未发生过生产安全死亡事故；

（二）按照《企业职工伤亡事故分类》（GB 6441）、《事故伤害损失工作日标准》（GB/T 15499），统计分析年度事故起数、伤亡人数、损失工作日、千人死亡率、千人重伤率、伤害频率、伤害严重率等，并自前次取得标准化等级以来逐年下降或者持平；

（三）曾被定级为一级，或者被定级为二级、三级并有效运行3年以上。

发现企业存在承诺不实的，定级相关工作即行终止，3年内不再受理该企业标准化定级申请。

第九条　企业标准化等级有效期为3年。

第十条　已经取得标准化等级的企业，可以在有效期届满前3个月再次按照本办法第七条规定的程序申请定级。

对再次申请原等级的企业，在标准化等级有效期内符合以下条件的，经定级部门确认后，直接予以公示和公告：

（一）未发生生产安全死亡事故；

（二）一级企业未发生总计重伤3人及以上或者直接经济损失总计100万元及以上的生产安全事故，二级、三级企业未发生总计重伤5人及以上或者直接经济损失总计500万元及以上的生产安全事故；

（三）未发生造成重大社会不良影响的事件；

（四）有关法律、法规、规章、标准及所属行业定级相关标准未作重大修订；

（五）生产工艺、设备、产品、原辅材料等无重大变化，无新建、改建、扩建工程项目；

（六）按照规定开展自评并提交自评报告。

第十一条　各级应急管理部门在日常监管执法工作中，发现企业存在以下情形之一的，应当立即告知并由原定级部门撤销其等级。原定级部门应当予以公告并同时抄送同级工业和信息化、人力资源社会保障、国有资产监督管理、市场监督管理等部门和工会组织，以及相应银行保险和证券监督管理机构。

（一）发生生产安全死亡事故的；

（二）连续12个月内发生总计重伤3人及以上或者直接经济损失总计100万元及以上的生产安全事故的；

（三）发生造成重大社会不良影响事件的；

（四）瞒报、谎报、迟报、漏报生产安全事故的；

（五）被列入安全生产失信惩戒名单的；

（六）提供虚假材料，或者以其他不正当手段取得标准化等级的；

（七）行政许可证照注销、吊销、撤销的，或者不再从事相关行业生产经营活动的；

（八）存在重大生产安全事故隐患，未在规定期限内完成整改的；

（九）未按照标准化管理体系持续、有效运行，情节严重的。

第十二条　各级应急管理部门应当协调有关部门采取有效激励措施，支持和鼓励企业开展标准化建设。

（一）将企业标准化建设情况作为分类分级监管的重要依据，对不同等级的企业实施差异化监管。对一级企业，以执法抽查为主，减少执法检查频次；

（二）因安全生产政策性原因对相关企业实施区域限产、停产措施的，原则上一级企业不纳入范围；

（三）停产后复产验收时，原则上优先对一级企业进行复产验收；

（四）标准化等级企业符合工伤保险费率下浮条件的，按规定下浮其工伤保险费率；

（五）标准化等级企业的安全生产责任保险按有关政策规定给予支持；

（六）将企业标准化等级作为信贷信用等级评定的重要依据之一。支持鼓励金融信贷机构向符合条件的标准化等级企业优先提供信贷服务；

（七）标准化等级企业申报国家和地方质量奖励、优秀品牌等资格和荣誉的，予以优先支持或者推荐；

（八）对符合评选推荐条件的标准化等级企业，优先推荐其参加所属地区、行业及领域的先进单位（集体）、安全文化示范企业等评选。

第十三条　组织单位和负责现场评审的单位及其人员不得参与被评审企业的标准化培训、咨询相关工作。

第十四条　各级定级部门应当加强对组织单位和负责现场评审的单位及其人员的监督管理，对标准化相关材料进行抽查，发现存在审核把关不严、现场评审结论失实、报告抄袭雷同或有明显错误等问题的，约谈有关单位主要负责人；发现组织单位和负责现场评审的单位及其人员参与被评审企业的标准化培训、咨询相关工作，或存在收取企业费用、出具虚假报告等行为的，取消有关单位资格，依法依规严肃处理。

第十五条　企业标准化定级各环节相关工作通过应急管理部企业安全生产标准化信息管理系统进行。

第十六条　省级应急管理部门可以根据本办法和本地区实际制定二级、三级企业定级实施办法，并送应急管理部安全执法和工贸监管局备案。

第十七条　本办法由应急管理部负责解释，自2021年11月1日起施行，《企业安全生产标准化评审工作管理办法（试行）》（安监总办〔2014〕49号）同时废止。

附件：1. 企业安全生产标准化自评报告（略）

2. 企业安全生产标准化现场评审报告（略）

下篇　各行业各领域安全生产规定

一、煤矿安全

资料补充栏

1. 综合

中华人民共和国煤炭法(节录)

1. *1996年8月29日第八届全国人民代表大会常务委员会第二十一次会议通过*
2. *根据2009年8月27日第十一届全国人民代表大会常务委员会第十次会议《关于修改部分法律的决定》第一次修正*
3. *根据2011年4月22日第十一届全国人民代表大会常务委员会第二十次会议《关于修改〈中华人民共和国煤炭法〉的决定》第二次修正*
4. *根据2013年6月29日第十二届全国人民代表大会常务委员会第三次会议《关于修改〈中华人民共和国文物保护法〉等十二部法律的决定》第三次修正*
5. *根据2016年11月7日第十二届全国人民代表大会常务委员会第二十四次会议《关于修改〈中华人民共和国对外贸易法〉等十二部法律的决定》第四次修正*

第七条 【安全生产】煤矿企业必须坚持安全第一、预防为主的安全生产方针,建立健全安全生产的责任制度和群防群治制度。

第八条 【劳保】各级人民政府及其有关部门和煤矿企业必须采取措施加强劳动保护,保障煤矿职工的安全和健康。

国家对煤矿井下作业的职工采取特殊保护措施。

第二十条 【许可证】煤矿投入生产前,煤矿企业应当依照有关安全生产的法律、行政法规的规定取得安全生产许可证。未取得安全生产许可证的,不得从事煤炭生产。

第三十一条 【安全管理】煤矿企业的安全生产管理,实行矿务局长、矿长负责制。

第三十二条 【安全责任制度】矿务局长、矿长及煤矿企业的其他主要负责人必须遵守有关矿山安全的法律、法规和煤炭行业安全规章、规程,加强对煤矿安全生产工作的管理,执行安全生产责任制度,采取有效措施,防止伤亡和其他安全生产事故的发生。

第三十三条 【安全教育】煤矿企业应当对职工进行安全生产教育、培训;未经安全生产教育、培训的,不得上岗作业。

煤矿企业职工必须遵守有关安全生产的法律、法规、煤炭行业规章、规程和企业规章制度。

第三十四条 【紧急撤离】在煤矿井下作业中,出现危及职工生命安全并无法排除的紧急情况时,作业现场负责人或者安全管理人员应当立即组织职工撤离危险现场,并及时报告有关方面负责人。

第三十五条 【工会监督】煤矿企业工会发现企业行政方面违章指挥、强令职工冒险作业或者生产过程中发现明显重大事故隐患,可能危及职工生命安全的情况,有权提出解决问题的建议,煤矿企业行政方面必须及时作出处理决定。企业行政方面拒不处理的,工会有权提出批评、检举和控告。

第三十六条 【劳保用品】煤矿企业必须为职工提供保障安全生产所需的劳动保护用品。

第三十七条 【保险】煤矿企业应当依法为职工参加工伤保险缴纳工伤保险费。鼓励企业为井下作业职工办理意外伤害保险,支付保险费。

第三十八条 【标准】煤矿企业使用的设备、器材、火工产品和安全仪器,必须符合国家标准或者行业标准。

第六十四条 【违章作业】煤矿企业的管理人员违章指挥、强令职工冒险作业,发生重大伤亡事故的,依照刑法有关规定追究刑事责任。

第六十五条 【不消除隐患】煤矿企业的管理人员对煤矿事故隐患不采取措施予以消除,发生重大伤亡事故的,依照刑法有关规定追究刑事责任。

第六十六条 【渎职】煤炭管理部门和有关部门的工作人员玩忽职守、徇私舞弊、滥用职权的,依法给予行政处分;构成犯罪的,由司法机关依法追究刑事责任。

中华人民共和国矿山安全法

1. *1992年11月7日第七届全国人民代表大会常务委员会第二十八次会议通过*
2. *根据2009年8月27日第十一届全国人民代表大会常务委员会第十次会议《关于修改部分法律的决定》修正*

目　　录

第一章　总　　则

第一条　【立法目的】为了保障矿山生产安全，防止矿山事故，保护矿山职工人身安全，促进采矿业的发展，制定本法。

第二条　【适用范围】在中华人民共和国领域和中华人民共和国管辖的其他海域从事矿产资源开采活动，必须遵守本法。

第三条　【矿企安全管理职责】矿山企业必须具有保障安全生产的设施，建立、健全安全管理制度，采取有效措施改善职工劳动条件，加强矿山安全管理工作，保证安全生产。

第四条　【监督管理部门】国务院劳动行政主管部门对全国矿山安全工作实施统一监督。

县级以上地方各级人民政府劳动行政主管部门对本行政区域内的矿山安全工作实施统一监督。

县级以上人民政府管理矿山企业的主管部门对矿山安全工作进行管理。

第五条　【国家鼓励】国家鼓励矿山安全科学技术研究，推广先进技术，改进安全设施，提高矿山安全生产水平。

第六条　【奖励】对坚持矿山安全生产，防止矿山事故，参加矿山抢险救护，进行矿山安全科学技术研究等方面取得显著成绩的单位和个人，给予奖励。

第二章　矿山建设的安全保障

第七条　【安全设施主体工程的同时设计、施工与投产】矿山建设工程的安全设施必须和主体工程同时设计、同时施工、同时投入生产和使用。

第八条　【设计要求】矿山建设工程的设计文件，必须符合矿山安全规程和行业技术规范，并按照国家规定经管理矿山企业的主管部门批准；不符合矿山安全规程和行业技术规范的，不得批准。

矿山建设工程安全设施的设计必须有劳动行政主管部门参加审查。

矿山安全规程和行业技术规范，由国务院管理矿山企业的主管部门制定。

第九条　【矿山设计须符合安全规程事项】矿山设计下列项目必须符合矿山安全规程和行业技术规范：

（一）矿井的通风系统和供风量、风质、风速；

（二）露天矿的边坡角和台阶的宽度、高度；

（三）供电系统；

（四）提升、运输系统；

（五）防水、排水系统和防火、灭火系统；

（六）防瓦斯系统和防尘系统；

（七）有关矿山安全的其他项目。

第十条　【安全出口】每个矿井必须有两个以上能行人的安全出口，出口之间的直线水平距离必须符合矿山安全规程和行业技术规范。

第十一条　【运输、通讯设施】矿山必须有与外界相通的、符合安全要求的运输和通讯设施。

第十二条　【工程批复和验收】矿山建设工程必须按照管理矿山企业的主管部门批准的设计文件施工。

矿山建设工程安全设施竣工后，由管理矿山企业的主管部门验收，并须有劳动行政主管部门参加；不符合矿山安全规程和行业技术规范的，不得验收，不得投入生产。

第三章　矿山开采的安全保障

第十三条　【安全生产条件保障】矿山开采必须具备保障安全生产的条件，执行开采不同矿种的矿山安全规程和行业技术规范。

第十四条　【矿柱、岩柱保护】矿山设计规定保留的矿柱、岩柱，在规定的期限内，应当予以保护，不得开采或者毁坏。

第十五条　【设施安全标准】矿山使用的有特殊安全要求的设备、器材、防护用品和安全检测仪器，必须符合国家安全标准或者行业安全标准；不符合国家安全标准或者行业安全标准的，不得使用。

第十六条　【设备检修】矿山企业必须对机电设备及其防护装置、安全检测仪器，定期检查、维修，保证使用安全。

第十七条　【毒害物质和空气检测】矿山企业必须对作业场所中的有毒有害物质和井下空气含氧量进行检测，保证符合安全要求。

第十八条　【事故隐患预防】矿山企业必须对下列危害安全的事故隐患采取预防措施：

（一）冒顶、片帮、边坡滑落和地表塌陷；

（二）瓦斯爆炸、煤尘爆炸；

（三）冲击地压、瓦斯突出、井喷；

（四）地面和井下的火灾、水害；

（五）爆破器材和爆破作业发生的危害；

（六）粉尘、有毒有害气体、放射性物质和其他有害物质引起的危害；

（七）其他危害。

第十九条　【机械、设备使用及闭坑危害预防】矿山企业对使用机械、电气设备，排土场、矸石山、尾矿库和矿山闭坑后可能引起的危害，应当采取预防措施。

第四章 矿山企业的安全管理

第二十条 【安全生产责任制】矿山企业必须建立、健全安全生产责任制。

矿长对本企业的安全生产工作负责。

第二十一条 【职工大会监督】矿长应当定期向职工代表大会或者职工大会报告安全生产工作，发挥职工代表大会的监督作用。

第二十二条 【矿工义务和权利】矿山企业职工必须遵守有关矿山安全的法律、法规和企业规章制度。

矿山企业职工有权对危害安全的行为，提出批评、检举和控告。

第二十三条 【工会职能】矿山企业工会依法维护职工生产安全的合法权益，组织职工对矿山安全工作进行监督。

第二十四条 【工会要求权】矿山企业违反有关安全的法律、法规，工会有权要求企业行政方面或者有关部门认真处理。

矿山企业召开讨论有关安全生产的会议，应当有工会代表参加，工会有权提出意见和建议。

第二十五条 【事故隐患和职业危害解决建议】矿山企业工会发现企业行政方面违章指挥、强令工人冒险作业或者生产过程中发现明显重大事故隐患和职业危害，有权提出解决的建议；发现危及职工生命安全的情况时，有权向矿山企业行政方面建议组织职工撤离危险现场，矿山企业行政方面必须及时作出处理决定。

第二十六条 【职工安全教育、培训】矿山企业必须对职工进行安全教育、培训；未经安全教育、培训的，不得上岗作业。

矿山企业安全生产的特种作业人员必须接受专门培训，经考核合格取得操作资格证书的，方可上岗作业。

第二十七条 【矿长资格考核】矿长必须经过考核，具备安全专业知识，具有领导安全生产和处理矿山事故的能力。

矿山企业安全工作人员必须具备必要的安全专业知识和矿山安全工作经验。

第二十八条 【防护用品发放】矿山企业必须向职工发放保障安全生产所需的劳动防护用品。

第二十九条 【未成年人禁用和妇女特殊保护】矿山企业不得录用未成年人从事矿山井下劳动。

矿山企业对女职工按照国家规定实行特殊劳动保护，不得分配女职工从事矿山井下劳动。

第三十条 【事故防范措施】矿山企业必须制定矿山事故防范措施，并组织落实。

第三十一条 【救护和医疗急救】矿山企业应当建立由专职或者兼职人员组成的救护和医疗急救组织，配备必要的装备、器材和药物。

第三十二条 【专项费用】矿山企业必须从矿产品销售额中按照国家规定提取安全技术措施专项费用。安全技术措施专项费用必须全部用于改善矿山安全生产条件，不得挪作他用。

第五章 矿山安全的监督和管理

第三十三条 【劳动行政主管部门监督职责】县级以上各级人民政府劳动行政主管部门对矿山安全工作行使下列监督职责：

（一）检查矿山企业和管理矿山企业的主管部门贯彻执行矿山安全法律、法规的情况；

（二）参加矿山建设工程安全设施的设计审查和竣工验收；

（三）检查矿山劳动条件和安全状况；

（四）检查矿山企业职工安全教育、培训工作；

（五）监督矿山企业提取和使用安全技术措施专项费用的情况；

（六）参加并监督矿山事故的调查和处理；

（七）法律、行政法规规定的其他监督职责。

第三十四条 【矿企主管部门管理职责】县级以上人民政府管理矿山企业的主管部门对矿山安全工作行使下列管理职责：

（一）检查矿山企业贯彻执行矿山安全法律、法规的情况；

（二）审查批准矿山建设工程安全设施的设计；

（三）负责矿山建设工程安全设施的竣工验收；

（四）组织矿长和矿山企业安全工作人员的培训工作；

（五）调查和处理重大矿山事故；

（六）法律、行政法规规定的其他管理职责。

第三十五条 【安全监督人员职责】劳动行政主管部门的矿山安全监督人员有权进入矿山企业，在现场检查安全状况；发现有危及职工安全的紧急险情时，应当要求矿山企业立即处理。

第六章 矿山事故处理

第三十六条 【矿山事故处理措施】发生矿山事故，矿山企业必须立即组织抢救，防止事故扩大，减少人员伤亡和财产损失，对伤亡事故必须立即如实报告劳动行政主管部门和管理矿山企业的主管部门。

第三十七条　【事故处理部门】发生一般矿山事故，由矿山企业负责调查和处理。

发生重大矿山事故，由政府及其有关部门、工会和矿山企业按照行政法规的规定进行调查和处理。

第三十八条　【抚恤和赔偿】矿山企业对矿山事故中伤亡的职工按照国家规定给予抚恤或者补偿。

第三十九条　【事故善后处理】矿山事故发生后，应当尽快消除现场危险，查明事故原因，提出防范措施。现场危险消除后，方可恢复生产。

第七章　法律责任

第四十条　【违法应受处罚事项】违反本法规定，有下列行为之一的，由劳动行政主管部门责令改正，可以并处罚款；情节严重的，提请县级以上人民政府决定责令停产整顿；对主管人员和直接责任人员由其所在单位或者上级主管机关给予行政处分：

（一）未对职工进行安全教育、培训，分配职工上岗作业的；

（二）使用不符合国家安全标准或者行业安全标准的设备、器材、防护用品、安全检测仪器的；

（三）未按照规定提取或者使用安全技术措施专项费用的；

（四）拒绝矿山安全监督人员现场检查或者在被检查时隐瞒事故隐患、不如实反映情况的；

（五）未按照规定及时、如实报告矿山事故的。

第四十一条　【矿长及特种作业人员资格不合法的处罚】矿长不具备安全专业知识的，安全生产的特种作业人员未取得操作资格证书上岗作业的，由劳动行政主管部门责令限期改正；逾期不改正的，提请县级以上人民政府决定责令停产，调整配备合格人员后，方可恢复生产。

第四十二条　【擅自施工处罚】矿山建设工程安全设施的设计未经批准擅自施工的，由管理矿山企业的主管部门责令停止施工；拒不执行的，由管理矿山企业的主管部门提请县级以上人民政府决定由有关主管部门吊销其采矿许可证和营业执照。

第四十三条　【不符验收规定的处罚】矿山建设工程的安全设施未经验收或者验收不合格擅自投入生产的，由劳动行政主管部门会同管理矿山企业的主管部门责令停止生产，并由劳动行政主管部门处以罚款；拒不停止生产的，由劳动行政主管部门提请县级以上人民政府决定由有关主管部门吊销其采矿许可证和营业执照。

第四十四条　【强行开采处理】已经投入生产的矿山企业，不具备安全生产条件而强行开采的，由劳动行政主管部门会同管理矿山企业的主管部门责令限期改进；逾期仍不具备安全生产条件的，由劳动行政主管部门提请县级以上人民政府决定责令停产整顿或者由有关主管部门吊销其采矿许可证和营业执照。

第四十五条　【复议和起诉】当事人对行政处罚决定不服的，可以在接到处罚决定通知之日起十五日内向作出处罚决定的机关的上一级机关申请复议；当事人也可以在接到处罚决定通知之日起十五日内直接向人民法院起诉。

复议机关应当在接到复议申请之日起六十日内作出复议决定。当事人对复议决定不服的，可以在接到复议决定之日起十五日内向人民法院起诉。复议机关逾期不作出复议决定的，当事人可以在复议期满之日起十五日内向人民法院起诉。

当事人逾期不申请复议也不向人民法院起诉、又不履行处罚决定的，作出处罚决定的机关可以申请人民法院强制执行。

第四十六条　【违章指挥处罚】矿山企业主管人员违章指挥、强令工人冒险作业，因而发生重大伤亡事故的，依照刑法有关规定追究刑事责任。

第四十七条　【主管人员怠职处罚】矿山企业主管人员对矿山事故隐患不采取措施，因而发生重大伤亡事故的，依照刑法有关规定追究刑事责任。

第四十八条　【渎职处罚】矿山安全监督人员和安全管理人员滥用职权、玩忽职守、徇私舞弊，构成犯罪的，依法追究刑事责任；不构成犯罪的，给予行政处分。

第八章　附　　则

第四十九条　【实施条例和实施办法的制定】国务院劳动行政主管部门根据本法制定实施条例，报国务院批准施行。

省、自治区、直辖市人民代表大会常务委员会可以根据本法和本地区的实际情况，制定实施办法。

第五十条　【施行日期】本法自1993年5月1日起施行。

中华人民共和国
矿山安全法实施条例

1. 1996年10月11日国务院批准
2. 1996年10月30日劳动部令第4号发布施行

第一章　总　　则

第一条　根据《中华人民共和国矿山安全法》（以下简称

《矿山安全法》),制定本条例。

第二条　《矿山安全法》及本条例中下列用语的含义：

矿山,是指在依法批准的矿区范围内从事矿产资源开采活动的场所及其附属设施。

矿产资源开采活动,是指在依法批准的矿区范围内从事矿产资源勘探和矿山建设、生产、闭坑及有关活动。

第三条　国家采取政策和措施,支持发展矿山安全教育,鼓励矿山安全开采技术、安全管理方法、安全设备与仪器的研究和推广,促进矿山安全科学技术进步。

第四条　各级人民政府、政府有关部门或者企业事业单位对有下列情形之一的单位和个人,按照国家有关规定给予奖励：

(一)在矿山安全管理和监督工作中,忠于职守,作出显著成绩的；

(二)防止矿山事故或者抢险救护有功的；

(三)在推广矿山安全技术、改进矿山安全设施方面,作出显著成绩的；

(四)在矿山安全生产方面提出合理化建议,效果显著的；

(五)在改善矿山劳动条件或者预防矿山事故方面有发明创造和科研成果,效果显著的。

第二章　矿山建设的安全保障

第五条　矿山设计使用的地质勘探报告书,应当包括下列技术资料：

(一)较大的断层、破碎带、滑坡、泥石流的性质和规模；

(二)含水层(包括溶洞)和隔水层的岩性、层厚、产状,含水层之间、地面水和地下水之间的水力联系,地下水的潜水位、水质、水量和流向,地面水流系统和有关水利工程的疏水能力以及当地历年降水量和最高洪水位；

(三)矿山设计范围内原有小窑、老窑的分布范围、开采深度和积水情况；

(四)沼气、二氧化碳赋存情况,矿物自然发火和矿尘爆炸的可能性；

(五)对人体有害的矿物组份、含量和变化规律,勘探区至少一年的天然放射性本底数据；

(六)地温异常和热水矿区的岩石热导率、地温梯度、热水来源、水温、水压和水量,以及圈定的热害区范围；

(七)工业、生活用水的水源和水质；

(八)钻孔封孔资料；

(九)矿山设计需要的其他资料。

第六条　编制矿山建设项目的可行性研究报告和总体设计,应当对矿山开采的安全条件进行论证。

矿山建设项目的初步设计,应当编制安全专篇。安全专篇的编写要求,由国务院劳动行政主管部门规定。

第七条　根据《矿山安全法》第八条的规定,矿山建设单位在向管理矿山企业的主管部门报送审批矿山建设工程安全设施设计文件时,应当同时报送劳动行政主管部门审查;没有劳动行政主管部门的审查意见,管理矿山企业的主管部门不得批准。

经批准的矿山建设工程安全设施设计需要修改时,应当征求原参加审查的劳动行政主管部门的意见。

第八条　矿山建设工程应当按照经批准的设计文件施工,保证施工质量;工程竣工后,应当按照国家有关规定申请验收。

建设单位应当在验收前六十日向管理矿山企业的主管部门、劳动行政主管部门报送矿山建设工程安全设施施工、竣工情况的综合报告。

第九条　管理矿山企业的主管部门、劳动行政主管部门应当自收到建设单位报送的矿山建设工程安全设施施工、竣工情况的综合报告之日起三十日内,对矿山建设工程的安全设施进行检查;不符合矿山安全规程、行业技术规范的,不得验收,不得投入生产或者使用。

第十条　矿山应当有保障安全生产、预防事故和职业危害的安全设施,并符合下列基本要求：

(一)每个矿井至少有两个独立的能行人的直达地面的安全出口。矿井的每个生产水平(中段)和各个采区(盘区)至少有两个能行人的安全出口,并与直达地面的出口相通。

(二)每个矿井有独立的采用机械通风的通风系统,保证井下作业场所有足够的风量;但是,小型非沼气矿井在保证井下作业场所所需风量的前提下,可以采用自然通风。

(三)井巷断面能满足行人、运输、通风和安全设施、设备的安装、维修及施工需要。

(四)井巷支护和采场顶板管理能保证作业场所的安全。

(五)相邻矿井之间、矿井与露天矿之间、矿井与老窑之间留有足够的安全隔离矿柱。矿山井巷布置留有足够的保障井上和井下安全的矿柱或者岩柱。

(六)露天矿山的阶段高度、平台宽度和边坡角能满足安全作业和边坡稳定的需要。船采沙矿的采池边界与地面建筑物、设备之间有足够的安全距离。

（七）有地面和井下的防水、排水系统，有防止地表水泄入井下和露天采场的措施。

（八）溜矿井有防止和处理堵塞的安全措施。

（九）有自然发火可能性的矿井，主要运输巷道布置在岩层或者不易自然发火的矿层内，并采用预防性灌浆或者其他有效的预防自然发火的措施。

（十）矿山地面消防设施符合国家有关消防的规定。矿井有防灭火设施和器材。

（十一）地面及井下供配电系统符合国家有关规定。

（十二）矿山提升运输设备、装置及设施符合下列要求：

1. 钢丝绳、连接装置、提升容器以及保险链有足够的安全系数；

2. 提升容器与井壁、罐道梁之间及两个提升容器之间有足够的间隙；

3. 提升绞车和提升容器有可靠的安全保护装置；

4. 电机车、架线、轨道的选型能满足安全要求；

5. 运送人员的机械设备有可靠的安全保护装置；

6. 提升运输设备有灵敏可靠的信号装置。

（十三）每个矿井有防尘供水系统。地面和井下所有产生粉尘的作业地点有综合防尘措施。

（十四）有瓦斯、矿尘爆炸可能性的矿井，采用防爆电器设备，并采取防尘和隔爆措施。

（十五）开采放射性矿物的矿井，符合下列要求：

1. 矿井进风量和风质能满足降氡的需要，避免串联通风和污风循环；

2. 主要进风道开在矿脉之外，穿矿脉或者岩体裂隙发育的进风巷道有防止氡析出的措施；

3. 采用后退式回采；

4. 能防止井下污水散流，并采取封闭的排放污水系统。

（十六）矿山储存爆破材料的场所符合国家有关规定。

（十七）排土场、矸石山有防止发生泥石流和其他危害的安全措施，尾矿库有防止溃坝等事故的安全设施。

（十八）有防止山体滑坡和因采矿活动引起地表塌陷造成危害的预防措施。

（十九）每个矿井配置足够数量的通风检测仪表和有毒有害气体与井下环境检测仪器。开采有瓦斯突出的矿井，装备监测系统或者检测仪器。

（二十）有与外界相通的、符合安全要求的运输设施和通讯设施。

（二十一）有更衣室、浴室等设施。

第三章　矿山开采的安全保障

第十一条　采掘作业应当编制作业规程，规定保证作业人员安全的技术措施和组织措施，并在情况变化时及时予以修改和补充。

第十二条　矿山开采应当有下列图纸资料：

（一）地质图（包括水文地质图和工程地质图）；

（二）矿山总布置图和矿井井上、井下对照图；

（三）矿井、巷道、采场布置图；

（四）矿山生产和安全保障的主要系统图。

第十三条　矿山企业应当在采矿许可证批准的范围开采，禁止越层、越界开采。

第十四条　矿山使用的下列设备、器材、防护用品和安全检测仪器，应当符合国家安全标准或者行业安全标准；不符合国家安全标准或者行业安全标准的，不得使用：

（一）采掘、支护、装载、运输、提升、通风、排水、瓦斯抽放、压缩空气和起重设备；

（二）电动机、变压器、配电柜、电器开关、电控装置；

（三）爆破器材、通讯器材、矿灯、电缆、钢丝绳、支护材料、防火材料；

（四）各种安全卫生检测仪器仪表；

（五）自救器、安全帽、防尘防毒口罩或者面罩、防护服、防护鞋等防护用品和救护设备；

（六）经有关主管部门认定的其他有特殊安全要求的设备和器材。

第十五条　矿山企业应当对机电设备及其防护装置、安全检测仪器定期检查、维修，并建立技术档案，保证使用安全。

非负责设备运行的人员，不得操作设备。非值班电气人员，不得进行电气作业。操作电气设备的人员，应当有可靠的绝缘保护。检修电气设备时，不得带电作业。

第十六条　矿山作业场所空气中的有毒有害物质的浓度，不得超过国家标准或者行业标准；矿山企业应当按照国家规定的方法，按照下列要求定期检测：

（一）粉尘作业点，每月至少检测两次；

（二）三硝基甲苯作业点，每月至少检测一次；

（三）放射性物质作业点，每月至少检测三次；

（四）其他有毒有害物质作业点，井下每月至少检测一次，地面每季度至少检测一次；

（五）采用个体采样方法检测呼吸性粉尘的，每季度至少检测一次。

第十七条　井下采掘作业，必须按照作业规程的规定管理顶帮。采掘作业通过地质破碎带或者其他顶帮破碎地点时，应当加强支护。

露天采剥作业，应当按照设计规定，控制采剥工作面的阶段高度、宽度、边坡角和最终边坡角。采剥作业和排土作业，不得对深部或者邻近井巷造成危害。

第十八条　煤矿和其他有瓦斯爆炸可能性的矿井，应当严格执行瓦斯检查制度，任何人不得携带烟草和点火用具下井。

第十九条　在下列条件下从事矿山开采，应当编制专门设计文件，并报管理矿山企业的主管部门批准：

（一）有瓦斯突出的；

（二）有冲击地压的；

（三）在需要保护的建筑物、构筑物和铁路下面开采的；

（四）在水体下面开采的；

（五）在地温异常或者有热水涌出的地区开采的。

第二十条　有自然发火可能性的矿井，应当采取下列措施：

（一）及时清出采场浮矿和其他可燃物质，回采结束后及时封闭采空区；

（二）采取防火灌浆或者其他有效的预防自然发火的措施；

（三）定期检查井巷和采区封闭情况，测定可能自然发火地点的温度和风量；定期检测火区内的温度、气压和空气成分。

第二十一条　井下采掘作业遇下列情形之一时，应当探水前进：

（一）接近承压含水层或者含水的断层、流砂层、砾石层、溶洞、陷落柱时；

（二）接近与地表水体相通的地质破碎带或者接近连通承压层的未封钻孔时；

（三）接近积水的老窑、旧巷或者灌过泥浆的采空区时；

（四）发现有出水征兆时；

（五）掘开隔离矿柱或者岩柱放水时。

第二十二条　井下风量、风质、风速和作业环境的气候，必须符合矿山安全规程的规定。

采掘工作面进风风流中，按照体积计算，氧气不得低于百分之二十，二氧化碳不得超过0.5%。

井下作业地点的空气温度不得超过28℃；超过时，应当采取降温或者其他防护措施。

第二十三条　开采放射性矿物的矿井，必须采取下列措施，减少氡气析出量：

（一）及时封闭采空区和已经报废或者暂时不用的井巷；

（二）用留矿法作业的采场采用下行通风；

（三）严格管理井下污水。

第二十四条　矿山的爆破作业和爆破材料的制造、储存、运输、试验及销毁，必须严格执行国家有关规定。

第二十五条　矿山企业对地面、井下产生粉尘的作业，应当采取综合防尘措施，控制粉尘危害。

井下风动凿岩，禁止干打眼。

第二十六条　矿山企业应当建立、健全对地面陷落区、排土场、矸石山、尾矿库的检查和维护制度；对可能发生的危害，应当采取预防措施。

第二十七条　矿山企业应当按照国家有关规定关闭矿山，对关闭矿山后可能引起的危害采取预防措施。关闭矿山报告应当包括下列内容：

（一）采掘范围及采空区处理情况；

（二）对矿井采取的封闭措施；

（三）对其他不安全因素的处理办法。

第四章　矿山企业的安全管理

第二十八条　矿山企业应当建立、健全下列安全生产责任制：

（一）行政领导岗位安全生产责任制；

（二）职能机构安全生产责任制；

（三）岗位人员的安全生产责任制。

第二十九条　矿长（含矿务局局长、矿山公司经理，下同）对本企业的安全生产工作负有下列责任：

（一）认真贯彻执行《矿山安全法》和本条例以及其他法律、法规中有关矿山安全生产的规定；

（二）制定本企业安全生产管理制度；

（三）根据需要配备合格的安全工作人员，对每个作业场所进行跟班检查；

（四）采取有效措施，改善职工劳动条件，保证安全生产所需要的材料、设备、仪器和劳动防护用品的及时供应；

（五）依照本条例的规定，对职工进行安全教育、培训；

（六）制定矿山灾害的预防和应急计划；

（七）及时采取措施，处理矿山存在的事故隐患；

（八）及时、如实向劳动行政主管部门和管理矿山企业的主管部门报告矿山事故。

第三十条　矿山企业应当根据需要，设置安全机构或者配备专职安全工作人员。专职安全工作人员应当经过培训，具备必要的安全专业知识和矿山安全工作经验，能胜任现场安全检查工作。

第三十一条　矿长应当定期向职工代表大会或者职工大会报告下列事项，接受民主监督：

（一）企业安全生产重大决策；

（二）企业安全技术措施计划及其执行情况；

（三）职工安全教育、培训计划及其执行情况；

（四）职工提出的改善劳动条件的建议和要求的处理情况；

（五）重大事故处理情况；

（六）有关安全生产的其他重要事项。

第三十二条　矿山企业职工享有下列权利：

（一）有权获得作业场所安全与职业危害方面的信息；

（二）有权向有关部门和工会组织反映矿山安全状况和存在的问题；

（三）对任何危害职工安全健康的决定和行为，有权提出批评、检举和控告。

第三十三条　矿山企业职工应当履行下列义务：

（一）遵守有关矿山安全的法律、法规和企业规章制度；

（二）维护矿山企业的生产设备、设施；

（三）接受安全教育和培训；

（四）及时报告危险情况，参加抢险救护。

第三十四条　矿山企业工会有权督促企业行政方面加强职工的安全教育、培训工作，开展安全宣传活动，提高职工的安全生产意识和技术素质。

第三十五条　矿山企业应当按照下列规定对职工进行安全教育、培训：

（一）新进矿山的井下作业职工，接受安全教育、培训的时间不得少于七十二小时，考试合格后，必须在有安全工作经验的职工带领下工作满四个月，然后经再次考核合格，方可独立工作；

（二）新进露天矿的职工，接受安全教育、培训的时间不得少于四十小时，经考试合格后，方可上岗作业；

（三）对调换工种和采用新工艺作业的人员，必须重新培训，经考试合格后，方可上岗作业；

（四）所有生产作业人员，每年接受在职安全教育、培训的时间不少于二十小时。

职工安全教育、培训期间，矿山企业应当支付工资。

职工安全教育、培训情况和考核结果，应当记录存档。

第三十六条　矿山企业对职工的安全教育、培训，应当包括下列内容：

（一）《矿山安全法》及本条例赋予矿山职工的权利与义务；

（二）矿山安全规程及矿山企业有关安全管理的规章制度；

（三）与职工本职工作有关的安全知识；

（四）各种事故征兆的识别、发生紧急危险情况时的应急措施和撤退路线；

（五）自救装备的使用和有关急救方面的知识；

（六）有关主管部门规定的其他内容。

第三十七条　瓦斯检查工、爆破工、通风工、信号工、拥罐工、电工、金属焊接（切割）工、矿井泵工、瓦斯抽放工、主扇风机操作工、主提升机操作工、绞车操作工、输送机操作工、尾矿工、安全检查工和矿内机动车司机等特种作业人员应当接受专门技术培训，经考核合格取得操作资格证书后，方可上岗作业。特种作业人员的考核、发证工作按照国家有关规定执行。

第三十八条　对矿长安全资格的考核，应当包括下列内容：

（一）《矿山安全法》和有关法律、法规及矿山安全规程；

（二）矿山安全知识；

（三）安全生产管理能力；

（四）矿山事故处理能力；

（五）安全生产业绩。

第三十九条　矿山企业向职工发放的劳动防护用品应当是经过鉴定和检验合格的产品。劳动防护用品的发放标准由国务院劳动行政主管部门制定。

第四十条　矿山企业应当每年编制矿山灾害预防和应急计划；在每季度末，应当根据实际情况对计划及时进行修改，制定相应的措施。

矿山企业应当使每个职工熟悉矿山灾害预防和应急计划，并且每年至少组织一次矿山救灾演习。

矿山企业应当根据国家有关规定，按照不同作业场所的要求，设置矿山安全标志。

第四十一条　矿山企业应当建立由专职的或者兼职的人员组成的矿山救护和医疗急救组织。不具备单独建立专业救护和医疗急救组织的小型矿山企业，除应当建立兼职的救护和医疗急救组织外，还应当与邻近的有专业的救护和医疗急救组织的矿山企业签订救护和急救协议，或者与邻近的矿山企业联合建立专业救护和医疗急救组织。

矿山救护和医疗急救组织应当有固定场所、训练器械和训练场地。

矿山救护和医疗急救组织的规模和装备标准，由国务院管理矿山企业的有关主管部门规定。

第四十二条 矿山企业必须按照国家规定的安全条件进行生产，并安排一部分资金，用于下列改善矿山安全生产条件的项目：

(一)预防矿山事故的安全技术措施；

(二)预防职业危害的劳动卫生技术措施；

(三)职工的安全培训；

(四)改善矿山安全生产条件的其他技术措施。

前款所需资金，由矿山企业按矿山维简费的百分之二十的比例具实列支；没有矿山维简费的矿山企业，按固定资产折旧费的百分之二十比例具实列支。

第五章 矿山安全的监督和管理

第四十三条 县级以上各级人民政府劳动行政主管部门，应当根据矿山安全监督工作的实际需要，配备矿山安全监督人员。

矿山安全监督人员必须熟悉矿山安全技术知识，具有矿山安全工作经验，能胜任矿山安全检查工作。

矿山安全监督证件和专用标志由国务院劳动行政主管部门统一制作。

第四十四条 矿山安全监督人员在执行职务时，有权进入现场检查，参加有关会议，无偿调阅有关资料，向有关单位和人员了解情况。

矿山安全监督人员进入现场检查，发现有危及职工安全健康的情况时，有权要求矿山企业立即改正或者限期解决；情况紧急时，有权要求矿山企业立即停止作业，从危险区内撤出作业人员。

劳动行政主管部门可以委托检测机构对矿山作业场所和危险性较大的在用设备、仪器、器材进行抽检。

劳动行政主管部门对检查中发现的违反《矿山安全法》和本条例以及其他法律、法规有关矿山安全的规定的情况，应当依法提出处理意见。

第四十五条 矿山安全监督人员执行公务时，应当出示矿山安全监督证件，秉公执法，并遵守有关规定。

第六章 矿山事故处理

第四十六条 矿山发生事故后，事故现场有关人员应当立即报告矿长或者有关主管人员；矿长或者有关主管人员接到事故报告后，必须立即采取有效措施，组织抢救，防止事故扩大，尽力减少人员伤亡和财产损失。

第四十七条 矿山发生重伤、死亡事故后，矿山企业应当在二十四小时内如实向劳动行政主管部门和管理矿山企业的主管部门报告。

第四十八条 劳动行政主管部门和管理矿山企业的主管部门接到死亡事故或者一次重伤三人以上的事故报告后，应当立即报告本级人民政府，并报各自的上一级主管部门。

第四十九条 发生伤亡事故，矿山企业和有关单位应当保护事故现场；因抢救事故，需要移动现场部分物品时，必须作出标志，绘制事故现场图，并详细记录；在消除现场危险，采取防范措施后，方可恢复生产。

第五十条 矿山事故发生后，有关部门应当按照国家有关规定，进行事故调查处理。

第五十一条 矿山事故调查处理工作应当自事故发生之日起九十日内结束；遇有特殊情况，可以适当延长，但是不得超过一百八十日。矿山事故处理结案后，应当公布处理结果。

第七章 法律责任

第五十二条 依照《矿山安全法》第四十条规定处以罚款的，分别按照下列规定执行：

(一)未对职工进行安全教育、培训，分配职工上岗作业的，处四万元以下的罚款；

(二)使用不符合国家安全标准或者行业安全标准的设备、器材、防护用品和安全检测仪器的，处五万元以下的罚款；

(三)未按照规定提取或者使用安全技术措施专项费用的，处五万元以下的罚款；

(四)拒绝矿山安全监督人员现场检查或者在被检查时隐瞒事故隐患，不如实反映情况的，处二万元以下的罚款；

(五)未按照规定及时、如实报告矿山事故的，处三万元以下的罚款。

第五十三条 依照《矿山安全法》第四十三条规定处以罚款的，罚款幅度为五万元以上十万元以下。

第五十四条 违反本条例第十五条、第十六条、第十七条、第十八条、第十九条、第二十条、第二十一条、第二十二条、第二十三条、第二十五条规定的，由劳动行政主管部门责令改正，可以处二万元以下的罚款。

第五十五条 当事人收到罚款通知书后，应当在十五日内到指定的金融机构缴纳罚款；逾期不缴纳的，自逾期之日起每日加收千分之三的滞纳金。

第五十六条 矿山企业主管人员有下列行为之一，造成

矿山事故的,按照规定给予纪律处分;构成犯罪的,由司法机关依法追究刑事责任:

(一)违章指挥、强令工人违章、冒险作业的;

(二)对工人屡次违章作业熟视无睹,不加制止的;

(三)对重大事故预兆或者已发现的隐患不及时采取措施的;

(四)不执行劳动行政主管部门的监督指令或者不采纳有关部门提出的整顿意见,造成严重后果的。

第八章 附 则

第五十七条 国务院管理矿山企业的主管部门根据《矿山安全法》和本条例修订或者制定的矿山安全规程和行业技术规范,报国务院劳动行政主管部门备案。

第五十八条 石油天然气开采的安全规定,由国务院劳动行政主管部门会同石油工业主管部门制定,报国务院批准后施行。

第五十九条 本条例自发布之日起施行。

国务院关于预防煤矿生产安全事故的特别规定

1. 2005年9月3日国务院令第446号公布

2. 根据2013年7月18日国务院令第638号《关于废止和修改部分行政法规的决定》修订

第一条 为了及时发现并排除煤矿安全生产隐患,落实煤矿安全生产责任,预防煤矿生产安全事故发生,保障职工的生命安全和煤矿安全生产,制定本规定。

第二条 煤矿企业是预防煤矿生产安全事故的

责任主体。煤矿企业负责人(包括一些煤矿企业的实际控制人,下同)对预防煤矿生产安全事故负主要责任。

第三条 国务院有关部门和地方各级人民政府应当建立并落实预防煤矿生产安全事故的责任制,监督检查煤矿企业预防煤矿生产安全事故的情况,及时解决煤矿生产安全事故预防工作中的重大问题。

第四条 县级以上地方人民政府负责煤矿安全生产监督管理的部门、国家煤矿安全监察机构设在省、自治区、直辖市的煤矿安全监察机构(以下简称煤矿安全监察机构),对所辖区域的煤矿重大安全生产隐患和违法行为负有检查和依法查处的职责。

县级以上地方人民政府负责煤矿安全生产监督管理的部门、煤矿安全监察机构不依法履行职责,不及时查处所辖区域的煤矿重大安全生产隐患和违法行为的,对直接责任人和主要负责人,根据情节轻重,给予记过、记大过、降级、撤职或者开除的行政处分;构成犯罪的,依法追究刑事责任。

第五条 煤矿未依法取得采矿许可证、安全生产许可证、营业执照和矿长未依法取得矿长资格证、矿长安全资格证的,煤矿不得从事生产。擅自从事生产的,属非法煤矿。

负责颁发前款规定证照的部门,一经发现煤矿无证照或者证照不全从事生产的,应当责令该煤矿立即停止生产,没收违法所得和开采出的煤炭以及采掘设备,并处违法所得1倍以上5倍以下的罚款;构成犯罪的,依法追究刑事责任;同时于2日内提请当地县级以上地方人民政府予以关闭,并可以向上一级地方人民政府报告。

第六条 负责颁发采矿许可证、安全生产许可证、营业执照和矿长资格证、矿长安全资格证的部门,向不符合法定条件的煤矿或者矿长颁发有关证照的,对直接责任人,根据情节轻重,给予降级、撤职或者开除的行政处分;对主要负责人,根据情节轻重,给予记大过、降级、撤职或者开除的行政处分;构成犯罪的,依法追究刑事责任。

前款规定颁发证照的部门,应当加强对取得证照煤矿的日常监督管理,促使煤矿持续符合取得证照应当具备的条件。不依法履行日常监督管理职责的,对主要负责人,根据情节轻重,给予记过、记大过、降级、撤职或者开除的行政处分;构成犯罪的,依法追究刑事责任。

第七条 在乡、镇人民政府所辖区域内发现有非法煤矿并且没有采取有效制止措施的,对乡、镇人民政府的主要负责人以及负有责任的相关负责人,根据情节轻重,给予降级、撤职或者开除的行政处分;在县级人民政府所辖区域内1个月内发现有2处或者2处以上非法煤矿并且没有采取有效制止措施的,对县级人民政府的主要负责人以及负有责任的相关负责人,根据情节轻重,给予降级、撤职或者开除的行政处分;构成犯罪的,依法追究刑事责任。

其他有关机关和部门对存在非法煤矿负有责任的,对主要负责人,属于行政机关工作人员的,根据情节轻重,给予记过、记大过、降级或者撤职的行政处分;不属于行政机关工作人员的,建议有关机关和部门给予相应的处分。

第八条 煤矿的通风、防瓦斯、防水、防火、防煤尘、防冒顶等安全设备、设施和条件应当符合国家标准、行业标准,并有防范生产安全事故发生的措施和完善的应急处理预案。

煤矿有下列重大安全生产隐患和行为的,应当立即停止生产,排除隐患:

(一)超能力、超强度或者超定员组织生产的;

(二)瓦斯超限作业的;

(三)煤与瓦斯突出矿井,未依照规定实施防突出措施的;

(四)高瓦斯矿井未建立瓦斯抽放系统和监控系统,或者瓦斯监控系统不能正常运行的;

(五)通风系统不完善、不可靠的;

(六)有严重水患,未采取有效措施的;

(七)超层越界开采的;

(八)有冲击地压危险,未采取有效措施的;

(九)自然发火严重,未采取有效措施的;

(十)使用明令禁止使用或者淘汰的设备、工艺的;

(十一)年产6万吨以上的煤矿没有双回路供电系统的;

(十二)新建煤矿边建设边生产,煤矿改扩建期间,在改扩建的区域生产,或者在其他区域的生产超出安全设计规定的范围和规模的;

(十三)煤矿实行整体承包生产经营后,未重新取得安全生产许可证,从事生产的,或者承包方再次转包的,以及煤矿将井下采掘工作面和井巷维修作业进行劳务承包的;

(十四)煤矿改制期间,未明确安全生产责任人和安全管理机构的,或者在完成改制后,未重新取得或者变更采矿许可证、安全生产许可证和营业执照的;

(十五)有其他重大安全生产隐患的。

第九条 煤矿企业应当建立健全安全生产隐患排查、治理和报告制度。煤矿企业应当对本规定第八条第二款所列情形定期组织排查,并将排查情况每季度向县级以上地方人民政府负责煤矿安全生产监督管理的部门、煤矿安全监察机构写出书面报告。报告应当经煤矿企业负责人签字。

煤矿企业未依照前款规定排查和报告的,由县级以上地方人民政府负责煤矿安全生产监督管理的部门或者煤矿安全监察机构责令限期改正;逾期未改正的,责令停产整顿,并对煤矿企业负责人处3万元以上15万元以下的罚款。

第十条 煤矿有本规定第八条第二款所列情形之一,仍然进行生产的,由县级以上地方人民政府负责煤矿安全生产监督管理的部门或者煤矿安全监察机构责令停产整顿,提出整顿的内容、时间等具体要求,处50万元以上200万元以下的罚款;对煤矿企业负责人处3万元以上15万元以下的罚款。

对3个月内2次或者2次以上发现有重大安全生产隐患,仍然进行生产的煤矿,县级以上地方人民政府负责煤矿安全生产监督管理的部门、煤矿安全监察机构应当提请有关地方人民政府关闭该煤矿,并由颁发证照的部门立即吊销矿长资格证和矿长安全资格证,该煤矿的法定代表人和矿长5年内不得再担任任何煤矿的法定代表人或者矿长。

第十一条 对被责令停产整顿的煤矿,颁发证照的部门应当暂扣采矿许可证、安全生产许可证、营业执照和矿长资格证、矿长安全资格证。

被责令停产整顿的煤矿应当制定整改方案,落实整改措施和安全技术规定;整改结束后要求恢复生产的,应当由县级以上地方人民政府负责煤矿安全生产监督管理的部门自收到恢复生产申请之日起60日内组织验收完毕;验收合格的,经组织验收的地方人民政府负责煤矿安全生产监督管理的部门的主要负责人签字,并经有关煤矿安全监察机构审核同意,报请有关地方人民政府主要负责人签字批准,颁发证照的部门发还证照,煤矿方可恢复生产;验收不合格的,由有关地方人民政府予以关闭。

被责令停产整顿的煤矿擅自从事生产的,县级以上地方人民政府负责煤矿安全生产监督管理的部门、煤矿安全监察机构应当提请有关地方人民政府予以关闭,没收违法所得,并处违法所得1倍以上5倍以下的罚款;构成犯罪的,依法追究刑事责任。

第十二条 对被责令停产整顿的煤矿,在停产整顿期间,由有关地方人民政府采取有效措施进行监督检查。因监督检查不力,煤矿在停产整顿期间继续生产的,对直接责任人,根据情节轻重,给予降级、撤职或者开除的行政处分;对有关负责人,根据情节轻重,给予记大过、降级、撤职或者开除的行政处分;构成犯罪的,依法追究刑事责任。

第十三条 对提请关闭的煤矿,县级以上地方人民政府负责煤矿安全生产监督管理的部门或者煤矿安全监察机构应当责令立即停止生产;有关地方人民政府应当在7日内作出关闭或者不予关闭的决定,并由其主要负责人签字存档。对决定关闭的,有关地方人民政府应当立即组织实施。

关闭煤矿应当达到下列要求：

（一）吊销相关证照；

（二）停止供应并处理火工用品；

（三）停止供电，拆除矿井生产设备、供电、通信线路；

（四）封闭、填实矿井井筒，平整井口场地，恢复地貌；

（五）妥善遣散从业人员。

关闭煤矿未达到前款规定要求的，对组织实施关闭的地方人民政府及其有关部门的负责人和直接责任人给予记过、记大过、降级、撤职或者开除的行政处分；构成犯罪的，依法追究刑事责任。

依照本条第一款规定决定关闭的煤矿，仍有开采价值的，经依法批准可以进行拍卖。

关闭的煤矿擅自恢复生产的，依照本规定第五条第二款规定予以处罚；构成犯罪的，依法追究刑事责任。

第十四条　县级以上地方人民政府负责煤矿安全生产监督管理的部门或者煤矿安全监察机构，发现煤矿有本规定第八条第二款所列情形之一的，应当将情况报送有关地方人民政府。

第十五条　煤矿存在瓦斯突出、自然发火、冲击地压、水害威胁等重大安全生产隐患，该煤矿在现有技术条件下难以有效防治的，县级以上地方人民政府负责煤矿安全生产监督管理的部门、煤矿安全监察机构应当责令其立即停止生产，并提请有关地方人民政府组织专家进行论证。专家论证应当客观、公正、科学。有关地方人民政府应当根据论证结论，作出是否关闭煤矿的决定，并组织实施。

第十六条　煤矿企业应当依照国家有关规定对井下作业人员进行安全生产教育和培训，保证井下作业人员具有必要的安全生产知识，熟悉有关安全生产规章制度和安全操作规程，掌握本岗位的安全操作技能，并建立培训档案。未进行安全生产教育和培训或者经教育和培训不合格的人员不得下井作业。

县级以上地方人民政府负责煤矿安全生产监督管理的部门应当对煤矿井下作业人员的安全生产教育和培训情况进行监督检查；煤矿安全监察机构应当对煤矿特种作业人员持证上岗情况进行监督检查。发现煤矿企业未依照国家有关规定对井下作业人员进行安全生产教育和培训或者特种作业人员无证上岗的，应当责令限期改正，处10万元以上50万元以下的罚款；逾期未改正的，责令停产整顿。

县级以上地方人民政府负责煤矿安全生产监督管理的部门、煤矿安全监察机构未履行前款规定的监督检查职责的，对主要负责人，根据情节轻重，给予警告、记过或者记大过的行政处分。

第十七条　县级以上地方人民政府负责煤矿安全生产监督管理的部门、煤矿安全监察机构在监督检查中，1个月内3次或者3次以上发现煤矿企业未依照国家有关规定对井下作业人员进行安全生产教育和培训或者特种作业人员无证上岗的，应当提请有关地方人民政府对该煤矿予以关闭。

第十八条　煤矿拒不执行县级以上地方人民政府负责煤矿安全生产监督管理的部门或者煤矿安全监察机构依法下达的执法指令的，由颁发证照的部门吊销矿长资格证和矿长安全资格证；构成违反治安管理行为的，由公安机关依照治安管理的法律、行政法规的规定处罚；构成犯罪的，依法追究刑事责任。

第十九条　县级以上地方人民政府负责煤矿安全生产监督管理的部门、煤矿安全监察机构对被责令停产整顿或者关闭的煤矿，应当自煤矿被责令停产整顿或者关闭之日起3日内在当地主要媒体公告。

被责令停产整顿的煤矿经验收合格恢复生产的，县级以上地方人民政府负责煤矿安全生产监督管理的部门、煤矿安全监察机构应当自煤矿验收合格恢复生产之日起3日内在同一媒体公告。

县级以上地方人民政府负责煤矿安全生产监督管理的部门、煤矿安全监察机构未依照本条第一款、第二款规定进行公告的，对有关负责人，根据情节轻重，给予警告、记过、记大过或者降级的行政处分。

公告所需费用由同级财政列支。

第二十条　国家机关工作人员和国有企业负责人不得违反国家规定投资入股煤矿（依法取得上市公司股票的除外），不得对煤矿的违法行为予以纵容、包庇。

国家行政机关工作人员和国有企业负责人违反前款规定的，根据情节轻重，给予降级、撤职或者开除的处分；构成犯罪的，依法追究刑事责任。

第二十一条　煤矿企业负责人和生产经营管理人员应当按照国家规定轮流带班下井，并建立下井登记档案。

县级以上地方人民政府负责煤矿安全生产监督管理的部门或者煤矿安全监察机构发现煤矿企业在生产过程中，1周内其负责人或者生产经营管理人员没有按照国家规定带班下井，或者下井登记档案虚假的，责令改正，并对该煤矿企业处3万元以上15万元以下的罚款。

第二十二条 煤矿企业应当免费为每位职工发放煤矿职工安全手册。

煤矿职工安全手册应当载明职工的权利、义务，煤矿重大安全生产隐患的情形和应急保护措施、方法以及安全生产隐患和违法行为的举报电话、受理部门。

煤矿企业没有为每位职工发放符合要求的职工安全手册的，由县级以上地方人民政府负责煤矿安全生产监督管理的部门或者煤矿安全监察机构责令限期改正；逾期未改正的，处5万元以下的罚款。

第二十三条 任何单位和个人发现煤矿有本规定第五条第一款和第八条第二款所列情形之一的，都有权向县级以上地方人民政府负责煤矿安全生产监督管理的部门或者煤矿安全监察机构举报。

受理的举报经调查属实的，受理举报的部门或者机构应当给予最先举报人1000元至1万元的奖励，所需费用由同级财政列支。

县级以上地方人民政府负责煤矿安全生产监督管理的部门或者煤矿安全监察机构接到举报后，应当及时调查处理；不及时调查处理的，对有关责任人，根据情节轻重，给予警告、记过、记大过或者降级的行政处分。

第二十四条 煤矿有违反本规定的违法行为，法律规定由有关部门查处的，有关部门应当依法进行查处。但是，对同一违法行为不得给予两次以上罚款的行政处罚。

第二十五条 国家行政机关工作人员、国有企业负责人有违反本规定的行为，依照本规定应当给予处分的，由监察机关或者任免机关依法作出处分决定。

国家行政机关工作人员、国有企业负责人对处分决定不服的，可以依法提出申诉。

第二十六条 当事人对行政处罚决定不服的，可以依法申请行政复议，或者依法直接向人民法院提起行政诉讼。

第二十七条 省、自治区、直辖市人民政府可以依据本规定制定具体实施办法。

第二十八条 本规定自公布之日起施行。

乡镇煤矿管理条例(节录)

1．1994年12月20日国务院令第169号发布

2．根据2013年7月18日国务院令第638号《关于废止和修改部分行政法规的决定》修订

第十七条 乡镇煤矿应当按照国家有关矿山安全的法律、法规和煤炭行业安全规程、技术规范的要求，建立、健全各级安全生产责任制和安全规章制度。

第十八条 县级、乡级人民政府应当加强对乡镇煤矿安全生产工作的监督管理，保证煤矿生产的安全。

乡镇煤矿的矿长和办矿单位的主要负责人，应当加强对煤矿安全生产工作的领导，落实安全生产责任制，采取各种有效措施，防止生产事故的发生。

第十九条 国务院煤炭工业主管部门和县级以上地方人民政府负责管理煤炭工业的部门，应当有计划地对乡镇煤矿的职工进行安全教育和技术培训。

县级以上人民政府负责管理煤炭工业的部门对矿长考核合格后，应当颁发矿长资格证书。

县级以上人民政府负责管理煤炭工业的部门对瓦斯检验工、采煤机司机等特种作业人员按照国家有关规定考核合格后，应当颁发操作资格证书。

第二十条 乡镇煤矿发生伤亡事故，应当按照有关法律、行政法规的规定，及时如实地向上一级人民政府、煤炭工业主管部门及其他有关主管部门报告，并立即采取有效措施，做好救护工作。

第二十一条 乡镇煤矿应当及时测绘井上下工程对照图、采掘工程平面图和通风系统图，并定期向原审查办矿条件的煤炭工业主管部门报送图纸，接受其监督、检查。

第二十二条 乡镇煤矿进行采矿作业，不得采用可能危及相邻煤矿生产安全的决水、爆破、贯通巷道等危险方法。

第二十三条 乡镇煤矿依照有关法律、法规的规定办理关闭矿山手续时，应当向原审查办矿条件的煤炭工业主管部门提交有关采掘工程、不安全隐患等资料。

第二十四条 县级以上人民政府劳动行政主管部门负责对乡镇煤矿安全工作的监督，并有权对取得矿长资格证书的矿长进行抽查。

第二十五条 违反法律、法规关于矿山安全的规定，造成人身伤亡或者财产损失的，依照有关法律、法规的规定给予处罚。

第二十六条 违反本条例规定，有下列情形之一的，由原审查办矿条件的煤炭工业主管部门，根据情节轻重，给予警告、5万元以下的罚款、没收违法所得或者责令停产整顿：

(一)未经煤炭工业主管部门审查同意，擅自开办乡镇煤矿的；

(二)未按照规定向煤炭工业主管部门报送有关图纸资料的。

国务院办公厅关于进一步加强煤矿安全生产工作的意见

1. *2013年10月2日*
2. *国办发〔2013〕99号*

各省、自治区、直辖市人民政府，国务院各部委、各直属机构：

煤炭是我国的主体能源，煤矿安全生产关系煤炭工业持续发展和国家能源安全，关系数百万矿工生命财产安全。近年来，通过各方面共同努力，煤矿安全生产形势持续稳定好转。但事故总量仍然偏大，重特大事故时有发生，暴露出煤矿安全管理中仍存在一些突出问题。党中央、国务院对此高度重视，要求深刻汲取事故教训，坚守发展决不能以牺牲人的生命为代价的红线，始终把矿工生命安全放在首位，大力推进煤矿安全治本攻坚，建立健全煤矿安全长效机制，坚决遏制煤矿重特大事故发生。为进一步加强煤矿安全生产工作，经国务院同意，现提出以下意见：

一、加快落后小煤矿关闭退出

（一）明确关闭对象。重点关闭9万吨/年及以下不具备安全生产条件的煤矿，加快关闭9万吨/年及以下煤与瓦斯突出等灾害严重的煤矿，坚决关闭发生较大及以上责任事故的9万吨/年及以下的煤矿。关闭超层越界拒不退回和资源枯竭的煤矿；关闭拒不执行停产整顿指令仍然组织生产的煤矿。不能实现正规开采的煤矿，一律停产整顿；逾期仍未实现正规开采的，依法实施关闭。没有达到安全质量标准化三级标准的煤矿，限期停产整顿；逾期仍不达标的，依法实施关闭。

（二）加大政策支持力度。通过现有资金渠道加大支持淘汰落后产能力度，地方人民政府应安排配套资金，并向早关、多关的地区倾斜。研究制定信贷、财政优惠政策，鼓励优势煤矿企业兼并重组小煤矿。修订煤炭产业政策，提高煤矿准入标准。国家支持小煤矿集中关闭地区发展替代产业，加强基础设施建设，加快缺煤地区能源输送通道建设，优先保障缺煤地区的铁路运力。

（三）落实关闭目标和责任。到2015年底全国关闭2000处以上小煤矿。各省级人民政府负责小煤矿关闭工作，要制定关闭规划，明确关闭目标并确保按期完成。

二、严格煤矿安全准入

（四）严格煤矿建设项目核准和生产能力核定。一律停止核准新建生产能力低于30万吨/年的煤矿，一律停止核准新建生产能力低于90万吨/年的煤与瓦斯突出矿井。现有煤与瓦斯突出、冲击地压等灾害严重的生产矿井，原则上不再扩大生产能力；2015年底前，重新核定上述矿井的生产能力，核减不具备安全保障能力的生产能力。

（五）严格煤矿生产工艺和技术设备准入。建立完善煤炭生产技术与装备、井下合理生产布局以及能力核定等方面的政策、规范和标准，严禁使用国家明令禁止或淘汰的设备和工艺。煤矿使用的设备必须按规定取得煤矿矿用产品安全标志。

（六）严格煤矿企业和管理人员准入。规范煤矿建设项目安全核准、项目核准和资源配置的程序。未通过安全核准的，不得通过项目核准；未通过项目核准的，不得颁发采矿许可证。不具备相应灾害防治能力的企业申请开采高瓦斯、冲击地压、煤层易自燃、水文地质情况和条件复杂等煤炭资源的，不得通过安全核准。从事煤炭生产的企业必须有相关专业和实践经历的管理团队。煤矿必须配备矿长、总工程师和分管安全、生产、机电的副矿长，以及负责采煤、掘进、机电运输、通风、地质测量工作的专业技术人员。矿长、总工程师和分管安全、生产、机电的副矿长必须具有安全资格证，且严禁在其他煤矿兼职；专业技术人员必须具备煤矿相关专业中专以上学历或注册安全工程师资格，且有3年以上井下工作经历。鼓励专业化的安全管理团队以托管、入股等方式管理小煤矿，提高小煤矿技术、装备和管理水平。建立煤炭安全生产信用报告制度，完善安全生产承诺和安全生产信用分类管理制度，健全安全生产准入和退出信用评价机制。

三、深化煤矿瓦斯综合治理

（七）加强瓦斯管理。认真落实国家关于促进煤层气（煤矿瓦斯）抽采利用的各项政策。高瓦斯、煤与瓦斯突出矿井必须严格执行先抽后采、不抽不采、抽采达标。煤与瓦斯突出矿井必须按规定落实区域防突措施，开采保护层或实施区域性预抽，消除突出危险性，做到不采突出面、不掘突出头。发现瓦斯超限仍然作业的，一律按照事故查处，依法依规处理责任人。

（八）严格煤矿企业瓦斯防治能力评估。完善煤矿企业瓦斯防治能力评估制度，提高评估标准，增加必备性指标。加强评估结果执行情况监督检查，经评估不具备瓦斯防治能力的煤矿企业，所属高瓦斯和煤与瓦斯突出矿井必须停产整顿、兼并重组，直至依法关闭。加强评估机构建设，充实评估人员，落实评估责任，对弄虚作假的单位和个人要严肃追究责任。

四、全面普查煤矿隐蔽致灾因素

（九）强制查明隐蔽致灾因素。加强煤炭地质勘查管理，勘查程度达不到规范要求的，不得为其划定矿区范围。煤矿企业要加强建设、生产期间的地质勘查，查明井田范围内的瓦斯、水、火等隐蔽致灾因素，未查明的必须综合运用物探、钻探等勘查技术进行补充勘查；否则，一律不得继续建设和生产。

（十）建立隐蔽致灾因素普查治理机制。小煤矿集中的矿区，由地方人民政府组织进行区域性水害普查治理，对每个煤矿的老空区积水划定警戒线和禁采线，落实和完善预防性保障措施。国家从中央有关专项资金中予以支持。

五、大力推进煤矿"四化"建设

（十一）加快推进小煤矿机械化建设。国家鼓励和扶持30万吨/年以下的小煤矿机械化改造，对机械化改造提升的符合产业政策规定的最低规模的产能，按生产能力核定办法予以认可。新建、改扩建的煤矿，不采用机械化开采的一律不得核准。

（十二）大力推进煤矿安全质量标准化和自动化、信息化建设。深入推进煤矿安全质量标准化建设工作，强化动态达标和岗位达标。煤矿必须确保安全监控、人员定位、通信联络系统正常运转，并大力推进信息化、物联网技术应用，充分利用和整合现有的生产调度、监测监控、办公自动化等信息化系统，建设完善安全生产综合调度信息平台，做到视频监视、实时监测、远程控制。县级煤矿安全监管部门要与煤矿企业安全生产综合调度信息平台实现联网，随机抽查煤矿安全监控运行情况。地方人民政府要培育发展或建立区域性技术服务机构，为煤矿特别是小煤矿提供技术服务。

六、强化煤矿矿长责任和劳动用工管理

（十三）严格落实煤矿矿长责任制度。煤矿矿长要落实安全生产责任，切实保护矿工生命安全，确保煤矿必须证照齐全，严禁无证照或者证照失效非法生产；必须在批准区域正规开采，严禁超层越界或者巷道式采煤、空顶作业；必须做到通风系统可靠，严禁无风、微风、循环风冒险作业；必须做到瓦斯抽采达标，防突措施到位，监控系统有效，瓦斯超限立即撤人，严禁违规作业；必须落实井下探放水规定，严禁开采防隔水煤柱；必须保证井下机电和所有提升设备完好，严禁非阻燃、非防爆设备违规入井；必须坚持矿领导下井带班，确保员工培训合格、持证上岗，严禁违章指挥。达不到要求的煤矿，一律停产整顿。

（十四）规范煤矿劳动用工管理。在一定区域内，加强煤矿企业招工信息服务，统一组织报名和资格审查、统一考核、统一签订劳动合同和办理用工备案、统一参加社会保险、统一依法使用劳务派遣用工，并加强监管。严格实施工伤保险实名制；严厉打击无证上岗、持假证上岗。

（十五）保护煤矿工人权益。开展行业性工资集体协商，研究确定煤矿工人小时最低工资标准，提高下井补贴标准，提高煤矿工人收入。严格执行国家法定工时制度。停产整顿煤矿必须按期发放工人工资。煤矿必须依法配备劳动保护用品，定期组织职业健康检查，加强尘肺病防治工作，建设标准化的食堂、澡堂和宿舍。

（十六）提高煤矿工人素质。加强煤矿班组安全建设，加快变"招工"为"招生"，强化矿工实际操作技能培训与考核。所有煤矿从业人员必须经考试合格后持证上岗，严格教考分离、建立统一题库、制定考核办法、对考核合格人员免费颁发上岗证书。健全考务管理体系，建立考试档案，切实做到考试不合格不发证。将煤矿农民工培训纳入各地促进就业规划和职业培训扶持政策范围。

七、提升煤矿安全监管和应急救援科学化水平

（十七）落实地方政府分级属地监管责任。地方各级人民政府要切实履行分级属地监管责任，强化"一岗双责"，严格执行"一票否决"。强化责任追究，对不履行或履行监管职责不力的，要依纪依法严肃追究相关人员的责任。各地区要按管理权限落实停产整顿煤矿的监管责任人和验收部门，省属煤矿和中央企业煤矿由省级煤矿安全监管部门组织验收，局长签字；市属煤矿由市（地）级煤矿安全监管部门组织验收，市（地）级人民政府主要负责人签字；其他煤矿由县级煤矿安全监管部门组织验收，县级人民政府主要负责人签字。中央企业煤矿必须由市（地）级以上煤矿安全监管部门负责安全监管，不得交由县、乡级人民政府及其部门负责。

（十八）明确部门安全监管职责。按照管行业必须管安全、管业务必须管安全、谁主管谁负责的原则，进一步明确各部门监管职责，切实加强基层煤炭行业管理和煤矿安全监管部门能力建设。创新监管监察方式方法，开展突击暗查、交叉执法、联合执法，提高监督管理的针对性和有效性。煤矿安全监管监察部门发现煤矿存在超能力生产等重大安全生产隐患和行为的，要依法责令停产整顿；发现违规建设的，要责令停止施工并依法查处；发现停产整顿期间仍然组织生产的煤矿，要依法提请地方政府关闭。煤矿安全监察机构要严格安全准入，严格煤矿建设工程安全设施的设计审查和竣工验收；依法加强对地方政府煤矿安全生产监管工作的监督检查；对停产整顿煤矿要依法暂扣其安全生产许可证。国土资源部门要严格执行矿产资源规划、煤炭国家规划矿区和矿业权设置方案制度，严厉打击煤矿无证勘查开采、以煤田灭火或地质灾害治理等名义实施露天采煤、以硐探坑探为名实施井下开采、超越批准的矿区范围采矿等违法违规行为。公安部门要停止审批停产整顿煤矿购买民用爆炸物品。电力部门要对停产整顿煤矿限制供电。建设主管部门要加强煤矿施工企业安全生产许可证管理，组织及时修订煤矿设计相应标准规范，会同煤炭行业管理部门强化对煤矿设计、施工和监理单位的资质监管。投资主管部门要提高煤矿安全技术改造资金分配使用的针对性和实效性。

（十九）加快煤矿应急救援能力建设。加强国家（区域）矿山应急救援基地建设，其运行维护费用由中央财政和所在地省级财政给予支持。加强地方矿山救护队伍建设，其运行维护费用由地方财政给予支持。煤矿企业按照相关规定建立专职应急救援队伍。没有建立专职救援队伍的，必须建设兼职辅助救护队。煤矿企业要统一生产、通风、安全监控调度，建立快速有效的应急处置机制；每年至少组织一次全员应急演练。加强煤矿事故应急救援指挥，发生重大及以上事故，省级人民政府主要负责人或分管负责人要及时赶赴事故现场。在煤矿抢险救灾中牺牲的救援人员，应当按照国家有关规定申报烈士。

（二十）加强煤矿应急救援装备建设。煤矿要按规定建设完善紧急避险、压风自救、供水施救系统，配备井下应急广播系统，储备自救互救器材。煤矿或煤矿集中的矿区，要配备适用的排水设备和应急救援物资。加快研制并配备能够快速打通“生命通道”的先进设备。支持重点开发煤矿应急指挥、通信联络、应急供电等设备和移动平台，以及遇险人员生命探测与搜索定位、灾害现场大型破拆、救援人员特种防护用品和器材等救援装备。

国务院各有关部门要按照职责分工研究制定具体的政策措施，落实工作责任，加强监管监察并认真组织实施。各省级人民政府要结合本地实际制定实施办法，加强组织领导，强化煤矿安全生产责任体系建设，强化监督检查，加强宣传教育，强化社会监督，严格追究责任，确保各项要求得到有效执行。

2. 事故预防

(1)综合

煤矿安全规程(节录)①

1. 2016年2月25日国家安全生产监督管理总局令第87号公布
2. 根据2022年1月6日应急管理部令第8号修正

第一编 总 则

第一条 为保障煤矿安全生产和从业人员的人身安全与健康,防止煤矿事故与职业病危害,根据《煤炭法》《矿山安全法》《安全生产法》《职业病防治法》《煤矿安全监察条例》和《安全生产许可证条例》等,制定本规程。

第二条 在中华人民共和国领域内从事煤炭生产和煤矿建设活动,必须遵守本规程。

第三条 煤炭生产实行安全生产许可证制度。未取得安全生产许可证的,不得从事煤炭生产活动。

第四条 从事煤炭生产与煤矿建设的企业(以下统称煤矿企业)必须遵守国家有关安全生产的法律、法规、规章、规程、标准和技术规范。

煤矿企业必须加强安全生产管理,建立健全各级负责人、各部门、各岗位安全生产与职业病危害防治责任制。

煤矿企业必须建立健全安全生产与职业病危害防治目标管理、投入、奖惩、技术措施审批、培训、办公会议制度,安全检查制度,安全风险分级管控工作制度,事故隐患排查、治理、报告制度,事故报告与责任追究制度等。

煤矿企业必须制定重要设备材料的查验制度,做好检查验收和记录,防爆、阻燃抗静电、保护等安全性能不合格的不得入井使用。

煤矿企业必须建立各种设备、设施检查维修制度,定期进行检查维修,并做好记录。

煤矿必须制定本单位的作业规程和操作规程。

第五条 煤矿企业必须设置专门机构负责煤矿安全生产与职业病危害防治管理工作,配备满足工作需要的人员及装备。

第六条 煤矿建设项目的安全设施和职业病危害防护设施,必须与主体工程同时设计、同时施工、同时投入使用。

第十三条 入井(场)人员必须戴安全帽等个体防护用品,穿带有反光标识的工作服。入井(场)前严禁饮酒。

煤矿必须建立入井检身制度和出入井人员清点制度;必须掌握井下人员数量、位置等实时信息。

入井人员必须随身携带自救器、标识卡和矿灯,严禁携带烟草和点火物品,严禁穿化纤衣服。

第三编 井 工 煤 矿

第三章 通风、瓦斯和煤尘爆炸防治

第一节 通 风

第一百三十五条 井下空气成分必须符合下列要求:

(一)采掘工作面的进风流中,氧气浓度不低于20%,二氧化碳浓度不超过0.5%。

(二)有害气体的浓度不超过表4规定。

表4 矿井有害气体最高允许浓度

名称	最高允许浓度/%
一氧化碳 CO	0.0024
氧化氮(换算成 NO_2)	0.00025
二氧化硫 SO_2	0.0005
硫化氢 H_2S	0.00066
氨 NH_3	0.004

甲烷、二氧化碳和氢气的允许浓度按本规程的有关规定执行。

矿井中所有气体的浓度均按体积百分比计算。

第一百三十六条 井巷中的风流速度应当符合表5要求。

表5 井巷中的允许风流速度

井巷名称	允许风速/($m \cdot s^{-1}$)	
	最低	最高
无提升设备的风井和风硐		15
专为升降物料的井筒		12
风桥		10

---

① 本文件共721条,限于篇幅,本书仅节录最常用的井工煤矿瓦斯防治、煤尘爆炸防治、防灭火、防治水等内容。

续表

井巷名称	允许风速/($m \cdot s^{-1}$)	
	最低	最高
升降人员和物料的井筒		8
主要进、回风巷		8
架线电机车巷道	1.0	8
输送机巷,采区进、回风巷	0.25	6
采煤工作面、掘进中的煤巷和半煤岩巷	0.25	4
掘进中的岩巷	0.15	4
其他通风人行巷道	0.15	

设有梯子间的井筒或者修理中的井筒,风速不得超过8m/s;梯子间四周经封闭后,井筒中的最高允许风速可以按表5规定执行。

无瓦斯涌出的架线电机车巷道中的最低风速可低于表5的规定值,但不得低于0.5m/s。

综合机械化采煤工作面,在采取煤层注水和采煤机喷雾降尘等措施后,其最大风速可高于表5的规定值,但不得超过5m/s。

第一百三十七条　进风井口以下的空气温度(干球温度,下同)必须在2℃以上。

第一百三十八条　矿井需要的风量应当按下列要求分别计算,并选取其中的最大值:

(一)按井下同时工作的最多人数计算,每人每分钟供给风量不得少于$4m^3$。

(二)按采掘工作面、硐室及其他地点实际需要风量的总和进行计算。各地点的实际需要风量,必须使该地点的风流中的甲烷、二氧化碳和其他有害气体的浓度,风速、温度及每人供风量符合本规程的有关规定。

使用煤矿用防爆型柴油动力装置机车运输的矿井,行驶车辆巷道的供风量还应当按同时运行的最多车辆数增加巷道配风量,配风量不小于$4m^3/min \cdot kW$。

按实际需要计算风量时,应当避免备用风量过大或者过小。煤矿企业应当根据具体条件制定风量计算方法,至少每5年修订1次。

第一百三十九条　矿井每年安排采掘作业计划时必须核定矿井生产和通风能力,必须按实际供风量核定矿井产量,严禁超通风能力生产。

第一百四十条　矿井必须建立测风制度,每10天至少进行1次全面测风。对采掘工作面和其他用风地点,应当根据实际需要随时测风,每次测风结果应当记录并写在测风地点的记录牌上。

应当根据测风结果采取措施,进行风量调节。

第一百四十一条　矿井必须有足够数量的通风安全检测仪表。仪表必须由具备相应资质的检验单位进行检验。

第一百四十二条　矿井必须有完整的独立通风系统。改变全矿井通风系统时,必须编制通风设计及安全措施,由企业技术负责人审批。

第一百四十三条　贯通巷道必须遵守下列规定:

(一)巷道贯通前应当制定贯通专项措施。综合机械化掘进巷道在相距50m前、其他巷道在相距20m前,必须停止一个工作面作业,做好调整通风系统的准备工作。

停掘的工作面必须保持正常通风,设置栅栏及警标,每班必须检查风筒的完好状况和工作面及其回风流中的瓦斯浓度,瓦斯浓度超限时,必须立即处理。

掘进的工作面每次爆破前,必须派专人和瓦斯检查工共同到停掘的工作面检查工作面及其回风流中的瓦斯浓度,瓦斯浓度超限时,必须先停止在掘工作面的工作,然后处理瓦斯,只有在2个工作面及其回风流中的甲烷浓度都在1.0%以下时,掘进的工作面方可爆破。每次爆破前,2个工作面入口必须有专人警戒。

(二)贯通时,必须由专人在现场统一指挥。

(三)贯通后,必须停止采区内的一切工作,立即调整通风系统,风流稳定后,方可恢复工作。

间距小于20m的平行巷道的联络巷贯通,必须遵守以上规定。

第一百四十四条　进、回风井之间和主要进、回风巷之间的每条联络巷中,必须砌筑永久性风墙;需要使用的联络巷,必须安设2道联锁的正向风门和2道反向风门。

第一百四十五条　箕斗提升井或者装有带式输送机的井筒兼作风井使用时,必须遵守下列规定:

(一)生产矿井现有箕斗提升井兼作回风井时,井上下装、卸载装置和井塔(架)必须有防尘和封闭措施,其漏风率不得超过15%。装有带式输送机的井筒兼作回风井时,井筒中的风速不得超过6m/s,且必须装设甲烷断电仪。

(二)箕斗提升井或者装有带式输送机的井筒兼作进风井时,箕斗提升井筒中的风速不得超过6m/s、装有带式输送机的井筒中的风速不得超过4m/s,并有防尘措施。装有带式输送机的井筒中必须装设自动报警灭火装置、敷设消防管路。

第一百四十六条 进风井口必须布置在粉尘、有害和高温气体不能侵入的地方。已布置在粉尘、有害和高温气体能侵入的地点的，应当制定安全措施。

第一百四十七条 新建高瓦斯矿井、突出矿井、煤层容易自燃矿井及有热害的矿井应当采用分区式通风或者对角式通风；初期采用中央并列式通风的只能布置一个采区生产。

第一百四十八条 矿井开拓新水平和准备新采区的回风，必须引入总回风巷或者主要回风巷中。在未构成通风系统前，可将此回风引入生产水平的进风中；但在有瓦斯喷出或者有突出危险的矿井中，开拓新水平和准备新采区时，必须先在无瓦斯喷出或者无突出危险的煤（岩）层中掘进巷道并构成通风系统，为构成通风系统的掘进巷道的回风，可以引入生产水平的进风中。上述2种回风流中的甲烷和二氧化碳浓度都不得超过0.5%，其他有害气体浓度必须符合本规程第一百三十五条的规定，并制定安全措施，报企业技术负责人审批。

第一百四十九条 生产水平和采（盘）区必须实行分区通风。

准备采区，必须在采区构成通风系统后，方可开掘其他巷道；采用倾斜长壁布置的，大巷必须至少超前2个区段，并构成通风系统后，方可开掘其他巷道。采煤工作面必须在采（盘）区构成完整的通风、排水系统后，方可回采。

高瓦斯、突出矿井的每个采（盘）区和开采容易自燃煤层的采（盘）区，必须设置至少1条专用回风巷；低瓦斯矿井开采煤层群和分层开采采用联合布置的采（盘）区，必须设置1条专用回风巷。

采区进、回风巷必须贯穿整个采区，严禁一段为进风巷、一段为回风巷。

第一百五十条 采、掘工作面应当实行独立通风，严禁2个采煤工作面之间串联通风。

同一采区内1个采煤工作面与其相连接的1个掘进工作面、相邻的2个掘进工作面，布置独立通风有困难时，在制定措施后，可采用串联通风，但串联通风的次数不得超过1次。

采区内为构成新区段通风系统的掘进巷道或者采煤工作面遇地质构造而重新掘进的巷道，布置独立通风有困难时，其回风可以串入采煤工作面，但必须制定安全措施，且串联通风的次数不得超过1次；构成独立通风系统后，必须立即改为独立通风。

对于本条规定的串联通风，必须在进入被串联工作面的巷道中装设甲烷传感器，且甲烷和二氧化碳浓度都不得超过0.5%，其他有害气体浓度都应当符合本规程第一百三十五条的要求。

开采有瓦斯喷出、有突出危险的煤层或者在距离突出煤层垂距小于10m的区域掘进施工时，严禁任何2个工作面之间串联通风。

第一百五十一条 井下所有煤仓和溜煤眼都应当保持一定的存煤，不得放空；有涌水的煤仓和溜煤眼，可以放空，但放空后放煤口闸板必须关闭，并设置引水管。

溜煤眼不得兼作风眼使用。

第一百五十二条 煤层倾角大于12°的采煤工作面采用下行通风时，应当报矿总工程师批准，并遵守下列规定：

（一）采煤工作面风速不得低于1m/s。

（二）在进、回风巷中必须设置消防供水管路。

（三）有突出危险的采煤工作面严禁采用下行通风。

第一百五十三条 采煤工作面必须采用矿井全风压通风，禁止采用局部通风机稀释瓦斯。

采掘工作面的进风和回风不得经过采空区或者冒顶区。

无煤柱开采沿空送巷和沿空留巷时，应当采取防止从巷道的两帮和顶部向采空区漏风的措施。

矿井在同一煤层、同翼、同一采区相邻正在开采的采煤工作面沿空送巷时，采掘工作面严禁同时作业。

水采和连续采煤机开采的采煤工作面由采空区回风时，工作面必须有足够的新鲜风流，工作面及其回风巷的风流中的甲烷和二氧化碳浓度必须符合本规程第一百七十二条、第一百七十三条和第一百七十四条的规定。

第一百五十四条 采空区必须及时封闭。必须随采煤工作面的推进逐个封闭通至采空区的连通巷道。采区开采结束后45天内，必须在所有与已采区相连通的巷道中设置密闭墙，全部封闭采区。

第一百五十五条 控制风流的风门、风桥、风墙、风窗等设施必须可靠。

不应在倾斜运输巷中设置风门；如果必须设置风门，应当安设自动风门或者设专人管理，并有防止矿车或者风门碰撞人员以及矿车碰坏风门的安全措施。

开采突出煤层时，工作面回风侧不得设置调节风量的设施。

第一百五十六条 新井投产前必须进行1次矿井通风阻

力测定,以后每 3 年至少测定 1 次。生产矿井转入新水平生产、改变一翼或者全矿井通风系统后,必须重新进行矿井通风阻力测定。

第一百五十七条 矿井通风系统图必须标明风流方向、风量和通风设施的安装地点。必须按季绘制通风系统图,并按月补充修改。多煤层同时开采的矿井,必须绘制分层通风系统图。

应当绘制矿井通风系统立体示意图和矿井通风网络图。

第一百五十八条 矿井必须采用机械通风。

主要通风机的安装和使用应当符合下列要求:

(一)主要通风机必须安装在地面;装有通风机的井口必须封闭严密,其外部漏风率在无提升设备时不得超过 5%,有提升设备时不得超过 15%。

(二)必须保证主要通风机连续运转。

(三)必须安装 2 套同等能力的主要通风机装置,其中 1 套作备用,备用通风机必须能在 10min 内开动。

(四)严禁采用局部通风机或者风机群作为主要通风机使用。

(五)装有主要通风机的出风井口应当安装防爆门,防爆门每 6 个月检查维修 1 次。

(六)至少每月检查 1 次主要通风机。改变主要通风机转数、叶片角度或者对旋式主要通风机运转级数时,必须经矿总工程师批准。

(七)新安装的主要通风机投入使用前,必须进行试运转和通风机性能测定,以后每 5 年至少进行 1 次性能测定。

(八)主要通风机技术改造及更换叶片后必须进行性能测试。

(九)井下严禁安设辅助通风机。

第一百五十九条 生产矿井主要通风机必须装有反风设施,并能在 10min 内改变巷道中的风流方向;当风流方向改变后,主要通风机的供给风量不应小于正常供风量的 40%。

每季度应当至少检查 1 次反风设施,每年应当进行 1 次反风演习;矿井通风系统有较大变化时,应当进行 1 次反风演习。

第一百六十条 严禁主要通风机房兼作他用。主要通风机房内必须安装水柱计(压力表)、电流表、电压表、轴承温度计等仪表,还必须有直通矿调度室的电话,并有反风操作系统图、司机岗位责任制和操作规程。主要通风机的运转应当由专职司机负责,司机应当每小时将通风机运转情况记入运转记录簿内;发现异常,立即报告。实现主要通风机集中监控、图像监视的主要通风机房可不设专职司机,但必须实行巡检制度。

第一百六十一条 矿井必须制定主要通风机停止运转的应急预案。因检修、停电或者其他原因停止主要通风机运转时,必须制定停风措施。

变电所或者电厂在停电前,必须将预计停电时间通知矿调度室。

主要通风机停止运转时,必须立即停止工作、切断电源,工作人员先撤到进风巷道中,由值班矿领导组织全矿井工作人员全部撤出。

主要通风机停止运转期间,必须打开井口防爆门和有关风门,利用自然风压通风;对由多台主要通风机联合通风的矿井,必须正确控制风流,防止风流紊乱。

第一百六十二条 矿井开拓或者准备采区时,在设计中必须根据该处全风压供风量和瓦斯涌出量编制通风设计。掘进巷道的通风方式、局部通风机和风筒的安装和使用等应当在作业规程中明确规定。

第一百六十三条 掘进巷道必须采用矿井全风压通风或者局部通风机通风。

煤巷、半煤岩巷和有瓦斯涌出的岩巷掘进采用局部通风机通风时,应当采用压入式,不得采用抽出式(压气、水力引射器不受此限);如果采用混合式,必须制定安全措施。

瓦斯喷出区域和突出煤层采用局部通风机通风时,必须采用压入式。

第一百六十四条 安装和使用局部通风机和风筒时,必须遵守下列规定:

(一)局部通风机由指定人员负责管理。

(二)压入式局部通风机和启动装置安装在进风巷道中,距掘进巷道回风口不得小于 10m;全风压供给该处的风量必须大于局部通风机的吸入风量,局部通风机安装地点到回风口间的巷道中的最低风速必须符合本规程第一百三十六条的要求。

(三)高瓦斯、突出矿井的煤巷、半煤岩巷和有瓦斯涌出的岩巷掘进工作面正常工作的局部通风机必须配备安装同等能力的备用局部通风机,并能自动切换。正常工作的局部通风机必须采用三专(专用开关、专用电缆、专用变压器)供电,专用变压器最多可向 4 个不同掘进工作面的局部通风机供电;备用局部通风机电源必须取自同时带电的另一电源,当正常工作的局部通风机故障时,备用局部通风机能自动启动,保持掘进工作面正常通风。

(四)其他掘进工作面和通风地点正常工作的局

部通风机可不配备备用局部通风机,但正常工作的局部通风机必须采用三专供电;或者正常工作的局部通风机配备安装一台同等能力的备用局部通风机,并能自动切换。正常工作的局部通风机和备用局部通风机的电源必须取自同时带电的不同母线段的相互独立的电源,保证正常工作的局部通风机故障时,备用局部通风机能投入正常工作。

(五)采用抗静电、阻燃风筒。风筒口到掘进工作面的距离、正常工作的局部通风机和备用局部通风机自动切换的交叉风筒接头的规格和安设标准,应当在作业规程中明确规定。

(六)正常工作和备用局部通风机均失电停止运转后,当电源恢复时,正常工作的局部通风机和备用局部通风机均不得自行启动,必须人工开启局部通风机。

(七)使用局部通风机供风的地点必须实行风电闭锁和甲烷电闭锁,保证当正常工作的局部通风机停止运转或者停风后能切断停风区内全部非本质安全型电气设备的电源。正常工作的局部通风机故障,切换到备用局部通风机工作时,该局部通风机通风范围内应当停止工作,排除故障;待故障被排除,恢复到正常工作的局部通风后方可恢复工作。使用2台局部通风机同时供风的,2台局部通风机都必须同时实现风电闭锁和甲烷电闭锁。

(八)每15天至少进行一次风电闭锁和甲烷电闭锁试验,每天应当进行一次正常工作的局部通风机与备用局部通风机自动切换试验,试验期间不得影响局部通风,试验记录要存档备查。

(九)严禁使用3台及以上局部通风机同时向1个掘进工作面供风。不得使用1台局部通风机同时向2个及以上作业的掘进工作面供风。

第一百六十五条 使用局部通风机通风的掘进工作面,不得停风;因检修、停电、故障等原因停风时,必须将人员全部撤至全风压进风流处,切断电源,设置栅栏、警示标志,禁止人员入内。

第一百六十六条 井下爆炸物品库必须有独立的通风系统,回风风流必须直接引入矿井的总回风巷或者主要回风巷中。新建矿井采用对角式通风系统时,投产初期可利用采区岩石上山或者用不燃性材料支护和不燃性背板背严的煤层上山作爆炸物品库的回风巷。必须保证爆炸物品库每小时能有其总容积4倍的风量。

第一百六十七条 井下充电室必须有独立的通风系统,回风风流应当引入回风巷。

井下充电室,在同一时间内,5t及以下的电机车充电电池的数量不超过3组、5t以上的电机车充电电池的数量不超过1组时,可不采用独立通风,但必须在新鲜风流中。

井下充电室风流中以及局部积聚处的氢气浓度,不得超过0.5%。

第一百六十八条 井下机电设备硐室必须设在进风风流中;采用扩散通风的硐室,其深度不得超过6m、入口宽度不得小于1.5m,并且无瓦斯涌出。

井下个别机电设备设在回风流中的,必须安装甲烷传感器并实现甲烷电闭锁。

采区变电所及实现采区变电所功能的中央变电所必须有独立的通风系统。

第二节 瓦斯防治

第一百六十九条 一个矿井中只要有一个煤(岩)层发现瓦斯,该矿井即为瓦斯矿井。瓦斯矿井必须依照矿井瓦斯等级进行管理。

根据矿井相对瓦斯涌出量、矿井绝对瓦斯涌出量、工作面绝对瓦斯涌出量和瓦斯涌出形式,矿井瓦斯等级划分为:

(一)低瓦斯矿井。同时满足下列条件的为低瓦斯矿井:

1. 矿井相对瓦斯涌出量不大于$10m^3/t$;
2. 矿井绝对瓦斯涌出量不大于$40m^3/min$;
3. 矿井任一掘进工作面绝对瓦斯涌出量不大于$3m^3/min$;
4. 矿井任一采煤工作面绝对瓦斯涌出量不大于$5m^3/min$。

(二)高瓦斯矿井。具备下列条件之一的为高瓦斯矿井:

1. 矿井相对瓦斯涌出量大于$10m^3/t$;
2. 矿井绝对瓦斯涌出量大于$40m^3/min$;
3. 矿井任一掘进工作面绝对瓦斯涌出量大于$3m^3/min$;
4. 矿井任一采煤工作面绝对瓦斯涌出量大于$5m^3/min$。

(三)突出矿井。

第一百七十条 每2年必须对低瓦斯矿井进行瓦斯等级和二氧化碳涌出量的鉴定工作,鉴定结果报省级煤炭行业管理部门和省级煤矿安全监察机构。上报时应当包括开采煤层最短发火期和自燃倾向性、煤尘爆炸性的鉴定结果。高瓦斯、突出矿井不再进行周期性瓦斯等级鉴定工作,但应当每年测定和计算矿井、采区、工作面瓦斯和二氧化碳涌出量,并报省级煤炭行业管理部门和煤矿安全监察机构。

新建矿井设计文件中，应当有各煤层的瓦斯含量资料。

高瓦斯矿井应当测定可采煤层的瓦斯含量、瓦斯压力和抽采半径等参数。

第一百七十一条 矿井总回风巷或者一翼回风巷中甲烷或者二氧化碳浓度超过0.75%时，必须立即查明原因，进行处理。

第一百七十二条 采区回风巷、采掘工作面回风巷风流中甲烷浓度超过1.0%或者二氧化碳浓度超过1.5%时，必须停止工作，撤出人员，采取措施，进行处理。

第一百七十三条 采掘工作面及其他作业地点风流中甲烷浓度达到1.0%时，必须停止用电钻打眼；爆破地点附近20m以内风流中甲烷浓度达到1.0%时，严禁爆破。

采掘工作面及其他作业地点风流中、电动机或者其开关安设地点附近20m以内风流中的甲烷浓度达到1.5%时，必须停止工作，切断电源，撤出人员，进行处理。

采掘工作面及其他巷道内，体积大于$0.5m^3$的空间内积聚的甲烷浓度达到2.0%时，附近20m内必须停止工作，撤出人员，切断电源，进行处理。

对因甲烷浓度超过规定被切断电源的电气设备，必须在甲烷浓度降到1.0%以下时，方可通电开动。

第一百七十四条 采掘工作面风流中二氧化碳浓度达到1.5%时，必须停止工作，撤出人员，查明原因，制定措施，进行处理。

第一百七十五条 矿井必须从设计和采掘生产管理上采取措施，防止瓦斯积聚；当发生瓦斯积聚时，必须及时处理。当瓦斯超限达到断电浓度时，班组长、瓦斯检查工、矿调度员有权责令现场作业人员停止作业，停电撤人。

矿井必须有因停电和检修主要通风机停止运转或者通风系统遭到破坏以后恢复通风、排除瓦斯和送电的安全措施。恢复正常通风后，所有受到停风影响的地点，都必须经过通风、瓦斯检查人员检查，证实无危险后，方可恢复工作。所有安装电动机及其开关的地点附近20m的巷道内，都必须检查瓦斯，只有甲烷浓度符合本规程规定时，方可开启。

临时停工的地点，不得停风；否则必须切断电源，设置栅栏、警标，禁止人员进入，并向矿调度室报告。停工区内甲烷或者二氧化碳浓度达到3.0%或者其他有害气体浓度超过本规程第一百三十五条的规定不能立即处理时，必须在24h内封闭完毕。

恢复已封闭的停工区或者采掘工作接近这些地点时，必须事先排除其中积聚的瓦斯。排除瓦斯工作必须制定安全技术措施。

严禁在停风或者瓦斯超限的区域内作业。

第一百七十六条 局部通风机因故停止运转，在恢复通风前，必须首先检查瓦斯，只有停风区中最高甲烷浓度不超过1.0%和最高二氧化碳浓度不超过1.5%，且局部通风机及其开关附近10m以内风流中的甲烷浓度都不超过0.5%时，方可人工开启局部通风机，恢复正常通风。

停风区中甲烷浓度超过1.0%或者二氧化碳浓度超过1.5%，最高甲烷浓度和二氧化碳浓度不超过3.0%时，必须采取安全措施，控制风流排放瓦斯。

停风区中甲烷浓度或者二氧化碳浓度超过3.0%时，必须制定安全排放瓦斯措施，报矿总工程师批准。

在排放瓦斯过程中，排出的瓦斯与全风压风流混合处的甲烷和二氧化碳浓度均不得超过1.5%，且混合风流经过的所有巷道内必须停电撤人，其他地点的停电撤人范围应当在措施中明确规定。只有恢复通风的巷道风流中甲烷浓度不超过1.0%和二氧化碳浓度不超过1.5%时，方可人工恢复局部通风机供风巷道内电气设备的供电和采区回风系统内的供电。

第一百七十七条 井筒施工以及开拓新水平的井巷第一次接近各开采煤层时，必须按掘进工作面距煤层的准确位置，在距煤层垂距10m以外开始打探煤钻孔，钻孔超前工作面的距离不得小于5m，并有专职瓦斯检查工经常检查瓦斯。岩巷掘进遇到煤线或者接近地质破坏带时，必须有专职瓦斯检查工经常检查瓦斯，发现瓦斯大量增加或者其他异常时，必须停止掘进，撤出人员，进行处理。

第一百七十八条 有瓦斯或者二氧化碳喷出的煤(岩)层，开采前必须采取下列措施：

(一)打前探钻孔或者抽排钻孔。

(二)加大喷出危险区域的风量。

(三)将喷出的瓦斯或者二氧化碳直接引入回风巷或者抽采瓦斯管路。

第一百七十九条 在有油气爆炸危险的矿井中，应当使用能检测油气成分的仪器检查各个地点的油气浓度，并定期采样化验油气成分和浓度。对油气浓度的规定可按本规程有关瓦斯的各项规定执行。

第一百八十条 矿井必须建立甲烷、二氧化碳和其他有害气体检查制度，并遵守下列规定：

（一）矿长、矿总工程师、爆破工、采掘区队长、通风区队长、工程技术人员、班长、流动电钳工等下井时，必须携带便携式甲烷检测报警仪。瓦斯检查工必须携带便携式光学甲烷检测仪和便携式甲烷检测报警仪。安全监测工必须携带便携式甲烷检测报警仪。

（二）所有采掘工作面、硐室、使用中的机电设备的设置地点、有人员作业的地点都应当纳入检查范围。

（三）采掘工作面的甲烷浓度检查次数如下：

1. 低瓦斯矿井，每班至少2次；

2. 高瓦斯矿井，每班至少3次；

3. 突出煤层、有瓦斯喷出危险或者瓦斯涌出较大、变化异常的采掘工作面，必须有专人经常检查。

（四）采掘工作面二氧化碳浓度应当每班至少检查2次；有煤（岩）与二氧化碳突出危险或者二氧化碳涌出量较大、变化异常的采掘工作面，必须有专人经常检查二氧化碳浓度。对于未进行作业的采掘工作面，可能涌出或者积聚甲烷、二氧化碳的硐室和巷道，应当每班至少检查1次甲烷、二氧化碳浓度。

（五）瓦斯检查工必须执行瓦斯巡回检查制度和请示报告制度，并认真填写瓦斯检查班报。每次检查结果必须记入瓦斯检查班报手册和检查地点的记录牌上，并通知现场工作人员。甲烷浓度超过本规程规定时，瓦斯检查工有权责令现场人员停止工作，并撤到安全地点。

（六）在有自然发火危险的矿井，必须定期检查一氧化碳浓度、气体温度等变化情况。

（七）井下停风地点栅栏外风流中的甲烷浓度每天至少检查1次，密闭外的甲烷浓度每周至少检查1次。

（八）通风值班人员必须审阅瓦斯班报，掌握瓦斯变化情况，发现问题，及时处理，并向矿调度室汇报。

通风瓦斯日报必须送矿长、矿总工程师审阅，一矿多井的矿必须同时送井长、井技术负责人审阅。对重大的通风、瓦斯问题，应当制定措施，进行处理。

第一百八十一条 突出矿井必须建立地面永久抽采瓦斯系统。

有下列情况之一的矿井，必须建立地面永久抽采瓦斯系统或者井下临时抽采瓦斯系统：

（一）任一采煤工作面的瓦斯涌出量大于$5m^3/min$或者任一掘进工作面瓦斯涌出量大于$3m^3/min$，用通风方法解决瓦斯问题不合理的。

（二）矿井绝对瓦斯涌出量达到下列条件的：

1. 大于或者等于$40m^3/min$；

2. 年产量1.0～1.5Mt的矿井，大于$30m^3/min$；

3. 年产量0.6～1.0Mt的矿井，大于$25m^3/min$；

4. 年产量0.4～0.6Mt的矿井，大于$20m^3/min$；

5. 年产量小于或者等于0.4Mt的矿井，大于$15m^3/min$。

第一百八十二条 抽采瓦斯设施应当符合下列要求：

（一）地面泵房必须用不燃性材料建筑，并必须有防雷电装置，其距进风井口和主要建筑物不得小于50m，并用栅栏或者围墙保护。

（二）地面泵房和泵房周围20m范围内，禁止堆积易燃物和有明火。

（三）抽采瓦斯泵及其附属设备，至少应当有1套备用，备用泵能力不得小于运行泵中最大一台单泵的能力。

（四）地面泵房内电气设备、照明和其他电气仪表都应当采用矿用防爆型；否则必须采取安全措施。

（五）泵房必须有直通矿调度室的电话和检测管道瓦斯浓度、流量、压力等参数的仪表或者自动监测系统。

（六）干式抽采瓦斯泵吸气侧管路系统中，必须装设有防回火、防回流和防爆炸作用的安全装置，并定期检查。抽采瓦斯泵站放空管的高度应当超过泵房房顶3m。

泵房必须有专人值班，经常检测各参数，做好记录。当抽采瓦斯泵停止运转时，必须立即向矿调度室报告。如果利用瓦斯，在瓦斯泵停止运转后和恢复运转前，必须通知使用瓦斯的单位，取得同意后，方可供应瓦斯。

第一百八十三条 设置井下临时抽采瓦斯泵站时，必须遵守下列规定：

（一）临时抽采瓦斯泵站应当安设在抽采瓦斯地点附近的新鲜风流中。

（二）抽出的瓦斯可引排到地面、总回风巷、一翼回风巷或者分区回风巷，但必须保证稀释后风流中的瓦斯浓度不超限。在建有地面永久抽采系统的矿井，临时泵站抽出的瓦斯可送至永久抽采系统的管路，但矿井抽采系统的瓦斯浓度必须符合本规程第一百八十四条的规定。

（三）抽出的瓦斯排入回风巷时，在排瓦斯管路出口必须设置栅栏、悬挂警戒牌等。栅栏设置的位置是上风侧距管路出口5m、下风侧距管路出口30m，两栅栏间禁止任何作业。

第一百八十四条 抽采瓦斯必须遵守下列规定：

（一）抽采容易自燃和自燃煤层的采空区瓦斯时，抽采管路应当安设一氧化碳、甲烷、温度传感器，实现实时监测监控。发现有自然发火征兆时，应当立即采取措施。

（二）井上下敷设的瓦斯管路，不得与带电物体接触并应当有防止砸坏管路的措施。

（三）采用干式抽采瓦斯设备时，抽采瓦斯浓度不得低于25%。

（四）利用瓦斯时，在利用瓦斯的系统中必须装设有防回火、防回流和防爆炸作用的安全装置。

（五）抽采的瓦斯浓度低于30%时，不得作为燃气直接燃烧。进行管道输送、瓦斯利用或者排空时，必须按有关标准的规定执行，并制定安全技术措施。

第三节　瓦斯和煤尘爆炸防治

第一百八十五条　新建矿井或者生产矿井每延深一个新水平，应当进行1次煤尘爆炸性鉴定工作，鉴定结果必须报省级煤炭行业管理部门和煤矿安全监察机构。

煤矿企业应当根据鉴定结果采取相应的安全措施。

第一百八十六条　开采有煤尘爆炸危险煤层的矿井，必须有预防和隔绝煤尘爆炸的措施。矿井的两翼、相邻的采区、相邻的煤层、相邻的采煤工作面间，掘进煤巷同与其相连的巷道间，煤仓同与其相连的巷道间，采用独立通风并有煤尘爆炸危险的其他地点同与其相连的巷道间，必须用水棚或者岩粉棚隔开。

必须及时清除巷道中的浮煤，清扫、冲洗沉积煤尘或者定期撒布岩粉；应当定期对主要大巷刷浆。

第一百八十七条　矿井应当每年制定综合防尘措施、预防和隔绝煤尘爆炸措施及管理制度，并组织实施。

矿井应当每周至少检查1次隔爆设施的安装地点、数量、水量或者岩粉量及安装质量是否符合要求。

第一百八十八条　高瓦斯矿井、突出矿井和有煤尘爆炸危险的矿井，煤巷和半煤岩巷掘进工作面应当安设隔爆设施。

第四章　煤（岩）与瓦斯（二氧化碳）突出防治

第一节　一般规定

第一百八十九条　在矿井井田范围内发生过煤（岩）与瓦斯（二氧化碳）突出的煤（岩）层或者经鉴定、认定为有突出危险的煤（岩）层为突出煤（岩）层。在矿井的开拓、生产范围内有突出煤（岩）层的矿井为突出矿井。

煤矿发生生产安全事故，经事故调查认定为突出事故的，发生事故的煤层直接认定为突出煤层，该矿井为突出矿井。

有下列情况之一的煤层，应当立即进行煤层突出危险性鉴定，否则直接认定为突出煤层；鉴定未完成前，应当按照突出煤层管理：

（一）有瓦斯动力现象的。

（二）瓦斯压力达到或者超过0.74MPa的。

（三）相邻矿井开采的同一煤层发生突出事故或者被鉴定、认定为突出煤层的。

煤矿企业应当将突出矿井及突出煤层的鉴定结果报省级煤炭行业管理部门和煤矿安全监察机构。

新建矿井应当对井田范围内采掘工程可能揭露的所有平均厚度在0.3m以上的煤层进行突出危险性评估，评估结论作为矿井初步设计和建井期间井巷揭煤作业的依据。评估为有突出危险时，建井期间应当对开采煤层及其他可能对采掘活动造成威胁的煤层进行突出危险性鉴定或者认定。

第一百九十条　新建突出矿井设计生产能力不得低于0.9Mt/a，第一生产水平开采深度不得超过800m。中型及以上的突出生产矿井延深水平开采深度不得超过1200m，小型的突出生产矿井开采深度不得超过600m。

第一百九十一条　突出矿井的防突工作必须坚持区域综合防突措施先行、局部综合防突措施补充的原则。

区域综合防突措施包括区域突出危险性预测、区域防突措施、区域防突措施效果检验和区域验证等内容。

局部综合防突措施包括工作面突出危险性预测、工作面防突措施、工作面防突措施效果检验和安全防护措施等内容。

突出矿井的新采区和新水平进行开拓设计前，应当对开拓采区或者开拓水平内平均厚度在0.3m以上的煤层进行突出危险性评估，评估结论作为开拓采区或者开拓水平设计的依据。对评估为无突出危险的煤层，所有井巷揭煤作业还必须采取区域或者局部综合防突措施；对评估为有突出危险的煤层，按突出煤层进行设计。

突出煤层突出危险区必须采取区域防突措施，严禁在区域防突措施效果未达到要求的区域进行采掘作业。

施工中发现有突出预兆或者发生突出的区域，必须采取区域综合防突措施。

经区域验证有突出危险,则该区域必须采取区域或者局部综合防突措施。

按突出煤层管理的煤层,必须采取区域或者局部综合防突措施。

在突出煤层进行采掘作业期间必须采取安全防护措施。

第一百九十二条 突出矿井必须确定合理的采掘部署,使煤层的开采顺序、巷道布置、采煤方法、采掘接替等有利于区域防突措施的实施。

突出矿井在编制生产发展规划和年度生产计划时,必须同时编制相应的区域防突措施规划和年度实施计划,将保护层开采、区域预抽煤层瓦斯等工程与矿井采掘部署、工程接替等统一安排,使矿井的开拓区、抽采区、保护层开采区和被保护层有效区按比例协调配置,确保采掘作业在区域防突措施有效区内进行。

第一百九十三条 有突出危险煤层的新建矿井及突出矿井的新水平、新采区的设计,必须有防突设计篇章。

非突出矿井升级为突出矿井时,必须编制防突专项设计。

第一百九十四条 突出矿井的防突工作应当遵守下列规定:

(一)配置满足防突工作需要的防突机构、专业防突队伍、检测分析仪器仪表和设备。

(二)建立防突管理制度和各级岗位责任制,健全防突技术管理和培训制度。突出矿井的管理人员和井下作业人员必须接受防突知识培训,经培训合格后方可上岗作业。

(三)加强两个"四位一体"综合防突措施实施过程的安全管理和质量管控,实现质量可靠、过程可溯、数据可查。区域预测、区域预抽、区域效果检验等的钻孔施工应当采用视频监视等可追溯的措施,并建立核查分析制度。

(四)不具备按照要求实施区域防突措施条件,或者实施区域防突措施时不能满足安全生产要求的突出煤层、突出危险区,不得进行采掘活动,并划定禁采区。

(五)煤层瓦斯压力达到或者超过 3MPa 的区域,必须采用地面钻井预抽煤层瓦斯,或者开采保护层的区域防突措施,或者采用井下顶(底)板巷道远程操控方式施工区域防突措施钻孔,并编制专项设计。

(六)井巷揭穿突出煤层必须编制防突专项设计,并报企业技术负责人审批。

(七)突出煤层采掘工作面必须编制防突专项设计。

(八)矿井必须对防突措施的技术参数和效果进行实际考察确定。

第一百九十五条 突出矿井的采掘布置应当遵守下列规定:

(一)主要巷道应当布置在岩层或者无突出危险煤层内。突出煤层的巷道优先布置在被保护区域或者其他无突出危险区域内。

(二)应当减少井巷揭开(穿)突出煤层的次数,揭开(穿)突出煤层的地点应当合理避开地质构造带。

(三)在同一突出煤层的集中应力影响范围内,不得布置 2 个工作面相向回采或者掘进。

第一百九十六条 突出煤层的采掘工作应当遵守下列规定:

(一)严禁采用水力采煤法、倒台阶采煤法或者其他非正规采煤法。

(二)在急倾斜煤层中掘进上山时,应当采用双上山、伪倾斜上山等掘进方式,并加强支护。

(三)上山掘进工作面采用爆破作业时,应当采用深度不大于 1.0m 的炮眼远距离全断面一次爆破。

(四)预测或者认定为突出危险区的采掘工作面严禁使用风镐作业。

(五)在过突出孔洞及其附近 30m 范围内进行采掘作业时,必须加强支护。

(六)在突出煤层的煤巷中安装、更换、维修或者回收支架时,必须采取预防煤体冒落引起突出的措施。

第一百九十七条 有突出危险煤层的新建矿井或者突出矿井,开拓新水平的井巷第一次揭穿(开)厚度为0.3m及以上煤层时,必须超前探测煤层厚度及地质构造、测定煤层瓦斯压力及瓦斯含量等与突出危险性相关的参数。

第一百九十八条 在突出煤层顶、底板掘进岩巷时,必须超前探测煤层及地质构造情况,分析勘测验证地质资料,编制巷道剖面图,及时掌握施工动态和围岩变化情况,防止误穿突出煤层。

第一百九十九条 有突出矿井的煤矿企业应当填写突出卡片、分析突出资料、掌握突出规律、制定防突措施,在每年第一季度内,将上年度的突出资料报省级煤炭行业管理部门。

第二百条 突出矿井必须编制并及时更新矿井瓦斯地质图,更新周期不得超过 1 年,图中应当标明采掘进度、被保护范围、煤层赋存条件、地质构造、突出点的位置、突出强度、瓦斯基本参数等,作为突出危险性区域预测和制定防突措施的依据。

第二百零一条　突出煤层工作面的作业人员、瓦斯检查工、班组长应当掌握突出预兆。发现突出预兆时，必须立即停止作业，按避灾路线撤出，并报告矿调度室。

班组长、瓦斯检查工、矿调度员有权责令相关现场作业人员停止作业，停电撤人。

第二百零二条　煤与二氧化碳突出、岩石与二氧化碳突出、岩石与瓦斯突出的管理和防治措施参照本章规定执行。

第二节　区域综合防突措施

第二百零三条　突出矿井应当对突出煤层进行区域突出危险性预测（以下简称区域预测）。经区域预测后，突出煤层划分为无突出危险区和突出危险区。未进行区域预测的区域视为突出危险区。

第二百零四条　具备开采保护层条件的突出危险区，必须开采保护层。选择保护层应当遵循下列原则：

（一）优先选择无突出危险的煤层作为保护层。矿井中所有煤层都有突出危险时，应当选择突出危险程度较小的煤层作保护层。

（二）应当优先选择上保护层；选择下保护层开采时，不得破坏被保护层的开采条件。

开采保护层后，在有效保护范围内的被保护层区域为无突出危险区，超出有效保护范围的区域仍然为突出危险区。

第二百零五条　有效保护范围的划定及有关参数应当实际考察确定。正在开采的保护层采煤工作面，必须超前于被保护层的掘进工作面，其超前距离不得小于保护层与被保护层之间法向距离的3倍，并不得小于100m。

第二百零六条　对不具备保护层开采条件的突出厚煤层，利用上分层或者上区段开采后形成的卸压作用保护下分层或者下区段时，应当依据实际考察结果来确定其有效保护范围。

第二百零七条　开采保护层时，应当不留设煤（岩）柱。特殊情况需留煤（岩）柱时，必须将煤（岩）柱的位置和尺寸准确标注在采掘工程平面图和瓦斯地质图上，在瓦斯地质图上还应当标出煤（岩）柱的影响范围。在煤（岩）柱及其影响范围内采掘作业前，必须采取区域预抽煤层瓦斯防突措施。

第二百零八条　开采保护层时，应当同时抽采被保护层和邻近层的瓦斯。开采近距离保护层时，必须采取防止误穿突出煤层和被保护层卸压瓦斯突然涌入保护层工作面的措施。

第二百零九条　采取预抽煤层瓦斯区域防突措施时，应当遵守下列规定：

（一）预抽区段煤层瓦斯区域防突措施的钻孔应当控制区段内整个回采区域、两侧回采巷道及其外侧如下范围内的煤层：倾斜、急倾斜煤层巷道上帮轮廓线外至少20m，下帮至少10m；其他煤层为巷道两侧轮廓线外至少各15m。以上所述的钻孔控制范围均为沿煤层层面方向（以下同）。

（二）顺层钻孔或者穿层钻孔预抽回采区域煤层瓦斯区域防突措施的钻孔，应当控制整个回采区域的煤层。

（三）穿层钻孔预抽煤巷条带煤层瓦斯区域防突措施的钻孔，应当控制整条煤层巷道及其两侧一定范围内的煤层，该范围要求与本条（一）的规定相同。

（四）穿层钻孔预抽井巷（含石门、立井、斜井、平硐）揭煤区域煤层瓦斯区域防突措施的钻孔，应当在揭煤工作面距煤层最小法向距离7m以前实施，并控制井巷及其外侧至少以下范围的煤层：揭煤处巷道轮廓线外12m（急倾斜煤层底部或者下帮6m），且应当保证控制范围的外边缘到巷道轮廓线（包括预计前方揭煤段巷道的轮廓线）的最小距离不小于5m。当区域防突措施难以一次施工完成时可分段实施，但每一段都应当能够保证揭煤工作面到巷道前方至少20m之间的煤层内，区域防突措施控制范围符合上述要求。

（五）顺层钻孔预抽煤巷条带煤层瓦斯区域防突措施的钻孔，应当控制的煤巷条带前方长度不小于60m，煤巷两侧控制范围要求与本条（一）的规定相同。钻孔预抽煤层瓦斯的有效抽采时间不得少于20天，如果在钻孔施工过程中发现有喷孔、顶钻或者卡钻等动力现象的，有效抽采时间不得少于60天。

（六）定向长钻孔预抽煤巷条带煤层瓦斯区域防突措施的钻孔，应当采用定向钻进工艺施工，控制煤巷条带煤层前方长度不小于300m和煤巷两侧轮廓线外一定范围，该范围要求与本条（一）的规定相同。

（七）厚煤层分层开采时，预抽钻孔应当控制开采分层及其上部法向距离至少20m、下部10m范围内的煤层。

（八）应当采取保证预抽瓦斯钻孔能够按设计参数控制整个预抽区域的措施。

（九）当煤巷掘进和采煤工作面在预抽防突效果有效的区域内作业时，工作面距前方未预抽或者预抽防突效果无效范围的边界不得小于20m。

第二百一十条　有下列条件之一的突出煤层，不得将在本巷道施工顺煤层钻孔预抽煤巷条带瓦斯作为区域防突措施：

（一）新建矿井的突出煤层。

（二）历史上发生过突出强度大于500t/次的。

（三）开采范围内煤层坚固性系数小于0.3的；或者煤层坚固性系数为0.3～0.5，且埋深大于500m的；或者煤层坚固性系数为0.5～0.8，且埋深大于600m的；或者煤层埋深大于700m的；或者煤巷条带位于开采应力集中区的。

第二百一十一条 保护层的开采厚度不大于0.5m、上保护层与突出煤层间距大于50m或者下保护层与突出煤层间距大于80m时，必须对每个被保护层工作面的保护效果进行检验。

采用预抽煤层瓦斯防突措施的区域，必须对区域防突措施效果进行检验。

检验无效时，仍为突出危险区。检验有效时，无突出危险区的采掘工作面每推进10～50m至少进行2次区域验证，并保留完整的工程设计、施工和效果检验的原始资料。

第三节 局部综合防突措施

第二百一十二条 突出煤层采掘工作面经工作面预测后划分为突出危险工作面和无突出危险工作面。

未进行突出预测的采掘工作面视为突出危险工作面。

当预测为突出危险工作面时，必须实施工作面防突措施和工作面防突措施效果检验。只有经效果检验有效后，方可进行采掘作业。

第二百一十三条 井巷揭煤工作面的防突措施包括预抽煤层瓦斯、排放钻孔、金属骨架、煤体固化、水力冲孔或者其他经试验证明有效的措施。

第二百一十四条 井巷揭穿（开）突出煤层必须遵守下列规定：

（一）在工作面距煤层法向距离10m（地质构造复杂、岩石破碎的区域20m）之外，至少施工2个前探钻孔，掌握煤层赋存条件、地质构造、瓦斯情况等。

（二）从工作面距煤层法向距离大于5m处开始，直至揭穿煤层全过程都应当采取局部综合防突措施。

（三）揭煤工作面距煤层法向距离2m至进入顶（底）板2m的范围，均应当采用远距离爆破掘进工艺。

（四）厚度小于0.3m的突出煤层，在满足（一）的条件下可直接采用远距离爆破掘进工艺揭穿。

（五）禁止使用震动爆破揭穿突出煤层。

第二百一十五条 煤巷掘进工作面应当选用超前钻孔预抽瓦斯、超前钻孔排放瓦斯的防突措施或者其他经试验证实有效的防突措施。

第二百一十六条 采煤工作面可以选用超前钻孔预抽瓦斯、超前钻孔排放瓦斯、注水湿润煤体、松动爆破或者其他经试验证实有效的防突措施。

第二百一十七条 突出煤层的采掘工作面，应当根据煤层实际情况选用防突措施，并遵守下列规定：

（一）不得选用水力冲孔措施，倾角在8°以上的上山掘进工作面不得选用松动爆破、水力疏松措施。

（二）突出煤层煤巷掘进工作面前方遇到落差超过煤层厚度的断层，应当按井巷揭煤的措施执行。

（三）采煤工作面采用超前钻孔预抽瓦斯和超前钻孔排放瓦斯作为工作面防突措施时，超前钻孔的孔数、孔底间距等应当根据钻孔的有效抽排半径确定。

（四）松动爆破时，应当按远距离爆破的要求执行。

第二百一十八条 工作面执行防突措施后，必须对防突措施效果进行检验。如果工作面措施效果检验结果均小于指标临界值，且未发现其他异常情况，则措施有效；否则必须重新执行区域综合防突措施或者局部综合防突措施。

第二百一十九条 在煤巷掘进工作面第一次执行局部防突措施或者无措施超前距时，必须采取小直径钻孔排放瓦斯等防突措施，只有在工作面前方形成5m以上的安全屏障后，方可进入正常防突措施循环。

第二百二十条 井巷揭穿突出煤层和在突出煤层中进行采掘作业时，必须采取避难硐室、反向风门、压风自救装置、隔离式自救器、远距离爆破等安全防护措施。

第二百二十一条 突出煤层的石门揭煤、煤巷和半煤岩巷掘进工作面进风侧必须设置至少2道反向风门。爆破作业时，反向风门必须关闭。反向风门距工作面的距离，应当根据掘进工作面的通风系统和预计的突出强度确定。

第二百二十二条 井巷揭煤采用远距离爆破时，必须明确起爆地点、避灾路线、警戒范围，制定停电撤人等措施。

井筒起爆及撤人地点必须位于地面距井口边缘20m以外，暗立（斜）井及石门揭煤起爆及撤人地点必须位于反向风门外500m以上全风压通风的新鲜风流中或者300m以外的避难硐室内。

煤巷掘进工作面采用远距离爆破时，起爆地点必须设在进风侧反向风门之外的全风压通风的新鲜风流中或者避险设施内，起爆地点距工作面的距离必须在措施中明确规定。

远距离爆破时，回风系统必须停电撤人。爆破后，进入工作面检查的时间应当在措施中明确规定，但不得小于30min。

第二百二十三条 突出煤层采掘工作面附近、爆破撤离人员集中地点、起爆地点必须设有直通矿调度室的电话，并设置有供给压缩空气的避险设施或者压风自救装置。工作面回风系统中有人作业的地点，也应当设置压风自救装置。

第二百二十四条 清理突出的煤(岩)时，必须制定防煤尘、片帮、冒顶、瓦斯超限、出现火源，以及防止再次发生突出事故的安全措施。

第五章 冲击地压防治

第一节 一般规定

第二百二十五条 在矿井井田范围内发生过冲击地压现象的煤层，或者经鉴定煤层(或者其顶底板岩层)具有冲击倾向性且评价具有冲击危险性的煤层为冲击地压煤层。有冲击地压煤层的矿井为冲击地压矿井。

第二百二十六条 有下列情况之一的，应当进行煤岩冲击倾向性鉴定：

(一)有强烈震动、瞬间底(帮)鼓、煤岩弹射等动力现象的。

(二)埋深超过400m的煤层，且煤层上方100m范围内存在单层厚度超过10m的坚硬岩层。

(三)相邻矿井开采的同一煤层发生过冲击地压的。

(四)冲击地压矿井开采新水平、新煤层。

第二百二十七条 开采具有冲击倾向性的煤层，必须进行冲击危险性评价。

第二百二十八条 矿井防治冲击地压(以下简称防冲)工作应当遵守下列规定：

(一)设专门的机构与人员。

(二)坚持"区域先行、局部跟进、分区管理、分类防治"的防冲原则。

(三)必须编制中长期防冲规划与年度防冲计划，采掘工作面作业规程中必须包括防冲专项措施。

(四)开采冲击地压煤层时，必须采取冲击危险性预测、监测预警、防范治理、效果检验、安全防护等综合性防治措施。

(五)必须建立防冲培训制度。

(六)必须建立冲击危险区人员准入制度，实行限员管理。

(七)必须建立生产矿长(总工程师)日分析制度和日生产进度通知单制度。

(八)必须建立防冲工程措施实施与验收记录台账，保证防冲过程可追溯。

第二百二十九条 新建矿井和冲击地压矿井的新水平、新采区、新煤层有冲击地压危险的，必须编制防冲设计。防冲设计应当包括开拓方式、保护层的选择、采区巷道布置、工作面开采顺序、采煤方法、生产能力、支护形式、冲击危险性预测方法、冲击地压监测预警方法、防冲措施及效果检验方法、安全防护措施等内容。

第二百三十条 新建矿井在可行性研究阶段应当进行冲击地压评估工作，并在建设期间完成煤(岩)层冲击倾向性鉴定及冲击危险性评价工作。

经评估、鉴定或者评价煤层具有冲击危险性的新建矿井，应当严格按照相关规定进行设计，建成后生产能力不得超过8Mt/a，不得核增产能。

冲击地压生产矿井应当按照采掘工作面的防冲要求进行矿井生产能力核定。矿井改建和水平延深时，必须进行防冲安全性论证。

非冲击地压矿井升级为冲击地压矿井时，应当编制矿井防冲设计，并按照防冲要求进行矿井生产能力核定。

采取综合防冲措施后不能将冲击危险性指标降低至临界值以下的，不得进行采掘作业。

第二百三十一条 冲击地压矿井巷道布置与采掘作业应当遵守下列规定：

(一)开采冲击地压煤层时，在应力集中区内不得布置2个工作面同时进行采掘作业。2个掘进工作面之间的距离小于150m时，采煤工作面与掘进工作面之间的距离小于350m时，2个采煤工作面之间的距离小于500m时，必须停止其中一个工作面。相邻矿井、相邻采区之间应当避免开采相互影响。

(二)开拓巷道不得布置在严重冲击地压煤层中，永久硐室不得布置在冲击地压煤层中。煤层巷道与硐室布置不应留底煤，如果留有底煤必须采取底板预卸压措施。

(三)严重冲击地压厚煤层中的巷道应当布置在应力集中区外。双巷掘进时2条平行巷道在时间、空间上应当避免相互影响。

(四)冲击地压煤层应当严格按顺序开采，不得留孤岛煤柱。在采空区内不得留有煤柱，如果必须在采空区内留煤柱时，应当进行论证，报企业技术负责人审批，并将煤柱的位置、尺寸以及影响范围标在采掘工程平面图上。开采孤岛煤柱的，应当进行防冲安全开采论证;严重冲击地压矿井不得开采孤岛煤柱。

(五)对冲击地压煤层,应当根据顶底板岩性适当加大掘进巷道宽度。应当优先选择无煤柱护巷工艺,采用大煤柱护巷时应当避开应力集中区,严禁留大煤柱影响邻近层开采。巷道严禁采用刚性支护。

(六)采用垮落法管理顶板时,支架(柱)应当有足够的支护强度,采空区中所有支柱必须回净。

(七)冲击地压煤层掘进工作面临近大型地质构造、采空区、其他应力集中区时,必须制定专项措施。

(八)应当在作业规程中明确规定初次来压、周期来压、采空区'见方'等期间的防冲措施。

(九)在无冲击地压煤层中的三面或者四面被采空区所包围的区域开采和回收煤柱时,必须制定专项防冲措施。

(十)采动影响区域内严禁巷道扩修与回采平行作业、严禁同一区域两点及以上同时扩修。

第二百三十二条 具有冲击地压危险的高瓦斯、突出煤层的矿井,应当根据本矿井条件,制定专门技术措施。

第二百三十三条 开采具有冲击地压危险的急倾斜、特厚等煤层时,应当制定专项防冲措施,并由企业技术负责人审批。

第二节 冲击危险性预测

第二百三十四条 冲击地压矿井必须进行区域危险性预测(以下简称区域预测)和局部危险性预测(以下简称局部预测)。区域与局部预测可根据地质与开采技术条件等,优先采用综合指数法确定冲击危险性。

第二百三十五条 必须建立区域与局部相结合的冲击地压危险性监测制度。

应当根据现场实际考察资料和积累的数据确定冲击危险性预警临界指标。

第二百三十六条 冲击地压危险区域必须进行日常监测预警,预警有冲击地压危险时,应当立即停止作业,切断电源,撤出人员,并报告矿调度室。在实施解危措施、确认危险解除后方可恢复正常作业。

停产3天及以上冲击地压危险采掘工作面恢复生产前,应当评估冲击地压危险程度,并采取相应的安全措施。

第三节 区域与局部防冲措施

第二百三十七条 冲击地压矿井应当选择合理的开拓方式、采掘部署、开采顺序、采煤工艺及开采保护层等区域防冲措施。

第二百三十八条 保护层开采应当遵守下列规定:

(一)具备开采保护层条件的冲击地压煤层,应当开采保护层。

(二)应当根据矿井实际条件确定保护层的有效保护范围,保护层回采超前被保护层采掘工作面的距离应当符合本规程第二百三十一条的规定。

(三)开采保护层后,仍存在冲击地压危险的区域,必须采取防冲措施。

第二百三十九条 冲击地压煤层的采煤方法与工艺确定应当遵守下列规定:

(一)采用长壁综合机械化开采方法。

(二)缓倾斜、倾斜厚及特厚煤层采用综采放顶煤工艺开采时,直接顶不能随采随冒的,应当预先对顶板进行弱化处理。

第二百四十条 冲击地压煤层采用局部防冲措施应当遵守下列规定:

(一)采用钻孔卸压措施时,必须制定防止诱发冲击伤人的安全防护措施。

(二)采用煤层爆破措施时,应当根据实际情况选取超前松动爆破、卸压爆破等方法,确定合理的爆破参数,起爆点到爆破地点的距离不得小于300m。

(三)采用煤层注水措施时,应当根据煤层条件,确定合理的注水参数,并检验注水效果。

(四)采用底板卸压、顶板预裂、水力压裂等措施时,应当根据煤岩层条件,确定合理的参数。

第二百四十一条 采掘工作面实施解危措施时,必须撤出与实施解危措施无关的人员。

冲击地压危险工作面实施解危措施后,必须进行效果检验,确认检验结果小于临界值后,方可进行采掘作业。

第四节 冲击地压安全防护措施

第二百四十二条 进入严重冲击地压危险区域的人员必须采取特殊的个体防护措施。

第二百四十三条 有冲击地压危险的采掘工作面,供电、供液等设备应当放置在采动应力集中影响区外。对危险区域内的设备、管线、物品等应当采取固定措施,管路应当吊挂在巷道腰线以下。

第二百四十四条 冲击地压危险区域的巷道必须加强支护。

采煤工作面必须加大上下出口和巷道的超前支护范围与强度,弱冲击危险区域的工作面超前支护长度不得小于70m;厚煤层放顶煤工作面、中等及以上冲击危险区域的工作面超前支护长度不得小于120m,超前支护应当满足支护强度和支护整体稳定性要求。

严重(强)冲击地压危险区域,必须采取防底鼓措施。

第二百四十五条　有冲击地压危险的采掘工作面必须设置压风自救系统,明确发生冲击地压时的避灾路线。

第六章　防　灭　火

第一节　一 般 规 定

第二百四十六条　煤矿必须制定井上、下防火措施。煤矿的所有地面建(构)筑物、煤堆、矸石山、木料场等处的防火措施和制度,必须遵守国家有关防火的规定。

第二百四十七条　木料场、矸石山等堆放场距离进风井口不得小于80m。木料场距离矸石山不得小于50m。

不得将矸石山设在进风井的主导风向上风侧、表土层10m以浅有煤层的地面上和漏风采空区上方的塌陷范围内。

第二百四十八条　新建矿井的永久井架和井口房、以井口为中心的联合建筑,必须用不燃性材料建筑。

对现有生产矿井用可燃性材料建筑的井架和井口房,必须制定防火措施。

第二百四十九条　矿井必须设地面消防水池和井下消防管路系统。井下消防管路系统应当敷设到采掘工作面,每隔100m设置支管和阀门,但在带式输送机巷道中应当每隔50m设置支管和阀门。地面的消防水池必须经常保持不少于200m^3的水量。消防用水同生产、生活用水共用同一水池时,应当有确保消防用水的措施。

开采下部水平的矿井,除地面消防水池外,可以利用上部水平或者生产水平的水仓作为消防水池。

第二百五十条　进风井口应当装设防火铁门,防火铁门必须严密并易于关闭,打开时不妨碍提升、运输和人员通行,并定期维修;如果不设防火铁门,必须有防止烟火进入矿井的安全措施。

罐笼提升立井井口还应当采取以下措施:

(一)井口操车系统基础下部的负层空间应当与井筒隔离,并设置消防设施。

(二)操车系统液压管路应当采用金属管或者阻燃高压非金属管,传动介质使用难燃液,液压站不得安装在封闭空间内。

(三)井筒及负层空间的动力电缆、信号电缆和控制电缆应当采用煤矿用阻燃电缆,并与操车系统液压管路分开布置。

(四)操车系统机坑及井口负层空间内应当及时清理漏油,每天检查清理情况,不得留存杂物和易燃物。

第二百五十一条　井口房和通风机房附近20m内,不得有烟火或者用火炉取暖。通风机房位于工业广场以外时,除开采有瓦斯喷出的矿井和突出矿井外,可用隔焰式火炉或者防爆式电热器取暖。

暖风道和压入式通风的风硐必须用不燃性材料砌筑,并至少装设2道防火门。

第二百五十二条　井筒与各水平的连接处及井底车场,主要绞车道与主要运输巷、回风巷的连接处,井下机电设备硐室,主要巷道内带式输送机机头前后两端各20m范围内,都必须用不燃性材料支护。

在井下和井口房,严禁采用可燃性材料搭设临时操作间、休息间。

第二百五十三条　井下严禁使用灯泡取暖和使用电炉。

第二百五十四条　井下和井口房内不得进行电焊、气焊和喷灯焊接等作业。如果必须在井下主要硐室、主要进风井巷和井口房内进行电焊、气焊和喷灯焊接等工作,每次必须制定安全措施,由矿长批准并遵守下列规定:

(一)指定专人在场检查和监督。

(二)电焊、气焊和喷灯焊接等工作地点的前后两端各10m的井巷范围内,应当是不燃性材料支护,并有供水管路,有专人负责喷水,焊接前应当清理或者隔离焊碴飞溅区域内的可燃物。上述工作地点应当至少备有2个灭火器。

(三)在井口房、井筒和倾斜巷道内进行电焊、气焊和喷灯焊接等工作时,必须在工作地点的下方用不燃性材料设施接受火星。

(四)电焊、气焊和喷灯焊接等工作地点的风流中,甲烷浓度不得超过0.5%,只有在检查证明作业地点附近20m范围内巷道顶部和支护背板后无瓦斯积存时,方可进行作业。

(五)电焊、气焊和喷灯焊接等作业完毕后,作业地点应当再次用水喷洒,并有专人在作业地点检查1h,发现异常,立即处理。

(六)突出矿井井下进行电焊、气焊和喷灯焊接时,必须停止突出煤层的掘进、回采、钻孔、支护以及其他所有扰动突出煤层的作业。

煤层中未采用砌碹或者喷浆封闭的主要硐室和主要进风大巷中,不得进行电焊、气焊和喷灯焊接等工作。

第二百五十五条　井下使用的汽油、煤油必须装入盖严的铁桶内,由专人押运送至使用地点,剩余的汽油、煤油必须运回地面，严禁在井下存放。

井下使用的润滑油、棉纱、布头和纸等，必须存放在盖严的铁桶内。用过的棉纱、布头和纸，也必须放在盖严的铁桶内，并由专人定期送到地面处理，不得乱放乱扔。严禁将剩油、废油泼洒在井巷或者硐室内。

井下清洗风动工具时，必须在专用硐室进行，并必须使用不燃性和无毒性洗涤剂。

第二百五十六条 井上、下必须设置消防材料库，并符合下列要求：

（一）井上消防材料库应当设在井口附近，但不得设在井口房内。

（二）井下消防材料库应当设在每一个生产水平的井底车场或者主要运输大巷中，并装备消防车辆。

（三）消防材料库储存的消防材料和工具的品种和数量应当符合有关要求，并定期检查和更换；消防材料和工具不得挪作他用。

第二百五十七条 井下爆炸物品库、机电设备硐室、检修硐室、材料库、井底车场、使用带式输送机或者液力偶合器的巷道以及采掘工作面附近的巷道中，必须备有灭火器材，其数量、规格和存放地点，应当在灾害预防和处理计划中确定。

井下工作人员必须熟悉灭火器材的使用方法，并熟悉本职工作区域内灭火器材的存放地点。

井下爆炸物品库、机电设备硐室、检修硐室、材料库的支护和风门、风窗必须采用不燃性材料。

第二百五十八条 每季度应当对井上、下消防管路系统、防火门、消防材料库和消防器材的设置情况进行1次检查，发现问题，及时解决。

第二百五十九条 矿井防灭火使用的凝胶、阻化剂及进行充填、堵漏、加固用的高分子材料，应当对其安全性和环保性进行评估，并制定安全监测制度和防范措施。使用时，井巷空气成分必须符合本规程第一百三十五条要求。

第二节　井下火灾防治

第二百六十条 煤的自燃倾向性分为容易自燃、自燃、不易自燃3类。

新设计矿井应当将所有煤层的自燃倾向性鉴定结果报省级煤炭行业管理部门及省级煤矿安全监察机构。

生产矿井延深新水平时，必须对所有煤层的自燃倾向性进行鉴定。

开采容易自燃和自燃煤层的矿井，必须编制矿井防灭火专项设计，采取综合预防煤层自然发火的措施。

第二百六十一条 开采容易自燃和自燃煤层时，必须开展自然发火监测工作，建立自然发火监测系统，确定煤层自然发火标志气体及临界值，健全自然发火预测预报及管理制度。

第二百六十二条 对开采容易自燃和自燃的单一厚煤层或者煤层群的矿井，集中运输大巷和总回风巷应当布置在岩层内或者不易自燃的煤层内；布置在容易自燃和自燃的煤层内时，必须锚喷或者砌碹，碹后的空隙和冒落处必须用不燃性材料充填密实，或者用无腐蚀性、无毒性的材料进行处理。

第二百六十三条 开采容易自燃和自燃煤层时，采煤工作面必须采用后退式开采，并根据采取防火措施后的煤层自然发火期确定采（盘）区开采期限。在地质构造复杂、断层带、残留煤柱等区域开采时，应当根据矿井地质和开采技术条件，在作业规程中另行确定采（盘）区开采方式和开采期限。回采过程中不得任意留设设计外煤柱和顶煤。采煤工作面采到终采线时，必须采取措施使顶板冒落严实。

第二百六十四条 开采容易自燃和自燃的急倾斜煤层用垮落法管理顶板时，在主石门和采区运输石门上方，必须留有煤柱。禁止采掘留在主石门上方的煤柱。留在采区运输石门上方的煤柱，在采区结束后可以回收，但必须采取防止自然发火措施。

第二百六十五条 开采容易自燃和自燃煤层时，必须制定防治采空区（特别是工作面始采线、终采线、上下煤柱线和三角点）、巷道高冒区、煤柱破坏区自然发火的技术措施。

当井下发现自然发火征兆时，必须停止作业，立即采取有效措施处理。在发火征兆不能得到有效控制时，必须撤出人员，封闭危险区域。进行封闭施工作业时，其他区域所有人员必须全部撤出。

第二百六十六条 采用灌浆防灭火时，应当遵守下列规定：

（一）采（盘）区设计应当明确规定巷道布置方式、隔离煤柱尺寸、灌浆系统、疏水系统、预筑防火墙的位置以及采掘顺序。

（二）安排生产计划时，应当同时安排防火灌浆计划，落实灌浆地点、时间、进度、灌浆浓度和灌浆量。

（三）对采（盘）区始采线、终采线、上下煤柱线内的采空区，应当加强防火灌浆。

（四）应当有灌浆前疏水和灌浆后防止溃浆、透水的措施。

第二百六十七条 在灌浆区下部进行采掘前，必须查明灌浆区内的浆水积存情况。发现积存浆水，必须在采掘之前放出；在未放出前，严禁在灌浆区下部进行采掘作业。

第二百六十八条　采用阻化剂防灭火时，应当遵守下列规定：

（一）选用的阻化剂材料不得污染井下空气和危害人体健康。

（二）必须在设计中对阻化剂的种类和数量、阻化效果等主要参数作出明确规定。

（三）应当采取防止阻化剂腐蚀机械设备、支架等金属构件的措施。

第二百六十九条　采用凝胶防灭火时，编制的设计中应当明确规定凝胶的配方、促凝时间和压注量等参数。压注的凝胶必须充填满全部空间，其外表面应当喷浆封闭，并定期观测，发现老化、干裂时重新压注。

第二百七十条　采用均压技术防灭火时，应当遵守下列规定：

（一）有完整的区域风压和风阻资料以及完善的检测手段。

（二）有专人定期观测与分析采空区和火区的漏风量、漏风方向、空气温度、防火墙内外空气压差等状况，并记录在专用的防火记录簿内。

（三）改变矿井通风方式、主要通风机工况以及井下通风系统时，对均压地点的均压状况必须及时进行调整，保证均压状态的稳定。

（四）经常检查均压区域内的巷道中风流流动状态，并有防止瓦斯积聚的安全措施。

第二百七十一条　采用氮气防灭火时，应当遵守下列规定：

（一）氮气源稳定可靠。

（二）注入的氮气浓度不小于97%。

（三）至少有1套专用的氮气输送管路系统及其附属安全设施。

（四）有能连续监测采空区气体成分变化的监测系统。

（五）有固定或者移动的温度观测站（点）和监测手段。

（六）有专人定期进行检测、分析和整理有关记录、发现问题及时报告处理等规章制度。

第二百七十二条　采用全部充填采煤法时，严禁采用可燃物作充填材料。

第二百七十三条　开采容易自燃和自燃煤层时，在采（盘）区开采设计中，必须预先选定构筑防火门的位置。当采煤工作面通风系统形成后，必须按设计构筑防火门墙，并储备足够数量的封闭防火门的材料。

第二百七十四条　矿井必须制定防止采空区自然发火的封闭及管理专项措施。采煤工作面回采结束后，必须在45天内进行永久性封闭，每周至少1次抽取封闭采空区内气样进行分析，并建立台账。

开采自燃和容易自燃煤层，应当及时构筑各类密闭并保证质量。

与封闭采空区连通的各类废弃钻孔必须永久封闭。

构筑、维修采空区密闭时必须编制设计和制定专项安全措施。

采空区疏放水前，应当对采空区自然发火的风险进行评估；采空区疏放水时，应当加强对采空区自然发火危险的监测与防控；采空区疏放水后，应当及时关闭疏水闸阀、采用自动放水装置或者永久封堵，防止通过放水管漏风。

第二百七十五条　任何人发现井下火灾时，应当视火灾性质、灾区通风和瓦斯情况，立即采取一切可能的方法直接灭火，控制火势，并迅速报告矿调度室。矿调度室在接到井下火灾报告后，应当立即按灾害预防和处理计划通知有关人员组织抢救灾区人员和实施灭火工作。

矿值班调度和在现场的区、队、班组长应当依照灾害预防和处理计划的规定，将所有可能受火灾威胁区域中的人员撤离，并组织人员灭火。电气设备着火时，应当首先切断其电源；在切断电源前，必须使用不导电的灭火器材进行灭火。

抢救人员和灭火过程中，必须指定专人检查甲烷、一氧化碳、煤尘、其他有害气体浓度和风向、风量的变化，并采取防止瓦斯、煤尘爆炸和人员中毒的安全措施。

第二百七十六条　封闭火区时，应当合理确定封闭范围，必须指定专人检查甲烷、氧气、一氧化碳、煤尘以及其他有害气体浓度和风向、风量的变化，并采取防止瓦斯、煤尘爆炸和人员中毒的安全措施。

第三节　井下火区管理

第二百七十七条　煤矿必须绘制火区位置关系图，注明所有火区和曾经发火的地点。每一处火区都要按形成的先后顺序进行编号，并建立火区管理卡片。火区位置关系图和火区管理卡片必须永久保存。

第二百七十八条　永久性密闭墙的管理应当遵守下列规定：

（一）每个密闭墙附近必须设置栅栏、警标，禁止人员入内，并悬挂说明牌。

（二）定期测定和分析密闭墙内的气体成分和空气温度。

（三）定期检查密闭墙外的空气温度、瓦斯浓度，密闭墙内外空气压差以及密闭墙墙体。发现封闭不严、有其他缺陷或者火区有异常变化时，必须采取措施及时处理。

（四）所有测定和检查结果，必须记入防火记录簿。

（五）矿井做大幅度风量调整时，应当测定密闭墙内的气体成分和空气温度。

（六）井下所有永久性密闭墙都应当编号，并在火区位置关系图中注明。

密闭墙的质量标准由煤矿企业统一制定。

第二百七十九条 封闭的火区，只有经取样化验证实火已熄灭后，方可启封或者注销。

火区同时具备下列条件时，方可认为火已熄灭：

（一）火区内的空气温度下降到30℃以下，或者与火灾发生前该区的日常空气温度相同。

（二）火区内空气中的氧气浓度降到5.0%以下。

（三）火区内空气中不含有乙烯、乙炔，一氧化碳浓度在封闭期间内逐渐下降，并稳定在0.001%以下。

（四）火区的出水温度低于25℃，或者与火灾发生前该区的日常出水温度相同。

（五）上述4项指标持续稳定1个月以上。

第二百八十条 启封已熄灭的火区前，必须制定安全措施。

启封火区时，应当逐段恢复通风，同时测定回风流中一氧化碳、甲烷浓度和风流温度。发现复燃征兆时，必须立即停止向火区送风，并重新封闭火区。

启封火区和恢复火区初期通风等工作，必须由矿山救护队负责进行，火区回风风流所经过巷道中的人员必须全部撤出。

在启封火区工作完毕后的3天内，每班必须由矿山救护队检查通风工作，并测定水温、空气温度和空气成分。只有在确认火区完全熄灭、通风等情况良好后，方可进行生产工作。

第二百八十一条 不得在火区的同一煤层的周围进行采掘工作。

在同一煤层同一水平的火区两侧、煤层倾角小于35°的火区下部区段、火区下方邻近煤层进行采掘时，必须编制设计，并遵守下列规定：

（一）必须留有足够宽（厚）度的隔离火区煤（岩）柱，回采时及回采后能有效隔离火区，不影响火区的灭火工作。

（二）掘进巷道时，必须有防止误冒、误透火区的安全措施。

煤层倾角在35°及以上的火区下部区段严禁进行采掘工作。

第七章 防 治 水

第一节 一 般 规 定

第二百八十二条 煤矿防治水工作应当坚持“预测预报、有疑必探、先探后掘、先治后采”基本原则，采取“防、堵、疏、排、截”综合防治措施。

第二百八十三条 煤矿企业应当建立健全各项防治水制度，配备满足工作需要的防治水专业技术人员，配齐专用探放水设备，建立专门的探放水作业队伍，储备必要的水害抢险救灾设备和物资。

水文地质条件复杂、极复杂的煤矿，应当设立专门的防治水机构。

第二百八十四条 煤矿应当编制本单位防治水中长期规划（5～10年）和年度计划，并组织实施。

矿井水文地质类型应当每3年修订一次。发生重大及以上突（透）水事故后，矿井应当在恢复生产前重新确定矿井水文地质类型。

水文地质条件复杂、极复杂矿井应当每月至少开展1次水害隐患排查，其他矿井应当每季度至少开展1次。

第二百八十五条 当矿井水文地质条件尚未查清时，应当进行水文地质补充勘探工作。

第二百八十六条 矿井应当对主要含水层进行长期水位、水质动态观测，设置矿井和各出水点涌水量观测点，建立涌水量观测成果等防治水基础台账，并开展水位动态预测分析工作。

第二百八十七条 矿井应当编制下列防治水图件，并至少每半年修订1次：

（一）矿井充水性图。

（二）矿井涌水量与相关因素动态曲线图。

（三）矿井综合水文地质图。

（四）矿井综合水文地质柱状图。

（五）矿井水文地质剖面图。

第二百八十八条 采掘工作面或者其他地点发现有煤层变湿、挂红、挂汗、空气变冷、出现雾气、水叫、顶板来压、片帮、淋水加大、底板鼓起或者裂隙渗水、钻孔喷水、煤壁溃水、水色发浑、有臭味等透水征兆时，应当立即停止作业，撤出所有受水患威胁地点的人员，报告矿调度室，并发出警报。在原因未查清、隐患未排除之前，不得进行任何采掘活动。

第二节 地面防治水

第二百八十九条 煤矿每年雨季前必须对防治水工作进行全面检查。受雨季降水威胁的矿井，应当制定雨季防治水措施，建立雨季巡视制度并组织抢险队伍，储备足够的防洪抢险物资。当暴雨威胁矿井安全时，必须立即停产撤出井下全部人员，只有在确认暴雨洪水隐患消除后方可恢复生产。

第二百九十条 煤矿应当查清井田及周边地面水系和有关水利工程的汇水、疏水、渗漏情况；了解当地水库、水电站大坝、江河大堤、河道、河道中障碍物等情况；掌握当地历年降水量和最高洪水位资料，建立疏水、防水和排水系统。

煤矿应当建立灾害性天气预警和预防机制，加强与周边相邻矿井的信息沟通，发现矿井水害可能影响相邻矿井时，立即向周边相邻矿井发出预警。

第二百九十一条 矿井井口和工业场地内建筑物的地面标高必须高于当地历年最高洪水位；在山区还必须避开可能发生泥石流、滑坡等地质灾害危险的地段。

矿井井口及工业场地内主要建筑物的地面标高低于当地历年最高洪水位的，应当修筑堤坝、沟渠或者采取其他可靠防御洪水的措施。不能采取可靠安全措施的，应当封闭填实该井口。

第二百九十二条 当矿井井口附近或者开采塌陷波及区域的地表有水体或者积水时，必须采取安全防范措施，并遵守下列规定：

（一）当地表出现威胁矿井生产安全的积水区时，应当修筑泄水沟渠或者排水设施，防止积水渗入井下。

（二）当矿井受到河流、山洪威胁时，应当修筑堤坝和泄洪渠，防止洪水侵入。

（三）对于排到地面的矿井水，应当妥善疏导，避免渗入井下。

（四）对于漏水的沟渠和河床，应当及时堵漏或者改道；地面裂缝和塌陷地点应当及时填塞，填塞工作必须有安全措施。

第二百九十三条 降大到暴雨时和降雨后，应当有专业人员观测地面积水与洪水情况、井下涌水量等有关水文变化情况和井田范围及附近地面有无裂缝、采空塌陷、井上下连通的钻孔和岩溶塌陷等现象，及时向矿调度室及有关负责人报告，并将上述情况记录在案，存档备查。

情况危急时，矿调度室及有关负责人应当立即组织井下撤人。

第二百九十四条 当矿井井口附近或者开采塌陷波及区域的地表出现滑坡或者泥石流等地质灾害威胁煤矿安全时，应当及时撤出受威胁区域的人员，并采取防治措施。

第二百九十五条 严禁将矸石、杂物、垃圾堆放在山洪、河流可能冲刷到的地段，防止淤塞河道和沟渠等。

发现与矿井防治水有关系的河道中存在障碍物或者堤坝破损时，应当及时报告当地人民政府，清理障碍物或者修复堤坝，防止地表水进入井下。

第二百九十六条 使用中的钻孔，应当安装孔口盖。报废的钻孔应当及时封孔，并将封孔资料和实施负责人的情况记录在案，存档备查。

第三节 井下防治水

第二百九十七条 相邻矿井的分界处，应当留防隔水煤（岩）柱；矿井以断层分界的，应当在断层两侧留有防隔水煤（岩）柱。

矿井防隔水煤（岩）柱一经确定，不得随意变动，并通报相邻矿井。严禁在设计确定的各类防隔水煤（岩）柱中进行采掘活动。

第二百九十八条 在采掘工程平面图和矿井充水性图上必须标绘出井巷出水点的位置及其涌水量、积水的井巷及采空区范围、底板标高、积水量、地表水体和水患异常区等。在水淹区域应当标出积水线、探水线和警戒线的位置。

第二百九十九条 受水淹区积水威胁的区域，必须在排除积水、消除威胁后方可进行采掘作业；如果无法排除积水，开采倾斜、缓倾斜煤层的，必须按照《建筑物、水体、铁路及主要井巷煤柱留设与压煤开采规程》中有关水体下开采的规定，编制专项开采设计，由煤矿企业主要负责人审批后，方可进行。

严禁开采地表水体、强含水层、采空区水淹区域下且水患威胁未消除的急倾斜煤层。

第三百条 在未固结的灌浆区、有淤泥的废弃井巷、岩石洞穴附近采掘时，应当制定专项安全技术措施。

第三百零一条 开采水淹区域下的废弃防隔水煤柱时，应当彻底疏干上部积水，进行安全性论证，确保无溃浆（砂）威胁。严禁顶水作业。

第三百零二条 井田内有与河流、湖泊、充水溶洞、强或者极强含水层等存在水力联系的导水断层、裂隙（带）、陷落柱和封闭不良钻孔等通道时，应当查明其确切位置,并采取留设防隔水煤(岩)柱等防治水措施。

第三百零三条 顶、底板存在强富水含水层且有突水危险的采掘工作面,应当提前编制防治水设计,制定并落实水害防治措施。

在火成岩、砂岩、灰岩等厚层坚硬岩层下开采受离层水威胁的采煤工作面,应当分析探查离层发育的层位和导含水情况,超前采取防治措施。

开采浅埋深煤层或者急倾斜煤层的矿井,必须编制防止季节性地表积水或者洪水溃入井下的专项措施,并由煤矿企业主要负责人审批。

第三百零四条 煤层顶板存在富水性中等及以上含水层或者其他水体威胁时,应当实测垮落带、导水裂隙带发育高度,进行专项设计,确定防隔水煤(岩)柱尺寸。当导水裂隙带范围内的含水层或者老空积水等水体影响采掘安全时,应当超前进行钻探疏放或者注浆改造含水层,待疏放水完毕或者注浆改造等工程结束、消除突水威胁后,方可进行采掘活动。

第三百零五条 开采底板有承压含水层的煤层,隔水层能够承受的水头值应当大于实际水头值;当承压含水层与开采煤层之间的隔水层能够承受的水头值小于实际水头值时,应当采取疏水降压、注浆加固底板改造含水层或者充填开采等措施,并进行效果检验,制定专项安全技术措施,报企业技术负责人审批。

第三百零六条 矿井建设和延深中,当开拓到设计水平时,必须在建成防、排水系统后方可开拓掘进。

第三百零七条 煤层顶、底板分布有强岩溶承压含水层时,主要运输巷、轨道巷和回风巷应当布置在不受水害威胁的层位中,并以石门分区隔离开采。对已经不具备石门隔离开采条件的应当制定防突水安全技术措施,并报矿总工程师审批。

第三百零八条 水文地质条件复杂、极复杂或者有突水淹井危险的矿井,应当在井底车场周围设置防水闸门或者在正常排水系统基础上另外安设由地面直接供电控制,且排水能力不小于最大涌水量的潜水泵。在其他有突水危险的采掘区域,应当在其附近设置防水闸门;不具备设置防水闸门条件的,应当制定防突(透)水措施,报企业主要负责人审批。

防水闸门应当符合下列要求:

(一)防水闸门必须采用定型设计。

(二)防水闸门的施工及其质量,必须符合设计。闸门和闸门硐室不得漏水。

(三)防水闸门硐室前、后两端,应当分别砌筑不小于5m的混凝土护碹,碹后用混凝土填实,不得空帮、空顶。防水闸门硐室和护碹必须采用高标号水泥进行注浆加固,注浆压力应当符合设计。

(四)防水闸门来水一侧15~25m处,应当加设1道挡物箅子门。防水闸门与箅子门之间,不得停放车辆或者堆放杂物。来水时先关箅子门,后关防水闸门。如果采用双向防水闸门,应当在两侧各设1道箅子门。

(五)通过防水闸门的轨道、电机车架空线、带式输送机等必须灵活易拆;通过防水闸门墙体的各种管路和安设在闸门外侧的闸阀的耐压能力,都必须与防水闸门设计压力相一致;电缆、管道通过防水闸门墙体时,必须用堵头和阀门封堵严密,不得漏水。

(六)防水闸门必须安设观测水压的装置,并有放水管和放水闸阀。

(七)防水闸门竣工后,必须按设计要求进行验收;对新掘进巷道内建筑的防水闸门,必须进行注水耐压试验,防水闸门内巷道的长度不得大于15m,试验的压力不得低于设计水压,其稳压时间应当在24h以上,试压时应当有专门安全措施。

(八)防水闸门必须灵活可靠,并每年进行2次关闭试验,其中1次应当在雨季前进行。关闭闸门所用的工具和零配件必须专人保管,专地点存放,不得挪用丢失。

第三百零九条 井下防水闸墙的设置应当根据矿井水文地质条件确定,防水闸墙的设计经煤矿企业技术负责人批准后方可施工,投入使用前应当由煤矿企业技术负责人组织竣工验收。

第三百一十条 井巷揭穿含水层或者地质构造带等可能突水地段前,必须编制探放水设计,并制定相应的防治水措施。

井巷揭露的主要出水点或者地段,必须进行水温、水量、水质和水压(位)等地下水动态和松散含水层涌水含砂量综合观测和分析,防止滞后突水。

第四节 井下排水

第三百一十一条 矿井应当配备与矿井涌水量相匹配的水泵、排水管路、配电设备和水仓等,并满足矿井排水的需要。除正在检修的水泵外,应当有工作水泵和备用水泵。工作水泵的能力,应当能在20h内排出矿井24h的正常涌水量(包括充填水及其他用水)。备用水泵的能力,应当不小于工作水泵能力的70%。检修水泵的能力,应当不小于工作水泵能力的25%。工作和备用水泵的总能力,应当能在20h内排出矿井24h的最大涌水量。

排水管路应当有工作和备用水管。工作排水管路的能力，应当能配合工作水泵在20h内排出矿井24h的正常涌水量。工作和备用排水管路的总能力，应当能配合工作和备用水泵在20h内排出矿井24h的最大涌水量。

配电设备的能力应当与工作、备用和检修水泵的能力相匹配，能够保证全部水泵同时运转。

第三百一十二条　主要泵房至少有2个出口，一个出口用斜巷通到井筒，并高出泵房底板7m以上；另一个出口通到井底车场，在此出口通路内，应当设置易于关闭的既能防水又能防火的密闭门。泵房和水仓的连接通道，应当设置控制闸门。

排水系统集中控制的主要泵房可不设专人值守，但必须实现图像监视和专人巡检。

第三百一十三条　矿井主要水仓应当有主仓和副仓，当一个水仓清理时，另一个水仓能够正常使用。

新建、改扩建矿井或者生产矿井的新水平，正常涌水量在1000m^3/h以下时，主要水仓的有效容量应当能容纳8h的正常涌水量。

正常涌水量大于1000m^3/h的矿井，主要水仓有效容量可以按照下式计算：

$$V=2(Q+3000)$$

式中　V——主要水仓的有效容量，m^3；

Q——矿井每小时的正常涌水量，m^3。

采区水仓的有效容量应当能容纳4h的采区正常涌水量。

水仓进口处应当设置箅子。对水砂充填和其他涌水中带有大量杂质的矿井，还应当设置沉淀池。水仓的空仓容量应当经常保持在总容量的50%以上。

第三百一十四条　水泵、水管、闸阀、配电设备和线路，必须经常检查和维护。在每年雨季之前，必须全面检修1次，并对全部工作水泵和备用水泵进行1次联合排水试验，提交联合排水试验报告。

水仓、沉淀池和水沟中的淤泥，应当及时清理，每年雨季前必须清理1次。

第三百一十五条　大型、特大型矿井排水系统可以根据井下生产布局及涌水情况分区建设，每个排水分区可以实现独立排水，但泵房设计、排水能力及水仓容量必须符合本规程第三百一十一条至第三百一十四条要求。

第三百一十六条　井下采区、巷道有突水危险或者可能积水的，应当优先施工安装防、排水系统，并保证有足够的排水能力。

第五节　探　放　水

第三百一十七条　在地面无法查明水文地质条件时，应当在采掘前采用物探、钻探或者化探等方法查清采掘工作面及其周围的水文地质条件。

采掘工作面遇有下列情况之一时，应当立即停止施工，确定探水线，实施超前探放水，经确认无水害威胁后，方可施工：

（一）接近水淹或者可能积水的井巷、老空区或者相邻煤矿时。

（二）接近含水层、导水断层、溶洞和导水陷落柱时。

（三）打开隔离煤柱放水时。

（四）接近可能与河流、湖泊、水库、蓄水池、水井等相通的导水通道时。

（五）接近有出水可能的钻孔时。

（六）接近水文地质条件不清的区域时。

（七）接近有积水的灌浆区时。

（八）接近其他可能突（透）水的区域时。

第三百一十八条　采掘工作面超前探放水应当采用钻探方法，同时配合物探、化探等其他方法查清采掘工作面及周边老空水、含水层富水性以及地质构造等情况。

井下探放水应当采用专用钻机，由专业人员和专职探放水队伍施工。

探放水前应当编制探放水设计，采取防止有害气体危害的安全措施。探放水结束后，应当提交探放水总结报告存档备查。

第三百一十九条　井下安装钻机进行探放水前，应当遵守下列规定：

（一）加强钻孔附近的巷道支护，并在工作面迎头打好坚固的立柱和拦板，严禁空顶、空帮作业。

（二）清理巷道，挖好排水沟。探放水钻孔位于巷道低洼处时，应当配备与探放水量相适应的排水设备。

（三）在打钻地点或者其附近安设专用电话，保证人员撤离通道畅通。

（四）由测量人员依据设计现场标定探放水孔位置，与负责探放水工作的人员共同确定钻孔的方位、倾角、深度和钻孔数量等。

探放水钻孔的布置和超前距离，应当根据水压大小、煤（岩）层厚度和硬度以及安全措施等，在探放水设计中做出具体规定。探放老空积水最小超前水平钻距不得小于30m，止水套管长度不得小于10m。

第三百二十条　在预计水压大于0.1MPa的地点探放水时，应当预先固结套管，在套管口安装控制闸阀，进行耐压试验。套管长度应当在探放水设计中规定。预先开掘安全躲避硐室，制定避灾路线等安全措施，并使每个作业人员了解和掌握。

第三百二十一条 预计钻孔内水压大于1.5MPa时，应当采用反压和有防喷装置的方法钻进，并制定防止孔口管和煤(岩)壁突然鼓出的措施。

第三百二十二条 在探放水钻进时，发现煤岩松软、片帮、来压或者钻孔中水压、水量突然增大和顶钻等突(透)水征兆时，应当立即停止钻进，但不得拔出钻杆；现场负责人员应当立即向矿井调度室汇报，撤出所有受水威胁区域的人员，采取安全措施，派专业技术人员监测水情并进行分析，妥善处理。

第三百二十三条 探放老空水前，应当首先分析查明老空水体的空间位置、积水范围、积水量和水压等。探放水时，应当撤出探放水点标高以下受水害威胁区域所有人员。放水时，应当监视放水全过程，核对放水量和水压等，直到老空水放完为止，并进行检测验证。

钻探接近老空时，应当安排专职瓦斯检查工或者矿山救护队员在现场值班，随时检查空气成分。如果甲烷或者其他有害气体浓度超过有关规定，应当立即停止钻进，切断电源，撤出人员，并报告矿调度室，及时采取措施进行处理。

第三百二十四条 钻孔放水前，应当估计积水量，并根据矿井排水能力和水仓容量，控制放水流量，防止淹井；放水时，应当有专人监测钻孔出水情况，测定水量和水压，做好记录。如果水量突然变化，应当立即报告矿调度室，分析原因，及时处理。

第三百二十五条 排除井筒和下山的积水及恢复被淹井巷前，应当制定安全措施，防止被水封闭的有毒、有害气体突然涌出。

排水过程中，应当定时观测排水量、水位和观测孔水位，并由矿山救护队随时检查水面上的空气成分，发现有害气体，及时采取措施进行处理。

第八章 爆炸物品和井下爆破

第一节 爆炸物品贮存

第三百二十六条 爆炸物品的贮存，永久性地面爆炸物品库建筑结构(包括永久性埋入式库房)及各种防护措施，总库区的内、外部安全距离等，必须遵守国家有关规定。

井上、下接触爆炸物品的人员，必须穿棉布或者抗静电衣服。

第三百二十七条 建有爆炸物品制造厂的矿区总库，所有库房贮存各种炸药的总容量不得超过该厂1个月生产量，雷管的总容量不得超过3个月生产量。没有爆炸物品制造厂的矿区总库，所有库房贮存各种炸药的总容量不得超过由该库所供应的矿井2个月的计划需要量，雷管的总容量不得超过6个月的计划需要量。单个库房的最大容量：炸药不得超过200t，雷管不得超过500万发。

地面分库所有库房贮存爆炸物品的总容量：炸药不得超过75t，雷管不得超过25万发。单个库房的炸药最大容量不得超过25t。地面分库贮存各种爆炸物品的数量，不得超过由该库所供应矿井3个月的计划需要量。

第三百二十八条 开凿平硐或者利用已有平硐作为爆炸物品库时，必须遵守下列规定：

(一)硐口必须装有向外开启的2道门，由外往里第一道门为包铁皮的木板门，第二道门为栅栏门。

(二)硐口到最近贮存硐室之间的距离超过15m时，必须有2个入口。

(三)硐口前必须设置横堤，横堤必须高出硐口1.5m，横堤的顶部长度不得小于硐口宽度的3倍，顶部厚度不得小于1m。横堤的底部长度和厚度，应当根据所用建筑材料的静止角确定。

(四)库房底板必须高于通向爆炸物品库巷道的底板，硐口到库房的巷道坡度为5‰，并有带盖的排水沟，巷道内可以铺设不延深到硐室内的轨道。

(五)除有运输爆炸物品用的巷道外，还必须有通风巷道(钻眼、探井或者平硐)，其入口和通风设备必须设置在围墙以内。

(六)库房必须采用不燃性材料支护。巷道内采用固定式照明时，开关必须设在地面。

(七)爆炸物品库上面覆盖层厚度小于10m时，必须装设防雷电设备。

(八)检查电雷管的工作，必须在爆炸物品贮存硐室外设有安全设施的专用房间或者硐室内进行。

第三百二十九条 各种爆炸物品的每一品种都应当专库贮存；当条件限制时，按国家有关同库贮存的规定贮存。

存放爆炸物品的木架每格只准放1层爆炸物品箱。

第三百三十条 地面爆炸物品库必须有发放爆炸物品的专用套间或者单独房间。分库的炸药发放套间内，可临时保存爆破工的空爆炸物品箱与发爆器。在分库的雷管发放套间内发放雷管时，必须在铺有导电的软质垫层并有边缘突起的桌子上进行。

第三百三十一条 井下爆炸物品库应当采用硐室式、壁槽式或者含壁槽的硐室式。

爆炸物品必须贮存在硐室或者壁槽内，硐室之间或者壁槽之间的距离，必须符合爆炸物品安全距离的规定。

井下爆炸物品库应当包括库房、辅助硐室和通向库房的巷道。辅助硐室中，应当有检查电雷管全电阻、发放炸药以及保存爆破工空爆炸物品箱等的专用硐室。

第三百三十二条 井下爆炸物品库的布置必须符合下列要求：

（一）库房距井筒、井底车场、主要运输巷道、主要硐室以及影响全矿井或者一翼通风的风门的法线距离：硐室式不得小于100m，壁槽式不得小于60m。

（二）库房距行人巷道的法线距离：硐室式不得小于35m，壁槽式不得小于20m。

（三）库房距地面或者上下巷道的法线距离：硐室式不得小于30m，壁槽式不得小于15m。

（四）库房与外部巷道之间，必须用3条相互垂直的连通巷道相连。连通巷道的相交处必须延长2m，断面积不得小于4m^2，在连通巷道尽头还必须设置缓冲砂箱隔墙，不得将连通巷道的延长段兼作辅助硐室使用。库房两端的通道与库房连接处必须设置齿形阻波墙。

（五）每个爆炸物品库房必须有2个出口，一个出口供发放爆炸物品及行人，出口的一端必须装有能自动关闭的抗冲击波活门；另一出口布置在爆炸物品库回风侧，可以铺设轨道运送爆炸物品，该出口与库房连接处必须装有1道常闭的抗冲击波密闭门。

（六）库房地面必须高于外部巷道的地面，库房和通道应当设置水沟。

（七）贮存爆炸物品的各硐室、壁槽的间距应当大于殉爆安全距离。

第三百三十三条 井下爆炸物品库必须采用砌碹或者用非金属不燃性材料支护，不得渗漏水，并采取防潮措施。爆炸物品库出口两侧的巷道，必须采用砌碹或者用不燃性材料支护，支护长度不得小于5m。库房必须备有足够数量的消防器材。

第三百三十四条 井下爆炸物品库的最大贮存量，不得超过矿井3天的炸药需要量和10天的电雷管需要量。

井下爆炸物品库的炸药和电雷管必须分开贮存。

每个硐室贮存的炸药量不得超过2t，电雷管不得超过10天的需要量；每个壁槽贮存的炸药量不得超过400kg，电雷管不得超过2天的需要量。

库房的发放爆炸物品硐室允许存放当班待发的炸药，最大存放量不得超过3箱。

第三百三十五条 在多水平生产的矿井、井下爆炸物品库距爆破工作地点超过2.5km的矿井以及井下不设置爆炸物品库的矿井内，可以设爆炸物品发放硐室，并必须遵守下列规定：

（一）发放硐室必须设在独立通风的专用巷道内，距使用的巷道法线距离不得小于25m。

（二）发放硐室爆炸物品的贮存量不得超过1天的需要量，其中炸药量不得超过400kg。

（三）炸药和电雷管必须分开贮存，并用不小于240mm厚的砖墙或者混凝土墙隔开。

（四）发放硐室应当有单独的发放间，发放硐室出口处必须设1道能自动关闭的抗冲击波活门。

（五）建井期间的爆炸物品发放硐室必须有独立通风系统。必须制定预防爆炸物品爆炸的安全措施。

（六）管理制度必须与井下爆炸物品库相同。

第三百三十六条 井下爆炸物品库必须采用矿用防爆型（矿用增安型除外）照明设备，照明线必须使用阻燃电缆，电压不得超过127V。严禁在贮存爆炸物品的硐室或者壁槽内安设照明设备。

不设固定式照明设备的爆炸物品库，可使用带绝缘套的矿灯。

任何人员不得携带矿灯进入井下爆炸物品库房内。库内照明设备或者线路发生故障时，检修人员可以在库房管理人员的监护下使用带绝缘套的矿灯进入库内工作。

第三百三十七条 煤矿企业必须建立爆炸物品领退制度和爆炸物品丢失处理办法。

电雷管（包括清退入库的电雷管）在发给爆破工前，必须用电雷管检测仪逐个测试电阻值，并将脚线扭结成短路。

发放的爆炸物品必须是有效期内的合格产品，并且雷管应当严格按同一厂家和同一品种进行发放。

爆炸物品的销毁，必须遵守《民用爆炸物品安全管理条例》。

第二节 爆炸物品运输

第三百三十八条 在地面运输爆炸物品时，必须遵守《民用爆炸物品安全管理条例》以及有关标准规定。

第三百三十九条 在井筒内运送爆炸物品时，应当遵守下列规定：

（一）电雷管和炸药必须分开运送；但在开凿或者延深井筒时，符合本规程第三百四十五条规定的，不受此限。

（二）必须事先通知绞车司机和井上、下把钩工。

（三）运送电雷管时，罐笼内只准放置 1 层爆炸物品箱，不得滑动。运送炸药时，爆炸物品箱堆放的高度不得超过罐笼高度的2/3。采用将装有炸药或者电雷管的车辆直接推入罐笼内的方式运送时，车辆必须符合本规程第三百四十条（二）的规定。使用吊桶运送爆炸物品时，必须使用专用箱。

（四）在装有爆炸物品的罐笼或者吊桶内，除爆破工或者护送人员外，不得有其他人员。

（五）罐笼升降速度，运送电雷管时，不得超过2m/s；运送其他类爆炸物品时，不得超过4m/s。吊桶升降速度，不论运送何种爆炸物品，都不得超过1m/s。司机在启动和停绞车时，应当保证罐笼或者吊桶不震动。

（六）在交接班、人员上下井的时间内，严禁运送爆炸物品。

（七）禁止将爆炸物品存放在井口房、井底车场或者其他巷道内。

第三百四十条 井下用机车运送爆炸物品时，应当遵守下列规定：

（一）炸药和电雷管在同一列车内运输时，装有炸药与装有电雷管的车辆之间，以及装有炸药或者电雷管的车辆与机车之间，必须用空车分别隔开，隔开长度不得小于3m。

（二）电雷管必须装在专用的、带盖的、有木质隔板的车厢内，车厢内部应当铺有胶皮或者麻袋等软质垫层，并只准放置 1 层爆炸物品箱。炸药箱可以装在矿车内，但堆放高度不得超过矿车上缘。运输炸药、电雷管的矿车或者车厢必须有专门的警示标识。

（三）爆炸物品必须由井下爆炸物品库负责人或者经过专门培训的人员专人护送。跟车工、护送人员和装卸人员应当坐在尾车内，严禁其他人员乘车。

（四）列车的行驶速度不得超过2m/s。

（五）装有爆炸物品的列车不得同时运送其他物品。

井下采用无轨胶轮车运送爆炸物品时，应当按照民用爆炸物品运输管理有关规定执行。

第三百四十一条 水平巷道和倾斜巷道内有可靠的信号装置时，可以用钢丝绳牵引的车辆运送爆炸物品，炸药和电雷管必须分开运输，运输速度不得超过1m/s。运输电雷管的车辆必须加盖、加垫，车厢内以软质垫物塞紧，防止震动和撞击。

严禁用刮板输送机、带式输送机等运输爆炸物品。

第三百四十二条 由爆炸物品库直接向工作地点用人力运送爆炸物品时，应当遵守下列规定：

（一）电雷管必须由爆破工亲自运送，炸药应当由爆破工或者在爆破工监护下运送。

（二）爆炸物品必须装在耐压和抗撞冲、防震、防静电的非金属容器内，不得将电雷管和炸药混装。严禁将爆炸物品装在衣袋内。领到爆炸物品后，应当直接送到工作地点，严禁中途逗留。

（三）携带爆炸物品上、下井时，在每层罐笼内搭乘的携带爆炸物品的人员不得超过 4 人，其他人员不得同罐上下。

（四）在交接班、人员上下井的时间内，严禁携带爆炸物品人员沿井筒上下。

第三节 井下爆破

第三百四十三条 煤矿必须指定部门对爆破工作专门管理，配备专业管理人员。

所有爆破人员，包括爆破、送药、装药人员，必须熟悉爆炸物品性能和本规程规定。

第三百四十四条 开凿或者延深立井井筒，向井底工作面运送爆炸物品和在井筒内装药时，除负责装药爆破的人员、信号工、看盘工和水泵司机外，其他人员必须撤到地面或者上水平巷道中。

第三百四十五条 开凿或者延深立井井筒中的装配起爆药卷工作，必须在地面专用的房间内进行。

专用房间距井筒、厂房、建筑物和主要通路的安全距离必须符合国家有关规定，且距离井筒不得小于50m。

严禁将起爆药卷与炸药装在同一爆炸物品容器内运往井底工作面。

第三百四十六条 在开凿或者延深立井井筒时，必须在地面或者在生产水平巷道内进行起爆。

在爆破母线与电力起爆接线盒引线接通之前，井筒内所有电气设备必须断电。

只有在爆破工完成装药和连线工作，将所有井盖门打开，井筒、井口房内的人员全部撤出，设备、工具提升到安全高度以后，方可起爆。

爆破通风后，必须仔细检查井筒，清除崩落在井圈上、吊盘上或者其他设备上的矸石。

爆破后乘吊桶检查井底工作面时，吊桶不得蹾撞工作面。

第三百四十七条 井下爆破工作必须由专职爆破工担任。突出煤层采掘工作面爆破工作必须由固定的专职爆破工担任。爆破作业必须执行“一炮三检”和“三人连锁爆破”制度，并在起爆前检查起爆地点的甲烷浓度。

第三百四十八条　爆破作业必须编制爆破作业说明书，并符合下列要求：

（一）炮眼布置图必须标明采煤工作面的高度和打眼范围或者掘进工作面的巷道断面尺寸，炮眼的位置、个数、深度、角度及炮眼编号，并用正面图、平面图和剖面图表示。

（二）炮眼说明表必须说明炮眼的名称、深度、角度，使用炸药、雷管的品种，装药量，封泥长度，连线方法和起爆顺序。

（三）必须编入采掘作业规程，并及时修改补充。

钻眼、爆破人员必须依照说明书进行作业。

第三百四十九条　不得使用过期或者变质的爆炸物品。不能使用的爆炸物品必须交回爆炸物品库。

第三百五十条　井下爆破作业，必须使用煤矿许用炸药和煤矿许用电雷管。一次爆破必须使用同一厂家、同一品种的煤矿许用炸药和电雷管。煤矿许用炸药的选用必须遵守下列规定：

（一）低瓦斯矿井的岩石掘进工作面，使用安全等级不低于一级的煤矿许用炸药。

（二）低瓦斯矿井的煤层采掘工作面、半煤岩掘进工作面，使用安全等级不低于二级的煤矿许用炸药。

（三）高瓦斯矿井，使用安全等级不低于三级的煤矿许用炸药。

（四）突出矿井，使用安全等级不低于三级的煤矿许用含水炸药。

在采掘工作面，必须使用煤矿许用瞬发电雷管、煤矿许用毫秒延期电雷管或者煤矿许用数码电雷管。使用煤矿许用毫秒延期电雷管时，最后一段的延期时间不得超过130ms。使用煤矿许用数码电雷管时，一次起爆总时间差不得超过130ms，并应当与专用起爆器配套使用。

第三百五十一条　在有瓦斯或者煤尘爆炸危险的采掘工作面，应当采用毫秒爆破。在掘进工作面应当全断面一次起爆，不能全断面一次起爆的，必须采取安全措施。在采煤工作面可分组装药，但一组装药必须一次起爆。

严禁在1个采煤工作面使用2台发爆器同时进行爆破。

第三百五十二条　在高瓦斯矿井采掘工作面采用毫秒爆破时，若采用反向起爆，必须制定安全技术措施。

第三百五十三条　在高瓦斯、突出矿井的采掘工作面实体煤中，为增加煤体裂隙、松动煤体而进行的10m以上的深孔预裂控制爆破，可以使用二级煤矿许用炸药，并制定安全措施。

第三百五十四条　爆破工必须把炸药、电雷管分开存放在专用的爆炸物品箱内，并加锁，严禁乱扔、乱放。爆炸物品箱必须放在顶板完好、支护完整，避开有机械、电气设备的地点。爆破时必须把爆炸物品箱放置在警戒线以外的安全地点。

第三百五十五条　从成束的电雷管中抽取单个电雷管时，不得手拉脚线硬拽管体，也不得手拉管体硬拽脚线，应当将成束的电雷管顺好，拉住前端脚线将电雷管抽出。抽出单个电雷管后，必须将其脚线扭结成短路。

第三百五十六条　装配起爆药卷时，必须遵守下列规定：

（一）必须在顶板完好、支护完整，避开电气设备和导电体的爆破工作地点附近进行。严禁坐在爆炸物品箱上装配起爆药卷。装配起爆药卷数量，以当时爆破作业需要的数量为限。

（二）装配起爆药卷必须防止电雷管受震动、冲击，折断电雷管脚线和损坏脚线绝缘层。

（三）电雷管必须由药卷的顶部装入，严禁用电雷管代替竹、木棍扎眼。电雷管必须全部插入药卷内。严禁将电雷管斜插在药卷的中部或者捆在药卷上。

（四）电雷管插入药卷后，必须用脚线将药卷缠住，并将电雷管脚线扭结成短路。

第三百五十七条　装药前，必须首先清除炮眼内的煤粉或者岩粉，再用木质或者竹质炮棍将药卷轻轻推入，不得冲撞或者捣实。炮眼内的各药卷必须彼此密接。

有水的炮眼，应当使用抗水型炸药。

装药后，必须把电雷管脚线悬空，严禁电雷管脚线、爆破母线与机械电气设备等导电体相接触。

第三百五十八条　炮眼封泥必须使用水炮泥，水炮泥外剩余的炮眼部分应当用黏土炮泥或者用不燃性、可塑性松散材料制成的炮泥封实。严禁用煤粉、块状材料或者其他可燃性材料作炮眼封泥。

无封泥、封泥不足或者不实的炮眼，严禁爆破。

严禁裸露爆破。

第三百五十九条　炮眼深度和炮眼的封泥长度应当符合下列要求：

（一）炮眼深度小于0.6m时，不得装药、爆破；在特殊条件下，如挖底、刷帮、挑顶确需进行炮眼深度小于0.6m的浅孔爆破时，必须制定安全措施并封满炮泥。

（二）炮眼深度为0.6～1m时，封泥长度不得小于炮眼深度的1/2。

（三）炮眼深度超过1m时，封泥长度不得小于0.5m。

（四）炮眼深度超过2.5m时，封泥长度不得小于1m。

（五）深孔爆破时，封泥长度不得小于孔深的1/3。

（六）光面爆破时，周边光爆炮眼应当用炮泥封实，且封泥长度不得小于0.3m。

（七）工作面有2个及以上自由面时，在煤层中最小抵抗线不得小于0.5m，在岩层中最小抵抗线不得小于0.3m。浅孔装药爆破大块岩石时，最小抵抗线和封泥长度都不得小于0.3m。

第三百六十条 处理卡在溜煤（矸）眼中的煤、矸时，如果确无爆破以外的其他方法，可爆破处理，但必须遵守下列规定：

（一）爆破前检查溜煤（矸）眼内堵塞部位的上部和下部空间的瓦斯浓度。

（二）爆破前必须洒水。

（三）使用用于溜煤（矸）眼的煤矿许用刚性被筒炸药，或者不低于该安全等级的煤矿许用炸药。

（四）每次爆破只准使用1个煤矿许用电雷管，最大装药量不得超过450g。

第三百六十一条 装药前和爆破前有下列情况之一的，严禁装药、爆破：

（一）采掘工作面控顶距离不符合作业规程的规定，或者有支架损坏，或者伞檐超过规定。

（二）爆破地点附近20m以内风流中甲烷浓度达到或者超过1.0%。

（三）在爆破地点20m以内，矿车、未清除的煤（矸）或者其他物体堵塞巷道断面1/3以上。

（四）炮眼内发现异状、温度骤高骤低、有显著瓦斯涌出、煤岩松散、透老空区等情况。

（五）采掘工作面风量不足。

第三百六十二条 在有煤尘爆炸危险的煤层中，掘进工作面爆破前后，附近20m的巷道内必须洒水降尘。

第三百六十三条 爆破前，必须加强对机电设备、液压支架和电缆等的保护。

爆破前，班组长必须亲自布置专人将工作面所有人员撤离警戒区域，并在警戒线和可能进入爆破地点的所有通路上布置专人担任警戒工作。警戒人员必须在安全地点警戒。警戒线处应当设置警戒牌、栏杆或者拉绳。

第三百六十四条 爆破母线和连接线必须符合下列要求：

（一）爆破母线符合标准。

（二）爆破母线和连接线、电雷管脚线和连接线、脚线和脚线之间的接头相互扭紧并悬空，不得与轨道、金属管、金属网、钢丝绳、刮板输送机等导电体相接触。

（三）巷道掘进时，爆破母线应当随用随挂。不得使用固定爆破母线，特殊情况下，在采取安全措施后，可不受此限。

（四）爆破母线与电缆应当分别挂在巷道的两侧。如果必须挂在同一侧，爆破母线必须挂在电缆的下方，并保持0.3m以上的距离。

（五）只准采用绝缘母线单回路爆破，严禁用轨道、金属管、金属网、水或者大地等当作回路。

（六）爆破前，爆破母线必须扭结成短路。

第三百六十五条 井下爆破必须使用发爆器。开凿或者延深通达地面的井筒时，无瓦斯的井底工作面中可使用其他电源起爆，但电压不得超过380V，并必须有电力起爆接线盒。

发爆器或者电力起爆接线盒必须采用矿用防爆型（矿用增安型除外）。

发爆器必须统一管理、发放。必须定期校验发爆器的各项性能参数，并进行防爆性能检查，不符合要求的严禁使用。

第三百六十六条 每次爆破作业前，爆破工必须做电爆网路全电阻检测。严禁采用发爆器打火放电的方法检测电爆网路。

第三百六十七条 爆破工必须最后离开爆破地点，并在安全地点起爆。撤人、警戒等措施及起爆地点到爆破地点的距离必须在作业规程中具体规定。

起爆地点到爆破地点的距离应当符合下列要求：

（一）岩巷直线巷道大于130m，拐弯巷道大于100m。

（二）煤（半煤岩）巷直线巷道大于100m，拐弯巷道大于75m。

（三）采煤工作面大于75m，且位于工作面进风巷内。

第三百六十八条 发爆器的把手、钥匙或者电力起爆接线盒的钥匙，必须由爆破工随身携带，严禁转交他人。只有在爆破通电时，方可将把手或者钥匙插入发爆器或者电力起爆接线盒内。爆破后，必须立即将把手或者钥匙拔出，摘掉母线并扭结成短路。

第三百六十九条 爆破前，脚线的连接工作可由经过专门训练的班组长协助爆破工进行。爆破母线连接脚线、检查线路和通电工作,只准爆破工一人操作。

爆破前,班组长必须清点人数,确认无误后,方准下达起爆命令。

爆破工接到起爆命令后,必须先发出爆破警号,至少再等5s后方可起爆。

装药的炮眼应当当班爆破完毕。特殊情况下,当班留有尚未爆破的已装药的炮眼时,当班爆破工必须在现场向下一班爆破工交接清楚。

第三百七十条 爆破后,待工作面的炮烟被吹散,爆破工、瓦斯检查工和班组长必须首先巡视爆破地点,检查通风、瓦斯、煤尘、顶板、支架、拒爆、残爆等情况。发现危险情况,必须立即处理。

第三百七十一条 通电以后拒爆时,爆破工必须先取下把手或者钥匙,并将爆破母线从电源上摘下,扭结成短路;再等待一定时间(使用瞬发电雷管,至少等待5min;使用延期电雷管,至少等待15min),才可沿线路检查,找出拒爆的原因。

第三百七十二条 处理拒爆、残爆时,应当在班组长指导下进行,并在当班处理完毕。如果当班未能完成处理工作,当班爆破工必须在现场向下一班爆破工交接清楚。

处理拒爆时,必须遵守下列规定:

(一)由于连线不良造成的拒爆,可重新连线起爆。

(二)在距拒爆炮眼0.3m以外另打与拒爆炮眼平行的新炮眼,重新装药起爆。

(三)严禁用镐刨或者从炮眼中取出原放置的起爆药卷,或者从起爆药卷中拉出电雷管。不论有无残余炸药,严禁将炮眼残底继续加深;严禁使用打孔的方法往外掏药;严禁使用压风吹拒爆、残爆炮眼。

(四)处理拒爆的炮眼爆炸后,爆破工必须详细检查炸落的煤、矸,收集未爆的电雷管。

(五)在拒爆处理完毕以前,严禁在该地点进行与处理拒爆无关的工作。

第三百七十三条 爆炸物品库和爆炸物品发放硐室附近30m范围内,严禁爆破。

附　　则

第七百二十条 本规程自2016年10月1日起施行。

第七百二十一条 条款中出现的"必须""严禁""应当""可以"等说明如下:表示很严格,非这样做不可的,正面词一般用"必须",反面词用"严禁";表示严格,在正常情况下均应这样做的,正面词一般用"应当",反面词一般用"不应或不得";表示允许选择,在一定条件下可以这样做的,采用"可以"。

煤矿领导带班下井及安全监督检查规定

1. 2010年9月7日国家安全生产监督管理总局令第33号公布

2. 根据2015年6月8日国家安全生产监督管理总局令第81号《关于修改〈煤矿安全监察员管理办法〉等五部煤矿安全规章的决定》修正

第一章　总　　则

第一条 为落实煤矿领导带班下井制度,根据《国务院关于进一步加强企业安全生产工作的通知》(国发〔2010〕23号)和有关法律、行政法规的规定,制定本规定。

第二条 煤矿领导带班下井和县级以上地方人民政府煤炭行业管理部门、煤矿安全生产监督管理部门(以下分别简称为煤炭行业管理部门、煤矿安全监管部门),以及煤矿安全监察机构对其实施监督检查,适用本规定。

第三条 煤炭行业管理部门是落实煤矿领导带班下井制度的主管部门,负责督促煤矿抓好有关制度的建设和落实。

煤矿安全监管部门对煤矿领导带班下井进行日常性的监督检查,对煤矿违反带班下井制度的行为依法作出现场处理或者实施行政处罚。

煤矿安全监察机构对煤矿领导带班下井实施国家监察,对煤矿违反带班下井制度的行为依法作出现场处理或者实施行政处罚。

第四条 本规定所称的煤矿,是指煤矿生产矿井和新建、改建、扩建、技术改造、资源整合重组等建设矿井及其施工单位。

本规定所称煤矿领导,是指煤矿的主要负责人、领导班子成员和副总工程师。

建设矿井的领导,是指煤矿建设单位和从事煤矿建设的施工单位的主要负责人、领导班子成员和副总工程师。

第五条 煤矿是落实领导带班下井制度的责任主体,每班必须有矿领导带班下井,并与工人同时下井、同时升井。

煤矿的主要负责人对落实领导带班下井制度全面负责。

煤矿集团公司应当加强对所属煤矿领导带班下井的情况实施监督检查。

第六条　任何单位和个人对煤矿领导未按照规定带班下井或者弄虚作假的，均有权向煤炭行业管理部门、煤矿安全监管部门、煤矿安全监察机构举报和报告。

第二章　带 班 下 井

第七条　煤矿应当建立健全领导带班下井制度，并严格考核。带班下井制度应当明确带班下井人员、每月带班下井的个数、在井下工作时间、带班下井的任务、职责权限、群众监督和考核奖惩等内容。

煤矿的主要负责人每月带班下井不得少于5个。

煤矿领导带班下井时，其领导姓名应当在井口明显位置公示。煤矿领导每月带班下井工作计划的完成情况，应当在煤矿公示栏公示，接受群众监督。

第八条　煤矿领导带班下井制度应当按照煤矿的隶属关系报送所在地煤炭行业管理部门，同时抄送煤矿安全监管部门和驻地煤矿安全监察机构。

第九条　煤矿领导带班下井时，应当履行下列职责：

（一）加强对采煤、掘进、通风等重点部位、关键环节的检查巡视，全面掌握当班井下的安全生产状况；

（二）及时发现和组织消除事故隐患和险情，及时制止违章违纪行为，严禁违章指挥，严禁超能力组织生产；

（三）遇到险情时，立即下达停产撤人命令，组织涉险区域人员及时、有序撤离到安全地点。

第十条　煤矿领导带班下井实行井下交接班制度。

上一班的带班领导应当在井下向接班的领导详细说明井下安全状况、存在的问题及原因、需要注意的事项等，并认真填写交接班记录簿。

第十一条　煤矿应当建立领导带班下井档案管理制度。

煤矿领导升井后，应当及时将下井的时间、地点、经过路线、发现的问题及处理情况、意见等有关情况进行登记，并由专人负责整理和存档备查。

煤矿领导带班下井的相关记录和煤矿井下人员定位系统存储信息保存期不少于一年。

第十二条　煤矿没有领导带班下井的，煤矿从业人员有权拒绝下井作业。煤矿不得因此降低从业人员工资、福利等待遇或者解除与其订立的劳动合同。

第三章　监 督 检 查

第十三条　煤炭行业管理部门应当加强对煤矿领导带班下井的日常管理和督促检查。煤矿安全监管部门应当将煤矿建立并执行领导带班下井制度作为日常监督检查的重要内容，每季度至少对所辖区域煤矿领导带班下井执行情况进行一次监督检查。

煤矿领导带班下井执行情况应当在当地主要媒体向社会公布，接受社会监督。

第十四条　煤矿安全监察机构应当将煤矿领导带班下井制度执行情况纳入年度监察执法计划，每年至少进行两次专项监察或者重点监察。

煤矿领导带班下井的专项监察或者重点监察的情况应当报告上一级煤矿安全监察机构，并通报有关地方人民政府。

第十五条　煤炭行业管理部门、煤矿安全监管部门、煤矿安全监察机构对煤矿领导带班下井情况进行监督检查，可以采取现场随机询问煤矿从业人员、查阅井下交接班及下井档案记录、听取煤矿从业人员反映、调阅煤矿井下人员定位系统监控记录等方式。

第十六条　煤炭行业管理部门、煤矿安全监管部门、煤矿安全监察机构对煤矿领导带班下井情况进行监督检查时，重点检查下列内容：

（一）是否建立健全煤矿领导带班下井制度，包括井下交接班制度和带班下井档案管理制度；

（二）煤矿领导特别是煤矿主要负责人带班下井情况；

（三）是否制订煤矿领导每月轮流带班下井工作计划以及工作计划执行、公示、考核和奖惩等情况；

（四）煤矿领导带班下井在井下履行职责情况，特别是重大事故隐患和险情的处置情况；

（五）煤矿领导井下交接班记录、带班下井档案等情况；

（六）群众举报有关问题的查处情况。

第十七条　煤炭行业管理部门、煤矿安全监管部门、煤矿安全监察机构应当建立举报制度，公开举报电话、信箱或者电子邮件地址，受理有关举报；对于受理的举报，应当认真调查核实；经查证属实的，依法从重处罚。

第四章　法 律 责 任

第十八条　煤矿有下列情形之一的，给予警告，并处3万元罚款；对煤矿主要负责人处1万元罚款：

（一）未建立健全煤矿领导带班下井制度的；

（二）未建立煤矿领导井下交接班制度的；

（三）未建立煤矿领导带班下井档案管理制度的；

（四）煤矿领导每月带班下井情况未按照规定公示的；

（五）未按规定填写煤矿领导下井交接班记录簿、带班下井记录或者保存带班下井相关记录档案的。

第十九条　煤矿领导未按规定带班下井，或者带班下井档案虚假的，责令改正，并对该煤矿处15万元的罚款，对违反规定的煤矿领导按照擅离职守处理，对煤矿主要负责人处1万元的罚款。

第二十条　对发生事故而没有煤矿领导带班下井的煤矿，依法责令停产整顿，暂扣或者吊销煤矿安全生产许可证，并依照下列规定处以罚款；情节严重的，提请有关人民政府依法予以关闭：

（一）发生一般事故的，处50万元的罚款；

（二）发生较大事故的，处100万元的罚款；

（三）发生重大事故的，处500万元的罚款；

（四）发生特别重大事故的，处2000万元的罚款。

第二十一条　对发生事故而没有煤矿领导带班下井的煤矿，对其主要负责人依法暂扣或者吊销其安全资格证，并依照下列规定处以罚款：

（一）发生一般事故的，处上一年年收入30%的罚款；

（二）发生较大事故的，处上一年年收入40%的罚款；

（三）发生重大事故的，处上一年年收入60%的罚款；

（四）发生特别重大事故的，处上一年年收入80%的罚款。

煤矿的主要负责人未履行《安全生产法》规定的安全生产管理职责，导致发生生产安全事故，受到刑事处罚或者撤职处分的，自刑罚执行完毕或者受处分之日起，5年内不得担任任何生产经营单位的主要负责人；对重大、特别重大生产安全事故负有责任的，终身不得担任煤矿的主要负责人。

第二十二条　本规定的行政处罚，由煤矿安全监管部门、煤矿安全监察机构依照各自的法定职权决定。

第五章　附　　则

第二十三条　省级煤炭行业管理部门会同煤矿安全监管部门可以依照本规定制定实施细则，报国家安全生产监督管理总局、国家煤矿安监局备案。

第二十四条　中央企业所属煤矿按照分级属地管理原则，由省（市、区）、设区的市人民政府煤炭行业管理部门、煤矿安全监管部门和煤矿安全监察机构负责监督监察。

第二十五条　露天煤矿领导带班下井参照本规定执行。

第二十六条　本规定自2010年10月7日起施行。

标本兼治遏制煤矿重特大事故工作实施方案

1. 2016年5月25日国家安全生产监督管理总局、国家煤矿安全监察局发布

2. 安监总煤监〔2016〕58号

根据国务院安委会办公室《标本兼治遏制重特大事故工作指南》和国家安全监管总局《2016年十项重大工作责任分工方案》，制定本方案。

一、总体要求

认真贯彻落实党中央、国务院决策部署，进一步强化安全生产红线意识，坚持标本兼治、综合治理，严格煤矿安全准入，推动煤矿重大灾害整治，强化风险等级管控和隐患排查治理，严厉打击违法违规行为，依法关闭不具备安全生产条件的小煤矿，引导煤矿淘汰退出落后产能，实施一批安全技防工程，提高煤矿安全保障水平，有效防范和遏制煤矿重特大事故。

二、工作重点

通过深入分析研究近年来全国煤矿安全生产情况，针对工作对象，确定以下重点：一是灾害类型，以瓦斯、水害、火灾、冲击地压防治为重点；二是煤矿企业，以小煤矿、国有老矿井、亏损严重的国有煤矿为重点；三是产煤地区，以河北、山西、辽宁、黑龙江、安徽、江西、山东、河南、湖南、重庆、四川、贵州、云南、陕西等（省、市）为重点。

各地区要结合实际，明确各自的重点灾害、重点企业和重点市县等工作重点。

三、主要工作措施

（一）严格安全准入，强化源头治理。

1. 严格安全准入和许可。自2016年起3年内，原则上停止新核准（审批）的建设项目和新增产能的技术改造项目安全设施设计审查工作；确需新建煤矿的，一律实行减量置换。对安全设施设计批复之日起1年内不开工的煤矿建设项目，安全设施设计审批文件要予以撤销。要进一步加强安全生产许可证颁发管理工作，安全生产许可证期限不得超过采矿许可证期限，采矿许可证到期的要暂扣安全生产许可证；安全生产许可证到期不申请延期的要予以注销。

煤与瓦斯突出、冲击地压等灾害严重的煤矿原则上不得纳入资源整合。未经省级人民政府批准的资源整合煤矿项目，不得批准安全设施设计。对在规定期限内,未申请办理采矿许可证的或未开工的、未完成建设的资源整合技改项目,要提请地方人民政府取消其整合技改资格。

2.严格工艺技术设备准入。新建、扩建项目应实行机械化开采,建设项目采用的工艺、设施、设备、器材等应当符合国家标准或者行业标准,严禁使用国家明令禁止或淘汰的设备和工艺。生产企业要加强机电设备管理,严把设备、电缆、胶带等安全入井关,使用的设备必须按规定取得煤矿矿用产品安全标志,要由专业化、有能力队伍定期对在用设备进行检修、维护、保养,由有资质的机构对主要设备按规定进行检测检验,及时更新老旧设备,严禁超期服役、带病运转。

3.严格人员素质准入。从事煤炭生产建设的企业必须有相关专业和实践经历的管理团队。煤矿必须配备矿长、总工程师和分管安全、生产、机电的副矿长,并经安全考核合格;配全采煤、掘进、机电运输、通风、地测和水文地质等专业技术人员;加强专业技能和实际操作能力培训。

4.严格限制开采区域。开采深度超过《煤矿安全规程》规定的,煤层瓦斯测算压力达到3MPa及以上的(通过地面钻井预抽能降至3MPa以下的除外),经评估论证,冲击地压危险等级为强的,有煤与瓦斯突出危险的急倾斜煤层(改建矿井除外),地表水、强含水层和老空水区域下的急倾斜煤层等均应列为禁采区域,不得进行新井建设。现有生产煤矿已进入上述区域应当进行安全论证和经济技术比较,对一时难以治理的区域,也应划定为禁采区,不得进行开采。

(二)推动煤矿重大灾害治理和致灾因素普查,提升煤矿安全保障能力。

5.深入开展煤矿重大灾害防治工作。各省级煤矿重大灾害防治工作牵头部门要认真落实全国煤矿重大灾害防治工作推进会议精神,进一步细化落实实施方案,采取工程、技术和管理等综合措施,加强重大灾害防治工作。

6.各地区、各煤矿企业要开展煤矿致灾因素普查,查清本地区、本企业瓦斯、水、火等灾害情况,特别是资源整合项目必须查清原老空区积水、积气情况,建立煤矿灾害防治长效机制。

7.做好新修订《煤矿安全规程》贯彻实施。认真组织宣讲,重点地区、重点矿区、重点企业都要大力宣讲《煤矿安全规程》,开展"学规程、查隐患、提水平、保安全"活动,对标整改,提高安全保障能力。

(三)推进煤矿系统优化,减少井下作业人员。

8.加大机械化、自动化、信息化和智能化建设力度,推广新技术、新工艺、新装备、新材料。推动大中型矿井积极应用综采工作面可视化、智能化控制技术,发展无人开采;推动中小型矿井机械化改造;推行无人值守和远程监控。

9.优化生产布局,减少井下作业人员。要引导督促煤矿企业落实减人措施,优化生产布局,合理组织生产,科学交接班,避免平行交叉作业,有效减少井下作业人数,特别是要督促单班下井超千人的煤矿制定严格限人方案,科学定员,合理生产。要按照《煤矿安全规程》要求,生产水平不超过2个,推广"一井一面"等集约化生产模式,凡采掘失调、抽掘采失调、不按规定开采保护层的、安全设施及治理工程不到位的一律停产整改。

(四)淘汰退出落后煤炭产能,提升安全基础水平。

10.要认真落实《国务院关于煤炭行业化解过剩产能实现脱困发展的意见》(国发〔2016〕7号),推动以下煤矿尽快依法关闭退出:9万吨/年及以下煤与瓦斯突出煤矿;拒不执行停产整顿指令仍然组织生产的煤矿;停而不整或整顿后仍达不到安全生产条件的煤矿;经停产整顿在限定时间内仍未实现正规开采的煤矿,以及开采范围与自然保护区、风景名胜区、饮用水水源保护区等区域重叠的煤矿。产能小于30万吨/年且发生重大及以上安全生产责任事故的煤矿,产能15万吨/年及以下且发生较大及以上安全生产责任事故的煤矿,以及采用国家明令禁止使用的采煤方法、工艺且无法实施技术改造的煤矿,要在1至3年内淘汰。

11.要积极运用政策支持等综合措施,引导以下煤矿企业退出:煤与瓦斯突出、水文地质条件极其复杂、具有强冲击地压等灾害隐患严重,且在现有技术条件下难以有效防治的煤矿;开采深度超过《煤矿安全规程》规定的煤矿;达不到安全质量标准化三级的煤矿;非机械化开采的煤矿;晋、蒙、陕、宁等4个地区产能小于60万吨/年,冀、辽、吉、黑、苏、皖、鲁、豫、甘、青、新等11个地区产能小于30万吨/年,其他地区产能小于9万吨/年的煤矿;开采技术和装备列入《煤炭生产技术与装备政策导向(2014年版)》限制目录且无法实施技术改造的煤矿;与大型煤矿井田平面投影重叠的煤矿;长期停产、停建的煤矿;资源枯竭、资源赋存条件差的煤矿。特别是对该类在建煤矿,要引导建设单位停止建设,尽早退出。

12. 各有关部门要加强配合，明确淘汰退出矿井名单，完成国家下达的 2016 年和“十三五”期间淘汰退出指导目标任务。

（五）完善落实隐患排查治理机制，及时消除事故隐患。

13. 各地区要按照《煤矿生产安全事故隐患排查治理制度建设指南（试行）》和《煤矿重大事故隐患治理督办制度建设指南（试行）》（安监总厅煤行〔2015〕116 号），建立健全煤矿重大事故隐患治理督办制度。各煤矿企业要建立健全煤矿事故隐患排查治理制度；完善煤矿隐患排查治理自查、自报、自改系统，实现隐患排查、登记、评估、报告、监控、治理、销账的全过程记录和闭环管理；建立将重大隐患治理情况向负有安全监管职责的部门和企业职工代表大会“双报告”制度。各级煤矿安全监管部门要落实重大隐患挂牌督办、重点监控、监督检查制度。

14. 各地区、各煤矿企业要强化风险管控。要把安全风险管控挺在隐患前面，把隐患排查治理挺在事故前面，把事故应急救援作为最后一道防线，探索建立煤矿安全风险分级管控、隐患排查治理和安全质量标准化“三位一体”的安全预防管理体系。

15. 各煤矿企业要深化煤矿安全质量标准化建设，确保动态达标。各地区要加大动态达标抽查力度，对不具备达标条件的，要依法停产整改；逾期仍不达标的，要引导退出。国家煤矿安监局将组织开展对一级安全质量标准化煤矿考评定级和动态抽查，推进达标升级。

（六）严格执法，打击违法违规行为。

16. 扎实开展“七项专项监察”。各省级煤矿安监局要按照《国家煤矿安监局关于印发 2016 年 7 项专项监察方案的通知》（煤安监监察〔2016〕7 号）部署，有序组织开展瓦斯防治、水害防治等 7 项专项监察，对发现的违法生产行为和隐患要严格执法、依法处罚，确保及时整改到位。

17. 严厉打击“五假五超”等违法违规行为。对存在假整改、假密闭、假数据、假图纸、假报告和技改整合矿井利用已封闭老系统非法生产等行为的煤矿，一律依法责令停产整顿，对拒不整改的，提请地方人民政府依法实施关闭；对超能力、超强度、超定员、超层越界和证件超期仍组织生产的煤矿，一律依法责令停产整改，并依法追究有关人员责任，涉嫌犯罪的，依法移交司法机关处理。

18. 强化长期停产停建煤矿的监管。对长期停产停建的煤矿，要督促有关煤矿企业制定并落实停产停建期间的安全措施，未实施关闭（封闭）的井工煤矿必须保证矿井通风、排水和安全监控系统正常运行，有条件的可实施地面远程监控，要落实 24 小时值班制度。要严把复工复产验收关，严禁复产前以灾害防治和隐患排查整改为名擅自组织生产。

19. 严格重大事故隐患的判定和处罚。各地区要严格按照《煤矿重大生产安全事故隐患判定标准》（国家安全监管总局令第 85 号）判定事故隐患，对存在重大事故隐患的必须停产整顿，对经停产整顿仍不能消除重大隐患的要依法提请地方人民政府关闭。

20. 严格落实煤矿企业安全生产“黑名单”制度。定期公布发生重特大事故、瞒报谎报事故、违法违规生产建设、重大隐患不整改、超能力生产等煤矿企业“黑名单”，依据《关于对安全生产领域失信生产经营单位及其有关人员开展联合惩戒的合作备忘录》（发改财金〔2016〕1001 号），国家发展改革委等 18 个部门和单位对纳入“黑名单”的煤矿及其有关人员实施联合惩戒。

（七）强化警示教育，用事故教训推动工作。

21. 严格事故责任追究，推动安全责任落实。严格落实《安全生产法》有关规定，综合运用行政、司法和经济手段，严格查处生产经营过程中的安全生产违法行为，涉及刑事犯罪的，按照《刑法》和最高人民法院、最高人民检察院《关于办理危害生产安全刑事案件适用法律若干问题的解释》规定，依法移送司法机关，不能有案不移、以罚代刑。凡发生造成人员死亡责任事故的煤矿应当撤销矿长职务。对重大灾害超前治理不到位和重大隐患不整改而引发事故的，要依法从严查处。

22. 查明事故原因，堵塞安全生产工作漏洞。深入分析事故暴露出的问题和薄弱环节，采取针对性防范措施，提出修改完善煤矿安全法规、标准的意见，同时要及时调整执法计划。

23. 落实事故通报、警示、约谈和督办四项制度，各地区要在此基础上，结合辖区实际，制定实施细则和具体办法。煤矿企业要建立“事故警示日”制度，收到国家煤矿安监局关于典型事故警示信息后，要及时在班前会进行宣讲。

（八）提升事故应急处置能力。

24. 认真贯彻落实《企业安全生产应急管理九条规定》（国家安全监管总局令第 74 号），强化煤矿企业应急管理体系建设，健全应急处置各项机制，完善应急预案。加强员工岗位应急培训，将应急管理和应急救援相关知识纳入从业人员培训内容。

25. 要落实《安全生产法》有关规定，赋予从业人员发现直接危及人身安全的紧急情况时，有权停止作业或者在采取可能的应急措施后撤离作业场所。

26. 建立健全紧急情况下撤人制度，落实班组长、安监员、瓦斯检查工、调度员发现突出预兆、瓦斯超限、透水预兆、极端天气等紧急情况时，责令现场作业人员停止作业，停电撤人的职责。对于石门揭煤、排放瓦斯、火区封闭等危险程度高的关键作业，要制定完备的安全措施和处置方案，撤离无关人员。煤矿应当建立灾害性天气预警和预防机制，发现极端天气影响本矿安全生产时要及时撤人，发现可能影响相邻矿井时，应立即向周边相邻矿井发出预警。

（九）实施一批安全技防工程。

27. 用好安全生产预防及应急专项资金，引导推动实施一批煤矿重大灾害隐患排查治理工程和信息化工程。

四、工作要求

（一）加强领导。各部门、各单位要把防范和遏制重特大事故作为首要任务，深刻认识遏制重特大事故的重要性、紧迫性，切实担负起责任，抓好各项工作措施落实，做到件件有着落、项项有突破，确保各项措施落地生根、见到成效。

（二）落实责任。请各省级煤矿安全监管部门牵头组织相关部门制定具体实施方案，研究提出具体工作措施，并明确相关部门的职责，做到有部署、有落实、有检查。

（三）总结分析。请各省级煤矿安全监管部门牵头做好总结分析工作，及时发现、总结有关地方或企业在遏制重特大事故方面的有效做法和典型经验，加强舆论宣传和情况交流，发挥示范带头作用，持续推动相关工作深入开展。

煤矿井下单班作业人数限员规定（试行）

1. 2018年12月25日国家煤矿安全监察局发布
2. 煤安监行管〔2018〕38号
3. 自2019年1月1日起施行

第一条　为提高煤矿安全保障能力和生产效率，引导和推动煤矿企业加强机械化、自动化、信息化、智能化建设，研发应用煤矿机器人，简化生产系统，优化劳动组织，减少井下作业人数，从源头上防控群死群伤事故风险，结合煤矿安全生产情况，制定本规定。

第二条　本规定适用于全国所有的生产、建设煤矿（井工）。

第三条　本规定中的矿井类型及采掘工作面范围的界定如下：

（一）灾害严重矿井是指高瓦斯矿井、煤（岩）与瓦斯（二氧化碳）突出矿井、水文地质类型复杂极复杂矿井、冲击地压矿井。

（二）采煤工作面是指包括工作面及工作面进、回风巷在内的区域；掘进工作面是指从掘进迎头至工作面回风流与全风压风流汇合处的区域。采掘工作面限员人数不包括临时性进出的煤矿领导及职能部门巡检人员。

第四条　矿井单班作业人数应符合以下规定：

生产能力K（万t/a）	灾害严重矿井（人）	其他矿井（人）
K≤30	≤100	≤80
30＜K≤60	≤200	≤100
60＜K＜120	≤300	≤180
120≤K＜180	≤400	≤200
180≤K＜300	≤600	≤280
300≤K＜500	≤800	≤400
K≥500	≤850	≤450

第五条　采煤工作面单班作业人数应符合以下规定：

矿井类型	机械化采煤工作面（人）		炮采工作面（人）
	检修班	生产班	
灾害严重矿井	≤40	≤25	≤25
其他矿井	≤30	≤20	≤25

第六条　掘进工作面单班作业人数应符合以下规定：

矿井类型	综掘工作面（人）	炮掘工作面（人）
灾害严重矿井	≤18	≤15
其他矿井	≤16	≤12

第七条　煤矿企业应制定井下作业限员制度，在采掘作业地点悬挂限员牌板，按照《煤矿安全规程》要求布置

人员位置监测系统读卡分站，加强劳动组织管理，严格控制矿井和采掘工作面作业人数。灾害严重矿井要制定减人计划，明确减人目标，确保按期达到限员要求。

第八条　地方煤矿安全监管部门和驻地煤矿安全监察机构要将煤矿执行限员规定情况作为检查的重点内容，强化监督检查，督促煤矿企业认真落实煤矿井下限员要求。

第九条　本规定施行之日起，对未达到本规定要求的煤矿，不予核增生产能力；对一年内仍未达到本规定要求的煤矿，不予核增生产能力、不予通过一、二级安全生产标准化考核定级；对两年内仍未达到本规定要求的煤矿，煤矿安全监管监察部门依法依规查处。

第十条　高瓦斯、煤与瓦斯突出和冲击地压矿井，采掘工作面确需增加灾害治理人员的，必须经省级煤矿安全监管部门同意，并报告驻地煤矿安监局。

第十一条　省级煤矿安全监管部门可结合本地实际，制定实施细则。

第十二条　本规定自 2019 年 1 月 1 日起施行。

国家安全生产监督管理总局、国家煤矿安全监察局关于减少井下作业人数提升煤矿安全保障能力的指导意见

1. 2016 年 6 月 12 日
2. 安监总煤行〔2016〕64 号

煤矿井下作业人员数量是衡量一个煤矿生产系统复杂程度、现代化水平和事故风险大小的重要标志之一。近年来，我国煤矿生产规模和集约化程度不断提高，装备和管理水平不断提升，井下用人数量总体下降，煤矿安全生产形势明显好转。但一些煤矿安全基础依然薄弱，机械化和自动化程度不高，系统复杂，超能力、超强度开采，采掘工作面数量多，井下作业用人多，不仅效率低，而且安全保障程度不高，一旦发生事故，极易造成群死群伤。为贯彻落实党中央、国务院关于供给侧结构性改革的重大战略举措，支持煤炭行业进一步减少井下作业人员数量，提高生产效率，实现脱困发展，同时降低煤矿事故风险，提高煤矿安全保障能力，现提出以下指导意见。

一、优化生产组织

（一）合理确定产能。鼓励煤矿企业通过核减产能从源头上减少入井人数。坚决避免不顾地质条件和灾害威胁程度，盲目增大煤矿产能，人为造成采掘接续紧张或采取人海战术突击生产。严格按照《国务院关于煤炭行业化解过剩产能实现脱困发展的意见》（国发〔2016〕7 号）要求，按照每年作业时间不超过 276 个工作日重新确定煤矿产能。

（二）合理下达生产计划。煤矿企业应严格按照重新确定的生产能力编制生产计划，合理向所属煤矿下达采掘计划，并督促其均衡生产，不得下达超能力生产计划。煤矿不应以商品煤指标等代替原煤产量变相超能力生产。

（三）简化生产布局。在煤层赋存条件允许、确保安全、经济合理的情况下，适当增加矿井水平垂高，扩大采（盘）区和工作面开采范围，加大工作面的面长和推进长度，采用一次采全高或综采放顶煤工艺，减少工作面搬家次数；正常生产煤矿原则上应在一个水平组织生产，同时生产的水平不超过 2 个，尽可能减少生产水平的采区数量，减少生产环节。

（四）减少采掘工作面数量。保持接续平衡，大力推行“一矿（井）一面”“一矿（井）两面”生产模式，减少采煤工作面个数、控制掘进工作面个数。原则上，同时生产的采煤工作面与回采巷道掘进工作面个数的比例控制在 1∶2 以内。力争将一个采（盘）区的单班作业人数控制在 100 人以内。

二、优化运输系统

（五）优化矿井主运输系统。推广选用带式输送机构成主运输系统，实现从工作面到井底车场或地面的连续运输，逐步淘汰矿车轨道运输方式。大力推广使用长运距、大运量带式输送机和可转弯带式输送机。对于运输路线长、环节多的矿井，应通过优化巷道布置，整合优化运输系统，减少主运输转载环节，缩短主运输距离。

（六）推广使用辅助运输机械。推广使用单轨吊车、架空乘人装置、齿轨式卡轨车等有轨辅助运输系统；有条件的煤矿推广使用无轨胶轮车、多功能铲运车等无轨辅助运输成套装备；巷道坡度变化大、辅助运输环节多的煤矿，优先选用无极绳绞车运输替代多级、多段运输。逐步减少斜巷串车提升，逐步淘汰斜巷人车提升。

（七）缩短井下物料运输距离。水平单翼距离较长（超过 4000 米）时，可以利用邻近采区（水平）进风井运输物料及上下人员，或施工专用投料井（孔）就近运输物料，减少井下运输环节，缩短井下运输距离，减少物料运输作业人员。

三、优化井下劳动组织

（八）优化生产组织管理。坚持正规循环作业，推

行岗位标准化作业流程，严格控制加班加点。优化调整设备检修、巷道修复、物料运输、安装回撤等作业时间，避免在同一工作地点安排检修班与生产班平行或交叉作业；避免在同一作业区域安排多个单位、多头指挥混岗作业。错时安排调研、参观等非生产活动，避免个别时段、尤其是上午时段人员集中入井。

（九）强化灾害超前治理。坚持先治灾、后生产。不在重大灾害治理区域安排各类生产活动；鼓励煤矿根据地质条件和灾害情况划定缓采区、禁采区，主动从灾害暂时难以彻底治理区域或开采经济不合理的区域退出，不与灾害“拼刺刀”。优先采用地面钻井预抽瓦斯、地面钻井注浆治水技术，积极推广应用地面注氮系统和地面灌注粉煤灰技术，减少井下灾害治理作业。

（十）减少井下交接班人员。完善井下作业人员交接班制度，除带班人员、班组长、安全检查员和瓦斯检查员等关键岗位人员在井下作业现场交接班外，其他人员应减少在井下作业现场交接班；特殊情形下需要实行井下作业现场交接班时，应尽量错时交接班，避免人员聚集。

（十一）大力培育生产服务专业化队伍。煤矿企业应创造条件，培育或引进综采工作面安装回撤、瓦斯抽采打钻、水害探查、巷道修复、设备维修、物料运输等生产服务专业化队伍，推行专业化施工。通过提高工作效率，减少生产辅助作业人员。

（十二）逐步减少井下作业岗位。加强安全培训，提高职工劳动技能。鼓励煤矿在法律法规和政策范围内，探索实施“一人多岗、一岗多能”，对井下部分作业岗位进行整合。鼓励煤矿企业整合职能相近的管理机构，实施扁平化管理，减少管理环节。

（十三）实施夜班“瘦身”作业。鼓励煤矿减少夜班作业，减少在夜班进行采煤工作面安装回撤、两巷超前支护以及巷道修复等作业，尽量避免在夜班进行瓦斯排放、突出煤层揭煤、火区启封及密闭等高风险作业。有条件的煤矿逐步取消夜班。

四、大力推进机械化、自动化、信息化、智能化

（十四）全面推进采煤机械化。鼓励煤矿推广应用综采工作面可视化、智能化控制技术，工作面无人开采技术；积极推进中小煤矿和开采薄煤层煤矿采用综采成套装备实现机械化开采；推广使用采煤工作面端头支架及两巷超前支护液压支架。减少并逐步淘汰炮采工艺。通过改善采煤工作面安全条件，降低劳动强度，减少作业人员，力争将综采工作面作业范围内（包括工作面及进、回风巷）单班各类作业人数控制在35人以内。

（十五）大力推广掘进机械化。推广使用大功率岩巷掘进机及配套带式输送机或梭车等成套装备；推广使用锚杆（锚索）支护台车、掘锚护一体机；逐步减少炮掘工作面，在现有炮掘工作面大力推进机械化装载和运输。通过提高掘进效率，减少运输环节，减少作业人员，力争将掘进工作面作业范围内（从掘进迎头至工作面回风流与全风压风流混合处）的单班各类作业人数控制在20人以内。

（十六）实施井下机电设备智能监控。推广应用智能监控技术，实现井下排水系统、变电所远程监控和无人值守；鼓励矿井采用井下水直排方式，鼓励多级排水的矿井应用远程集中监控技术实现多级联动排水；推广应用刮板输送机、破碎机、转载机、带式输送机等煤流运输设备远程集中监控技术，实现煤流运输设备联控联动。推广应用远程诊断技术，实现井下设备故障远程诊断。推广应用远距离集中（自动）供液、供电技术，推广使用小型自动排水装置、乳化液泵站自动控制装置，实现无人值守。

（十七）积极推广使用煤矿小型机械装备。鼓励煤矿企业与煤矿装备制造、研究单位合作，开展煤矿小型机械研发；鼓励煤矿企业大力开展“五小”革新（小发明、小改造、小革新、小设计、小建议）。大力推广使用水仓清淤泥机、矿车清挖机、轨道打眼机、喷浆自动上料机、提升钢丝绳在线检测装置、斜井平车场机械化推车装置等小型机械装备，替代人工作业。

（十八）推广物料运输信息化管理模式。鼓励煤矿利用无线射频识别（RFID）、二维码等物联网技术，对井下物料运输进行全程跟踪、识别、定位，提高运输效率，减少物料运转环节和“运料员”等运输作业人员。

五、大力推进巷道支护和修复技术创新

（十九）优化巷道设计。科学论证巷道用途、岩性、埋深、服务年限，合理确定巷道层位和支护方式、支护参数，预留巷道变形空间；深部开采及矿压显现明显的煤矿要合理布置工作面、合理安排接续顺序，避免形成“孤岛”和高应力集中区；有条件的煤矿推广应用沿空留巷技术。减少采动影响，延长巷道使用周期。

（二十）加强软岩巷道支护技术攻关。积极探索完善软岩巷道支护技术，合理选用锚、网、梁、索、注等复合支护技术，减少巷道变形，降低巷道失修率，减少巷道维护人员。

（二十一）积极推广使用巷道修复机械。推广使用多功能巷道修复机、卧底机等巷道修复设备，实现巷道扩刷、卧底挖掘、装载输送一体化和机械化作业，替

代巷道修复过程中的人工架设、破碎、装载、转运等作业。

六、强化劳动定员管理

（二十二）合理确定井下劳动定员。煤矿企业应对矿井近期、中期、远期的劳动组织及劳动定员进行合理规划，每隔2～3年修订一次本企业的劳动定员标准，确定不同作业地点的劳动定员；当产能、工艺装备等安全生产条件发生较大变化时，应按照“能减则减”原则，及时修订定员标准。

（二十三）完善人员位置监测系统功能。在人员位置监测系统（人员定位系统）增设超员报警模块，依据作业地点的劳动定员数量设定相应区域同时作业人数的上限，当区域人数超过上限时自动报警。所有入井人员必须携带识别卡或具备定位功能的相关装置，实现对入井人数及其分布情况实时监控。

（二十四）控制入井人数。鼓励煤矿企业将减少井下作业人数纳入安全生产工作目标和计划，积极创造条件减少井下作业人数。单班入井人数在1000人以上的煤矿应采取措施将人数降到1000人以内；生产能力在30万吨/年以下的小煤矿应将单班入井人数控制在100人以内。

地方各级煤炭行业管理部门应加强对辖区内煤矿减少井下作业人数工作的督促指导，引导煤矿企业积极采取多种措施进一步减少井下作业人数。各级煤矿安全监管监察部门要加大对单班入井人数在1000人以上煤矿的执法频次和力度，督促煤矿企业不断减少井下作业人数。

（2）瓦斯防治

煤矿瓦斯抽采达标暂行规定

1. 2011年10月16日国家安全生产监督管理总局、国家发展和改革委员会、国家能源局、国家煤矿安全监察局发布
2. 安监总煤装〔2011〕163号
3. 自2012年3月1日起施行

第一章 总　　则

第一条 为实现煤矿瓦斯抽采达标，根据《煤矿安全监察条例》等法规、规程，制定本规定。

第二条 煤矿瓦斯抽采以及对煤矿瓦斯抽采达标工作的监督检查适用本规定。

第三条 按照本规定应当进行瓦斯抽采的煤层必须先抽采瓦斯；抽采效果达到标准要求后方可安排采掘作业。

第四条 煤矿瓦斯抽采应当坚持“应抽尽抽、多措并举、抽掘采平衡”的原则。

瓦斯抽采系统应当确保工程超前、能力充足、设施完备、计量准确；瓦斯抽采管理应当确保机构健全、制度完善、执行到位、监督有效。

煤矿应当加强抽采瓦斯的利用，有效控制向大气排放瓦斯。

第五条 应当抽采瓦斯的煤矿企业应当落实瓦斯抽采主体责任，推进瓦斯抽采达标工作。

第六条 各级地方煤矿安全监管部门和各驻地煤矿安全监察机构（以下统称煤矿安全监管监察部门）对辖区内煤矿瓦斯抽采达标工作实施监管监察，对瓦斯抽采未达标的矿井根据本规定要求实施处罚。

第二章 一般规定

第七条 有下列情况之一的矿井必须进行瓦斯抽采，并实现抽采达标：

（一）开采有煤与瓦斯突出危险煤层的；

（二）一个采煤工作面绝对瓦斯涌出量大于$5m^3$/min或者一个掘进工作面绝对瓦斯涌出量大于$3m^3$/min的；

（三）矿井绝对瓦斯涌出量大于或等于$40m^3$/min的；

（四）矿井年产量为1.0～1.5Mt，其绝对瓦斯涌出量大于$30m^3$/min的；

（五）矿井年产量为0.6～1.0Mt，其绝对瓦斯涌出量大于$25m^3$/min的；

（六）矿井年产量为0.4～0.6Mt，其绝对瓦斯涌出量大于$20m^3$/min的；

（七）矿井年产量等于或小于0.4Mt，其绝对瓦斯涌出量大于$15m^3$/min的。

第八条 煤矿企业主要负责人为所在单位瓦斯抽采的第一责任人，负责组织落实瓦斯抽采工作所需的人力、财力和物力，制定瓦斯抽采达标工作各项制度，明确相关部门和人员的责、权、利，确保各项措施落实到位和瓦斯抽采达标。

煤矿企业、矿井的总工程师或者技术负责人（以下统称技术负责人）对瓦斯抽采工作负技术责任，负责组织编制、审批、检查瓦斯抽采规划、计划、设计、安全技术措施和抽采达标评判报告等；煤矿企业、矿井的分管负责人负责分管范围内瓦斯抽采工作的组织和落实。

煤矿企业、矿井的各职能部门负责人在其职责范围内对瓦斯抽采达标工作负责。

第九条 煤矿企业应当建立瓦斯抽采达标评价工作体系，制定矿井瓦斯抽采达标评判细则，建立瓦斯抽采管理和考核奖惩制度、抽采工程检查验收制度、先抽后采例会制度、技术档案管理制度等。

第十条 煤矿企业应当建立健全专业的瓦斯抽采机构。企业(集团公司)应当设置管理瓦斯抽采工作部门；矿井应当建立负责瓦斯抽采的科、区(队)，并配备足够数量的专业工程技术人员。

瓦斯抽采技术和管理人员应当定期参加专业技术培训，瓦斯抽采工应当参加专门培训并取得相关资质后上岗。

第十一条 矿井在编制生产发展规划和年度生产计划时，必须同时组织编制相应的瓦斯抽采达标规划和年度实施计划，确保“抽掘采平衡”。矿井生产规划和计划的编制应当以预期的矿井瓦斯抽采达标煤量为限制条件。

抽采达标规划包括：抽采达标工程(表)、抽采量(表)、抽采设备设施(表)、资金计划(表)，抽采达标范围可规划产量(表)、采面接替(表)、巷道掘进(表)等。

年度实施计划包括：年度瓦斯抽采达标的煤层范围及相对应的年度产量安排(表)、采面接替(表)、巷道掘进(表)，年度抽采工程(表)、抽采设备设施(表)、施工队伍、抽采时间、抽采量(表)、抽采指标、资金计划(表)以及其他保障措施。

矿井应当积极试验和考察不同抽采方式和参数条件下的煤层瓦斯抽采规律，根据抽采参数、抽采时间和抽采效果之间的关系，确定矿井合理抽采方式下的抽采超前时间，并结合抽采工程施工周期，安排抽采、掘进、回采三者之间的接替关系。

煤矿企业对矿井瓦斯抽采规划、计划、设计、工程施工、设备设施以及抽采计量、效果等每年应当至少进行一次审查。

第十二条 经矿井瓦斯涌出量预测或者矿井瓦斯等级鉴定、评估符合应当进行瓦斯抽采条件的新建、技改和资源整合矿井，其矿井初步设计必须包括瓦斯抽采工程设计内容。

矿井瓦斯抽采工程设计应当与矿井开采设计同步进行；分期建设、分期投产的矿井，其瓦斯抽采工程必须一次设计，并满足分期建设过程中瓦斯抽采达标的要求。

第十三条 矿井确定开拓和开采布局时，应当充分考虑瓦斯抽采达标需要的工程和时间。

煤层群开采的矿井，应当部署抽采采动卸压瓦斯的配套工程。

开采保护层时，必须布置对被保护层进行瓦斯抽采的配套工程，确保抽采达标。

在煤层底(顶)板布置专用抽采瓦斯巷道，采用穿层钻孔抽采瓦斯时，其专用抽采瓦斯巷道应当满足下列要求：

(一)巷道的位置、数量应当满足可实现抽采达标的抽采方法的要求；

(二)巷道施工应当满足抽采达标所需的抽采时间要求；

(三)敷设抽采管路、布置钻场及钻孔的抽采巷道采用矿井全风压通风时，巷道风速不得低于0.5m/s。

第三章 瓦斯抽采系统

第十四条 煤与瓦斯突出矿井和高瓦斯矿井必须建立地面固定抽采瓦斯系统，其他应当抽采瓦斯的矿井可以建立井下临时抽采瓦斯系统；同时具有煤层瓦斯预抽和采空区瓦斯抽采方式的矿井，根据需要分别建立高、低负压抽采瓦斯系统。

第十五条 泵站的装机能力和管网能力应当满足瓦斯抽采达标的要求。备用泵能力不得小于运行泵中最大一台单泵的能力；运行泵的装机能力不得小于瓦斯抽采达标时应抽采瓦斯量对应工况流量的2倍，即：

$$2\times\frac{100\times\text{抽采达标时抽采量}\times\text{标准大气压力}}{\text{抽采瓦斯浓度}\times(\text{当地大气压力}-\text{泵运行负压})}。$$

预抽瓦斯钻孔的孔口负压不得低于13kPa，卸压瓦斯抽采钻孔的孔口负压不得低于5kPa。

第十六条 瓦斯抽采矿井应当配备瓦斯抽采监控系统，实时监控管网瓦斯浓度、压力或压差、流量、温度参数及设备的开停状态等。

抽采瓦斯计量仪器应当符合相关计量标准要求；计量测点布置应当满足瓦斯抽采达标评价的需要，在泵站、主管、干管、支管及需要单独评价的区域分支、钻场等布置测点。

第十七条 瓦斯抽采管网中应当安装足够数量的放水器，确保及时排除管路中的积水，必要时应设置除渣装置，防止煤泥堵塞管路断面。每个抽采钻孔的接抽管上应留设钻孔抽采负压和瓦斯浓度(必要时还应观测一氧化碳浓度)的观测孔。

煤矿应当加强瓦斯抽采现场管理，确保瓦斯抽采系统的正常运转和瓦斯抽采钻孔的效用，钻孔抽采效果不好或者有发火迹象的，应当及时处理。

第四章　抽采方法及工艺

第十八条　煤矿企业应当根据矿井井上(下)条件、煤层赋存、地质构造、开拓开采部署、瓦斯来源和涌出特点等情况选择先进、适用的瓦斯抽采方法和工艺,设计瓦斯抽采达标的工艺方案,实现瓦斯抽采达标。

预抽煤层瓦斯的工艺方案应当在测定煤层瓦斯压力、瓦斯含量等参数的基础上进行,抽采钻孔控制范围应当满足《煤矿瓦斯抽采基本指标》和《防治煤与瓦斯突出规定》的要求。

卸压瓦斯抽采的工艺方案应当根据邻近煤层瓦斯含量、层间距离与岩性、工作面瓦斯涌出来源分析等进行,采用多种方式实施综合抽采。

抽采达标工艺方案设计应当包括为抽采达标服务的各项工程(井巷工程、抽采钻场和钻孔工程、管网工程、监测计量工程、放水除尘排渣等管路管理工程)的布局、工程量、施工设备、主要器材、进度计划、资金计划、接续关系、有效服务时间、组织管理、安全技术措施及预期抽瓦斯量和效果等。抽采达标的工艺方案设计应当由煤矿技术负责人和主要负责人批准。

采掘工作面进行瓦斯抽采前,必须进行施工设计。施工设计包括抽采钻孔布置图、钻孔参数表(钻孔直径、间距、开孔位置、钻孔方位、倾角、深度等)、施工要求、钻孔(钻场)工程量、施工设备与进度计划、有效抽瓦斯时间、预期效果以及组织管理、安全技术措施等。施工设计相关文件应当由煤矿技术负责人批准。

第十九条　瓦斯抽采工程必须严格按设计施工,并应当进行验收,瓦斯抽采工程竣工图及其他竣工验收资料(参数表等)应当由相关责任人签字。

瓦斯抽采工程竣工资料(图)除应有与设计对应的内容外,还应包括各工程开工时间、竣工时间以及工程施工过程中的异常现象(如喷孔、顶钻、卡钻等)等内容。

第二十条　钻孔施工完毕后应当及时封孔、连接抽采,并确保钻孔封孔严实和准确记录钻孔接抽时间。

第五章　抽采达标评判

第二十一条　抽采瓦斯矿井应当对瓦斯抽采的基础条件和抽采效果进行评判。在基础条件满足瓦斯先抽后采要求的基础上,再对抽采效果是否达标进行评判。

工作面采掘作业前,应当编制瓦斯抽采达标评判报告,并由矿井技术负责人和主要负责人批准。

第二十二条　有下列情况之一的,应当判定为抽采基础条件不达标:

(一)未按本规定要求建立瓦斯抽采系统,或者瓦斯抽采系统没有正常、连续运行的;

(二)无瓦斯抽采规划和年度计划,或者不能达到本规定第十一条要求的;

(三)无矿井瓦斯抽采达标工艺方案设计、无采掘工作面瓦斯抽采施工设计,或者不能达到本规定第十八条要求的;

(四)无采掘工作面瓦斯抽采工程竣工验收资料、竣工验收资料不真实或者不符合本规定第十九条要求的;

(五)没有建立矿井瓦斯抽采达标自评价体系和瓦斯抽采管理制度的;

(六)瓦斯抽采泵站能力和备用泵能力、抽采管网能力等达不到本规定要求的;

(七)瓦斯抽采系统的抽采计量测点不足、计量器具不符合相关计量标准和规范要求或者计量器具使用超过检定有效期,不能进行准确计量的;

(八)缺乏符合标准要求的抽采效果评判用相关测试条件的。

第二十三条　预抽煤层瓦斯效果评判应当包括下列主要内容和步骤:

(一)抽采钻孔有效控制范围界定;

(二)抽采钻孔布孔均匀程度评价;

(三)抽采瓦斯效果评判指标测定;

(四)抽采效果达标评判。

第二十四条　预抽煤层瓦斯的抽采钻孔施工完毕后,应当对预抽钻孔的有效控制范围进行界定,界定方法如下:

(一)对顺层钻孔,钻孔有效控制范围按钻孔长度方向的控制边缘线、最边缘 2 个钻孔及钻孔开孔位置连线确定。钻孔长度方向的控制边缘线为钻孔有效孔深点连线,相邻有效钻孔中较短孔的终孔点作为相邻钻孔有效孔深点。

(二)对穿层钻孔,钻孔有效控制范围取相邻有效边缘孔的见煤点之间的连线所圈定的范围。

第二十五条　预抽煤层瓦斯的抽采钻孔施工完毕后,应当对预抽钻孔在有效控制范围内均匀程度进行评价。预抽钻孔间距不得大于设计间距。

第二十六条　将钻孔间距基本相同和预抽时间基本一致(预抽时间差异系数小于 30%,计算方法参见附录 A1)的区域划为一个评价单元。

对同一评价单元预抽瓦斯效果评价时,首先应根据抽采计量等参数按附录 A2、A3 计算抽采后的残余瓦斯含量或残余瓦斯压力，按附录 A4 计算可解吸瓦斯量，当其满足本规定第二十七条规定的预期达标指标要求后，再进行现场实测预抽瓦斯效果指标。

按《煤层瓦斯含量井下直接测定方法》（GB/T 23250，以下简称《含量测定方法》）现场测定煤层的残余瓦斯含量，按《煤矿井下煤层瓦斯压力的直接测定方法》（AQ/T 1047，以下简称《压力测定方法》）现场测定煤层的残余瓦斯压力，依据现场测定的煤层残余瓦斯含量，按附录 A4 计算现场测定的煤层可解吸瓦斯量。

突出煤层现场测定点应当符合下列要求：

（一）用穿层钻孔或顺层钻孔预抽区段或回采区域煤层瓦斯时，沿采煤工作面推进方向每间隔 30～50m 至少布置 1 组测定点。当预抽区段宽度（两侧回采巷道间距加回采巷道外侧控制范围）或预抽回采区域采煤工作面长度未超过 120m 时，每组测点沿工作面方向至少布置 1 个测定点，否则至少布置 2 个测点；

（二）用穿层钻孔预抽煤巷条带煤层瓦斯时，在煤巷条带每间隔 30～50m 至少布置 1 个测定点；

（三）用穿层钻孔预抽石门（含立、斜井等）揭煤区域煤层瓦斯时，至少布置 4 个测定点，分别位于要求预抽区域内的上部、中部和两侧，并且至少有 1 个测定点位于要求预抽区域内距边缘不大于 2m 的范围；

（四）用顺层钻孔预抽煤巷条带煤层瓦斯时，在煤巷条带每间隔 20～30m 至少布置 1 个测定点，且每个评判区域不得少于 3 个测定点；

（五）各测定点应布置在原始瓦斯含量较高、钻孔间距较大、预抽时间较短的位置，并尽可能远离预抽钻孔或与周围预抽钻孔保持等距离，且避开采掘巷道的排放范围和工作面的预抽超前距。在地质构造复杂区域适当增加测定点。测定点实际位置和实际测定参数应标注在瓦斯抽采钻孔竣工图上。

第二十七条 预抽煤层瓦斯，应当同时满足以下要求：

（一）钻孔有效控制范围应当满足《煤矿瓦斯抽采基本指标》或《防治煤与瓦斯突出规定》的要求；布孔均匀程度满足本规定第二十四条的要求；

（二）预抽瓦斯效果应当满足如下标准：

1. 对瓦斯涌出量主要来自于开采层的采煤工作面，评价范围内煤的可解吸瓦斯量满足表 1 规定的，判定采煤工作面评价范围瓦斯抽采效果达标。

表 1 采煤工作面回采前煤的可解吸瓦斯量应达到的指标

工作面日产量(t)	可解吸瓦斯量 W_i(m^3/t)
≤1000	≤8
1001～2500	≤7
2501～4000	≤6
4001～6000	≤5.5
6001～8000	≤5
8001～10000	≤4.5
>10000	≤4

2. 对于突出煤层，当评价范围内所有测点测定的煤层残余瓦斯压力或残余瓦斯含量都小于预期的防突效果达标瓦斯压力或瓦斯含量、且施工测定钻孔时没有喷孔、顶钻或其他动力现象时，则评判为突出煤层评价范围预抽瓦斯防突效果达标；否则，判定以超标点为圆心、半径 100m 范围未达标。预期的防突效果达标瓦斯压力或瓦斯含量按煤层始突深度处的瓦斯压力或瓦斯含量取值；没有考察出煤层始突深度处的煤层瓦斯压力或含量时，分别按照 0.74MPa、8m^3/t 取值。

3. 对于瓦斯涌出量主要来自于突出煤层的采煤工作面，只有当瓦斯预抽防突效果和煤的可解吸瓦斯量指标都满足达标要求时，方可判定该工作面瓦斯预抽效果达标。

第二十八条 对瓦斯涌出量主要来自于邻近层或围岩的采煤工作面，计算的瓦斯抽采率（采煤工作面瓦斯抽采率按附录 A5 计算）满足表 2 规定时，其瓦斯抽采效果判定为达标。

表 2 采煤工作面瓦斯抽采率应达到的指标

工作面绝对瓦斯涌出量 Q(m^3/min)	工作面瓦斯抽采率(%)
5≤Q<10	≥20
10≤Q<20	≥30
20≤Q<40	≥40
40≤Q<70	≥50
70≤Q<100	≥60
100≤Q	≥70

第二十九条 采掘工作面同时满足风速不超过 4m/s、回风流中瓦斯浓度低于 1% 时，判定采掘工作面瓦斯抽采效果达标。

第三十条 矿井瓦斯抽采率（矿井瓦斯抽采率按附录 A6

计算)满足表3规定时,判定矿井瓦斯抽采率达标。

表3 矿井瓦斯抽采率应达到的指标

矿井绝对瓦斯涌出量 Q(m^3/min)	矿井瓦斯抽采率(%)
Q<20	≥25
20≤Q<40	≥35
40≤Q<80	≥40
80≤Q<160	≥45
160≤Q<300	≥50
300≤Q<500	≥55
500≤Q	≥60

第六章 抽采达标责任

第三十一条 矿井应当建立瓦斯抽采达标技术档案,并每季度将达标情况向煤矿安全监管监察部门报告。

第三十二条 核定矿井生产能力时应当把矿井瓦斯抽采达标能力作为约束指标;矿井其他能力均大于瓦斯抽采达标能力的,按瓦斯抽采达标能力确定矿井生产能力。

第三十三条 煤矿建设项目设计和竣工验收时,要同时审查验收瓦斯抽采系统。首采区的首采煤层瓦斯抽采未达标的矿井,不得通过竣工验收。

第三十四条 各级地方煤矿安全监管部门应定期或者不定期地检查煤矿瓦斯抽采达标情况,每半年至少进行一次瓦斯抽采达标专项检查。

各驻地煤矿安全监察机构应当每年至少进行一次煤矿瓦斯抽采达标情况的专项监察。

第三十五条 煤矿瓦斯抽采情况报告和专项检查的主要内容包括抽采系统建设、抽采制度建设、设备设施配备、机构队伍建立、工程规划与计划编制、工程设计与施工、瓦斯抽采、计量和指标测定、参数测定与抽采效果评判等情况和资料。

专项监察的重点包括"抽掘采平衡"能力、抽采系统能力、工作面瓦斯抽采效果评判等。

第三十六条 瓦斯抽采不达标的煤矿,不得组织采掘作业;擅自组织生产作业的,煤矿安全监管监察部门应当责令其限期整改,逾期未整改完成的,责令停产整顿。

第三十七条 有下列情况之一的,煤矿安全监管监察部门应当责令矿井所有井巷揭煤、煤巷(半煤岩巷)掘进和采煤工作面停产:

(一)未进行瓦斯抽采达标评判仍组织生产的;

(二)在瓦斯抽采达标评判中弄虚作假,提供虚假评判报告的。

第三十八条 矿井瓦斯抽采未达标,擅自组织生产造成事故的,煤矿安全监管监察部门应当责令其停产整顿,并依法严肃追究责任。

第七章 附 则

第三十九条 本规定自2012年3月1日起施行。

附录

瓦斯抽采指标计算方法

A1 预抽时间差异系数计算方法:

预抽时间差异系数为预抽时间最长的钻孔抽采天数减去预抽时间最短的钻孔抽采天数的差值与预抽时间最长的钻孔抽采天数之比。预抽时间差异系数按式(1)计算:

$$\eta = \frac{T_{max} - T_{min}}{T_{max}} \times 100\% \tag{1}$$

式中:η—预抽时间差异系数,%;

T_{max}—预抽时间最长的钻孔抽采天数,d;

T_{min}—预抽时间最短的钻孔抽采天数,d。

A2 瓦斯抽采后煤的残余瓦斯含量计算:

按公式(2)计算:

$$W_{CY} = \frac{W_0 G - Q}{G} \tag{2}$$

式中:W_{CY}—煤的残余瓦斯含量,m^3/t;

W_0—煤的原始瓦斯含量,m^3/t;

Q—评价单元钻孔抽排瓦斯总量,m^3;

G—评价单元参与计算煤炭储量,t。

评价单元参与计算煤炭储量 G 按公式(3)计算:

$$G = (L - H_1 - H_2 + 2R)(l - h_1 - h_2 + R)m\gamma \tag{3}$$

式中:L—评价单元煤层走向长度,m;

l—评价单元抽采钻孔控制范围内煤层平均倾向长度,m;

H_1、H_2—分别为评价单元走向方向两端巷道瓦斯预排等值宽度,m。如果无巷道则为0;

h_1、h_2—分别为评价单元倾向方向两侧巷道瓦斯预排等值宽度,m。如果无巷道则为0;

R—抽采钻孔的有效影响半径,m;

m—评价单元平均煤层厚度,m;

γ—评价单元煤的密度,t/m^3。

H_1、H_2、h_1、h_2 应根据矿井实测资料确定,如果无实测数据,可参照附表1中的数据或计算式确定。

附表1 巷道预排瓦斯等值宽度

巷道煤壁暴露时间(t/d)	不同煤种巷道预排瓦斯等值宽度(m)		
	无烟煤	瘦煤及焦煤	肥煤、气煤及长焰煤
25	6.5	9.0	11.5
50	7.4	10.5	13.0
100	9.0	12.4	16.0
160	10.5	14.2	18.0
200	11.0	15.4	19.7
250	12.0	16.9	21.5
≥300	13.0	18.0	23.0
预排瓦斯等值宽度亦可采用下式进行计算: 低变质煤:$0.808\times t^{0.55}$ 高变质煤:$(13.85\times 0.0183t)/(1+0.0183t)$			

A3 抽采后煤的残余瓦斯压力计算方法:

煤的残余相对瓦斯压力(表压)按下式计算:

$$W_{CY}=\frac{ab(P_{CY}+0.1)}{1+b(P_{CY}+0.1)}\times\frac{100-A_d-M_{ad}}{100}\times\frac{1}{1+0.31Mad}+\frac{\pi(P_{CY}+0.1)}{\gamma P_a} \quad (4)$$

式中:W_{CY}—残余瓦斯含量,m^3/t;

a,b—吸附常数;

P_{CY}—煤层残余相对瓦斯压力,MPa;

P_a—标准大气压力,0.101325 MPa;

A_d—煤的灰分,%;

M_{ad}—煤的水分,%;

π—煤的孔隙率,m^3/m^3;

γ—煤的容重(假密度),t/m^3。

A4 可解吸瓦斯量计算方法:

按公式(5)计算:

$$W_j=W_{CY}-W_{CC} \quad (5)$$

式中:W_j—煤的可解吸瓦斯量,m^3/t;

W_{CY}—抽采瓦斯后煤层的残余瓦斯含量,m^3/t;

W_{CC}—煤在标准大气压力下的残存瓦斯含量,按公式(6)计算。

$$W_{CC}=\frac{0.1ab}{1+0.1b}\times\frac{100-A_d-M_{ad}}{100}\times\frac{1}{1+0.31M_{ad}}+\frac{\pi}{\gamma} \quad (6)$$

A5 采煤工作面瓦斯抽采率计算方法:

按公式(7)计算:

$$\eta_m=\frac{Q_{mc}}{Q_{mc}+Q_{mf}} \quad (7)$$

式中:η_m—工作面瓦斯抽采率,%;

Q_{mc}—回采期间,当月工作面月平均瓦斯抽采量,m^3/min。其测定和计算方法为:在工作面范围内包括地面钻井、井下抽采(含移动抽采)各瓦斯抽采干管上安装瓦斯抽采检测、监测装置,每周至少测定3次,按月取各测定值的平均值之和为当月工作面平均瓦斯抽采量(标准状态下纯瓦斯量);

Q_{mf}—当月工作面风排瓦斯量,m^3/min。其测定和计算方法为:工作面所有回风流排出瓦斯量减去所有进风流带入的瓦斯量,按天取平均值为当天回采工作面风排瓦斯量(标准状态下纯瓦斯量),取当月中最大一天的风排瓦斯量为当月回采工作面风排瓦斯量(标准状态下纯瓦斯量)。

A6 矿井瓦斯抽采率计算方法:

按公式(8)计算:

$$\eta_k=\frac{Q_{kc}}{Q_{KC}+Q_{kf}} \quad (8)$$

式中:η_k—矿井瓦斯抽采率,%;

Q_{kc}—当月矿井平均瓦斯抽采量,m^3/min。其测定、计算方法为:在井田范围内地面钻井抽采、井下抽采(含移动抽采)各瓦斯抽采站的抽采主管上安装瓦斯抽采检测、监测装置,每天测定不少于12次,按月取各测定值的平均值之和为当月矿井平均瓦斯抽采量(标准状态力下纯瓦斯量);

Q_{kf}—当月矿井风排瓦斯量,m^3/min。其测定、计算方法为:按天取各回风井回风瓦斯平均值之和为当天矿井风排瓦斯量,取当月中最大一天的风排瓦斯量为当月矿井风排瓦斯量。

煤矿瓦斯等级鉴定办法

1. 2018年4月27日国家煤矿安监局、国家能源局发布

2. 煤安监技装〔2018〕9号

第一章 总 则

第一条 为进一步规范煤矿瓦斯等级鉴定工作,加强矿井瓦斯管理,预防瓦斯事故,保障职工生命安全,根据《安全生产法》《煤矿安全监察条例》《国务院关于预防煤矿生产安全事故的特别规定》《煤矿安全规程》等，制定本办法。

第二条　井工煤矿（包括新建矿井、改扩建矿井、资源整合矿井、生产矿井等）、鉴定机构（单位）应当按照本办法进行煤矿瓦斯等级鉴定。

第三条　国家煤矿安全监察局指导、协调和监督全国煤矿瓦斯等级鉴定工作。

各省级煤炭行业管理部门负责辖区内煤矿瓦斯等级鉴定的管理工作。

各级地方煤矿安全监管部门、各驻地煤矿安全监察机构负责辖区内煤矿瓦斯等级鉴定的监管监察工作。

第四条　煤矿企业将煤矿瓦斯等级鉴定结果报省级煤炭行业管理部门和省级煤矿安全监察机构，由省级煤炭行业管理部门按年度汇总报国家煤矿安全监察局、国家能源局，并抄送省级煤矿安全监管部门。

第二章　矿井瓦斯等级划分

第五条　矿井瓦斯等级鉴定应当以独立生产系统的矿井为单位。

第六条　矿井瓦斯等级应当依据实际测定的瓦斯涌出量、瓦斯涌出形式以及实际发生的瓦斯动力现象、实测的突出危险性参数等确定。

第七条　矿井瓦斯等级划分为：

（一）低瓦斯矿井；

（二）高瓦斯矿井；

（三）煤（岩）与瓦斯（二氧化碳）突出矿井（以下简称“突出矿井”）。

第八条　在矿井的开拓、生产范围内有突出煤（岩）层的矿井为突出矿井。

有下列情形之一的煤（岩）层为突出煤（岩）层：

（一）发生过煤（岩）与瓦斯（二氧化碳）突出的；

（二）经鉴定或者认定具有煤（岩）与瓦斯（二氧化碳）突出危险的。

第九条　非突出矿井具备下列情形之一的为高瓦斯矿井，否则为低瓦斯矿井：

（一）矿井相对瓦斯涌出量大于$10m^3/t$；

（二）矿井绝对瓦斯涌出量大于$40m^3/min$；

（三）矿井任一掘进工作面绝对瓦斯涌出量大于$3m^3/min$；

（四）矿井任一采煤工作面绝对瓦斯涌出量大于$5m^3/min$。

第十条　低瓦斯矿井每2年应当进行一次高瓦斯矿井等级鉴定，高瓦斯、突出矿井应当每年测定和计算矿井、采区、工作面瓦斯（二氧化碳）涌出量，并报省级煤炭行业管理部门和煤矿安全监察机构。

经鉴定或者认定为突出矿井的，不得改定为非突出矿井。

第十一条　新建矿井在可行性研究阶段，应当依据地质勘探资料、所处矿区的地质资料和相邻矿井相关资料等，对井田范围内采掘工程可能揭露的所有平均厚度在0.3m及以上的煤层进行突出危险性评估，评估结果应当在可研报告中表述清楚。

经评估为有突出危险煤层的新建矿井，建井期间应当对开采煤层及其他可能对采掘活动造成威胁的煤层进行突出危险性鉴定，鉴定工作应当在主要巷道进入煤层前开始。所有需要进行鉴定的新建矿井在建井期间，鉴定为突出煤层的应当及时提交鉴定报告，鉴定为非突出煤层的突出鉴定工作应当在矿井建设三期工程竣工前完成。

新建矿井在设计阶段应当按地勘资料、瓦斯涌出量预测结果、邻近矿井瓦斯等级、煤层突出危险性评估结果等综合预测瓦斯等级，作为矿井设计和建井期间井巷揭煤作业的依据。

第十二条　低瓦斯矿井应当在以下时间前进行并完成高瓦斯矿井等级鉴定工作：（一）新建矿井投产验收；（二）矿井生产能力核定完成；（三）改扩建矿井改扩建工程竣工；（四）新水平、新采区或开采新煤层的首采面回采满半年；（五）资源整合矿井整合完成。

第十三条　低瓦斯矿井生产过程中出现本办法第九条中所列高瓦斯矿井条件的，煤矿企业应当立即认定该矿井为高瓦斯矿井，并报省级煤炭行业管理部门和省级煤矿安全监察机构。

第十四条　非突出矿井或者突出矿井的非突出煤层出现下列情况之一的，应当立即进行煤层突出危险性鉴定，或直接认定为突出煤层；鉴定完成前，应当按照突出煤层管理：

（一）有瓦斯动力现象的；

（二）煤层瓦斯压力达到或者超过0.74MPa的；

（三）相邻矿井开采的同一煤层发生突出事故或者被鉴定、认定为突出煤层的。

直接认定为突出煤层或者按突出煤层管理的，煤矿企业应当报省级煤炭行业管理部门和煤矿安全监察机构。

第十五条　除停产停建矿井和新建矿井外，矿井内根据第十四条规定按突出管理的煤层，应当在确定按突出管理之日起6个月内完成该煤层的突出危险性鉴定，否则，直接认定为突出煤层。

原低瓦斯矿井经突出鉴定为非突出矿井的，还应当立即进行高瓦斯矿井等级鉴定。

开采同一煤层达到相邻矿井始突深度的不得定为非突出煤层。

第十六条 矿井发生生产安全事故，经事故调查组分析确定为突出事故的，应当直接认定该煤层为突出煤层、矿井为突出矿井。

第三章 鉴定管理

第十七条 突出矿井（或突出煤层）鉴定工作由具备煤与瓦斯突出鉴定资质的机构承担。

高瓦斯矿井等级鉴定工作，由具备鉴定能力的煤矿企业或者委托具备相应资质的鉴定机构承担。具体办法由省级煤炭行业管理部门会同省级煤矿安全监管部门和省级煤矿安全监察机构制定。

第十八条 用于煤矿瓦斯等级鉴定或者测定的所有仪器仪表应当保证状态完好、精度满足要求、测值准确，计量仪器仪表应当在其计量检定或校准证书的有效期内使用。

第十九条 煤矿委托鉴定机构（单位）鉴定时，应当与鉴定机构（单位）签订合同，合同内容应当包括鉴定对象、内容及双方职责等。委托时不得要求特定的鉴定结果。

鉴定机构（单位）在鉴定合同生效后，高瓦斯矿井鉴定应当在2个月内完成；除新建矿井外，突出矿井（煤层）鉴定应当在4个月内完成。

第二十条 煤矿提供的基础资料、数据等必须真实、完整，并建立瓦斯鉴定档案，妥善保存鉴定过程中的原始资料。

鉴定机构按照本办法鉴定为突出煤层的，煤矿不得再委托其他鉴定机构鉴定为非突出煤层。

第二十一条 鉴定机构（单位）应当依照法律、法规、标准和执业规则等公正、诚信、科学地开展煤矿瓦斯等级鉴定工作，并对其鉴定结果负责。

鉴定机构（单位）不得转让、出借、出租瓦斯等级鉴定资质，不得转包或分包瓦斯等级鉴定工作。

第二十二条 鉴定机构（单位）应当建立健全瓦斯等级鉴定工作质量管理体系，对鉴定程序、鉴定人员、报告审批、鉴定资料的档案管理等进行严格管控，尤其对鉴定方法、指标测定、鉴定结论等应当建立内部评审机制。

第二十三条 鉴定人员应当为鉴定机构（单位）正式员工，熟悉相关法律、法规、标准和规定，具备鉴定工作所需要的专业知识和能力后方可从事鉴定工作。突出鉴定项目负责人必须从事煤矿瓦斯防治工作至少10年以上，并取得高级职称。

鉴定机构（单位）及其鉴定人员从事瓦斯鉴定活动，不得泄露被鉴定单位的技术和商业秘密等信息。

第二十四条 鉴定报告应当有被鉴定矿井（煤层）名称、鉴定机构（单位）名称、鉴定日期以及鉴定人员、鉴定负责人、审核人和授权签字人（批准人）的签字，加盖鉴定机构（单位）公章。突出鉴定报告还应当在鉴定证书中加盖突出鉴定资质章，并附鉴定资质证书复印件。

第二十五条 省级煤炭行业管理部门应当建立本省（区、市）煤矿瓦斯等级鉴定电子档案和数据库。矿井名称、鉴定结果、鉴定机构（单位）等与鉴定有关的信息应当公开。

第二十六条 各级煤矿安全监管部门和煤矿安全监察机构在开展安全监管监察工作时，发现矿井瓦斯的实际情况明显异于矿井瓦斯等级的，应当责令矿井限期进行瓦斯等级鉴定。

第四章 高瓦斯矿井等级鉴定

第二十七条 鉴定开始前应当编制鉴定工作方案，做好仪器准备、人员组织和分工、计划测定路线等。

第二十八条 鉴定应当根据当地气候条件选择在矿井绝对瓦斯涌出量最大的月份，且在矿井正常生产、建设时进行。

第二十九条 参数测定工作应当在鉴定月的上、中、下旬各取1天（间隔不少于7天），每天分3个班（或4个班）、每班3次进行。

第三十条 鉴定时应当准确测定风量、甲烷浓度、二氧化碳浓度及温度、气压等参数，统计井下瓦斯抽采量、月产煤量，全面收集煤层瓦斯压力、瓦斯含量、动力现象及预兆、瓦斯喷出、邻近矿井瓦斯等级等资料。

鉴定实测数据与最近6个月以来矿井安全监控系统的监测数据、通风报表和产量报表数据相差超过10%的，应当分析原因，必要时应当重新测定。

第三十一条 测点应当布置在进、回风巷测风站（包括主要通风机风硐）内，如无测风站，则选取断面规整且无杂物堆积的一段平直巷道作测点。每一测定班应当在同一时间段的正常生产时间进行。

第三十二条 绝对瓦斯涌出量按矿井、采区和采掘工作面等分别计算，相对瓦斯涌出量按矿井、采区或采煤工作面计算，计算方法见附录B，测定的基础数据和汇总表可参照附录E的格式填写。

第三十三条　高瓦斯矿井等级鉴定报告应当采用统一的表格格式(可参考附录E格式),并包括以下主要内容:

(一)矿井基本情况;

(二)矿井瓦斯和二氧化碳测定基础数据表;

(三)矿井瓦斯和二氧化碳测定结果报告表;

(四)标注有测定地点的矿井通风系统示意图;

(五)矿井瓦斯来源分析;

(六)最近5年内矿井的煤尘爆炸性鉴定、煤层自然发火倾向性鉴定、最短发火期及瓦斯(煤尘)爆炸或燃烧等情况;

(七)瓦斯喷出及瓦斯动力现象情况;

(八)鉴定月份生产状况及鉴定结果简要分析或说明;

(九)鉴定单位和鉴定人员;

(十)煤矿瓦斯等级鉴定结果表。

第五章　突出矿井鉴定

第三十四条　突出矿井鉴定应当首先根据实际发生的瓦斯动力现象进行,当由瓦斯动力现象特征不能确定为煤与瓦斯突出或者没有发生瓦斯动力现象时,应当采用实际测定的突出危险性指标进行鉴定。

第三十五条　煤层初次发生瓦斯动力现象的,煤矿应当详细记录瓦斯动力现象的基本特征或保留现场,及时检测并记录瓦斯动力现象影响区域的瓦斯浓度、风量及其变化、抛出的煤(岩)量等情况,并委托鉴定机构开展鉴定工作;或直接认定为突出煤层。

鉴定机构接受委托后,应当指派至少2名本机构专业技术人员(其中至少1名具有高级职称)进行现场勘测并核实有关资料。

第三十六条　以瓦斯动力现象特征为主要依据进行鉴定的,应当将现场勘测情况与煤与瓦斯突出的基本特征进行对比,当瓦斯动力现象特征基本符合附录C中的特征时,该瓦斯动力现象为煤与瓦斯突出。

第三十七条　采用煤层突出危险性指标进行突出煤层鉴定的,应当将实际测定的原始煤层瓦斯压力(相对压力)、煤的坚固性系数、煤的破坏类型、煤的瓦斯放散初速度作为鉴定依据。

全部指标均符合下表所列条件的或打钻过程中发生喷孔、顶钻等突出预兆的,鉴定为突出煤层。否则,煤层的突出危险性可由鉴定机构结合直接法测定的原始瓦斯含量等实际情况综合分析确定,但当$f\leqslant0.3$、$P\geqslant0.74$MPa,或$0.3<f\leqslant0.5$、$P\geqslant1.0$MPa,或$0.5<f\leqslant0.8$、$P\geqslant1.50$MPa,或$P\geqslant2.0$MPa的,一般鉴定为突出煤层。

表　煤层突出危险性鉴定指标

判定指标	煤的破坏类型	瓦斯放散初速度ΔP	煤的坚固性系数f	煤层原始瓦斯压力(相对)P/MPa
有突出危险的临界值及范围	Ⅲ、Ⅳ、Ⅴ	≥10	≤0.5	≥0.74

确定为非突出煤层时,应当在鉴定报告中明确划定鉴定的范围。当采掘工程进入鉴定范围以外的,应当经常性测定瓦斯压力、瓦斯含量及其与突出危险性相关的参数,掌握瓦斯动态。但若是根据第十四条规定进行的突出煤层鉴定确定为非突出煤层的,在开拓新水平、新采区或采深增加超过50m,或者进入新的地质单元时,应当重新进行突出煤层鉴定。

第三十八条　采用第三十七条进行突出煤层鉴定的,还应当符合下列要求:

(一)鉴定前应当制定鉴定工作方案;

(二)煤层瓦斯压力测定地点应当位于未受采动及抽采影响区域;

(三)突出危险性指标数据应当为实际测定数据;

(四)具备施工穿层钻孔测定瓦斯压力条件的,应当优先选择穿层钻孔;测点布置应当能有效代表待鉴定范围的突出危险性,且应当按照不同的地质单元分别布置,测点分布和数量根据煤层范围大小、地质构造复杂程度等确定,但同一地质单元内沿煤层走向测点不应少于2个、沿倾向不应少于3个,并应当在埋深最大及标高最低的开拓工程部位布置有测点;

(五)用于瓦斯放散初速度和煤的坚固性系数测定的煤样,应当具有代表性,取样地点应当不少于3个。当有软分层时,应当采取软分层煤样;

(六)各指标值取鉴定煤层各测点的最高煤层破坏类型、煤的最小坚固性系数、最大瓦斯放散初速度和最大瓦斯压力值;

(七)所有指标测试应当严格执行相关标准。

第三十九条　当鉴定为非突出煤层时,应当充分考虑测点分布、地质单元、瓦斯赋存规律、地质构造分布、采区边界、开拓标高、采掘部署等因素,合理划定鉴定范围。

第四十条　鉴定报告应当对被鉴定矿井、煤层给出明确的结论,并包括鉴定证书、鉴定说明书和附件三部分。

鉴定证书以表格形式列出被鉴定矿井及煤层名

称、鉴定依据、关键测定参数、鉴定结论(含范围)、鉴定机构、鉴定日期、鉴定人员签字。

鉴定说明书中应当包含矿井概况、瓦斯动力现象发生情况或煤层突出危险性指标测定情况及测定结果可靠性分析、确定是否为突出矿井(煤层)的主要依据及鉴定结论、应当采取的措施及管理建议。采用突出危险性指标鉴定时还应当包含瓦斯参数测点、煤样取样点布置图、关键瓦斯压力上升曲线图、鉴定范围图等。

采用突出危险性指标鉴定时,附件应当含有仪器仪表检定证书、突出危险性指标实验测试报告等。

第四十一条 煤与二氧化碳突出煤层的鉴定参照煤与瓦斯突出煤层的鉴定方法进行。

岩石与二氧化碳(瓦斯)突出岩层的鉴定依据为实际发生的动力现象,当动力现象具有如下基本特征时,应当确定为岩石与二氧化碳(瓦斯)突出岩层:

(一)在炸药直接作用范围外,发生破碎岩石被抛出现象;

(二)抛出的岩石中,含有大量的砂粒和粉尘;

(三)产生明显动力效应;

(四)巷道二氧化碳(瓦斯)涌出量明显增大;

(五)在岩体中形成孔洞;

(六)岩层松软,呈片状、碎屑状,岩芯呈凹凸片状,并具有较大的孔隙率和二氧化碳(瓦斯)含量。

第六章 鉴定责任

第四十二条 在鉴定过程中,煤矿提供的相关数据及图纸资料等与实际不符、弄虚作假甚至干扰鉴定工作,导致矿井瓦斯等级降低的,应当由安全生产许可证发放部门撤销其安全生产许可证。

第四十三条 鉴定机构应当对鉴定结果负责;出具虚假鉴定报告的,应当由资质发放部门吊销其鉴定资质,并按照有关法律法规予以处罚。

第七章 附 则

第四十四条 本办法所列附录 A 至附录 E 为本办法的一部分。

第四十五条 本办法自 2018 年 4 月 27 日起施行。

附录:(略)

国务院办公厅转发发展改革委、安全监管总局关于进一步加强煤矿瓦斯防治工作若干意见的通知

1. 2011 年 5 月 23 日

2. 国办发〔2011〕26 号

各省、自治区、直辖市人民政府,国务院各部委、各直属机构:

发展改革委、安全监管总局《关于进一步加强煤矿瓦斯防治工作的若干意见》已经国务院同意,现转发给你们,请认真贯彻执行。

关于进一步加强煤矿瓦斯防治工作的若干意见

近年来,国家先后出台了一系列加强煤矿瓦斯(煤层气)防治工作的政策措施,全国煤矿瓦斯抽采利用量大幅度上升,瓦斯事故起数和死亡人数大幅度下降。但随着煤矿开采强度增大、采掘深度增加,瓦斯防治难度越来越大,同时,瓦斯防治责任不落实、措施不到位等问题在一些地方和企业仍然比较突出。为深入贯彻落实《国务院关于进一步加强企业安全生产工作的通知》(国发〔2010〕23 号)和全国煤矿瓦斯防治工作电视电话会议精神,坚决防范遏制煤矿瓦斯重特大事故,现就进一步加强煤矿瓦斯防治工作提出以下意见:

一、进一步落实防治责任

(一)*强化煤矿瓦斯防治工作组织领导。*地方各级人民政府和煤矿企业要以对人民生命安全高度负责的精神,牢固树立瓦斯事故可防可控的理念,全面建设“通风可靠、抽采达标、监控有效、管理到位”的瓦斯综合治理工作体系。各产煤省(区、市)要充分发挥煤矿瓦斯防治(集中整治)领导小组及办公室的作用,落实专职人员和专用经费,强化对瓦斯防治工作的组织推动和综合协调。

(二)*落实煤矿企业瓦斯防治主体责任。*各煤矿企业要不断完善瓦斯防治责任制,细化落实企业负责人及相关人员的瓦斯防治责任。要健全以总工程师为首的瓦斯防治技术管理体系,配齐通风、抽采、防突、地质测量等专业机构和人员。保障安全投入,完善矿井瓦斯防治系统,强化现场管理,加强职工培训,

严格按照法律法规和标准规范组织生产，严防瓦斯事故发生。

（三）严格煤矿瓦斯防治责任考核。实行瓦斯防治目标管理，重点产煤地区各级政府及企业要通过签订煤矿瓦斯防治目标责任书等有效方式，严格瓦斯防治和抽采利用绩效考核，并加强相关统计工作。没有完成目标任务的，要逐级追究地方政府和企业负责人的责任。各地区要建立健全煤矿安全事故约谈、警示和瓦斯防治督查督办制度，对因管理不到位、职责不清晰、推诿扯皮造成事故的，要按照国家相关法律法规严肃追究责任。

二、提高准入门槛

（四）严格控制高瓦斯和煤与瓦斯突出矿井建设。"十二五"期间，停止核准新建30万吨/年以下的高瓦斯矿井、45万吨/年以下的煤与瓦斯突出矿井项目。已批在建的同类矿井项目，由有关部门按照国家瓦斯防治相关政策标准重新组织审查其初步设计，督促完善瓦斯防治措施。

（五）建立煤矿企业瓦斯防治能力评估制度。国家煤炭行业管理部门研究制定煤矿企业瓦斯防治能力基本标准，组织开展评估工作，并公布评估结果。经评估不具备瓦斯防治能力的企业，不得新建高瓦斯和煤与瓦斯突出矿井，已建的同类矿井要立即停产整改，或与具备瓦斯防治能力的企业重组；整改不达标或未能实现重组的，地方政府依法予以关闭。

（六）支持煤与瓦斯突出煤矿企业整合关闭。国家支持具备瓦斯防治能力的大型煤矿企业以资产为纽带，兼并重组高瓦斯和煤与瓦斯突出的小煤矿。中央和地方财政继续支持小煤矿整顿关闭工作，并对高瓦斯和煤与瓦斯突出小煤矿关闭给予重点支持，具体办法由财政部会同有关部门研究确定。

三、强化基础管理

（七）落实煤矿瓦斯区域性防突治理措施。煤矿企业应编制煤与瓦斯突出矿井区域性防突治理技术方案，并报煤炭行业管理部门和煤矿安全监管部门备案后实施。对未落实区域性防突治理措施或区域治理效果不达标的煤与瓦斯突出矿井，要责令停产整顿，经验收合格后方可进行采掘作业活动。地方政府和煤矿企业要制定鼓励措施，支持煤与瓦斯突出矿井落实开采保护层、预抽煤层瓦斯等区域性防突措施。

（八）强力推进煤矿瓦斯抽采系统建设。高瓦斯和煤与瓦斯突出矿井，要做到先抽后采、抽采达标。凡应建未建瓦斯抽采系统或抽采未达标的矿井，要停产整顿，经验收达到相关标准后方可恢复生产。在建的煤与瓦斯突出矿井揭露煤层前，应建地面抽采系统的高瓦斯矿井进入采区施工前，要建成地面瓦斯抽采系统并投入使用。

（九）规范矿井瓦斯等级鉴定管理。高瓦斯和煤与瓦斯突出矿井一律不得降低瓦斯等级。所开采煤层瓦斯压力超过规定限值、相邻矿井同一煤层发生突出事故或鉴定为突出煤层，以及发生瓦斯动力现象等情况的矿井，都要及时进行瓦斯等级鉴定，鉴定完成前，应按煤与瓦斯突出矿井进行管理。要严格鉴定标准和程序，煤矿企业对所提供的鉴定资料真实性负责，鉴定单位对鉴定结果负责，对违法违规、弄虚作假的，要依法依规从严追究责任。

（十）加强矿井揭露煤层管理。煤与瓦斯突出矿井的突出煤层、邻近矿井同一煤层曾出现瓦斯动力现象等矿井煤层揭露设计，应按有关规定认真编制，由煤矿企业技术负责人严格审批后实施。凡未经批准擅自揭露突出煤层，或误揭露突出煤层的，要严肃追究有关责任人责任。

（十一）完善煤矿安全监测监控系统。高瓦斯和煤与瓦斯突出矿井的监测监控系统，必须与煤炭行业管理部门或煤矿安全监管部门联网。未实现联网或不能实时上传数据的，要限期整改，确保信息畅通。各地区要加强区域性监测监控系统服务中心建设，对不具备监测监控系统维护能力的小煤矿提供技术指导和服务，保障设备正常运转。

四、加大政策支持

（十二）加大煤矿瓦斯综合利用力度。地方政府和有关企业要严格落实煤矿瓦斯综合利用政策。煤矿瓦斯电厂富裕电量需要上网的，电网企业要为接入电网提供便利条件，全部收购瓦斯发电富裕电量。上网电价执行当地脱硫标杆电价加补贴电价，补贴加价部分在电网销售电价中解决。地方政府要制定相关政策，推动瓦斯输送利用管网基础设施建设，支持煤矿企业拓宽瓦斯利用范围，提高瓦斯利用率。要完善煤炭、煤层气协调开发体制机制，制定煤层气开发利用管理办法及行业技术标准，指导和规范煤层气产业发展。煤矿瓦斯防治部际协调领导小组办公室要加强对瓦斯综合利用政策执行情况的督促检查，定期通报。

（十三）研究高瓦斯和煤与瓦斯突出矿井税收支持政策。针对高瓦斯和煤与瓦斯突出矿井开采成本高的现实情况，研究鼓励高瓦斯和煤与瓦斯突出矿井加大安全投入的税收支持政策,具体办法由财政部会同税务总局、发展改革委、能源局等部门研究制定。继续通过中央预算内基建资金,支持煤矿安全技术改造和瓦斯治理利用。

（十四）落实煤炭生产安全费用提取使用政策。煤矿企业要严格按照国家关于煤炭生产安全费用提取政策规定和煤矿灾害治理的实际需求,科学合理地确定生产安全费用提取标准,报当地有关部门备案。地方各级人民政府要加强审计监督,确保提取到位、专款专用。对阻碍或不按标准提取使用安全费用的行为要进行严肃查处。

（十五）推进煤矿瓦斯防治技术创新。国家通过科技计划、基金和科技重大专项,加强煤矿瓦斯突出机理等基础理论和低透气性煤层瓦斯赋存规律的研究,及瓦斯抽采工艺、灾害防治等关键技术、重大装备的研发。地方各级人民政府及有关部门要制定政策,引导科研机构和企业加强煤矿瓦斯防治科技创新。煤矿企业要健全瓦斯防治技术集成体系,加大安全科技投入,研究解决生产过程中的突出问题。

（十六）支持和规范煤矿瓦斯防治技术咨询服务。鼓励和支持具备瓦斯防治能力的煤矿企业和科研院所、大专院校等单位成立专业化技术服务机构,开展煤矿瓦斯防治技术咨询和工程服务。专业服务机构为煤矿企业进行技术咨询、安全评价等活动时,必须严格执行国家有关标准和规范,对其提供的相关评价鉴定结论承担法律责任。

五、加强安全监管监察

（十七）实行瓦斯防治重大隐患逐级挂牌督办。各地区要建立健全瓦斯防治重大隐患逐级挂牌督办、公告制度。对存在通风系统不合理、应建未建瓦斯抽采系统、抽采不达标、区域性治理措施不落实等重大隐患的矿井,由省级煤矿安全监管部门或煤炭行业管理部门挂牌督办。各地区应建立瓦斯事故隐患举报奖励制度,公布举报电话,对举报人给予奖励,并依法保护举报人权益。

（十八）从严查处超能力生产行为。地方煤炭行业管理部门要把矿井抽采达标和防突能力作为约束性指标,严格按照标准组织核定矿井生产能力。对超能力生产的高瓦斯和煤与瓦斯突出矿井,要责令停产整顿,并按照《国务院关于预防煤矿生产安全事故的特别规定》（国务院令第446号）等法律法规规定的上限,对煤矿企业及负责人进行处罚。通风系统等发生重大变化的矿井,必须重新进行生产能力核定。

（十九）加强煤矿瓦斯超限管理。煤矿发生瓦斯超限,要立即停产撤人,并比照事故处理查明瓦斯超限原因,落实防范措施。因责任和措施不落实造成瓦斯超限的,要严肃追究有关人员责任。因瓦斯防治措施不到位,1个月内发生2次瓦斯超限的矿井必须停产整顿。凡1个月内发生3次以上瓦斯超限未追查处理,或因瓦斯超限被责令停产整顿期间仍组织生产的矿井,煤炭行业管理部门、煤矿安全监管部门应提请地方政府予以关闭。

（二十）从重处理煤矿瓦斯死亡事故。发生造成人员死亡瓦斯事故的矿井必须停产整顿,停产整顿时限由地方政府确定。凡发生较大及以上瓦斯事故,且地质条件复杂、安全生产系统存在重大隐患、不能有效防范瓦斯事故的矿井,地方政府应当依法予以关闭。

各地区、各部门和各有关单位要加强组织领导,制定具体实施方案,分解落实工作任务,确保执行到位。煤矿瓦斯防治部际协调领导小组及成员单位要加强督促指导。

国家安全生产监督管理总局、国家煤矿安全监察局关于强化瓦斯治理有效遏制煤矿重特大事故的通知

1. 2017年3月10日
2. 安监总煤装〔2017〕18号

各产煤省、自治区、直辖市及新疆生产建设兵团煤矿安全监管部门、煤炭行业管理部门,各省级煤矿安全监察局,司法部直属煤矿管理局,有关中央企业:

为深入贯彻落实全国安全生产电视电话会议和全国安全生产工作会议精神,有效防范和遏制煤矿重特大瓦斯事故,结合煤矿全面安全“体检”专项工作,现就强化煤矿瓦斯治理有效遏制煤矿重特大事故有关事项通知如下:

一、强化煤矿瓦斯等级管理

要严格瓦斯等级鉴定。开采同一煤层的相邻矿井升级为高瓦斯矿井的,应当立即进行瓦斯等级鉴定,鉴定完成前,要按高瓦斯矿井进行管理。煤层有瓦斯动力现象,或者瓦斯压力达到或超过0.74MPa,或者相邻矿井开采的同一煤层为突出煤层时,该煤层应当立即按照突出煤层管理,并按规定进行煤层突出危险性鉴定,严格管理;达到相邻矿井始突深度的煤层不得定为

非突出煤层。

煤炭行业管理部门、煤矿安全监管监察部门要加强瓦斯等级鉴定结果的审核和动态监管监察，对鉴定中弄虚作假、瓦斯等级应升级未升级的，要严肃追究有关单位和人员的责任。

二、强化煤矿瓦斯监控

要加强安全监控系统的维护管理。安全监控设备发生故障时必须及时处理，在故障处理期间必须采用人工监测等安全措施，并填写故障记录；安全监控设备、传感器，以及甲烷电闭锁和风电闭锁功能必须定期调校、测试，保障系统正常运行。

煤矿安全监控系统不能正常运行的，必须立即停产整改。要加强安全监控系统联网建设，煤矿安全监控系统要与上级公司或负责煤矿安全监管的部门联网。要积极推进安全监控系统升级改造，推广使用先进适用的红外、激光等甲烷传感器。

三、强化瓦斯超限处置

要加强瓦斯零超限目标管理，落实瓦斯超限停电撤人、分析原因、停产整改和追究责任等四项措施，以瓦斯零超限目标管理倒逼瓦斯防治措施落实。

煤矿安全监管监察人员到煤矿检查"一通三防"时，要通过煤矿安全监控系统及运行日志、通风瓦斯日报和矿井调度值班记录等，检查矿井通风瓦斯管理情况。重点检查瓦斯超限是否按规定及时进行处置，是否从地质、通风、抽采、监控和管理等方面分析查找了原因，并采取措施；对煤矿企业没有查清瓦斯超限原因，且没有采取措施的，认定为超通风能力生产，应当根据矿井和采煤工作面的实测瓦斯涌出量和通风能力，按《煤矿生产能力核定标准》重新核定矿井和采煤工作面生产能力。

四、强化区域综合防突

要强化突出矿井区域防突措施落实。突出煤层采区设计和采掘工作面设计必须编制防突专项设计，落实两个"四位一体"综合防突措施，严格按照规定执行防突措施；施工中发现有突出预兆或发生突出的，必须立即停止作业，采取区域综合防突措施进行处理；对煤层赋存特征、地质构造条件和瓦斯参数不确定的区域，不得划分为非突出区；突出矿井的非突出区必须进行区域验证，经区域验证有突出危险的，必须采取区域或者局部综合防突措施；经区域验证无突出危险的，必须采取安全防护措施。

突出矿井在编制生产发展规划和年度生产计划时，必须同时编制相应的区域防突措施规划和年度实施计划，将保护层开采、区域预抽煤层瓦斯等工程与矿井采掘部署、工程接替等统一安排部署，确保采掘作业在区域防突措施有效区内进行。

要加强防突措施实施的现场管理，防止钻孔施工和抽采不到位，检验和验证数据不真实等问题；有条件的矿井可推广应用打钻视频监控、钻孔轨迹测量定位等技术。

五、强化瓦斯抽采达标

高瓦斯和煤与瓦斯突出矿井要做到先抽后采、抽采达标。突出矿井首先要实现预抽瓦斯防突效果达标，使瓦斯压力或瓦斯含量低于煤层始突深度处的瓦斯压力或瓦斯含量值，但防突效果达标并不等于抽采达标；所有矿井抽采达标必须实现工作面瓦斯抽采效果达标和矿井抽采率达标。要加强高瓦斯、突出矿井产能核定抽查，以抽定产，抽采能力不足的，一律予以核减产能，降低开采强度。

要推广先进适用瓦斯抽采、打钻、增透、封孔技术，提高抽采效率和抽采瓦斯浓度。要加强瓦斯抽采泵站、管道、瓦斯排放、采空区瓦斯抽采等安全管理。

六、强化瓦斯综合管理

要完善矿井通风系统。严禁2个采煤工作面之间，或者有突出危险的2个采掘工作面之间串联通风；采煤工作面必须正规开采、采用矿井全风压通风，严禁采用国家明令禁止的巷道式等采煤方法。

要加强采空区密闭管理。开采自燃、易自燃煤层时，必须制定和落实综合防灭火措施，回采后按规定封闭，并加强检查；煤矿要对所有密闭编号建档，及时填绘矿图，严禁假密闭和图实不符，并将生产计划、工作面开工、密闭施工和主要图纸资料等，及时如实报告当地煤矿安全监管监察部门。

要加强井下引爆火源管理。定期对矿井电气设备进行检修、测试，禁止使用国家明令淘汰的机电设备和非阻燃电缆、胶带、风筒等材料，严禁电气设备失爆、违规违章爆破和电气焊作业。

要淘汰退出9万吨/年及以下的煤与瓦斯突出矿井。对未列入化解过剩产能计划的9万吨/年至30万吨/年突出矿井，要结合煤矿全面安全"体检"，进行重点检查和安全评估，必须达到以下条件：安全生产费用提取不低于吨煤30元，且用于瓦斯防治的比例不低于50%；有防突机构、防突队伍，并建立健全防突制度和各级岗位责任制；从事防突工作的管理人员和井下工作人员具备《防治煤与瓦斯突出规定》要求的知识和能力；有地面瓦斯抽采系统并正常运行；采区有专用回风巷、采掘工作面无串联通风;安全监控系统运行管理和传感器安设满足《煤矿安全规程》要求;矿井、采区和采掘工作面有防突专项设计,并落实区域综合防突措施和局部综合防突措施。经检查或评估,对达不到以上任一条要求的,要依法责令限期改正;逾期未改正的责令停产整顿;经停产整顿仍未达标的,应依法提请地方政府予以关闭。

各级煤矿安全监管部门、煤炭行业管理部门和煤矿安全监察机构在日常检查、专项监察和煤矿全面安全"体检"中,要严格瓦斯治理监管监察执法,督促煤矿企业按照煤矿瓦斯防治规定要求,加强自检自改,强化煤矿瓦斯治理。

各省级煤矿安全监察局要及时总结煤矿瓦斯治理及监察执法情况,分析存在问题,提出进一步加强煤矿瓦斯治理建议,形成半年和全年总结报告,分别于2017年6月20日和12月20日前,将总结报告连同电子版报送国家煤矿安监局(联系人及电话:余博龙,010－64463225〈带传真〉;电子邮箱:yubl@chinasafety.gov.cn)。

(3)井下爆破

煤矿用爆破器材管理规定

1. 1996年10月21日煤炭工业部发布
2. 煤安字〔1996〕第510号
3. 自1997年1月1日起施行

第一章 总 则

第一条 为了保护国家财产和煤矿职工生命安全,根据《煤炭法》、《民用爆炸物品管理条例》,制定本规定。

第二条 煤矿用爆破器材是指在煤矿井下使用的一切爆炸材料。

第三条 凡从事煤矿用爆破器材研究、生产、销售、购买、储存、运输、使用活动,适用本规定。

第四条 煤炭部爆破器材主管部门依照本规定对全国煤矿用爆破器材实施监督管理。

各省(区)煤炭工业主管部门对本地区煤矿用爆破器材进行监督管理。

第二章 安全管理

第五条 各级煤炭工业主管部门和与煤矿用爆破器材有关的企业主要负责人是煤矿用爆破器材安全工作的第一责任者,其主要技术负责人对煤矿用爆破器材安全技术负责。

第六条 各煤炭工业煤矿用爆破器材生产企业必须设置安全管理机构,配备专职安全监察员。

煤矿用爆破器材安全工作必须实行群众监督。

第七条 凡生产、销售、购买、储存、运输、使用煤矿用爆破器材的单位,必须建立煤矿用爆破器材安全管理制度和安全技术操作规程,建立煤矿用爆破器材安全岗位责任制。

第八条 凡从事生产、销售、购买、储存、运输、使用煤矿用爆破器材的人员,必须政治可靠,责任心强,熟悉产品性能和操作规程,经技术培训和安全教育、考核合格后持证上岗。

第三章 生 产

第九条 煤矿用爆破器材的生产实行定点管理,根据煤矿需要有计划地组织生产。

第十条 已建立的爆破器材生产企业生产煤矿用爆破器材产品,必须提出定点申请,经省(区)煤炭工业主管部门审查同意,报煤炭部爆破器材主管部门批准,发给定点生产证书。

第十一条 煤炭行业新建煤矿用爆破器材生产企业,露天煤矿建立炸药生产地面站或购买现场炸药混装车,必须向煤炭部爆破器材主管部门提出申请,经审查同意后,报国家有关部门批准。

第十二条 新建煤矿用爆破器材生产线或对煤矿用爆破器材生产线进行改建、扩建,必须申请立项,经省(区)煤炭工业主管部门审查同意,报煤炭部爆破器材主管部门批准;建成后,由煤炭部爆破器材主管部门或委托有关部门组织验收合格,方准投入生产。

第十三条 煤矿用爆破器材生产企业的新建和改、扩建工程,必须由有爆破器材工厂设计资质的设计单位进行设计。

煤矿用爆破器材工厂和生产线的设计和建设,必须符合国家有关安全规范的规定。

第十四条 煤矿用爆破器材产品实施入井证管理。

第十五条 煤矿用爆破器材产品入井证由煤炭部爆破器材主管部门负责颁发和管理。

获得煤矿用爆破器材产品入井证的企业及产品名单在《中国煤炭报》公告。

第十六条 煤矿用爆破器材的试验或试制,应在专门场地或专门试验场进行。

第十七条 煤矿用爆破器材新产品的鉴定应按设计定型和生产定型(或转厂验收)两个阶段进行。

第十八条 煤矿用爆破器材新产品设计定型鉴定前,必须取得煤炭部爆破器材主管部门颁发的煤矿用爆破器材产品入井试验证，完成煤矿井下爆破试验；生产定型或转厂验收鉴定前，必须取得煤炭部爆破器材主管部门颁发的煤矿用爆破器材产品入井试用证，完成煤矿井下爆破试用。

煤矿用爆破器材生产定型或转厂验收鉴定后，申请办理煤矿用爆破器材产品入井证。

第十九条 煤矿用爆破器材产品入井试验证有效期6个月，煤矿用爆破器材产品入井试用证有效期12个月，煤矿用爆破器材产品入井证有效期30个月。

第二十条 煤矿用爆破器材生产企业必须建立严格的煤矿用爆破器材产品检验制度。

不合格的煤矿用爆破器材产品，不准出厂。

第二十一条 煤矿用爆破器材生产企业应做好煤矿用爆破器材产品产量、质量及主要原材料消耗的统计工作。

煤矿用爆破器材生产用原材料应符合国家标准或者行业标准，特种材料应专用。

第四章 销售与购买

第二十二条 煤矿用爆破器材属于国家计划分配物资。

煤炭部直属、直供煤矿需求煤矿用爆破器材，经矿务局（公司、矿）、省（区）煤炭工业主管部门逐级上报，由煤炭部爆破器材主管部门统一汇总，报国家有关部门批准后定向供应。应急需求的煤矿用爆破器材由煤炭部爆破器材主管部门调拨。

省（区）煤炭工业主管部门负责本地区煤矿用爆破器材的供销。跨省需求煤矿用爆破器材由煤炭部爆破器材主管部门组织平衡。

第二十三条 销售、购买煤矿用爆破器材，必须取得当地公安机关颁发的《爆炸物品销售许可证》、《爆炸物品购买证》。

第二十四条 无煤矿用爆破器材产品入井证的企业严禁销售煤矿用爆破器材，煤矿严禁购买无煤矿用爆破器材产品入井证或入井证超期的煤矿用爆破器材。

第二十五条 煤矿用爆破器材产品的进出口，必须向煤炭部爆破器材主管部门申报，报国家有关部门批准。

第五章 储存与运输

第二十六条 生产、销售、储存、使用煤矿用爆破器材的单位设立专用爆破器材仓库、储存室，必须取得当地公安机关颁发的《爆炸物品储存许可证》。

第二十七条 煤矿用爆破器材仓库、储存室的建设和储存，必须符合《煤矿安全规程》的有关规定。

第二十八条 每一矿井应建立煤矿用爆破器材装运、领退、保管、销毁、电雷管编号及全电阻检查、有关人员岗位责任、丢失处理和奖罚制度。

第二十九条 电雷管（包括清退入库的电雷管）在发给放炮员前，必须逐个作全电阻检查，并将脚线扭结成短路。

严禁发放电阻不合格的电雷管。

第三十条 跨地区长途运输煤矿用爆破器材必须在当地公安机关办理《爆炸物品运输证》。

第三十一条 运输煤矿用爆破器材必须严格遵守《煤矿安全规程》的有关规定。

第六章 井下爆破作业

第三十二条 煤矿井下爆破作业，必须由依法培训、考核合格，持有《放炮员作业证》的专职放炮员担任。在煤与瓦斯（二氧化碳）突出煤层中，专职放炮员的工作必须固定在一个工作面。

第三十三条 煤矿井下爆破作业使用的煤矿用爆破器材，必须经煤炭部指定的检验机构检验合格，持有煤矿用爆破器材产品入井证。

第三十四条 煤矿井下试验爆破新技术、新工艺、新设备，使用煤矿用爆破器材新产品，必须制定安全措施，报上一级管理机关批准。

第三十五条 煤矿井下爆破必须由煤矿总工程师按矿井瓦斯等级选用相应安全等级的煤矿炸药：

（一）低瓦斯矿井，有瓦斯或煤尘爆炸危险的采掘工作面，必须使用安全等级不低于二级的煤矿许用炸药；

（二）高瓦斯矿井（低瓦斯矿井的高瓦斯区域），有瓦斯或煤尘爆炸危险的采掘工作面，必须使用安全等级不低于三级的煤矿许用含水炸药（水胶炸药或乳化炸药）；

（三）有煤（岩）与瓦斯突出危险的采掘工作面，必须使用安全等级不低于三级的煤矿许用含水炸药（水胶炸药或乳化炸药）。

第三十六条 煤矿井下爆破应由煤矿总工程师按下列规定选用电雷管：

（一）有瓦斯矿井中的采掘工作面，必须使用8号金属壳煤矿许用瞬发电雷管或8号金属壳煤矿许用毫秒延期电雷管；

（二）有瓦斯或煤尘爆炸危险的采掘工作面，使用煤矿许用毫秒延期电雷管时，其最后一段延期时间不得超过130ms；

（三）不同厂家或不同品种的电雷管不得混杂使用。

第三十七条　煤矿井下爆破作业必须遵守煤炭部有关规定，并进行标准化管理。

第七章　奖　　惩

第三十八条　对发现事故征兆立即采取措施或及时上报而避免了事故或显著减少事故危害程度、抢救事故有功的集体和个人，本单位应给以表彰、奖励；对有发明创造或在全行业推广新产品、新技术成绩卓著的集体和个人，上级主管部门应给予表彰、奖励。

第三十九条　对违反本规定的单位和个人，情节或后果严重的，上级主管部门应给予经济处罚或行政处分。

第八章　附　　则

第四十条　本规定自1997年1月1日起实施。

煤矿井下爆破作业安全规程

1. 1996年10月21日煤炭工业部发布
2. 煤安字〔1996〕第510号

第一条　为减少煤矿事故，保护国家财产和煤矿职工的安全、健康，制定本规程。

第二条　煤矿所有爆破作业地点必须编制爆破作业说明书，放炮员必须依照说明书进行爆破作业。说明书内容及要求包括：

一、炮眼布置图必须标明采煤工作面的高度和打眼范围或掘进工作面的巷道断面尺寸，炮眼的位置、个数、深度、角度及炮眼编号，并用正面图、平面图和剖面图表示；

二、炮眼说明表必须说明炮眼的名称、深度、角度、使用炸药、雷管的品种、装药量、封泥长度、连线方法和起爆顺序；

三、爆破作业说明书必须编入采掘作业规程，并根据不同的地质条件和技术条件及时修改补充。

第三条　瓦斯矿井中的爆破作业，放炮员、班组长、瓦斯检查员都必须在现场执行"一炮三检制"和"三人连锁放炮制"。

"一炮三检制"是：装药前、爆破前、爆破后要认真检查爆破地点附近的瓦斯，瓦斯超过1%，不准爆破。

"三人连锁放炮制"是：爆破前，放炮员将警戒牌交给班组长，由班组长派人警戒，并检查顶板与支架情况，将自己携带的放炮命令牌交给瓦斯检查员，瓦斯检查员经检查瓦斯煤尘合格后，将自己携带的放炮牌交给放炮员，放炮员发出爆破口哨进行爆破，爆破后三牌各归原主。

第四条　有瓦斯或煤尘爆炸危险的采掘工作面，应采用毫秒爆破。在掘进工作面必须全断面一次起爆；在采煤工作面，可采用分组装药，但一组装药必须一次起爆。

严禁在一个采煤工作面使用2台及以上放炮器同时进行爆破。

第五条　无瓦斯或煤尘爆炸危险的采掘工作面采用毫秒爆破时，应反向起爆；有瓦斯或煤尘爆炸危险的采掘工作面采用毫秒爆破时，可反向起爆，但必须制定安全措施，报矿总工程师批准。

第六条　煤矿井下严禁明火、普通导爆索、非电导爆管爆破和放糊炮。

第七条　处理卡在溜煤眼中的煤、矸时，可采用空气炮；无其他办法时，经矿总工程师批准，可爆破处理，但必须遵守下列规定：

一、必须采用经煤炭部批准的用于溜煤眼的煤矿许用刚性被筒炸药或不低于此安全度的煤矿许用药包；

二、每次爆破只准使用一个煤矿许用电雷管，最大装药量不得超过450g；

三、每次爆破前，必须检查溜煤眼内堵塞部位的上部和下部空间的瓦斯；

四、每次爆破前，必须洒水灭尘；

五、威胁安全的地点必须撤人、停电。

第八条　在高瓦斯矿井和有煤与瓦斯突出危险的采掘工作面的实煤体中，为增加煤体裂隙、煤体松动而进行的10m以上的深孔预裂控制爆破，可使用二级煤矿许用炸药，但必须制定安全措施，报矿总工程师批准。

第九条　在有瓦斯或煤尘爆炸危险的矿井中，放顶煤工作面严禁挑顶煤爆破作业。

第十条　石门揭穿突出煤层采用震动爆破，必须遵守下列规定：

一、揭穿煤层的掘进工作面必须有独立的回风系统，在其进风侧的巷道中，应设置两道坚固的反向风门，在其回风系统中必须保证风流畅通，并严禁人员通行或作业。与该回风系统相连的风门、密闭、风桥等通风设施必须坚固可靠，防止突出后的瓦斯涌入其它区域；

二、必须作专门设计，报局总工程师批准。专门设计中应规定爆破参数、起爆地点反向风门的位置、避灾线路以及停电、撤人距离和警戒范围等；

三、震动爆破前，对所有钻孔和在煤体中形成的孔洞，都应严密闭封孔口，孔内注满水，或以黄土、砂充实（或充严）；

四、震动爆破由矿总工程师统一指挥，并有矿山救护队在指定地点值班。爆破后至少经0.5h，由矿山救护队进入工作面检查；

五、震动爆破的第一次爆破，未崩开石门全断面的岩柱和煤层，第二次爆破仍须按照震动爆破有关规定执行，并须加强支护，设专人检测瓦斯和观察突出预兆，作业中发现突出预兆，工作人员立即撤到安全地点；

六、为降低震动爆破时发生突出的强度，应采用挡栏防护；

七、石门揭穿煤层的全过程必须特别加强支护，并应有发生突出时保证人员安全的措施；

八、采用金属骨架措施揭穿煤层后，严禁拆除或回收骨架。

第十一条　装药时，首先必须用掏勺或用压缩空气清除炮眼内的煤粉或岩粉，再用木质或竹质炮棍将药卷轻轻推入，不得冲撞或捣实。炮眼内的药卷必须彼此密接。

潮湿或有水的炮眼，应用抗水炸药。

装药后，必须把电雷管脚线悬空，严禁电雷管脚线、放炮母线同运输设备、电气设备以及采掘机械等导电体相接触。

第十二条　炮眼封泥应用水炮泥，水炮泥外剩余的炮眼部分，应用粘土炮泥封实。封泥长度应按本规定第十三条执行。

炮眼封泥也可用不燃性的、可塑性松散材料，如砂子、粘土和砂子的混合物等制成的粘土炮泥。

严禁用煤粉、块状材料或其它可燃性材料作炮眼封泥。

对无封泥、封泥不足或不实的炮眼，严禁爆破。

第十三条　炮眼深度和炮眼的封泥长度，水炮泥用量，必须符合下列要求：

一、炮眼深度小于0.6m时，不得装药、爆破。在特殊条件下，如卧底、刷帮、挑顶确需浅眼爆破，必须制订安全措施，报矿总工程师批准；

二、炮眼深度为0.6～1m时，封泥长度不得小于炮眼深度的1/2，水炮泥用量不得少于1个；

三、炮眼深度超过1m时，封泥长度不得小于0.5m，水炮泥用量不得少于2个；

四、炮眼深度超过2.5m时，封泥长度不得小于1m，水炮泥用量不得少于3个；

五、光面爆破时，周边光爆炮眼应用炮泥封实，且封泥长度不得小于0.3m；

六、工作面有两个或两个以上自由面时，在煤层中最小抵抗线不得小于0.5m，在岩层中最小抵抗线不得小于0.3m，浅眼装药爆破大岩块时，最小抵抗线和封泥长度都不得小于0.3m。

第十四条　有下列情况之一者，都不准装药、爆破：

一、采掘工作面的控顶距离不符合作业规程的规定，或者支架有损坏，或者留有伞檐时；

二、装药前和爆破前，放炮员必须检查瓦斯，如果爆破地点附近20m以内风流中瓦斯浓度达到1%时；

三、在爆破地点20m以内，有矿车、未清除的煤、矸或其它物体阻塞巷道断面1/3以上时；

四、炮眼内发现异状、温度骤高骤低、有显著瓦斯涌出、煤岩松散、透老顶等情况时。

有上述情况之一者，必须报告班、队长，及时处理。在作出妥善处理前，放炮员有权拒绝装药和进行爆破。

第十五条　在有煤尘爆炸危险的煤层中，在掘进工作面爆破前后，附近20m的巷道内，都必须洒水降尘。

第十六条　爆破前，机械、液压支架和电缆等，都必须加以可靠的保护或移出工作面。

爆破前，班组长必须亲自布置专人，在警戒线和可能进入爆破地点的所有通路上担任警戒工作。警戒人员必须在有掩体的安全地点进行警戒。警戒线处应设置警戒牌、栏杆或拉绳等标志。

第十七条　每次爆破作业前，放炮员必须用电阻检测仪做电爆网路全电阻检查。严禁用放炮器放电检测电爆网路是否导通。

各矿对放炮器必须统一管理、发放。定期对放炮器的各项性能参数进行校验，并进行防爆检查，不符合要求的一律不准下井使用。

第十八条　爆破母线和连接线，必须符合下列要求：

一、煤矿井下爆破应采用符合标准的爆破母线；

二、电雷管脚线和连接线、脚线和脚线之间的接头，都必须悬空，不得同任何物体相接触；

三、多头巷道掘进时，爆破母线随用随挂，以免发生误接爆破母线。严禁使用固定爆破母线；

四、爆破母线、连接线和电雷管脚线必须相互扭紧并悬挂，不得同轨道、金属管、金属网、钢丝绳、刮板输送机等导电体相接触。

爆破母线同电缆、电线、信号线应分别挂在巷道的两侧。如果必须挂在同一侧，爆破母线必须挂在电缆的下方，并应保持0.3m以上的悬挂距离；

五、只准采用绝缘母线单回路爆破，严禁用轨道、金属管、金属网、水或大地等当作回路；

六、爆破前，爆破母线必须扭结成短路。

第十九条　放炮员必须最后离开爆破地点，并必须在有掩护的安全地点进行爆破。掩护地点到爆破工作面的距离，由矿务局（公司）统一规定。

第二十条　爆破前，脚线的连接工作可由经过专门训练的班组长协助放炮员进行。爆破母线连接脚线、检查线路和通电工作，只准放炮员一人操作。

爆破前，班组长必须清点人数，确认无误后，方准下达起爆命令。

放炮员接到起爆命令后，必须先发出爆破警号，至少等5s，方可通电起爆。

装药的炮眼必须当班爆破完毕。在特殊情况下，如果当班留下尚未爆破的装药炮眼，当班放炮员必须在现场向下一班放炮员交接清楚情况。

第二十一条　处理瞎炮（包括残爆）必须在班组长直接指导下进行，并应在当班处理完毕，如果当班未能处理完毕，放炮员必须同下一班放炮员在现场交接清楚。

第二十二条　处理瞎炮时，必须遵守下列规定：

一、由于连线不良造成的瞎炮，可重新连线起爆；

二、在距瞎炮至少0.3m处另打同瞎炮平行的新炮眼，重新装药起爆；

三、严禁用镐刨或从炮眼中取出原放置的引药或从引药中拉出电雷管；严禁将炮眼残底（无论有无残余炸药）继续加深；严禁用打眼的方法往外掏药；严禁用压风吹这些炮眼；

四、处理瞎炮的炮眼爆炸后，放炮员必须详细检查炸落的煤、矸，收集未爆的电雷管；

五、在瞎炮处理完毕以前，严禁在该地点进行同处理瞎炮无关的工作。

第二十三条　用爆破方法贯通井巷时，必须有准确的测量图，每班在图上填明进度。

当贯通的两工作面相距20m（掘进机工作面50m）前，地测部门必须事先下达通知书，并且只准从一个工作面向前接通。停掘的工作面必须保持正常通风，经常检查风筒是否脱节，还必须正常检查工作面及其回风流中的瓦斯浓度，瓦斯浓度超限时，必须立即处理。掘进的工作面每次装药爆破前，班组长必须派专人和瓦斯检查员共同到停掘的工作面检查工作面及其回风流中的瓦斯浓度，瓦斯浓度超限时，先停止掘进工作面的工作，然后处理瓦斯。只有在两个工作面及其回风巷风流中的瓦斯浓度都在1%以下时，掘进的工作面方可装药爆破。每次爆破前，在两个工作面必须设置栅栏和有专人警戒。

间距小于20m的平行巷道，其中一个巷道爆破时，两个工作面的人员都必须撤至安全地点。

（4）井下紧急避险系统

煤矿井下紧急避险系统建设管理暂行规定

1. 2011年1月25日国家安全生产监督管理总局、国家煤矿安全监察局发布

2. 安监总煤装〔2011〕15号

一、总则

1. 为促进和规范煤矿井下紧急避险系统的建设完善和管理工作，根据《国务院关于进一步加强企业安全生产工作的通知》（国发〔2010〕23号），制定本规定。

2. 本规定适用于煤矿井下紧急避险系统的设计、建设、使用、维护和管理，并作为煤矿安全监管部门对煤矿井下紧急避险系统建设、使用、管理等实施监督检查和煤矿安全监察机构实施安全监察的依据。

3. 煤矿企业是煤矿井下紧急避险系统建设管理的责任主体，负责紧急避险系统的建设、使用和维护管理工作。各级煤矿安全监管部门负责本行政区域内煤矿井下紧急避险系统建设、使用、管理等的日常监管。各级煤矿安全监察机构负责对所驻辖区内煤矿井下紧急避险系统的建设、使用、管理等实施监察。

二、紧急避险系统

4. 煤矿井下紧急避险系统是指在煤矿井下发生紧急情况下，为遇险人员安全避险提供生命保障的设施、设备、措施组成的有机整体。紧急避险系统建设的内容包括为入井人员提供自救器、建设井下紧急避险设施、合理设置避灾路线、科学制定应急预案等。

5. 井下紧急避险设施是指在井下发生灾害事故时，为无法及时撤离的遇险人员提供生命保障的密闭空间。该设施对外能够抵御高温烟气，隔绝有毒有害气体，对内提供氧气、食物、水，去除有毒有害气体，创造生存基本条件，为应急救援创造条件、赢得时间。紧急避险设施主要包括永久避难硐室、临时避难硐室、可移动式救生舱。

永久避难硐室是指设置在井底车场、水平大巷、采区（盘区）避灾路线上，具有紧急避险功能的井下专用巷道硐室，服务于整个矿井、水平或采区，服务年限一般不低于5年。

临时避难硐室是指设置在采掘区域或采区避灾路线上，具有紧急避险功能的井下专用巷道硐室，主要服务于采掘工作面及其附近区域，服务年限一般不大于5年。

可移动式救生舱是指可通过牵引、吊装等方式实现移动，适应井下采掘作业地点变化要求的避险设施。

6. 所有井工煤矿应为入井人员配备额定防护时间不低于30分钟的自救器，入井人员应随身携带。

7. 紧急避险设施的建设方案应综合考虑所服务区域的特征和巷道布置、可能发生的灾害类型及特点、人员分布等因素。优先建设避难硐室。

8. 紧急避险设施应具备安全防护、氧气供给保障、有害气体去除、环境监测、通讯、照明、人员生存保障等基本功能，在无任何外界支持的情况下额定防护时间不低于96小时。

（1）具备自备氧供氧系统和有害气体去除设施。供氧量不低于0.5升/分钟·人，处理二氧化碳的能力不低于0.5升/分钟·人，处理一氧化碳的能力应能保证在20分钟内将一氧化碳浓度由0.04%降到0.0024%以下。在整个额定防护时间内，紧急避险设施内部环境中氧气含量应在18.5%～23.0%之间，二氧化碳浓度不大于1.0%，甲烷浓度不大于1.0%，一氧化碳浓度不大于0.0024%，温度不高于35摄氏度，湿度不大于85%，并保证紧急避险设施内始终处于不低于100帕的正压状态。采用高压气瓶供气系统的应有减压措施，以保证安全使用。

（2）配备独立的内外环境参数检测或监测仪器，在突发紧急情况下人员避险时，能够对避险设施过渡室（舱）内的氧气、一氧化碳，生存室（舱）内的氧气、甲烷、二氧化碳、一氧化碳、温度、湿度和避险设施外的氧气、甲烷、二氧化碳、一氧化碳进行检测或监测。

（3）按额定避险人数配备食品、饮用水、自救器、人体排泄物收集处理装置及急救箱、照明设施、工具箱、灭火器等辅助设施。配备的食品发热量不少于5000千焦/天·人，饮用水不少于1.5升/天·人。配备的自救器应为隔绝式，有效防护时间应不低于45分钟。

9. 各紧急避险设施的总容量应满足突发紧急情况下所服务区域全部人员紧急避险的需要，包括生产人员、管理人员及可能出现的其他临时人员，并应有一定的备用系数。永久避难硐室的备用系数不低于1.2，临时避难硐室和可移动式救生舱的备用系数不低于1.1。

10. 所有煤与瓦斯突出矿井都应建设井下紧急避险设施。

其他矿井在突发紧急情况时，凡井下人员在自救器额定防护时间内靠步行不能安全撤至地面的，应建设井下紧急避险设施。

11. 煤与瓦斯突出矿井应建设采区避难硐室。突出煤层的掘进巷道长度及采煤工作面推进长度超过500米时，应在距离工作面500米范围内建设临时避难硐室或设置可移动式救生舱。

其他矿井应在距离采掘工作面1000米范围内建设避难硐室或设置可移动式救生舱。

12. 紧急避险系统应有整体设计。设计方案应符合国家有关规定要求，经过企业技术负责人批准后，报属地煤矿安全监管部门和驻地煤矿安全监察机构备案。

新建、改扩建煤矿建设项目安全设施设计专篇中应包含煤矿井下紧急避险系统的设计，并符合本规定有关要求。

13. 紧急避险设施应与矿井安全监测监控、人员定位、压风自救、供水施救、通信联络等系统相连接，形成井下整体性的安全避险系统。

矿井安全监测监控系统应对紧急避险设施外和避难硐室内的甲烷、一氧化碳等环境参数进行实时监测。

矿井人员定位系统应能实时监测井下人员分布和进出紧急避险设施的情况。

矿井压风自救系统应能为紧急避险设施供给足量氧气，接入的矿井压风管路应设减压、消音、过滤装置和控制阀，压风出口压力在0.1～0.3兆帕之间，供风量不低于0.3米^3/分钟·人，连续噪声不大于70分贝。

矿井供水施救系统应能在紧急情况下为避险人员供水，并为在紧急情况下输送液态营养物质创造条件。接入的矿井供水管路应有专用接口和供水阀门。

矿井通信联络系统应延伸至井下紧急避险设施，紧急避险设施内应设置直通矿调度室的电话。

14. 紧急避险设施的设置要与矿井避灾路线相结合，紧急避险设施应有清晰、醒目、牢靠的标识。矿井避灾路线图中应明确标注紧急避险设施的位置、规格和种类，井巷中应有紧急避险设施方位的明显标识，以方便灾变时遇险人员迅速到达紧急避险设施。

15. 紧急避险系统应随井下采掘系统的变化及时

调整和补充完善，包括及时补充或移动紧急避险设施，完善避灾路线和应急预案等。

16. 可移动式救生舱应符合相关规定，并取得煤矿矿用产品安全标志。紧急避险设施的配套设备应符合相关标准的规定，纳入安全标志管理的应取得煤矿矿用产品安全标志。

三、避难硐室

17. 避难硐室应布置在稳定的岩层中，避开地质构造带、高温带、应力异常区以及透水危险区。前后20米范围内巷道应采用不燃性材料支护，且顶板完整、支护完好，符合安全出口的要求。特殊情况下确需布置在煤层中时，应有控制瓦斯涌出和防止瓦斯积聚、煤层自燃的措施。永久避难硐室应确保在服务期间不受采动影响，临时避难硐室应在服务期间避免受采动损害。

18. 避难硐室应采用向外开启的两道门结构。外侧第一道门采用既能抵挡一定强度的冲击波，又能阻挡有毒有害气体的防护密闭门；第二道门采用能阻挡有毒有害气体的密闭门。两道门之间为过渡室，密闭门之内为避险生存室。

防护密闭门上设观察窗，门墙设单向排水管和单向排气管，排水管和排气管应加装手动阀门。过渡室内应设压缩空气幕和压气喷淋装置。永久避难硐室过渡室的净面积应不小于3.0米^2；临时避难硐室不小于2.0米^2。

生存室的宽度不得小于2.0米，长度根据设计的额定避险人数以及内配装备情况确定。生存室内设置不少于两趟单向排气管和一趟单向排水管，排水管和排气管应加装手动阀门。永久避难硐室生存室的净高不低于2.0米，每人应有不低于1.0米^{2}的有效使用面积，设计额定避险人数不少于20人，宜不多于100人。临时避难硐室生存室的净高不低于1.85米，每人应有不低于0.9米^{2}的有效使用面积，设计额定避险人数不少于10人，不多于40人。

19. 避难硐室防护密闭门抗冲击压力不低于0.3兆帕，应有足够的气密性，密封可靠、开闭灵活。门墙周边掏槽，深度不小于0.2米，墙体用强度不低于C30的混凝土浇筑，并与岩（煤）体接实，保证足够的气密性。

利用可移动式救生舱的过渡舱作为临时避难硐室的过渡室时，过渡舱外侧门框宽度应不小于0.3米，安装时在门框上整体灌注混凝土墙体，四周掏槽深度、墙体强度及密封性能要求不低于防护密闭门的安装要求。

20. 采用锚喷、砌碹等方式支护，支护材料应阻燃、抗静电、耐高温、耐腐蚀，顶板和墙壁的颜色宜为浅色。硐室地面高于巷道底板不小于0.2米。

21. 有条件的矿井宜为永久避难硐室布置由地表直达硐室的钻孔，钻孔直径应不小于200毫米。通过钻孔设置水管和电缆时，水管应有减压装置；钻孔地表出口应有必要的保护装置并储备自带动力压风机，数量不少于2台。避难硐室还应配备自备氧供氧系统，供氧量不小于24小时。

22. 接入避难硐室的矿井压风、供水、监测监控、人员定位、通讯和供电系统的各种管线在接入硐室前应采取保护措施。避难硐室内宜加配无线电话或应急通讯设施。

23. 避难硐室施工前，应有专门的施工设计，报企业技术负责人批准后方可实施。

24. 避难硐室施工中应加强工程管理和过程控制，确保施工质量。

避难硐室施工、安装完成后，应进行各种功能测试和联合试运行，并严格按设计要求组织验收。

四、可移动式救生舱

25. 选用的救生舱应符合有关标准规定，其适用范围和适用条件应符合所服务区域的特点，数量和总容量应满足所服务区域人员紧急避险的需要。

26. 救生舱应具备过渡舱结构，不设过渡舱时应有防止避险人员进入救生舱内时有害气体侵入的技术措施。过渡舱的净容积应不小于1.2米^3，内设压缩空气幕、压气喷淋装置及单向排气阀。

生存舱提供的有效生存空间应不小于每人0.8米^3，应设有观察窗和不少于2个单向排气阀。

27. 救生舱应具有足够的强度和气密性。舱体抗冲击压力不低于0.3兆帕。在+500±20帕压力下，泄压速率应不大于350±20帕/小时；舱内气压应始终保持高于外界气压100~500帕，且能根据实际情况进行调节。

28. 救生舱应选用抗高温老化、无腐蚀性、无公害的环保材料。舱内颜色应为浅色，外体颜色在煤矿井下照明条件下应醒目，宜采用黄色或红色。

29. 救生舱的设置地点和安装应有设计和作业规程，并严格按照产品说明书进行。在安装救生舱的位置前后20米范围内煤（岩）层稳定，采用不燃性材料支护，通风良好，无积水和杂物堆积，满足安全出口的要求，不得影响矿井正常生产和通风。

30. 接入救生舱的矿井压风管路、供水管路及通讯线路应采取防护措施，具有抗冲击破坏能力，管路与救生舱应采用软联接。

31. 救生舱安装完成后应进行系统性的功能测试和试运行，满足要求后方可通过验收。

32. 拆装、运输和移动救生舱时应有保护措施，编制操作规程和安全技术措施，保证拆装、运输和移动过程中不损坏救生舱。救生舱移动后应进行一次系统检查和功能测试。

五、维护与管理

33. 煤矿企业应建立紧急避险系统管理制度，确定专门机构和人员对紧急避险设施进行维护和管理，保证其始终处于正常待用状态。

34. 紧急避险设施内应悬挂或张贴简明、易懂的使用说明，指导避险矿工正确使用。

35. 煤矿企业应定期对紧急避险设施及配套设备进行维护和检查，并按产品说明书要求定期更换部件或设备。

应保证储存的食品、水、药品等始终处于保质期内，外包装应明确标示保质日期和下次更换时间。

每天应对紧急避险设施进行1次巡检，设置巡检牌板，做好巡检记录。煤矿负责人应对紧急避险设施的日常巡检情况进行检查。

每月对配备的高压气瓶进行1次余量检查及系统调试，气瓶内压力低于额定压力的95%时，应及时更换。每3年对高压气瓶进行1次强制性检测，每年对压力表进行1次强制性检验。

每10天应对设备电源进行1次检查和测试。

每年对紧急避险设施进行1次系统性的功能测试，包括气密性、电源、供氧、有害气体处理等。

36. 经检查发现紧急避险设施不能正常使用时，应及时维护处理。采掘区域的紧急避险设施不能正常使用时，应停止采掘作业。

37. 矿井灾害预防与处理计划、重大事故应急预案、采区设计及作业规程中应包含紧急避险系统的相关内容。

38. 应建立紧急避险设施的技术档案，准确记录紧急避险设施设计、安装、使用、维护、配件配品更换等相关信息。

39. 煤矿企业应于每年年底前将紧急避险系统建设和运行情况，向县级以上煤矿安全监管部门和驻地煤矿安全监察机构书面报告。

六、培训与应急演练

40. 煤矿企业应将了解紧急避险系统、正确使用紧急避险设施作为入井人员安全培训的重要内容，确保所有入井人员熟悉井下紧急避险系统，掌握紧急避险设施的使用方法，具备安全避险基本知识。

对紧急避险系统进行调整后，应及时对相关区域的入井人员进行再培训，确保所有入井人员准确掌握紧急避险系统的实际状况。

41. 煤矿应当每年开展1次紧急避险应急演练，建立应急演练档案，并将应急演练情况书面报告县级以上煤矿安全监管部门和驻地煤矿安全监察机构。

七、监督检查

42. 各级煤矿安全监管部门应将本地区煤矿井下紧急避险系统建设情况作为安全监管的重要内容，各级煤矿安全监察机构应将煤矿井下紧急避险系统建设和维护管理情况作为监察工作重点，纳入年度安全监管监察执法工作计划，定期开展监督检查。

43. 煤矿安全监管部门和煤矿安全监察机构要严格执法，对不能按期完成紧急避险系统建设或建设不符合本规定要求的，依法暂扣其安全生产许可证或提请有关部门暂扣煤炭生产许可证，责令限期整改；逾期仍未完成的，提请地方人民政府依法予以关闭。

44. 新建、改扩建煤矿建设项目安全设施设计专篇中未包含煤矿井下紧急避险系统有关内容，或有关内容不符合本规定要求的，其安全专篇不予通过审查。

45. 新建、改扩建煤矿建设项目未按安全设施设计专篇要求完成紧急避险系统建设的，其安全设施竣工验收不予通过。

已通过审批、正在实施中的新建、改扩建煤矿建设项目，应在规定的时限内完成紧急避险系统建设。

八、附则

46. 各省级煤矿安全监管部门可以根据实际情况制定实施细则。

47. 本规定自印发之日起施行。

国家安全生产监督管理总局、国家煤矿安全监察局关于煤矿井下紧急避险系统建设管理有关事项的通知

1. *2012年1月20日*
2. *安监总煤装〔2012〕15号*

各产煤省、自治区、直辖市及新疆生产建设兵团煤矿安全监管、煤炭行业管理部门，各省级煤矿安全监察机构，司法部直属煤矿管理局，有关中央企业：

为进一步执行好《煤矿井下紧急避险系统建设管

理暂行规定》(安监总煤装〔2011〕15号,以下简称《暂行规定》),加快推进煤矿井下紧急避险系统建设工作,现就有关要求通知如下:

一、关于井下紧急避险系统的设计

1. 矿井紧急避险系统的整体设计和永久避难硐室设计,应当在煤矿企业和具备紧急避险系统研发经验的机构配合下,由具备煤炭行业专业(矿井)设计资质的机构完成。

2. 紧急避险系统设计中应当坚持科学合理、因地制宜、安全实用的原则,根据矿井具体条件和突发紧急情况下矿工安全避险实际需求,建设井下紧急避险系统,并与监测监控、人员定位、压风自救、供水施救、通信联络等系统相连结,确保在矿井突发紧急情况下遇险人员能够安全避险。

3. 紧急避险系统设计的基本内容,应当包括矿井基本情况分析、矿井安全风险分析、紧急避险设施设计、自救器配置、避灾路线优化与应急预案完善、管理体系与规章制度、安全培训与应急演练、设备选型与投资概算等。具体设计方案应当进行技术经济分析、方案优选和充分的论证。

二、关于避难硐室建设

1. 永久避难硐室的建设。除应当符合《暂行规定》第11及17~22条目的要求外,还应当具备应急逃生出口或采用2个安全出入口。有条件的矿井应当将安全出入口或应急逃生出口分别布置在2条不同巷道中。如果布置在同一条巷道中,2个出入口的间距应当不小于20米。

2. 煤与瓦斯突出矿井的采区避难硐室应当按照永久避难硐室的标准建设。

3. 临时避难硐室的建设。采(盘)区布置永久避难硐室的,该采(盘)区内采掘工作面的临时避难硐室应当符合《防治煤与瓦斯突出规定》(国家安全监管总局令第19号)第102条的要求,且硐室隔离门应当满足气密性要求,门墙设单向排气管,硐室内应当存放足量食品、急救用品及防护时间不小于45分钟的隔离式自救器,安设压风自救装置。采(盘)区没有永久避难硐室的,该采(盘)区内采掘工作面的临时避难硐室应当符合《暂行规定》有关要求。

4. 各类避难硐室内均必须接入矿井压风系统,配置环境检(监)测仪器仪表,能够对氧气、甲烷、二氧化碳、一氧化碳等进行检测或监测。

三、关于永久避难硐室的生存条件保障

1. 关于《暂行规定》第8条目规定的避难硐室的氧气供给保障要求。煤矿企业可根据矿井实际,在进行安全技术分析的基础上,采取钻孔、专用管路、自备氧等不同方式作为永久避难硐室的供氧方式。

钻孔供氧方式是指在地面或井下布置大直径钻孔,通过钻孔为避难硐室供给氧气(空气),并借助钻孔实现通风、供电、通信等。钻孔供氧应当在地面或至少在该硐室所在水平以上2个水平的进风巷道上开孔,确保供氧安全可靠。

专用管路供氧方式是指从地面通过井巷或钻孔布设具有有效保护的专用管路至避难硐室,通过专用管路为避难硐室供给氧气(空气),并可借助该管路实现通风、供电、通信等功能。

自备氧供氧方式是指在避难硐室内储存足够氧气(空气)或设置自生氧装置,在突发紧急情况下主要依靠自备氧气(空气)或自生氧装置为避险人员提供氧气。

采用钻孔供氧、专用管路供氧的永久避难硐室内,应当储存保证气幕和压风喷淋需要的压缩空气。采用自备氧供氧的避难硐室,采用压缩氧供氧的,供氧管路应当进行脱脂处理;采用自生氧装置的,应当经充分的安全评估,保证自生氧装置可靠起动及在避难硐室整个额定防护时间内均衡供氧。

2. 关于《暂行规定》第8条目规定的避难硐室氧气(空气)供给、有害气体去除、温湿度调节、动力供应等要求。对于布置有大直径钻孔、专用管路的永久避难硐室,在无外界供风、供电等支持情况下的额定防护时间不得低于开启钻孔、专用管路等供风、供电系统所需的最大时间。煤矿企业可在设计计算和测试的基础上,对避难硐室利用钻孔或管路进行氧气(空气)供给、有害气体去除、温湿度调节、通信联络、动力供应等能力进行评估。如用钻孔或专用管路不能保证可靠实现相关功能的,应当合理设计、选择自备氧气(空气)供给、有害气体去除、温湿度调节、大容量后备电源等设备设施。

四、关于紧急避险设施的安全标准

1. 避难硐室配套用防爆电气设备、安全仪器仪表、救援设备、非金属制品等纳入煤矿矿用产品安全标志管理的产品,应当符合相关标准并取得煤矿矿用产品安全标志;高压气瓶、压力仪表等纳入特种设备安全管理的产品,应当符合相关标准和管理要求;配备的食品、饮用水、急救用品等,应当符合国家相关标准和管理规定。

2. 可移动式救生舱必须取得煤矿矿用产品安全标

志，并在其使用说明书规定的环境条件下安装、使用。对于在《暂行规定》发布前部分试点建设单位为满足试点建设需要，引进已取得国外安全许可的可移动式救生舱，经煤矿企业总工程师批准，可在试点矿井进行工业性试应用。在工业性试应用期间，煤矿企业应当制定安全技术措施，确保试应用安全。

五、关于紧急避险设施建成后的功能测试

1. 煤矿企业应当按照《暂行规定》第24、32条目等的要求，对建设、安装完成后的永久避难硐室及救生舱进行功能测试。测试的主要内容包括：气密性检测，在500±20帕压力下泄压速率应当不大于350帕/小时；正压维持检测，在设定工作状态下紧急避险设施内部气压应当始终保持高于外界气压100～500帕，且能根据实际情况进行调节；压风系统检测，压风系统供风能力应当不低于每人每分钟0.3立方米，噪声不高于70分贝；气幕和压风喷淋系统检测，气幕应当覆盖整个防护密闭门；高压管路承压检测，在1.5倍使用压力下保压1小时，压力应当无明显下降。

2. 煤矿企业应当进行硐室安全避险模拟综合防护性能试验，研究确定适合本矿区避险设施建设的经验和相关参数。

请各省级煤矿安全监管部门及时将本通知精神传达到辖区内各煤矿企业。

（5）隐患治理

煤矿重大事故隐患判定标准

1. 2020年11月20日应急管理部令第4号公布
2. 自2021年1月1日起施行

第一条　为了准确认定、及时消除煤矿重大事故隐患，根据《中华人民共和国安全生产法》和《国务院关于预防煤矿生产安全事故的特别规定》（国务院令第446号）等法律、行政法规，制定本标准。

第二条　本标准适用于判定各类煤矿重大事故隐患。

第三条　煤矿重大事故隐患包括下列15个方面：

（一）超能力、超强度或者超定员组织生产；

（二）瓦斯超限作业；

（三）煤与瓦斯突出矿井，未依照规定实施防突出措施；

（四）高瓦斯矿井未建立瓦斯抽采系统和监控系统，或者系统不能正常运行；

（五）通风系统不完善、不可靠；

（六）有严重水患，未采取有效措施；

（七）超层越界开采；

（八）有冲击地压危险，未采取有效措施；

（九）自然发火严重，未采取有效措施；

（十）使用明令禁止使用或者淘汰的设备、工艺；

（十一）煤矿没有双回路供电系统；

（十二）新建煤矿边建设边生产，煤矿改扩建期间，在改扩建的区域生产，或者在其他区域的生产超出安全设施设计规定的范围和规模；

（十三）煤矿实行整体承包生产经营后，未重新取得或者及时变更安全生产许可证而从事生产，或者承包方再次转包，以及将井下采掘工作面和井巷维修作业进行劳务承包；

（十四）煤矿改制期间，未明确安全生产责任人和安全管理机构，或者在完成改制后，未重新取得或者变更采矿许可证、安全生产许可证和营业执照；

（十五）其他重大事故隐患。

第四条　“超能力、超强度或者超定员组织生产”重大事故隐患，是指有下列情形之一的：

（一）煤矿全年原煤产量超过核定（设计）生产能力幅度在10%以上，或者月原煤产量大于核定（设计）生产能力的10%的；

（二）煤矿或其上级公司超过煤矿核定（设计）生产能力下达生产计划或者经营指标的；

（三）煤矿开拓、准备、回采煤量可采期小于国家规定的最短时间，未主动采取限产或者停产措施，仍然组织生产的（衰老煤矿和地方人民政府计划停产关闭煤矿除外）；

（四）煤矿井下同时生产的水平超过2个，或者一个采（盘）区内同时作业的采煤、煤（半煤岩）巷掘进工作面个数超过《煤矿安全规程》规定的；

（五）瓦斯抽采不达标组织生产的；

（六）煤矿未制定或者未严格执行井下劳动定员制度，或者采掘作业地点单班作业人数超过国家有关限员规定20%以上的。

第五条　“瓦斯超限作业”重大事故隐患，是指有下列情形之一的：

（一）瓦斯检查存在漏检、假检情况且进行作业的；

（二）井下瓦斯超限后继续作业或者未按照国家规定处置继续进行作业的；

（三）井下排放积聚瓦斯未按照国家规定制定并

实施安全技术措施进行作业的。

第六条 “煤与瓦斯突出矿井，未依照规定实施防突出措施”重大事故隐患，是指有下列情形之一的：

（一）未设立防突机构并配备相应专业人员的；

（二）未建立地面永久瓦斯抽采系统或者系统不能正常运行的；

（三）未按照国家规定进行区域或者工作面突出危险性预测的（直接认定为突出危险区域或者突出危险工作面的除外）；

（四）未按照国家规定采取防治突出措施的；

（五）未按照国家规定进行防突措施效果检验和验证，或者防突措施效果检验和验证不达标仍然组织生产建设，或者防突措施效果检验和验证数据造假的；

（六）未按照国家规定采取安全防护措施的；

（七）使用架线式电机车的。

第七条 “高瓦斯矿井未建立瓦斯抽采系统和监控系统，或者系统不能正常运行”重大事故隐患，是指有下列情形之一的：

（一）按照《煤矿安全规程》规定应当建立而未建立瓦斯抽采系统或者系统不正常使用的；

（二）未按照国家规定安设、调校甲烷传感器，人为造成甲烷传感器失效，或者瓦斯超限后不能报警、断电或者断电范围不符合国家规定的。

第八条 “通风系统不完善、不可靠”重大事故隐患，是指有下列情形之一的：

（一）矿井总风量不足或者采掘工作面等主要用风地点风量不足的；

（二）没有备用主要通风机，或者两台主要通风机不具有同等能力的；

（三）违反《煤矿安全规程》规定采用串联通风的；

（四）未按照设计形成通风系统，或者生产水平和采（盘）区未实现分区通风的；

（五）高瓦斯、煤与瓦斯突出矿井的任一采（盘）区，开采容易自燃煤层、低瓦斯矿井开采煤层群和分层开采采用联合布置的采（盘）区，未设置专用回风巷，或者突出煤层工作面没有独立的回风系统的；

（六）进、回风井之间和主要进、回风巷之间联络巷中的风墙、风门不符合《煤矿安全规程》规定，造成风流短路的；

（七）采区进、回风巷未贯穿整个采区，或者虽贯穿整个采区但一段进风、一段回风，或者采用倾斜长壁布置，大巷未超前至少 2 个区段构成通风系统即开掘其他巷道的；

（八）煤巷、半煤岩巷和有瓦斯涌出的岩巷掘进未按照国家规定装备甲烷电、风电闭锁装置或者有关装置不能正常使用的；

（九）高瓦斯、煤（岩）与瓦斯（二氧化碳）突出矿井的煤巷、半煤岩巷和有瓦斯涌出的岩巷掘进工作面采用局部通风时，不能实现双风机、双电源且自动切换的；

（十）高瓦斯、煤（岩）与瓦斯（二氧化碳）突出建设矿井进入二期工程前，其他建设矿井进入三期工程前，没有形成地面主要通风机供风的全风压通风系统的。

第九条 “有严重水患，未采取有效措施”重大事故隐患，是指有下列情形之一的：

（一）未查明矿井水文地质条件和井田范围内采空区、废弃老窑积水等情况而组织生产建设的；

（二）水文地质类型复杂、极复杂的矿井未设置专门的防治水机构、未配备专门的探放水作业队伍，或者未配齐专用探放水设备的；

（三）在需要探放水的区域进行采掘作业未按照国家规定进行探放水的；

（四）未按照国家规定留设或者擅自开采（破坏）各种防隔水煤（岩）柱的；

（五）有突（透、溃）水征兆未撤出井下所有受水患威胁地点人员的；

（六）受地表水倒灌威胁的矿井在强降雨天气或其来水上游发生洪水期间未实施停产撤人的；

（七）建设矿井进入三期工程前，未按照设计建成永久排水系统，或者生产矿井延深到设计水平时，未建成防、排水系统而违规开拓掘进的；

（八）矿井主要排水系统水泵排水能力、管路和水仓容量不符合《煤矿安全规程》规定的；

（九）开采地表水体、老空水淹区域或者强含水层下急倾斜煤层，未按照国家规定消除水患威胁的。

第十条 “超层越界开采”重大事故隐患，是指有下列情形之一的：

（一）超出采矿许可证载明的开采煤层层位或者标高进行开采的；

（二）超出采矿许可证载明的坐标控制范围进行开采的；

（三）擅自开采（破坏）安全煤柱的。

第十一条 “有冲击地压危险，未采取有效措施”重大事故隐患，是指有下列情形之一的：

（一）未按照国家规定进行煤层（岩层）冲击倾向性鉴定，或者开采有冲击倾向性煤层未进行冲击危险性评价，或者开采冲击地压煤层，未进行采区、采掘工作面冲击危险性评价的；

（二）有冲击地压危险的矿井未设置专门的防冲机构、未配备专业人员或者未编制专门设计的；

（三）未进行冲击地压危险性预测，或者未进行防冲措施效果检验以及防冲措施效果检验不达标仍组织生产建设的；

（四）开采冲击地压煤层时，违规开采孤岛煤柱，采掘工作面位置、间距不符合国家规定，或者开采顺序不合理、采掘速度不符合国家规定、违反国家规定布置巷道或者留设煤（岩）柱造成应力集中的；

（五）未制定或者未严格执行冲击地压危险区域人员准入制度的。

第十二条 “自然发火严重，未采取有效措施”重大事故隐患，是指有下列情形之一的：

（一）开采容易自燃和自燃煤层的矿井，未编制防灭火专项设计或者未采取综合防灭火措施的；

（二）高瓦斯矿井采用放顶煤采煤法不能有效防治煤层自然发火的；

（三）有自然发火征兆没有采取相应的安全防范措施继续生产建设的；

（四）违反《煤矿安全规程》规定启封火区的。

第十三条 “使用明令禁止使用或者淘汰的设备、工艺”重大事故隐患，是指有下列情形之一的：

（一）使用被列入国家禁止井工煤矿使用的设备及工艺目录的产品或者工艺的；

（二）井下电气设备、电缆未取得煤矿矿用产品安全标志的；

（三）井下电气设备选型与矿井瓦斯等级不符，或者采（盘）区内防爆型电气设备存在失爆，或者井下使用非防爆无轨胶轮车的；

（四）未按照矿井瓦斯等级选用相应的煤矿许用炸药和雷管、未使用专用发爆器，或者裸露爆破的；

（五）采煤工作面不能保证2个畅通的安全出口的；

（六）高瓦斯矿井、煤与瓦斯突出矿井、开采容易自燃和自燃煤层（薄煤层除外）矿井，采煤工作面采用前进式采煤方法的。

第十四条 “煤矿没有双回路供电系统”重大事故隐患，是指有下列情形之一的：

（一）单回路供电的；

（二）有两回路电源线路但取自一个区域变电所同一母线段的；

（三）进入二期工程的高瓦斯、煤与瓦斯突出、水文地质类型为复杂和极复杂的建设矿井，以及进入三期工程的其他建设矿井，未形成两回路供电的。

第十五条 “新建煤矿边建设边生产，煤矿改扩建期间，在改扩建的区域生产，或者在其他区域的生产超出安全设施设计规定的范围和规模”重大事故隐患，是指有下列情形之一的：

（一）建设项目安全设施设计未经审查批准，或者审查批准后作出重大变更未经再次审查批准擅自组织施工的；

（二）新建煤矿在建设期间组织采煤的（经批准的联合试运转除外）；

（三）改扩建矿井在改扩建区域生产的；

（四）改扩建矿井在非改扩建区域超出设计规定范围和规模生产的。

第十六条 “煤矿实行整体承包生产经营后，未重新取得或者及时变更安全生产许可证而从事生产，或者承包方再次转包，以及将井下采掘工作面和井巷维修作业进行劳务承包”重大事故隐患，是指有下列情形之一的：

（一）煤矿未采取整体承包形式进行发包，或者将煤矿整体发包给不具有法人资格或者未取得合法有效营业执照的单位或者个人的；

（二）实行整体承包的煤矿，未签订安全生产管理协议，或者未按照国家规定约定双方安全生产管理职责而进行生产的；

（三）实行整体承包的煤矿，未重新取得或者变更安全生产许可证进行生产的；

（四）实行整体承包的煤矿，承包方再次将煤矿转包给其他单位或者个人的；

（五）井工煤矿将井下采掘作业或者井巷维修作业（井筒及井下新水平延深的井底车场、主运输、主通风、主排水、主要机电硐室开拓工程除外）作为独立工程发包给其他企业或者个人的，以及转包井下新水平延深开拓工程的。

第十七条 “煤矿改制期间，未明确安全生产责任人和安全管理机构，或者在完成改制后，未重新取得或者变更采矿许可证、安全生产许可证和营业执照”重大事故隐患，是指有下列情形之一的：

（一）改制期间，未明确安全生产责任人进行生产建设的；

（二）改制期间，未健全安全生产管理机构和配备安全管理人员进行生产建设的；

（三）完成改制后，未重新取得或者变更采矿许可证、安全生产许可证、营业执照而进行生产建设的。

第十八条 "其他重大事故隐患",是指有下列情形之一的:

(一)未分别配备专职的矿长、总工程师和分管安全、生产、机电的副矿长,以及负责采煤、掘进、机电运输、通风、地测、防治水工作的专业技术人员的;

(二)未按照国家规定足额提取或者未按照国家规定范围使用安全生产费用的;

(三)未按照国家规定进行瓦斯等级鉴定,或者瓦斯等级鉴定弄虚作假的;

(四)出现瓦斯动力现象,或者相邻矿井开采的同一煤层发生了突出事故,或者被鉴定、认定为突出煤层,以及煤层瓦斯压力达到或者超过0.74MPa的非突出矿井,未立即按照突出煤层管理并在国家规定期限内进行突出危险性鉴定的(直接认定为突出矿井的除外);

(五)图纸作假、隐瞒采掘工作面,提供虚假信息、隐瞒下井人数,或者矿长、总工程师(技术负责人)履行安全生产岗位责任制及管理制度时伪造记录,弄虚作假的;

(六)矿井未安装安全监控系统、人员位置监测系统或者系统不能正常运行,以及对系统数据进行修改、删除及屏蔽,或者煤与瓦斯突出矿井存在第七条第二项情形的;

(七)提升(运送)人员的提升机未按照《煤矿安全规程》规定安装保护装置,或者保护装置失效,或者超员运行的;

(八)带式输送机的输送带入井前未经过第三方阻燃和抗静电性能试验,或者试验不合格入井,或者输送带防打滑、跑偏、堆煤等保护装置或者温度、烟雾监测装置失效的;

(九)掘进工作面后部巷道或者独头巷道维修(着火点、高温点处理)时,维修(处理)点以里继续掘进或者有人员进入,或者采掘工作面未按照国家规定安设压风、供水、通信线路及装置的;

(十)露天煤矿边坡角大于设计最大值,或者边坡发生严重变形未及时采取措施进行治理的;

(十一)国家矿山安全监察机构认定的其他重大事故隐患。

第十九条 本标准所称的国家规定,是指有关法律、行政法规、部门规章、国家标准、行业标准,以及国务院及其应急管理部门、国家矿山安全监察机构依法制定的行政规范性文件。

第二十条 本标准自2021年1月1日起施行。原国家安全生产监督管理总局2015年12月3日公布的《煤矿重大生产安全事故隐患判定标准》(国家安全生产监督管理总局令第85号)同时废止。

煤矿隐患排查和整顿关闭实施办法(试行)

1. 2005年9月26日国家安全生产监督管理总局、国家煤矿安全监察局发布

2. 安监总煤矿字〔2005〕134号

第一章 总 则

第一条 为了排查煤矿安全生产隐患,整顿关闭不具备安全生产条件和非法煤矿,根据《安全生产法》、《国务院关于预防煤矿生产安全事故的特别规定》(以下简称《特别规定》)和《国务院办公厅关于坚决整顿关闭不具备安全生产条件和非法煤矿的紧急通知》(以下简称《紧急通知》)等相关法律、法规及国务院有关文件规定,制定本实施办法。

第二条 煤矿企业是安全生产隐患排查、治理的责任主体,煤矿企业主要负责人(包括一些煤矿企业的实际控制人)对本企业安全生产隐患的排查和治理全面负责。

煤矿企业应当以矿(井)为单位进行安全生产隐患排查、治理,矿(井)主要负责人对安全生产隐患的排查和治理负直接责任。

煤矿实际控制人是指一些煤矿企业生产、经营、安全、投资和人事任免等重大事项的实际决策人,或者对重大决策起决定作用的人。

第三条 县级以上地方人民政府负责煤矿安全生产监督管理的部门对本行政区域内煤矿的重大隐患和违法行为负有日常监督检查和依法查处的职责;煤矿安全监察机构对所辖区域内煤矿的重大隐患和违法行为负有重点监察、专项监察、定期监察和依法查处的职责。

负责颁发采矿许可证、安全生产许可证、煤炭生产许可证、工商营业执照和矿长资格证、矿长安全资格证的部门应当对取得证照的煤矿加强日常监督管理,促使煤矿持续符合取得证照应当具备的条件。

第四条 煤矿停产整顿和关闭取缔工作由省、自治区、直辖市人民政府统一负责,制定本地区煤矿停产整顿和关闭取缔工作方案,并组织实施。

第二章 隐患排查

第五条 本办法所称重大隐患是指《特别规定》第八条

第二款所列15种重大安全生产隐患(具体分解细化内容,见《煤矿重大安全生产隐患认定办法》)。煤矿企业有重大隐患的,应当立即停止生产,排除隐患。

第六条 煤矿企业要建立安全生产隐患排查、治理制度,组织职工发现和排除隐患。煤矿主要负责人应当每月组织一次由相关煤矿安全管理人员、工程技术人员和职工参加的安全生产隐患排查。查出的隐患登记建档。

煤矿企业要加强现场监督检查,及时发现和查处违章指挥、违章作业和违反操作规程的行为。发现存在重大隐患,要立即停止生产,并向煤矿主要负责人报告。

第七条 煤矿安全生产隐患实行分级管理和监控。

一般隐患由煤矿主要负责人指定隐患整改责任人,责成立即整改或限期整改。对限期整改的隐患,由整改责任人负责监督检查和整改验收,验收合格后报煤矿主要负责人审核签字备案。

重大隐患由煤矿主要负责人组织制定隐患整改方案、安全保障措施,落实整改的内容、资金、期限、下井人数、整改作业范围,并组织实施。整改结束后要按照本办法第十五条第一款的要求认真自检。

第八条 煤矿企业应当于每季度第一周将上季度重大隐患及排查整改情况向县级以上地方人民政府负责煤矿安全生产监督管理的部门、煤矿安全监察机构提交书面报告,报告应当经煤矿企业主要负责人签字。报告要包括产生重大隐患的原因、现状、危害程度分析、整改方案、安全措施和整改结果等内容。重要情况应当随时报告。

第九条 县级以上地方人民政府负责煤矿安全生产监督管理的部门、煤矿安全监察机构接到煤矿企业重大隐患整改报告后,对不符合要求和措施不完善的提出修改意见,并对煤矿重大隐患登记建档,指定专人负责跟踪监控,督促企业认真整改。

第三章 停产整顿

第十条 县级以上地方人民政府负责煤矿安全生产监督管理的部门、煤矿安全监察机构发现煤矿有下列情形之一的,责令停产整顿,并将情况在5日内报送有关地方人民政府:

(一)超通风能力生产的;

(二)高瓦斯矿井没有按规定建立瓦斯抽放系统,监测监控设施不完善、运转不正常的;

(三)有瓦斯动力现象而没有采取防突措施的;

(四)在建、改扩建矿井安全设施未经过煤矿安全监察机构竣工验收而擅自投产的,以及违反建设程序、未经核准(审批)或越权核准(审批)的;

(五)逾期未提出办理煤矿安全生产许可证申请、申请未被受理或受理后经审核不予颁证的;

(六)未建立健全安全生产隐患排查、治理制度,未定期排查和报告重大隐患,逾期未改正的;

(七)存在重大隐患,仍然进行生产的;

(八)未对井下作业人员进行安全生产教育和培训或者特种作业人员无证上岗,逾期未改正的。

第十一条 县级以上地方人民政府负责煤矿安全生产监督管理的部门、煤矿安全监察机构现场检查发现应当责令停产整顿的矿井,按照下列规定处理:

(一)下达停产整顿指令,明确整改内容和期限;

(二)依法实施经济处罚;

(三)告知相关部门暂扣采矿许可证、安全生产许可证、煤炭生产许可证、营业执照和矿长资格证、矿长安全资格证;

(四)告知公安部门控制火工品供应、供电单位限制供电;

(五)3日内将停产整顿矿井的决定报送县级以上地方人民政府,并在当地主要媒体公告停产整顿矿井名单。

第十二条 煤矿企业自接到有关部门下达的停产整顿指令之日起,必须立即停止生产。由煤矿主要负责人组织制定整改方案,查证照、查隐患、查安全管理、查劳动组织,确定整改项目、整改目标、整改时限、整改作业范围、从事整改的作业人员,落实整改责任人、资金,安全技术措施和应急预案。整改方案报县级以上人民政府负责煤矿安全生产监督管理的部门和煤矿安全监察机构备案。

停产整顿期间,煤矿要组织职工进行安全教育和培训。

第十三条 有关地方人民政府应当向被责令停产整顿的煤矿派出监督人员盯守;县级以上地方人民政府负责煤矿安全生产监督管理的部门应当组织巡回检查或者实行分片包干,督促指导煤矿按整改方案进行整改,严禁明停暗开、日停夜开、假整顿真生产等非法生产行为。

第十四条 各省、自治区、直辖市人民政府负责煤矿安全生产监督管理的部门应制定重大隐患整改验收标准。验收标准应当符合煤矿取得各种证照所规定的安全生产条件。

第十五条 煤矿整改项目完成后,煤矿企业应当按照重大隐患整改验收标准,由煤矿主要负责人组织自检。

煤矿企业自检合格后,可向县级以上地方人民政府负责煤矿安全生产监督管理的部门提出书面恢复生产的申请。申请报告应包括整改方案中内容、项目和自检结果,并由煤矿主要负责人签署验收意见。

第十六条 县级以上地方人民政府负责煤矿安全生产监督管理的部门收到煤矿企业恢复生产申请报告后,应当组织国土资源部门、煤矿安全监察机构、煤炭行业管理部门、工商管理部门、公安机关、供电单位等进行联合验收,并在60日内组织验收完毕。

验收合格的,由组织验收的地方人民政府负责煤矿安全生产监督管理部门的主要负责人签字,并经煤矿安全监察机构审核同意后,报请同级人民政府主要负责人签字批准。

验收不合格的,由负责组织验收的部门提请县级以上地方人民政府予以关闭。

第十七条 停产整顿的矿井验收合格经批准的,由验收组织部门通知颁发证照的部门发还证照,煤矿方可恢复生产。

煤矿恢复生产要制定恢复生产方案、职工培训方案和安全措施,由煤矿主要负责人组织实施。

第十八条 县级以上人民政府负责煤矿安全生产监督管理的部门、煤矿安全监察机构应在验收合格并发还证照之日起3日内,在公告停产整顿的同一媒体上进行公告。

第四章 关闭煤矿

第十九条 煤矿有下列情形之一的,负责煤矿有关证照颁发的部门应当责令该煤矿立即停止生产,提请县级以上地方人民政府予以关闭,并可以向上一级地方人民政府报告:

(一)无证或者证照不全非法开采的;

(二)以往关闭之后又擅自恢复生产的;

(三)经整顿仍然达不到安全生产标准、不能取得安全生产许可证的;

(四)责令停产整顿后擅自进行生产的;无视政府安全监管,拒不进行整顿或者停而不整、明停暗采的;

(五)3个月内2次或者2次以上发现有重大安全生产隐患,仍然进行生产的;

(六)停产整顿验收不合格的;

(七)煤矿1个月内3次或者3次以上未依照国家有关规定对井下作业人员进行安全生产教育和培训或者特种作业人员无证上岗的。

第二十条 有关地方人民政府接到提请关闭矿井的报告后,应在7日内作出关闭或者不予关闭的决定,并由其主要负责人签字存档。

第二十一条 对决定关闭的煤矿,由有关地方人民政府立即组织实施:

(一)吊销相关证照:有关颁发证照的部门应当立即依法吊销已颁发的采矿许可证、安全生产许可证、煤炭生产许可证、营业执照;有本办法第十九条第(一)至第(六)项所列情形之一的,同时吊销矿长资格证、矿长安全资格证;

(二)公安部门注销爆炸物品使用许可证和储存证,停止供应火工用品,收缴剩余火工用品;

(三)供电部门停止供电、拆除供电设备和线路;

(四)拆除矿井生产设备和通信设施;封闭、填实矿井井筒,平整井口场地,恢复地貌;

(五)煤矿企业妥善遣散从业人员,按规定解除劳动关系,发还职工工资,发放遣散费用。

第二十二条 有关地方人民政府关闭封井前,要制定关井方案和处置预案,做好政策宣传和引导工作,做好充分准备,保持社会的稳定。

第二十三条 县级以上地方人民政府负责煤矿安全生产监督管理的部门、煤矿安全监察机构对被关闭煤矿,应当自煤矿关闭之日起3日内在当地主要媒体公告。

第二十四条 乡镇和县级人民政府负责对关闭矿井的监督检查,组织人员定期巡查,防止已经实施关闭的煤矿非法生产。

第二十五条 决定关闭的煤矿,仍有开采价值的,经省级人民政府依法批准进行拍卖的,应当按照新建矿井依法办理有关手续。

第五章 联合执法

第二十六条 根据《紧急通知》的规定,煤矿整顿关闭工作在地方人民政府统一领导下,实行联合执法。要落实联合执法牵头部门,建立联合执法协调工作机制,明确各部门在煤矿停产整顿和关闭取缔工作中的职责。由地方人民政府或指定的牵头部门组织煤矿安全监管、煤炭行业管理、国土资源管理、煤矿安全监察、工商行政管理、公安、环保、电力等部门和单位,开展联合执法。要依靠地方各级纪检监察、司法等部门,做好煤矿整顿关闭工作。

第二十七条 建立协调会议制度。协调会议应确定联合执法的具体事宜和阶段性任务。协调会议每季度至少召开一次。

第二十八条 建立信息交流制度。各联合执法组成部门应及时通报行政执法情况及有关信息。各级地方人民政府负责煤矿安全生产监督管理的部门要制定年度、季度、月度监管执法计划,煤矿安全监察机构在地方煤矿安全生产监督管理部门执法计划的基础上制定重点、定期、专项监察执法计划,并报上一级煤矿安全监察机构备案。要定期交流信息，防止出现多头执法和执法空白。

第二十九条　县级以上地方人民政府负责煤矿安全生产监督管理的部门和煤矿安全监察机构要及时掌握煤矿整顿关闭工作动态，发现煤矿整顿关闭工作中出现的新情况、新问题，要及时向县级以上地方人民政府请示报告。

第六章　附　　则

第三十条　对煤矿企业、企业负责人、国家公务人员的违法、违规行为依据《特别规定》及相关法律法规进行处罚。

第三十一条　本办法自印发之日起施行。

防范煤矿采掘接续紧张暂行办法

1. 2018年9月21日国家煤矿安全监察局发布
2. 煤安监技装〔2018〕23号
3. 自2018年11月1日起施行

第一条　为有效管控煤矿采掘接续紧张引发重特大事故风险，根据《国务院关于预防煤矿生产安全事故的特别规定》和《煤矿重大生产安全事故隐患判定标准》，制定本办法。

第二条　矿井有下列情形之一的，为采掘接续紧张：

（一）除衰老矿井和计划停产关闭矿井外，正常生产矿井的开拓煤量、准备煤量、回采煤量（以下简称“三量”）可采期小于本办法第三条规定的最短时间的；

（二）开采煤层群的突出矿井，具备开采保护层条件，未优先选取无突出危险的煤层或者突出危险程度较小的煤层作为保护层开采的；

（三）未按《煤矿安全规程》形成完整的水平或采（盘）区通风、排水、供电、通讯等系统，进行回采巷道施工的；

（四）采（盘）区内同时作业的采煤工作面和煤巷掘进工作面个数超过《煤矿安全规程》规定的；

（五）擅自缩短工作面走向（推进）长度的（除遇大断层构造带或煤层变薄带不可采等外），或未经批准擅自将一个采区划分为多个采区的；

（六）煤层群开采时，未留有足够的顶底板稳定时间，施工近距离邻近煤层回采巷道的；

（七）擅自减少瓦斯、水害等重大灾害治理巷道工程、钻孔工程，或擅自缩减瓦斯抽采时间，减少灾害治理措施的；

（八）采煤工作面生产安全系统未形成进行采煤的；

（九）各省级煤矿安全监察局和煤矿安全监管部门认定并经国家煤矿安全监察局批复确认的其它采掘接续紧张情形。

第三条　矿井开拓煤量可采期应当符合下列规定：

（一）煤与瓦斯突出矿井、水文地质类型极复杂矿井、冲击地压矿井不得少于5年；

（二）高瓦斯矿井、水文地质类型复杂矿井不得少于4年；

（三）其它矿井不得少于3年。

矿井准备煤量可采期应当符合下列规定：

（一）水文地质条件复杂和极复杂矿井、煤与瓦斯突出矿井、冲击地压矿井、煤巷掘进机械化程度与综合机械化采煤程度的比值小于0.7的矿井不得少于14个月；

（二）其它矿井不得少于12个月。

矿井回采煤量可采期应当符合下列规定：

（一）2个及以上采煤工作面同时生产的矿井不得少于5个月；

（二）其它矿井不得少于4个月。

矿井“三量”及“三量”可采期计算方法见附录。

第四条　矿井应当定期计算分析矿井“三量”，确保矿井灾害治理和采掘平衡，通过绘制和填报相应的图、表、台帐及文字说明，及时掌握和分析生产准备程度与采掘关系；至少每季度形成期末“三量”动态报表，并根据采掘接续变化，定期（每年不得少于1次）对三量的动态变化进行统计和分析，形成分析报告，编制或修订不少于24个月的采掘工作面接续图表，算出最短的“三量”可采期。

矿井应当建立完善“三量”管理制度，明确责任分工和管理要求。

矿井应当编制矿井生产和灾害治理规划、年度计划，统筹采掘工程、灾害治理工程安排。

第五条　矿井发现“三量”可采期未达到规定要求的，应当及时报告上级公司，并主动降低产量，制定相应的灾害治理和采掘调整计划方案。矿井可根据采掘接续紧张的严重程度，相应调减计划产量，或减少同时作业的采煤工作面个数，并形成正式文件或纪要，报上级公司或负责属地监管的煤矿安全监管部门。工作面回采结束后无接续工作面的，应当确定停采期。

第六条　煤矿上级公司应当加强煤矿灾害治理和采掘平衡管理工作，发现所属矿井采掘接续紧张或接到矿井采掘接续紧张的报告并验证确认后，应当按照“三量”平衡管理要求，以正式文件或纪要形式重新调整下达产量考核指标和相对应的经营考核指标。

第七条 煤矿上级公司明知矿井采掘接续紧张仍然下达导致采掘接续紧张的产量考核指标或相应的经营考核指标的，依法对上级公司进行联合惩戒，导致生产安全事故发生的，依照有关规定对上级公司主要负责人、分管负责人及相关管理部门负责人给予问责。

第八条 煤矿安全监管监察部门发现矿井采掘接续紧张没有主动采取限产或停采措施，仍然进行生产的，应当依照《国务院关于预防煤矿生产安全事故的特别规定》和《煤矿重大生产安全事故隐患判定标准》进行处罚。

第九条 本规定自2018年11月1日起施行。

煤矿生产安全事故隐患排查治理制度建设指南（试行）

1. 2015年12月8日国家安全生产监督管理总局办公厅、国家煤矿安全监察局办公室发布
2. 安监总厅煤行〔2015〕116号

第一条 为规范和指导煤矿企业（含煤炭为非主营业务的企业）和煤矿（包括生产、新建、改扩建、资源整合煤矿）建立健全生产安全事故隐患（以下简称事故隐患）排查治理制度，进一步加强煤矿事故隐患排查治理工作，构建事故隐患排查治理长效机制，防范事故发生，根据《安全生产法》、《国务院关于预防煤矿生产安全事故的特别规定》（国务院令第446号）、《安全生产事故隐患排查治理暂行规定》（国家安全监管总局令第16号）等法律法规及规章，制定本指南。

第二条 煤矿企业和煤矿是事故隐患排查治理的责任主体，应当建立健全事故隐患排查治理制度。事故隐患排查治理制度应包括以下内容：

（一）事故隐患排查治理责任体系；

（二）事故隐患分级管控标准和机制；

（三）风险预控和事故隐患的排查治理、记录报告、安全监控、督办验收等工作机制；

（四）信息管理体系；

（五）资金保障、通报监督、教育培训、考核奖惩等保障制度。

第三条 煤矿企业和煤矿应当建立健全从主要负责人（包括一些煤矿企业的实际控制人，下同）到每位作业人员，覆盖各部门、各单位、各岗位的事故隐患排查治理责任体系，明确主要负责人为本单位隐患排查治理工作的第一责任人，统一组织领导和协调指挥本单位事故隐患排查治理工作；明确本单位负责事故隐患排查、治理、记录、上报和督办、验收等工作的责任部门。

将所属煤矿整体对外承包或托管的煤矿企业，应当在签订的安全生产管理协议或承包（托管）合同中约定本企业和承包（承托）单位在煤矿事故隐患排查治理工作方面的责任，督促承包（承托）单位按规定定期组织开展事故隐患排查治理。

第四条 煤矿企业和煤矿应当建立事故隐患分级管控机制，根据事故隐患的影响范围、危害程度和治理难度等制定本企业（煤矿）的事故隐患分级标准，明确负责不同等级事故隐患的治理、督办和验收等工作的责任单位和责任人员。

第五条 煤矿应当建立预防事故隐患产生的工作机制，在采掘活动开始前和安全条件、生产系统、设施设备等发生较大变化时，组织安全、生产和技术等部门对涉及到的作业场所、工艺环节、设施设备、岗位人员等可能存在的危险因素进行全面辨识，识别可能导致事故隐患产生的危险因素，并进行汇总分类和危险程度评估，制定针对性的预防措施，分解落实到每个工作岗位和每个作业人员，预防事故隐患产生。

第六条 煤矿企业和煤矿应当按照日常排查和定期排查相结合的原则建立事故隐患排查工作机制，及时发现生产建设过程中存在的事故隐患：

（一）煤矿作业人员应当在开始作业前对本岗位危险因素进行一次安全确认，并在作业过程中随时排查事故隐患；

（二）煤矿的生产组织单位（区、队）应当每天安排管理、技术和安全等人员进行巡检，对作业区域开展事故隐患排查；

（三）煤矿应当组织安全、生产、技术等职能部门和相关的专业部门每旬至少开展一次覆盖生产各系统和各岗位的事故隐患排查；

（四）煤矿企业应当组织安全、生产、技术、管理等职能部门定期开展覆盖各运营煤矿的事故隐患排查。

发现重大事故隐患时，要立即停止受威胁区域内所有作业活动、撤出作业人员。

第七条 煤矿企业和煤矿应当建立事故隐患记录报告工作机制，及时记录排查发现的事故隐患，并逐级上报本企业相关部门。

第八条 煤矿应当建立依据事故隐患的等级实施分级治理的工作机制。对于有条件立即治理的事故隐患，在采取措施确保安全的前提下，事故隐患治理责任单位应当及时治理；对于难以采取有效措施立即治理的事故隐患，事故隐患治理责任单位应当及时制定治理方案，限期完成治理；对于重大事故隐患，应当由煤矿或煤矿企业主要负责人负责组织制定治理方案。

制定的隐患治理方案必须做到责任、措施、资金、时限和预案“五落实”。

第九条　煤矿企业和煤矿应当建立事故隐患治理分级督办、分级验收机制，依据排查出的事故隐患等级在其治理过程中实施分级跟踪督办，对不能按规定时限完成治理的事故隐患，及时提高督办层级、发出提级督办警示，加大治理的督促力度。事故隐患治理完成后，相应的验收责任单位应当及时对事故隐患治理结果进行验收，验收合格后解除督办、予以销号。

对于企业主动上报并按规定停产治理的重大事故隐患，治理完成并经本企业验收责任单位验收合格、确认达到安全生产条件的，可自行恢复生产，同时及时报告负责督办的部门。对于有关单位实施督办的其他重大事故隐患，治理完成后，应当书面报请负责督办的单位组织验收，验收合格后，方可恢复生产。

第十条　煤矿应当制定事故隐患排查治理过程中的安全保护措施，严防事故发生。

事故隐患治理前无法保证安全或事故隐患治理过程中出现险情时，应撤离危险区域作业人员，并设置警示标志。

对于短期内无法彻底治理的事故隐患，应当及时组织对其危险程度和影响范围进行评估，根据评估结果采取相应的安全监控和防护措施，确保安全。

第十一条　煤矿必须建立防范强降雨、洪水、大风和雷电等自然灾害引发煤矿水害、断电等事故的工作机制，制定针对性措施和应急预案，并加强预警，一旦出现险情要立即停止作业、撤出作业人员。

发现周边其他单位对本单位安全生产造成威胁时，煤矿企业应当向地方县级以上人民政府报告并请求协调解决，同时制定针对性防控措施、加强监测；自身生产活动对相邻矿井造成安全威胁时，煤矿企业应当及时向受到威胁的矿井通报，并制定有效措施予以排除。

第十二条　煤矿企业和煤矿应当建立事故隐患统计分析和汇总建档工作制度，定期对事故隐患和治理情况进行汇总分析，及时发现安全生产和隐患排查治理工作中出现的普遍性、苗头性和倾向性问题，研究制定预防性措施；并及时将事故隐患排查、治理和督办、验收过程中形成的电子信息、纸质信息归档立卷。

煤矿企业和煤矿应当建设具备事故隐患内容记录、治理过程跟踪、统计分析、逾期警示、信息上报等功能的事故隐患排查治理信息系统，实现对事故隐患从排查发现到治理完成销号全过程的信息化管理。

事故隐患排查治理信息系统应当接入煤矿调度中心（生产信息平台），并确保事故隐患记录无法被篡改或删除。

第十三条　煤矿企业和煤矿应当建立事故隐患排查资金保障机制，根据年度事故隐患排查治理工作安排，每年在安全生产费用提取中留设专项资金，专门用于隐患排查治理。

第十四条　煤矿企业和煤矿应当建立事故隐患排查治理宣传教育制度，采取多种方式宣传事故隐患排查治理工作制度和工作要求，将事故隐患排查治理能力建设纳入职工日常培训范围，并根据不同岗位开展针对性培训，提高全体从业人员的事故隐患排查治理能力。

第十五条　煤矿企业和煤矿应当及时向从业人员通报事故隐患排查治理情况。重大事故隐患应当在煤矿井口显著位置公告，一般事故隐患可以在涉及的区（队）办公区域公告或在班前会上通报；事故隐患公告必须包括隐患主要内容、治理时限和责任人员等内容，重大事故隐患公告还应标明停产停工范围。

第十六条　煤矿企业和煤矿应当充分发挥社会监督的作用，在井口和信息发布栏等醒目位置公布事故隐患举报电话，接受职工和社会监督。对于经核实的事故隐患举报，应奖励举报人。

第十七条　煤矿企业和煤矿应当将隐患排查治理工作纳入工作绩效考核体系。对事故隐患排查治理责任明确、落实，事故隐患治理工作完成良好，以及能够及时发现、报告和排除事故隐患的单位和个人给予奖励表彰；对事故隐患排查治理责任不明、排查工作不力、治理措施不落实，以及瞒报谎报事故隐患的，要参照事故调查程序，查明原因、追究有关责任单位和责任个人的责任，并督促制定整改措施。

煤矿重大事故隐患治理督办制度建设指南（试行）

1. 2015年12月8日国家安全生产监督管理总局办公厅、国家煤矿安全监察局办公室发布
2. 安监总厅煤行〔2015〕116号

第一条　为进一步规范和加强煤矿生产安全重大事故隐患（以下简称重大事故隐患）治理督办制度建设，督促煤矿企业及时消除重大事故隐患，防范和遏制煤矿重特大事故发生，根据《安全生产法》、《国务院关于预防煤矿生产安全事故的特别规定》（国务院令第446号）、《安全生产事故隐患排查治理暂行规定》（国家安全监管总局令第16号）等有关法律法规、规章，制定本指南。

第二条 本指南用于指导县级以上地方人民政府负有煤矿安全生产监督管理职责的部门（以下简称负有煤矿安全监管职责的部门）督促煤矿企业或煤矿（以下统称隐患治理单位）治理重大事故隐患的督办制度建设。

第三条 煤矿重大事故隐患的判定，依据《煤矿重大生产安全事故隐患判定标准》（国家安全监管总局令第85号）执行。

第四条 负有煤矿安全监管职责的部门应当建立健全重大事故隐患治理督办制度。督办制度应当包括以下内容：

（一）督办重大事故隐患治理的内部责任体系；

（二）督办通知、督促治理、移交提级、验收销号、公示公告和执法处罚等工作机制；

（三）督办信息管理体系；

（四）报告监督、举报奖励等工作制度。

第五条 负有煤矿安全监管职责的部门实施督办的重大事故隐患包括：

（一）监督检查中发现的重大事故隐患；

（二）煤矿企业报告的重大事故隐患；

（三）举报并经查实的重大事故隐患；

（四）其他移交并经核实的重大事故隐患。

第六条 负有煤矿安全监管职责的部门应当建立煤矿重大事故隐患治理督办工作内部分工责任体系，将督办通知、动态检查、移交提级、验收销号、信息管理、举报核查等重大事故隐患治理督办有关工作明确到具体的责任单位和责任人员。

第七条 重大事故隐患确认后，负有煤矿安全监管职责的部门应当及时向隐患治理单位下达重大事故隐患治理督办通知书（亦可在执法文书中载明）。督办通知书应当包括以下内容：

（一）重大事故隐患基本情况；

（二）治理方案报送期限；

（三）治理进度定期报告要求；

（四）治理完成期限；

（五）停产区域和治理期间的安全要求；

（六）督办销号程序。

第八条 负有煤矿安全监管职责的部门应当加强重大事故隐患治理过程中的动态监管，在重大事故隐患治理期间，采取随机抽查、暗查暗访等方式进行现场检查，督促煤矿企业和煤矿严格落实重大事故隐患治理方案，并督促其建立重大事故隐患产生原因分析和责任倒查机制。

对于外部因素形成的煤矿企业和煤矿自身难以独立排除的重大事故隐患，负有煤矿安全监管职责的部门应当协调有关部门，协助和支持煤矿企业或煤矿予以解决。

第九条 对于涉及其他行政区域的重大事故隐患，负有煤矿安全监管职责的部门在自身职责范围内难以进行督办、确需上一级部门督办时，可报告申请上一级部门实施提级督办。

对下级负有煤矿安全监管职责的部门督办的重大事故隐患治理工作，认为应当直接督办的，可提级督办。

认定由其他部门负责督办的重大事故隐患，应当及时书面移交。

第十条 负有煤矿安全监管职责的部门应当督促存在重大事故隐患的煤矿企业或煤矿，制作重大事故隐患警示牌，悬挂在被督办煤矿井口的醒目位置。警示牌应标明重大事故隐患的存在场所、隐患主要内容、停产区域、治理期限、治理和验收责任人等内容。

第十一条 负有煤矿安全监管职责的部门应当监督煤矿企业严格执行重大事故隐患报告制度，发现重大事故隐患立即报告，并组织制定和上报重大事故隐患治理方案。

上报的重大事故隐患信息应当包括以下内容：

（一）隐患的基本情况和产生原因；

（二）隐患危害程度、波及范围和治理难易程度；

（三）需要停产治理的区域；

（四）发现隐患后采取的安全措施。

上报的重大事故隐患治理方案应当包括以下内容：

（一）治理的目标和任务；

（二）治理的方法和措施；

（三）落实的经费和物资；

（四）治理的责任单位和责任人员；

（五）治理的时限、进度安排和停产区域；

（六）采取的安全防护措施和制定的应急预案。

第十二条 对于不能在规定期限内完成治理的重大事故隐患，负有煤矿安全监管职责的部门应当督促隐患治理单位在规定的治理期限内提交重大事故隐患治理延期说明进行备案。

延期说明应当包括以下内容：

（一）申请延期的原因；

（二）已完成的治理工作情况；

（三）申请延期期限及采取的安全措施。

负有煤矿安全监管职责的部门应当加强重大事故隐患延期治理过程中的安全检查。

第十三条　负有煤矿安全监管职责的部门应当按照“谁督办、谁验收”的原则，负责对督办的重大事故隐患治理完成情况进行验收。负有煤矿安全监管职责的部门应当在接到隐患治理单位提交的验收申请10个工作日内，组织现场验收，确认隐患消除后，解除督办，允许煤矿恢复停产区域的生产建设活动；对经停产治理仍不具备安全生产条件的，依法提请地方人民政府予以关闭。

对煤矿企业主动上报的重大事故隐患，在完成治理并达到安全生产条件后，可由煤矿企业自行组织验收，验收合格后恢复生产。负有煤矿安全监管职责的部门应当督促煤矿企业及时报告验收结果并加强对验收结果的监督检查。

第十四条　负有煤矿安全监管职责的部门发现存在重大事故隐患不上报、仍然组织生产和建设的煤矿，应当依法责令其立即停产整顿、限期治理，并依据有关规定予以处罚；对在责令停产整顿期间仍然组织生产建设的煤矿，负有煤矿安全监管职责的部门应当依法提请地方人民政府予以关闭。

对于主动上报重大事故隐患，并按规定停产治理的煤矿，负有煤矿安全监管职责的部门不应将上报的重大事故隐患作为行政处罚的依据。

第十五条　负有煤矿安全监管职责的部门应当逐步建立完善煤矿事故隐患排查治理信息管理系统，设置重大事故隐患排查治理督办业务模块，具备重大事故隐患信息接收记录、治理进展跟踪、逾期警示提醒、数据统计分析等功能，实现对重大事故隐患督办全过程的信息化管理。

负有煤矿安全监管职责的部门应当建立重大事故隐患治理督办工作档案，及时将督办过程中形成的各类电子信息、纸质信息归档立卷，分类保存。

第十六条　负有煤矿安全监管职责的部门应当建立重大事故隐患治理督办工作报告制度，定期通过政府网站等媒体公布被督办煤矿重大事故隐患的治理进展情况，定期向本级人民政府和上一级负有煤矿安全监管职责的部门报告所监管的煤矿企业重大事故隐患排查、治理情况以及对重大事故隐患治理工作的督办情况。

负有煤矿安全监管职责的部门应当建立重大事故隐患举报制度，设立举报箱、公布举报电话等；接到重大事故隐患举报后，及时组织核查，经核查属实的，按照有关规定给予举报人表彰和奖励。

（6）其他

防治煤矿冲击地压细则

1. 2018年5月2日国家煤矿安全监察局发布
2. 煤安监技装〔2018〕8号
3. 自2018年8月1日起施行

第一章　总　　则

第一条　为了加强煤矿冲击地压防治工作，有效预防冲击地压事故，保障煤矿职工安全，根据《中华人民共和国安全生产法》《中华人民共和国矿山安全法》《国务院关于预防煤矿生产安全事故的特别规定》《煤矿安全规程》等法律、法规、规章和规范性文件的规定，制定《防治煤矿冲击地压细则》（以下简称《细则》）。

第二条　煤矿企业（煤矿）和相关单位的冲击地压防治工作，适用本细则。

第三条　煤矿企业（煤矿）的主要负责人（法定代表人、实际控制人）是冲击地压防治的第一责任人，对防治工作全面负责；其他负责人对分管范围内冲击地压防治工作负责；煤矿企业（煤矿）总工程师是冲击地压防治的技术负责人，对防治技术工作负责。

第四条　冲击地压防治费用必须列入煤矿企业（煤矿）年度安全费用计划，满足冲击地压防治工作需要。

第五条　冲击地压矿井必须编制冲击地压事故应急预案，且每年至少组织一次应急预案演练。

第六条　冲击地压矿井必须建立冲击地压防治安全技术管理制度、防治岗位安全责任制度、防治培训制度、事故报告制度等工作规范。

第七条　鼓励煤矿企业（煤矿）和科研单位开展冲击地压防治研究与科技攻关，研发、推广使用新技术、新工艺、新材料、新装备，提高冲击地压防治水平。

第二章　一 般 规 定

第八条　冲击地压是指煤矿井巷或工作面周围煤（岩）体由于弹性变形能的瞬时释放而产生的突然、剧烈破坏的动力现象，常伴有煤（岩）体瞬间位移、抛出、巨响及气浪等。

冲击地压可按照煤（岩）体弹性能释放的主体、载荷类型等进行分类，对不同的冲击地压类型采取针对性的防治措施，实现分类防治。

第九条 在矿井井田范围内发生过冲击地压现象的煤层，或者经鉴定煤层（或者其顶底板岩层）具有冲击倾向性且评价具有冲击危险性的煤层为冲击地压煤层。有冲击地压煤层的矿井为冲击地压矿井。

第十条 有下列情况之一的，应当进行煤层（岩层）冲击倾向性鉴定：

（一）有强烈震动、瞬间底（帮）鼓、煤岩弹射等动力现象的。

（二）埋深超过400米的煤层，且煤层上方100米范围内存在单层厚度超过10米、单轴抗压强度大于60MPa的坚硬岩层。

（三）相邻矿井开采的同一煤层发生过冲击地压或经鉴定为冲击地压煤层的。

（四）冲击地压矿井开采新水平、新煤层。

第十一条 煤层冲击倾向性鉴定按照《冲击地压测定、监测与防治方法 第2部分：煤的冲击倾向性分类及指数的测定方法》（GB/T 25217.2）进行。

第十二条 顶板、底板岩层冲击倾向性鉴定按照《冲击地压测定、监测与防治方法 第1部分：顶板岩层冲击倾向性分类及指数的测定方法》（GB/T 25217.1）进行。

第十三条 煤矿企业（煤矿）应当委托能够执行国家标准（GB/T 25217.1、GB/T 25217.2）的机构开展煤层（岩层）冲击倾向性的鉴定工作。鉴定单位应当在接受委托之日起90天内提交鉴定报告，并对鉴定结果负责。煤矿企业应当将鉴定结果报省级煤炭行业管理部门、煤矿安全监管部门和煤矿安全监察机构。

第十四条 开采具有冲击倾向性的煤层，必须进行冲击危险性评价。煤矿企业应当将评价结果报省级煤炭行业管理部门、煤矿安全监管部门和煤矿安全监察机构。

开采冲击地压煤层必须进行采区、采掘工作面冲击危险性评价。

第十五条 冲击危险性评价可采用综合指数法或其他经实践证实有效的方法。评价结果分为四级：无冲击地压危险、弱冲击地压危险、中等冲击地压危险、强冲击地压危险。

煤层（或者其顶底板岩层）具有强冲击倾向性且评价具有强冲击地压危险的，为严重冲击地压煤层。开采严重冲击地压煤层的矿井为严重冲击地压矿井。

经冲击危险性评价后划分出冲击地压危险区域，不同的冲击地压危险区域可按冲击危险等级采取一种或多种的综合防治措施，实现分区管理。

第十六条 新建矿井在可行性研究阶段应当根据地质条件、开采方式和周边矿井等情况，参照冲击倾向性鉴定规定对可采煤层及其顶底板岩层冲击倾向性进行评估，当评估有冲击倾向性时，应当进行冲击危险性评价，评价结果作为矿井立项、初步设计和指导建井施工的依据，并在建井期间完成煤层（岩层）冲击倾向性鉴定。

第十七条 煤层（矿井）、采区冲击危险性评价及冲击地压危险区划分可委托具有冲击地压研究基础与评价能力的机构或由具有5年以上冲击地压防治经验的煤矿企业开展，编制评价报告，并对评价结果负责。

采掘工作面冲击危险性评价可由煤矿组织开展，评价报告报煤矿企业技术负责人审批。

第十八条 有冲击地压矿井的煤矿企业必须明确分管冲击地压防治工作的负责人及业务主管部门，配备相关的业务管理人员。冲击地压矿井必须明确分管冲击地压防治工作的负责人，设立专门的防冲机构，并配备专业防冲技术人员与施工队伍，防冲队伍人数必须满足矿井防冲工作的需要，建立防冲监测系统，配备防冲装备，完善安全设施和管理制度，加强现场管理。

第十九条 冲击地压防治应当坚持“区域先行、局部跟进、分区管理、分类防治”的原则。

第二十条 冲击地压矿井必须编制中长期防冲规划和年度防冲计划。中长期防冲规划每3至5年编制一次，执行期内有较大变化时，应当在年度计划中补充说明。中长期防冲规划与年度防冲计划由煤矿组织编制，经煤矿企业审批后实施。

中长期防冲规划主要包括防冲管理机构及队伍组成、规划期内的采掘接续、冲击地压危险区域划分、冲击地压监测与治理措施的指导性方案、冲击地压防治科研重点、安全费用、防冲原则及实施保障措施等。

年度防冲计划主要包括上年度冲击地压防治总结及本年度采掘工作面接续、冲击地压危险区域排查、冲击地压监测与治理措施的实施方案、科研项目、安全费用、防冲安全技术措施、年度培训计划等。

第二十一条 有冲击地压危险的采掘工作面作业规程中必须包括防冲专项措施，防冲专项措施应当依据防冲设计编制，应当包括采掘作业区域冲击危险性评价结论、冲击地压监测方法、防治方法、效果检验方法、安全防护方法以及避灾路线等主要内容。

第二十二条 开采冲击地压煤层时，必须采取冲击地压危险性预测、监测预警、防范治理、效果检验、安全防护等综合性防治措施。

第二十三条 冲击地压矿井必须依据冲击地压防治培训

制度，定期对井下相关的作业人员、班组长、技术员、区队长、防冲专业人员与管理人员进行冲击地压防治的教育和培训，保证防冲相关人员具备必要的岗位防冲知识和技能。

第二十四条　新建矿井和冲击地压矿井的新水平、新采区、新煤层有冲击地压危险的，必须编制防冲设计。防冲设计应当包括开拓方式、保护层的选择、巷道布置、工作面开采顺序、采煤方法、生产能力、支护形式、冲击危险性预测方法、冲击地压监测预警方法、防冲措施及效果检验方法、安全防护措施等内容。

新建矿井防冲设计还应当包括：防冲必须具备的装备、防冲机构和管理制度、冲击地压防治培训制度和应急预案等。

新水平防冲设计还应当包括：多水平之间相互影响、多水平开采顺序、水平内煤层群的开采顺序、保护层设计等。

新采区防冲设计还应当包括：采区内工作面采掘顺序设计、冲击地压危险区域与等级划分、基于防冲的回采巷道布置、上下山巷道位置、停采线位置等。

第二十五条　冲击地压矿井应当按照采掘工作面的防冲要求进行矿井生产能力核定，在冲击地压危险区域采掘作业时，应当按冲击地压危险性评价结果明确采掘工作面安全推进速度，确定采掘工作面的生产能力。提高矿井生产能力和新水平延深时，必须组织专家进行论证。

第二十六条　矿井具有冲击地压危险的区域，采取综合防冲措施仍不能消除冲击地压危险的，不得进行采掘作业。

第二十七条　开采冲击地压煤层时，在应力集中区内不得布置2个工作面同时进行采掘作业。2个掘进工作面之间的距离小于150米时，采煤工作面与掘进工作面之间的距离小于350米时，2个采煤工作面之间的距离小于500米时，必须停止其中一个工作面，确保两个回采工作面之间、回采工作面与掘进工作面之间、两个掘进工作面之间留有足够的间距，以避免应力叠加导致冲击地压的发生。相邻矿井、相邻采区之间应当避免开采相互影响。

第二十八条　开拓巷道不得布置在严重冲击地压煤层中，永久硐室不得布置在冲击地压煤层中。开拓巷道、永久硐室布置达不到以上要求且不具备重新布置条件时，需进行安全性论证。在采取加强防冲综合措施，确认冲击危险监测指标小于临界值后方可继续使用，且必须加强监测。

第二十九条　冲击地压煤层巷道与硐室布置不应留底煤，如果留有底煤必须采取底板预卸压等专项治理措施。

第三十条　严重冲击地压厚煤层中的巷道应当布置在应力集中区外。冲击地压煤层双巷掘进时，2条平行巷道在时间、空间上应当避免相互影响。

第三十一条　冲击地压煤层应当严格按顺序开采，不得留孤岛煤柱。采空区内不得留有煤柱，如果特殊情况必须在采空区留有煤柱时，应当进行安全性论证，报企业技术负责人审批，并将煤柱的位置、尺寸以及影响范围标在采掘工程平面图上。煤层群下行开采时，应当分析上一煤层煤柱的影响。

第三十二条　冲击地压煤层开采孤岛煤柱前，煤矿企业应当组织专家进行防冲安全开采论证，论证结果为不能保障安全开采的，不得进行采掘作业。

严重冲击地压矿井不得开采孤岛煤柱。

第三十三条　对冲击地压煤层，应当根据顶底板岩性适当加大掘进巷道宽度。应当优先选择无煤柱护巷工艺，采用大煤柱护巷时应当避开应力集中区，严禁留大煤柱影响邻近层开采。

第三十四条　采用垮落法管理顶板时，支架（柱）应当具有足够的支护强度，采空区中所有支柱必须回净。

第三十五条　冲击地压煤层采掘工作面临近大型地质构造（幅度在30米以上、长度在1千米以上的褶曲，落差大于20米的断层）、采空区、煤柱及其它应力集中区附近时，必须制定防冲专项措施。

第三十六条　编制采煤工作面作业规程时，应当确定回采工作面初次来压、周期来压、采空区“见方”等可能的影响范围，并制定防冲专项措施。

第三十七条　在无冲击地压煤层中的三面或者四面被采空区所包围的区域开采或回收煤柱时，必须进行冲击危险性评价、制定防冲专项措施，并组织专家论证通过后方可开采。

有冲击地压潜在风险的无冲击地压煤层的矿井，在煤层、工作面采掘顺序，巷道布置、支护和煤柱留设，采煤工作面布置、支护、推进速度和停采线位置等设计时，应当避免应力集中，防止不合理开采导致冲击地压发生。

第三十八条　冲击地压煤层内掘进巷道贯通或错层交叉时，应当在距离贯通或交叉点50米之前开始采取防冲专项措施。

第三十九条　具有冲击地压危险的高瓦斯、煤与瓦斯突出矿井，应当根据本矿井条件，综合考虑制定防治冲击地压、煤与瓦斯突出、瓦斯异常涌出等复合灾害的综合技术措施，强化瓦斯抽采和卸压措施。

具有冲击地压危险的高瓦斯矿井，采煤工作面进风巷(距工作面不大于10米处)应当设置甲烷传感器,其报警、断电、复电浓度和断电范围同突出矿井采煤工作面进风巷甲烷传感器。

第四十条 具有冲击地压危险的复杂水文地质、容易自燃煤层的矿井,应当根据本矿井条件,在防治水、煤层自然发火时综合考虑防治冲击地压。

第四十一条 冲击地压矿井必须制定避免因冲击地压产生火花造成煤尘、瓦斯燃烧或爆炸等事故的专项措施。

第四十二条 开采具有冲击地压危险的急倾斜煤层、特厚煤层时,在确定合理采煤方法和工作面参数的基础上,应当制定防冲专项措施,并由企业技术负责人审批。

第四十三条 具有冲击地压危险的急倾斜煤层,顶板具有难垮落特征时,应当对顶板活动进行监测预警,制定强制放顶或顶板预裂等措施,实施措施后必须进行顶板处理效果检验。

第三章 冲击危险性预测、监测、效果检验

第四十四条 冲击地压矿井必须进行区域危险性预测(以下简称区域预测)和局部危险性预测(以下简称局部预测)。区域预测即对矿井、水平、煤层、采(盘)区进行冲击危险性评价,划分冲击地压危险区域和确定危险等级;局部预测即对采掘工作面和巷道、硐室进行冲击危险性评价,划分冲击地压危险区域和确定危险等级。

第四十五条 区域预测与局部预测可根据地质与开采技术条件等,优先采用综合指数法确定冲击危险性,还可采用其他经实践证明有效的方法。预测结果分为四类:无冲击地压危险区、弱冲击地压危险区、中等冲击地压危险区、强冲击地压危险区。根据不同的预测结果制定相应的防治措施。

第四十六条 冲击地压矿井必须建立区域与局部相结合的冲击危险性监测制度,区域监测应当覆盖矿井采掘区域,局部监测应当覆盖冲击地压危险区,区域监测可采用微震监测法等,局部监测可采用钻屑法、应力监测法、电磁辐射法等。

第四十七条 采用微震监测法进行区域监测时,微震监测系统的监测与布置应当覆盖矿井采掘区域,对微震信号进行远距离、实时、动态监测,并确定微震发生的时间、能量(震级)及三维空间坐标等参数。

第四十八条 采用钻屑法进行局部监测时,钻孔参数应当根据实际条件确定。记录每米钻进时的煤粉量,达到或超过临界指标时,判定为有冲击地压危险;记录钻进时的动力效应,如声响、卡钻、吸钻、钻孔冲击等现象,作为判断冲击地压危险的参考指标。

第四十九条 采用应力监测法进行局部监测时,应当根据冲击危险性评价结果,确定应力传感器埋设深度、测点间距、埋设时间、监测范围、冲击地压危险判别指标等参数,实现远距离、实时、动态监测。

可采用矿压监测法进行局部补充性监测,掘进工作面每掘进一定距离设置顶底板动态仪和顶板离层仪,对顶底板移近量和顶板离层情况进行定期观测;回采工作面通过对液压支架工作阻力进行监测,分析采场来压程度、来压步距、来压征兆等,对采场大面积来压进行预测预报。

第五十条 冲击地压矿井应当根据矿井的实际情况和冲击地压发生类型,选择区域和局部监测方法。可以用实验室试验或类比法先设定预警临界指标初值,再根据现场实际考察资料和积累的数据进一步修订初值,确定冲击危险性预警临界指标。

第五十一条 冲击地压矿井必须有技术人员专门负责监测与预警工作;必须建立实时预警、处置调度和处理结果反馈制度。

第五十二条 冲击地压危险区域必须进行日常监测,防冲专业人员每天对冲击地压危险区域的监测数据、生产条件等进行综合分析、判定冲击地压危险程度,并编制监测日报,报经矿防冲负责人、总工程师签字,及时告知相关单位和人员。

第五十三条 当监测区域或作业地点监测数据超过冲击地压危险预警临界指标,或采掘作业地点出现强烈震动、巨响、瞬间底(帮)鼓、煤岩弹射等动力现象,判定具有冲击地压危险时,必须立即停止作业,按照冲击地压避灾路线迅速撤出人员,切断电源,并报告矿调度室。

第五十四条 冲击地压危险区域实施解危措施时,必须撤出冲击地压危险区域所有与防冲施工无关的人员,停止运转一切与防冲施工无关的设备。实施解危措施后,必须对解危效果进行检验,检验结果小于临界值,确认危险解除后方可恢复正常作业。

第五十五条 停采3天及以上的冲击地压危险采掘工作面恢复生产前,防冲专业人员应当根据钻屑法、应力监测法或微震监测法等检测监测情况对工作面冲击地压危险程度进行评价,并采取相应的安全措施。

第四章 区域与局部防冲措施

第五十六条 冲击地压矿井必须采取区域和局部相结合的防冲措施。在矿井设计、采(盘)区设计阶段应当先行采取区域防冲措施;对已形成的采掘工作面应当在实施区域防冲措施的基础上及时跟进局部防冲措施。

第五十七条 冲击地压矿井应当选择合理的开拓方式、采掘部署、开采顺序、煤柱留设、采煤方法、采煤工艺及开采保护层等区域防冲措施。

第五十八条 冲击地压矿井进行开拓方式选择时,应当参考地应力等因素合理确定开拓巷道层位与间距,尽可能地避免局部应力集中。

第五十九条 冲击地压矿井进行采掘部署时,应当将巷道布置在低应力区,优先选择无煤柱护巷或小煤柱护巷,降低巷道的冲击危险性。

第六十条 冲击地压矿井同一煤层开采,应当优化确定采区间和采区内的开采顺序,避免出现孤岛工作面等高应力集中区域。

第六十一条 冲击地压矿井进行采区设计时,应当避免开切眼和停采线外错布置形成应力集中,否则应当制定防冲专项措施。

第六十二条 应当根据煤层层间距、煤层厚度、煤层及顶底板的冲击倾向性等情况综合考虑保护层开采的可行性,具备条件的,必须开采保护层。优先开采无冲击地压危险或弱冲击地压危险的煤层,有效减弱被保护煤层的冲击危险性。

第六十三条 保护层的有效保护范围应当根据保护层和被保护层的煤层赋存情况、保护层采煤方法和回采工艺等矿井实际条件确定;保护层回采超前被保护层采掘工作面的距离应当符合本细则第二十七条的规定;保护层的卸压滞后时间和对被保护层卸压的有效时间应当根据理论分析、现场观测或工程类比综合确定。

第六十四条 开采保护层后,仍存在冲击地压危险的区域,必须采取防冲措施。

第六十五条 冲击地压煤层应当采用长壁综合机械化采煤方法。

第六十六条 缓倾斜、倾斜厚及特厚煤层采用综采放顶煤工艺开采时,直接顶不能随采随冒的,应当预先对顶板进行弱化处理。

第六十七条 冲击地压矿井应当在采取区域措施基础上,选择煤层钻孔卸压、煤层爆破卸压、煤层注水、顶板爆破预裂、顶板水力致裂、底板钻孔或爆破卸压等至少一种有针对性、有效的局部防冲措施。

采用爆破卸压时,必须编制专项安全措施,起爆点及警戒点到爆破地点的直线距离不得小于 300 米,躲炮时间不得小于 30 分钟。

第六十八条 采用煤层钻孔卸压防治冲击地压时,应当依据冲击危险性评价结果、煤岩物理力学性质、开采布置等具体条件综合确定钻孔参数。必须制定防止打钻诱发冲击伤人的安全防护措施。

第六十九条 采用煤层爆破卸压防治冲击地压时,应当依据冲击危险性评价结果、煤岩物理力学性质、开采布置等具体条件确定合理的爆破参数,包括孔深、孔径、孔距、装药量、封孔长度、起爆间隔时间、起爆方法、一次爆破的孔数。

第七十条 采用煤层注水防治冲击地压时,应当根据煤层条件及煤的浸水试验结果等综合考虑确定注水孔布置、注水压力、注水量、注水时间等参数,并检验注水效果。

第七十一条 采用顶板爆破预裂防治冲击地压时,应当根据邻近钻孔顶板岩层柱状图、顶板岩层物理力学性质和工作面来压情况等,确定岩层爆破层位,依据爆破岩层层位确定爆破钻孔方位、倾角、长度、装药量、封孔长度等爆破参数。

第七十二条 采用顶板水力致裂防治冲击地压时,应当根据邻近钻孔顶板岩层柱状图、顶板岩层物理力学性质和工作面来压情况等,确定压裂孔布置(孔深、孔径、孔距)、高压泵压力、致裂时间等参数。

第七十三条 采用底板爆破卸压防治冲击地压时,应当根据邻近钻孔柱状图和煤层及底板岩层物理力学性质等煤岩层条件等,确定煤岩层爆破深度、钻孔倾角与方位角、装药量、封孔长度等参数。

第七十四条 采用底板钻孔卸压防治冲击地压时,应当依据冲击危险性评价结果、底板煤岩层物理力学性质、开采布置等实际具体条件综合确定卸压钻孔参数。

第七十五条 冲击地压危险工作面实施解危措施后,必须进行效果检验,确认检验结果小于临界值后,方可进行采掘作业。

防冲效果检验可采用钻屑法、应力监测法或微震监测法等,防冲效果检验的指标参考监测预警的指标执行。

第五章 冲击地压安全防护措施

第七十六条 人员进入冲击地压危险区域时必须严格执行"人员准入制度"。准入制度必须明确规定人员进入的时间、区域和人数,井下现场设立管理站。

第七十七条 进入严重(强)冲击地压危险区域的人员必须采取穿戴防冲服等特殊的个体防护措施,对人体胸部、腹部、头部等主要部位加强保护。

第七十八条 有冲击地压危险的采掘工作面,供电、供液等设备应当放置在采动应力集中影响区外,且距离工作面不小于 200 米;不能满足上述条件时,应当放置在无冲击地压危险区域。

第七十九条 评价为强冲击地压危险的区域不得存放备用材料和设备;巷道内杂物应当清理干净,保持行走路线畅通;对冲击地压危险区域内的在用设备、管线、物品等应当采取固定措施,管路应当吊挂在巷道腰线以下,高于1.2米的必须采取固定措施。

第八十条　冲击地压危险区域的巷道必须采取加强支护措施,采煤工作面必须加大上下出口和巷道的超前支护范围与强度,并在作业规程或专项措施中规定。加强支护可采用单体液压支柱、门式支架、垛式支架、自移式支架等。采用单体液压支柱加强支护时,必须采取防倒措施。

第八十一条　严重(强)冲击地压危险区域,必须采取防底鼓措施。防底鼓措施应当定期清理底鼓,并可根据巷道底板岩性采取底板卸压、底板加固等措施。底板卸压可采取底板爆破、底板钻孔卸压等;底板加固可采用U型钢底板封闭支架、带有底梁的液压支架、打设锚杆(锚索)、底板注浆等。

第八十二条　冲击地压危险区域巷道扩修时,必须制定专门的防冲措施,严禁多点作业,采动影响区域内严禁巷道扩修与回采平行作业。

第八十三条　冲击地压巷道严禁采用刚性支护,要根据冲击地压危险性进行支护设计,可采用抗冲击的锚杆(锚索)、可缩支架及高强度、抗冲击巷道液压支架等,提高巷道抗冲击能力。

第八十四条　有冲击地压危险的采掘工作面必须设置压风自救系统。应当在距采掘工作面25至40米的巷道内、爆破地点、撤离人员与警戒人员所在位置、回风巷有人作业处等地点,至少设置1组压风自救装置。压风自救系统管路可以采用耐压胶管,每10至15米预留0.5至1.0米的延展长度。

第八十五条　冲击地压矿井必须制定采掘工作面冲击地压避灾路线,绘制井下避灾线路图。冲击地压危险区域的作业人员必须掌握作业地点发生冲击地压灾害的避灾路线以及被困时的自救常识。井下有危险情况时,班组长、调度员和防冲专业人员有权责令现场作业人员停止作业,停电撤人。

第八十六条　发生冲击地压后,必须迅速启动应急救援预案,防止发生次生灾害。

恢复生产前,必须查清事故原因,制定恢复生产方案,通过专家论证,落实综合防冲措施,消除冲击地压危险后,方可恢复生产。

第六章　附　　则

第八十七条　本细则自2018年8月1日起施行。

附录:(略)

关于便携式瓦检仪及瓦斯报警矿灯使用管理规定

1. 1995年4月26日煤炭工业部发布

2. 煤安字〔1995〕第203号

为了落实《关于推广使用四项通风安全装备的决定》,确保便携式热催化瓦斯检测报警仪(以下简称便携式瓦检仪)和瓦斯报警矿灯(包括矿灯瓦斯报警器,以下统称为瓦斯报警矿灯)的正常使用,充分发挥其作用,保障安全生产,现对便携式瓦检仪及瓦斯报警矿灯的使用管理作如下规定:

一、各矿务局(矿)应根据部安全生产的有关规定,研究制订两类仪器的装备计划并负责仪器的管理工作。局、矿长应保证购置两类仪器所需资金,局、矿总工程师对贯彻本规定及制订使用管理办法负全面责任。

二、对各单位购置的便携式瓦检仪和瓦斯报警矿灯要集中进行验收,其中:国有重点煤矿由矿务局(矿)组织验收,地方国有煤矿及乡镇煤矿应由省(区)煤炭局(厅)负责或委托有关单位组织验收。

三、各便携式瓦检仪及瓦斯报警矿灯使用单位必须集中管理,统一发放。仪器发放室、维修室、保管库房等工作场所要适合集中管理、统一发放的要求,并按规定对仪器进行维护,坚持每隔七天用校准气样对仪器进行一次调校,保证正常使用。

便携式瓦检仪及瓦斯报警矿灯必须编号,固定专人使用。

四、各省(区)通风仪器仪表维修站、矿务局通风实验室、各瓦斯监测仪器设备使用较集中的地(市)煤炭局,必须装备校准气样配气装置,负责向所属煤矿和所在地区的乡镇煤矿有偿提供校准气样。

五、便携式瓦检仪和瓦斯报警矿灯的维护人员必须经过培训,其中:国有重点煤矿人员需经矿务局以上、地方国有煤矿及乡镇煤矿人员需经市(地)以上煤炭主管部门培训。培训合格后方能上岗。

对便携式瓦检仪和瓦斯报警矿灯使用人员要进行管理和使用常识培训,严格按照产品说明书进行操作。

六、各省级煤炭管理部门根据本规定制订实施细则,各矿务局、矿按实施细则制订具体使用管理办法。

煤矿复工复产验收管理办法

1. 2019年1月9日国家煤矿安全监察局发布
2. 煤安监行管〔2019〕4号

第一条 为加强和规范煤矿复工复产验收工作，坚决防范和遏制煤矿重特大事故，根据《中华人民共和国安全生产法》《国务院办公厅关于进一步加强煤矿安全生产工作的意见》等法律法规、文件要求，制定本办法。

第二条 本办法适用于我国境内所有合法生产、建设煤矿的复工复产验收工作。

第三条 煤矿复工复产验收工作根据停工停产状态和性质不同分类实施。停工是指建设煤矿停止施工作业；停产是指生产煤矿停止生产作业。

（一）自行连续停工停产时间不足30天，通风、排水、安全监控系统和人员位置监测系统运行正常，且停产期间井下巷道及设备设施维护、安全检查正常实施的煤矿，由煤矿企业（煤矿）负责验收。

（二）下列煤矿由煤矿安全监管部门负责验收。

1. 因自然灾害或矿井灾变等原因，安全生产系统或巷道遭到严重破坏或封闭井口（采区）的煤矿；

2. 连续停工停产时间达30天及以上的煤矿；

3. 因发生生产安全事故、存在重大生产安全事故隐患或违法违规行为等，被相关部门责令停工停产的煤矿；

4. 煤矿安全监管部门和煤矿安全监察机构认为需要复工复产验收的其他煤矿。

第四条 按照分级属地监管原则，对复工复产煤矿实施分级验收。省级煤矿安全监管部门负责监管的煤矿，由省级煤矿安全监管部门组织验收，主要负责人签字；市（地）级煤矿安全监管部门负责监管的煤矿，由市（地）级安全监管部门组织验收，市（地）级人民政府主要负责人签字；其他煤矿由县级煤矿安全监管部门组织验收，县级人民政府主要负责人签字。煤矿企业（煤矿）组织验收的，由煤矿企业（煤矿）主要负责人签字。

第五条 煤矿启封井口、人员进入严重冲击地压矿井或者停工停产时间30天及以上矿井排查事故隐患前，应先评估安全风险，制定井口启封、事故隐患排查的工作方案和安全技术措施，并向煤矿安全监管部门提出申请，经审查同意后，方可开展井口启封等复工复产前期工作。煤矿排查治理事故隐患必须划定作业范围，明确作业期限、限定作业地点和各工种作业人数，做到"责任、措施、资金、时限、预案"五落实。

由公安、国土、环保、煤炭行业管理等部门责令停工停产的煤矿，须在相关部门已同意恢复生产建设后，方可申请复工复产。

第六条 申请复工复产的煤矿，应当至少具备下列条件：

（一）煤矿安全生产许可证合法有效，安全生产条件符合《煤矿企业安全生产许可证实施办法》规定，建设煤矿建设手续齐全，施工和监理单位资质符合相关规定；

（二）达到三级安全生产标准化等级要求；

（三）隐蔽致灾因素普查清楚，矿井和周边老空积水情况清楚；

（四）安全监控、人员位置监测系统运行正常；

（五）煤矿管理人员、专业技术人员和特种作业人员配备符合要求；

（六）职工安全培训达到《煤矿安全培训规定》要求；

（七）灾害治理机构、人员、设备等符合相关规定要求；

（八）煤矿有符合规定的矿山救护队为其服务。

第七条 煤矿复工复产验收工作，按照下列程序进行：

（一）煤矿主要负责人组织制定复工复产方案和安全技术措施；

（二）煤矿主要负责人组织排查治理事故隐患；

（三）煤矿企业（煤矿）验收。

由部门验收的煤矿，在履行煤矿企业（煤矿）验收程序的同时，还应履行以下程序：

（四）由煤矿企业（煤矿）提出复工复产验收申请；

（五）煤矿安全监管部门组织验收；

（六）履行签字手续；

（七）下发同意复工复产的通知。

第八条 存在以下情形之一的煤矿，不得复工复产：

（一）申报材料不齐全或不真实的；

（二）煤矿主要负责人未组织全面排查隐患、未制定隐患整改安全技术措施或者未完成隐患治理的；

（三）未严格履行复工复产验收程序的；

（四）未经验收、验收不合格或未按规定履行签字手续或者部门验收的煤矿未取得复工复产通知的；

（五）存在以设备检修、隐患整改名义擅自组织生产建设行为的；

（六）存在明令禁止使用或淘汰的设备、工艺等重大事故隐患的；

（七）煤矿安全监管部门和煤矿安全监察机构认为恢复生产建设存在重大安全风险的。

第九条 煤矿自行停工停产期间，要加强安全管理，做好正常的通风、排水、井下巷道及设备设施维护、安全检查、监测监控、值班值守等工作。由煤矿企业(煤矿)负责验收复工复产的煤矿,要告知煤矿安全监管部门和煤矿安全监察机构。

第十条 煤矿安全监管部门和煤矿安全监察机构在责令煤矿停工停产后,要及时告知公安、电力等部门(单位)依法停止或限制供应、收缴民用爆炸物品,限制电力供应。

第十一条 煤矿安全监管部门下发复工复产通知时,要同时抄送煤矿安全监察、煤炭行业管理、公安、电力等部门(单位)。

第十二条 对验收不合格的煤矿,2个月内不再受理其复工复产验收申请;对弄虚作假、故意隐瞒问题的煤矿,6个月内不再受理其复工复产验收申请,并将其作为重点监管监察对象。煤矿安全监管部门和煤矿安全监察机构发现擅自复工复产的煤矿,应当责令立即停产整顿,暂扣安全生产许可证。

第十三条 煤矿复工复产验收实行"谁验收、谁签字、谁负责"的工作制度,参与验收的人员均要在验收报告上签字,并对验收结果的真实性负责。凡在复工复产验收工作中违反程序、降低标准、把关不严、弄虚作假的,一经发现要严肃追究有关单位和人员的责任。

第十四条 各省级煤矿安全监管部门可根据本办法制定本地区煤矿复工复产验收工作实施细则。

第十五条 本办法由国家煤矿安全监察局负责解释,自发布之日起施行。

3. 煤矿安全监察

煤矿安全监察条例

1．2000年11月7日国务院令第296号公布
2．根据2013年7月18日国务院令第638号《关于废止和修改部分行政法规的决定》修订

第一章　总　　则

第一条　为了保障煤矿安全，规范煤矿安全监察工作，保护煤矿职工人身安全和身体健康，根据煤炭法、矿山安全法、第九届全国人民代表大会第一次会议通过的国务院机构改革方案和国务院关于煤矿安全监察体制的决定，制定本条例。

第二条　国家对煤矿安全实行监察制度。国务院决定设立的煤矿安全监察机构按照国务院规定的职责，依照本条例的规定对煤矿实施安全监察。

第三条　煤矿安全监察机构依法行使职权，不受任何组织和个人的非法干涉。

煤矿及其有关人员必须接受并配合煤矿安全监察机构依法实施的安全监察，不得拒绝、阻挠。

第四条　地方各级人民政府应当加强煤矿安全管理工作，支持和协助煤矿安全监察机构依法对煤矿实施安全监察。

煤矿安全监察机构应当及时向有关地方人民政府通报煤矿安全监察的有关情况，并可以提出加强和改善煤矿安全管理的建议。

第五条　煤矿安全监察应当以预防为主，及时发现和消除事故隐患，有效纠正影响煤矿安全的违法行为，实行安全监察与促进安全管理相结合、教育与惩处相结合。

第六条　煤矿安全监察应当依靠煤矿职工和工会组织。

煤矿职工对事故隐患或者影响煤矿安全的违法行为有权向煤矿安全监察机构报告或者举报。煤矿安全监察机构对报告或者举报有功人员给予奖励。

第七条　煤矿安全监察机构及其煤矿安全监察人员应当依法履行安全监察职责。任何单位和个人对煤矿安全监察机构及其煤矿安全监察人员的违法违纪行为，有权向上级煤矿安全监察机构或者有关机关检举和控告。

第二章　煤矿安全监察机构及其职责

第八条　本条例所称煤矿安全监察机构，是指国家煤矿安全监察机构和在省、自治区、直辖市设立的煤矿安全监察机构（以下简称地区煤矿安全监察机构）及其在大中型矿区设立的煤矿安全监察办事处。

第九条　地区煤矿安全监察机构及其煤矿安全监察办事处负责对划定区域内的煤矿实施安全监察；煤矿安全监察办事处在国家煤矿安全监察机构规定的权限范围内，可以对违法行为实施行政处罚。

第十条　煤矿安全监察机构设煤矿安全监察员。煤矿安全监察员应当公道、正派，熟悉煤矿安全法律、法规和规章，具有相应的专业知识和相关的工作经验，并经考试录用。

煤矿安全监察员的具体管理办法由国家煤矿安全监察机构商国务院有关部门制定。

第十一条　地区煤矿安全监察机构、煤矿安全监察办事处应当对煤矿实施经常性安全检查；对事故多发地区的煤矿，应当实施重点安全检查。国家煤矿安全监察机构根据煤矿安全工作的实际情况，组织对全国煤矿的全面安全检查或者重点安全抽查。

第十二条　地区煤矿安全监察机构、煤矿安全监察办事处应当对每个煤矿建立煤矿安全监察档案。煤矿安全监察人员对每次安全检查的内容、发现的问题及其处理情况，应当作详细记录，并由参加检查的煤矿安全监察人员签名后归档。

第十三条　地区煤矿安全监察机构、煤矿安全监察办事处应当每15日分别向国家煤矿安全监察机构、地区煤矿安全监察机构报告一次煤矿安全监察情况；有重大煤矿安全问题的，应当及时采取措施并随时报告。

国家煤矿安全监察机构应当定期公布煤矿安全监察情况。

第十四条　煤矿安全监察人员履行安全监察职责，有权随时进入煤矿作业场所进行检查，调阅有关资料，参加煤矿安全生产会议，向有关单位或者人员了解情况。

第十五条　煤矿安全监察人员在检查中发现影响煤矿安全的违法行为，有权当场予以纠正或者要求限期改正；对依法应当给予行政处罚的行为，由煤矿安全监察机构依照行政处罚法和本条例规定的程序作出决定。

第十六条　煤矿安全监察人员进行现场检查时，发现存在事故隐患的，有权要求煤矿立即消除或者限期解决；发现威胁职工生命安全的紧急情况时，有权要求立即停止作业，下达立即从危险区内撤出作业人员的命令，并立即将紧急情况和处理措施报告煤矿安全监察机构。

第十七条　煤矿安全监察机构在实施安全监察过程中，发现煤矿存在的安全问题涉及有关地方人民政府或其有关部门的，应当向有关地方人民政府或其有关部门提出建议，并向上级人民政府或其有关部门报告。

第十八条　煤矿发生伤亡事故的，由煤矿安全监察机构负责组织调查处理。

煤矿安全监察机构组织调查处理事故，应当依照国家规定的事故调查程序和处理办法进行。

第十九条　煤矿安全监察机构及其煤矿安全监察人员不得接受煤矿的任何馈赠、报酬、福利待遇，不得在煤矿报销任何费用，不得参加煤矿安排、组织或者支付费用的宴请、娱乐、旅游、出访等活动，不得借煤矿安全监察工作在煤矿为自己、亲友或者他人谋取利益。

第三章　煤矿安全监察内容

第二十条　煤矿安全监察机构对煤矿执行煤炭法、矿山安全法和其他有关煤矿安全的法律、法规以及国家安全标准、行业安全标准、煤矿安全规程和行业技术规范的情况实施监察。

第二十一条　煤矿建设工程设计必须符合煤矿安全规程和行业技术规范的要求。煤矿建设工程安全设施设计必须经煤矿安全监察机构审查同意；未经审查同意的，不得施工。

煤矿安全监察机构审查煤矿建设工程安全设施设计，应当自收到申请审查的设计资料之日起30日内审查完毕，签署同意或者不同意的意见，并书面答复。

第二十二条　煤矿建设工程竣工后或者投产前，应当经煤矿安全监察机构对其安全设施和条件进行验收；未经验收或者验收不合格的，不得投入生产。

煤矿安全监察机构对煤矿建设工程安全设施和条件进行验收，应当自收到申请验收文件之日起30日内验收完毕，签署合格或者不合格的意见，并书面答复。

第二十三条　煤矿安全监察机构应当监督煤矿制定事故预防和应急计划，并检查煤矿制定的发现和消除事故隐患的措施及其落实情况。

第二十四条　煤矿安全监察机构发现煤矿矿井通风、防火、防水、防瓦斯、防毒、防尘等安全设施和条件不符合国家安全标准、行业安全标准、煤矿安全规程和行业技术规范要求的，应当责令立即停止作业或者责令限期达到要求。

第二十五条　煤矿安全监察机构发现煤矿进行独眼井开采的，应当责令关闭。

第二十六条　煤矿安全监察机构发现煤矿作业场所有下列情形之一的，应当责令立即停止作业，限期改正；有关煤矿或其作业场所经复查合格的，方可恢复作业：

（一）未使用专用防爆电器设备的；

（二）未使用专用放炮器的；

（三）未使用人员专用升降容器的；

（四）使用明火明电照明的。

第二十七条　煤矿安全监察机构对煤矿安全技术措施专项费用的提取和使用情况进行监督，对未依法提取或者使用的，应当责令限期改正。

第二十八条　煤矿安全监察机构发现煤矿矿井使用的设备、器材、仪器、仪表、防护用品不符合国家安全标准或者行业安全标准的，应当责令立即停止使用。

第二十九条　煤矿安全监察机构发现煤矿有下列情形之一的，应当责令限期改正：

（一）未依法建立安全生产责任制的；

（二）未设置安全生产机构或者配备安全生产人员的；

（三）矿长不具备安全专业知识的；

（四）特种作业人员未取得资格证书上岗作业的；

（五）分配职工上岗作业前，未进行安全教育、培训的；

（六）未向职工发放保障安全生产所需的劳动防护用品的。

第三十条　煤矿安全监察人员发现煤矿作业场所的瓦斯、粉尘或者其他有毒有害气体的浓度超过国家安全标准或者行业安全标准的，煤矿擅自开采保安煤柱的，或者采用危及相邻煤矿生产安全的决水、爆破、贯通巷道等危险方法进行采矿作业的，应当责令立即停止作业，并将有关情况报告煤矿安全监察机构。

第三十一条　煤矿安全监察人员发现煤矿矿长或者其他主管人员违章指挥工人或者强令工人违章、冒险作业，或者发现工人违章作业的，应当立即纠正或者责令立即停止作业。

第三十二条　煤矿安全监察机构及其煤矿安全监察人员履行安全监察职责，向煤矿有关人员了解情况时，有关人员应当如实反映情况，不得提供虚假情况，不得隐瞒本煤矿存在的事故隐患以及其他安全问题。

第三十三条　煤矿安全监察机构依照本条例的规定责令煤矿限期解决事故隐患、限期改正影响煤矿安全的违法行为或者限期使安全设施和条件达到要求的，应当在限期届满时及时对煤矿的执行情况进行复查并签署复查意见；经有关煤矿申请，也可以在限期内进行复查并签署复查意见。

煤矿安全监察机构及其煤矿安全监察人员依照本

条例的规定责令煤矿立即停止作业，责令立即停止使用不符合国家安全标准或者行业安全标准的设备、器材、仪器、仪表、防护用品，或者责令关闭矿井的，应当对煤矿的执行情况随时进行检查。

第三十四条　煤矿安全监察机构及其煤矿安全监察人员履行安全监察职责，应当出示安全监察证件。发出安全监察指令，应当采用书面通知形式；紧急情况下需要采取紧急处置措施，来不及书面通知的，应当随后补充书面通知。

第四章　罚　　则

第三十五条　煤矿建设工程安全设施设计未经煤矿安全监察机构审查同意，擅自施工的，由煤矿安全监察机构责令停止施工；拒不执行的，由煤矿安全监察机构移送地质矿产主管部门依法吊销采矿许可证。

第三十六条　煤矿建设工程安全设施和条件未经验收或者验收不合格，擅自投入生产的，由煤矿安全监察机构责令停止生产，处5万元以上10万元以下的罚款；拒不停止生产的，由煤矿安全监察机构移送地质矿产主管部门依法吊销采矿许可证。

第三十七条　煤矿矿井通风、防火、防水、防瓦斯、防毒、防尘等安全设施和条件不符合国家安全标准、行业安全标准、煤矿安全规程和行业技术规范的要求，经煤矿安全监察机构责令限期达到要求，逾期仍达不到要求的，由煤矿安全监察机构责令停产整顿；经停产整顿仍不具备安全生产条件的，由煤矿安全监察机构决定吊销安全生产许可证，并移送地质矿产主管部门依法吊销采矿许可证。

第三十八条　煤矿作业场所未使用专用防爆电器设备、专用放炮器、人员专用升降容器或者使用明火明电照明，经煤矿安全监察机构责令限期改正，逾期不改正的，由煤矿安全监察机构责令停产整顿，可以处3万元以下的罚款。

第三十九条　未依法提取或者使用煤矿安全技术措施专项费用，或者使用不符合国家安全标准或者行业安全标准的设备、器材、仪器、仪表、防护用品，经煤矿安全监察机构责令限期改正或者责令立即停止使用，逾期不改正或者不立即停止使用的，由煤矿安全监察机构处5万元以下的罚款；情节严重的，由煤矿安全监察机构责令停产整顿；对直接负责的主管人员和其他直接责任人员，依法给予纪律处分。

第四十条　煤矿矿长不具备安全专业知识，或者特种作业人员未取得操作资格证书上岗作业，经煤矿安全监察机构责令限期改正，逾期不改正的，责令停产整顿；调整配备合格人员并经复查合格后，方可恢复生产。

第四十一条　分配职工上岗作业前未进行安全教育、培训，经煤矿安全监察机构责令限期改正，逾期不改正的，由煤矿安全监察机构处4万元以下的罚款；情节严重的，由煤矿安全监察机构责令停产整顿；对直接负责的主管人员和其他直接责任人员，依法给予纪律处分。

第四十二条　煤矿作业场所的瓦斯、粉尘或者其他有毒有害气体的浓度超过国家安全标准或者行业安全标准，经煤矿安全监察人员责令立即停止作业，拒不停止作业的，由煤矿安全监察机构责令停产整顿，可以处10万元以下的罚款。

第四十三条　擅自开采保安煤柱，或者采用危及相邻煤矿生产安全的决水、爆破、贯通巷道等危险方法进行采矿作业，经煤矿安全监察人员责令立即停止作业，拒不停止作业的，由煤矿安全监察机构决定吊销安全生产许可证，并移送地质矿产主管部门依法吊销采矿许可证；构成犯罪的，依法追究刑事责任；造成损失的，依法承担赔偿责任。

第四十四条　煤矿矿长或者其他主管人员有下列行为之一的，由煤矿安全监察机构给予警告；造成严重后果，构成犯罪的，依法追究刑事责任：

（一）违章指挥工人或者强令工人违章、冒险作业的；

（二）对工人屡次违章作业熟视无睹，不加制止的；

（三）对重大事故预兆或者已发现的事故隐患不及时采取措施的；

（四）拒不执行煤矿安全监察机构及其煤矿安全监察人员的安全监察指令的。

第四十五条　煤矿有关人员拒绝、阻碍煤矿安全监察机构及其煤矿安全监察人员现场检查，或者提供虚假情况，或者隐瞒存在的事故隐患以及其他安全问题的，由煤矿安全监察机构给予警告，可以并处5万元以上10万元以下的罚款；情节严重的，由煤矿安全监察机构责令停产整顿；对直接负责的主管人员和其他直接责任人员，依法给予撤职直至开除的纪律处分。

第四十六条　煤矿发生事故，有下列情形之一的，由煤矿安全监察机构给予警告，可以并处3万元以上15万元以下的罚款；情节严重的，由煤矿安全监察机构责令停产整顿；对直接负责的主管人员和其他直接责任人员，依法给予降级直至开除的纪律处分；构成犯罪的，依法追究刑事责任：

（一）不按照规定及时、如实报告煤矿事故的；

（二）伪造、故意破坏煤矿事故现场的；

（三）阻碍、干涉煤矿事故调查工作，拒绝接受调查取证、提供有关情况和资料的。

第四十七条　依照本条例规定被吊销采矿许可证的，由工商行政管理部门依法相应吊销营业执照。

第四十八条　煤矿安全监察人员滥用职权、玩忽职守、徇私舞弊，应当发现而没有发现煤矿事故隐患或者影响煤矿安全的违法行为，或者发现事故隐患或者影响煤矿安全的违法行为不及时处理或者报告，或者有违反本条例第十九条规定行为之一，构成犯罪的，依法追究刑事责任；尚不构成犯罪的，依法给予行政处分。

第五章　附　　则

第四十九条　未设立地区煤矿安全监察机构的省、自治区、直辖市，省、自治区、直辖市人民政府可以指定有关部门依照本条例的规定对本行政区域内的煤矿实施安全监察。

第五十条　本条例自 2000 年 12 月 1 日起施行。

煤矿安全监察行政处罚办法

1．2003 年 7 月 2 日国家安全生产监督管理局、国家煤矿安全监察局令第 4 号公布

2．根据 2015 年 6 月 8 日国家安全生产监督管理总局令第 81 号《关于修改〈煤矿安全监察员管理办法〉等五部煤矿安全规章的决定》修正

第一条　为了制裁煤矿安全违法行为，规范煤矿安全监察行政处罚工作，保障煤矿依法进行生产，根据煤矿安全监察条例及其他有关法律、行政法规的规定，制定本办法。

第二条　国家煤矿安全监察局、省级煤矿安全监察局和煤矿安全监察分局（以下简称煤矿安全监察机构），对煤矿及其有关人员违反有关安全生产的法律、行政法规、部门规章、国家标准、行业标准和规程的行为（以下简称煤矿安全违法行为）实施行政处罚，适用本办法。本办法未作规定的，适用安全生产违法行为行政处罚办法。

有关法律、行政法规对行政处罚另有规定的，依照其规定。

第三条　省级煤矿安全监察局、煤矿安全监察分局实施行政处罚按照属地原则进行管辖。

国家煤矿安全监察局认为应由其实施行政处罚的，由国家煤矿安全监察局管辖。

两个以上煤矿安全监察机构因行政处罚管辖权发生争议的，由其共同的上一级煤矿安全监察机构指定管辖。

第四条　当事人对煤矿安全监察机构所给予的行政处罚，享有陈述、申辩权；对行政处罚不服的，有权依法申请行政复议或者提起行政诉讼。

当事人因煤矿安全监察机构违法给予行政处罚受到损害的，有权依法提出赔偿要求。

第五条　煤矿安全监察员执行公务时，应当出示煤矿安全监察执法证件。

第六条　煤矿安全监察机构及其煤矿安全监察员对检查中发现的煤矿安全违法行为，可以作出下列现场处理决定：

（一）当场予以纠正或者要求限期改正；

（二）责令限期达到要求；

（三）责令立即停止作业（施工）或者立即停止使用；

经现场处理决定后拒不改正，或者依法应当给予行政处罚的煤矿安全违法行为，依法作出行政处罚决定。

第七条　煤矿或者施工单位有下列行为之一的，责令停止建设或者停产停业整顿，限期改正；逾期未改正的，处 50 万元以上 100 万元以下的罚款，对其直接负责的主管人员和其他直接责任人员处 2 万元以上 5 万元以下的罚款；构成犯罪的，依照刑法有关规定追究刑事责任：

（一）未按照规定对煤矿建设项目进行安全评价的；

（二）煤矿建设项目没有安全设施设计或者安全设施设计未按照规定报经有关部门审查同意的；

（三）煤矿建设项目的施工单位未按照批准的安全设施设计施工的；

（四）煤矿建设项目竣工投入生产或者使用前，安全设施未经验收合格的。

第八条　煤矿矿井通风、防火、防水、防瓦斯、防毒、防尘等安全设施不符合法定要求的，责令限期达到要求；逾期仍达不到要求的，责令停产整顿。

第九条　煤矿作业场所有下列情形之一的，责令限期改正；逾期不改正的，责令停产整顿，并处 3 万元以下的罚款：

（一）未使用专用防爆电器设备的；

（二）未使用专用放炮器的；

（三）未使用人员专用升降容器的；

（四）使用明火明电照明的。

第十条　煤矿未依法提取或者使用煤矿安全技术措施专项费用的，责令限期改正，提供必需的资金；逾期不改正的，处5万元以下的罚款，责令停产整顿。

有前款违法行为，导致发生生产安全事故的，对煤矿主要负责人给予撤职处分，对个人经营的投资人处2万元以上20万元以下的罚款；构成犯罪的，依照刑法有关规定追究刑事责任。

第十一条　煤矿使用不符合国家安全标准或者行业安全标准的设备、器材、仪器、仪表、防护用品的，责令限期改正或者责令立即停止使用；逾期不改正或者不立即停止使用的，处5万元以下的罚款；情节严重的，责令停产整顿。

第十二条　煤矿企业的机电设备、安全仪器，未按照下列规定操作、检查、维修和建立档案的，责令改正，可以并处2万元以下的罚款：

（一）未定期对机电设备及其防护装置、安全检测仪器检查、维修和建立技术档案的；

（二）非负责设备运行人员操作设备的；

（三）非值班电气人员进行电气作业的；

（四）操作电气设备的人员，没有可靠的绝缘保护和检修电气设备带电作业的。

第十三条　煤矿井下采掘作业，未按照作业规程的规定管理顶帮；通过地质破碎带或者其他顶帮破碎地点时，未加强支护；露天采剥作业，未按照设计规定，控制采剥工作面的阶段高度、宽度、边坡角和最终边坡角；采剥作业和排土作业，对深部或者邻近井巷造成危害的，责令改正，可以并处2万元以下的罚款。

第十四条　煤矿未严格执行瓦斯检查制度，入井人员携带烟草和点火用具下井的，责令改正，可以并处2万元以下的罚款。

第十五条　煤矿在有瓦斯突出、冲击地压条件下从事采掘作业；在未加保护的建筑物、构筑物和铁路、水体下面开采；在地温异常或者热水涌出的地区开采，未编制专门设计文件和报主管部门批准的，责令改正，可以并处2万元以下的罚款。

第十六条　煤矿作业场所的瓦斯、粉尘或者其他有毒有害气体的浓度超过国家安全标准或者行业安全标准的，责令立即停止作业；拒不停止作业的，责令停产整顿，可以并处10万元以下的罚款。

第十七条　有自然发火可能性的矿井，未按规定采取有效的预防自然发火措施的，责令改正，可以并处2万元以下的罚款。

第十八条　煤矿在有可能发生突水危险的地区从事采掘作业，未采取探放水措施的，责令改正，可以并处2万元以下的罚款。

第十九条　煤矿井下风量、风质、风速和作业环境的气候，不符合煤矿安全规程的规定的，责令改正，可以并处2万元以下的罚款。

第二十条　煤矿对产生粉尘的作业场所，未采取综合防尘措施，或者未按规定对粉尘进行检测的，责令改正，可以并处2万元以下的罚款。

第二十一条　擅自开采保安煤柱，或者采用危及相邻煤矿生产安全的决水、爆破、贯通巷道等危险方法进行采矿作业，责令立即停止作业；拒不停止作业的，由煤矿安全监察机构决定吊销安全生产许可证，并移送地质矿产主管部门依法吊销采矿许可证。

第二十二条　煤矿违反有关安全生产法律、行政法规的规定，拒绝、阻碍煤矿安全监察机构依法实施监督检查的，责令改正；拒不改正的，处2万元以上20万元以下的罚款；对其直接负责的主管人员和其他直接责任人员处1万元以上2万元以下的罚款；构成犯罪的，依照刑法有关规定追究刑事责任。

煤矿提供虚假情况，或者隐瞒存在的事故隐患以及其他安全问题的，由煤矿安全监察机构给予警告，可以并处5万元以上10万元以下的罚款；情节严重的，责令停产整顿。

第二十三条　煤矿发生事故，对煤矿、煤矿主要负责人以及其他有关责任单位、人员依照《安全生产法》及有关法律、行政法规的规定予以行政处罚；构成犯罪的，依照刑法有关规定追究刑事责任。

第二十四条　经停产整顿仍不具备法定安全生产条件给予关闭的行政处罚，由煤矿安全监察机构报请县级以上人民政府按照国务院规定的权限决定。

第二十五条　煤矿安全监察机构及其煤矿安全监察员实施行政处罚时，应当符合《安全生产违法行为行政处罚办法》规定的程序并使用统一的煤矿安全监察行政执法文书。

第二十六条　未设立省级煤矿安全监察局的省、自治区，由省、自治区人民政府指定的负责煤矿安全监察工作的部门依照本办法的规定对本行政区域内的煤矿安全违法行为实施行政处罚。

第二十七条　本办法自2003年8月15日起施行。《煤矿安全监察行政处罚暂行办法》同时废止。

煤矿建设项目安全设施监察规定

1. 2003年7月4日国家安全生产监督管理局、国家煤矿安全监察局令第6号公布

2. 根据2015年6月8日国家安全生产监督管理总局令第81号《关于修改〈煤矿安全监察员管理办法〉等五部煤矿安全规章的决定》修正

第一章 总 则

第一条 为了规范煤矿建设工程安全设施监察工作,保障煤矿安全生产,根据安全生产法、煤矿安全监察条例以及有关法律、行政法规的规定,制定本规定。

第二条 煤矿安全监察机构对煤矿新建、改建和扩建工程项目(以下简称煤矿建设项目)的安全设施进行监察,适用本规定。

第三条 煤矿建设项目应当进行安全评价,其初步设计应当按规定编制安全专篇。安全专篇应当包括安全条件的论证、安全设施的设计等内容。

第四条 煤矿建设项目的安全设施的设计、施工应当符合工程建设强制性标准、煤矿安全规程和行业技术规范。

第五条 煤矿建设项目施工前,其安全设施设计应当经煤矿安全监察机构审查同意;竣工投入生产或使用前,其安全设施和安全条件应当经煤矿建设单位验收合格。煤矿安全监察机构应当加强对建设单位验收活动和验收结果的监督核查。

第六条 煤矿建设项目安全设施的设计审查,由煤矿安全监察机构按照设计或者新增的生产能力,实行分级负责。

(一)设计或者新增的生产能力在300万吨/年及以上的井工煤矿建设项目和1000万吨/年及以上的露天煤矿建设项目,由国家煤矿安全监察局负责设计审查。

(二)设计或者新增的生产能力在300万吨/年以下的井工煤矿建设项目和1000万吨/年以下的露天煤矿建设项目,由省级煤矿安全监察局负责设计审查。

第七条 未设立煤矿安全监察机构的省、自治区,由省、自治区人民政府指定的负责煤矿安全监察工作的部门负责本规定第六条第二项规定的设计审查。

第八条 经省级煤矿安全监察局审查同意的项目,应及时报国家煤矿安全监察局备案。

第二章 安 全 评 价

第九条 煤矿建设项目的安全评价包括安全预评价和安全验收评价。

煤矿建设项目在可行性研究阶段,应当进行安全预评价;在投入生产或者使用前,应当进行安全验收评价。

第十条 煤矿建设项目的安全评价应由具有国家规定资质的安全中介机构承担。承担煤矿建设项目安全评价的安全中介机构对其作出的安全评价结果负责。

第十一条 煤矿企业应与承担煤矿建设项目安全评价的安全中介机构签订书面委托合同,明确双方各自的权利和义务。

第十二条 承担煤矿建设项目安全评价的安全中介机构,应当按照规定的标准和程序进行评价,提出评价报告。

第十三条 煤矿建设项目安全预评价报告应当包括以下内容:

(一)主要危险、有害因素和危害程度以及对公共安全影响的定性、定量评价;

(二)预防和控制的可能性评价;

(三)建设项目可能造成职业危害的评价;

(四)安全对策措施、安全设施设计原则;

(五)预评价结论;

(六)其他需要说明的事项。

第十四条 煤矿建设项目安全验收评价报告应当包括以下内容:

(一)安全设施符合法律、法规、标准和规程规定以及设计文件的评价;

(二)安全设施在生产或使用中的有效性评价;

(三)职业危害防治措施的有效性评价;

(四)建设项目的整体安全性评价;

(五)存在的安全问题和解决问题的建议;

(六)验收评价结论;

(七)有关试运转期间的技术资料、现场检测、检验数据和统计分析资料;

(八)其他需要说明的事项。

第三章 设 计 审 查

第十五条 煤矿建设项目的安全设施设计应经煤矿安全监察机构审查同意;未经审查同意的,不得施工。

第十六条 煤矿建设项目的安全设施设计,应由具有相应资质的设计单位承担。设计单位对安全设施设计负责。

第十七条 煤矿建设项目的安全设施设计应当包括煤矿水、火、瓦斯、煤尘、顶板等主要灾害的防治措施,所确定的设施、设备、器材等应当符合国家标准和行业标准。

第十八条　煤矿建设项目的安全设施设计审查前，煤矿企业应当按照本规定第六条的规定，向煤矿安全监察机构提出书面申请。

第十九条　申请煤矿建设项目的安全设施设计审查，应当提交下列资料：

（一）安全设施设计审查申请报告及申请表；

（二）建设项目审批、核准或者备案的文件；

（三）采矿许可证或者矿区范围批准文件；

（四）安全预评价报告书；

（五）初步设计及安全专篇；

（六）其他需要说明的材料。

第二十条　煤矿安全监察机构接到审查申请后，应当对上报资料进行审查。有下列情形之一的，为设计审查不合格：

（一）安全设施设计未由具备相应资质的设计单位承担的；

（二）煤矿水、火、瓦斯、煤尘、顶板等主要灾害防治措施不符合规定的；

（三）安全设施设计不符合工程建设强制性标准、煤矿安全规程和行业技术规范的；

（四）所确定的设施、设备、器材不符合国家标准和行业标准的；

（五）不符合国家煤矿安全监察局规定的其他条件的。

第二十一条　煤矿安全监察机构审查煤矿建设项目的安全设施设计，应当自收到审查申请起 30 日内审查完毕。经审查同意的，应当以文件形式批复；不同意的，应当提出审查意见，并以书面形式答复。

第二十二条　煤矿企业对已批准的煤矿建设项目安全设施设计需作重大变更的，应经原审查机构审查同意。

第四章　施工和联合试运转

第二十三条　煤矿建设项目的安全设施应由具有相应资质的施工单位承担。

施工单位应当按照批准的安全设施设计施工，并对安全设施的工程质量负责。

第二十四条　施工单位在施工期间，发现煤矿建设项目的安全设施设计不合理或者存在重大事故隐患时，应当立即停止施工，并报告煤矿企业。煤矿企业需对安全设施设计作重大变更的，应当按照本规定第二十二条的规定重新审查。

第二十五条　煤矿安全监察机构对煤矿建设工程安全设施的施工情况进行监察。

第二十六条　煤矿建设项目在竣工完成后，应当在正式投入生产或使用前进行联合试运转。联合试运转的时间一般为 1 至 6 个月，有特殊情况需要延长的，总时长不得超过 12 个月。

煤矿建设项目联合试运转，应按规定经有关主管部门批准。

第二十七条　煤矿建设项目联合试运转期间，煤矿企业应当制定可靠的安全措施，做好现场检测、检验，收集有关数据，并编制联合试运转报告。

第二十八条　煤矿建设项目联合试运转正常后，应当进行安全验收评价。

第五章　竣工验收

第二十九条　煤矿建设项目的安全设施和安全条件验收应当由煤矿建设单位负责组织；未经验收合格的，不得投入生产和使用。

煤矿建设单位实行多级管理的，应当由具体负责建设项目施工建设单位的上一级具有法人资格的公司（单位）负责组织验收。

第三十条　煤矿建设单位或者其上一级具有法人资格的公司（单位）组织验收时，应当对有关资料进行审查并组织现场验收。有下列情形之一的，为验收不合格：

（一）安全设施和安全条件不符合设计要求，或未通过工程质量认证的；

（二）安全设施和安全条件不能满足正常生产和使用的；

（三）未按规定建立安全生产管理机构和配备安全生产管理人员的；

（四）矿长和特种作业人员不具备相应资格的；

（五）不符合国家煤矿安全监察局规定的其他条件的。

第六章　附　　则

第三十一条　违反本规定的，由煤矿安全监察机构或者省、自治区人民政府指定的负责煤矿安全监察工作的部门依照《安全生产法》及有关法律、行政法规的规定予以行政处罚；构成犯罪的，依照刑法有关规定追究刑事责任。

第三十二条　煤矿建设项目的安全设施设计审查申请表的样式，由国家煤矿安全监察局制定。

第三十三条　本规定自 2003 年 8 月 15 日起施行。《煤矿建设工程安全设施设计审查与竣工验收暂行办法》同时废止。

煤矿安全监察罚款管理办法

1. 2003年7月14日国家安全生产监督管理局、国家煤矿安全监察局令第7号公布
2. 自2003年8月1日起施行

第一条　为规范煤矿安全监察罚款管理工作,依法实施煤矿安全监察,根据安全生产法、煤矿安全监察条例、罚款决定与罚款收缴分离实施办法和财政部关于做好煤矿安全监察罚没收入管理工作的通知(以下简称财政部《通知》)等有关规定,制定本办法。

第二条　煤矿安全监察机构依照安全生产法、煤矿安全监察条例和安全生产违法行为处罚办法、煤矿安全监察行政处罚办法等有关法律、法规和规章的规定,对煤矿安全违法行为依法实施罚款,适用本办法。

第三条　省级煤矿安全监察机构按照财政部《通知》的规定,统一到省级财政部门和相关部门办理煤矿安全监察罚款许可证。

第四条　省级煤矿安全监察机构商财政部驻各地财政监察专员办事处、省财政厅后,可与一至二个国有商业银行签订煤矿安全监察罚款代收代缴协议,并将代收代缴协议报国家煤矿安全监察局和财政部驻各地财政监察专员办事处备案。

罚款代收银行的确定以及会计科目的使用应严格按照财政部《罚款代收代缴管理办法》的规定办理。代收银行的代收手续费按照财政部、中国人民银行关于代收罚款手续费有关问题的通知规定执行。

第五条　罚款票据使用财政部门统一印制的代收罚款收据,并由代收银行负责管理。

煤矿安全监察机构可领取小额当场罚款票据,并负责管理。当场罚款票据的使用,应当符合当场处罚罚款票据管理暂行规定。

第六条　煤矿安全监察罚款收入纳入中央预算,实行“收支两条线”管理。

煤矿安全监察罚款的缴库由代收银行按照财政部有关规定办理。

第七条　煤矿安全监察罚款按照财政部《通知》的要求,由银行内部交款单分列,并直接缴入中央和地方金库。

第八条　煤矿安全罚款实行处罚决定与罚款收缴分离。

煤矿安全监察机构依法对有关煤矿安全违法行为实施罚款,制作煤矿安全监察行政处罚决定书;被处罚人持煤矿安全监察行政处罚决定书到指定的代收银行及其分支机构缴纳罚款。

煤矿安全监察机构财务人员定期到代收银行索取缴款票据,并进行核对、登记和统计。

第九条　各煤矿安全监察办事处每月终了后5日内将煤矿安全监察罚款统计表报省级煤矿安全监察机构。

省级煤矿安全监察机构将本省区煤矿安全监察罚款统计表汇总后,在每月终了后8日内报国家煤矿安全监察局。

第十条　煤矿安全监察机构罚款收入的缴库情况,应接受财政部驻各地财政监察专员办事处的检查和监督。

第十一条　煤矿安全监察罚款应严格执行国家有关罚款收支管理的有关规定,对违反“收支两条线”管理的机构和个人,依照国务院违反行政事业性收费和罚没款收入收支两条线管理规定行政处分暂行规定追究责任。

第十二条　本办法自2003年8月1日起施行。国家煤矿安全监察局发布的《煤矿安全监察罚款管理暂行办法》同时废止。

煤矿安全监察执法监督办法(试行)

1. 2014年8月28日国家安全生产监督管理总局、国家煤矿安全监察局发布
2. 安监总煤调〔2014〕93号

第一章　总　　则

第一条　为保障煤矿安全监察机构和煤矿安全监察员依法履行职责,及时发现和纠正煤矿安全监察执法工作中存在的问题,规范执法行为,根据《国务院关于加强法治政府建设的意见》(国发〔2010〕33号)等规定,制定本办法。

第二条　本办法所称执法监督,是指煤矿安全监察机构内部对执法行为的监督,包括上级煤矿安全监察机构对下级煤矿安全监察机构、本级煤矿安全监察机构对所属执法部门及其执法人员的执法活动实施的监督。

第三条　执法监督应当遵循监督与促进相结合的原则,坚持有法必依、执法必严、违法必究,做到自我纠正、自我规范、自我提高,达到规范执法行为,提高执法效能的目的。

第四条　煤矿安全监察机构应当建立健全监察执法责任制度,明确工作内容,加强制度约束。

第五条　煤矿安全监察机构主要负责人是执法监督工作的第一责任人,负责组织协调执法监督工作。

煤矿安全监察机构应当明确执法监督工作的分管领导、责任部门及专(兼)职人员。设立有分局的省级煤矿安全监察局应当配备不少于2名专职执法监督工作人员。

第六条　执法监督工作人员应当依法取得《煤矿安全监察执法证》,并具备3年以上煤矿安全监察工作经历。

第二章　执法监督的范围与方式

第七条　执法监督的范围应当包括:

(一)监察执法计划的编制和执行情况;

(二)执法主体是否具有执法活动的法定权限,是否存在超越权限,违法决定、处理安全监察职权范围以外事项的情况;

(三)执法人员是否正确履行法定职责,是否依法处理违法行为;

(四)执法程序是否合法、闭合,查出的违法行为逾期未整改或者整改不合格的,是否依法处理;

(五)执法文书使用和制作是否合法、规范。是否正确使用执法文书,项目是否按要求填写,是否存在缺项、漏项,文书中事实描述是否客观、清楚,表达是否准确、清晰,是否使用专业术语,适用的法律法规是否准确;

(六)行政处罚自由裁量是否适当,是否存在畸轻畸重、显失公正的情况;

(七)证据采集是否合法、充分,执法案卷附件材料是否齐全;

(八)行政许可事项是否按照法定程序要求办理;

(九)是否存在对控告人、申诉人、举报人打击报复等行为。

第八条　执法监督可以采取现场执法监督、抽查执法文书和座谈反馈等方式进行。

(一)国家煤矿安全监察局可以根据工作安排,组织各省级煤矿安全监察局开展执法监督交叉检查;

(二)省级煤矿安全监察局应当每年对所辖煤矿安全监察分局(站)至少开展1次执法监督检查和1次行政执法评议,对所属执法部门至少开展1次行政执法评议。

第九条　煤矿安全监察机构应当建立健全以下工作制度或机制,加强执法制度约束和内部执法监督。

(一)重大行政处罚集体研究制度。对严重安全生产违法行为给予责令停产整顿、吊销有关许可证、撤销有关岗位证书、较大数额罚款等行政处罚的,应当按规定由煤矿安全监察机构负责人集体研究决定。

(二)重大行政处罚备案制度。对严重安全生产违法行为给予责令停产整顿、吊销有关许可证、撤销有关岗位证书、较大数额罚款等行政处罚的,煤矿安全监察分局(站)应当按规定报省级煤矿安全监察局备案。

(三)执法案卷评查制度。煤矿安全监察机构应当完善评查制度,注重评查实效,定期开展执法案卷抽查、评比活动,评查结果应当在一定范围内通报,针对普遍性问题提出整改措施和要求,并纳入下次案卷评查的内容之一,确保执法文书科学、严谨、合法、有效。

(四)行政执法评议制度。省级煤矿安全监察局应当结合驻地煤矿实际情况,根据执法计划、行政处罚、行政许可、事故调查处理情况和行政复议、诉讼结果等,定期对下级煤矿安全监察机构和所属执法部门、执法人员开展行政执法评议,依据评议结果,进行汇总和综合分析评价,并提出改进建议。评议结果应纳入部门绩效和公务员年度考核的范围。

(五)闭合执法工作机制。煤矿安全监察机构应当健全完善并落实各项规章制度,制定具体的执法工作流程,健全完善“编制执法计划—确定被检查矿井—制定检查工作方案—实施现场检查—处理处罚—跟踪督办—结案归档”的闭合执法工作机制,依法依规开展煤矿安全监察执法工作。

第十条　执法监督部门(或履行执法监督职能的部门,下同)每年应当至少开展1次走访部分煤矿企业活动,了解执法人员严格执法、规范执法、公正执法、文明执法等依法行政情况,听取意见和建议。

第十一条　执法监督部门对上级机关交办、群众举报或人民群众反映集中的执法问题,可以组织专项执法监督或者专案调查。

第十二条　煤矿安全监察机构应当依法受理、秉公办理行政复议案件,及时纠正违法或不当的执法行为。

省级煤矿安全监察局应当每年向国家煤矿安全监察局报告1次本机关办理行政复议案件情况,同时抄送国家安全监管总局有关司局。

第十三条　上级煤矿安全监察机构应当加强对下级煤矿安全监察机构执法监督工作的检查、指导。

第三章　执法监督的实施

第十四条　执法监督人员有权调取、查阅、复制和摘抄执法文书、案卷、台账、记录和档案等资料,向当事人询问有关情况。

有关单位和当事人应当配合执法监督人员的工作,如实反映情况,主动接受监督,及时整改问题,不得拒绝、阻挠或变相阻挠执法监督工作。

第十五条　执法监督中发现的一般性问题,可以采取内部通报等方式要求执法单位引以为戒、对照整改。

对于严重问题，应当制作执法监督意见书，载明被监督单位的名称、认定的事实和理由、处理的决定和依据、执行处理决定的方式和期限等内容，报煤矿安全监察机构主要负责人批准后予以下达，并抄送所属其他执法单位。

第十六条　煤矿安全监察执法有下列情形之一，应当以书面形式补正、更正或重新制作并送达执法文书：

（一）文字表述错误或者数据计算错误的；

（二）执法文书填写缺项、漏项的；

（三）执法文书类型选择错误的；

（四）其他应当补正或更正的情形。

第十七条　煤矿安全监察执法有下列情形之一的，应当以监察等方式予以查处，并下达执法文书：

（一）对发现的违法行为未依法进行处理的；

（二）处理措施存在错误、漏项或不当的；

（三）其他应当采取补正措施的情形。

第十八条　煤矿安全监察执法有下列情形之一，应当予以撤销：

（一）适用法律依据错误的；

（二）违反法定程序的；

（三）主要事实不清、证据不足的；

（四）持有有效执法证件的执法人员不足2人的；

（五）法律法规规定其他应当撤销的情形。

第十九条　执法单位具体行政行为被行政复议机关复议决定撤销、变更、确认违法或责令限期履行的，应当按照复议决定，依法纠正。

第二十条　对执法监督中发现的错误和问题不认真纠正的，应当对执法单位或执法人员给予通报批评、约谈，严重的给予纪律处分。

第二十一条　煤矿安全监察执法人员和执法监督人员涉嫌违纪违法的，依照规定移交有关部门处理。

第二十二条　对煤矿安全监察执法人员的责任追究，应当按照干部管理权限，依法依规实施。

第二十三条　在煤矿安全监察执法和执法监督工作中表现突出的单位和个人，应当给予表彰和奖励。

第四章　附　　则

第二十四条　下级煤矿安全监察机构应当于每年12月底前向上一级煤矿安全监察机构报送年度执法监督工作总结。

第二十五条　省级煤矿安全监察局可结合本地区实际，制定本办法的具体实施办法。

第二十六条　本办法自印发之日起施行。

4. 相关规定

煤矿企业安全生产许可证实施办法

1. 2016年2月16日国家安全生产监督管理总局令第86号公布

2. 根据2017年3月6日国家安全生产监督管理总局令第89号《关于修改和废止部分规章及规范性文件的决定》修正

第一章 总 则

第一条 为了规范煤矿企业安全生产条件，加强煤矿企业安全生产许可证的颁发管理工作，根据《安全生产许可证条例》和有关法律、行政法规，制定本实施办法。

第二条 煤矿企业必须依照本实施办法的规定取得安全生产许可证。未取得安全生产许可证的，不得从事生产活动。

煤层气地面开采企业安全生产许可证的管理办法，另行制定。

第三条 煤矿企业除本企业申请办理安全生产许可证外，其所属矿（井、露天坑）也应当申请办理安全生产许可证，一矿（井、露天坑）一证。

煤矿企业实行多级管理的，其上级煤矿企业也应当申请办理安全生产许可证。

第四条 安全生产许可证的颁发管理工作实行企业申请、两级发证、属地监管的原则。

第五条 国家煤矿安全监察局指导、监督全国煤矿企业安全生产许可证的颁发管理工作，负责符合本办法第三条规定的中央管理的煤矿企业总部（总公司、集团公司）安全生产许可证的颁发和管理。

省级煤矿安全监察局负责前款规定以外的其他煤矿企业安全生产许可证的颁发和管理；未设立煤矿安全监察机构的省、自治区，由省、自治区人民政府指定的部门（以下与省级煤矿安全监察局统称省级安全生产许可证颁发管理机关）负责本行政区域内煤矿企业安全生产许可证的颁发和管理。

国家煤矿安全监察局和省级安全生产许可证颁发管理机关统称安全生产许可证颁发管理机关。

第二章 安全生产条件

第六条 煤矿企业取得安全生产许可证，应当具备下列安全生产条件：

（一）建立、健全主要负责人、分管负责人、安全生产管理人员、职能部门、岗位安全生产责任制；制定安全目标管理、安全奖惩、安全技术审批、事故隐患排查治理、安全检查、安全办公会议、地质灾害普查、井下劳动组织定员、矿领导带班下井、井工煤矿入井检身与出入井人员清点等安全生产规章制度和各工种操作规程；

（二）安全投入满足安全生产要求，并按照有关规定足额提取和使用安全生产费用；

（三）设置安全生产管理机构，配备专职安全生产管理人员；煤与瓦斯突出矿井、水文地质类型复杂矿井还应设置专门的防治煤与瓦斯突出管理机构和防治水管理机构；

（四）主要负责人和安全生产管理人员的安全生产知识和管理能力经考核合格；

（五）参加工伤保险，为从业人员缴纳工伤保险费；

（六）制定重大危险源检测、评估和监控措施；

（七）制定应急救援预案，并按照规定设立矿山救护队，配备救护装备；不具备单独设立矿山救护队条件的煤矿企业，所属煤矿应当设立兼职救护队，并与邻近的救护队签订救护协议；

（八）制定特种作业人员培训计划、从业人员培训计划、职业危害防治计划；

（九）法律、行政法规规定的其他条件。

第七条 煤矿除符合本实施办法第六条规定的条件外，还必须符合下列条件：

（一）特种作业人员经有关业务主管部门考核合格，取得特种作业操作资格证书；

（二）从业人员进行安全生产教育培训，并经考试合格；

（三）制定职业危害防治措施、综合防尘措施，建立粉尘检测制度，为从业人员配备符合国家标准或者行业标准的劳动防护用品；

（四）依法进行安全评价；

（五）制定矿井灾害预防和处理计划；

（六）依法取得采矿许可证，并在有效期内。

第八条 井工煤矿除符合本实施办法第六条、第七条规定的条件外，其安全设施、设备、工艺还必须符合下列条件：

（一）矿井至少有2个能行人的通达地面的安全出口，各个出口之间的距离不得小于30米；井下每一个水平到上一个水平和各个采(盘)区至少有两个便于行人的安全出口,并与通达地面的安全出口相连接;采煤工作面有两个畅通的安全出口,一个通到进风巷道,另一个通到回风巷道。在用巷道净断面满足行人、运输、通风和安全设施及设备安装、检修、施工的需要;

(二)按规定进行瓦斯等级、煤层自燃倾向性和煤尘爆炸危险性鉴定;

(三)矿井有完善的独立通风系统。矿井、采区和采掘工作面的供风能力满足安全生产要求,矿井使用安装在地面的矿用主要通风机进行通风,并有同等能力的备用主要通风机,主要通风机按规定进行性能检测;生产水平和采区实行分区通风;高瓦斯和煤与瓦斯突出矿井、开采容易自燃煤层的矿井、煤层群联合布置矿井的每个采区设置专用回风巷,掘进工作面使用专用局部通风机进行通风,矿井有反风设施;

(四)矿井有安全监控系统,传感器的设置、报警和断电符合规定,有瓦斯检查制度和矿长、技术负责人瓦斯日报审查签字制度,配备足够的专职瓦斯检查员和瓦斯检测仪器;按规定建立瓦斯抽采系统,开采煤与瓦斯突出危险煤层的有预测预报、防治措施、效果检验和安全防护的综合防突措施;

(五)有防尘供水系统,有地面和井下排水系统;有水害威胁的矿井还应有专用探放水设备;

(六)制定井上、井下防火措施;有地面消防水池和井下消防管路系统,井上、井下有消防材料库;开采容易自燃和自燃煤层的矿井还应有防灭火专项设计和综合预防煤层自然发火的措施;

(七)矿井有两回路电源线路;严禁井下配电变压器中性点直接接地;井下电气设备的选型符合防爆要求,有短路、过负荷、接地、漏电等保护,掘进工作面的局部通风机按规定采用专用变压器、专用电缆、专用开关,实现风电、瓦斯电闭锁;

(八)运送人员的装置应当符合有关规定。使用检测合格的钢丝绳;带式输送机采用非金属聚合物制造的输送带的阻燃性能和抗静电性能符合规定,设置安全保护装置;

(九)有通信联络系统,按规定建立人员位置监测系统;

(十)按矿井瓦斯等级选用相应的煤矿许用炸药和电雷管,爆破工作由专职爆破工担任;

(十一)不得使用国家有关危及生产安全淘汰目录规定的设备及生产工艺;使用的矿用产品应有安全标志;

(十二)配备足够数量的自救器,自救器的选用型号应与矿井灾害类型相适应,按规定建立安全避险系统;

(十三)有反映实际情况的图纸:矿井地质图和水文地质图,井上下对照图,巷道布置图,采掘工程平面图,通风系统图,井下运输系统图,安全监控系统布置图和断电控制图,人员位置监测系统图,压风、排水、防尘、防火注浆、抽采瓦斯等管路系统图,井下通信系统图,井上、下配电系统图和井下电气设备布置图,井下避灾路线图。采掘工作面有符合实际情况的作业规程。

第九条 露天煤矿除符合本实施办法第六条、第七条规定的条件外,其安全设施、设备、工艺还必须符合下列条件:

(一)按规定设置栅栏、安全挡墙、警示标志;

(二)露天采场最终边坡的台阶坡面角和边坡角符合最终边坡设计要求;

(三)配电线路、电动机、变压器的保护符合安全要求;

(四)爆炸物品的领用、保管和使用符合规定;

(五)有边坡工程、地质勘探工程、岩土物理力学试验和稳定性分析,有边坡监测措施;

(六)有防排水设施和措施;

(七)地面和采场内的防灭火措施符合规定;开采有自然发火倾向的煤层或者开采范围内存在火区时,制定专门防灭火措施;

(八)有反映实际情况的图纸:地形地质图,工程地质平面图、断面图、综合水文地质图,采剥、排土工程平面图和运输系统图,供配电系统图,通信系统图,防排水系统图,边坡监测系统平面图,井工采空区与露天矿平面对照图。

第三章 安全生产许可证的申请和颁发

第十条 煤矿企业依据本实施办法第五条的规定向安全生产许可证颁发管理机关申请领取安全生产许可证。

第十一条 申请领取安全生产许可证应当提供下列文件、资料:

(一)煤矿企业提供的文件、资料:

1. 安全生产许可证申请书;

2. 主要负责人安全生产责任制(复制件),各分管负责人、安全生产管理人员以及职能部门负责人安全生产责任制目录清单;

3. 安全生产规章制度目录清单;

4. 设置安全生产管理机构、配备专职安全生产管

理人员的文件(复制件);

5. 主要负责人、安全生产管理人员安全生产知识和管理能力考核合格的证明材料;

6. 特种作业人员培训计划,从业人员安全生产教育培训计划;

7. 为从业人员缴纳工伤保险费的有关证明材料;

8. 重大危险源检测、评估和监控措施;

9. 事故应急救援预案,设立矿山救护队的文件或者与专业救护队签订的救护协议。

(二)煤矿提供的文件、资料和图纸:

1. 安全生产许可证申请书;

2. 采矿许可证(复制件);

3. 主要负责人安全生产责任制(复制件),各分管负责人、安全生产管理人员以及职能部门负责人安全生产责任制目录清单;

4. 安全生产规章制度和操作规程目录清单;

5. 设置安全生产管理机构和配备专职安全生产管理人员的文件(复制件);

6. 矿长、安全生产管理人员安全生产知识和管理能力考核合格的证明材料;

7. 特种作业人员操作资格证书的证明材料;

8. 从业人员安全生产教育培训计划和考试合格的证明材料;

9. 为从业人员缴纳工伤保险费的有关证明材料;

10. 具备资质的中介机构出具的安全评价报告;

11. 矿井瓦斯等级鉴定文件;高瓦斯、煤与瓦斯突出矿井瓦斯参数测定报告,煤层自燃倾向性和煤尘爆炸危险性鉴定报告;

12. 矿井灾害预防和处理计划;

13. 井工煤矿采掘工程平面图,通风系统图;

14. 露天煤矿采剥工程平面图,边坡监测系统平面图;

15. 事故应急救援预案,设立矿山救护队的文件或者与专业矿山救护队签订的救护协议;

16. 井工煤矿主要通风机、主提升机、空压机、主排水泵的检测检验合格报告。

第十二条　安全生产许可证颁发管理机关对申请人提交的申请书及文件、资料,应当按照下列规定处理:

(一)申请事项不属于本机关职权范围的,即时作出不予受理的决定,并告知申请人向有关行政机关申请;

(二)申请材料存在可以当场更正的错误的,允许或者要求申请人当场更正,并即时出具受理的书面凭证,通过互联网申请的,符合要求后即时提供电子受理回执;

(三)申请材料不齐全或者不符合要求的,应当当场或者在5个工作日内一次告知申请人需要补正的全部内容,逾期不告知的,自收到申请材料之日起即为受理;

(四)申请材料齐全、符合要求或者按照要求全部补正的,自收到申请材料或者全部补正材料之日起为受理。

第十三条　煤矿企业应当对其向安全生产许可证颁发管理机关提交的文件、资料和图纸的真实性负责。

从事安全评价、检测检验的机构应当对其出具的安全评价报告、检测检验结果负责。

第十四条　对已经受理的申请,安全生产许可证颁发管理机关应当指派有关人员对申请材料进行审查;对申请材料实质内容存在疑问,认为需要到现场核查的,应当到现场进行核查。

第十五条　负责审查的有关人员提出审查意见。

安全生产许可证颁发管理机关应当对有关人员提出的审查意见进行讨论,并在受理申请之日起45个工作日内作出颁发或者不予颁发安全生产许可证的决定。

对决定颁发的,安全生产许可证颁发管理机关应当自决定之日起10个工作日内送达或者通知申请人领取安全生产许可证;对不予颁发的,应当在10个工作日内书面通知申请人并说明理由。

第十六条　经审查符合本实施办法规定的,安全生产许可证颁发管理机关应当分别向煤矿企业及其所属煤矿颁发安全生产许可证。

第十七条　安全生产许可证的有效期为3年。安全生产许可证有效期满需要延期的,煤矿企业应当于期满前3个月按照本实施办法第十条的规定,向原安全生产许可证颁发管理机关提出延期申请,并提交本实施办法第十一条规定的文件、资料和安全生产许可证正本、副本。

第十八条　对已经受理的延期申请,安全生产许可证颁发管理机关应当按照本实施办法的规定办理安全生产许可证延期手续。

第十九条　煤矿企业在安全生产许可证有效期内符合下列条件,在安全生产许可证有效期届满时,经原安全生产许可证颁发管理机关同意,不再审查,直接办理延期手续:

(一)严格遵守有关安全生产的法律法规和本实

施办法；

（二）接受安全生产许可证颁发管理机关及煤矿安全监察机构的监督检查；

（三）未因存在严重违法行为纳入安全生产不良记录“黑名单”管理；

（四）未发生生产安全死亡事故；

（五）煤矿安全质量标准化等级达到二级及以上。

第二十条 煤矿企业在安全生产许可证有效期内有下列情形之一的，应当向原安全生产许可证颁发管理机关申请变更安全生产许可证：

（一）变更主要负责人的；

（二）变更隶属关系的；

（三）变更经济类型的；

（四）变更煤矿企业名称的；

（五）煤矿改建、扩建工程经验收合格的。

变更本条第一款第一、二、三、四项的，自工商营业执照变更之日起10个工作日内提出申请；变更本条第一款第五项的，应当在改建、扩建工程验收合格后10个工作日内提出申请。

申请变更本条第一款第一项的，应提供变更后的工商营业执照副本和主要负责人任命文件（或者聘书）；申请变更本条第一款第二、三、四项的，应提供变更后的工商营业执照副本；申请变更本条第一款第五项的，应提供改建、扩建工程安全设施及条件竣工验收合格的证明材料。

第二十一条 对于本实施办法第二十条第一款第一、二、三、四项的变更申请，安全生产许可证颁发管理机关在对申请人提交的相关文件、资料审核后，即可办理安全生产许可证变更。

对于本实施办法第二十条第一款第五项的变更申请，安全生产许可证颁发管理机关应当按照本实施办法第十四条、第十五条的规定办理安全生产许可证变更。

第二十二条 经安全生产许可证颁发管理机关审查同意延期、变更安全生产许可证的，安全生产许可证颁发管理机关应当收回原安全生产许可证正本，换发新的安全生产许可证正本；在安全生产许可证副本上注明延期、变更内容，并加盖公章。

第二十三条 煤矿企业停办、关闭的，应当自停办、关闭决定之日起10个工作日内向原安全生产许可证颁发管理机关申请注销安全生产许可证，并提供煤矿开采现状报告、实测图纸和遗留事故隐患的报告及防治措施。

第二十四条 安全生产许可证分为正本和副本，具有同等法律效力，正本为悬挂式，副本为折页式。

安全生产许可证颁发管理机关应当在安全生产许可证正本、副本上载明煤矿企业名称、主要负责人、注册地址、隶属关系、经济类型、有效期、发证机关、发证日期等内容。

安全生产许可证正本、副本的式样由国家煤矿安全监察局制定。

安全生产许可证相关的行政许可文书由国家煤矿安全监察局规定统一的格式。

第四章 安全生产许可证的监督管理

第二十五条 煤矿企业取得安全生产许可证后，应当加强日常安全生产管理，不得降低安全生产条件。

第二十六条 煤矿企业不得转让、冒用、买卖、出租、出借或者使用伪造的安全生产许可证。

第二十七条 安全生产许可证颁发管理机关应当坚持公开、公平、公正的原则，严格依照本实施办法的规定审查、颁发安全生产许可证。

安全生产许可证颁发管理机关工作人员在安全生产许可证颁发、管理和监督检查工作中，不得索取或者接受煤矿企业的财物，不得谋取其他利益。

第二十八条 安全生产许可证颁发管理机关发现有下列情形之一的，应当撤销已经颁发的安全生产许可证：

（一）超越职权颁发安全生产许可证的；

（二）违反本实施办法规定的程序颁发安全生产许可证的；

（三）不具备本实施办法规定的安全生产条件颁发安全生产许可证的；

（四）以欺骗、贿赂等不正当手段取得安全生产许可证的。

第二十九条 取得安全生产许可证的煤矿企业有下列情形之一的，安全生产许可证颁发管理机关应当注销其安全生产许可证：

（一）终止煤炭生产活动的；

（二）安全生产许可证被依法撤销的；

（三）安全生产许可证被依法吊销的；

（四）安全生产许可证有效期满未申请办理延期手续的。

第三十条 煤矿企业隐瞒有关情况或者提供虚假材料申请安全生产许可证的，安全生产许可证颁发管理机关不予受理，且在一年内不得再次申请安全生产许可证。

第三十一条 安全生产许可证颁发管理机关应当每年向社会公布一次煤矿企业取得安全生产许可证的情况。

第三十二条 安全生产许可证颁发管理机关应当将煤矿企业安全生产许可证颁发管理情况通报煤矿企业所在

地市级以上人民政府及其指定的负责煤矿安全监管工作的部门。

第三十三条 安全生产许可证颁发管理机关应当建立、健全安全生产许可证档案管理制度。

第三十四条 省级安全生产许可证颁发管理机关应当于每年1月15日前将所负责行政区域内上年度煤矿企业安全生产许可证颁发和管理情况报国家煤矿安全监察局，同时通报本级安全生产监督管理部门。

第三十五条 任何单位或者个人对违反《安全生产许可证条例》和本实施办法规定的行为，有权向安全生产许可证颁发管理机关或者监察机关等有关部门举报。

第五章 罚 则

第三十六条 安全生产许可证颁发管理机关工作人员有下列行为之一的，给予降级或者撤职的处分；构成犯罪的，依法追究刑事责任：

（一）向不符合本实施办法规定的安全生产条件的煤矿企业颁发安全生产许可证的；

（二）发现煤矿企业未依法取得安全生产许可证擅自从事生产活动不依法处理的；

（三）发现取得安全生产许可证的煤矿企业不再具备本实施办法规定的安全生产条件不依法处理的；

（四）接到对违反本实施办法规定行为的举报后，不依法处理的；

（五）在安全生产许可证颁发、管理和监督检查工作中，索取或者接受煤矿企业的财物，或者谋取其他利益的。

第三十七条 承担安全评价、检测、检验工作的机构，出具虚假安全评价、检测、检验报告或者证明的，没收违法所得；违法所得在10万元以上的，并处违法所得2倍以上5倍以下的罚款，没有违法所得或者违法所得不足10万元的，单处或者并处10万元以上20万元以下的罚款，对其直接负责的主管人员和其他直接责任人员处2万元以上5万元以下的罚款；给他人造成损害的，与煤矿企业承担连带赔偿责任；构成犯罪的，依照刑法有关规定追究刑事责任。

对有前款违法行为的机构，依法吊销其相应资质。

第三十八条 安全生产许可证颁发管理机关应当加强对取得安全生产许可证的煤矿企业的监督检查，发现其不再具备本实施办法规定的安全生产条件的，应当责令限期整改，依法暂扣安全生产许可证；经整改仍不具备本实施办法规定的安全生产条件的，依法吊销安全生产许可证。

第三十九条 取得安全生产许可证的煤矿企业，倒卖、出租、出借或者以其他形式非法转让安全生产许可证的，没收违法所得，处10万元以上50万元以下的罚款，吊销其安全生产许可证；构成犯罪的，依法追究刑事责任。

第四十条 发现煤矿企业有下列行为之一的，责令停止生产，没收违法所得，并处10万元以上50万元以下的罚款；构成犯罪的，依法追究刑事责任：

（一）未取得安全生产许可证，擅自进行生产的；

（二）接受转让的安全生产许可证的；

（三）冒用安全生产许可证的；

（四）使用伪造安全生产许可证的。

第四十一条 在安全生产许可证有效期满未申请办理延期手续，继续进行生产的，责令停止生产，限期补办延期手续，没收违法所得，并处5万元以上10万元以下的罚款；逾期仍不申请办理延期手续，依照本实施办法第二十九条、第四十条的规定处理。

第四十二条 在安全生产许可证有效期内，主要负责人、隶属关系、经济类型、煤矿企业名称发生变化，未按本实施办法申请办理变更手续的，责令限期补办变更手续，并处1万元以上3万元以下罚款。

改建、扩建工程已经验收合格，未按本实施办法规定申请办理变更手续擅自投入生产的，责令停止生产，限期补办变更手续，并处1万元以上3万元以下罚款；逾期仍不办理变更手续，继续进行生产的，依照本实施办法第四十条的规定处罚。

第六章 附 则

第四十三条 本实施办法规定的行政处罚，由安全生产许可证颁发管理机关决定。除吊销安全生产许可证外，安全生产许可证颁发管理机关可以委托有关省级煤矿安全监察局、煤矿安全监察分局实施行政处罚。

第四十四条 本实施办法自2016年4月1日起施行。原国家安全生产监督管理局（国家煤矿安全监察局）2004年5月17日公布、国家安全生产监督管理总局2015年6月8日修改的《煤矿企业安全生产许可证实施办法》同时废止。

煤矿安全培训规定

1. 2018年1月11日国家安全生产监督管理总局令第92号公布

2. 自2018年3月1日起施行

第一章 总 则

第一条 为了加强和规范煤矿安全培训工作，提高从业人员安全素质,防止和减少伤亡事故,根据《中华人民共和国安全生产法》《中华人民共和国职业病防治法》等有关法律法规,制定本规定。

第二条 煤矿企业从业人员安全培训、考核、发证及监督管理工作适用本规定。

本规定所称煤矿企业,是指在依法批准的矿区范围内从事煤炭资源开采活动的企业,包括集团公司、上市公司、总公司、矿务局、煤矿。

本规定所称煤矿企业从业人员,是指煤矿企业主要负责人、安全生产管理人员、特种作业人员和其他从业人员。

第三条 国家煤矿安全监察局负责指导和监督管理全国煤矿企业从业人员安全培训工作。

省、自治区、直辖市人民政府负责煤矿安全培训的主管部门(以下简称省级煤矿安全培训主管部门)负责指导和监督管理本行政区域内煤矿企业从业人员安全培训工作。

省级及以下煤矿安全监察机构对辖区内煤矿企业从业人员安全培训工作依法实施监察。

第四条 煤矿企业是安全培训的责任主体,应当依法对从业人员进行安全生产教育和培训,提高从业人员的安全生产意识和能力。

煤矿企业主要负责人对本企业从业人员安全培训工作全面负责。

第五条 国家鼓励煤矿企业变招工为招生。煤矿企业新招井下从业人员,应当优先录用大中专学校、职业高中、技工学校煤矿相关专业的毕业生。

第二章 安全培训的组织与管理

第六条 煤矿企业应当建立完善安全培训管理制度,制定年度安全培训计划,明确负责安全培训工作的机构,配备专职或者兼职安全培训管理人员,按照国家规定的比例提取教育培训经费。其中,用于安全培训的资金不得低于教育培训经费总额的百分之四十。

第七条 对从业人员的安全技术培训,具备《安全培训机构基本条件》(AQ/T 8011)规定的安全培训条件的煤矿企业应当以自主培训为主,也可以委托具备安全培训条件的机构进行安全培训。

不具备安全培训条件的煤矿企业应当委托具备安全培训条件的机构进行安全培训。

从事煤矿安全培训的机构,应当将教师、教学和实习与实训设施等情况书面报告所在地省级煤矿安全培训主管部门。

第八条 煤矿企业应当建立健全从业人员安全培训档案,实行一人一档。煤矿企业从业人员安全培训档案的内容包括:

(一)学员登记表,包括学员的文化程度、职务、职称、工作经历、技能等级晋升等情况;

(二)身份证复印件、学历证书复印件;

(三)历次接受安全培训、考核的情况;

(四)安全生产违规违章行为记录,以及被追究责任,受到处分、处理的情况;

(五)其他有关情况。

煤矿企业从业人员安全培训档案应当按照《企业文件材料归档范围和档案保管期限规定》(国家档案局令第10号)保存。

第九条 煤矿企业除建立从业人员安全培训档案外,还应当建立企业安全培训档案,实行一期一档。煤矿企业安全培训档案的内容包括:

(一)培训计划;

(二)培训时间、地点;

(三)培训课时及授课教师;

(四)课程讲义;

(五)学员名册、考勤、考核情况;

(六)综合考评报告等;

(七)其他有关情况。

对煤矿企业主要负责人和安全生产管理人员的煤矿企业安全培训档案应当保存三年以上,对特种作业人员的煤矿企业安全培训档案应当保存六年以上,其他从业人员的煤矿企业安全培训档案应当保存三年以上。

第三章 主要负责人和安全生产管理人员的安全培训及考核

第十条 本规定所称煤矿企业主要负责人,是指煤矿企业的董事长、总经理,矿务局局长,煤矿矿长等人员。

本规定所称煤矿企业安全生产管理人员,是指煤矿企业分管安全、采煤、掘进、通风、机电、运输、地测、防治水、调度等工作的副董事长、副总经理、副局长、副矿长,总工程师、副总工程师和技术负责人,安全生产管理机构负责人及其管理人员,采煤、掘进、通风、机电、运输、地测、防治水、调度等职能部门(含煤矿井、区、科、队)负责人。

第十一条 煤矿矿长、副矿长、总工程师、副总工程师应当具备煤矿相关专业大专及以上学历,具有三年以上煤矿相关工作经历。

煤矿安全生产管理机构负责人应当具备煤矿相关

专业中专及以上学历,具有二年以上煤矿安全生产相关工作经历。

第十二条　煤矿企业应当每年组织主要负责人和安全生产管理人员进行新法律法规、新标准、新规程、新技术、新工艺、新设备和新材料等方面的安全培训。

第十三条　国家煤矿安全监察局组织制定煤矿企业主要负责人和安全生产管理人员安全生产知识和管理能力考核的标准,建立国家级考试题库。

省级煤矿安全培训主管部门应当根据前款规定的考核标准,建立省级考试题库,并报国家煤矿安全监察局备案。

第十四条　煤矿企业主要负责人考试应当包括下列内容:

(一)国家安全生产方针、政策和有关安全生产的法律、法规、规章及标准;

(二)安全生产管理、安全生产技术和职业健康基本知识;

(三)重大危险源管理、重大事故防范、应急管理和事故调查处理的有关规定;

(四)国内外先进的安全生产管理经验;

(五)典型事故和应急救援案例分析;

(六)其他需要考试的内容。

第十五条　煤矿企业安全生产管理人员考试应当包括下列内容:

(一)国家安全生产方针、政策和有关安全生产的法律、法规、规章及标准;

(二)安全生产管理、安全生产技术、职业健康等知识;

(三)伤亡事故报告、统计及职业危害的调查处理方法;

(四)应急管理的内容及其要求;

(五)国内外先进的安全生产管理经验;

(六)典型事故和应急救援案例分析;

(七)其他需要考试的内容。

第十六条　国家煤矿安全监察局负责中央管理的煤矿企业总部(含所属在京一级子公司)主要负责人和安全生产管理人员考核工作。

省级煤矿安全培训主管部门负责本行政区域内前款以外的煤矿企业主要负责人和安全生产管理人员考核工作。

国家煤矿安全监察局和省级煤矿安全培训主管部门(以下统称考核部门)应当定期组织考核,并提前公布考核时间。

第十七条　煤矿企业主要负责人和安全生产管理人员应当自任职之日起六个月内通过考核部门组织的安全生产知识和管理能力考核,并持续保持相应水平和能力。

煤矿企业主要负责人和安全生产管理人员应当自任职之日起三十日内,按照本规定第十六条的规定向考核部门提出考核申请,并提交其任职文件、学历、工作经历等相关材料。

考核部门接到煤矿企业主要负责人和安全生产管理人员申请及其材料后,经审核符合条件的,应当及时组织相应的考试;发现申请人不符合本规定第十一条规定的,不得对申请人进行安全生产知识和管理能力考试,并书面告知申请人及其所在煤矿企业或其任免机关调整其工作岗位。

第十八条　煤矿企业主要负责人和安全生产管理人员的考试应当在规定的考点采用计算机方式进行。考试试题从国家级考试题库和省级考试题库随机抽取,其中抽取国家级考试题库试题比例占百分之八十以上。考试满分为一百分,八十分以上为合格。

考核部门应当自考试结束之日起五个工作日内公布考试成绩。

第十九条　煤矿企业主要负责人和安全生产管理人员考试合格后,考核部门应当在公布考试成绩之日起十个工作日内颁发安全生产知识和管理能力考核合格证明(以下简称考核合格证明)。考核合格证明在全国范围内有效。

煤矿企业主要负责人和安全生产管理人员考试不合格的,可以补考一次;经补考仍不合格的,一年内不得再次申请考核。考核部门应当告知其所在煤矿企业或其任免机关调整其工作岗位。

第二十条　考核部门对煤矿企业主要负责人和安全生产管理人员的安全生产知识和管理能力每三年考核一次。

第四章　特种作业人员的安全培训和考核发证

第二十一条　煤矿特种作业人员及其工种由国家安全生产监督管理总局会同国家煤矿安全监察局确定,并适时调整;其他任何单位或者个人不得擅自变更其范围。

第二十二条　煤矿特种作业人员应当具备初中及以上文化程度(自2018年6月1日起新上岗的煤矿特种作业人员应当具备高中及以上文化程度),具有煤矿相关工作经历,或者职业高中、技工学校及中专以上相关专业学历。

第二十三条　国家煤矿安全监察局组织制定煤矿特种作业人员培训大纲和考核标准，建立统一的考试题库。

省级煤矿安全培训主管部门负责本行政区域内煤矿特种作业人员的考核、发证工作，也可以委托设区的市级人民政府煤矿安全培训主管部门实施煤矿特种作业人员的考核、发证工作。

省级煤矿安全培训主管部门及其委托的设区的市级人民政府煤矿安全培训主管部门以下统称考核发证部门。

第二十四条　煤矿特种作业人员必须经专门的安全技术培训和考核合格，由省级煤矿安全培训主管部门颁发《中华人民共和国特种作业操作证》（以下简称特种作业操作证）后，方可上岗作业。

第二十五条　煤矿特种作业人员在参加资格考试前应当按照规定的培训大纲进行安全生产知识和实际操作能力的专门培训。其中，初次培训的时间不得少于九十学时。

已经取得职业高中、技工学校及中专以上学历的毕业生从事与其所学专业相应的特种作业，持学历证明经考核发证部门审核属实的，免予初次培训，直接参加资格考试。

第二十六条　参加煤矿特种作业操作资格考试的人员，应当填写考试申请表，由本人或其所在煤矿企业持身份证复印件、学历证书复印件或者培训机构出具的培训合格证明向其工作地或者户籍所在地考核发证部门提出申请。

考核发证部门收到申请及其有关材料后，应当在六十日内组织考试。对不符合考试条件的，应当书面告知申请人或其所在煤矿企业。

第二十七条　煤矿特种作业操作资格考试包括安全生产知识考试和实际操作能力考试。安全生产知识考试合格后，进行实际操作能力考试。

煤矿特种作业操作资格考试应当在规定的考点进行，安全生产知识考试应当使用统一的考试题库，使用计算机考试，实际操作能力考试采用国家统一考试标准进行考试。考试满分均为一百分，八十分以上为合格。

考核发证部门应当在考试结束后十个工作日内公布考试成绩。

申请人考试合格的，考核发证部门应当自考试合格之日起二十个工作日内完成发证工作。

申请人考试不合格的，可以补考一次；经补考仍不合格的，重新参加相应的安全技术培训。

第二十八条　特种作业操作证有效期六年，全国范围内有效。

特种作业操作证由国家安全生产监督管理总局统一式样、标准和编号。

第二十九条　特种作业操作证有效期届满需要延期换证的，持证人应当在有效期届满六十日前参加不少于二十四学时的专门培训，持培训合格证明由本人或其所在企业向当地考核发证部门或者原考核发证部门提出考试申请。经安全生产知识和实际操作能力考试合格的，考核发证部门应当在二十个工作日内予以换发新的特种作业操作证。

第三十条　离开特种作业岗位六个月以上、但特种作业操作证仍在有效期内的特种作业人员，需要重新从事原特种作业的，应当重新进行实际操作能力考试，经考试合格后方可上岗作业。

第三十一条　特种作业操作证遗失或者损毁的，应当及时向原考核发证部门提出书面申请，由原考核发证部门补发。

特种作业操作证所记载的信息发生变化的，应当向原考核发证部门提出书面申请，经原考核发证部门审查确认后，予以更新。

第五章　其他从业人员的安全培训和考核

第三十二条　煤矿其他从业人员应当具备初中及以上文化程度。

本规定所称煤矿其他从业人员，是指除煤矿主要负责人、安全生产管理人员和特种作业人员以外，从事生产经营活动的其他从业人员，包括煤矿其他负责人、其他管理人员、技术人员和各岗位的工人、使用的被派遣劳动者和临时聘用人员。

第三十三条　煤矿企业应当对其他从业人员进行安全培训，保证其具备必要的安全生产知识、技能和事故应急处理能力，知悉自身在安全生产方面的权利和义务。

第三十四条　省级煤矿安全培训主管部门负责制定煤矿企业其他从业人员安全培训大纲和考核标准。

第三十五条　煤矿企业或者具备安全培训条件的机构应当按照培训大纲对其他从业人员进行安全培训。其中，对从事采煤、掘进、机电、运输、通风、防治水等工作的班组长的安全培训，应当由其所在煤矿的上一级煤矿企业组织实施；没有上一级煤矿企业的，由本单位组织实施。

煤矿企业其他从业人员的初次安全培训时间不得少于七十二学时，每年再培训的时间不得少于二十学时。

煤矿企业或者具备安全培训条件的机构对其他从业人员安全培训合格后，应当颁发安全培训合格证明；未经培训并取得培训合格证明的，不得上岗作业。

第三十六条　煤矿企业新上岗的井下作业人员安全培训合格后，应当在有经验的工人师傅带领下，实习满四个月，并取得工人师傅签名的实习合格证明后，方可独立工作。

工人师傅一般应当具备中级工以上技能等级、三年以上相应工作经历和没有发生过违章指挥、违章作业、违反劳动纪律等条件。

第三十七条　企业井下作业人员调整工作岗位或者离开本岗位一年以上重新上岗前，以及煤矿企业采用新工艺、新技术、新材料或者使用新设备的，应当对其进行相应的安全培训，经培训合格后，方可上岗作业。

第六章　监督管理

第三十八条　省级煤矿安全培训主管部门应当将煤矿企业主要负责人、安全生产管理人员考核合格证明、特种作业人员特种作业操作证的发放、注销等情况在本部门网站上公布，接受社会监督。

第三十九条　煤矿安全培训主管部门和煤矿安全监察机构应当对煤矿企业安全培训的下列情况进行监督检查，发现违法行为的，依法给予行政处罚：

（一）建立安全培训管理制度，制定年度培训计划，明确负责安全培训管理工作的机构，配备专职或者兼职安全培训管理人员的情况；

（二）按照本规定投入和使用安全培训资金的情况；

（三）实行自主培训的煤矿企业的安全培训条件；

（四）煤矿企业及其从业人员安全培训档案的情况；

（五）主要负责人、安全生产管理人员考核的情况；

（六）特种作业人员持证上岗的情况；

（七）应用新工艺、新技术、新材料、新设备以及离岗、转岗时对从业人员安全培训的情况；

（八）其他从业人员安全培训的情况。

第四十条　考核部门应当建立煤矿企业安全培训随机抽查制度，制定现场抽考办法，加强对煤矿安全培训的监督检查。

考核部门对煤矿企业主要负责人和安全生产管理人员现场抽考不合格的，应当责令其重新参加安全生产知识和管理能力考核；经考核仍不合格的，考核部门应当书面告知其所在煤矿企业或其任免机关调整其工作岗位。

第四十一条　省级及以下煤矿安全监察机构应当按照年度监察执法计划，采用现场抽考等多种方式对煤矿企业安全培训情况实施严格监察；对监察中发现的突出问题和共性问题，应当向本级人民政府煤矿安全培训主管部门或者下级人民政府提出有关安全培训工作的监察建议函。

第四十二条　省级煤矿安全培训主管部门发现下列情形之一的，应当撤销特种作业操作证：

（一）特种作业人员对发生生产安全事故负有直接责任的；

（二）特种作业操作证记载信息虚假的。

特种作业人员违反上述规定被撤销特种作业操作证的，三年内不得再次申请特种作业操作证。

第四十三条　煤矿企业从业人员在劳动合同期满变更工作单位或者依法解除劳动合同的，原工作单位不得以任何理由扣押其考核合格证明或者特种作业操作证。

第四十四条　省级煤矿安全培训主管部门应当将煤矿企业主要负责人、安全生产管理人员和特种作业人员的考核情况，及时抄送省级煤矿安全监察局。

煤矿安全监察机构应当将煤矿企业主要负责人、安全生产管理人员和特种作业人员的行政处罚决定及时抄送同级煤矿安全培训主管部门。

第四十五条　煤矿安全培训主管部门应当建立煤矿安全培训举报制度，公布举报电话、电子信箱，依法受理并调查处理有关举报，并将查处结果书面反馈给实名举报人。

第七章　法律责任

第四十六条　煤矿安全培训主管部门的工作人员在煤矿安全考核工作中滥用职权、玩忽职守、徇私舞弊的，依照有关规定给予处分；构成犯罪的，依法追究刑事责任。

第四十七条　煤矿企业有下列行为之一的，由煤矿安全培训主管部门或者煤矿安全监察机构责令其限期改正，可以处五万元以下的罚款；逾期未改正的，责令停产停业整顿，并处五万元以上十万元以下的罚款，对其直接负责的主管人员和其他直接责任人员处一万元以上二万元以下的罚款：

（一）主要负责人和安全生产管理人员未按照规定经考核合格的；

（二）未按照规定对从业人员进行安全生产培训的；

（三）未如实记录安全生产培训情况的；

（四）特种作业人员未经专门的安全培训并取得相应资格，上岗作业的。

第四十八条　煤矿安全培训主管部门或者煤矿安全监察机构发现煤矿企业有下列行为之一的，责令其限期改正，可以处一万元以上三万元以下的罚款：

（一）未建立安全培训管理制度或者未制定年度安全培训计划的；

（二）未明确负责安全培训工作的机构，或者未配备专兼职安全培训管理人员的；

（三）用于安全培训的资金不符合本规定的；

（四）未按照统一的培训大纲组织培训的；

（五）不具备安全培训条件进行自主培训，或者委托不具备安全培训条件机构进行培训的。

具备安全培训条件的机构未按照规定的培训大纲进行安全培训，或者未经安全培训并考试合格颁发有关培训合格证明的，依照前款规定给予行政处罚。

第八章　附　　则

第四十九条　煤矿企业主要负责人和安全生产管理人员考核不得收费，所需经费由煤矿安全培训主管部门列入同级财政年度预算。

煤矿特种作业人员培训、考试经费可以列入同级财政年度预算，也可由省级煤矿安全培训主管部门制定收费标准，报同级人民政府物价部门、财政部门批准后执行。证书工本费由考核发证机关列入同级财政年度预算。

第五十条　本规定自 2018 年 3 月 1 日起施行。国家安全生产监督管理总局 2012 年 5 月 28 日公布、2013 年 8 月 29 日修正的《煤矿安全培训规定》（国家安全生产监督管理总局令第 52 号）同时废止。

煤矿班组安全建设规定（试行）

1. 2012 年 6 月 26 日国家安全生产监督管理总局、国家煤矿安全监察局、中华全国总工会发布

2. 安监总煤行〔2012〕86 号

3. 自 2012 年 10 月 1 日起施行

第一章　总　　则

第一条　为进一步规范和加强煤矿班组安全建设，提高煤矿现场管理水平，促进煤矿安全生产，依据《安全生产法》、《煤炭法》、《工会法》等法律法规，制定本规定。

第二条　全国煤矿开展班组安全建设适用本规定。

第三条　地方各级人民政府煤炭行业管理部门是煤矿班组安全建设的主管部门，负责督促煤矿企业建立班组安全建设制度、落实班组安全建设规定。

各地工会要组织协调、督促煤矿企业开展煤矿班组安全建设工作，指导煤矿企业建立工会基层组织，维护职工合法权益。

第四条　煤矿企业应当建立健全从企业、矿井、区队到班组的班组安全建设体系，把班组安全建设作为加强煤矿安全生产基层和基础管理的重要环节，明确分管负责人和主管部门，制定班组建设总体规划、目标和保障措施。

煤矿企业工会要加强宣传和指导，积极参与煤矿班组安全建设。要建立健全区队工会和班组工会小组，强化班组民主管理，维护职工合法权益。

第五条　煤矿（井）是班组安全建设的责任主体，要围绕班组安全建设建立各项制度，落实建设资金和各项保障措施，保证职工福利补贴，完善职工收入与企业效益同步增长机制。

区队（车间）是班组安全建设的直接管理层，负责班组日常管理、业务培训等工作。

第六条　煤矿班组安全建设以“作风优良，技能过硬，管理严格，生产安全，团结和谐”为总要求，着力加强现场安全管理、班组安全教育培训、班组安全文化建设，筑牢煤矿安全生产第一道防线。

第二章　组 织 建 设

第七条　煤矿企业必须建立区队、班组建制，制定班组定员标准，确保班组基本配置。班组长应当发挥带头表率作用，加强班组作业现场管理，确保安全生产。

第八条　煤矿企业班组工会小组要设群众安全监督员，且不得由班组长兼任。中华全国总工会和国家煤矿安全监察局按规定程序在煤矿井下生产一线班组中聘任煤矿特聘群众安全监督员。

第九条　煤矿企业应当建立完善以下班组安全管理规章制度：

（一）班前、班后会和交接班制度；

（二）安全质量标准化和文明生产管理制度；

（三）隐患排查治理报告制度；

（四）事故报告和处置制度；

（五）学习培训制度；

（六）安全承诺制度；

（七）民主管理制度；

（八）安全绩效考核制度；

（九）煤矿企业认为需要制定的其他制度。

煤矿企业在制定、修改班组安全管理规章制度时，应当经职工代表大会或者全体职工讨论，与工会或者职工代表平等协商确定。

第十条 煤矿企业应当加强班组信息管理，班组要有质量验收、交接、隐患排查治理等记录，并做到字迹清晰、内容完整、妥善保存。

第十一条 煤矿企业应当指导班组建立健全从班组长到每个岗位人员的安全生产责任制。

第十二条 煤矿企业必须全面推行安全生产目标管理，将安全生产目标层层分解落实到班组，完善安全、生产、效益结构工资制，区队每月进行考核兑现。

第十三条 煤矿企业必须依据国家标准要求，改善作业环境，完善安全防护设施，按标准为职工配备合格的劳动防护用品，按规定对职工进行职业健康检查，建立职工个人健康档案，对接触有职业危害作业的职工，按有关规定落实相应待遇。

第十四条 煤矿企业应当制定班组作业现场应急处置方案，明确班组长应急处置指挥权和职工紧急避险逃生权。

第十五条 煤矿企业应当建立班组民主管理机构，组织开展班组民主活动，认真执行班务公开制度，赋予职工在班组安全生产管理、规章制度制定、安全奖罚、班组长民主评议等方面的知情权、参与权、表达权、监督权。

第三章 班组长管理

第十六条 煤矿企业必须建立班组长选聘、使用、培养制度和机制，积极从优秀班组长中选拔人才，把班组长纳入科（区）管理人才培养计划，区队安全生产管理人员原则上要有班组长经历。

第十七条 班组长应当具备以下任职条件：

（一）热爱煤炭事业，关心企业发展，思想政治素质好、责任意识强，具有良好的道德品质；

（二）认真贯彻执行党的安全生产方针，模范遵守安全生产法律法规、企业规章制度和规程措施；

（三）熟悉本班组生产工艺流程，掌握矿井相关专业灾害预防知识，具备现场急救技能；

（四）服从组织领导，坚持原则，公道正派，有较强的组织管理能力、创新能力和团队协作精神，在职工中具有较高威信；

（五）一般应当具有高中（技校）及以上文化程度、3年及以上现场工作经验，具有较好的身体素质。

第十八条 班组长应当履行以下职责：

（一）班组长是本班组安全生产的第一责任人，对管辖范围内的现场安全管理全面负责，严格落实各项安全生产责任制，执行安全生产法律、法规、规程和技术措施，实行对本班组全员、全过程、全方位的动态安全生产管理；

（二）负责分解落实生产任务，严格按照《煤矿安全规程》、作业规程和煤矿安全技术操作规程组织生产，科学合理安排劳动组织、配置生产要素，强化以岗位为核心的现场管理，提高生产效率；

（三）负责加强班组安全质量标准化建设，推行作业现场精细化管理；

（四）负责班组团队、安全文化建设和规范化管理等其他职责。

第十九条 班组长享有以下权利：

（一）有权按规定组织落实安全规程措施，检查现场安全生产环境和职工安全作业情况，制止和处理职工违章作业，抵制违章指挥，在不具备安全生产条件且自身无力解决时有权拒绝开工、停止作业，遇到险情时有在第一时间下达停产撤人命令的直接决策权和指挥权，并组织班组人员安全有序撤离；煤矿企业不得因此降低从业人员工资、福利等待遇或者解除与其订立的劳动合同；

（二）有权根据区队生产作业计划和本班组的实际情况，合理安排劳动组织，调配人员、设备、材料等；

（三）有权核算班组安全、质量、生产等指标完成情况，根据有关规定，对班组成员的工作绩效进行考核；

（四）企业赋予的其他权利。

第二十条 班组长任用应当遵循以下原则：

（一）采取组织推荐、公开竞聘或民主选举等方式选拔班组长；

（二）经选拔的班组长，要按规定履行正式聘任手续，不得随意更换班组长；

（三）撤免班组长应当由区队提出撤免理由和建议，严格按相应程序办理。

第二十一条 煤矿企业必须建立班组长考核激励约束机制，明确班组长岗位津贴，制定班组长绩效考核制度，定期进行严格考核，并将考核结果作为班组长提拔、奖励、推优评先以及解聘、处罚的重要依据。

第四章 现场安全管理

第二十二条 煤矿企业应当依据《煤矿安全规程》、作业规程和煤矿安全技术操作规程等规定，制定班组安全工作标准、操作标准，规范工作流程。

第二十三条 班组必须严格落实班前会制度，结合上一班作业现场情况，合理布置当班安全生产任务，分析可能遇到的事故隐患并采取相应的安全防范措施，严格班前安全确认。

第二十四条 班组必须严格执行交接班制度,重点交接清楚现场安全状况、存在隐患及整改情况、生产条件和应当注意的安全事项等。

第二十五条 班组要坚持正规循环作业和正规操作,实现合理均衡生产,严禁两班交叉作业。

第二十六条 班组必须严格执行隐患排查治理制度,对作业环境、安全设施及生产系统进行巡回检查,及时排查治理现场动态隐患,隐患未消除前不得组织生产。

第二十七条 班组必须认真开展安全质量标准化工作,加强作业现场精细化管理,确保设备设施完好,各类材料、备品配件、工器具等排放整齐有序,清洁文明生产,做到岗位达标、工程质量达标,实现动态达标。

第二十八条 班组应当加强作业现场安全监测监控系统、安全监测仪器仪表、工器具和其他安全生产设施的保护和管理,确保正确正常使用、安全有效。

第五章 班组安全培训

第二十九条 煤矿企业应当重视和发挥班组在职工安全教育培训中的主阵地作用,开展安全警示教育,强化班组成员安全风险意识、责任意识,增强职工遵章作业的自觉性;加强班组职工安全知识、操作技能、规程措施和新工艺、新设备、新技术安全培训,提高职工遵章作业的能力。

第三十条 煤矿企业应当强化危险源辨识和风险评估培训,提高职工对生产作业过程中各类隐患的辨识和防范能力。

煤矿企业应当加强班组应急救援知识培训和模拟演练,班组成员应当牢固掌握防灾、避灾路线,增强自救互救和现场处置能力。

煤矿企业应当加强班组现场急救知识和处置技能培训,班组成员应当具有正确使用安全防护设备、及时果断进行现场急救的能力。

第三十一条 煤矿企业应当确保班组教育培训投入,建立实训基地,建立学习活动室,配备教学所需的设施、多媒体器材、书籍和资料等。

第三十二条 煤矿企业每年必须对班组长及班组成员进行专题安全培训,培训时间不得少于20学时。

第六章 班组安全文化建设

第三十三条 煤矿企业应当把班组安全文化建设作为矿井整体安全文化建设的重要组成部分,切实加强组织领导,加大安全文化建设投入,为班组安全文化建设提供必要的条件和支持,培育独具特色的班组安全文化。

第三十四条 煤矿班组应当落实"安全第一,预防为主,综合治理"的安全生产方针,牢固树立"以人为本"、"事故可防可控"和"班组安全生产,企业安全发展"等安全生产理念。

第三十五条 煤矿企业应当以提高职工责任意识、法制意识、安全意识和防范技能为重点,加强正面舆论引导和法制宣传,发挥群众安全监督组织、家属协管的作用,培养正确的安全生产价值观,增强班组安全生产的内在动力。

第三十六条 煤矿企业应当建立安全诚信考核机制,建立职工安全诚信档案,并将安全诚信与安全生产抵押金、工资分配挂钩。

第三十七条 班组长应当加强人文关怀、情感交流和心理疏导,提高班组凝聚力,强化班组团队建设。

第三十八条 煤矿企业应当建立班组合理化建议与创新激励机制,鼓励班组开展岗位创新、质量管理(QC)小组等活动,培育团队创新精神。

第七章 表彰奖励

第三十九条 煤矿企业应当积极开展班组建设创先争优活动,每年组织优秀班组和优秀班组长评选,对班组安全建设工作开展情况进行总结考核,对在安全生产工作中作出突出贡献的班组及班组长给予表彰奖励。

煤矿企业在组织职工休(疗)养、外出学习考察活动时,优先选派优秀班组长参加。

第四十条 各省(区、市)人民政府煤炭行业管理部门会同本级总工会,定期对在安全生产工作中作出突出贡献的班组、班组长进行表彰奖励。

第四十一条 国家安全生产监督管理总局、国家煤矿安全监察局和中华全国总工会结合煤矿开展争创优秀安全班组、优秀班组长、优秀群监员活动,对在安全生产工作中作出突出贡献的班组、班组长进行表彰与奖励。

第八章 附则

第四十二条 各级人民政府煤炭行业管理部门、煤矿安全监督管理部门以及各级煤矿安全监察机构、工会组织依照本规定对煤矿班组安全建设实施监督检查和指导。

第四十三条 地方各级人民政府有关部门和煤矿企业可依据本规定,制定具体的实施办法或实施细则。

第四十四条 本规定自2012年10月1日起施行,由国家安全生产监督管理总局、国家煤矿安全监察局、中华全国总工会负责解释。

煤矿建设项目安全设施竣工验收监督核查暂行办法

1. 2015年4月10日国家安全生产监督管理总局、国家煤矿安全监察局发布
2. 安监总煤监〔2015〕34号

第一条　为加强对煤矿建设项目(包括新建、改扩建、技术改造、资源整合项目)安全设施竣工验收活动和验收结果的监督核查工作,督促煤矿企业落实安全生产主体责任,保障煤矿安全生产,根据《安全生产法》、《煤矿安全监察条例》、《安全生产许可证条例》及《煤矿建设项目安全设施监察规定》、《煤矿企业安全生产许可证实施办法》等有关规定,制定本办法。

第二条　煤矿建设单位负责组织对煤矿建设项目安全设施进行竣工验收,并对验收结果负责;煤矿建设单位实行多级管理的,由项目建设单位上一级具有独立法人资格的单位(或公司总部)负责组织验收。

省级煤矿安全监察局会同同级煤矿安全监管部门和煤炭行业管理部门对建设单位的验收活动和验收结果进行监督核查。

第三条　煤矿建设项目符合以下条件后,方可组织安全设施竣工验收:

(一)按批准的安全设施设计建设完成;

(二)单项工程经过工程质量机构认证,并取得质量合格认证书;

(三)经过联合试运转运行正常,并提交联合试运转报告;

(四)提交进一步查清包含采空区积水、积气、火区等有关隐蔽致灾因素的建井地质报告;

(五)安全验收评价合格;

(六)取得采矿许可证,矿长和安全管理人员取得安全资格证,特种作业人员经培训取得资格证书,从业人员经安全培训并考试合格;

(七)提交矿井瓦斯等级、各煤层煤尘爆炸性和自燃倾向性鉴定报告,按突出矿井设计的还应提交已揭露煤层的突出危险性鉴定报告;提交矿井主要电器和机械设备检测检验合格报告。

第四条　煤矿建设项目在建设过程中出现下列情形之一,修改设计后未经原设计审查单位批复同意的,不得组织竣工验收。

(一)煤层自燃倾向性、煤尘爆炸危险等级和矿井瓦斯等级以及矿井水文地质、地温、冲击地压等灾害类型升级的;

(二)采煤方法及工艺发生变化的;

(三)矿井开拓方式、通风系统、排水系统、供电系统、提升运输方式发生变化的;

(四)首采区及首采工作面布置发生变化的;

(五)露天煤矿最终帮坡角、开采工艺、初始拉沟位置及排土场位置发生变化的。

第五条　煤矿建设单位组织安全设施竣工验收前,应编制验收方案。验收方案应包含以下内容:

(一)煤矿建设项目基本情况;

(二)参与验收人员(含验收专家组成员)及其工作内容和责任;

(三)验收工作时间安排、程序。

煤矿建设单位应在验收活动开始之前,提前20个工作日将验收方案抄送省级煤矿安全监察局、煤矿安全监管部门、煤炭行业管理部门,并对其真实性、合法性负责。

第六条　煤矿建设单位应从企业外部聘请技术专家组成验收专家组,对煤矿建设项目安全设施进行竣工验收。验收专家组应由地质、采矿、"一通三防"(露天边坡)、机电运输、职业病危害防治等专业的技术专家组成,各专业技术专家人数不少于2人(大型矿井应根据实际情况适当增加),其中应有监测监控管理工作经验的人员。技术专家应满足以下条件:

(一)在煤矿企业、施工、监理等单位从事煤矿现场管理,或在设计、评价、科研院所等单位从事煤矿设计、评价、教学、研究工作五年以上,或在其他单位从事煤矿安全生产监督管理工作满三年以上;

(二)原则上具有副高级及以上职称,特殊情况下可以聘请部分中级职称人员,但其人数不得超出专家总人数的30%;

(三)与被验收单位及承担验收项目的设计、评价、施工、监理等单位不存在隶属或利益关系。

煤矿建设单位应当优先聘请具有煤矿建设项目安全设施竣工验收经验的技术专家。同时应邀请承担其设计、监理、工程质量认证、安全验收评价、施工等单位的相关人员参与验收活动。

第七条　验收专家组应严格依照国家有关法律法规,根据《煤矿安全规程》、《煤矿建设项目安全设施设计审查和竣工验收规范》(AQ 1055)等相关规章和标准,以及经批准的安全设施设计进行验收。验收专家组验收结束后应形成验收意见。

第八条 煤矿建设单位应对验收专家组提出的问题进行整改，合格后方可出具通过验收的意见，验收报告应参照国家有关煤矿建设项目安全设施设计审查与竣工验收报告规范文本进行编写。并抄送省级煤矿安全监察机构、煤矿安全监管部门、煤炭行业管理部门。

第九条 省级煤矿安全监察局应加强对煤矿建设单位的验收活动和验收结果的监督核查，内容包括：

（一）是否符合本办法第三条、第四条规定；

（二）验收过程是否严格执行验收方案；

（三）安全设施是否符合经批准的设计要求，以及安全设施设计批准后新出台的法规、标准；

（四）验收结论和意见是否真实；

（五）法律法规规定的其他有关内容。

第十条 省级煤矿安全监察局会同省级煤矿安全监管部门和煤炭行业管理部门对煤矿建设单位验收活动的监督原则上应在现场进行。

第十一条 省级煤矿安全监察局对验收结果的核查，应与安全生产许可证安全生产条件现场审查一并进行。

第十二条 省级煤矿安全监察局、煤矿安全监管部门、煤炭行业管理部门在对煤矿建设单位验收活动和验收结果的监督核查中，发现煤矿存在安全隐患或其他违法、违规生产建设行为以及其他问题的，应当按有关规定责令整改并依法从严查处；对违反本办法规定的，应当予以纠正。

第十三条 本办法自发布之日起施行。

煤矿安全生产标准化考核定级办法（试行）

1. 2017年1月24日国家煤矿安全监察局发布
2. 煤安监行管〔2017〕5号

第一条 为深入推进全国煤矿安全生产标准化工作，持续提升煤矿安全保障能力，根据《安全生产法》关于“生产经营单位必须推进安全生产标准化建设”的规定，制定本办法。

第二条 本办法适用于全国所有合法的生产煤矿。

第三条 考核定级标准执行《煤矿安全生产标准化基本要求及评分方法》（以下简称《评分方法》）。

第四条 申报安全生产标准化等级的煤矿必须同时具备《评分方法》设定的基本条件，有任一条基本条件不能满足的，不得参与考核定级。

第五条 煤矿安全生产标准化等级分为一级、二级、三级3个等次，所应达到的标准为：

一级：煤矿安全生产标准化考核评分90分以上（含，以下同），井工煤矿安全风险分级管控、事故隐患排查治理、通风、地质灾害防治与测量、采煤、掘进、机电、运输部分的单项考核评分均不低于90分，其他部分的考核评分均不低于80分，正常工作时单班入井人数不超过1000人、生产能力在30万吨/年以下的矿井单班入井人数不超过100人；露天煤矿安全风险分级管控、事故隐患排查治理、钻孔、爆破、边坡、采装、运输、排土、机电部分的考核评分均不低于90分，其他部分的考核评分均不低于80分。

二级：煤矿安全生产标准化考核评分80分以上，井工煤矿安全风险分级管控、事故隐患排查治理、通风、地质灾害防治与测量、采煤、掘进、机电、运输部分的单项考核评分均不低于80分，其他部分的考核评分均不低于70分；露天煤矿安全风险分级管控、事故隐患排查治理、钻孔、爆破、边坡、采装、运输、排土、机电部分的考核评分均不低于80分，其他部分的考核评分均不低于70分。

三级：煤矿安全生产标准化考核评分70分以上，井工煤矿事故隐患排查治理、通风、地质灾害防治与测量、采煤、掘进、机电、运输部分的单项考核评分均不低于70分，其他部分的考核评分均不低于60分；露天煤矿安全风险分级管控、事故隐患排查治理、钻孔、爆破、边坡、采装、运输、排土、机电部分的考核评分均不低于70分，其他部分的考核评分均不低于60分。

第六条 煤矿安全生产标准化等级实行分级考核定级。

一级标准化申报煤矿由省级煤矿安全生产标准化工作主管部门组织初审，国家煤矿安全监察局组织考核定级。

二级、三级标准化申报煤矿的初审和考核定级部门由省级煤矿安全生产标准化工作主管部门确定。

第七条 煤矿安全生产标准化考核定级按照企业自评申报、检查初审、组织考核、公示监督、公告认定的程序进行。煤矿安全生产标准化考核定级部门原则上应在收到煤矿企业申请后的60个工作日内完成考核定级。

1. 自评申报。煤矿对照《评分方法》全面自评，形成自评报告，填写煤矿安全生产标准化等级申报表，依拟申报的等级自行或由隶属的煤矿企业向负责初审的煤矿安全生产标准化工作主管部门提出申请。

2. 检查初审。负责初审的煤矿安全生产标准化工作主管部门收到企业申请后，应及时进行材料审查和现场检查，经初审合格后上报负责考核定级的部门。

3. 组织考核。考核定级部门在收到经初审合格的煤矿企业安全生产标准化等级申请后，应及时组织对上报的材料进行审核，并在审核合格后，进行现场检查或抽查，对申报煤矿进行考核定级。

对自评材料弄虚作假的煤矿，煤矿安全生产标准化工作主管部门应取消其申报安全生产标准化等级的资格，认定其不达标。煤矿整改完成后方可重新申报。

4. 公示监督。对考核合格的煤矿，煤矿安全生产标准化考核定级部门应在本单位或本级政府的官方网站向社会公示，接受社会监督。公示时间不少于 5 个工作日。

对考核不合格的煤矿，考核定级部门应书面通知初审部门按下一个标准化等级进行考核。

5. 公告认定。对公示无异议的煤矿，煤矿安全生产标准化考核定级部门应确认其等级，并予以公告。

第八条　煤矿安全生产标准化等级实行有效期管理。一级、二级、三级的有效期均为 3 年。

第九条　安全生产标准化达标煤矿的监管。

1. 对取得安全生产标准化等级的煤矿应加强动态监管。各级煤矿安全生产标准化工作主管部门应结合属地监管原则，每年按照检查计划按一定比例对达标煤矿进行抽查。对工作中发现已不具备原有标准化水平的煤矿应降低或撤消其取得的安全生产标准化等级；对发现存在重大事故隐患的煤矿应撤消其取得的安全生产标准化等级。

2. 对发生生产安全死亡事故的煤矿，各级煤矿安全生产标准化工作主管部门应立即降低或撤消其取得的安全生产标准化等级。一级、二级煤矿发生一般事故时降为三级，发生较大及以上事故时撤消其等级；三级煤矿发生一般及以上事故时，撤消其等级。

3. 降低或撤消煤矿所取得的安全生产标准化等级时，应及时将相关情况报送原等级考核定级部门，并由原等级考核定级部门进行公告确认。

4. 对安全生产标准化等级被撤消的煤矿，实施撤消决定的标准化工作主管部门应依法责令其立即停止生产、进行整改，待整改合格后、重新提出申请。

因发生生产安全事故被撤消等级的煤矿原则上 1 年内不得申报二级及以上安全生产标准化等级（省级安全生产标准化主管部门另有规定的除外）。

5. 安全生产标准化达标煤矿应加强日常检查，每月至少组织开展 1 次全面的自查，并在等级有效期内每年由隶属的煤矿企业组织开展 1 次全面自查（企业和煤矿一体的由煤矿组织），形成自查报告，并依煤矿安全生产标准化等级向相应的考核定级部门报送自查结果。一级安全生产标准化煤矿的自评结果报送省级煤矿安全生产标准化工作主管部门，由其汇总并于每年年底向国家煤矿安全监察局报送 1 次。

6. 各级煤矿安全生产标准化主管部门应按照职责分工每年至少通报一次辖区内煤矿安全生产标准化考核定级情况，以及等级被降低和撤消的情况，并报送有关部门。

第十条　煤矿企业采用《煤矿安全风险预控管理体系规范》（AQ/T 1093－2011）开展安全生产标准化创建工作的，可依据其相应的评分方法进行考核定级，考核等级与安全生产标准化相应等级对等，其考核定级工作按照本办法执行。

第十一条　各级煤矿安全生产标准化工作主管部门和煤矿企业应建立安全生产标准化激励政策，对被评为一级、二级安全生产标准化的煤矿给予鼓励。

第十二条　省级煤矿安全生产标准化工作主管部门可根据本办法和本地区工作实际制定实施细则，并及时报送国家煤矿安全监察局。

第十三条　本办法自 2017 年 7 月 1 日起试行，2013 年颁布的《煤矿安全质量标准化考核评级办法（试行）》同时废止。

国家安全生产监督管理总局、国家煤矿安全监察局关于进一步加强煤矿安全基础管理的通知

1. 2008 年 12 月 23 日

2. 安监总煤行〔2008〕215 号

各产煤省、自治区、直辖市及新疆生产建设兵团煤炭行业管理和煤矿安全监管部门，各省级煤矿安全监察机构，司法部直属煤矿管理局，有关中央企业：

国家安全监管总局、国家煤矿安监局等 7 部门《关于加强国有重点煤矿安全基础管理的指导意见》（安监总煤矿〔2006〕116 号）和《关于加强小煤矿安全基础管理的指导意见》（安监总煤调〔2007〕95 号）（以下简称两个《指导意见》）下发后，各地区、各部门和广大煤矿企业认真贯彻落实，全力推进安全基础管理工作，促

使煤矿安全状况不断改善。但是各地工作进展不平衡，有的煤矿对两个《指导意见》贯彻执行不力，仍然存在矿井系统不完善、技术装备落后、安全责任不落实、现场管理松弛、隐患排查治理不到位、安全教育培训滞后等突出问题。为深入贯彻落实好两个《指导意见》，有效防范和遏制重特大事故，现就进一步加强煤矿安全基础管理工作通知如下：

一、进一步提高认识，明晰加强安全基础管理工作的思路

1. *充分认识进一步加强煤矿安全基础管理工作的重要性。*煤矿安全基础管理是煤矿安全生产的根基。加强煤矿安全基础管理，是控制煤矿安全风险、提高煤矿安全保障能力的需要，是实现煤炭工业安全发展的重要保障。只有不断加强煤矿安全基础管理工作，实现煤矿安全管理的科学化、规范化，才能从根本上扭转煤矿生产安全事故多发的状况，实现煤矿安全生产的长治久安。各单位必须真正把加强安全基础管理工作摆上重要位置，加强领导、明确责任，突出重点、狠抓落实，促进安全基础管理工作再上新水平。

2. *明晰安全基础管理工作的思路。*深入贯彻落实科学发展观，坚持安全发展，构建煤矿安全生产长效机制，以煤矿安全质量标准化建设为主线，加强指导、分步推进，严格监管、强化监察，督促煤矿企业达到“系统可靠、装备先进、管理到位、素质提高”的总体要求。通过加强安全基础管理，使煤矿的安全管理水平明显提升，安全生产条件明显改善，从业人员素质明显提高，生产安全事故明显下降。

二、抓住关键环节，确保矿井系统可靠

3. *矿井系统要齐全。*必须按照《煤矿安全规程》、《煤矿企业安全生产许可证实施办法》等规定，建立健全矿井通风、供电、提升、运输、排水、安全监控、防尘供水、通讯和压风等系统，应抽采瓦斯的矿井要建立瓦斯抽采系统，开采易自燃、自燃煤层的要建立防灭火系统和火灾监测系统，确保矿井系统齐全可靠。

4. *矿井系统要合理。*煤矿必须按照《煤矿安全规程》、《煤炭工业矿井设计规范》等标准、规范的要求，设计和建设矿井的各个系统，设备和设施的选型、安装位置和数量、工程质量等要符合有关规定。要根据煤层开采条件，科学合理地确定开拓部署，优化生产系统，采用正规采煤方法，合理组织生产。

5. *矿井系统要完好。*必须对矿井通风、主副提升、主排水、供电等系统进行定期检测检验、维护保养和全面排查，制定各系统相关管理措施，对系统的可靠性进行分析评价，对排查出的问题，要及时采取措施进行整改，确保系统完好、运行可靠。

三、加快改造提升，确保技术装备先进

6. *淘汰落后装备。*煤矿企业要按照《禁止井工煤矿使用的设备及工艺目录》等有关要求，及时淘汰国家明令禁止使用的设备，禁止使用超期服役和不符合《煤矿安全规程》规定的电气设备，坚决取缔井下人力、畜力、三轮车运输。

7. *提升机械化水平。*煤矿企业要逐步提高采掘机械化程度，淘汰落后的采煤工艺和方法。煤层赋存稳定的矿井，要大力发展机械化开采。有条件的煤矿要重点发展综合机械化，推广使用大采高综采技术装备，鼓励采用全自动化采煤和使用钻、装、锚一体化掘进工艺。要积极推广使用大倾角综采、薄煤层机采等新技术、新装备，进一步提升机械化水平。

8. *确保装备可靠。*煤矿企业要切实加大安全投入，对在用的安全可靠性差、不能满足矿井安全生产需要的设备和设施进行技术升级和更新改造。要严格落实设备定期检测、维护、保养和检修制度，并严格验收，提高矿井装备的安全可靠性。

四、采取有效措施，确保安全管理到位

9. *落实安全管理责任。*煤矿企业要按照两个《指导意见》的要求，依法建立健全安全管理机构，配齐安全管理人员。进一步梳理、细化现有的安全管理制度，把通风、防瓦斯、防尘、防灭火、防治水和顶板、提升运输、火工品管理、应急救援等各个管理环节、各个岗位的工作程序和要求，全部纳入规范化、制度化管理轨道，并根据不断出现的新情况、新问题，及时修订、完善。要落实企业法定代表人、分管负责人、技术负责人和各岗位人员的安全生产责任，形成健全完善的安全生产责任体系，严格考核和责任追究，加大安全奖励和处罚力度，确保安全管理责任落实到位。

10. *强化现场安全管理。*煤矿区队长、班组长要强化安全意识和责任意识，组织工人严格按照安全规程、作业规程、操作规程作业。现场存在重大隐患时要立即停止作业，采取措施进行处理；存在险情时必须立即将作业人员撤离到安全地点。煤矿负责人和安全管理人员要按照规定切实履行下井带班职责，深入井下一线组织生产，监督检查各区队、班组安全生产状况，严肃查处作业过程中的“三违”行为。

11. *深化隐患排查治理。*要根据《安全生产事故隐患排查治理暂行规定》（国家安全监管总局令第16号），制定本企业的隐患排查治理和报告制度。要立足查大系统、治大隐患、防大事故，以瓦斯、水害等为重点，定期对矿井的采、掘、机、运、通等各个系统和环节进行专业化排查。对发现的安全隐患，要立即进行整改；一时整改不了的，要停止作业，在采取针对性安全措施后，制定整改方案和应急预案，落实资金和责任，限期整改，并按程序组织验收。

12. 推进安全质量达标。煤矿企业要明确安全质量标准化管理机构和人员，健全和完善安全质量标准化监督检查和考核验收制度，明确管理责任，细化标准和考评办法，切实抓好安全质量标准化达标工作。区队每周、煤矿每月、集团公司每季度至少要组织一次检查验收，根据考核结果实施奖惩。对工程质量未达标的，要对照标准及时进行整改，确保矿井各系统以及设备、设施的安全质量标准化全面、动态达标。

五、加强安全教育培训，确保职工素质提高

13. 严格安全资格准入。煤矿矿长和分管安全、生产、机电的副矿长、总工程师（技术负责人）要达到两个《指导意见》有关安全资格准入的条件。其他井下从业人员要逐步达到具有初中以上文化程度，按规定参加培训，经考核合格并在有经验的职工带领下实习满4个月后方可独立上岗工作，严禁未经培训或培训不合格者入井作业。

14. 强化全员安全培训。煤矿企业是安全生产教育和培训的责任主体，要采取多种形式，对从业人员进行安全规程、作业规程、操作规程、岗位标准、操作技能及自救互救等安全生产知识培训，增强职工实际操作和应急处置能力。要组织开展岗位练兵和技术比武，建立师徒合同制度，开展安全警示教育，提高全员安全意识和安全技能。

15. 提高安全培训质量。安全培训机构必须取得相应的资质证书，严格按照统一大纲组织教学，并按规定的内容和时间对各类人员进行培训，严格教学管理，改进教学方法，按规定配备实验设备和装备，对职工进行实践操作训练，增强培训针对性。

六、强化安全监管监察，确保各项措施落到实处

16. 加强行业安全基础管理。各级煤炭行业管理部门要针对辖区煤矿安全生产实际，研究和制定相关工作规划、修订完善行业标准，指导煤矿推广先进的生产工艺和装备。要建立健全隐患排查分级监控制度，定期对煤矿企业安全隐患排查治理情况开展监督检查，对煤矿存在的重大隐患要实行挂牌督办，跟踪治理。煤矿安全质量标准化主管部门要组织煤矿深入开展安全质量标准化工作，对安全质量达标矿井，要制定激励措施和办法；对进展缓慢的煤矿，加大监督检查力度，督促其尽快达标。

17. 强化安全基础管理的监管监察。地方各级煤矿安全监管部门要对辖区内煤矿安全基础管理情况进行日常监管，督促煤矿企业落实主体责任，尽快达到安全基础管理工作的总体要求。驻地煤矿安全监察机构要依法履行职责，加强煤矿安全监督管理工作的监督检查，向地方政府及其有关部门提出加强安全基础管理的意见和建议；要严肃查处违法违规生产行为，促进煤矿企业逐步提高安全基础管理水平。

请各省级煤炭行业管理部门将本通知转发至辖区内各煤矿企业和相关管理部门、单位。

国家安全生产监督管理总局办公厅、国家煤矿安全监察局办公室关于进一步加强煤矿用空气压缩机安全管理的通知

1. 2011年9月6日
2. 安监总厅煤装〔2011〕195号

各产煤省、直辖市及新疆建设兵团煤矿安全监管、煤炭行业管理部门，各省级煤矿安全监察机构，司法部直属煤矿管理局，有关中央企业：

近年来，因空气压缩机使用管理不当引发了多起煤矿井下火灾事故，造成重大人员伤亡和财产损失。其主要原因是：有的煤矿企业不严格按规定选购矿用空气压缩机，甚至选用假冒伪劣产品；空气压缩机安全保护不全或失效；油脂把关不严，不能满足基本安全要求；维修管理不到位，积炭燃烧引发空气压缩机爆裂等。为切实提高煤矿用空气压缩机（以下简称空气压缩机）的安全保障水平，杜绝因空气压缩机引发火灾事故，保证煤矿安全生产，现就进一步加强空气压缩机的选用、维护等安全管理工作有关事项通知如下：

一、严格按规定选择、采购矿用空气压缩机

1. 严把设备选型关。要优先选用螺杆机型，不得选用滑片式空气压缩机，2012年1月27日后一律淘汰滑片式空气压缩机。严禁选用无安全保障、证书或证件不全、假冒伪劣的产品及配件。

2. 严把设备采购关。必须选择、采购由专业生产厂家制造，具备生产许可证和产品合格证的产品。井下使用的移动式空气压缩机应具备煤矿矿用产品安全标志，空气压缩机储气罐（风包）应取得设计、制造许可证和检验合格证。

3. 严把设备入矿验收关。采购的空气压缩机到货后,必须按规定进行入矿验收。

二、严格执行空气压缩机安装、验收标准和规定,确保设备完好

4. 煤矿压风系统的设计应严格执行《国家安全监管总局、国家煤矿安监局关于印发〈煤矿井下安全避险“六大系统”建设完善基本规范(试行)〉的通知》(安监总煤装〔2011〕33 号)的有关规定。空气压缩机应设置在地面,对深部多水平开采的矿井,空气压缩机安装在地面难以保证对井下作业点有效供风时,可在其供风水平以上 2 个水平的进风井井底车场安全可靠的位置安装。

5. 安装固定式空气压缩机及其储气罐时,应保证其四周留有足够的空间,并保持通风良好,便于维修、维护。井下固定式空气压缩机和风包应分别设置在 2 个硐室内,硐室要有独立的回风系统,不得存放可燃物,且必须采用不可燃材料支护。

6. 移动式空气压缩机要设置在顶板完整、支护良好、无杂物堆积、无淋水和粉尘飞扬的地点,保证安装地点空气流畅,不得妨碍人员作业和行走。

7. 各类空气压缩机必须安装使用合格的压力表、安全阀、断油(或断水、断风)保护、过流保护、超温和超压保护,电气设备应有过载、短路、断相等保护。

8. 井下空气压缩机安设地点应配备环境安全监测设备,有效监测环境温度和有害气体浓度。应有完备的消防设施及标有空气压缩机用电等级、最高使用压力、最高限制温度、设备状况、润滑油闪点等内容的标识或警示。

9. 严把设备安装验收关。要严格按产品说明书及有关规定安装空气压缩机,安装完成后,应严格按照《煤矿安全规程》、《煤矿井下用空气压缩机》(MT 687－2009)、《固定的空气压缩机安全规则和操作规程》(GB 10892)等规定进行验收,验收合格后方可投入运行。

三、严格执行空气压缩机使用及维护保养制度,确保安全运行

10. 指定专门机构和专业人员负责空气压缩机的使用、维护、保养工作。固定式空气压缩机硐室应设专人值守,并实行现场交接班制度。空气压缩机司机必须持证上岗。

11. 加强设备经常性、预防性的维护保养工作。要严格按照《煤矿安全规程》的规定选择使用压缩机油,并依据产品使用说明书规定的首次换油时间和换油周期及时更换润滑油及滤清器。严格执行《固定的空气压缩机安全规则和操作规程》(GB 10892)的规定,定期检查排气口至压缩空气温度为 80℃处之间的所有管路、容器和配件,及时有效清除积炭。要定期排放储气罐中的积水,清除风包内的油垢。

12. 严格执行空气压缩机安全阀、压力调节器保护定期试验制度。要按规定进行相关试验工作,确保其灵敏可靠。安全阀动作压力不得超过额定压力的 1.1 倍。

13. 加强空气压缩机安全质量标准化建设。应保持机房“三无一畅通”(即无油垢、无水垢,无杂物,保持水沟畅通)。固定式空气压缩机机房的噪声应符合《煤矿在用空气压缩机安全检测检验规范》(AQ 1013)的规定,移动式空气压缩机应符合《煤矿井下用空气压缩机》(MT 687)的规定。

14. 加强设备运行及维护保养的记录管理。机房内应设设备运行维护保养、设备运行日志、车间定时巡视、交接班、机电事故等记录本,并认真如实填写。业务管理部门应及时分析、评估设备运行状况,确保设备安全运行。

四、加强对煤矿在用空气压缩机的强制性检测检验,确保安全保护灵敏可靠

15. 严格执行空气压缩机定期检验制度。煤矿在用空气压缩机每 3 年至少由具备国家规定资质的安全生产检测检验机构检测 1 次,检验条件、项目和要求应符合《煤矿在用空气压缩机安全检测检验规范》(AQ 1013)的相关规定。要编制空气压缩机年度检验计划,并严格按计划实施。

16. 严格执行有关仪器、仪表定期送检制度。压力表、温度表等仪器仪表精度超出规定的,应及时予以更换。

五、建立健全空气压缩机安全管理规章制度,强化管理及监督检查

17. 建立健全空气压缩机安全管理规章制度,应涵盖空气压缩机采购、安装、验收、使用、维修、保养、检验、校验及人员培训、技术资料与记录保存等各个方面。

18. 编制并严格执行空气压缩机岗位操作规程。操作规程应明确安全操作要点,包括空气压缩机的操作指标(含最高工作压力、最高或最低工作温度)、岗位操作法(含开、停车操作程序和注意事项)、每班巡回检查次数、运行中应重点检查的项目和部位、运行中可能出现的异常现象及预防措施、紧急情况的处置方

法等。

19. 加强空气压缩机强制报废管理。应按照产品技术文件规定的使用年限使用空气压缩机,对超过使用年限或经检验已不能保证安全生产要求的,应予强制报废。对在用的滑片式空气压缩机,应立即停止使用。

20. 建立设备技术档案管理制度。要及时汇总并存档管理包括空气压缩机采购、安装、验收、使用、保养、维护、试验、检验等内容的完整技术资料。

21. 地方各级煤矿安全监管部门、各驻地煤矿安全监察机构要定期开展空气压缩机专项监督检查,督促煤矿企业及时排查空气压缩机安全隐患。对监督检查中发现的问题,要督促煤矿企业落实责任,制定切实可行措施,限期整改;对未能按时完成整改的矿井,应责令其停产整顿;对使用不具备安全保障空气压缩机的矿井,应责令其立即停止使用。

请各省级煤矿安全监管部门及时将本通知转发至辖区内各煤矿企业。

国家安全生产监督管理总局办公厅关于开采煤矿深部天然焦有关安全管理问题的复函

1. 2009年11月9日
2. 安监总厅管一函〔2009〕309号

安徽省安全生产监督管理局:

你局《关于开采煤矿深部天然焦是否属于非煤矿山企业的请示》(皖安监一〔2009〕115号)收悉。经商国土资源部,现函复如下:

天然焦虽然在物理、化学及工艺性质上有别于煤炭,特别是天然焦形成后其围岩稳定性、水文地质条件和瓦斯分布情况等发生了很大的变化,但是,在利用方向上并没有超出煤炭的范围。由于天然焦的分布范围、总的资源储量相对较小,同时在赋存空间上与煤炭密切相连,多年来,国家有关部门在储量管理上一直把天然焦作为煤的亚类进行管理。因此,开采煤矿深部天然焦资源的企业不属于非煤矿矿山企业,而应按照煤矿企业进行管理。

应急管理部办公厅关于印发《矿山(隧道)事故救援联络信号(试行)》的通知

1. 2021年11月26日
2. 应急厅〔2021〕66号

各省、自治区、直辖市应急管理厅(局),新疆生产建设兵团应急管理局,国家矿山安全监察局各省级局,国家安全生产应急救援中心,有关中央企业:

为建立矿山(隧道)事故中被困人员与救援人员有约定的联络沟通,经部领导同志同意,现将《矿山(隧道)事故救援联络信号(试行)》(以下简称《联络信号》,见附件1)印发给你们,请结合实际抓好贯彻落实。

一、地方各级应急管理部门要切实抓好《联络信号》的宣传和组织实施工作,督促指导矿山企业、隧道施工企业和矿山(隧道)专业救援队伍全面开展宣传教育培训,鼓励将联络信号主要内容标注于一线人员佩戴的安全帽内(标注方式参见附件2),确保全体一线人员准确理解和掌握。

二、国家安全生产应急救援中心要督促指导国家矿山(隧道)应急救援队伍,将宣传实施《联络信号》融入安全技术服务、应急救护知识培训和应急救援演练等日常工作中,广泛组织宣传、演示、培训联络信号的应用。

三、地方各级应急管理部门和国家矿山安全监察局各省级局要把辖区内矿山企业、隧道施工企业宣传实施《联络信号》、安全帽标注联络信号、职工掌握联络信号等情况纳入监督检查内容。

《联络信号》实施过程中如遇到问题或有意见建议,请及时反馈国家安全生产应急救援中心(联系人及电话:辛文彬,010-64463745)。

附件1

矿山(隧道)事故救援联络信号(试行)

当矿山(隧道)事故发生后,救援人员和被困人员在采取防爆安全措施的情况下,可利用坚硬物体敲击管路、铁轨、钻杆等发出"5432"救援联络信号。联络信号有四组:五声"呼救"、四声"报数"、三声"收到"、二声"停止"。联络信号具体内容如下。

五声——寻求联络（被困人员敲击5声为求救信号；救援人员敲击5声为寻求联络信号）。

四声——询问被困人员数量（救援人员敲击4声为询问信号，被困人员确认收到后，按被困人数敲击为回复信号）。

三声——收到（敲击3声表示"收到"对方信号和意图）。

二声——停止（被困人员敲击2声为"停止"，表示停止给养补给或遇突发情况需停止行动）。

每次敲击间隔1秒，分组发出信号，每组信号间隔30秒。明白意图后敲击3声回复"收到"，未"收到"回复可重复敲击发出信号。

附件2

矿山（隧道）事故救援联络信号安全帽标注方式指引

一、标注位置：不影响安全帽使用的前提下，标注于帽壳内部醒目位置，避开帽衬。

二、标注方式：采用防水材料印制后粘贴，或直接印刷于帽壳内部，保证字迹清晰持久。

三、标注尺寸：100mm×50mm。

四、标注内容：

1. 标题：救援联络信号

2. 内容：

五声——敲击5声为发出联络或求救信号。

四声——敲击4声为询问被困人员数量，回复"收到"信号后，按被困人数敲击回复。

三声——敲击3声表示"收到"。

二声——被困人员敲击2声表示"停止"目前的给养或行动。

五、标注格式：文字横向排列，字体颜色采用黑色，底板颜色根据安全帽颜色自行选择。

六、标注示例：

救援联络信号

五声——敲击5声为发出联络或求救信号。

四声——敲击4声为询问被困人员数量，回复"收到"信号后，按被困人数敲击回复。

三声——敲击3声表示"收到"。

二声——被困人员敲击2声表示"停止"目前的给养或行动。

注：边框非必需。可根据企业情况添加企业标识等信息。可另行排版设计。

二、非煤矿山安全

资料补充栏

1. 综合

金属非金属地下矿山企业领导带班下井及监督检查暂行规定

1. 2010年10月13日国家安全生产监督管理总局令第34号公布
2. 根据2015年5月26日国家安全生产监督管理总局令第78号《关于废止和修改非煤矿矿山领域九部规章的决定》修正

第一章 总 则

第一条 为落实金属非金属地下矿山企业领导带班下井制度，强化现场安全管理，及时发现和消除事故隐患，根据《国务院关于进一步加强企业安全生产工作的通知》（国发〔2010〕23号）和国家有关规定，制定本规定。

第二条 金属非金属地下矿山企业（以下简称矿山企业）领导带班下井和县级以上安全生产监督管理部门对其实施监督检查，适用本规定。

第三条 本规定所称的矿山企业，是指金属非金属地下矿山生产企业及其所属各独立生产系统的矿井和新建、改建、扩建、技术改造等建设矿井。

本规定所称的矿山企业领导，是指矿山企业的主要负责人、领导班子成员和副总工程师。

第四条 矿山企业是落实领导带班下井制度的责任主体，必须确保每个班次至少有1名领导在井下现场带班，并与工人同时下井、同时升井。

矿山企业的主要负责人对落实领导带班下井制度全面负责。

第五条 安全生产监督管理部门对矿山企业落实领导带班下井制度情况进行监督检查，并依法作出现场处理或者实施行政处罚。

有关行业主管部门应当根据《国务院关于进一步加强企业安全生产工作的通知》的要求，按照各自职责做好矿山企业领导带班下井制度的落实工作，配合安全生产监督管理部门开展矿山企业领导带班下井情况的监督检查和考核奖惩等工作。

第六条 任何单位和个人发现矿山企业领导未按照规定执行带班下井制度或者弄虚作假的，均有权向安全生产监督管理部门举报和报告。对举报和报告属实的，给予奖励。

第七条 矿山企业应当建立健全领导带班下井制度，制定领导带班下井考核奖惩办法和月度计划，建立和完善领导带班下井档案。

第二章 带 班 下 井

第八条 矿山企业领导带班下井月度计划，应当明确每个工作班次带班下井的领导名单、下井及升井的时间以及特殊情况下的请假与调换人员审批程序等内容。

领导带班下井月度计划应当在本单位网站和办公楼及矿井井口予以公告，接受群众监督。

第九条 矿山企业应当每月对领导带班下井情况进行考核。领导带班下井情况与其经济收入挂钩，对按照规定带班下井并认真履行职责的，给予奖励；对未按照规定带班下井、冒名顶替下井或者弄虚作假的，按照有关规定予以处理。

矿山企业领导带班下井的月度计划完成情况，应当在矿山企业公示栏公示，接受群众监督。

第十条 矿山企业领导带班下井时，应当履行下列职责：

（一）加强对井下重点部位、关键环节的安全检查及检查巡视，全面掌握井下的安全生产情况；

（二）及时发现和组织消除事故隐患和险情，及时制止违章违纪行为，严禁违章指挥，严禁超能力组织生产；

（三）遇到险情时，立即下达停产撤人命令，组织涉险区域人员及时、有序撤离到安全地点。

第十一条 矿山企业领导应当认真填写带班下井交接班记录，并向接班的领导详细说明井下安全生产状况、存在的主要问题及其处理情况、需要注意的事项等。

第十二条 矿山企业领导升井后，应当及时将下井及升井的时间、地点、经过路线、发现的问题及处理结果等有关情况进行登记，以存档备查。

第十三条 矿山企业从业人员应当遵章守纪，服从带班下井领导的指挥和管理。

矿山企业没有领导带班下井的，矿山企业从业人员有权拒绝下井作业。从业人员在井下作业过程中，发现并确认带班下井领导无故提前升井的，经向班组长或者队长说明后有权提前升井。

矿山企业不得因从业人员依据前款规定拒绝下井或者提前升井而降低从业人员工资、福利等待遇或者解除与其订立的劳动合同。

第三章 监 督 检 查

第十四条 安全生产监督管理部门应当将矿山企业领导

带班下井制度的建立、执行、考核、奖惩等情况作为安全监管的重要内容,并将其纳入年度安全监管执法工作计划,定期进行检查。

第十五条 安全生产监督管理部门应当充分发挥电视、广播、报纸、网络等新闻媒体的作用,加强对本行政区域内矿山企业领导带班下井情况的社会监督。

第十六条 安全生产监督管理部门应当建立举报制度,公开举报电话、信箱或者电子邮件地址,受理有关举报;对于受理的举报,应当认真调查核实;经查证属实的,依法从重处罚。

第十七条 安全生产监督管理部门应当定期将矿山企业领导带班下井制度监督检查结果和处罚情况予以公告,接受社会监督。

第四章 法律责任

第十八条 矿山企业未按照规定建立健全领导带班下井制度或者未制定领导带班下井月度计划的,给予警告,并处3万元的罚款;对其主要负责人给予警告,并处1万元的罚款;情节严重的,依法暂扣其安全生产许可证,责令停产整顿。

第十九条 矿山企业存在下列行为之一的,责令限期整改,并处3万元的罚款;对其主要负责人给予警告,并处1万元的罚款:

(一)未制定领导带班下井制度的;

(二)未按照规定公告领导带班下井月度计划的;

(三)未按照规定公示领导带班下井月度计划完成情况的。

第二十条 矿山企业领导未按照规定填写带班下井交接班记录、带班下井登记档案,或者弄虚作假的,给予警告,并处1万元的罚款。

第二十一条 矿山企业领导未按照规定带班下井的,对矿山企业给予警告,处3万元的罚款;情节严重的,依法责令停产整顿;对违反规定的矿山企业领导按照擅离职守处理,并处1万元的罚款。

第二十二条 对发生生产安全事故而没有领导带班下井的矿山企业,依法责令停产整顿,暂扣或者吊销安全生产许可证,并依照下列规定处以罚款;情节严重的,提请有关人民政府依法予以关闭:

(一)发生一般事故,处50万元的罚款;

(二)发生较大事故,处100万元的罚款;

(三)发生重大事故,处500万元的罚款;

(四)发生特别重大事故,处2000万元的罚款。

第二十三条 对发生生产安全事故而没有领导带班下井的矿山企业,对其主要负责人依法暂扣或者吊销其安全资格证,并依照下列规定处以罚款:

(一)发生一般事故,处上一年年收入30%的罚款;

(二)发生较大事故,处上一年年收入40%的罚款;

(三)发生重大事故,处上一年年收入60%的罚款;

(四)发生特别重大事故,处上一年年收入80%的罚款。

对重大、特别重大生产安全事故负有主要责任的矿山企业,其主要负责人终身不得担任任何矿山企业的矿长(董事长、总经理)。

第五章 附 则

第二十四条 各省、自治区、直辖市人民政府安全生产监督管理部门可以根据实际情况制定实施细则,报国家安全生产监督管理总局备案。

第二十五条 为矿山企业提供采掘工程服务的采掘施工企业领导带班下井,按照本规定执行。

第二十六条 本办法自2010年11月15日起施行。

非煤矿山领域遏制重特大事故工作方案

1. 2016年5月27日国家安全生产监督管理总局发布

2. 安监总管一〔2016〕60号

为推动各地区及非煤矿山企业强化风险管控,坚决防范遏制重特大事故,根据国务院安委会办公室《标本兼治遏制重特大事故工作指南》,制定本方案。

一、全面加强安全风险分级管控和隐患排查治理双重预防性工作机制建设

(一)进一步完善非煤矿山安全风险分级方法,明确非煤矿山重大隐患判定标准,推动构建非煤矿山安全风险分级管控和隐患排查治理双重预防性工作机制。

(二)确定每一座非煤矿山及矿山内部各生产区域、岗位的安全风险级别,建立非煤矿山企业安全风险和事故隐患数据库,分类制定落实安全风险管控措施。

(三)完善非煤矿山安全风险公告、岗位安全风险确认制度,在非煤矿山企业推行安全操作"明白卡"。

(四)针对非煤矿山可能引发重特大事故的环节,强制推行6项重大风险防控措施:

1. 单班井下作业人数50人及以上的地下矿山,必须在2016年12月底前将井下人员定位系统、监测监控系统纳入到当地安全监管部门的安全生产综合信息平台。

2. 开采深度800米及以上的地下矿山，必须在2016年12月底前安装在线地压监测系统。

3. 乘载人数30人及以上的提升罐笼，必须将每半年一次的钢丝绳检验报告（平衡用钢丝绳和摩擦式提升机的提升用钢丝绳除外）和每年一次的提升系统检测报告报送安全监管部门。

4. 所有地下矿山必须于2016年7月底前配齐符合安全生产强制性标准要求、具有矿用产品安全标志的便携式气体检测报警仪和自救器。

5. 水文地质条件中等及以上的地下矿山，必须于2016年12月底前配备超前探放水设备。

6. 边坡高度200米以上的露天矿山高陡边坡、堆置高度200米以上的排土场、三等及以上等级的尾矿库，必须进行在线监测，定期进行稳定性专项分析。

二、全面提升安全技术装备水平

（一）制定公布金属非金属矿山第三批淘汰落后、第二批推广先进设备及工艺目录。

（二）加大执法检查力度，推动非煤矿山企业在限期内淘汰落后设备及工艺。

（三）研究推进小型金属非金属地下矿山机械化建设的意见，推动小型金属非金属地下矿山不断提高机械化水平。

三、严厉惩治各类违法违规行为

（一）地方各级安全监管部门每季度都要开展1次集中执法媒体曝光行动，严厉打击非煤矿山违法违规行为，在地方主流媒体公开曝光。

（二）广泛开展按风险等级检查和“双随机”检查及暗查暗访相结合的安全检查执法工作，保持非煤矿山领域打击违法违规行为高压态势。

四、严格安全生产源头治理

（一）推动各地区全面制定提高金属非金属矿山主要矿种最小开采规模标准，不符合国家或本地区规定的最小开采规模标准的矿山一律不予安全许可。

（二）制定完善尾矿库闭库销号管理办法，落实闭库后尾矿库的安全监管责任，规范安全管理。

（三）推动地方政府将金属非金属矿山整顿升级纳入“十三五”转方式调结构总体方案。推动各地区按照“淘汰关闭一批、改造提升一批、整合做大一批”的原则，整治淘汰不具备安全生产条件的小矿山。

（四）研究制定有关油页岩、页岩气开采等非煤矿山领域新业态的安全生产标准，对于没有相关标准的建设项目暂时不予许可。

（五）健全非煤矿山建设项目安全预评价、安全设施设计、重大设计变更、安全验收评价和安全设施竣工验收管控标准体系。

五、开展保护生命重点工程建设

（一）推动开展金属非金属地下矿山采空区治理工程。

（二）推动开展尾矿库“头顶库”重大隐患治理工程。

通过政策引导，建立一批采空区和“头顶库”治理试点工程，采取综合治理措施，利用2－3年时间完成两项重大隐患治理。

六、切实提升应急处置能力

（一）督促非煤矿山企业完善各类事故专项应急预案和高风险岗位现场处置方案，并定期组织演练。

（二）根据透水、火灾、坠罐、冒顶片帮、中毒窒息等各类事故特点，有针对性地开展警示教育和应急培训，强化现场应急处置和初次救援，杜绝盲目施救。

（三）推动各地区根据实际，在矿山集中的地区组建机动性强、专业力量匹配的矿山应急救援队伍，健全地企联动、协调有效的救援机制。

国家安全生产监督管理总局关于严防十类非煤矿山生产安全事故的通知

1. *2014年5月28日*
2. *安监总管一〔2014〕48号*

各省、自治区、直辖市及新疆生产建设兵团安全生产监督管理局，有关中央企业：

为深入贯彻落实习近平总书记关于“一厂（矿）出事故、万厂（矿）受教育，一地有隐患、全国受警示”的重要指示精神，以及国家安全监管总局党组关于“把历史上的事故当成今天的事故看待，警钟长鸣；把别人的事故当成自己的事故看待，引以为戒；把小事故当成重大事故看待，举一反三；把隐患当成事故看待，防止侥幸心理酿成大祸”的要求，国家安全监管总局对2001年以来的非煤矿山生产安全事故进行了统计分析，其中中毒窒息、火灾、透水、爆炸、坠罐跑车、冒顶坍塌、边坡垮塌、尾矿库溃坝、井喷失控和硫化氢中毒、重大海损等十类事故起数和死亡人数分别占非煤矿山事故总量和死亡总人数的63.4%和61.2%（其中较大事故分别占80.3%和80.0%，重特大事故分别占94.7%和94.6%）。因此，严防十类事故是进一步减少非煤矿山事故总量，有效遏制重特大事故发生，促进非煤矿山安全生产形势根本好转的有效措施和根本途径。现就有关要求通知如下：

一、严防中毒窒息事故

一是健全完善通风管理机构。地下矿山企业要建立通风管理机构或配备专职通风技术人员和测风、测尘人员，通风作业人员必须经专门的安全技术培训并考核合格，持证上岗。二是完善机械通风系统。必须安装主要通风机，并设置风门、风桥等通风构筑物，形成完善的机械通风系统；独头采掘工作面和通风不良的采场必须安装局部通风机，严禁使用非矿用局部通风机，严禁无风、微风、循环风冒险作业。三是强化监测监控。所有通风机必须安装开停传感器，主要通风机必须安装风压传感器，回风巷必须设置风速传感器；必须为从事井下作业的每一个班组配备便携式气体检测报警仪，人员进入采掘工作面之前，必须检测有毒有害气体浓度，出现报警严禁进入。四是及时封闭废弃井巷。废弃矿井和井下废弃巷道要及时封闭，并设置明显的警示标志。五是提升应急能力。必须为每一位入井人员配备自救器，并确保随身携带；要在井下主要通道明确标示避灾路线，并确保安全出口畅通；要制定中毒窒息事故现场处置方案，定期对入井人员进行通风安全管理和防中毒窒息事故专题教育培训，开展防中毒窒息事故应急演练；发生中毒窒息事故后，必须采取有效的通风措施，并立即启动应急预案，严禁擅自或盲目施救。

二、严防火灾事故

一是减少井下可燃物。新建和改扩建矿井要使用具备阻燃特性的动力线、照明线、输送带、风筒等设备设施，生产矿井要严格落实《国家安全监管总局关于发布金属非金属矿山禁止使用的设备及工艺目录（第一批）的通知》（安监总管一〔2013〕101号）要求。二是严格井下动火作业和用电管理。井下切割、焊接等动火作业必须制定安全措施，并经矿长签字批准后实施；严禁在井下吸烟，严禁违规使用电器，严禁使用电炉、灯泡等进行防潮、烘烤、做饭和取暖。三是强化井下油品管理。井下各种油品必须单独存放在安全地点，并严密封盖，柴油设备或油压设备一旦出现漏油，要及时处理。四是完善井下消防系统。要按照有关规定设置地面和井下消防设施，并要有足够可用的消防用水；要制定火灾事故现场处置方案，并定期进行演练。

三、严防透水事故

一是查清水害隐患。要调查核实矿区范围内的其他矿山、废弃矿井（露天开采废弃采场）、老采空区，本矿井积水区、含水层、岩溶带、地质构造等详细情况，并填绘矿区水文地质图；要摸清矿井水与地下水、地表水和大气降水的水力关系，预判矿井透水的可能性。二是完善排水系统。要按照设计和《金属非金属矿山安全规程》（GB 16423－2006）建立排水系统，加强对排水设备的检修、维护，确保排水系统完好可靠。三是落实探放水制度。要健全防治水组织机构和工作制度，严格按照“预测预报、有疑必探、先探后掘、先治后采”的水害防治原则，落实“防、堵、疏、排、截”综合治理措施；水害隐患严重的矿山要成立防治水专门机构，配备专用探放水设备，建立专业探放水队伍，排水作业人员必须经专门的安全技术培训并考核合格，持证上岗。四是强化应急保障。要不断完善透水事故应急救援预案，水文地质情况复杂的矿井要按照要求建设紧急避险设施，并配备满足抢险救灾必需的大功率水泵等排水设备；要加强对作业人员的安全培训和透水事故应急救援预案的演练，提高作业人员应对透水事故的能力；严禁相邻矿井井下贯通，严禁开采隔水矿柱等各类保安矿柱。

四、严防爆炸事故

一是确保爆破作业人员具备相应资格。从事爆破作业的人员必须经专门的安全技术培训并考核合格，持证上岗。二是加强井下炸药库安全管理。井下炸药库的建设、通风、贮存量、消防设施等必须符合设计要求，必须严格执行爆破器材入库、保管、发放、值班值守和交接班等管理制度，严禁非工作人员进入炸药库；严禁在井下炸药库30米以内的区域进行爆破作业，在距离炸药库30～100米区域内进行爆破时，禁止任何人在炸药库内停留。三是严格爆破器材安全管理。爆破材料必须用专车运送，严禁用电机车或铲运机运送爆破材料，严禁炸药、雷管同车运送，严禁在井口或井底停车场停放、分发爆破材料；井下工作面所用炸药、雷管应分别存放在加锁的专用爆破器材箱内，严禁乱扔乱放；爆破器材箱应放在顶板稳定、支护完整、无机械电器设备的地点，起爆时必须将爆破器材箱放置于警戒线以外的安全地点；当班未使用完的爆破材料，必须在当班及时交回炸药库，不得丢弃或自行处理。四是规范爆破作业。矿山爆破工程必须编制爆破设计书或爆破说明书，制定爆破作业安全操作规程；必须严格按照作业规程进行打眼装药，严禁边打眼、边装药，边卸药、边装药，边联线、边装药；严禁用爆破方式破碎石块；小型露天矿山和小型露天采石场要聘用专业爆破队伍进行爆破作业；要积极采用非电起爆技术，露天矿山在雷雨天气时，严禁爆破作业。

五、严防坠罐跑车事故

一是确保操作人员具备相应资格。要建立健全提升运输设备设施安全管理制度，提升机司机、信号工等特种作业人员必须经专门的安全技术培训并考核合格，持证上岗。二是确保提升设备符合安全要求。新建、改建或者扩建地下矿山必须使用已取得矿用产品安全标志的提升运输设备，用于提升人员的竖井应优先选用多绳摩擦式提升机；要限期淘汰非定型罐笼、φ1.2米以下（不含φ1.2米）用于升降人员的提升绞车、KJ、JKA、XKT型矿井提升机、JTK型矿用提升绞车，严禁使用带式制动器的提升绞车作为主提升设备。三是严格落实防坠罐跑车措施。罐笼、安全门、摇台（托台）、阻车器必须与提升机信号实现连锁，提升信号必须与提升机控制实现闭锁；提升矿车的斜井要设置常闭式防跑车装置；斜井上部和中间车场要设阻车器或挡车栏，斜井下部车场要设躲避硐室，倾角大于10°的斜井要设置轨道防滑装置，斜井人车要装设可靠的断绳保险器，每节车厢的断绳保险器应相互连结，各节车厢之间除连接装置外还应附挂保险链。四是强化检测检验和维护保养。提升机、提升绞车、罐笼、防坠器、斜井人车、斜井跑车防护装置、提升钢丝绳等主要提升装置，要由具有安全生产检测检验资质的机构定期进行检测检验；要严格按照《金属非金属矿山安全规程》，加强提升运输系统维护保养，加强日常安全检查，发现隐患要立即停用，及时整改，严防提升设备带病运转；要健全档案管理制度，将检查结果和处理情况记录存档；严禁超员、超载、超速提升人员和物料。

六、严防冒顶坍塌事故

一是加强顶板管理。要落实顶板分级管理制度，确保井下检查井巷和采场顶帮稳定性、撬浮石、进行支护作业的人员经专门的安全技术培训并考核合格，持证上岗；回采作业前，必须"敲帮问顶"，处理顶板和两帮的浮石，确认安全方准进行作业；处理浮石时，应停止其他妨碍处理浮石的作业，严禁在同一采场同时凿岩和处理浮石；发现冒顶预兆，应停止作业进行处理，发现大面积冒顶危险征兆，应立即通知井下人员撤离现场，并及时上报。二是强化地压和采空区管理。工程地质复杂、有严重地压活动，以及开采深度超过800米的地下矿山要建立并严格执行采空区监测预报制度和定期巡查制度；必须建立地压监测系统，实时在线监测，发现大面积地压活动预兆，应立即停止作业，将人员撤至安全地点；地表塌陷区应设明显标志和栅栏，通往塌陷区的井巷应封闭，严禁人员进入塌陷区和采空区。三是大力推广充填采矿法。新建地下矿山首先要选用充填采矿法，不能采用的要经过设计单位或专家论证，并出具论证材料。

七、严防边坡垮塌事故

一是必须采用分台阶分层开采。露天矿山必须遵循自上而下的开采顺序，分台阶开采，小型露天采石场不能采用台阶式开采的，必须自上而下分层顺序开采，并确保台阶（分层）参数符合设计要求；严禁掏采，严禁在工作面形成伞檐、空洞。二是强化边坡安全检查。作业前，必须对工作面进行检查，清除危岩和其他危险物体；对采场工作帮要每季度检查一次，高陡边坡要每月检查一次；对运输和行人的非工作帮，应定期进行安全稳定性检查，发现坍塌或滑落征兆，应立即停止采剥作业，撤出人员和设备。三是及时消除安全隐患。要查清开采境界内的废弃巷道、采空区和溶洞，设置明显的警示标志，超前进行处理；节理、裂隙等地质构造发育、容易引起边坡垮塌事故的矿山，要采取人工加固措施治理边坡；大、中型矿山或边坡潜在危害性大的矿山，要建立健全边坡管理和检查制度，对边坡重点部位和有潜在滑坡危险的地段采取有效的防治措施，每5年由有资质的中介机构进行一次检测和稳定性分析。四是加强监测监控。要根据最终边坡的稳定类型、分区特点确定监测级别，并建立边坡监测系统，对坡体表面和内部位移、地下水位动态、爆破震动等进行定点定期观测，对存在不稳定因素的最终边坡要长期监测。五是强化排土场安全管理。要严格落实《金属非金属矿山排土场安全生产规则》（AQ 2005－2005），加强排土场（废石场）安全管理，严禁在排土场捡拾矿石。

八、严防尾矿库溃坝事故

一是健全尾矿库安全管理制度和机构。要健全安全生产责任制，设立专门的尾矿库管理部门和安全生产管理机构，配备专（兼）职技术人员和安全管理人员；尾矿作业人员必须经专门的安全技术培训并考核合格，持证上岗。二是严格按设计建设和运行。严禁尾矿坝堆积坡比陡于设计值；采用上游式筑坝的，必须于坝前均匀放矿，保持坝体均匀上升，不得不经论证在库后或一侧岸坡放矿，不得冲刷初期坝和子坝，严禁矿浆沿子坝内坡脚线流动冲刷坝脚，坝顶及沉积滩面应均匀平整，沉积滩长度及滩顶最低高程必须满足防洪设计要求；尾矿坝下游坡面上不得有积水坑，当坝面或坝肩出现集中渗流、流土、管涌、沼泽化、渗水量增大或渗水变浑等异常现象时，要立即停止生产，及时处理；严禁尾矿库高水位运行，严禁危库、险库生产运行，严禁无监测监控设施(系统)或非正常使用运行,严禁无应急机制的尾矿库生产运行。三是强化安全监测。要严格按照《尾矿库安全技术规程》(AQ 2006－2005)和《尾矿库安全监测技术规范》(AQ 2030－2010),对尾矿坝位移、渗流、干滩、库水位、降水量、外坡坡比、坝体滑坡、浸润线、排渗设施、周边山体稳定性、违章建筑、违章施工和违章采选作业等进行监测和检查,要建立完善监测监控设施(系统)。四是强化汛期安全生产工作。汛期前要对排洪设施进行检查、维修和疏浚,确保排洪设施畅通,要制定事故应急预案,建立和地方政府及有关部门的应急联动机制,并加强演练;汛期和洪水过后要对坝体和排洪构筑物进行全面认真的检查与清理,发现问题及时修复,同时,采取措施降低库水位。

九、严防井喷失控和硫化氢中毒事故

一是健全完善井控管理制度。石油天然气企业要健全井控装置安装使用和保养、钻开油气层的申报和审批、防喷演习、坐岗观察、24 小时值班、井喷事故逐级汇报、井控例会和井控检查等管理制度;与井控工作相关的管理人员、操作人员、监督人员必须经过井控培训,并取得井控操作证。二是严格按设计施工。钻井和井下作业的地质设计、工程设计应当有井控管理的针对性内容,施工过程中,应当按设计要求安装井控装置,并按规定进行安装、试压、使用和管理。三是强化井控安全措施。钻开油气层前的检查验收应当执行申报、审批制度,并落实技术交底、防井喷和防硫化氢演习(含硫地区钻井)、压井液和堵漏材料储备、井控装备试压等准备工作;钻井过程中的测井、固井、下套管、中途测试等井筒服务作业,井下作业过程中的射孔、诱喷、冲砂、钻磨、测试、替喷等施工作业必须明确井控要求,施工方案必须符合有关技术标准;要根据实际情况制定具体的井喷失控应急预案,并明确关井程序和处置措施。四是落实硫化氢防护措施。在含硫化氢地层实施钻井和井下作业,要使用适合含硫化氢地层的钻井液,所用材料及设备必须满足防硫化氢要求,射孔作业、泵注、酸化压裂等特殊作业要落实硫化氢防护措施;含硫化氢天然气集输管道应当合理设置紧急截断阀;在含硫化氢环境中作业必须制定防硫化氢应急预案,预案中应当明确油气井点火程序和决策人。

十、严防重大海损事故

一是健全管理制度。海洋石油生产作业单位要严格落实生产设施、作业设施、延长测试设施备案制度;完善守护船、直升机、电气、井控、硫化氢防护等管理制度;确保出海作业人员经过海洋石油作业安全救生培训。二是加强生产作业现场安全管理。按照设施不同区域的危险性正确划分不同等级危险区;严格落实动火作业、平台拖航、吊装作业等作业审批制度并落实各项安全措施;确保所有通往救生艇(筏)、直升机平台的应急撤离通道和通往消防设备的通道畅通。三是强化设备管理。必须坚持生产设施设计、建造、安装以及生产全过程发证检验制度;确保各种设备有出厂合格证书或检验合格证书,建立设备运转记录、设备缺陷和故障记录、定期维护保养和检验制度;确保配备的消防、救生、逃生设备齐全完好并定期检验。四是加强应急管理工作。应急预案应充分考虑作业内容、作业海区的环境条件、作业设施的类型、自救能力和可以获得的外部支援等因素,及时根据实际情况修订完善并报安全监管部门备案;定期组织开展应急演练,不断提高生产作业人员应急处置能力;确保应急物资和应急装备配套到位并维护良好;与气象、海事等部门建立应急联动机制,及时发布预警信息。

非煤矿山企业要认真贯彻落实安全生产各项法律法规和标准,健全完善安全生产各项规章制度,切实落实安全生产主体责任。要组织技术人员或聘请专家全面排查十类事故隐患,把隐患整改责任落实到部门、班组、岗位和所有从业人员,自查自纠工作要做到无死角、严整改、真落实。各级安全监管部门要把严防十类事故作为非煤矿山安全监管工作的重点,认真分析近年来本地区十类事故情况,总结经验、剖析问题,有针对性地制定专项整治方案,明确专项整治目标、时限和计划。具体措施要实、要细、要有可操作性,工作要求要细化、量化、表格化。对存在十类事故重大隐患的企业要责令限期整改、重点跟踪,对整改不认真、敷衍塞责的,要依法予以处罚;对拒不执行整改指令的,要提请地方人民政府依法予以关闭;对于导致事故发生的,要严厉追究责任。

国家安全生产监督管理总局关于非煤矿山安全生产风险分级监管工作的指导意见

1. 2015 年 8 月 19 日
2. 安监总管一〔2015〕91 号

各省、自治区、直辖市及新疆生产建设兵团安全生产监督管理局,海洋石油作业安全办公室各分部:

为认真贯彻落实党中央、国务院关于加强安全生产工作的决策部署，推动加强创新型、学习型、服务型非煤矿山安全监管队伍建设，不断提高非煤矿山安全监管工作的科学化水平，努力解决非煤矿山安全监管人员总量偏少、专业人员匮乏和监管方式方法比较落后三重叠加的突出矛盾和问题，促进非煤矿山安全生产形势持续稳定好转，结合《国家安全监管总局关于全面开展非煤矿山“三项监管”工作的通知》（安监总管一〔2015〕22 号）要求，现就全面推行非煤矿山安全生产风险分级监管工作提出如下意见：

一、工作目标和基本原则

（一）工作目标。

1. 事故总量、死亡人数和较大事故持续下降，有效遏制重特大事故。

2. 非煤矿山企业规模化、机械化、标准化、信息化水平明显提高，矿山数量明显下降。

3. 非煤矿山安全监管工作的科学化水平明显提高，企业安全生产主体责任得到更好落实。

（二）基本原则。

1. 关注风险、突出重点。从固有风险、设备设施、安全管理、人员素质和安全业绩 5 个方面，综合评估企业风险程度和存在的重点问题，从而采取有针对性的监管措施。

2. 定性分析与定量评估相结合。结合安全生产标准化评级和专家“会诊”结果，采用定性分析的方式评估企业固有风险、设备设施、安全管理、人员素质和安全业绩，倡导采用权重设置、赋值分析等定量分析方法。

3. 动态分级，差异监管。根据企业风险因素变化情况，及时调整企业风险级别，并对不同风险级别的企业在执法检查频次、执法检查内容等方面体现差异化。

4. 因地制宜，符合实际。各省级安全监管局要根据本意见，结合实际，科学制定本地区的风险分级监管实施办法。

二、分级方法

（一）专家评估。

充分发挥专家“会诊”的作用，将专家“会诊”的结果作为风险分级的重要参考依据。

（二）综合研判。

综合评估企业固有风险、设备设施、安全管理、人员素质和安全业绩等方面的风险因素，结合安全生产标准化评级和专家“会诊”结果，将企业按照风险程度由低到高划分为 A、B、C、D 四个级别。

对于存在以下固有风险情形的企业，结合其技术装备水平、风险管理能力、人员素质和安全业绩等方面的情况，一般应当将其纳入高风险级别实施重点监管。

1. 地下矿山：井下同期作业人数超过 30 人（含 30 人，下同）、开采深度超过 800 米、“三下开采”以及水文地质条件、工程地质条件或者周边环境复杂。

2. 露天矿山：边坡高度超过 200 米以及水文地质条件、工程地质条件或者周边环境复杂。

3. 尾矿库：库容超过 1 亿立方米、坝高超过 200 米以及库址地质条件或者周边环境复杂。

4. 陆上石油天然气开采企业：井口产出天然气中硫化氢含量超过 20ppm、原油站场储罐容量超过 3 万立方米、天然气站场净化处理能力超过 100 万立方米/天或者周边环境复杂。

（三）一票否决。

对于存在以下情况的企业，应当将其评定为 D 级企业，依法严厉处罚，并责令其限期整改隐患；逾期不整改或者整改不到位的，依法予以关闭。

1. 地下矿山：未形成完善的机械通风系统，提升设备未按规定检测检验合格，未为井下作业人员配备符合要求的自救器和便携式气体检测报警仪，井下单班作业人数超过 30 人未建立人员定位系统，井下存在独立规模大于 3 万立方米或者总规模大于 50 万立方米的采空区，未配备相关工程技术人员，图纸与实际情况严重不符等。

2. 露天矿山：未进行自上而下、分台阶（分层）开采，未建立边坡管理和检查制度，未采用机械铲装、机械二次破碎，未采用中深孔爆破，排土场无正规设计，排土场为病级或者危险级，未配备相关工程技术人员等。

3. 尾矿库：安全度为危级或者险级，防排洪系统缺失或者失效，调洪库容不足，安全超高或者最小干滩长度不满足要求，排渗设施失效，浸润线埋深小于控制浸润线埋深，坝体出现贯穿性横向裂缝等。

4. 陆上石油天然气开采企业：在含硫化氢环境中的作业人员上岗前未经培训合格，高含硫油气井的井下工具及地面配套管材不满足抗硫要求等。

（四）风险公告。

企业应当在醒目位置设置公告栏，标明本企业的风险级别、主要风险及应对措施，以及安全监管部门对企业实施的监管措施；应当为每名员工量身定制风险告知卡，列出岗位职责、岗位风险、岗位安全规程、事故预防及应急措施等内容。

三、评估重点内容

（一）安全生产固有风险重点评估内容。

1. 地下矿山：设计施工情况、井下同期作业人数、开采深度、开拓方式、采矿方法、采空区情况、水文地质条件、工程地质条件和周边环境等。

2. 露天矿山：设计施工情况、边坡高度、边坡角、水文地质条件、工程地质条件、封闭圈以下深度、排土场情况和周边环境等。

3. 尾矿库：设计施工情况、库容、坝高、汇水面积、筑坝方式、库址地质条件和周边环境等。

4. 陆上石油天然气开采企业：高含硫井口数、产出物硫化氢含量、原油储罐容量、净化处理能力和周边环境等。

（二）设备设施重点评估内容。

1. 采掘、支护和运输系统的机械化程度，通风、排水和提升系统的自动化水平。

2. 生产、调度、管理、监控信息化和智能化水平。

3. 设备设施的技术水平，先进适用技术和装备的应用情况。

4. 设备设施取得矿用产品安全标志情况。

5. 设备设施定期检测检验执行情况。

6. 禁止使用设备的淘汰情况。

（三）企业安全管理水平重点评估内容。

1. 企业管理人员和岗位工人安全责任清单制定情况，安全管理制度、作业安全规程、各工种操作规程等制度建立和落实情况。

2. 安全管理机构设置和安全管理人员配备情况。

3. 安全投入情况。

4. 隐患排查治理体系建立和运行情况。

5. 安全生产标准化体系建立和运行情况。

6. 事故应急救援预案编制和演练情况。

7. 作业现场管理情况。

8. 安全风险公告情况。

（四）企业人员素质重点评估内容。

1. 主要负责人、安全生产管理人员培训和现场考核情况。

2. 特种作业人员培训和现场考核情况。

3. 从业人员安全培训及安全考核情况。

4. 各类专业技术人员配备情况。

（五）企业安全业绩重点评估内容。

1. 建矿以来生产安全事故情况。

2. 建矿以来安全生产监管指令落实情况。

3. 安全生产非法违法情况。

四、监管方法

（一）动态监管。

各级安全监管部门应当根据企业风险变化，及时调整其风险级别，实施动态化评估分级。对于发生致人死亡生产安全事故的企业，应当立即将其调整为C级或D级；对于发生较大以上事故的企业，应当立即将其调整为D级。企业安全生产条件有较大改善或整改完成后，应根据情况重新评估并确定其风险级别。

（二）差异化监管。

各级安全监管部门要结合自身监管力量，针对不同风险级别的企业制定科学合理的执法检查计划，在执法检查频次、执法检查重点等方面体现差异化。鼓励A级企业强化自我管理，促进B级企业提升安全管理水平，推动C级企业改善安全生产条件，督促D级企业采取有效的风险控制措施，努力降低安全生产风险。

五、其他事项

（一）请各省级安全监管局根据本意见，制定本地区非煤矿山风险分级监管实施办法，并于2015年9月底前报送国家安全监管总局监管一司。

（二）海洋石油开采企业风险分级监管办法由国家安全监管总局海洋石油作业安全办公室另行制定。

2. 非煤矿山建设项目安全

非煤矿山外包工程安全管理暂行办法

1. *2013年8月23日国家安全生产监督管理总局令第62号公布*
2. *根据2015年5月26日国家安全生产监督管理总局令第78号《关于废止和修改非煤矿矿山领域九部规章的决定》修正*

第一章 总 则

第一条 为了加强非煤矿山外包工程的安全管理和监督,明确安全生产责任,防止和减少生产安全事故(以下简称事故),依据《中华人民共和国安全生产法》、《中华人民共和国矿山安全法》和其他有关法律、行政法规,制定本办法。

第二条 在依法批准的矿区范围内,以外包工程的方式从事金属非金属矿山的勘探、建设、生产、闭坑等工程施工作业活动,以及石油天然气的勘探、开发、储运等工程与技术服务活动的安全管理和监督,适用本办法。

从事非煤矿山各类房屋建筑及其附属设施的建造和安装,以及露天采矿场矿区范围以外地面交通建设的外包工程的安全管理和监督,不适用本办法。

第三条 非煤矿山外包工程(以下简称外包工程)的安全生产,由发包单位负主体责任,承包单位对其施工现场的安全生产负责。

外包工程有多个承包单位的,发包单位应当对多个承包单位的安全生产工作实施统一协调、管理,定期进行安全检查,发现安全问题的,应当及时督促整改。

第四条 承担外包工程的勘察单位、设计单位、监理单位、技术服务机构及其他有关单位应当依照法律、法规、规章和国家标准、行业标准的规定,履行各自的安全生产职责,承担相应的安全生产责任。

第五条 非煤矿山企业应当建立外包工程安全生产的激励和约束机制,提升非煤矿山外包工程安全生产管理水平。

第二章 发包单位的安全生产职责

第六条 发包单位应当依法设置安全生产管理机构或者配备专职安全生产管理人员,对外包工程的安全生产实施管理和监督。

发包单位不得擅自压缩外包工程合同约定的工期,不得违章指挥或者强令承包单位及其从业人员冒险作业。

发包单位应当依法取得非煤矿山安全生产许可证。

第七条 发包单位应当审查承包单位的非煤矿山安全生产许可证和相应资质,不得将外包工程发包给不具备安全生产许可证和相应资质的承包单位。

承包单位的项目部承担施工作业的,发包单位除审查承包单位的安全生产许可证和相应资质外,还应当审查项目部的安全生产管理机构、规章制度和操作规程、工程技术人员、主要设备设施、安全教育培训和负责人、安全生产管理人员、特种作业人员持证上岗等情况。

承担施工作业的项目部不符合本办法第二十一条规定的安全生产条件的,发包单位不得向该承包单位发包工程。

第八条 发包单位应当与承包单位签订安全生产管理协议,明确各自的安全生产管理职责。安全生产管理协议应当包括下列内容:

(一)安全投入保障;
(二)安全设施和施工条件;
(三)隐患排查与治理;
(四)安全教育与培训;
(五)事故应急救援;
(六)安全检查与考评;
(七)违约责任。

安全生产管理协议的文本格式由国家安全生产监督管理总局另行制定。

第九条 发包单位是外包工程安全投入的责任主体,应当按照国家有关规定和合同约定及时、足额向承包单位提供保障施工作业安全所需的资金,明确安全投入项目和金额,并监督承包单位落实到位。

对合同约定以外发生的隐患排查治理和地下矿山通风、支护、防治水等所需的费用,发包单位应当提供合同价款以外的资金,保障安全生产需要。

第十条 石油天然气总发包单位、分项发包单位以及金属非金属矿山总发包单位,应当每半年对其承包单位的施工资质、安全生产管理机构、规章制度和操作规程、施工现场安全管理和履行本办法第二十七条规定的信息报告义务等情况进行一次检查;发现承包单位存在安全生产问题的,应当督促其立即整改。

第十一条 金属非金属矿山分项发包单位,应当将承包单位及其项目部纳入本单位的安全管理体系,实行统一管理，重点加强对地下矿山领导带班下井、地下矿山从业人员出入井统计、特种作业人员、民用爆炸物品、隐患排查与治理、职业病防护等管理，并对外包工程的作业现场实施全过程监督检查。

第十二条　金属非金属矿山总发包单位对地下矿山一个生产系统进行分项发包的，承包单位原则上不得超过3家，避免相互影响生产、作业安全。

前款规定的发包单位在地下矿山正常生产期间，不得将主通风、主提升、供排水、供配电、主供风系统及其设备设施的运行管理进行分项发包。

第十三条　发包单位应当向承包单位进行外包工程的技术交底，按照合同约定向承包单位提供与外包工程安全生产相关的勘察、设计、风险评价、检测检验和应急救援等资料，并保证资料的真实性、完整性和有效性。

第十四条　发包单位应当建立健全外包工程安全生产考核机制，对承包单位每年至少进行一次安全生产考核。

第十五条　发包单位应当按照国家有关规定建立应急救援组织，编制本单位事故应急预案，并定期组织演练。

外包工程实行总发包的，发包单位应当督促总承包单位统一组织编制外包工程事故应急预案；实行分项发包的，发包单位应当将承包单位编制的外包工程现场应急处置方案纳入本单位应急预案体系，并定期组织演练。

第十六条　发包单位在接到外包工程事故报告后，应当立即启动相关事故应急预案，或者采取有效措施，组织抢救，防止事故扩大，并依照《生产安全事故报告和调查处理条例》的规定，立即如实地向事故发生地县级以上人民政府安全生产监督管理部门和负有安全生产监督管理职责的有关部门报告。

外包工程发生事故的，其事故数据纳入发包单位的统计范围。

发包单位和承包单位应当根据事故调查报告及其批复承担相应的事故责任。

第三章　承包单位的安全生产职责

第十七条　承包单位应当依照有关法律、法规、规章和国家标准、行业标准的规定，以及承包合同和安全生产管理协议的约定，组织施工作业，确保安全生产。

承包单位有权拒绝发包单位的违章指挥和强令冒险作业。

第十八条　外包工程实行总承包的，总承包单位对施工现场的安全生产负总责；分项承包单位按照分包合同的约定对总承包单位负责。总承包单位和分项承包单位对分包工程的安全生产承担连带责任。

总承包单位依法将外包工程分包给其他单位的，其外包工程的主体部分应当由总承包单位自行完成。

禁止承包单位转包其承揽的外包工程。禁止分项承包单位将其承揽的外包工程再次分包。

第十九条　承包单位应当依法取得非煤矿山安全生产许可证和相应等级的施工资质，并在其资质范围内承包工程。

承包金属非金属矿山建设和闭坑工程的资质等级，应当符合《建筑业企业资质等级标准》的规定。

承包金属非金属矿山生产、作业工程的资质等级，应当符合下列要求：

（一）总承包大型地下矿山工程和深凹露天、高陡边坡及地质条件复杂的大型露天矿山工程的，具备矿山工程施工总承包二级以上（含本级，下同）施工资质；

（二）总承包中型、小型地下矿山工程的，具备矿山工程施工总承包三级以上施工资质；

（三）总承包其他露天矿山工程和分项承包金属非金属矿山工程的，具备矿山工程施工总承包或者相关的专业承包资质，具体规定由省级人民政府安全生产监督管理部门制定。

承包尾矿库外包工程的资质，应当符合《尾矿库安全监督管理规定》。

承包金属非金属矿山地质勘探工程的资质等级，应当符合《金属与非金属矿产资源地质勘探安全生产监督管理暂行规定》。

承包石油天然气勘探、开发工程的资质等级，由国家安全生产监督管理总局或者国务院有关部门按照各自的管理权限确定。

第二十条　承包单位应当加强对所属项目部的安全管理，每半年至少进行一次安全生产检查，对项目部人员每年至少进行一次安全生产教育培训与考核。

禁止承包单位以转让、出租、出借资质证书等方式允许他人以本单位的名义承揽工程。

第二十一条　承包单位及其项目部应当根据承揽工程的规模和特点，依法健全安全生产责任体系，完善安全生产管理基本制度，设置安全生产管理机构，配备专职安全生产管理人员和有关工程技术人员。

承包地下矿山工程的项目部应当配备与工程施工作业相适应的专职工程技术人员，其中至少有1名注册安全工程师或者具有5年以上井下工作经验的安全生产管理人员。项目部具备初中以上文化程度的从业人员比例应当不低于50%。

项目部负责人应当取得安全生产管理人员安全资格证。承包地下矿山工程的项目部负责人不得同时兼任其他工程的项目部负责人。

第二十二条 承包单位应当依照法律、法规、规章的规定以及承包合同和安全生产管理协议的约定，及时将发包单位投入的安全资金落实到位，不得挪作他用。

第二十三条 承包单位应当依照有关规定制定施工方案，加强现场作业安全管理，及时发现并消除事故隐患，落实各项规章制度和安全操作规程。

承包单位发现事故隐患后应当立即治理；不能立即治理的应当采取必要的防范措施，并及时书面报告发包单位协商解决，消除事故隐患。

地下矿山工程承包单位及其项目部的主要负责人和领导班子其他成员应当严格依照《金属非金属地下矿山企业领导带班下井及监督检查暂行规定》执行带班下井制度。

第二十四条 承包单位应当接受发包单位组织的安全生产培训与指导，加强对本单位从业人员的安全生产教育和培训，保证从业人员掌握必需的安全生产知识和操作技能。

第二十五条 外包工程实行总承包的，总承包单位应当统一组织编制外包工程应急预案。总承包单位和分项承包单位应当按照国家有关规定和应急预案的要求，分别建立应急救援组织或者指定应急救援人员，配备救援设备设施和器材，并定期组织演练。

外包工程实行分项承包的，分项承包单位应当根据建设工程施工的特点、范围以及施工现场容易发生事故的部位和环节，编制现场应急处置方案，并配合发包单位定期进行演练。

第二十六条 外包工程发生事故后，事故现场有关人员应当立即向承包单位及项目部负责人报告。

承包单位及项目部负责人接到事故报告后，应当立即如实地向发包单位报告，并启动相应的应急预案，采取有效措施，组织抢救，防止事故扩大。

第二十七条 承包单位在登记注册地以外的省、自治区、直辖市从事施工作业的，应当向作业所在地的县级人民政府安全生产监督管理部门书面报告外包工程概况和本单位资质等级、主要负责人、安全生产管理人员、特种作业人员、主要安全设施设备等情况，并接受其监督检查。

第四章 监督管理

第二十八条 承包单位发生较大以上责任事故或者一年内发生三起以上一般事故的，事故发生地的省级人民政府安全生产监督管理部门应当向承包单位登记注册地的省级人民政府安全生产监督管理部门通报。

发生重大以上事故的，事故发生地省级人民政府安全生产监督管理部门应当邀请承包单位的安全生产许可证颁发机关参加事故调查处理工作。

第二十九条 安全生产监督管理部门应当加强对外包工程的安全生产监督检查，重点检查下列事项：

（一）发包单位非煤矿山安全生产许可证、安全生产管理协议、安全投入等情况；

（二）承包单位的施工资质、应当依法取得的非煤矿山安全生产许可证、安全投入落实、承包单位及其项目部的安全生产管理机构、技术力量配备、相关人员的安全资格和持证等情况；

（三）违法发包、转包、分项发包等行为。

第三十条 安全生产监督管理部门应当建立外包工程安全生产信息平台，将承包单位取得有关许可、施工资质和承揽工程、发生事故等情况载入承包单位安全生产业绩档案，实施安全生产信誉评定和公告制度。

第三十一条 外包工程发生事故的，事故数据应当纳入事故发生地的统计范围。

第五章 法律责任

第三十二条 发包单位违反本办法第六条的规定，违章指挥或者强令承包单位及其从业人员冒险作业的，责令改正，处1万元以上3万元以下的罚款；造成损失的，依法承担赔偿责任。

第三十三条 发包单位与承包单位、总承包单位与分项承包单位未依照本办法第八条规定签订安全生产管理协议的，责令限期改正，可以处5万元以下的罚款，对其直接负责的主管人员和其他直接责任人员可以处以1万元以下罚款；逾期未改正的，责令停产停业整顿。

第三十四条 有关发包单位有下列行为之一的，责令限期改正，给予警告，并处1万元以上3万元以下的罚款：

（一）违反本办法第十条、第十四条的规定，未对承包单位实施安全生产监督检查或者考核的；

（二）违反本办法第十一条的规定，未将承包单位及其项目部纳入本单位的安全管理体系，实行统一管理的；

（三）违反本办法第十三条的规定，未向承包单位进行外包工程技术交底，或者未按照合同约定向承包单位提供有关资料的。

第三十五条 对地下矿山实行分项发包的发包单位违反本办法第十二条的规定，在地下矿山正常生产期间，将主通风、主提升、供排水、供配电、主供风系统及其设备设施的运行管理进行分项发包的，责令限期改正，处2万元以上3万元以下罚款。

第三十六条　承包地下矿山工程的项目部负责人违反本办法第二十一条的规定，同时兼任其他工程的项目部负责人的，责令限期改正，处5000元以上1万元以下罚款。

第三十七条　承包单位违反本办法第二十二条的规定，将发包单位投入的安全资金挪作他用的，责令限期改正，给予警告，并处1万元以上3万元以下罚款。

承包单位未按照本办法第二十三条的规定排查治理事故隐患的，责令立即消除或者限期消除；承包单位拒不执行的，责令停产停业整顿，并处10万元以上50万元以下的罚款，对其直接负责的主管人员和其他直接责任人员处2万元以上5万元以下的罚款。

第三十八条　承包单位违反本办法第二十条规定对项目部疏于管理，未定期对项目部人员进行安全生产教育培训与考核或者未对项目部进行安全生产检查的，责令限期改正，可以处5万元以下的罚款；逾期未改正的，责令停产停业整顿，并处5万元以上10万元以下的罚款，对其直接负责的主管人员和其他直接责任人员处1万元以上2万元以下的罚款。

承包单位允许他人以本单位的名义承揽工程的，移送有关部门依法处理。

第三十九条　承包单位违反本办法第二十七条的规定，在登记注册的省、自治区、直辖市以外从事施工作业，未向作业所在地县级人民政府安全生产监督管理部门书面报告本单位取得有关许可和施工资质，以及所承包工程情况的，责令限期改正，处1万元以上3万元以下的罚款。

第四十条　安全生产监督管理部门的行政执法人员在外包工程安全监督管理过程中滥用职权、玩忽职守、徇私舞弊的，依照有关规定给予处分；构成犯罪的，依法追究刑事责任。

第四十一条　本办法规定的行政处罚，由县级人民政府以上安全生产监督管理部门实施。

有关法律、行政法规、规章对非煤矿山外包工程安全生产违法行为的行政处罚另有规定的，依照其规定。

第六章　附　　则

第四十二条　本办法下列用语的含义：

（一）非煤矿山，是指金属矿、非金属矿、水气矿和除煤矿以外的能源矿，以及石油天然气管道储运（不含成品油管道）及其附属设施的总称；

（二）金属非金属矿山，是指金属矿、非金属矿、水气矿和除煤矿、石油天然气以外的能源矿，以及选矿厂、尾矿库、排土场等矿山附属设施的总称；

（三）外包工程，是指发包单位与本单位以外的承包单位签订合同，由承包单位承揽与矿产资源开采活动有关的工程、作业活动或者技术服务项目；

（四）发包单位，是指将矿产资源开采活动有关的工程、作业活动或者技术服务项目，发包给外单位施工的非煤矿山企业；

（五）分项发包，是指发包单位将矿产资源开采活动有关的工程、作业活动或者技术服务项目，分为若干部分发包给若干承包单位进行施工的行为；

（六）总承包单位，是指整体承揽矿产资源开采活动或者独立生产系统的所有工程、作业活动或者技术服务项目的承包单位；

（七）承包单位，是指承揽矿产资源开采活动有关的工程、作业活动或者技术服务项目的单位；

（八）项目部，是指承包单位在承揽工程所在地设立的，负责其所承揽工程施工的管理机构；

（九）生产期间，是指新建矿山正式投入生产后或者矿山改建、扩建时仍然进行生产，并规模出产矿产品的时期。

第四十三条　省、自治区、直辖市人民政府安全生产监督管理部门可以根据本办法制定实施细则，并报国家安全生产监督管理总局备案。

第四十四条　本办法自2013年10月1日起施行。

金属非金属矿山建设项目安全设施目录（试行）

1. 2015年3月16日国家安全生产监督管理总局令第75号公布

2. 自2015年7月1日起施行

一、总则

（一）安全设施目录适用范围。

1. 为规范和指导金属非金属矿山（以下简称矿山）建设项目安全设施设计、设计审查和竣工验收工作，根据《中华人民共和国安全生产法》和《中华人民共和国矿山安全法》，制定本目录。

2. 矿山采矿和尾矿库建设项目安全设施适用本目录。与煤共（伴）生的矿山建设项目安全设施，还应满足煤矿相关的规程和规范。

核工业矿山尾矿库建设项目安全设施不适用本目录。

3. 本目录中列出的安全设施不是所有矿山都必须设置的，矿山企业应根据生产工艺流程、相关安全标准和规定，结合矿山实际情况设置相关安全设施。

（二）安全设施有关定义。

1. 矿山主体工程。

矿山主体工程是矿山企业为了满足生产工艺流程正常运转，实现矿山正常生产活动所必须具备的工程。

2. 矿山安全设施。

矿山安全设施是矿山企业为了预防生产安全事故而设置的设备、设施、装置、构（建）筑物和其他技术措施的总称，为矿山生产服务、保证安全生产的保护性设施。安全设施既有依附于主体工程的形式，也有独立于主体工程之外的形式。本目录将矿山建设项目安全设施分为基本安全设施和专用安全设施两部分。

3. 基本安全设施。

基本安全设施是依附于主体工程而存在，属于主体工程一部分的安全设施。基本安全设施是矿山安全的基本保证。

4. 专用安全设施。

专用安全设施是指除基本安全设施以外的，以相对独立于主体工程之外的形式而存在，不具备生产功能，专用于安全保护作用的安全设施。

（三）安全设施划分原则。

1. 依附于主体工程，且对矿山的安全至关重要，能够为矿山提供基本性安全保护作用的设备、设施、装置、构（建）筑物和其他技术措施，列为基本安全设施。

2. 相对独立存在且不具备生产功能，只为保护人员安全，防止造成人员伤亡而专门设置的保护性设备、设施、装置、构（建）筑物和其他技术措施，列为专用安全设施。

3. 保安矿柱作为矿山开采安全中的重要技术措施列入基本安全设施。

4. 主体设备自带的安全装置，不列入本目录。

5. 为保持工作场所的工作环境，保护作业人员职业健康的设施，属于职业卫生范畴，不列入本目录。

6. 地面总降压变电所不列入本目录。

7. 井下爆破器材库按照《民用爆破物品安全管理条例》（国务院令第466号）等法规、标准的规定进行设计、建设、使用和监管，不列入本目录。

8. 在矿山建设期，仅专用安全设施建设费用可列入建设项目安全投资；在矿山生产期，补充、改善基本安全设施和专用安全设施的投资都可在企业安全生产费用中列支。

二、地下矿山建设项目安全设施目录

（一）基本安全设施。

1. 安全出口。

（1）通地表的安全出口，包括由明井（巷）和盲井（巷）组合形成的通地表的安全出口。

（2）中段和分段的安全出口。

（3）采场的安全出口。

（4）破碎站、装矿皮带道和粉矿回收水平的安全出口。

2. 安全通道和独立回风道。

（1）动力油硐室的独立回风道。

（2）爆破器材库的独立回风道。

（3）主水泵房的安全通道。

（4）破碎硐室、变（配）电硐室的安全通道或独立回风道。

（5）主溜井的安全检查通道。

3. 人行道和缓坡段。

（1）各类巷道（含平巷、斜巷、斜井、斜坡道等）的人行道。

（2）斜坡道的缓坡段。

4. 支护。

（1）井筒支护。

（2）巷道（含平巷、斜巷、斜井、斜坡道等）支护。

（3）采场支护（包括采场顶板和侧帮、底部结构等的支护）。

（4）硐室支护。

5. 保安矿柱。

（1）境界矿柱。

（2）井筒保安矿柱。

（3）中段（分段）保安矿柱。

（4）采场点柱、保安间柱等。

6. 防治水。

（1）河流改道工程（含导流堤、明沟、隧洞、桥涵等）及河床加固。

（2）地表截水沟、排洪沟（渠）、防洪堤。

（3）地下水疏/堵工程及设施（含疏干井、放水孔、疏干巷道、防水闸门、水仓、疏干设备、防水矿柱、防渗帷幕及截渗墙等）。

（4）露天开采转地下开采的矿山露天坑底防洪水突然灌入井下的设施（包括露天坑底所做的假底、坑底回填等）。

(5)热水充水矿床的疏水系统。

7. 竖井提升系统。

(1)提升装置,包括制动系统、控制系统、闭锁装置等。

(2)钢丝绳(包括提升钢丝绳、平衡钢丝绳、罐道钢丝绳、制动钢丝绳、隔离钢丝绳)及其连接或固定装置。

(3)罐道,包括木罐道、型钢罐道、钢轨罐道、钢木复合罐道等。

(4)提升容器。

(5)摇台或其他承接装置。

8. 斜井提升系统。

(1)提升装置,包括制动系统、控制系统。

(2)提升钢丝绳及其连接装置。

(3)提升容器(含箕斗、矿车和人车)。

9. 电梯井提升系统(包括钢丝绳、罐道、轿厢、控制系统等)。

10. 带式输送机系统的各种闭锁和机械、电气保护装置。

11. 排水系统。

(1)主水仓、井底水仓、接力排水水仓。

(2)主水泵房、接力泵房、各种排水水泵、排水管路、控制系统。

(3)排水沟。

12. 通风系统。

(1)专用进风井及专用进风巷道。

(2)专用回风井及专用回风巷道。

(3)主通风机、控制系统。

13. 供、配电设施。

(1)矿山供电电源、线路及总降压主变压器容量、地表向井下供电电缆。

(2)井下各级配电电压等级。

(3)电气设备类型。

(4)高、低压供配电中性点接地方式。

(5)高、低压电缆。

(6)提升系统、通风系统、排水系统的供配电设施。

(7)地表架空线转下井电缆处防雷设施。

(8)高压供配电系统继电保护装置。

(9)低压配电系统故障(间接接触)防护装置。

(10)直流牵引变电所电气保护设施、直流牵引网络安全措施。

(11)爆炸危险场所电机车轨道电气的安全措施。

(12)设有带油设备的电气硐室的安全措施。

(13)照明设施。

(14)工业场地边坡的安全加固及防护措施。

(二)专用安全设施。

1. 罐笼提升系统。

(1)梯子间及安全护栏。

(2)井口和井下马头门的安全门、阻车器和安全护栏。

(3)尾绳隔离保护设施。

(4)防过卷、防过放、防坠设施。

(5)钢丝绳罐道时各中段的稳罐装置。

(6)提升机房内的盖板、梯子和安全护栏。

(7)井口门禁系统。

2. 箕斗提升系统。

(1)井口、装载站、卸载站等处的安全护栏。

(2)尾绳隔离保护设施。

(3)防过卷、防过放设施。

(4)提升机房内的盖板、梯子和安全护栏。

3. 混合竖井提升系统。

(1)罐笼提升系统安全设施(见罐笼提升系统)。

(2)箕斗提升系统安全设施(见箕斗提升系统)。

(3)混合井筒中的安全隔离设施。

4. 斜井提升系统。

(1)防跑车装置。

(2)井口和井下马头门的安全门、阻车器、安全护栏和挡车设施。

(3)人行道与轨道之间的安全隔离设施。

(4)梯子和扶手。

(5)躲避硐室。

(6)人车断绳保险器。

(7)轨道防滑措施。

(8)提升机房内的安全护栏和梯子。

(9)井口门禁系统。

5. 斜坡道与无轨运输巷道。

(1)躲避硐室。

(2)卸载硐室的安全挡车设施、护栏。

(3)人行巷道的水沟盖板。

(4)交通信号系统。

(5)井口门禁系统。

6. 带式输送机系统。

(1)设备的安全护罩。

(2)安全护栏。

(3)梯子、扶手。

7. 电梯井提升系统。

(1)梯子间及安全护栏。

(2)电梯间和梯子间进口的安全防护网。

8. 有轨运输系统。

(1)装载站和卸载站的安全护栏。

(2)人行巷道的水沟盖板。

9. 动力油储存硐室。

(1)硐室口的防火门。

(2)栅栏门。

(3)防静电措施。

(4)防爆照明设施。

10. 破碎硐室。

(1)设备护罩、梯子和安全护栏。

(2)自卸车卸矿点的安全挡车设施。

11. 采场。

(1)采空区及其他危险区域的探测、封闭、隔离或充填设施。

(2)地下原地浸出采矿和原地爆破浸出采矿的防渗工程及对溶液渗透的监测系统。

(3)原地浸出采矿引起地表塌陷、滑坡的防护及治理措施。

(4)自动化作业采区的安全门。

(5)爆破安全设施(含警示旗、报警器、警戒带等)。

(6)工作面人机隔离设施。

12. 人行天井与溜井。

(1)梯子间及防护网、隔离栅栏。

(2)井口安全护栏。

(3)废弃井口的封闭或隔离设施。

(4)溜井井口安全挡车设施。

(5)溜井口格筛。

13. 供、配电设施。

(1)避灾硐室应急供电设施。

(2)裸带电体基本(直接接触)防护设施。

(3)变配电硐室防水门、防火门、栅栏门。

(4)保护接地及等电位联接设施。

(5)牵引变电所接地设施。

(6)变配电硐室应急照明设施。

(7)地面建筑物防雷设施。

14. 通风和空气预热及制冷降温。

(1)主通风机的反风设施和备用电机及快速更换装置。

(2)辅助通风机。

(3)局部通风机。

(4)风机进风口的安全护栏和防护网。

(5)阻燃风筒。

(6)通风构筑物(含风门、风墙、风窗、风桥等)。

(7)风井内的梯子间。

(8)风井井口和马头门处的安全护栏。

(9)严寒地区,通地表的井口(如罐笼井、箕斗井、混合井和斜提升井等)设置的防冻设施;用于进风的井口和巷道硐口(如专用进风井、专用进风平硐、专用进风斜井、罐笼井、混合井、斜提升井、胶带斜井、斜坡道、运输巷道等)设置的空气预热设施。

(10)地下高温矿山制冷降温设施,包括地表制冷站设施、地下制冷站设施、管路及分配设施等。

15. 排水系统。

(1)监测与控制设施。

(2)水泵房及毗连的变电所(或中央变电所)入口的防水门及两者之间的防火门。

(3)水泵房及变电所内的盖板、安全护栏(门)。

16. 充填系统。

(1)充填管路减压设施。

(2)充填管路压力监测装置。

(3)充填管路排气设施。

(4)充填搅拌站内及井下的安全护栏及其他防护措施(包括物料输送机和其他相关设备、砂浆池、砂仓等的安全护栏及其他防护措施)。

(5)充填系统事故池。

(6)采场充填挡墙。

17. 地压、岩体位移监测系统。

(1)地表变形、塌陷监测系统。

(2)坑内应力、应变监测系统。

18. 安全避险“六大系统”。

(1)监测监控系统。

(2)人员定位系统。

(3)紧急避险系统。

(4)压风自救系统。

(5)供水施救系统。

(6)通信联络系统。

19. 消防系统。

(1)消防供水系统。

(2)消防水池。

(3)消防器材。

(4)火灾报警系统。

(5)防火门(除前面所述之外的防火门)。

(6)有自然发火倾向区域的防火隔离设施。

20. 防治水。

(1)中段(分段)或采区的防水门。

(2)地下水头(水位)、水质、中段涌水量监测设施。

(3)探水孔、放水孔及探放水巷道,探、放水孔的孔口管和控制闸阀,探、放水设备。

(4)降雨量观测站。

(5)在有突水可能性的工作面设置的救生圈、安全绳等救生设施。

21. 崩落法、空场法开采时的地表塌陷或移动范围保护措施。

22. 水溶性开采。

(1)有毒有害气体积聚处(井口、卤池、取样阀等)采取的防毒措施。

(2)井口的防喷装置。

(3)排水和防止液体渗漏的设施。

(4)地面防滑措施。

(5)井盐矿山设立的地表水和地下水水质监测系统。

(6)地表沉降和位移的监测设施。

(7)不用的地质勘探井和生产报废井的封井措施。

23. 矿山应急救援设备及器材。

24. 个人安全防护用品。

25. 矿山、交通、电气安全标志。

26. 其他设施。

(1)排土场(或废石场)安全设施参见露天矿山相关内容。

(2)放射性矿山的防护措施。

(3)地下原地浸出采矿:监测井(孔)、套管、气体站安全护栏、集液池、酸液池及二次缓冲池安全护栏、事故处理池和管路。

三、露天矿山建设项目安全设施目录

(一)基本安全设施。

1. 露天采场。

(1)安全平台、清扫平台、运输平台。

(2)运输道路的缓坡段。

(3)露天采场边坡、道路边坡、破碎站和工业场地边坡的安全加固及防护措施。

(4)溜井底放矿硐室的安全通道及井口的安全挡车设施、格筛。

(5)设计规定保留的矿(岩)体或矿段。

(6)边坡角。

(7)爆破安全距离界线。

2. 防排水。

(1)河流改道工程(含导流堤、明沟、隧洞、桥涵等)及河床加固。

(2)地表截水沟、排洪沟(渠)、防洪堤、拦水坝、台阶排水沟、截排水隧洞、沉砂池、消能池(坝)。

(3)地下水疏/堵工程及设施(含疏干井、放水孔、疏干巷道、防水闸门、水仓、疏干设备、防水矿柱、防渗帷幕及截渗墙等)。

(4)露天采场排水设施,包括水泵和管路。

3. 铁路运输。

(1)运输线路的安全线、避让线、制动检查所、线路两侧的界限架。

(2)护轮轨、防溜车措施、减速器、阻车器。

4. 带式输送机系统的各种闭锁和电气保护装置。

5. 架空索道运输。

(1)架空索道的承载钢丝绳和牵引钢丝绳。

(2)架空索道的制动系统。

(3)架空索道的控制系统。

6. 斜坡卷扬运输。

(1)提升装置,包括制动系统、控制系统。

(2)提升钢丝绳及其连接装置。

(3)提升容器(包括箕斗、矿车和人车)。

7. 供、配电设施。

(1)矿山供电电源、线路及总降压主变压器容量、向采矿场供电线路。

(2)各级配电电压等级。

(3)电气设备类型。

(4)高、低压供配电中性点接地方式。

(5)排水系统供配电设施。

(6)采矿场供电线路、电缆及保护、避雷设施。

(7)高压供配电系统继电保护装置。

(8)低压配电系统故障(间接接触)防护装置。

(9)直流牵引变电所的电气保护设施、直流牵引网络的安全措施。

(10)爆炸危险场所电机车轨道的电气安全措施。

(11)变、配电室的金属丝网门。

(12)采场及排土场(废石场)正常照明设施。

8. 排土场(废石场)。

(1)安全平台。

(2)运输道路缓坡段。

(3)拦渣坝。

(4)阶段高度、总堆置高度、安全平台宽度、总边坡角。

9. 通信系统。

(1)联络通信系统。

(2)信号系统。

(3)监视监控系统。

(二)专用安全设施。

1. 露天采场。

(1)露天采场所设的边界安全护栏。

(2)废弃巷道、采空区和溶洞的探测设备,充填、封堵措施或隔离设施。

(3)溜井口的安全护栏、挡车设施、格筛。

(4)爆破安全设施(含躲避设施、警示旗、报警器、警戒带等)。

(5)水力开采运矿沟槽上的盖板或金属网。

(6)挖掘船上的救护设备。

(7)挖掘船开采时,作业人员穿戴的救生器材。

2. 铁路运输。

(1)运输线路的安全护栏、防护网、挡车设施、道口护栏。

(2)道路岔口交通警示报警设施。

(3)陡坡铁路运输时的线路防爬设施(含防爬器、抗滑桩等)。

(4)曲线轨道加固措施。

3. 汽车运输。

(1)运输线路的安全护栏、挡车设施、错车道、避让道、紧急避险道、声光报警装置。

(2)矿、岩卸载点的安全挡车设施。

4. 带式输送机运输。

(1)设备的安全护罩。

(2)安全护栏。

(3)梯子、扶手。

5. 架空索道运输。

(1)线路经过厂区、居民区、铁路、道路时的安全防护措施。

(2)线路与电力、通讯架空线交叉时的安全防护措施。

(3)站房安全护栏。

6. 斜坡卷扬运输。

(1)阻车器、安全挡车设施。

(2)斜坡轨道两侧的堑沟、安全隔挡设施。

(3)防止跑车装置。

(4)防止钢轨及轨梁整体下滑的措施。

7. 破碎站。

(1)卸矿安全挡车设施。

(2)设备运动部分的护罩、安全护栏。

(3)安全护栏、盖板、扶手、防滑钢板。

8. 排土场(废石场)。

(1)排土场(废石场)道路的安全护栏、挡车设施。

(2)截(排)水设施(含截水沟、排水沟、排水隧洞、截洪坝等)。

(3)底部排渗设施。

(4)滚石或泥石流拦挡设施。

(5)滑坡治理措施。

(6)坍塌与沉陷防治措施。

(7)地基处理。

9. 供、配电设施。

(1)裸带电体基本(直接接触)防护设施。

(2)保护接地设施。

(3)直流牵引变电所接地设施。

(4)采场变、配电室应急照明设施。

(5)地面建筑物防雷设施。

10. 监测设施。

(1)采场边坡监测设施。

(2)排土场(废石场)边坡监测设施。

11. 为防治水而设的水位和流量监测系统。

12. 矿山应急救援器材及设备。

13. 个人安全防护用品。

14. 矿山、交通、电气安全标志。

15. 有井巷工程时其安全设施参见地下矿山相关内容。

四、尾矿库建设项目安全设施目录

(一)基本安全设施。

1. 尾矿坝。

(1)初期坝(含库尾排矿干式尾矿库的拦挡坝)。

(2)堆积坝。

(3)副坝。

(4)挡水坝。

(5)一次性建坝的尾矿坝。

2. 尾矿库库内排水设施。

(1)排水井。

(2)排水斜槽。

(3)排水隧洞。

(4)排水管。

(5)溢洪道。

(6)消力池。

3. 尾矿库库周截排洪设施。
(1)拦洪坝。
(2)截洪沟。
(3)排水井。
(4)排洪隧洞。
(5)溢洪道。
(6)消力池。
4. 堆积坝坝面防护设施。
(1)堆积坝护坡。
(2)坝面排水沟。
(3)坝肩截水沟。
5. 辅助设施。
(1)尾矿库交通道路。
(2)尾矿库照明设施。
(3)通信设施。
(二)专用安全设施。
1. 尾矿库地质灾害与雪崩防护设施。
(1)尾矿库泥石流防护设施。
(2)库区滑坡治理设施。
(3)库区岩溶治理设施。
(4)高寒地区的雪崩防护设施。
2. 尾矿库安全监测设施。
(1)库区气象监测设施。
(2)地质灾害监测设施。
(3)库水位监测设施。
(4)干滩监测设施。
(5)坝体表面位移监测设施。
(6)坝体内部位移监测设施。
(7)坝体渗流监测设施。
(8)视频监控设施。
(9)在线监测中心。
3. 尾矿坝坝体排渗设施。
(1)贴坡排渗。
(2)自流式排渗管。
(3)管井排渗。
(4)垂直—水平联合自流排渗。
(5)虹吸排渗。
(6)辐射井。
(7)排渗褥垫。
(8)排渗盲沟(管)。
4. 干式尾矿汽车运输。
(1)运输线路的安全护栏、挡车设施。
(2)汽车避让道。
(3)卸料平台的安全挡车设施。
5. 干式尾矿带式输送机运输。
(1)输送机系统的各种闭锁和电气保护装置。
(2)设备的安全护罩。
(3)安全护栏。
(4)梯子、扶手。
6. 库内回水浮船、运输船防护设施。
(1)安全护栏。
(2)救生器材。
(3)浮船固定设施。
(4)电气设备接地措施。
7. 辅助设施。
(1)尾矿库管理站。
(2)报警系统。
(3)库区安全护栏。
(4)矿山、交通、电气安全标志。
8. 应急救援器材及设备。
9. 个人安全防护用品。

海洋石油建设项目生产设施设计审查与安全竣工验收实施细则

1. 2009年10月29日国家安全生产监督管理总局发布
2. 安监总海油〔2009〕213号

第一章 总 则

第一条 为了规范海洋石油建设项目生产设施设计审查与安全竣工验收工作,根据《安全生产法》及《海洋石油安全生产规定》(国家安全监管总局令第4号)、《海洋石油安全管理细则》(国家安全监管总局令第25号)、《非煤矿矿山建设项目安全设施设计审查与竣工验收办法》(原国家安全监管局令第18号)等有关法律、法规及规章的规定,制定本实施细则。

第二条 本细则适用于海洋石油新建、改建和扩建项目(以下统称建设项目)的生产设施设计审查与安全竣工验收。

第三条 建设项目开工建设前,其生产设施设计必须经国家安全监管总局认可的发证检验机构审查同意,发证检验机构应将审查结果书面报国家安全监管总局海洋石油作业安全办公室(以下简称海油安办)或海油安办海油分部、中油分部、石化分部(以下统称相关分部)备案;正式投入生产前,建设项目生产设施必须经海油安办或相关分部安全竣工验收合格。

第四条　海油安办负责海洋石油新建油气田一期建设项目生产设施设计审查的备案与安全竣工验收。除海油安办负责的建设项目外，其他建设项目由相关分部根据管辖范围，负责生产设施设计审查的备案与安全竣工验收。

第二章　设计审查的备案内容和程序

第五条　发证检验机构向海油安办或相关分部报送设计审查结果的备案文件时，应提交以下材料：

（一）海洋石油建设项目生产设施设计审查申请报告及备案申请表（格式见附件1）；

（二）发证检验机构资质证书副本复印件；

（三）建设项目总体开发方案或可行性研究报告批准文件；

（四）建设项目生产设施设计审查意见及结论。审查意见及结论中，应对建设项目安全预评价报告提出的建议采纳情况和安全专篇的合规性进行描述和分析。

第六条　海油安办或相关分部收到备案材料后，应对备案材料的完整性、设计审查程序的合规性和审查结论的确定性进行审核，并在10个工作日内作出是否同意备案的决定，并出具海洋石油建设项目生产设施设计审查备案意见表（格式见附件2）。

第三章　安全竣工验收程序

第七条　建设项目生产设施试生产前已经相关分部备案、投入试生产且达到正常状态后，作业者和承包者（以下统称作业者）应在投入试生产后6个月内（最长不得超过12个月）向海油安办或相关分部申请安全竣工验收。

建设项目生产设施试生产超过12个月又不提出安全竣工验收申请的，必须立即停止试生产，并向海油安办或相关分部提交书面报告，说明未按规定申请安全竣工验收的原因。

第八条　申请安全竣工验收时，作业者应向海油安办或相关分部提出书面申请，并附以下资料（一式两份）：

（一）海洋石油建设项目生产设施安全竣工验收申请表（格式见附件3）；

（二）发证检验机构出具的生产设施发证检验证书；

（三）发证检验机构编制的生产设施发证检验报告，报告内容应符合本细则第十五条规定；

（四）安全评价机构编制的生产设施验收评价报告，报告内容及格式应符合国家有关安全验收评价的规定和标准；

（五）作业者编制的试生产期间安全生产情况报告，报告内容应符合本细则第十六条规定；

（六）建设项目生产设施单位的主要负责人和安全生产管理人员安全资格证书复印件、特种作业人员资格证书清单、出海作业人员安全培训证书清单。

第九条　海油安办或相关分部受理安全竣工验收申请表和相关材料后，应在10个工作日内完成各项审查工作，出具审查意见，并填写海洋石油建设项目生产设施安全竣工验收资料审查表（格式见附件4）。

第十条　安全竣工验收资料审核合格后，海油安办或相关分部应在15个工作日内组织开展安全竣工现场验收工作。现场验收应成立由相关专家组成的验收专家组（以下简称验收组），并指定一名专家担任组长。其中：海油安办组织的验收组成员不少于7人，相关分部组织的验收组成员不少于5人。聘请的专家应具有海洋石油安全生产相关高级技术职称或相当资格，熟悉海洋石油安全生产相关法规和标准，身体健康，能够适应海上工作环境。

第十一条　验收组按以下步骤开展工作：

（一）召开会议，听取汇报。会议由验收组全体成员、作业者代表、建设项目生产设施单位的代表、发证检验机构代表、安全验收评价机构代表和设计、施工单位代表及相关人员参加。听取作业者有关生产设施基本情况、试生产前安全检查发现问题的整改情况和试生产期间的安全生产情况汇报，听取发证检验机构发证检验情况的汇报；

（二）验收评价报告形式审查。核验验收评价报告的真实性和有效性，如验收评价报告不符合《安全评价机构管理规定》（国家安全监管总局令第22号），将中止验收；

（三）现场检查和试验。验收评价报告经形式审查通过后，按照本细则第十三条和第十四条规定，进行现场检查和试验；

（四）提出验收意见。验收组组长通报验收情况，宣布验收意见，并填写现场验收意见表（格式见附件5）。

第十二条　海油安办或相关分部根据验收组验收情况，作出以下决定：

（一）现场验收合格的，在10个工作日内作出通过竣工验收的批复；

（二）现场验收发现问题、需要整改的，作业者应按照验收组提出的意见进行落实，整改完成后向海油安办或相关分部提交整改情况报告。经复核符合要求的，作出通过竣工验收的批复；

（三）存在重大问题、不能通过安全竣工验收的，海油安办或相关分部应督促作业者停产整顿，整改完成后应重新履行安全竣工验收手续。

第十三条　建设项目生产设施通过安全竣工验收的基本条件：

（一）取得发证检验机构出具的发证检验证书；

（二）发证检验机构提出的遗留问题已经整改；

（三）试生产前安全检查发现的问题已经解决或已落实安全措施；

（四）建设项目生产设施单位的主要负责人、安全管理人员和特种作业人员取得相应的资格证书；

（五）建立并实施安全管理体系；

（六）编制应急预案，并定期组织演练；

（七）现场检查和试验符合要求。

第十四条　现场检查和试验须包括但不限于以下内容：

（一）救逃生设备：救生艇、救生筏、救生衣和救生圈等；

（二）火气探测系统：可燃气体探头、火焰探头、烟雾探头、热探头、硫化氢探头、氢气探头和易熔塞系统等；

（三）消防系统：消防泵、水喷淋系统、泡沫系统、移动式灭火设备、封闭空间的固定式消防系统、火炬/冷放空位置的灭火系统和直升机甲板的消防设备等；

（四）应急设备：应急发电机、应急通讯、应急照明等；

（五）主要设备、流程上的安全装置：压力释放安全阀、紧急关断阀、井口/井下安全阀、吊车及吊索具等；

（六）安全标识：禁止、警告、指令和提示符标识；

（七）证书、记录和资料：相关人员证书、安全管理制度、培训记录、应急预案、安全演练记录、主要设备的检验证书、操作规程、设备检查保养记录和事故报告等；

（八）其他资料：包括应急部署表、防火控制图等。

第十五条　发证检验报告应包括以下基本内容：

（一）概述。包括发证检验依据的法规、标准，作业者概况，建设项目概况和主要生产工艺流程描述；

（二）发证检验情况。对生产设施设计、建造、安装和试运转阶段的检验内容、检验程序、检验过程、检验结果、整改要求和实际整改情况进行描述；

（三）检验结论。发证检验的结论性意见，遗留问题和整改要求，以及其他需要说明的情况。

第十六条　作业者编制的试生产期间安全生产情况报告应包括以下主要内容：

（一）试生产前安全检查查处问题的整改情况；

（二）生产设施安全机构建立和人员配备情况，人员培训和获取各类资质证书的情况；

（三）安全生产责任制、安全生产管理制度、各类安全作业程序的建立和执行情况；

（四）生产设施试运行情况；

（五）试运行期间发生的生产安全事故情况；

（六）应急预案的建立和执行情况；

（七）试生产期间的变更情况，包括：主要安全生产管理人员的变化，主要设备操作程序/参数的重大变化，其他重大变更情况；

（八）生产设施主要危险源清单和对应的控制措施。

第四章　附　　则

第十七条　设计审查和安全竣工验收的文件及资料应按以下要求进行管理：

（一）作业者、发证检验机构负责保存全部提交资料的副本，并负责保存补充或更新的内容；

（二）发证检验机构负责保存设计审查、发证检验过程文件；

（三）海油安办或相关分部负责保存相关申请、验收过程文件、备案证明文件、通过安全竣工验收的证明文件；

（四）由相关分部出具的文件应同时抄报海油安办。

第十八条　本细则下列用语的含义：

新建项目，是指按照已批准的油气田整体开发方案或可行性研究报告，设计、建造的海洋石油生产设施。

扩建项目，是指依照油气田整体开发方案或可行性研究报告已经完成主体工程建设，并正式投入生产的油气田，需新增平台、油气处理设施、单点系泊、浮式生产储油装置、海底管线、海上输油码头、滩海陆岸、人工岛和陆岸终端等生产设施的建设项目。

改建项目，是指已经投产的海洋石油生产设施进行重大改造的建设项目，包括平台主要结构发生重大变化，平台工艺流程改造引起载荷的重大变化，生产设施的安全系统、应急系统、救生及逃生、消防系统发生重大变化等。

发证检验报告，是指由发证检验机构出具的海洋石油生产设施建设阶段发证检验情况报告。报告应对发证检验机构在图纸审查、建造、连接、单机调试、系统调试等各阶段中所进行的检验工作进行描述；给出生产设施是否符合相关法规、标准的结论性意见；提出生产设施建设阶段仍然存在的问题和整改建议。

验收评价，是指在发证检验的基础上，对生产设施投入试生产以来的实际运行情况及管理状况进行安全评价，查找生产设施存在的危险、有害因素的种类和程度，提出合理可行的安全对策措施及建议。

第十九条　本细则自印发之日起施行，国家安全监管总局2006年8月7日印发的《关于海洋石油生产设施设计审查与安全竣工验收有关事项的通知》（安监总海油函〔2006〕195号）同时废止。

附件：（略）

3. 石油天然气及其管道安全

中华人民共和国
石油天然气管道保护法

1. 2010年6月25日第十一届全国人民代表大会常务委员会第十五次会议通过
2. 2010年6月25日中华人民共和国主席令第30号公布
3. 自2010年10月1日起施行

目　　录

第一章　总　　则

第一条　【立法目的】为了保护石油、天然气管道，保障石油、天然气输送安全，维护国家能源安全和公共安全，制定本法。

第二条　【适用范围】中华人民共和国境内输送石油、天然气的管道的保护，适用本法。

城镇燃气管道和炼油、化工等企业厂区内管道的保护，不适用本法。

第三条　【石油、天然气、管道】本法所称石油包括原油和成品油，所称天然气包括天然气、煤层气和煤制气。

本法所称管道包括管道及管道附属设施。

第四条　【全国管道保护工作主管部门】国务院能源主管部门依照本法规定主管全国管道保护工作，负责组织编制并实施全国管道发展规划，统筹协调全国管道发展规划与其他专项规划的衔接，协调跨省、自治区、直辖市管道保护的重大问题。国务院其他有关部门依照有关法律、行政法规的规定，在各自职责范围内负责管道保护的相关工作。

第五条　【地方管道保护工作主管部门】省、自治区、直辖市人民政府能源主管部门和设区的市级、县级人民政府指定的部门，依照本法规定主管本行政区域的管道保护工作，协调处理本行政区域管道保护的重大问题，指导、监督有关单位履行管道保护义务，依法查处危害管道安全的违法行为。县级以上地方人民政府其他有关部门依照有关法律、行政法规的规定，在各自职责范围内负责管道保护的相关工作。

省、自治区、直辖市人民政府能源主管部门和设区的市级、县级人民政府指定的部门，统称县级以上地方人民政府主管管道保护工作的部门。

第六条　【政府监管职责】县级以上地方人民政府应当加强对本行政区域管道保护工作的领导，督促、检查有关部门依法履行管道保护职责，组织排除管道的重大外部安全隐患。

第七条　【管道企业职责】管道企业应当遵守本法和有关规划、建设、安全生产、质量监督、环境保护等法律、行政法规，执行国家技术规范的强制性要求，建立、健全本企业有关管道保护的规章制度和操作规程并组织实施，宣传管道安全与保护知识，履行管道保护义务，接受人民政府及其有关部门依法实施的监督，保障管道安全运行。

第八条　【危害管道安全行为的查处】任何单位和个人不得实施危害管道安全的行为。

对危害管道安全的行为，任何单位和个人有权向县级以上地方人民政府主管管道保护工作的部门或者其他有关部门举报。接到举报的部门应当在职责范围内及时处理。

第九条　【鼓励新技术的研发和推广】国家鼓励和促进管道保护新技术的研究开发和推广应用。

第二章　管道规划与建设

第十条　【管道规划、建设的原则】管道的规划、建设应当符合管道保护的要求，遵循安全、环保、节约用地和经济合理的原则。

第十一条　【全国管道发展规划的制定】国务院能源主管部门根据国民经济和社会发展的需要组织编制全国管道发展规划。组织编制全国管道发展规划应当征求国务院有关部门以及有关省、自治区、直辖市人民政府的意见。

全国管道发展规划应当符合国家能源规划，并与土地利用总体规划、城乡规划以及矿产资源、环境保护、水利、铁路、公路、航道、港口、电信等规划相协调。

第十二条　【管道建设规划的编制】管道企业应当根据全国管道发展规划编制管道建设规划，并将管道建设规划确定的管道建设选线方案报送拟建管道所在地县级以上地方人民政府城乡规划主管部门审核；经审核符合城乡规划的，应当依法纳入当地城乡规划。

纳入城乡规划的管道建设用地，不得擅自改变用途。

第十三条　【管道建设的选线】管道建设的选线应当避开地震活动断层和容易发生洪灾、地质灾害的区域，与建筑物、构筑物、铁路、公路、航道、港口、市政设施、军事设施、电缆、光缆等保持本法和有关法律、行政法规以及国家技术规范的强制性要求规定的保护距离。

新建管道通过的区域受地理条件限制，不能满足前款规定的管道保护要求的，管道企业应当提出防护方案，经管道保护方面的专家评审论证，并经管道所在地县级以上地方人民政府主管管道保护工作的部门批准后，方可建设。

管道建设项目应当依法进行环境影响评价。

第十四条　【管道建设使用土地的规定】管道建设使用土地，依照《中华人民共和国土地管理法》等法律、行政法规的规定执行。

依法建设的管道通过集体所有的土地或者他人取得使用权的国有土地，影响土地使用的，管道企业应当按照管道建设时土地的用途给予补偿。

第十五条　【不得阻碍管道项目的建设】依照法律和国务院的规定，取得行政许可或者已报送备案并符合开工条件的管道项目的建设，任何单位和个人不得阻碍。

第十六条　【管道工程质量管理】管道建设应当遵守法律、行政法规有关建设工程质量管理的规定。

管道企业应当依照有关法律、行政法规的规定，选择具备相应资质的勘察、设计、施工、工程监理单位进行管道建设。

管道的安全保护设施应当与管道主体工程同时设计、同时施工、同时投入使用。

管道建设使用的管道产品及其附件的质量，应当符合国家技术规范的强制性要求。

第十七条　【穿跨越重要工程的要求】穿跨越水利工程、防洪设施、河道、航道、铁路、公路、港口、电力设施、通信设施、市政设施的管道的建设，应当遵守本法和有关法律、行政法规，执行国家技术规范的强制性要求。

第十八条　【管道标志】管道企业应当按照国家技术规范的强制性要求在管道沿线设置管道标志。管道标志毁损或者安全警示不清的，管道企业应当及时修复或者更新。

第十九条　【管道建成竣工验收】管道建成后应当按照国家有关规定进行竣工验收。竣工验收应当审查管道是否符合本法规定的管道保护要求，经验收合格方可正式交付使用。

第二十条　【备案制度】管道企业应当自管道竣工验收合格之日起六十日内，将竣工测量图报管道所在地县级以上地方人民政府主管管道保护工作的部门备案；县级以上地方人民政府主管管道保护工作的部门应当将管道企业报送的管道竣工测量图分送本级人民政府规划、建设、国土资源、铁路、交通、水利、公安、安全生产监督管理等部门和有关军事机关。

第二十一条　【管道改建、搬迁或者增加防护设施的补偿】地方各级人民政府编制、调整土地利用总体规划和城乡规划，需要管道改建、搬迁或者增加防护设施的，应当与管道企业协商确定补偿方案。

第三章　管道运行中的保护

第二十二条　【巡护制度】管道企业应当建立、健全管道巡护制度，配备专门人员对管道线路进行日常巡护。管道巡护人员发现危害管道安全的情形或者隐患，应当按照规定及时处理和报告。

第二十三条　【定期检测、维修】管道企业应当定期对管道进行检测、维修，确保其处于良好状态；对管道安全风险较大的区段和场所应当进行重点监测，采取有效措施防止管道事故的发生。

对不符合安全使用条件的管道，管道企业应当及时更新、改造或者停止使用。

第二十四条　【配备保护人员和技术装备】管道企业应当配备管道保护所必需的人员和技术装备，研究开发和使用先进适用的管道保护技术，保证管道保护所必需的经费投入，并对在管道保护中做出突出贡献的单位和个人给予奖励。

第二十五条　【排除安全隐患】管道企业发现管道存在安全隐患，应当及时排除。对管道存在的外部安全隐患，管道企业自身排除确有困难的，应当向县级以上地方人民政府主管管道保护工作的部门报告。接到报告的主管管道保护工作的部门应当及时协调排除或者报请人民政府及时组织排除安全隐患。

第二十六条　【管道用地的保护】管道企业依法取得使用权的土地，任何单位和个人不得侵占。

为合理利用土地，在保障管道安全的条件下，管道企业可以与有关单位、个人约定，同意有关单位、个人种植浅根农作物。但是，因管道巡护、检测、维修造成的农作物损失，除另有约定外，管道企业不予赔偿。

第二十七条　【给予管道巡查工作便利与损害赔偿】管道企业对管道进行巡护、检测、维修等作业，管道沿线的有关单位、个人应当给予必要的便利。

因管道巡护、检测、维修等作业给土地使用权人或者其他单位、个人造成损失的，管道企业应当依法给予赔偿。

第二十八条 【禁止危害管道安全的行为】禁止下列危害管道安全的行为：

（一）擅自开启、关闭管道阀门；

（二）采用移动、切割、打孔、砸撬、拆卸等手段损坏管道；

（三）移动、毁损、涂改管道标志；

（四）在埋地管道上方巡查便道上行驶重型车辆；

（五）在地面管道线路、架空管道线路和管桥上行走或者放置重物。

第二十九条 【禁止妨害管道附属设施的行为】禁止在本法第五十八条第一项所列管道附属设施的上方架设电力线路、通信线路或者在储气库构造区域范围内进行工程挖掘、工程钻探、采矿。

第三十条 【禁止在管道线区域内的危害行为】在管道线路中心线两侧各五米地域范围内，禁止下列危害管道安全的行为：

（一）种植乔木、灌木、藤类、芦苇、竹子或者其他根系深达管道埋设部位可能损坏管道防腐层的深根植物；

（二）取土、采石、用火、堆放重物、排放腐蚀性物质、使用机械工具进行挖掘施工；

（三）挖塘、修渠、修晒场、修建水产养殖场、建温室、建家畜棚圈、建房以及修建其他建筑物、构筑物。

第三十一条 【管线和附属设施周边建筑物及距离的要求】在管道线路中心线两侧和本法第五十八条第一项所列管道附属设施周边修建下列建筑物、构筑物的，建筑物、构筑物与管道线路和管道附属设施的距离应当符合国家技术规范的强制性要求：

（一）居民小区、学校、医院、娱乐场所、车站、商场等人口密集的建筑物；

（二）变电站、加油站、加气站、储油罐、储气罐等易燃易爆物品的生产、经营、存储场所。

前款规定的国家技术规范的强制性要求，应当按照保障管道及建筑物、构筑物安全和节约用地的原则确定。

第三十二条 【在穿河管道线区域内禁止的行为】在穿越河流的管道线路中心线两侧各五百米地域范围内，禁止抛锚、拖锚、挖砂、挖泥、采石、水下爆破。但是，在保障管道安全的条件下，为防洪和航道通畅而进行的养护疏浚作业除外。

第三十三条 【在管道专用隧道区域内禁止的行为】在管道专用隧道中心线两侧各一千米地域范围内，除本条第二款规定的情形外，禁止采石、采矿、爆破。

在前款规定的地域范围内，因修建铁路、公路、水利工程等公共工程，确需实施采石、爆破作业的，应当经管道所在地县级人民政府主管管道保护工作的部门批准，并采取必要的安全防护措施，方可实施。

第三十四条 【不得擅自使用管道附属设施】未经管道企业同意，其他单位不得使用管道专用伴行道路、管道水工防护设施、管道专用隧道等管道附属设施。

第三十五条 【需向管道主管部门提出申请的施工作业】进行下列施工作业，施工单位应当向管道所在地县级人民政府主管管道保护工作的部门提出申请：

（一）穿跨越管道的施工作业；

（二）在管道线路中心线两侧各五米至五十米和本法第五十八条第一项所列管道附属设施周边一百米地域范围内，新建、改建、扩建铁路、公路、河渠，架设电力线路，埋设地下电缆、光缆，设置安全接地体、避雷接地体；

（三）在管道线路中心线两侧各二百米和本法第五十八条第一项所列管道附属设施周边五百米地域范围内，进行爆破、地震法勘探或者工程挖掘、工程钻探、采矿。

县级人民政府主管管道保护工作的部门接到申请后，应当组织施工单位与管道企业协商确定施工作业方案，并签订安全防护协议；协商不成的，主管管道保护工作的部门应当组织进行安全评审，作出是否批准作业的决定。

第三十六条 【提出申请的条件】申请进行本法第三十三条第二款、第三十五条规定的施工作业，应当符合下列条件：

（一）具有符合管道安全和公共安全要求的施工作业方案；

（二）已制定事故应急预案；

（三）施工作业人员具备管道保护知识；

（四）具有保障安全施工作业的设备、设施。

第三十七条 【开工的书面通知】进行本法第三十三条第二款、第三十五条规定的施工作业，应当在开工七日前书面通知管道企业。管道企业应当指派专门人员到现场进行管道保护安全指导。

第三十八条 【管道企业的紧急使用权与赔偿】管道企业在紧急情况下进行管道抢修作业，可以先行使用他人土地或者设施，但应当及时告知土地或者设施的所有权人或者使用权人。给土地或者设施的所有权人或者使用权人造成损失的，管道企业应当依法给予赔偿。

第三十九条 【管道事故应急预案】管道企业应当制定本企业管道事故应急预案，并报管道所在地县级人民政府主管管道保护工作的部门备案；配备抢险救援人员和设备，并定期进行管道事故应急救援演练。

发生管道事故，管道企业应当立即启动本企业管道事故应急预案，按照规定及时通报可能受到事故危害的单位和居民，采取有效措施消除或者减轻事故危害，并依照有关事故调查处理的法律、行政法规的规定，向事故发生地县级人民政府主管管道保护工作的部门、安全生产监督管理部门和其他有关部门报告。

接到报告的主管管道保护工作的部门应当按照规定及时上报事故情况，并根据管道事故的实际情况组织采取事故处置措施或者报请人民政府及时启动本行政区域管道事故应急预案，组织进行事故应急处置与救援。

第四十条 【造成环境污染事故的处理】管道泄漏的石油和因管道抢修排放的石油造成环境污染的，管道企业应当及时治理。因第三人的行为致使管道泄漏造成环境污染的，管道企业有权向第三人追偿治理费用。

环境污染损害的赔偿责任，适用《中华人民共和国侵权责任法》和防治环境污染的法律的有关规定。

第四十一条 【泄漏石油的处理】管道泄漏的石油和因管道抢修排放的石油，由管道企业回收、处理，任何单位和个人不得侵占、盗窃、哄抢。

第四十二条 【停止使用管道的安全防护措施】管道停止运行、封存、报废的，管道企业应当采取必要的安全防护措施，并报县级以上地方人民政府主管管道保护工作的部门备案。

第四十三条 【重点保护部位由武警负责守卫】管道重点保护部位，需要由中国人民武装警察部队负责守卫的，依照《中华人民共和国人民武装警察法》和国务院、中央军事委员会的有关规定执行。

第四章 管道建设工程与其他建设工程相遇关系的处理

第四十四条 【相遇关系处理原则】管道建设工程与其他建设工程的相遇关系，依照法律的规定处理；法律没有规定的，由建设工程双方按照下列原则协商处理，并为对方提供必要的便利：

（一）后开工的建设工程服从先开工或者已建成的建设工程；

（二）同时开工的建设工程，后批准的建设工程服从先批准的建设工程。

依照前款规定，后开工或者后批准的建设工程，应当符合先开工、已建成或者先批准的建设工程的安全防护要求；需要先开工、已建成或者先批准的建设工程改建、搬迁或者增加防护设施的，后开工或者后批准的建设工程一方应当承担由此增加的费用。

管道建设工程与其他建设工程相遇的，建设工程双方应当协商确定施工作业方案并签订安全防护协议，指派专门人员现场监督、指导对方施工。

第四十五条 【与其他建设工程相遇关系的处理】经依法批准的管道建设工程，需要通过正在建设的其他建设工程的，其他工程建设单位应当按照管道建设工程的需要，预留管道通道或者预建管道通过设施，管道企业应当承担由此增加的费用。

经依法批准的其他建设工程，需要通过正在建设的管道建设工程的，管道建设单位应当按照其他建设工程的需要，预留通道或者预建相关设施，其他工程建设单位应当承担由此增加的费用。

第四十六条 【与矿采区域相遇关系的处理】管道建设工程通过矿产资源开采区域的，管道企业应当与矿产资源开采企业协商确定管道的安全防护方案，需要矿产资源开采企业按照管道安全防护要求预建防护设施或者采取其他防护措施的，管道企业应当承担由此增加的费用。

矿产资源开采企业未按照约定预建防护设施或者采取其他防护措施，造成地面塌陷、裂缝、沉降等地质灾害，致使管道需要改建、搬迁或者采取其他防护措施的，矿产资源开采企业应当承担由此增加的费用。

第四十七条 【与修建水工防护设施相遇关系的处理】铁路、公路等建设工程修建防洪、分流等水工防护设施，可能影响管道保护的，应当事先通知管道企业并注意保护下游已建成的管道水工防护设施。

建设工程修建防洪、分流等水工防护设施，使下游已建成的管道水工防护设施的功能受到影响，需要新建、改建、扩建管道水工防护设施的，工程建设单位应当承担由此增加的费用。

第四十八条 【与制定防洪、泄洪方案相遇关系的处理】县级以上地方人民政府水行政主管部门制定防洪、泄洪方案应当兼顾管道的保护。

需要在管道通过的区域泄洪的，县级以上地方人民政府水行政主管部门应当在泄洪方案确定后，及时将泄洪量和泄洪时间通知本级人民政府主管管道保护工作的部门和管道企业或者向社会公告。主管管道保护工作的部门和管道企业应当对管道采取防洪保护措施。

第四十九条 【与航道相遇关系的处理】管道与航道相遇，确需在航道中修建管道防护设施的，应当进行通航标准技术论证，并经航道主管部门批准。管道防护设施完工后，应经航道主管部门验收。

进行前款规定的施工作业，应当在批准的施工区域内设置航标，航标的设置和维护费用由管道企业承担。

第五章 法律责任

第五十条 【管道企业不履行职责的法律责任】管道企业有下列行为之一的，由县级以上地方人民政府主管管道保护工作的部门责令限期改正；逾期不改正的，处二万元以上十万元以下的罚款；对直接负责的主管人员和其他直接责任人员给予处分：

（一）未依照本法规定对管道进行巡护、检测和维修的；

（二）对不符合安全使用条件的管道未及时更新、改造或者停止使用的；

（三）未依照本法规定设置、修复或者更新有关管道标志的；

（四）未依照本法规定将管道竣工测量图报人民政府主管管道保护工作的部门备案的；

（五）未制定本企业管道事故应急预案，或者未将本企业管道事故应急预案报人民政府主管管道保护工作的部门备案的；

（六）发生管道事故，未采取有效措施消除或者减轻事故危害的；

（七）未对停止运行、封存、报废的管道采取必要的安全防护措施的。

管道企业违反本法规定的行为同时违反建设工程质量管理、安全生产、消防等其他法律的，依照其他法律的规定处罚。

管道企业给他人合法权益造成损害的，依法承担民事责任。

第五十一条 【损坏管道及其他违反治安管理的行为】采用移动、切割、打孔、砸撬、拆卸等手段损坏管道或者盗窃、哄抢管道输送、泄漏、排放的石油、天然气，尚不构成犯罪的，依法给予治安管理处罚。

第五十二条 【危害管道安全行为的法律责任】违反本法第二十九条、第三十条、第三十二条或者第三十三条第一款的规定，实施危害管道安全行为的，由县级以上地方人民政府主管管道保护工作的部门责令停止违法行为；情节较重的，对单位处一万元以上十万元以下的罚款，对个人处二百元以上二千元以下的罚款；对违法修建的建筑物、构筑物或者其他设施限期拆除；逾期未拆除的，由县级以上地方人民政府主管管道保护工作的部门组织拆除，所需费用由违法行为人承担。

第五十三条 【违反本法施工作业的法律责任】未经依法批准，进行本法第三十三条第二款或者第三十五条规定的施工作业的，由县级以上地方人民政府主管管道保护工作的部门责令停止违法行为；情节较重的，处一万元以上五万元以下的罚款；对违法修建的危害管道安全的建筑物、构筑物或者其他设施限期拆除；逾期未拆除的，由县级以上地方人民政府主管管道保护工作的部门组织拆除，所需费用由违法行为人承担。

第五十四条 【违反本法管理规定的法律责任】违反本法规定，有下列行为之一的，由县级以上地方人民政府主管管道保护工作的部门责令改正；情节严重的，处二百元以上一千元以下的罚款：

（一）擅自开启、关闭管道阀门的；

（二）移动、毁损、涂改管道标志的；

（三）在埋地管道上方巡查便道上行驶重型车辆的；

（四）在地面管道线路、架空管道线路和管桥上行走或者放置重物的；

（五）阻碍依法进行的管道建设的。

第五十五条 【造成管道企业损害的民事责任】违反本法规定，实施危害管道安全的行为，给管道企业造成损害的，依法承担民事责任。

第五十六条 【主管部门不履行职责的法律责任】县级以上地方人民政府及其主管管道保护工作的部门或者其他有关部门，违反本法规定，对应当组织排除的管道外部安全隐患不及时组织排除，发现危害管道安全的行为或者接到对危害管道安全行为的举报后不依法予以查处，或者有其他不依照本法规定履行职责的行为的，由其上级机关责令改正，对直接负责的主管人员和其他直接责任人员依法给予处分。

第五十七条 【违反本法的刑事责任】违反本法规定，构成犯罪的，依法追究刑事责任。

第六章 附 则

第五十八条 【管道附属设施】本法所称管道附属设施包括：

（一）管道的加压站、加热站、计量站、集油站、集气站、输油站、输气站、配气站、处理场、清管站、阀室、阀井、放空设施、油库、储气库、装卸栈桥、装卸场；

（二）管道的水工防护设施、防风设施、防雷设施、抗震设施、通信设施、安全监控设施、电力设施、管堤、管桥以及管道专用涵洞、隧道等穿跨越设施；

（三）管道的阴极保护站、阴极保护测试桩、阳极地床、杂散电流排流站等防腐设施；

（四）管道穿越铁路、公路的检漏装置；

（五）管道的其他附属设施。

第五十九条　【改建、搬迁和防护】本法施行前在管道保护距离内已建成的人口密集场所和易燃易爆物品的生产、经营、存储场所，应当由所在地人民政府根据当地的实际情况，有计划、分步骤地进行搬迁、清理或者采取必要的防护措施。需要已建成的管道改建、搬迁或者采取必要的防护措施的，应当与管道企业协商确定补偿方案。

第六十条　【海上石油、天然气管道特别规定】国务院可以根据海上石油、天然气管道的具体情况，制定海上石油、天然气管道保护的特别规定。

第六十一条　【施行日期】本法自 2010 年 10 月 1 日起施行。

海洋石油安全生产规定

1. 2006 年 2 月 7 日国家安全生产监督管理总局令第 4 号公布

2. 根据 2013 年 8 月 29 日国家安全生产监督管理总局令第 63 号《关于修改〈生产经营单位安全培训规定〉等 11 件规章的决定》第一次修正

3. 根据 2015 年 5 月 26 日国家安全生产监督管理总局令第 78 号《关于废止和修改非煤矿矿山领域九部规章的决定》第二次修正

第一章　总　　则

第一条　为了加强海洋石油安全生产工作，防止和减少海洋石油生产安全事故和职业危害，保障从业人员生命和财产安全，根据《安全生产法》及有关法律、行政法规，制定本规定。

第二条　在中华人民共和国的内水、领海、毗连区、专属经济区、大陆架以及中华人民共和国管辖的其他海域内的海洋石油开采活动的安全生产，适用本规定。

第三条　海洋石油作业者和承包者是海洋石油安全生产的责任主体。

本规定所称作业者是指负责实施海洋石油开采活动的企业，或者按照石油合同的约定负责实施海洋石油开采活动的实体。

本规定所称承包者是指向作业者提供服务的企业或者实体。

第四条　国家安全生产监督管理总局（以下简称安全监管总局）对海洋石油安全生产实施综合监督管理。

安全监管总局设立海洋石油作业安全办公室（以下简称海油安办）作为实施海洋石油安全生产综合监督管理的执行机构。海油安办根据需要设立分部，各分部依照有关规定实施具体的安全监督管理。

第二章　安全生产保障

第五条　作业者和承包者应当遵守有关安全生产的法律、行政法规、部门规章、国家标准和行业标准，具备安全生产条件。

第六条　作业者应当加强对承包者的安全监督和管理，并在承包合同中约定各自的安全生产管理职责。

第七条　作业者和承包者的主要负责人对本单位的安全生产工作全面负责。

作业者和从事物探、钻井、测井、录井、试油、井下作业等活动的承包者及海洋石油生产设施的主要负责人、安全管理人员应当按照安全监管总局的规定，经过安全资格培训，具备相应的安全生产知识和管理能力，经考核合格取得安全资格证书。

第八条　作业者和承包者应当对从业人员进行安全生产教育和培训，保证从业人员具备必要的安全生产知识，熟悉有关的安全生产规章制度和安全操作规程，掌握本岗位的安全操作技能。

第九条　出海作业人员应当接受海洋石油作业安全救生培训，经考核合格后方可出海作业。

临时出海人员应接受必要的安全教育。

第十条　特种作业人员应当按照安全监管总局有关规定经专门的安全技术培训，考核合格取得特种作业操作资格证书后方可上岗作业。

第十一条　海洋石油建设项目在可行性研究阶段或者总体开发方案编制阶段应当进行安全预评价。

在设计阶段，海洋石油生产设施的重要设计文件及安全专篇，应当经海洋石油生产设施发证检验机构（以下简称发证检验机构）审查同意。发证检验机构应当在审查同意的设计文件、图纸上加盖印章。

第十二条　海洋石油生产设施应当由具有相应资质或者能力的专业单位施工，施工单位应当按照审查同意的设计方案或者图纸施工。

第十三条　海洋石油生产设施试生产前，应当经发证检验机构检验合格，取得最终检验证书或者临时检验证书，并制订试生产的安全措施，于试生产前 45 日报海油安办有关分部备案。

海油安办有关分部应对海洋石油生产设施的状况及安全措施的落实情况进行检查。

第十四条 海洋石油生产设施试生产正常后，应当由作业者或者承包者负责组织对其安全设施进行竣工验收，并形成书面报告备查。

经验收合格并办理安全生产许可证后，方可正式投入生产使用。

第十五条 作业者和承包者应当向作业人员如实告知作业现场和工作岗位存在的危险因素和职业危害因素，以及相应的防范措施和应急措施。

第十六条 作业者和承包者应当为作业人员提供符合国家标准或者行业标准的劳动防护用品，并监督、教育作业人员按照使用规则佩戴、使用。

第十七条 作业者和承包者应当制定海洋石油作业设施、生产设施及其专业设备的安全检查、维护保养制度，建立安全检查、维护保养档案，并指定专人负责。

第十八条 作业者和承包者应当加强防火防爆管理，按照有关规定划分和标明安全区与危险区；在危险区作业时，应当对作业程序和安全措施进行审查。

第十九条 作业者和承包者应当加强对易燃、易爆、有毒、腐蚀性等危险物品的管理，按国家有关规定进行装卸、运输、储存、使用和处置。

第二十条 海洋石油的专业设备应当由专业设备检验机构检验合格，方可投入使用。专业设备检验机构对检验结果负责。

第二十一条 海洋石油作业设施首次投入使用前或者变更作业区块前，应当制订作业计划和安全措施。

作业计划和安全措施应当在开始作业前15日报海油安办有关分部备案。

外国海洋石油作业设施进入中华人民共和国管辖海域前按照上述要求执行。

第二十二条 作业者和承包者应当建立守护船值班制度，在海洋石油生产设施和移动式钻井船（平台）周围应备有守护船值班。无人值守的生产设施和陆岸结构物除外。

第二十三条 作业者或者承包者在编制钻井、采油和井下作业等作业计划时，应当根据地质条件与海域环境确定安全可靠的井控程序和防硫化氢措施。

打开油（气）层前，作业者或者承包者应当确认井控和防硫化氢措施的落实情况。

第二十四条 作业者和承包者应当保存安全生产的相关资料，主要包括作业人员名册、工作日志、培训记录、事故和险情记录、安全设备维修记录、海况和气象情况等。

第二十五条 在海洋石油生产设施的设计、建造、安装以及生产的全过程中，实施发证检验制度。

海洋石油生产设施的发证检验包括建造检验、生产过程中的定期检验和临时检验。

第二十六条 发证检验工作由作业者委托具有资质的发证检验机构进行。

第二十七条 发证检验机构应当依照有关法律、行政法规、部门规章和国家标准、行业标准或者作业者选定的技术标准实施审查、检验，并对审查、检验结果负责。

作业者选定的技术标准不得低于国家标准和行业标准。

海油安办对发证检验机构实施的设计审查程序、检验程序进行监督。

第三章 安全生产监督管理

第二十八条 海油安办及其各分部对海洋石油安全生产履行以下监督管理职责：

（一）组织起草海洋石油安全生产法规、规章、标准；

（二）监督检查作业者和承包者安全生产条件、设备设施安全和劳动防护用品使用情况；

（三）监督检查作业者和承包者安全生产教育培训情况；负责作业者，从事物探、钻井、测井、录井、试油、井下作业等的承包者和海洋石油生产设施的主要负责人、安全管理人员和特种作业人员的安全培训考核工作；

（四）监督核查海洋石油建设项目生产设施安全竣工验收工作，负责安全生产许可证的发放工作。

（五）负责海洋石油生产设施发证检验、专业设备检测检验、安全评价和安全咨询等社会中介服务机构的资质审查；

（六）组织生产安全事故的调查处理；协调事故和险情的应急救援工作。

第二十九条 监督检查人员必须熟悉海洋石油安全法律法规和安全技术知识，能胜任海洋石油安全检查工作，经考核合格，取得相应的执法资格。

第三十条 海油安办及其各分部依法对作业者和承包者执行有关安全生产的法律、行政法规和国家标准或者行业标准的情况进行监督检查，行使以下职权：

（一）对作业者和承包者进行安全检查，调阅有关资料，向有关单位和人员了解情况；

（二）对检查中发现的安全生产违法行为，当场予以纠正或者要求限期改正；

（三）对检查中发现的事故隐患，应当责令立即排除；重大事故隐患排除前或者排除过程中无法保证安全的，应当责令从危险区域内撤出作业人员，责令暂时停产停业或者停止使用；重大事故隐患排除后，经审查同意，方可恢复生产和使用；

（四）对有根据认为不符合保障安全生产的国家标准或者行业标准的设施、设备、器材予以查封或者扣押，并应当在15日内依法作出处理决定。

第三十一条　监督检查人员进行监督检查时，应履行以下义务：

（一）忠于职守，坚持原则，秉公执法；

（二）执行监督检查任务时，必须出示有效的监督执法证件，使用统一的行政执法文书；

（三）遵守作业者和承包者的有关现场管理规定，不得影响正常生产活动；

（四）保守作业者和承包者的有关技术秘密和商业秘密。

第三十二条　监督检查人员在进行安全监督检查期间，作业者或者承包者应当免费提供必要的交通工具、防护用品等工作条件。

第三十三条　承担海洋石油生产设施发证检验、专业设备检测检验、安全评价和安全咨询的中介机构应当具备国家规定的资质。

第四章　应急预案与事故处理

第三十四条　作业者应当建立应急救援组织，配备专职或者兼职救援人员，或者与专业救援组织签订救援协议，并在实施作业前编制应急预案。

承包者在实施作业前应编制应急预案。

应急预案应当报海油安办有关分部和其他有关政府部门备案。

第三十五条　应急预案应当包括以下主要内容：作业者和承包者的基本情况、危险特性、可利用的应急救援设备；应急组织机构、职责划分、通讯联络；应急预案启动、应急响应、信息处理、应急状态中止、后续恢复等处置程序；应急演习与训练。

第三十六条　应急预案应充分考虑作业内容、作业海区的环境条件、作业设施的类型、自救能力和可以获得的外部支援等因素，应能够预防和处置各类突发性事故和可能引发事故的险情，并随实际情况的变化及时修改或者补充。

事故和险情包括以下情况：井喷失控、火灾与爆炸、平台遇险、飞机或者直升机失事、船舶海损、油（气）生产设施与管线破损/泄漏、有毒有害物质泄漏、放射性物质遗散、潜水作业事故；人员重伤、死亡、失踪及暴发性传染病、中毒；溢油事故、自然灾害以及其他紧急情况等。

第三十七条　当发生事故或者出现可能引发事故的险情时，作业者和承包者应当按应急预案的规定实施应急措施，防止事态扩大，减少人员伤亡和财产损失。

当发生应急预案中未规定的事件时，现场工作人员应当及时向主要负责人报告。主要负责人应当及时采取相应的措施。

第三十八条　事故和险情发生后，当事人、现场人员、作业者和承包者负责人、各分部和海油安办根据有关规定逐级上报。

第三十九条　海油安办及其有关分部、有关部门接到重大事故报告后，应当立即赶到事故现场，组织事故抢救、事故调查。

第四十条　无人员伤亡事故、轻伤、重伤事故由作业者和承包者负责人或其指定的人员组织生产、技术、安全等有关人员及工会代表参加的事故调查组进行调查。

其他事故的调查处理，按有关规定执行。

第四十一条　作业者应当建立事故统计和分析制度，定期对事故进行统计和分析。事故统计年报应当报海油安办有关分部、政府有关部门。

承包者在提供服务期间发生的事故由作业者负责统计。

第五章　罚　　则

第四十二条　监督检查人员在海洋石油安全生产监督检查中滥用职权、玩忽职守、徇私舞弊的，依照有关规定给予行政处分；构成犯罪的，依法追究刑事责任。

第四十三条　作业者和承包者有下列行为之一的，给予警告，并处3万元以下的罚款：

（一）未按规定执行发证检验或者用非法手段获取检验证书的；

（二）未按规定配备守护船，或者使用不满足有关规定要求的船舶做守护船，或者守护船未按规定履行登记手续的；

（三）未按照本规定第三十四条的规定履行备案手续的；

（四）未按有关规定制订井控措施和防硫化氢措施，或者井控措施和防硫化氢措施不落实的。

第四十四条　本规定所列行政处罚，由海油安办及其各分部实施。

《安全生产法》等法律、行政法规对安全生产违法行为的行政处罚另有规定的，依照其规定。

第六章　附　　则

第四十五条　本规定下列用语的定义：

（一）石油，是指蕴藏在地下的、正在采出的和已经采出的原油和天然气。

（二）石油合同，是指中国石油企业与外国企业为合作开采中华人民共和国海洋石油资源，依法订立的石油勘探、开发和生产的合同。

（三）海洋石油开采活动，是指在本规定第二条所述海域内从事的石油勘探、开发、生产、储运、油田废弃及其有关的活动。

（四）海洋石油作业设施，是指用于海洋石油作业的海上移动式钻井船（平台）、物探船、铺管船、起重船、固井船、酸化压裂船等设施。

（五）海洋石油生产设施，是指以开采海洋石油为目的的海上固定平台、单点系泊、浮式生产储油装置、海底管线、海上输油码头、滩海陆岸、人工岛和陆岸终端等海上和陆岸结构物。

（六）专业设备，是指海洋石油开采过程中使用的危险性较大或者对安全生产有较大影响的设备，包括海上结构、采油设备、海上锅炉和压力容器、钻井和修井设备、起重和升降设备、火灾和可燃气体探测、报警及控制系统、安全阀、救生设备、消防器材、钢丝绳等系物及被系物、电气仪表等。

第四十六条　内陆湖泊的石油开采的安全生产监督管理，参照本规定相应条款执行。

第四十七条　本规定自2006年5月1日起施行，原石油工业部1986年颁布的《海洋石油作业安全管理规定》同时废止。

海洋石油安全管理细则

1. 2009年9月7日国家安全生产监督管理总局令第25号公布

2. 根据2013年8月29日国家安全生产监督管理总局令第63号《关于修改〈生产经营单位安全培训规定〉等11件规章的决定》第一次修正

3. 根据2015年5月26日国家安全生产监督管理总局令第78号《关于废止和修改非煤矿矿山领域九部规章的决定》第二次修正

第一章　总　　则

第一条　为了加强海洋石油安全管理工作，保障从业人员生命和财产安全，防止和减少海洋石油生产安全事故，根据安全生产法等法律、法规和标准，制定本细则。

第二条　在中华人民共和国的内水、领海、毗连区、专属经济区、大陆架，以及中华人民共和国管辖的其他海域内从事海洋石油（含天然气，下同）开采活动的安全生产及其监督管理，适用本细则。

第三条　海洋石油作业者和承包者是海洋石油安全生产的责任主体，对其安全生产工作负责。

第四条　国家安全生产监督管理总局海洋石油作业安全办公室（以下简称海油安办）对全国海洋石油安全生产工作实施监督管理；海油安办驻中国海洋石油总公司、中国石油化工集团公司、中国石油天然气集团公司分部（以下统称海油安办有关分部）分别负责中国海洋石油总公司、中国石油化工集团公司、中国石油天然气集团公司的海洋石油安全生产的监督管理。

第二章　设施的备案管理

第一节　生产设施的备案管理

第五条　海洋石油生产设施应当进行试生产。作业者或者承包者应当在试生产前45日报生产设施所在地的海油安办有关分部备案，并提交生产设施试生产备案申请书、海底长输油（气）管线投用备案申请书和下列资料：

（一）发证检验机构对生产设施的最终检验证书（或者临时检验证书）和检验报告；

（二）试生产安全保障措施；

（三）建设阶段资料登记表；

（四）安全设施设计审查合格、设计修改及审查合格的有关文件；

（五）施工单位资质证明；

（六）施工期间发生的生产安全事故及其他重大工程质量事故情况；

（七）生产设施有关证书和文件登记表；

（八）生产设施主要技术说明、总体布置图和工艺流程图；

（九）生产设施运营的主要负责人和安全生产管理人员安全资格证书；

（十）生产设施所属设备的取证分类表及有关证书、证件；

（十一）生产设施运营安全手册；

（十二）生产设施运营安全应急预案。

生产设施是浮式生产储油装置的，除提交第一款规定的资料外，还应当提交快速解脱装置、系缆张力和距离测量装置的检验证书、出厂合格证书、安装后的试验报告。

生产设施是海底长输油(气)管线的,除提交第一款规定的资料外,还应当提交海底长输油(气)管线投用备案有关证书和文件登记表及有关证书、文件。

第六条　海油安办有关分部对作业者或者承包者提交的生产设施资料,应当进行严格审查。必要时,应当进行现场检查。

需要进行现场检查的,海油安办有关分部应当提前10日与作业者或承包者商定现场检查的具体事宜。作业者或承包者应当配合海油安办有关分部进行现场检查,并提供以下资料:

(一)人员安全培训证书登记表;

(二)消防和救生设备实际布置图和应变部署表;

(三)安全管理文件,主要包括:安全生产责任制、安全操作规程、工作许可制度、安全检查制度、船舶系泊装卸制度、直升机管理制度、危险物品管理制度、无人驻守平台遥控检测程序和油(气)外输管理制度等;

(四)对于滩海陆岸,还应准备通海路及沿通海路安装的设施设备合格文件、发证检验机构检验证书和安装后的试验报告。

经审查和现场检查符合规定的,海油安办有关分部向作业者或者承包者颁发生产设施试生产备案通知书;备案资料、设施现场安全状况等不符合规定的,及时书面通知作业者或者承包者进行整改。

第七条　作业者或者承包者应当严格按照备案文件中所列试生产安全保障措施组织试生产,生产设施试生产期限不得超过12个月。试生产正常后,作业者或者承包者应当组织安全竣工验收。

经竣工验收合格并办理安全生产许可证后,方可正式投入生产使用。

第八条　生产设施有下列情形之一的,作业者或者承包者应当及时向海油安办有关分部报告:

(一)更换或者拆卸井上和井下安全阀、火灾及可燃和有毒有害气体探测与报警系统、消防和救生设备等主要安全设施的;

(二)变动应急预案有关内容的;

(三)中断采油(气)作业10日以上或者终止采油(气)作业的;

(四)改变海底长输油(气)管线原设计用途的;

(五)超过海底长输油(气)管线设计允许最大输送量或者输送压力的;

(六)海底长输油(气)管线发生严重的损伤、断裂、爆破等事故的;

(七)海底长输油(气)管线输送的油(气)发生泄漏导致重大污染事故的;

(八)位置失稳、水平或者垂直移动、悬空、沉陷、漂浮等超出海底长输油(气)管线设计允许偏差值的;

(九)介质堵塞造成海底长输油(气)管线停产的;

(十)海底长输油(气)管线需进行大修和改造的;

(十一)海底长输油(气)管线安全保护系统(如紧急放空装置、定点截断装置等)长时间失效的;

(十二)其他对安全生产有重大影响的。

第二节　作业设施的备案管理

第九条　海洋石油作业设施从事物探、钻(修)井、铺管、起重和生活支持等活动应当向海油安办有关分部备案。作业者或者承包者应当在作业前15日向海油安办有关分部提交作业设施备案申请书和下列资料:

(一)作业设施备案申请有关证书登记表;

(二)作业设施所属设备的取证分类表及有关证书;

(三)操船手册;

(四)作业合同;

(五)作业设施运营安全手册;

(六)作业设施安全应急预案。

用作钻(修)井的作业设施,除提交第一款规定的资料外,还应当提交下列资料:

(一)钻(修)井专用设备、防喷器组、防喷器控制系统、阻流管汇及其控制盘、压井管汇、固井设备、测试设备的发证检验机构证书、出厂及修理后的合格证和安装后的试验报告;

(二)设施主要负责人和安全管理人员的安全资格证书;

(三)有自航能力的作业设施的船长、轮机长的适任证书。

对于自升式移动平台,除提交第一款规定的资料外,还应当提交稳性计算书、升降设备的发证检验机构的检验证书、出厂及修理后的合格证和安装后的试验报告等资料。

对于物探船,除提交第一款规定的资料外,还应当提交下列资料:

(一)震源系统、震源系统的主要压力容器和装置、震源的拖曳钢缆和绞车、电缆绞车等设备的出厂合格证、发证检验机构的检验证书和安装后的试验报告;

(二)震源危险品(包括炸药、雷管、易燃易爆气体等)的实际储存数量、储存条件、进出库管理办法和看管、使用制度等资料。

对于铺管船，除提交第一款规定的资料外，还应当提交下列资料：

（一）张紧器及其控制系统、管线收放绞车的出厂合格证、发证检验机构检验证书和安装后的试验报告；

（二）船长（或者船舶负责人）、起重机械司机、起重指挥人员及起重工的资格证书。

对于起重船和生活支持船，除提交第一款规定的资料外，还应当提交船长（或者船舶负责人）、起重机械司机、起重指挥人员及起重工的资格证书等资料。

第十条　海油安办有关分部对作业者或者承包者提交的作业设施资料，应当进行严格审查。必要时，进行现场检查。

需要进行现场检查的，海油安办有关分部应当提前10日与作业者或承包者商定现场检查的具体事宜。作业者或承包者应当配合海油安办有关分部进行现场检查，并提供以下资料：

（一）人员安全培训证书登记表；

（二）防火控制图、消防、救生设备实际布置图和应变部署表；

（三）安全管理文件，主要包括：安全管理机构的设置、安全生产责任制、安全操作规程、安全检查制度、工作许可制度等；

（四）安全活动、应急演习记录。

经审查和现场检查符合规定的，海油安办有关分部向作业者或者承包者颁发海洋石油作业设施备案通知书；备案资料、设施现场安全状况等不符合规定的，及时书面通知作业者或者承包者进行整改。

第十一条　通常情况下，海洋石油作业设施从事物探、钻（修）井、铺管、起重和生活支持等活动期限不超过1年。确需延期时，作业者或者承包者应当于期满前15日向海油安办有关分部提出延期申请，延期时间不得超过3个月。

第十二条　作业设施有下列情形之一的，作业者或者承包者应当及时向海油安办有关分部报告：

（一）改动井控系统的；

（二）更换或者拆卸火灾及可燃和有毒有害气体探测与报警系统、消防和救生设备等主要安全设施的；

（三）变更作业合同、作业者或者作业海区的；

（四）改变应急预案有关内容的；

（五）中断作业10日以上或者终止作业的；

（六）其他对作业安全生产有重大影响的。

第三节　延长测试设施的备案管理

第十三条　海上油田（井）进行延长测试前，作业者或者承包者应当提前15日向海油安办有关分部提交延长测试设施的书面报告和下列资料：

（一）延长测试设施备案有关证书和文件登记表；

（二）延长测试的工艺流程图、总体布置图及技术说明；

（三）增加的作业设施、生产设施主要负责人和安全管理人员安全资格证书；

（四）延长测试作业应急预案；

（五）油轮或者浮式生产储油装置的系泊点、锚、锚链、快速解脱装置、系缆张力和距离测量装置的证书和资料；

（六）延长测试专用设备或者系统的出厂合格证、发证检验机构的检验证书、安装后的试验报告。

前款所称延长测试专用设备或者系统，包括油气加热器、油气分离器、原油外输泵、天然气火炬分液包及凝析油泵、蒸汽锅炉、换热器、废油回收设备、井口装置、污油处理装置、机械采油装置、井上和井下防喷装置、防硫化氢的井口装置、检测设施及防护器具、惰气系统、柴油置换系统、火灾及可燃和有毒有害气体探测与报警系统等。

第十四条　海油安办有关分部对作业者或者承包者提交的延长测试设施资料，应当进行严格审查。必要时，可进行现场检查。

需要进行现场检查的，海油安办有关分部应当提前10日与作业者或承包者商定现场检查的具体事宜。作业者或承包者应当配合海油安办有关分部进行现场检查，并提供以下资料：

（一）原钻井装置增加的延长测试作业人员、油轮或浮式储油装置人员的安全培训证书登记表；

（二）原钻井装置新加装设备后，其消防和救生设备、火灾及可燃和有毒有害气体探测报警系统布置图、危险区域划分图和应变部署表；

（三）安全管理文件，主要包括：安全管理机构的设置、安全生产责任制、安全操作规程、安全检查制度、工作许可制度、船舶系泊装卸和油（气）外输管理制度等。

经审查和现场检查符合规定的，向作业者或者承包者颁发海上油田（井）延长测试设施通知书；有关资料、设施现场安全状况等不符合规定的，及时书面通知作业者或者承包者进行整改。

第十五条　通常情况下，海上油田（井）延长测试作业期限不超过1年。确需延期时，作业者或者承包者应当提前15日向海油安办有关分部提出延期申请，延期时间不得超过6个月。

第十六条 海上油田（井）延长测试设施有下列情形之一的，作业者或者承包者应当及时向海油安办有关分部报告：

（一）改动组成延长测试设施的主要结构、设备和井控系统的；

（二）更换火灾及可燃和有毒有害气体探测与报警系统、消防和救生设备等主要安全设施的；

（三）改变应急预案有关内容的；

（四）其他对生产作业安全有重大影响的。

第三章 生产作业的安全管理

第一节 基本要求

第十七条 在海洋石油生产作业中，作业者和承包者应当确保海洋石油生产、作业设施（以下简称设施）安全条件符合法律、法规、规章和相关国家标准、行业标准的要求，并建立完善的安全管理体系。设施主要负责人对设施的安全管理全面负责。

第十八条 按照设施不同区域的危险性，划分三个等级的危险区：

（一）0类危险区，是指在正常操作条件下，连续出现达到引燃或者爆炸浓度的可燃性气体或者蒸气的区域；

（二）1类危险区，是指在正常操作条件下，断续地或者周期性地出现达到引燃或者爆炸浓度的可燃性气体或者蒸气的区域；

（三）2类危险区，是指在正常操作条件下，不可能出现达到引燃或者爆炸浓度的可燃性气体或者蒸气；但在不正常操作条件下，有可能出现达到引燃或者爆炸浓度的可燃性气体或者蒸气的区域。

设施的作业者或者承包者应当将危险区等级准确地标注在设施操作手册的附图上。对于通往危险区的通道口、门或者舱口，应当在其外部标注清晰可见的中英文“危险区域”、“禁止烟火”和“禁带火种”等标志。

第十九条 设施的作业者或者承包者应当建立动火、电工作业、受限空间作业、高空作业和舷（岛）外作业等审批制度。

从事前款规定的作业前，作业单位应当提出书面申请，说明作业的性质、地点、期限及采取的安全措施等，经设施负责人批准签发作业通知单后，方可进行作业。作业通知单应当包含作业内容、有关检测报告、作业要求、安全程序、个体防护用品、安全设备和作业通知单有效期限等内容。

作业单位接到作业通知单后，应当按通知单的要求采取有关措施，并制定详细的检查和作业程序。

作业期间，如果施工条件发生重大变化的，应当暂停施工并立即报告设施负责人，得到准予施工的指令后方可继续施工。

作业完成后，作业负责人应当在作业通知单上填写完成时间、工作质量和安全情况，并交付设施负责人保存。作业通知单的保存期限至少1年。

第二十条 设施上所有通往救生艇（筏）、直升机平台的应急撤离通道和通往消防设备的通道应当设置明显标志，并保持畅通。

第二十一条 设施上的各种设备应当符合下列规定：

（一）符合国家有关法律、法规、规章、标准的安全要求，有出厂合格证书或者检验合格证书；

（二）对裸露且危及人身安全的运转部分要安装防护罩或者其他安全保护装置；

（三）建立设备运转记录、设备缺陷和故障记录报告制度；

（四）制定设备安全操作规程和定期维护、保养、检验制度，制定设备的定人定岗管理制度；

（五）增加、拆除重要设备设施，或者改变其性能前，进行风险分析。属于改建、扩建项目的，按照有关规定向政府有关部门办理审批手续。

第二十二条 设施配备的救生艇、救助艇、救生筏、救生圈、救生衣、保温救生服及属具等救生设备，应当符合《国际海上人命安全公约》的规定，并经海油安办认可的发证检验机构检验合格。

海上石油设施配备救生设备的数量应当满足下列要求：

（一）配备的刚性全封闭机动耐火救生艇能够容纳自升式和固定式设施上的总人数，或者浮式设施上总人数的200%。无人驻守设施可以不配备刚性全封闭机动耐火救生艇。在设施建造、安装或者停产检修期间，通过风险分析，可以用救生筏代替救生艇；

（二）气胀式救生筏能够容纳设施上的总人数，其放置点应满足距水面高度的要求。无人驻守设施可以按定员12人考虑；

（三）至少配备并合理分布8个救生圈，其中2个带自亮浮灯，4个带自亮浮灯和自发烟雾信号。每个带自亮浮灯和自发烟雾信号的救生圈配备1根可浮救生索，可浮救生索的长度为从救生圈的存放位置至最低天文潮位水面高度的1.5倍，并至少长30米；

（四）救生衣按总人数的210%配备，其中：住室内配备100%，救生艇站配备100%，平台甲板工作区内配备10%，并可以配备一定数量的救生背心。在寒冷海区，每位工作人员配备一套保温救生服。对于无人驻守平台，在工作人员登平台时，根据作业海域水温情况，每人携带1件救生衣或者保温救生服。

滩海陆岸石油设施配备救生设备的数量应当满足下列要求：

（一）至少配备4个救生圈，每只救生圈上都拴有至少30米长的可浮救生索，其中2个带自亮浮灯，2个带自发烟雾信号和自亮浮灯；

（二）每人至少配备1件救生衣，在工作场所配备一定数量的工作救生衣或者救生背心。在寒冷海区，每位人员配备1件保温救生服。

所有救生设备都应当标注该设施的名称，按规定合理存放，并在设施的总布置图上标明存放位置。特殊施工作业情况下，配备的救生设备达不到要求时，应当制定相应的安全措施并报海油安办有关分部审查同意。

第二十三条　设施上的消防设备应当符合下列规定：

（一）根据国家有关规定，针对设施可能发生的火灾性质和危险程度，分别装设水消防系统、泡沫灭火系统、气体灭火系统和干粉灭火系统等固定灭火设备和装置，并经发证检验机构认可。无人驻守的简易平台，可以不设置水消防等灭火设备和装置；

（二）设置自动和手动火灾、可燃和有毒有害气体探测报警系统，总控制室内设总的报警和控制系统；

（三）配备4套消防员装备，包括隔热防护服、消防靴和手套、头盔、正压式空气呼吸器、消防斧以及可以连续使用3个小时的手提式安全灯。根据平台性质和工作人数，经发证检验机构同意，可以适当减少配备数量；

（四）滩海陆岸石油设施现场管理单位至少配备2套消防员装备，包括消防头盔、防护服、消防靴、安全灯、消防斧等，至少配备3套带气瓶的正压式空气呼吸器和可移动式消防泵1台；

（五）所有的消防设备都存放在易于取用的位置，并定期检查，始终保持完好状态。检查应当有检查记录标签。

第二十四条　在设施的危险区内进行测试、测井、修井等作业的设备应当采用防爆型，室内有非防爆电气的活动房应当采用正压防爆型。

第二十五条　起重作业应当符合下列规定：

（一）操作人员持有特种作业人员资格证书，熟悉起重设备的操作规程，并按规程操作；

（二）起重设备明确标识安全起重负荷；若为活动吊臂，标识吊臂在不同角度时的安全起重负荷；

（三）按规定对起重设备进行维护保养，保证刹车、限位、起重负荷指示、报警等装置齐全、准确、灵活、可靠；

（四）起重机及吊物附件按规定定期检验，并记录在起重设备检验簿上。

设施的载人吊篮作业，除符合第一款规定的要求外，还应当符合下列规定：

（一）限定乘员人数；

（二）乘员按规定穿救生背心或者救生衣；

（三）只允许用于起吊人员及随身物品；

（四）指定专人维护和检查，定期组织检验机构对其进行检验；

（五）当风速超过15米/秒或者影响吊篮安全起放时，立即停止使用；

（六）起吊人员时，尽量将载人吊篮移至水面上方再升降，并尽可能减少回转角度。

第二十六条　高处及舷（岛）外作业应当符合下列规定：

（一）高处及舷（岛）外作业人员佩戴安全帽和安全带，舷（岛）外作业人员穿救生衣，并采取其他必要的安全措施；

（二）风速超过15米/秒等恶劣天气时，立即停止作业。

第二十七条　危险物品管理应当符合下列规定：

（一）设施上任何危险物品（包括爆炸品、压缩气体和液化气体、易燃液体、易燃固体、自燃物品和遇湿易燃物品、氧化剂和有机过氧化物、有毒品和腐蚀品等）必须存放在远离危险区和生活区的指定地点和容器内，并将存放地点标注在设施操作手册的附图上；个人不得私自存放危险物品；

（二）设有专人负责危险物品的管理，并建立和保存危险物品入库、消耗和使用的记录；

（三）在通往危险物品存放地点的通道口、舱口处，设有醒目的中英文“危险物品”标识。

第二十八条　直升机起降管理应当符合下列规定：

（一）指定直升机起降联络负责人，负责指挥和配合直升机起降工作；

（二）配备与直升机起降有关的应急设备和工具，并注明中英文“直升机应急工具”字样；

（三）设施与机场的往返距离所需油量超过直升机自身储存油量的，按有关规定配备安全有效的直升机加油用储油罐、燃油质量检验设备和加油设备；

（四）直升机与设施建立联络后，经设施主要负责人准许，方可起飞或者降落（紧急情况除外）；

（五）直升机机长或者机组人员提出降落要求的，起降联络负责人立即向直升机提供风速、风向、能见度、海况等数据和资料；

（六）无线电报务员一直保持监听来自直升机的无线电信号，直至其降落为止；

（七）机组人员开启舱门后，起降联络负责人方可指挥乘机人员上下直升机、装卸物品或者进行加油作业。

直升机起飞或者降落前，起降联络负责人应当组织做好下列准备工作：

（一）清除直升机甲板的障碍物和易燃物；

（二）检查直升机甲板安全设施是否处于完好状态，包括灯光、防滑网、消防设备和应急工具等；

（三）停止靠近直升机甲板的吊装作业和甲板15米范围内的明火作业；

（四）禁止无关人员靠近直升机甲板；

（五）守护船在设施附近起锚待命，消防人员做好准备；

（六）排放天然气、射孔或者试油作业时，若未采取可靠的安全措施，禁止直升机靠近设施。

第二十九条 劳动防护应当符合下列规定：

（一）设施上所有工作人员配备符合相关安全标准的劳动防护用品；

（二）设施上的工作场所按照国家有关规定和设计要求配备劳动防护设备，并定期进行检测；

（三）按照国家有关职业病防治的规定，定期对从事有毒有害作业的人员进行职业健康体检，对职业病患者进行康复治疗。

第三十条 医务室应当符合下列规定：

（一）在有人驻守的设施上，配备具有基础医疗抢救条件的医务室。作业人员超过15人的，配备专职医务人员；低于15人的，可以配备兼职医务人员；

（二）按照国家有关规定配备常用药品、急救药品和氧气、医疗器械、病床等；

（三）按照国家有关规定，制定有关疫情病情的报告、处理和卫生检验制度；

（四）按照国家有关规定，制定应急抢救程序。

第三十一条 滩海陆岸应急避难房应当符合下列规定：

（一）能够容纳全部生产作业人员；

（二）结构强度比滩海陆岸井台高一个安全等级；

（三）地面高出挡浪墙1米；

（四）采用基础稳定、结构可靠的固定式钢筋混凝土结构，或者采用可移动式钢结构；

（五）配备可以供避难人员5日所需的救生食品和饮用水；

（六）配备急救箱，至少装有2套救生衣、防水手电及配套电池、简单的医疗包扎用品和常用药品；

（七）配备应急通讯装置。

第三十二条 滩海陆岸值班车应当符合下列规定：

（一）接受滩海陆岸石油设施作业负责人的指挥，不得擅自进入或者离开；

（二）配备的通讯工具保证随时与滩海陆岸石油设施和陆岸基地通话；

（三）能够容纳所服务的滩海陆岸石油设施的全部人员，并配备100%的救生衣；

（四）具有在应急救助和人员撤离等复杂情况下作业的能力；

（五）参加滩海陆岸石油设施上的营救演习。

第二节 守护船管理

第三十三条 承担设施守护任务的船舶（以下简称守护船）在开始承担守护作业前，其所属单位应当向海油安办有关分部提交守护船登记表和守护船有关证书登记表，办理守护船登记手续。经海油安办有关分部审查合格后，予以登记，并签发守护船登记证明。守护船登记后，其原申报条件发生变化或者终止承担守护任务的，应当向原负责守护船登记的海油安办有关分部报告。

第三十四条 守护船应当在距离所守护设施5海里之内的海区执行守护任务，不得擅自离开。在守护船的守护能力范围内，多座被守护设施可以共用一条守护船。

第三十五条 守护船应当服从被守护设施负责人的指挥，能够接纳所守护设施全部人员，并配备可以供守护设施全部人员1日所需的救生食品和饮用水。

第三十六条 守护船应当符合下列规定：

（一）船舶证书齐全、有效；

（二）具备守护海区的适航能力；

（三）在船舶的两舷设有营救区，并尽可能远离推进器，营救区应当有醒目标志。营救区长度不小于载货甲板长度的1/3，宽度不小于3米；

（四）甲板上设有露天空间，便于直升机绞车提升、平台吊篮下放等营救操作；

（五）营救区及甲板露天空间处于守护船船长视野之内，便于指挥操作和营救。

第三十七条 守护船应当配备能够满足应急救助和撤离人员需要的下列设备和器具：

（一）1 副吊装担架和 1 副铲式担架；

（二）2 副救助用长柄钩；

（三）至少 1 套抛绳器；

（四）4 只带自亮浮灯、逆向反光带和绳子的救生圈，绳子长度不少于 30 米；

（五）用于简易包扎和急救的医疗用品；

（六）营救区舷侧的落水人员攀登用网；

（七）1 艘符合《国际海上人命安全公约》要求的救助艇；

（八）至少 2 只探照灯，可以提供营救作业区及周围海区照明；

（九）至少配备两种通讯工具，保证守护船与被守护设施和陆岸基地随时通话。

第三十八条 守护船船员应当符合下列条件：

（一）具有船员服务簿和适任证书等有效证件；

（二）至少有 3 名船员从事落水人员营救工作；

（三）至少有 2 名船员可以操纵救助艇；

（四）至少有 2 名船员经过医疗急救培训，能够承担急救处置、包扎和人工呼吸等工作；

（五）定期参加营救演习。

第三十九条 守护船的登记证明有效期为 3 年，有效期满前 15 日内应当重新办理登记手续。

第三节 租用直升机管理

第四十条 作业者或者承包者应当对提供直升机的公司进行安全条件审查和监督。

第四十一条 直升机公司应当符合下列条件：

（一）直升机持有中国民用航空局颁发的飞机适航证，并具备有效的飞机登记证和无线电台执照；

（二）具有符合安全飞行条件的直升机，并达到该机型最低设备放行清单的标准；

（三）具有符合安全飞行条件的驾驶员、机务维护人员和技术检查人员；

（四）对直升机驾驶员进行夜航和救生训练，保证完成规定的训练小时数；

（五）需要应急救援时，备有可以调用的直升机；

（六）完善和落实飞行安全的各种规章制度，杜绝超气象条件和不按规定的航线和高度飞行。

第四十二条 直升机应当配备下列应急救助设备：

（一）直升机应急浮筒；

（二）携带可以供机上所有人员使用的海上救生衣（在水温低于 10℃的海域应当配备保温救生服）、救生筏及救生包，并备有可以供直升机使用的救生绞车；

（三）直升机两侧有能够投弃的舱门或者具备足够的紧急逃生舱口。

第四十三条 在额定载荷条件下，直升机应当具有航行于飞行基地与海上石油设施之间的适航能力和夜航能力。

第四十四条 飞行作业前，直升机所属公司应当制定安全应急程序，并与作业者或者承包者编制的应急预案相协调。

第四十五条 直升机在飞行作业中必须配有 2 名驾驶员，并指定其中 1 人为责任机长；由中外籍驾驶员合作驾驶的直升机，2 名驾驶员应当有相应的语言技能水平，能够直接交流对话。

第四十六条 作业者或者承包者及直升机所属公司必须确保飞行基地（或者备用机场）和海上石油设施上的直升机起降设备处于安全和适用状态。

第四十七条 作业者或者承包者及直升机所属公司，应当通过协商制订飞行条件与应急飞行、乘机安全、载物安全和飞行故障、飞行事故报告等制度。

第四节 电气管理

第四十八条 设施应当制定电气设备检修前后的安全检查、日常运行检查、安全技术检查、定期安全检查等制度，建立健全电气设备的维修操作、电焊操作和手持电动工具操作等安全规程，并严格执行。

第四十九条 电气管理应当符合下列规定：

（一）按照国家规定配备和使用电工安全用具，并按规定定期检查和校验；

（二）遇停电、送电、倒闸、带电作业和临时用电等情况，按照有关作业许可制度进行审批。临时用电作业结束后，立即拆除增加的电气设备和线路；

（三）按照国家标准规定的颜色和图形，对电气设备和线路作出明显、准确的标识；

（四）电气设备作业期间，至少有 1 名电气作业经验丰富的监护人进行实时监护；

（五）电气设备按照铭牌上规定的额定参数（电压、电流、功率、频率等）运行，安装必要的过载、短路和漏电保护装置并定期校验。金属外壳（安全电压除外）有可靠的接地装置；

（六）在触电危险性较大的场所，手提灯、便携式电气设备、电动工具等设备工具按照国家标准的规定使用安全电压。确实无法使用安全电压的，经设施负

责人批准,并采用有效的防触电措施;

(七)安装在不同等级危险区域的电气设备符合该等级的防爆类型。防爆电气设备上的部件不得任意拆除,必须保持电气设备的防爆性能;

(八)定期对电气设备和线路的绝缘电阻、耐压强度、泄漏电流等绝缘性能进行测定。长期停用的电气设备,在重新使用前应当进行检查,确认具备安全运行条件后方可使用;

(九)在带电体与人体、带电体与地面、带电体与带电体、带电体与其他设备之间,按照有关规范和标准的要求保持良好的绝缘性能和足够的安全距离;

(十)对生产和作业设施采取有效的防静电和防雷措施。

第五十条　设施必须配备必要的应急电源。应急电源应当符合下列规定:

(一)能够满足通讯、信号、照明、基本生存条件(包括生活区、救生艇、撤离通道、直升机甲板等)和其他动力(包括消防系统、井控系统、火灾及可燃和有毒有害气体检测报警系统、应急关断系统等)的电源要求;

(二)在主电源失电后,应急电源能够在 45 秒内自动安全启动供电;

(三)应急电源远离危险区和主电源。

第五节　井 控 管 理

第五十一条　作业者或者承包者应当制定油(气)井井控安全措施和防井喷应急预案。

第五十二条　钻井作业应当符合下列规定:

(一)钻井装置在新井位就位前,作业者和承包者应收集和分析相应的地质资料。如有浅层气存在,安装分流系统等;

(二)钻井作业期间,在钻台上备有与钻杆相匹配的内防喷装置;

(三)下套管时,防喷器尺寸与所下套管尺寸相匹配,并备有与所下套管丝扣相匹配的循环接头;

(四)防喷器所用的橡胶密封件应当按厂商的技术要求进行维护和储存,不得将失效和技术条件不符的密封件安装到防喷器中;

(五)水龙头下部安装方钻杆上旋塞,方钻杆下部安装下旋塞,并配备开关旋塞的扳手。顶部驱动装置下部安装手动和自动内防喷器(考克)并配备开关防喷器的扳手;

(六)防喷器组由环形防喷器和闸板防喷器组成,闸板防喷器的闸板关闭尺寸与所使用钻杆或者管柱的尺寸相符。防喷器的额定工作压力,不得低于钻井设计压力,用于探井的不得低于 70MPa;

(七)防喷器及相应设备的安装、维护和试验,满足井控要求;

(八)经常对防喷系统进行安全检查。检查时,优先使用防喷系统安全检查表。

第五十三条　防喷器组控制系统的安装应当符合下列规定:

(一)1 套液压控制系统的储能器液体压力保持 21MPa,储能器压力液体积为关闭全部防喷器并打开液动闸阀所需液体体积的 1.5 倍以上;

(二)除钻台安装 1 台控制盘(台)外,另 1 台辅助控制盘(台)安装在远离钻台、便于操作的位置;

(三)防喷器组配备与其额定工作压力相一致的防喷管汇、节流管汇和压井管汇;

(四)压井管汇和节流管汇的防喷管线上,分别安装 2 个控制阀。其中一个为手动,处于常开位置;另一个必须是远程控制;

(五)安装自动灌井液系统。

第五十四条　水下防喷器组应当符合下列规定:

(一)若有浅层气或者地质情况不清时,导管上安装分流系统;

(二)在表层套管和中间(技术)套管上安装 1 个或者 2 个环形防喷器、2 个双闸板防喷器,其中 1 副闸板为全封剪切闸板防喷器;

(三)安装 1 组水下储能器,便于就近迅速提供液压能,以尽快开关各防喷器及其闸门。同时,采用互为备用的双控制盒系统,当一个控制盒系统正在使用时,另一个控制盒系统保持良好的工作状态作为备用;

(四)如需修理或者更换防喷器组,必须保证井眼安全,尽量在下完套管固井后或者未钻穿水泥塞前进行。必要时,打 1 个水泥塞或者下桥塞后再进行修理或者更换;

(五)使用复合式钻柱的,装有可变闸板,以适应不同的钻具尺寸。

第五十五条　水上防喷器组应当符合下列基本规定:

(一)若有浅层气或者地质情况不清时,隔水(导)管上安装分流系统;

(二)表层套管上安装 1 个环形防喷器,1 个双闸板防喷器;大于 13"3/8 表层套管上可以只安装 1 个环形防喷器;

(三)中间(技术)套管上安装 1 个环形、1 个双闸板(或者 2 个单闸板)和 1 个剪切全封闭闸板防喷器;

（四）使用复合式钻柱的，装有可变闸板，以适应不同的钻具尺寸。

第五十六条　水上防喷器组的开关活动，应当符合下列规定：

（一）闸板防喷器定期进行开关活动；

（二）全封闸板防喷器每次起钻后进行开关活动。若每日多次起钻，只开关活动一次即可；

（三）每起下钻一次，2个防喷器控制盘（台）交换动作一次。如果控制盘（台）失去动作功能，在恢复功能后，才能进行钻井作业；

（四）节流管汇的阀门、方钻杆旋塞和钻杆内防喷装置，每周开关活动一次。

水下防喷器的开关活动，除了闸板防喷器1日进行开关活动一次外，其他开关活动次数与水上防喷器组开关活动次数相同。

第五十七条　防喷器系统的试压，应当符合下列规定：

（一）所有的防喷器及管汇在进行高压试验之前，进行2.1MPa的低压试验；

（二）防喷器安装前或者更换主要配件后，进行整体压力试验；

（三）按照井控车间（基地）组装、现场安装、钻开油气层前及更换井控装置部件的次序进行防喷器试压。试压的间隔不超过14日；

（四）对于水上防喷器组，防喷器组在井控车间（基地）组装后，按额定工作压力进行试验。现场安装后，试验压力在不超过套管抗内压强度80%的前提下，环形防喷器的试验压力为额定工作压力的70%，闸板防喷器和相应控制设备的试验压力为额定工作压力；

（五）对于水下防喷器组，水下防喷器和所有有关井控设备的试验压力为其额定工作压力的70%。防喷器组在现场安装完成后，控制设备和防喷器闸板按照水上防喷器组试压的规定进行。

第五十八条　防喷器系统的检查与维护，应当符合下列规定：

（一）整套防喷器系统、隔水（导）管和配套设备，按照制造厂商推荐的程序进行检查和维护；

（二）在海况及气候条件允许的情况下，防喷器系统和隔水（导）管至少每日外观检查一次，水下设备的检查可以通过水下电视等工具完成。

第五十九条　井液池液面和气体检测装置应当具备声光报警功能，其报警仪安装在钻台和综合录井室内；应当配备井液性能试验仪器。井液量应当符合下列规定：

（一）开钻前，计算井液材料最小需要量，落实紧急情况补充井液的储备计划；

（二）记录并保存井液材料（包括加重材料）的每日储存量。若储存量达不到所规定的最小数量时，停止钻井作业；

（三）作业时，当返出井液密度比进口井液密度小0.02g/cm^3时，将环形空间井液循环到地面，并对井液性能进行气体或者液体侵入的检查和处理；

（四）起钻时，向井内灌注井液。当井内静止液面下降或者每起出3至5柱钻具之后应当灌满井液；

（五）从井内起出钻杆测试工具前，井液应当进行循环或者反循环。

第六十条　完井、试油和修井作业应当符合下列规定：

（一）配备与作业相适应的防喷器及其控制系统；

（二）按计划储备井液材料，其性能符合作业要求；

（三）井控要求参照钻井作业有关规定执行；

（四）滩海陆岸井控装置至少配备1套控制系统。

第六十一条　气井、自喷井、自溢井应当安装井下封隔器；在海床面30米以下，应当安装井下安全阀，并符合下列规定：

（一）定期进行水上控制的井下安全阀现场试验，试验间隔不得超过6个月。新安装或者重新安装的也应当进行试验；

（二）海床完井的单井、卫星井或者多井基盘上，每口井安装水下控制的井下安全阀；

（三）地面安全阀保持良好的工作状态；

（四）配备适用的井口测压防喷盒。

紧急关闭系统应当保持良好的工作状态。作业者应当妥善保存各种水下安全装置的安装和调试记录等资料。

第六十二条　进行电缆射孔、生产测井、钢丝作业时，在工具下井前，应当对防喷管汇进行压力试验。

第六十三条　钻开油气层前100米时，应当通过钻井循环通道和节流管汇做一次低泵冲泵压试验。

第六十四条　放喷管线应当使用专用管线。

在寒冷季节，应当对井控装备、防喷管汇、节流管汇、压力管汇和仪表等进行防冻保温。

第六节　硫化氢防护管理

第六十五条　钻遇未知含硫化氢地层时，应当提前采取防范措施；钻遇已知含硫化氢地层时，应当实施检测和控制。

硫化氢探测、报警系统应当符合下列规定：

（一）钻井装置上安装硫化氢报警系统。当空气中硫化氢的浓度超过15mg/ m³（10ppm）时，系统即能以声光报警方式工作；固定式探头至少应当安装在喇叭口、钻台、振动筛、井液池、生活区、发电及配电房进风口等位置；

（二）至少配备探测范围0～30mg/m³（0～20ppm）和0～150mg/m³（0～100ppm）的便携式硫化氢探测器各1套；

（三）探测器件的灵敏度达到7.5mg/m³（5ppm）；

（四）储备足够数量的硫化氢检测样品，以便随时检测探头。

人员保护器具应当符合下列规定：

（一）通常情况下，钻井装置上配备15～20套正压式空气呼吸器。其中，生活区6～9套，钻台上5～6套，井液池附近（泥浆舱）2套，录井房2～3套。钻进已知含硫化氢地层前，或者临时钻遇含硫化氢地层时，钻井装置上配备供全员使用的正压式空气呼吸器，并配备足够的备用气瓶；

（二）钻井装置上配备1台呼吸器空气压缩机；

（三）医务室配备处理硫化氢中毒的医疗用品、心肺复苏器和氧气瓶。

标志信号应当符合下列规定：

（一）在人员易于看见的位置，安装风向标、风速仪；

（二）当空气中含硫化氢浓度小于15mg/m³（10ppm）时，挂标有硫化氢字样的绿牌；

（三）当空气中含硫化氢浓度处于15～30mg/m³（10～20ppm）时，挂标有硫化氢字样的黄牌；

（四）当空气中含硫化氢浓度大于30mg/m³（20ppm）时，挂标有硫化氢字样的红牌。

第六十六条 在可能含有硫化氢地层进行钻井作业时，应当采取下列硫化氢防护措施：

（一）在可能含有硫化氢地区的钻井设计中，标明含硫化氢地层及其深度，估算硫化氢的可能含量，以提醒有关作业人员注意，并制定必要的安全和应急措施；

（二）当空气中硫化氢浓度达到15mg/m³（10ppm）时，及时通知所有平台人员注意，加密观察和测量硫化氢浓度的次数，检查并准备好正压式空气呼吸器；

（三）当空气中硫化氢浓度达到30mg/m³（20ppm）时，在岗人员迅速取用正压式空气呼吸器，其他人员到达安全区。通知守护船在平台上风向海域起锚待命；

（四）当空气中含硫化氢浓度达到150mg/m³（100ppm）时，组织所有人员撤离平台；

（五）使用适合于钻遇含硫化氢地层的井液，钻井液的pH值保持在10以上。净化剂、添加剂和防腐剂等有适当的储备。钻井液中脱出的硫化氢气体集中排放，有条件情况下，可以点火燃烧；

（六）钻遇含硫化氢地层，起钻时使用钻杆刮泥器。若将湿钻杆放在甲板上，必要时，作业人员佩戴正压式空气呼吸器。钻进中发现空气中含硫化氢浓度达到30mg/ m³（20ppm）时，立即暂时停止钻进，并循环井液；

（七）在含硫化氢地层取芯，当取芯筒起出地面之前10－20个立柱，以及从岩芯筒取出岩芯时，操作人员戴好正压式空气呼吸器。运送含硫化氢岩芯时，采取相应包装措施密封岩芯，并标明岩芯含硫化氢字样。在井液录井中若发现有硫化氢显示时，及时向钻井监督报告；

（八）在预计含硫化氢地层进行中途测试时，测试时间尽量安排在白天，测试器具附近尽量减少操作人员。严禁采用常规的中途测试工具对深部含硫化氢的地层进行测试；

（九）钻穿含硫化氢地层后，增加工作区的监测频率，加强硫化氢监测；

（十）对于在含硫化氢地层进行试油，试油前召开安全会议，落实人员防护器具和人员急救程序及应急措施。在试油设备附近，人员减少到最低限度。

第六十七条 在可能含有硫化氢地层进行钻进作业时，其钻井设备、器具应当符合下列规定：

（一）钻井设备具备抗硫应力开裂的性能；

（二）管材具有在硫化氢环境中使用的性能，并按照国家有关标准的要求使用；

（三）对所使用作业设备、管材、生产流程及附件等，定期进行安全检查和检测检验。

第六十八条 完井和修井作业的硫化氢防护，参照钻井作业的有关要求执行。

第六十九条 在可能含有硫化氢地层进行生产作业时，应当采取下列硫化氢防护措施：

（一）生产设施上配备6套正压式空气呼吸器。在已知存在含硫油气生产设施上，全员配备正压式空气呼吸器，并配备一定数量的备用气瓶及1台呼吸器空气压缩机；

（二）生产设施上配备2至3套便携式硫化氢探测仪、1套便携式比色指示管探测仪和1套便携式二氧化硫探测仪。在已知存在硫化氢的生产装置上，安装硫化氢报警装置；

（三）当空气中硫化氢达到 15mg/m³（10ppm）或者二氧化硫达到 5.4mg/m³（2ppm）时，作业人员佩戴正压式空气呼吸器；

（四）装置上配有用于处理硫化氢中毒的医疗用品、心肺复苏器和氧气瓶；

（五）在油气井投产前，采取有效措施，加强对硫化氢、二氧化硫和二氧化碳的防护；

（六）用于油气生产的设备、设施和管道等具有抗硫化氢腐蚀的性能。

第七节　系物管理

第七十条　作业者和承包者应当加强系泊和起重作业过程中系物器具和被系器具的安全管理。

第七十一条　作业者和承包者应当制定系物器具和被系器具的安全管理责任制，明确各岗位和各工种责任制；应当制定系物器具和被系器具的使用管理规定，对系物器具和被系器具进行经常性维护、保养，保证正常使用。维护、保养应当作好记录，并由有关人员签字。

第七十二条　系物器具应当按照有关规定由海油安办认可的检验机构对其定期进行检验，并作出标记。作业者和承包者为满足特殊需要，自行加工制造系物器具和被系器具的，系物器具和被系器具必须经海油安办认可的检验机构检验合格后，方可投入使用。

第七十三条　箱件的使用，除了符合本细则第七十一条和第七十二条规定要求外，还应当满足下列要求：

（一）箱外有明显的尺寸、自重和额定安全载重标记；

（二）定期对其主要受力部位进行检验。

第七十四条　吊网的使用，除了符合第七十一条和第七十二条规定外，还应当符合下列要求：

（一）标有安全工作负荷标记；

（二）非金属网不得超过其使用范围和环境。

第七十五条　乘人吊篮必须专用，并标有额定载重和限乘人数的标记；应当按产品说明书的规定定期进行技术检验。

第七十六条　系物器具和被系器具有下列情形之一的，应当停止使用：

（一）已达到报废标准而未报废，或者已经报废的；

（二）未标明检验日期的；

（三）超过规定检验期限的。

第八节　危险物品管理

第七十七条　作业者、承包者应当建立放射性、爆炸性物品（以下简称危险物品）的领取和归还制度。危险物品的领取和归还应当遵守下列规定：

（一）领取人持有领取单领取相应的危险物品。领取单详细记载危险物品的种类和数量；

（二）领取和归还危险物品时，使用专用的工具。放射性源盛装在罐内，爆炸性物品存放在箱内；

（三）出入库的放射性源罐，配有浮标或者其他示位器具；

（四）危险物品出入库有记录，领取人和库管员在出入库单上签字；

（五）未用完的危险物品，及时归还。

第七十八条　危险物品的运输，应当符合下列规定：

（一）符合国家有关法律、法规、规章、标准的要求，并有专人押运；

（二）有可靠的安全措施和应急措施；

（三）符合有关运输手续，有明显的危险物品运输标识。

第七十九条　危险物品的使用，应当符合下列规定：

（一）作业前，按照有关规定申请使用许可证。取得使用许可证后，方可使用危险物品。使用有详细记录。使用后，及时将未使用完的危险物品回收入库；

（二）作业时，制定安全可靠的作业规程。有关作业人员熟悉并遵守作业规程；

（三）现场设有明显、清晰的危险标识，以防止非作业人员进入作业区；

（四）现场至少配备 1 台便携式放射性强度测量仪；

（五）按照国家有关标准的要求，对放射源与载源设备的性能进行检验。

第八十条　危险物品的存放，应当符合下列规定：

（一）存放场所远离生活区、人员密集区及危险区，并标有明显的“危险品”标识；

（二）采取有效的防火安全措施；

（三）不得将爆炸性物品中的炸药与雷管或者放射性物品存放在同一储存室内。

第八十一条　对失效的或者外壳泄漏试验不合格（超过 185Bq）的放射源，应当采取安全的方式妥善处置。

第八十二条　作业人员使用放射性物品的，应当采取下列防护措施：

（一）配有个人辐照剂量检测用具，并建立辐照剂量档案；

（二）每年至少进行一次体检，体检结果存档；

（三）发现作业人员受到放射性伤害的，立即调离其工作岗位，并按照有关规定进行治疗和康复；

（四）作业人员调动工作的，其辐照剂量档案和体检档案随工作岗位一起调动。

第九节 弃井管理

第八十三条 作业者或者承包者在进行弃井作业或者清除井口遗留物30日前，应当向海油安办有关分部报送下列材料：

（一）弃井作业或者清除井口遗留物安全风险评价报告；

（二）弃井或者清除井口遗留物施工方案、作业程序、时间安排、井液性能等。

海油安办有关分部应当对作业者或者承包者报送的材料进行审核；材料内容不符合技术要求的，通知作业者或者承包者进行完善。

第八十四条 弃井作业或者清除井口遗留物施工作业期间，海油安办有关分部认为必要时，进行现场监督。

施工作业完成后15日内，作业者或者承包者应当向海油安办有关分部提交下列资料：

（一）弃井或者清除井口遗留物作业完工图；

（二）弃井作业最终报告表。

第八十五条 对于永久性弃井的，应当符合下列要求：

（一）在裸露井眼井段，对油、气、水等渗透层进行全封，在其上部打至少50米水泥塞，以封隔油、气、水等渗透层，防止互窜或者流出海底。裸眼井段无油、气、水时，在最后一层套管的套管鞋以下和以上各打至少30米水泥塞；

（二）已下尾管的，在尾管顶部上下30米的井段各打至少30米水泥塞；

（三）已在套管或者尾管内进行了射孔试油作业的，对射孔层进行全封，在其上部打至少50米的水泥塞；

（四）已切割的每层套管内，保证切割处上下各有至少20米的水泥塞；

（五）表层套管内水泥塞长度至少有45米，且水泥塞顶面位于海底泥面下4米至30米之间。

对于临时弃井的，应当符合下列要求：

（一）在最深层套管柱的底部至少打50米水泥塞；

（二）在海底泥面以下4米的套管柱内至少打30米水泥塞。

第八十六条 永久弃井时，所有套管、井口装置或者桩应当按照国家有关规定实施清除作业。对保留在海底的水下井口装置或者井口帽，应当按照国家有关规定向海油安办有关分部进行报告。

第四章 安全培训

第八十七条 作业者和承包者的主要负责人和安全生产管理人员应当具备相应的安全生产知识和管理能力，经海油安办考核合格。

第八十八条 作业者和承包者应当组织对海上石油作业人员进行安全生产培训。未经培训并取得培训合格证书的作业人员，不得上岗作业。

作业者和承包者应当建立海上石油作业人员的培训档案，加强对出海作业人员（包括在境外培训的人员）的培训证书的审查。未取得培训合格证书的，一律不得出海作业。

第八十九条 出海人员必须接受"海上石油作业安全救生"的专门培训，并取得培训合格证书。

安全培训的内容和时间应当符合下列要求：

（一）长期出海人员接受"海上石油作业安全救生"全部内容的培训，培训时间不少于40课时。每5年进行一次再培训；

（二）短期出海人员接受"海上石油作业安全救生"综合内容的培训，培训时间不少于24课时。每3年进行一次再培训；

（三）临时出海人员接受"海上石油作业安全救生"电化教学的培训，培训时间不少于4课时。每1年进行一次再培训；

（四）不在设施上留宿的临时出海人员可以只接受作业者或者承包者现场安全教育；

（五）没有直升机平台或者已明确不使用直升机倒班的海上设施人员，可以免除"直升机遇险水下逃生"内容的培训；

（六）没有配备救生艇筏的海上设施作业人员，可以免除"救生艇筏操纵"的培训。

第九十条 海上油气生产设施兼职消防队员应当接受"油气消防"的培训，培训时间不少于24课时。每4年应当进行一次再培训。

第九十一条 从事钻井、完井、修井、测试作业的监督、经理、高级队长、领班，以及司钻、副司钻和井架工、安全监督等人员应当接受"井控技术"的培训，培训时间不少于56课时，并取得培训合格证书。每4年应当进行一次再培训。

第九十二条 稳性压载人员（含钻井平台、浮式生产储油装置的稳性压载、平台升降的技术人员）应当接受

“稳性与压载技术”的培训，培训时间不少于36课时，并取得培训合格证书。每4年应当进行一次再培训。

第九十三条 在作业过程中已经出现或者可能出现硫化氢的场所从事钻井、完井、修井、测试、采油及储运作业的人员，应当进行“防硫化氢技术”的专门培训，培训时间不少于16课时，并取得培训合格证书。每4年应当进行一次再培训。

第九十四条 无线电技术操作人员应当按政府有关主管部门的要求进行培训，取得相应的资格证书。

第九十五条 属于特种作业人员范围的特种作业人员应当按照有关法律法规的要求进行专门培训，取得特种作业操作资格证书。

第九十六条 外方人员在国外合法注册和政府认可的培训机构取得的证书和证件，经中方作业者或者承包者确认后在中国继续有效。

第五章 应 急 管 理

第九十七条 作业者和承包者应当按照有关法律、法规、规章和标准的要求，结合生产实际编制应急预案，并报海油安办有关分部备案。

作业者和承包者应当根据海洋石油作业的变化，及时对应急预案进行修改、补充和完善。

第九十八条 根据海洋石油作业的特点，作业者和承包者编制的应急预案应当包括下列内容：

（一）作业者和承包者的基本情况、危险特性、可以利用的应急救援设备；

（二）应急组织机构、职责划分、通讯联络；

（三）应急预案启动、应急响应、信息处理、应急状态中止、后续恢复等处置程序；

（四）应急演习与训练。

第九十九条 应急预案的应急范围包括井喷失控、火灾与爆炸、平台遇险、直升机失事、船舶海损、油（气）生产设施与管线破损和泄漏、有毒有害物品泄漏、放射性物品遗散、潜水作业事故；人员重伤、死亡、失踪及暴发性传染病、中毒；溢油事故、自然灾害以及其他紧急情况。

第一百条 除作业者和承包者编制的公司一级应急预案外，针对每个生产和作业设施应当结合工作实际，编制应急预案。应急预案包括主件和附件两个部分内容。

主件部分应当包括下列主要内容：

（一）生产或者作业设施名称、作业海区、编写者和编写日期；

（二）生产或者作业设施的应急组织机构、指挥系统、医疗机构及各级应急岗位人员职责；

（三）处置各类突发性事故或者险情的措施和联络报告程序；

（四）生产或者作业设施上所具有的通讯设备类型、能力以及应急通讯频率；

（五）应急组织、上级主管部门和有关部门的负责人通讯录，包括通讯地址、电话和传真等；

（六）与有关部门联络的应急工作联系程序图或者网络图；

（七）应急训练内容、频次和要求；

（八）其他需要明确的内容。

附件部分应当包括下列主要内容：

（一）生产或者作业设施的主要基础数据；

（二）生产或者作业设施所处自然环境的描述，包括：作业海区的气象资料，可能出现的灾害性天气（如台风等）；作业海区的海洋水文资料，水深、水温、海流的速度和方向、浪高等；生产或者作业设施与陆岸基地、附近港口码头及海区其他设施的位置简图；

（三）各种应急搜救设备及材料，包括应急设备及应急材料的名称、类型、数量、性能和存放地点等情况；

（四）生产或者作业设施配备的气象海况测定装置的规格和型号；

（五）其他有关资料。

第一百零一条 作业者和承包者应当组织生产和作业设施的相关人员定期开展应急预案的演练，演练期限不超过下列时间间隔的要求：

（一）消防演习：每倒班期一次。

（二）弃平台演习：每倒班期一次。

（三）井控演习：每倒班期一次。

（四）人员落水救助演习：每季度一次。

（五）硫化氢演习：钻遇含硫化氢地层前和对含硫化氢油气井进行试油或者修井作业前，必须组织一次防硫化氢演习；对含硫化氢油气井进行正常钻井、试油或者修井作业，每隔7日组织一次演习；含硫化氢油气井正常生产时，每倒班期组织一次演习。不含硫化氢的，每半年组织一次。

各类应急演练的记录文件应当至少保存1年。

第一百零二条 事故发生后，作业现场有关人员应当及时向所属作业者和承包者报告；接到报告后，应当立即启动相应的应急预案，组织开展救援活动，防止事故扩大，减少人员伤亡和财产损失。

第一百零三条 针对海洋石油作业过程中发生事故的特点，在实施应急救援过程中，作业者和承包者应当做好下列工作：

（一）立即组织现场疏散，保护作业人员安全；

（二）立即调集作业现场的应急力量进行救援，同时向有关方面发出求助信息，动员有关力量，保证应急队伍、设备、器材、物资及必要的后勤支持；

（三）制订现场救援方案并组织实施；

（四）确定警戒及防控区域，实行区域管制；

（五）采取相应的保护措施，防止事故扩大和引发次生灾害；

（六）迅速组织医疗救援力量，抢救受伤人员；

（七）尽力防止出现石油大面积泄漏和扩散。

第六章 事故报告和调查处理

第一百零四条 在海上石油天然气勘探、开发、生产、储运及油田废弃等作业中，发生下列生产安全事故，作业现场有关人员应当立即向所属作业者和承包者报告；作业者和承包者接到报告后，应当立即按规定向海油安办有关分部的地区监督处、当地政府和海事部门报告：

（一）井喷失控；

（二）火灾与爆炸；

（三）平台遇险（包括平台失控漂移、拖航遇险、被碰撞或者翻沉）；

（四）飞机事故；

（五）船舶海损（包括碰撞、搁浅、触礁、翻沉、断损）；

（六）油（气）生产设施与管线破损（包括单点系泊、电气管线、海底油气管线等的破损、泄漏、断裂）；

（七）有毒有害物品和气体泄漏或者遗散；

（八）急性中毒；

（九）潜水作业事故；

（十）大型溢油事故（溢油量大于100吨）；

（十一）其他造成人员伤亡或者直接经济损失的事故。

第一百零五条 海油安办有关分部的地区监督处接到事故报告后，应当立即上报海油安办有关分部。海油安办有关分部接到较大事故及以上的事故报告后，应当在1小时内上报国家安全生产监督管理总局。

飞机事故、船舶海损、大型溢油除报告海油安办外，还应当按规定报告有关政府主管部门。

第一百零六条 海洋石油的生产安全事故按照下列规定进行调查：

（一）没有人员伤亡的一般事故，海油安办有关分部可以委托作业者和承包者组织生产、技术、安全等有关人员及工会成员组成事故调查组进行调查；

（二）造成人员伤亡的一般事故，由海油安办有关分部牵头组织有关部门及工会成立事故调查组进行调查，并邀请人民检察院派人参加；

（三）造成较大事故，由海油安办牵头组织有关部门成立事故调查组进行调查，并邀请人民检察院派人参加；

（四）重大事故，由国家安全生产监督管理总局牵头组织有关部门成立事故调查组进行调查，并邀请人民检察院派人参加；

（五）特别重大事故，按照国务院有关规定执行。

飞机失事、船舶海损、放射性物品遗散和大型溢油等海洋石油生产安全事故依法由民航、海事、环保等有关部门组织调查处理。

第一百零七条 海洋石油的生产安全事故调查报告按照下列规定批复：

（一）一般事故的调查报告，在征得海油安办同意后，由海油安办有关分部批复；

（二）较大、重大事故的调查报告由国家安全生产监督管理总局批复；

（三）特别重大事故调查报告的批复按照国务院有关规定执行。

第一百零八条 作业者和承包者应当按照事故调查报告的批复，对负有责任的人员进行处理。

事故发生单位应当认真吸取事故教训，落实防范和整改措施，防止事故再次发生。

第七章 监督管理

第一百零九条 海油安办及其有关分部应当按照法律、行政法规、规章和标准的规定，依法对海洋石油生产经营单位的安全生产实施监督检查。

第一百一十条 海油安办有关分部应当建立生产设施、作业设施的备案档案管理制度，并于每年1月31日前将上一年度的备案情况报海油安办。备案档案应当至少保存3年。

第一百一十一条 海油安办有关分部应当对安全培训机构、作业者和承包者安全教育培训情况进行监督检查。

第一百一十二条 海油安办及其有关分部应当按照生产安全事故的批复，依照有关法律、行政法规和规章的规定，对事故发生单位和有关人员进行行政处罚；对负有事故责任的国家工作人员，按照干部管理权限交由有关单位和行政监察机关追究。

第八章 罚则

第一百一十三条 作业者和承包者有下列行为之一的，

给予警告，可以并处3万元以下的罚款：

（一）生产设施、作业设施未按规定备案的；

（二）未配备守护船，或者未按规定登记的；

（三）海洋石油专业设备未按期进行检验的；

（四）拒绝、阻碍海油安办及有关分部依法监督检查的。

第一百一十四条　作业者和承包者有下列行为之一的，依法责令停产整顿，给予相应的行政处罚：

（一）未履行新建、改建、扩建项目"三同时"程序的；

（二）对存在的重大事故隐患，不按期进行整改的。

第一百一十五条　海油安办及有关分部监督检查人员在海洋石油监督检查中滥用职权、玩忽职守、徇私舞弊的，依照有关规定给予行政处分。

第九章　附　　则

第一百一十六条　本细则中下列用语的含义：

（一）海洋石油作业设施，是指用于海洋石油作业的海上移动式钻井船（平台）、物探船、铺管船、起重船、固井船、酸化压裂船等设施；

（二）海洋石油生产设施，是指以开采海洋石油为目的的海上固定平台、单点系泊、浮式生产储油装置（FPSO）、海底管线、海上输油码头、滩海陆岸、人工岛和陆岸终端等海上和陆岸结构物；

（三）滩海陆岸石油设施，是指最高天文潮位以下滩海区域内，采用筑路或者栈桥等方式与陆岸相连接，从事石油作业活动中修筑的滩海通井路、滩海井台及有关石油设施；

（四）专业设备，是指海洋石油开采过程中使用的危险性较大或者对安全生产有较大影响的设备，包括海上结构、采油设备、海上锅炉和压力容器、钻井和修井设备、起重和升降设备、火灾和可燃气体探测、报警及控制系统、安全阀、救生设备、消防器材、钢丝绳等系物及被系物、电气仪表等；

（五）海底长输油（气）管线，是指从一个海上油（气）田外输油（气）的计量点至陆岸终端计量点或者至海上输油（气）终端计量点的长输管线，包括管段、立管、附件、控制系统、仪表及支撑件等互相连接的系统和中间泵站等；

（六）延长测试作业，是指在油层参数或者早期地质油藏资料不能满足工程需要的情况下，为获取这些数据资料，在原钻井装置或者井口平台上实施，并有油轮或者浮式生产装置作为储油装置的测试作业；

（七）延长测试设施，是指延长测试作业时，在原钻井装置或井口平台上临时安装的配套工艺设备、以及油轮或浮式生产储油装置（FPSO）等设施的总称；

（八）长期出海人员，是指每次在海上作业15日以上（含15日），或者年累计在海上作业30日以上（含30日），负责海上石油设施管理、操作、维修等作业的人员；

（九）短期出海人员，是指每次在海上作业5～15日以下（含5日），或者年累计出海时间在10～30日（含10日）的海上石油作业人员；

（十）临时出海人员，是指每次出海在5日以下的人员，或者年累计10日以下；

（十一）海上油气生产设施兼职消防队员，是指海上油（气）生产设施上，直接从事消防设备操作、现场灭火指挥的关键人员；

（十二）"海上石油作业安全救生"培训，是指"海上求生"、"海上平台消防"、"救生艇筏操纵"、"海上急救"、"直升机遇险水下逃生"5项内容的培训；

（十三）弃井作业，是指为了防止海洋污染、保证油井和海上运输安全而对油井采取的防止溢油和碰撞的一系列措施，包括永久性弃井作业和临时弃井作业。永久性弃井，是指对废弃的井进行封堵井眼及回收井口装置的作业；临时弃井，是指对正在钻井，因故中止作业或者对已完成作业的井需保留井口而进行的封堵井眼，戴井口帽及设置井口信号标志的作业。

第一百一十七条　本细则所规定的有关文书格式，由海油安办统一式样。

第一百一十八条　从事内陆湖泊的石油开采活动，参照本细则有关规定执行。

第一百一十九条　本细则自2009年12月1日起施行。

国家安全生产监督管理总局办公厅关于明确石油天然气长输管道安全监管有关事宜的通知

1. *2014年7月7日*
2. *安监总厅管三〔2014〕78号*

各省、自治区、直辖市及新疆生产建设兵团安全生产监督管理局，有关中央企业：

为贯彻落实《国家安全监管总局办公厅关于调整油气管道安全监管职责的通知》（安监总厅〔2014〕57号，以下简称《通知》）要求，进一步做好陆上石油天然气(城镇燃气除外)长输管道及其辅助储存设施(包括地下储气库,在港区范围内的除外,以下简称油气管道)安全监管工作,经研究,现就有关事项通知如下:

一、监管依据。根据《通知》要求,油气管道安全监管纳入危险化学品安全监管范畴,要严格按照有关危险化学品安全监管法律法规、规范标准实施监管。

二、监管范围。纳入危险化学品安全监管范围的油气管道范围为:陆上油气田长输管道,以油气长输管道首站为起点;海上油气田输出的长输管道,以陆岸终端出站点为起点;进口油气长输管道,以进国境首站为起点。

三、监管工作的衔接。对于新建或已按照《非煤矿矿山建设项目安全设施设计审查与竣工验收办法》(原国家安全监管局〈国家煤矿安监局〉令第18号,以下简称18号令)备案的油气管道建设项目,按照《危险化学品建设项目安全监督管理办法》(国家安全监管总局令第45号)开展安全审查;对于已进入《安全专篇》审查、竣工验收程序的油气管道建设项目,仍按照18号令完成该项目的安全设施设计审查和竣工验收工作;对于已取得非煤矿矿山企业安全生产许可证的油气管道企业,有效期满后按照危险化学品安全监管有关规定进行安全监管;对于已提交评审组织单位申请评审安全生产标准化等级的油气管道企业,按照《企业安全生产标准化评审工作管理办法(试行)》(安监总办〔2014〕49号)、《石油行业安全生产标准化管道储运实施规范》(AQ2045－2012)和《石油行业管道储运安全生产标准化评分办法》(安监总厅管一〔2013〕16号)进行评审和公告。

4. 尾矿库安全

尾矿库安全监督管理规定

1. 2011年5月4日国家安全生产监督管理总局令第38号公布

2. 根据2015年5月26日国家安全生产监督管理总局令第78号《关于废止和修改非煤矿矿山领域九部规章的决定》修正

第一章　总　　则

第一条　为了预防和减少尾矿库生产安全事故，保障人民群众生命和财产安全，根据《安全生产法》、《矿山安全法》等有关法律、行政法规，制定本规定。

第二条　尾矿库的建设、运行、回采、闭库及其安全管理与监督工作，适用本规定。

核工业矿山尾矿库、电厂灰渣库的安全监督管理工作，不适用本规定。

第三条　尾矿库建设、运行、回采、闭库的安全技术要求以及尾矿库等别划分标准，按照《尾矿库安全技术规程》(AQ 2006－2005)执行。

第四条　尾矿库生产经营单位(以下简称生产经营单位)应当建立健全尾矿库安全生产责任制，建立健全安全生产规章制度和安全技术操作规程，对尾矿库实施有效的安全管理。

第五条　生产经营单位应当保证尾矿库具备安全生产条件所必需的资金投入，建立相应的安全管理机构或者配备相应的安全管理人员、专业技术人员。

第六条　生产经营单位主要负责人和安全管理人员应当依照有关规定经培训考核合格并取得安全资格证书。

直接从事尾矿库放矿、筑坝、巡坝、排洪和排渗设施操作的作业人员必须取得特种作业操作证书，方可上岗作业。

第七条　国家安全生产监督管理总局负责在国务院规定的职责范围内对有关尾矿库建设项目进行安全设施设计审查。

前款规定以外的其他尾矿库建设项目安全设施设计审查，由省级安全生产监督管理部门按照分级管理的原则作出规定。

第八条　鼓励生产经营单位应用尾矿库在线监测、尾矿充填、干式排尾、尾矿综合利用等先进适用技术。

一等、二等、三等尾矿库应当安装在线监测系统。

鼓励生产经营单位将尾矿回采再利用后进行回填。

第二章　尾矿库建设

第九条　尾矿库建设项目包括新建、改建、扩建以及回采、闭库的尾矿库建设工程。

尾矿库建设项目安全设施设计审查与竣工验收应当符合有关法律、行政法规的规定。

第十条　尾矿库的勘察单位应当具有矿山工程或者岩土工程类勘察资质。设计单位应当具有金属非金属矿山工程设计资质。安全评价单位应当具有尾矿库评价资质。施工单位应当具有矿山工程施工资质。施工监理单位应当具有矿山工程监理资质。

尾矿库的勘察、设计、安全评价、施工、监理等单位除符合前款规定外，还应当按照尾矿库的等别符合下列规定：

(一)一等、二等、三等尾矿库建设项目，其勘察、设计、安全评价、监理单位具有甲级资质，施工单位具有总承包一级或者特级资质；

(二)四等、五等尾矿库建设项目，其勘察、设计、安全评价、监理单位具有乙级或者乙级以上资质，施工单位具有总承包三级或者三级以上资质，或者专业承包一级、二级资质。

第十一条　尾矿库建设项目应当进行安全设施设计，对尾矿库库址及尾矿坝稳定性、尾矿库防洪能力、排洪设施和安全观测设施的可靠性进行充分论证。

第十二条　尾矿库库址应当由设计单位根据库容、坝高、库区地形条件、水文地质、气象、下游居民区和重要工业构筑物等情况，经科学论证后，合理确定。

第十三条　尾矿库建设项目应当进行安全设施设计并经安全生产监督管理部门审查批准后方可施工。无安全设施设计或者安全设施设计未经审查批准的，不得施工。

严禁未经设计并审查批准擅自加高尾矿库坝体。

第十四条　尾矿库施工应当执行有关法律、行政法规和国家标准、行业标准的规定，严格按照设计施工，确保工程质量，并做好施工记录。

生产经营单位应当建立尾矿库工程档案和日常管理档案，特别是隐蔽工程档案、安全检查档案和隐患排查治理档案，并长期保存。

第十五条　施工中需要对设计进行局部修改的，应当经原设计单位同意；对涉及尾矿库库址、等别、排洪方式、尾矿坝坝型等重大设计变更的，应当报原审批部门批准。

第十六条 尾矿库建设项目安全设施试运行应当向安全生产监督管理部门书面报告，试运行时间不得超过6个月，且尾砂排放不得超过初期坝坝顶标高。试运行结束后，建设单位应当组织安全设施竣工验收，并形成书面报告备查。

安全生产监督管理部门应当加强对建设单位验收活动和验收结果的监督核查。

第十七条 尾矿库建设项目安全设施经验收合格后，生产经营单位应当及时按照《非煤矿矿山企业安全生产许可证实施办法》的有关规定，申请尾矿库安全生产许可证。未依法取得安全生产许可证的尾矿库，不得投入生产运行。

生产经营单位在申请尾矿库安全生产许可证时，对于验收申请时已提交的符合颁证条件的文件、资料可以不再提交；安全生产监督管理部门在审核颁发安全生产许可证时，可以不再审查。

第三章 尾矿库运行

第十八条 对生产运行的尾矿库，未经技术论证和安全生产监督管理部门的批准，任何单位和个人不得对下列事项进行变更：

（一）筑坝方式；

（二）排放方式；

（三）尾矿物化特性；

（四）坝型、坝外坡坡比、最终堆积标高和最终坝轴线的位置；

（五）坝体防渗、排渗及反滤层的设置；

（六）排洪系统的型式、布置及尺寸；

（七）设计以外的尾矿、废料或者废水进库等。

第十九条 尾矿库应当每三年至少进行一次安全现状评价。安全现状评价应当符合国家标准或者行业标准的要求。

尾矿库安全现状评价工作应当有能够进行尾矿坝稳定性验算、尾矿库水文计算、构筑物计算的专业技术人员参加。

上游式尾矿坝堆积至二分之一至三分之二最终设计坝高时，应当对坝体进行一次全面勘察，并进行稳定性专项评价。

第二十条 尾矿库经安全现状评价或者专家论证被确定为危库、险库和病库的，生产经营单位应当分别采取下列措施：

（一）确定为危库的，应当立即停产，进行抢险，并向尾矿库所在地县级人民政府、安全生产监督管理部门和上级主管单位报告；

（二）确定为险库的，应当立即停产，在限定的时间内消除险情，并向尾矿库所在地县级人民政府、安全生产监督管理部门和上级主管单位报告；

（三）确定为病库的，应当在限定的时间内按照正常库标准进行整治，消除事故隐患。

第二十一条 生产经营单位应当建立健全防汛责任制，实施24小时监测监控和值班值守，并针对可能发生的垮坝、漫顶、排洪设施损毁等生产安全事故和影响尾矿库运行的洪水、泥石流、山体滑坡、地震等重大险情制定并及时修订应急救援预案，配备必要的应急救援器材、设备，放置在便于应急时使用的地方。

应急预案应当按照规定报相应的安全生产监督管理部门备案，并每年至少进行一次演练。

第二十二条 生产经营单位应当编制尾矿库年度、季度作业计划，严格按照作业计划生产运行，做好记录并长期保存。

第二十三条 生产经营单位应当建立尾矿库事故隐患排查治理制度，按照本规定和《尾矿库安全技术规程》的规定，及时发现并消除事故隐患。事故隐患排查治理情况应当如实记录，建立隐患排查治理档案，并向从业人员通报。

第二十四条 尾矿库出现下列重大险情之一的，生产经营单位应当按照安全监管权限和职责立即报告当地县级安全生产监督管理部门和人民政府，并启动应急预案，进行抢险：

（一）坝体出现严重的管涌、流土等现象的；

（二）坝体出现严重裂缝、坍塌和滑动迹象的；

（三）库内水位超过限制的最高洪水位的；

（四）在用排水井倒塌或者排水管（洞）坍塌堵塞的；

（五）其他危及尾矿库安全的重大险情。

第二十五条 尾矿库发生坝体坍塌、洪水漫顶等事故时，生产经营单位应当立即启动应急预案，进行抢险，防止事故扩大，避免和减少人员伤亡及财产损失，并立即报告当地县级安全生产监督管理部门和人民政府。

第二十六条 未经生产经营单位进行技术论证并同意，以及尾矿库建设项目安全设施设计原审批部门批准，任何单位和个人不得在库区从事爆破、采砂、地下采矿等危害尾矿库安全的作业。

第四章 尾矿库回采和闭库

第二十七条 尾矿回采再利用工程应当进行回采勘察、安全预评价和回采设计，回采设计应当包括安全设施设计,并编制安全专篇。

回采安全设施设计应当报安全生产监督管理部门审查批准。

生产经营单位应当按照回采设计实施尾矿回采,并在尾矿回采期间进行日常安全管理和检查,防止尾矿回采作业对尾矿坝安全造成影响。

尾矿全部回采后不再进行排尾作业的,生产经营单位应当及时报安全生产监督管理部门履行尾矿库注销手续。具体办法由省级安全生产监督管理部门制定。

第二十八条 尾矿库运行到设计最终标高或者不再进行排尾作业的,应当在一年内完成闭库。特殊情况不能按期完成闭库的,应当报经相应的安全生产监督管理部门同意后方可延期,但延长期限不得超过6个月。

库容小于10万立方米且总坝高低于10米的小型尾矿库闭库程序,由省级安全生产监督管理部门根据本地实际制定。

第二十九条 尾矿库运行到设计最终标高的前12个月内,生产经营单位应当进行闭库前的安全现状评价和闭库设计,闭库设计应当包括安全设施设计。

闭库安全设施设计应当经有关安全生产监督管理部门审查批准。

第三十条 尾矿库闭库工程安全设施验收,应当具备下列条件:

(一)尾矿库已停止使用;

(二)尾矿库闭库工程安全设施设计已经有关安全生产监督管理部门审查批准;

(三)有完备的闭库工程安全设施施工记录、竣工报告、竣工图和施工监理报告等;

(四)法律、行政法规和国家标准、行业标准规定的其他条件。

第三十一条 尾矿库闭库工程安全设施验收应当审查下列内容及资料:

(一)尾矿库库址所在行政区域位置、占地面积及尾矿库下游村庄、居民等情况;

(二)尾矿库建设和运行时间以及在建设和运行中曾经出现过的重大问题及其处理措施;

(三)尾矿库主要技术参数,包括初期坝结构、筑坝材料、堆坝方式、坝高、总库容、尾矿坝外坡坡比、尾矿粒度、尾矿堆积量、防洪排水型式等;

(四)闭库工程安全设施设计及审批文件;

(五)闭库工程安全设施设计的主要工程措施和闭库工程施工概况;

(六)闭库工程安全验收评价报告;

(七)闭库工程安全设施竣工报告及竣工图;

(八)施工监理报告;

(九)其他相关资料。

第三十二条 尾矿库闭库工作及闭库后的安全管理由原生产经营单位负责。对解散或者关闭破产的生产经营单位,其已关闭或者废弃的尾矿库的管理工作,由生产经营单位出资人或其上级主管单位负责;无上级主管单位或者出资人不明确的,由安全生产监督管理部门提请县级以上人民政府指定管理单位。

第五章 监督管理

第三十三条 安全生产监督管理部门应当严格按照有关法律、行政法规、国家标准、行业标准以及本规定要求和"分级属地"的原则,进行尾矿库建设项目安全设施设计审查;不符合规定条件的,不得批准。审查不得收取费用。

第三十四条 安全生产监督管理部门应当建立本行政区域内尾矿库安全生产监督检查档案,记录监督检查结果、生产安全事故及违法行为查处等情况。

第三十五条 安全生产监督管理部门应当加强对尾矿库生产经营单位安全生产的监督检查,对检查中发现的事故隐患和违法违规生产行为,依法作出处理。

第三十六条 安全生产监督管理部门应当建立尾矿库安全生产举报制度,公开举报电话、信箱或者电子邮件地址,受理有关举报;对受理的举报,应当认真调查核实;经查证属实的,应当依法作出处理。

第三十七条 安全生产监督管理部门应当加强本行政区域内生产经营单位应急预案的备案管理,并将尾矿库事故应急救援纳入地方各级人民政府应急救援体系。

第六章 法律责任

第三十八条 安全生产监督管理部门的工作人员,未依法履行尾矿库安全监督管理职责的,依照有关规定给予行政处分。

第三十九条 生产经营单位或者尾矿库管理单位违反本规定第八条第二款、第十九条、第二十条、第二十一条、第二十二条、第二十四条、第二十六条、第二十九条第一款规定的,给予警告,并处1万元以上3万元以下的罚款;对主管人员和直接责任人员由其所在单位或者上级主管单位给予行政处分;构成犯罪的,依法追究刑事责任。

生产经营单位或者尾矿库管理单位违反本规定第二十三条规定的,依照《安全生产法》实施处罚。

第四十条 生产经营单位或者尾矿库管理单位违反本规定第十八条规定的，给予警告，并处3万元的罚款；情节严重的，依法责令停产整顿或者提请县级以上地方人民政府按照规定权限予以关闭。

第四十一条 生产经营单位违反本规定第二十八条第一款规定不主动实施闭库的，给予警告，并处3万元的罚款。

第四十二条 本规定规定的行政处罚由安全生产监督管理部门决定。

法律、行政法规对行政处罚决定机关和处罚种类、幅度另有规定的，依照其规定。

第七章 附 则

第四十三条 本规定自2011年7月1日起施行。国家安全生产监督管理总局2006年公布的《尾矿库安全监督管理规定》（国家安全生产监督管理总局令第6号）同时废止。

遏制尾矿库"头顶库"重特大事故工作方案

1. 2016年5月20日国家安全生产监督管理总局发布
2. 安监总管一〔2016〕54号

一、遏制尾矿库"头顶库"重特大事故的必要性

2007年以来，按照国务院部署，各地区、各部门积极开展了尾矿库专项整治和综合治理行动，取得显著成效。但尾矿库"头顶库"（系指下游1公里〈含〉距离内有居民或重要设施的尾矿库）安全风险逐渐增大，易诱发重特大事故，亟待进一步综合治理。

（一）"头顶库"数量多、安全基础薄弱，易引发生产安全事故。据统计，截至2015年底，全国仍有"头顶库"1425座（见附件），其中病库131座。"头顶库"小库多，部分库缺乏正规设计，建设标准低，事故隐患较重，安全保障能力与抵御风险能力低，安全现状差。

（二）"头顶库"溃坝事故引发的重特大事故概率高。据初步统计，自新中国成立以来，"头顶库"发生溃坝事故21起，占尾矿库溃坝事故总数的55%左右，其中重特大事故13起、死亡707人，全部发生在"头顶库"。特别是2008年山西襄汾新塔矿业公司"9·8"特别重大尾矿库溃坝事故，造成281人死亡，直接经济损失达9619.2万元，社会影响极为恶劣。

（三）"头顶库"溃坝事故突发性强，应急时间短。"头顶库"溃坝时间短、泥砂流速大，从坝脚到下游1公里处往往只有几分钟，应急时间非常短，下游居民撤离和设施转移难度大。

（四）"头顶库"事故易引发社会问题。"头顶库"对下游居民、设施存在较大威胁，影响了当地的和谐稳定。近年来，信访举报和上访反映"头顶库"事故隐患事件不断增加。

二、指导思想和工作目标

（一）指导思想。深入贯彻落实习近平总书记、李克强总理等党中央、国务院领导同志关于加强安全生产的重要指示批示精神，牢固树立安全发展理念和红线意识，按照"政府引导、社会支持、企业负责"和专项治理与构建长效机制相结合原则，深入开展综合治理，建立完善"头顶库"风险管控和隐患排查治理双重预防性工作机制，切实防止"头顶库"重特大事故发生。

（二）工作目标。

1. 全面消除尾矿库中的病库。通过实施"头顶库"安全隐患治理，全面消除"头顶库"中的131座病库，确保"头顶库"达到正常库运行标准。与此同时，对其他病库治理工作进行回头看，及时消除事故隐患。

2. 全面提高"头顶库"的安全保障能力。鼓励企业采取提等改造、提级管理等综合治理方式，不断提升"头顶库"本质安全水平，增强"头顶库"抵御风险的能力，严防发生"头顶库"重特大事故。

3. 推进生产运行的"头顶库"全面开展安全生产标准化达标创建工作。

4. 完善应急管理机制。推动建立"头顶库"应急救援联防联动机制，有效防范汛期和极端气候引发的事故灾难。

三、综合治理方式和进度安排

（一）综合治理方式。

主要包括：隐患治理、升级改造、闭库及销库、尾矿综合利用和下游居民搬迁等五种治理方式。一座"头顶库"可以采用一种或几种并用的方式进行治理。

1. 隐患治理。对于"头顶库"中的病库，应进行隐患治理，消除"头顶库"的事故隐患，达到正常库要求。

2. 升级改造。分为提等改造、工艺改造和强化保障。

（1）提等改造：采用提高设计等级或按设计等级上限的方式，采取完善或增设排洪设施、加固坝体、降低浸润线埋深、降低坝坡比、建设安全监测设施等措施，进一步提高尾矿库防排洪能力和坝体稳定性，提高抵御事故风险能力。

（2）工艺改造：对于无法提等改造的"头顶库"，在

条件允许的情况下，采用改造尾矿堆存、尾矿库筑坝和尾矿放矿等工艺的方式，提高“头顶库”的安全性。其中，尾矿堆存工艺改造指尾矿湿排工艺改为干堆或膏堆工艺等；尾矿库筑坝工艺改造指尾矿堆坝改为一次建坝、上游法尾矿堆坝改中线法尾矿堆坝等；尾矿放矿工艺改造指改变放矿浓度、改变放矿位置等（如坝前放矿、库尾放矿和周边放矿）。

（3）强化保障：是指在正常库基础上根据危害程度对“头顶库”按设计等级上限采取额外增设汛期非常溢洪道、增设在线监测设施、降低设计坝高和设计库容等措施，进一步提高“头顶库”安全保障水平和事故预警能力。

3. 闭库及销库。闭库：对于达到闭库条件的“头顶库”及时进行闭库；销库：将“头顶库”内的尾矿全部移走或综合利用，拆除尾矿设施和初期坝后，或者闭库后及时将尾矿库用地复垦为耕地、林地或园地等其他用地，注销该“头顶库”，彻底消除事故危险源。

4. 尾矿综合利用。对有条件的“头顶库”，可适时推广井下充填、尾矿综合利用（如制作建筑材料等）等措施消耗尾矿，降低尾矿库等别，降低安全风险。

5. 下游居民搬迁。对势能较大、安全风险高、对下游居民威胁程度大的“头顶库”，经地方政府组织充分论证以后对下游居民进行搬迁。

（二）进度安排。本项工作从2016年6月开始，至2018年12月结束。2016年各地区根据国家安全监管总局的统一部署，对本地区“头顶库”再次进行详细排查，研究制定本地区尾矿库“头顶库”综合治理方案，制定具体的治理措施和实施计划，确定重点区域，启动重点项目的治理工作；2017年，在重点治理的基础上，对所有“头顶库”进行综合治理，提升“头顶库”安全度；2018年，基本完成“头顶库”综合治理工作，严格市场准入，强化监管规范企业生产运行，推动“头顶库”全面实现安全生产。

四、工作要求

（一）加强领导，制定方案。各级安全监管部门和企业要进一步提高防范“头顶库”重特大事故重要性的认识，在地方政府的领导下，把提升“头顶库”本质安全水平，有效防范“头顶库”生产安全事故，保障人民群众生命财产安全作为一项重要任务来抓。要强化领导，健全组织，落实责任，加强安全监管和管理。要按照本方案要求，本着“一库一案”的原则，编制符合实际的“头顶库”综合治理方案，确保方案的针对性、科学性和可操作性。

（二）突出重点，分类推进。在进一步摸清底数的基础上，对坝下居民、学校、厂矿及重要设施多的“头顶库”进行风险评估论证，确定重点治理区域及重点治理项目，研究落实具体治理措施和计划，分步实施，有序推进。

（三）明确责任，强化措施。要按照“政府引导、社会支持、企业负责”的原则，强化企业治理主体责任和地方政府监管责任的落实。要落实相关政策，鼓励企业采取提级改造、闭库及销库、综合利用和搬迁等有效方式，提高“头顶库”安全保障能力。要充分发挥社会各方面力量，为尾矿库治理提供设计、咨询、服务等技术管理支撑服务。要强化对“头顶库”的安全监管，明确企业、监管责任单位和人员，督促尾矿库企业设立警示标识，标明基本信息、数据和责任人，防范和化解各类风险。加强“头顶库”汛期安全督查检查，严防因恶劣天气影响发生溃坝事故。

（四）强基固本，源头管控。要督促尾矿库企业进一步健全完善安全生产责任和管理制度，加大安全投入，强化生产运行、隐患排查治理、从业人员素质和应急管理等基础工作。要按照国家法律、法规、标准规定的要求，强化源头管理，严格尾矿库项目选址、安全设施设计审查等准入环节，严防新的“头顶库”和新的病库产生。

（五）加强督导，严格验收。各地区要加大对“头顶库”综合治理工作的监督检查力度，选树典型，推广经验，及时研究和解决工作中遇到的问题。要加大宣传工作力度，取得公众对“头顶库”安全隐患治理工作的理解和支持。要认真组织好验收工作，扎实推进“头顶库”综合治理工作，确保治理效果，确保各类尾矿库的安全运行。

附件：全国“头顶库”统计表（略）

5. 相关规定

小型露天采石场安全管理与监督检查规定

1. 2011年5月4日国家安全生产监督管理总局令第39号公布

2. 根据2015年5月26日国家安全生产监督管理总局令第78号《关于废止和修改非煤矿矿山领域九部规章的决定》修正

第一章 总 则

第一条 为预防和减少小型露天采石场生产安全事故，保障从业人员的安全与健康，根据《安全生产法》、《矿山安全法》、《安全生产许可证条例》等有关法律、行政法规，制定本规定。

第二条 年生产规模不超过50万吨的山坡型露天采石作业单位(以下统称小型露天采石场)的安全生产及对其监督管理，适用本规定。

开采型材和金属矿产资源的小型露天矿山的安全生产及对其监督管理，不适用本规定。

第三条 县级以上地方人民政府安全生产监督管理部门对小型露天采石场的安全生产实施监督管理。所辖区域内有小型露天采石场的乡(镇)应当明确负责安全生产工作的管理人员及其职责。

第二章 安全生产保障

第四条 小型露天采石场主要负责人对本单位的安全生产工作负总责，应当组织制定和落实安全生产责任制，改善劳动条件和作业环境，保证安全生产投入的有效实施。

小型露天采石场主要负责人应当经安全生产监督管理部门考核合格并取得安全资格证书。

第五条 小型露天采石场应当建立健全安全生产管理制度和岗位安全操作规程，至少配备一名专职安全生产管理人员。

安全生产管理人员应当按照国家有关规定经安全生产监督管理部门考核合格并取得安全资格证书。

第六条 小型露天采石场应当至少配备一名专业技术人员，或者聘用专业技术人员、注册安全工程师、委托相关技术服务机构为其提供安全生产管理服务。

第七条 小型露天采石场新进矿山的作业人员应当接受不少于40小时的安全培训，已在岗的作业人员应当每年接受不少于20小时的安全再培训。

特种作业人员必须按照国家有关规定经专门的安全技术培训并考核合格，取得特种作业操作证书后，方可上岗作业。

第八条 小型露天采石场必须参加工伤保险，按照国家有关规定提取和使用安全生产费用。

第九条 新建、改建、扩建小型露天采石场应当由具有建设主管部门认定资质的设计单位编制开采设计或者开采方案。采石场布置和开采方式发生重大变化时，应当重新编制开采设计或者开采方案，并由原审查部门审查批准。

第十条 小型露天采石场新建、改建、扩建工程项目安全设施应当按照规定履行设计审查程序。

第十一条 小型露天采石场应当依法取得非煤矿矿山企业安全生产许可证。未取得安全生产许可证的，不得从事生产活动。

在安全生产许可证有效期内采矿许可证到期失效的，小型露天采石场应当在采矿许可证到期前15日内向原安全生产许可证颁发管理机关报告，并交回安全生产许可证正本和副本。

第十二条 相邻的采石场开采范围之间最小距离应当大于300米。对可能危及对方生产安全的，双方应当签订安全生产管理协议，明确各自的安全生产管理职责和应当采取的安全措施，指定专门人员进行安全检查与协调。

第十三条 小型露天采石场应当采用中深孔爆破，严禁采用扩壶爆破、掏底崩落、掏挖开采和不分层的“一面墙”等开采方式。

不具备实施中深孔爆破条件的，由所在地安全生产监督管理部门聘请有关专家进行论证，经论证符合要求的，方可采用浅孔爆破开采。

小型露天采石场实施中深孔爆破条件的审核办法，由省级安全生产监督管理部门制定。

第十四条 不采用爆破方式直接使用挖掘机进行采矿作业的，台阶高度不得超过挖掘机最大挖掘高度。

第十五条 小型露天采石场应当采用台阶式开采。不能采用台阶式开采的，应当自上而下分层顺序开采。

分层开采的分层高度、最大开采高度(第一分层的坡顶线到最后一分层的坡底线的垂直距离)和最终边坡角由设计确定，实施浅孔爆破作业时，分层数不得超过6个，最大开采高度不得超过30米；实施中深孔爆破作业时，分层高度不得超过20米，分层数不得超过3个，最大开采高度不得超过60米。

分层开采的凿岩平台宽度由设计确定，最小凿岩平台宽度不得小于4米。

分层开采的底部装运平台宽度由设计确定，且应当满足调车作业所需的最小平台宽度要求。

第十六条　小型露天采石场应当遵守国家有关民用爆炸物品和爆破作业的安全规定，由具有相应资格的爆破作业人员进行爆破，设置爆破警戒范围，实行定时爆破制度。不得在爆破警戒范围内避炮。

禁止在雷雨、大雾、大风等恶劣天气条件下进行爆破作业。雷电高发地区应当选用非电起爆系统。

第十七条　对爆破后产生的大块矿岩应当采用机械方式进行破碎，不得使用爆破方式进行二次破碎。

第十八条　承包爆破作业的专业服务单位应当取得爆破作业单位许可证，承包采矿和剥离作业的采掘施工单位应当持有非煤矿矿山企业安全生产许可证。

第十九条　采石场上部需要剥离的，剥离工作面应当超前于开采工作面4米以上。

第二十条　小型露天采石场在作业前和作业中以及每次爆破后，应当对坡面进行安全检查。发现工作面有裂痕，或者在坡面上有浮石、危石和伞檐体可能塌落时，应当立即停止作业并撤离人员至安全地点，采取安全措施和消除隐患。

采石场的入口道路及相关危险源点应当设置安全警示标志，严禁任何人员在边坡底部休息和停留。

第二十一条　在坡面上进行排险作业时，作业人员应当系安全带，不得站在危石、浮石上及悬空作业。严禁在同一坡面上下双层或者多层同时作业。

距工作台阶坡底线50米范围内不得从事碎石加工作业。

第二十二条　小型露天采石场应当采用机械铲装作业，严禁使用人工装运矿岩。

同一工作面有两台铲装机械作业时，最小间距应当大于铲装机械最大回转半径的2倍。

严禁自卸汽车运载易燃、易爆物品；严禁超载运输；装载与运输作业时，严禁在驾驶室外侧、车斗内站人。

第二十三条　废石、废碴应当排放到废石场。废石场的设置应当符合设计要求和有关安全规定。顺山或顺沟排放废石、废碴的，应当有防止泥石流的具体措施。

第二十四条　电气设备应当有接地、过流、漏电保护装置。变电所应当有独立的避雷系统和防火、防潮与防止小动物窜入带电部位的措施。

第二十五条　小型露天采石场应当制定完善的防洪措施。对开采境界上方汇水影响安全的，应当设置截水沟。

第二十六条　小型露天采石场应当制定应急救援预案，建立兼职救援队伍，明确救援人员的职责，并与邻近的矿山救护队或者其他具备救护条件的单位签订救护协议。发生生产安全事故时，应当立即组织抢救，并在1小时内向当地安全生产监督管理部门报告。

第二十七条　小型露天采石场应当加强粉尘检测和防治工作，采取有效措施防治职业危害，建立职工健康档案，为从业人员提供符合国家标准或者行业标准的劳动防护用品和劳动保护设施，并指导监督其正确使用。

第二十八条　小型露天采石场应当在每年年末测绘采石场开采现状平面图和剖面图，并归档管理。

第三章　监督检查

第二十九条　安全生产监督管理部门应当加强对小型露天采石场的监督检查，对检查中发现的事故隐患和安全生产违法违规行为，依法作出现场处理或者实施行政处罚。

第三十条　安全生产监督管理部门应当建立健全本行政区域内小型露天采石场的安全生产档案，记录监督检查结果、生产安全事故和违法行为查处等情况。

第三十一条　对于未委托具备相应资质的设计单位编制开采设计或者开采方案，以及周边300米范围内存在生产生活设施的小型露天采石场，不得对其进行审查和验收。

第三十二条　安全生产监督管理部门应当加强对小型露天采石场实施中深孔爆破条件的监督检查。严格限制小型露天采石场采用浅孔爆破开采方式。

第三十三条　安全生产监督管理部门应当督促小型露天采石场加强对承包作业的采掘施工单位的管理，明确双方安全生产责任。

第三十四条　安全生产监督管理部门应当加强本行政区域内小型露天采石场应急预案的管理，督促乡（镇）人民政府做好事故应急救援的协调工作。

第四章　法律责任

第三十五条　安全生产监督管理部门及其工作人员违反法律法规和本规定，未依法履行对小型露天采石场安全生产监督检查职责的，依法给予行政处分。

第三十六条　违反本规定第六条规定的，责令限期改正，并处1万元以下的罚款。

第三十七条　违反本规定第十条规定的，责令停止建设或者停产停业整顿，限期改正；逾期未改正的，处50万元以上 100 万元以下的罚款，对其直接负责的主管人员和其他直接责任人员处 2 万元以上 5 万元以下的罚款；构成犯罪的，依照刑法有关规定追究刑事责任。

第三十八条 违反本规定第十一条第一款规定的，责令停止生产，没收违法所得，并处 10 万元以上 50 万元以下的罚款。

第三十九条 违反本规定第十二条、第十三条第一、二款、第十四条、第十五条、第十六条、第十七条、第十九条、第二十条第一款、第二十一条、第二十二条规定的，给予警告，并处 1 万元以上 3 万元以下的罚款。

第四十条 违反本规定第二十三条、第二十四条、第二十五条、第二十八条规定的，给予警告，并处 2 万元以下的罚款。

第四十一条 本规定规定的行政处罚由安全生产监督管理部门决定。法律、行政法规对行政处罚另有规定的，依照其规定。

第五章 附 则

第四十二条 省、自治区、直辖市人民政府安全生产监督管理部门可以根据本规定制定实施细则，报国家安全生产监督管理总局备案。

第四十三条 本规定自 2011 年 7 月 1 日起施行。2004 年 12 月 28 日原国家安全生产监督管理局（国家煤矿安全监察局）公布的《小型露天采石场安全生产暂行规定》（原国家安全生产监督管理局〈国家煤矿安全监察局〉令第 19 号）同时废止。

非煤矿矿山企业安全生产许可证实施办法

1. 2009 年 6 月 8 日国家安全生产监督管理总局令第 20 号公布

2. 根据 2015 年 5 月 26 日国家安全生产监督管理总局令第 78 号《关于废止和修改非煤矿矿山领域九部规章的决定》修正

第一章 总 则

第一条 为了严格规范非煤矿矿山企业安全生产条件，做好非煤矿矿山企业安全生产许可证的颁发管理工作，根据《安全生产许可证条例》等法律、行政法规，制定本实施办法。

第二条 非煤矿矿山企业必须依照本实施办法的规定取得安全生产许可证。

未取得安全生产许可证的，不得从事生产活动。

第三条 非煤矿矿山企业安全生产许可证的颁发管理工作实行企业申请、两级发证、属地监管的原则。

第四条 国家安全生产监督管理总局指导、监督全国非煤矿矿山企业安全生产许可证的颁发管理工作，负责海洋石油天然气企业安全生产许可证的颁发和管理。

省、自治区、直辖市人民政府安全生产监督管理部门（以下简称省级安全生产许可证颁发管理机关）负责本行政区域内除本条第一款规定以外的非煤矿矿山企业安全生产许可证的颁发和管理。

省级安全生产许可证颁发管理机关可以委托设区的市级安全生产监督管理部门实施非煤矿矿山企业安全生产许可证的颁发管理工作；但中央管理企业所属非煤矿矿山的安全生产许可证颁发管理工作不得委托实施。

第五条 本实施办法所称的非煤矿矿山企业包括金属非金属矿山企业及其尾矿库、地质勘探单位、采掘施工企业、石油天然气企业。

金属非金属矿山企业，是指从事金属和非金属矿产资源开采活动的下列单位：

1. 专门从事矿产资源开采的生产单位；

2. 从事矿产资源开采、加工的联合生产企业及其矿山生产单位；

3. 其他非矿山企业中从事矿山生产的单位。

尾矿库，是指筑坝拦截谷口或者围地构成的，用以贮存金属非金属矿石选别后排出尾矿的场所，包括氧化铝厂赤泥库，不包括核工业矿山尾矿库及电厂灰渣库。

地质勘探单位，是指采用钻探工程、坑探工程对金属非金属矿产资源进行勘探作业的单位。

采掘施工企业，是指承担金属非金属矿山采掘工程施工的单位。

石油天然气企业，是指从事石油和天然气勘探、开发生产、储运的单位。

第二章 安全生产条件和申请

第六条 非煤矿矿山企业取得安全生产许可证，应当具备下列安全生产条件：

（一）建立健全主要负责人、分管负责人、安全生产管理人员、职能部门、岗位安全生产责任制；制定安全检查制度、职业危害预防制度、安全教育培训制度、生产安全事故管理制度、重大危险源监控和重大隐患整改制度、设备安全管理制度、安全生产档案管理制度、安全生产奖惩制度等规章制度；制定作业安全规程和各工种操作规程；

（二）安全投入符合安全生产要求，依照国家有关规定足额提取安全生产费用；

（三）设置安全生产管理机构，或者配备专职安全生产管理人员；

（四）主要负责人和安全生产管理人员经安全生产监督管理部门考核合格，取得安全资格证书；

（五）特种作业人员经有关业务主管部门考核合格，取得特种作业操作资格证书；

（六）其他从业人员依照规定接受安全生产教育和培训，并经考试合格；

（七）依法参加工伤保险，为从业人员缴纳保险费；

（八）制定防治职业危害的具体措施，并为从业人员配备符合国家标准或者行业标准的劳动防护用品；

（九）新建、改建、扩建工程项目依法进行安全评价，其安全设施经验收合格；

（十）危险性较大的设备、设施按照国家有关规定进行定期检测检验；

（十一）制定事故应急救援预案，建立事故应急救援组织，配备必要的应急救援器材、设备；生产规模较小可以不建立事故应急救援组织的，应当指定兼职的应急救援人员，并与邻近的矿山救护队或者其他应急救援组织签订救护协议；

（十二）符合有关国家标准、行业标准规定的其他条件。

第七条　海洋石油天然气企业申请领取安全生产许可证，向国家安全生产监督管理总局提出申请。

本条第一款规定以外的其他非煤矿矿山企业申请领取安全生产许可证，向企业所在地省级安全生产许可证颁发管理机关或其委托的设区的市级安全生产监督管理部门提出申请。

第八条　非煤矿矿山企业申请领取安全生产许可证，应当提交下列文件、资料：

（一）安全生产许可证申请书；

（二）工商营业执照复印件；

（三）采矿许可证复印件；

（四）各种安全生产责任制复印件；

（五）安全生产规章制度和操作规程目录清单；

（六）设置安全生产管理机构或者配备专职安全生产管理人员的文件复印件；

（七）主要负责人和安全生产管理人员安全资格证书复印件；

（八）特种作业人员操作资格证书复印件；

（九）足额提取安全生产费用的证明材料；

（十）为从业人员缴纳工伤保险费的证明材料；因特殊情况不能办理工伤保险的，可以出具办理安全生产责任保险的证明材料；

（十一）涉及人身安全、危险性较大的海洋石油开采特种设备和矿山井下特种设备由具备相应资质的检测检验机构出具合格的检测检验报告，并取得安全使用证或者安全标志；

（十二）事故应急救援预案，设立事故应急救援组织的文件或者与矿山救护队、其他应急救援组织签订的救护协议；

（十三）矿山建设项目安全设施验收合格的书面报告。

第九条　非煤矿矿山企业总部申请领取安全生产许可证，不需要提交本实施办法第八条第（三）、（八）、（九）、（十）、（十一）、（十二）、（十三）项规定的文件、资料。

第十条　金属非金属矿山企业从事爆破作业的，除应当依照本实施办法第八条的规定提交相应文件、资料外，还应当提交《爆破作业单位许可证》。

第十一条　尾矿库申请领取安全生产许可证，不需要提交本实施办法第八条第（三）项规定的文件、资料。

第十二条　地质勘探单位申请领取安全生产许可证，不需要提交本实施办法第八条第（三）、（九）、（十三）项规定的文件、资料，但应当提交地质勘查资质证书复印件；从事爆破作业的，还应当提交《爆破作业单位许可证》。

第十三条　采掘施工企业申请领取安全生产许可证，不需要提交本实施办法第八条第（三）、（九）、（十三）项规定的文件、资料，但应当提交矿山工程施工相关资质证书复印件；从事爆破作业的，还应当提交《爆破作业单位许可证》。

第十四条　石油天然气勘探单位申请领取安全生产许可证，不需要提交本实施办法第八条第（三）、（十三）项规定的文件、资料；石油天然气管道储运单位申请领取安全生产许可证不需要提交本实施办法第八条第（三）项规定的文件、资料。

第十五条　非煤矿矿山企业应当对其向安全生产许可证颁发管理机关提交的文件、资料实质内容的真实性负责。

从事安全评价、检测检验的中介机构应当对其出具的安全评价报告、检测检验结果负责。

第三章　受理、审核和颁发

第十六条　安全生产许可证颁发管理机关对非煤矿矿山

企业提交的申请书及文件、资料，应当依照下列规定分别处理：

（一）申请事项不属于本机关职权范围的，应当即时作出不予受理的决定，并告知申请人向有关机关申请；

（二）申请材料存在可以当场更正的错误的，应当允许或者要求申请人当场更正，并即时出具受理的书面凭证；

（三）申请材料不齐全或者不符合要求的，应当当场或者在5个工作日内一次性书面告知申请人需要补正的全部内容，逾期不告知的，自收到申请材料之日起即为受理；

（四）申请材料齐全、符合要求或者依照要求全部补正的，自收到申请材料或者全部补正材料之日起为受理。

第十七条 安全生产许可证颁发管理机关应当依照本实施办法规定的法定条件组织，对非煤矿矿山企业提交的申请材料进行审查，并在受理申请之日起45日内作出颁发或者不予颁发安全生产许可证的决定。安全生产许可证颁发管理机关认为有必要到现场对非煤矿矿山企业提交的申请材料进行复核的，应当到现场进行复核。复核时间不计算在本款规定的期限内。

对决定颁发的，安全生产许可证颁发管理机关应当自决定之日起10个工作日内送达或者通知申请人领取安全生产许可证；对决定不予颁发的，应当在10个工作日内书面通知申请人并说明理由。

第十八条 安全生产许可证颁发管理机关应当依照下列规定颁发非煤矿矿山企业安全生产许可证：

（一）对金属非金属矿山企业，向企业及其所属各独立生产系统分别颁发安全生产许可证；对于只有一个独立生产系统的企业，只向企业颁发安全生产许可证；

（二）对中央管理的陆上石油天然气企业，向企业总部直接管理的分公司、子公司以及下一级与油气勘探、开发生产、储运直接相关的生产作业单位分别颁发安全生产许可证；对设有分公司、子公司的地方石油天然气企业，向企业总部及其分公司、子公司颁发安全生产许可证；对其他陆上石油天然气企业，向具有法人资格的企业颁发安全生产许可证；

（三）对海洋石油天然气企业，向企业及其直接管理的分公司、子公司以及下一级与油气开发生产直接相关的生产作业单位、独立生产系统分别颁发安全生产许可证；对其他海洋石油天然气企业，向具有法人资格的企业颁发安全生产许可证；

（四）对地质勘探单位，向最下级具有企事业法人资格的单位颁发安全生产许可证。对采掘施工企业，向企业颁发安全生产许可证；

（五）对尾矿库单独颁发安全生产许可证。

第四章 安全生产许可证延期和变更

第十九条 安全生产许可证的有效期为3年。安全生产许可证有效期满后需要延期的，非煤矿矿山企业应当在安全生产许可证有效期届满前3个月向原安全生产许可证颁发管理机关申请办理延期手续，并提交下列文件、资料：

（一）延期申请书；

（二）安全生产许可证正本和副本；

（三）本实施办法第二章规定的相应文件、资料。

金属非金属矿山独立生产系统和尾矿库，以及石油天然气独立生产系统和作业单位还应当提交由具备相应资质的中介服务机构出具的合格的安全现状评价报告。

金属非金属矿山独立生产系统和尾矿库在提出延期申请之前6个月内经考评合格达到安全标准化等级的，可以不提交安全现状评价报告，但需要提交安全标准化等级的证明材料。

安全生产许可证颁发管理机关应当依照本实施办法第十六条、第十七条的规定，对非煤矿矿山企业提交的材料进行审查，并作出是否准予延期的决定。决定准予延期的，应当收回原安全生产许可证，换发新的安全生产许可证；决定不准予延期的，应当书面告知申请人并说明理由。

第二十条 非煤矿矿山企业符合下列条件的，当安全生产许可证有效期届满申请延期时，经原安全生产许可证颁发管理机关同意，不再审查，直接办理延期手续：

（一）严格遵守有关安全生产的法律法规的；

（二）取得安全生产许可证后，加强日常安全生产管理，未降低安全生产条件，并达到安全标准化等级二级以上的；

（三）接受安全生产许可证颁发管理机关及所在地人民政府安全生产监督管理部门的监督检查的；

（四）未发生死亡事故的。

第二十一条 非煤矿矿山企业在安全生产许可证有效期内有下列情形之一的，应当自工商营业执照变更之日起30个工作日内向原安全生产许可证颁发管理机关申请变更安全生产许可证：

（一）变更单位名称的；

（二）变更主要负责人的；

（三）变更单位地址的；

（四）变更经济类型的；

（五）变更许可范围的。

第二十二条　非煤矿矿山企业申请变更安全生产许可证时，应当提交下列文件、资料：

（一）变更申请书；

（二）安全生产许可证正本和副本；

（三）变更后的工商营业执照、采矿许可证复印件及变更说明材料。

变更本实施办法第二十一条第（二）项的，还应当提交变更后的主要负责人的安全资格证书复印件。

对已经受理的变更申请，安全生产许可证颁发管理机关对申请人提交的文件、资料审查无误后，应当在10个工作日内办理变更手续。

第二十三条　安全生产许可证申请书、审查书、延期申请书和变更申请书由国家安全生产监督管理总局统一格式。

第二十四条　非煤矿矿山企业安全生产许可证分为正本和副本，正本和副本具有同等法律效力，正本为悬挂式，副本为折页式。

非煤矿矿山企业安全生产许可证由国家安全生产监督管理总局统一印制和编号。

第五章　安全生产许可证的监督管理

第二十五条　非煤矿矿山企业取得安全生产许可证后，应当加强日常安全生产管理，不得降低安全生产条件，并接受所在地县级以上安全生产监督管理部门的监督检查。

第二十六条　地质勘探单位、采掘施工单位在登记注册的省、自治区、直辖市以外从事作业的，应当向作业所在地县级以上安全生产监督管理部门书面报告。

第二十七条　非煤矿矿山企业不得转让、冒用、买卖、出租、出借或者使用伪造的安全生产许可证。

第二十八条　非煤矿矿山企业发现在安全生产许可证有效期内采矿许可证到期失效的，应当在采矿许可证到期前15日内向原安全生产许可证颁发管理机关报告，并交回安全生产许可证正本和副本。

采矿许可证被暂扣、撤销、吊销和注销的，非煤矿矿山企业应当在暂扣、撤销、吊销和注销后5日内向原安全生产许可证颁发管理机关报告，并交回安全生产许可证正本和副本。

第二十九条　安全生产许可证颁发管理机关应当坚持公开、公平、公正的原则，严格依照本实施办法的规定审查、颁发安全生产许可证。

安全生产许可证颁发管理机关工作人员在安全生产许可证颁发、管理和监督检查工作中，不得索取或者接受非煤矿矿山企业的财物，不得谋取其他利益。

第三十条　安全生产许可证颁发管理机关发现有下列情形之一的，应当撤销已经颁发的安全生产许可证：

（一）超越职权颁发安全生产许可证的；

（二）违反本实施办法规定的程序颁发安全生产许可证的；

（三）不具备本实施办法规定的安全生产条件颁发安全生产许可证的；

（四）以欺骗、贿赂等不正当手段取得安全生产许可证的。

第三十一条　取得安全生产许可证的非煤矿矿山企业有下列情形之一的，安全生产许可证颁发管理机关应当注销其安全生产许可证：

（一）终止生产活动的；

（二）安全生产许可证被依法撤销的；

（三）安全生产许可证被依法吊销的。

第三十二条　非煤矿矿山企业隐瞒有关情况或者提供虚假材料申请安全生产许可证的，安全生产许可证颁发管理机关不予受理，该企业在1年内不得再次申请安全生产许可证。

非煤矿矿山企业以欺骗、贿赂等不正当手段取得安全生产许可证后被依法予以撤销的，该企业3年内不得再次申请安全生产许可证。

第三十三条　县级以上地方人民政府安全生产监督管理部门负责本行政区域内取得安全生产许可证的非煤矿矿山企业的日常监督检查，并将监督检查中发现的问题及时报告安全生产许可证颁发管理机关。中央管理的非煤矿矿山企业由设区的市级以上地方人民政府安全生产监督管理部门负责日常监督检查。

国家安全生产监督管理总局负责取得安全生产许可证的中央管理的非煤矿矿山企业总部和海洋石油天然气企业的日常监督检查。

第三十四条　安全生产许可证颁发管理机关每6个月向社会公布取得安全生产许可证的非煤矿矿山企业名单。

第三十五条　安全生产许可证颁发管理机关应当将非煤矿矿山企业安全生产许可证颁发管理情况通报非煤矿矿山企业所在地县级以上地方人民政府及其安全生产监督管理部门。

第三十六条　安全生产许可证颁发管理机关应当加强对

非煤矿矿山企业安全生产许可证的监督管理，建立、健全非煤矿矿山企业安全生产许可证信息管理制度。

省级安全生产许可证颁发管理机关应当在安全生产许可证颁发之日起1个月内将颁发和管理情况录入到全国统一的非煤矿矿山企业安全生产许可证管理系统。

第三十七条　任何单位或者个人对违反《安全生产许可证条例》和本实施办法规定的行为，有权向安全生产许可证颁发管理机关或者监察机关等有关部门举报。

第六章　罚　　则

第三十八条　安全生产许可证颁发管理机关工作人员有下列行为之一的，给予降级或者撤职的行政处分；构成犯罪的，依法追究刑事责任：

（一）向不符合本实施办法规定的安全生产条件的非煤矿矿山企业颁发安全生产许可证的；

（二）发现非煤矿矿山企业未依法取得安全生产许可证擅自从事生产活动，不依法处理的；

（三）发现取得安全生产许可证的非煤矿矿山企业不再具备本实施办法规定的安全生产条件，不依法处理的；

（四）接到对违反本实施办法规定行为的举报后，不及时处理的；

（五）在安全生产许可证颁发、管理和监督检查工作中，索取或者接受非煤矿矿山企业的财物，或者谋取其他利益的。

第三十九条　承担安全评价、认证、检测、检验工作的机构，出具虚假证明的，没收违法所得；违法所得在10万元以上的，并处违法所得2倍以上5倍以下的罚款；没有违法所得或者违法所得不足10万元的，单处或者并处10万元以上20万元以下的罚款；对其直接负责的主管人员和其他直接责任人员处2万元以上5万元以下的罚款；给他人造成损害的，与建设单位承担连带赔偿责任；构成犯罪的，依照刑法有关规定追究刑事责任。

对有前款违法行为的机构，吊销其相应资质。

第四十条　取得安全生产许可证的非煤矿矿山企业不再具备本实施办法第六条规定的安全生产条件之一的，应当暂扣或者吊销其安全生产许可证。

第四十一条　取得安全生产许可证的非煤矿矿山企业有下列行为之一的，吊销其安全生产许可证：

（一）倒卖、出租、出借或者以其他形式非法转让安全生产许可证的；

（二）暂扣安全生产许可证后未按期整改或者整改后仍不具备安全生产条件的。

第四十二条　非煤矿矿山企业有下列行为之一的，责令停止生产，没收违法所得，并处10万元以上50万元以下的罚款：

（一）未取得安全生产许可证，擅自进行生产的；

（二）接受转让的安全生产许可证的；

（三）冒用安全生产许可证的；

（四）使用伪造的安全生产许可证的。

第四十三条　非煤矿矿山企业在安全生产许可证有效期内出现采矿许可证有效期届满和采矿许可证被暂扣、撤销、吊销、注销的情况，未依照本实施办法第二十八条的规定向安全生产许可证颁发管理机关报告并交回安全生产许可证的，处1万元以上3万元以下罚款。

第四十四条　非煤矿矿山企业在安全生产许可证有效期内，出现需要变更安全生产许可证的情形，未按本实施办法第二十一条的规定申请、办理变更手续的，责令限期办理变更手续，并处1万元以上3万元以下罚款。

地质勘探单位、采掘施工单位在登记注册地以外进行跨省作业，未按照本实施办法第二十六条的规定书面报告的，责令限期办理书面报告手续，并处1万元以上3万元以下的罚款。

第四十五条　非煤矿矿山企业在安全生产许可证有效期满未办理延期手续，继续进行生产的，责令停止生产，限期补办延期手续，没收违法所得，并处5万元以上10万元以下的罚款；逾期仍不办理延期手续，继续进行生产的，依照本实施办法第四十二条的规定处罚。

第四十六条　非煤矿矿山企业转让安全生产许可证的，没收违法所得，并处10万元以上50万元以下的罚款。

第四十七条　本实施办法规定的行政处罚，由安全生产许可证颁发管理机关决定。安全生产许可证颁发管理机关可以委托县级以上安全生产监督管理部门实施行政处罚。但撤销、吊销安全生产许可证和撤销有关资格的行政处罚除外。

第七章　附　　则

第四十八条　本实施办法所称非煤矿矿山企业独立生产系统，是指具有相对独立的采掘生产系统及通风、运输（提升）、供配电、防排水等辅助系统的作业单位。

第四十九条　危险性较小的地热、温泉、矿泉水、卤水、砖瓦用粘土等资源开采活动的安全生产许可，由省级安全生产许可证颁发管理机关决定。

第五十条　同时开采煤炭与金属非金属矿产资源且以煤炭、煤层气为主采矿种的煤系矿山企业应当申请领取煤矿企业安全生产许可证，不再申请领取非煤矿矿山企业安全生产许可证。

第五十一条　本实施办法自公布之日起施行。2004 年 5 月 17 日原国家安全生产监督管理局(国家煤矿安全监察局)公布的《非煤矿山企业安全生产许可证实施办法》同时废止。

金属非金属矿山重大事故隐患判定标准

1. 2022 年 7 月 8 日国家矿山安全监察局发布
2. 矿安〔2022〕88 号

一、金属非金属地下矿山重大事故隐患

(一)安全出口存在下列情形之一的:

1. 矿井直达地面的独立安全出口少于 2 个,或者与设计不一致;

2. 矿井只有两个独立直达地面的安全出口且安全出口的间距小于 30 米,或者矿体一翼走向长度超过 1000 米且未在此翼设置安全出口;

3. 矿井的全部安全出口均为竖井且竖井内均未设置梯子间,或者作为主要安全出口的罐笼提升井只有 1 套提升系统且未设梯子间;

4. 主要生产中段(水平)、单个采区、盘区或者矿块的安全出口少于 2 个,或者未与通往地面的安全出口相通;

5. 安全出口出现堵塞或者其梯子、踏步等设施不能正常使用,导致安全出口不畅通。

(二)使用国家明令禁止使用的设备、材料或者工艺。

(三)不同矿权主体的相邻矿山井巷相互贯通,或者同一矿权主体相邻独立生产系统的井巷擅自贯通。

(四)地下矿山现状图纸存在下列情形之一的:

1. 未保存《金属非金属矿山安全规程》(GB 16423－2020)第 4.1.10 条规定的图纸,或者生产矿山每 3 个月、基建矿山每 1 个月未更新上述图纸;

2. 岩体移动范围内的地面建构筑物、运输道路及沟谷河流与实际不符;

3. 开拓工程和采准工程的井巷或者井下采区与实际不符;

4. 相邻矿山采区位置关系与实际不符;

5. 采空区和废弃井巷的位置、处理方式、现状,以及地表塌陷区的位置与实际不符。

(五)露天转地下开采存在下列情形之一的:

1. 未按设计采取防排水措施;

2. 露天与地下联合开采时,回采顺序与设计不符;

3. 未按设计采取留设安全顶柱或者岩石垫层等防护措施。

(六)矿区及其附近的地表水或者大气降水危及井下安全时,未按设计采取防治水措施。

(七)井下主要排水系统存在下列情形之一的:

1. 排水泵数量少于 3 台,或者工作水泵、备用水泵的额定排水能力低于设计要求;

2. 井巷中未按设计设置工作和备用排水管路,或者排水管路与水泵未有效连接;

3. 井下最低中段的主水泵房通往中段巷道的出口未装设防水门,或者另外一个出口未高于水泵房地面 7 米以上;

4. 利用采空区或者其他废弃巷道作为水仓。

(八)井口标高未达到当地历史最高洪水位 1 米以上,且未按设计采取相应防护措施。

(九)水文地质类型为中等或者复杂的矿井,存在下列情形之一的:

1. 未配备防治水专业技术人员;

2. 未设置防治水机构,或者未建立探放水队伍;

3. 未配齐专用探放水设备,或者未按设计进行探放水作业。

(十)水文地质类型复杂的矿山存在下列情形之一的:

1. 关键巷道防水门设置与设计不符;

2. 主要排水系统的水仓与水泵房之间的隔墙或者配水阀未按设计设置。

(十一)在突水威胁区域或者可疑区域进行采掘作业,存在下列情形之一的:

1. 未编制防治水技术方案,或者未在施工前制定专门的施工安全技术措施;

2. 未超前探放水,或者超前钻孔的数量、深度低于设计要求,或者超前钻孔方位不符合设计要求。

(十二)受地表水倒灌威胁的矿井在强降雨天气或者其来水上游发生洪水期间,未实施停产撤人。

(十三)有自然发火危险的矿山,存在下列情形之一的:

1. 未安装井下环境监测系统,实现自动监测与报警;

2. 未按设计或者国家标准、行业标准采取防灭火措施;

3. 发现自然发火预兆,未采取有效处理措施。

（十四）相邻矿山开采岩体移动范围存在交叉重叠等相互影响时，未按设计留设保安矿（岩）柱或者采取其他措施。

（十五）地表设施设置存在下列情形之一，未按设计采取有效安全措施的：

1. 岩体移动范围内存在居民村庄或者重要设备设施；

2. 主要开拓工程出入口易受地表滑坡、滚石、泥石流等地质灾害影响。

（十六）保安矿（岩）柱或者采场矿柱存在下列情形之一的：

1. 未按设计留设矿（岩）柱；

2. 未按设计回采矿柱；

3. 擅自开采、损毁矿（岩）柱。

（十七）未按设计要求的处理方式或者时间对采空区进行处理。

（十八）工程地质类型复杂、有严重地压活动的矿山存在下列情形之一的：

1. 未设置专门机构、配备专门人员负责地压防治工作；

2. 未制定防治地压灾害的专门技术措施；

3. 发现大面积地压活动预兆，未立即停止作业、撤出人员。

（十九）巷道或者采场顶板未按设计采取支护措施。

（二十）矿井未采用机械通风，或者采用机械通风的矿井存在下列情形之一的：

1. 在正常生产情况下，主通风机未连续运转；

2. 主通风机发生故障或者停机检查时，未立即向调度室和企业主要负责人报告，或者未采取必要安全措施；

3. 主通风机未按规定配备备用电动机，或者未配备能迅速调换电动机的设备及工具；

4. 作业工作面风速、风量、风质不符合国家标准或者行业标准要求；

5. 未设置通风系统在线监测系统的矿井，未按国家标准规定每年对通风系统进行1次检测；

6. 主通风设施不能在10分钟之内实现矿井反风，或者反风试验周期超过1年。

（二十一）未配齐或者随身携带具有矿用产品安全标志的便携式气体检测报警仪和自救器，或者从业人员不能正确使用自救器。

（二十二）担负提升人员的提升系统，存在下列情形之一的：

1. 提升机、防坠器、钢丝绳、连接装置、提升容器未按国家规定进行定期检测检验，或者提升设备的安全保护装置失效；

2. 竖井井口和井下各中段马头门设置的安全门或者摇台与提升机未实现联锁；

3. 竖井提升系统过卷段未按国家规定设置过卷缓冲装置、楔形罐道、过卷挡梁或者不能正常使用，或者提升人员的罐笼提升系统未按国家规定在井架或者井塔的过卷段内设置罐笼防坠装置；

4. 斜井串车提升系统未按国家规定设置常闭式防跑车装置、阻车器、挡车栏，或者连接链、连接插销不符合国家规定；

5. 斜井提升信号系统与提升机之间未实现闭锁。

（二十三）井下无轨运人车辆存在下列情形之一的：

1. 未取得金属非金属矿山矿用产品安全标志；

2. 载人数量超过25人或者超过核载人数；

3. 制动系统采用干式制动器，或者未同时配备行车制动系统、驻车制动系统和应急制动系统；

4. 未按国家规定对车辆进行检测检验。

（二十四）一级负荷未采用双重电源供电，或者双重电源中的任一电源不能满足全部一级负荷需要。

（二十五）向井下采场供电的6kV～35kV系统的中性点采用直接接地。

（二十六）工程地质或者水文地质类型复杂的矿山，井巷工程施工未进行施工组织设计，或者未按施工组织设计落实安全措施。

（二十七）新建、改扩建矿山建设项目有下列行为之一的：

1. 安全设施设计未经批准，或者批准后出现重大变更未经再次批准擅自组织施工；

2. 在竣工验收前组织生产，经批准的联合试运转除外。

（二十八）矿山企业违反国家有关工程项目发包规定，有下列行为之一的：

1. 将工程项目发包给不具有法定资质和条件的单位，或者承包单位数量超过国家规定的数量；

2. 承包单位项目部的负责人、安全生产管理人员、专业技术人员、特种作业人员不符合国家规定的数量、条件或者不属于承包单位正式职工。

（二十九）井下或者井口动火作业未按国家规定落实审批制度或者安全措施。

（三十）矿山年产量超过矿山设计年生产能力幅度在20%及以上，或者月产量大于矿山设计年生产能力的20%及以上。

（三十一）矿井未建立安全监测监控系统、人员定位系统、通信联络系统，或者已经建立的系统不符合国家有关规定，或者系统运行不正常未及时修复，或者关闭、破坏该系统，或者篡改、隐瞒、销毁其相关数据、信息。

（三十二）未配备具有矿山相关专业的专职矿长、总工程师以及分管安全、生产、机电的副矿长，或者未配备具有采矿、地质、测量、机电等专业的技术人员。

二、金属非金属露天矿山重大事故隐患

（一）地下开采转露天开采前，未探明采空区和溶洞，或者未按设计处理对露天开采安全有威胁的采空区和溶洞。

（二）使用国家明令禁止使用的设备、材料或者工艺。

（三）未采用自上而下的开采顺序分台阶或者分层开采。

（四）工作帮坡角大于设计工作帮坡角，或者最终边坡台阶高度超过设计高度。

（五）开采或者破坏设计要求保留的矿（岩）柱或者挂帮矿体。

（六）未按有关国家标准或者行业标准对采场边坡、排土场边坡进行稳定性分析。

（七）边坡存在下列情形之一的：

1. 高度200米及以上的采场边坡未进行在线监测；

2. 高度200米及以上的排土场边坡未建立边坡稳定监测系统；

3. 关闭、破坏监测系统或者隐瞒、篡改、销毁其相关数据、信息。

（八）边坡出现滑移现象，存在下列情形之一的：

1. 边坡出现横向及纵向放射状裂缝；

2. 坡体前缘坡脚处出现上隆（凸起）现象，后缘的裂缝急剧扩展；

3. 位移观测资料显示的水平位移量或者垂直位移量出现加速变化的趋势。

（九）运输道路坡度大于设计坡度10%以上。

（十）凹陷露天矿山未按设计建设防洪、排洪设施。

（十一）排土场存在下列情形之一的：

1. 在平均坡度大于1:5的地基上顺坡排土，未按设计采取安全措施；

2. 排土场总堆置高度2倍范围以内有人员密集场所，未按设计采取安全措施；

3. 山坡排土场周围未按设计修筑截、排水设施。

（十二）露天采场未按设计设置安全平台和清扫平台。

（十三）擅自对在用排土场进行回采作业。

三、尾矿库重大事故隐患

（一）库区或者尾矿坝上存在未按设计进行开采、挖掘、爆破等危及尾矿库安全的活动。

（二）坝体存在下列情形之一的：

1. 坝体出现严重的管涌、流土变形等现象；

2. 坝体出现贯穿性裂缝、坍塌、滑动迹象；

3. 坝体出现大面积纵向裂缝，且出现较大范围渗透水高位出逸或者大面积沼泽化。

（三）坝体的平均外坡比或者堆积子坝的外坡比陡于设计坡比。

（四）坝体高度超过设计总坝高，或者尾矿库超过设计库容贮存尾矿。

（五）尾矿堆积坝上升速率大于设计堆积上升速率。

（六）采用尾矿堆坝的尾矿库，未按《尾矿库安全规程》（GB 39496－2020）第6.1.9条规定对尾矿坝做全面的安全性复核。

（七）浸润线埋深小于控制浸润线埋深。

（八）汛前未按国家有关规定对尾矿库进行调洪演算，或者湿式尾矿库防洪高度和干滩长度小于设计值，或者干式尾矿库防洪高度和防洪宽度小于设计值。

（九）排洪系统存在下列情形之一的：

1. 排水井、排水斜槽、排水管、排水隧洞、拱板、盖板等排洪建构筑物混凝土厚度、强度或者型式不满足设计要求；

2. 排洪设施部分堵塞或者坍塌、排水井有所倾斜，排水能力有所降低，达不到设计要求；

3. 排洪构筑物终止使用时，封堵措施不满足设计要求。

（十）设计以外的尾矿、废料或者废水进库。

（十一）多种矿石性质不同的尾砂混合排放时，未按设计进行排放。

（十二）冬季未按设计要求的冰下放矿方式进行放矿作业。

（十三）安全监测系统存在下列情形之一的：

1. 未按设计设置安全监测系统；

2. 安全监测系统运行不正常未及时修复；

3. 关闭、破坏安全监测系统，或者篡改、隐瞒、销毁其相关数据、信息。

（十四）干式尾矿库存在下列情形之一的：

1. 入库尾矿的含水率大于设计值，无法进行正常碾压且未设置可靠的防范措施；

2. 堆存推进方向与设计不一致；

3. 分层厚度或者台阶高度大于设计值；

4. 未按设计要求进行碾压。

（十五）经验算，坝体抗滑稳定最小安全系数小于国家标准规定值的0.98倍。

（十六）三等及以上尾矿库及“头顶库”未按设计设置通往坝顶、排洪系统附近的应急道路，或者应急道路无法满足应急抢险时通行和运送应急物资的需求。

（十七）尾矿库回采存在下列情形之一的：

1. 未经批准擅自回采；

2. 回采方式、顺序、单层开采高度、台阶坡面角不符合设计要求；

3. 同时进行回采和排放。

（十八）用以贮存独立选矿厂进行矿石选别后排出尾矿的场所，未按尾矿库实施安全管理的。

（十九）未按国家规定配备专职安全生产管理人员、专业技术人员和特种作业人员。

国家安全生产监督管理总局关于加强金属非金属矿山选矿厂安全生产工作的通知

1. 2012年11月5日

2. 安监总管一〔2012〕134号

各省、自治区、直辖市及新疆生产建设兵团安全生产监督管理局，有关中央企业：

近年来，金属非金属矿山选矿厂（以下简称选矿厂）生产安全事故时有发生，给人民群众生命财产造成重大损失。为进一步加强选矿厂安全生产工作，提高选矿厂安全管理水平，强化选矿厂安全监管，有效防范和坚决遏制各类事故发生，促进金属非金属矿山安全生产形势持续稳定好转，现就有关要求通知如下：

一、高度重视，切实加强组织领导

（一）进一步提高对选矿厂安全生产工作重要性的认识。选矿厂是金属非金属矿山的配套生产系统，与矿山生产、尾矿库运行紧密相关。近年来，各级安全监管部门和矿山企业认真贯彻落实国家安全生产法律法规和《金属非金属矿山安全规程》（GB 16423－2006）、《选矿安全规程》（GB 18152－2000）的有关规定，不断完善各项安全生产制度，切实落实企业安全生产主体责任，在选矿厂安全管理、隐患排查治理等方面取得很大成效。但是，由于部分地区未将选矿厂安全监管工作纳入金属非金属矿山安全监管范围，部分选矿厂存在设备设施落后、安全管理制度不健全、安全管理措施不落实等问题，机械伤害、高处坠落和物体打击等事故时有发生。各级安全监管部门要切实加强组织领导，深入选矿厂进行调查研究和督促检查，认真分析本地区选矿厂安全管理现状，强化对策措施，建立有效机制；要落实责任，强化监管，严格执法，尤其要严肃查处选矿厂生产安全事故，严厉追究相关责任人的责任，切实用事故教训推动安全生产工作。金属非金属矿山企业要高度重视选矿厂安全生产工作，制定完善安全管理制度，细化工作措施，加强现场作业安全管理，认真查找薄弱环节和重大隐患，强化应急管理，有效预防各类事故发生。

二、加强管理，严格落实各项安全措施

（二）严格落实选矿厂安全管理责任和制度。金属非金属矿山企业或独立选矿厂主要负责人（法定代表人）对选矿厂安全管理工作全面负责，分管安全生产工作的负责人具体负责。要实行选矿厂安全目标管理，层层分解任务，并定期检查考核。要建立健全各级领导、岗位人员安全生产责任制，以及选矿厂安全例会、安全检查、安全教育培训、设备设施管理、重大危险源监控、隐患排查治理、安全技术措施审批、劳动防护用品管理、职业危害预防、安全生产奖惩、应急管理、安全生产档案管理和岗位操作规程等各项规章制度。

（三）加强作业人员安全教育和培训。选矿厂要按照有关规定配备适应工作需要的专业技术人员和专（兼）职安全管理人员，并加强对从业人员的安全教育和培训，使其掌握本职工作所需的安全生产知识，了解其作业场所和工作岗位存在的危险因素、防范措施及事故应急措施。所有从业人员未经安全教育和培训合格，不得上岗作业；特种作业人员经培训合格并取得特种作业操作资格证书后，方可上岗作业。

（四）强化作业现场安全管理。要严格按照《选矿安全规程》（GB 18152－2000）的规定设置安全防护设施和警示标志，对易燃易爆物品、有毒有害药剂、化验用药剂、放射性元素，要建立严格的贮存、发放、配制和使用制度，并指派专人管理。要针对选矿厂设备设施种类多、工艺流程复杂的特点，制定和完善岗位操作规程，提高从业人员的安全操作技能。要定期组织安全生产专项检查，及时消除作业现场不安全因素。对于外包施工队伍，要严把资质关口，实行统一的安全管理。

（五）加强设备设施安全管理。要加强设备设施采购、安装、调试、检修等环节的安全管理，特种设备要经过检测检验合格后方可投入使用。要加强设备设施的日常维护保养，坚决杜绝设备带病运转。要加强技术改造，加大安全投入，采用新技术、新设备、新工艺，逐步淘汰落后设备及工艺，不断提高本质安全水平。

（六）加大隐患排查治理力度。要建立完善隐患排查治理制度，定期组织安全生产管理人员、工程技术人员及其他相关人员排查治理安全隐患，重点对料仓、破碎机、配电室、传动轴、设备裸露转动部分的防护罩或防护屏等重点部位和起重设备、带式输送机、钢梯等要害设施进行全面排查。对排查出的安全隐患，要落实治理责任、措施、资金、期限和应急预案。发现存在重大安全隐患的，要立即停产进行整改。对由于隐患排查治理不彻底导致事故发生的，要严肃追究相关人员的责任。

（七）扎实开展安全生产标准化建设工作。要认真贯彻落实《国务院关于进一步加强企业安全生产工作的通知》（国发〔2010〕23 号）和《国务院安委会关于深入开展企业安全生产标准化建设的指导意见》（安委〔2011〕4 号）精神，将选矿厂和矿山生产系统、尾矿库安全生产标准化建设工作同步部署、同步建设、同步推进。要按照《金属非金属矿山安全标准化规范导则》（AQ 2007.1－2006）的有关要求，以班组达标、岗位达标、专业达标为基础，促进企业达标。

（八）加强应急管理。要根据选矿厂安全生产的特点，在矿山企业总体应急救援预案的基础上，编制包括机械伤害、起重伤害、高处坠落、物体打击、触电、火灾、危险化学品泄漏、中毒等专项应急预案，配备必要的应急救援设备和物资，并加强应急演练。

三、依法依规，强化选矿厂安全监管

（九）严格现场检查。各级安全监管部门要查清辖区内选矿厂的基本情况，督促相关企业完善选矿厂各项安全管理制度，落实各项安全管理措施。要制定检查计划，重点检查选矿厂安全管理制度、岗位操作规程的建立健全和执行情况，设备设施的检测检验、运行、维护情况，从业人员的安全培训教育情况，隐患整改措施的落实情况，应急救援预案的可操作性和应急演练情况等。对重点地区、重点企业、薄弱环节和重大隐患等，要重点跟踪，进行专项和定期督查。

（十）严格行政执法。对选矿厂安全管理制度、操作规程和检测检验记录不完善，特种作业人员无证上岗，事故应急预案针对性不强的，要责令限期整改；对存在重大安全隐患以及未深刻吸取事故教训、整改和防范措施落实不到位的，要责令停产整改并依法予以处罚。要监督指导选矿厂认真分析每起事故的原因，举一反三，吸取教训，及时修订完善相关安全生产制度和岗位作业规程，严防同类事故重复发生。

（十一）全面推进安全生产标准化建设工作。各级安全监管部门要按照《国家安全监管总局关于进一步加强非煤矿山安全生产标准化建设工作的通知》（安监总管一〔2011〕104 号）要求，将选矿厂安全生产标准化建设工作纳入金属非金属矿山安全生产标准化建设体系，整体部署、全面推进。选矿厂安全生产标准化分为一级、二级、三级共 3 个等级（其中一级为最高），按照相应的评分办法进行评审，确定达标等级，并颁发证书和牌匾。2013 年底前，选矿厂要全部达到安全生产标准化三级以上水平。

三、化学品安全

资料补充栏

1. 危险化学品管理与安全

危险化学品安全管理条例

1. 2002年1月26日国务院令第344号公布
2. 2011年3月2日国务院令第591号修订公布
3. 根据2013年12月7日国务院令第645号《关于修改部分行政法规的决定》修订

第一章 总 则

第一条 为了加强危险化学品的安全管理，预防和减少危险化学品事故，保障人民群众生命财产安全，保护环境，制定本条例。

第二条 危险化学品生产、储存、使用、经营和运输的安全管理，适用本条例。

废弃危险化学品的处置，依照有关环境保护的法律、行政法规和国家有关规定执行。

第三条 本条例所称危险化学品，是指具有毒害、腐蚀、爆炸、燃烧、助燃等性质，对人体、设施、环境具有危害的剧毒化学品和其他化学品。

危险化学品目录，由国务院安全生产监督管理部门会同国务院工业和信息化、公安、环境保护、卫生、质量监督检验检疫、交通运输、铁路、民用航空、农业主管部门，根据化学品危险特性的鉴别和分类标准确定、公布，并适时调整。

第四条 危险化学品安全管理，应当坚持安全第一、预防为主、综合治理的方针，强化和落实企业的主体责任。

生产、储存、使用、经营、运输危险化学品的单位（以下统称危险化学品单位）的主要负责人对本单位的危险化学品安全管理工作全面负责。

危险化学品单位应当具备法律、行政法规规定和国家标准、行业标准要求的安全条件，建立、健全安全管理规章制度和岗位安全责任制度，对从业人员进行安全教育、法制教育和岗位技术培训。从业人员应当接受教育和培训，考核合格后上岗作业；对有资格要求的岗位，应当配备依法取得相应资格的人员。

第五条 任何单位和个人不得生产、经营、使用国家禁止生产、经营、使用的危险化学品。

国家对危险化学品的使用有限制性规定的，任何单位和个人不得违反限制性规定使用危险化学品。

第六条 对危险化学品的生产、储存、使用、经营、运输实施安全监督管理的有关部门（以下统称负有危险化学品安全监督管理职责的部门），依照下列规定履行职责：

（一）安全生产监督管理部门负责危险化学品安全监督管理综合工作，组织确定、公布、调整危险化学品目录，对新建、改建、扩建生产、储存危险化学品（包括使用长输管道输送危险化学品，下同）的建设项目进行安全条件审查，核发危险化学品安全生产许可证、危险化学品安全使用许可证和危险化学品经营许可证，并负责危险化学品登记工作。

（二）公安机关负责危险化学品的公共安全管理，核发剧毒化学品购买许可证、剧毒化学品道路运输通行证，并负责危险化学品运输车辆的道路交通安全管理。

（三）质量监督检验检疫部门负责核发危险化学品及其包装物、容器（不包括储存危险化学品的固定式大型储罐，下同）生产企业的工业产品生产许可证，并依法对其产品质量实施监督，负责对进出口危险化学品及其包装实施检验。

（四）环境保护主管部门负责废弃危险化学品处置的监督管理，组织危险化学品的环境危害性鉴定和环境风险程度评估，确定实施重点环境管理的危险化学品，负责危险化学品环境管理登记和新化学物质环境管理登记；依照职责分工调查相关危险化学品环境污染事故和生态破坏事件，负责危险化学品事故现场的应急环境监测。

（五）交通运输主管部门负责危险化学品道路运输、水路运输的许可以及运输工具的安全管理，对危险化学品水路运输安全实施监督，负责危险化学品道路运输企业、水路运输企业驾驶人员、船员、装卸管理人员、押运人员、申报人员、集装箱装箱现场检查员的资格认定。铁路监管部门负责危险化学品铁路运输及其运输工具的安全管理。民用航空主管部门负责危险化学品航空运输以及航空运输企业及其运输工具的安全管理。

（六）卫生主管部门负责危险化学品毒性鉴定的管理，负责组织、协调危险化学品事故受伤人员的医疗卫生救援工作。

（七）工商行政管理部门依据有关部门的许可证件，核发危险化学品生产、储存、经营、运输企业营业执照，查处危险化学品经营企业违法采购危险化学品的行为。

（八）邮政管理部门负责依法查处寄递危险化学

品的行为。

第七条 负有危险化学品安全监督管理职责的部门依法进行监督检查，可以采取下列措施：

（一）进入危险化学品作业场所实施现场检查，向有关单位和人员了解情况，查阅、复制有关文件、资料；

（二）发现危险化学品事故隐患，责令立即消除或者限期消除；

（三）对不符合法律、行政法规、规章规定或者国家标准、行业标准要求的设施、设备、装置、器材、运输工具，责令立即停止使用；

（四）经本部门主要负责人批准，查封违法生产、储存、使用、经营危险化学品的场所，扣押违法生产、储存、使用、经营、运输的危险化学品以及用于违法生产、使用、运输危险化学品的原材料、设备、运输工具；

（五）发现影响危险化学品安全的违法行为，当场予以纠正或者责令限期改正。

负有危险化学品安全监督管理职责的部门依法进行监督检查，监督检查人员不得少于 2 人，并应当出示执法证件；有关单位和个人对依法进行的监督检查应当予以配合，不得拒绝、阻碍。

第八条 县级以上人民政府应当建立危险化学品安全监督管理工作协调机制，支持、督促负有危险化学品安全监督管理职责的部门依法履行职责，协调、解决危险化学品安全监督管理工作中的重大问题。

负有危险化学品安全监督管理职责的部门应当相互配合、密切协作，依法加强对危险化学品的安全监督管理。

第九条 任何单位和个人对违反本条例规定的行为，有权向负有危险化学品安全监督管理职责的部门举报。负有危险化学品安全监督管理职责的部门接到举报，应当及时依法处理；对不属于本部门职责的，应当及时移送有关部门处理。

第十条 国家鼓励危险化学品生产企业和使用危险化学品从事生产的企业采用有利于提高安全保障水平的先进技术、工艺、设备以及自动控制系统，鼓励对危险化学品实行专门储存、统一配送、集中销售。

第二章 生产、储存安全

第十一条 国家对危险化学品的生产、储存实行统筹规划、合理布局。

国务院工业和信息化主管部门以及国务院其他有关部门依据各自职责，负责危险化学品生产、储存的行业规划和布局。

地方人民政府组织编制城乡规划，应当根据本地区的实际情况，按照确保安全的原则，规划适当区域专门用于危险化学品的生产、储存。

第十二条 新建、改建、扩建生产、储存危险化学品的建设项目（以下简称建设项目），应当由安全生产监督管理部门进行安全条件审查。

建设单位应当对建设项目进行安全条件论证，委托具备国家规定的资质条件的机构对建设项目进行安全评价，并将安全条件论证和安全评价的情况报告报建设项目所在地设区的市级以上人民政府安全生产监督管理部门；安全生产监督管理部门应当自收到报告之日起 45 日内作出审查决定，并书面通知建设单位。具体办法由国务院安全生产监督管理部门制定。

新建、改建、扩建储存、装卸危险化学品的港口建设项目，由港口行政管理部门按照国务院交通运输主管部门的规定进行安全条件审查。

第十三条 生产、储存危险化学品的单位，应当对其铺设的危险化学品管道设置明显标志，并对危险化学品管道定期检查、检测。

进行可能危及危险化学品管道安全的施工作业，施工单位应当在开工的 7 日前书面通知管道所属单位，并与管道所属单位共同制定应急预案，采取相应的安全防护措施。管道所属单位应当指派专门人员到现场进行管道安全保护指导。

第十四条 危险化学品生产企业进行生产前，应当依照《安全生产许可证条例》的规定，取得危险化学品安全生产许可证。

生产列入国家实行生产许可证制度的工业产品目录的危险化学品的企业，应当依照《中华人民共和国工业产品生产许可证管理条例》的规定，取得工业产品生产许可证。

负责颁发危险化学品安全生产许可证、工业产品生产许可证的部门，应当将其颁发许可证的情况及时向同级工业和信息化主管部门、环境保护主管部门和公安机关通报。

第十五条 危险化学品生产企业应当提供与其生产的危险化学品相符的化学品安全技术说明书，并在危险化学品包装（包括外包装件）上粘贴或者拴挂与包装内危险化学品相符的化学品安全标签。化学品安全技术说明书和化学品安全标签所载明的内容应当符合国家标准的要求。

危险化学品生产企业发现其生产的危险化学品有新的危险特性的，应当立即公告，并及时修订其化学品安全技术说明书和化学品安全标签。

第十六条 生产实施重点环境管理的危险化学品的企业，应当按照国务院环境保护主管部门的规定，将该危险化学品向环境中释放等相关信息向环境保护主管部门报告。环境保护主管部门可以根据情况采取相应的环境风险控制措施。

第十七条 危险化学品的包装应当符合法律、行政法规、规章的规定以及国家标准、行业标准的要求。

危险化学品包装物、容器的材质以及危险化学品包装的型式、规格、方法和单件质量（重量），应当与所包装的危险化学品的性质和用途相适应。

第十八条 生产列入国家实行生产许可证制度的工业产品目录的危险化学品包装物、容器的企业，应当依照《中华人民共和国工业产品生产许可证管理条例》的规定，取得工业产品生产许可证；其生产的危险化学品包装物、容器经国务院质量监督检验检疫部门认定的检验机构检验合格，方可出厂销售。

运输危险化学品的船舶及其配载的容器，应当按照国家船舶检验规范进行生产，并经海事管理机构认定的船舶检验机构检验合格，方可投入使用。

对重复使用的危险化学品包装物、容器，使用单位在重复使用前应当进行检查；发现存在安全隐患的，应当维修或者更换。使用单位应当对检查情况作出记录，记录的保存期限不得少于2年。

第十九条 危险化学品生产装置或者储存数量构成重大危险源的危险化学品储存设施（运输工具加油站、加气站除外），与下列场所、设施、区域的距离应当符合国家有关规定：

（一）居住区以及商业中心、公园等人员密集场所；

（二）学校、医院、影剧院、体育场（馆）等公共设施；

（三）饮用水源、水厂以及水源保护区；

（四）车站、码头（依法经许可从事危险化学品装卸作业的除外）、机场以及通信干线、通信枢纽、铁路线路、道路交通干线、水路交通干线、地铁风亭以及地铁站出入口；

（五）基本农田保护区、基本草原、畜禽遗传资源保护区、畜禽规模化养殖场（养殖小区）、渔业水域以及种子、种畜禽、水产苗种生产基地；

（六）河流、湖泊、风景名胜区、自然保护区；

（七）军事禁区、军事管理区；

（八）法律、行政法规规定的其他场所、设施、区域。

已建的危险化学品生产装置或者储存数量构成重大危险源的危险化学品储存设施不符合前款规定的，由所在地设区的市级人民政府安全生产监督管理部门会同有关部门监督其所属单位在规定期限内进行整改；需要转产、停产、搬迁、关闭的，由本级人民政府决定并组织实施。

储存数量构成重大危险源的危险化学品储存设施的选址，应当避开地震活动断层和容易发生洪灾、地质灾害的区域。

本条例所称重大危险源，是指生产、储存、使用或者搬运危险化学品，且危险化学品的数量等于或者超过临界量的单元（包括场所和设施）。

第二十条 生产、储存危险化学品的单位，应当根据其生产、储存的危险化学品的种类和危险特性，在作业场所设置相应的监测、监控、通风、防晒、调温、防火、灭火、防爆、泄压、防毒、中和、防潮、防雷、防静电、防腐、防泄漏以及防护围堤或者隔离操作等安全设施、设备，并按照国家标准、行业标准或者国家有关规定对安全设施、设备进行经常性维护、保养，保证安全设施、设备的正常使用。

生产、储存危险化学品的单位，应当在其作业场所和安全设施、设备上设置明显的安全警示标志。

第二十一条 生产、储存危险化学品的单位，应当在其作业场所设置通信、报警装置，并保证处于适用状态。

第二十二条 生产、储存危险化学品的企业，应当委托具备国家规定的资质条件的机构，对本企业的安全生产条件每3年进行一次安全评价，提出安全评价报告。安全评价报告的内容应当包括对安全生产条件存在的问题进行整改的方案。

生产、储存危险化学品的企业，应当将安全评价报告以及整改方案的落实情况报所在地县级人民政府安全生产监督管理部门备案。在港区内储存危险化学品的企业，应当将安全评价报告以及整改方案的落实情况报港口行政管理部门备案。

第二十三条 生产、储存剧毒化学品或者国务院公安部门规定的可用于制造爆炸物品的危险化学品（以下简称易制爆危险化学品）的单位，应当如实记录其生产、储存的剧毒化学品、易制爆危险化学品的数量、流向，并采取必要的安全防范措施，防止剧毒化学品、易制爆危险化学品丢失或者被盗；发现剧毒化学品、易制爆危险化学品丢失或者被盗的，应当立即向当地公安机关报告。

生产、储存剧毒化学品、易制爆危险化学品的单位,应当设置治安保卫机构,配备专职治安保卫人员。

第二十四条 危险化学品应当储存在专用仓库、专用场地或者专用储存室(以下统称专用仓库)内,并由专人负责管理;剧毒化学品以及储存数量构成重大危险源的其他危险化学品,应当在专用仓库内单独存放,并实行双人收发、双人保管制度。

危险化学品的储存方式、方法以及储存数量应当符合国家标准或者国家有关规定。

第二十五条 储存危险化学品的单位应当建立危险化学品出入库核查、登记制度。

对剧毒化学品以及储存数量构成重大危险源的其他危险化学品,储存单位应当将其储存数量、储存地点以及管理人员的情况,报所在地县级人民政府安全生产监督管理部门(在港区内储存的,报港口行政管理部门)和公安机关备案。

第二十六条 危险化学品专用仓库应当符合国家标准、行业标准的要求,并设置明显的标志。储存剧毒化学品、易制爆危险化学品的专用仓库,应当按照国家有关规定设置相应的技术防范设施。

储存危险化学品的单位应当对其危险化学品专用仓库的安全设施、设备定期进行检测、检验。

第二十七条 生产、储存危险化学品的单位转产、停产、停业或者解散的,应当采取有效措施,及时、妥善处置其危险化学品生产装置、储存设施以及库存的危险化学品,不得丢弃危险化学品;处置方案应当报所在地县级人民政府安全生产监督管理部门、工业和信息化主管部门、环境保护主管部门和公安机关备案。安全生产监督管理部门应当会同环境保护主管部门和公安机关对处置情况进行监督检查,发现未依照规定处置的,应当责令其立即处置。

第三章 使用安全

第二十八条 使用危险化学品的单位,其使用条件(包括工艺)应当符合法律、行政法规的规定和国家标准、行业标准的要求,并根据所使用的危险化学品的种类、危险特性以及使用量和使用方式,建立、健全使用危险化学品的安全管理规章制度和安全操作规程,保证危险化学品的安全使用。

第二十九条 使用危险化学品从事生产并且使用量达到规定数量的化工企业(属于危险化学品生产企业的除外,下同),应当依照本条例的规定取得危险化学品安全使用许可证。

前款规定的危险化学品使用量的数量标准,由国务院安全生产监督管理部门会同国务院公安部门、农业主管部门确定并公布。

第三十条 申请危险化学品安全使用许可证的化工企业,除应当符合本条例第二十八条的规定外,还应当具备下列条件:

(一)有与所使用的危险化学品相适应的专业技术人员;

(二)有安全管理机构和专职安全管理人员;

(三)有符合国家规定的危险化学品事故应急预案和必要的应急救援器材、设备;

(四)依法进行了安全评价。

第三十一条 申请危险化学品安全使用许可证的化工企业,应当向所在地设区的市级人民政府安全生产监督管理部门提出申请,并提交其符合本条例第三十条规定条件的证明材料。设区的市级人民政府安全生产监督管理部门应当依法进行审查,自收到证明材料之日起45日内作出批准或者不予批准的决定。予以批准的,颁发危险化学品安全使用许可证;不予批准的,书面通知申请人并说明理由。

安全生产监督管理部门应当将其颁发危险化学品安全使用许可证的情况及时向同级环境保护主管部门和公安机关通报。

第三十二条 本条例第十六条关于生产实施重点环境管理的危险化学品的企业的规定,适用于使用实施重点环境管理的危险化学品从事生产的企业;第二十条、第二十一条、第二十三条第一款、第二十七条关于生产、储存危险化学品的单位的规定,适用于使用危险化学品的单位;第二十二条关于生产、储存危险化学品的企业的规定,适用于使用危险化学品从事生产的企业。

第四章 经营安全

第三十三条 国家对危险化学品经营(包括仓储经营,下同)实行许可制度。未经许可,任何单位和个人不得经营危险化学品。

依法设立的危险化学品生产企业在其厂区范围内销售本企业生产的危险化学品,不需要取得危险化学品经营许可。

依照《中华人民共和国港口法》的规定取得港口经营许可证的港口经营人,在港区内从事危险化学品仓储经营,不需要取得危险化学品经营许可。

第三十四条 从事危险化学品经营的企业应当具备下列条件:

(一)有符合国家标准、行业标准的经营场所,储存危险化学品的,还应当有符合国家标准、行业标准的储存设施;

（二）从业人员经过专业技术培训并经考核合格；

（三）有健全的安全管理规章制度；

（四）有专职安全管理人员；

（五）有符合国家规定的危险化学品事故应急预案和必要的应急救援器材、设备；

（六）法律、法规规定的其他条件。

第三十五条 从事剧毒化学品、易制爆危险化学品经营的企业，应当向所在地设区的市级人民政府安全生产监督管理部门提出申请，从事其他危险化学品经营的企业，应当向所在地县级人民政府安全生产监督管理部门提出申请（有储存设施的，应当向所在地设区的市级人民政府安全生产监督管理部门提出申请）。申请人应当提交其符合本条例第三十四条规定条件的证明材料。设区的市级人民政府安全生产监督管理部门或者县级人民政府安全生产监督管理部门应当依法进行审查，并对申请人的经营场所、储存设施进行现场核查，自收到证明材料之日起30日内作出批准或者不予批准的决定。予以批准的，颁发危险化学品经营许可证；不予批准的，书面通知申请人并说明理由。

设区的市级人民政府安全生产监督管理部门和县级人民政府安全生产监督管理部门应当将其颁发危险化学品经营许可证的情况及时向同级环境保护主管部门和公安机关通报。

申请人持危险化学品经营许可证向工商行政管理部门办理登记手续后，方可从事危险化学品经营活动。法律、行政法规或者国务院规定经营危险化学品还需要经其他有关部门许可的，申请人向工商行政管理部门办理登记手续时还应当持相应的许可证件。

第三十六条 危险化学品经营企业储存危险化学品的，应当遵守本条例第二章关于储存危险化学品的规定。危险化学品商店内只能存放民用小包装的危险化学品。

第三十七条 危险化学品经营企业不得向未经许可从事危险化学品生产、经营活动的企业采购危险化学品，不得经营没有化学品安全技术说明书或者化学品安全标签的危险化学品。

第三十八条 依法取得危险化学品安全生产许可证、危险化学品安全使用许可证、危险化学品经营许可证的企业，凭相应的许可证件购买剧毒化学品、易制爆危险化学品。民用爆炸物品生产企业凭民用爆炸物品生产许可证购买易制爆危险化学品。

前款规定以外的单位购买剧毒化学品的，应当向所在地县级人民政府公安机关申请取得剧毒化学品购买许可证；购买易制爆危险化学品的，应当持本单位出具的合法用途说明。

个人不得购买剧毒化学品（属于剧毒化学品的农药除外）和易制爆危险化学品。

第三十九条 申请取得剧毒化学品购买许可证，申请人应当向所在地县级人民政府公安机关提交下列材料：

（一）营业执照或者法人证书（登记证书）的复印件；

（二）拟购买的剧毒化学品品种、数量的说明；

（三）购买剧毒化学品用途的说明；

（四）经办人的身份证明。

县级人民政府公安机关应当自收到前款规定的材料之日起3日内，作出批准或者不予批准的决定。予以批准的，颁发剧毒化学品购买许可证；不予批准的，书面通知申请人并说明理由。

剧毒化学品购买许可证管理办法由国务院公安部门制定。

第四十条 危险化学品生产企业、经营企业销售剧毒化学品、易制爆危险化学品，应当查验本条例第三十八条第一款、第二款规定的相关许可证件或者证明文件，不得向不具有相关许可证件或者证明文件的单位销售剧毒化学品、易制爆危险化学品。对持剧毒化学品购买许可证购买剧毒化学品的，应当按照许可证载明的品种、数量销售。

禁止向个人销售剧毒化学品（属于剧毒化学品的农药除外）和易制爆危险化学品。

第四十一条 危险化学品生产企业、经营企业销售剧毒化学品、易制爆危险化学品，应当如实记录购买单位的名称、地址、经办人的姓名、身份证号码以及所购买的剧毒化学品、易制爆危险化学品的品种、数量、用途。销售记录以及经办人的身份证明复印件、相关许可证件复印件或者证明文件的保存期限不得少于1年。

剧毒化学品、易制爆危险化学品的销售企业、购买单位应当在销售、购买后5日内，将所销售、购买的剧毒化学品、易制爆危险化学品的品种、数量以及流向信息报所在地县级人民政府公安机关备案，并输入计算机系统。

第四十二条 使用剧毒化学品、易制爆危险化学品的单位不得出借、转让其购买的剧毒化学品、易制爆危险化学品；因转产、停产、搬迁、关闭等确需转让的，应当向具有本条例第三十八条第一款、第二款规定的相关许可证件或者证明文件的单位转让，并在转让后将有关情况及时向所在地县级人民政府公安机关报告。

第五章　运输安全

第四十三条　从事危险化学品道路运输、水路运输的，应当分别依照有关道路运输、水路运输的法律、行政法规的规定，取得危险货物道路运输许可、危险货物水路运输许可，并向工商行政管理部门办理登记手续。

危险化学品道路运输企业、水路运输企业应当配备专职安全管理人员。

第四十四条　危险化学品道路运输企业、水路运输企业的驾驶人员、船员、装卸管理人员、押运人员、申报人员、集装箱装箱现场检查员应当经交通运输主管部门考核合格，取得从业资格。具体办法由国务院交通运输主管部门制定。

危险化学品的装卸作业应当遵守安全作业标准、规程和制度，并在装卸管理人员的现场指挥或者监控下进行。水路运输危险化学品的集装箱装箱作业应当在集装箱装箱现场检查员的指挥或者监控下进行，并符合积载、隔离的规范和要求；装箱作业完毕后，集装箱装箱现场检查员应当签署装箱证明书。

第四十五条　运输危险化学品，应当根据危险化学品的危险特性采取相应的安全防护措施，并配备必要的防护用品和应急救援器材。

用于运输危险化学品的槽罐以及其他容器应当封口严密，能够防止危险化学品在运输过程中因温度、湿度或者压力的变化发生渗漏、洒漏；槽罐以及其他容器的溢流和泄压装置应当设置准确、起闭灵活。

运输危险化学品的驾驶人员、船员、装卸管理人员、押运人员、申报人员、集装箱装箱现场检查员，应当了解所运输的危险化学品的危险特性及其包装物、容器的使用要求和出现危险情况时的应急处置方法。

第四十六条　通过道路运输危险化学品的，托运人应当委托依法取得危险货物道路运输许可的企业承运。

第四十七条　通过道路运输危险化学品的，应当按照运输车辆的核定载质量装载危险化学品，不得超载。

危险化学品运输车辆应当符合国家标准要求的安全技术条件，并按照国家有关规定定期进行安全技术检验。

危险化学品运输车辆应当悬挂或者喷涂符合国家标准要求的警示标志。

第四十八条　通过道路运输危险化学品的，应当配备押运人员，并保证所运输的危险化学品处于押运人员的监控之下。

运输危险化学品途中因住宿或者发生影响正常运输的情况，需要较长时间停车的，驾驶人员、押运人员应当采取相应的安全防范措施；运输剧毒化学品或者易制爆危险化学品的，还应当向当地公安机关报告。

第四十九条　未经公安机关批准，运输危险化学品的车辆不得进入危险化学品运输车辆限制通行的区域。危险化学品运输车辆限制通行的区域由县级人民政府公安机关划定，并设置明显的标志。

第五十条　通过道路运输剧毒化学品的，托运人应当向运输始发地或者目的地县级人民政府公安机关申请剧毒化学品道路运输通行证。

申请剧毒化学品道路运输通行证，托运人应当向县级人民政府公安机关提交下列材料：

（一）拟运输的剧毒化学品品种、数量的说明；

（二）运输始发地、目的地、运输时间和运输路线的说明；

（三）承运人取得危险货物道路运输许可、运输车辆取得营运证以及驾驶人员、押运人员取得上岗资格的证明文件；

（四）本条例第三十八条第一款、第二款规定的购买剧毒化学品的相关许可证件，或者海关出具的进出口证明文件。

县级人民政府公安机关应当自收到前款规定的材料之日起7日内，作出批准或者不予批准的决定。予以批准的，颁发剧毒化学品道路运输通行证；不予批准的，书面通知申请人并说明理由。

剧毒化学品道路运输通行证管理办法由国务院公安部门制定。

第五十一条　剧毒化学品、易制爆危险化学品在道路运输途中丢失、被盗、被抢或者出现流散、泄漏等情况的，驾驶人员、押运人员应当立即采取相应的警示措施和安全措施，并向当地公安机关报告。公安机关接到报告后，应当根据实际情况立即向安全生产监督管理部门、环境保护主管部门、卫生主管部门通报。有关部门应当采取必要的应急处置措施。

第五十二条　通过水路运输危险化学品的，应当遵守法律、行政法规以及国务院交通运输主管部门关于危险货物水路运输安全的规定。

第五十三条　海事管理机构应当根据危险化学品的种类和危险特性，确定船舶运输危险化学品的相关安全运输条件。

拟交付船舶运输的化学品的相关安全运输条件不明确的，货物所有人或者代理人应当委托相关技术机构进行评估，明确相关安全运输条件并经海事管理机构确认后，方可交付船舶运输。

第五十四条　禁止通过内河封闭水域运输剧毒化学品以及国家规定禁止通过内河运输的其他危险化学品。

前款规定以外的内河水域，禁止运输国家规定禁止通过内河运输的剧毒化学品以及其他危险化学品。

禁止通过内河运输的剧毒化学品以及其他危险化学品的范围，由国务院交通运输主管部门会同国务院环境保护主管部门、工业和信息化主管部门、安全生产监督管理部门，根据危险化学品的危险特性、危险化学品对人体和水环境的危害程度以及消除危害后果的难易程度等因素规定并公布。

第五十五条　国务院交通运输主管部门应当根据危险化学品的危险特性，对通过内河运输本条例第五十四条规定以外的危险化学品（以下简称通过内河运输危险化学品）实行分类管理，对各类危险化学品的运输方式、包装规范和安全防护措施等分别作出规定并监督实施。

第五十六条　通过内河运输危险化学品，应当由依法取得危险货物水路运输许可的水路运输企业承运，其他单位和个人不得承运。托运人应当委托依法取得危险货物水路运输许可的水路运输企业承运，不得委托其他单位和个人承运。

第五十七条　通过内河运输危险化学品，应当使用依法取得危险货物适装证书的运输船舶。水路运输企业应当针对所运输的危险化学品的危险特性，制定运输船舶危险化学品事故应急救援预案，并为运输船舶配备充足、有效的应急救援器材和设备。

通过内河运输危险化学品的船舶，其所有人或者经营人应当取得船舶污染损害责任保险证书或者财务担保证明。船舶污染损害责任保险证书或者财务担保证明的副本应当随船携带。

第五十八条　通过内河运输危险化学品，危险化学品包装物的材质、型式、强度以及包装方法应当符合水路运输危险化学品包装规范的要求。国务院交通运输主管部门对单船运输的危险化学品数量有限制性规定的，承运人应当按照规定安排运输数量。

第五十九条　用于危险化学品运输作业的内河码头、泊位应当符合国家有关安全规范，与饮用水取水口保持国家规定的距离。有关管理单位应当制定码头、泊位危险化学品事故应急预案，并为码头、泊位配备充足、有效的应急救援器材和设备。

用于危险化学品运输作业的内河码头、泊位，经交通运输主管部门按照国家有关规定验收合格后方可投入使用。

第六十条　船舶载运危险化学品进出内河港口，应当将危险化学品的名称、危险特性、包装以及进出港时间等事项，事先报告海事管理机构。海事管理机构接到报告后，应当在国务院交通运输主管部门规定的时间内作出是否同意的决定，通知报告人，同时通报港口行政管理部门。定船舶、定航线、定货种的船舶可以定期报告。

在内河港口内进行危险化学品的装卸、过驳作业，应当将危险化学品的名称、危险特性、包装和作业的时间、地点等事项报告港口行政管理部门。港口行政管理部门接到报告后，应当在国务院交通运输主管部门规定的时间内作出是否同意的决定，通知报告人，同时通报海事管理机构。

载运危险化学品的船舶在内河航行，通过过船建筑物的，应当提前向交通运输主管部门申报，并接受交通运输主管部门的管理。

第六十一条　载运危险化学品的船舶在内河航行、装卸或者停泊，应当悬挂专用的警示标志，按照规定显示专用信号。

载运危险化学品的船舶在内河航行，按照国务院交通运输主管部门的规定需要引航的，应当申请引航。

第六十二条　载运危险化学品的船舶在内河航行，应当遵守法律、行政法规和国家其他有关饮用水水源保护的规定。内河航道发展规划应当与依法经批准的饮用水水源保护区划定方案相协调。

第六十三条　托运危险化学品的，托运人应当向承运人说明所托运的危险化学品的种类、数量、危险特性以及发生危险情况的应急处置措施，并按照国家有关规定对所托运的危险化学品妥善包装，在外包装上设置相应的标志。

运输危险化学品需要添加抑制剂或者稳定剂的，托运人应当添加，并将有关情况告知承运人。

第六十四条　托运人不得在托运的普通货物中夹带危险化学品，不得将危险化学品匿报或者谎报为普通货物托运。

任何单位和个人不得交寄危险化学品或者在邮件、快件内夹带危险化学品，不得将危险化学品匿报或者谎报为普通物品交寄。邮政企业、快递企业不得收寄危险化学品。

对涉嫌违反本条第一款、第二款规定的，交通运输主管部门、邮政管理部门可以依法开拆查验。

第六十五条　通过铁路、航空运输危险化学品的安全管理，依照有关铁路、航空运输的法律、行政法规、规章的规定执行。

第六章　危险化学品登记与事故应急救援

第六十六条　国家实行危险化学品登记制度，为危险化学品安全管理以及危险化学品事故预防和应急救援提供技术、信息支持。

第六十七条　危险化学品生产企业、进口企业，应当向国务院安全生产监督管理部门负责危险化学品登记的机构（以下简称危险化学品登记机构）办理危险化学品登记。

危险化学品登记包括下列内容：

（一）分类和标签信息；

（二）物理、化学性质；

（三）主要用途；

（四）危险特性；

（五）储存、使用、运输的安全要求；

（六）出现危险情况的应急处置措施。

对同一企业生产、进口的同一品种的危险化学品，不进行重复登记。危险化学品生产企业、进口企业发现其生产、进口的危险化学品有新的危险特性的，应当及时向危险化学品登记机构办理登记内容变更手续。

危险化学品登记的具体办法由国务院安全生产监督管理部门制定。

第六十八条　危险化学品登记机构应当定期向工业和信息化、环境保护、公安、卫生、交通运输、铁路、质量监督检验检疫等部门提供危险化学品登记的有关信息和资料。

第六十九条　县级以上地方人民政府安全生产监督管理部门应当会同工业和信息化、环境保护、公安、卫生、交通运输、铁路、质量监督检验检疫等部门，根据本地区实际情况，制定危险化学品事故应急预案，报本级人民政府批准。

第七十条　危险化学品单位应当制定本单位危险化学品事故应急预案，配备应急救援人员和必要的应急救援器材、设备，并定期组织应急救援演练。

危险化学品单位应当将其危险化学品事故应急预案报所在地设区的市级人民政府安全生产监督管理部门备案。

第七十一条　发生危险化学品事故，事故单位主要负责人应当立即按照本单位危险化学品应急预案组织救援，并向当地安全生产监督管理部门和环境保护、公安、卫生主管部门报告；道路运输、水路运输过程中发生危险化学品事故的，驾驶人员、船员或者押运人员还应当向事故发生地交通运输主管部门报告。

第七十二条　发生危险化学品事故，有关地方人民政府应当立即组织安全生产监督管理、环境保护、公安、卫生、交通运输等有关部门，按照本地区危险化学品事故应急预案组织实施救援，不得拖延、推诿。

有关地方人民政府及其有关部门应当按照下列规定，采取必要的应急处置措施，减少事故损失，防止事故蔓延、扩大：

（一）立即组织营救和救治受害人员，疏散、撤离或者采取其他措施保护危害区域内的其他人员；

（二）迅速控制危害源，测定危险化学品的性质、事故的危害区域及危害程度；

（三）针对事故对人体、动植物、土壤、水源、大气造成的现实危害和可能产生的危害，迅速采取封闭、隔离、洗消等措施；

（四）对危险化学品事故造成的环境污染和生态破坏状况进行监测、评估，并采取相应的环境污染治理和生态修复措施。

第七十三条　有关危险化学品单位应当为危险化学品事故应急救援提供技术指导和必要的协助。

第七十四条　危险化学品事故造成环境污染的，由设区的市级以上人民政府环境保护主管部门统一发布有关信息。

第七章　法 律 责 任

第七十五条　生产、经营、使用国家禁止生产、经营、使用的危险化学品的，由安全生产监督管理部门责令停止生产、经营、使用活动，处20万元以上50万元以下的罚款，有违法所得的，没收违法所得；构成犯罪的，依法追究刑事责任。

有前款规定行为的，安全生产监督管理部门还应当责令其对所生产、经营、使用的危险化学品进行无害化处理。

违反国家关于危险化学品使用的限制性规定使用危险化学品的，依照本条第一款的规定处理。

第七十六条　未经安全条件审查，新建、改建、扩建生产、储存危险化学品的建设项目的，由安全生产监督管理部门责令停止建设，限期改正；逾期不改正的，处50万元以上100万元以下的罚款；构成犯罪的，依法追究刑事责任。

未经安全条件审查，新建、改建、扩建储存、装卸危险化学品的港口建设项目的，由港口行政管理部门依照前款规定予以处罚。

第七十七条　未依法取得危险化学品安全生产许可证从事危险化学品生产，或者未依法取得工业产品生产许可证从事危险化学品及其包装物、容器生产的，分别依照《安全生产许可证条例》、《中华人民共和国工业产品生产许可证管理条例》的规定处罚。

违反本条例规定，化工企业未取得危险化学品安全使用许可证，使用危险化学品从事生产的，由安全生产监督管理部门责令限期改正，处10万元以上20万元以下的罚款；逾期不改正的，责令停产整顿。

违反本条例规定，未取得危险化学品经营许可证从事危险化学品经营的，由安全生产监督管理部门责令停止经营活动，没收违法经营的危险化学品以及违法所得，并处10万元以上20万元以下的罚款；构成犯罪的，依法追究刑事责任。

第七十八条　有下列情形之一的，由安全生产监督管理部门责令改正，可以处5万元以下的罚款；拒不改正的，处5万元以上10万元以下的罚款；情节严重的，责令停产停业整顿：

（一）生产、储存危险化学品的单位未对其铺设的危险化学品管道设置明显的标志，或者未对危险化学品管道定期检查、检测的；

（二）进行可能危及危险化学品管道安全的施工作业，施工单位未按照规定书面通知管道所属单位，或者未与管道所属单位共同制定应急预案、采取相应的安全防护措施，或者管道所属单位未指派专门人员到现场进行管道安全保护指导的；

（三）危险化学品生产企业未提供化学品安全技术说明书，或者未在包装（包括外包装件）上粘贴、拴挂化学品安全标签的；

（四）危险化学品生产企业提供的化学品安全技术说明书与其生产的危险化学品不相符，或者在包装（包括外包装件）粘贴、拴挂的化学品安全标签与包装内危险化学品不相符，或者化学品安全技术说明书、化学品安全标签所载明的内容不符合国家标准要求的；

（五）危险化学品生产企业发现其生产的危险化学品有新的危险特性不立即公告，或者不及时修订其化学品安全技术说明书和化学品安全标签的；

（六）危险化学品经营企业经营没有化学品安全技术说明书和化学品安全标签的危险化学品的；

（七）危险化学品包装物、容器的材质以及包装的型式、规格、方法和单件质量（重量）与所包装的危险化学品的性质和用途不相适应的；

（八）生产、储存危险化学品的单位未在作业场所和安全设施、设备上设置明显的安全警示标志，或者未在作业场所设置通信、报警装置的；

（九）危险化学品专用仓库未设专人负责管理，或者对储存的剧毒化学品以及储存数量构成重大危险源的其他危险化学品未实行双人收发、双人保管制度的；

（十）储存危险化学品的单位未建立危险化学品出入库核查、登记制度的；

（十一）危险化学品专用仓库未设置明显标志的；

（十二）危险化学品生产企业、进口企业不办理危险化学品登记，或者发现其生产、进口的危险化学品有新的危险特性不办理危险化学品登记内容变更手续的。

从事危险化学品仓储经营的港口经营人有前款规定情形的，由港口行政管理部门依照前款规定予以处罚。储存剧毒化学品、易制爆危险化学品的专用仓库未按照国家有关规定设置相应的技术防范设施的，由公安机关依照前款规定予以处罚。

生产、储存剧毒化学品、易制爆危险化学品的单位未设置治安保卫机构、配备专职治安保卫人员的，依照《企业事业单位内部治安保卫条例》的规定处罚。

第七十九条　危险化学品包装物、容器生产企业销售未经检验或者经检验不合格的危险化学品包装物、容器的，由质量监督检验检疫部门责令改正，处10万元以上20万元以下的罚款，有违法所得的，没收违法所得；拒不改正的，责令停产停业整顿；构成犯罪的，依法追究刑事责任。

将未经检验合格的运输危险化学品的船舶及其配载的容器投入使用的，由海事管理机构依照前款规定予以处罚。

第八十条　生产、储存、使用危险化学品的单位有下列情形之一的，由安全生产监督管理部门责令改正，处5万元以上10万元以下的罚款；拒不改正的，责令停产停业整顿直至由原发证机关吊销其相关许可证件，并由工商行政管理部门责令其办理经营范围变更登记或者吊销其营业执照；有关责任人员构成犯罪的，依法追究刑事责任：

（一）对重复使用的危险化学品包装物、容器，在重复使用前不进行检查的；

（二）未根据其生产、储存的危险化学品的种类和危险特性，在作业场所设置相关安全设施、设备，或者未按照国家标准、行业标准或者国家有关规定对安全设施、设备进行经常性维护、保养的；

（三）未依照本条例规定对其安全生产条件定期进行安全评价的；

（四）未将危险化学品储存在专用仓库内，或者未将剧毒化学品以及储存数量构成重大危险源的其他危险化学品在专用仓库内单独存放的；

（五）危险化学品的储存方式、方法或者储存数量不符合国家标准或者国家有关规定的；

（六）危险化学品专用仓库不符合国家标准、行业标准的要求的；

（七）未对危险化学品专用仓库的安全设施、设备定期进行检测、检验的。

从事危险化学品仓储经营的港口经营人有前款规定情形的，由港口行政管理部门依照前款规定予以处罚。

第八十一条　有下列情形之一的，由公安机关责令改正，可以处1万元以下的罚款；拒不改正的，处1万元以上5万元以下的罚款：

（一）生产、储存、使用剧毒化学品、易制爆危险化学品的单位不如实记录生产、储存、使用的剧毒化学品、易制爆危险化学品的数量、流向的；

（二）生产、储存、使用剧毒化学品、易制爆危险化学品的单位发现剧毒化学品、易制爆危险化学品丢失或者被盗，不立即向公安机关报告的；

（三）储存剧毒化学品的单位未将剧毒化学品的储存数量、储存地点以及管理人员的情况报所在地县级人民政府公安机关备案的；

（四）危险化学品生产企业、经营企业不如实记录剧毒化学品、易制爆危险化学品购买单位的名称、地址、经办人的姓名、身份证号码以及所购买的剧毒化学品、易制爆危险化学品的品种、数量、用途，或者保存销售记录和相关材料的时间少于1年的；

（五）剧毒化学品、易制爆危险化学品的销售企业、购买单位未在规定的时限内将所销售、购买的剧毒化学品、易制爆危险化学品的品种、数量以及流向信息报所在地县级人民政府公安机关备案的；

（六）使用剧毒化学品、易制爆危险化学品的单位依照本条例规定转让其购买的剧毒化学品、易制爆危险化学品，未将有关情况向所在地县级人民政府公安机关报告的。

生产、储存危险化学品的企业或者使用危险化学品从事生产的企业未按照本条例规定将安全评价报告以及整改方案的落实情况报安全生产监督管理部门或者港口行政管理部门备案，或者储存危险化学品的单位未将其剧毒化学品以及储存数量构成重大危险源的其他危险化学品的储存数量、储存地点以及管理人员的情况报安全生产监督管理部门或者港口行政管理部门备案的，分别由安全生产监督管理部门或者港口行政管理部门依照前款规定予以处罚。

生产实施重点环境管理的危险化学品的企业或者使用实施重点环境管理的危险化学品从事生产的企业未按照规定将相关信息向环境保护主管部门报告的，由环境保护主管部门依照本条第一款的规定予以处罚。

第八十二条　生产、储存、使用危险化学品的单位转产、停产、停业或者解散，未采取有效措施及时、妥善处置其危险化学品生产装置、储存设施以及库存的危险化学品，或者丢弃危险化学品的，由安全生产监督管理部门责令改正，处5万元以上10万元以下的罚款；构成犯罪的，依法追究刑事责任。

生产、储存、使用危险化学品的单位转产、停产、停业或者解散，未依照本条例规定将其危险化学品生产装置、储存设施以及库存危险化学品的处置方案报有关部门备案的，分别由有关部门责令改正，可以处1万元以下的罚款；拒不改正的，处1万元以上5万元以下的罚款。

第八十三条　危险化学品经营企业向未经许可违法从事危险化学品生产、经营活动的企业采购危险化学品的，由工商行政管理部门责令改正，处10万元以上20万元以下的罚款；拒不改正的，责令停业整顿直至由原发证机关吊销其危险化学品经营许可证，并由工商行政管理部门责令其办理经营范围变更登记或者吊销其营业执照。

第八十四条　危险化学品生产企业、经营企业有下列情形之一的，由安全生产监督管理部门责令改正，没收违法所得，并处10万元以上20万元以下的罚款；拒不改正的，责令停产停业整顿直至吊销其危险化学品安全生产许可证、危险化学品经营许可证，并由工商行政管理部门责令其办理经营范围变更登记或者吊销其营业执照：

（一）向不具有本条例第三十八条第一款、第二款规定的相关许可证件或者证明文件的单位销售剧毒化学品、易制爆危险化学品的；

（二）不按照剧毒化学品购买许可证载明的品种、数量销售剧毒化学品的；

（三）向个人销售剧毒化学品（属于剧毒化学品的农药除外）、易制爆危险化学品的。

不具有本条例第三十八条第一款、第二款规定的相关许可证件或者证明文件的单位购买剧毒化学品、易制爆危险化学品，或者个人购买剧毒化学品（属于剧毒化学品的农药除外)、易制爆危险化学品的,由公安机关没收所购买的剧毒化学品、易制爆危险化学品,可以并处5000元以下的罚款。

使用剧毒化学品、易制爆危险化学品的单位出借或者向不具有本条例第三十八条第一款、第二款规定的相关许可证件的单位转让其购买的剧毒化学品、易制爆危险化学品,或者向个人转让其购买的剧毒化学品(属于剧毒化学品的农药除外)、易制爆危险化学品的,由公安机关责令改正,处10万元以上20万元以下的罚款;拒不改正的,责令停产停业整顿。

第八十五条 未依法取得危险货物道路运输许可、危险货物水路运输许可,从事危险化学品道路运输、水路运输的,分别依照有关道路运输、水路运输的法律、行政法规的规定处罚。

第八十六条 有下列情形之一的,由交通运输主管部门责令改正,处5万元以上10万元以下的罚款;拒不改正的,责令停产停业整顿;构成犯罪的,依法追究刑事责任:

(一)危险化学品道路运输企业、水路运输企业的驾驶人员、船员、装卸管理人员、押运人员、申报人员、集装箱装箱现场检查员未取得从业资格上岗作业的;

(二)运输危险化学品,未根据危险化学品的危险特性采取相应的安全防护措施,或者未配备必要的防护用品和应急救援器材的;

(三)使用未依法取得危险货物适装证书的船舶,通过内河运输危险化学品的;

(四)通过内河运输危险化学品的承运人违反国务院交通运输主管部门对单船运输的危险化学品数量的限制性规定运输危险化学品的;

(五)用于危险化学品运输作业的内河码头、泊位不符合国家有关安全规范,或者未与饮用水取水口保持国家规定的安全距离,或者未经交通运输主管部门验收合格投入使用的;

(六)托运人不向承运人说明所托运的危险化学品的种类、数量、危险特性以及发生危险情况的应急处置措施,或者未按照国家有关规定对所托运的危险化学品妥善包装并在外包装上设置相应标志的;

(七)运输危险化学品需要添加抑制剂或者稳定剂,托运人未添加或者未将有关情况告知承运人的。

第八十七条 有下列情形之一的,由交通运输主管部门责令改正,处10万元以上20万元以下的罚款,有违法所得的,没收违法所得;拒不改正的,责令停产停业整顿;构成犯罪的,依法追究刑事责任:

(一)委托未依法取得危险货物道路运输许可、危险货物水路运输许可的企业承运危险化学品的;

(二)通过内河封闭水域运输剧毒化学品以及国家规定禁止通过内河运输的其他危险化学品的;

(三)通过内河运输国家规定禁止通过内河运输的剧毒化学品以及其他危险化学品的;

(四)在托运的普通货物中夹带危险化学品,或者将危险化学品谎报或者匿报为普通货物托运的。

在邮件、快件内夹带危险化学品,或者将危险化学品谎报为普通物品交寄的,依法给予治安管理处罚;构成犯罪的,依法追究刑事责任。

邮政企业、快递企业收寄危险化学品的,依照《中华人民共和国邮政法》的规定处罚。

第八十八条 有下列情形之一的,由公安机关责令改正,处5万元以上10万元以下的罚款;构成违反治安管理行为的,依法给予治安管理处罚;构成犯罪的,依法追究刑事责任:

(一)超过运输车辆的核定载质量装载危险化学品的;

(二)使用安全技术条件不符合国家标准要求的车辆运输危险化学品的;

(三)运输危险化学品的车辆未经公安机关批准进入危险化学品运输车辆限制通行的区域的;

(四)未取得剧毒化学品道路运输通行证,通过道路运输剧毒化学品的。

第八十九条 有下列情形之一的,由公安机关责令改正,处1万元以上5万元以下的罚款;构成违反治安管理行为的,依法给予治安管理处罚:

(一)危险化学品运输车辆未悬挂或者喷涂警示标志,或者悬挂或者喷涂的警示标志不符合国家标准要求的;

(二)通过道路运输危险化学品,不配备押运人员的;

(三)运输剧毒化学品或者易制爆危险化学品途中需要较长时间停车,驾驶人员、押运人员不向当地公安机关报告的;

(四)剧毒化学品、易制爆危险化学品在道路运输途中丢失、被盗、被抢或者发生流散、泄露等情况,驾驶人员、押运人员不采取必要的警示措施和安全措施,或者不向当地公安机关报告的。

第九十条 对发生交通事故负有全部责任或者主要责任的危险化学品道路运输企业,由公安机关责令消除安全隐患,未消除安全隐患的危险化学品运输车辆,禁止上道路行驶。

第九十一条　有下列情形之一的，由交通运输主管部门责令改正，可以处1万元以下的罚款；拒不改正的，处1万元以上5万元以下的罚款：

（一）危险化学品道路运输企业、水路运输企业未配备专职安全管理人员的；

（二）用于危险化学品运输作业的内河码头、泊位的管理单位未制定码头、泊位危险化学品事故应急救援预案，或者未为码头、泊位配备充足、有效的应急救援器材和设备的。

第九十二条　有下列情形之一的，依照《中华人民共和国内河交通安全管理条例》的规定处罚：

（一）通过内河运输危险化学品的水路运输企业未制定运输船舶危险化学品事故应急救援预案，或者未为运输船舶配备充足、有效的应急救援器材和设备的；

（二）通过内河运输危险化学品的船舶的所有人或者经营人未取得船舶污染损害责任保险证书或者财务担保证明的；

（三）船舶载运危险化学品进出内河港口，未将有关事项事先报告海事管理机构并经其同意的；

（四）载运危险化学品的船舶在内河航行、装卸或者停泊，未悬挂专用的警示标志，或者未按照规定显示专用信号，或者未按照规定申请引航的。

未向港口行政管理部门报告并经其同意，在港口内进行危险化学品的装卸、过驳作业的，依照《中华人民共和国港口法》的规定处罚。

第九十三条　伪造、变造或者出租、出借、转让危险化学品安全生产许可证、工业产品生产许可证，或者使用伪造、变造的危险化学品安全生产许可证、工业产品生产许可证的，分别依照《安全生产许可证条例》、《中华人民共和国工业产品生产许可证管理条例》的规定处罚。

伪造、变造或者出租、出借、转让本条例规定的其他许可证，或者使用伪造、变造的本条例规定的其他许可证的，分别由相关许可证的颁发管理机关处10万元以上20万元以下的罚款，有违法所得的，没收违法所得；构成违反治安管理行为的，依法给予治安管理处罚；构成犯罪的，依法追究刑事责任。

第九十四条　危险化学品单位发生危险化学品事故，其主要负责人不立即组织救援或者不立即向有关部门报告的，依照《生产安全事故报告和调查处理条例》的规定处罚。

危险化学品单位发生危险化学品事故，造成他人人身伤害或者财产损失的，依法承担赔偿责任。

第九十五条　发生危险化学品事故，有关地方人民政府及其有关部门不立即组织实施救援，或者不采取必要的应急处置措施减少事故损失，防止事故蔓延、扩大的，对直接负责的主管人员和其他直接责任人员依法给予处分；构成犯罪的，依法追究刑事责任。

第九十六条　负有危险化学品安全监督管理职责的部门的工作人员，在危险化学品安全监督管理工作中滥用职权、玩忽职守、徇私舞弊，构成犯罪的，依法追究刑事责任；尚不构成犯罪的，依法给予处分。

第八章　附　　则

第九十七条　监控化学品、属于危险化学品的药品和农药的安全管理，依照本条例的规定执行；法律、行政法规另有规定的，依照其规定。

民用爆炸物品、烟花爆竹、放射性物品、核能物质以及用于国防科研生产的危险化学品的安全管理，不适用本条例。

法律、行政法规对燃气的安全管理另有规定的，依照其规定。

危险化学品容器属于特种设备的，其安全管理依照有关特种设备安全的法律、行政法规的规定执行。

第九十八条　危险化学品的进出口管理，依照有关对外贸易的法律、行政法规、规章的规定执行；进口的危险化学品的储存、使用、经营、运输的安全管理，依照本条例的规定执行。

危险化学品环境管理登记和新化学物质环境管理登记，依照有关环境保护的法律、行政法规、规章的规定执行。危险化学品环境管理登记，按照国家有关规定收取费用。

第九十九条　公众发现、捡拾的无主危险化学品，由公安机关接收。公安机关接收或者有关部门依法没收的危险化学品，需要进行无害化处理的，交由环境保护主管部门组织其认定的专业单位进行处理，或者交由有关危险化学品生产企业进行处理。处理所需费用由国家财政负担。

第一百条　化学品的危险特性尚未确定的，由国务院安全生产监督管理部门、国务院环境保护主管部门、国务院卫生主管部门分别负责组织对该化学品的物理危险性、环境危害性、毒理特性进行鉴定。根据鉴定结果，需要调整危险化学品目录的，依照本条例第三条第二款的规定办理。

第一百零一条　本条例施行前已经使用危险化学品从事

生产的化工企业，依照本条例规定需要取得危险化学品安全使用许可证的，应当在国务院安全生产监督管理部门规定的期限内，申请取得危险化学品安全使用许可证。

第一百零二条 本条例自2011年12月1日起施行。

关于全面加强危险化学品安全生产工作的意见

2020年2月20日中共中央办公厅、国务院办公厅印发

为深刻吸取一些地区发生的重特大事故教训，举一反三，全面加强危险化学品安全生产工作，有力防范化解系统性安全风险，坚决遏制重特大事故发生，有效维护人民群众生命财产安全，现提出如下意见。

一、总体要求

以习近平新时代中国特色社会主义思想为指导，全面贯彻党的十九大和十九届二中、三中、四中全会精神，紧紧围绕统筹推进“五位一体”总体布局和协调推进“四个全面”战略布局，坚持总体国家安全观，按照高质量发展要求，以防控系统性安全风险为重点，完善和落实安全生产责任和管理制度，建立安全隐患排查和安全预防控制体系，加强源头治理、综合治理、精准治理，着力解决基础性、源头性、瓶颈性问题，加快实现危险化学品安全生产治理体系和治理能力现代化，全面提升安全发展水平，推动安全生产形势持续稳定好转，为经济社会发展营造安全稳定环境。

二、强化安全风险管控

（一）深入开展安全风险排查。按照《化工园区安全风险排查治理导则（试行）》和《危险化学品企业安全风险隐患排查治理导则》等相关制度规范，全面开展安全风险排查和隐患治理。严格落实地方党委和政府领导责任，结合实际细化排查标准，对危险化学品企业、化工园区或化工集中区（以下简称化工园区），组织实施精准化安全风险排查评估，分类建立完善安全风险数据库和信息管理系统，区分“红、橙、黄、蓝”四级安全风险，突出一、二级重大危险源和有毒有害、易燃易爆化工企业，按照“一企一策”、“一园一策”原则，实施最严格的治理整顿。制定实施方案，深入组织开展危险化学品安全三年提升行动。

（二）推进产业结构调整。完善和推动落实化工产业转型升级的政策措施。严格落实国家产业结构调整指导目录，及时修订公布淘汰落后安全技术工艺、设备目录，各地区结合实际制定修订并严格落实危险化学品“禁限控”目录，结合深化供给侧结构性改革，依法淘汰不符合安全生产国家标准、行业标准条件的产能，有效防控风险。坚持全国“一盘棋”，严禁已淘汰落后产能异地落户、办厂进园，对违规批建、接收者依法依规追究责任。

（三）严格标准规范。制定化工园区建设标准、认定条件和管理办法。整合化工、石化和化学制药等安全生产标准，解决标准不一致问题，建立健全危险化学品安全生产标准体系。完善化工和涉及危险化学品的工程设计、施工和验收标准。提高化工和涉及危险化学品的生产装置设计、制造和维护标准。加快制定化工过程安全管理导则和精细化工反应安全风险评估标准等技术规范。鼓励先进化工企业对标国际标准和国外先进标准，制定严于国家标准或行业标准的企业标准。

三、强化全链条安全管理

（四）严格安全准入。各地区要坚持有所为、有所不为，确定化工产业发展定位，建立发展改革、工业和信息化、自然资源、生态环境、住房城乡建设和应急管理等部门参与的化工产业发展规划编制协调沟通机制。新建化工园区由省级政府组织开展安全风险评估、论证并完善和落实管控措施。涉及“两重点一重大”（重点监管的危险化工工艺、重点监管的危险化学品和危险化学品重大危险源）的危险化学品建设项目由设区的市级以上政府相关部门联合建立安全风险防控机制。建设内有化工园区的高新技术产业开发区、经济技术开发区或独立设置化工园区，有关部门应依据上下游产业链完备性、人才基础和管理能力等因素，完善落实安全防控措施。完善并严格落实化学品鉴定评估与登记有关规定，科学准确鉴定评估化学品的物理危险性、毒性，严禁未落实风险防控措施就投入生产。

（五）加强重点环节安全管控。对现有化工园区全面开展评估和达标认定。对新开发化工工艺进行安全性审查。2020年年底前实现涉及“两重点一重大”的化工装置或储运设施自动化控制系统装备率、重大危险源在线监测监控率均达到100%。加强全国油气管道发展规划与国土空间、交通运输等其他专项规划衔接。督促企业大力推进油气输送管道完整性管理，加快完善油气输送管道地理信息系统，强化油气输送管道高后果区管控。严格落实油气管道法定检验制度，提升油气管道法定检验覆盖率。加强涉及危险化学品的停车场安全管理，纳入信息化监管平台。强化托运、承运、装卸、车辆运行等危险货物运输全链条安全监管。提高危险化学品储罐等贮存设备设计标准。研究建立常压危险货物储罐强制监测制度。严格特大型公路桥梁、特长公路隧道、饮用水源地危险货物运输车辆通行管控。加强港口、机场、铁路站场等危险货物配套存储场所安全管理。加强相关企业及医院、学校、科研机构等单位危险化学品使用安全管理。

（六）强化废弃危险化学品等危险废物监管。全面开展废弃危险化学品等危险废物（以下简称危险废物）排查，对属性不明的固体废物进行鉴别鉴定，重点整治化工园区、化工企业、危险化学品单位等可能存在的违规堆存、随意倾倒、私自填埋危险废物等问题，确保危险废物贮存、运输、处置安全。加快制定危险废物贮存安全技术标准。建立完善危险废物由产生到处置各环节联单制度。建立部门联动、区域协作、重大案件会商督办制度，形成覆盖危险废物产生、收集、贮存、转移、运输、利用、处置等全过程的监管体系，加大打击故意隐瞒、偷放偷排或违法违规处置危险废物违法犯罪行为力度。加快危险废物综合处置技术装备研发，合理规划布点处置企业，加快处置设施建设，消除处置能力瓶颈。督促企业对重点环保设施和项目组织安全风险评估论证和隐患排查治理。

四、强化企业主体责任落实

（七）强化法治措施。积极研究修改刑法相关条款，严格责任追究。推进制定危险化学品安全和危险货物运输相关法律，修改安全生产法、安全生产许可证条例等，强化法治力度。严格执行执法公示制度、执法全过程记录制度和重大执法决定法制审核制度，细化安全生产行政处罚自由裁量标准，强化精准严格执法。落实职工及家属和社会公众对企业安全生产隐患举报奖励制度，依法严格查处举报案件。

（八）加大失信约束力度。危险化学品生产贮存企业主要负责人（法定代表人）必须认真履责，并作出安全承诺；因未履行安全生产职责受刑事处罚或撤职处分的，依法对其实施职业禁入；企业管理和技术团队必须具备相应的履职能力，做到责任到人、工作到位，对安全隐患排查治理不力、风险防控措施不落实的，依法依规追究相关责任人责任。对存在以隐蔽、欺骗或阻碍等方式逃避、对抗安全生产监管和环境保护监管，违章指挥、违章作业产生重大安全隐患，违规更改工艺流程，破坏监测监控设施，夹带、谎报、瞒报、匿报危险物品等严重危害人民群众生命财产安全的主观故意行为的单位及主要责任人，依法依规将其纳入信用记录，加强失信惩戒，从严监管。

（九）强化激励措施。全面推进危险化学品企业安全生产标准化建设，对一、二级标准化企业扩产扩能、进区入园等，在同等条件下分别给予优先考虑并减少检查频次。对国家鼓励发展的危险化学品项目，在投资总额内进口的自用先进危险品检测检验设备按照现行政策规定免征进口关税。落实安全生产专用设备投资抵免企业所得税优惠。提高危险化学品生产贮存企业安全生产费用提取标准。推动危险化学品企业建立安全生产内审机制和承诺制度，完善风险分级管控和隐患排查治理预防机制，并纳入安全生产标准化等级评审条件。

五、强化基础支撑保障

（十）提高科技与信息化水平。强化危险化学品安全研究支撑，加强危险化学品安全相关国家级科技创新平台建设，开展基础性、前瞻性研究。研究建立危险化学品全生命周期信息监管系统，综合利用电子标签、大数据、人工智能等高新技术，对生产、贮存、运输、使用、经营、废弃处置等各环节进行全过程信息化管理和监控，实现危险化学品来源可循、去向可溯、状态可控，做到企业、监管部门、执法部门及应急救援部门之间互联互通。将安全生产行政处罚信息统一纳入监管执法信息化系统，实现信息共享，取代层层备案。加强化工危险工艺本质安全、大型储罐安全保障、化工园区安全环保一体化风险防控等技术及装备研发。推进化工园区安全生产信息化智能化平台建设，实现对园区内企业、重点场所、重大危险源、基础设施实时风险监控预警。加快建成应急管理部门与辖区内化工园区和危险化学品企业联网的远程监控系统。

（十一）加强专业人才培养。实施安全技能提升行动计划，将化工、危险化学品企业从业人员作为高危行业领域职业技能提升行动的重点群体。危险化学品生产企业主要负责人、分管安全生产负责人必须具有化工类专业大专及以上学历和一定实践经验，专职安全管理人员至少要具备中级及以上化工专业技术职称或化工安全类注册安全工程师资格，新招一线岗位从业人员必须具有化工职业教育背景或普通高中及以上学历并接受危险化学品安全培训，经考核合格后方能上岗。企业通过内部培养或外部聘用形式建立化工专业技术团队。化工重点地区扶持建设一批化工相关职业院校（含技工院校），依托重点化工企业、化工园区或第三方专业机构建立实习实训基地。把化工过程安全管理知识纳入相关高校化工与制药类专业核心课程体系。

（十二）规范技术服务协作机制。加快培育一批专业能力强、社会信誉好的技术服务龙头企业，引入市场机制，为涉及危险化学品企业提供管理和技术服务。建立专家技术服务规范，分级分类开展精准指导帮扶。安全生产责任保险覆盖所有危险化学品企业。对安全评价、检测检验等中介机构和环境评价文件编制单位出具虚假报告和证明的，依法依规吊销其相关资质或资格；构成犯罪的，依法追究刑事责任。

（十三）加强危险化学品救援队伍建设。统筹国家综合性消防救援力量、危险化学品专业救援力量，合理规划布局建设立足化工园区、辐射周边、覆盖主要贮存区域的危险化学品应急救援基地。强化长江干线危险化学品应急处置能力建设。加强应急救援装备配备，健全应急救援预案，开展实训演练，提高区域协同救援能力。推进实施危险化学品事故应急指南，指导企业提高应急处置能力。

六、强化安全监管能力

（十四）完善监管体制机制。将涉恐涉爆涉毒危险化学品重大风险纳入国家安全管控范围，健全监管制度，加强重点监督。进一步调整完善危险化学品安全生产监督管理体制。按照“管行业必须管安全、管业务必须管安全、管生产经营必须管安全”和“谁主管谁负责”原则，严格落实相关部门危险化学品各环节安全监管责任，实施全主体、全品种、全链条安全监管。应急管理部门负责危险化学品安全生产监管工作和危险化学品安全监管综合工作；按照《危险化学品安全管理条例》规定，应急管理、交通运输、公安、铁路、民航、生态环境等部门分别承担危险化学品生产、贮存、使用、经营、运输、处置等环节相关安全监管责任；在相关安全监管职责未明确部门的情况下，应急管理部门承担危险化学品安全综合监督管理兜底责任。生态环境部门依法对危险废物的收集、贮存、处置等进行监督管理。应急管理部门和生态环境部门以及其他有关部门建立监管协作和联合执法工作机制，密切协调配合，实现信息及时、充分、有效共享，形成工作合力，共同做好危险化学品安全监管各项工作。完善国务院安全生产委员会工作机制，及时研究解决危险化学品安全突出问题，加强对相关单位履职情况的监督检查和考核通报。

（十五）健全执法体系。建立健全省、市、县三级安全生产执法体系。省级应急管理部门原则上不设执法队伍，由内设机构承担安全生产监管执法责任，市、县级应急管理部门一般实行“局队合一”体制。危险化学品重点县（市、区、旗）、危险化学品贮存量大的港区，以及各类开发区特别是内设化工园区的开发区，应强化危险化学品安全生产监管职责，落实落细监管执法责任，配齐配强专业执法力量。具体由地方党委和政府研究确定，按程序审批。

（十六）提升监管效能。严把危险化学品监管执法人员进人关，进一步明确资格标准，严格考试考核，突出专业素质，择优录用；可通过公务员聘任制方式选聘专业人才，到2022年年底具有安全生产相关专业学历和实践经验的执法人员数量不低于在职人员的75%。完善监管执法人员培训制度，入职培训不少于3个月，每年参加为期不少于2周的复训。实行危险化学品重点县（市、区、旗）监管执法人员到国有大型化工企业进行岗位实训。深化“放管服”改革，加强和规范事中事后监管，在对涉及危险化学品企业进行全覆盖监管基础上，实施分级分类动态严格监管，运用“两随机一公开”进行重点抽查、突击检查。严厉打击非法建设生产经营行为。省、市、县级应急管理部门对同一企业确定一个执法主体，避免多层多头重复执法。加强执法监督，既严格执法，又避免简单化、“一刀切”。大力推行“互联网＋监管”、“执法＋专家”模式，及时发现风险隐患，及早预警防范。各地区根据工作需要，面向社会招聘执法辅助人员并健全相关管理制度。

各地区各有关部门要加强组织领导，认真落实党政同责、一岗双责、齐抓共管、失职追责安全生产责任制，整合一切条件、尽最大努力，加快推进危险化学品安全生产各项工作措施落地见效，重要情况及时向党中央、国务院报告。

危险化学品重大危险源监督管理暂行规定

1. *2011年8月5日国家安全生产监督管理总局令第40号公布*
2. *根据2015年5月27日国家安全生产监督管理总局令第79号《关于废止和修改危险化学品等领域七部规章的决定》修正*

第一章　总　　则

第一条　为了加强危险化学品重大危险源的安全监督管

理，防止和减少危险化学品事故的发生，保障人民群众生命财产安全，根据《中华人民共和国安全生产法》和《危险化学品安全管理条例》等有关法律、行政法规，制定本规定。

第二条　从事危险化学品生产、储存、使用和经营的单位（以下统称危险化学品单位）的危险化学品重大危险源的辨识、评估、登记建档、备案、核销及其监督管理，适用本规定。

城镇燃气、用于国防科研生产的危险化学品重大危险源以及港区内危险化学品重大危险源的安全监督管理，不适用本规定。

第三条　本规定所称危险化学品重大危险源（以下简称重大危险源），是指按照《危险化学品重大危险源辨识》（GB 18218）标准辨识确定，生产、储存、使用或者搬运危险化学品的数量等于或者超过临界量的单元（包括场所和设施）。

第四条　危险化学品单位是本单位重大危险源安全管理的责任主体，其主要负责人对本单位的重大危险源安全管理工作负责，并保证重大危险源安全生产所必需的安全投入。

第五条　重大危险源的安全监督管理实行属地监管与分级管理相结合的原则。

县级以上地方人民政府安全生产监督管理部门按照有关法律、法规、标准和本规定，对本辖区内的重大危险源实施安全监督管理。

第六条　国家鼓励危险化学品单位采用有利于提高重大危险源安全保障水平的先进适用的工艺、技术、设备以及自动控制系统，推进安全生产监督管理部门重大危险源安全监管的信息化建设。

第二章　辨识与评估

第七条　危险化学品单位应当按照《危险化学品重大危险源辨识》标准，对本单位的危险化学品生产、经营、储存和使用装置、设施或者场所进行重大危险源辨识，并记录辨识过程与结果。

第八条　危险化学品单位应当对重大危险源进行安全评估并确定重大危险源等级。危险化学品单位可以组织本单位的注册安全工程师、技术人员或者聘请有关专家进行安全评估，也可以委托具有相应资质的安全评价机构进行安全评估。

依照法律、行政法规的规定，危险化学品单位需要进行安全评价的，重大危险源安全评估可以与本单位的安全评价一起进行，以安全评价报告代替安全评估报告，也可以单独进行重大危险源安全评估。

重大危险源根据其危险程度，分为一级、二级、三级和四级，一级为最高级别。重大危险源分级方法由本规定附件1列示。

第九条　重大危险源有下列情形之一的，应当委托具有相应资质的安全评价机构，按照有关标准的规定采用定量风险评价方法进行安全评估，确定个人和社会风险值：

（一）构成一级或者二级重大危险源，且毒性气体实际存在（在线）量与其在《危险化学品重大危险源辨识》中规定的临界量比值之和大于或等于1的；

（二）构成一级重大危险源，且爆炸品或液化易燃气体实际存在（在线）量与其在《危险化学品重大危险源辨识》中规定的临界量比值之和大于或等于1的。

第十条　重大危险源安全评估报告应当客观公正、数据准确、内容完整、结论明确、措施可行，并包括下列内容：

（一）评估的主要依据；

（二）重大危险源的基本情况；

（三）事故发生的可能性及危害程度；

（四）个人风险和社会风险值（仅适用定量风险评价方法）；

（五）可能受事故影响的周边场所、人员情况；

（六）重大危险源辨识、分级的符合性分析；

（七）安全管理措施、安全技术和监控措施；

（八）事故应急措施；

（九）评估结论与建议。

危险化学品单位以安全评价报告代替安全评估报告的，其安全评价报告中有关重大危险源的内容应当符合本条第一款规定的要求。

第十一条　有下列情形之一的，危险化学品单位应当对重大危险源重新进行辨识、安全评估及分级：

（一）重大危险源安全评估已满三年的；

（二）构成重大危险源的装置、设施或者场所进行新建、改建、扩建的；

（三）危险化学品种类、数量、生产、使用工艺或者储存方式及重要设备、设施等发生变化，影响重大危险源级别或者风险程度的；

（四）外界生产安全环境因素发生变化，影响重大危险源级别和风险程度的；

（五）发生危险化学品事故造成人员死亡，或者10人以上受伤，或者影响到公共安全的；

（六）有关重大危险源辨识和安全评估的国家标准、行业标准发生变化的。

第三章　安全管理

第十二条　危险化学品单位应当建立完善重大危险源安全管理规章制度和安全操作规程，并采取有效措施保证其得到执行。

第十三条　危险化学品单位应当根据构成重大危险源的危险化学品种类、数量、生产、使用工艺（方式）或者相关设备、设施等实际情况，按照下列要求建立健全安全监测监控体系，完善控制措施：

（一）重大危险源配备温度、压力、液位、流量、组份等信息的不间断采集和监测系统以及可燃气体和有毒有害气体泄漏检测报警装置，并具备信息远传、连续记录、事故预警、信息存储等功能；一级或者二级重大危险源，具备紧急停车功能。记录的电子数据的保存时间不少于30天；

（二）重大危险源的化工生产装置装备满足安全生产要求的自动化控制系统；一级或者二级重大危险源，装备紧急停车系统；

（三）对重大危险源中的毒性气体、剧毒液体和易燃气体等重点设施，设置紧急切断装置；毒性气体的设施，设置泄漏物紧急处置装置。涉及毒性气体、液化气体、剧毒液体的一级或者二级重大危险源，配备独立的安全仪表系统（SIS）；

（四）重大危险源中储存剧毒物质的场所或者设施，设置视频监控系统；

（五）安全监测监控系统符合国家标准或者行业标准的规定。

第十四条　通过定量风险评价确定的重大危险源的个人和社会风险值，不得超过本规定附件2列示的个人和社会可容许风险限值标准。

超过个人和社会可容许风险限值标准的，危险化学品单位应当采取相应的降低风险措施。

第十五条　危险化学品单位应当按照国家有关规定，定期对重大危险源的安全设施和安全监测监控系统进行检测、检验，并进行经常性维护、保养，保证重大危险源的安全设施和安全监测监控系统有效、可靠运行。维护、保养、检测应当作好记录，并由有关人员签字。

第十六条　危险化学品单位应当明确重大危险源中关键装置、重点部位的责任人或者责任机构，并对重大危险源的安全生产状况进行定期检查，及时采取措施消除事故隐患。事故隐患难以立即排除的，应当及时制定治理方案，落实整改措施、责任、资金、时限和预案。

第十七条　危险化学品单位应当对重大危险源的管理和操作岗位人员进行安全操作技能培训，使其了解重大危险源的危险特性，熟悉重大危险源安全管理规章制度和安全操作规程，掌握本岗位的安全操作技能和应急措施。

第十八条　危险化学品单位应当在重大危险源所在场所设置明显的安全警示标志，写明紧急情况下的应急处置办法。

第十九条　危险化学品单位应当将重大危险源可能发生的事故后果和应急措施等信息，以适当方式告知可能受影响的单位、区域及人员。

第二十条　危险化学品单位应当依法制定重大危险源事故应急预案，建立应急救援组织或者配备应急救援人员，配备必要的防护装备及应急救援器材、设备、物资，并保障其完好和方便使用；配合地方人民政府安全生产监督管理部门制定所在地区涉及本单位的危险化学品事故应急预案。

对存在吸入性有毒、有害气体的重大危险源，危险化学品单位应当配备便携式浓度检测设备、空气呼吸器、化学防护服、堵漏器材等应急器材和设备；涉及剧毒气体的重大危险源，还应当配备两套以上（含本数）气密型化学防护服；涉及易燃易爆气体或者易燃液体蒸气的重大危险源，还应当配备一定数量的便携式可燃气体检测设备。

第二十一条　危险化学品单位应当制定重大危险源事故应急预案演练计划，并按照下列要求进行事故应急预案演练：

（一）对重大危险源专项应急预案，每年至少进行一次；

（二）对重大危险源现场处置方案，每半年至少进行一次。

应急预案演练结束后，危险化学品单位应当对应急预案演练效果进行评估，撰写应急预案演练评估报告，分析存在的问题，对应急预案提出修订意见，并及时修订完善。

第二十二条　危险化学品单位应当对辨识确认的重大危险源及时、逐项进行登记建档。

重大危险源档案应当包括下列文件、资料：

（一）辨识、分级记录；

（二）重大危险源基本特征表；

（三）涉及的所有化学品安全技术说明书；

（四）区域位置图、平面布置图、工艺流程图和主要设备一览表；

（五）重大危险源安全管理规章制度及安全操作规程；

（六）安全监测监控系统、措施说明、检测、检验结果；

（七）重大危险源事故应急预案、评审意见、演练计划和评估报告；

（八）安全评估报告或者安全评价报告；

（九）重大危险源关键装置、重点部位的责任人、责任机构名称；

（十）重大危险源场所安全警示标志的设置情况；

（十一）其他文件、资料。

第二十三条　危险化学品单位在完成重大危险源安全评估报告或者安全评价报告后15日内，应当填写重大危险源备案申请表，连同本规定第二十二条规定的重大危险源档案材料（其中第二款第五项规定的文件资料只需提供清单），报送所在地县级人民政府安全生产监督管理部门备案。

县级人民政府安全生产监督管理部门应当每季度将辖区内的一级、二级重大危险源备案材料报送至设区的市级人民政府安全生产监督管理部门。设区的市级人民政府安全生产监督管理部门应当每半年将辖区内的一级重大危险源备案材料报送至省级人民政府安全生产监督管理部门。

重大危险源出现本规定第十一条所列情形之一的，危险化学品单位应当及时更新档案，并向所在地县级人民政府安全生产监督管理部门重新备案。

第二十四条　危险化学品单位新建、改建和扩建危险化学品建设项目，应当在建设项目竣工验收前完成重大危险源的辨识、安全评估和分级、登记建档工作，并向所在地县级人民政府安全生产监督管理部门备案。

第四章　监 督 检 查

第二十五条　县级人民政府安全生产监督管理部门应当建立健全危险化学品重大危险源管理制度，明确责任人员，加强资料归档。

第二十六条　县级人民政府安全生产监督管理部门应当在每年1月15日前，将辖区内上一年度重大危险源的汇总信息报送至设区的市级人民政府安全生产监督管理部门。设区的市级人民政府安全生产监督管理部门应当在每年1月31日前，将辖区内上一年度重大危险源的汇总信息报送至省级人民政府安全生产监督管理部门。省级人民政府安全生产监督管理部门应当在每年2月15日前，将辖区内上一年度重大危险源的汇总信息报送至国家安全生产监督管理总局。

第二十七条　重大危险源经过安全评价或者安全评估不再构成重大危险源的，危险化学品单位应当向所在地县级人民政府安全生产监督管理部门申请核销。

申请核销重大危险源应当提交下列文件、资料：

（一）载明核销理由的申请书；

（二）单位名称、法定代表人、住所、联系人、联系方式；

（三）安全评价报告或者安全评估报告。

第二十八条　县级人民政府安全生产监督管理部门应当自收到申请核销的文件、资料之日起30日内进行审查，符合条件的，予以核销并出具证明文书；不符合条件的，说明理由并书面告知申请单位。必要时，县级人民政府安全生产监督管理部门应当聘请有关专家进行现场核查。

第二十九条　县级人民政府安全生产监督管理部门应当每季度将辖区内一级、二级重大危险源的核销材料报送至设区的市级人民政府安全生产监督管理部门。设区的市级人民政府安全生产监督管理部门应当每半年将辖区内一级重大危险源的核销材料报送至省级人民政府安全生产监督管理部门。

第三十条　县级以上地方各级人民政府安全生产监督管理部门应当加强对存在重大危险源的危险化学品单位的监督检查，督促危险化学品单位做好重大危险源的辨识、安全评估及分级、登记建档、备案、监测监控、事故应急预案编制、核销和安全管理工作。

首次对重大危险源的监督检查应当包括下列主要内容：

（一）重大危险源的运行情况、安全管理规章制度及安全操作规程制定和落实情况；

（二）重大危险源的辨识、分级、安全评估、登记建档、备案情况；

（三）重大危险源的监测监控情况；

（四）重大危险源安全设施和安全监测监控系统的检测、检验以及维护保养情况；

（五）重大危险源事故应急预案的编制、评审、备案、修订和演练情况；

（六）有关从业人员的安全培训教育情况；

（七）安全标志设置情况；

（八）应急救援器材、设备、物资配备情况；

（九）预防和控制事故措施的落实情况。

安全生产监督管理部门在监督检查中发现重大危险源存在事故隐患的，应当责令立即排除；重大事故隐患排除前或者排除过程中无法保证安全的，应当责令从危险区域内撤出作业人员，责令暂时停产停业或者停止使用;重大事故隐患排除后,经安全生产监督管理部门审查同意,方可恢复生产经营和使用。

第三十一条 县级以上地方各级人民政府安全生产监督管理部门应当会同本级人民政府有关部门,加强对工业(化工)园区等重大危险源集中区域的监督检查,确保重大危险源与周边单位、居民区、人员密集场所等重要目标和敏感场所之间保持适当的安全距离。

第五章 法律责任

第三十二条 危险化学品单位有下列行为之一的,由县级以上人民政府安全生产监督管理部门责令限期改正,可以处10万元以下的罚款;逾期未改正的,责令停产停业整顿,并处10万元以上20万元以下的罚款,对其直接负责的主管人员和其他直接责任人员处2万元以上5万元以下的罚款;构成犯罪的,依照刑法有关规定追究刑事责任:

(一)未按照本规定要求对重大危险源进行安全评估或者安全评价的;

(二)未按照本规定要求对重大危险源进行登记建档的;

(三)未按照本规定及相关标准要求对重大危险源进行安全监测监控的;

(四)未制定重大危险源事故应急预案的。

第三十三条 危险化学品单位有下列行为之一的,由县级以上人民政府安全生产监督管理部门责令限期改正,可以处5万元以下的罚款;逾期未改正的,处5万元以上20万元以下的罚款,对其直接负责的主管人员和其他直接责任人员处1万元以上2万元以下的罚款;情节严重的,责令停产停业整顿;构成犯罪的,依照刑法有关规定追究刑事责任:

(一)未在构成重大危险源的场所设置明显的安全警示标志的;

(二)未对重大危险源中的设备、设施等进行定期检测、检验的。

第三十四条 危险化学品单位有下列情形之一的,由县级以上人民政府安全生产监督管理部门给予警告,可以并处5000元以上3万元以下的罚款:

(一)未按照标准对重大危险源进行辨识的;

(二)未按照本规定明确重大危险源中关键装置、重点部位的责任人或者责任机构的;

(三)未按照本规定建立应急救援组织或者配备应急救援人员,以及配备必要的防护装备及器材、设备、物资,并保障其完好的;

(四)未按照本规定进行重大危险源备案或者核销的;

(五)未将重大危险源可能引发的事故后果、应急措施等信息告知可能受影响的单位、区域及人员的;

(六)未按照本规定要求开展重大危险源事故应急预案演练的。

第三十五条 危险化学品单位未按照本规定对重大危险源的安全生产状况进行定期检查,采取措施消除事故隐患的,责令立即消除或者限期消除;危险化学品单位拒不执行的,责令停产停业整顿,并处10万元以上20万元以下的罚款,对其直接负责的主管人员和其他直接责任人员处2万元以上5万元以下的罚款。

第三十六条 承担检测、检验、安全评价工作的机构,出具虚假证明的,没收违法所得;违法所得在10万元以上的,并处违法所得2倍以上5倍以下的罚款;没有违法所得或者违法所得不足10万元的,单处或者并处10万元以上20万元以下的罚款;对其直接负责的主管人员和其他直接责任人员处2万元以上5万元以下的罚款;给他人造成损害的,与危险化学品单位承担连带赔偿责任;构成犯罪的,依照刑法有关规定追究刑事责任。

对有前款违法行为的机构,依法吊销其相应资质。

第六章 附 则

第三十七条 本规定自2011年12月1日起施行。

附件1

危险化学品重大危险源分级方法

一、分级指标

采用单元内各种危险化学品实际存在(在线)量与其在《危险化学品重大危险源辨识》(GB 18218)中规定的临界量比值,经校正系数校正后的比值之和 R 作为分级指标。

二、R的计算方法

$$R = \alpha\left(\beta_1 \frac{q_1}{Q_1} + \beta_2 \frac{q_2}{Q_2} + \cdots + \beta_n \frac{q_n}{Q_n}\right)$$

式中:

$q_1, q_2, \cdots, q_n$—每种危险化学品实际存在(在线)量(单位:吨);

$Q_1, Q_2, \cdots, Q_n$—与各危险化学品相对应的临界量(单位:吨);

$\beta_1, \beta_2, \cdots, \beta_n$— 与各危险化学品相对应的校正系数；

α— 该危险化学品重大危险源厂区外暴露人员的校正系数。

三、校正系数β的取值

根据单元内危险化学品的类别不同，设定校正系数β值，见表1和表2：

表1 校正系数β取值表

危险化学品类别	毒性气体	爆炸品	易燃气体	其他类危险化学品
β	见表2	2	1.5	1

注：危险化学品类别依据《危险货物品名表》中分类标准确定。

表2 常见毒性气体校正系数β值取值表

毒性气体名称	一氧化碳	二氧化硫	氨	环氧乙烷	氯化氢	溴甲烷	氯
β	2	2	2	2	3	3	4
毒性气体名称	硫化氢	氟化氢	二氧化氮	氰化氢	碳酰氯	磷化氢	异氰酸甲酯
β	5	5	10	10	20	20	20

注：未在表2中列出的有毒气体可按β=2取值，剧毒气体可按β=4取值。

四、校正系数α的取值

根据重大危险源的厂区边界向外扩展500米范围内常住人口数量，设定厂外暴露人员校正系数α值，见表3：

表3 校正系数α取值表

厂外可能暴露人员数量	α
100人以上	2.0
50人～99人	1.5
30人～49人	1.2
1人～29人	1.0
0人	0.5

五、分级标准

根据计算出来的R值，按表4确定危险化学品重大危险源的级别。

表4 危险化学品重大危险源级别和R值的对应关系

危险化学品重大危险源级别	R值
一级	$R \geq 100$
二级	$100 > R \geq 50$
三级	$50 > R \geq 10$
四级	$R < 10$

附件2

可容许风险标准

一、可容许个人风险标准

个人风险是指因危险化学品重大危险源各种潜在的火灾、爆炸、有毒气体泄漏事故造成区域内某一固定位置人员的个体死亡概率，即单位时间内（通常为年）的个体死亡率。通常用个人风险等值线表示。

通过定量风险评价，危险化学品单位周边重要目标和敏感场所承受的个人风险应满足表1中可容许风险标准要求。

表1 可容许个人风险标准

危险化学品单位周边重要目标和敏感场所类别	可容许风险（/年）
1.高敏感场所（如学校、医院、幼儿园、养老院等）； 2.重要目标（如党政机关、军事管理区、文物保护单位等）； 3.特殊高密度场所（如大型体育场、大型交通枢纽等）。	$<3 \times 10^{-7}$
1.居住类高密度场所（如居民区、宾馆、度假村等）； 2.公众聚集类高密度场所（如办公场所、商场、饭店、娱乐场所等）。	$<1 \times 10^{-6}$

二、可容许社会风险标准

社会风险是指能够引起大于等于N人死亡的事故累积频率（F），也即单位时间内（通常为年）的死亡人数。通常用社会风险曲线（F－N曲线）表示。

可容许社会风险标准采用ALARP（As Low As Reasonable Practice）原则作为可接受原则。ALARP原则通过两个风险分界线将风险划分为3个区域，即：不可容许区、尽可能降低区（ALARP）和可容许区。

①若社会风险曲线落在不可容许区，除特殊情况外，该风险无论如何不能被接受。

②若落在可容许区，风险处于很低的水平，该风险是可以被接受的，无需采取安全改进措施。

③若落在尽可能降低区，则需要在可能的情况下尽量减少风险，即对各种风险处理措施方案进行成本效益分析等，以决定是否采取这些措施。

通过定量风险评价，危险化学品重大危险源产生的社会风险应满足图1中可容许社会风险标准要求。

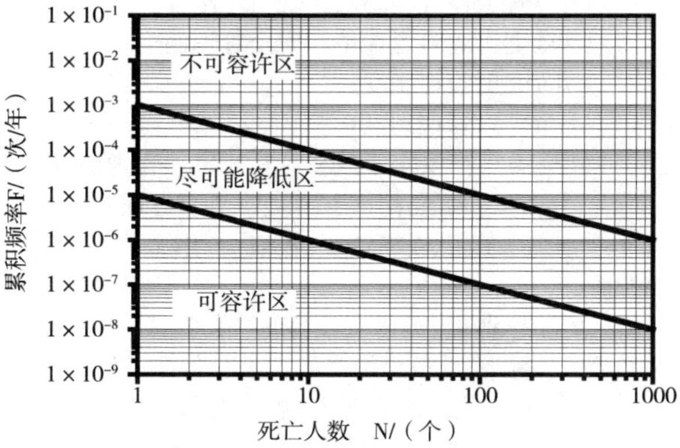

图1 可容许社会风险标准（F－N）曲线

危险化学品生产企业安全生产许可证实施办法

1. 2011年8月5日国家安全生产监督管理总局令第41号公布

2. 根据2015年5月27日国家安全生产监督管理总局令第79号《关于废止和修改危险化学品等领域七部规章的决定》第一次修正

3. 根据2017年3月6日国家安全生产监督管理总局令第89号《关于修改和废止部分规章及规范性文件的决定》第二次修正

第一章 总 则

第一条 为了严格规范危险化学品生产企业安全生产条件，做好危险化学品生产企业安全生产许可证的颁发和管理工作，根据《安全生产许可证条例》、《危险化学品安全管理条例》等法律、行政法规，制定本实施办法。

第二条 本办法所称危险化学品生产企业（以下简称企业），是指依法设立且取得工商营业执照或者工商核准文件从事生产最终产品或者中间产品列入《危险化学品目录》的企业。

第三条 企业应当依照本办法的规定取得危险化学品安全生产许可证（以下简称安全生产许可证）。未取得安全生产许可证的企业，不得从事危险化学品的生产活动。

第四条 安全生产许可证的颁发管理工作实行企业申请、两级发证、属地监管的原则。

第五条 国家安全生产监督管理总局指导、监督全国安全生产许可证的颁发管理工作。

省、自治区、直辖市安全生产监督管理部门（以下简称省级安全生产监督管理部门）负责本行政区域内中央企业及其直接控股涉及危险化学品生产的企业（总部）以外的企业安全生产许可证的颁发管理。

第六条 省级安全生产监督管理部门可以将其负责的安全生产许可证颁发工作，委托企业所在地设区的市级或者县级安全生产监督管理部门实施。涉及剧毒化学品生产的企业安全生产许可证颁发工作，不得委托实施。国家安全生产监督管理总局公布的涉及危险化工工艺和重点监管危险化学品的企业安全生产许可证颁发工作，不得委托县级安全生产监督管理部门实施。

受委托的设区的市级或者县级安全生产监督管理部门在受委托的范围内，以省级安全生产监督管理部门的名义实施许可，但不得再委托其他组织和个人实施。

国家安全生产监督管理总局、省级安全生产监督管理部门和受委托的设区的市级或者县级安全生产监督管理部门统称实施机关。

第七条 省级安全生产监督管理部门应当将受委托的设区的市级或者县级安全生产监督管理部门以及委托事项予以公告。

省级安全生产监督管理部门应当指导、监督受委托的设区的市级或者县级安全生产监督管理部门颁发安全生产许可证，并对其法律后果负责。

第二章 申请安全生产许可证的条件

第八条 企业选址布局、规划设计以及与重要场所、设施、区域的距离应当符合下列要求：

（一）国家产业政策；当地县级以上（含县级）人民政府的规划和布局；新设立企业建在地方人民政府规划的专门用于危险化学品生产、储存的区域内；

（二）危险化学品生产装置或者储存危险化学品数量构成重大危险源的储存设施，与《危险化学品安全管理条例》第十九条第一款规定的八类场所、设施、区域的距离符合有关法律、法规、规章和国家标准或者行业标准的规定；

（三）总体布局符合《化工企业总图运输设计规

范》(GB 50489)、《工业企业总平面设计规范》(GB 50187)、《建筑设计防火规范》(GB 50016)等标准的要求。

石油化工企业除符合本条第一款规定条件外，还应当符合《石油化工企业设计防火规范》(GB 50160)的要求。

第九条 企业的厂房、作业场所、储存设施和安全设施、设备、工艺应当符合下列要求：

(一)新建、改建、扩建建设项目经具备国家规定资质的单位设计、制造和施工建设；涉及危险化工工艺、重点监管危险化学品的装置，由具有综合甲级资质或者化工石化专业甲级设计资质的化工石化设计单位设计；

(二)不得采用国家明令淘汰、禁止使用和危及安全生产的工艺、设备；新开发的危险化学品生产工艺必须在小试、中试、工业化试验的基础上逐步放大到工业化生产；国内首次使用的化工工艺，必须经过省级人民政府有关部门组织的安全可靠性论证；

(三)涉及危险化工工艺、重点监管危险化学品的装置装设自动化控制系统；涉及危险化工工艺的大型化工装置装设紧急停车系统；涉及易燃易爆、有毒有害气体化学品的场所装设易燃易爆、有毒有害介质泄漏报警等安全设施；

(四)生产区与非生产区分开设置，并符合国家标准或者行业标准规定的距离；

(五)危险化学品生产装置和储存设施之间及其与建(构)筑物之间的距离符合有关标准规范的规定。

同一厂区内的设备、设施及建(构)筑物的布置必须适用同一标准的规定。

第十条 企业应当有相应的职业危害防护设施，并为从业人员配备符合国家标准或者行业标准的劳动防护用品。

第十一条 企业应当依据《危险化学品重大危险源辨识》(GB 18218)，对本企业的生产、储存和使用装置、设施或者场所进行重大危险源辨识。

对已确定为重大危险源的生产和储存设施，应当执行《危险化学品重大危险源监督管理暂行规定》。

第十二条 企业应当依法设置安全生产管理机构，配备专职安全生产管理人员。配备的专职安全生产管理人员必须能够满足安全生产的需要。

第十三条 企业应当建立全员安全生产责任制，保证每位从业人员的安全生产责任与职务、岗位相匹配。

第十四条 企业应当根据化工工艺、装置、设施等实际情况，制定完善下列主要安全生产规章制度：

(一)安全生产例会等安全生产会议制度；

(二)安全投入保障制度；

(三)安全生产奖惩制度；

(四)安全培训教育制度；

(五)领导干部轮流现场带班制度；

(六)特种作业人员管理制度；

(七)安全检查和隐患排查治理制度；

(八)重大危险源评估和安全管理制度；

(九)变更管理制度；

(十)应急管理制度；

(十一)生产安全事故或者重大事件管理制度；

(十二)防火、防爆、防中毒、防泄漏管理制度；

(十三)工艺、设备、电气仪表、公用工程安全管理制度；

(十四)动火、进入受限空间、吊装、高处、盲板抽堵、动土、断路、设备检维修等作业安全管理制度；

(十五)危险化学品安全管理制度；

(十六)职业健康相关管理制度；

(十七)劳动防护用品使用维护管理制度；

(十八)承包商管理制度；

(十九)安全管理制度及操作规程定期修订制度。

第十五条 企业应当根据危险化学品的生产工艺、技术、设备特点和原辅料、产品的危险性编制岗位操作安全规程。

第十六条 企业主要负责人、分管安全负责人和安全生产管理人员必须具备与其从事的生产经营活动相适应的安全生产知识和管理能力，依法参加安全生产培训，并经考核合格，取得安全合格证书。

企业分管安全负责人、分管生产负责人、分管技术负责人应当具有一定的化工专业知识或者相应的专业学历，专职安全生产管理人员应当具备国民教育化工化学类(或安全工程)中等职业教育以上学历或者化工化学类中级以上专业技术职称。

企业应当有危险物品安全类注册安全工程师从事安全生产管理工作。

特种作业人员应当依照《特种作业人员安全技术培训考核管理规定》，经专门的安全技术培训并考核合格，取得特种作业操作证书。

本条第一、二、四款规定以外的其他从业人员应当按照国家有关规定，经安全教育培训合格。

第十七条 企业应当按照国家规定提取与安全生产有关的费用，并保证安全生产所必须的资金投入。

第十八条　企业应当依法参加工伤保险，为从业人员缴纳保险费。

第十九条　企业应当依法委托具备国家规定资质的安全评价机构进行安全评价，并按照安全评价报告的意见对存在的安全生产问题进行整改。

第二十条　企业应当依法进行危险化学品登记，为用户提供化学品安全技术说明书，并在危险化学品包装（包括外包装件）上粘贴或者拴挂与包装内危险化学品相符的化学品安全标签。

第二十一条　企业应当符合下列应急管理要求：

（一）按照国家有关规定编制危险化学品事故应急预案并报有关部门备案；

（二）建立应急救援组织，规模较小的企业可以不建立应急救援组织，但应指定兼职的应急救援人员；

（三）配备必要的应急救援器材、设备和物资，并进行经常性维护、保养，保证正常运转。

生产、储存和使用氯气、氨气、光气、硫化氢等吸入性有毒有害气体的企业，除符合本条第一款的规定外，还应当配备至少两套以上全封闭防化服；构成重大危险源的，还应当设立气体防护站（组）。

第二十二条　企业除符合本章规定的安全生产条件，还应当符合有关法律、行政法规和国家标准或者行业标准规定的其他安全生产条件。

第三章　安全生产许可证的申请

第二十三条　中央企业及其直接控股涉及危险化学品生产的企业（总部）以外的企业向所在地省级安全生产监督管理部门或其委托的安全生产监督管理部门申请安全生产许可证。

第二十四条　新建企业安全生产许可证的申请，应当在危险化学品生产建设项目安全设施竣工验收通过后10个工作日内提出。

第二十五条　企业申请安全生产许可证时，应当提交下列文件、资料，并对其内容的真实性负责：

（一）申请安全生产许可证的文件及申请书；

（二）安全生产责任制文件，安全生产规章制度、岗位操作安全规程清单；

（三）设置安全生产管理机构，配备专职安全生产管理人员的文件复制件；

（四）主要负责人、分管安全负责人、安全生产管理人员和特种作业人员的安全合格证或者特种作业操作证复制件；

（五）与安全生产有关的费用提取和使用情况报告，新建企业提交有关安全生产费用提取和使用规定的文件；

（六）为从业人员缴纳工伤保险费的证明材料；

（七）危险化学品事故应急救援预案的备案证明文件；

（八）危险化学品登记证复制件；

（九）工商营业执照副本或者工商核准文件复制件；

（十）具备资质的中介机构出具的安全评价报告；

（十一）新建企业的竣工验收报告；

（十二）应急救援组织或者应急救援人员，以及应急救援器材、设备设施清单。

有危险化学品重大危险源的企业，除提交本条第一款规定的文件、资料外，还应当提供重大危险源及其应急预案的备案证明文件、资料。

第四章　安全生产许可证的颁发

第二十六条　实施机关收到企业申请文件、资料后，应当按照下列情况分别作出处理：

（一）申请事项依法不需要取得安全生产许可证的，即时告知企业不予受理；

（二）申请事项依法不属于本实施机关职责范围的，即时作出不予受理的决定，并告知企业向相应的实施机关申请；

（三）申请材料存在可以当场更正的错误的，允许企业当场更正，并受理其申请；

（四）申请材料不齐全或者不符合法定形式的，当场告知或者在5个工作日内出具补正告知书，一次告知企业需要补正的全部内容；逾期不告知的，自收到申请材料之日起即为受理；

（五）企业申请材料齐全、符合法定形式，或者按照实施机关要求提交全部补正材料的，立即受理其申请。

实施机关受理或者不予受理行政许可申请，应当出具加盖本机关专用印章和注明日期的书面凭证。

第二十七条　安全生产许可证申请受理后，实施机关应当组织对企业提交的申请文件、资料进行审查。对企业提交的文件、资料实质内容存在疑问，需要到现场核查的，应当指派工作人员就有关内容进行现场核查。工作人员应当如实提出现场核查意见。

第二十八条　实施机关应当在受理之日起45个工作日内作出是否准予许可的决定。审查过程中的现场核查所需时间不计算在本条规定的期限内。

第二十九条　实施机关作出准予许可决定的，应当自决定之日起10个工作日内颁发安全生产许可证。

实施机关作出不予许可的决定的，应当在 10 个工作日内书面告知企业并说明理由。

第三十条　企业在安全生产许可证有效期内变更主要负责人、企业名称或者注册地址的，应当自工商营业执照或者隶属关系变更之日起 10 个工作日内向实施机关提出变更申请，并提交下列文件、资料：

（一）变更后的工商营业执照副本复制件；

（二）变更主要负责人的，还应当提供主要负责人经安全生产监督管理部门考核合格后颁发的安全合格证复制件；

（三）变更注册地址的，还应当提供相关证明材料。

对已经受理的变更申请，实施机关应当在对企业提交的文件、资料审查无误后，方可办理安全生产许可证变更手续。

企业在安全生产许可证有效期内变更隶属关系的，仅需提交隶属关系变更证明材料报实施机关备案。

第三十一条　企业在安全生产许可证有效期内，当原生产装置新增产品或者改变工艺技术对企业的安全生产产生重大影响时，应当对该生产装置或者工艺技术进行专项安全评价，并对安全评价报告中提出的问题进行整改；在整改完成后，向原实施机关提出变更申请，提交安全评价报告。实施机关按照本办法第三十条的规定办理变更手续。

第三十二条　企业在安全生产许可证有效期内，有危险化学品新建、改建、扩建建设项目（以下简称建设项目）的，应当在建设项目安全设施竣工验收合格之日起 10 个工作日内向原实施机关提出变更申请，并提交建设项目安全设施竣工验收报告等相关文件、资料。实施机关按照本办法第二十七条、第二十八条和第二十九条的规定办理变更手续。

第三十三条　安全生产许可证有效期为 3 年。企业安全生产许可证有效期届满后继续生产危险化学品的，应当在安全生产许可证有效期届满前 3 个月提出延期申请，并提交延期申请书和本办法第二十五条规定的申请文件、资料。

实施机关按照本办法第二十六条、第二十七条、第二十八条、第二十九条的规定进行审查，并作出是否准予延期的决定。

第三十四条　企业在安全生产许可证有效期内，符合下列条件的，其安全生产许可证届满时，经原实施机关同意，可不提交第二十五条第一款第二、七、八、十、十一项规定的文件、资料，直接办理延期手续：

（一）严格遵守有关安全生产的法律、法规和本办法的；

（二）取得安全生产许可证后，加强日常安全生产管理，未降低安全生产条件，并达到安全生产标准化等级二级以上的；

（三）未发生死亡事故的。

第三十五条　安全生产许可证分为正、副本，正本为悬挂式，副本为折页式，正、副本具有同等法律效力。

实施机关应当分别在安全生产许可证正、副本上载明编号、企业名称、主要负责人、注册地址、经济类型、许可范围、有效期、发证机关、发证日期等内容。其中，正本上的“许可范围”应当注明“危险化学品生产”，副本上的“许可范围”应当载明生产场所地址和对应的具体品种、生产能力。

安全生产许可证有效期的起始日为实施机关作出许可决定之日，截止日为起始日至三年后同一日期的前一日。有效期内有变更事项的，起始日和截止日不变，载明变更日期。

第三十六条　企业不得出租、出借、买卖或者以其他形式转让其取得的安全生产许可证，或者冒用他人取得的安全生产许可证、使用伪造的安全生产许可证。

第五章　监督管理

第三十七条　实施机关应当坚持公开、公平、公正的原则，依照本办法和有关安全生产行政许可的法律、法规规定，颁发安全生产许可证。

实施机关工作人员在安全生产许可证颁发及其监督管理工作中，不得索取或者接受企业的财物，不得谋取其他非法利益。

第三十八条　实施机关应当加强对安全生产许可证的监督管理，建立、健全安全生产许可证档案管理制度。

第三十九条　有下列情形之一的，实施机关应当撤销已经颁发的安全生产许可证：

（一）超越职权颁发安全生产许可证的；

（二）违反本办法规定的程序颁发安全生产许可证的；

（三）以欺骗、贿赂等不正当手段取得安全生产许可证的。

第四十条　企业取得安全生产许可证后有下列情形之一的，实施机关应当注销其安全生产许可证：

（一）安全生产许可证有效期届满未被批准延续的；

（二）终止危险化学品生产活动的；

（三）安全生产许可证被依法撤销的；

（四）安全生产许可证被依法吊销的。

安全生产许可证注销后，实施机关应当在当地主要新闻媒体或者本机关网站上发布公告，并通报企业所在地人民政府和县级以上安全生产监督管理部门。

第四十一条 省级安全生产监督管理部门应当在每年1月15日前，将本行政区域内上年度安全生产许可证的颁发和管理情况报国家安全生产监督管理总局。

国家安全生产监督管理总局、省级安全生产监督管理部门应当定期向社会公布企业取得安全生产许可的情况，接受社会监督。

第六章 法律责任

第四十二条 实施机关工作人员有下列行为之一的，给予降级或者撤职的处分；构成犯罪的，依法追究刑事责任：

（一）向不符合本办法第二章规定的安全生产条件的企业颁发安全生产许可证的；

（二）发现企业未依法取得安全生产许可证擅自从事危险化学品生产活动，不依法处理的；

（三）发现取得安全生产许可证的企业不再具备本办法第二章规定的安全生产条件，不依法处理的；

（四）接到对违反本办法规定行为的举报后，不及时依法处理的；

（五）在安全生产许可证颁发和监督管理工作中，索取或者接受企业的财物，或者谋取其他非法利益的。

第四十三条 企业取得安全生产许可证后发现其不具备本办法规定的安全生产条件的，依法暂扣其安全生产许可证1个月以上6个月以下；暂扣期满仍不具备本办法规定的安全生产条件的，依法吊销其安全生产许可证。

第四十四条 企业出租、出借或者以其他形式转让安全生产许可证的，没收违法所得，处10万元以上50万元以下的罚款，并吊销安全生产许可证；构成犯罪的，依法追究刑事责任。

第四十五条 企业有下列情形之一的，责令停止生产危险化学品，没收违法所得，并处10万元以上50万元以下的罚款；构成犯罪的，依法追究刑事责任：

（一）未取得安全生产许可证，擅自进行危险化学品生产的；

（二）接受转让的安全生产许可证的；

（三）冒用或者使用伪造的安全生产许可证的。

第四十六条 企业在安全生产许可证有效期届满未办理延期手续，继续进行生产的，责令停止生产，限期补办延期手续，没收违法所得，并处5万元以上10万元以下的罚款；逾期仍不办理延期手续，继续进行生产的，依照本办法第四十五条的规定进行处罚。

第四十七条 企业在安全生产许可证有效期内主要负责人、企业名称、注册地址、隶属关系发生变更或者新增产品、改变工艺技术对企业安全生产产生重大影响，未按照本办法第三十条规定的时限提出安全生产许可证变更申请的，责令限期申请，处1万元以上3万元以下的罚款。

第四十八条 企业在安全生产许可证有效期内，其危险化学品建设项目安全设施竣工验收合格后，未按照本办法第三十二条规定的时限提出安全生产许可证变更申请并且擅自投入运行的，责令停止生产，限期申请，没收违法所得，并处1万元以上3万元以下的罚款。

第四十九条 发现企业隐瞒有关情况或者提供虚假材料申请安全生产许可证的，实施机关不予受理或者不予颁发安全生产许可证，并给予警告，该企业在1年内不得再次申请安全生产许可证。

企业以欺骗、贿赂等不正当手段取得安全生产许可证的，自实施机关撤销其安全生产许可证之日起3年内，该企业不得再次申请安全生产许可证。

第五十条 安全评价机构有下列情形之一的，给予警告，并处1万元以下的罚款；情节严重的，暂停资质半年，并处1万元以上3万元以下的罚款；对相关责任人依法给予处理：

（一）从业人员不到现场开展安全评价活动的；

（二）安全评价报告与实际情况不符，或者安全评价报告存在重大疏漏，但尚未造成重大损失的；

（三）未按照有关法律、法规、规章和国家标准或者行业标准的规定从事安全评价活动的。

第五十一条 承担安全评价、检测、检验的机构出具虚假证明的，没收违法所得；违法所得在10万元以上的，并处违法所得2倍以上5倍以下的罚款；没有违法所得或者违法所得不足10万元的，单处或者并处10万元以上20万元以下的罚款；对其直接负责的主管人员和其他直接责任人员处2万元以上5万元以下的罚款；给他人造成损害的，与企业承担连带赔偿责任；构成犯罪的，依照刑法有关规定追究刑事责任。

对有前款违法行为的机构，依法吊销其相应资质。

第五十二条 本办法规定的行政处罚，由国家安全生产监督管理总局、省级安全生产监督管理部门决定。省级安全生产监督管理部门可以委托设区的市级或者县级安全生产监督管理部门实施。

第七章 附　　则

第五十三条 将纯度较低的化学品提纯至纯度较高的危险化学品的，适用本办法。购买某种危险化学品进行分装（包括充装）或者加入非危险化学品的溶剂进行稀释，然后销售或者使用的，不适用本办法。

第五十四条 本办法下列用语的含义：

（一）危险化学品目录，是指国家安全生产监督管理总局会同国务院工业和信息化、公安、环境保护、卫生、质量监督检验检疫、交通运输、铁路、民用航空、农业主管部门，依据《危险化学品安全管理条例》公布的危险化学品目录。

（二）中间产品，是指为满足生产的需要，生产一种或者多种产品为下一个生产过程参与化学反应的原料。

（三）作业场所，是指可能使从业人员接触危险化学品的任何作业活动场所，包括从事危险化学品的生产、操作、处置、储存、装卸等场所。

第五十五条 安全生产许可证由国家安全生产监督管理总局统一印制。

危险化学品安全生产许可的文书、安全生产许可证的格式、内容和编号办法，由国家安全生产监督管理总局另行规定。

第五十六条 省级安全生产监督管理部门可以根据当地实际情况制定安全生产许可证颁发管理的细则，并报国家安全生产监督管理总局备案。

第五十七条 本办法自 2011 年 12 月 1 日起施行。原国家安全生产监督管理局（国家煤矿安全监察局）2004 年 5 月 17 日公布的《危险化学品生产企业安全生产许可证实施办法》同时废止。

危险化学品输送管道安全管理规定

1. 2012 年 1 月 17 日国家安全生产监督管理总局令第 43 号公布

2. 根据 2015 年 5 月 27 日国家安全生产监督管理总局令第 79 号《关于废止和修改危险化学品等领域七部规章的决定》修正

第一章 总　　则

第一条 为了加强危险化学品输送管道的安全管理，预防和减少危险化学品输送管道生产安全事故，保护人民群众生命财产安全，根据《中华人民共和国安全生产法》和《危险化学品安全管理条例》，制定本规定。

第二条 生产、储存危险化学品的单位在厂区外公共区域埋地、地面和架空的危险化学品输送管道及其附属设施（以下简称危险化学品管道）的安全管理，适用本规定。

原油、成品油、天然气、煤层气、煤制气长输管道安全保护和城镇燃气管道的安全管理，不适用本规定。

第三条 对危险化学品管道享有所有权或者运行管理权的单位（以下简称管道单位）应当依照有关安全生产法律法规和本规定，落实安全生产主体责任，建立、健全有关危险化学品管道安全生产的规章制度和操作规程并实施，接受安全生产监督管理部门依法实施的监督检查。

第四条 各级安全生产监督管理部门负责危险化学品管道安全生产的监督检查，并依法对危险化学品管道建设项目实施安全条件审查。

第五条 任何单位和个人不得实施危害危险化学品管道安全生产的行为。

对危害危险化学品管道安全生产的行为，任何单位和个人均有权向安全生产监督管理部门举报。接受举报的安全生产监督管理部门应当依法予以处理。

第二章 危险化学品管道的规划

第六条 危险化学品管道建设应当遵循安全第一、节约用地和经济合理的原则，并按照相关国家标准、行业标准和技术规范进行科学规划。

第七条 禁止光气、氯气等剧毒气体化学品管道穿（跨）越公共区域。

严格控制氨、硫化氢等其他有毒气体的危险化学品管道穿（跨）越公共区域。

第八条 危险化学品管道建设的选线应当避开地震活动断层和容易发生洪灾、地质灾害的区域；确实无法避开的，应当采取可靠的工程处理措施，确保不受地质灾害影响。

危险化学品管道与居民区、学校等公共场所以及建筑物、构筑物、铁路、公路、航道、港口、市政设施、通讯设施、军事设施、电力设施的距离，应当符合有关法律、行政法规和国家标准、行业标准的规定。

第三章 危险化学品管道的建设

第九条 对新建、改建、扩建的危险化学品管道，建设单位应当依照国家安全生产监督管理总局有关危险化学品建设项目安全监督管理的规定，依法办理安全条件审查、安全设施设计审查和安全设施竣工验收手续。

第十条 对新建、改建、扩建的危险化学品管道，建设单位应当依照有关法律、行政法规的规定，委托具备相应资质的设计单位进行设计。

第十一条　承担危险化学品管道的施工单位应当具备有关法律、行政法规规定的相应资质。施工单位应当按照有关法律、法规、国家标准、行业标准和技术规范的规定，以及经过批准的安全设施设计进行施工，并对工程质量负责。

参加危险化学品管道焊接、防腐、无损检测作业的人员应当具备相应的操作资格证书。

第十二条　负责危险化学品管道工程的监理单位应当对管道的总体建设质量进行全过程监督，并对危险化学品管道的总体建设质量负责。管道施工单位应当严格按照有关国家标准、行业标准的规定对管道的焊缝和防腐质量进行检查，并按照设计要求对管道进行压力试验和气密性试验。

对敷设在江、河、湖泊或者其他环境敏感区域的危险化学品管道，应当采取增加管道压力设计等级、增加防护套管等措施，确保危险化学品管道安全。

第十三条　危险化学品管道试生产（使用）前，管道单位应当对有关保护措施进行安全检查，科学制定安全投入生产（使用）方案，并严格按照方案实施。

第十四条　危险化学品管道试压半年后一直未投入生产（使用）的，管道单位应当在其投入生产（使用）前重新进行气密性试验；对敷设在江、河或者其他环境敏感区域的危险化学品管道，应当相应缩短重新进行气密性试验的时间间隔。

第四章　危险化学品管道的运行

第十五条　危险化学品管道应当设置明显标志。发现标志毁损的，管道单位应当及时予以修复或者更新。

第十六条　管道单位应当建立、健全危险化学品管道巡护制度，配备专人进行日常巡护。巡护人员发现危害危险化学品管道安全生产情形的，应当立即报告单位负责人并及时处理。

第十七条　管道单位对危险化学品管道存在的事故隐患应当及时排除；对自身排除确有困难的外部事故隐患，应当向当地安全生产监督管理部门报告。

第十八条　管道单位应当按照有关国家标准、行业标准和技术规范对危险化学品管道进行定期检测、维护，确保其处于完好状态；对安全风险较大的区段和场所，应当进行重点监测、监控；对不符合安全标准的危险化学品管道，应当及时更新、改造或者停止使用，并向当地安全生产监督管理部门报告。对涉及更新、改造的危险化学品管道，还应当按照本办法第九条的规定办理安全条件审查手续。

第十九条　管道单位发现下列危害危险化学品管道安全运行行为的，应当及时予以制止，无法处置时应当向当地安全生产监督管理部门报告：

（一）擅自开启、关闭危险化学品管道阀门；

（二）采用移动、切割、打孔、砸撬、拆卸等手段损坏管道及其附属设施；

（三）移动、毁损、涂改管道标志；

（四）在埋地管道上方和巡查便道上行驶重型车辆；

（五）对埋地、地面管道进行占压，在架空管道线路和管桥上行走或者放置重物；

（六）利用地面管道、架空管道、管架桥等固定其他设施缆绳悬挂广告牌、搭建构筑物；

（七）其他危害危险化学品管道安全运行的行为。

第二十条　禁止在危险化学品管道附属设施的上方架设电力线路、通信线路。

第二十一条　在危险化学品管道及其附属设施外缘两侧各 5 米地域范围内，管道单位发现下列危害管道安全运行的行为的，应当及时予以制止，无法处置时应当向当地安全生产监督管理部门报告：

（一）种植乔木、灌木、藤类、芦苇、竹子或者其他根系深达管道埋设部位可能损坏管道防腐层的深根植物；

（二）取土、采石、用火、堆放重物、排放腐蚀性物质、使用机械工具进行挖掘施工、工程钻探；

（三）挖塘、修渠、修晒场、修建水产养殖场、建温室、建家畜棚圈、建房以及修建其他建（构）筑物。

第二十二条　在危险化学品管道中心线两侧及危险化学品管道附属设施外缘两侧 5 米外的周边范围内，管道单位发现下列建（构）筑物与管道线路、管道附属设施的距离不符合国家标准、行业标准要求的，应当及时向当地安全生产监督管理部门报告：

（一）居民小区、学校、医院、餐饮娱乐场所、车站、商场等人口密集的建筑物；

（二）加油站、加气站、储油罐、储气罐等易燃易爆物品的生产、经营、存储场所；

（三）变电站、配电站、供水站等公用设施。

第二十三条　在穿越河流的危险化学品管道线路中心线两侧 500 米地域范围内，管道单位发现有实施抛锚、拖锚、挖沙、采石、水下爆破等作业的，应当及时予以制止，无法处置时应当向当地安全生产监督管理部门报告。但在保障危险化学品管道安全的条件下，为防洪和航道通畅而实施的养护疏浚作业除外。

第二十四条　在危险化学品管道专用隧道中心线两侧1000米地域范围内，管道单位发现有实施采石、采矿、爆破等作业的，应当及时予以制止，无法处置时应当向当地安全生产监督管理部门报告。

在前款规定的地域范围内，因修建铁路、公路、水利等公共工程确需实施采石、爆破等作业的，应当按照本规定第二十五条的规定执行。

第二十五条　实施下列可能危及危险化学品管道安全运行的施工作业的，施工单位应当在开工的7日前书面通知管道单位，将施工作业方案报管道单位，并与管道单位共同制定应急预案，采取相应的安全防护措施，管道单位应当指派专人到现场进行管道安全保护指导：

（一）穿（跨）越管道的施工作业；

（二）在管道线路中心线两侧5米至50米和管道附属设施周边100米地域范围内，新建、改建、扩建铁路、公路、河渠，架设电力线路，埋设地下电缆、光缆，设置安全接地体、避雷接地体；

（三）在管道线路中心线两侧200米和管道附属设施周边500米地域范围内，实施爆破、地震法勘探或者工程挖掘、工程钻探、采矿等作业。

第二十六条　施工单位实施本规定第二十四条第二款、第二十五条规定的作业，应当符合下列条件：

（一）已经制定符合危险化学品管道安全运行要求的施工作业方案；

（二）已经制定应急预案；

（三）施工作业人员已经接受相应的危险化学品管道保护知识教育和培训；

（四）具有保障安全施工作业的设备、设施。

第二十七条　危险化学品管道的专用设施、永工防护设施、专用隧道等附属设施不得用于其他用途；确需用于其他用途的，应当征得管道单位的同意，并采取相应的安全防护措施。

第二十八条　管道单位应当按照有关规定制定本单位危险化学品管道事故应急预案，配备相应的应急救援人员和设备物资，定期组织应急演练。

发生危险化学品管道生产安全事故，管道单位应当立即启动应急预案及响应程序，采取有效措施进行紧急处置，消除或者减轻事故危害，并按照国家规定立即向事故发生地县级以上安全生产监督管理部门报告。

第二十九条　对转产、停产、停止使用的危险化学品管道，管道单位应当采取有效措施及时妥善处置，并将处置方案报县级以上安全生产监督管理部门。

第五章　监督管理

第三十条　省级、设区的市级安全生产监督管理部门应当按照国家安全生产监督管理总局有关危险化学品建设项目安全监督管理的规定，对新建、改建、扩建管道建设项目办理安全条件审查、安全设施设计审查、试生产（使用）方案备案和安全设施竣工验收手续。

第三十一条　安全生产监督管理部门接到管道单位依照本规定第十七条、第十九条、第二十一条、第二十二条、第二十三条、第二十四条提交的有关报告后，应当及时依法予以协调、移送有关主管部门处理或者报请本级人民政府组织处理。

第三十二条　县级以上安全生产监督管理部门接到危险化学品管道生产安全事故报告后，应当按照有关规定及时上报事故情况，并根据实际情况采取事故处置措施。

第六章　法律责任

第三十三条　新建、改建、扩建危险化学品管道建设项目未经安全条件审查的，由安全生产监督管理部门责令停止建设，限期改正；逾期不改正的，处50万元以上100万元以下的罚款；构成犯罪的，依法追究刑事责任。

危险化学品管道建设单位将管道建设项目发包给不具备相应资质等级的勘察、设计、施工单位或者委托给不具有相应资质等级的工程监理单位的，由安全生产监督管理部门移送建设行政主管部门依照《建设工程质量管理条例》第五十四条规定予以处罚。

第三十四条　管道单位未对危险化学品管道设置明显的安全警示标志的，由安全生产监督管理部门责令限期改正，可以处5万元以下的罚款；逾期未改正的，处5万元以上20万元以下的罚款，对其直接负责的主管人员和其他直接责任人员处1万元以上2万元以下的罚款；情节严重的，责令停产停业整顿；构成犯罪的，依照刑法有关规定追究刑事责任。

第三十五条　有下列情形之一的，由安全生产监督管理部门责令改正，可以处5万元以下的罚款；拒不改正的，处5万元以上10万元以下的罚款；情节严重的，责令停产停业整顿。

（一）管道单位未按照本规定对管道进行检测、维护的；

（二）进行可能危及危险化学品管道安全的施工作业，施工单位未按照规定书面通知管道单位，或者未与管道单位共同制定应急预案并采取相应的防护措施，或者管道单位未指派专人到现场进行管道安全保护指导的。

第三十六条　对转产、停产、停止使用的危险化学品管道，管道单位未采取有效措施及时、妥善处置的，由安全生产监督管理部门责令改正，处5万元以上10万元以下的罚款；构成犯罪的，依法追究刑事责任。

对转产、停产、停止使用的危险化学品管道，管道单位未按照本规定将处置方案报县级以上安全生产监督管理部门的，由安全生产监督管理部门责令改正，可以处1万元以下的罚款；拒不改正的，处1万元以上5万元以下的罚款。

第三十七条　违反本规定，采用移动、切割、打孔、砸撬、拆卸等手段实施危害危险化学品管道安全行为，尚不构成犯罪的，由有关主管部门依法给予治安管理处罚。

第七章　附　　则

第三十八条　本规定所称公共区域是指厂区（包括化工园区、工业园区）以外的区域。

第三十九条　本规定所称危险化学品管道附属设施包括：

（一）管道的加压站、计量站、阀室、阀井、放空设施、储罐、装卸栈桥、装卸场、分输站、减压站等站场；

（二）管道的水工保护设施、防风设施、防雷设施、抗震设施、通信设施、安全监控设施、电力设施、管堤、管桥以及管道专用涵洞、隧道等穿跨越设施；

（三）管道的阴极保护站、阴极保护测试桩、阳极地床、杂散电流排流站等防腐设施；

（四）管道的其他附属设施。

第四十条　本规定施行前在管道保护距离内已经建成的人口密集场所和易燃易爆物品的生产、经营、存储场所，应当由所在地人民政府根据当地的实际情况，有计划、分步骤地搬迁、清理或者采取必要的防护措施。

第四十一条　本规定自2012年3月1日起施行。

危险化学品建设项目安全监督管理办法

1. 2012年1月30日国家安全生产监督管理总局令第45号公布

2. 根据2015年5月27日国家安全生产监督管理总局令第79号《关于废止和修改危险化学品等领域七部规章的决定》修正

第一章　总　　则

第一条　为了加强危险化学品建设项目安全监督管理，规范危险化学品建设项目安全审查，根据《中华人民共和国安全生产法》和《危险化学品安全管理条例》等法律、行政法规，制定本办法。

第二条　中华人民共和国境内新建、改建、扩建危险化学品生产、储存的建设项目以及伴有危险化学品产生的化工建设项目（包括危险化学品长输管道建设项目，以下统称建设项目），其安全管理及其监督管理，适用本办法。

危险化学品的勘探、开采及其辅助的储存，原油和天然气勘探、开采及其辅助的储存、海上输送，城镇燃气的输送及储存等建设项目，不适用本办法。

第三条　本办法所称建设项目安全审查，是指建设项目安全条件审查、安全设施的设计审查。建设项目的安全审查由建设单位申请，安全生产监督管理部门根据本办法分级负责实施。

建设项目安全设施竣工验收由建设单位负责依法组织实施。

建设项目未经安全审查和安全设施竣工验收的，不得开工建设或者投入生产（使用）。

第四条　国家安全生产监督管理总局指导、监督全国建设项目安全审查和建设项目安全设施竣工验收的实施工作，并负责实施下列建设项目的安全审查：

（一）国务院审批（核准、备案）的；

（二）跨省、自治区、直辖市的。

省、自治区、直辖市人民政府安全生产监督管理部门（以下简称省级安全生产监督管理部门）指导、监督本行政区域内建设项目安全审查和建设项目安全设施竣工验收的监督管理工作，确定并公布本部门和本行政区域内由设区的市级人民政府安全生产监督管理部门（以下简称市级安全生产监督管理部门）实施的前款规定以外的建设项目范围，并报国家安全生产监督管理总局备案。

第五条　建设项目有下列情形之一的，应当由省级安全生产监督管理部门负责安全审查：

（一）国务院投资主管部门审批（核准、备案）的；

（二）生产剧毒化学品的；

（三）省级安全生产监督管理部门确定的本办法第四条第一款规定以外的其他建设项目。

第六条　负责实施建设项目安全审查的安全生产监督管理部门根据工作需要，可以将其负责实施的建设项目安全审查工作，委托下一级安全生产监督管理部门实施。委托实施安全审查的，审查结果由委托的安全生产监督管理部门负责。跨省、自治区、直辖市的建设项目和生产剧毒化学品的建设项目，不得委托实施安全审查。

建设项目有下列情形之一的，不得委托县级人民政府安全生产监督管理部门实施安全审查：

（一）涉及国家安全生产监督管理总局公布的重点监管危险化工工艺的；

（二）涉及国家安全生产监督管理总局公布的重点监管危险化学品中的有毒气体、液化气体、易燃液体、爆炸品，且构成重大危险源的。

接受委托的安全生产监督管理部门不得将其受托的建设项目安全审查工作再委托其他单位实施。

第七条　建设项目的设计、施工、监理单位和安全评价机构应当具备相应的资质，并对其工作成果负责。

涉及重点监管危险化工工艺、重点监管危险化学品或者危险化学品重大危险源的建设项目，应当由具有石油化工医药行业相应资质的设计单位设计。

第二章　建设项目安全条件审查

第八条　建设单位应当在建设项目的可行性研究阶段，委托具备相应资质的安全评价机构对建设项目进行安全评价。

安全评价机构应当根据有关安全生产法律、法规、规章和国家标准、行业标准，对建设项目进行安全评价，出具建设项目安全评价报告。安全评价报告应当符合《危险化学品建设项目安全评价细则》的要求。

第九条　建设项目有下列情形之一的，应当由甲级安全评价机构进行安全评价：

（一）国务院及其投资主管部门审批（核准、备案）的；

（二）生产剧毒化学品的；

（三）跨省、自治区、直辖市的；

（四）法律、法规、规章另有规定的。

第十条　建设单位应当在建设项目开始初步设计前，向与本办法第四条、第五条规定相应的安全生产监督管理部门申请建设项目安全条件审查，提交下列文件、资料，并对其真实性负责：

（一）建设项目安全条件审查申请书及文件；

（二）建设项目安全评价报告；

（三）建设项目批准、核准或者备案文件和规划相关文件（复制件）；

（四）工商行政管理部门颁发的企业营业执照或者企业名称预先核准通知书（复制件）。

第十一条　建设单位申请安全条件审查的文件、资料齐全，符合法定形式的，安全生产监督管理部门应当当场予以受理，并书面告知建设单位。

建设单位申请安全条件审查的文件、资料不齐全或者不符合法定形式的，安全生产监督管理部门应当自收到申请文件、资料之日起五个工作日内一次性书面告知建设单位需要补正的全部内容；逾期不告知的，收到申请文件、资料之日起即为受理。

第十二条　对已经受理的建设项目安全条件审查申请，安全生产监督管理部门应当指派有关人员或者组织专家对申请文件、资料进行审查，并自受理申请之日起四十五日内向建设单位出具建设项目安全条件审查意见书。建设项目安全条件审查意见书的有效期为两年。

根据法定条件和程序，需要对申请文件、资料的实质内容进行核实的，安全生产监督管理部门应当指派两名以上工作人员对建设项目进行现场核查。

建设单位整改现场核查发现的有关问题和修改申请文件、资料所需时间不计算在本条规定的期限内。

第十三条　建设项目有下列情形之一的，安全条件审查不予通过：

（一）安全评价报告存在重大缺陷、漏项的，包括建设项目主要危险、有害因素辨识和评价不全或者不准确的；

（二）建设项目与周边场所、设施的距离或者拟建场址自然条件不符合有关安全生产法律、法规、规章和国家标准、行业标准的规定的；

（三）主要技术、工艺未确定，或者不符合有关安全生产法律、法规、规章和国家标准、行业标准的规定的；

（四）国内首次使用的化工工艺，未经省级人民政府有关部门组织的安全可靠性论证的；

（五）对安全设施设计提出的对策与建议不符合法律、法规、规章和国家标准、行业标准的规定的；

（六）未委托具备相应资质的安全评价机构进行安全评价的；

（七）隐瞒有关情况或者提供虚假文件、资料的。

建设项目未通过安全条件审查的，建设单位经过整改后可以重新申请建设项目安全条件审查。

第十四条　已经通过安全条件审查的建设项目有下列情形之一的，建设单位应当重新进行安全评价，并申请审查：

（一）建设项目周边条件发生重大变化的；

（二）变更建设地址的；

（三）主要技术、工艺路线、产品方案或者装置规模发生重大变化的；

（四）建设项目在安全条件审查意见书有效期内未开工建设，期限届满后需要开工建设的。

第三章　建设项目安全设施设计审查

第十五条　设计单位应当根据有关安全生产的法律、法规、规章和国家标准、行业标准以及建设项目安全条件审查意见书，按照《化工建设项目安全设计管理导则》（AQ/T 3033），对建设项目安全设施进行设计，并编制建设项目安全设施设计专篇。建设项目安全设施设计专篇应当符合《危险化学品建设项目安全设施设计专篇编制导则》的要求。

第十六条　建设单位应当在建设项目初步设计完成后、详细设计开始前，向出具建设项目安全条件审查意见书的安全生产监督管理部门申请建设项目安全设施设计审查，提交下列文件、资料，并对其真实性负责：

（一）建设项目安全设施设计审查申请书及文件；

（二）设计单位的设计资质证明文件（复制件）；

（三）建设项目安全设施设计专篇。

第十七条　建设单位申请安全设施设计审查的文件、资料齐全，符合法定形式的，安全生产监督管理部门应当当场予以受理；未经安全条件审查或者审查未通过的，不予受理。受理或者不予受理的情况，安全生产监督管理部门应当书面告知建设单位。

安全设施设计审查申请文件、资料不齐全或者不符合要求的，安全生产监督管理部门应当自收到申请文件、资料之日起五个工作日内一次性书面告知建设单位需要补正的全部内容；逾期不告知的，收到申请文件、资料之日起即为受理。

第十八条　对已经受理的建设项目安全设施设计审查申请，安全生产监督管理部门应当指派有关人员或者组织专家对申请文件、资料进行审查，并在受理申请之日起二十个工作日内作出同意或者不同意建设项目安全设施设计专篇的决定，向建设单位出具建设项目安全设施设计的审查意见书；二十个工作日内不能出具审查意见的，经本部门负责人批准，可以延长十个工作日，并应当将延长的期限和理由告知建设单位。

根据法定条件和程序，需要对申请文件、资料的实质内容进行核实的，安全生产监督管理部门应当指派两名以上工作人员进行现场核查。

建设单位整改现场核查发现的有关问题和修改申请文件、资料所需时间不计算在本条规定的期限内。

第十九条　建设项目安全设施设计有下列情形之一的，审查不予通过：

（一）设计单位资质不符合相关规定的；

（二）未按照有关安全生产的法律、法规、规章和国家标准、行业标准的规定进行设计的；

（三）对未采纳的建设项目安全评价报告中的安全对策和建议，未作充分论证说明的；

（四）隐瞒有关情况或者提供虚假文件、资料的。

建设项目安全设施设计审查未通过的，建设单位经过整改后可以重新申请建设项目安全设施设计的审查。

第二十条　已经审查通过的建设项目安全设施设计有下列情形之一的，建设单位应当向原审查部门申请建设项目安全设施变更设计的审查：

（一）改变安全设施设计且可能降低安全性能的；

（二）在施工期间重新设计的。

第四章　建设项目试生产（使用）

第二十一条　建设项目安全设施施工完成后，建设单位应当按照有关安全生产法律、法规、规章和国家标准、行业标准的规定，对建设项目安全设施进行检验、检测，保证建设项目安全设施满足危险化学品生产、储存的安全要求，并处于正常适用状态。

第二十二条　建设单位应当组织建设项目的设计、施工、监理等有关单位和专家，研究提出建设项目试生产（使用）（以下简称试生产〈使用〉）可能出现的安全问题及对策，并按照有关安全生产法律、法规、规章和国家标准、行业标准的规定，制定周密的试生产（使用）方案。试生产（使用）方案应当包括下列有关安全生产的内容：

（一）建设项目设备及管道试压、吹扫、气密、单机试车、仪表调校、联动试车等生产准备的完成情况；

（二）投料试车方案；

（三）试生产（使用）过程中可能出现的安全问题、对策及应急预案；

（四）建设项目周边环境与建设项目安全试生产（使用）相互影响的确认情况；

（五）危险化学品重大危险源监控措施的落实情况；

（六）人力资源配置情况；

（七）试生产（使用）起止日期。

建设项目试生产期限应当不少于 30 日，不超过 1 年。

第二十三条　建设单位在采取有效安全生产措施后，方可将建设项目安全设施与生产、储存、使用的主体装置、设施同时进行试生产（使用）。

试生产（使用）前，建设单位应当组织专家对试生产（使用）方案进行审查。

试生产（使用）时，建设单位应当组织专家对试生产（使用）条件进行确认，对试生产（使用）过程进行技术指导。

第五章　建设项目安全设施竣工验收

第二十四条　建设项目安全设施施工完成后，施工单位应当编制建设项目安全设施施工情况报告。建设项目安全设施施工情况报告应当包括下列内容：

（一）施工单位的基本情况，包括施工单位以往所承担的建设项目施工情况；

（二）施工单位的资质情况（提供相关资质证明材料复印件）；

（三）施工依据和执行的有关法律、法规、规章和国家标准、行业标准；

（四）施工质量控制情况；

（五）施工变更情况，包括建设项目在施工和试生产期间有关安全生产的设施改动情况。

第二十五条　建设项目试生产期间，建设单位应当按照本办法的规定委托有相应资质的安全评价机构对建设项目及其安全设施试生产（使用）情况进行安全验收评价，且不得委托在可行性研究阶段进行安全评价的同一安全评价机构。

安全评价机构应当根据有关安全生产的法律、法规、规章和国家标准、行业标准进行评价。建设项目安全验收评价报告应当符合《危险化学品建设项目安全评价细则》的要求。

第二十六条　建设项目投入生产和使用前，建设单位应当组织人员进行安全设施竣工验收，作出建设项目安全设施竣工验收是否通过的结论。参加验收人员的专业能力应当涵盖建设项目涉及的所有专业内容。

建设单位应当向参加验收人员提供下列文件、资料，并组织进行现场检查：

（一）建设项目安全设施施工、监理情况报告；

（二）建设项目安全验收评价报告；

（三）试生产（使用）期间是否发生事故、采取的防范措施以及整改情况报告；

（四）建设项目施工、监理单位资质证书（复制件）；

（五）主要负责人、安全生产管理人员、注册安全工程师资格证书（复制件），以及特种作业人员名单；

（六）从业人员安全教育、培训合格的证明材料；

（七）劳动防护用品配备情况说明；

（八）安全生产责任制文件，安全生产规章制度清单、岗位操作安全规程清单；

（九）设置安全生产管理机构和配备专职安全生产管理人员的文件（复制件）；

（十）为从业人员缴纳工伤保险费的证明材料（复制件）。

第二十七条　建设项目安全设施有下列情形之一的，建设项目安全设施竣工验收不予通过：

（一）未委托具备相应资质的施工单位施工的；

（二）未按照已经通过审查的建设项目安全设施设计施工或者施工质量未达到建设项目安全设施设计文件要求的；

（三）建设项目安全设施的施工不符合国家标准、行业标准的规定的；

（四）建设项目安全设施竣工后未按照本办法的规定进行检验、检测，或者经检验、检测不合格的；

（五）未委托具备相应资质的安全评价机构进行安全验收评价的；

（六）安全设施和安全生产条件不符合或者未达到有关安全生产法律、法规、规章和国家标准、行业标准的规定的；

（七）安全验收评价报告存在重大缺陷、漏项，包括建设项目主要危险、有害因素辨识和评价不正确的；

（八）隐瞒有关情况或者提供虚假文件、资料的；

（九）未按照本办法规定向参加验收人员提供文件、材料，并组织现场检查的。

建设项目安全设施竣工验收未通过的，建设单位经过整改后可以再次组织建设项目安全设施竣工验收。

第二十八条　建设单位组织安全设施竣工验收合格后，应将验收过程中涉及的文件、资料存档，并按照有关法律法规及其配套规章的规定申请有关危险化学品的其他安全许可。

第六章　监督管理

第二十九条　建设项目在通过安全条件审查之后、安全设施竣工验收之前，建设单位发生变更的，变更后的建设单位应当及时将证明材料和有关情况报送负责建设项目安全审查的安全生产监督管理部门。

第三十条　有下列情形之一的，负责审查的安全生产监督管理部门或者其上级安全生产监督管理部门可以撤销建设项目的安全审查：

（一）滥用职权、玩忽职守的；

（二）超越法定职权的；

（三）违反法定程序的；

（四）申请人不具备申请资格或者不符合法定条件的；

（五）依法可以撤销的其他情形。

建设单位以欺骗、贿赂等不正当手段通过安全审查的，应当予以撤销。

第三十一条 安全生产监督管理部门应当建立健全建设项目安全审查档案及其管理制度，并及时将建设项目的安全审查情况通报有关部门。

第三十二条 各级安全生产监督管理部门应当按照各自职责，依法对建设项目安全审查情况进行监督检查，对检查中发现的违反本办法的情况，应当依法作出处理，并通报实施安全审查的安全生产监督管理部门。

第三十三条 市级安全生产监督管理部门应当在每年1月31日前，将本行政区域内上一年度建设项目安全审查的实施情况报告省级安全生产监督管理部门。

省级安全生产监督管理部门应当在每年2月15日前，将本行政区域内上一年度建设项目安全审查的实施情况报告国家安全生产监督管理总局。

第七章 法律责任

第三十四条 安全生产监督管理部门工作人员徇私舞弊、滥用职权、玩忽职守，未依法履行危险化学品建设项目安全审查和监督管理职责的，依法给予处分。

第三十五条 未经安全条件审查或者安全条件审查未通过，新建、改建、扩建生产、储存危险化学品的建设项目的，责令停止建设，限期改正；逾期不改正的，处50万元以上100万元以下的罚款；构成犯罪的，依法追究刑事责任。

建设项目发生本办法第十五条规定的变化后，未重新申请安全条件审查，以及审查未通过擅自建设的，依照前款规定处罚。

第三十六条 建设单位有下列行为之一的，依照《中华人民共和国安全生产法》有关建设项目安全设施设计审查、竣工验收的法律责任条款给予处罚：

（一）建设项目安全设施设计未经审查或者审查未通过，擅自建设的；

（二）建设项目安全设施设计发生本办法第二十一条规定的情形之一，未经变更设计审查或者变更设计审查未通过，擅自建设的；

（三）建设项目的施工单位未根据批准的安全设施设计施工的；

（四）建设项目安全设施未经竣工验收或者验收不合格，擅自投入生产（使用）的。

第三十七条 建设单位有下列行为之一的，责令改正，可以处1万元以下的罚款；逾期未改正的，处1万元以上3万元以下的罚款：

（一）建设项目安全设施竣工后未进行检验、检测的；

（二）在申请建设项目安全审查时提供虚假文件、资料的；

（三）未组织有关单位和专家研究提出试生产（使用）可能出现的安全问题及对策，或者未制定周密的试生产（使用）方案，进行试生产（使用）的；

（四）未组织有关专家对试生产（使用）方案进行审查、对试生产（使用）条件进行检查确认的。

第三十八条 建设单位隐瞒有关情况或者提供虚假材料申请建设项目安全审查的，不予受理或者审查不予通过，给予警告，并自安全生产监督管理部门发现之日起一年内不得再次申请该审查。

建设单位采用欺骗、贿赂等不正当手段取得建设项目安全审查的，自安全生产监督管理部门撤销建设项目安全审查之日起三年内不得再次申请该审查。

第三十九条 承担安全评价、检验、检测工作的机构出具虚假报告、证明的，依照《中华人民共和国安全生产法》的有关规定给予处罚。

第八章 附 则

第四十条 对于规模较小、危险程度较低和工艺路线简单的建设项目，安全生产监督管理部门可以适当简化建设项目安全审查的程序和内容。

第四十一条 建设项目分期建设的，可以分期进行安全条件审查、安全设施设计审查、试生产及安全设施竣工验收。

第四十二条 本办法所称新建项目，是指有下列情形之一的项目：

（一）新设立的企业建设危险化学品生产、储存装置（设施），或者现有企业建设与现有生产、储存活动不同的危险化学品生产、储存装置（设施）的；

（二）新设立的企业建设伴有危险化学品产生的化学品生产装置（设施），或者现有企业建设与现有生产活动不同的伴有危险化学品产生的化学品生产装置（设施）的。

第四十三条 本办法所称改建项目，是指有下列情形之一的项目：

（一）企业对在役危险化学品生产、储存装置（设施），在原址更新技术、工艺、主要装置（设施）、危险化学品种类的；

（二）企业对在役伴有危险化学品产生的化学品

生产装置(设施),在原址更新技术、工艺、主要装置(设施)的。

第四十四条 本办法所称扩建项目,是指有下列情形之一的项目:

(一)企业建设与现有技术、工艺、主要装置(设施)、危险化学品品种相同,但生产、储存装置(设施)相对独立的;

(二)企业建设与现有技术、工艺、主要装置(设施)相同,但生产装置(设施)相对独立的伴有危险化学品产生的。

第四十五条 实施建设项目安全审查所需的有关文书的内容和格式,由国家安全生产监督管理总局另行规定。

第四十六条 省级安全生产监督管理部门可以根据本办法的规定,制定和公布本行政区域内需要简化安全条件审查和分期安全条件审查的建设项目范围及其审查内容,并报国家安全生产监督管理总局备案。

第四十七条 本办法施行后,负责实施建设项目安全审查的安全生产监督管理部门发生变化的(已通过安全设施竣工验收的建设项目除外),原安全生产监督管理部门应当将建设项目安全审查实施情况及档案移交根据本办法负责实施建设项目安全审查的安全生产监督管理部门。

第四十八条 本办法自 2012 年 4 月 1 日起施行。国家安全生产监督管理总局 2006 年 9 月 2 日公布的《危险化学品建设项目安全许可实施办法》同时废止。

危险化学品登记管理办法

1. 2012 年 7 月 1 日国家安全生产监督管理总局令第 53 号公布

2. 自 2012 年 8 月 1 日起施行

第一章 总 则

第一条 为了加强对危险化学品的安全管理,规范危险化学品登记工作,为危险化学品事故预防和应急救援提供技术、信息支持,根据《危险化学品安全管理条例》,制定本办法。

第二条 本办法适用于危险化学品生产企业、进口企业(以下统称登记企业)生产或者进口《危险化学品目录》所列危险化学品的登记和管理工作。

第三条 国家实行危险化学品登记制度。危险化学品登记实行企业申请、两级审核、统一发证、分级管理的原则。

第四条 国家安全生产监督管理总局负责全国危险化学品登记的监督管理工作。

县级以上地方各级人民政府安全生产监督管理部门负责本行政区域内危险化学品登记的监督管理工作。

第二章 登记机构

第五条 国家安全生产监督管理总局化学品登记中心(以下简称登记中心),承办全国危险化学品登记的具体工作和技术管理工作。

省、自治区、直辖市人民政府安全生产监督管理部门设立危险化学品登记办公室或者危险化学品登记中心(以下简称登记办公室),承办本行政区域内危险化学品登记的具体工作和技术管理工作。

第六条 登记中心履行下列职责:

(一)组织、协调和指导全国危险化学品登记工作;

(二)负责全国危险化学品登记内容审核、危险化学品登记证的颁发和管理工作;

(三)负责管理与维护全国危险化学品登记信息管理系统(以下简称登记系统)以及危险化学品登记信息的动态统计分析工作;

(四)负责管理与维护国家危险化学品事故应急咨询电话,并提供 24 小时应急咨询服务;

(五)组织化学品危险性评估,对未分类的化学品统一进行危险性分类;

(六)对登记办公室进行业务指导,负责全国登记办公室危险化学品登记人员的培训工作;

(七)定期将危险化学品的登记情况通报国务院有关部门,并向社会公告。

第七条 登记办公室履行下列职责:

(一)组织本行政区域内危险化学品登记工作;

(二)对登记企业申报材料的规范性、内容一致性进行审查;

(三)负责本行政区域内危险化学品登记信息的统计分析工作;

(四)提供危险化学品事故预防与应急救援信息支持;

(五)协助本行政区域内安全生产监督管理部门开展登记培训,指导登记企业实施危险化学品登记工作。

第八条 登记中心和登记办公室(以下统称登记机构)从事危险化学品登记的工作人员(以下简称登记人员)应当具有化工、化学、安全工程等相关专业大学专科以上学历,并经统一业务培训,取得培训合格证,方可上岗作业。

第九条 登记办公室应当具备下列条件:

(一)有3名以上登记人员;

(二)有严格的责任制度、保密制度、档案管理制度和数据库维护制度;

(三)配备必要的办公设备、设施。

第三章 登记的时间、内容和程序

第十条 新建的生产企业应当在竣工验收前办理危险化学品登记。

进口企业应当在首次进口前办理危险化学品登记。

第十一条 同一企业生产、进口同一品种危险化学品的,按照生产企业进行一次登记,但应当提交进口危险化学品的有关信息。

进口企业进口不同制造商的同一品种危险化学品的,按照首次进口制造商的危险化学品进行一次登记,但应当提交其他制造商的危险化学品的有关信息。

生产企业、进口企业多次进口同一制造商的同一品种危险化学品的,只进行一次登记。

第十二条 危险化学品登记应当包括下列内容:

(一)分类和标签信息,包括危险化学品的危险性类别、象形图、警示词、危险性说明、防范说明等;

(二)物理、化学性质,包括危险化学品的外观与性状、溶解性、熔点、沸点等物理性质,闪点、爆炸极限、自燃温度、分解温度等化学性质;

(三)主要用途,包括企业推荐的产品合法用途、禁止或者限制的用途等;

(四)危险特性,包括危险化学品的物理危险性、环境危害性和毒理特性;

(五)储存、使用、运输的安全要求,其中,储存的安全要求包括对建筑条件、库房条件、安全条件、环境卫生条件、温度和湿度条件的要求,使用的安全要求包括使用时的操作条件、作业人员防护措施、使用现场危害控制措施等,运输的安全要求包括对运输或者输送方式的要求、危害信息向有关运输人员的传递手段、装卸及运输过程中的安全措施等;

(六)出现危险情况的应急处置措施,包括危险化学品在生产、使用、储存、运输过程中发生火灾、爆炸、泄漏、中毒、窒息、灼伤等化学品事故时的应急处理方法,应急咨询服务电话等。

第十三条 危险化学品登记按照下列程序办理:

(一)登记企业通过登记系统提出申请;

(二)登记办公室在3个工作日内对登记企业提出的申请进行初步审查,符合条件的,通过登记系统通知登记企业办理登记手续;

(三)登记企业接到登记办公室通知后,按照有关要求在登记系统中如实填写登记内容,并向登记办公室提交有关纸质登记材料;

(四)登记办公室在收到登记企业的登记材料之日起20个工作日内,对登记材料和登记内容逐项进行审查,必要时可进行现场核查,符合要求的,将登记材料提交给登记中心;不符合要求的,通过登记系统告知登记企业并说明理由;

(五)登记中心在收到登记办公室提交的登记材料之日起15个工作日内,对登记材料和登记内容进行审核,符合要求的,通过登记办公室向登记企业发放危险化学品登记证;不符合要求的,通过登记系统告知登记办公室、登记企业并说明理由。

登记企业修改登记材料和整改问题所需时间,不计算在前款规定的期限内。

第十四条 登记企业办理危险化学品登记时,应当提交下列材料,并对其内容的真实性负责:

(一)危险化学品登记表一式2份;

(二)生产企业的工商营业执照,进口企业的对外贸易经营者备案登记表、中华人民共和国进出口企业资质证书、中华人民共和国外商投资企业批准证书或者台港澳侨投资企业批准证书复制件1份;

(三)与其生产、进口的危险化学品相符并符合国家标准的化学品安全技术说明书、化学品安全标签各1份;

(四)满足本办法第二十二条规定的应急咨询服务电话号码或者应急咨询服务委托书复制件1份;

(五)办理登记的危险化学品产品标准(采用国家标准或者行业标准的,提供所采用的标准编号)。

第十五条 登记企业在危险化学品登记证有效期内,企业名称、注册地址、登记品种、应急咨询服务电话发生变化,或者发现其生产、进口的危险化学品有新的危险特性的,应当在15个工作日内向登记办公室提出变更申请,并按照下列程序办理登记内容变更手续:

(一)通过登记系统填写危险化学品登记变更申请表,并向登记办公室提交涉及变更事项的证明材料1份;

(二)登记办公室初步审查登记企业的登记变更申请,符合条件的,通知登记企业提交变更后的登记材料,并对登记材料进行审查,符合要求的,提交给登记中心；不符合要求的，通过登记系统告知登记企业并说明理由；

（三）登记中心对登记办公室提交的登记材料进行审核，符合要求且属于危险化学品登记证载明事项的，通过登记办公室向登记企业发放登记变更后的危险化学品登记证并收回原证；符合要求但不属于危险化学品登记证载明事项的，通过登记办公室向登记企业提供书面证明文件。

第十六条　危险化学品登记证有效期为3年。登记证有效期满后，登记企业继续从事危险化学品生产或者进口的，应当在登记证有效期届满前3个月提出复核换证申请，并按下列程序办理复核换证：

（一）通过登记系统填写危险化学品复核换证申请表；

（二）登记办公室审查登记企业的复核换证申请，符合条件的，通过登记系统告知登记企业提交本规定第十四条规定的登记材料；不符合条件的，通过登记系统告知登记企业并说明理由；

（三）按照本办法第十三条第一款第三项、第四项、第五项规定的程序办理复核换证手续。

第十七条　危险化学品登记证分为正本、副本，正本为悬挂式，副本为折页式。正本、副本具有同等法律效力。

危险化学品登记证正本、副本应当载明证书编号、企业名称、注册地址、企业性质、登记品种、有效期、发证机关、发证日期等内容。其中，企业性质应当注明危险化学品生产企业、危险化学品进口企业或者危险化学品生产企业（兼进口）。

第四章　登记企业的职责

第十八条　登记企业应当对本企业的各类危险化学品进行普查，建立危险化学品管理档案。

危险化学品管理档案应当包括危险化学品名称、数量、标识信息、危险性分类和化学品安全技术说明书、化学品安全标签等内容。

第十九条　登记企业应当按照规定向登记机构办理危险化学品登记，如实填报登记内容和提交有关材料，并接受安全生产监督管理部门依法进行的监督检查。

第二十条　登记企业应当指定人员负责危险化学品登记的相关工作，配合登记人员在必要时对本企业危险化学品登记内容进行核查。

登记企业从事危险化学品登记的人员应当具备危险化学品登记相关知识和能力。

第二十一条　对危险特性尚未确定的化学品，登记企业应当按照国家关于化学品危险性鉴定的有关规定，委托具有国家规定资质的机构对其进行危险性鉴定；属于危险化学品的，应当依照本办法的规定进行登记。

第二十二条　危险化学品生产企业应当设立由专职人员24小时值守的国内固定服务电话，针对本办法第十二条规定的内容向用户提供危险化学品事故应急咨询服务，为危险化学品事故应急救援提供技术指导和必要的协助。专职值守人员应当熟悉本企业危险化学品的危险特性和应急处置技术，准确回答有关咨询问题。

危险化学品生产企业不能提供前款规定应急咨询服务的，应当委托登记机构代理应急咨询服务。

危险化学品进口企业应当自行或者委托进口代理商、登记机构提供符合本条第一款要求的应急咨询服务，并在其进口的危险化学品安全标签上标明应急咨询服务电话号码。

从事代理应急咨询服务的登记机构，应当设立由专职人员24小时值守的国内固定服务电话，建有完善的化学品应急救援数据库，配备在线数字录音设备和8名以上专业人员，能够同时受理3起以上应急咨询，准确提供化学品泄漏、火灾、爆炸、中毒等事故应急处置有关信息和建议。

第二十三条　登记企业不得转让、冒用或者使用伪造的危险化学品登记证。

第五章　监督管理

第二十四条　安全生产监督管理部门应当将危险化学品登记情况纳入危险化学品安全执法检查内容，对登记企业未按照规定予以登记的，依法予以处理。

第二十五条　登记办公室应当对本行政区域内危险化学品的登记数据及时进行汇总、统计、分析，并报告省、自治区、直辖市人民政府安全生产监督管理部门。

第二十六条　登记中心应当定期向国务院工业和信息化、环境保护、公安、卫生、交通运输、铁路、质量监督检验检疫等部门提供危险化学品登记的有关信息和资料，并向社会公告。

第二十七条　登记办公室应当在每年1月31日前向所属省、自治区、直辖市人民政府安全生产监督管理部门和登记中心书面报告上一年度本行政区域内危险化学品登记的情况。

登记中心应当在每年2月15日前向国家安全生产监督管理总局书面报告上一年度全国危险化学品登记的情况。

第六章 法律责任

第二十八条 登记机构的登记人员违规操作、弄虚作假、滥发证书，在规定限期内无故不予登记且无明确答复，或者泄露登记企业商业秘密的，责令改正，并追究有关责任人员的责任。

第二十九条 登记企业不办理危险化学品登记，登记品种发生变化或者发现其生产、进口的危险化学品有新的危险特性不办理危险化学品登记内容变更手续的，责令改正，可以处5万元以下的罚款；拒不改正的，处5万元以上10万元以下的罚款；情节严重的，责令停产停业整顿。

第三十条 登记企业有下列行为之一的，责令改正，可以处3万元以下的罚款：

（一）未向用户提供应急咨询服务或者应急咨询服务不符合本办法第二十二条规定的；

（二）在危险化学品登记证有效期内企业名称、注册地址、应急咨询服务电话发生变化，未按规定按时办理危险化学品登记变更手续的；

（三）危险化学品登记证有效期满后，未按规定申请复核换证，继续进行生产或者进口的；

（四）转让、冒用或者使用伪造的危险化学品登记证，或者不如实填报登记内容、提交有关材料的；

（五）拒绝、阻挠登记机构对本企业危险化学品登记情况进行现场核查的。

第七章 附 则

第三十一条 本办法所称危险化学品进口企业，是指依法设立且取得工商营业执照，并取得下列证明文件之一，从事危险化学品进口的企业：

（一）对外贸易经营者备案登记表；

（二）中华人民共和国进出口企业资质证书；

（三）中华人民共和国外商投资企业批准证书；

（四）台港澳侨投资企业批准证书。

第三十二条 登记企业在本办法施行前已经取得的危险化学品登记证，其有效期不变；有效期满后继续从事危险化学品生产、进口活动的，应当依照本办法的规定办理危险化学品登记证复核换证手续。

第三十三条 危险化学品登记证由国家安全生产监督管理总局统一印制。

第三十四条 本办法自2012年8月1日起施行。原国家经济贸易委员会2002年10月8日公布的《危险化学品登记管理办法》同时废止。

危险化学品经营许可证管理办法

1. 2012年7月17日国家安全生产监督管理总局令第55号公布

2. 根据2015年5月27日国家安全生产监督管理总局令第79号《关于废止和修改危险化学品等领域七部规章的决定》修正

第一章 总 则

第一条 为了严格危险化学品经营安全条件，规范危险化学品经营活动，保障人民群众生命、财产安全，根据《中华人民共和国安全生产法》和《危险化学品安全管理条例》，制定本办法。

第二条 在中华人民共和国境内从事列入《危险化学品目录》的危险化学品的经营（包括仓储经营）活动，适用本办法。

民用爆炸物品、放射性物品、核能物质和城镇燃气的经营活动，不适用本办法。

第三条 国家对危险化学品经营实行许可制度。经营危险化学品的企业，应当依照本办法取得危险化学品经营许可证（以下简称经营许可证）。未取得经营许可证，任何单位和个人不得经营危险化学品。

从事下列危险化学品经营活动，不需要取得经营许可证：

（一）依法取得危险化学品安全生产许可证的危险化学品生产企业在其厂区范围内销售本企业生产的危险化学品的；

（二）依法取得港口经营许可证的港口经营人在港区内从事危险化学品仓储经营的。

第四条 经营许可证的颁发管理工作实行企业申请、两级发证、属地监管的原则。

第五条 国家安全生产监督管理总局指导、监督全国经营许可证的颁发和管理工作。

省、自治区、直辖市人民政府安全生产监督管理部门指导、监督本行政区域内经营许可证的颁发和管理工作。

设区的市级人民政府安全生产监督管理部门（以下简称市级发证机关）负责下列企业的经营许可证审批、颁发：

（一）经营剧毒化学品的企业；

（二）经营易制爆危险化学品的企业；

（三）经营汽油加油站的企业；

（四）专门从事危险化学品仓储经营的企业；

（五）从事危险化学品经营活动的中央企业所属省级、设区的市级公司（分公司）；

（六）带有储存设施经营除剧毒化学品、易制爆危险化学品以外的其他危险化学品的企业；

县级人民政府安全生产监督管理部门（以下简称县级发证机关）负责本行政区域内本条第三款规定以外企业的经营许可证审批、颁发；没有设立县级发证机关的，其经营许可证由市级发证机关审批、颁发。

第二章　申请经营许可证的条件

第六条　从事危险化学品经营的单位（以下统称申请人）应当依法登记注册为企业，并具备下列基本条件：

（一）经营和储存场所、设施、建筑物符合《建筑设计防火规范》（GB 50016）、《石油化工企业设计防火规范》（GB 50160）、《汽车加油加气站设计与施工规范》（GB 50156）、《石油库设计规范》（GB 50074）等相关国家标准、行业标准的规定；

（二）企业主要负责人和安全生产管理人员具备与本企业危险化学品经营活动相适应的安全生产知识和管理能力，经专门的安全生产培训和安全生产监督管理部门考核合格，取得相应安全资格证书；特种作业人员经专门的安全作业培训，取得特种作业操作证书；其他从业人员依照有关规定经安全生产教育和专业技术培训合格；

（三）有健全的安全生产规章制度和岗位操作规程；

（四）有符合国家规定的危险化学品事故应急预案，并配备必要的应急救援器材、设备；

（五）法律、法规和国家标准或者行业标准规定的其他安全生产条件。

前款规定的安全生产规章制度，是指全员安全生产责任制度、危险化学品购销管理制度、危险化学品安全管理制度（包括防火、防爆、防中毒、防泄漏管理等内容）、安全投入保障制度、安全生产奖惩制度、安全生产教育培训制度、隐患排查治理制度、安全风险管理制度、应急管理制度、事故管理制度、职业卫生管理制度等。

第七条　申请人经营剧毒化学品的，除符合本办法第六条规定的条件外，还应当建立剧毒化学品双人验收、双人保管、双人发货、双把锁、双本账等管理制度。

第八条　申请人带有储存设施经营危险化学品的，除符合本办法第六条规定的条件外，还应当具备下列条件：

（一）新设立的专门从事危险化学品仓储经营的，其储存设施建立在地方人民政府规划的用于危险化学品储存的专门区域内；

（二）储存设施与相关场所、设施、区域的距离符合有关法律、法规、规章和标准的规定；

（三）依照有关规定进行安全评价，安全评价报告符合《危险化学品经营企业安全评价细则》的要求；

（四）专职安全生产管理人员具备国民教育化工化学类或者安全工程类中等职业教育以上学历，或者化工化学类中级以上专业技术职称，或者危险物品安全类注册安全工程师资格；

（五）符合《危险化学品安全管理条例》、《危险化学品重大危险源监督管理暂行规定》、《常用危险化学品贮存通则》（GB 15603）的相关规定。

申请人储存易燃、易爆、有毒、易扩散危险化学品的，除符合本条第一款规定的条件外，还应当符合《石油化工可燃气体和有毒气体检测报警设计规范》（GB 50493）的规定。

第三章　经营许可证的申请与颁发

第九条　申请人申请经营许可证，应当依照本办法第五条规定向所在地市级或者县级发证机关（以下统称发证机关）提出申请，提交下列文件、资料，并对其真实性负责：

（一）申请经营许可证的文件及申请书；

（二）安全生产规章制度和岗位操作规程的目录清单；

（三）企业主要负责人、安全生产管理人员、特种作业人员的相关资格证书（复制件）和其他从业人员培训合格的证明材料；

（四）经营场所产权证明文件或者租赁证明文件（复制件）；

（五）工商行政管理部门颁发的企业性质营业执照或者企业名称预先核准文件（复制件）；

（六）危险化学品事故应急预案备案登记表（复制件）。

带有储存设施经营危险化学品的，申请人还应当提交下列文件、资料：

（一）储存设施相关证明文件（复制件）；租赁储存设施的，需要提交租赁证明文件（复制件）；储存设施新建、改建、扩建的，需要提交危险化学品建设项目安全设施竣工验收报告；

（二）重大危险源备案证明材料、专职安全生产管理人员的学历证书、技术职称证书或者危险物品安全类注册安全工程师资格证书（复制件）；

（三）安全评价报告。

第十条 发证机关收到申请人提交的文件、资料后，应当按照下列情况分别作出处理：

（一）申请事项不需要取得经营许可证的，当场告知申请人不予受理；

（二）申请事项不属于本发证机关职责范围的，当场作出不予受理的决定，告知申请人向相应的发证机关申请，并退回申请文件、资料；

（三）申请文件、资料存在可以当场更正的错误的，允许申请人当场更正，并受理其申请；

（四）申请文件、资料不齐全或者不符合要求的，当场告知或者在5个工作日内出具补正告知书，一次告知申请人需要补正的全部内容；逾期不告知的，自收到申请文件、资料之日起即为受理；

（五）申请文件、资料齐全，符合要求，或者申请人按照发证机关要求提交全部补正材料的，立即受理其申请。

发证机关受理或者不予受理经营许可证申请，应当出具加盖本机关印章和注明日期的书面凭证。

第十一条 发证机关受理经营许可证申请后，应当组织对申请人提交的文件、资料进行审查，指派2名以上工作人员对申请人的经营场所、储存设施进行现场核查，并自受理之日起30日内作出是否准予许可的决定。

发证机关现场核查以及申请人整改现场核查发现的有关问题和修改有关申请文件、资料所需时间，不计算在前款规定的期限内。

第十二条 发证机关作出准予许可决定的，应当自决定之日起10个工作日内颁发经营许可证；发证机关作出不予许可决定的，应当在10个工作日内书面告知申请人并说明理由，告知书应当加盖本机关印章。

第十三条 经营许可证分为正本、副本，正本为悬挂式，副本为折页式。正本、副本具有同等法律效力。

经营许可证正本、副本应当分别载明下列事项：

（一）企业名称；

（二）企业住所（注册地址、经营场所、储存场所）；

（三）企业法定代表人姓名；

（四）经营方式；

（五）许可范围；

（六）发证日期和有效期限；

（七）证书编号；

（八）发证机关；

（九）有效期延续情况。

第十四条 已经取得经营许可证的企业变更企业名称、主要负责人、注册地址或者危险化学品储存设施及其监控措施的，应当自变更之日起20个工作日内，向本办法第五条规定的发证机关提出书面变更申请，并提交下列文件、资料：

（一）经营许可证变更申请书；

（二）变更后的工商营业执照副本（复制件）；

（三）变更后的主要负责人安全资格证书（复制件）；

（四）变更注册地址的相关证明材料；

（五）变更后的危险化学品储存设施及其监控措施的专项安全评价报告。

第十五条 发证机关受理变更申请后，应当组织对企业提交的文件、资料进行审查，并自收到申请文件、资料之日起10个工作日内作出是否准予变更的决定。

发证机关作出准予变更决定的，应当重新颁发经营许可证，并收回原经营许可证；不予变更的，应当说明理由并书面通知企业。

经营许可证变更的，经营许可证有效期的起始日和截止日不变，但应当载明变更日期。

第十六条 已经取得经营许可证的企业有新建、改建、扩建危险化学品储存设施建设项目的，应当自建设项目安全设施竣工验收合格之日起20个工作日内，向本办法第五条规定的发证机关提出变更申请，并提交危险化学品建设项目安全设施竣工验收报告等相关文件、资料。发证机关应当按照本办法第十条、第十五条的规定进行审查，办理变更手续。

第十七条 已经取得经营许可证的企业，有下列情形之一的，应当按照本办法的规定重新申请办理经营许可证，并提交相关文件、资料：

（一）不带有储存设施的经营企业变更其经营场所的；

（二）带有储存设施的经营企业变更其储存场所的；

（三）仓储经营的企业异地重建的；

（四）经营方式发生变化的；

（五）许可范围发生变化的。

第十八条 经营许可证的有效期为3年。有效期满后，企业需要继续从事危险化学品经营活动的，应当在经营许可证有效期满3个月前，向本办法第五条规定的发证机关提出经营许可证的延期申请，并提交延期申请书及本办法第九条规定的申请文件、资料。

企业提出经营许可证延期申请时，可以同时提出变更申请，并向发证机关提交相关文件、资料。

第十九条 符合下列条件的企业，申请经营许可证延期时，经发证机关同意，可以不提交本办法第九条规定的文件、资料：

（一）严格遵守有关法律、法规和本办法；

（二）取得经营许可证后，加强日常安全生产管理，未降低安全生产条件；

（三）未发生死亡事故或者对社会造成较大影响的生产安全事故。

带有储存设施经营危险化学品的企业，除符合前款规定条件的外，还需要取得并提交危险化学品企业安全生产标准化二级达标证书（复制件）。

第二十条 发证机关受理延期申请后，应当依照本办法第十条、第十一条、第十二条的规定，对延期申请进行审查，并在经营许可证有效期满前作出是否准予延期的决定；发证机关逾期未作出决定的，视为准予延期。

发证机关作出准予延期决定的，经营许可证有效期顺延3年。

第二十一条 任何单位和个人不得伪造、变造经营许可证，或者出租、出借、转让其取得的经营许可证，或者使用伪造、变造的经营许可证。

第四章 经营许可证的监督管理

第二十二条 发证机关应当坚持公开、公平、公正的原则，严格依照法律、法规、规章、国家标准、行业标准和本办法规定的条件及程序，审批、颁发经营许可证。

发证机关及其工作人员在经营许可证的审批、颁发和监督管理工作中，不得索取或者接受当事人的财物，不得谋取其他利益。

第二十三条 发证机关应当加强对经营许可证的监督管理，建立、健全经营许可证审批、颁发档案管理制度，并定期向社会公布企业取得经营许可证的情况，接受社会监督。

第二十四条 发证机关应当及时向同级公安机关、环境保护部门通报经营许可证的发放情况。

第二十五条 安全生产监督管理部门在监督检查中，发现已经取得经营许可证的企业不再具备法律、法规、规章、国家标准、行业标准和本办法规定的安全生产条件，或者存在违反法律、法规、规章和本办法规定的行为的，应当依法作出处理，并及时告知原发证机关。

第二十六条 发证机关发现企业以欺骗、贿赂等不正当手段取得经营许可证的，应当撤销已经颁发的经营许可证。

第二十七条 已经取得经营许可证的企业有下列情形之一的，发证机关应当注销其经营许可证：

（一）经营许可证有效期届满未被批准延期的；

（二）终止危险化学品经营活动的；

（三）经营许可证被依法撤销的；

（四）经营许可证被依法吊销的。

发证机关注销经营许可证后，应当在当地主要新闻媒体或者本机关网站上发布公告，并通报企业所在地人民政府和县级以上安全生产监督管理部门。

第二十八条 县级发证机关应当将本行政区域内上一年度经营许可证的审批、颁发和监督管理情况报告市级发证机关。

市级发证机关应当将本行政区域内上一年度经营许可证的审批、颁发和监督管理情况报告省、自治区、直辖市人民政府安全生产监督管理部门。

省、自治区、直辖市人民政府安全生产监督管理部门应当按照有关统计规定，将本行政区域内上一年度经营许可证的审批、颁发和监督管理情况报告国家安全生产监督管理总局。

第五章 法律责任

第二十九条 未取得经营许可证从事危险化学品经营的，依照《中华人民共和国安全生产法》有关未经依法批准擅自生产、经营、储存危险物品的法律责任条款并处罚款；构成犯罪的，依法追究刑事责任。

企业在经营许可证有效期届满后，仍然从事危险化学品经营的，依照前款规定给予处罚。

第三十条 带有储存设施的企业违反《危险化学品安全管理条例》规定，有下列情形之一的，责令改正，处5万元以上10万元以下的罚款；拒不改正的，责令停产停业整顿；经停产停业整顿仍不具备法律、法规、规章、国家标准和行业标准规定的安全生产条件的，吊销其经营许可证：

（一）对重复使用的危险化学品包装物、容器，在重复使用前不进行检查的；

（二）未根据其储存的危险化学品的种类和危险特性，在作业场所设置相关安全设施、设备，或者未按照国家标准、行业标准或者国家有关规定对安全设施、设备进行经常性维护、保养的；

（三）未将危险化学品储存在专用仓库内，或者未将剧毒化学品以及储存数量构成重大危险源的其他危险化学品在专用仓库内单独存放的；

（四）未对其安全生产条件定期进行安全评价的；

（五）危险化学品的储存方式、方法或者储存数量不符合国家标准或者国家有关规定的；

（六）危险化学品专用仓库不符合国家标准、行业标准的要求的；

（七）未对危险化学品专用仓库的安全设施、设备定期进行检测、检验的。

第三十一条 伪造、变造或者出租、出借、转让经营许可证，或者使用伪造、变造的经营许可证的，处10万元以上20万元以下的罚款，有违法所得的，没收违法所得；构成违反治安管理行为的，依法给予治安管理处罚；构成犯罪的，依法追究刑事责任。

第三十二条 已经取得经营许可证的企业不再具备法律、法规和本办法规定的安全生产条件的，责令改正；逾期不改正的，责令停产停业整顿；经停产停业整顿仍不具备法律、法规、规章、国家标准和行业标准规定的安全生产条件的，吊销其经营许可证。

第三十三条 已经取得经营许可证的企业出现本办法第十四条、第十六条规定的情形之一，未依照本办法的规定申请变更的，责令限期改正，处1万元以下的罚款；逾期仍不申请变更的，处1万元以上3万元以下的罚款。

第三十四条 安全生产监督管理部门的工作人员徇私舞弊、滥用职权、弄虚作假、玩忽职守，未依法履行危险化学品经营许可证审批、颁发和监督管理职责的，依照有关规定给予处分。

第三十五条 承担安全评价的机构和安全评价人员出具虚假评价报告的，依照有关法律、法规、规章的规定给予行政处罚；构成犯罪的，依法追究刑事责任。

第三十六条 本办法规定的行政处罚，由安全生产监督管理部门决定。其中，本办法第三十一条规定的行政处罚和第三十条、第三十二条规定的吊销经营许可证的行政处罚，由发证机关决定。

第六章 附 则

第三十七条 购买危险化学品进行分装、充装或者加入非危险化学品的溶剂进行稀释，然后销售的，依照本办法执行。

本办法所称储存设施，是指按照《危险化学品重大危险源辨识》（GB 18218）确定，储存的危险化学品数量构成重大危险源的设施。

第三十八条 本办法施行前已取得经营许可证的企业，在其经营许可证有效期内可以继续从事危险化学品经营；经营许可证有效期届满后需要继续从事危险化学品经营的，应当依照本办法的规定重新申请经营许可证。

本办法施行前取得经营许可证的非企业的单位或者个人，在其经营许可证有效期内可以继续从事危险化学品经营；经营许可证有效期届满后需要继续从事危险化学品经营的，应当先依法登记为企业，再依照本办法的规定申请经营许可证。

第三十九条 经营许可证的式样由国家安全生产监督管理总局制定。

第四十条 本办法自2012年9月1日起施行。原国家经济贸易委员会2002年10月8日公布的《危险化学品经营许可证管理办法》同时废止。

危险化学品安全使用许可证实施办法

1. 2012年11月16日国家安全生产监督管理总局令第57号公布

2. 根据2015年5月27日国家安全生产监督管理总局令第79号《关于废止和修改危险化学品等领域七部规章的决定》第一次修正

3. 根据2017年3月6日国家安全生产监督管理总局令第89号《关于修改和废止部分规章及规范性文件的决定》第二次修正

第一章 总 则

第一条 为了严格使用危险化学品从事生产的化工企业安全生产条件，规范危险化学品安全使用许可证的颁发和管理工作，根据《危险化学品安全管理条例》和有关法律、行政法规，制定本办法。

第二条 本办法适用于列入危险化学品安全使用许可适用行业目录、使用危险化学品从事生产并且达到危险化学品使用量的数量标准的化工企业（危险化学品生产企业除外，以下简称企业）。

使用危险化学品作为燃料的企业不适用本办法。

第三条 企业应当依照本办法的规定取得危险化学品安全使用许可证（以下简称安全使用许可证）。

第四条 安全使用许可证的颁发管理工作实行企业申请、市级发证、属地监管的原则。

第五条 国家安全生产监督管理总局负责指导、监督全国安全使用许可证的颁发管理工作。

省、自治区、直辖市人民政府安全生产监督管理部门（以下简称省级安全生产监督管理部门）负责指导、监督本行政区域内安全使用许可证的颁发管理工作。

设区的市级人民政府安全生产监督管理部门（以下简称发证机关）负责本行政区域内安全使用许可证的审批、颁发和管理，不得再委托其他单位、组织或者个人实施。

第二章 申请安全使用许可证的条件

第六条 企业与重要场所、设施、区域的距离和总体布局应当符合下列要求，并确保安全：

（一）储存危险化学品数量构成重大危险源的储存设施，与《危险化学品安全管理条例》第十九条第一款规定的八类场所、设施、区域的距离符合国家有关法律、法规、规章和国家标准或者行业标准的规定；

（二）总体布局符合《工业企业总平面设计规范》（GB 50187）、《化工企业总图运输设计规范》（GB 50489）、《建筑设计防火规范》（GB 50016）等相关标准的要求；石油化工企业还应当符合《石油化工企业设计防火规范》（GB 50160）的要求；

（三）新建企业符合国家产业政策、当地县级以上（含县级）人民政府的规划和布局。

第七条 企业的厂房、作业场所、储存设施和安全设施、设备、工艺应当符合下列要求：

（一）新建、改建、扩建使用危险化学品的化工建设项目（以下统称建设项目）由具备国家规定资质的设计单位设计和施工单位建设；其中，涉及国家安全生产监督管理总局公布的重点监管危险化工工艺、重点监管危险化学品的装置，由具备石油化工医药行业相应资质的设计单位设计；

（二）不得采用国家明令淘汰、禁止使用和危及安全生产的工艺、设备；新开发的使用危险化学品从事化工生产的工艺（以下简称化工工艺），在小试、中试、工业化试验的基础上逐步放大到工业化生产；国内首次使用的化工工艺，经过省级人民政府有关部门组织的安全可靠性论证；

（三）涉及国家安全生产监督管理总局公布的重点监管危险化工工艺、重点监管危险化学品的装置装设自动化控制系统；涉及国家安全生产监督管理总局公布的重点监管危险化工工艺的大型化工装置装设紧急停车系统；涉及易燃易爆、有毒有害气体化学品的作业场所装设易燃易爆、有毒有害介质泄漏报警等安全设施；

（四）新建企业的生产区与非生产区分开设置，并符合国家标准或者行业标准规定的距离；

（五）新建企业的生产装置和储存设施之间及其建（构）筑物之间的距离符合国家标准或者行业标准的规定。

同一厂区内（生产或者储存区域）的设备、设施及建（构）筑物的布置应当适用同一标准的规定。

第八条 企业应当依法设置安全生产管理机构，按照国家规定配备专职安全生产管理人员。配备的专职安全生产管理人员必须能够满足安全生产的需要。

第九条 企业主要负责人、分管安全负责人和安全生产管理人员必须具备与其从事生产经营活动相适应的安全知识和管理能力，参加安全资格培训，并经考核合格，取得安全合格证书。

特种作业人员应当依照《特种作业人员安全技术培训考核管理规定》，经专门的安全技术培训并考核合格，取得特种作业操作证书。

本条第一款、第二款规定以外的其他从业人员应当按照国家有关规定，经安全教育培训合格。

第十条 企业应当建立全员安全生产责任制，保证每位从业人员的安全生产责任与职务、岗位相匹配。

第十一条 企业根据化工工艺、装置、设施等实际情况，至少应当制定、完善下列主要安全生产规章制度：

（一）安全生产例会等安全生产会议制度；

（二）安全投入保障制度；

（三）安全生产奖惩制度；

（四）安全培训教育制度；

（五）领导干部轮流现场带班制度；

（六）特种作业人员管理制度；

（七）安全检查和隐患排查治理制度；

（八）重大危险源的评估和安全管理制度；

（九）变更管理制度；

（十）应急管理制度；

（十一）生产安全事故或者重大事件管理制度；

（十二）防火、防爆、防中毒、防泄漏管理制度；

（十三）工艺、设备、电气仪表、公用工程安全管理制度；

（十四）动火、进入受限空间、吊装、高处、盲板抽堵、临时用电、动土、断路、设备检维修等作业安全管理制度；

（十五）危险化学品安全管理制度；

（十六）职业健康相关管理制度；

（十七）劳动防护用品使用维护管理制度；

（十八）承包商管理制度；

（十九）安全管理制度及操作规程定期修订制度。

第十二条 企业应当根据工艺、技术、设备特点和原辅料的危险性等情况编制岗位安全操作规程。

第十三条 企业应当依法委托具备国家规定资质条件的安全评价机构进行安全评价，并按照安全评价报告的意见对存在的安全生产问题进行整改。

第十四条 企业应当有相应的职业病危害防护设施，并为从业人员配备符合国家标准或者行业标准的劳动防护用品。

第十五条　企业应当依据《危险化学品重大危险源辨识》(GB 18218),对本企业的生产、储存和使用装置、设施或者场所进行重大危险源辨识。

对于已经确定为重大危险源的,应当按照《危险化学品重大危险源监督管理暂行规定》进行安全管理。

第十六条　企业应当符合下列应急管理要求:

(一)按照国家有关规定编制危险化学品事故应急预案,并报送有关部门备案;

(二)建立应急救援组织,明确应急救援人员,配备必要的应急救援器材、设备设施,并按照规定定期进行应急预案演练。

储存和使用氯气、氨气等对皮肤有强烈刺激的吸入性有毒有害气体的企业,除符合本条第一款的规定外,还应当配备至少两套以上全封闭防化服;构成重大危险源的,还应当设立气体防护站(组)。

第十七条　企业除符合本章规定的安全使用条件外,还应当符合有关法律、行政法规和国家标准或者行业标准规定的其他安全使用条件。

第三章　安全使用许可证的申请

第十八条　企业向发证机关申请安全使用许可证时,应当提交下列文件、资料,并对其内容的真实性负责:

(一)申请安全使用许可证的文件及申请书;

(二)新建企业的选址布局符合国家产业政策、当地县级以上人民政府的规划和布局的证明材料复制件;

(三)安全生产责任制文件,安全生产规章制度、岗位安全操作规程清单;

(四)设置安全生产管理机构,配备专职安全生产管理人员的文件复制件;

(五)主要负责人、分管安全负责人、安全生产管理人员安全合格证和特种作业人员操作证复制件;

(六)危险化学品事故应急救援预案的备案证明文件;

(七)由供货单位提供的所使用危险化学品的安全技术说明书和安全标签;

(八)工商营业执照副本或者工商核准文件复制件;

(九)安全评价报告及其整改结果的报告;

(十)新建企业的建设项目安全设施竣工验收报告;

(十一)应急救援组织、应急救援人员,以及应急救援器材、设备设施清单。

有危险化学品重大危险源的企业,除应当提交本条第一款规定的文件、资料外,还应当提交重大危险源的备案证明文件。

第十九条　新建企业安全使用许可证的申请,应当在建设项目安全设施竣工验收通过之日起10个工作日内提出。

第四章　安全使用许可证的颁发

第二十条　发证机关收到企业申请文件、资料后,应当按照下列情况分别作出处理:

(一)申请事项依法不需要取得安全使用许可证的,当场告知企业不予受理;

(二)申请材料存在可以当场更正的错误的,允许企业当场更正;

(三)申请材料不齐全或者不符合法定形式的,当场或者在5个工作日内一次告知企业需要补正的全部内容,并出具补正告知书;逾期不告知的,自收到申请材料之日起即为受理;

(四)企业申请材料齐全、符合法定形式,或者按照发证机关要求提交全部补正申请材料的,立即受理其申请。

发证机关受理或者不予受理行政许可申请,应当出具加盖本机关专用印章和注明日期的书面凭证。

第二十一条　安全使用许可证申请受理后,发证机关应当组织人员对企业提交的申请文件、资料进行审查。对企业提交的文件、资料内容存在疑问,需要到现场核查的,应当指派工作人员对有关内容进行现场核查。工作人员应当如实提出书面核查意见。

第二十二条　发证机关应当在受理之日起45日内作出是否准予许可的决定。发证机关现场核查和企业整改有关问题所需时间不计算在本条规定的期限内。

第二十三条　发证机关作出准予许可的决定的,应当自决定之日起10个工作日内颁发安全使用许可证。

发证机关作出不予许可的决定的,应当在10个工作日内书面告知企业并说明理由。

第二十四条　企业在安全使用许可证有效期内变更主要负责人、企业名称或者注册地址的,应当自工商营业执照变更之日起10个工作日内提出变更申请,并提交下列文件、资料:

(一)变更申请书;

(二)变更后的工商营业执照副本复制件;

(三)变更主要负责人的,还应当提供主要负责人经安全生产监督管理部门考核合格后颁发的安全合格证复制件；

（四）变更注册地址的，还应当提供相关证明材料。

对已经受理的变更申请，发证机关对企业提交的文件、资料审查无误后，方可办理安全使用许可证变更手续。

企业在安全使用许可证有效期内变更隶属关系的，应当在隶属关系变更之日起10日内向发证机关提交证明材料。

第二十五条 企业在安全使用许可证有效期内，有下列情形之一的，发证机关按照本办法第二十条、第二十一条、第二十二条、第二十三条的规定办理变更手续：

（一）增加使用的危险化学品品种，且达到危险化学品使用量的数量标准规定的；

（二）涉及危险化学品安全使用许可范围的新建、改建、扩建建设项目的；

（三）改变工艺技术对企业的安全生产条件产生重大影响的。

有本条第一款第一项规定情形的企业，应当在增加前提出变更申请。

有本条第一款第二项规定情形的企业，应当在建设项目安全设施竣工验收合格之日起10个工作日内向原发证机关提出变更申请，并提交建设项目安全设施竣工验收报告等相关文件、资料。

有本条第一款第一项、第三项规定情形的企业，应当进行专项安全验收评价，并对安全评价报告中提出的问题进行整改；在整改完成后，向原发证机关提出变更申请并提交安全验收评价报告。

第二十六条 安全使用许可证有效期为3年。企业安全使用许可证有效期届满后需要继续使用危险化学品从事生产、且达到危险化学品使用量的数量标准规定的，应当在安全使用许可证有效期届满前3个月提出延期申请，并提交本办法第十八条规定的文件、资料。

发证机关按照本办法第二十条、第二十一条、第二十二条、第二十三条的规定进行审查，并作出是否准予延期的决定。

第二十七条 企业取得安全使用许可证后，符合下列条件的，其安全使用许可证届满办理延期手续时，经原发证机关同意，可以不提交第十八条第一款第二项、第五项、第九项和第十八条第二款规定的文件、资料，直接办理延期手续：

（一）严格遵守有关法律、法规和本办法的；

（二）取得安全使用许可证后，加强日常安全管理，未降低安全使用条件，并达到安全生产标准化等级二级以上的；

（三）未发生造成人员死亡的生产安全责任事故的。

企业符合本条第一款第二项、第三项规定条件的，应当在延期申请书中予以说明，并出具二级以上安全生产标准化证书复印件。

第二十八条 安全使用许可证分为正本、副本，正本为悬挂式，副本为折页式，正、副本具有同等法律效力。

发证机关应当分别在安全使用许可证正、副本上注明编号、企业名称、主要负责人、注册地址、经济类型、许可范围、有效期、发证机关、发证日期等内容。其中，“许可范围”正本上注明“危险化学品使用”，副本上注明使用危险化学品从事生产的地址和对应的具体品种、年使用量。

第二十九条 企业不得伪造、变造安全使用许可证，或者出租、出借、转让其取得的安全使用许可证，或者使用伪造、变造的安全使用许可证。

第五章 监督管理

第三十条 发证机关应当坚持公开、公平、公正的原则，依照本办法和有关行政许可的法律法规规定，颁发安全使用许可证。

发证机关工作人员在安全使用许可证颁发及其监督管理工作中，不得索取或者接受企业的财物，不得谋取其他非法利益。

第三十一条 发证机关应当加强对安全使用许可证的监督管理，建立、健全安全使用许可证档案管理制度。

第三十二条 有下列情形之一的，发证机关应当撤销已经颁发的安全使用许可证：

（一）滥用职权、玩忽职守颁发安全使用许可证的；

（二）超越职权颁发安全使用许可证的；

（三）违反本办法规定的程序颁发安全使用许可证的；

（四）对不具备申请资格或者不符合法定条件的企业颁发安全使用许可证的；

（五）以欺骗、贿赂等不正当手段取得安全使用许可证的。

第三十三条 企业取得安全使用许可证后有下列情形之一的，发证机关应当注销其安全使用许可证：

（一）安全使用许可证有效期届满未被批准延期的；

（二）终止使用危险化学品从事生产的；

（三）继续使用危险化学品从事生产，但使用量降低后未达到危险化学品使用量的数量标准规定的；

（四）安全使用许可证被依法撤销的；

（五）安全使用许可证被依法吊销的。

安全使用许可证注销后，发证机关应当在当地主要新闻媒体或者本机关网站上予以公告，并向省级和企业所在地县级安全生产监督管理部门通报。

第三十四条 发证机关应当将其颁发安全使用许可证的情况及时向同级环境保护主管部门和公安机关通报。

第三十五条 发证机关应当于每年1月10日前，将本行政区域内上年度安全使用许可证的颁发和管理情况报省级安全生产监督管理部门，并定期向社会公布企业取得安全使用许可证的情况，接受社会监督。

省级安全生产监督管理部门应当于每年1月15日前，将本行政区域内上年度安全使用许可证的颁发和管理情况报国家安全生产监督管理总局。

第六章 法律责任

第三十六条 发证机关工作人员在对危险化学品使用许可证的颁发管理工作中滥用职权、玩忽职守、徇私舞弊，构成犯罪的，依法追究刑事责任；尚不构成犯罪的，依法给予处分。

第三十七条 企业未取得安全使用许可证，擅自使用危险化学品从事生产，且达到危险化学品使用量的数量标准规定的，责令立即停止违法行为并限期改正，处10万元以上20万元以下的罚款；逾期不改正的，责令停产整顿。

企业在安全使用许可证有效期届满后未办理延期手续，仍然使用危险化学品从事生产，且达到危险化学品使用量的数量标准规定的，依照前款规定给予处罚。

第三十八条 企业伪造、变造或者出租、出借、转让安全使用许可证，或者使用伪造、变造的安全使用许可证的，处10万元以上20万元以下的罚款，有违法所得的，没收违法所得；构成违反治安管理行为的，依法给予治安管理处罚；构成犯罪的，依法追究刑事责任。

第三十九条 企业在安全使用许可证有效期内主要负责人、企业名称、注册地址、隶属关系发生变更，未按照本办法第二十四条规定的时限提出安全使用许可证变更申请或者将隶属关系变更证明材料报发证机关的，责令限期办理变更手续，处1万元以上3万元以下的罚款。

第四十条 企业在安全使用许可证有效期内有下列情形之一，未按照本办法第二十五条的规定提出变更申请，继续从事生产的，责令限期改正，处1万元以上3万元以下的罚款：

（一）增加使用的危险化学品品种，且达到危险化学品使用量的数量标准规定的；

（二）涉及危险化学品安全使用许可范围的新建、改建、扩建建设项目，其安全设施已经竣工验收合格的；

（三）改变工艺技术对企业的安全生产条件产生重大影响的。

第四十一条 发现企业隐瞒有关情况或者提供虚假文件、资料申请安全使用许可证的，发证机关不予受理或者不予颁发安全使用许可证，并给予警告，该企业在1年内不得再次申请安全使用许可证。

企业以欺骗、贿赂等不正当手段取得安全使用许可证的，自发证机关撤销其安全使用许可证之日起3年内，该企业不得再次申请安全使用许可证。

第四十二条 安全评价机构有下列情形之一的，给予警告，并处1万元以下的罚款；情节严重的，暂停资质6个月，并处1万元以上3万元以下的罚款；对相关责任人依法给予处理：

（一）从业人员不到现场开展安全评价活动的；

（二）安全评价报告与实际情况不符，或者安全评价报告存在重大疏漏，但尚未造成重大损失的；

（三）未按照有关法律、法规、规章和国家标准或者行业标准的规定从事安全评价活动的。

第四十三条 承担安全评价的机构出具虚假证明的，没收违法所得；违法所得在10万元以上的，并处违法所得2倍以上5倍以下的罚款；没有违法所得或者违法所得不足10万元的，单处或者并处10万元以上20万元以下的罚款；对其直接负责的主管人员和其他直接责任人员处2万元以上5万元以下的罚款；给他人造成损害的，与企业承担连带赔偿责任；构成犯罪的，依照刑法有关规定追究刑事责任。

对有前款违法行为的机构，依法吊销其相应资质。

第四十四条 本办法规定的行政处罚，由安全生产监督管理部门决定；但本办法第三十八条规定的行政处罚，由发证机关决定；第四十二条、第四十三条规定的行政处罚，依照《安全评价机构管理规定》执行。

第七章 附 则

第四十五条 本办法下列用语的含义：

（一）危险化学品安全使用许可适用行业目录，是指国家安全生产监督管理总局根据《危险化学品安全管理条例》和有关国家标准、行业标准公布的需要取得危险化学品安全使用许可的化工企业类别；

（二）危险化学品使用量的数量标准，由国家安全生产监督管理总局会同国务院公安部门、农业主管部门根据《危险化学品安全管理条例》公布；

（三）本办法所称使用量，是指企业使用危险化学品的年设计使用量和实际使用量的较大值；

（四）本办法所称大型化工装置，是指按照原建设部《工程设计资质标准》（建市〔2007〕86 号）中的《化工石化医药行业建设项目设计规模划分表》确定的大型项目的化工生产装置。

第四十六条　危险化学品安全使用许可的文书、危险化学品安全使用许可证的样式、内容和编号办法，由国家安全生产监督管理总局另行规定。

第四十七条　省级安全生产监督管理部门可以根据当地实际情况制定安全使用许可证管理的细则，并报国家安全生产监督管理总局备案。

第四十八条　本办法施行前已经进行生产的企业，应当自本办法施行之日起 18 个月内，依照本办法的规定向发证机关申请办理安全使用许可证；逾期不申请办理安全使用许可证，或者经审查不符合本办法规定的安全使用条件，未取得安全使用许可证，继续进行生产的，依照本办法第三十七条的规定处罚。

第四十九条　本办法自 2013 年 5 月 1 日起施行。

化学品物理危险性鉴定与分类管理办法

1. 2013 年 7 月 10 日国家安全生产监督管理总局令第 60 号公布

2. 自 2013 年 9 月 1 日起施行

第一章　总　　则

第一条　为了规范化学品物理危险性鉴定与分类工作，根据《危险化学品安全管理条例》，制定本办法。

第二条　对危险特性尚未确定的化学品进行物理危险性鉴定与分类，以及安全生产监督管理部门对鉴定与分类工作实施监督管理，适用本办法。

第三条　本办法所称化学品，是指各类单质、化合物及其混合物。

化学品物理危险性鉴定，是指依据有关国家标准或者行业标准进行测试、判定，确定化学品的燃烧、爆炸、腐蚀、助燃、自反应和遇水反应等危险特性。

化学品物理危险性分类，是指依据有关国家标准或者行业标准，对化学品物理危险性鉴定结果或者相关数据资料进行评估，确定化学品的物理危险性类别。

第四条　下列化学品应当进行物理危险性鉴定与分类：

（一）含有一种及以上列入《危险化学品目录》的组分，但整体物理危险性尚未确定的化学品；

（二）未列入《危险化学品目录》，且物理危险性尚未确定的化学品；

（三）以科学研究或者产品开发为目的，年产量或者使用量超过 1 吨，且物理危险性尚未确定的化学品。

第五条　国家安全生产监督管理总局负责指导和监督管理全国化学品物理危险性鉴定与分类工作，公告化学品物理危险性鉴定机构（以下简称鉴定机构）名单以及免予物理危险性鉴定与分类的化学品目录，设立化学品物理危险性鉴定与分类技术委员会（以下简称技术委员会）。

县级以上地方各级人民政府安全生产监督管理部门负责监督和检查本行政区域内化学品物理危险性鉴定与分类工作。

第六条　技术委员会负责对有异议的鉴定或者分类结果进行仲裁，公布化学品物理危险性的鉴定情况。

国家安全生产监督管理总局化学品登记中心（以下简称登记中心）负责化学品物理危险性分类结果的评估与审核，建立国家化学品物理危险性鉴定与分类信息管理系统，为化学品物理危险性鉴定与分类工作提供技术支持，承担技术委员会的日常工作。

第二章　物理危险性鉴定与分类

第七条　鉴定机构应当依照有关法律法规和国家标准或者行业标准的规定，科学、公正、诚信地开展鉴定工作，保证鉴定结果真实、准确、客观，并对鉴定结果负责。

第八条　化学品生产、进口单位（以下统称化学品单位）应当对本单位生产或者进口的化学品进行普查和物理危险性辨识，对其中符合本办法第四条规定的化学品向鉴定机构申请鉴定。

化学品单位在办理化学品物理危险性鉴定过程中，不得隐瞒化学品的危险性成分、含量等相关信息或者提供虚假材料。

第九条　化学品物理危险性鉴定按照下列程序办理：

（一）申请化学品物理危险性鉴定的化学品单位向鉴定机构提交化学品物理危险性鉴定申请表以及相关文件资料，提供鉴定所需要的样品，并对样品的真实性负责；

（二）鉴定机构收到鉴定申请后，按照有关国家标准或者行业标准进行测试、判定。除与爆炸物、自反应物质、有机过氧化物相关的物理危险性外，对其他物理危险性应当在20个工作日内出具鉴定报告，特殊情况下由双方协商确定。

送检样品应当至少保存180日，有关档案材料应当至少保存5年。

第十条　化学品物理危险性鉴定应当包括下列内容：

（一）与爆炸物、易燃气体、气溶胶、氧化性气体、加压气体、易燃液体、易燃固体、自反应物质、自燃液体、自燃固体、自热物质、遇水放出易燃气体的物质、氧化性液体、氧化性固体、有机过氧化物、金属腐蚀物等相关的物理危险性；

（二）与化学品危险性分类相关的蒸气压、自燃温度等理化特性，以及化学稳定性和反应性等。

第十一条　化学品物理危险性鉴定报告应当包括下列内容：

（一）化学品名称；

（二）申请鉴定单位名称；

（三）鉴定项目以及所用标准、方法；

（四）仪器设备信息；

（五）鉴定结果；

（六）有关国家标准或者行业标准中规定的其他内容。

第十二条　申请化学品物理危险性鉴定的化学品单位对鉴定结果有异议的，可以在收到鉴定报告之日起15个工作日内向原鉴定机构申请重新鉴定，或者向技术委员会申请仲裁。技术委员会应当在收到申请之日起20个工作日内作出仲裁决定。

第十三条　化学品单位应当根据鉴定报告以及其他物理危险性数据资料，编制化学品物理危险性分类报告。

化学品物理危险性分类报告应当包括下列内容：

（一）化学品名称；

（二）重要成分信息；

（三）物理危险性鉴定报告或者其他有关数据及其来源；

（四）化学品物理危险性分类结果。

第十四条　化学品单位应当向登记中心提交化学品物理危险性分类报告。登记中心应当对分类报告进行综合性评估，并在30个工作日内向化学品单位出具审核意见。

第十五条　化学品单位对化学品物理危险性分类的审核意见有异议的，可以在收到审核意见之日起15个工作日内向技术委员会申请仲裁。技术委员会应当在收到申请之日起20个工作日内作出仲裁决定。

第十六条　化学品单位应当建立化学品物理危险性鉴定与分类管理档案，内容应当包括：

（一）已知物理危险性的化学品的危险特性等信息；

（二）已经鉴定与分类化学品的物理危险性鉴定报告、分类报告和审核意见等信息；

（三）未进行鉴定与分类化学品的名称、数量等信息。

第十七条　化学品单位对确定为危险化学品的化学品以及国家安全生产监督管理总局公告的免予物理危险性鉴定与分类的危险化学品，应当编制化学品安全技术说明书和安全标签，根据《危险化学品登记管理办法》办理危险化学品登记，按照有关危险化学品的法律、法规和标准的要求，加强安全管理。

第十八条　鉴定机构应当于每年1月31日前向国家安全生产监督管理总局上报上一年度鉴定的化学品品名和工作总结。

第三章　法律责任

第十九条　化学品单位有下列情形之一的，由安全生产监督管理部门责令限期改正，可以处1万元以下的罚款；拒不改正的，处1万元以上3万元以下的罚款：

（一）未按照本办法规定对化学品进行物理危险性鉴定或者分类的；

（二）未按照本办法规定建立化学品物理危险性鉴定与分类管理档案的；

（三）在办理化学品物理危险性的鉴定过程中，隐瞒化学品的危险性成分、含量等相关信息或者提供虚假材料的。

第二十条　鉴定机构在物理危险性鉴定过程中有下列行为之一的，处1万元以上3万元以下的罚款；情节严重的，由国家安全生产监督管理总局从鉴定机构名单中除名并公告：

（一）伪造、篡改数据或者有其他弄虚作假行为的；

（二）未通过安全生产监督管理部门的监督检查，仍从事鉴定工作的；

（三）泄露化学品单位商业秘密的。

第四章　附　　则

第二十一条　对于用途相似、组分接近、物理危险性无显著差异的化学品，化学品单位可以向鉴定机构申请系列化学品鉴定。

多个化学品单位可以对同一化学品联合申请鉴定。

第二十二条　对已经列入《危险化学品目录》的化学品，发现其有新的物理危险性的，化学品单位应当依照本办法进行物理危险性鉴定与分类。

第二十三条　本办法自2013年9月1日起施行。

船舶载运危险货物安全监督管理规定

1. 2018年7月31日交通运输部令2018年第11号发布
2. 自2018年9月15日起施行

第一章　总　　则

第一条　为加强船舶载运危险货物监督管理，保障水上人命、财产安全，防治船舶污染环境，依据《中华人民共和国海上交通安全法》《中华人民共和国港口法》《中华人民共和国内河交通安全管理条例》《中华人民共和国危险化学品安全管理条例》等法律、行政法规，制定本规定。

第二条　船舶在中华人民共和国管辖水域载运危险货物的活动，适用本规定。

第三条　交通运输部主管全国船舶载运危险货物的安全管理工作。

国家海事管理机构负责全国船舶载运危险货物的安全监督管理工作。

各级海事管理机构按照职责权限具体负责船舶载运危险货物的安全监督管理工作。

第二章　船舶和人员管理

第四条　从事危险货物运输的船舶所有人、经营人或者管理人，应当按照交通运输部有关船舶安全营运和防污染管理体系的要求建立和实施相应的体系或者制度。

从事危险货物运输的船舶经营人或者管理人，应当配备专职安全管理人员。

第五条　载运危险货物的船舶应当编制安全和防污染应急预案，配备相应的应急救护、消防和人员防护等设备及器材。

第六条　载运危险货物的船舶应当经国家海事管理机构认可的船舶检验机构检验合格，取得相应的检验证书和文书，并保持良好状态。

载运危险货物的船舶，其船体、构造、设备、性能和布置等方面应当符合国家船舶检验的法规、技术规范的规定；载运危险货物的国际航行船舶还应当符合有关国际公约的规定，具备相应的适航、适装条件。

第七条　载运危险货物的船舶应当按照规定安装和使用船舶自动识别系统等船载设备。船舶经营人、管理人应当加强对船舶的动态管理。

第八条　禁止通过内河封闭水域运输剧毒化学品以及国家规定禁止通过内河运输的其他危险化学品。其他内河水域禁止运输国家规定禁止通过内河运输的剧毒化学品以及其他危险化学品。

禁止托运人在普通货物中夹带危险货物，或者将危险货物谎报、匿报为普通货物托运。

取得相应资质的客货船或者滚装客船载运危险货物时，不得载运旅客，但按照相关规定随车押运人员和滚装车辆的司机除外。其他客船禁止载运危险货物。

第九条　船舶载运危险货物应当符合有关危险货物积载、隔离和运输的安全技术规范，并符合相应的适装证书或者证明文件的要求。船舶不得受载、承运不符合包装、积载和隔离安全技术规范的危险货物。

船舶载运包装危险货物，还应当符合《国际海运危险货物规则》的要求；船舶载运B组固体散装货物，还应当符合《国际海运固体散装货物规则》的要求。

第十条　从事危险货物运输船舶的船员，应当按照规定持有特殊培训合格证，熟悉所在船舶载运危险货物安全知识和操作规程，了解所运危险货物的性质和安全预防及应急处置措施。

第十一条　按照本规定办理危险货物申报或者报告手续的人员和集装箱装箱现场检查的人员，应当熟悉相关法规、技术规范和申报程序。

海事管理机构对危险货物申报或者报告人员以及集装箱装箱现场检查员日常从业情况实施监督抽查，并实行诚信管理制度。

第三章　包装和集装箱管理

第十二条　拟交付船舶载运的危险货物包装，其性能应当符合相关法规、技术规范以及国际公约规定，并依法取得相应的检验合格证明。

第十三条　拟交付船舶载运的危险货物使用新型或者改进的包装类型，应当符合《国际海运危险货物规则》有关等效包装的规定，并向海事管理机构提交该包装的性能检验报告、检验证书或者文书等资料。

第十四条　载运危险货物的船用集装箱、船用可移动罐柜等货物运输组件和船用刚性中型散装容器，应当经国家海事管理机构认可的船舶检验机构检验合格，方可用于船舶运输。

第十五条　拟交付船舶载运的危险货物包件、中型散装容器、大宗包装、货物运输组件，应当按照规定显示所装危险货物特性的标志、标记和标牌。

第十六条 拟载运危险货物的船用集装箱应当无损坏，箱内应当清洁、干燥、无污损，满足所装载货物要求。处于熏蒸状态下的船用集装箱等货物运输组件，应当符合相关积载要求，并显示熏蒸警告标牌。

第十七条 装入船用集装箱的危险货物及其包装应当保持完好，无破损、撒漏或者渗漏，并按照规定进行衬垫和加固，其积载、隔离应当符合相关安全要求。性质不相容的危险货物不得同箱装运。

第十八条 集装箱装箱现场检查员应当对船舶载运危险货物集装箱的装箱活动进行现场检查，在装箱完毕后，对符合《海运危险货物集装箱装箱安全技术要求》（JT 672—2006）的签署《集装箱装箱证明书》。

第十九条 曾载运过危险货物的空包装或者空容器，未经清洁或者采取其他措施消除危险性的，应当视作盛装危险货物的包装或者容器。

第四章　申报和报告管理

第二十条 船舶载运危险货物进出港口，应当在进出港口24小时前（航程不足24小时的，在驶离上一港口前），向海事管理机构办理船舶载运危险货物申报手续，提交申请书和交通运输部有关规章要求的证明材料，经海事管理机构批准后，方可进出港口。

船舶在运输途中发生危险货物泄漏、燃烧或者爆炸等情况的，应当在办理船舶载运危险货物申报手续时说明原因、已采取的控制措施和目前状况等有关情况，并于抵港后送交详细报告。

定船舶、定航线、定货种的船舶可以办理定期申报手续。定期申报期限不超过30天。

第二十一条 海事管理机构应当在受理船舶载运危险货物进出港口申报后24小时内做出批准或者不批准的决定；属于定期申报的，应当在7日内做出批准或者不批准的决定。不予批准的，应当告知申请人不予批准的原因。海事管理机构应当将有关申报信息通报所在地港口行政管理部门。

第二十二条 拟交付船舶载运的危险货物托运人应当在交付载运前向承运人说明所托运的危险货物种类、数量、危险特性以及发生危险情况的应急处置措施，提交以下货物信息，并报告海事管理机构：

（一）危险货物安全适运声明书；

（二）危险货物安全技术说明书；

（三）按照规定需要进出口国家有关部门同意后方可载运的，应当提交有效的批准文件；

（四）危险货物中添加抑制剂或者稳定剂的，应当提交抑制剂或者稳定剂添加证明书；

（五）载运危险性质不明的货物，应当提交具有相应资质的评估机构出具的危险货物运输条件鉴定材料；

（六）交付载运包装危险货物的，还应当提交下列材料：

1. 包装、货物运输组件、船用刚性中型散装容器的检验合格证明；

2. 使用船用集装箱载运危险货物的，应当提交《集装箱装箱证明书》；

3. 载运放射性危险货物的，应当提交放射性剂量证明；

4. 载运限量或者可免除量危险货物的，应当提交限量或者可免除量危险货物证明。

（七）交付载运具有易流态化特性的B组固体散装货物通过海上运输的，还应当提交具有相应资质的检验机构出具的货物适运水分极限和货物水分含量证明。

承运人应当对上述货物信息进行审核，对不符合船舶适装要求的，不得受载、承运。

第二十三条 船舶载运包装危险货物或者B组固体散装货物离港前，应当将列有所载危险货物的装载位置清单、舱单或者详细配载图向海事管理机构报告。

第二十四条 船用集装箱拟拼装运输有隔离要求的两种或者两种以上危险货物，应当符合《国际海运危险货物规则》的规定。危险货物托运人应当事先向海事管理机构报告。

第五章　作业安全管理

第二十五条 载运危险货物的船舶在装货前，应当检查货物的运输资料和适运状况。发现有违反本规定情形的不得装运。

第二十六条 从事散装危险货物装卸作业的船舶和码头，应当遵守安全和防污染操作规程，建立并落实船岸安全检查表制度，并严格按照船岸安全检查表的内容要求进行检查和填写。

载运散装液体危险货物的船舶装卸作业期间，禁止其他无关船舶并靠。使用的货物软管应当符合相关法规、技术规范的要求，并定期进行检验。

第二十七条 从事散装液化气体装卸作业的船舶和码头、装卸站应当建立作业前会商制度，并就货物操作、压载操作、应急等事项达成书面协议。

从事散装液化天然气装卸作业的船舶和码头、装卸站还应当采取装货作业期间在船上设置岸方应急切断装置控制点和卸货作业期间在岸上设置船方应急切断装置控制点等措施，确保在发生紧急情况时及时停止货物输送作业。

协助散装液化气船舶靠泊的船舶应当设置烟火熄灭装置及实施烟火管制。

禁止其他无关船舶在作业期间靠泊液化气码头、装卸站。

第二十八条　船舶进行危险货物水上过驳作业或者载运危险货物的船舶进行洗(清)舱、驱气、置换，应当符合国家水上交通安全和防治船舶污染环境的管理规定及技术规范，尽量远离船舶定线制区、饮用水地表水源取水口、渡口、客轮码头、通航建筑物、大型桥梁、水下通道以及内河等级航道和沿海设标航道，制定安全和防污染的措施和应急计划并保证有效实施。

第二十九条　载运危险货物的船舶进行洗(清)舱、驱气或者置换活动期间，不得检修和使用雷达、无线电发报机、卫星船站；不得进行明火、拷铲及其他易产生火花的作业；不得使用供应船、车进行加油、加水作业。

第三十条　载运危险货物的船舶在港口水域内从事危险货物过驳作业，应当由负责过驳作业的港口经营人依法向港口行政管理部门提出申请。港口行政管理部门在审批时，应当就船舶过驳作业的水域征得海事管理机构的同意，并将审批情况通报海事管理机构。

船舶在港口水域外从事内河危险货物过驳作业或者海上散装液体污染危害性货物过驳作业，应当依法向海事管理机构申请批准。

船舶进行水上危险货物和散装液体污染危害性货物过驳作业的水域，由海事管理机构发布航行警告或者航行通告。

第三十一条　船舶在港口水域外申请从事内河危险货物过驳作业或者海上散装液体污染危害性货物过驳作业的，申请人应当在作业前向海事管理机构提出申请，告知作业地点，并提交作业方案、作业程序、防治污染措施等材料。

海事管理机构自受理申请之日起，对单航次作业的船舶，应当在24小时内做出批准或者不批准的决定；对在特定水域多航次作业的船舶，应当在7日内做出批准或者不批准的决定。

第三十二条　船舶从事加注液化天然气及其他具有低闪点特性的气态燃料作业活动，应当遵守有关法规、标准和相关操作规程，落实安全措施，并在作业前将作业的种类、时间、地点、单位和船舶名称等信息向海事管理机构报告；作业信息变更的，应当及时补报。

通过船舶为液化天然气及其他具有低闪点特性的气态燃料水上加注船、趸船补给货物燃料的，应当执行本规定水上过驳的要求。

第三十三条　载运危险货物的船舶应当遵守海事管理机构关于航路、航道等区域性的特殊规定。

载运爆炸品、放射性物品、有机过氧化物、闪点28℃以下易燃液体和散装液化气的船舶，不得与其他驳船混合编队拖带。

第三十四条　散装液化天然气船舶应当在抵港72小时前(航程不足72小时的，在驶离上一港口时)向抵达港海事管理机构报告预计抵港时间。预计抵港时间有变化的，还应当在抵港24小时前(航程不足24小时的，在驶离上一港口时)报告抵港时间。

第三十五条　散装液化气船舶进出港口和在港停泊、作业，应当按照相关标准和规范的要求落实安全保障措施。在通航水域进行试气试验的，试气作业单位应当制定试验方案并组织开展安全风险论证，落实安全管理措施。

载运散装液化天然气船舶及载运其他具有低闪点特性的气态燃料的船舶，进出沿海港口和在港停泊、作业，应当通过开展专题论证，确定护航、安全距离、应急锚地、安全警示标志等安全保障措施。

载运散装液化天然气船舶及载运其他具有低闪点特性的气态燃料的船舶，在内河航行、停泊、作业时，应当落实海事管理机构公布的安全保障措施。海事管理机构根据当地实际情况评估论证，确定护航、合理安全距离、声光警示标志等安全保障措施，征求相关港航管理部门意见后向社会公布。在船舶吨位、载运货物种类、航行区域、航线相同，且周边通航安全条件没有发生重大变化的情况下，不再重新进行评估论证。

第三十六条　载运危险货物的船舶发生水上险情、交通事故、非法排放、危险货物落水等事件，应当按照规定向海事管理机构报告，并及时启动应急预案，防止损害、危害的扩大。

海事管理机构接到报告后，应当立即核实有关情况，按照相关应急预案要求向上级海事管理机构和县级以上地方人民政府报告，并采取相应的应急措施。

第三十七条　载运散装液体危险货物的内河船舶卸货完毕后，应当在具备洗舱条件的码头、专用锚地、洗舱站点等对货物处所进行清洗，洗舱水应当交付港口接收设施、船舶污染物接收单位或者专业接收单位接收处理。

载运散装液体危险货物的内河船舶，有以下情形

之一的,可以免于前款规定的清洗:

(一)船舶拟装载的货物与卸载的货物一致;

(二)船舶拟装载的货物与卸载的货物相容,经拟装载货物的所有人同意;

(三)已经实施海事管理机构确认的可替代清洗的通风程序。

卸货港口没有接收能力,船舶取得下一港口的接收洗舱水书面同意,可以在下一港口清洗,并及时报告海事管理机构。

第三十八条 载运危险货物的船舶航行、装卸或者停泊,应当悬挂专用的警示标志,按照规定显示专用信号。

载运散装液化天然气的船舶在内河航行,应当事先确定航行计划和航线。

载运散装液化天然气的船舶由沿海进入内河水域的,应当向途经的第一个内河港口的海事管理机构报告航行计划和航线;始发地为内河港口的,船舶应当将航行计划和航线向始发地海事管理机构报告。

第六章 监督管理

第三十九条 海事管理机构依法对船舶载运危险货物实施监督检查。

海事管理机构发现船舶载运危险货物存在安全隐患的,应当责令立即消除或者限期消除隐患;有关单位和个人不立即消除或者逾期不消除的,海事管理机构可以依据法律、行政法规的规定,采取禁止其进港、离港,或者责令其停航、改航、停止作业等措施。

第四十条 船舶载运危险货物有下列情形之一的,海事管理机构应当责令当事船舶立即纠正或者限期改正:

(一)经核实申报或者报告内容与实际情况不符的;

(二)擅自在不具备作业条件的码头、泊位或者非指定水域装卸危险货物的;

(三)船舶或者其设备不符合安全、防污染要求的;

(四)危险货物的积载和隔离不符合规定的;

(五)船舶的安全、防污染措施和应急计划不符合规定的。

第七章 法律责任

第四十一条 载运危险货物的船舶和相关单位违反本规定以及国家水上交通安全的规定,应当予以行政处罚的,由海事管理机构按照有关法规执行。

涉嫌构成犯罪的,由海事管理机构依法移送国家司法机关。

第四十二条 违反本规定,危险货物水路运输企业的船员未取得特殊培训合格证的,由海事管理机构责令改正,属于危险化学品的处5万元以上10万元以下的罚款,属于危险化学品以外的危险货物的处2000元以上2万元以下的罚款;拒不改正的,责令整顿。

第四十三条 违反本规定,载运危险货物的船舶及船用集装箱、船用刚性中型散装容器和船用可移动罐柜等配载的容器未经检验合格而投入使用的,由海事管理机构责令改正,属于危险化学品的处10万元以上20万元以下的罚款,有违法所得的,没收违法所得,属于危险化学品以外的危险货物的处1000元以上3万元以下的罚款;拒不改正的,责令整顿。

第四十四条 违反本规定,有下列情形之一的,由海事管理机构责令改正,属于危险化学品的处5万元以上10万元以下的罚款,属于危险化学品以外的危险货物的处500元以上3万元以下的罚款;拒不改正的,责令整顿:

(一)船舶载运的危险货物,未按照规定进行积载和隔离的;

(二)托运人不向承运人说明所托运的危险货物种类、数量、危险特性以及发生危险情况的应急处置措施的;

(三)未按照国家有关规定对所托运的危险货物妥善包装并在外包装上设置相应标志的。

第四十五条 违反本规定,载运危险货物的船舶进出港口,未依法向海事管理机构办理申报手续的,在内河通航水域运输危险货物的,对负有责任的主管人员或者其他直接责任人员处2万元以上10万元以下的罚款;在我国管辖海域运输危险货物的,对船舶所有人或者经营人处1万元以上3万元以下的罚款。

第四十六条 违反本规定,在托运的普通货物中夹带危险货物,或者将危险货物谎报或者匿报为普通货物托运的,由海事管理机构责令改正,属于危险化学品的处10万元以上20万元以下的罚款,有违法所得的,没收违法所得,属于危险化学品以外的危险货物的处1000元以上3万元以下的罚款;拒不改正的,责令整顿。

第四十七条 违反本规定,对不符合《海运危险货物集装箱装箱安全技术要求》的危险货物集装箱签署《集装箱装箱证明书》的,由海事管理机构责令改正,对聘用该集装箱装箱现场检查员的单位处1000元以上3万元以下的罚款。

第四十八条 违反本规定,有下列情形之一的,由海事管理机构责令改正,处500元以上3万元以下的罚款:

（一）交付船舶载运的危险货物托运人未向海事管理机构报告的；

（二）船舶载运包装危险货物或者B组固体散装货物离港前，未按照规定将清单、舱单或者详细配载图报海事管理机构的；

（三）散装液化天然气船舶未按照规定向海事管理机构报告预计抵港时间的；

（四）散装液化天然气船舶在内河航行，未按照规定向海事管理机构报告航行计划和航线的。

第四十九条 海事管理机构的工作人员有滥用职权、徇私舞弊、玩忽职守等严重失职行为的，由其所在单位或者上级机关依法处理；情节严重构成犯罪的，由司法机关依法追究刑事责任。

第八章 附 则

第五十条 本规定所称船舶载运的危险货物，包括：

（一）《国际海运危险货物规则》（IMDG code）第3部分危险货物一览表中列明的包装危险货物，以及未列明但经评估具有安全危险的其他包装货物；

（二）《国际海运固体散装货物规则》（IMSBC code）附录1中B组固体散装货物，以及经评估具有化学危险的其他固体散装货物；

（三）《国际防止船舶造成污染公约》（MARPOL公约）附则I附录1中列明的散装油类；

（四）《国际散装危险化学品船舶构造和设备规则》（IBC code）第17章中列明的散装液体化学品，以及未列明但经评估具有安全危险的其他散装液体化学品；

（五）《国际散装液化气体船舶构造和设备规则》（IGC code）第19章列明的散装液化气体，以及未列明但经评估具有安全危险的其他散装液化气体；

（六）我国加入或者缔结的国际条约、国家标准规定的其他危险货物。

《危险化学品目录》中所列物质，不属于前款规定的危险货物的，应当按照《危险化学品安全管理条例》的有关规定执行。

第五十一条 本规定所称B组固体散装货物，是指在《国际海运固体散装货物规则》附录1“组别”栏中列为B组货物或者同时列入A和B组货物。

第五十二条 本规定自2018年9月15日起施行。2003年11月30日以交通部令2003年第10号发布的《船舶载运危险货物安全监督管理规定》、2012年3月14日以交通运输部令2012年第4号发布的《关于修改〈船舶载运危险货物安全监督管理规定〉的决定》、1996年11月4日以交通部令1996年第10号发布的《水路危险货物运输规则（第一部分 水路包装危险货物运输规则）》同时废止。

港口危险货物安全管理规定

1. 2017年9月4日交通运输部令2017年第27号公布

2. 根据2019年11月28日交通运输部令2019年第34号《关于修改〈港口危险货物安全管理规定〉的决定》第一次修正

3. 根据2023年8月3日交通运输部令2023年第8号《关于修改〈港口危险货物安全管理规定〉的决定》第二次修正

第一章 总 则

第一条 为了加强港口危险货物安全管理，预防和减少危险货物事故，保障人民生命、财产安全，保护环境，根据《港口法》、《安全生产法》、《危险化学品安全管理条例》等有关法律、行政法规，制定本规定。

第二条 在中华人民共和国境内，新建、改建、扩建储存、装卸危险货物的港口建设项目（以下简称危险货物港口建设项目）和进行危险货物港口作业，适用本规定。

前款所称危险货物港口作业包括在港区内装卸、过驳、仓储危险货物等行为。

第三条 港口危险货物安全管理坚持安全第一、预防为主、综合治理的方针，强化和落实危险货物港口建设项目的建设单位和港口经营人安全生产主体责任。

危险货物港口建设项目的建设单位和港口经营人应当建立健全全员安全生产责任制和安全生产规章制度，加大对安全生产资金、物资、技术、人员的投入保障力度，改善安全生产条件，加强安全生产标准化、信息化建设，构建安全风险分级管控和隐患排查治理双重预防机制，健全风险防范化解机制，提高安全生产水平，确保安全生产。

第四条 交通运输部主管全国港口危险货物安全行业管理工作。

省、自治区、直辖市交通运输主管部门主管本辖区的港口危险货物安全监督管理工作。

省、市、县级港口行政管理部门在职责范围内负责具体实施港口危险货物安全监督管理工作。

第二章 建设项目安全审查

第五条 危险货物港口建设项目应当由港口行政管理部门进行安全条件审查。

未通过安全条件审查,危险货物港口建设项目不得开工建设。

第六条 省级港口行政管理部门负责下列港口建设项目的安全条件审查:

(一)涉及储存或者装卸剧毒化学品的港口建设项目;

(二)沿海50000吨级以上、长江干线3000吨级以上、其他内河1000吨级以上的危险货物码头;

(三)沿海罐区总容量100000立方米以上、内河罐区总容量5000立方米以上的危险货物仓储设施。

其他危险货物港口建设项目由项目所在地设区的市级港口行政管理部门负责安全条件审查。

第七条 危险货物港口建设项目的建设单位,应当在可行性研究阶段按照国家有关规定委托有资质的安全评价机构对该建设项目进行安全评价,并编制安全预评价报告。安全预评价报告应当符合有关安全生产法律、法规、规章、国家标准、行业标准和港口建设的有关规定。

第八条 涉及危险化学品的港口建设项目,建设单位还应当进行安全条件论证,并编制安全条件论证报告。安全条件论证的内容应当包括:

(一)建设项目内在的危险和有害因素对安全生产的影响;

(二)建设项目与周边设施或者单位、人员密集区、敏感性设施和敏感环境区域在安全方面的相互影响;

(三)自然条件对建设项目的影响。

第九条 建设单位应当向危险货物建设项目所在地港口行政管理部门申请安全条件审查,并提交以下材料:

(一)建设项目安全条件审查申请书;

(二)建设项目安全预评价报告;

(三)建设项目安全条件论证报告(涉及危险化学品的提供);

(四)依法需取得的建设项目规划选址文件。

所在地港口行政管理部门应当核查文件是否齐全,不齐全的告知申请人予以补正。对材料齐全的申请应当予以受理;对不属于本级审查权限的,应当在受理后5日内将申请材料转报有审查权限的港口行政管理部门。转报时间应当计入审查期限。

第十条 负责安全条件审查的港口行政管理部门应当自受理申请之日起45日内作出审查决定。

有下列情形之一的,安全条件审查不予通过:

(一)安全预评价报告存在重大缺陷、漏项的,包括对建设项目主要危险、有害因素的辨识和评价不全面或者不准确的;

(二)对安全预评价报告中安全设施设计提出的对策与建议不符合有关安全生产法律、法规、规章和国家标准、行业标准的;

(三)建设项目与周边场所、设施的距离或者拟建场址自然条件不符合有关安全生产法律、法规、规章和国家标准、行业标准的;

(四)主要技术、工艺未确定,或者不符合有关安全生产法律、法规、规章和国家标准、行业标准的;

(五)未依法进行安全条件论证和安全评价的;

(六)隐瞒有关情况或者提供虚假文件、资料的。

港口行政管理部门在安全条件审查过程中,应当对申请材料进行审查,并对现场进行核查。必要时可以组织相关专家进行咨询论证。

第十一条 港口行政管理部门对符合安全条件的,应当予以通过,并将审查决定送达申请人。对未通过安全条件审查的,应当说明理由并告知申请人。建设单位经过整改后可以重新申请安全条件审查。

第十二条 已经通过安全条件审查的危险货物港口建设项目有下列情形之一的,建设单位应当按照本规定的有关要求重新进行安全条件论证和安全评价,并重新申请安全条件审查:

(一)变更建设地址的;

(二)建设项目周边环境因素发生重大变化导致安全风险增加的;

(三)建设项目规模进行调整导致安全风险增加或者安全性能降低的;

(四)建设项目平面布置、作业货种、工艺、设备设施等发生重大变化导致安全风险增加或者安全性能降低的。

第十三条 建设单位应当在危险货物港口建设项目初步设计阶段按照国家有关规定委托设计单位对安全设施进行设计。

安全设施设计应当符合有关安全生产和港口建设的法律、法规、规章以及国家标准、行业标准,并包括以下主要内容:

(一)该建设项目涉及的危险、有害因素和程度及周边环境安全分析;

(二)采用的安全设施和措施,预期效果以及存在的问题与建议;

(三)对安全预评价报告中有关安全设施设计的对策与建议的采纳情况说明;

(四)可能出现的事故预防及应急救援措施。

第十四条　由港口行政管理部门负责初步设计审批的危险货物港口建设项目，在初步设计审批中对安全设施设计进行审查。

前款规定之外的其他危险货物港口建设项目，由负责安全条件审查的港口行政管理部门进行安全设施设计审查。

建设单位在申请安全设施设计审查时应当提交以下材料：

（一）安全设施设计审查申请书；

（二）设计单位的基本情况及资信情况；

（三）安全设施设计。

港口行政管理部门应当自受理申请之日起 20 日内对申请材料进行审查，作出审查决定，并告知申请人；20 日内不能作出决定的，经本部门负责人批准，可以延长 10 日，并应当将延长期限的理由告知申请人。

第十五条　有下列情形之一的，安全设施设计审查不予通过：

（一）设计单位资质不符合相关规定的；

（二）未按照有关法律、法规、规章和国家标准、行业标准的规定进行设计的；

（三）对未采纳安全预评价报告中的安全对策和建议，未作充分论证说明的；

（四）隐瞒有关情况或者提供虚假文件、资料的。

安全设施设计审查未通过的，建设单位经过整改后可以重新申请安全设施设计审查。

第十六条　已经通过审查的危险货物港口建设项目安全设施设计有下列情形之一的，建设单位应当报原审查部门重新申请安全设施设计审查：

（一）改变安全设施设计且可能导致安全性能降低的；

（二）在施工期间重新设计的。

第十七条　危险货物港口建设项目的建设单位应当在施工期间组织落实经批准的安全设施设计的有关内容，并加强对施工质量的监测和管理，建立相应的台账。施工单位应当按照批准的设计施工。

第十八条　危险货物港口建设项目的安全设施应当与主体工程同时建成，并由建设单位组织验收。验收前建设单位应当按照国家有关规定委托有资质的安全评价机构对建设项目及其安全设施进行安全验收评价，并编制安全验收评价报告。安全验收评价报告应当符合国家标准、行业标准和港口建设的有关规定。

建设单位进行安全设施验收时，应当组织专业人员对该建设项目进行现场检查，并对安全设施施工报告及监理报告、安全验收评价报告等进行审查，作出是否通过验收的结论。参加验收人员的专业能力应当涵盖该建设项目涉及的所有专业内容。

安全设施验收未通过的，建设单位经过整改后可以再次组织安全设施验收。

第十九条　安全设施验收合格后，建设单位应当将验收过程中涉及的文件、资料存档。港口行政管理部门应当加强对建设单位验收活动和验收结果的监督核查。

第二十条　安全评价机构的安全评价活动应当遵守有关法律、法规、规章和保障安全生产的国家标准或者行业标准的规定。

港口行政管理部门应当对违法违规开展港口安全评价的机构予以曝光，并通报同级应急管理部门。

第三章　经营人资质

第二十一条　从事危险货物港口作业的经营人（以下简称危险货物港口经营人）除满足《港口经营管理规定》规定的经营许可条件外，还应当具备以下条件：

（一）设有安全生产管理机构或者配备专职安全生产管理人员；

（二）具有健全的安全管理制度、岗位安全责任制度和操作规程；

（三）有符合国家规定的危险货物港口作业设施设备；

（四）有符合国家规定且经专家审查通过的事故应急预案和应急设施设备；

（五）从事危险化学品作业的，还应当具有取得从业资格证书的装卸管理人员。

第二十二条　申请危险货物港口经营人资质，除按《港口经营管理规定》的要求提交相关文件和材料外，还应当向所在地港口行政管理部门提交以下文件和材料：

（一）危险货物港口经营申请表，包括拟申请危险货物作业的具体场所、作业方式、危险货物品名（集装箱和包装货物载明到"项别"）；

（二）符合国家规定的应急设施、设备清单；

（三）装卸管理人员的从业资格证书（涉及危险化学品的提供）；

（四）新建、改建、扩建储存、装卸危险货物港口设施的，提交安全设施验收合格证明材料（包括安全设施施工报告及监理报告、安全验收评价报告、验收结论和隐患整改报告）；使用现有港口设施的，提交对现状的安全评价报告。

第二十三条　所在地港口行政管理部门应当自受理申请

之日起30日内作出许可或者不予许可的决定。符合许可条件的,应当颁发《港口经营许可证》,并对每个具体的危险货物作业场所配发《港口危险货物作业附证》(见附件)。

《港口经营许可证》应当载明危险货物港口经营人的名称与办公地址、法定代表人或者负责人、经营地域、准予从事的业务范围、附证事项、发证日期、许可证有效期和证书编号。

《港口危险货物作业附证》应当载明危险货物港口经营人、作业场所、作业方式、作业危险货物品名(集装箱和包装货物载明到"项别")、发证机关、发证日期、有效期和证书编号。

所在地港口行政管理部门应当依法向社会公开有关信息,并及时向所在地海事管理机构和同级应急管理部门、生态环境主管部门、公安机关通报。

第二十四条 《港口经营许可证》有效期为3年,《港口危险货物作业附证》有效期不得超过《港口经营许可证》的有效期。

第二十五条 危险货物港口经营人应当在《港口经营许可证》或者《港口危险货物作业附证》有效期届满之日30日以前,向发证机关申请办理延续手续。

申请办理《港口经营许可证》及《港口危险货物作业附证》延续手续,除按《港口经营管理规定》的要求提交相关文件和材料外,还应当提交下列材料:

(一)除本规定第二十二条第(一)项之外的其他证明材料;

(二)本规定第二十八条规定的安全评价报告及落实情况。

第二十六条 危险货物港口经营人发生变更或者其经营范围发生变更的,应当按照本规定第二十二条的规定重新申请《港口经营许可证》及《港口危险货物作业附证》。

第二十七条 危险货物港口经营人应当在依法取得许可的范围内从事危险货物港口作业,依法提取和使用安全生产经费,聘用注册安全工程师从事安全生产管理工作,对从业人员进行安全生产教育、培训并如实记录相关情况,按照相关规定投保安全生产责任保险。相关从业人员应当按照《危险货物水路运输从业人员考核和从业资格管理规定》的要求,经考核合格或者取得相应从业资格。

危险货物港口经营人应当向从业人员如实告知作业场所和工作岗位存在的危险因素、防范措施以及事故应急措施,提供符合国家标准或者行业标准的劳动防护用品,并关注身体、心理状况和行为习惯,加强心理疏导、精神慰藉,严格落实岗位安全生产责任。

危险货物港口经营人接收中等职业学校、高等学校学生实习的,应当对实习学生进行相应的安全生产教育和培训,提供必要的劳动防护用品。

第二十八条 危险货物港口经营人应当在取得经营资质后,按照国家有关规定委托有资质的安全评价机构,对本单位的安全生产条件每3年进行一次安全评价,提出安全评价报告。安全评价报告的内容应当包括对事故隐患的整改情况、遗留隐患和安全条件改进建议。

危险货物港口经营人应当将安全评价报告以及落实情况报所在地港口行政管理部门备案。

第二十九条 出现下列情形之一的,危险货物港口经营人应当重新进行安全评价,并按照本规定第二十八条的规定进行备案:

(一)增加作业的危险货物品种;

(二)作业的危险货物数量增加,构成重大危险源或者重大危险源等级提高的;

(三)发生火灾、爆炸或者危险货物泄漏,导致人员死亡、重伤或者事故等级达到较大事故以上的;

(四)周边环境因素发生重大变化,可能对港口安全生产带来重大影响的。

增加作业的危险货物品种或者数量,涉及变更经营范围的,除应当符合环保、消防、职业卫生等方面相关主管部门的要求外,还应当按照本规定第二十六条的规定重新申请《港口经营许可证》及《港口危险货物作业附证》。

现有设施需要进行改扩建的,除应当履行改扩建手续外,还应当履行本规定第二章安全审查的有关规定。

第四章　作业管理

第三十条 危险货物港口经营人应当根据《港口危险货物作业附证》上载明的危险货物品名,依据其危险特性,在作业场所设置相应的监测、监控、通风、防晒、调温、防火、灭火、防爆、泄压、防毒、中和、防潮、防雷、防静电、防腐、防泄漏以及防护围堤或者隔离操作等安全设施、设备,并保持正常、正确使用。

第三十一条 危险货物港口经营人应当按照保障安全生产的国家标准或者行业标准对其危险货物作业场所的安全设施、设备进行经常性维护、保养,并定期进行检测、检验,及时更新不合格的设施、设备,保证正常运转。维护、保养、检测、检验应当做好记录,并由有关人员签字。

第三十二条　危险货物港口经营人应当在其作业场所和安全设施、设备上设置明显的安全警示标志；同时还应当在其作业场所设置通信、报警装置，并保证其处于适用状态。

第三十三条　危险货物专用库场、储罐应当符合保障安全生产的国家标准或者行业标准，设置明显标志，并依据相关标准定期安全检测维护。

第三十四条　危险货物港口作业使用特种设备的，应当符合国家特种设备管理的有关规定，并按要求进行检验。

第三十五条　危险货物港口经营人使用管道输送危险货物的，应当建立输送管道安全技术档案，具备管道分布图，并对输送管道定期进行检查、检测，设置明显标志。

在港区内进行可能危及危险货物输送管道安全的施工作业，施工单位应当在开工的7日前书面通知管道所属单位，并与管道所属单位共同制定应急预案，采取相应的安全防护措施。管道所属单位应当指派专门人员到现场进行管道安全保护指导。

第三十六条　危险货物港口经营人不得关闭、破坏直接关系生产安全的监控、报警、防护、救生设施、设备，或者篡改、隐瞒、销毁其相关数据、信息。

第三十七条　危险货物港口作业委托人应当向危险货物港口经营人提供委托人身份信息和完整准确的危险货物品名、联合国编号、危险性分类、包装、数量、应急措施及安全技术说明书等资料；危险性质不明的危险货物，应当提供具有相应资质的专业机构出具的危险货物危险特性鉴定技术报告。法律、行政法规规定必须办理有关手续后方可进行水路运输的危险货物，还应当办理相关手续，并向港口经营人提供相关证明材料。

危险货物港口作业委托人不得在委托作业的普通货物中夹带危险货物，不得匿报、谎报危险货物。

第三十八条　危险货物港口经营人不得装卸、储存未按本规定第三十七条规定提交相关资料的危险货物。对涉嫌在普通货物中夹带危险货物，或者将危险货物匿报或者谎报为普通货物的，所在地港口行政管理部门或者海事管理机构可以依法开拆查验，危险货物港口经营人应当予以配合。港口行政管理部门和海事管理机构应当将查验情况相互通报，避免重复开拆。

第三十九条　发生下列情形之一的，危险货物港口经营人应当及时处理并报告所在地港口行政管理部门：

（一）发现未申报或者申报不实、申报有误的危险货物；

（二）在普通货物或者集装箱中发现夹带危险货物；

（三）在危险货物中发现性质相抵触的危险货物，且不满足国家标准及行业标准中有关积载、隔离、堆码要求。

对涉及船舶航行、作业安全的相关信息，港口行政管理部门应当及时通报所在地海事管理机构。

第四十条　在港口作业的包装危险货物应当妥善包装，并在外包装上设置相应的标志。包装物、容器的材质以及包装的型式、规格、方法应当与所包装的货物性质、运输装卸要求相适应。材质、型式、规格、方法以及包装标志应当符合我国加入并已生效的有关国际条约、国家标准和相关规定的要求。

第四十一条　危险货物港口经营人应当对危险货物包装和标志进行检查，发现包装和标志不符合国家有关规定的，不得予以作业，并应当及时通知或者退回作业委托人处理。

第四十二条　船舶载运危险货物进出港口，应当按照有关规定向海事管理机构办理申报手续。海事管理机构应当及时将有关申报信息通报所在地港口行政管理部门。

第四十三条　船舶危险货物装卸作业前，危险货物港口经营人应当与作业船舶按照有关规定进行安全检查，确认作业的安全状况和应急措施。

第四十四条　不得在港口装卸国家禁止通过水路运输的危险货物。

第四十五条　在港口内从事危险货物添加抑制剂或者稳定剂作业的单位，作业前应当将有关情况告知相关危险货物港口经营人和作业船舶。

第四十六条　危险货物港口经营人在危险货物港口装卸、过驳作业开始24小时前，应当将作业委托人以及危险货物品名、数量、理化性质、作业地点和时间、安全防范措施等事项向所在地港口行政管理部门报告。所在地港口行政管理部门应当在接到报告后24小时内作出是否同意作业的决定，通知报告人，并及时将有关信息通报海事管理机构。报告人在取得作业批准后72小时内未开始作业的，应当重新报告。未经所在地港口行政管理部门批准的，不得进行危险货物港口作业。

时间、内容和方式固定的危险货物港口装卸、过驳作业，经所在地港口行政管理部门同意，可以实行定期申报。

第四十七条　危险货物港口作业应当符合有关安全作业标准、规程和制度，并在具有从业资格的装卸管理人员现场指挥或者监控下进行。

第四十八条 两个以上危险货物港口经营人在同一港口作业区内进行危险货物港口作业，可能危及对方生产安全的，应当签订安全生产管理协议，明确各自的安全生产管理职责和应当采取的安全措施，并指定专职安全生产管理人员进行安全检查与协调。

第四十九条 危险货物港口经营人进行爆炸品、气体、易燃液体、易燃固体、易于自燃的物质、遇水放出易燃气体的物质、氧化性物质、有机过氧化物、毒性物质、感染性物质、放射性物质、腐蚀性物质的港口作业，应当划定作业区域，明确责任人并实行封闭式管理。作业区域应当设置明显标志，禁止无关人员进入和无关船舶停靠。

第五十条 危险货物港口经营人进行吊装、动火、临时用电以及国务院应急管理部门会同国务院有关部门规定的其他危险作业，应当安排专门人员进行现场安全管理，确保遵守操作规程和落实安全措施。

第五十一条 危险货物应当储存在港区专用的库场、储罐，并由专人负责管理；剧毒化学品以及储存数量构成重大危险源的其他危险货物，应当单独存放，并实行双人收发、双人保管制度。

危险货物的储存方式、方法以及储存数量，包括危险货物集装箱直装直取和限时限量存放，应当符合国家标准、行业标准或者国家有关规定。

第五十二条 危险货物港口经营人经营仓储业务的，应当建立危险货物出入库核查、登记制度。

对储存剧毒化学品以及储存数量构成重大危险源的其他危险货物的，危险货物港口经营人应当将其储存数量、储存地点以及管理措施、管理人员等情况，依法报所在地港口行政管理部门和相关部门备案。

第五十三条 危险货物港口经营人应当建立危险货物作业信息系统，实时记录危险货物作业基础数据，包括作业的危险货物种类及数量、储存地点、理化特性、货主信息、安全和应急措施等，并在作业场所外异地备份。有关危险货物作业信息应当按要求及时准确提供相关管理部门。

第五十四条 危险货物港口经营人应当建立安全风险分级管控制度，开展安全生产风险辨识、评估，针对不同风险，制定具体的分级管控措施，落实管控责任。

第五十五条 危险货物港口经营人应当根据有关规定，进行重大危险源辨识，确定重大危险源级别，实施分级管理，并登记建档。危险货物港口经营人应当建立健全重大危险源安全管理规章制度，制定实施危险货物重大危险源安全管理与监控方案，制定应急预案，告知相关人员在紧急情况下应当采取的应急措施，定期对重大危险源进行检测、评估、监控。

第五十六条 危险货物港口经营人应当将本单位的重大危险源及有关安全措施、应急措施依法报送所在地港口行政管理部门和相关部门备案。

第五十七条 危险货物港口经营人在重大危险源出现本规定第二十九条规定的情形之一，可能影响重大危险源级别和风险程度的，应当对重大危险源重新进行辨识、分级、安全评估、修改档案，并及时报送所在地港口行政管理部门和相关部门重新备案。

第五十八条 危险货物港口经营人应当建立健全并落实事故隐患排查治理制度，定期开展事故隐患排查，及时消除隐患，事故隐患排查治理情况应当如实记录，并通过职工大会或者职工代表大会、信息公示栏等方式向从业人员通报。

危险货物港口经营人应当将重大事故隐患的排查治理情况及时向所在地港口行政管理部门和职工大会或者职工代表大会报告。

所在地港口行政管理部门应当建立健全重大事故隐患治理督办制度，督促危险货物港口经营人消除重大事故隐患。

第五章　应急管理

第五十九条 所在地港口行政管理部门应当建立危险货物事故应急体系，制定港口危险货物事故应急预案。应急预案应当依法经当地人民政府批准后向社会公布。

所在地港口行政管理部门应当在当地人民政府的领导下推进专业化应急队伍建设和应急资源储备，定期组织开展应急培训和应急救援演练，提高应急能力。

第六十条 危险货物港口经营人应当制定本单位危险货物事故专项应急预案和现场处置方案，依法配备应急救援人员和必要的应急救援器材、设备，每半年至少组织一次应急救援培训和演练并如实记录，根据演练结果对应急预案进行修订。应急预案应当具有针对性和可操作性，并与所在地港口行政管理部门公布的港口危险货物事故应急预案相衔接。

危险货物港口经营人应当将其应急预案及其修订情况报所在地港口行政管理部门备案，并向本单位从业人员公布。

第六十一条 危险货物港口作业发生险情或者事故时，港口经营人应当立即启动应急预案，采取应急行动，排除事故危害，控制事故进一步扩散，并按照有关规定向港口行政管理部门和有关部门报告。

危险货物港口作业发生事故时，所在地港口行政管理部门应当按规定向上级行政管理部门、当地人民政府及有关部门报告，并及时组织救助。

第六章 安全监督与管理

第六十二条 所在地港口行政管理部门应当采取随机抽查、年度核查等方式对危险货物港口经营人的经营资质进行监督检查，发现其不再具备安全生产条件的，应当依法撤销其经营许可。

第六十三条 所在地港口行政管理部门应当依法对危险货物港口作业和装卸、储存区域实施监督检查，并明确检查内容、方式、频次以及有关要求等。实施监督检查时，可以行使下列职权：

（一）进入并检查危险货物港口作业场所，查阅、抄录、复印相关的文件或者资料，提出整改意见；

（二）发现危险货物港口作业和设施、设备、装置、器材、运输工具不符合法律、法规、规章规定和保障安全生产的国家标准或者行业标准要求的，责令立即停止使用；

（三）对危险货物包装和标志进行抽查，对不符合有关规定的，责令港口经营人停止作业，及时通知或者退回作业委托人处理；

（四）检查中发现事故隐患的，应当责令危险货物港口经营人立即排除；重大事故隐患排除前或者排除过程中无法保证安全的，应当责令从危险区域内撤出作业人员并暂时停产停业或者停止使用相关设施、设备；重大事故隐患排除后，经其审查同意，方可恢复作业；

（五）发现违法违章作业行为，应当当场予以纠正或者责令限期改正；

（六）对应急演练进行抽查，发现不符合要求的，当场予以纠正或者要求限期改正；

（七）经本部门主要负责人批准，依法查封违法储存危险货物的场所，扣押违法储存的危险货物。

港口行政管理部门依法进行监督检查，监督检查人员不得少于 2 人，并应当出示执法证件，将执法情况书面记录。监督检查不得影响被检查单位的正常生产经营活动。

第六十四条 有关单位和个人对依法进行的监督检查应当予以配合，不得拒绝、阻碍。港口行政管理部门依法对存在重大事故隐患作出停产停业的决定，危险货物港口经营人应当依法执行，及时消除隐患。危险货物港口经营人拒不执行，有发生生产安全事故的现实危险的，在保证安全的前提下，经本部门主要负责人批准，港口行政管理部门可以依法采取通知有关单位停止供电等措施，强制危险货物港口经营人履行决定。

港口行政管理部门依照前款规定采取停止供电措施，除有危及生产安全的紧急情形外，应当提前 24 小时通知危险货物港口经营人。危险货物港口经营人履行决定、采取相应措施消除隐患的，港口行政管理部门应当及时解除停止供电措施。

第六十五条 所在地港口行政管理部门应当加强对重大危险源的监管和应急准备，建立健全本辖区内重大危险源的档案，组织开展重大危险源风险分析，建立重大危险源安全检查制度，定期对存在重大危险源的港口经营人进行安全检查，对检查中发现的事故隐患，督促港口经营人进行整改。

第六十六条 港口行政管理部门应当建立举报制度，公开举报电话、信箱或者电子邮件地址等网络举报平台，受理各类违法违规从事危险货物港口作业的投诉和举报并进行调查核实，形成书面材料；需要落实整改措施的，应当报经有关负责人签字并督促落实。

港口行政管理部门在处理投诉和举报过程中，应当接受社会监督，及时曝光违法违规行为。

第六十七条 港口行政管理部门应当加强监管队伍建设，建立健全安全教育培训制度，依法规范行政执法行为。

第六十八条 所在地港口行政管理部门应当配备必要的危险货物港口安全检查装备，建立危险货物港口安全监管信息系统，具备危险货物港口安全监督管理能力。

所在地港口行政管理部门应当将重大事故隐患、重大危险源相关信息纳入危险货物港口安全监管信息系统，并按规定与同级地方人民政府应急管理部门实现信息共享。

第六十九条 港口行政管理部门应当建立港口危险货物管理专家库。专家库应由熟悉港口安全相关法律法规和技术标准、危险货物港口作业、港口安全技术、港口工程、港口安全管理和港口应急救援等相关专业人员组成。

港口行政管理部门在组织安全条件审查、安全设施设计审查或者其他港口危险货物管理工作时，需要吸收专家参加或者听取专家意见的，应当从专家库中抽取。

第七十条 所在地港口行政管理部门应当建立健全安全生产诚信管理制度，建立安全生产违法行为信息库，如实记录危险货物港口经营人及其有关从业人员的安全生产违法行为信息，并纳入交通运输和相关统一信用信息共享平台。

第七章 法律责任

第七十一条 未经安全条件审查,新建、改建、扩建危险货物港口建设项目的,由所在地港口行政管理部门责令停止建设,限期改正;逾期未改正的,处五十万元以上一百万元以下的罚款。

第七十二条 危险货物港口建设项目有下列行为之一的,由所在地港口行政管理部门责令停止建设或者停产停业整顿,限期改正,并处十万元以上五十万元以下的罚款,对其直接负责的主管人员和其他直接责任人员处二万元以上五万元以下的罚款;逾期未改正的,处五十万元以上一百万元以下的罚款,对其直接负责的主管人员和其他直接责任人员处五万元以上十万元以下的罚款:

(一)未按照规定对危险货物港口建设项目进行安全评价的;

(二)没有安全设施设计或者安全设施设计未按照规定报经港口行政管理部门审查同意的;

(三)施工单位未按照批准的安全设施设计施工的;

(四)安全设施未经验收合格,擅自从事危险货物港口作业的。

第七十三条 未依法取得相应的港口经营许可证,或者超越许可范围从事危险货物港口经营的,由所在地港口行政管理部门责令停止违法经营,没收违法所得;违法所得十万元以上的,并处违法所得二倍以上五倍以下的罚款;违法所得不足十万元的,处五万元以上二十万元以下的罚款。

第七十四条 危险货物港口经营人未依法提取和使用安全生产经费导致不具备安全生产条件的,由所在地港口行政管理部门责令限期改正;逾期未改正的,责令停产停业整顿。

第七十五条 危险货物港口经营人有下列行为之一的,由所在地港口行政管理部门责令限期改正,处十万元以下的罚款;逾期未改正的,责令停产停业整顿,并处十万元以上二十万元以下的罚款,对其直接负责的主管人员和其他直接责任人员处二万元以上五万元以下的罚款:

(一)未按照规定设置安全生产管理机构或者配备安全生产管理人员、注册安全工程师的;

(二)未依法对从业人员、实习学生进行安全生产教育、培训,未按照规定如实告知有关的安全生产事项,或者未如实记录安全生产教育、培训情况的;

(三)未将事故隐患排查治理情况如实记录或者未向从业人员通报的;

(四)未按照规定制定危险货物事故应急救援预案或者未定期组织演练的。

第七十六条 危险货物港口经营人有下列行为之一的,由所在地港口行政管理部门责令限期改正,处十万元以下的罚款;逾期未改正的,责令停产停业整顿,并处十万元以上二十万元以下的罚款,对其直接负责的主管人员和其他直接责任人员处二万元以上五万元以下的罚款:

(一)危险货物港口作业未建立专门安全管理制度、未采取可靠的安全措施的;

(二)对重大危险源未登记建档,未进行定期检测、评估、监控,未制定应急预案,或者未告知应急措施的;

(三)未建立安全风险分级管控制度或者未按照安全风险分级采取相应管控措施的;

(四)未建立事故隐患排查治理制度,或者重大事故隐患排查治理情况未按照规定报告的;

(五)进行吊装、动火、临时用电以及国务院应急管理部门会同国务院有关部门规定的其他危险作业,未安排专门人员进行现场安全管理的。

第七十七条 危险货物港口经营人有下列情形之一的,由所在地港口行政管理部门责令改正,处五万元以下的罚款;逾期未改正的,处五万元以上二十万元以下的罚款,对其直接负责的主管人员和其他直接责任人员处一万元以上二万元以下的罚款;情节严重的,责令停产停业整顿:

(一)未在生产作业场所和安全设施、设备上设置明显的安全警示标志的;

(二)未按照国家标准、行业标准安装、使用安全设备或者未进行经常性维护、保养和定期检测的;

(三)关闭、破坏直接关系生产安全的监控、报警、防护、救生设施、设备,或者篡改、隐瞒、销毁其相关数据、信息的;

(四)未为从业人员提供符合国家标准或者行业标准的劳动防护用品的。

第七十八条 危险货物港口经营人有下列情形之一的,由所在地港口行政管理部门责令改正,可以处五万元以下的罚款;逾期未改正的,处五万元以上十万元以下的罚款;情节严重的,责令停产停业整顿:

(一)未对其铺设的危险货物管道设置明显的标志,或者未对危险货物管道定期检查、检测的;

(二)危险货物专用库场、储罐未设专人负责管理,或者对储存的剧毒化学品以及储存数量构成重大危险源的其他危险货物未实行双人收发、双人保管制度的；

（三）未建立危险货物出入库核查、登记制度的；

（四）装卸、储存没有安全技术说明书的危险货物或者外包装没有相应标志的包装危险货物的；

（五）未在作业场所设置通信、报警装置的。

在港口进行可能危及危险货物管道安全的施工作业，施工单位未按照规定书面通知管道所属单位，或者未与管道所属单位共同制定应急预案、采取相应的安全防护措施，或者管道所属单位未指派专门人员到现场进行管道安全保护指导的，由所在地港口行政管理部门按照前款规定的处罚金额进行处罚。

第七十九条 危险货物港口经营人有下列情形之一的，由所在地港口行政管理部门责令改正，处五万元以上十万元以下的罚款；逾期未改正的，责令停产停业整顿；除第（一）项情形外，情节严重的，还可以吊销其港口经营许可证件：

（一）未在取得从业资格的装卸管理人员现场指挥或者监控下进行作业的；

（二）未依照本规定对其安全生产条件定期进行安全评价的；

（三）未将危险货物储存在专用库场、储罐内，或者未将剧毒化学品以及储存数量构成重大危险源的其他危险货物在专用库场、储罐内单独存放的；

（四）危险货物的储存方式、方法或者储存数量不符合国家标准或者国家有关规定的；

（五）危险货物专用库场、储罐不符合国家标准、行业标准的要求的。

第八十条 危险货物港口经营人有下列情形之一的，由所在地港口行政管理部门责令改正，可以处一万元以下的罚款；逾期未改正的，处一万元以上五万元以下的罚款：

（一）未将安全评价报告以及落实情况报港口行政管理部门备案的；

（二）未将剧毒化学品以及储存数量构成重大危险源的其他危险货物的储存数量、储存地点以及管理人员等情况报港口行政管理部门备案的。

第八十一条 两个以上危险货物港口经营人在同一港口作业区内从事可能危及对方生产安全的危险货物港口作业，未签订安全生产管理协议或者未指定专职安全管理人员进行安全检查和协调的，由所在地港口行政管理部门责令限期改正，处一万元以下的罚款，对其直接负责的主管人员和其他直接责任人员处三千元以下的罚款；情节严重的，处一万元以上五万元以下的罚款，对其直接负责的主管人员和其他直接责任人员处三千元以上一万元以下的罚款；逾期未改正的，责令停产停业整顿。

第八十二条 危险货物港口经营人未采取措施消除事故隐患的，由所在地港口行政管理部门责令立即消除或者限期消除，处五万元以下的罚款；拒不执行的，责令停产停业整顿，对其直接负责的主管人员和其他直接责任人员处五万元以上十万元以下的罚款。

第八十三条 未按照本规定报告并经同意进行危险货物装卸、过驳作业的，由所在地港口行政管理部门责令停止作业，并处五千元以上五万元以下的罚款。

第八十四条 危险货物港口经营人有下列行为之一的，由所在地港口行政管理部门责令改正，并处三万元以下的罚款：

（一）装卸国家禁止通过该港口水域水路运输的危险货物的；

（二）未如实记录危险货物作业基础数据的；

（三）发现危险货物的包装和安全标志不符合相关规定仍进行作业的；

（四）未具备其作业使用的危险货物输送管道分布图、安全技术档案的。

在港口从事危险货物添加抑制剂或者稳定剂作业前，未将有关情况告知相关危险货物港口经营人和作业船舶的，由所在地港口行政管理部门责令改正，并对相关单位处三万元以下的罚款。

危险货物港口经营人未将生产安全事故应急预案报送备案的，由所在地港口行政管理部门责令限期改正；逾期未改正的，处三万元以上五万元以下的罚款，对直接负责的主管人员和其他直接责任人员处一万元以上二万元以下的罚款。

第八十五条 港口作业委托人未按规定向港口经营人提供所托运的危险货物有关资料的，由所在地港口行政管理部门责令改正，处五万元以上十万元以下的罚款。港口作业委托人在托运的普通货物中夹带危险货物，或者将危险货物谎报或者匿报为普通货物托运的，由所在地港口行政管理部门责令改正，处十万元以上二十万元以下的罚款，有违法所得的，没收违法所得。

第八十六条 危险货物港口经营人拒绝、阻碍港口行政管理部门依法实施安全监督检查的，由港口行政管理部门责令改正；逾期未改正的，处二万元以上二十万元以下的罚款；对其直接负责的主管人员和其他直接责任人员处一万元以上二万元以下的罚款。

第八十七条 危险货物港口经营人未按照国家规定投保

安全生产责任保险的,港口行政管理部门应当责令限期改正,处五万元以上十万元以下的罚款;逾期未改正的,处十万元以上二十万元以下的罚款。

第八十八条 危险货物港口经营人存在下列情形之一的,港口行政管理部门应当提请地方人民政府予以关闭,依法吊销其经营许可。危险货物港口经营人的主要负责人五年内不得担任任何生产经营单位的主要负责人;情节严重的,终身不得担任港口经营人的主要负责人:

(一)存在重大事故隐患,一百八十日内三次或者一年内四次受到《中华人民共和国安全生产法》规定的行政处罚的;

(二)经停产停业整顿,仍不具备法律、行政法规和保障安全生产的国家标准或者行业标准规定的安全生产条件的;

(三)不具备法律、行政法规和保障安全生产的国家标准或者行业标准规定的安全生产条件,导致发生重大、特别重大生产安全事故的;

(四)拒不执行港口行政管理部门作出的停产停业整顿决定的。

第八十九条 危险货物港口经营人违反《中华人民共和国安全生产法》规定,被责令改正且受到罚款处罚,拒不改正的,港口行政管理部门可以自作出责令改正之日的次日起,按照原处罚数额按日连续处罚。

第九十条 港口行政管理部门的工作人员有下列行为之一的,对直接负责的主管人员和其他直接责任人员给予行政处分;构成犯罪的,依法追究刑事责任:

(一)未按照规定的条件、程序和期限实施行政许可的;

(二)发现违法行为未依法予以制止、查处,情节严重的;

(三)未履行本规定设定的监督管理职责,造成严重后果的;

(四)有其他滥用职权、玩忽职守、徇私舞弊行为的。

第九十一条 违反本规定的其他规定应当进行处罚的,按照《港口法》、《安全生产法》、《危险化学品安全管理条例》等法律法规执行。

第八章 附 则

第九十二条 本规定所称危险货物,是指具有爆炸、易燃、毒害、腐蚀、放射性等危险特性,在港口作业过程中容易造成人身伤亡、财产毁损或者环境污染而需要特别防护的物质、材料或者物品,包括:

(一)《国际海运危险货物规则》(IMDG code)第3部分危险货物一览表中列明的包装危险货物,以及未列明但经评估具有安全危险的其他包装货物;

(二)《国际海运固体散装货物规则》(IMSBC code)附录—B组中含有联合国危险货物编号的固体散装货物,以及经评估具有安全危险的其他固体散装货物;

(三)《经1978年议定书修订的1973年国际防止船舶造成污染公约》(MARPOL73/78公约)附则I附录1中列明的散装油类,以及国际海事组织通过文件强制要求各缔约国按照MARPOL73/78公约附则I管理的散装油类;

(四)《国际散装危险化学品船舶构造和设备规则》(IBC code)第17章中列明的散装液体化学品,以及未列明但经评估具有安全危险的其他散装液体化学品,港口储存环节仅包含上述中具有安全危害性的散装液体化学品;

(五)《国际散装液化气体船舶构造和设备规则》(IGC code)第19章列明的散装液化气体,以及未列明但经评估具有安全危险的其他散装液化气体;

(六)我国加入或者缔结的国际条约、国家标准规定的其他危险货物;

(七)《危险化学品目录》中列明的危险化学品。

第九十三条 本规定自2017年10月15日起施行。2012年12月11日交通运输部发布的《港口危险货物安全管理规定》(交通运输部令2012年第9号)同时废止。

附件:港口危险货物作业附证(略,详情请登录交通运输部网站)

道路危险货物运输管理规定

1. 2013年1月23日交通运输部令2013年第2号发布
2. 根据2016年4月11日交通运输部令2016年第36号《关于修改〈道路危险货物运输管理规定〉的决定》第一次修正
3. 根据2019年11月28日交通运输部令2019年第42号《关于修改〈道路危险货物运输管理规定〉的决定》第二次修正
4. 根据2023年11月10日交通运输部令2023年第13号《关于修改〈道路危险货物运输管理规定〉的决定》第三次修正

第一章 总 则

第一条 为规范道路危险货物运输市场秩序,保障人民生命财产安全,保护环境,维护道路危险货物运输各方当事人的合法权益,根据《中华人民共和国道路运输条例》和《危险化学品安全管理条例》等有关法律、行政法规,制定本规定。

第二条　从事道路危险货物运输活动,应当遵守本规定。军事危险货物运输除外。

法律、行政法规对民用爆炸物品、烟花爆竹、放射性物品等特定种类危险货物的道路运输另有规定的,从其规定。

第三条　本规定所称危险货物,是指具有爆炸、易燃、毒害、感染、腐蚀等危险特性,在生产、经营、运输、储存、使用和处置中,容易造成人身伤亡、财产损毁或者环境污染而需要特别防护的物质和物品。危险货物以列入《危险货物道路运输规则》(JT/T 617)的为准,未列入《危险货物道路运输规则》(JT/T 617)的,以有关法律、行政法规的规定或者国务院有关部门公布的结果为准。

本规定所称道路危险货物运输,是指使用载货汽车通过道路运输危险货物的作业全过程。

本规定所称道路危险货物运输车辆,是指满足特定技术条件和要求,从事道路危险货物运输的载货汽车(以下简称专用车辆)。

第四条　危险货物的分类、分项、品名和品名编号应当按照《危险货物道路运输规则》(JT/T 617)执行。危险货物的危险程度依据《危险货物道路运输规则》(JT/T 617),分为Ⅰ、Ⅱ、Ⅲ等级。

第五条　从事道路危险货物运输应当保障安全,依法运输,诚实信用。

第六条　国家鼓励技术力量雄厚、设备和运输条件好的大型专业危险化学品生产企业从事道路危险货物运输,鼓励道路危险货物运输企业实行集约化、专业化经营,鼓励使用厢式、罐式和集装箱等专用车辆运输危险货物。

第七条　交通运输部主管全国道路危险货物运输管理工作。

县级以上地方人民政府交通运输主管部门(以下简称交通运输主管部门)负责本行政区域的道路危险货物运输管理工作。

第二章　道路危险货物运输许可

第八条　申请从事道路危险货物运输经营,应当具备下列条件:

(一)有符合下列要求的专用车辆及设备:

1. 自有专用车辆(挂车除外)5 辆以上;运输剧毒化学品、爆炸品的,自有专用车辆(挂车除外)10 辆以上。

2. 专用车辆的技术要求应当符合《道路运输车辆技术管理规定》有关规定。

3. 配备有效的通讯工具。

4. 专用车辆应当安装具有行驶记录功能的卫星定位装置。

5. 运输剧毒化学品、爆炸品、易制爆危险化学品的,应当配备罐式、厢式专用车辆或者压力容器等专用容器。

6. 罐式专用车辆的罐体应当经检验合格,且罐体载货后总质量与专用车辆核定载质量相匹配。运输爆炸品、强腐蚀性危险货物的罐式专用车辆的罐体容积不得超过 20 立方米,运输剧毒化学品的罐式专用车辆的罐体容积不得超过 10 立方米,但符合国家有关标准的罐式集装箱除外。

7. 运输剧毒化学品、爆炸品、强腐蚀性危险货物的非罐式专用车辆,核定载质量不得超过 10 吨,但符合国家有关标准的集装箱运输专用车辆除外。

8. 配备与运输的危险货物性质相适应的安全防护、环境保护和消防设施设备。

(二)有符合下列要求的停车场地:

1. 自有或者租借期限为 3 年以上,且与经营范围、规模相适应的停车场地,停车场地应当位于企业注册地市级行政区域内。

2. 运输剧毒化学品、爆炸品专用车辆以及罐式专用车辆,数量为 20 辆(含)以下的,停车场地面积不低于车辆正投影面积的 1.5 倍,数量为 20 辆以上的,超过部分,每辆车的停车场地面积不低于车辆正投影面积;运输其他危险货物的,专用车辆数量为 10 辆(含)以下的,停车场地面积不低于车辆正投影面积的 1.5 倍;数量为 10 辆以上的,超过部分,每辆车的停车场地面积不低于车辆正投影面积。

3. 停车场地应当封闭并设立明显标志,不得妨碍居民生活和威胁公共安全。

(三)有符合下列要求的从业人员和安全管理人员:

1. 专用车辆的驾驶人员取得相应机动车驾驶证,年龄不超过 60 周岁。

2. 从事道路危险货物运输的驾驶人员、装卸管理人员、押运人员应当经所在地设区的市级人民政府交通运输主管部门考试合格,并取得相应的从业资格证;从事剧毒化学品、爆炸品道路运输的驾驶人员、装卸管理人员、押运人员，应当经考试合格，取得注明为“剧毒化学品运输”或者“爆炸品运输”类别的从业资格证。

3. 企业应当配备专职安全管理人员。

（四）有健全的安全生产管理制度：

1. 企业主要负责人、安全管理部门负责人、专职安全管理人员安全生产责任制度。

2. 从业人员安全生产责任制度。

3. 安全生产监督检查制度。

4. 安全生产教育培训制度。

5. 从业人员、专用车辆、设备及停车场地安全管理制度。

6. 应急救援预案制度。

7. 安全生产作业规程。

8. 安全生产考核与奖惩制度。

9. 安全事故报告、统计与处理制度。

第九条 符合下列条件的企事业单位，可以使用自备专用车辆从事为本单位服务的非经营性道路危险货物运输：

（一）属于下列企事业单位之一：

1. 省级以上应急管理部门批准设立的生产、使用、储存危险化学品的企业。

2. 有特殊需求的科研、军工等企事业单位。

（二）具备第八条规定的条件，但自有专用车辆（挂车除外）的数量可以少于 5 辆。

第十条 申请从事道路危险货物运输经营的企业，应当依法向市场监督管理部门办理有关登记手续后，向所在地设区的市级交通运输主管部门提出申请，并提交以下材料：

（一）《道路危险货物运输经营申请表》，包括申请人基本信息、申请运输的危险货物范围（类别、项别或品名，如果为剧毒化学品应当标注“剧毒”）等内容。

（二）拟担任企业法定代表人的投资人或者负责人的身份证明及其复印件，经办人身份证明及其复印件和书面委托书。

（三）企业章程文本。

（四）证明专用车辆、设备情况的材料，包括：

1. 未购置专用车辆、设备的，应当提交拟投入专用车辆、设备承诺书。承诺书内容应当包括车辆数量、类型、技术等级、总质量、核定载质量、车轴数以及车辆外廓尺寸；通讯工具和卫星定位装置配备情况；罐式专用车辆的罐体容积；罐式专用车辆罐体载货后的总质量与车辆核定载质量相匹配情况；运输剧毒化学品、爆炸品、易制爆危险化学品的专用车辆核定载质量等有关情况。承诺期限不得超过 1 年。

2. 已购置专用车辆、设备的，应当提供车辆行驶证、车辆技术等级评定结论；通讯工具和卫星定位装置配备；罐式专用车辆的罐体检测合格证或者检测报告及复印件等有关材料。

（五）拟聘用专职安全管理人员、驾驶人员、装卸管理人员、押运人员的，应当提交拟聘用承诺书，承诺期限不得超过 1 年；已聘用的应当提交从业资格证及其复印件以及驾驶证及其复印件。

（六）停车场地的土地使用证、租借合同、场地平面图等材料。

（七）相关安全防护、环境保护、消防设施设备的配备情况清单。

（八）有关安全生产管理制度文本。

第十一条 申请从事非经营性道路危险货物运输的单位，向所在地设区的市级交通运输主管部门提出申请时，除提交第十条第（四）项至第（八）项规定的材料外，还应当提交以下材料：

（一）《道路危险货物运输申请表》，包括申请人基本信息、申请运输的物品范围（类别、项别或品名，如果为剧毒化学品应当标注“剧毒”）等内容。

（二）下列形式之一的单位基本情况证明：

1. 省级以上应急管理部门颁发的危险化学品生产、使用等证明。

2. 能证明科研、军工等企事业单位性质或者业务范围的有关材料。

（三）特殊运输需求的说明材料。

（四）经办人的身份证明及其复印件以及书面委托书。

第十二条 设区的市级交通运输主管部门应当按照《中华人民共和国道路运输条例》和《交通行政许可实施程序规定》，以及本规定所明确的程序和时限实施道路危险货物运输行政许可，并进行实地核查。

决定准予许可的，应当向被许可人出具《道路危险货物运输行政许可决定书》，注明许可事项，具体内容应当包括运输危险货物的范围（类别、项别或品名，如果为剧毒化学品应当标注“剧毒”），专用车辆数量、要求以及运输性质，并在 10 日内向道路危险货物运输经营申请人发放《道路运输经营许可证》，向非经营性道路危险货物运输申请人发放《道路危险货物运输许可证》。

市级交通运输主管部门应当将准予许可的企业或

单位的许可事项等,及时以书面形式告知县级交通运输主管部门。

决定不予许可的,应当向申请人出具《不予交通行政许可决定书》。

第十三条　被许可人已获得其他道路运输经营许可的,设区的市级交通运输主管部门应当为其换发《道路运输经营许可证》,并在经营范围中加注新许可的事项。如果原《道路运输经营许可证》是由省级交通运输主管部门发放的,由原许可机关按照上述要求予以换发。

第十四条　被许可人应当按照承诺期限落实拟投入的专用车辆、设备。

原许可机关应当对被许可人落实的专用车辆、设备予以核实,对符合许可条件的专用车辆配发《道路运输证》,并在《道路运输证》经营范围栏内注明允许运输的危险货物类别、项别或者品名,如果为剧毒化学品应标注"剧毒";对从事非经营性道路危险货物运输的车辆,还应当加盖"非经营性危险货物运输专用章"。

被许可人未在承诺期限内落实专用车辆、设备的,原许可机关应当撤销许可决定,并收回已核发的许可证明文件。

第十五条　被许可人应当按照承诺期限落实拟聘用的专职安全管理人员、驾驶人员、装卸管理人员和押运人员。

被许可人未在承诺期限内按照承诺聘用专职安全管理人员、驾驶人员、装卸管理人员和押运人员的,原许可机关应当撤销许可决定,并收回已核发的许可证明文件。

第十六条　交通运输主管部门不得许可一次性、临时性的道路危险货物运输。

第十七条　道路危险货物运输企业设立子公司从事道路危险货物运输的,应当向子公司注册地设区的市级交通运输主管部门申请运输许可。设立分公司的,应当向分公司注册地设区的市级交通运输主管部门备案。

第十八条　道路危险货物运输企业或者单位需要变更许可事项的,应当向原许可机关提出申请,按照本章有关许可的规定办理。

道路危险货物运输企业或者单位变更法定代表人、名称、地址等工商登记事项的,应当在30日内向原许可机关备案。

第十九条　道路危险货物运输企业或者单位终止危险货物运输业务的,应当在终止之日的30日前告知原许可机关,并在停业后10日内将《道路运输经营许可证》或者《道路危险货物运输许可证》以及《道路运输证》交回原许可机关。

第三章　专用车辆、设备管理

第二十条　道路危险货物运输企业或者单位应当按照《道路运输车辆技术管理规定》中有关车辆管理的规定,维护、检测、使用和管理专用车辆,确保专用车辆技术状况良好。

第二十一条　设区的市级交通运输主管部门应当定期对专用车辆进行审验,每年审验一次。审验按照《道路运输车辆技术管理规定》进行,并增加以下审验项目:

(一)专用车辆投保危险货物承运人责任险情况;

(二)必需的应急处理器材、安全防护设施设备和专用车辆标志的配备情况;

(三)具有行驶记录功能的卫星定位装置的配备情况。

第二十二条　禁止使用报废的、擅自改装的、检测不合格的、车辆技术等级达不到一级的和其他不符合国家规定的车辆从事道路危险货物运输。

除铰接列车、具有特殊装置的大型物件运输专用车辆外,严禁使用货车列车从事危险货物运输;倾卸式车辆只能运输散装硫磺、萘饼、粗蒽、煤焦沥青等危险货物。

禁止使用移动罐体(罐式集装箱除外)从事危险货物运输。

第二十三条　罐式专用车辆的常压罐体应当符合国家标准《道路运输液体危险货物罐式车辆第1部分:金属常压罐体技术要求》(GB 18564.1)、《道路运输液体危险货物罐式车辆第2部分:非金属常压罐体技术要求》(GB 18564.2)等有关技术要求。

使用压力容器运输危险货物的,应当符合国家特种设备安全监督管理部门制订并公布的《移动式压力容器安全技术监察规程》(TSG R0005)等有关技术要求。

压力容器和罐式专用车辆应当在压力容器或者罐体检验合格的有效期内承运危险货物。

第二十四条　道路危险货物运输企业或者单位对重复使用的危险货物包装物、容器,在重复使用前应当进行检查;发现存在安全隐患的,应当维修或者更换。

道路危险货物运输企业或者单位应当对检查情况作出记录,记录的保存期限不得少于2年。

第二十五条　道路危险货物运输企业或者单位应当到具有污染物处理能力的机构对常压罐体进行清洗(置换)作业,将废气、污水等污染物集中收集,消除污染,不得随意排放，污染环境。

第四章 道路危险货物运输

第二十六条 道路危险货物运输企业或者单位应当严格按照交通运输主管部门决定的许可事项从事道路危险货物运输活动，不得转让、出租道路危险货物运输许可证件。

严禁非经营性道路危险货物运输单位从事道路危险货物运输经营活动。

第二十七条 危险货物托运人应当委托具有道路危险货物运输资质的企业承运。

危险货物托运人应当对托运的危险货物种类、数量和承运人等相关信息予以记录，记录的保存期限不得少于1年。

第二十八条 危险货物托运人应当严格按照国家有关规定妥善包装并在外包装设置标志，并向承运人说明危险货物的品名、数量、危害、应急措施等情况。需要添加抑制剂或者稳定剂的，托运人应当按照规定添加，并告知承运人相关注意事项。

危险货物托运人托运危险化学品的，还应当提交与托运的危险化学品完全一致的安全技术说明书和安全标签。

第二十九条 不得使用罐式专用车辆或者运输有毒、感染性、腐蚀性危险货物的专用车辆运输普通货物。

其他专用车辆可以从事食品、生活用品、药品、医疗器具以外的普通货物运输，但应当由运输企业对专用车辆进行消除危害处理，确保不对普通货物造成污染、损害。

不得将危险货物与普通货物混装运输。

第三十条 专用车辆应当按照国家标准《道路运输危险货物车辆标志》(GB 13392)的要求悬挂标志。

第三十一条 运输剧毒化学品、爆炸品的企业或者单位，应当配备专用停车区域，并设立明显的警示标牌。

第三十二条 专用车辆应当配备符合有关国家标准以及与所载运的危险货物相适应的应急处理器材和安全防护设备。

第三十三条 道路危险货物运输企业或者单位不得运输法律、行政法规禁止运输的货物。

法律、行政法规规定的限运、凭证运输货物，道路危险货物运输企业或者单位应当按照有关规定办理相关运输手续。

法律、行政法规规定托运人必须办理有关手续后方可运输的危险货物，道路危险货物运输企业应当查验有关手续齐全有效后方可承运。

第三十四条 道路危险货物运输企业或者单位应当采取必要措施，防止危险货物脱落、扬散、丢失以及燃烧、爆炸、泄漏等。

第三十五条 驾驶人员应当随车携带《道路运输证》。驾驶人员或者押运人员应当按照《危险货物道路运输规则》(JT/T 617)的要求，随车携带《道路运输危险货物安全卡》。

第三十六条 在道路危险货物运输过程中，除驾驶人员外，还应当在专用车辆上配备押运人员，确保危险货物处于押运人员监管之下。

第三十七条 道路危险货物运输途中，驾驶人员不得随意停车。

因住宿或者发生影响正常运输的情况需要较长时间停车的，驾驶人员、押运人员应当设置警戒带，并采取相应的安全防范措施。

运输剧毒化学品或者易制爆危险化学品需要较长时间停车的，驾驶人员或者押运人员应当向当地公安机关报告。

第三十八条 危险货物的装卸作业应当遵守安全作业标准、规程和制度，并在装卸管理人员的现场指挥或者监控下进行。

危险货物运输托运人和承运人应当按照合同约定指派装卸管理人员；若合同未予约定，则由负责装卸作业的一方指派装卸管理人员。

第三十九条 驾驶人员、装卸管理人员和押运人员上岗时应当随身携带从业资格证。

第四十条 严禁专用车辆违反国家有关规定超载、超限运输。

道路危险货物运输企业或者单位使用罐式专用车辆运输货物时，罐体载货后的总质量应当和专用车辆核定载质量相匹配；使用牵引车运输货物时，挂车载货后的总质量应当与牵引车的准牵引总质量相匹配。

第四十一条 道路危险货物运输企业或者单位应当要求驾驶人员和押运人员在运输危险货物时，严格遵守有关部门关于危险货物运输线路、时间、速度方面的有关规定，并遵守有关部门关于剧毒、爆炸危险品道路运输车辆在重大节假日通行高速公路的相关规定。

第四十二条 道路危险货物运输企业或者单位应当通过卫星定位监控平台或者监控终端及时纠正和处理超速行驶、疲劳驾驶、不按规定线路行驶等违法违规驾驶行为。

监控数据应当至少保存6个月，违法驾驶信息及处理情况应当至少保存3年。

第四十三条　道路危险货物运输从业人员必须熟悉有关安全生产的法规、技术标准和安全生产规章制度、安全操作规程，了解所装运危险货物的性质、危害特性、包装物或者容器的使用要求和发生意外事故时的处置措施，并严格执行《危险货物道路运输规则》（JT/T 617）等标准，不得违章作业。

第四十四条　道路危险货物运输企业或者单位应当通过岗前培训、例会、定期学习等方式，对从业人员进行经常性安全生产、职业道德、业务知识和操作规程的教育培训。

第四十五条　道路危险货物运输企业或者单位应当加强安全生产管理，制定突发事件应急预案，配备应急救援人员和必要的应急救援器材、设备，并定期组织应急救援演练，严格落实各项安全制度。

第四十六条　道路危险货物运输企业或者单位应当委托具备资质条件的机构，对本企业或单位的安全管理情况每3年至少进行一次安全评估，出具安全评估报告。

第四十七条　在危险货物运输过程中发生燃烧、爆炸、污染、中毒或者被盗、丢失、流散、泄漏等事故，驾驶人员、押运人员应当立即根据应急预案和《道路运输危险货物安全卡》的要求采取应急处置措施，并向事故发生地公安部门、交通运输主管部门和本运输企业或者单位报告。运输企业或者单位接到事故报告后，应当按照本单位危险货物应急预案组织救援，并向事故发生地应急管理部门和生态环境、卫生健康主管部门报告。

交通运输主管部门应当公布事故报告电话。

第四十八条　在危险货物装卸过程中，应当根据危险货物的性质，轻装轻卸，堆码整齐，防止混杂、撒漏、破损，不得与普通货物混合堆放。

第四十九条　道路危险货物运输企业或者单位应当为其承运的危险货物投保承运人责任险。

第五十条　道路危险货物运输企业异地经营（运输线路起讫点均不在企业注册地市域内）累计3个月以上的，应当向经营地设区的市级交通运输主管部门备案并接受其监管。

第五章　监督检查

第五十一条　道路危险货物运输监督检查按照《道路货物运输及站场管理规定》执行。

交通运输主管部门工作人员应当定期或者不定期对道路危险货物运输企业或者单位进行现场检查。

第五十二条　交通运输主管部门工作人员对在异地取得从业资格的人员监督检查时，可以向原发证机关申请提供相应的从业资格档案资料，原发证机关应当予以配合。

第五十三条　交通运输主管部门在实施监督检查过程中，经本部门主要负责人批准，可以对没有随车携带《道路运输证》又无法当场提供其他有效证明文件的危险货物运输专用车辆予以扣押。

第五十四条　任何单位和个人对违反本规定的行为，有权向交通运输主管部门举报。

交通运输主管部门应当公布举报电话，并在接到举报后及时依法处理；对不属于本部门职责的，应当及时移送有关部门处理。

第六章　法律责任

第五十五条　违反本规定，有下列情形之一的，由交通运输主管部门责令停止运输经营，违法所得超过2万元的，没收违法所得，处违法所得2倍以上10倍以下的罚款；没有违法所得或者违法所得不足2万元的，处3万元以上10万元以下的罚款；构成犯罪的，依法追究刑事责任：

（一）未取得道路危险货物运输许可，擅自从事道路危险货物运输的；

（二）使用失效、伪造、变造、被注销等无效道路危险货物运输许可证件从事道路危险货物运输的；

（三）超越许可事项，从事道路危险货物运输的；

（四）非经营性道路危险货物运输单位从事道路危险货物运输经营的。

第五十六条　违反本规定，道路危险货物运输企业或者单位非法转让、出租道路危险货物运输许可证件的，由交通运输主管部门责令停止违法行为，收缴有关证件，处2000元以上1万元以下的罚款；有违法所得的，没收违法所得。

第五十七条　违反本规定，道路危险货物运输企业或者单位有下列行为之一，由交通运输主管部门责令限期投保；拒不投保的，由原许可机关吊销《道路运输经营许可证》或者《道路危险货物运输许可证》，或者吊销相应的经营范围：

（一）未投保危险货物承运人责任险的；

（二）投保的危险货物承运人责任险已过期，未继续投保的。

第五十八条　违反本规定，道路危险货物运输企业或者单位以及托运人有下列情形之一的，由交通运输主管部门责令改正，并处5万元以上10万元以下的罚款，拒不改正的，责令停产停业整顿；构成犯罪的，依法追究刑事责任：

（一）驾驶人员、装卸管理人员、押运人员未取得从业资格上岗作业的；

（二）托运人不向承运人说明所托运的危险化学品的种类、数量、危险特性以及发生危险情况的应急处置措施，或者未按照国家有关规定对所托运的危险化学品妥善包装并在外包装上设置相应标志的；

（三）未根据危险化学品的危险特性采取相应的安全防护措施，或者未配备必要的防护用品和应急救援器材的；

（四）运输危险化学品需要添加抑制剂或者稳定剂，托运人未添加或者未将有关情况告知承运人的。

第五十九条　违反本规定，道路危险货物运输企业或者单位未配备专职安全管理人员的，由交通运输主管部门依照《中华人民共和国安全生产法》的规定进行处罚。

第六十条　违反本规定，道路危险化学品运输托运人有下列行为之一的，由交通运输主管部门责令改正，处10万元以上20万元以下的罚款，有违法所得的，没收违法所得；拒不改正的，责令停产停业整顿；构成犯罪的，依法追究刑事责任：

（一）委托未依法取得危险货物道路运输许可的企业承运危险化学品的；

（二）在托运的普通货物中夹带危险化学品，或者将危险化学品谎报或者匿报为普通货物托运的。

第六十一条　违反本规定，道路危险货物运输企业擅自改装已取得《道路运输证》的专用车辆及罐式专用车辆罐体的，由交通运输主管部门责令改正，并处5000元以上2万元以下的罚款。

第七章　附　　则

第六十二条　本规定对道路危险货物运输经营未作规定的，按照《道路货物运输及站场管理规定》执行；对非经营性道路危险货物运输未作规定的，参照《道路货物运输及站场管理规定》执行。

第六十三条　道路危险货物运输许可证件和《道路运输证》工本费的具体收费标准由省、自治区、直辖市人民政府财政、价格主管部门会同同级交通运输主管部门核定。

第六十四条　交通运输部可以根据相关行业协会的申请，经组织专家论证后，统一公布可以按照普通货物实施道路运输管理的危险货物。

第六十五条　本规定自2013年7月1日起施行。交通部2005年发布的《道路危险货物运输管理规定》（交通部令2005年第9号）及交通运输部2010年发布的《关于修改〈道路危险货物运输管理规定〉的决定》（交通运输部令2010年第5号）同时废止。

危险货物道路运输安全管理办法

1. 2019年11月10日交通运输部令2019年第29号公布
2. 自2020年1月1日起施行

第一章　总　　则

第一条　为了加强危险货物道路运输安全管理，预防危险货物道路运输事故，保障人民群众生命、财产安全，保护环境，依据《中华人民共和国安全生产法》《中华人民共和国道路运输条例》《危险化学品安全管理条例》《公路安全保护条例》等有关法律、行政法规，制定本办法。

第二条　对使用道路运输车辆从事危险货物运输及相关活动的安全管理，适用本办法。

第三条　危险货物道路运输应当坚持安全第一、预防为主、综合治理、便利运输的原则。

第四条　国务院交通运输主管部门主管全国危险货物道路运输管理工作。

县级以上地方人民政府交通运输主管部门负责组织领导本行政区域的危险货物道路运输管理工作。

工业和信息化、公安、生态环境、应急管理、市场监督管理等部门按照各自职责，负责对危险货物道路运输相关活动进行监督检查。

第五条　国家建立危险化学品监管信息共享平台，加强危险货物道路运输安全管理。

第六条　不得托运、承运法律、行政法规禁止运输的危险货物。

第七条　托运人、承运人、装货人应当制定危险货物道路运输作业查验、记录制度，以及人员安全教育培训、设备管理和岗位操作规程等安全生产管理制度。

托运人、承运人、装货人应当按照相关法律法规和《危险货物道路运输规则》（JT/T 617）要求，对本单位相关从业人员进行岗前安全教育培训和定期安全教育。未经岗前安全教育培训考核合格的人员，不得上岗作业。

托运人、承运人、装货人应当妥善保存安全教育培训及考核记录。岗前安全教育培训及考核记录保存至相关从业人员离职后12个月；定期安全教育记录保存期限不得少于12个月。

第八条　国家鼓励危险货物道路运输企业应用先进技术和装备，实行专业化、集约化经营。

禁止危险货物运输车辆挂靠经营。

第二章 危险货物托运

第九条 危险货物托运人应当委托具有相应危险货物道路运输资质的企业承运危险货物。托运民用爆炸物品、烟花爆竹的，应当委托具有第一类爆炸品或者第一类爆炸品中相应项别运输资质的企业承运。

第十条 托运人应当按照《危险货物道路运输规则》(JT/T 617)确定危险货物的类别、项别、品名、编号，遵守相关特殊规定要求。需要添加抑制剂或者稳定剂的，托运人应当按照规定添加，并将有关情况告知承运人。

第十一条 托运人不得在托运的普通货物中违规夹带危险货物，或者将危险货物匿报、谎报为普通货物托运。

第十二条 托运人应当按照《危险货物道路运输规则》(JT/T 617)妥善包装危险货物，并在外包装设置相应的危险货物标志。

第十三条 托运人在托运危险货物时，应当向承运人提交电子或者纸质形式的危险货物托运清单。

危险货物托运清单应当载明危险货物的托运人、承运人、收货人、装货人、始发地、目的地、危险货物的类别、项别、品名、编号、包装及规格、数量、应急联系电话等信息，以及危险货物危险特性、运输注意事项、急救措施、消防措施、泄漏应急处置、次生环境污染处置措施等信息。

托运人应当妥善保存危险货物托运清单，保存期限不得少于12个月。

第十四条 托运人应当在危险货物运输期间保持应急联系电话畅通。

第十五条 托运人托运剧毒化学品、民用爆炸物品、烟花爆竹或者放射性物品的，应当向承运人相应提供公安机关核发的剧毒化学品道路运输通行证、民用爆炸物品运输许可证、烟花爆竹道路运输许可证、放射性物品道路运输许可证明或者文件。

托运人托运第一类放射性物品的，应当向承运人提供国务院核安全监管部门批准的放射性物品运输核与辐射安全分析报告。

托运人托运危险废物(包括医疗废物，下同)的，应当向承运人提供生态环境主管部门发放的电子或者纸质形式的危险废物转移联单。

第三章 例外数量与有限数量危险货物运输的特别规定

第十六条 例外数量危险货物的包装、标记、包件测试，以及每个内容器和外容器可运输危险货物的最大数量，应当符合《危险货物道路运输规则》(JT/T 617)要求。

第十七条 有限数量危险货物的包装、标记，以及每个内容器或者物品所装的最大数量、总质量(含包装)，应当符合《危险货物道路运输规则》(JT/T 617)要求。

第十八条 托运人托运例外数量危险货物的，应当向承运人书面声明危险货物符合《危险货物道路运输规则》(JT/T 617)包装要求。承运人应当要求驾驶人随车携带书面声明。

托运人应当在托运清单中注明例外数量危险货物以及包件的数量。

第十九条 托运人托运有限数量危险货物的，应当向承运人提供包装性能测试报告或者书面声明危险货物符合《危险货物道路运输规则》(JT/T 617)包装要求。承运人应当要求驾驶人随车携带测试报告或者书面声明。

托运人应当在托运清单中注明有限数量危险货物以及包件的数量、总质量(含包装)。

第二十条 例外数量、有限数量危险货物包件可以与其他危险货物、普通货物混合装载，但有限数量危险货物包件不得与爆炸品混合装载。

第二十一条 运输车辆载运例外数量危险货物包件数不超过1000个或者有限数量危险货物总质量(含包装)不超过8000千克的，可以按照普通货物运输。

第四章 危险货物承运

第二十二条 危险货物承运人应当按照交通运输主管部门许可的经营范围承运危险货物。

第二十三条 危险货物承运人应当使用安全技术条件符合国家标准要求且与承运危险货物性质、重量相匹配的车辆、设备进行运输。

危险货物承运人使用常压液体危险货物罐式车辆运输危险货物的，应当在罐式车辆罐体的适装介质列表范围内承运；使用移动式压力容器运输危险货物的，应当按照移动式压力容器使用登记证上限定的介质承运。

危险货物承运人应当按照运输车辆的核定载质量装载危险货物，不得超载。

第二十四条 危险货物承运人应当制作危险货物运单，并交由驾驶人随车携带。危险货物运单应当妥善保存，保存期限不得少于12个月。

危险货物运单格式由国务院交通运输主管部门统一制定。危险货物运单可以是电子或者纸质形式。

运输危险废物的企业还应当填写并随车携带电子或者纸质形式的危险废物转移联单。

第二十五条　危险货物承运人在运输前，应当对运输车辆、罐式车辆罐体、可移动罐柜、罐式集装箱（以下简称罐箱）及相关设备的技术状况，以及卫星定位装置进行检查并做好记录，对驾驶人、押运人员进行运输安全告知。

第二十六条　危险货物道路运输车辆驾驶人、押运人员在起运前，应当对承运危险货物的运输车辆、罐式车辆罐体、可移动罐柜、罐箱进行外观检查，确保没有影响运输安全的缺陷。

危险货物道路运输车辆驾驶人、押运人员在起运前，应当检查确认危险货物运输车辆按照《道路运输危险货物车辆标志》（GB 13392）要求安装、悬挂标志。运输爆炸品和剧毒化学品的，还应当检查确认车辆安装、粘贴符合《道路运输爆炸品和剧毒化学品车辆安全技术条件》（GB 20300）要求的安全标示牌。

第二十七条　危险货物承运人除遵守本办法规定外，还应当遵守《道路危险货物运输管理规定》有关运输行为的要求。

第五章　危险货物装卸

第二十八条　装货人应当在充装或者装载货物前查验以下事项；不符合要求的，不得充装或者装载：

（一）车辆是否具有有效行驶证和营运证；

（二）驾驶人、押运人员是否具有有效资质证件；

（三）运输车辆、罐式车辆罐体、可移动罐柜、罐箱是否在检验合格有效期内；

（四）所充装或者装载的危险货物是否与危险货物运单载明的事项相一致；

（五）所充装的危险货物是否在罐式车辆罐体的适装介质列表范围内，或者满足可移动罐柜导则、罐箱适用代码的要求。

充装或者装载剧毒化学品、民用爆炸物品、烟花爆竹、放射性物品或者危险废物时，还应当查验本办法第十五条规定的单证报告。

第二十九条　装货人应当按照相关标准进行装载作业。装载货物不得超过运输车辆的核定载质量，不得超出罐式车辆罐体、可移动罐柜、罐箱的允许充装量。

第三十条　危险货物交付运输时，装货人应当确保危险货物运输车辆按照《道路运输危险货物车辆标志》（GB 13392）要求安装、悬挂标志，确保包装容器没有损坏或者泄漏，罐式车辆罐体、可移动罐柜、罐箱的关闭装置处于关闭状态。

爆炸品和剧毒化学品交付运输时，装货人还应当确保车辆安装、粘贴符合《道路运输爆炸品和剧毒化学品车辆安全技术条件》（GB 20300）要求的安全标示牌。

第三十一条　装货人应当建立危险货物装货记录制度，记录所充装或者装载的危险货物类别、品名、数量、运单编号和托运人、承运人、运输车辆及驾驶人等相关信息并妥善保存，保存期限不得少于12个月。

第三十二条　充装或者装载危险化学品的生产、储存、运输、使用和经营企业，应当按照本办法要求建立健全并严格执行充装或者装载查验、记录制度。

第三十三条　收货人应当及时收货，并按照安全操作规程进行卸货作业。

第三十四条　禁止危险货物运输车辆在卸货后直接实施排空作业等活动。

第六章　危险货物运输车辆与罐式车辆罐体、可移动罐柜、罐箱

第三十五条　工业和信息化主管部门应当通过《道路机动车辆生产企业及产品公告》公布产品型号，并按照《危险货物运输车辆结构要求》（GB 21668）公布危险货物运输车辆类型。

第三十六条　危险货物运输车辆生产企业应当按照工业和信息化主管部门公布的产品型号进行生产。危险货物运输车辆应当获得国家强制性产品认证证书。

第三十七条　危险货物运输车辆生产企业应当按照《危险货物运输车辆结构要求》（GB 21668）标注危险货物运输车辆的类型。

第三十八条　液体危险化学品常压罐式车辆罐体生产企业应当取得工业产品生产许可证，生产的罐体应当符合《道路运输液体危险货物罐式车辆》（GB 18564）要求。

检验机构应当严格按照国家标准、行业标准及国家统一发布的检验业务规则，开展液体危险化学品常压罐式车辆罐体检验，对检验合格的罐体出具检验合格证书。检验合格证书包括罐体载质量、罐体容积、罐体编号、适装介质列表和下次检验日期等内容。

检验机构名录及检验业务规则由国务院市场监督管理部门、国务院交通运输主管部门共同公布。

第三十九条　常压罐式车辆罐体生产企业应当按照要求为罐体分配并标注唯一性编码。

第四十条　罐式车辆罐体应当在检验有效期内装载危险货物。

检验有效期届满后，罐式车辆罐体应当经具有专业资质的检验机构重新检验合格，方可投入使用。

第四十一条　装载危险货物的常压罐式车辆罐体的重大维修、改造，应当委托具备罐体生产资质的企业实施，并通过具有专业资质的检验机构维修、改造检验，取得检验合格证书，方可重新投入使用。

第四十二条　运输危险货物的可移动罐柜、罐箱应当经具有专业资质的检验机构检验合格，取得检验合格证书，并取得相应的安全合格标志，按照规定用途使用。

第四十三条　危险货物包装容器属于移动式压力容器或者气瓶的，还应当满足特种设备相关法律法规、安全技术规范以及国际条约的要求。

第七章　危险货物运输车辆运行管理

第四十四条　在危险货物道路运输过程中，除驾驶人外，还应当在专用车辆上配备必要的押运人员，确保危险货物处于押运人员监管之下。

运输车辆应当安装、悬挂符合《道路运输危险货物车辆标志》（GB 13392）要求的警示标志，随车携带防护用品、应急救援器材和危险货物道路运输安全卡，严格遵守道路交通安全法律法规规定，保障道路运输安全。

运输爆炸品和剧毒化学品车辆还应当安装、粘贴符合《道路运输爆炸品和剧毒化学品车辆安全技术条件》（GB 20300）要求的安全标示牌。

运输剧毒化学品、民用爆炸物品、烟花爆竹、放射性物品或者危险废物时，还应当随车携带本办法第十五条规定的单证报告。

第四十五条　危险货物承运人应当按照《中华人民共和国反恐怖主义法》和《道路运输车辆动态监督管理办法》要求，在车辆运行期间通过定位系统对车辆和驾驶人进行监控管理。

第四十六条　危险货物运输车辆在高速公路上行驶速度不得超过每小时 80 公里，在其他道路上行驶速度不得超过每小时 60 公里。道路限速标志、标线标明的速度低于上述规定速度的，车辆行驶速度不得高于限速标志、标线标明的速度。

第四十七条　驾驶人应当确保罐式车辆罐体、可移动罐柜、罐箱的关闭装置在运输过程中处于关闭状态。

第四十八条　运输民用爆炸物品、烟花爆竹和剧毒、放射性等危险物品时，应当按照公安机关批准的路线、时间行驶。

第四十九条　有下列情形之一的，公安机关可以依法采取措施，限制危险货物运输车辆通行：

（一）城市（含县城）重点地区、重点单位、人流密集场所、居民生活区；

（二）饮用水水源保护区、重点景区、自然保护区；

（三）特大桥梁、特长隧道、隧道群、桥隧相连路段及水下公路隧道；

（四）坡长坡陡、临水临崖等通行条件差的山区公路；

（五）法律、行政法规规定的其他可以限制通行的情形。

除法律、行政法规另有规定外，公安机关综合考虑相关因素，确需对通过高速公路运输危险化学品依法采取限制通行措施的，限制通行时段应当在 0 时至 6 时之间确定。

公安机关采取限制危险货物运输车辆通行措施的，应当提前向社会公布，并会同交通运输主管部门确定合理的绕行路线，设置明显的绕行提示标志。

第五十条　遇恶劣天气、重大活动、重要节假日、交通事故、突发事件等，公安机关可以临时限制危险货物运输车辆通行，并做好告知提示。

第五十一条　危险货物运输车辆需在高速公路服务区停车的，驾驶人、押运人员应当按照有关规定采取相应的安全防范措施。

第八章　监督检查

第五十二条　对危险货物道路运输负有安全监督管理职责的部门，应当依照下列规定加强监督检查：

（一）交通运输主管部门负责核发危险货物道路运输经营许可证，定期对危险货物道路运输企业动态监控工作的情况进行考核，依法对危险货物道路运输企业进行监督检查，负责对运输环节充装查验、核准、记录等进行监管。

（二）工业和信息化主管部门应当依法对《道路机动车辆生产企业及产品公告》内的危险货物运输车辆生产企业进行监督检查，依法查处违法违规生产企业及产品。

（三）公安机关负责核发剧毒化学品道路运输通行证、民用爆炸物品运输许可证、烟花爆竹道路运输许可证和放射性物品运输许可证明或者文件，并负责危险货物运输车辆的通行秩序管理。

（四）生态环境主管部门应当依法对放射性物品运输容器的设计、制造和使用等进行监督检查，负责监督核设施营运单位、核技术利用单位建立健全并执行托运及充装管理制度规程。

（五）应急管理部门和其他负有安全生产监督管

理职责的部门依法负责危险化学品生产、储存、使用和经营环节的监管,按照职责分工督促企业建立健全充装管理制度规程。

(六)市场监督管理部门负责依法查处危险化学品及常压罐式车辆罐体质量违法行为和常压罐式车辆罐体检验机构出具虚假检验合格证书的行为。

第五十三条 对危险货物道路运输负有安全监督管理职责的部门,应当建立联合执法协作机制。

第五十四条 对危险货物道路运输负有安全监督管理职责的部门发现危险货物托运、承运或者装载过程中存在重大隐患,有可能发生安全事故的,应当要求其停止作业并消除隐患。

第五十五条 对危险货物道路运输负有安全监督管理职责的部门监督检查时,发现需由其他负有安全监督管理职责的部门处理的违法行为,应当及时移交。

其他负有安全监督管理职责的部门应当接收,依法处理,并将处理结果反馈移交部门。

第九章 法律责任

第五十六条 交通运输主管部门对危险货物承运人违反本办法第七条,未对从业人员进行安全教育和培训的,应当责令限期改正,可以处5万元以下的罚款;逾期未改正的,责令停产停业整顿,并处5万元以上10万元以下的罚款,对其直接负责的主管人员和其他直接责任人员处1万元以上2万元以下的罚款。

第五十七条 交通运输主管部门对危险化学品托运人有下列情形之一的,应当责令改正,处10万元以上20万元以下的罚款,有违法所得的,没收违法所得;拒不改正的,责令停产停业整顿:

(一)违反本办法第九条,委托未依法取得危险货物道路运输资质的企业承运危险化学品的;

(二)违反本办法第十一条,在托运的普通货物中违规夹带危险化学品,或者将危险化学品匿报或者谎报为普通货物托运的。

有前款第(二)项情形,构成违反治安管理行为的,由公安机关依法给予治安管理处罚。

第五十八条 交通运输主管部门对危险货物托运人违反本办法第十条,危险货物的类别、项别、品名、编号不符合相关标准要求的,应当责令改正,属于非经营性的,处1000元以下的罚款;属于经营性的,处1万元以上3万元以下的罚款。

第五十九条 交通运输主管部门对危险化学品托运人有下列情形之一的,应当责令改正,处5万元以上10万元以下的罚款;拒不改正的,责令停产停业整顿:

(一)违反本办法第十条,运输危险化学品需要添加抑制剂或者稳定剂,托运人未添加或者未将有关情况告知承运人的;

(二)违反本办法第十二条,未按照要求对所托运的危险化学品妥善包装并在外包装设置相应标志的。

第六十条 交通运输主管部门对危险货物承运人有下列情形之一的,应当责令改正,处2000元以上5000元以下的罚款:

(一)违反本办法第二十三条,未在罐式车辆罐体的适装介质列表范围内或者移动式压力容器使用登记证上限定的介质承运危险货物的;

(二)违反本办法第二十四条,未按照规定制作危险货物运单或者保存期限不符合要求的;

(三)违反本办法第二十五条,未按照要求对运输车辆、罐式车辆罐体、可移动罐柜、罐箱及设备进行检查和记录的。

第六十一条 交通运输主管部门对危险货物道路运输车辆驾驶人具有下列情形之一的,应当责令改正,处1000元以上3000元以下的罚款:

(一)违反本办法第二十四条、第四十四条,未按照规定随车携带危险货物运单、安全卡的;

(二)违反本办法第四十七条,罐式车辆罐体、可移动罐柜、罐箱的关闭装置在运输过程中未处于关闭状态的。

第六十二条 交通运输主管部门对危险货物承运人违反本办法第四十条、第四十一条、第四十二条,使用未经检验合格或者超出检验有效期的罐式车辆罐体、可移动罐柜、罐箱从事危险货物运输的,应当责令限期改正,可以处5万元以下的罚款;逾期未改正的,处5万元以上20万元以下的罚款,对其直接负责的主管人员和其他直接责任人员处1万元以上2万元以下的罚款;情节严重的,责令停产停业整顿。

第六十三条 交通运输主管部门对危险货物承运人违反本办法第四十五条,未按照要求对运营中的危险化学品、民用爆炸物品、核与放射性物品的运输车辆通过定位系统实行监控的,应当给予警告,并责令改正;拒不改正的,处10万元以下的罚款,并对其直接负责的主管人员和其他直接责任人员处1万元以下的罚款。

第六十四条 工业和信息化主管部门对作为装货人的民用爆炸物品生产、销售企业违反本办法第七条、第二十八条、第三十一条,未建立健全并严格执行充装或者装载查验、记录制度的,应当责令改正,处1万元以上3万元以下的罚款。

生态环境主管部门对核设施营运单位、核技术利用单位违反本办法第七条、第二十八条、第三十一条，未建立健全并严格执行充装或者装载查验、记录制度的，应当责令改正，处1万元以上3万元以下的罚款。

第六十五条　交通运输主管部门、应急管理部门和其他负有安全监督管理职责的部门对危险化学品生产、储存、运输、使用和经营企业违反本办法第三十二条，未建立健全并严格执行充装或者装载查验、记录制度的，应当按照职责分工责令改正，处1万元以上3万元以下的罚款。

第六十六条　对装货人违反本办法第四十三条，未按照规定实施移动式压力容器、气瓶充装查验、记录制度，或者对不符合安全技术规范要求的移动式压力容器、气瓶进行充装的，依照特种设备相关法律法规进行处罚。

第六十七条　公安机关对有关企业、单位或者个人违反本办法第十五条，未经许可擅自通过道路运输危险货物的，应当责令停止非法运输活动，并予以处罚：

（一）擅自运输剧毒化学品的，处5万元以上10万元以下的罚款；

（二）擅自运输民用爆炸物品的，处5万元以上20万元以下的罚款，并没收非法运输的民用爆炸物品及违法所得；

（三）擅自运输烟花爆竹的，处1万元以上5万元以下的罚款，并没收非法运输的物品及违法所得；

（四）擅自运输放射性物品的，处2万元以上10万元以下的罚款。

第六十八条　公安机关对危险货物承运人有下列行为之一的，应当责令改正，处5万元以上10万元以下的罚款；构成违反治安管理行为的，依法给予治安管理处罚：

（一）违反本办法第二十三条，使用安全技术条件不符合国家标准要求的车辆运输危险化学品的；

（二）违反本办法第二十三条，超过车辆核定载质量运输危险化学品的。

第六十九条　公安机关对危险货物承运人违反本办法第四十四条，通过道路运输危险化学品不配备押运人员的，应当责令改正，处1万元以上5万元以下的罚款；构成违反治安管理行为的，依法给予治安管理处罚。

第七十条　公安机关对危险货物运输车辆违反本办法第四十四条，未按照要求安装、悬挂警示标志的，应当责令改正，并对承运人予以处罚：

（一）运输危险化学品的，处1万元以上5万元以下的罚款；

（二）运输民用爆炸物品的，处5万元以上20万元以下的罚款；

（三）运输烟花爆竹的，处200元以上2000元以下的罚款；

（四）运输放射性物品的，处2万元以上10万元以下的罚款。

第七十一条　公安机关对危险货物承运人违反本办法第四十四条，运输剧毒化学品、民用爆炸物品、烟花爆竹或者放射性物品未随车携带相应单证报告的，应当责令改正，并予以处罚：

（一）运输剧毒化学品未随车携带剧毒化学品道路运输通行证的，处500元以上1000元以下的罚款；

（二）运输民用爆炸物品未随车携带民用爆炸物品运输许可证的，处5万元以上20万元以下的罚款；

（三）运输烟花爆竹未随车携带烟花爆竹道路运输许可证的，处200元以上2000元以下的罚款；

（四）运输放射性物品未随车携带放射性物品道路运输许可证明或者文件的，有违法所得的，处违法所得3倍以下且不超过3万元的罚款；没有违法所得的，处1万元以下的罚款。

第七十二条　公安机关对危险货物运输车辆违反本办法第四十八条，未依照批准路线等行驶的，应当责令改正，并对承运人予以处罚：

（一）运输剧毒化学品的，处1000元以上1万元以下的罚款；

（二）运输民用爆炸物品的，处5万元以上20万元以下的罚款；

（三）运输烟花爆竹的，处200元以上2000元以下的罚款；

（四）运输放射性物品的，处2万元以上10万元以下的罚款。

第七十三条　危险化学品常压罐式车辆罐体检验机构违反本办法第三十八条，为不符合相关法规和标准要求的危险化学品常压罐式车辆罐体出具检验合格证书的，按照有关法律法规的规定进行处罚。

第七十四条　交通运输、工业和信息化、公安、生态环境、应急管理、市场监督管理等部门应当相互通报有关处罚情况，并将涉企行政处罚信息及时归集至国家企业信用信息公示系统，依法向社会公示。

第七十五条　对危险货物道路运输负有安全监督管理职责的部门工作人员在危险货物道路运输监管工作中滥用职权、玩忽职守、徇私舞弊的，依法进行处理；构成犯罪的,依法追究刑事责任。

第十章　附　　则

第七十六条　军用车辆运输危险货物的安全管理,不适用本办法。

第七十七条　未列入《危险货物道路运输规则》(JT/T 617)的危险化学品、《国家危险废物名录》中明确的在转移和运输环节实行豁免管理的危险废物、诊断用放射性药品的道路运输安全管理,不适用本办法,由国务院交通运输、生态环境等主管部门分别依据各自职责另行规定。

第七十八条　本办法下列用语的含义是:

(一)危险货物,是指列入《危险货物道路运输规则》(JT/T 617),具有爆炸、易燃、毒害、感染、腐蚀、放射性等危险特性的物质或者物品。

(二)例外数量危险货物,是指列入《危险货物道路运输规则》(JT/T 617),通过包装、包件测试、单证等特别要求,消除或者降低其运输危险性并免除相关运输条件的危险货物。

(三)有限数量危险货物,是指列入《危险货物道路运输规则》(JT/T 617),通过数量限制、包装、标记等特别要求,消除或者降低其运输危险性并免除相关运输条件的危险货物。

(四)装货人,是指受托运人委托将危险货物装进危险货物车辆、罐式车辆罐体、可移动罐柜、集装箱、散装容器,或者将装有危险货物的包装容器装载到车辆上的企业或者单位。

第七十九条　本办法自2020年1月1日起施行。

铁路危险货物运输安全监督管理规定

1. 2022年9月26日交通运输部令2022年第24号公布
2. 自2022年12月1日起施行

第一章　总　　则

第一条　为了加强铁路危险货物运输安全管理,保障公众生命财产安全,保护环境,根据《中华人民共和国安全生产法》《中华人民共和国铁路法》《中华人民共和国反恐怖主义法》《铁路安全管理条例》《危险化学品安全管理条例》《放射性物品运输安全管理条例》等法律、行政法规,制定本规定。

第二条　本规定所称危险货物,是指列入铁路危险货物品名表,具有爆炸、易燃、毒害、感染、腐蚀、放射性等危险特性,在铁路运输过程中,容易造成人身伤亡、财产损毁或者环境污染而需要特别防护的物质和物品。

未列入铁路危险货物品名表,依据有关法律、行政法规、规章或者《危险货物分类和品名编号》(GB 6944)等标准确定为危险货物的,按照本规定办理运输。

第三条　禁止运输下列物品:

(一)法律、行政法规禁止生产和运输的危险物品;

(二)危险性质不明、可能存在安全隐患的物品;

(三)未采取安全措施的过度敏感物品;

(四)未采取安全措施的能自发反应而产生危险的物品。

高速铁路、城际铁路等客运专线及旅客列车禁止运输危险货物,法律、行政法规等另有规定的除外。

第四条　铁路危险货物运输安全管理坚持安全第一、预防为主、综合治理的方针。铁路危险货物运输相关单位(以下统称运输单位)为运输安全责任主体,应当依据有关法律、行政法规和标准等规定,落实运输条件,加强运输管理,确保运输安全。

本规定所称运输单位,包括铁路运输企业、托运人,专用铁路、铁路专用线产权单位、管理单位和使用单位等。

第五条　国家铁路局负责全国铁路危险货物运输安全监督管理工作。地区铁路监督管理局负责辖区内的铁路危险货物运输安全监督管理工作。

国家铁路局和地区铁路监督管理局统称铁路监管部门。

第六条　鼓励采用有利于提高安全保障水平的先进技术和管理方法,鼓励规模化、集约化、专业化和发展专用车辆、专用集装箱运输危险货物。支持开展铁路危险货物运输安全技术以及对安全、环保有重大影响的项目研究。

第二章　运输条件

第七条　运输危险货物应当在符合法律、行政法规和有关标准规定,具备相应品名办理条件的车站、专用铁路、铁路专用线间发到。

铁路运输企业应当将办理危险货物的车站名称、作业地点(包括货场、专用铁路、铁路专用线名称,下同)、办理品名及铁危编号、装运方式等信息及时向社会公布,并同时报送所在地的地区铁路监督管理局。前述信息发生变化的,应当重新公布并报送。

第八条　运输危险货物应当依照法律法规和国家其他有

关规定使用专用的设施设备。

运输危险货物所使用的设施设备依法应当进行产品认证、检验检测的，经认证、检验检测合格方可使用。

第九条 危险货物装卸、储存场所和设施应当符合下列要求：

（一）装卸、储存专用场地和安全设施设备封闭管理并设立明显的安全警示标志。设施设备布局、作业区域划分、安全防护距离等符合有关技术要求。

（二）设置有与办理货物危险特性相适应，经相关部门验收合格的仓库、雨棚、场地等设施，配置相应的计量、检测、监控、通信、报警、通风、防火、灭火、防爆、防雷、防静电、防腐蚀、防泄漏、防中毒等安全设施设备，并进行经常性维护、保养和定期检测，保证设施设备的正常使用。维护、保养、检测应当作好记录，并由有关人员签字。

（三）装卸设备符合安全要求，易燃、易爆的危险货物装卸设备应当采取防爆措施，罐车装运危险货物应当使用栈桥、鹤管等专用装卸设施，危险货物集装箱装卸作业应当使用集装箱专用装卸机械。

（四）法律、行政法规、有关标准和安全技术规范规定的其他要求。

第十条 运输单位应当按照《中华人民共和国安全生产法》《危险化学品安全管理条例》等国家有关法律、行政法规的规定，对本单位危险货物装卸、储存作业场所和设施等安全生产条件进行安全评价。新建、改建危险货物装卸、储存作业场所和设施；在既有作业场所增加办理危险货物品类，以及危险货物新品名、新包装和首次使用铁路罐车、集装箱、专用车辆装载危险货物，改变作业场所和设施安全生产条件的，应当及时进行安全评价。

法律、行政法规规定需要委托相关机构进行安全评价的，运输单位应当委托符合国家规定的机构进行。

第十一条 装载和运输危险货物的铁路车辆、集装箱和其他容器应当符合下列要求：

（一）制造、维修、检测、检验和使用、管理符合有关标准和规定；

（二）牢固、清晰地标明危险货物包装标志和警示标志；

（三）铁路罐车、罐式集装箱以及其他容器应当封口严密，安全附件设置准确、起闭灵活、状态完好，能够防止运输过程中因温度、湿度或者压力的变化发生渗漏、洒漏；

（四）压力容器应当符合国务院负责特种设备安全监督管理的部门关于移动式压力容器、气瓶等安全监管要求；

（五）法律、行政法规、有关标准和安全技术规范规定的其他要求。

第十二条 运输危险货物包装应当符合下列要求：

（一）包装物、容器、衬垫物的材质以及包装型式、规格、方法和单件质量（重量），应当与所包装的危险货物的性质和用途相适应；

（二）包装能够抗御运输、储存和装卸过程中正常的冲击、振动、堆码和挤压，并便于装卸和搬运；

（三）所使用的包装物、容器，须按《中华人民共和国安全生产法》《中华人民共和国工业产品生产许可证管理条例》等国家有关规定，由专业生产单位生产，并经具有专业资质的检测、检验机构检测、检验合格；

（四）包装外表面应当牢固、清晰地标明危险货物包装标志和包装储运图示标志；

（五）法律、行政法规、有关标准和安全技术规范规定的其他要求。

第十三条 运输新品名、新包装或者改变包装、尚未明确安全运输条件的危险货物时，发送货物的铁路运输企业应当组织托运人、收货人和货物运输全程涉及的其他铁路运输企业共同商定安全运输条件，签订安全协议并组织试运，试运方案应当报所在地的地区铁路监督管理局。危险货物试运应当符合法律、行政法规、规章和有关标准的规定。

第三章 运输安全管理

第十四条 托运人应当按照铁路危险货物品名表确定危险货物的类别、项别、品名、铁危编号、包装等，遵守相关特殊规定要求。

需采取添加抑制剂或者稳定剂等特殊措施的危险货物，托运人应当采取相应措施，保证货物在运输过程中稳定，并将有关情况告知铁路运输企业。

第十五条 托运人应当在铁路运输企业公布办理相应品名的危险货物办理站办理危险货物托运手续。托运时，应当向铁路运输企业如实说明所托运危险货物的品名、数量（重量）、危险特性以及发生危险情况时的应急处置措施等。对国家规定实行许可管理、需凭证运输或者采取特殊措施的危险货物，托运人应当向铁路运输企业如实提交相关证明。不得将危险货物匿报或者谎报品名进行托运；不得在托运的普通货物中夹带危险货物，或者在危险货物中夹带禁止配装的货物。

托运人托运危险化学品的，还应当提交与托运的危险化学品相符的安全技术说明书，并在货物运输包装上粘贴或者涂打安全标签。

托运人托运危险废物的,应当主动向铁路运输企业告知托运的货物属于危险废物。运输时,还应当提交生态环境主管部门发放的电子或者纸质形式的危险废物转移联单。

第十六条　危险货物的运单应当载明危险货物的托运人、收货人,发送运输企业及发送站、装车场所,到达运输企业及到达站、卸车场所,货物名称、铁危编号、包装、装载数量(重量)、车种车号、箱型箱号,应急联系人及联系电话等信息。

运输单位应当妥善保存危险货物运单,保存期限不得少于24个月。

第十七条　托运人应当在危险货物运输期间保持应急联系电话畅通。

第十八条　铁路运输企业应当实行安全查验制度,对托运人身份进行查验,对承运的货物进行安全检查。不得在非危险货物办理站办理危险货物承运手续,不得承运未接受安全检查的货物,不得承运不符合安全规定、可能危害铁路运输安全的货物。

有下列情形之一的,铁路运输企业应当查验托运人提供的相关证明材料,并留存不少于24个月:

(一)国家对生产、经营、储存、使用等实行许可管理的危险货物;

(二)国家规定需要凭证运输的危险货物;

(三)需要添加抑制剂、稳定剂和采取其他特殊措施方可运输的危险货物;

(四)运输包装、容器列入国家生产许可证制度的工业产品目录的危险货物;

(五)法律、行政法规及国家规定的其他情形。

铁路运输企业应当告知托运人有关注意事项,并在网上受理页面、营业场所或者运输有关单据上明示违规托运的法律责任。

第十九条　运输单位应当建立托运人身份和运输货物登记制度,如实记录托运经办人身份信息和运输的危险货物品名及铁危编号、装载数量(重量)、发到站、作业地点、装运方式、车(箱)号、托运人、收货人、押运人等信息,并采取必要的安全防范措施,防止危险货物丢失或者被盗;发现爆炸品、易制爆危险化学品、剧毒化学品丢失或者被盗、被抢的,应当立即采取相应的警示措施和安全措施,按照《民用爆炸物品安全管理条例》《危险化学品安全管理条例》等国家有关规定及时报告。

第二十条　运输放射性物品时,托运人应当持有生产、销售、使用或者处置放射性物品的有效证明,配置必要的辐射监测设备、防护用品和防盗、防破坏设备。运输的放射性物品及其运输容器、运输车辆、辐射监测、安全保卫、应急响应、装卸作业、押运、职业卫生、人员培训、审查批准等应当符合《放射性物品运输安全管理条例》《放射性物品安全运输规程》等法律、行政法规和有关标准的要求。

托运时,托运人应当向铁路运输企业提交运输说明书、辐射监测报告、核与辐射事故应急响应指南、装卸作业方法、安全防护指南,铁路运输企业应当查验、收存。托运人提交文件不齐全的,铁路运输企业不得承运。托运人应当在运输中采取有效的辐射防护和安全保卫措施,对运输中的核与辐射安全负责。

第二十一条　铁路运输危险货物的储存方式、方法以及储存数量、隔离等应当符合规定。专用仓库、专用场地等应当由专人负责管理。运输单位应当按照《中华人民共和国安全生产法》《危险化学品安全管理条例》及国家其他有关规定建立重大危险源管理制度。剧毒化学品以及储存数量构成重大危险源的其他危险货物,应当单独存放,并实行双人收发、双人保管制度。

第二十二条　危险货物运输装载加固以及使用的铁路车辆、集装箱、其他容器、集装化用具、装载加固材料或者装置等应当符合有关标准和安全技术规范的要求。不得使用技术状态不良、未按规定检修(验)或者达到报废年限的设施设备,禁止超设计范围装运危险货物。

货物装车(箱)不得超载、偏载、偏重、集重。货物性质相抵触、消防方法不同、易造成污染的货物不得装载在同一铁路车辆、集装箱内。禁止将危险货物与普通货物在同一铁路车辆、集装箱内混装运输。

第二十三条　危险货物装卸作业应当遵守安全作业标准、规程和制度,并在装卸管理人员的现场指挥或者监控下进行。

第二十四条　运输危险货物时,托运人应当配备必要的押运人员和应急处理器材、设备和防护用品,并使危险货物始终处于押运人员监管之下。托运人应当负责对押运人员的培训教育。押运人员应当了解所押运货物的特性,熟悉应急处置措施,携带所需安全防护、消防、通讯、检测、维护等工具。

铁路运输企业应当告知托运人有关铁路运输安全规定,检查押运人员、备品、设施及押运工作情况,并为押运人员提供必要的工作、生活条件。

押运人员应当遵守铁路运输安全规定,检查押运的货物及其装载加固状态,按操作规程使用押运备品和设施。在途中发现异常情况时，及时采取可靠的应急处置措施，并向铁路运输企业报告。

第二十五条　铁路运输企业应当与办理危险货物运输的专用铁路、铁路专用线产权单位、管理单位和使用单位共同签订危险货物运输安全协议，明确各方的安全生产管理职责、作业内容及其安全保证措施等。

运输单位间应当按照约定的交接地点、方式、内容、条件和安全责任等办理危险货物交接。

第二十六条　危险货物车辆编组、调车等技术作业应当执行有关标准和管理办法。

运输危险货物的车辆途中停留时，应当远离客运列车及停留期间有乘降作业的客运站台等人员密集场所和设施，并采取安全防范措施。装运剧毒化学品、爆炸品、放射性物品和气体等危险货物的车辆途中停留时，铁路运输企业应当派人看守，押运人员应当加强看守。

第二十七条　装运过危险货物的车辆、集装箱，卸后应当清扫洗刷干净，确保不会对其他货物和作业人员造成污染、损害。洗刷废水、废物处理应当符合环保要求。

第二十八条　铁路运输企业应当按照《中华人民共和国反恐怖主义法》等的规定，通过定位系统对运营中的危险货物运输工具实行监控，对危险货物运输全程跟踪和实时查询，按照铁路监管部门的规定预留安全监管数据接口，并按时向铁路监管部门报送。

第二十九条　运输单位应当按照《中华人民共和国安全生产法》《中华人民共和国职业病防治法》《放射性物品运输安全管理条例》等关于劳动安全、职业卫生的规定，为从业人员配备符合国家标准或者行业标准的劳动防护用品等设施设备，建立从业人员职业健康监护档案，预防人身伤害。

第三十条　运输单位应当建立健全岗位安全责任、教育培训、安全检查、安全风险分级管控、隐患排查治理、安全投入保障、劳动保护、责任追究、应急管理等危险货物运输安全管理制度，完善危险货物包装、装卸、押运、运输等操作规程和标准化作业管理办法。

第三十一条　运输单位应当对本单位危险货物运输从业人员进行经常性安全、法制教育和岗位技术培训，经考核合格后方可上岗。开展危险货物运输岗位技术培训应当制定培训大纲，设置培训课程，明确培训具体内容、学时和考试要求并及时修订和更新。危险货物运输培训课程及教材、资料应当符合国家法律、行政法规、规章和有关标准的规定。

运输单位应当建立安全生产教育和培训档案，如实记录安全生产教育和培训的时间、内容、参加人员以及考核结果等情况，安全生产教育和培训记录应当保存36个月以上。

第三十二条　危险货物运输从业人员应当具备必要的安全知识，熟悉有关的安全规章制度和安全操作规程，掌握本岗位的安全操作技能，知悉自身在安全方面的权利和义务，掌握所运输危险货物的危险特性及其运输工具、包装物、容器的使用要求和出现危险情况时的应急处置方法。

第三十三条　运输单位应当经常性开展危险货物运输安全隐患排查治理，隐患排查治理情况应当如实记录，重大事故隐患排查治理情况要向所在地的地区铁路监督管理局报告。

第三十四条　运输单位在法定假日和传统节日等运输高峰期或者恶劣气象条件下，以及国家重大活动期间，应当采取安全应急管理措施，加强铁路危险货物运输安全检查，确保运输安全。

在特定区域、特定时间，国务院有关主管部门或者省级人民政府决定对危险化学品、民用爆炸物品等危险货物铁路运输实施管制的，铁路运输企业应当予以配合。

第三十五条　运输单位应当针对本单位危险货物运输可能发生的事故特点和危害，制定铁路危险货物运输事故应急预案，并与相应层级、相关部门预案衔接。应急预案应当按照国家有关规定进行评审或者论证、公布，并至少每半年组织1次应急演练。铁路危险货物运输事故应急预案及应急演练情况应当报送所在地的地区铁路监督管理局。

运输单位应当按照《中华人民共和国安全生产法》《生产安全事故应急条例》等规定建立应急救援队伍或者配备应急救援人员；配备必要的应急救援器材、设备和物资，并进行经常性维护、保养，保证正常运转；建立应急值班制度，配备应急值班人员。

第三十六条　危险货物运输过程中发生燃烧、爆炸、环境污染、中毒或者被盗、丢失、泄漏等情况，押运人员和现场有关人员应当按照国家有关规定及时报告，并按照应急预案开展先期处置。运输单位负责人接到报告后，应当迅速采取有效措施，组织抢救，防止事故扩大，减少人员伤亡和财产损失，并报告所在地的地区铁路监督管理局及其他有关部门，不得隐瞒不报、谎报或者迟报，不得故意破坏事故现场、毁灭有关证据。

第三十七条　铁路运输企业应当实时掌握本单位危险货物运输状况，并按要求向所在地的地区铁路监督管理局报告危险货物运量、办理站点、设施设备、安全等信息。

第四章　监督检查

第三十八条　铁路监管部门依法对运输单位执行有关危险货物运输安全的法律、行政法规、规章和标准的情况进行监督检查，重点监督检查下列内容：

（一）危险货物运输安全责任制、规章制度和操作规程的建立、完善情况；

（二）危险货物运输从业人员教育、培训及考核情况；

（三）保证本单位危险货物运输安全生产投入情况；

（四）危险货物运输安全风险分级管控和安全隐患排查治理情况；

（五）危险货物运输设施设备配置、使用、管理及检测、检验和安全评价情况；

（六）危险货物办理站信息公布情况；

（七）承运危险货物安全检查情况；

（八）危险货物运输作业环节安全管理情况；

（九）重大危险源安全管理措施落实情况；

（十）危险货物运输事故应急预案制定、应急救援设备和器材配置、应急救援演练等情况；

（十一）危险货物运输事故报告情况；

（十二）依法应当监督检查的其他情况。

第三十九条　铁路监管部门进行监督检查时，可以依法采取下列措施：

（一）进入铁路危险货物运输作业场所检查，调阅有关资料，向有关单位和人员了解情况；

（二）纠正或者要求限期改正危险货物运输安全违法违规行为；对依法应当给予行政处罚的行为，依照法律、行政法规、规章的规定作出行政处罚决定；

（三）责令立即排除危险货物运输事故隐患；重大事故隐患排除前或者排除过程中无法保证安全的，应当责令撤出危险区域内的作业人员，责令暂时停运或者停止使用相关设施、设备；

（四）责令立即停止使用不符合规定的设施、设备、装置、器材、运输工具等；

（五）依法查封或者扣押有根据认为不符合有关标准的设施、设备、器材，并作出处理决定；

（六）法律、行政法规规定的其他措施。

第四十条　铁路监管部门行政执法人员应当忠于职守、秉公执法，遵守执法规范；对监督检查过程中知悉的商业秘密负有保密义务。行政执法人员依法履行监督检查职责时，应当出示有效执法证件。

被监督检查单位和个人对铁路监管部门依法进行的监督检查应当予以配合，如实提供有关情况或者资料，不得拒绝、阻挠。

第四十一条　铁路监管部门应当建立健全危险货物运输安全监督检查制度，加强行政执法人员危险货物运输安全知识培训，配备必要的安全检查装备，应用信息化手段和先进技术，不断提高监管水平。

铁路监管部门监督检查时，可以聘请熟悉铁路危险货物运输、化学化工、安全技术管理、应急救援等的专家和专业人员提供技术支撑。

第四十二条　任何单位和个人均有权向铁路监管部门举报危险货物运输违法违规行为。

铁路监管部门接到举报，应当及时依法处理；对不属于本部门职责的，应当及时移送有关部门处理。

第四十三条　铁路监管部门应当建立危险货物运输违法行为信息库，如实记录运输单位的违法行为信息，并将行政处罚信息依法纳入全国信用信息共享平台、国家企业信用信息公示系统。对无正当理由拒绝接受监督检查、故意隐瞒事实或者提供虚假材料以及受到行政处罚等违法情节严重的单位及其有关从业人员依法予以公开。

第五章　法律责任

第四十四条　违反本规定，《中华人民共和国安全生产法》《中华人民共和国反恐怖主义法》《铁路安全管理条例》《放射性物品运输安全管理条例》等法律、行政法规对其处罚有明确规定的，从其规定。

违反法律、行政法规规定运输危险货物，造成铁路交通事故或者其他事故的，依法追究相关单位及其主要负责人、工作人员的行政责任；涉嫌犯罪的，依法移送司法机关处理。

第四十五条　铁路运输企业违反本规定运输危险货物，有下列行为之一的，由所在地的地区铁路监督管理局责令限期改正，可以处1万元以下的罚款；逾期未改正的，处1万元以上3万元以下的罚款：

（一）违反规定在高速铁路、城际铁路等客运专线及旅客列车运输危险货物的；

（二）办理危险货物的车站名称、作业地点、办理品名及铁危编号、装运方式等信息未按规定公布，或者未向所在地的地区铁路监督管理局报送的；

（三）运输新品名、新包装或者改变包装、尚未明确安全运输条件的危险货物，未按照规定组织开展试运，或者试运方案未报所在地的地区铁路监督管理局的；

（四）未按照规定对危险货物车辆途中停留采取安全防范措施的；

（五）未告知托运人有关托运注意事项，或者未在网上受理页面、营业场所或者运输有关单据上明示违规托运的法律责任的；

（六）未按照规定向所在地的地区铁路监督管理局报告危险货物运量、办理站点、设施设备、安全等信息的。

第四十六条 托运人违反本规定运输危险货物，有下列行为之一的，由所在地的地区铁路监督管理局责令限期改正，可以处1万元以下的罚款；逾期未改正或者情节严重的，处1万元以上3万元以下的罚款：

（一）在不具备相应品名危险货物办理条件的车站、专用铁路、铁路专用线间发到危险货物的；

（二）托运危险货物未如实说明所托运的货物的危险特性、采取添加抑制剂或者稳定剂等特殊措施情况、发生危险情况时的应急处置措施，或者未按规定提交相关证明材料，或者提交虚假证明材料的；

（三）未准确确定危险货物的类别、项别、品名、铁危编号等的；

（四）押运人员未检查押运的货物及其装载加固状态，或者未按操作规程使用押运备品和设施，或者在途中发现异常情况时，未及时采取可靠的应急处置措施并向铁路运输企业报告的。

第四十七条 运输单位有下列行为之一的，由所在地的地区铁路监督管理局责令限期改正，可以处1万元以下的罚款；逾期未改正或者情节严重的，处1万元以上3万元以下的罚款：

（一）因未按规定进行安全评价导致未及时发现安全生产条件存在的问题，或者未及时对有关问题进行整改，仍进行危险货物运输的；

（二）危险货物的运单未按规定载明相关信息，或者未按规定期限保存的；

（三）未按规定签订危险货物运输安全协议，或者未按照约定的交接地点、方式、内容、条件和安全责任等办理危险货物交接的；

（四）使用技术状态不良、未按规定检修（验）或者达到报废年限的设施设备，或者超设计范围装运危险货物的；

（五）货物装车（箱）违反本规定要求的；

（六）装运过危险货物的车辆、集装箱，卸后未按规定清扫洗刷干净的。

第四十八条 铁路监管部门工作人员在铁路危险货物运输监管工作中滥用职权、玩忽职守、徇私舞弊的，依法进行处理；构成犯罪的，依法追究刑事责任。

第六章 附 则

第四十九条 具有下列情形之一的物质或者物品，不属于本规定第二条规定的危险货物：

（一）根据铁路运输设备设施有关规定，作为铁路车辆或者集装箱的组成部分；

（二）根据铁路运输有关规定，对所运输货物进行监测或者应急处置的装置和器材。

第五十条 运输的危险货物有下列情形之一的，不受本规定的限制：

（一）运输时采取保证安全的措施，数量、包装、装载等符合相应技术条件，铁路危险货物品名表特殊规定不作为危险货物运输的；

（二）在紧急情况下，为保障国家安全和公共利益的需要，国家铁路局公布应急运输的危险货物。

第五十一条 军事运输危险货物依照国家有关规定办理。

第五十二条 本规定自2022年12月1日起施行。

关于加强互联网销售危险化学品安全管理的通知

1. 2022年12月3日应急管理部、中央网信办、教育部、工业和信息化部、公安部、市场监管总局、国家邮政局发布
2. 应急〔2022〕119号

各省、自治区、直辖市应急管理厅（局）、网信办、教育厅（教委）、公安厅（局）、市场监管局（厅、委）、邮政管理局、通信管理局，新疆生产建设兵团应急管理局、网信办、教育局、公安局、市场监管局：

危险化学品具有爆炸、燃烧、毒害、腐蚀等危险特性，管理不当容易引发安全事故，对人体、设施、环境等造成严重危害，甚至威胁公共安全。近年来，随着我国电子商务快速发展，互联网销售危险化学品活动日益增多，由此带来的安全风险和问题隐患不容忽视。一些单位或个人未经许可，违法通过互联网销售危险化学品；一些电商平台或网站审核把关不严，入驻商家随意发布危险化学品销售信息；一些实验室和学生贪图便利，通过非法渠道网购危险化学品。上述违法违规行为存在重大安全风险。为进一步加强互联网销售危险化学品相关行为安全管理,打击取缔违法违规发布信息和销售危险化学品行为,有效防范重大安全风险,保障社会安全稳定,现就有关要求通知如下:

一、严格规范互联网销售危险化学品相关行为。通过互联网销售危险化学品的企业,必须依法取得危险化学品生产企业安全生产许可证或危险化学品经营许可证,并按照《互联网危险物品信息发布管理规定》要求,依法取得互联网信息服务相关业务经营许可或备案后,方可在本企业网站发布危险化学品销售信息,不得在本企业网站以外的互联网应用服务中发布危险化学品销售信息及建立相关链接(不包括日用化学品、医药用品)。电商平台不得为平台内经营者提供危险化学品销售信息发布服务。禁止个人在互联网上发布危险化学品销售信息。

二、加大网上违规危险化学品信息管理力度。网络服务提供者不得为个人、未取得危险化学品生产企业安全生产许可或危险化学品经营许可的单位提供危险化学品信息发布的网络接入服务,并应加强对其接入网站及用户发布信息的管理,定期对发布信息进行巡查;对法律、法规、规章及国家有关规定禁止发布或者传输的危险化学品信息,应当立即停止传输,采取消除等处置措施,保存有关记录,并向主管部门报告。电商平台应加强对平台内经营者销售商品或服务信息的核验、巡查,及时发现并清理下架违规发布的危险化学品销售信息,并及时向有关主管部门报告。

三、加强高校、科研院所等使用单位危险化学品采购管理。高校、科研院所等使用危险化学品频次高、品种多,要进一步健全危险化学品采购管理制度,严密防控各环节安全风险。有关地区、单位要探索搭建危险化学品采购管理平台,形成覆盖本地本单位常用危险化学品品种、数量、危险特性、应急处置、包装运输以及采购、使用、供应商等信息的数据库,严格危险化学品供应商入驻平台资格审核,按需动态调整符合法定资质条件的供应商目录,实现危险化学品的"统一采购、统一管理、有效管控"。要依托具备安全条件的危险化学品生产经营企业或物流仓库,采取"大批量采购、小批量分发、规范化配送"模式,在满足科研试验需求的同时,有效管控采购、储存环节安全风险。

四、严肃查处网上违法销售危险化学品行为。各级各有关部门要高度重视互联网销售危险化学品安全风险防控,按照职责分工依法严肃查处网上违法销售危险化学品行为,齐抓共管,综合整治,形成工作合力。要重点查处未取得危险化学品安全许可违法销售危险化学品,未取得互联网信息服务业务许可违规发布危险化学品信息,电商平台违规提供危险化学品销售信息发布服务,以及违法违规寄递危险化学品等行为。要加大网上巡查力度,及时清理宣传推广、诱导非法购销危险化学品等有害信息。要依法整治问题突出的互联网企业,督促网站定期开展自查自清,切断危险化学品互联网违法销售链条。要加强违法违规行为追踪溯源,加强部门间信息共享和协作配合,严格落实行政执法措施,加强行刑衔接,严厉打击涉及危险化学品的违法犯罪行为。

五、强化危险化学品互联网销售全链条监管。应急管理部门要加强对危险化学品生产经营企业互联网信息发布和销售台账的安全监督检查,会同有关部门依法打击无证销售危险化学品行为;督促企业健全危险化学品信息化管理台账,实现危险化学品来源可溯、去向可循。网信部门要加强互联网信息内容的监督管理,配合相关部门及时清理网上违法违规购销危险化学品信息,依法处置违规账号。电信主管部门要加强与有关部门的协同联动,对认定为擅自或超许可范围发布危险化学品销售信息的网站(APP),依法依规予以处置。公安机关要依照职责加强对网络运营者的监督管理,依法查处不履行网络安全保护等义务的网络运营者。市场监管部门要配合有关部门督促电商平台落实主体责任,清理平台内违规发布的危险化学品信息、下架相关产品。邮政管理部门要依法对寄递企业落实安全生产主体责任进行监督检查,督促企业落实实名收寄、收寄验视、过机安检"三项制度",严密防控寄递环节安全风险。教育部门要指导高校加强危险化学品采购和使用管理,会同有关部门推动高校危险化学品备案采购管理一体化平台试点建设,并逐步推广应用。各有关部门要加强对所属单位危险化学品采购管理的指导和监督。

六、加大危险化学品安全普法宣传力度。各级各有关部门要进一步加大危险化学品安全相关法律法规、标准规范的宣传力度,提高人民群众安全意识。要针对高校开展定向普法宣传,"以案释法"强化使用单位从正规渠道购买危险化学品的守法意识。要充分发挥群众监督作用,鼓励、奖励举报网上违法违规销售危险化学品行为,有关部门要依法对举报信息予以查处。

各级各有关部门要按照本通知要求抓好贯彻落实,并认真研究工作中发现的新问题新风险,采取针对性对策措施加以解决,重要情况及时报告。

遏制危险化学品和烟花爆竹重特大事故工作意见

1. 2016年6月3日国家安全生产监督管理总局发布
2. 安监总管三〔2016〕62号

为认真落实党中央、国务院决策部署,强化安全风险管控和隐患排查治理,着力解决危险化学品领域和烟花爆竹行业存在的突出安全问题,有效防范较大事故,坚决遏制重特大事故,根据《国务院安委会办公室关于印发标本兼治遏制重特大事故工作指南的通知》(安委办〔2016〕3号),制定本工作意见。

一、主要工作任务和目标

深刻理解习近平总书记关于构建风险分级管控和隐患排查治理双重预防性工作机制重要指示的重大意义,认真分析危险化学品和烟花爆竹安全生产特点和事故规律,全面排查评估生产经营企业安全风险,严格落实隐患排查治理闭环管理,构建形成风险分级管控和隐患排查治理双重预防体系。坚持问题短板导向,专项整治突出问题,实施本质安全提升工程,强化重点风险管控,根治一批重大隐患,淘汰一批落后工艺技术,关闭一批安全保障能力差的企业,有效防范危险化学品和烟花爆竹较大事故,坚决遏制重特大事故。

二、准确把握风险、隐患与事故内涵和关系

认真研究危险化学品和烟花爆竹安全生产特点,深入分析总结事故规律,准确把握风险、隐患与事故的内在联系,深刻认识事故是由隐患发展积累导致的,隐患的根源在于风险,风险得不到有效管控就会演变成隐患从而导致事故发生。因此,要把防范事故关口前移,全面排查安全风险,强化风险管控。要改进隐患排查治理方式方法,通过明晰责任、完善制度、健全管理,解决改变当前隐患排查不全面不深入、治理不彻底以及屡查屡犯的问题,切实提高隐患排查治理的有效性。要在严格管控风险、强化隐患排查治理的基础上,加强事故应急前期处置,构建形成风险排查管控、隐患排查治理和事故应急前期处置三道重特大事故防范屏障。

三、全面排查生产经营企业的安全风险和隐患

结合各地区、各行业、各单位实际,不断完善排查风险和隐患的方式方法与体制机制,通过网格化排查,做到全覆盖、无死角、无遗漏;通过加强行业指导,确保排查深入、科学、准确、全面。要进一步明晰排查路径,突出排查重点,彻底摸清易燃、易爆、剧毒等高风险生产经营储存场所及可能受到事故影响的人员密集场所。

1. 及时收集、认真分析国内外各类典型事故案例,对照本单位实际情况,借鉴事故教训,举一反三,查找存在的风险漏洞与薄弱环节。

2. 抓住泄漏、火灾、爆炸、中毒、窒息、坍塌、倒塌、坠落、挤压等致灾因素,结合危险化学品储存量大小,科学、准确的评估事故可能影响范围,排查可能存在的重大风险和隐患。

3. 突出劳动密集型企业、人员密集场所,结合风险评估结果和现实管理状况,排查可能造成群死群伤的风险和隐患。

4. 盯紧动火、受限空间作业等特殊作业环节,排查特殊作业的风险评价、控制措施和安全规程。

5. 高度关注新兴化工产业,严格风险评估论证管理,认真排查新工艺、新技术、新装备、新产品可能潜在的风险和隐患。

6. 进一步明晰监管责任,消除监管漏洞,排查部门监管结合点可能存在的漏洞和薄弱环节。

7. 针对违法生产、贮存危险化学品和烟花爆竹隐蔽性强、危害大的特点,排查可能出现违法生产、贮存的地区(场所)及人群。

8. 坚持底线思维,按照事故后果最大化原则,排查可能存在的风险和隐患,严防“想不到”的问题现象。

四、严格风险管控和隐患排查治理

1. 在全面排查、摸清底数的基础上,按照《标本兼治遏制重特大事故工作指南》要求,绘制省、市、县三级以及企业的危险化学品和烟花爆竹重大危险源分布电子图、安全风险等级分布电子图,建立安全风险和事故隐患数据库。

2. 建立危险化学品和烟花爆竹安全风险网格化管理、分级管控、公告预警制度和隐患排查治理闭环管理制度,聚焦危险化学品“两重点一重大”、经营单位仓储场所、人员密集场所及烟花爆竹生产企业,盯住爆炸品、易燃液体、液化气体、有毒有害气体,依靠制度和技术手段,落实每一处重大安全风险和事故隐患的管理与监管责任,对重点设施、重点场所、关键部位、关键环节以及重点人群严格监管,有效管控。

3. 扎实推进危险化学品专项整治,全面推行重点防控措施:(1)涉及光气、液氯、液氨、硝酸铵、硝酸胍

等物品的生产经营企业储存场所与周边安全距离不满足《危险化学品生产、储存装置个人可接受风险标准和社会可接受风险标准(试行)》的,一律停止使用;(2)涉及"两重点一重大"的危险化学品生产经营新、改、扩建项目,地方安全监管部门应对企业试生产方案组织专家论证,确保试生产安全;(3)通过定量风险评价方式进行安全评估的危险化学品重大危险源,个人和社会风险值超过相关限值标准的,必须采取降低风险的措施,其中周边有学校、幼儿园、医院、养老院、交通、商业、文化、旅游以及住宅小区等人员密集场所且风险不能降低的,采取停产整顿、转产、搬迁、关闭等强制性措施;(4)自2017年1月1日起,凡是构成一级、二级重大危险源,未设置紧急停车(紧急切断)功能的危险化学品罐区,一律停止使用;(5)自2017年1月1日起,凡是未实现温度、压力、液位等信息的远程不间断采集检测,未设置可燃和有毒有害气体泄漏检测报警装置的构成重大危险源的危险化学品罐区,一律停止使用;(6)自2016年7月1日起,所有仓储经营企业构成重大危险源的危险化学品罐区动火作业全部按特级动火进行升级管理,鼓励地方安全监管部门或行业主管部门对动火等特殊作业实施第三方专业化监管;(7)采用新工艺、新配方的企业必须开展反应风险评估,国内首次使用的化工工艺,必须经过省级人民政府有关部门组织的安全可靠性论证;(8)地方安全监管部门可研究将所有构成危险化学品重大危险源的仓储经营单位的仓储操作纳入特种作业管理。

4. 认真开展烟花爆竹专项整治,全面推行重点防控措施:(1)对分包转包、一证多厂、多股东各自独立组织生产的,一律依法吊销安全生产许可证;(2)对存在"三超一改"(超许可范围、超人员、超药量和擅自改变工房用途)行为的,一律依法责令停产整改,逾期不改的,吊销安全生产许可证;(3)对工作台(地面)导静电设施和机械设备接地不合格的,一律依法停产整改;(4)对"三库"不达标的,安全生产许可证到期后一律不予延期换证;(5)对不符合《礼花弹安全生产条件》(AQ4121)、《黑火药引火线生产企业安全基本要求》(安监总厅管三〔2013〕43号)的,一律依法停产整改提升或予以关闭;(6)自2016年7月1日起,对领导值班安排未上墙、职工进出厂未打卡(或签名)登记的,一律依法停产整顿;(7)自2017年起,重点部位和总仓库未实现防超员超量视频监控的,一律依法停产整改;(8)自2017年起,全面淘汰爆竹引火线"干法制引"工艺和烟火药手工混药工艺。

五、提高应急处置能力

坚持以科学性、实用性、可操作性为目标,督促地方和企业进一步完善各类事故专项应急预案和高风险岗位现场处置方案,定期组织演练,以实战实操来发现问题、改进提高。要根据危险化学品和烟花爆竹事故危害特性,强化事故应急前期处置,注重现场安全风险科学评估和精准管控,在最短时间内将事故消灭在萌芽状态,控制在最小范围内,避免盲目施救和处置不当导致事故后果升级扩大。

六、构建标本兼治的综合防控体系

1. 健全完善危险化学品的关键工艺、技术、装备等安全标准,继续推动18种重点监管危险化工工艺的化工装置及74种重点监管危险化学品的生产储存装置完成自动化控制系统改造,实施危险化学品重大危险源在线监控及事故预警工程和危险化学品罐区本质安全提升工程,逐步淘汰一批安全保障能力差的工艺、技术和装备。

2. 公布涉及危险化学品安全的行业目录,强化"管行业必须管安全"。配合住建、城乡规划、国土资源等部门加强城乡规划和用地控制,提高危险化学品生产储存项目准入门槛,推动重点地区建立"两重点一重大"建设项目立项阶段部门联合审批制度,鼓励各地制定本地区危险化学品"禁限控"目录,严格涉及硝酸铵等爆炸品、硝化棉等易燃品、有毒有害气体和甲类、乙类易燃液体及液化气体的项目审批。

3. 建立烟花爆竹生产关键涉药机械设备安全准入制度,实施生产机械化示范推广工程,强制淘汰烟花爆竹落后生产工艺,逐步提高烟花爆竹生产准入门槛,严格安全生产许可把关,严格控制黑火药、礼花弹等高危产品生产企业数量,坚决关闭不具备安全生产条件的企业。

各省级安全监管部门要按照本意见制定具体实施方案,组织辖区内各级安全监管部门和危险化学品、烟花爆竹从业单位抓好贯彻落实,及时进行分析总结,积极推广有效做法和典型经验,持续推动相关工作深入开展,不断提高危险化学品和烟花爆竹安全保障能力,有力促进全国危险化学品和烟花爆竹安全生产形势稳定好转。

化工(危险化学品)企业保障生产安全十条规定

1. 2017年3月6日国家安全生产监督管理总局发布
2. 安监总政法〔2017〕15号

一、必须依法设立、证照齐全有效。
二、必须建立健全并严格落实全员安全生产责任制,严格执行领导带班值班制度。
三、必须确保从业人员符合录用条件并培训合格,依法持证上岗。
四、必须严格管控重大危险源,严格变更管理,遇险科学施救。
五、必须按照《危险化学品企业事故隐患排查治理实施导则》要求排查治理隐患。
六、严禁设备设施带病运行和未经审批停用报警联锁系统。
七、严禁可燃和有毒气体泄漏等报警系统处于非正常状态。
八、严禁未经审批进行动火、受限空间、高处、吊装、临时用电、动土、检维修、盲板抽堵等作业。
九、严禁违章指挥和强令他人冒险作业。
十、严禁违章作业、脱岗和在岗做与工作无关的事。

化工和危险化学品生产经营单位重大生产安全事故隐患判定标准(试行)

1. 2017年11月13日国家安全生产监督管理总局发布
2. 安监总管三〔2017〕121号

依据有关法律法规、部门规章和国家标准,以下情形应当判定为重大事故隐患:
一、危险化学品生产、经营单位主要负责人和安全生产管理人员未依法经考核合格。
二、特种作业人员未持证上岗。
三、涉及"两重点一重大"的生产装置、储存设施外部安全防护距离不符合国家标准要求。
四、涉及重点监管危险化工工艺的装置未实现自动化控制,系统未实现紧急停车功能,装备的自动化控制系统、紧急停车系统未投入使用。
五、构成一级、二级重大危险源的危险化学品罐区未实现紧急切断功能;涉及毒性气体、液化气体、剧毒液体的一级、二级重大危险源的危险化学品罐区未配备独立的安全仪表系统。
六、全压力式液化烃储罐未按国家标准设置注水措施。
七、液化烃、液氨、液氯等易燃易爆、有毒有害液化气体的充装未使用万向管道充装系统。
八、光气、氯气等剧毒气体及硫化氢气体管道穿越除厂区(包括化工园区、工业园区)外的公共区域。
九、地区架空电力线路穿越生产区且不符合国家标准要求。
十、在役化工装置未经正规设计且未进行安全设计诊断。
十一、使用淘汰落后安全技术工艺、设备目录列出的工艺、设备。
十二、涉及可燃和有毒有害气体泄漏的场所未按国家标准设置检测报警装置,爆炸危险场所未按国家标准安装使用防爆电气设备。
十三、控制室或机柜间面向具有火灾、爆炸危险性装置一侧不满足国家标准关于防火防爆的要求。
十四、化工生产装置未按国家标准要求设置双重电源供电,自动化控制系统未设置不间断电源。
十五、安全阀、爆破片等安全附件未正常投用。
十六、未建立与岗位相匹配的全员安全生产责任制或者未制定实施生产安全事故隐患排查治理制度。
十七、未制定操作规程和工艺控制指标。
十八、未按照国家标准制定动火、进入受限空间等特殊作业管理制度,或者制度未有效执行。
十九、新开发的危险化学品生产工艺未经小试、中试、工业化试验直接进行工业化生产;国内首次使用的化工工艺未经过省级人民政府有关部门组织的安全可靠性论证;新建装置未制定试生产方案投料开车;精细化工企业未按规范性文件要求开展反应安全风险评估。
二十、未按国家标准分区分类储存危险化学品,超量、超品种储存危险化学品,相互禁配物质混放混存。

危险化学品企业生产安全事故应急准备指南

1. 2019年12月26日应急管理部办公厅发布
2. 应急厅〔2019〕62号

第一条　为加强危险化学品企业安全生产应急管理工作,有效防范和应对危险化学品事故,保障人民群众生命和财产安全,依据《中华人民共和国突发事件应对法》《中华人民共和国安全生产法》《生产安全事故应急条例》《生产安全事故应急预案管理办法》等法律、法规、规章、标准和有关文件(以下统称现行法律法规制度),制定本指南。

第二条 本指南适用于危险化学品生产、使用、经营、储存单位(以下统称危险化学品企业)依法实施生产安全事故应急准备工作,也可作为各级政府应急管理部门和其他负有危险化学品安全生产监督管理职责的部门依法监督检查危险化学品企业生产安全事故应急准备工作的工具。

本指南所称危险化学品使用单位是指根据《危险化学品安全使用许可证实施办法》规定,应取得危险化学品安全使用许可证的化工企业。

第三条 依法做好生产安全事故应急准备是危险化学品企业开展安全生产应急管理工作的主要任务,落实安全生产主体责任的重要内容。

应急准备应贯穿于危险化学品企业安全生产各环节、全过程。

危险化学品企业应遵循安全生产应急工作规律,依法依规,结合实际,在风险评估基础上,针对可能发生的生产安全事故特点和危害,持续开展应急准备工作。

第四条 应急准备内容主要由思想理念、组织与职责、法律法规、风险评估、预案管理、监测与预警、教育培训与演练、值班值守、信息管理、装备设施、救援队伍建设、应急处置与救援、应急准备恢复、经费保障等要素构成。每个要素由若干项目组成。

要素1:思想理念。思想理念是应急准备工作的源头和指引。危险化学品企业要坚持以人为本、安全发展,生命至上、科学救援理念,树立安全发展的红线意识和风险防控的底线思维,依法依规开展应急准备工作。

本要素包括安全发展红线意识、风险防控底线思维、应急管理法治化与生命至上、科学救援四个项目。

要素2:组织与职责。组织健全、职责明确是企业开展应急准备工作的组织保障。危险化学品企业主要负责人要对本单位的生产安全事故应急工作全面负责,建立健全应急管理机构,明确应急响应、指挥、处置、救援、恢复等各环节的职责分工,细化落实到岗位。

本要素包括应急组织、职责任务两个项目。

要素3:法律法规。现行法律法规制度是企业开展应急准备的主要依据。危险化学品企业要及时识别最新的安全生产法律法规、标准规范和有关文件,将其要求转化为企业应急管理的规章制度、操作规程、检测规范和管理工具等,依法依规开展应急准备工作。

本要素包括法律法规识别、法律法规转化、建立应急管理制度三个项目。

要素4:风险评估。风险评估是企业开展应急准备和救援能力建设的基础。危险化学品企业要运用底线思维,全面辨识各类安全风险,选用科学方法进行风险分析和评价,做到风险辨识全面,风险分析深入,风险评估科学,风险分级准确,预防和应对措施有效。运用情景构建技术,准确揭示本企业小概率、高后果的“巨灾事故”,开展有针对性的应急准备工作。

本要素包括风险辨识、风险分析、风险评价、情景构建四个项目。

要素5:预案管理。针对性和操作性强的应急预案是企业开展应急准备和救援能力建设的“规划蓝图”、从业人员应急救援培训的“专门教材”、救援行动的“作战指导方案”。危险化学品企业要组成应急预案编制组,开展风险评估、应急资源普查、救援能力评估,编制应急预案。要加强预案管理,严格预案评审、签署、公布与备案;及时评估和修订预案,增强预案的针对性、实用性和可操作性。

本要素包括预案编制、预案管理、能力提升三个项目。

要素6:监测与预警。监测与预警是企业生产安全事故预防与应急的重要措施。监测是及时做好事故预警,有效预防、减少事故,减轻、消除事故危害的基础。预警是根据事故预测信息和风险评估结果,依据事故可能的危害程度、波及范围、紧急程度和发展态势,确定预警等级,制定预警措施,及时发布实施。

本要素包括监测、预警分级、预警措施三个项目。

要素7:教育培训与演练。教育培训与演练是企业普及应急知识,从业人员提高应急处置技能、熟练掌握应急预案的有效措施。危险化学品企业应对从业人员(包含承包商、救援协议方)开展针对性知识教育、技能培训和预案演练,使从业人员掌握必要的应急知识、与岗位相适应的风险防范技能和应急处置措施。要建立从业人员应急教育培训考核档案,如实记录教育培训的时间、地点、人员、内容、师资和考核的结果。

本要素包括应急教育培训、应急演练、演练评估三个项目。

要素8:值班值守。值班值守是企业保障事故信息畅通、应急响应迅速的重要措施,是企业应急管理的重要环节。危险化学品企业要设立应急值班值守机构,建立健全值班值守制度,设置固定办公场所、配齐工作设备设施,配足专门人员、全天候值班值守,确保应急信息畅通、指挥调度高效。规模较大、危险性较高的危险化学品生产、经营、储存企业应当成立应急处置技术组,实行24小时值班。

本要素包括应急值班、事故信息接报、对外通报三个项目。

要素9:信息管理。应急信息是企业快速预测、研判事故,及时启动应急预案,迅速调集应急资源,实施科学救援的技术支撑。危险化学品企业要收集整理法律法规、企业基本情况、生产工艺、风险、重大危险源、危险化学品安全技术说明书、应急资源、应急预案、事故案例、辅助决策等信息,建立互联共享的应急信息系统。

本要素包括应急救援信息、信息保障两个项目。

要素10:装备设施。装备设施是企业应急处置和救援行动的"作战武器",是应急救援行动的重要保障。危险化学品企业应按照有关标准、规范和应急预案要求,配足配齐应急装备、设施,加强维护管理,保证装备、设施处于完好可靠状态。经常开展装备使用训练,熟练掌握装备性能和使用方法。

本要素包括应急设施、应急物资装备和维护管理三个项目。

要素11:救援队伍建设。救援队伍是企业开展应急处置和救援行动的专业队和主力军。危险化学品企业要按现行法律法规制度建立应急救援队伍(或者指定兼职救援人员、签订救援服务协议),配齐必需的人员、装备、物资,加强教育培训和业务训练,确保救援人员具备必要的专业知识、救援技能、防护技能、身体素质和心理素质。

本要素包括队伍设置、能力要求、队伍管理、对外公布与调动四个项目。

要素12:应急处置与救援。应急处置与救援是事故发生后的首要任务,包括企业自救、外部助救两个方面。危险化学品企业要建立统一领导的指挥协调机制,精心组织,严格程序,措施正确,科学施救,做到迅速、有力、有序、有效。要坚持救早救小,关口前移,着力抓好岗位紧急处置,避免人员伤亡、事故扩大升级。要加强教育培训,杜绝盲目施救、冒险处置等蛮干行为。

本要素包括应急指挥与救援组织、应急救援基本原则、响应分级、总体响应程序、岗位应急程序、现场应急措施、重点监控危险化学品应急处置、配合政府应急处置八个项目。

要素13:应急准备恢复。事故发生,打破了企业原有的生产秩序和应急准备常态。危险化学品企业应在事故救援结束后,开展应急资源消耗评估,及时进行维修、更新、补充,恢复到应急准备常态。

本要素包括事后风险评估、应急准备恢复、应急处置评估三个项目。

要素14:经费保障。经费保障是做好应急准备工作的重要前提条件。危险化学品企业要重视并加强事前投入,保障并落实监测预警、教育培训、物资装备、预案管理、应急演练等各环节所需的资金预算。

要依法对外部救援队伍参与救援所耗费用予以偿还。

本要素包括应急资金预算、救援费用承担两个项目。

第五条 本指南依据现行相关法律法规制度细化明确了应急准备各要素所有项目的主要内容,详见附件《危险化学品企业生产安全事故应急准备工作表》。

(一)危险化学品企业生产安全事故应急准备包括但不限于附件所列要素及其项目、内容。附件所列要素及其项目、内容,是现行法律法规制度对危险化学品企业生产安全事故应急准备的最低要求。

(二)危险化学品企业要结合企业实际,在现有要素及其项目下丰富应急准备内容。可根据实际需要,合理增加应急准备要素并明确具体项目、内容。

(三)危险化学品企业应加强法律法规制度识别与转化,及时完善应急准备要素及其项目、内容和依据,保证生产安全事故应急准备持续符合现行法律法规制度要求。

危险化学品企业应结合实际,建立健全应急准备工作制度,对本指南所提各项应急准备在企业应急管理中的实现路径和方法进行固化,做到应急准备具体化、常态化。

第六条 本指南是危险化学品企业依法开展应急准备工作的重要工具和安全生产应急管理培训的重要内容。危险化学品企业主要负责人要加强组织领导,制定全员培训计划,逐要素开展系统培训。

第七条 危险化学品企业应定期开展多种形式、不同要素的应急准备检查,并将检查情况作为企业奖惩考核的重要依据,不断提高应急准备工作水平。

第八条 各级政府应急管理部门和其他负有危险化学品安全生产监督管理职责的部门、危险化学品企业上级公司(集团)可根据附件所列各要素及其项目、内容和依据,灵活选用座谈、查阅资料、现场检查、口头提问、实际操作、书面测试等方法,对危险化学品企业应急准备工作进行监督检查。

第九条　本指南下列用语的含义:

应急准备,是指以风险评估为基础,以先进思想理念为引领,以防范和应对生产安全事故为目的,针对事故监测预警、应急响应、应急救援及应急准备恢复等各个环节,在事故发生前开展的思想准备、预案准备、机制准备、资源准备等工作的总称。

风险评估,是指依据《生产过程危险和有害因素分类与代码》《危险化学品重大危险源辨识》《职业危害因素分类目录》等辨识各种安全风险,运用定性和定量分析、历史数据、经验判断、案例比对、归纳推理、情景构建等方法,分析事故发生的可能性、事故形态及其后果,评价各种后果的危害程度和影响范围,提出事故预防和应急措施的过程。

情景构建,是指基于风险辨识,分析和评价小概率、高后果事故的风险评估技术。

附件:(略)

应急管理部办公厅关于印发《淘汰落后危险化学品安全生产工艺技术设备目录(第一批)》的通知

1. 2020年10月23日应急管理部办公厅发布
2. 应急厅〔2020〕38号

各省、自治区、直辖市应急管理厅(局),新疆生产建设兵团应急管理局,有关中央企业:

为认真落实《安全生产法》和中共中央办公厅、国务院办公厅《关于全面加强危险化学品安全生产工作的意见》以及国务院安委会《危险化学品安全专项整治三年行动方案》,加快淘汰落后的危险化学品安全生产工艺技术装备,提升企业本质安全水平,防范化解重大安全风险,应急管理部制定了《淘汰落后危险化学品安全生产工艺技术设备目录(第一批)》(见附件),现予印发,请遵照执行。

附件:淘汰落后危险化学品安全生产工艺技术设备目录(第一批)

附件

淘汰落后危险化学品安全生产工艺技术设备目录(第一批)

序号	淘汰落后工艺技术装备名称	淘汰原因	淘汰类型	限制范围	代替的技术或装备名称	依据
一、淘汰落后的工艺技术						
1	采用氨冷冻盐水的氯气液化工艺	氨漏入盐水中形成氨盐,再漏入液氯中,形成三氯化氮,易发生爆炸。	限制	两年内改造完毕	环保型冷冻剂	《安全生产法》第三十五条
2	用火直接加热的涂料用树脂生产工艺	安全风险大。	禁止			列入国家发展改革委《产业结构调整指导目录(2019年本)》“淘汰类”
3	常压固定床间歇煤气化工艺	自动化程度相对较低,人工加煤、下灰时易发生火灾、爆炸、灼烫等事故。	限制	新、扩建项目禁止采用	新型煤气化技术	《安全生产法》第三十五条
4	常压中和法硝酸铵生产工艺	常压反应釜内物料量大,反应速度慢且不均匀,尾气逸出量大,安全风险大。	禁止	三聚氰胺尾气综合利用项目除外	加压中和法或管式反应器法硝酸铵生产工艺	《安全生产法》第三十五条
二、淘汰落后的设备						
1	敞开式离心机	缺乏有效密封,工作过程中物料及蒸气逸出带来的安全风险高。	限制	涉及易燃、有毒物料禁用	密闭式离心机	《安全生产法》第三十五条

续表

序号	淘汰落后工艺技术装备名称	淘汰原因	淘汰类型	限制范围	代替的技术或装备名称	依据
2	多节钟罩的氯乙烯气柜	气柜导轨容易发生卡涩,使物料泄漏。	限制	新、扩建项目禁止,现有多节气柜按照单节气柜改造运行	单节钟罩气柜	《安全生产法》第三十五条
3	煤制甲醇装置气体净化工序三元换热器	在此环境下,易发生腐蚀造成泄漏。	禁止		常规列管换热器、板式换热器等	《安全生产法》第三十五条
4	未设置密闭及自动吸收系统的液氯储存仓库	安全风险高,易发生中毒事故。	限制	一年内改造完毕	仓库密闭,并设置与报警联锁的自动吸收装置	《危险化学品企业安全隐患排查治理导则》
5	采用明火高温加热方式生产石油制品的釜式蒸馏装置	安全风险高,易发生火灾爆炸事故。	禁止		常减压蒸馏塔	列入国家发展改革委《产业结构调整指导目录(2019年本)》"淘汰类"
6	开放式(又称敞开式)、内燃式(又称半密闭式或半开放式)电石炉	安全风险高,易发生火灾、爆炸、灼烫事故。	禁止		密闭式电石炉	电石行业产业政策
7	无火焰监测和熄火保护系统的燃气加热炉、导热油炉	燃气加热炉、导热油炉缺乏火焰监测和熄火保护系统的,容易导致炉膛爆炸。	限制	一年内改造完毕,科研实验用炉不受限制	带有火焰监测和熄火保护系统的燃气加热炉、导热油炉	《安全生产法》第三十五条
8	液化烃、液氯、液氨管道用软管	缺乏检测要求,安全可靠性低。	禁止	码头使用的金属软管和电子级产品使用的软管除外	金属制压力管道或万向充装系统	《石油化工企业设计防火规范》(GB 50160-2008)(2018版)

应急管理部关于印发《危险化学品企业安全分类整治目录(2020年)》的通知

1. 2020年10月31日应急管理部发布
2. 应急〔2020〕84号

各省、自治区、直辖市应急管理厅(局),新疆生产建设兵团应急管理局:

为进一步落实《危险化学品企业安全风险隐患排查治理导则》,推动对安全生产条件不符合要求的企业进行分类整治,现将《危险化学品企业安全分类整治目录(2020年)》(以下简称《目录》)印发给你们,并将有关要求通知如下:

一、全面开展危险化学品企业安全条件精准化排查评估,"一企一策"实施最严格的治理整顿,是中共中央办公厅、国务院办公厅《关于全面加强危险化学品安全生产工作的意见》和国务院安委会《危险化学品安全专项整治三年行动实施方案》明确提出的一项重要任务。各地区应急管理部门要认真学习贯彻习近平总书记关于防范化解重大风险的重要论述精神,坚持人民至上、生命至上,切实把推进安全生产条件不符合要求的危险化学品企业分类整治作为提升整体安全水平的重要举措,把《目录》作为对危险化学品企业安全生产条件进行评估的定性评价标准,同落实《危险化学品企业安全风险隐患排查治理导则》贯通起来,结合实际统筹部署、一体推进,确保工作任务落到实处。

二、各地区应急管理部门要扎实深入开展危险化学品安全专项整治三年行动,通过对危险化学品企业全面排查评估,按照依法依规、分类处置、政策引导、分级实施的工作思路,推动安全生产条件不符合要求的企业规范达标一批、改造提升一批、依法退出一批,建立常态化工作机制,全面提升安全发展水平,实现"从根本上消除事故隐患"、"从根本上解决问题"。

三、《目录》作为对危险化学品企业安全实施分类整治的重要依据,各地区应急管理部门可结合实际研究制定本地区详细目录和实施办法。要严格按照法律、法规、规章、标准的有关具体规定，区分规范达标、改造提升、依法退出三类情况，明确分类内容、违法依据和处理依据。

四、推进安全生产条件不符合要求的企业安全分类整治是一项综合性、政策性很强的工作，要按照省级统筹、市县级抓落实的原则，综合运用安全、环保、质量、节能、土地等政策措施，研究制定配套政策，加强与相关部门协调配合，形成工作合力。

附件：危险化学品企业安全分类整治目录（2020年）

附件

危险化学品企业安全分类整治目录（2020年）

一、暂扣或吊销安全生产许可证类			
序号	分类内容	违法依据	处理依据
1	新建、改建、扩建生产危险化学品的建设项目未经具备国家规定资质的单位设计、制造和施工建设；涉及危险化工工艺、重点监管危险化学品的危险化学品生产装置，未经具有综合甲级资质或者化工石化专业甲级设计资质的化工石化设计单位设计。	《危险化学品生产企业安全生产许可证实施办法》第九条第一款。	《危险化学品生产企业安全生产许可证实施办法》第四十三条。
2	使用国家明令淘汰落后安全技术工艺、设备目录列出的工艺、设备。	《安全生产法》第三十五条； 《危险化学品生产企业安全生产许可证实施办法》第九条第二款； 《化工和危险化学品生产经营单位重大生产安全事故隐患判定标准（试行）》第十一条。	《安全生产许可证条例》第十四条第二款； 《危险化学品生产企业安全生产许可证实施办法》第四十三条。
3	涉及“两重点一重大”的生产装置、储存设施外部安全防护距离不符合国家标准要求，且无法整改的。	《安全生产法》第十七条； 《危险化学品生产企业安全生产许可证实施办法》第八条第二款、第九条第五款； 《化工和危险化学品生产经营单位重大生产安全事故隐患判定标准（试行）》第三条。	《安全生产许可证条例》第十四条第二款； 《危险化学品生产企业安全生产许可证实施办法》第四十三条。
4	涉及重点监管危险化工工艺的装置未装设自动化控制系统。	《危险化学品生产企业安全生产许可证实施办法》第九条第三款； 《化工和危险化学品生产经营单位重大生产安全事故隐患判定标准（试行）》第四条。	《安全生产许可证条例》第十四条第二款； 《危险化学品生产企业安全生产许可证实施办法》第四十三条。
二、停产停业整顿或暂时停产停业、停止使用相关设施设备类			
序号	分类内容	违法依据	处理依据
1	未取得安全生产许可证、安全使用许可证（试生产期间除外）、危险化学品经营许可证或超许可范围从事危险化学品生产经营活动。	《危险化学品安全管理条例》第十四条、第二十九条、第三十三条。	《危险化学品安全管理条例》第七十七条； 《危险化学品生产企业安全生产许可证实施办法》第四十五条； 《危险化学品安全使用许可证管理办法》第三十七条。

续表

序号	分类内容	违法依据	处理依据
2	新开发的危险化学品生产工艺未经小试、中试、工业化试验直接进行工业化生产，且重大事故隐患排除前或者排除过程中无法保证安全的；国内首次使用的化工工艺，未经过省级人民政府有关部门组织的安全可靠性论证，且重大事故隐患排除前或者排除过程中无法保证安全的。	《安全生产法》第六十二条； 《危险化学品生产企业安全生产许可证实施办法》第九条第二款； 《化工和危险化学品生产经营单位重大生产安全事故隐患判定标准（试行）》第十九条。	《安全生产法》第六十二条。
3	一级或者二级重大危险源不具备紧急停车功能，对重大危险源中的毒性气体、剧毒液体和易燃气体等重点设施未设置紧急切断装置，涉及毒性气体、液化气体、剧毒液体的一级、二级重大危险源未配备独立的安全仪表系统，且重大事故隐患排除前或者排除过程中无法保证安全的。	《安全生产法》第六十二条； 《危险化学品重大危险源监督管理暂行规定》第十三条； 《化工和危险化学品生产经营单位重大生产安全事故隐患判定标准（试行）》第五条。	《安全生产法》第六十二条。
4	涉及重点监管危险化工工艺的装置未实现自动化控制，系统未实现紧急停车功能，且重大事故隐患排除前或者排除过程中无法保证安全的；装备的自动化控制系统、紧急停车系统未投入使用，且重大事故隐患排除前或者排除过程中无法保证安全的。	《安全生产法》第六十二条； 《危险化学品生产企业安全生产许可证实施办法》第九条第三款； 《危险化学品安全使用许可证管理办法》第七条第三款； 《化工和危险化学品生产经营单位重大生产安全事故隐患判定标准（试行）》第四条。	《安全生产法》第六十二条； 《危险化学品生产企业安全生产许可证实施办法》第四十三条。
5	装置的控制室、机柜间、变配电所、化验室、办公室等不得与设有甲、$乙_A$类设备的房间布置在同一建筑物内。	《危险化学品生产企业安全生产许可证实施办法》第八条第一款第三项； 《石油化工企业设计防火标准》（GB 50160－2008）（2018年版）5.2.16。	《危险化学品生产企业安全生产许可证实施办法》第四十三条。
6	爆炸危险场所未按照国家标准安装使用防爆电气设备，且重大事故隐患排除前或者排除过程中无法保证安全的。	《安全生产法》第六十二条； 《化工和危险化学品生产经营单位重大生产安全事故隐患判定标准（试行）》第十二条。	《安全生产法》第六十二条。
7	涉及光气、氯气、硫化氢等剧毒气体管道穿越除厂区外的公共区域（包括化工园区、工业园区），且重大事故隐患排除前或者排除过程中无法保证安全的。	《安全生产法》第六十二条； 《危险化学品输送管道安全管理规定》第七条； 《化工和危险化学品生产经营单位重大生产安全事故隐患判定标准（试行）》第八条。	《安全生产法》第六十二条。
8	全压力式液化烃球形储罐未按国家标准设置注水措施（半冷冻压力式液化烃储罐或遇水发生反应的液化烃储罐除外），且重大事故隐患排除前或者排除过程中无法保证安全的。	《安全生产法》第六十二条； 《化工和危险化学品生产经营单位重大生产安全事故隐患判定标准（试行）》第六条。	《安全生产法》第六十二条。
9	液化烃、液氨、液氯等易燃易爆、有毒有害液化气体的充装未使用万向管道充装系统，且重大事故隐患排除前或者排除过程中无法保证安全的。（液氯钢瓶充装、电子级产品充装除外）	《安全生产法》第六十二条； 《化工和危险化学品生产经营单位重大生产安全事故隐患判定标准（试行）》第七条。	《安全生产法》第六十二条。

续表

序号	分类内容	违法依据	处理依据
10	氯乙烯气柜的进出口管道未设远程紧急切断阀；氯乙烯气柜的压力(钟罩内)、柜位高度不能实现在线连续监测；未设置气柜压力、柜位等联锁。存在以上三种情形之一，经责令限期改正，逾期未改正且情节严重的。	《危险化学品重大危险源监督管理暂行规定》第十三条第二、三项； 《危险化学品企业安全风险隐患排查治理导则》“9 重点危险化学品特殊管控安全风险隐患排查清单(六)氯乙烯”第六、十一条。	《安全生产法》第九十六条。
11	危险化学品生产、经营、使用企业主要负责人和安全生产管理人员未依法经考核合格。	《安全生产法》第六十二条； 《危险化学品生产企业安全生产许可证实施办法》第十六条； 《危险化学品经营许可证管理办法》第六条第一款第二项； 《危险化学品安全使用许可证管理办法》第九条； 《化工和危险化学品生产经营单位重大生产安全事故隐患判定标准(试行)》第一条。	《安全生产法》第六十二条； 《危险化学品生产企业安全生产许可证实施办法》第四十三条。
12	涉及危险化工工艺的特种作业人员未取得特种作业操作证而上岗操作的。	《安全生产法》第六十二条； 《特种作业人员安全技术培训考核管理规定》第五条； 《化工和危险化学品生产经营单位重大生产安全事故隐患判定标准(试行)》第二条。	《安全生产法》第六十二条。
13	未建立安全生产责任制。	《安全生产法》第六十二条； 《化工和危险化学品生产经营单位重大生产安全事故隐患判定标准(试行)》第十六条。	《安全生产法》第六十二条。
14	未编制岗位操作规程，未明确关键工艺控制指标。	《安全生产法》第六十二条； 《危险化学品生产企业安全生产许可证实施办法》第四十三条； 《化工和危险化学品生产经营单位重大生产安全事故隐患判定标准(试行)》第十七条。	《安全生产法》第六十二条； 《危险化学品生产企业安全生产许可证实施办法》第四十三条。
15	动火、进入受限空间等特殊作业管理制度不符合国家标准，实施特殊作业前未办理审批手续或风险控制措施未落实，且重大事故隐患排除前或者排除过程中无法保证安全的。	《安全生产法》第六十二条； 《化工和危险化学品生产经营单位重大生产安全事故隐患判定标准(试行)》第十八条。	《安全生产法》第六十二条。
16	列入精细化工反应安全风险评估范围的精细化工生产装置未开展评估，且重大事故隐患排除前或者排除过程中无法保证安全的。	《安全生产法》第六十二条； 《化工和危险化学品生产经营单位重大生产安全事故隐患判定标准(试行)》第十九条。	《安全生产法》第六十二条。
17	未按国家标准分区分类储存危险化学品，超量、超品种储存危险化学品，相互禁配物质混放混存，且重大事故隐患排除前或者排除过程中无法保证安全的。	《安全生产法》第六十二条； 《化工和危险化学品生产经营单位重大生产安全事故隐患判定标准(试行)》第二十条。	《安全生产法》第六十二条； 《危险化学品安全管理条例》第八十条第五款。

续表

三、限期改正类			
序号	分类内容	违法依据	处理依据
1	涉及"两重点一重大"建设项目未按要求组织开展危险与可操作性分析(HAZOP)。	《安全生产法》第三十八条； 《危险化学品企业安全风险隐患排查治理导则》3.2.3。	《安全生产法》第九十九条。
2	重大危险源未按国家标准配备温度、压力、液位、流量、组分等信息的不间断采集和监测系统以及可燃气体和有毒有害气体泄漏检测报警装置,并具备信息远传、连续记录、事故预警、信息储存(不少于30天)等功能。	《危险化学品重大危险源监督管理暂行规定》第十三条第一项。	《危险化学品重大危险源监督管理暂行规定》第三十二条第三项。
3	现有涉及硝化、氯化、氟化、重氮化、过氧化工艺的精细化工生产装置未完成有关产品生产工艺全流程的反应安全风险评估,同时未按照《关于加强精细化工反应安全风险评估工作的指导意见》(安监总管三〔2017〕1号)的有关方法对相关原料、中间产品、产品及副产物进行热稳定性测试和蒸馏、干燥、储存等单元操作的风险评估;已开展反应安全风险评估的企业未根据反应危险度等级和评估建议设置相应的安全设施,补充完善安全管控措施的。	《安全生产法》第六十二条； 《化工和危险化学品生产经营单位重大生产安全事故隐患判定标准(试行)》第十九条。	《安全生产法》第六十二条。
4	涉及爆炸危险性化学品的生产装置控制室、交接班室布置在装置区内,且未完成搬迁的;涉及甲乙类火灾危险性的生产装置控制室、交接班室布置在装置区内,但未按照《石油化工控制室抗爆设计规范》(GB 50779)完成抗爆设计、建设和加固的。	《安全生产法》第三十八条； 《危险化学品生产企业安全生产许可证实施办法》第八条第三款,第九条第四、五款； 《危险化学品企业安全风险隐患排查治理导则》附件《安全风险隐患排查表》"2 设计与总图安全风险隐患排查表(二)总图布局"第七项。	《安全生产法》第九十九条。
5	涉及硝化、氯化、氟化、重氮化、过氧化工艺装置的上下游配套装置未实现自动化控制。	《安全生产法》第三十八条； 《危险化学品生产企业安全生产许可证实施办法》第九条； 《危险化学品安全使用许可证管理办法》第七条第三款。	《安全生产法》第九十九条。
6	控制室或机柜间面向具有火灾、爆炸危险性装置一侧不满足国家标准关于防火防爆的要求。	《安全生产法》第六十二条； 《化工和危险化学品生产经营单位重大生产安全事故隐患判定标准(试行)》第十三条。	《安全生产法》第六十二条。
7	未按照标准设置、使用有毒有害、可燃气体泄漏检测报警系统;可燃气体和有毒气体检测报警信号未发送至有人值守的现场控制室、中心控制室等进行显示报警。	《安全生产法》第六十二条； 《危险化学品生产企业安全生产许可证实施办法》第九条第一款第三项； 《化工和危险化学品生产经营单位重大生产安全事故隐患判定标准(试行)》第十二条。	《安全生产法》第六十二条。

续表

序号	分类内容	违法依据	处理依据
8	地区架空电力线路穿越生产区且不符合国家标准要求。	《安全生产法》第六十二条； 《化工和危险化学品生产经营单位重大生产安全事故隐患判定标准（试行）》第九条。	《安全生产法》第六十二条。
9	化工生产装置未按国家标准要求设置双重电源供电。	《安全生产法》第六十二条； 《化工和危险化学品生产经营单位重大生产安全事故隐患判定标准（试行）》第十四条； 《供配电系统设计规范》（GB 50052－2009）3.0.2； 《石油化工企业生产装置电力设计技术规范》（SH 3038－2000）4.1、4.2。	《安全生产法》第六十二条。
10	涉及“两重点一重大”生产装置和储存设施的企业，新入职的主要负责人和主管生产、设备、技术、安全的负责人及安全生产管理人员不具备化学、化工、安全等相关专业大专及以上学历或化工类中级及以上职称；新入职的涉及重大危险源、重点监管化工工艺的生产装置、储存设施操作人员不具备高中及以上学历或化工类中等及以上职业教育水平；新入职的涉及爆炸危险性化学品的生产装置和储存设施的操作人员不具备化工类大专及以上学历。	中共中央办公厅、国务院办公厅《关于全面加强危险化学品安全生产工作的意见》“十一、加强专业人才培养”； 《危险化学品生产企业安全生产许可证实施办法》第十六条。	《安全生产法》第九十四条； 《危险化学品生产企业安全生产许可证实施办法》第四十三条。
11	未建立安全风险研判与承诺公告制度，董事长或总经理等主要负责人未每天作出安全承诺并向社会公告。	《危险化学品企业安全风险隐患排查治理导则》4.1.5。	《安全生产法》第九十九条。
12	危险化学品生产企业未提供化学品安全技术说明书，未在包装（包括外包装件）上粘贴、拴挂化学品安全标签。	《危险化学品安全管理条例》第十五条。	《危险化学品安全管理条例》第七十八条。
13	未将工艺、设备、生产组织方式等方面发生的变化纳入变更管理，或在变更时未进行安全风险分析。	《危险化学品企业安全风险隐患排查治理导则》4.12。	《安全生产法》第九十九条。
14	未按照《危险化学品单位应急救援物资配备要求》配备应急救援物资。	《安全生产法》第七十九条； 《危险化学品单位应急救援物资配备要求》（GB 30077－2013）。	《生产安全事故应急预案管理办法》第四十四条第七款。

注：1. 经评估属于暂扣或吊销安全生产许可证类的，依法暂扣其安全生产许可证1－6个月，暂扣期满仍不具备安全生产条件的，依法吊销其安全生产许可证；属于停产停业整顿或暂时停产停业、停止使用相关设施设备类的，经停产停业整顿或暂时停产停业、停止使用相关设施设备仍不具备安全生产条件的，依法吊销其有关安全许可或给予其他行政处罚；属于限期改正类的，依法责令其限期改正，逾期仍未改正的，依法给予行政处罚。

2. 暂扣或吊销安全生产许可证类第2小类，危险化学品企业的主装置使用国家明令淘汰落后安全技术工艺、设备的，按照暂扣或吊销安全生产许可证类相应要求执行；辅助装置涉及使用国家明令淘汰落后安全技术工艺、设备的，按照或暂时停产停业、停止使用相关设施设备相应要求执行。

3. 暂扣或吊销安全许可证类第3小类，涉及爆炸物的危险化学品生产装置和储存设施，要按照《危险化学品生产装置和储存设施外部安全防护距离》（GB/T 37243）确定外部安全防护距离；涉及有毒气体或易燃气体，且其设计最大量与GB 18218中规定的临界量比值之和大于或等于1的危险化学品生产装置和储存设施，要按照《危险化学品生产装置和储存设施外部安全防护距离》（GB/T 37243）确定外部安全防护距离；除此以外的危险化学品生产装置和储存设施的外部安全防护距离应满足相关标准规范的距离要求。

应急管理部、工业和信息化部、公安部、交通运输部、海关总署关于进一步加强硝酸铵安全管理的通知

1. *2021年9月13日*
2. *应急〔2021〕64号*

各省、自治区、直辖市及新疆生产建设兵团应急管理厅（局）、民用爆炸物品行业主管部门、公安厅（局）、交通运输厅（局、委），各直属海关：

硝酸铵具有遇火、高温、猛烈撞击发生爆炸的危险特性。2020年8月4日，黎巴嫩贝鲁特港发生硝酸铵爆炸事故，造成至少190人死亡、6500人受伤，约30万人无家可归。我国是硝酸铵生产和使用大国，涉及面广，安全风险高，历史上也曾多次发生硝酸铵爆炸事故。为深入贯彻习近平总书记关于防范化解重大安全风险的重要指示精神，认真落实党中央、国务院关于安全生产决策部署，加强硝酸铵（包括含可燃物≤0.2%的硝酸铵和硝酸铵溶液）生产、储存、销售、购买、运输等环节安全风险管控，坚决防范遏制重特大事故，切实保障人民群众生命财产安全，依据《安全生产法》《危险化学品安全管理条例》《民用爆炸物品安全管理条例》等法律法规，现就进一步加强硝酸铵安全管理通知如下：

一、强化硝酸铵安全风险源头管控

各地区要严格落实《特别管控危险化学品目录（第一版）》（应急管理部、工业和信息化部、公安部、交通运输部公告2020年第3号）有关要求，对硝酸铵建设项目从严审批，严格从业人员准入，对不符合安全生产法律法规、标准和产业布局规划的建设项目一律不予审批。硝酸铵建设项目的规划、设计、建设、运行等各环节均须考虑硝酸铵的爆炸特性，鼓励硝酸铵生产和使用企业就近布局，减轻硝酸铵储存环节和运输环节安全风险。新建、改建、扩建硝酸铵项目要按照《危险化学品生产装置和储存设施风险基准》（GB 36894）和《危险化学品生产装置和储存设施外部安全防护距离确定方法》（GB/T 37243）（以下统称“两项标准”）中的定量风险评估法评估其外部安全防护距离。现有硝酸铵生产企业要按照已确定的“一企一策”方案，落实配套建设与固体硝酸铵产能相匹配的硝基复合肥、硝酸铵溶液等调峰装置或产能分流设施的要求，鼓励增加硝基复合肥、硝酸铵溶液和其他分流产品的生产能力，避免固体硝酸铵产销量不平衡导致超量储存。

二、严格硝酸铵生产过程安全管理

硝酸铵生产企业要强化工艺技术管理，严格控制原料配比、反应温度和pH值等工艺参数，建立完善定期检测制度，严格监测原料中氯离子、油类等杂质含量和成品中的有机物含量，确保符合国家标准；及时回收处置被污染的硝酸铵（扫地料、“不合格”产品等），必须储存的应按照爆炸性危险化学品的相关储存要求进行管理，严禁与成品混存，并按照“两项标准”中的事故后果法确定最大存储量；严格执行“一书一签”和产品包装要求，确保将硝酸铵危险特性和处置要求等安全信息，尤其是遇火、遇高温、遇猛烈撞击发生爆炸的危险特性直观准确地传递至运输环节和下游用户；提升本质安全水平，加强日常管理，防止生产装置发生火灾、爆炸，影响厂区内硝酸铵的储存安全。淘汰退出常压中和法硝酸铵生产工艺（三聚氰胺尾气综合利用项目除外）。

使用硝酸铵生产硝基复合（混）肥的企业应严格按照《危险化学品安全管理条例》《农用硝酸铵抗爆性能试验方法及判定》（WJ/T 9050）等有关法律法规、标准规定，严格落实安全生产要求。要严格落实农用硝酸铵、硝酸铵复合（混）肥抗爆性能强制检测制度，生产农用硝酸铵以及硝酸铵含量超过50%的硝酸铵复混肥的企业应每三年进行一次统检，凡未取得国家检测机构出具的抗爆性能检测合格证书的，一律不得作为农用生产资料生产、销售。

三、完善硝酸铵储存安全管理措施

硝酸铵生产、经营（带储存）企业和使用硝酸铵的化工企业要进一步提升固体硝酸铵库房储存条件，比照《民爆物品工程设计安全标准（GB 50089）》7.1.3规定，单个库房存储量应不大于500吨，库房周边（50m）不得存放易燃易爆物品、不得建有涉及易燃易爆物品的生产装置和储存设施。固体硝酸铵库房应按照《建筑设计防火规范（2018年版）》（GB 50016）要求，按甲类仓库设计，单层独立建造，采用封闭结构，耐火等级不低于二级；设置甲级防火门窗。库房内须完善强制通风、远红外热成像监测报警、喷淋降温和视频监控等安全设施，库房外须设置火焰视频识别报警等安全设施，有关监测报警和视频监控信号接入危险化学品安全生产风险监测预警系统。硝酸铵生产、经营（带储存）企业和使用硝酸铵的化工企业的固体硝酸铵库房在满足上述储存条件的情况下方可储存。固体硝酸铵应严格按照《常用化学危险品贮存通则》

(GB 15603)6.5 条要求,不准与其他类物品同储,必须单独隔离限量储存,严禁超量储存。固体硝酸铵严禁与可燃物粉末、性质不相容的有机物及金属、强酸、强碱接触,严禁露天储存。固体硝酸铵库房内的动火作业要严格落实《化学品生产单位特殊作业安全规范》(GB 30871),应全程录像并至少留存一个月,不得在未清空的库房内实施动火作业。鼓励固体硝酸铵生产企业采取"直产直装"、"零库存"运行等减少储存量的措施。

硝酸铵生产、经营(带储存)企业和使用硝酸铵的化工企业的硝酸铵溶液储罐应按照《建筑设计防火规范(2018 年版)》(GB 50016)4.2.3 款要求,罐组最大容量不超过 $1000m^3$,单罐最大容量不超过 $200m^3$。硝酸铵溶液罐组应单独布置,罐区周边安全距离要符合应急管理部门新制定的国家标准。储罐须单独设置保温、降温设施,液位、温度、流量等参数应接入 DCS 系统并具备报警、联锁功能,储罐、机泵及管道等部位要严格控制洁净度,避免油类物质进入。硝酸铵溶液的储存温度应不超过 145℃,浓度应不大于 93%(质量),并定期检测 pH 值、浓度、有机物含量等参数,确保在正常范围内。硝酸铵溶液输送管路应有预防结晶堵塞的措施。固体硝酸铵库房和硝酸铵溶液储罐均须纳入重大危险源管理,落实主要负责人、技术负责人、操作负责人安全包保责任制。硝酸铵生产、经营(带储存)企业、使用硝酸铵的化工企业要组建专职消防队或微型消防站、工艺处置队,加强值班值守,提高自身处置灾害事故的能力。

四、加强硝酸铵运输安全风险管控

硝酸铵生产、经营(带储存)企业要建立健全并严格执行充装或装载查验、记录制度,委托具备相应危险货物道路运输资质的企业承运硝酸铵。从事硝酸铵运输的危险货物道路运输企业要严格落实《危险货物道路运输安全管理办法》要求,禁止硝酸铵运输车辆挂靠经营,不得违规使用普通货物运输车辆运输;要进一步加强对相关驾驶人员、押运人员的教育培训,加强硝酸铵运输车辆的动态监控;在固体硝酸铵装车前应对车厢内残留的化学品、金属粉末、煤粉、木屑等进行清理。从事硝酸铵装卸作业的港口企业要严格落实《危险货物集装箱港口作业安全规程》(JT 397)关于"直装直取"的要求,加强与托运人、承运人信息沟通;完善事故应急预案,定期开展应急预案演练。

五、严格硝酸铵销售、购买环节管理

硝酸铵生产企业和销售企业,须取得民用爆炸物品行业主管部门核发的《民用爆炸物品销售许可证》方可销售。销售硝酸铵的企业必须严格按照《民用爆炸物品安全管理条例》要求,查验购买方相应的许可证及经办人的身份证明,严禁销售给不具备相应许可或法定手续不齐全的单位和个人。销售企业要在买卖成交之日起 3 日内,将销售的品种、数量和购买单位向民用爆炸物品行业主管部门和公安机关备案;购买单位要在买卖成交之日起 3 日内,将购买的品种、数量向公安机关备案。

六、落实部门监管责任严格监督管理

各级应急管理部门要进一步加强对硝酸铵生产、经营(储存)企业和使用硝酸铵的化工企业的安全监管,发现有关企业不具备安全生产条件的,应当依法暂扣或者吊销其安全生产许可证;经停产停业整顿仍不具备安全生产条件的,应提请政府依法予以关闭;督促有关化工园区开展安全风险评估。各级民用爆炸物品行业主管部门不得为以硝基复合肥项目报批的硝酸铵生产企业发放硝酸铵销售许可证;依法严肃查处违规销售硝酸铵的行为,情节严重的,应吊销其《民用爆炸物品销售许可证》。交通运输部门要督促从事硝酸铵运输的危险货物道路运输企业规范运输行为,强化驾驶人员、押运人员的教育培训,加强硝酸铵运输车辆的动态监控。各级公安机关要从严规范硝酸铵等危险货物运输车辆的通行秩序,从严查处交通违法行为。民用爆炸物品行业主管部门、公安机关、海关部门要按照《民用爆炸物品进出口管理办法》(工业和信息化部、公安部、海关总署令第 21 号)及其实施细则要求,加强硝酸铵出口管理,严格出口企业资质要求,限制单次审批数量,减轻出口环节安全风险,为硝酸铵"直装直取"提供便利。

七、提升硝酸铵安全技术标准

应急管理部要会同有关部门加快研究制定硝酸铵安全管理相关标准规范,从设计建设、产品质量、防火防爆、包装、安全标签、运输安全等方面,提升硝酸铵安全管理和技术水平;完善硝酸铵溶液和固体硝酸铵"一书一签"。工业和信息化部要会同有关部门加快推进全国危险化学品监管信息共享平台建设,发挥好平台对硝酸铵监管信息共享的支撑作用;研究制修订多孔粒状硝酸铵和硝酸铵溶液的产品标准。鼓励各地区根据实际进行相关信息化系统建设,同时做好与全国危险化学品监管信息共享平台的对接工作。有关地方要加强危险化学品专用停车场规划建设。

各省、自治区、直辖市及新疆生产建设兵团有关部门、单位要认真履行属地监管责任和行业监管责任，按照本通知要求抓好贯彻落实。

国家安全生产监督管理总局关于加强化工过程安全管理的指导意见

1. *2013年7月29日*
2. *安监总管三〔2013〕88号*

各省、自治区、直辖市及新疆生产建设兵团安全生产监督管理局，有关中央企业：

化工过程（chemical process）伴随易燃易爆、有毒有害等物料和产品，涉及工艺、设备、仪表、电气等多个专业和复杂的公用工程系统。加强化工过程安全管理，是国际先进的重大工业事故预防和控制方法，是企业及时消除安全隐患、预防事故、构建安全生产长效机制的重要基础性工作。为深入贯彻落实《国务院关于进一步加强企业安全生产工作的通知》（国发〔2010〕23号）和《国务院关于坚持科学发展安全发展促进安全生产形势持续稳定好转的意见》（国发〔2011〕40号）精神，加强化工企业安全生产基础工作，全面提升化工过程安全管理水平，现提出以下指导意见：

一、化工过程安全管理的主要内容和任务

（一）化工过程安全管理的主要内容和任务包括：收集和利用化工过程安全生产信息；风险辨识和控制；不断完善并严格执行操作规程；通过规范管理，确保装置安全运行；开展安全教育和操作技能培训；严格新装置试车和试生产的安全管理；保持设备设施完好性；作业安全管理；承包商安全管理；变更管理；应急管理；事故和事件管理；化工过程安全管理的持续改进等。

二、安全生产信息管理

（二）全面收集安全生产信息。企业要明确责任部门，按照《化工企业工艺安全管理实施导则》（AQ/T 3034）的要求，全面收集生产过程涉及的化学品危险性、工艺和设备等方面的全部安全生产信息，并将其文件化。

（三）充分利用安全生产信息。企业要综合分析收集到的各类信息，明确提出生产过程安全要求和注意事项。通过建立安全管理制度、制定操作规程、制定应急救援预案、制作工艺卡片、编制培训手册和技术手册、编制化学品间的安全相容矩阵表等措施，将各项安全要求和注意事项纳入自身的安全管理中。

（四）建立安全生产信息管理制度。企业要建立安全生产信息管理制度，及时更新信息文件。企业要保证生产管理、过程危害分析、事故调查、符合性审核、安全监督检查、应急救援等方面的相关人员能够及时获取最新安全生产信息。

三、风险管理

（五）建立风险管理制度。企业要制定化工过程风险管理制度，明确风险辨识范围、方法、频次和责任人，规定风险分析结果应用和改进措施落实的要求，对生产全过程进行风险辨识分析。

对涉及重点监管危险化学品、重点监管危险化工工艺和危险化学品重大危险源（以下统称“两重点一重大”）的生产储存装置进行风险辨识分析，要采用危险与可操作性分析（HAZOP）技术，一般每3年进行一次。对其他生产储存装置的风险辨识分析，针对装置不同的复杂程度，选用安全检查表、工作危害分析、预危险性分析、故障类型和影响分析（FMEA）、HAZOP技术等方法或多种方法组合，可每5年进行一次。企业管理机构、人员构成、生产装置等发生重大变化或发生生产安全事故时，要及时进行风险辨识分析。企业要组织所有人员参与风险辨识分析，力求风险辨识分析全覆盖。

（六）确定风险辨识分析内容。化工过程风险分析应包括：工艺技术的本质安全性及风险程度；工艺系统可能存在的风险；对严重事件的安全审查情况；控制风险的技术、管理措施及其失效可能引起的后果；现场设施失控和人为失误可能对安全造成的影响。在役装置的风险辨识分析还要包括发生的变更是否存在风险，吸取本企业和其他同类企业事故及事件教训的措施等。

（七）制定可接受的风险标准。企业要按照《危险化学品重大危险源监督管理暂行规定》（国家安全监管总局令第40号）的要求，根据国家有关规定或参照国际相关标准，确定本企业可接受的风险标准。对辨识分析发现的不可接受风险，企业要及时制定并落实消除、减小或控制风险的措施，将风险控制在可接受的范围。

四、装置运行安全管理

（八）操作规程管理。企业要制定操作规程管理制度，规范操作规程内容，明确操作规程编写、审查、批准、分发、使用、控制、修改及废止的程序和职责。操作规程的内容应至少包括：开车、正常操作、临时操作、应急操作、正常停车和紧急停车的操作步骤与安全要求；工艺参数的正常控制范围，偏离正常工况的后果，防止

和纠正偏离正常工况的方法及步骤;操作过程的人身安全保障、职业健康注意事项等。

操作规程应及时反映安全生产信息、安全要求和注意事项的变化。企业每年要对操作规程的适应性和有效性进行确认,至少每3年要对操作规程进行审核修订;当工艺技术、设备发生重大变更时,要及时审核修订操作规程。

企业要确保作业现场始终存有最新版本的操作规程文本,以方便现场操作人员随时查用;定期开展操作规程培训和考核,建立培训记录和考核成绩档案;鼓励从业人员分享安全操作经验,参与操作规程的编制、修订和审核。

(九)异常工况监测预警。企业要装备自动化控制系统,对重要工艺参数进行实时监控预警;要采用在线安全监控、自动检测或人工分析数据等手段,及时判断发生异常工况的根源,评估可能产生的后果,制定安全处置方案,避免因处理不当造成事故。

(十)开停车安全管理。企业要制定开停车安全条件检查确认制度。在正常开停车、紧急停车后的开车前,都要进行安全条件检查确认。开停车前,企业要进行风险辨识分析,制定开停车方案,编制安全措施和开停车步骤确认表,经生产和安全管理部门审查同意后,要严格执行并将相关资料存档备查。

企业要落实开停车安全管理责任,严格执行开停车方案,建立重要作业责任人签字确认制度。开车过程中装置依次进行吹扫、清洗、气密试验时,要制定有效的安全措施;引进蒸汽、氮气、易燃易爆介质前,要指定有经验的专业人员进行流程确认;引进物料时,要随时监测物料流量、温度、压力、液位等参数变化情况,确认流程是否正确。要严格控制进退料顺序和速率,现场安排专人不间断巡检,监控有无泄漏等异常现象。

停车过程中的设备、管线低点的排放要按照顺序缓慢进行,并做好个人防护;设备、管线吹扫处理完毕后,要用盲板切断与其他系统的联系。抽堵盲板作业应在编号、挂牌、登记后按规定的顺序进行,并安排专人逐一进行现场确认。

五、岗位安全教育和操作技能培训

(十一)建立并执行安全教育培训制度。企业要建立厂、车间、班组三级安全教育培训体系,制定安全教育培训制度,明确教育培训的具体要求,建立教育培训档案;要制定并落实教育培训计划,定期评估教育培训内容、方式和效果。从业人员应经考核合格后方可上岗,特种作业人员必须持证上岗。

(十二)从业人员安全教育培训。企业要按照国家和企业要求,定期开展从业人员安全培训,使从业人员掌握安全生产基本常识及本岗位操作要点、操作规程、危险因素和控制措施,掌握异常工况识别判定、应急处置、避险避灾、自救互救等技能与方法,熟练使用个体防护用品。当工艺技术、设备设施等发生改变时,要及时对操作人员进行再培训。要重视开展从业人员安全教育,使从业人员不断强化安全意识,充分认识化工安全生产的特殊性和极端重要性,自觉遵守企业安全管理规定和操作规程。企业要采取有效的监督检查评估措施,保证安全教育培训工作质量和效果。

(十三)新装置投用前的安全操作培训。新建企业应规定从业人员文化素质要求,变招工为招生,加强从业人员专业技能培养。工厂开工建设后,企业就应招录操作人员,使操作人员在上岗前先接受规范的基础知识和专业理论培训。装置试生产前,企业要完成全体管理人员和操作人员岗位技能培训,确保全体管理人员和操作人员考核合格后参加全过程的生产准备。

六、试生产安全管理

(十四)明确试生产安全管理职责。企业要明确试生产安全管理范围,合理界定项目建设单位、总承包商、设计单位、监理单位、施工单位等相关方的安全管理范围与职责。

项目建设单位或总承包商负责编制总体试生产方案、明确试生产条件,设计、施工、监理单位要对试生产方案及试生产条件提出审查意见。对采用专利技术的装置,试生产方案经设计、施工、监理单位审查同意后,还要经专利供应商现场人员书面确认。

项目建设单位或总承包商负责编制联动试车方案、投料试车方案、异常工况处置方案等。试生产前,项目建设单位或总承包商要完成工艺流程图、操作规程、工艺卡片、工艺和安全技术规程、事故处理预案、化验分析规程、主要设备运行规程、电气运行规程、仪表及计算机运行规程、联锁整定值等生产技术资料、岗位记录表和技术台账的编制工作。

(十五)试生产前各环节的安全管理。建设项目试生产前,建设单位或总承包商要及时组织设计、施工、监理、生产等单位的工程技术人员开展"三查四定"(三查:查设计漏项、查工程质量、查工程隐患;四定:整改工作定任务、定人员、定时间、定措施),确保施工质量符合有关标准和设计要求,确认工艺危害分析报告中的改进措施和安全保障措施已经落实。

系统吹扫冲洗安全管理。在系统吹扫冲洗前，要在排放口设置警戒区，拆除易被吹扫冲洗损坏的所有部件，确认吹扫冲洗流程、介质及压力。蒸汽吹扫时，要落实防止人员烫伤的防护措施。

气密试验安全管理。要确保气密试验方案全覆盖、无遗漏，明确各系统气密的最高压力等级。高压系统气密试验前，要分成若干等级压力，逐级进行气密试验。真空系统进行真空试验前，要先完成气密试验。要用盲板将气密试验系统与其他系统隔离，严禁超压。气密试验时，要安排专人监控，发现问题，及时处理；做好气密检查记录，签字备查。

单机试车安全管理。企业要建立单机试车安全管理程序。单机试车前，要编制试车方案、操作规程，并经各专业确认。单机试车过程中，应安排专人操作、监护、记录，发现异常立即处理。单机试车结束后，建设单位要组织设计、施工、监理及制造商等方面人员签字确认并填写试车记录。

联动试车安全管理。联动试车应具备下列条件：所有操作人员考核合格并已取得上岗资格；公用工程系统已稳定运行；试车方案和相关操作规程、经审查批准的仪表报警和联锁值已整定完毕；各类生产记录、报表已印发到岗位；负责统一指挥的协调人员已经确定。引入燃料或窒息性气体后，企业必须建立并执行每日安全调度例会制度，统筹协调全部试车的安全管理工作。

投料安全管理。投料前，要全面检查工艺、设备、电气、仪表、公用工程和应急准备等情况，具备条件后方可进行投料。投料及试生产过程中，管理人员要现场指挥，操作人员要持续进行现场巡查，设备、电气、仪表等专业人员要加强现场巡检，发现问题及时报告和处理。投料试生产过程中，要严格控制现场人数，严禁无关人员进入现场。

七、设备完好性（完整性）

（十六）建立并不断完善设备管理制度。

建立设备台账管理制度。企业要对所有设备进行编号，建立设备台账、技术档案和备品配件管理制度，编制设备操作和维护规程。设备操作、维修人员要进行专门的培训和资格考核，培训考核情况要记录存档。

建立装置泄漏监（检）测管理制度。企业要统计和分析可能出现泄漏的部位、物料种类和最大量。定期监（检）测生产装置动静密封点，发现问题及时处理。定期标定各类泄漏检测报警仪器，确保准确有效。要加强防腐蚀管理，确定检查部位，定期检测，建立检测数据库。对重点部位要加大检测检查频次，及时发现和处理管道、设备壁厚减薄情况；定期评估防腐效果和核算设备剩余使用寿命，及时发现并更新更换存在安全隐患的设备。

建立电气安全管理制度。企业要编制电气设备设施操作、维护、检修等管理制度。定期开展企业电源系统安全可靠性分析和风险评估。要制定防爆电气设备、线路检查和维护管理制度。

建立仪表自动化控制系统安全管理制度。新（改、扩）建装置和大修装置的仪表自动化控制系统投用前、长期停用的仪表自动化控制系统再次启用前，必须进行检查确认。要建立健全仪表自动化控制系统日常维护保养制度，建立安全联锁保护系统停运、变更专业会签和技术负责人审批制度。

（十七）设备安全运行管理。

开展设备预防性维修。关键设备要装备在线监测系统。要定期监（检）测检查关键设备、连续监（检）测检查仪表，及时消除静设备密封件、动设备易损件的安全隐患。定期检查压力管道阀门、螺栓等附件的安全状态，及早发现和消除设备缺陷。

加强动设备管理。企业要编制动设备操作规程，确保动设备始终具备规定的工况条件。自动监测大机组和重点动设备的转速、振动、位移、温度、压力、腐蚀性介质含量等运行参数，及时评估设备运行状况。加强动设备润滑管理，确保动设备运行可靠。

开展安全仪表系统安全完整性等级评估。企业要在风险分析的基础上，确定安全仪表功能（SIF）及其相应的功能安全要求或安全完整性等级（SIL）。企业要按照《过程工业领域安全仪表系统的功能安全》（GB/T 21109）和《石油化工安全仪表系统设计规范》的要求，设计、安装、管理和维护安全仪表系统。

八、作业安全管理

（十八）建立危险作业许可制度。企业要建立并不断完善危险作业许可制度，规范动火、进入受限空间、动土、临时用电、高处作业、断路、吊装、抽堵盲板等特殊作业安全条件和审批程序。实施特殊作业前，必须办理审批手续。

（十九）落实危险作业安全管理责任。实施危险作业前，必须进行风险分析、确认安全条件，确保作业人员了解作业风险和掌握风险控制措施、作业环境符合安全要求、预防和控制风险措施得到落实。危险作业审批人员要在现场检查确认后签发作业许可证。现场监护人员要熟悉作业范围内的工艺、设备和物料状态,具备应急救援和处置能力。作业过程中,管理人员要加强现场监督检查,严禁监护人员擅离现场。

九、承包商管理

(二十)严格承包商管理制度。企业要建立承包商安全管理制度,将承包商在本企业发生的事故纳入企业事故管理。企业选择承包商时,要严格审查承包商有关资质,定期评估承包商安全生产业绩,及时淘汰业绩差的承包商。企业要对承包商作业人员进行严格的入厂安全培训教育,经考核合格的方可凭证入厂,禁止未经安全培训教育的承包商作业人员入厂。企业要妥善保存承包商作业人员安全培训教育记录。

(二十一)落实安全管理责任。承包商进入作业现场前,企业要与承包商作业人员进行现场安全交底,审查承包商编制的施工方案和作业安全措施,与承包商签订安全管理协议,明确双方安全管理范围与责任。现场安全交底的内容包括:作业过程中可能出现的泄漏、火灾、爆炸、中毒窒息、触电、坠落、物体打击和机械伤害等方面的危害信息。承包商要确保作业人员接受了相关的安全培训,掌握与作业相关的所有危害信息和应急预案。企业要对承包商作业进行全程安全监督。

十、变更管理

(二十二)建立变更管理制度。企业在工艺、设备、仪表、电气、公用工程、备件、材料、化学品、生产组织方式和人员等方面发生的所有变化,都要纳入变更管理。变更管理制度至少包含以下内容:变更的事项、起始时间,变更的技术基础、可能带来的安全风险,消除和控制安全风险的措施,是否修改操作规程,变更审批权限,变更实施后的安全验收等。实施变更前,企业要组织专业人员进行检查,确保变更具备安全条件;明确受变更影响的本企业人员和承包商作业人员,并对其进行相应的培训。变更完成后,企业要及时更新相应的安全生产信息,建立变更管理档案。

(二十三)严格变更管理。

工艺技术变更。主要包括生产能力,原辅材料(包括助剂、添加剂、催化剂等)和介质(包括成分比例的变化),工艺路线、流程及操作条件,工艺操作规程或操作方法,工艺控制参数,仪表控制系统(包括安全报警和联锁整定值的改变),水、电、汽、风等公用工程方面的改变等。

设备设施变更。主要包括设备设施的更新改造、非同类型替换(包括型号、材质、安全设施的变更)、布局改变,备件、材料的改变,监控、测量仪表的变更,计算机及软件的变更,电气设备的变更,增加临时的电气设备等。

管理变更。主要包括人员、供应商和承包商、管理机构、管理职责、管理制度和标准发生变化等。

(二十四)变更管理程序。

申请。按要求填写变更申请表,由专人进行管理。

审批。变更申请表应逐级上报企业主管部门,并按管理权限报主管负责人审批。

实施。变更批准后,由企业主管部门负责实施。没有经过审查和批准,任何临时性变更都不得超过原批准范围和期限。

验收。变更结束后,企业主管部门应对变更实施情况进行验收并形成报告,及时通知相关部门和有关人员。相关部门收到变更验收报告后,要及时更新安全生产信息,载入变更管理档案。

十一、应急管理

(二十五)编制应急预案并定期演练完善。企业要建立完整的应急预案体系,包括综合应急预案、专项应急预案、现场处置方案等。要定期开展各类应急预案的培训和演练,评估预案演练效果并及时完善预案。企业制定的预案要与周边社区、周边企业和地方政府的预案相互衔接,并按规定报当地政府备案。企业要与当地应急体系形成联动机制。

(二十六)提高应急响应能力。企业要建立应急响应系统,明确组成人员(必要时可吸收企外人员参加),并明确每位成员的职责。要建立应急救援专家库,对应急处置提供技术支持。发生紧急情况后,应急处置人员要在规定时间内到达各自岗位,按照应急预案的要求进行处置。要授权应急处置人员在紧急情况下组织装置紧急停车和相关人员撤离。企业要建立应急物资储备制度,加强应急物资储备和动态管理,定期核查并及时补充和更新。

十二、事故和事件管理

(二十七)未遂事故等安全事件的管理。企业要制定安全事件管理制度,加强未遂事故等安全事件(包括生产事故征兆、非计划停车、异常工况、泄漏、轻伤等)的管理。要建立未遂事故和事件报告激励机制。要深入调查分析安全事件,找出事件的根本原因,及时消除人的不安全行为和物的不安全状态。

(二十八)吸取事故(事件)教训。企业完成事故(事件)调查后,要及时落实防范措施,组织开展内部分析交流,吸取事故(事件)教训。要重视外部事故信息收集工作，认真吸取同类企业、装置的事故教训，提高安全意识和防范事故能力。

十三、持续改进化工过程安全管理工作

（二十九）企业要成立化工过程安全管理工作领导机构，由主要负责人负责，组织开展本企业化工过程安全管理工作。

（三十）企业要把化工过程安全管理纳入绩效考核。要组成由生产负责人或技术负责人负责，工艺、设备、电气、仪表、公用工程、安全、人力资源和绩效考核等方面的人员参加的考核小组，定期评估本企业化工过程安全管理的功效，分析查找薄弱环节，及时采取措施，限期整改，并核查整改情况，持续改进。要编制功效评估和整改结果评估报告，并建立评估工作记录。

化工企业要结合本企业实际，认真学习贯彻落实相关法律法规和本指导意见，完善安全生产责任制和安全生产规章制度，开展全员、全过程、全方位、全天候化工过程安全管理。

国家安全生产监督管理总局关于加强化工企业泄漏管理的指导意见

1. 2014年8月29日
2. 安监总管三〔2014〕94号

各省、自治区、直辖市及新疆生产建设兵团安全生产监督管理局，有关中央企业：

为进一步加强化工企业安全生产基础工作，推动企业落实安全生产主体责任，有效预防和控制泄漏，防止和减少由泄漏引起的事故，提升企业本质安全水平，现提出以下意见：

一、充分认识加强泄漏管理的意义

（一）加强泄漏管理是确保化工企业安全生产的必然要求。化工企业生产工艺过程复杂，工艺条件苛刻，设备管道种类和数量多，工艺波动、违规操作、使用不当、设备失效、缺乏正确维护等情况均可造成易燃易爆、有毒有害介质泄漏，从而导致事故发生。

（二）加强泄漏管理是预防事故发生的有效措施。泄漏是引起化工企业火灾、爆炸、中毒事故的主要原因，要树立“泄漏就是事故”的理念，从源头上预防和控制泄漏，减少作业人员接触有毒有害物质，提升化工企业本质安全水平。

二、化工企业泄漏表现形式和管理的主要内容

（三）化工企业泄漏的表现形式。化工生产过程中的泄漏主要包括易挥发物料的逸散性泄漏和各种物料的源设备泄漏两种形式。逸散性泄漏主要是易挥发物料从装置的阀门、法兰、机泵、人孔、压力管道焊接处等密闭系统密封处发生非预期或隐蔽泄漏；源设备泄漏主要是物料非计划、不受控制地以泼溅、渗漏、溢出等形式从储罐、管道、容器、槽车及其他用于转移物料的设备进入周围空间，产生无组织形式排放（设备失效泄漏是源设备泄漏的主要表现形式）。

（四）化工企业泄漏管理的主要内容。化工泄漏管理主要包括泄漏检测与维修和源设备泄漏管理两个方面。要通过预防性、周期性的泄漏检测发现早期泄漏并及时处理，避免泄漏发展为事故。泄漏检测与维修管理工作包括：配备监测仪器、培训监测人员、建立泄漏检测目录、编制泄漏检测与维修计划、验证维修效果等。源设备泄漏管理工作包括：泄漏根原因的调查和处理、泄漏事件的评定和上报、泄漏率统计、泄漏绩效考核等。泄漏检测维修工作要实行PDCA循环（戴明环）管理方式。对所有的泄漏事件都要参照事故调查要求严格管理。

三、优化装置设计，从源头全面提升防泄漏水平

（五）优化设计以预防和控制泄漏。在设计阶段，要全面识别和评估泄漏风险，从源头采取措施控制泄漏危害。要尽可能选用先进的工艺路线，减少设备密封、管道连接等易泄漏点，降低操作压力、温度等工艺条件。在设备和管线的排放口、采样口等排放阀设计时，要通过加装盲板、丝堵、管帽、双阀等措施，减少泄漏的可能性，对存在剧毒及高毒类物质的工艺环节要采用密闭取样系统设计，有毒、可燃气体的安全泄压排放要采取密闭措施设计。

（六）优化设备选型。企业要严格按照规范标准进行设备选型，属于重点监控范围的工艺以及重点部位要按照最高标准规范要求选择。设计要考虑必要的操作裕度和弹性，以适应加工负荷变化的需要。要根据物料特性选用符合要求的优质垫片，以减少管道、设备密封泄漏。

新建和改扩建装置的管道、法兰、垫片、紧固件选型，必须符合安全规范和国家强制性标准的要求；压力容器与压力管道要严格按照国家标准要求进行检验。选型不符合现行安全规范和强制性标准要求的已建成装置，泄漏率符合规定的，企业要加强泄漏检测，监护运行；泄漏率不符合要求的，企业要限期整改。

（七）科学选择密封配件及介质。动设备选择密封介质和密封件时，要充分兼顾润滑、散热。使用水作

为密封介质时,要加强水质和流速的检测。输送有毒、强腐蚀介质时,要选用密封油作为密封介质,同时要充分考虑针对密封介质侧大量高温热油泄漏时的收集、降温等防护措施,对于易汽化介质要采用双端面或串联干气密封。

(八)完善自动化控制系统。涉及重点监管危险化工工艺和危险化学品的生产装置,要按安全控制要求设置自动化控制系统、安全联锁或紧急停车系统和可燃及有毒气体泄漏检测报警系统。紧急停车系统、安全联锁保护系统要符合功能安全等级要求。危险化学品储存装置要采取相应的安全技术措施,如高、低液位报警和高高、低低液位联锁以及紧急切断装置等。

四、系统识别泄漏风险,规范工艺操作行为

(九)全面开展泄漏危险源辨识与风险评估。企业要依据有关标准、规范,组织工程技术和管理人员或委托具有相应资质的设计、评价等中介机构对可能存在的泄漏风险进行辨识与评估,结合企业实际设备失效数据或历史泄漏数据分析,对风险分析结果、设备失效数据或历史泄漏数据进行分析,辨识出可能发生泄漏的部位,结合设备类型、物料危险性、泄漏量对泄漏部位进行分级管理,提出具体防范措施。当工艺系统发生变更时,要及时分析变更可能导致的泄漏风险并采取相应措施。

(十)全面开展化工设备逸散性泄漏检测及维修。企业要根据逸散性泄漏检测的有关标准、规范,定期对易发生逸散性泄漏的部位(如管道、设备、机泵等密封点)进行泄漏检测,排查出发生泄漏的设备要及时维修或更换。企业要实施泄漏检测及维修全过程管理,对维修后的密封进行验证,达到减少或消除泄漏的目的。

(十一)加强化工装置源设备泄漏管理,提升泄漏防护等级。企业要根据物料危险性和泄漏量对源设备泄漏进行分级管理、记录统计。对于发生的源设备泄漏事件要及时采取消除、收集、限制范围等措施,对于可能发生严重泄漏的设备,要采取第一时间能切断泄漏源的技术手段和防护性措施。企业要实施源设备泄漏事件处置的全过程管理,加强对生产现场的泄漏检查,努力降低各类泄漏事件发生率。

(十二)规范工艺操作行为,降低泄漏几率。操作人员要严格按操作规程进行操作,避免工艺参数大的波动。装置开车过程中,对高温设备要严格按升温曲线要求控制温升速度,按操作规程要求对法兰、封头等部件的螺栓进行逐级热紧;对低温设备要严格按降温曲线要求控制降温速度,按操作规程要求对法兰、封头等部件的螺栓进行逐级冷紧。要加强开停车和设备检修过程中泄漏检测监控工作。

(十三)加强泄漏管理培训。企业要开展涵盖全员的泄漏管理培训,不断增强员工的泄漏管理意识,掌握泄漏辨识和预防处置方法。新员工要接受泄漏管理培训后方能上岗。当工艺、设备发生变更时,要对相关人员及时培训。对负责设备泄漏检测和设备维修的员工进行泄漏管理专项培训。

五、建立健全泄漏管理制度

(十四)建立泄漏常态化管理机制。要根据企业实际情况制定泄漏管理的工作目标,制定工作计划,责任落实到人,保证资金投入,统筹安排、严格考核,将泄漏管理与工艺、设备、检修、隐患排查等管理相结合,并在岗位安全操作规程中体现查漏、消漏、动静密封点泄漏率控制等要求。

(十五)建立和完善泄漏管理责任制。建立健全并严格执行以企业主要负责人为第一责任人、分管负责人为责任人、相关部门及人员责任明确的泄漏管理责任制。

(十六)建立和不断完善泄漏检测、报告、处理、消除等闭环管理制度。建立定期检测、报告制度,对于装置中存在泄漏风险的部位,尤其是受冲刷或腐蚀容易减薄的物料管线,要根据泄漏风险程度制定相应的周期性测厚和泄漏检测计划,并定期将检测记录的统计结果上报给企业的生产、设备和安全管理部门,所有记录数据要真实、完整、准确。企业发现泄漏要立即处置、及时登记、尽快消除,不能立即处置的要采取相应的防范措施并建立设备泄漏台账,限期整改。加强对有关管理规定、操作规程、作业指导书和记录文件以及采用的检测和评估技术标准等泄漏管理文件的管理。

(十七)建立激励机制。企业要鼓励员工积极参与泄漏隐患排查、报告和治理工作,充分调动全体员工的积极性,实现全员参与。

六、全面加强泄漏应急处置能力

(十八)建立和完善化工装置泄漏报警系统。企业要按照《石油化工可燃气体和有毒气体检测报警设计规范》(GB 50493)和《工作场所有毒气体检测报警装置设置规范》(GBZ/T 223)等标准要求,在生产装置、储运、公用工程和其他可能发生有毒有害、易燃易爆物料泄漏的场所安装相关气体监测报警系统,重点场所还要安装视频监控设备。要将法定检验与企业自检相结合,现场检测报警装置要设置声光报警,保证报警系统的准确、可靠性。

（十九）建立规范、统一的报警信息记录和处理程序。操作人员接到报警信号后，要立即通过工艺条件和控制仪表变化判别泄漏情况，评估泄漏程度，并根据泄漏级别启动相应的应急处置预案。操作人员和管理人员要对报警及处理情况做好记录，并定期对所发生的各种报警和处理情况进行分析。

（二十）建立泄漏事故应急处置程序，有效控制泄漏后果。企业要充分辨识安全风险，完善应急预案，对于可能发生泄漏的密闭空间，应当编制专项应急预案并组织进行预案演练，完善事故处置物资储备。要设置符合国家标准规定的泄漏物料收集装置，对泄漏物料要妥善处置，如采取带压堵漏、快速封堵等安全技术措施。对于高风险、不能及时消除的泄漏，要果断停车处置。处置过程中要做好检测、防火防爆、隔离、警戒、疏散等相关工作。

七、强化考核

（二十一）加强泄漏管理内部审核。企业要对泄漏台账、目标责任书、作业文件、现场检测或检查记录等泄漏管理文件定期进行审核，对作业现场进行抽检抽查，核实检测或检查记录的可靠性，对泄漏管理系统进行内部审计。

（二十二）加强对泄漏管理的检查考核。企业要加强对泄漏管理过程、结果的检查考核，确保泄漏管理实现持续改进。企业要按泄漏控制目标的量化要求，对各部门和岗位的泄漏管理状况进行绩效考核。

化工企业要依据本指导意见，进一步落实安全生产主体责任，结合自身生产实际建立和完善泄漏管理制度，将泄漏管理与安全生产标准化和隐患排查治理工作相结合，积极开展泄漏预防与控制，提高泄漏管理水平。

地方各级安全监管部门要结合本地区实际，指导和推动化工企业贯彻落实本指导意见，促进化工企业安全生产。

国家安全生产监督管理总局、住房和城乡建设部关于进一步加强危险化学品建设项目安全设计管理的通知

1. 2013年6月20日

2. 安监总管三〔2013〕76号

各省、自治区、直辖市及新疆生产建设兵团安全生产监督管理局、住房城乡建设主管部门，有关中央企业，有关设计单位：

为进一步加强危险化学品建设项目（以下简称建设项目）安全设计管理，切实提升危险化学品企业本质安全水平，从设计源头遏制事故发生，现就有关要求通知如下：

一、严格建设项目设计单位资质要求

（一）建设项目的设计单位必须取得原建设部《工程设计资质标准》（建市〔2007〕86号）规定的化工石化医药、石油天然气（海洋石油）等相关工程设计资质。

（二）涉及重点监管危险化工工艺、重点监管危险化学品和危险化学品重大危险源（以下简称“两重点一重大”）的大型建设项目，其设计单位资质应为工程设计综合资质或相应工程设计化工石化医药、石油天然气（海洋石油）行业、专业资质甲级。

二、切实落实建设项目安全管理职责

（三）建设单位应委托具备国家规定资质等级的设计单位承担建设项目工程设计，依法申请建设项目的安全审查并办理相关手续。对实行工程监理的建设项目，应将安全施工质量一并委托监理。

建设单位在建设项目设计合同中应主动要求设计单位对设计进行危险与可操作性（HAZOP）审查，并派遣有生产操作经验的人员参加审查，对HAZOP审查报告进行审核。涉及“两重点一重大”和首次工业化设计的建设项目，必须在基础设计阶段开展HAZOP分析。

（四）设计单位法定代表人对建设项目安全设计全面负责。设计单位应建立安全设计责任制，制定安全设计管理规定，明确各级管理岗位及设计岗位的安全设计职责，对建设项目的安全设计终身负责。应严格按照《危险化学品建设项目安全设施设计专篇编制导则》（安监总厅管三〔2013〕39号）的要求编制设计专篇，配合建设单位报送相关管理部门审查，并根据审查意见进行修改完善。

（五）施工单位必须按照审查批准的安全设施设计施工，并对安全设施的工程质量负责。

（六）安全监管部门应按照国家相关法规要求，对建设项目安全条件、安全设施设计及竣工验收等进行安全审查。参加审查的专家应具有建设项目的工程设计、生产运行或安全管理的相关经验，并具有相关专业高级技术职称。

三、强化安全设计过程管理

（七）在建设项目前期论证或可行性研究阶段，设计单位应开展初步的危险源辨识，认真分析拟建项目

存在的工艺危险有害因素、当地自然地理条件、自然灾害和周边设施对拟建项目的影响，以及拟建项目一旦发生泄漏、火灾、爆炸等事故时对周边安全可能产生的影响。涉及“两重点一重大”建设项目的工艺包设计文件应当包括工艺危险性分析报告。

（八）在总体设计和基础工程设计阶段，设计单位应根据建设项目的特点，重点开展下列设计文件的安全评审：

1. 总平面布置图；
2. 装置设备布置图；
3. 爆炸危险区域划分图；
4. 工艺管道和仪表流程图（PID）；
5. 安全联锁、紧急停车系统及安全仪表系统；
6. 可燃及有毒物料泄漏检测系统；
7. 火炬和安全泄放系统；
8. 应急系统和设施。

（九）设计单位应加强对建设项目的安全风险分析，积极应用 HAZOP 分析等方法进行内部安全设计审查。

（十）加强设计变更的管理。在详细设计和施工安装阶段，设计发生重大变更的，设计单位应按管理程序重新报批。在采购和施工过程中的设计变更不应影响工程安全质量。设计单位在施工完成后应及时整理编制设计竣工图，涉及到危险化学品介质的地下管道、阀门和设备等地下隐蔽工程必须提供完整的竣工资料。

（十一）在投料试车阶段，设计单位应参加试车前的安全审查，提供相关技术资料和数据，为安全试车提供技术支持。

（十二）建立和落实设计回访制度。在所承担设计的建设项目竣工投产后两年以内，设计单位应对建设项目进行回访，了解装置开车及生产运行中暴露出的安全问题和现场对原设计的修改情况，不断提高设计质量。

（十三）设计单位应结合国内建设项目实际情况，积极采用国外先进的安全技术和风险管理方法，努力提高本质安全设计水平。

四、安全设计实施要点

（十四）设计单位应根据建设项目危险源特点和标准规范的适用范围，确定本项目采用的标准规范。对涉及“两重点一重大”的建设项目，应至少满足下列现行标准规范的要求，并以最严格的安全条款为准：

1.《工业企业总平面设计规范》（GB 50187）；
2.《化工企业总图运输设计规范》（GB 50489）；
3.《石油化工企业设计防火规范》（GB 50160）；
4.《石油天然气工程设计防火规范》（GB 50183）；
5.《建筑设计防火规范》（GB 50016）；
6.《石油库设计规范》（GB 50074）；
7.《石油化工可燃气体和有毒气体检测报警设计规范》（GB 50493）；
8.《化工建设项目安全设计管理导则》（AQ/T 3033）。

（十五）具有爆炸危险性的建设项目，其防火间距应至少满足 GB 50160 的要求。当国家标准规范没有明确要求时，可根据相关标准采用定量风险分析计算并确定装置或设施之间的安全距离。

（十六）液化烃罐组或可燃液体罐组不应毗邻布置在高于工艺装置、全厂性重要设施或人员集中场所的位置；可燃液体罐组不应阶梯布置。当受条件限制或有工艺要求时，应采取防止可燃液体流入低处设施或场所的措施。

（十七）建设项目可燃液体储罐均应单独设置防火堤或防火隔堤。防火堤内的有效容积不应小于罐组内 1 个最大储罐的容积，当浮顶罐组不能满足此要求时，应设置事故存液池储存剩余部分，但罐组防火堤内的有效容积不应小于罐组内 1 个最大储罐容积的 50%。

（十八）承重钢结构的设计应按照《工程结构可靠性设计统一标准》（GB 50153）和《钢结构设计规范》（GB 50017）等相关规范要求，根据结构破坏可能产生后果的严重性（人员伤亡、经济损失、对社会或环境产生影响等），确定采用的安全等级。对可能产生严重后果的结构，其设计安全等级不得低于二级。

（十九）新建化工装置必须设计装备自动化控制系统。应根据工艺过程危险和风险分析结果，确定是否需要装备安全仪表系统。涉及重点监管危险化工工艺的大、中型新建项目要按照《过程工业领域安全仪表系统的功能安全》（GB/T 21109）和《石油化工安全仪表系统设计规范》（GB 50770）等相关标准开展安全仪表系统设计。

（二十）液化石油气、液化天然气、液氯和液氨等易燃易爆有毒有害液化气体的充装应设计万向节管道充装系统，充装设备管道的静电接地、装卸软管及仪表和安全附件应配备齐全。

（二十一）危险化学品长输管道应设置防泄漏、实时检测系统（SCADA 数据采集与监控系统）及紧急切断设施。

（二十二）有毒物料储罐、低温储罐及压力球罐进出物料管道应设置自动或手动遥控的紧急切断设施。

（二十三）装置区内控制室、机柜间面向有火灾、爆炸危险性设备侧的外墙应为无门窗洞口、耐火极限不低于3小时的不燃烧材料实体墙。

各有关单位要按照相关法律法规、标准规范及本通知要求，强化建设项目安全设计管理，设计单位、设计人员应把满足装置安全平稳运行作为安全设计的目标，努力消除工程设计中潜在的事故隐患。

请各省级安全监管局、住房城乡建设主管部门及时将本通知精神传达至地方各级安全监管部门、住房城乡建设主管部门及有关单位。

国家安全生产监督管理总局办公厅关于医院自制医用氧及火力发电企业脱硝项目安全监管有关事项的通知

1. 2013年7月29日
2. 安监总厅管三函〔2013〕114号

各省、自治区、直辖市及新疆生产建设兵团安全生产监督管理局：

根据《中华人民共和国安全生产法》等法律法规规定，现就医院自制医用氧及火力发电企业脱硝项目安全监管有关事项通知如下：

一、医院作为事业法人单位，不是生产企业，对医院自制医用氧不实施安全生产许可。依据《危险化学品安全管理条例》（国务院令第591号）的有关规定，医院自制医用氧属于危险化学品安全监管范畴。医院应当严格按照有关危险化学品安全管理的法律、行政法规、部门规章和技术标准，加强对自制医用氧的安全管理。

二、火力发电企业建设液氨脱硝项目纳入电力项目的安全监管范围。

国家安全生产监督管理总局办公厅关于使用危险化学品单位安全监管有关问题的复函

1. 2012年5月30日
2. 安监总厅管三函〔2012〕97号

广东省安全生产监督管理局：

你局《关于使用危险化学品单位涉嫌违法违规行政处罚有关问题的请示》（粤安监〔2012〕73号）收悉。经研究，现函复如下：

一、关于使用危险化学品的单位和作业场所的界定

根据《危险化学品安全管理条例》（国务院令第591号，以下简称《条例》）规定，使用危险化学品的单位，是指使用纳入《危险化学品名录》（2002年版）中的危险化学品的单位。其作业场所的界定，按照《危险化学品生产企业安全生产许可证实施办法》（国家安全监管总局令第41号）第五十四条第三款的规定执行。

二、关于使用危险化学品的单位违法行为的处罚

根据《条例》规定，使用危险化学品的单位应当遵循有关生产、储存危险化学品的规定，因此，对于违反《条例》第八十条规定情形的使用危险化学品的单位，安全生产监督管理部门应当依法给予处罚。

三、关于使用危险化学品的单位设置安全设施、设备有关适用标准

使用危险化学品的单位在作业场所设置相应监测、监控、防静电等安全设施、设备时，应当执行《建筑设计防火规范》（GB 50016）、《石油化工企业设计防火规范》（GB 50160）、《石油化工可燃气体和有毒气体检测报警设计规范》（GB 50493）等有关标准。

国家安全生产监督管理总局办公厅关于危险化学品建设项目有关问题的复函

1. 2012年5月31日
2. 安监总厅管三函〔2012〕100号

天津市安全生产监督管理局：

你局《关于危险化学品建设项目有关问题的请示》（津安监管〔2012〕15号）收悉。经研究，现函复如下：

一、《危险化学品建设项目安全监督管理办法》（国家安全监管总局令第45号）适用于危险化学品使用单位和经营单位用于储存危险化学品的建设项目的安全审查及其监督管理。

二、依据《危险化学品建设项目安全监督管理办法》的规定，危险化学品建设项目安全设施设计审查意见书没有规定有效期，但变更设计的，须重新审查。

三、对于违反《危险化学品建设项目安全监督管理办法》第四十一条、第四十二条规定的，安全生产监督管理部门应依法对建设单位予以处罚，并责令其限期整改。同时，应要求建设单位按照《危险化学品建设项目安全监督管理办法》的规定，提出未经审查或审查未通过的建设项目安全审查申请。

四、危险化学品生产企业在试生产期间能否销售其产品的问题,不属于安全生产监督管理部门的职能范围,应当由具有相应管理职能的工商部门负责。

国家安全生产监督管理总局办公厅关于化学品安全监管有关问题的复函

1. 2013年5月22日
2. 安监总厅管三函〔2013〕76号

河南省安全生产监督管理局:

你局《关于三门峡恒生科技研发有限公司丙尔金安全监管问题的请示》(豫安监管〔2013〕43号)收悉。经研究,现函复如下:

依据《危险化学品生产企业安全生产许可证实施办法》(国家安全监管总局令第41号)第二条的规定,依法设立且取得工商营业执照或者工商核准文件从事生产最终产品或者中间产品列入《危险化学品目录》(目前仍执行《危险化学品名录》(2002版))的企业需取得危险化学品安全生产许可证。

国家安全生产监督管理总局办公厅关于化学品安全监管有关问题的复函

1. 2013年8月5日
2. 安监总厅管三函〔2013〕120号

河南省安全生产监督管理局:

你局《关于危险化学品安全监管有关问题的请示》(豫安监管〔2013〕65号)收悉。经研究,现函复如下:

一、汽车甲醇(甲醇汽油)、醇基混合燃料(主要成分为甲醇)均未列入《危险化学品名录》(2002年版)。目前,国家安全监管总局会同国务院有关部门正在组织制定新的《危险化学品目录》,拟将甲醇汽油作为危险化学品管理列入目录。地方各级安全监管部门应当督促生产、储存、使用、经营甲醇汽油的单位依照有关危险化学品的法律法规切实履行安全生产主体责任,并依法加强安全监督检查。

二、按照《化学品物理危险性鉴定与分类管理办法》(国家安全监管总局令第60号,自2013年9月1日起施行)第四条和第十七条的规定,醇基混合燃料(主要成分为甲醇)应当进行物理危险性鉴定与分类;确定为危险化学品的,应当编制化学品安全技术说明书和安全标签,依法办理危险化学品登记,并按照有关危险化学品的法律、法规和标准的要求,加强安全管理。

国家安全生产监督管理总局办公厅关于具有爆炸危险性危险化学品建设项目界定标准的复函

1. 2014年1月14日
2. 安监总厅管三函〔2014〕5号

安徽省安全生产监督管理局:

你局《关于具有爆炸危险性的建设项目界定标准问题的请示》(皖安监三〔2013〕81号)收悉。经研究,现函复如下:

一、危险化学品建设项目所涉及的物料(原料、中间产品、副产品、产品)有下列情形之一的,该建设项目应当认定为《国家安全监管总局 住房城乡建设部关于进一步加强危险化学品建设项目安全设计管理的通知》(安监总管三〔2013〕76号)第十五条中的"具有爆炸危险性的建设项目":

(一)是爆炸品或本身具有爆炸危险性,或者在遇湿、受热、接触明火、受到摩擦、震动撞击时可发生爆炸;

(二)在生产过程中具有爆炸危险性,包括可燃气体、可燃液体泄漏后与空气形成爆炸性混合物的情况。

二、危险化学品项目设计、评价单位应当对建设项目的爆炸性予以分析,确定是否具有爆炸危险性。对于具有爆炸危险性的建设项目,要严格执行安监总管三〔2013〕76号文件等有关规定。

国家安全生产监督管理总局办公厅关于金属加工等企业建设项目有关问题的复函

1. 2014年12月8日
2. 安监总厅管四函〔2014〕188号

江苏省安全生产监督管理局:

你局《关于金属加工等企业建设项目有关问题的请示》(苏安监〔2014〕268号)收悉。经研究,现函复如下:

一、专业从事列入《危险化学品名录》的超细铝粉生产且销售的企业，需要取得危险化学品安全生产许可证，列为危险化学品生产企业进行监管。

二、专业生产氰化金钾的企业，需要取得危险化学品安全生产许可证，列为危险化学品生产企业进行监管。

三、电镀企业内部配套建设氰化金钾生产装置，所生产的氰化金钾不对外销售的，则不需要取得危险化学品安全生产许可证；否则，要取得危险化学品安全生产许可证。

四、工贸企业内部配套的危险化学品生产装置和储存设施具有高危性，在规划、设计、建设、使用等环节，应严格按照国家有关法律法规和标准规范要求，做好危险化学品安全生产工作。

国家安全生产监督管理总局办公厅关于外部安全防护距离问题的复函

1．2015年4月10日
2．安监总厅管三函〔2015〕46号

山西省安全生产监督管理局：

你局《关于贯彻〈危险化学品生产、储存装置个人可接受风险标准和社会可接受风险标准（试行）〉问题的请示》（晋安监函〔2015〕139号）收悉，经研究，现函复如下：

《危险化学品生产、储存装置个人可接受风险标准和社会可接受风险标准（试行）》（以下简称《可接受风险标准》）确定的外部安全防护距离是指危险化学品生产、储存装置危险源在发生火灾、爆炸、有毒气体泄漏时，为避免事故造成防护目标处人员伤亡而设定的安全防护距离，不同于为避免正常生产过程中污染物长期排放对周边人员造成健康影响而设定的卫生防护距离。审查危险化学品企业安全生产许可条件时，其外部安全防护距离应由《可接受风险标准》确定。危险化学品企业卫生防护距离按国家有关部门的规定执行。

2. 易制毒化学品管理与安全

易制毒化学品管理条例

1. 2005 年 8 月 26 日国务院令第 445 号公布
2. 根据 2014 年 7 月 29 日国务院令第 653 号《关于修改部分行政法规的决定》第一次修订
3. 根据 2016 年 2 月 6 日国务院令第 666 号《关于修改部分行政法规的决定》第二次修订
4. 根据 2018 年 9 月 18 日国务院令第 703 号《关于修改部分行政法规的决定》第三次修订

第一章　总　　则

第一条　为了加强易制毒化学品管理,规范易制毒化学品的生产、经营、购买、运输和进口、出口行为,防止易制毒化学品被用于制造毒品,维护经济和社会秩序,制定本条例。

第二条　国家对易制毒化学品的生产、经营、购买、运输和进口、出口实行分类管理和许可制度。

易制毒化学品分为三类。第一类是可以用于制毒的主要原料,第二类、第三类是可以用于制毒的化学配剂。易制毒化学品的具体分类和品种,由本条例附表列示。

易制毒化学品的分类和品种需要调整的,由国务院公安部门会同国务院药品监督管理部门、安全生产监督管理部门、商务主管部门、卫生主管部门和海关总署提出方案,报国务院批准。

省、自治区、直辖市人民政府认为有必要在本行政区域内调整分类或者增加本条例规定以外的品种的,应当向国务院公安部门提出,由国务院公安部门会同国务院有关行政主管部门提出方案,报国务院批准。

第三条　国务院公安部门、药品监督管理部门、安全生产监督管理部门、商务主管部门、卫生主管部门、海关总署、价格主管部门、铁路主管部门、交通主管部门、市场监督管理部门、生态环境主管部门在各自的职责范围内,负责全国的易制毒化学品有关管理工作;县级以上地方各级人民政府有关行政主管部门在各自的职责范围内,负责本行政区域内的易制毒化学品有关管理工作。

县级以上地方各级人民政府应当加强对易制毒化学品管理工作的领导,及时协调解决易制毒化学品管理工作中的问题。

第四条　易制毒化学品的产品包装和使用说明书,应当标明产品的名称(含学名和通用名)、化学分子式和成分。

第五条　易制毒化学品的生产、经营、购买、运输和进口、出口,除应当遵守本条例的规定外,属于药品和危险化学品的,还应当遵守法律、其他行政法规对药品和危险化学品的有关规定。

禁止走私或者非法生产、经营、购买、转让、运输易制毒化学品。

禁止使用现金或者实物进行易制毒化学品交易。但是,个人合法购买第一类中的药品类易制毒化学品药品制剂和第三类易制毒化学品的除外。

生产、经营、购买、运输和进口、出口易制毒化学品的单位,应当建立单位内部易制毒化学品管理制度。

第六条　国家鼓励向公安机关等有关行政主管部门举报涉及易制毒化学品的违法行为。接到举报的部门应当为举报者保密。对举报属实的,县级以上人民政府及有关行政主管部门应当给予奖励。

第二章　生产、经营管理

第七条　申请生产第一类易制毒化学品,应当具备下列条件,并经本条例第八条规定的行政主管部门审批,取得生产许可证后,方可进行生产:

(一)属依法登记的化工产品生产企业或者药品生产企业;

(二)有符合国家标准的生产设备、仓储设施和污染物处理设施;

(三)有严格的安全生产管理制度和环境突发事件应急预案;

(四)企业法定代表人和技术、管理人员具有安全生产和易制毒化学品的有关知识,无毒品犯罪记录;

(五)法律、法规、规章规定的其他条件。

申请生产第一类中的药品类易制毒化学品,还应当在仓储场所等重点区域设置电视监控设施以及与公安机关联网的报警装置。

第八条　申请生产第一类中的药品类易制毒化学品的,由省、自治区、直辖市人民政府药品监督管理部门审批;申请生产第一类中的非药品类易制毒化学品的,由省、自治区、直辖市人民政府安全生产监督管理部门审批。

前款规定的行政主管部门应当自收到申请之日起 60 日内,对申请人提交的申请材料进行审查。对符合规定的,发给生产许可证,或者在企业已经取得的有关生产许可证件上标注;不予许可的,应当书面说明理由。

审查第一类易制毒化学品生产许可申请材料时,根据需要,可以进行实地核查和专家评审。

第九条 申请经营第一类易制毒化学品,应当具备下列条件,并经本条例第十条规定的行政主管部门审批,取得经营许可证后,方可进行经营:

(一)属依法登记的化工产品经营企业或者药品经营企业;

(二)有符合国家规定的经营场所,需要储存、保管易制毒化学品的,还应当有符合国家技术标准的仓储设施;

(三)有易制毒化学品的经营管理制度和健全的销售网络;

(四)企业法定代表人和销售、管理人员具有易制毒化学品的有关知识,无毒品犯罪记录;

(五)法律、法规、规章规定的其他条件。

第十条 申请经营第一类中的药品类易制毒化学品的,由省、自治区、直辖市人民政府药品监督管理部门审批;申请经营第一类中的非药品类易制毒化学品的,由省、自治区、直辖市人民政府安全生产监督管理部门审批。

前款规定的行政主管部门应当自收到申请之日起30日内,对申请人提交的申请材料进行审查。对符合规定的,发给经营许可证,或者在企业已经取得的有关经营许可证件上标注;不予许可的,应当书面说明理由。

审查第一类易制毒化学品经营许可申请材料时,根据需要,可以进行实地核查。

第十一条 取得第一类易制毒化学品生产许可或者依照本条例第十三条第一款规定已经履行第二类、第三类易制毒化学品备案手续的生产企业,可以经销自产的易制毒化学品。但是,在厂外设立销售网点经销第一类易制毒化学品的,应当依照本条例的规定取得经营许可。

第一类中的药品类易制毒化学品药品单方制剂,由麻醉药品定点经营企业经销,且不得零售。

第十二条 取得第一类易制毒化学品生产、经营许可的企业,应当凭生产、经营许可证到市场监督管理部门办理经营范围变更登记。未经变更登记,不得进行第一类易制毒化学品的生产、经营。

第一类易制毒化学品生产、经营许可证被依法吊销的,行政主管部门应当自作出吊销决定之日起5日内通知市场监督管理部门;被吊销许可证的企业,应当及时到市场监督管理部门办理经营范围变更或者企业注销登记。

第十三条 生产第二类、第三类易制毒化学品的,应当自生产之日起30日内,将生产的品种、数量等情况,向所在地的设区的市级人民政府安全生产监督管理部门备案。

经营第二类易制毒化学品的,应当自经营之日起30日内,将经营的品种、数量、主要流向等情况,向所在地的设区的市级人民政府安全生产监督管理部门备案;经营第三类易制毒化学品的,应当自经营之日起30日内,将经营的品种、数量、主要流向等情况,向所在地的县级人民政府安全生产监督管理部门备案。

前两款规定的行政主管部门应当于收到备案材料的当日发给备案证明。

第三章 购买管理

第十四条 申请购买第一类易制毒化学品,应当提交下列证件,经本条例第十五条规定的行政主管部门审批,取得购买许可证:

(一)经营企业提交企业营业执照和合法使用需要证明;

(二)其他组织提交登记证书(成立批准文件)和合法使用需要证明。

第十五条 申请购买第一类中的药品类易制毒化学品的,由所在地的省、自治区、直辖市人民政府药品监督管理部门审批;申请购买第一类中的非药品类易制毒化学品的,由所在地的省、自治区、直辖市人民政府公安机关审批。

前款规定的行政主管部门应当自收到申请之日起10日内,对申请人提交的申请材料和证件进行审查。对符合规定的,发给购买许可证;不予许可的,应当书面说明理由。

审查第一类易制毒化学品购买许可申请材料时,根据需要,可以进行实地核查。

第十六条 持有麻醉药品、第一类精神药品购买印鉴卡的医疗机构购买第一类中的药品类易制毒化学品的,无须申请第一类易制毒化学品购买许可证。

个人不得购买第一类、第二类易制毒化学品。

第十七条 购买第二类、第三类易制毒化学品的,应当在购买前将所需购买的品种、数量,向所在地的县级人民政府公安机关备案。个人自用购买少量高锰酸钾的,无须备案。

第十八条 经营单位销售第一类易制毒化学品时,应当查验购买许可证和经办人的身份证明。对委托代购的，还应当查验购买人持有的委托文书。

经营单位在查验无误、留存上述证明材料的复印件后，方可出售第一类易制毒化学品；发现可疑情况的，应当立即向当地公安机关报告。

第十九条 经营单位应当建立易制毒化学品销售台账，如实记录销售的品种、数量、日期、购买方等情况。销售台账和证明材料复印件应当保存2年备查。

第一类易制毒化学品的销售情况，应当自销售之日起5日内报当地公安机关备案；第一类易制毒化学品的使用单位，应当建立使用台账，并保存2年备查。

第二类、第三类易制毒化学品的销售情况，应当自销售之日起30日内报当地公安机关备案。

第四章 运输管理

第二十条 跨设区的市级行政区域（直辖市为跨市界）或者在国务院公安部门确定的禁毒形势严峻的重点地区跨县级行政区域运输第一类易制毒化学品的，由运出地的设区的市级人民政府公安机关审批；运输第二类易制毒化学品的，由运出地的县级人民政府公安机关审批。经审批取得易制毒化学品运输许可证后，方可运输。

运输第三类易制毒化学品的，应当在运输前向运出地的县级人民政府公安机关备案。公安机关应当于收到备案材料的当日发给备案证明。

第二十一条 申请易制毒化学品运输许可，应当提交易制毒化学品的购销合同，货主是企业的，应当提交营业执照；货主是其他组织的，应当提交登记证书（成立批准文件）；货主是个人的，应当提交其个人身份证明。经办人还应当提交本人的身份证明。

公安机关应当自收到第一类易制毒化学品运输许可申请之日起10日内，收到第二类易制毒化学品运输许可申请之日起3日内，对申请人提交的申请材料进行审查。对符合规定的，发给运输许可证；不予许可的，应当书面说明理由。

审查第一类易制毒化学品运输许可申请材料时，根据需要，可以进行实地核查。

第二十二条 对许可运输第一类易制毒化学品的，发给一次有效的运输许可证。

对许可运输第二类易制毒化学品的，发给3个月有效的运输许可证；6个月内运输安全状况良好的，发给12个月有效的运输许可证。

易制毒化学品运输许可证应当载明拟运输的易制毒化学品的品种、数量、运入地、货主及收货人、承运人情况以及运输许可证种类。

第二十三条 运输供教学、科研使用的100克以下的麻黄素样品和供医疗机构制剂配方使用的小包装麻黄素以及医疗机构或者麻醉药品经营企业购买麻黄素片剂6万片以下、注射剂1.5万支以下，货主或者承运人持有依法取得的购买许可证明或者麻醉药品调拨单的，无须申请易制毒化学品运输许可。

第二十四条 接受货主委托运输的，承运人应当查验货主提供的运输许可证或者备案证明，并查验所运货物与运输许可证或者备案证明载明的易制毒化学品品种等情况是否相符；不相符的，不得承运。

运输易制毒化学品，运输人员应当自启运起全程携带运输许可证或者备案证明。公安机关应当在易制毒化学品的运输过程中进行检查。

运输易制毒化学品，应当遵守国家有关货物运输的规定。

第二十五条 因治疗疾病需要，患者、患者近亲属或者患者委托的人凭医疗机构出具的医疗诊断书和本人的身份证明，可以随身携带第一类中的药品类易制毒化学品药品制剂，但是不得超过医用单张处方的最大剂量。

医用单张处方最大剂量，由国务院卫生主管部门规定、公布。

第五章 进口、出口管理

第二十六条 申请进口或者出口易制毒化学品，应当提交下列材料，经国务院商务主管部门或者其委托的省、自治区、直辖市人民政府商务主管部门审批，取得进口或者出口许可证后，方可从事进口、出口活动：

（一）对外贸易经营者备案登记证明复印件；

（二）营业执照副本；

（三）易制毒化学品生产、经营、购买许可证或者备案证明；

（四）进口或者出口合同（协议）副本；

（五）经办人的身份证明。

申请易制毒化学品出口许可的，还应当提交进口方政府主管部门出具的合法使用易制毒化学品的证明或者进口方合法使用的保证文件。

第二十七条 受理易制毒化学品进口、出口申请的商务主管部门应当自收到申请材料之日起20日内，对申请材料进行审查，必要时可以进行实地核查。对符合规定的，发给进口或者出口许可证；不予许可的，应当书面说明理由。

对进口第一类中的药品类易制毒化学品的，有关的商务主管部门在作出许可决定前，应当征得国务院药品监督管理部门的同意。

第二十八条　麻黄素等属于重点监控物品范围的易制毒化学品，由国务院商务主管部门会同国务院有关部门核定的企业进口、出口。

第二十九条　国家对易制毒化学品的进口、出口实行国际核查制度。易制毒化学品国际核查目录及核查的具体办法，由国务院商务主管部门会同国务院公安部门规定、公布。

国际核查所用时间不计算在许可期限之内。

对向毒品制造、贩运情形严重的国家或者地区出口易制毒化学品以及本条例规定品种以外的化学品的，可以在国际核查措施以外实施其他管制措施，具体办法由国务院商务主管部门会同国务院公安部门、海关总署等有关部门规定、公布。

第三十条　进口、出口或者过境、转运、通运易制毒化学品的，应当如实向海关申报，并提交进口或者出口许可证。海关凭许可证办理通关手续。

易制毒化学品在境外与保税区、出口加工区等海关特殊监管区域、保税场所之间进出的，适用前款规定。

易制毒化学品在境内与保税区、出口加工区等海关特殊监管区域、保税场所之间进出的，或者在上述海关特殊监管区域、保税场所之间进出的，无须申请易制毒化学品进口或者出口许可证。

进口第一类中的药品类易制毒化学品，还应当提交药品监督管理部门出具的进口药品通关单。

第三十一条　进出境人员随身携带第一类中的药品类易制毒化学品药品制剂和高锰酸钾，应当以自用且数量合理为限，并接受海关监管。

进出境人员不得随身携带前款规定以外的易制毒化学品。

第六章　监督检查

第三十二条　县级以上人民政府公安机关、负责药品监督管理的部门、安全生产监督管理部门、商务主管部门、卫生主管部门、价格主管部门、铁路主管部门、交通主管部门、市场监督管理部门、生态环境主管部门和海关，应当依照本条例和有关法律、行政法规的规定，在各自的职责范围内，加强对易制毒化学品生产、经营、购买、运输、价格以及进口、出口的监督检查；对非法生产、经营、购买、运输易制毒化学品，或者走私易制毒化学品的行为，依法予以查处。

前款规定的行政主管部门在进行易制毒化学品监督检查时，可以依法查看现场、查阅和复制有关资料、记录有关情况、扣押相关的证据材料和违法物品；必要时，可以临时查封有关场所。

被检查的单位或者个人应当如实提供有关情况和材料、物品，不得拒绝或者隐匿。

第三十三条　对依法收缴、查获的易制毒化学品，应当在省、自治区、直辖市或者设区的市级人民政府公安机关、海关或者生态环境主管部门的监督下，区别易制毒化学品的不同情况进行保管、回收，或者依照环境保护法律、行政法规的有关规定，由有资质的单位在生态环境主管部门的监督下销毁。其中，对收缴、查获的第一类中的药品类易制毒化学品，一律销毁。

易制毒化学品违法单位或者个人无力提供保管、回收或者销毁费用的，保管、回收或者销毁的费用在回收所得中开支，或者在有关行政主管部门的禁毒经费中列支。

第三十四条　易制毒化学品丢失、被盗、被抢的，发案单位应当立即向当地公安机关报告，并同时报告当地的县级人民政府负责药品监督管理的部门、安全生产监督管理部门、商务主管部门或者卫生主管部门。接到报案的公安机关应当及时立案查处，并向上级公安机关报告；有关行政主管部门应当逐级上报并配合公安机关的查处。

第三十五条　有关行政主管部门应当将易制毒化学品许可以及依法吊销许可的情况通报有关公安机关和市场监督管理部门；市场监督管理部门应当将生产、经营易制毒化学品企业依法变更或者注销登记的情况通报有关公安机关和行政主管部门。

第三十六条　生产、经营、购买、运输或者进口、出口易制毒化学品的单位，应当于每年3月31日前向许可或者备案的行政主管部门和公安机关报告本单位上年度易制毒化学品的生产、经营、购买、运输或者进口、出口情况；有条件的生产、经营、购买、运输或者进口、出口单位，可以与有关行政主管部门建立计算机联网，及时通报有关经营情况。

第三十七条　县级以上人民政府有关行政主管部门应当加强协调合作，建立易制毒化学品管理情况、监督检查情况以及案件处理情况的通报、交流机制。

第七章　法律责任

第三十八条　违反本条例规定，未经许可或者备案擅自生产、经营、购买、运输易制毒化学品，伪造申请材料骗取易制毒化学品生产、经营、购买或者运输许可证，使用他人的或者伪造、变造、失效的许可证生产、经营、购买、运输易制毒化学品的，由公安机关没收非法生产、经营、购买或者运输的易制毒化学品、用于非法生产易制毒化学品的原料以及非法生产、经营、购买或者运输易制毒化学品的设备、工具，处非法生产、经营、购买或者运输的易制毒化学品货值10倍以上20倍以下的罚款，货值的20倍不足1万元的，按1万元罚款；有违法所得的，没收违法所得；有营业执照的，由市场监督管理部门吊销营业执照；构成犯罪的，依法追究刑事责任。

对有前款规定违法行为的单位或者个人，有关行政主管部门可以自作出行政处罚决定之日起3年内，停止受理其易制毒化学品生产、经营、购买、运输或者进口、出口许可申请。

第三十九条　违反本条例规定，走私易制毒化学品的，由海关没收走私的易制毒化学品；有违法所得的，没收违法所得，并依照海关法律、行政法规给予行政处罚；构成犯罪的，依法追究刑事责任。

第四十条　违反本条例规定，有下列行为之一的，由负有监督管理职责的行政主管部门给予警告，责令限期改正，处1万元以上5万元以下的罚款；对违反规定生产、经营、购买的易制毒化学品可以予以没收；逾期不改正的，责令限期停产停业整顿；逾期整顿不合格的，吊销相应的许可证：

（一）易制毒化学品生产、经营、购买、运输或者进口、出口单位未按规定建立安全管理制度的；

（二）将许可证或者备案证明转借他人使用的；

（三）超出许可的品种、数量生产、经营、购买易制毒化学品的；

（四）生产、经营、购买单位不记录或者不如实记录交易情况、不按规定保存交易记录或者不如实、不及时向公安机关和有关行政主管部门备案销售情况的；

（五）易制毒化学品丢失、被盗、被抢后未及时报告，造成严重后果的；

（六）除个人合法购买第一类中的药品类易制毒化学品药品制剂以及第三类易制毒化学品外，使用现金或者实物进行易制毒化学品交易的；

（七）易制毒化学品的产品包装和使用说明书不符合本条例规定要求的；

（八）生产、经营易制毒化学品的单位不如实或者不按时向有关行政主管部门和公安机关报告年度生产、经销和库存等情况的。

企业的易制毒化学品生产经营许可被依法吊销后，未及时到市场监督管理部门办理经营范围变更或者企业注销登记的，依照前款规定，对易制毒化学品予以没收，并处罚款。

第四十一条　运输的易制毒化学品与易制毒化学品运输许可证或者备案证明载明的品种、数量、运入地、货主及收货人、承运人等情况不符，运输许可证种类不当，或者运输人员未全程携带运输许可证或者备案证明的，由公安机关责令停运整改，处5000元以上5万元以下的罚款；有危险物品运输资质的，运输主管部门可以依法吊销其运输资质。

个人携带易制毒化学品不符合品种、数量规定的，没收易制毒化学品，处1000元以上5000元以下的罚款。

第四十二条　生产、经营、购买、运输或者进口、出口易制毒化学品的单位或者个人拒不接受有关行政主管部门监督检查的，由负有监督管理职责的行政主管部门责令改正，对直接负责的主管人员以及其他直接责任人员给予警告；情节严重的，对单位处1万元以上5万元以下的罚款，对直接负责的主管人员以及其他直接责任人员处1000元以上5000元以下的罚款；有违反治安管理行为的，依法给予治安管理处罚；构成犯罪的，依法追究刑事责任。

第四十三条　易制毒化学品行政主管部门工作人员在管理工作中有应当许可而不许可、不应当许可而滥许可，不依法受理备案，以及其他滥用职权、玩忽职守、徇私舞弊行为的，依法给予行政处分；构成犯罪的，依法追究刑事责任。

第八章　附　　则

第四十四条　易制毒化学品生产、经营、购买、运输和进口、出口许可证，由国务院有关行政主管部门根据各自的职责规定式样并监制。

第四十五条　本条例自2005年11月1日起施行。

本条例施行前已经从事易制毒化学品生产、经营、购买、运输或者进口、出口业务的，应当自本条例施行之日起6个月内，依照本条例的规定重新申请许可。

附表：

易制毒化学品的分类和品种目录

第一类

1. 1－苯基－2－丙酮
2. 3,4－亚甲基二氧苯基－2－丙酮
3. 胡椒醛

4. 黄樟素
5. 黄樟油
6. 异黄樟素
7. N－乙酰邻氨基苯酸
8. 邻氨基苯甲酸
9. 麦角酸*
10. 麦角胺*
11. 麦角新碱*
12. 麻黄素、伪麻黄素、消旋麻黄素、去甲麻黄素、甲基麻黄素、麻黄浸膏、麻黄浸膏粉等麻黄素类物质*

第二类

1. 苯乙酸
2. 醋酸酐
3. 三氯甲烷
4. 乙醚
5. 哌啶

第三类

1. 甲苯
2. 丙酮
3. 甲基乙基酮
4. 高锰酸钾
5. 硫酸
6. 盐酸

说明：

一、第一类、第二类所列物质可能存在的盐类，也纳入管制。

二、带有*标记的品种为第一类中的药品类易制毒化学品，第一类中的药品类易制毒化学品包括原料药及其单方制剂。

非药品类易制毒化学品生产、经营许可办法

1. 2006年4月5日国家安全生产监督管理总局令第5号公布
2. 自2006年4月15日起施行

第一章 总 则

第一条 为加强非药品类易制毒化学品管理，规范非药品类易制毒化学品生产、经营行为，防止非药品类易制毒化学品被用于制造毒品，维护经济和社会秩序，根据《易制毒化学品管理条例》（以下简称《条例》）和有关法律、行政法规，制定本办法。

第二条 本办法所称非药品类易制毒化学品，是指《条例》附表确定的可以用于制毒的非药品类主要原料和化学配剂。

非药品类易制毒化学品的分类和品种，见本办法附表《非药品类易制毒化学品分类和品种目录》。

《条例》附表《易制毒化学品的分类和品种目录》调整或者《危险化学品目录》调整涉及本办法附表时，《非药品类易制毒化学品分类和品种目录》随之进行调整并公布。

第三条 国家对非药品类易制毒化学品的生产、经营实行许可制度。对第一类非药品类易制毒化学品的生产、经营实行许可证管理，对第二类、第三类易制毒化学品的生产、经营实行备案证明管理。

省、自治区、直辖市人民政府安全生产监督管理部门负责本行政区域内第一类非药品类易制毒化学品生产、经营的审批和许可证的颁发工作。

设区的市级人民政府安全生产监督管理部门负责本行政区域内第二类非药品类易制毒化学品生产、经营和第三类非药品类易制毒化学品生产的备案证明颁发工作。

县级人民政府安全生产监督管理部门负责本行政区域内第三类非药品类易制毒化学品经营的备案证明颁发工作。

第四条 国家安全生产监督管理总局监督、指导全国非药品类易制毒化学品生产、经营许可和备案管理工作。

县级以上人民政府安全生产监督管理部门负责本行政区域内执行非药品类易制毒化学品生产、经营许可制度的监督管理工作。

第二章 生产、经营许可

第五条 生产、经营第一类非药品类易制毒化学品的，必须取得非药品类易制毒化学品生产、经营许可证方可从事生产、经营活动。

第六条 生产、经营第一类非药品类易制毒化学品的，应当分别符合《条例》第七条、第九条规定的条件。

第七条 生产单位申请非药品类易制毒化学品生产许可证，应当向所在地的省级人民政府安全生产监督管理部门提交下列文件、资料，并对其真实性负责：

（一）非药品类易制毒化学品生产许可证申请书（一式两份）；

（二）生产设备、仓储设施和污染物处理设施情况说明材料；

（三）易制毒化学品管理制度和环境突发事件应急预案；

（四）安全生产管理制度；

（五）单位法定代表人或者主要负责人和技术、管理人员具有相应安全生产知识的证明材料；

（六）单位法定代表人或者主要负责人和技术、管理人员具有相应易制毒化学品知识的证明材料及无毒品犯罪记录证明材料；

（七）工商营业执照副本（复印件）；

（八）产品包装说明和使用说明书。

属于危险化学品生产单位的，还应当提交危险化学品生产企业安全生产许可证和危险化学品登记证（复印件），免于提交本条第（四）、（五）、（七）项所要求的文件、资料。

第八条 经营单位申请非药品类易制毒化学品经营许可证，应当向所在地的省级人民政府安全生产监督管理部门提交下列文件、资料，并对其真实性负责：

（一）非药品类易制毒化学品经营许可证申请书（一式两份）；

（二）经营场所、仓储设施情况说明材料；

（三）易制毒化学品经营管理制度和包括销售机构、销售代理商、用户等内容的销售网络文件；

（四）单位法定代表人或者主要负责人和销售、管理人员具有相应易制毒化学品知识的证明材料及无毒品犯罪记录证明材料；

（五）工商营业执照副本（复印件）；

（六）产品包装说明和使用说明书。

属于危险化学品经营单位的，还应当提交危险化学品经营许可证（复印件），免于提交本条第（五）项所要求的文件、资料。

第九条 省、自治区、直辖市人民政府安全生产监督管理部门对申请人提交的申请书及文件、资料，应当按照下列规定分别处理：

（一）申请事项不属于本部门职权范围的，应当即时出具不予受理的书面凭证；

（二）申请材料存在可以当场更正的错误的，应当允许或者要求申请人当场更正；

（三）申请材料不齐全或者不符合要求的，应当当场或者在5个工作日内书面一次告知申请人需要补正的全部内容，逾期不告知的，自收到申请材料之日起即为受理；

（四）申请材料齐全、符合要求或者按照要求全部补正的，自收到申请材料或者全部补正材料之日起为受理。

第十条 对已经受理的申请材料，省、自治区、直辖市人民政府安全生产监督管理部门应当进行审查，根据需要可以进行实地核查。

第十一条 自受理之日起，对非药品类易制毒化学品的生产许可证申请在60个工作日内、对经营许可证申请在30个工作日内，省、自治区、直辖市人民政府安全生产监督管理部门应当作出颁发或者不予颁发许可证的决定。

对决定颁发的，应当自决定之日起10个工作日内送达或者通知申请人领取许可证；对不予颁发的，应当在10个工作日内书面通知申请人并说明理由。

第十二条 非药品类易制毒化学品生产、经营许可证有效期为3年。许可证有效期满后需继续生产、经营第一类非药品类易制毒化学品的，应当于许可证有效期满前3个月内向原许可证颁发管理部门提出换证申请并提交相应资料，经审查合格后换领新证。

第十三条 第一类非药品类易制毒化学品生产、经营单位在非药品类易制毒化学品生产、经营许可证有效期内出现下列情形之一的，应当向原许可证颁发管理部门申请变更许可证：

（一）单位法定代表人或者主要负责人改变；

（二）单位名称改变；

（三）许可品种主要流向改变；

（四）需要增加许可品种、数量。

属于本条第（一）、（三）项的变更，应当自发生改变之日起20个工作日内提出申请；属于本条第（二）项的变更，应当自工商营业执照变更后提出申请。

申请本条第（一）项的变更，应当提供变更后的法定代表人或者主要负责人符合本办法第七条第（五）、（六）项或第八条第（四）项要求的有关证明材料；申请本条第（二）项的变更，应当提供变更后的工商营业执照副本（复印件）；申请本条第（三）项的变更，生产、经营单位应当分别提供主要流向改变说明、第八条第（三）项要求的有关资料；申请本条第（四）项的变更，应当提供本办法第七条第（二）、（三）、（八）项或第八条第（二）、（三）、（六）项要求的有关资料。

第十四条 对已经受理的本办法第十三条第（一）、（二）、（三）项的变更申请，许可证颁发管理部门在对申请人提交的文件、资料审核后，即可办理非药品类易制毒化学品生产、经营许可证变更手续。

对已经受理的本办法第十三条第（四）项的变更申请，许可证颁发管理部门应当按照本办法第十条、第十一条的规定，办理非药品类易制毒化学品生产、经营许可证变更手续。

第十五条 非药品类易制毒化学品生产、经营单位原有技术或者销售人员、管理人员变动的，变动人员应当具有相应的安全生产和易制毒化学品知识。

第十六条 第一类非药品类易制毒化学品生产、经营单位不再生产、经营非药品类易制毒化学品时，应当在停止生产、经营后3个月内办理注销许可手续。

第三章 生产、经营备案

第十七条 生产、经营第二类、第三类非药品类易制毒化学品的，必须进行非药品类易制毒化学品生产、经营备案。

第十八条 生产第二类、第三类非药品类易制毒化学品的，应当自生产之日起30个工作日内，将生产的品种、数量等情况，向所在地的设区的市级人民政府安全生产监督管理部门备案。

经营第二类非药品类易制毒化学品的，应当自经营之日起30个工作日内，将经营的品种、数量、主要流向等情况，向所在地的设区的市级人民政府安全生产监督管理部门备案。

经营第三类非药品类易制毒化学品的，应当自经营之日起30个工作日内，将经营的品种、数量、主要流向等情况，向所在地的县级人民政府安全生产监督管理部门备案。

第十九条 第二类、第三类非药品类易制毒化学品生产单位进行备案时，应当提交下列资料：

（一）非药品类易制毒化学品品种、产量、销售量等情况的备案申请书；

（二）易制毒化学品管理制度；

（三）产品包装说明和使用说明书；

（四）工商营业执照副本（复印件）。

属于危险化学品生产单位的，还应当提交危险化学品生产企业安全生产许可证和危险化学品登记证（复印件），免于提交本条第（四）项所要求的文件、资料。

第二十条 第二类、第三类非药品类易制毒化学品经营单位进行备案时，应当提交下列资料：

（一）非药品类易制毒化学品销售品种、销售量、主要流向等情况的备案申请书；

（二）易制毒化学品管理制度；

（三）产品包装说明和使用说明书；

（四）工商营业执照副本（复印件）。

属于危险化学品经营单位的，还应当提交危险化学品经营许可证，免于提交本条第（四）项所要求的文件、资料。

第二十一条 第二类、第三类非药品类易制毒化学品生产、经营备案主管部门收到本办法第十九条、第二十条规定的备案材料后，应当于当日发给备案证明。

第二十二条 第二类、第三类非药品类易制毒化学品生产、经营备案证明有效期为3年。有效期满后需继续生产、经营的，应当在备案证明有效期满前3个月内重新办理备案手续。

第二十三条 第二类、第三类非药品类易制毒化学品生产、经营单位的法定代表人或者主要负责人、单位名称、单位地址发生变化的，应当自工商营业执照变更之日起30个工作日内重新办理备案手续；生产或者经营的备案品种增加、主要流向改变的，在发生变化后30个工作日内重新办理备案手续。

第二十四条 第二类、第三类非药品类易制毒化学品生产、经营单位不再生产、经营非药品类易制毒化学品时，应当在终止生产、经营后3个月内办理备案注销手续。

第四章 监督管理

第二十五条 县级以上人民政府安全生产监督管理部门应当加强非药品类易制毒化学品生产、经营的监督检查工作。

县级以上人民政府安全生产监督管理部门对非药品类易制毒化学品的生产、经营活动进行监督检查时，可以查看现场、查阅和复制有关资料、记录有关情况、扣押相关的证据材料和违法物品；必要时，可以临时查封有关场所。

被检查的单位或者个人应当如实提供有关情况和资料、物品，不得拒绝或者隐匿。

第二十六条 生产、经营单位应当于每年3月31日前，向许可或者备案的安全生产监督管理部门报告本单位上年度非药品类易制毒化学品生产经营的品种、数量和主要流向等情况。

安全生产监督管理部门应当自收到报告后10个工作日内将本行政区域内上年度非药品类易制毒化学品生产、经营汇总情况报上级安全生产监督管理部门。

第二十七条 各级安全生产监督管理部门应当建立非药品类易制毒化学品许可和备案档案并加强信息管理。

第二十八条 安全生产监督管理部门应当及时将非药品类易制毒化学品生产、经营许可及吊销许可情况，向同级公安机关和工商行政管理部门通报；向商务主管部门通报许可证和备案证明颁发等有关情况。

第五章　罚　　则

第二十九条　对于有下列行为之一的，县级以上人民政府安全生产监督管理部门可以自《条例》第三十八条规定的部门作出行政处罚决定之日起的3年内，停止受理其非药品类易制毒化学品生产、经营许可或备案申请：

（一）未经许可或者备案擅自生产、经营非药品类易制毒化学品的；

（二）伪造申请材料骗取非药品类易制毒化学品生产、经营许可证或者备案证明的；

（三）使用他人的非药品类易制毒化学品生产、经营许可证或者备案证明的；

（四）使用伪造、变造、失效的非药品类易制毒化学品生产、经营许可证或者备案证明的。

第三十条　对于有下列行为之一的，由县级以上人民政府安全生产监督管理部门给予警告，责令限期改正，处1万元以上5万元以下的罚款；对违反规定生产、经营的非药品类易制毒化学品，可以予以没收；逾期不改正的，责令限期停产停业整顿；逾期整顿不合格的，吊销相应的许可证：

（一）易制毒化学品生产、经营单位未按规定建立易制毒化学品的管理制度和安全管理制度的；

（二）将许可证或者备案证明转借他人使用的；

（三）超出许可的品种、数量，生产、经营非药品类易制毒化学品的；

（四）易制毒化学品的产品包装和使用说明书不符合《条例》规定要求的；

（五）生产、经营非药品类易制毒化学品的单位不如实或者不按时向安全生产监督管理部门报告年度生产、经营等情况的。

第三十一条　生产、经营非药品类易制毒化学品的单位或者个人拒不接受安全生产监督管理部门监督检查的，由县级以上人民政府安全生产监督管理部门责令改正，对直接负责的主管人员以及其他直接责任人员给予警告；情节严重的，对单位处1万元以上5万元以下的罚款，对直接负责的主管人员以及其他直接责任人员处1000元以上5000元以下的罚款。

第三十二条　安全生产监督管理部门工作人员在管理工作中，有滥用职权、玩忽职守、徇私舞弊行为或泄露企业商业秘密的，依法给予行政处分；构成犯罪的，依法追究刑事责任。

第六章　附　　则

第三十三条　非药品类易制毒化学品生产许可证、经营许可证和备案证明由国家安全生产监督管理总局监制。

非药品类易制毒化学品年度报告表及许可、备案、变更申请书由国家安全生产监督管理总局规定式样。

第三十四条　本办法自2006年4月15日起施行。

企业非药品类易制毒化学品
规范化管理指南

1. 2014年6月16日国家安全生产监督管理总局办公厅发布
2. 安监总厅管三〔2014〕70号

1　总　　则

1.1　为指导企业做好非药品类易制毒化学品管理工作，防止非药品类易制毒化学品流入非法渠道，根据《禁毒法》、《易制毒化学品管理条例》（国务院令第445号）、《非药品类易制毒化学品生产、经营许可办法》（国家安全监管总局令第5号）、《国家安全监管总局关于进一步加强非药品类易制毒化学品监管工作的指导意见》（安监总管三〔2012〕79号）等法律法规和规范性文件，制定本指南。

1.2　企业生产、经营非药品类易制毒化学品（以下简称易制毒化学品）的管理，适用本指南。

1.3　企业从事易制毒化学品生产、经营活动，应当办理国家规定的易制毒化学品行政许可或备案手续。

1.4　企业应当履行易制毒化学品管理的社会责任，积极向公安、安全生产监督管理等主管部门（以下简称有关行政主管部门）举报并鼓励员工举报涉及易制毒化学品的违法行为，及时反映易制毒化学品可疑交易线索等异常情况。

2　责　任　制

2.1　企业应当认真履行易制毒化学品管理责任，建立健全包括主要负责人、分管负责人、销售负责人及其他有关人员在内的责任体系，明确各级人员职责；员工在5人以内的微型企业至少应当明确主要负责人和销售人员的易制毒化学品管理职责。

2.2　企业主要负责人是易制毒化学品管理第一责任人。企业主要负责人应当了解有关易制毒化学品管理的法律法规，了解本企业易制毒化学品的基本知识，使企业严格遵守国家易制毒化学品管理各项规定；建立健全易制毒化学品管理责任体系，批准实施企业易制毒化学品管理制度，设置易制毒化学品管理机构，保证易制毒化学品生产、储存等设备设施符合国家规定和要求；保证向有关行政主管部门提交的报告等资料的内容真实；检查各项易制毒化学品管理制度的执行与完善情况；积极推进易制毒化学品管理信息化工作。

2.3 企业易制毒化学品分管负责人协助主要负责人分管易制毒化学品管理工作。分管负责人应当学习并组织本企业贯彻落实易制毒化学品管理的法律法规和国家有关规定，学习并掌握本企业易制毒化学品基本知识，组织制定和审核易制毒化学品管理分部门规章制度、各岗位责任制度，组织企业易制毒化学品从业人员的教育培训工作，组织检查易制毒化学品各项管理制度的执行和生产、储存等设备设施的使用情况，组织从生产（或采购）、储存到销售（或自用）的易制毒化学品流向清查工作，组织易制毒化学品管理的持续改进和信息化工作，及时通报、报告易制毒化学品管理情况，组织编制提交有关行政主管部门的定期报告等资料。

2.4 销售负责人全面负责易制毒化学品的销售管理工作。销售负责人应当严格执行易制毒化学品管理的法律法规和国家有关规定，学习并掌握本企业易制毒化学品基本知识，组织制定易制毒化学品销售程序及管理制度并监督销售人员严格遵守，组织建立健全销售台账、档案及销售信息系统，检查台账记录和档案整理情况，定期组织易制毒化学品库存销售盘点，及时通报、报告易制毒化学品销售管理情况。

2.5 销售人员应当了解易制毒化学品管理法律法规有关规定，掌握本企业易制毒化学品基本知识，严格遵守易制毒化学品销售管理制度和程序，做到按规定留存的买方资料完整有效，销售记录无漏项，台账、档案整齐有序，保证易制毒化学品销售记录清晰、相互衔接可追溯。

2.6 储存管理人员负责易制毒化学品的保管工作，应当熟悉本企业易制毒化学品的物理性质和化学性质，严格执行易制毒化学品存储和出入库制度，做到出入库记录完整、记录台账清晰，做到票据、账面记录与实物相符，要经常检查易制毒化学品的存放和安全设施情况，发现异常要及时报告、采取措施处理。

2.7 生产管理人员负责易制毒化学品的产出管理工作，应当严格执行易制毒化学品产成品登记入账制度，做到准确、及时记录每班次投料、产成品数量等，做到及时办理产成品入库和签收，做到产成品记录和入库签收凭证账目完整、清晰。

2.8 采购人员负责易制毒化学品、易制毒化学品原料的购入管理工作，应当了解易制毒化学品管理法律法规有关规定，掌握本企业所购易制毒化学品基本知识，应严格执行易制毒化学品、易制毒化学品原料入库入账制度，做到货物来源合法、货物与卖方发货凭证相符，做到及时办理货物入库和签收。

2.9 接触易制毒化学品的其他相关人员应当了解易制毒化学品管理法律法规有关规定，掌握本企业易制毒化学品的基本知识，严格遵守企业易制毒化学品管理规章制度，按照本岗位职责做好易制毒化学品管理相关工作。

3 管理机构及职责

3.1 企业应当设置易制毒化学品管理机构。根据企业实际，可以设专门机构、挂靠机构或者非常设机构，由易制毒化学品分管负责人领导，至少配置一名专职或者固定人员负责易制毒化学品管理机构日常工作。

3.2 易制毒化学品管理机构负责本企业易制毒化学品管理的组织、监督工作，承办企业易制毒化学品分管负责人交办的工作，检查易制毒化学品管理制度执行及各类台账记录情况，开展易制毒化学品从业人员的教育培训，编制、报送企业易制毒化学品情况报告和信息报表等。

4 采 购 管 理

4.1 企业采购易制毒化学品，应选择有相应易制毒化学品经营许可或备案资质的供货方，依法办理易制毒化学品购买、运输等相关手续。

4.2 企业采购易制毒化学品原料，其原料属于危险化学品的，应选择有相应危险化学品经营资质的供货方，按照危险化学品有关安全要求进行运输。

4.3 采购的易制毒化学品，其包装必须标明易制毒化学品的规范名称、化学分子式、成分和含量。采购的易制毒化学品、易制毒化学品原料属于危险化学品的，必须附有按照国家标准编制的化学品安全技术说明书和安全标签。

4.4 采购的易制毒化学品、易制毒化学品原料须及时入库入账。入库时应严格核对品种、数量、规格、包装等情况，并做好相应记录。

5 生产和储存管理

5.1 建立易制毒化学品产成品登记入账管理制度。应记录每班次生产易制毒化学品的投料、产量等数据，办理产成品入库手续，记录资料和入库单及签收凭证应整理为产成品登记台账（参见附件1）及档案。

5.2 易制毒化学品储存由专人管理，第一类易制毒化学品应实行“双人双锁，双人领取”。

5.3 企业应根据生产、经营的易制毒化学品品种，编制易制毒化学品储存禁配表(参见附件2)，由储存管理人员严格执行。同时属于危险化学品的，要储存在专用仓库、专用场地内，并按照相关技术标准规定的储存方法、储存数量和安全距离，实行隔离、隔开、分离储存。

5.4 建立易制毒化学品出入库管理制度。须凭出入库单据(参见附件3、附件4)办理出入库，查验出入库易制毒化学品品种和数量，履行出入库签收手续。应记录易制毒化学品出入库时间、品种、数量，以及入库时来源和出库时去向等要素。记录资料和出入库单据应整理为出入库台账(参见附件5、附件6)及档案。

5.5 每月至少进行一次库存盘点，认真核对账面数与实物数并记录清查结果(参见附件7)。发现易制毒化学品库存量与出入库数量不符时应及时查找原因，发现被盗、丢失应立即向有关行政主管部门报案。

5.6 企业应当保证易制毒化学品生产、储存设备设施的完整性。生产、储存设备设施要符合安全生产等有关要求。要定期检查设备设施使用状况，做好日常维护保养，必要时进行更新。

5.7 储存设施应符合国家标准要求和有关规定。企业的储存设施(包括租赁的)要保证符合易制毒化学品的安全储存要求。无封闭墙体的简易棚不得用做仓库，仓库应配置防盗报警等监控设施，并有专人值守。

6 销售管理

6.1 销售管理是企业易制毒化学品管理的重要环节，要严格按照许可或备案范围销售易制毒化学品。当需要销售许可或备案范围外的品种或者销售数量发生较大变化的，要办理许可证或备案证明变更手续；企业不再生产、经营易制毒化学品的，要及时办理证件注销手续。

6.2 依法核验购买方资质。销售易制毒化学品时，应按规定查验购买方的购买许可、备案证和购买经办人身份证。对符合条件的购买方，如实记录销售的品种、数量、日期和购买方的详细地址、联系方式等情况(参见附件8)，留存上述资质证明和身份证的复印件。

6.3 规范销售资料的管理。应根据销售记录、留存的复印件、销售合同、发货单等销售资料，填写、建立销售台账(参见附件9、附件10)及档案。销售资料存放设施、计算机销售信息系统要安全可靠。

6.4 企业销售的易制毒化学品，其包装必须可靠，符合国家有关规定。包装必须标明易制毒化学品的规范名称、化学分子式、成分和含量；属于危险化学品的，必须附有按照国家标准编制的化学品安全技术说明书和安全标签。

7 培训教育

7.1 企业要建立易制毒化学品管理培训教育制度。依据不同岗位类型，制定培训教育目标和考核要求，制定包括学习内容、时间安排、参加人员范围等事项的年度培训教育计划。要建立从业人员培训教育档案，记录培训情况。企业每年应至少进行一次全员易制毒化学品管理方面的遵纪守法教育活动。

7.2 易制毒化学品管理培训教育应以法律法规和有关行政主管部门规定、企业规章制度、岗位责任制及工作程序为内容，结合新形势要求，注重联系实际。要对培训教育效果进行评价并不断改进。

7.3 企业主要负责人、分管负责人要带头参加本企业易制毒化学品管理培训教育活动；生产、储存、销售部门负责人及管理、技术人员，每年至少要参加一次易制毒化学品管理培训教育，经考核合格后方可任职。

7.4 第一类易制毒化学品企业主要负责人和分管技术、生产、销售的负责人还应当参加专门的考核，取得安全生产监管部门颁发的易制毒化学品知识考核合格证明后方可任职。

8 信息填报和违法违规行为举报

8.1 企业应当在每年3月31日前，以纸质和登录安全监管部门易制毒化学品管理信息系统填报两种方式，提交包括本企业上年度易制毒化学品生产经营品种、数量和主要流向等情况的年报。应当按照有关行政主管部门的要求，上报本企业易制毒化学品管理情况。

8.2 企业上报易制毒化学品管理情况和年报要做到及时、准确，上报材料和年报须有企业签章或主要负责人的签名等确认手续。

8.3 企业要建立易制毒化学品违法违规举报奖励制度。举报情况属实的，企业应对举报人进行奖励；属于严重违法的，报有关行政主管部门处理。

9 附 则

9.1 企业易制毒化学品生产、经营的各项台账及档案、资料，至少应保存3年备查。要逐步建立各项台账及档案、资料的电子文档，实现信息化、动态化管理。

9.2 本指南附件1至附件10，包含易制毒化学品从生产、储存到销售环节的流向管理基本要素，其表格式样供建立本企业易制毒化学品相应记录台账参考。

附件：(略)

四、民用爆炸物品安全

资料补充栏

民用爆炸物品安全管理条例

1. 2006年5月10日国务院令第466号公布
2. 根据2014年7月29日国务院令第653号《关于修改部分行政法规的决定》修订

第一章　总　　则

第一条　为了加强对民用爆炸物品的安全管理，预防爆炸事故发生，保障公民生命、财产安全和公共安全，制定本条例。

第二条　民用爆炸物品的生产、销售、购买、进出口、运输、爆破作业和储存以及硝酸铵的销售、购买，适用本条例。

本条例所称民用爆炸物品，是指用于非军事目的、列入民用爆炸物品品名表的各类火药、炸药及其制品和雷管、导火索等点火、起爆器材。

民用爆炸物品品名表，由国务院民用爆炸物品行业主管部门会同国务院公安部门制订、公布。

第三条　国家对民用爆炸物品的生产、销售、购买、运输和爆破作业实行许可证制度。

未经许可，任何单位或者个人不得生产、销售、购买、运输民用爆炸物品，不得从事爆破作业。

严禁转让、出借、转借、抵押、赠送、私藏或者非法持有民用爆炸物品。

第四条　民用爆炸物品行业主管部门负责民用爆炸物品生产、销售的安全监督管理。

公安机关负责民用爆炸物品公共安全管理和民用爆炸物品购买、运输、爆破作业的安全监督管理，监控民用爆炸物品流向。

安全生产监督、铁路、交通、民用航空主管部门依照法律、行政法规的规定，负责做好民用爆炸物品的有关安全监督管理工作。

民用爆炸物品行业主管部门、公安机关、工商行政管理部门按照职责分工，负责组织查处非法生产、销售、购买、储存、运输、邮寄、使用民用爆炸物品的行为。

第五条　民用爆炸物品生产、销售、购买、运输和爆破作业单位（以下称民用爆炸物品从业单位）的主要负责人是本单位民用爆炸物品安全管理责任人，对本单位的民用爆炸物品安全管理工作全面负责。

民用爆炸物品从业单位是治安保卫工作的重点单位，应当依法设置治安保卫机构或者配备治安保卫人员，设置技术防范设施，防止民用爆炸物品丢失、被盗、被抢。

民用爆炸物品从业单位应当建立安全管理制度、岗位安全责任制度，制订安全防范措施和事故应急预案，设置安全管理机构或者配备专职安全管理人员。

第六条　无民事行为能力人、限制民事行为能力人或者曾因犯罪受过刑事处罚的人，不得从事民用爆炸物品的生产、销售、购买、运输和爆破作业。

民用爆炸物品从业单位应当加强对本单位从业人员的安全教育、法制教育和岗位技术培训，从业人员经考核合格的，方可上岗作业；对有资格要求的岗位，应当配备具有相应资格的人员。

第七条　国家建立民用爆炸物品信息管理系统，对民用爆炸物品实行标识管理，监控民用爆炸物品流向。

民用爆炸物品生产企业、销售企业和爆破作业单位应当建立民用爆炸物品登记制度，如实将本单位生产、销售、购买、运输、储存、使用民用爆炸物品的品种、数量和流向信息输入计算机系统。

第八条　任何单位或者个人都有权举报违反民用爆炸物品安全管理规定的行为；接到举报的主管部门、公安机关应当立即查处，并为举报人员保密，对举报有功人员给予奖励。

第九条　国家鼓励民用爆炸物品从业单位采用提高民用爆炸物品安全性能的新技术，鼓励发展民用爆炸物品生产、配送、爆破作业一体化的经营模式。

第二章　生　　产

第十条　设立民用爆炸物品生产企业，应当遵循统筹规划、合理布局的原则。

第十一条　申请从事民用爆炸物品生产的企业，应当具备下列条件：

（一）符合国家产业结构规划和产业技术标准；

（二）厂房和专用仓库的设计、结构、建筑材料、安全距离以及防火、防爆、防雷、防静电等安全设备、设施符合国家有关标准和规范；

（三）生产设备、工艺符合有关安全生产的技术标准和规程；

（四）有具备相应资格的专业技术人员、安全生产管理人员和生产岗位人员；

（五）有健全的安全管理制度、岗位安全责任制度；

（六）法律、行政法规规定的其他条件。

第十二条　申请从事民用爆炸物品生产的企业，应当向国务院民用爆炸物品行业主管部门提交申请书、可行性研究报告以及能够证明其符合本条例第十一条规定条件的有关材料。国务院民用爆炸物品行业主管部门应当自受理申请之日起45日内进行审查，对符合条件的，核发《民用爆炸物品生产许可证》；对不符合条件的，不予核发《民用爆炸物品生产许可证》，书面向申请人说明理由。

民用爆炸物品生产企业为调整生产能力及品种进行改建、扩建的，应当依照前款规定申请办理《民用爆炸物品生产许可证》。

民用爆炸物品生产企业持《民用爆炸物品生产许可证》到工商行政管理部门办理工商登记，并在办理工商登记后3日内，向所在地县级人民政府公安机关备案。

第十三条　取得《民用爆炸物品生产许可证》的企业应当在基本建设完成后，向省、自治区、直辖市人民政府民用爆炸物品行业主管部门申请安全生产许可。省、自治区、直辖市人民政府民用爆炸物品行业主管部门应当依照《安全生产许可证条例》的规定对其进行查验，对符合条件的，核发《民用爆炸物品安全生产许可证》。民用爆炸物品生产企业取得《民用爆炸物品安全生产许可证》后，方可生产民用爆炸物品。

第十四条　民用爆炸物品生产企业应当严格按照《民用爆炸物品生产许可证》核定的品种和产量进行生产，生产作业应当严格执行安全技术规程的规定。

第十五条　民用爆炸物品生产企业应当对民用爆炸物品做出警示标识、登记标识，对雷管编码打号。民用爆炸物品警示标识、登记标识和雷管编码规则，由国务院公安部门会同国务院民用爆炸物品行业主管部门规定。

第十六条　民用爆炸物品生产企业应当建立健全产品检验制度，保证民用爆炸物品的质量符合相关标准。民用爆炸物品的包装，应当符合法律、行政法规的规定以及相关标准。

第十七条　试验或者试制民用爆炸物品，必须在专门场地或者专门的试验室进行。严禁在生产车间或者仓库内试验或者试制民用爆炸物品。

第三章　销售和购买

第十八条　申请从事民用爆炸物品销售的企业，应当具备下列条件：

（一）符合对民用爆炸物品销售企业规划的要求；

（二）销售场所和专用仓库符合国家有关标准和规范；

（三）有具备相应资格的安全管理人员、仓库管理人员；

（四）有健全的安全管理制度、岗位安全责任制度；

（五）法律、行政法规规定的其他条件。

第十九条　申请从事民用爆炸物品销售的企业，应当向所在地省、自治区、直辖市人民政府民用爆炸物品行业主管部门提交申请书、可行性研究报告以及能够证明其符合本条例第十八条规定条件的有关材料。省、自治区、直辖市人民政府民用爆炸物品行业主管部门应当自受理申请之日起30日内进行审查，并对申请单位的销售场所和专用仓库等经营设施进行查验，对符合条件的，核发《民用爆炸物品销售许可证》；对不符合条件的，不予核发《民用爆炸物品销售许可证》，书面向申请人说明理由。

民用爆炸物品销售企业持《民用爆炸物品销售许可证》到工商行政管理部门办理工商登记后，方可销售民用爆炸物品。

民用爆炸物品销售企业应当在办理工商登记后3日内，向所在地县级人民政府公安机关备案。

第二十条　民用爆炸物品生产企业凭《民用爆炸物品生产许可证》，可以销售本企业生产的民用爆炸物品。

民用爆炸物品生产企业销售本企业生产的民用爆炸物品，不得超出核定的品种、产量。

第二十一条　民用爆炸物品使用单位申请购买民用爆炸物品的，应当向所在地县级人民政府公安机关提出购买申请，并提交下列有关材料：

（一）工商营业执照或者事业单位法人证书；

（二）《爆破作业单位许可证》或者其他合法使用的证明；

（三）购买单位的名称、地址、银行账户；

（四）购买的品种、数量和用途说明。

受理申请的公安机关应当自受理申请之日起5日内对提交的有关材料进行审查，对符合条件的，核发《民用爆炸物品购买许可证》；对不符合条件的，不予核发《民用爆炸物品购买许可证》，书面向申请人说明理由。

《民用爆炸物品购买许可证》应当载明许可购买的品种、数量、购买单位以及许可的有效期限。

第二十二条　民用爆炸物品生产企业凭《民用爆炸物品生产许可证》购买属于民用爆炸物品的原料，民用爆炸物品销售企业凭《民用爆炸物品销售许可证》向民用爆炸物品生产企业购买民用爆炸物品，民用爆炸物品使用单位凭《民用爆炸物品购买许可证》购买民用爆炸物品，还应当提供经办人的身份证明。

销售民用爆炸物品的企业，应当查验前款规定的许可证和经办人的身份证明；对持《民用爆炸物品购买许可证》购买的,应当按照许可的品种、数量销售。

第二十三条 销售、购买民用爆炸物品,应当通过银行账户进行交易,不得使用现金或者实物进行交易。

销售民用爆炸物品的企业,应当将购买单位的许可证、银行账户转账凭证、经办人的身份证明复印件保存2年备查。

第二十四条 销售民用爆炸物品的企业,应当自民用爆炸物品买卖成交之日起3日内,将销售的品种、数量和购买单位向所在地省、自治区、直辖市人民政府民用爆炸物品行业主管部门和所在地县级人民政府公安机关备案。

购买民用爆炸物品的单位,应当自民用爆炸物品买卖成交之日起3日内,将购买的品种、数量向所在地县级人民政府公安机关备案。

第二十五条 进出口民用爆炸物品,应当经国务院民用爆炸物品行业主管部门审批。进出口民用爆炸物品审批办法,由国务院民用爆炸物品行业主管部门会同国务院公安部门、海关总署规定。

进出口单位应当将进出口的民用爆炸物品的品种、数量向收货地或者出境口岸所在地县级人民政府公安机关备案。

第四章 运 输

第二十六条 运输民用爆炸物品,收货单位应当向运达地县级人民政府公安机关提出申请,并提交包括下列内容的材料:

(一)民用爆炸物品生产企业、销售企业、使用单位以及进出口单位分别提供的《民用爆炸物品生产许可证》、《民用爆炸物品销售许可证》、《民用爆炸物品购买许可证》或者进出口批准证明;

(二)运输民用爆炸物品的品种、数量、包装材料和包装方式;

(三)运输民用爆炸物品的特性、出现险情的应急处置方法;

(四)运输时间、起始地点、运输路线、经停地点。

受理申请的公安机关应当自受理申请之日起3日内对提交的有关材料进行审查,对符合条件的,核发《民用爆炸物品运输许可证》;对不符合条件的,不予核发《民用爆炸物品运输许可证》,书面向申请人说明理由。

《民用爆炸物品运输许可证》应当载明收货单位、销售企业、承运人,一次性运输有效期限、起始地点、运输路线、经停地点,民用爆炸物品的品种、数量。

第二十七条 运输民用爆炸物品的,应当凭《民用爆炸物品运输许可证》,按照许可的品种、数量运输。

第二十八条 经由道路运输民用爆炸物品的,应当遵守下列规定:

(一)携带《民用爆炸物品运输许可证》;

(二)民用爆炸物品的装载符合国家有关标准和规范,车厢内不得载人;

(三)运输车辆安全技术状况应当符合国家有关安全技术标准的要求,并按照规定悬挂或者安装符合国家标准的易燃易爆危险物品警示标志;

(四)运输民用爆炸物品的车辆应当保持安全车速;

(五)按照规定的路线行驶,途中经停应当有专人看守,并远离建筑设施和人口稠密的地方,不得在许可以外的地点经停;

(六)按照安全操作规程装卸民用爆炸物品,并在装卸现场设置警戒,禁止无关人员进入;

(七)出现危险情况立即采取必要的应急处置措施,并报告当地公安机关。

第二十九条 民用爆炸物品运达目的地,收货单位应当进行验收后在《民用爆炸物品运输许可证》上签注,并在3日内将《民用爆炸物品运输许可证》交回发证机关核销。

第三十条 禁止携带民用爆炸物品搭乘公共交通工具或者进入公共场所。

禁止邮寄民用爆炸物品,禁止在托运的货物、行李、包裹、邮件中夹带民用爆炸物品。

第五章 爆破作业

第三十一条 申请从事爆破作业的单位,应当具备下列条件:

(一)爆破作业属于合法的生产活动;

(二)有符合国家有关标准和规范的民用爆炸物品专用仓库;

(三)有具备相应资格的安全管理人员、仓库管理人员和具备国家规定执业资格的爆破作业人员;

(四)有健全的安全管理制度、岗位安全责任制度;

(五)有符合国家标准、行业标准的爆破作业专用设备;

(六)法律、行政法规规定的其他条件。

第三十二条 申请从事爆破作业的单位,应当按照国务院公安部门的规定,向有关人民政府公安机关提出申请,并提供能够证明其符合本条例第三十一条规定条件的有关材料。受理申请的公安机关应当自受理申请之日起20日内进行审查，对符合条件的，核发《爆破作业单位许可证》；对不符合条件的，不予核发《爆破作业单位许可证》，书面向申请人说明理由。

营业性爆破作业单位持《爆破作业单位许可证》到工商行政管理部门办理工商登记后，方可从事营业性爆破作业活动。

爆破作业单位应当在办理工商登记后3日内，向所在地县级人民政府公安机关备案。

第三十三条　爆破作业单位应当对本单位的爆破作业人员、安全管理人员、仓库管理人员进行专业技术培训。爆破作业人员应当经设区的市级人民政府公安机关考核合格，取得《爆破作业人员许可证》后，方可从事爆破作业。

第三十四条　爆破作业单位应当按照其资质等级承接爆破作业项目，爆破作业人员应当按照其资格等级从事爆破作业。爆破作业的分级管理办法由国务院公安部门规定。

第三十五条　在城市、风景名胜区和重要工程设施附近实施爆破作业的，应当向爆破作业所在地设区的市级人民政府公安机关提出申请，提交《爆破作业单位许可证》和具有相应资质的安全评估企业出具的爆破设计、施工方案评估报告。受理申请的公安机关应当自受理申请之日起20日内对提交的有关材料进行审查，对符合条件的，作出批准的决定；对不符合条件的，作出不予批准的决定，并书面向申请人说明理由。

实施前款规定的爆破作业，应当由具有相应资质的安全监理企业进行监理，由爆破作业所在地县级人民政府公安机关负责组织实施安全警戒。

第三十六条　爆破作业单位跨省、自治区、直辖市行政区域从事爆破作业的，应当事先将爆破作业项目的有关情况向爆破作业所在地县级人民政府公安机关报告。

第三十七条　爆破作业单位应当如实记载领取、发放民用爆炸物品的品种、数量、编号以及领取、发放人员姓名。领取民用爆炸物品的数量不得超过当班用量，作业后剩余的民用爆炸物品必须当班清退回库。

爆破作业单位应当将领取、发放民用爆炸物品的原始记录保存2年备查。

第三十八条　实施爆破作业，应当遵守国家有关标准和规范，在安全距离以外设置警示标志并安排警戒人员，防止无关人员进入；爆破作业结束后应当及时检查、排除未引爆的民用爆炸物品。

第三十九条　爆破作业单位不再使用民用爆炸物品时，应当将剩余的民用爆炸物品登记造册，报所在地县级人民政府公安机关组织监督销毁。

发现、拣拾无主民用爆炸物品的，应当立即报告当地公安机关。

第六章　储　　存

第四十条　民用爆炸物品应当储存在专用仓库内，并按照国家规定设置技术防范设施。

第四十一条　储存民用爆炸物品应当遵守下列规定：

（一）建立出入库检查、登记制度，收存和发放民用爆炸物品必须进行登记，做到账目清楚，账物相符；

（二）储存的民用爆炸物品数量不得超过储存设计容量，对性质相抵触的民用爆炸物品必须分库储存，严禁在库房内存放其他物品；

（三）专用仓库应当指定专人管理、看护，严禁无关人员进入仓库区内，严禁在仓库区内吸烟和用火，严禁把其他容易引起燃烧、爆炸的物品带入仓库区内，严禁在库房内住宿和进行其他活动；

（四）民用爆炸物品丢失、被盗、被抢，应当立即报告当地公安机关。

第四十二条　在爆破作业现场临时存放民用爆炸物品的，应当具备临时存放民用爆炸物品的条件，并设专人管理、看护，不得在不具备安全存放条件的场所存放民用爆炸物品。

第四十三条　民用爆炸物品变质和过期失效的，应当及时清理出库，并予以销毁。销毁前应当登记造册，提出销毁实施方案，报省、自治区、直辖市人民政府民用爆炸物品行业主管部门、所在地县级人民政府公安机关组织监督销毁。

第七章　法律责任

第四十四条　非法制造、买卖、运输、储存民用爆炸物品，构成犯罪的，依法追究刑事责任；尚不构成犯罪，有违反治安管理行为的，依法给予治安管理处罚。

违反本条例规定，在生产、储存、运输、使用民用爆炸物品中发生重大事故，造成严重后果或者后果特别严重，构成犯罪的，依法追究刑事责任。

违反本条例规定，未经许可生产、销售民用爆炸物品的，由民用爆炸物品行业主管部门责令停止非法生产、销售活动，处10万元以上50万元以下的罚款，并没收非法生产、销售的民用爆炸物品及其违法所得。

违反本条例规定，未经许可购买、运输民用爆炸物品或者从事爆破作业的，由公安机关责令停止非法购买、运输、爆破作业活动，处5万元以上20万元以下的罚款，并没收非法购买、运输以及从事爆破作业使用的民用爆炸物品及其违法所得。

民用爆炸物品行业主管部门、公安机关对没收的非法民用爆炸物品，应当组织销毁。

第四十五条　违反本条例规定，生产、销售民用爆炸物品的企业有下列行为之一的，由民用爆炸物品行业主管部门责令限期改正，处10万元以上50万元以下的罚款；逾期不改正的，责令停产停业整顿；情节严重的，吊销《民用爆炸物品生产许可证》或者《民用爆炸物品销售许可证》：

（一）超出生产许可的品种、产量进行生产、销售的；

（二）违反安全技术规程生产作业的；

（三）民用爆炸物品的质量不符合相关标准的；

（四）民用爆炸物品的包装不符合法律、行政法规的规定以及相关标准的；

（五）超出购买许可的品种、数量销售民用爆炸物品的；

（六）向没有《民用爆炸物品生产许可证》、《民用爆炸物品销售许可证》、《民用爆炸物品购买许可证》的单位销售民用爆炸物品的；

（七）民用爆炸物品生产企业销售本企业生产的民用爆炸物品未按照规定向民用爆炸物品行业主管部门备案的；

（八）未经审批进出口民用爆炸物品的。

第四十六条　违反本条例规定，有下列情形之一的，由公安机关责令限期改正，处5万元以上20万元以下的罚款；逾期不改正的，责令停产停业整顿：

（一）未按照规定对民用爆炸物品做出警示标识、登记标识或者未对雷管编码打号的；

（二）超出购买许可的品种、数量购买民用爆炸物品的；

（三）使用现金或者实物进行民用爆炸物品交易的；

（四）未按照规定保存购买单位的许可证、银行账户转账凭证、经办人的身份证明复印件的；

（五）销售、购买、进出口民用爆炸物品，未按照规定向公安机关备案的；

（六）未按照规定建立民用爆炸物品登记制度，如实将本单位生产、销售、购买、运输、储存、使用民用爆炸物品的品种、数量和流向信息输入计算机系统的；

（七）未按照规定将《民用爆炸物品运输许可证》交回发证机关核销的。

第四十七条　违反本条例规定，经由道路运输民用爆炸物品，有下列情形之一的，由公安机关责令改正，处5万元以上20万元以下的罚款：

（一）违反运输许可事项的；

（二）未携带《民用爆炸物品运输许可证》的；

（三）违反有关标准和规范混装民用爆炸物品的；

（四）运输车辆未按照规定悬挂或者安装符合国家标准的易燃易爆危险物品警示标志的；

（五）未按照规定的路线行驶，途中经停没有专人看守或者在许可以外的地点经停的；

（六）装载民用爆炸物品的车厢载人的；

（七）出现危险情况未立即采取必要的应急处置措施、报告当地公安机关的。

第四十八条　违反本条例规定，从事爆破作业的单位有下列情形之一的，由公安机关责令停止违法行为或者限期改正，处10万元以上50万元以下的罚款；逾期不改正的，责令停产停业整顿；情节严重的，吊销《爆破作业单位许可证》：

（一）爆破作业单位未按照其资质等级从事爆破作业的；

（二）营业性爆破作业单位跨省、自治区、直辖市行政区域实施爆破作业，未按照规定事先向爆破作业所在地的县级人民政府公安机关报告的；

（三）爆破作业单位未按照规定建立民用爆炸物品领取登记制度、保存领取登记记录的；

（四）违反国家有关标准和规范实施爆破作业的。

爆破作业人员违反国家有关标准和规范的规定实施爆破作业的，由公安机关责令限期改正，情节严重的，吊销《爆破作业人员许可证》。

第四十九条　违反本条例规定，有下列情形之一的，由民用爆炸物品行业主管部门、公安机关按照职责责令限期改正，可以并处5万元以上20万元以下的罚款；逾期不改正的，责令停产停业整顿；情节严重的，吊销许可证：

（一）未按照规定在专用仓库设置技术防范设施的；

（二）未按照规定建立出入库检查、登记制度或者收存和发放民用爆炸物品，致使账物不符的；

（三）超量储存、在非专用仓库储存或者违反储存标准和规范储存民用爆炸物品的；

（四）有本条例规定的其他违反民用爆炸物品储存管理规定行为的。

第五十条　违反本条例规定，民用爆炸物品从业单位有下列情形之一的，由公安机关处2万元以上10万元以下的罚款；情节严重的，吊销其许可证；有违反治安管理行为的，依法给予治安管理处罚：

（一）违反安全管理制度，致使民用爆炸物品丢失、被盗、被抢的；

（二）民用爆炸物品丢失、被盗、被抢，未按照规定向当地公安机关报告或者故意隐瞒不报的；

（三）转让、出借、转借、抵押、赠送民用爆炸物品的。

第五十一条 违反本条例规定，携带民用爆炸物品搭乘公共交通工具或者进入公共场所，邮寄或者在托运的货物、行李、包裹、邮件中夹带民用爆炸物品，构成犯罪的，依法追究刑事责任；尚不构成犯罪的，由公安机关依法给予治安管理处罚，没收非法的民用爆炸物品，处1000元以上1万元以下的罚款。

第五十二条 民用爆炸物品从业单位的主要负责人未履行本条例规定的安全管理责任，导致发生重大伤亡事故或者造成其他严重后果，构成犯罪的，依法追究刑事责任；尚不构成犯罪的，对主要负责人给予撤职处分，对个人经营的投资人处2万元以上20万元以下的罚款。

第五十三条 民用爆炸物品行业主管部门、公安机关、工商行政管理部门的工作人员，在民用爆炸物品安全监督管理工作中滥用职权、玩忽职守或者徇私舞弊，构成犯罪的，依法追究刑事责任；尚不构成犯罪的，依法给予行政处分。

第八章 附　　则

第五十四条 《民用爆炸物品生产许可证》、《民用爆炸物品销售许可证》，由国务院民用爆炸物品行业主管部门规定式样；《民用爆炸物品购买许可证》、《民用爆炸物品运输许可证》、《爆破作业单位许可证》、《爆破作业人员许可证》，由国务院公安部门规定式样。

第五十五条 本条例自2006年9月1日起施行。1984年1月6日国务院发布的《中华人民共和国民用爆炸物品管理条例》同时废止。

烟花爆竹安全管理条例

1. 2006年1月21日国务院令第455号公布
2. 根据2016年2月6日国务院令第666号《关于修改部分行政法规的决定》修订

第一章 总　　则

第一条 为了加强烟花爆竹安全管理，预防爆炸事故发生，保障公共安全和人身、财产的安全，制定本条例。

第二条 烟花爆竹的生产、经营、运输和燃放，适用本条例。

本条例所称烟花爆竹，是指烟花爆竹制品和用于生产烟花爆竹的民用黑火药、烟火药、引火线等物品。

第三条 国家对烟花爆竹的生产、经营、运输和举办焰火晚会以及其他大型焰火燃放活动，实行许可证制度。

未经许可，任何单位或者个人不得生产、经营、运输烟花爆竹，不得举办焰火晚会以及其他大型焰火燃放活动。

第四条 安全生产监督管理部门负责烟花爆竹的安全生产监督管理；公安部门负责烟花爆竹的公共安全管理；质量监督检验部门负责烟花爆竹的质量监督和进出口检验。

第五条 公安部门、安全生产监督管理部门、质量监督检验部门、工商行政管理部门应当按照职责分工，组织查处非法生产、经营、储存、运输、邮寄烟花爆竹以及非法燃放烟花爆竹的行为。

第六条 烟花爆竹生产、经营、运输企业和焰火晚会以及其他大型焰火燃放活动主办单位的主要负责人，对本单位的烟花爆竹安全工作负责。

烟花爆竹生产、经营、运输企业和焰火晚会以及其他大型焰火燃放活动主办单位应当建立健全安全责任制，制定各项安全管理制度和操作规程，并对从业人员定期进行安全教育、法制教育和岗位技术培训。

中华全国供销合作总社应当加强对本系统企业烟花爆竹经营活动的管理。

第七条 国家鼓励烟花爆竹生产企业采用提高安全程度和提升行业整体水平的新工艺、新配方和新技术。

第二章 生 产 安 全

第八条 生产烟花爆竹的企业，应当具备下列条件：

（一）符合当地产业结构规划；

（二）基本建设项目经过批准；

（三）选址符合城乡规划，并与周边建筑、设施保持必要的安全距离；

（四）厂房和仓库的设计、结构和材料以及防火、防爆、防雷、防静电等安全设备、设施符合国家有关标准和规范；

（五）生产设备、工艺符合安全标准；

（六）产品品种、规格、质量符合国家标准；

（七）有健全的安全生产责任制；

（八）有安全生产管理机构和专职安全生产管理人员；

（九）依法进行了安全评价；

（十）有事故应急救援预案、应急救援组织和人员，并配备必要的应急救援器材、设备；

（十一）法律、法规规定的其他条件。

第九条 生产烟花爆竹的企业，应当在投入生产前向所在地设区的市人民政府安全生产监督管理部门提出安全审查申请，并提交能够证明符合本条例第八条规定条件的有关材料。设区的市人民政府安全生产监督管理部门应当自收到材料之日起20日内提出安全审查初步意见，报省、自治区、直辖市人民政府安全生产监督管理部门审查。省、自治区、直辖市人民政府安全生产监督管理部门应当自受理申请之日起45日内进行安全审查，对符合条件的，核发《烟花爆竹安全生产许可证》；对不符合条件的，应当说明理由。

第十条 生产烟花爆竹的企业为扩大生产能力进行基本建设或者技术改造的，应当依照本条例的规定申请办理安全生产许可证。

生产烟花爆竹的企业，持《烟花爆竹安全生产许可证》到工商行政管理部门办理登记手续后，方可从事烟花爆竹生产活动。

第十一条 生产烟花爆竹的企业，应当按照安全生产许可证核定的产品种类进行生产，生产工序和生产作业应当执行有关国家标准和行业标准。

第十二条 生产烟花爆竹的企业，应当对生产作业人员进行安全生产知识教育，对从事药物混合、造粒、筛选、装药、筑药、压药、切引、搬运等危险工序的作业人员进行专业技术培训。从事危险工序的作业人员经设区的市人民政府安全生产监督管理部门考核合格，方可上岗作业。

第十三条 生产烟花爆竹使用的原料，应当符合国家标准的规定。生产烟花爆竹使用的原料，国家标准有用量限制的，不得超过规定的用量。不得使用国家标准规定禁止使用或者禁忌配伍的物质生产烟花爆竹。

第十四条 生产烟花爆竹的企业，应当按照国家标准的规定，在烟花爆竹产品上标注燃放说明，并在烟花爆竹包装物上印制易燃易爆危险物品警示标志。

第十五条 生产烟花爆竹的企业，应当对黑火药、烟火药、引火线的保管采取必要的安全技术措施，建立购买、领用、销售登记制度，防止黑火药、烟火药、引火线丢失。黑火药、烟火药、引火线丢失的，企业应当立即向当地安全生产监督管理部门和公安部门报告。

第三章 经营安全

第十六条 烟花爆竹的经营分为批发和零售。

从事烟花爆竹批发的企业和零售经营者的经营布点，应当经安全生产监督管理部门审批。

禁止在城市市区布设烟花爆竹批发场所；城市市区的烟花爆竹零售网点，应当按照严格控制的原则合理布设。

第十七条 从事烟花爆竹批发的企业，应当具备下列条件：

（一）具有企业法人条件；

（二）经营场所与周边建筑、设施保持必要的安全距离；

（三）有符合国家标准的经营场所和储存仓库；

（四）有保管员、仓库守护员；

（五）依法进行了安全评价；

（六）有事故应急救援预案、应急救援组织和人员，并配备必要的应急救援器材、设备；

（七）法律、法规规定的其他条件。

第十八条 烟花爆竹零售经营者，应当具备下列条件：

（一）主要负责人经过安全知识教育；

（二）实行专店或者专柜销售，设专人负责安全管理；

（三）经营场所配备必要的消防器材，张贴明显的安全警示标志；

（四）法律、法规规定的其他条件。

第十九条 申请从事烟花爆竹批发的企业，应当向所在地设区的市人民政府安全生产监督管理部门提出申请，并提供能够证明符合本条例第十七条规定条件的有关材料。受理申请的安全生产监督管理部门应当自受理申请之日起30日内对提交的有关材料和经营场所进行审查，对符合条件的，核发《烟花爆竹经营（批发）许可证》；对不符合条件的，应当说明理由。

申请从事烟花爆竹零售的经营者，应当向所在地县级人民政府安全生产监督管理部门提出申请，并提供能够证明符合本条例第十八条规定条件的有关材料。受理申请的安全生产监督管理部门应当自受理申请之日起20日内对提交的有关材料和经营场所进行审查，对符合条件的，核发《烟花爆竹经营（零售）许可证》；对不符合条件的，应当说明理由。

《烟花爆竹经营（零售）许可证》，应当载明经营负责人、经营场所地址、经营期限、烟花爆竹种类和限制存放量。

第二十条 从事烟花爆竹批发的企业，应当向生产烟花爆竹的企业采购烟花爆竹，向从事烟花爆竹零售的经营者供应烟花爆竹。从事烟花爆竹零售的经营者，应当向从事烟花爆竹批发的企业采购烟花爆竹。

从事烟花爆竹批发的企业、零售经营者不得采购和销售非法生产、经营的烟花爆竹。

从事烟花爆竹批发的企业，不得向从事烟花爆竹零售的经营者供应按照国家标准规定应由专业燃放人员燃放的烟花爆竹。从事烟花爆竹零售的经营者，不得销售按照国家标准规定应由专业燃放人员燃放的烟花爆竹。

第二十一条　生产、经营黑火药、烟火药、引火线的企业，不得向未取得烟花爆竹安全生产许可的任何单位或者个人销售黑火药、烟火药和引火线。

第四章　运输安全

第二十二条　经由道路运输烟花爆竹的，应当经公安部门许可。

经由铁路、水路、航空运输烟花爆竹的，依照铁路、水路、航空运输安全管理的有关法律、法规、规章的规定执行。

第二十三条　经由道路运输烟花爆竹的，托运人应当向运达地县级人民政府公安部门提出申请，并提交下列有关材料：

（一）承运人从事危险货物运输的资质证明；

（二）驾驶员、押运员从事危险货物运输的资格证明；

（三）危险货物运输车辆的道路运输证明；

（四）托运人从事烟花爆竹生产、经营的资质证明；

（五）烟花爆竹的购销合同及运输烟花爆竹的种类、规格、数量；

（六）烟花爆竹的产品质量和包装合格证明；

（七）运输车辆牌号、运输时间、起始地点、行驶路线、经停地点。

第二十四条　受理申请的公安部门应当自受理申请之日起3日内对提交的有关材料进行审查，对符合条件的，核发《烟花爆竹道路运输许可证》；对不符合条件的，应当说明理由。

《烟花爆竹道路运输许可证》应当载明托运人、承运人、一次性运输有效期限、起始地点、行驶路线、经停地点、烟花爆竹的种类、规格和数量。

第二十五条　经由道路运输烟花爆竹的，除应当遵守《中华人民共和国道路交通安全法》外，还应当遵守下列规定：

（一）随车携带《烟花爆竹道路运输许可证》；

（二）不得违反运输许可事项；

（三）运输车辆悬挂或者安装符合国家标准的易燃易爆危险物品警示标志；

（四）烟花爆竹的装载符合国家有关标准和规范；

（五）装载烟花爆竹的车厢不得载人；

（六）运输车辆限速行驶，途中经停必须有专人看守；

（七）出现危险情况立即采取必要的措施，并报告当地公安部门。

第二十六条　烟花爆竹运达目的地后，收货人应当在3日内将《烟花爆竹道路运输许可证》交回发证机关核销。

第二十七条　禁止携带烟花爆竹搭乘公共交通工具。

禁止邮寄烟花爆竹，禁止在托运的行李、包裹、邮件中夹带烟花爆竹。

第五章　燃放安全

第二十八条　燃放烟花爆竹，应当遵守有关法律、法规和规章的规定。县级以上地方人民政府可以根据本行政区域的实际情况，确定限制或者禁止燃放烟花爆竹的时间、地点和种类。

第二十九条　各级人民政府和政府有关部门应当开展社会宣传活动，教育公民遵守有关法律、法规和规章，安全燃放烟花爆竹。

广播、电视、报刊等新闻媒体，应当做好安全燃放烟花爆竹的宣传、教育工作。

未成年人的监护人应当对未成年人进行安全燃放烟花爆竹的教育。

第三十条　禁止在下列地点燃放烟花爆竹：

（一）文物保护单位；

（二）车站、码头、飞机场等交通枢纽以及铁路线路安全保护区内；

（三）易燃易爆物品生产、储存单位；

（四）输变电设施安全保护区内；

（五）医疗机构、幼儿园、中小学校、敬老院；

（六）山林、草原等重点防火区；

（七）县级以上地方人民政府规定的禁止燃放烟花爆竹的其他地点。

第三十一条　燃放烟花爆竹，应当按照燃放说明燃放，不得以危害公共安全和人身、财产安全的方式燃放烟花爆竹。

第三十二条　举办焰火晚会以及其他大型焰火燃放活动，应当按照举办的时间、地点、环境、活动性质、规模以及燃放烟花爆竹的种类、规格和数量，确定危险等级，实行分级管理。分级管理的具体办法，由国务院公安部门规定。

第三十三条　申请举办焰火晚会以及其他大型焰火燃放活动,主办单位应当按照分级管理的规定,向有关人民政府公安部门提出申请,并提交下列有关材料:

(一)举办焰火晚会以及其他大型焰火燃放活动的时间、地点、环境、活动性质、规模;

(二)燃放烟花爆竹的种类、规格、数量;

(三)燃放作业方案;

(四)燃放作业单位、作业人员符合行业标准规定条件的证明。

受理申请的公安部门应当自受理申请之日起20日内对提交的有关材料进行审查,对符合条件的,核发《焰火燃放许可证》;对不符合条件的,应当说明理由。

第三十四条　焰火晚会以及其他大型焰火燃放活动燃放作业单位和作业人员,应当按照焰火燃放安全规程和经许可的燃放作业方案进行燃放作业。

第三十五条　公安部门应当加强对危险等级较高的焰火晚会以及其他大型焰火燃放活动的监督检查。

第六章　法 律 责 任

第三十六条　对未经许可生产、经营烟花爆竹制品,或者向未取得烟花爆竹安全生产许可的单位或者个人销售黑火药、烟火药、引火线的,由安全生产监督管理部门责令停止非法生产、经营活动,处2万元以上10万元以下的罚款,并没收非法生产、经营的物品及违法所得。

对未经许可经由道路运输烟花爆竹的,由公安部门责令停止非法运输活动,处1万元以上5万元以下的罚款,并没收非法运输的物品及违法所得。

非法生产、经营、运输烟花爆竹,构成违反治安管理行为的,依法给予治安管理处罚;构成犯罪的,依法追究刑事责任。

第三十七条　生产烟花爆竹的企业有下列行为之一的,由安全生产监督管理部门责令限期改正,处1万元以上5万元以下的罚款;逾期不改正的,责令停产停业整顿,情节严重的,吊销安全生产许可证:

(一)未按照安全生产许可证核定的产品种类进行生产的;

(二)生产工序或者生产作业不符合有关国家标准、行业标准的;

(三)雇佣未经设区的市人民政府安全生产监督管理部门考核合格的人员从事危险工序作业的;

(四)生产烟花爆竹使用的原料不符合国家标准规定的,或者使用的原料超过国家标准规定的用量限制的;

(五)使用按照国家标准规定禁止使用或者禁忌配伍的物质生产烟花爆竹的;

(六)未按照国家标准的规定在烟花爆竹产品上标注燃放说明,或者未在烟花爆竹的包装物上印制易燃易爆危险物品警示标志的。

第三十八条　从事烟花爆竹批发的企业向从事烟花爆竹零售的经营者供应非法生产、经营的烟花爆竹,或者供应按照国家标准规定应由专业燃放人员燃放的烟花爆竹的,由安全生产监督管理部门责令停止违法行为,处2万元以上10万元以下的罚款,并没收非法经营的物品及违法所得;情节严重的,吊销烟花爆竹经营许可证。

从事烟花爆竹零售的经营者销售非法生产、经营的烟花爆竹,或者销售按照国家标准规定应由专业燃放人员燃放的烟花爆竹的,由安全生产监督管理部门责令停止违法行为,处1000元以上5000元以下的罚款,并没收非法经营的物品及违法所得;情节严重的,吊销烟花爆竹经营许可证。

第三十九条　生产、经营、使用黑火药、烟火药、引火线的企业,丢失黑火药、烟火药、引火线未及时向当地安全生产监督管理部门和公安部门报告的,由公安部门对企业主要负责人处5000元以上2万元以下的罚款,对丢失的物品予以追缴。

第四十条　经由道路运输烟花爆竹,有下列行为之一的,由公安部门责令改正,处200元以上2000元以下的罚款:

(一)违反运输许可事项的;

(二)未随车携带《烟花爆竹道路运输许可证》的;

(三)运输车辆没有悬挂或者安装符合国家标准的易燃易爆危险物品警示标志的;

(四)烟花爆竹的装载不符合国家有关标准和规范的;

(五)装载烟花爆竹的车厢载人的;

(六)超过危险物品运输车辆规定时速行驶的;

(七)运输车辆途中经停没有专人看守的;

(八)运达目的地后,未按规定时间将《烟花爆竹道路运输许可证》交回发证机关核销的。

第四十一条　对携带烟花爆竹搭乘公共交通工具,或者邮寄烟花爆竹以及在托运的行李、包裹、邮件中夹带烟花爆竹的,由公安部门没收非法携带、邮寄、夹带的烟花爆竹,可以并处200元以上1000元以下的罚款。

第四十二条　对未经许可举办焰火晚会以及其他大型焰

火燃放活动，或者焰火晚会以及其他大型焰火燃放活动燃放作业单位和作业人员违反焰火燃放安全规程、燃放作业方案进行燃放作业的，由公安部门责令停止燃放，对责任单位处1万元以上5万元以下的罚款。

在禁止燃放烟花爆竹的时间、地点燃放烟花爆竹，或者以危害公共安全和人身、财产安全的方式燃放烟花爆竹的，由公安部门责令停止燃放，处100元以上500元以下的罚款；构成违反治安管理行为的，依法给予治安管理处罚。

第四十三条　对没收的非法烟花爆竹以及生产、经营企业弃置的废旧烟花爆竹，应当就地封存，并由公安部门组织销毁、处置。

第四十四条　安全生产监督管理部门、公安部门、质量监督检验部门、工商行政管理部门的工作人员，在烟花爆竹安全监管工作中滥用职权、玩忽职守、徇私舞弊，构成犯罪的，依法追究刑事责任；尚不构成犯罪的，依法给予行政处分。

第七章　附　　则

第四十五条　《烟花爆竹安全生产许可证》、《烟花爆竹经营（批发）许可证》、《烟花爆竹经营（零售）许可证》，由国务院安全生产监督管理部门规定式样；《烟花爆竹道路运输许可证》、《焰火燃放许可证》，由国务院公安部门规定式样。

第四十六条　本条例自公布之日起施行。

烟花爆竹生产企业安全生产许可证实施办法

1. 2012年7月1日国家安全生产监督管理总局令第54号公布

2. 自2012年8月1日起施行

第一章　总　　则

第一条　为了严格烟花爆竹生产企业安全生产准入条件，规范烟花爆竹安全生产许可证的颁发和管理工作，根据《安全生产许可证条例》、《烟花爆竹安全管理条例》等法律、行政法规，制定本办法。

第二条　本办法所称烟花爆竹生产企业（以下简称企业），是指依法设立并取得工商营业执照或者企业名称工商预先核准文件，从事烟花爆竹生产的企业。

第三条　企业应当依照本办法的规定取得烟花爆竹安全生产许可证（以下简称安全生产许可证）。

未取得安全生产许可证的，不得从事烟花爆竹生产活动。

第四条　安全生产许可证的颁发和管理工作实行企业申请、一级发证、属地监管的原则。

第五条　国家安全生产监督管理总局负责指导、监督全国安全生产许可证的颁发和管理工作，并对安全生产许可证进行统一编号。

省、自治区、直辖市人民政府安全生产监督管理部门按照全国统一配号，负责本行政区域内安全生产许可证的颁发和管理工作。

第二章　申请安全生产许可证的条件

第六条　企业的设立应当符合国家产业政策和当地产业结构规划，企业的选址应当符合当地城乡规划。

企业与周边建筑、设施的安全距离必须符合国家标准、行业标准的规定。

第七条　企业的基本建设项目应当依照有关规定经县级以上人民政府或者有关部门批准，并符合下列条件：

（一）建设项目的设计由具有乙级以上军工行业的弹箭、火炸药、民爆器材工程设计类别工程设计资质或者化工石化医药行业的有机化工、石油冶炼、石油产品深加工工程设计类型工程设计资质的单位承担；

（二）建设项目的设计符合《烟花爆竹工程设计安全规范》（GB 50161）的要求，并依法进行安全设施设计审查和竣工验收。

第八条　企业的厂房和仓库等基础设施、生产设备、生产工艺以及防火、防爆、防雷、防静电等安全设备设施必须符合《烟花爆竹工程设计安全规范》（GB 50161）、《烟花爆竹作业安全技术规程》（GB 11652）等国家标准、行业标准的规定。

从事礼花弹生产的企业除符合前款规定外，还应当符合礼花弹生产安全条件的规定。

第九条　企业的药物和成品总仓库、药物和半成品中转库、机械混药和装药工房、晾晒场、烘干房等重点部位应当根据《烟花爆竹企业安全监控系统通用技术条件》（AQ 4101）的规定安装视频监控和异常情况报警装置，并设置明显的安全警示标志。

第十条　企业的生产厂房数量和储存仓库面积应当与其生产品种及规模相适应。

第十一条　企业生产的产品品种、类别、级别、规格、质量、包装、标志应当符合《烟花爆竹安全与质量》（GB 10631）等国家标准、行业标准的规定。

第十二条 企业应当设置安全生产管理机构,配备专职安全生产管理人员,并符合下列要求:

(一)确定安全生产主管人员;

(二)配备占本企业从业人员总数1%以上且至少有2名专职安全生产管理人员;

(三)配备占本企业从业人员总数5%以上的兼职安全员。

第十三条 企业应当建立健全主要负责人、分管负责人、安全生产管理人员、职能部门、岗位的安全生产责任制,制定下列安全生产规章制度和操作规程:

(一)符合《烟花爆竹作业安全技术规程》(GB 11652)等国家标准、行业标准规定的岗位安全操作规程;

(二)药物存储管理、领取管理和余(废)药处理制度;

(三)企业负责人及涉裸药生产线负责人值(带)班制度;

(四)特种作业人员管理制度;

(五)从业人员安全教育培训制度;

(六)安全检查和隐患排查治理制度;

(七)产品购销合同和销售流向登记管理制度;

(八)新产品、新药物研发管理制度;

(九)安全设施设备维护管理制度;

(十)原材料购买、检验、储存及使用管理制度;

(十一)职工出入厂(库)区登记制度;

(十二)厂(库)区门卫值班(守卫)制度;

(十三)重大危险源(重点危险部位)监控管理制度;

(十四)安全生产费用提取和使用制度;

(十五)劳动防护用品配备、使用和管理制度;

(十六)工作场所职业病危害防治制度。

第十四条 企业主要负责人、分管安全生产负责人和专职安全生产管理人员应当经专门的安全生产培训和安全生产监督管理部门考核合格,取得安全资格证。

从事药物混合、造粒、筛选、装药、筑药、压药、切引、搬运等危险工序和烟花爆竹仓库保管、守护的特种作业人员,应当接受专业知识培训,并经考核合格取得特种作业操作证。

其他岗位从业人员应当依照有关规定经本岗位安全生产知识教育和培训合格。

第十五条 企业应当依法参加工伤保险,为从业人员缴纳保险费。

第十六条 企业应当依照国家有关规定提取和使用安全生产费用,不得挪作他用。

第十七条 企业必须为从业人员配备符合国家标准或者行业标准的劳动防护用品,并依照有关规定对从业人员进行职业健康检查。

第十八条 企业应当建立生产安全事故应急救援组织,制定事故应急预案,并配备应急救援人员和必要的应急救援器材、设备。

第十九条 企业应当根据《烟花爆竹流向登记通用规范》(AQ 4102)和国家有关烟花爆竹流向信息化管理的规定,建立并应用烟花爆竹流向管理信息系统。

第二十条 企业应当依法进行安全评价。安全评价报告应当包括本办法第六条、第七条、第八条、第九条、第十条、第十七条、第十八条规定条件的符合性评价内容。

第三章 安全生产许可证的申请和颁发

第二十一条 企业申请安全生产许可证,应当向所在地设区的市级人民政府安全生产监督管理部门(以下统称初审机关)提出安全审查申请,提交下列文件、资料,并对其真实性负责:

(一)安全生产许可证申请书(一式三份);

(二)工商营业执照或者企业名称工商预先核准文件(复制件);

(三)建设项目安全设施设计审查和竣工验收的证明材料;

(四)安全生产管理机构及安全生产管理人员配备情况的书面文件;

(五)各种安全生产责任制文件(复制件);

(六)安全生产规章制度和岗位安全操作规程目录清单;

(七)企业主要负责人、分管安全生产负责人、专职安全生产管理人员名单和安全资格证(复制件);

(八)特种作业人员的特种作业操作证(复制件)和其他从业人员安全生产教育培训合格的证明材料;

(九)为从业人员缴纳工伤保险费的证明材料;

(十)安全生产费用提取和使用情况的证明材料;

(十一)具备资质的中介机构出具的安全评价报告。

第二十二条 新建企业申请安全生产许可证,应当在建设项目竣工验收通过之日起20个工作日内向所在地初审机关提出安全审查申请。

第二十三条 初审机关收到企业提交的安全审查申请后,应当对企业的设立是否符合国家产业政策和当地产业结构规划、企业的选址是否符合城乡规划以及有关申请文件、资料是否符合要求进行初步审查，并自收到申请之日起20个工作日内提出初步审查意见（以下简称初审意见），连同申请文件、资料一并报省、自治区、直辖市人民政府安全生产监督管理部门（以下简称发证机关）。

初审机关在审查过程中，可以就企业的有关情况征求企业所在地县级人民政府的意见。

第二十四条　发证机关收到初审机关报送的申请文件、资料和初审意见后，应当按照下列情况分别作出处理：

（一）申请文件、资料不齐全或者不符合要求的，当场告知或者在5个工作日内出具补正通知书，一次告知企业需要补正的全部内容；逾期不告知的，自收到申请材料之日起即为受理；

（二）申请文件、资料齐全，符合要求或者按照发证机关要求提交全部补正材料的，自收到申请文件、资料或者全部补正材料之日起即为受理。

发证机关应当将受理或者不予受理决定书面告知申请企业和初审机关。

第二十五条　发证机关受理申请后，应当结合初审意见，组织有关人员对申请文件、资料进行审查。需要到现场核查的，应当指派2名以上工作人员进行现场核查；对从事黑火药、引火线、礼花弹生产的企业，应当指派2名以上工作人员进行现场核查。

发证机关应当自受理之日起45个工作日内作出颁发或者不予颁发安全生产许可证的决定。

对决定颁发的，发证机关应当自决定之日起10个工作日内送达或者通知企业领取安全生产许可证；对不予颁发的，应当在10个工作日内书面通知企业并说明理由。

现场核查所需时间不计算在本条规定的期限内。

第二十六条　安全生产许可证分为正副本，正本为悬挂式，副本为折页式。正本、副本具有同等法律效力。

第四章　安全生产许可证的变更和延期

第二十七条　企业在安全生产许可证有效期内有下列情形之一的，应当按照本办法第二十八条的规定申请变更安全生产许可证：

（一）改建、扩建烟花爆竹生产（含储存）设施的；

（二）变更产品类别、级别范围的；

（三）变更企业主要负责人的；

（四）变更企业名称的。

第二十八条　企业有本办法第二十七条第一项情形申请变更的，应当自建设项目通过竣工验收之日起20个工作日内向所在地初审机关提出安全审查申请，并提交安全生产许可证变更申请书（一式三份）和建设项目安全设施设计审查和竣工验收的证明材料。

企业有本办法第二十七条第二项情形申请变更的，应当向所在地初审机关提出安全审查申请，并提交安全生产许可证变更申请书（一式三份）和专项安全评价报告（减少生产产品品种的除外）。

企业有本办法第二十七条第三项情形申请变更的，应当向所在地发证机关提交安全生产许可证变更申请书（一式三份）和主要负责人安全资格证（复制件）。

企业有本办法第二十七条第四项情形申请变更的，应当自取得变更后的工商营业执照或者企业名称工商预先核准文件之日起10个工作日内，向所在地发证机关提交安全生产许可证变更申请书（一式三份）和工商营业执照或者企业名称工商预先核准文件（复制件）。

第二十九条　对本办法第二十七条第一项、第二项情形的安全生产许可证变更申请，初审机关、发证机关应当按照本办法第二十三条、第二十四条、第二十五条的规定进行审查，并办理变更手续。

对本办法第二十七条第三项、第四项情形的安全生产许可证变更申请，发证机关应当自收到变更申请材料之日起5个工作日内完成审查，并办理变更手续。

第三十条　安全生产许可证有效期为3年。安全生产许可证有效期满需要延期的，企业应当于有效期届满前3个月向原发证机关申请办理延期手续。

第三十一条　企业提出延期申请的，应当向发证机关提交下列文件、资料：

（一）安全生产许可证延期申请书（一式三份）；

（二）本办法第二十一条第四项至第十一项规定的文件、资料；

（三）达到安全生产标准化三级的证明材料。

发证机关收到延期申请后，应当按照本办法第二十四条、第二十五条的规定办理延期手续。

第三十二条　企业在安全生产许可证有效期内符合下列条件，在许可证有效期届满时，经原发证机关同意，不再审查，直接办理延期手续：

（一）严格遵守有关安全生产法律、法规和本办法；

（二）取得安全生产许可证后，加强日常安全生产管理，不断提升安全生产条件，达到安全生产标准化二级以上；

（三）接受发证机关及所在地人民政府安全生产监督管理部门的监督检查；

（四）未发生生产安全死亡事故。

第三十三条 对决定批准延期、变更安全生产许可证的，发证机关应当收回原证，换发新证。

第五章 监督管理

第三十四条 安全生产许可证发证机关和初审机关应当坚持公开、公平、公正的原则，严格依照有关行政许可的法律法规和本办法，审查、颁发安全生产许可证。

发证机关和初审机关工作人员在安全生产许可证审查、颁发、管理工作中，不得索取或者接受企业的财物，不得谋取其他不正当利益。

第三十五条 发证机关及所在地人民政府安全生产监督管理部门应当加强对烟花爆竹生产企业的监督检查，督促其依照法律、法规、规章和国家标准、行业标准的规定进行生产。

第三十六条 发证机关发现企业以欺骗、贿赂等不正当手段取得安全生产许可证的，应当撤销已颁发的安全生产许可证。

第三十七条 取得安全生产许可证的企业有下列情形之一的，发证机关应当注销其安全生产许可证：

（一）安全生产许可证有效期满未被批准延期的；

（二）终止烟花爆竹生产活动的；

（三）安全生产许可证被依法撤销的；

（四）安全生产许可证被依法吊销的。

发证机关注销安全生产许可证后，应当在当地主要媒体或者本机关政府网站上及时公告被注销安全生产许可证的企业名单，并通报同级人民政府有关部门和企业所在地县级人民政府。

第三十八条 发证机关应当建立健全安全生产许可证档案管理制度，并应用信息化手段管理安全生产许可证档案。

第三十九条 发证机关应当每6个月向社会公布一次取得安全生产许可证的企业情况，并于每年1月15日前将本行政区域内上一年度安全生产许可证的颁发和管理情况报国家安全生产监督管理总局。

第四十条 企业取得安全生产许可证后，不得出租、转让安全生产许可证，不得将企业、生产线或者工（库）房转包、分包给不具备安全生产条件或者相应资质的其他任何单位或者个人，不得多股东各自独立进行烟花爆竹生产活动。

企业不得从其他企业购买烟花爆竹半成品加工后销售或者购买其他企业烟花爆竹成品加贴本企业标签后销售，不得向其他企业销售烟花爆竹半成品。从事礼花弹生产的企业不得将礼花弹销售给未经公安机关批准的燃放活动。

第四十一条 任何单位或者个人对违反《安全生产许可证条例》、《烟花爆竹安全管理条例》和本办法规定的行为，有权向安全生产监督管理部门或者监察机关等有关部门举报。

第六章 法律责任

第四十二条 发证机关、初审机关及其工作人员有下列行为之一的，给予降级或者撤职的行政处分；构成犯罪的，依法追究刑事责任：

（一）向不符合本办法规定的安全生产条件的企业颁发安全生产许可证的；

（二）发现企业未依法取得安全生产许可证擅自从事烟花爆竹生产活动，不依法处理的；

（三）发现取得安全生产许可证的企业不再具备本办法规定的安全生产条件，不依法处理的；

（四）接到违反本办法规定行为的举报后，不及时处理的；

（五）在安全生产许可证颁发、管理和监督检查工作中，索取或者接受企业财物、帮助企业弄虚作假或者谋取其他不正当利益的。

第四十三条 企业有下列行为之一的，责令停止违法活动或者限期改正，并处1万元以上3万元以下的罚款：

（一）变更企业主要负责人或者名称，未办理安全生产许可证变更手续的；

（二）从其他企业购买烟花爆竹半成品加工后销售，或者购买其他企业烟花爆竹成品加贴本企业标签后销售，或者向其他企业销售烟花爆竹半成品的。

第四十四条 企业有下列行为之一的，依法暂扣其安全生产许可证：

（一）多股东各自独立进行烟花爆竹生产活动的；

（二）从事礼花弹生产的企业将礼花弹销售给未经公安机关批准的燃放活动的；

（三）改建、扩建烟花爆竹生产（含储存）设施未办理安全生产许可证变更手续的；

（四）发生较大以上生产安全责任事故的；

（五）不再具备本办法规定的安全生产条件的。

企业有前款第一项、第二项、第三项行为之一的，并处1万元以上3万元以下的罚款。

第四十五条 企业有下列行为之一的，依法吊销其安全生产许可证：

（一）出租、转让安全生产许可证的；

（二）被暂扣安全生产许可证，经停产整顿后仍不具备本办法规定的安全生产条件的。

企业有前款第一项行为的，没收违法所得，并处10万元以上50万元以下的罚款。

第四十六条　企业有下列行为之一的，责令停止生产，没收违法所得，并处10万元以上50万元以下的罚款：

（一）未取得安全生产许可证擅自进行烟花爆竹生产的；

（二）变更产品类别或者级别范围未办理安全生产许可证变更手续的。

第四十七条　企业取得安全生产许可证后，将企业、生产线或者工（库）房转包、分包给不具备安全生产条件或者相应资质的其他单位或者个人，依照《中华人民共和国安全生产法》的有关规定给予处罚。

第四十八条　本办法规定的行政处罚，由安全生产监督管理部门决定，暂扣、吊销安全生产许可证的行政处罚由发证机关决定。

第七章　附　　则

第四十九条　安全生产许可证由国家安全生产监督管理总局统一印制。

第五十条　本办法自2012年8月1日起施行。原国家安全生产监督管理局、国家煤矿安全监察局2004年5月17日公布的《烟花爆竹生产企业安全生产许可证实施办法》同时废止。

烟花爆竹经营许可实施办法

1. 2013年10月16日国家安全生产监督管理总局令第65号公布

2. 自2013年12月1日起施行

第一章　总　　则

第一条　为了规范烟花爆竹经营单位安全条件和经营行为，做好烟花爆竹经营许可证颁发和管理工作，加强烟花爆竹经营安全监督管理，根据《烟花爆竹安全管理条例》等法律、行政法规，制定本办法。

第二条　烟花爆竹经营许可证的申请、审查、颁发及其监督管理，适用本办法。

第三条　从事烟花爆竹批发的企业（以下简称批发企业）和从事烟花爆竹零售的经营者（以下简称零售经营者）应当按照本办法的规定，分别取得《烟花爆竹经营（批发）许可证》（以下简称批发许可证）和《烟花爆竹经营（零售）许可证》（以下简称零售许可证）。

从事烟花爆竹进出口的企业，应当按照本办法的规定申请办理批发许可证。

未取得烟花爆竹经营许可证的，任何单位或者个人不得从事烟花爆竹经营活动。

第四条　烟花爆竹经营单位的布点，应当按照保障安全、统一规划、合理布局、总量控制、适度竞争的原则审批；对从事黑火药、引火线批发和烟花爆竹进出口的企业，应当按照严格许可条件、严格控制数量的原则审批。

批发企业不得在城市建成区内设立烟花爆竹储存仓库，不得在批发（展示）场所摆放有药样品；严格控制城市建成区内烟花爆竹零售点数量，且烟花爆竹零售点不得与居民居住场所设置在同一建筑物内。

第五条　烟花爆竹经营许可证的颁发和管理，实行企业申请、分级发证、属地监管的原则。

国家安全生产监督管理总局（以下简称安全监管总局）负责指导、监督全国烟花爆竹经营许可证的颁发和管理工作。

省、自治区、直辖市人民政府安全生产监督管理部门（以下简称省级安全监管局）负责制定本行政区域的批发企业布点规划，统一批发许可编号，指导、监督本行政区域内烟花爆竹经营许可证的颁发和管理工作。

设区的市级人民政府安全生产监督管理部门（以下简称市级安全监管局）根据省级安全监管局的批发企业布点规划和统一编号，负责本行政区域内烟花爆竹批发许可证的颁发和管理工作。

县级人民政府安全生产监督管理部门（以下简称县级安全监管局，与市级安全监管局统称发证机关）负责本行政区域内零售经营布点规划与零售许可证的颁发和管理工作。

第二章　批发许可证的申请和颁发

第六条　批发企业应当符合下列条件：

（一）具备企业法人条件；

（二）符合所在地省级安全监管局制定的批发企业布点规划；

（三）具有与其经营规模和产品相适应的仓储设施。仓库的内外部安全距离、库房布局、建筑结构、疏散通道、消防、防爆、防雷、防静电等安全设施以及电气设施等，符合《烟花爆竹工程设计安全规范》（GB 50161）等国家标准和行业标准的规定。仓储区域及仓库安装有符合《烟花爆竹企业安全监控系统通用技术条件》(AQ 4101)规定的监控设施,并设立符合《烟花爆竹安全生产标志》(AQ 4114)规定的安全警示标志和标识牌;

(四)具备与其经营规模、产品和销售区域范围相适应的配送服务能力;

(五)建立安全生产责任制和各项安全管理制度、操作规程。安全管理制度和操作规程至少包括:仓库安全管理制度、仓库保管守卫制度、防火防爆安全管理制度、安全检查和隐患排查治理制度、事故应急救援与事故报告制度、买卖合同管理制度、产品流向登记制度、产品检验验收制度、从业人员安全教育培训制度、违规违章行为处罚制度、企业负责人值(带)班制度、安全生产费用提取和使用制度、装卸(搬运)作业安全规程;

(六)有安全管理机构或者专职安全生产管理人员;

(七)主要负责人、分管安全生产负责人、安全生产管理人员具备烟花爆竹经营方面的安全知识和管理能力,并经培训考核合格,取得相应资格证书。仓库保管员、守护员接受烟花爆竹专业知识培训,并经考核合格,取得相应资格证书。其他从业人员经本单位安全知识培训合格;

(八)按照《烟花爆竹流向登记通用规范》(AQ 4102)和烟花爆竹流向信息化管理的有关规定,建立并应用烟花爆竹流向信息化管理系统;

(九)有事故应急救援预案、应急救援组织和人员,并配备必要的应急救援器材、设备;

(十)依法进行安全评价;

(十一)法律、法规规定的其他条件。

从事烟花爆竹进出口的企业申请领取批发许可证,应当具备前款第一项至第三项和第五项至第十一项规定的条件。

第七条 从事黑火药、引火线批发的企业,除具备本办法第六条规定的条件外,还应当具备必要的黑火药、引火线安全保管措施,自有的专用运输车辆能够满足其配送服务需要,且符合国家相关标准。

第八条 批发企业申请领取批发许可证时,应当向发证机关提交下列申请文件、资料,并对其真实性负责:

(一)批发许可证申请书(一式三份);

(二)企业法人营业执照副本或者企业名称工商预核准文件复制件;

(三)安全生产责任制文件、事故应急救援预案备案登记文件、安全管理制度和操作规程的目录清单;

(四)主要负责人、分管安全生产负责人、安全生产管理人员和仓库保管员、守护员的相关资格证书复制件;

(五)具备相应资质的设计单位出具的库区外部安全距离实测图和库区仓储设施平面布置图;

(六)具备相应资质的安全评价机构出具的安全评价报告,安全评价报告至少包括本办法第六条第三项、第四项、第八项、第九项和第七条规定条件的符合性评价内容;

(七)建设项目安全设施设计审查和竣工验收的证明材料;

(八)从事黑火药、引火线批发的企业自有专用运输车辆以及驾驶员、押运员的相关资质(资格)证书复制件;

(九)法律、法规规定的其他文件、资料。

第九条 发证机关对申请人提交的申请书及文件、资料,应当按照下列规定分别处理:

(一)申请事项不属于本发证机关职责范围的,应当即时作出不予受理的决定,并告知申请人向相应发证机关申请;

(二)申请材料存在可以当场更改的错误的,应当允许或者要求申请人当场更正,并在更正后即时出具受理的书面凭证;

(三)申请材料不齐全或者不符合要求的,应当当场或者在5个工作日内书面一次告知申请人需要补正的全部内容。逾期不告知的,自收到申请材料之日起即为受理;

(四)申请材料齐全、符合要求或者按照要求全部补正的,自收到申请材料或者全部补正材料之日起即为受理。

第十条 发证机关受理申请后,应当对申请材料进行审查。需要对经营储存场所的安全条件进行现场核查的,应当指派2名以上工作人员组织技术人员进行现场核查。对烟花爆竹进出口企业和设有1.1级仓库的企业,应当指派2名以上工作人员组织技术人员进行现场核查。负责现场核查的人员应当提出书面核查意见。

第十一条 发证机关应当自受理申请之日起30个工作日内作出颁发或者不予颁发批发许可证的决定。

对决定不予颁发的,应当自作出决定之日起10个工作日内书面通知申请人并说明理由;对决定颁发的,应当自作出决定之日起10个工作日内送达或者通知申请人领取批发许可证。

发证机关在审查过程中，现场核查和企业整改所需时间，不计算在本办法规定的期限内。

第十二条 批发许可证的有效期限为3年。

批发许可证有效期满后，批发企业拟继续从事烟花爆竹批发经营活动的，应当在有效期届满前3个月向原发证机关提出延期申请，并提交下列文件、资料：

（一）批发许可证延期申请书（一式三份）；

（二）本办法第八条第三项、第四项、第五项、第八项规定的文件、资料；

（三）安全生产标准化达标的证明材料。

第十三条 发证机关受理延期申请后，应当按照本办法第十条、第十一条规定，办理批发许可证延期手续。

第十四条 批发企业符合下列条件的，经发证机关同意，可以不再现场核查，直接办理批发许可证延期手续：

（一）严格遵守有关法律、法规和本办法规定，无违法违规经营行为的；

（二）取得批发许可证后，持续加强安全生产管理，不断提升安全生产条件，达到安全生产标准化二级以上的；

（三）接受发证机关及所在地人民政府安全生产监督管理部门的监督检查的；

（四）未发生生产安全伤亡事故的。

第十五条 批发企业在批发许可证有效期内变更企业名称、主要负责人和注册地址的，应当自变更之日起10个工作日内向原发证机关提出变更，并提交下列文件、资料：

（一）批发许可证变更申请书（一式三份）；

（二）变更后的企业名称工商预核准文件或者工商营业执照副本复制件；

（三）变更后的主要负责人安全资格证书复制件。

批发企业变更经营许可范围、储存仓库地址和仓储设施新建、改建、扩建的，应当重新申请办理许可手续。

第三章 零售许可证的申请和颁发

第十六条 零售经营者应当符合下列条件：

（一）符合所在地县级安全监管局制定的零售经营布点规划；

（二）主要负责人经过安全培训合格，销售人员经过安全知识教育；

（三）春节期间零售点、城市长期零售点实行专店销售。乡村长期零售点在淡季实行专柜销售时，安排专人销售，专柜相对独立，并与其他柜台保持一定的距离，保证安全通道畅通；

（四）零售场所的面积不小于10平方米，其周边50米范围内没有其他烟花爆竹零售点，并与学校、幼儿园、医院、集贸市场等人员密集场所和加油站等易燃易爆物品生产、储存设施等重点建筑物保持100米以上的安全距离；

（五）零售场所配备必要的消防器材，张贴明显的安全警示标志；

（六）法律、法规规定的其他条件。

第十七条 零售经营者申请领取零售许可证时，应当向所在地发证机关提交申请书、零售点及其周围安全条件说明和发证机关要求提供的其他材料。

第十八条 发证机关受理申请后，应当对申请材料和零售场所的安全条件进行现场核查。负责现场核查的人员应当提出书面核查意见。

第十九条 发证机关应当自受理申请之日起20个工作日内作出颁发或者不予颁发零售许可证的决定，并书面告知申请人。对决定不予颁发的，应当书面说明理由。

第二十条 零售许可证上载明的储存限量由发证机关根据国家标准或者行业标准的规定，结合零售点及其周围安全条件确定。

第二十一条 零售许可证的有效期限由发证机关确定，最长不超过2年。零售许可证有效期满后拟继续从事烟花爆竹零售经营活动，或者在有效期内变更零售点名称、主要负责人、零售场所和许可范围的，应当重新申请取得零售许可证。

第四章 监督管理

第二十二条 批发企业、零售经营者不得采购和销售非法生产、经营的烟花爆竹和产品质量不符合国家标准或者行业标准规定的烟花爆竹。

批发企业不得向未取得零售许可证的单位或者个人销售烟花爆竹，不得向零售经营者销售礼花弹等应当由专业燃放人员燃放的烟花爆竹；从事黑火药、引火线批发的企业不得向无《烟花爆竹安全生产许可证》的单位或者个人销售烟火药、黑火药、引火线。

零售经营者应当向批发企业采购烟花爆竹，不得采购、储存和销售礼花弹等应当由专业燃放人员燃放的烟花爆竹，不得采购、储存和销售烟火药、黑火药、引火线。

第二十三条 禁止在烟花爆竹经营许可证载明的储存（零售）场所以外储存烟花爆竹。

烟花爆竹仓库储存的烟花爆竹品种、规格和数量，不得超过国家标准或者行业标准规定的危险等级和核定限量。

零售点存放的烟花爆竹品种和数量，不得超过烟花爆竹经营许可证载明的范围和限量。

第二十四条　批发企业对非法生产、假冒伪劣、过期、含有违禁药物以及其他存在严重质量问题的烟花爆竹，应当及时、妥善销毁。

对执法检查收缴的前款规定的烟花爆竹，不得与正常的烟花爆竹产品同库存放。

第二十五条　批发企业应当建立并严格执行合同管理、流向登记制度，健全合同管理和流向登记档案，并留存3年备查。

黑火药、引火线批发企业的采购、销售记录，应当自购买或者销售之日起3日内报所在地县级安全监管局备案。

第二十六条　烟花爆竹经营单位不得出租、出借、转让、买卖、冒用或者使用伪造的烟花爆竹经营许可证。

第二十七条　烟花爆竹经营单位应当在经营（办公）场所显著位置悬挂烟花爆竹经营许可证正本。批发企业应当在储存仓库留存批发许可证副本。

第二十八条　对违反本办法规定的程序、超越职权或者不具备本办法规定的安全条件颁发的烟花爆竹经营许可证，发证机关应当依法撤销其经营许可证。

取得烟花爆竹经营许可证的单位依法终止烟花爆竹经营活动的，发证机关应当依法注销其经营许可证。

第二十九条　发证机关应当坚持公开、公平、公正的原则，严格依照本办法的规定审查、核发烟花爆竹经营许可证，建立健全烟花爆竹经营许可证的档案管理制度和信息化管理系统，并定期向社会公告取证企业的名单。

省级安全监管局应当加强烟花爆竹经营许可工作的监督检查，并于每年3月15日前，将本行政区域内上年度烟花爆竹经营许可证的颁发和管理情况报告安全监管总局。

第三十条　任何单位或者个人对违反《烟花爆竹安全管理条例》和本办法规定的行为，有权向安全生产监督管理部门或者监察机关等有关部门举报。

第五章　法 律 责 任

第三十一条　对未经许可经营、超许可范围经营、许可证过期继续经营烟花爆竹的，责令其停止非法经营活动，处2万元以上10万元以下的罚款，并没收非法经营的物品及违法所得。

第三十二条　批发企业有下列行为之一的，责令其限期改正，处5000元以上3万元以下的罚款：

（一）在城市建成区内设立烟花爆竹储存仓库，或者在批发（展示）场所摆放有药样品的；

（二）采购和销售质量不符合国家标准或者行业标准规定的烟花爆竹的；

（三）在仓库内违反国家标准或者行业标准规定储存烟花爆竹的；

（四）在烟花爆竹经营许可证载明的仓库以外储存烟花爆竹的；

（五）对假冒伪劣、过期、含有超量、违禁药物以及其他存在严重质量问题的烟花爆竹未及时销毁的；

（六）未执行合同管理、流向登记制度或者未按照规定应用烟花爆竹流向管理信息系统的；

（七）未将黑火药、引火线的采购、销售记录报所在地县级安全监管局备案的；

（八）仓储设施新建、改建、扩建后，未重新申请办理许可手续的；

（九）变更企业名称、主要负责人、注册地址，未申请办理许可证变更手续的；

（十）向未取得零售许可证的单位或者个人销售烟花爆竹的。

第三十三条　批发企业有下列行为之一的，责令其停业整顿，依法暂扣批发许可证，处2万元以上10万元以下的罚款，并没收非法经营的物品及违法所得；情节严重的，依法吊销批发许可证：

（一）向未取得烟花爆竹安全生产许可证的单位或者个人销售烟火药、黑火药、引火线的；

（二）向零售经营者供应非法生产、经营的烟花爆竹的；

（三）向零售经营者供应礼花弹等按照国家标准规定应当由专业人员燃放的烟花爆竹的。

第三十四条　零售经营者有下列行为之一的，责令其停止违法行为，处1000元以上5000元以下的罚款，并没收非法经营的物品及违法所得；情节严重的，依法吊销零售许可证：

（一）销售非法生产、经营的烟花爆竹的；

（二）销售礼花弹等按照国家标准规定应当由专业人员燃放的烟花爆竹的。

第三十五条　零售经营者有下列行为之一的，责令其限期改正，处1000元以上5000元以下的罚款；情节严重的，处5000元以上30000元以下的罚款：

（一）变更零售点名称、主要负责人或者经营场所，未重新办理零售许可证的；

（二）存放的烟花爆竹数量超过零售许可证载明

范围的。

第三十六条 烟花爆竹经营单位出租、出借、转让、买卖烟花爆竹经营许可证的，责令其停止违法行为，处1万元以上3万元以下的罚款，并依法撤销烟花爆竹经营许可证。

冒用或者使用伪造的烟花爆竹经营许可证的，依照本办法第三十一条的规定处罚。

第三十七条 申请人隐瞒有关情况或者提供虚假材料申请烟花爆竹经营许可证的，发证机关不予受理，该申请人1年内不得再次提出烟花爆竹经营许可申请。

以欺骗、贿赂等不正当手段取得烟花爆竹经营许可证的，应当予以撤销，该经营单位3年内不得再次提出烟花爆竹经营许可申请。

第三十八条 安全生产监督管理部门工作人员在实施烟花爆竹经营许可和监督管理工作中，滥用职权、玩忽职守、徇私舞弊，未依法履行烟花爆竹经营许可证审查、颁发和监督管理职责的，依照有关规定给予处分；构成犯罪的，依法追究刑事责任。

第三十九条 本办法规定的行政处罚，由安全生产监督管理部门决定，暂扣、吊销经营许可证的行政处罚由发证机关决定。

第六章 附　　则

第四十条 烟花爆竹经营许可证分为正本、副本，正本为悬挂式，副本为折页式，具有同等法律效力。

烟花爆竹经营许可证由安全监管总局统一规定式样。

第四十一条 省级安全监管局可以依据国家有关法律、行政法规和本办法的规定制定实施细则。

第四十二条 本办法自2013年12月1日起施行，安全监管总局2006年8月26日公布的《烟花爆竹经营许可实施办法》同时废止。

民用爆炸物品安全生产许可实施办法

1. 2015年5月19日工业和信息化部令第30号公布
2. 自2015年6月30日起施行

第一章 总　　则

第一条 为了加强民用爆炸物品安全生产监督管理，预防生产安全事故，根据《中华人民共和国安全生产法》、《安全生产许可证条例》和《民用爆炸物品安全管理条例》，制定本办法。

第二条 取得《民用爆炸物品生产许可证》的企业，在基本建设完成后，应当依照本办法申请民用爆炸物品安全生产许可。

企业未获得《民用爆炸物品安全生产许可证》的，不得从事民用爆炸物品生产活动。

第三条 工业和信息化部负责指导、监督全国民用爆炸物品生产企业安全生产许可的审批和管理工作。

省、自治区、直辖市人民政府民用爆炸物品行业主管部门（以下简称省级民爆行业主管部门）负责民用爆炸物品生产企业安全生产许可的审批和监督管理。

设区的市和县级人民政府民用爆炸物品行业主管部门在各自职责范围内依法对民用爆炸物品安全生产工作实施监督管理。

为方便申请人，省级民爆行业主管部门可委托设区的市或者县级人民政府民用爆炸物品行业主管部门（以下简称初审机关）承担本行政区内民用爆炸物品生产企业安全生产许可申请的受理、初审工作。

第四条 民用爆炸物品生产作业场所的安全生产，实行属地管理的原则。民用爆炸物品生产作业场所（含现场混装作业场所）安全生产应当接受生产作业场所所在地民用爆炸物品行业主管部门的监督管理。

第二章 申请与审批

第五条 申请民用爆炸物品安全生产许可，应当具备下列条件：

（一）取得相应的民用爆炸物品生产许可；

（二）具有健全的企业、车间、班组三级安全生产责任制以及完备的安全生产规章制度和操作规程；

（三）安全投入符合民用爆炸物品安全生产要求；

（四）设置安全生产管理机构，配备专职安全生产管理人员，并具有从事安全生产管理的注册安全工程师；

（五）主要负责人和安全生产管理人员经过民用爆炸物品安全生产培训并考核合格；

（六）特种作业人员经有关业务主管部门考核合格，取得特种作业操作资格证书；

（七）生产作业人员通过有关民用爆炸物品基本知识的安全生产教育和培训，并经考试合格取得上岗资格证书；

（八）依法参加工伤保险，为从业人员交纳保险费；

（九）厂房、库房、作业场所和安全设施、设备、工艺、产品符合有关安全生产法律、法规和《民用爆破器材工程设计安全规范》（GB 50089）、《民用爆炸物品生产、销售企业安全管理规程》(GB 28263)等标准和规程的要求;现场混装作业系统还应当符合《现场混装炸药生产安全管理规程》(WJ 9072)的要求;

(十)具有职业危害防治措施,并为从业人员配备符合国家标准或者行业标准的劳动保护用品;

(十一)具有民用爆炸物品安全评价机构出具的结论为“合格”、“安全风险可接受”或者“已具备安全验收条件”的安全评价报告;

(十二)具有重大危险源检测、评估、监控措施和应急预案;

(十三)具有生产安全事故应急救援预案、应急救援组织或者应急救援人员,配备必要的应急救援器材、设备;

(十四)法律、法规规定的其他条件。

第六条 申请民用爆炸物品安全生产许可的企业自主选择具有民用爆炸物品制造业安全评价资质的安全评价机构,对本企业的生产条件进行安全评价。

省级民爆行业主管部门不得以任何形式指定安全评价机构。

第七条 安全评价机构应当按照《民用爆炸物品安全评价导则》(WJ 9048)及有关安全技术标准、规范的要求,对申请民用爆炸物品安全生产许可的企业是否符合本办法第五条规定的条件逐项进行安全评价,出具安全评价报告。

安全评价机构对其安全评价结论负责。

第八条 企业对安全评价报告中提出的问题应当及时加以整改,安全评价机构应当对企业的整改情况进行确认,并将有关确认资料作为安全评价报告的附件。

第九条 取得《民用爆炸物品生产许可证》的生产企业在从事民用爆炸物品生产活动前,应当向生产作业场所所在地省级民爆行业主管部门或者初审机关提出民用爆炸物品安全生产许可申请,填写《民用爆炸物品安全生产许可证申请审批表》(一式3份,由工业和信息化部提供范本),并完整、真实地提供本办法第五条规定的相关文件、材料。

第十条 省级民爆行业主管部门或者初审机关自收到申请之日起5日内,根据下列情况分别作出处理:

(一)申请事项不属于本行政机关职权范围的,应当即时作出不予受理的决定,并告知申请人向有关行政机关申请;

(二)申请材料存在错误,可以当场更正的,应当允许申请人当场更正;

(三)申请材料不齐全或者不符合法定形式的,应当当场或者在5日内一次告知申请人需要补正的全部内容,逾期不告知的,自收到申请材料之日起即为受理;

(四)申请事项属于本行政机关职权范围,申请材料齐全、符合法定形式,或者申请人按照本行政机关的要求提交全部补正申请材料的,应当予以受理。

第十一条 省级民爆行业主管部门自收到申请之日起45日内审查完毕。由初审机关初审的,初审机关应当自受理申请之日起20日内完成对申请材料的审查及必要的安全生产条件核查,并将下列材料报送省级民爆行业主管部门:

(一)《民用爆炸物品安全生产许可证申请审批表》;

(二)企业提交的全部申请材料;

(三)对申请企业安全生产条件的初审意见。

对符合本办法第五条规定条件的,核发《民用爆炸物品安全生产许可证》;对不符合条件的,不予核发《民用爆炸物品安全生产许可证》,书面通知申请人并说明理由。

安全生产许可需要组织专家现场核查的,应当书面告知申请人并组织现场核查。现场核查所需时间不计算在许可期限内。

省级民爆行业主管部门应当自《民用爆炸物品安全生产许可证》颁发之日起15日内,将发证情况报告工业和信息化部并通过有关政府网站等渠道予以公布。

《民用爆炸物品安全生产许可证》应当载明企业名称、注册地址、法定代表人、登记类型、有效期、生产地址、安全生产的品种和能力等事项。

第十二条 《民用爆炸物品安全生产许可证》有效期为3年。有效期届满需要继续从事民用爆炸物品生产活动的,应当在有效期届满前3个月向省级民爆行业主管部门或者初审机关申请延续。

经省级民爆行业主管部门审查,符合民用爆炸物品安全生产许可条件的,应当在有效期届满前准予延续,并向社会公布;不符合民用爆炸物品安全生产许可条件的,不予延续,书面通知申请人并说明理由。

第十三条 《民用爆炸物品安全生产许可证》有效期内,企业名称、注册地址、法定代表人、登记类型发生变更的,企业应当自《民用爆炸物品生产许可证》变更之日起20日内向省级民爆行业主管部门提出《民用爆炸物品安全生产许可证》变更申请,省级民爆行业主管部门应当在10日内完成变更手续,并将结果告知初审机关。

安全生产的品种和能力、生产地址发生变更的，企业应当依照本办法重新申请办理《民用爆炸物品安全生产许可证》。重新核发的《民用爆炸物品安全生产许可证》有效期不变。

第三章 监督管理

第十四条 《民用爆炸物品安全生产许可证》实行年检制度。民用爆炸物品生产企业应当于每年3月向省级民爆行业主管部门或者初审机关报送下列材料：

（一）《民用爆炸物品安全生产许可证年检表》（由工业和信息化部提供范本）；

（二）落实安全生产管理责任和安全隐患整改情况；

（三）安全生产费用提留和使用、主要负责人和安全管理人员培训、实际生产量与销售情况；

（四）省级民爆行业主管部门要求报送的其他材料。

初审机关应当在5日内完成初审工作并将相关材料报送省级民爆行业主管部门。

第十五条 省级民爆行业主管部门自收到相关材料之日起20日内，根据下列情况分别作出处理：

（一）企业严格遵守有关安全生产的法律法规和民用爆炸物品行业安全生产有关规定，安全生产条件没有发生变化，没有发生一般及以上等级的生产安全事故的，在《民用爆炸物品安全生产许可证》标注"年检合格"；

（二）企业严重违反有关安全生产的法律法规和民用爆炸物品行业安全生产有关规定或者发生一般及以上等级的生产安全事故，限期未完成整改的，在《民用爆炸物品安全生产许可证》标注"年检不合格"；

（三）企业不具备本办法规定安全生产条件的，在《民用爆炸物品安全生产许可证》标注"年检不合格"。

第十六条 对《民用爆炸物品安全生产许可证》年检不合格的企业，由省级民爆行业主管部门责令其限期整改。整改完成后，企业重新申请年检。

第十七条 企业发生一般及以上等级的生产安全事故的，应当依据《生产安全事故报告和调查处理条例》进行报告。企业安全生产条件发生重大变化或者发生生产安全事故造成人员死亡的，还必须向所在地省级民爆行业主管部门和工业和信息化部报告。

第十八条 民用爆炸物品生产企业应当建立健全生产安全事故隐患排查治理制度，采取技术、管理措施，及时发现并消除事故隐患，事故隐患排查治理情况应当如实记录，并向从业人员通报。

第十九条 各级民用爆炸物品行业主管部门应当建立健全监督制度，加强对民用爆炸物品生产企业的日常监督检查，督促其依法进行生产。

实施监督检查，不得妨碍民用爆炸物品生产企业正常的生产经营活动，不得索取或者收受企业的财物或者谋取其他利益。

第四章 法律责任

第二十条 企业未获得《民用爆炸物品安全生产许可证》擅自组织民用爆炸物品生产的，由省级民爆行业主管部门责令停止生产，处10万元以上50万元以下的罚款，没收非法生产的民用爆炸物品及其违法所得；构成犯罪的，依法追究刑事责任。

第二十一条 企业不具备本办法规定安全生产条件的，省级民爆行业主管部门应当责令停产停业整顿；经停产停业整顿仍不具备安全生产条件的，吊销其《民用爆炸物品安全生产许可证》，并报请工业和信息化部吊销其《民用爆炸物品生产许可证》。

第二十二条 安全评价机构出具虚假安全评价结论或者出具的安全评价结论严重失实的，由省级民爆行业主管部门报工业和信息化部提请有关部门取消安全评价机构资质和安全评价人员执业资格。

第二十三条 以欺骗、贿赂等不正当手段取得《民用爆炸物品安全生产许可证》的，省级民爆行业主管部门撤销其《民用爆炸物品安全生产许可证》，3年内不再受理其该项许可申请。

第二十四条 负责民用爆炸物品安全生产许可的工作人员，在安全生产许可的受理、审查、审批和监督管理工作中，索取或者接受企业财物，或者谋取其他利益的，给予降级或者撤职处分；有其他滥用职权、玩忽职守、徇私舞弊行为的，依法给予处分；构成犯罪的，依法追究刑事责任。

第五章 附 则

第二十五条 本办法施行前已经取得民用爆炸物品安全生产许可的企业，应当自本办法施行之日起1年内，依照本办法的规定办理《民用爆炸物品安全生产许可证》。

第二十六条 省级民爆行业主管部门应当依据本办法和本地实际，制定实施细则。

第二十七条 本办法自2015年6月30日起施行。原国防科学技术工业委员会2006年8月31日公布的《民用爆炸物品安全生产许可实施办法》（原国防科学技术工业委员会令第17号）同时废止。

烟花爆竹生产经营安全规定

1．2018年1月15日国家安全生产监督管理总局令第93号公布
2．自2018年3月1日起施行

第一章　总　　则

第一条　为了加强烟花爆竹生产经营安全工作，预防和减少生产安全事故，根据《中华人民共和国安全生产法》和《烟花爆竹安全管理条例》等有关法律、行政法规，制定本规定。

第二条　烟花爆竹生产企业（以下简称生产企业）、烟花爆竹批发企业（以下简称批发企业）和烟花爆竹零售经营者（以下简称零售经营者）的安全生产及其监督管理，适用本规定。

生产企业、批发企业、零售经营者统称生产经营单位。

第三条　生产经营单位应当落实安全生产主体责任，其主要负责人（包括法定代表人、实际控制人，下同）是本单位安全生产工作的第一责任人，对本单位的安全生产工作全面负责。其他负责人在各自职责范围内对本单位安全生产工作负责。

第四条　县级以上地方人民政府安全生产监督管理部门按照属地监管、分类分级负责的原则，对本行政区域内生产经营单位安全生产工作实施监督管理。

地方各级人民政府安全生产监督管理部门在本级人民政府的统一领导下，按照职责分工，会同其他有关部门依法查处非法生产经营烟花爆竹行为。

第二章　生产经营单位的安全生产保障

第五条　生产经营单位应当具备有关法律、行政法规和国家标准或者行业标准规定的安全生产条件，并依法取得相应行政许可。

第六条　生产企业、批发企业应当建立健全全员安全生产责任制，建立健全安全生产工作责任体系，制定并落实符合法律、行政法规和国家标准或者行业标准的安全生产规章制度和操作规程。

第七条　生产企业、批发企业应当不断完善安全生产基础设施，持续保障和提升安全生产条件。

生产企业、批发企业的防雷设施应当经具有相应资质的机构设计、施工，确保符合相关国家标准或者行业标准的规定；防范静电危害的措施应当符合相关国家标准或者行业标准的规定。

生产企业、批发企业在工艺技术条件发生变化和扩大生产储存规模投入生产前，应当对企业的总体布局、工艺流程、危险性工（库）房、安全防护屏障、防火防雷防静电等基础设施进行安全评价。

新的国家标准、行业标准公布后，生产企业、批发企业应当对企业的总体布局、工艺流程、危险性工（库）房、安全防护屏障、防火防雷防静电等基础设施以及安全管理制度进行符合性检查，并依据新的国家标准、行业标准采取相应的改进、完善措施。

鼓励生产企业、批发企业制定并实施严于国家标准、行业标准的企业标准。

第八条　生产企业应当积极推进烟花爆竹生产工艺技术进步，采用本质安全、性能可靠、自动化程度高的机械设备和生产工艺，使用安全、环保的生产原材料。禁止使用国家明令禁止或者淘汰的生产工艺、机械设备及原材料。禁止从业人员自行携带工具、设备进入企业从事生产作业。

第九条　生产企业的涉药生产环节采用新工艺、使用新设备前，应当组织具有相应能力的机构、专家进行安全性能、安全技术要求论证。

第十条　生产企业、批发企业应当保证下列事项所需安全生产资金投入：

（一）安全设备设施维修维护；

（二）工（库）房按国家标准、行业标准规定的条件改造；

（三）重点部位和库房监控；

（四）安全风险管控与隐患排查治理；

（五）风险评估与安全评价；

（六）安全生产教育培训；

（七）劳动防护用品配备；

（八）应急救援器材和物资配备；

（九）应急救援训练及演练；

（十）投保安全生产责任保险等其他需要投入资金的安全生产事项。

第十一条　生产企业、批发企业的生产区、总仓库区、工（库）房及其他有较大危险因素的生产经营场所和有关设施设备上，应当设置明显的安全警示标志；所有工（库）房应当按照国家标准或者行业标准的规定设置准确、清晰、醒目的定员、定量、定级标识。

零售经营场所应当设置清晰、醒目的易燃易爆以及周边严禁烟火、严禁燃放烟花爆竹的安全标志。

第十二条　生产经营单位应当对本单位从业人员进行烟花爆竹安全知识、岗位操作技能等培训，未经安全生产教育和培训的从业人员,不得上岗作业。危险工序作业等特种作业人员应当依法取得相应资格,方可上岗作业。

生产经营单位的主要负责人和安全生产管理人员应当由安全生产监督管理部门对其进行安全生产知识和管理能力考核合格。考核不得收费。

第十三条 生产企业可以依法申请设立批发企业和零售经营场所。批发企业可以依法申请设立零售经营场所。

生产经营单位应当严格按照安全生产许可或者经营许可批准的范围,组织开展生产经营活动。禁止在许可证载明的场所外从事烟花爆竹生产、经营、储存活动,禁止许可证过期继续从事生产经营活动。禁止销售超标、违禁烟花爆竹产品或者非法烟花爆竹产品。

生产企业不得向其他企业销售烟花爆竹含药半成品,不得从其他企业购买烟花爆竹含药半成品加工后销售,不得购买其他企业烟花爆竹成品加贴本企业标签后销售。

批发企业不得向零售经营者或者个人销售专业燃放类烟花爆竹产品。

零售经营者不得在居民居住场所同一建筑物内经营、储存烟花爆竹。

第十四条 生产企业、批发企业应当在权责明晰的组织架构下统一组织开展生产经营活动。禁止分包、转包工(库)房、生产线、生产设备设施或者出租、出借、转让许可证。

第十五条 生产企业、批发企业应当依法建立安全风险分级管控和事故隐患排查治理双重预防机制,采取技术、管理等措施,管控安全风险,及时消除事故隐患,建立安全风险分级管控和事故隐患排查治理档案,如实记录安全风险分级管控和事故隐患排查治理情况,并向本企业从业人员通报。

第十六条 生产企业、批发企业必须建立值班制度和现场巡查制度,全面掌握当日各岗位人员数量及药物分布等安全生产情况,确保不超员超量,并及时处置异常情况。

生产企业、批发企业的危险品生产区、总仓库区,应当确保二十四小时有人值班,并保持监控设施有效、通信畅通。

第十七条 生产企业、批发企业应当建立从业人员、外来人员、车辆进出厂(库)区登记制度,对进出厂(库)区的从业人员、外来人员、车辆如实登记记录,随时掌握厂(库)区人员和车辆的情况。禁止无关人员和车辆进入厂(库)区。禁止未安装阻火装置等不符合国家标准或者行业标准规定安全条件的机动车辆进入生产区和仓库区。

第十八条 生产企业和经营黑火药、引火线的批发企业应当要求供货单位提供并查验购进的黑火药、引火线及化工原材料的质检报告或者产品合格证,确保其安全性能符合国家标准或者行业标准的规定;对总仓库和中转库的黑火药、引火线、烟火药及裸药效果件,应当建立并实施由专人管理、登记、分发的安全管理制度。

第十九条 生产企业、批发企业应当加强日常安全检查,采取安全监控、巡查检查等措施,及时发现、纠正违反安全操作规程和规章制度的行为。禁止工(库)房超员、超量作业,禁止擅自改变工(库)房设计用途,禁止作业人员随意串岗、换岗、离岗。

第二十条 生产企业、批发企业应当按照设计用途、危险等级、核定药量使用药物总库和成品总库,并按规定堆码,分类分级存放,保持仓库内通道畅通,准确记录药物和产品数量。

禁止在仓库内进行拆箱、包装作业。禁止将性质不相容的物质混存。禁止将高危险等级物品储存在危险等级低的仓库。禁止在烟花爆竹仓库储存不属于烟花爆竹的其他危险物品。

第二十一条 生产企业的中转库数量、核定存药量、药物储存时间,应当符合国家标准或者行业标准规定,确保药物、半成品、成品合理中转,保障生产流程顺畅。禁止在中转库内超量或者超时储存药物、半成品、成品。

第二十二条 生产企业、批发企业应当定期检查工(库)房、安全设施、电气线路、机械设备等的运行状况和作业环境,及时维护保养;对有药物粉尘的工房,应当按照操作规程及时清理冲洗。

对工(库)房、安全设施、电气线路、机械设备等进行检测、检修、维修、改造作业前,生产企业、批发企业应当制定安全作业方案,停止相关生产经营活动,转移烟花爆竹成品、半成品和原材料,清除残存药物和粉尘,切断被检测、检修、维修、改造的电气线路和机械设备电源,严格控制检修、维修作业人员数量,撤离无关的人员。

第二十三条 生产企业、批发企业在烟花爆竹购销活动中,应当依法签订规范的烟花爆竹买卖合同,建立烟花爆竹买卖合同和流向管理制度,使用全国统一的烟花爆竹流向管理信息系统,如实登记烟花爆竹流向。

生产企业应当在专业燃放类产品包装(包括运输

包装和销售包装)及个人燃放类产品运输包装上张贴流向登记标签,并在产品入库和销售出库时登记录入。

批发企业购进烟花爆竹时,应当查验流向登记标签,并在产品入库和销售出库时登记录入。

第二十四条 生产企业、批发企业所生产、销售烟花爆竹的质量、包装、标志应当符合国家标准或者行业标准的规定。

第二十五条 在生产企业、批发企业内部及生产区、库区之间运输烟花爆竹成品、半成品及原材料时,应当使用符合国家标准或者行业标准规定安全条件的车辆、工具。企业内部运输应当严格按照规定路线、速度行驶。

生产企业、批发企业装卸烟花爆竹成品、半成品及原材料时,应当严格遵守作业规程。禁止碰撞、拖拉、抛摔、翻滚、摩擦、挤压等不安全行为。

第二十六条 生产企业、批发企业应当及时妥善处置生产经营过程中产生的各类危险性废弃物。不得留存过期的烟花爆竹成品、半成品、原材料及各类危险性废弃物。

第二十七条 批发企业应当向零售经营者及零售经营场所提供烟花爆竹配送服务。配送烟花爆竹抵达零售经营场所装卸作业时,应当轻拿轻放、妥善码放,禁止碰撞、拖拉、抛摔、翻滚、摩擦、挤压等不安全行为。

第二十八条 零售经营者应当向批发企业采购烟花爆竹并接受批发企业配送服务,不得到企业仓库自行提取烟花爆竹。

第三章 监督管理

第二十九条 地方各级安全生产监督管理部门应当加强对本行政区域内生产经营单位的监督检查,明确每个生产经营单位的安全生产监督管理主体,制定并落实年度监督检查计划,对生产经营单位的安全生产违法行为,依法实施行政处罚。

第三十条 安全生产监督管理部门可以根据需要,委托专业技术服务机构对生产经营单位的安全设施等进行检验检测,并承担检验检测费用,不得向企业收取。专业技术服务机构对其作出的检验检测结果负责。委托检验检测结果可以作为行政执法的依据。

生产经营单位不得拒绝、阻挠安全生产监督管理部门委托的专业技术服务机构开展检验检测工作。

第三十一条 安全生产监督管理部门应当为进入企业现场的监督检查人员配备必要的执法装备、检测检验设备及个人防护用品,确保执法检查人员人身安全。

第三十二条 安全生产监督管理部门监督检查中发现生产经营单位存在不属于本部门职责范围的违法行为的,应当及时移送有关部门处理。

第四章 法律责任

第三十三条 生产企业、批发企业有下列行为之一的,责令限期改正;逾期未改正的,处一万元以上三万元以下的罚款:

(一)工(库)房没有设置准确、清晰、醒目的定员、定量、定级标识的;

(二)未向零售经营者或者零售经营场所提供烟花爆竹配送服务的。

第三十四条 生产企业、批发企业有下列行为之一的,责令限期改正,可以处五万元以下的罚款;逾期未改正的,处五万元以上二十万元以下的罚款,对其直接负责的主管人员和其他直接责任人员处一万元以上二万元以下的罚款;情节严重的,责令停产停业整顿:

(一)防范静电危害的措施不符合相关国家标准或者行业标准规定的;

(二)使用新安全设备,未进行安全性论证的;

(三)在生产区、工(库)房等有药区域对安全设备进行检测、改造作业时,未将工(库)房内的药物、有药半成品、成品搬走并清理作业现场的。

第三十五条 生产企业、批发企业有下列行为之一的,责令限期改正,可以处十万元以下的罚款;逾期未改正的,责令停产停业整顿,并处十万元以上二十万元以下的罚款,对其直接负责的主管人员和其他直接责任人员处二万元以上五万元以下的罚款:

(一)未建立从业人员、外来人员、车辆出入厂(库)区登记制度的;

(二)未制定专人管理、登记、分发黑火药、引火线、烟火药及库存和中转效果件的安全管理制度的;

(三)未建立烟花爆竹买卖合同管理制度的;

(四)未按规定建立烟花爆竹流向管理制度的。

第三十六条 零售经营者有下列行为之一的,责令其限期改正,可以处一千元以上五千元以下的罚款;逾期未改正的,处五千元以上一万元以下的罚款:

(一)超越许可证载明限量储存烟花爆竹的;

(二)到批发企业仓库自行提取烟花爆竹的。

第三十七条 生产经营单位有下列行为之一的,责令改正;拒不改正的,处一万元以上三万元以下的罚款,对其直接负责的主管人员和其他直接责任人员处五千元以上一万元以下的罚款:

(一)对工(库)房、安全设施、电气线路、机械设备等进行检测、检修、维修、改造作业前,未制定安全作业方案,或者未切断被检修、维修的电气线路和机械设备电源的；

（二）拒绝、阻挠受安全生产监督管理部门委托的专业技术服务机构开展检验、检测的。

第三十八条 生产经营单位未采取措施消除下列事故隐患的，责令立即消除或者限期消除；生产经营单位拒不执行的，责令停产停业整顿，并处十万元以上五十万元以下的罚款，对其直接负责的主管人员和其他直接责任人员处二万元以上五万元以下的罚款：

（一）工（库）房超过核定人员、药量或者擅自改变设计用途使用工（库）房的；

（二）仓库内堆码、分类分级储存等违反国家标准或者行业标准规定的；

（三）在仓库内进行拆箱、包装作业，将性质不相容的物质混存的；

（四）在中转库、中转间内，超量、超时储存药物、半成品、成品的；

（五）留存过期及废弃的烟花爆竹成品、半成品、原材料等危险废弃物的；

（六）企业内部及生产区、库区之间运输烟花爆竹成品、半成品及原材料的车辆、工具不符合国家标准或者行业标准规定安全条件的；

（七）允许未安装阻火装置等不具备国家标准或者行业标准规定安全条件的机动车辆进入生产区和仓库区的；

（八）其他事故隐患。

第三十九条 违反本规定，构成《中华人民共和国安全生产法》及其他法律、行政法规规定的其他违法行为的，依照《中华人民共和国安全生产法》等法律、行政法规的规定处理。涉嫌犯罪的，依法移送司法机关追究刑事责任。

第五章 附 则

第四十条 本规定中的行政处罚，由县级以上安全生产监督管理部门决定。

第四十一条 本规定自2018年3月1日起施行。

爆炸危险场所安全规定

1．1995年1月22日劳动部发布

2．劳部发〔1995〕56号

第一章 总 则

第一条 为加强对爆炸危险场所的安全管理，防止伤亡事故的发生，依据《中华人民共和国劳动法》的有关规定，制定本规定。

第二条 本规定所称爆炸危险场所是指存在由于爆炸性混合物出现造成爆炸事故危险而必须对其生产、使用、储存和装卸采取预防措施的场所。

第三条 本规定适用于中华人民共和国境内的有爆炸危险场所的企业。

个体经济组织依照本规定执行。

第四条 县级以上各级人民政府劳动行政部门对爆炸危险场所进行监督检查。

第二章 危险等级划分

第五条 爆炸危险场所划分为特别危险场所、高度危险场所和一般危险场所三个等级（划分原则见附件一）。

第六条 特别危险场所是指物质的性质特别危险，储存的数量特别大，工艺条件特殊，一旦发生爆炸事故将会造成巨大的经济损失、严重的人员伤亡，危害极大的危险场所。

第七条 高度危险场所是指物质的危险性较大，储存的数量较大，工艺条件较为特殊，一旦发生爆炸事故将会造成较大的经济损失、较为严重的人员伤亡，具有一定危害的危险场所。

第八条 一般危险场所是指物质的危险性较小，储存的数量较少，工艺条件一般，即使发生爆炸事故，所造成的危害较小的场所。

第九条 在划分危险场所等级时，对周围环境条件较差或发生过重大事故的危险场所应提高一个危险等级。

第十条 爆炸危险场所等级的划分，由企业（依照附件二的各项内容）划定等级后，经上级主管部门审查，报劳动行政部门备案。

第三章 危险场所的技术安全

第十一条 有爆炸危险的生产过程，应选择物质危险性较小、工艺较缓和、较为成熟的工艺路线。

第十二条 生产装置应有完善的生产工艺控制手段，设置具有可靠的温度、压力、流量、液面等工艺参数的控制仪表，对工艺参数控制要求严格的应设双系列控制仪表，并尽可能提高其自动化程度；在工艺布置时应尽量避免或缩短操作人员处于危险场所内的操作时间；对特殊生产工艺应有特殊的工艺控制手段。

第十三条 生产厂房、设备、储罐、仓库、装卸设施应远离各种引爆源和生活、办公区；应布置在全年最小频率风的上风向；厂房的朝向应有利于爆炸危险气体的散发；厂房应有足够的泄压面积和必要的安全通道；对散发比空气重的有爆炸危险气体的场所地面应有不引爆措施；设备、设施的安全间距应符合国家有关规定；生产厂房内的爆炸危险物料必须限量，储罐、仓库的储存量严格按国家有关规定执行。

第十四条 生产过程必须有可靠的供电、供气（汽）、供水等公用工程系统。对特别危险场所应设置双电源供电或备用电源，对重要的控制仪表应设置不间断电源（UPS）。特别危险场所和高度危险场所应设置排除险情的装置。

第十五条 生产设备、储罐和管道的材质、压力等级、制造工艺、焊接质量、检验要求必须执行国家有关规程；其安装必须有良好的密闭性能。对压力管线要有防止高低压窜气、窜液措施。

第十六条 爆炸危险场所必须有良好的通风设施，以防止有爆炸危险气体的积聚。生产装置尽可能采用露天、半露天布置，布置在室内应有足够的通风量；通排风设施应根据气体比重确定位置；对局部易泄漏部位应设置局部符合防爆要求的机械排风设施。

第十七条 危险场所必须按《中华人民共和国爆炸危险场所电气安全规程（试行）》划定危险场所区域等级图，并按危险区域等级和爆炸性混合物的级别、组别配置相应符合国家标准规定的防爆等级的电气设备。防爆电气设备的配置应符合整体防爆要求；防爆电气设备的施工、安装、维护和检修也必须符合规程要求。

第十八条 爆炸危险场所必须设置相应的可靠的避雷设施；有静电积聚危险的生产装置应采用控制流速、导除静电接地、静电消除器、添加防静电等有效的消除静电措施。

第十九条 爆炸危险场所的生产、储存、装卸过程必须根据生产工艺的要求设置相应的安全装置。

第二十条 桶装的有爆炸危险的物质应储存在库房内。库房应有足够的泄压面积和安全通道；库房内不得设置办公和生活用房；库房应有良好的通风设施；对储存温度要求较低的有爆炸危险物质的库房应有降温设施；对储存遇湿易爆物品的库房地面应比周围高出一定的高度；库房的门、窗应有遮雨设施。

第二十一条 装卸有爆炸危险的气体、液体时，连接管道的材质和压力等级等应符合工艺要求，其装卸过程必须采用控制流速等有效的消除静电措施。

第四章 危险场所的安全管理

第二十二条 企业应实行安全生产责任制，企业法定代表人应对本单位爆炸危险场所的安全管理工作负全面责任，以实现整体防爆安全。

第二十三条 新建、改建、扩建有爆炸危险的工程建设项目时，必须实行安全设施与主体工程同时设计、同时施工、同时竣工投产的“三同时”原则。

第二十四条 爆炸危险场所的设备应保持完好，并应定期进行校验、维护保养和检修，其完好率和泄漏率都必须达到规定要求。

第二十五条 爆炸危险场所的管理人员和操作工人，必须经培训考核合格后才能上岗。危险性较大的操作岗位，企业应规定操作人员的文化程度和技术等级。

防爆电气的安装、维修工人必须经过培训、考核合格，持证上岗。

第二十六条 企业必须有安全操作规程。操作工人应按操作规程操作。

第二十七条 爆炸危险场所必须设置标有危险等级和注意事项的标志牌。生产工艺、检修时的各种引爆源，必须采取完善的安全措施予以消除和隔离。

第二十八条 爆炸危险场所使用的机动车辆应采取有效的防爆措施。作业人员使用的工具、防护用品应符合防爆要求。

第二十九条 企业必须加强对防爆电气设备、避雷、静电导除设施的管理，选用经国家指定的防爆检验单位检验合格的防爆电气产品，做好防爆电气设备的备品、备件工作，不准任意降低防爆等级，对在用的防爆电气设备必须定期进行检验。检验和检修防爆电气产品的单位必须经过资格认可。

第三十条 爆炸危险场所内的各种安全设施，必须经常检查，定期校验，保持完好的状态，做好记录。各种安全设施不得擅自解除或拆除。

第三十一条 爆炸危险场所内的各种机械通风设施必须处于良好运行状态，并应定期检测。

第三十二条 仓库内的爆炸危险物品应分类存放，并应有明显的货物标志。堆垛之间应留有足够的垛距、墙距、顶距和安全通道。

第三十三条 仓库和储罐区应建立健全管理制度。库房内及露天堆垛附近不得从事试验、分装、焊接等作业。

第三十四条 爆炸危险物品在装卸前应对储运设备和容器进行安全检查。装卸应严格按操作规程操作，对不符合安全要求的不得装卸。

第三十五条　企业的主管部门应按本规定的要求加强对爆炸危险场所的安全管理，并组织、检查和指导企业爆炸危险场所的安全管理工作。

第五章　罚　　则

第三十六条　对爆炸危险场所存在重大事故隐患的，由劳动行政部门责令整改，并可处以罚款；情节严重的，提请县级以上人民政府决定责令停产整顿。

第三十七条　对劳动行政部门的处罚决定不服的，可申请复议。对复议决定不服，可以向人民法院起诉。逾期不起诉，也不执行处罚决定的，作出处罚决定的机关可以申请人民法院强制执行。

第六章　附　　则

第三十八条　各省、自治区、直辖市劳动行政部门可根据本规定制定实施细则，并报国务院劳动行政部门备案。

第三十九条　国家机关、事业组织和社会团体的爆炸危险场所参照本规定执行。

第四十条　本规定自颁布之日起施行。

附：一、爆炸危险场所等级划分原则（略）

二、爆炸危险场所等级划分表（略）

烟花爆竹销毁安全指南（暂行）

1. 2016年6月1日国家安全生产监督管理总局办公厅、公安部办公厅发布

2. 安监总厅管三〔2016〕52号

一、销毁前准备

（一）销毁前应认真了解待销毁烟花爆竹的结构、性能、物态、现状等情况，并根据其危险特性，按照《烟花爆竹作业安全技术规程》（GB 11652—2012）第13章规定，参照《废火药、炸药、弹药、引信及火工品处理、销毁与贮存安全技术要求》（GJB 5120—2002），科学制定销毁处置方案、安全警戒方案和应急救援预案。

（二）待销毁烟花爆竹按其危险性分为Ⅰ类、Ⅱ类二大类。Ⅰ类为具有整体爆炸或较大迸射危险，其爆炸破坏波及范围较大；Ⅱ类为具有燃烧危险，偶尔有较小爆炸或较小迸射危险，或二者兼有，但无整体爆炸危险，其爆炸破坏限于较小范围。具体分类见表1。

表1　待销毁烟花爆竹分类

分类	序号	待销毁烟花爆竹种类	销毁方法	一次销毁最大药量（公斤）	铺设最大厚度（厘米）	铺设最大宽度（厘米）
Ⅰ类	1	A、B级成品（礼花弹类、架子烟花、喷花类除外）	燃放法（优先）	500		
			户外焚烧法	500	10（高度或直径≥10厘米的产品为单个产品高度）	150
	2	未封口含药半成品；单个装药量在40克及以上已封口烟花半成品；含笛音剂、爆炸音剂半成品	户外焚烧法	500	10	150
	3	黑火药	户外焚烧法	500	2	30
	4	单基火药；引火线	户外焚烧法	500	5	150
	5	烟火药（含亮珠、药柱等裸药效果件）	户外焚烧法	500	3（直径或高度≥3厘米的药柱为单个药柱厚度）	100
	6	烟火药（开包〈球〉药、爆炸音药、笛音药）	户外焚烧法	50	1	5
	7	礼花弹成品	燃放法（优先）	200		
			焚烧法	200	先拆解后按相应类别药物方法要求销毁	

续表

分类	序号	待销毁烟花爆竹种类	销毁方法	一次销毁最大药量(公斤)	铺设最大厚度(厘米)	铺设最大宽度(厘米)
Ⅱ类	1	升空类成品、C级组合烟花成品	燃放法(优先)	500		
			户外焚烧法	1000	10(高度或直径≥10厘米的产品为单个产品高度)	200
	2	喷花类成品、架子烟花;其他C、D级成品(不含升空类、C级组合烟花)	户外焚烧法	1000	10(高度或直径≥10厘米的产品为单个产品高度)	200
	3	电点火头;单个装药量在40克以下已封口烟花半成品(不含笛音剂、爆炸音剂);已封口爆竹半成品	户外焚烧法(添加助燃物)	1000	10	200
	4	化工原材料;湿态(水溶剂)烟火药	户外焚烧法(添加助燃物)	500	5(氧化剂、还原剂应分别焚烧)	200

(三)销毁Ⅰ类烟花爆竹,其销毁方案应由3名以上火炸药、民用爆炸物品等相近专业高级以上职称人员组成专家组制定,并进行安全评估。

二、销毁方法及安全要求

销毁烟花爆竹一般应采用燃放法或户外焚烧法。各类待销毁烟花爆竹销毁方法的选择应符合表1规定。不同种类的待销毁烟花爆竹应分别销毁。销毁作业的基本安全要求应符合《烟花爆竹作业安全技术规程》第13章规定。严禁采用挖坑掩埋法和抛入江、河、湖、海水体等销毁方法。

(一)燃放法。

1. 专业燃放类产品以燃放法销毁时,应按《大型焰火燃放安全技术规程》(GB 24284—2009)执行。其他类产品应摆放、固定在坚实、干燥的地面,安装加长点火引火线,作业人员在安全距离外点火操作。

2. 点火:优先采用电点火设备或遥控引燃方式,点火前应进行现场检查,确保引火线、点火设备连接安装可靠,无其他危险源后,方可点火。

3. 燃放时出现断火、哑弹等未引燃的烟花时,应由专业技术人员处理后,采用焚烧法彻底销毁。未引燃的礼花弹应经过拆除发射药包和解剖球壳取出药物后采用焚烧法销毁。

4. 燃放结束后应对场地进行清理、清洁,现场检查清场应在燃放停止30分钟后进行。

(二)户外焚烧法。

1. 铺设:应将待销毁的烟花爆竹成品、含烟火药半成品分类平铺于地面;组合烟花类应平稳摆放于硬质地面,发射上升口朝上,打开包装箱;其他成品、半成品平铺于地面。

铺设厚度和铺设宽度应符合表1规定。多条铺设时,条与条之间距离不应小于5米。烟火药、黑火药、引火线、还原剂、氧化剂铺设长度不应大于25米。

2. 助燃物及用量。助燃物宜采用柴油、木材、柴草等,不应使用汽油、酒精等挥发性强、闪点低的燃料。严禁在焚烧过程中添加物料。

3. 点火:优先采用电点火设备或遥控引燃方式,点火前应进行现场检查,确保点火设备连接安装可靠,无其他危险源后,方可点火。

4. 焚烧结束后应对场地进行清理、清洁,现场检查清场应在确定燃烧、爆炸停止1小时后进行。

三、销毁场地及环境要求

(一)户外焚烧法销毁场地宜设在有天然屏障的山沟、盆地、河滩、丘陵地带,地面平坦无裂缝、无树木和杂草等易燃物,且为单独场地。

(二)销毁场地面积应符合下列要求:

1. 户外焚烧法场地直径不小于100米,燃放法场地直径应不小于50米,销毁场地边缘以外应设防火区。

2. 户外焚烧法销毁场地边缘与周边建筑物、人员、重要场所的外部安全距离应根据销毁物品的类别和药量,按《烟花爆竹工程设计安全规范》(GB 50161—2009)第4.2.2条规定距离的2倍确定,并应在外部安全距离以外设置警戒线。

3. 燃放法销毁场地边缘与周边建筑物、人员、重要场所的外部安全距离应按《烟花爆竹工程设计安全规范》第4.4.1条规定距离确定,并应在外部安全距离以外设置警戒线。

（三）销毁场地内应设掩体，距铺设待销毁物品边缘应小于50米。

（四）高温、雷雨、大风天气不得从事销毁作业。

（五）销毁场所应有专人负责警戒，防止无关人员进入或靠近。

四、作业人员要求

（一）销毁作业的人员年龄应满20岁，不超过50岁，身体健康，且具有销毁作业安全知识和实践经验。焚烧法的销毁作业人员，应持有烟花爆竹特种作业资格证，且有2年以上烟花爆竹涉药生产作业经验；燃放法的销毁作业人员，应持有大型焰火燃放作业人员资格证，且有3次以上大型焰火燃放作业经验。

（二）严格控制销毁现场安全警戒范围内的人员数量。销毁黑火药、烟火药等Ⅰ类烟花爆竹时，安全警戒范围内不得超过3人；销毁Ⅱ类烟花爆竹时，安全警戒范围内不得超过6人。

烟花爆竹生产经营单位重大生产安全事故隐患判定标准（试行）

1. 2017年11月13日国家安全生产监督管理总局发布
2. 安监总管三〔2017〕121号

依据有关法律法规、部门规章和国家标准，以下情形应当判定为重大事故隐患：

一、主要负责人、安全生产管理人员未依法经考核合格。

二、特种作业人员未持证上岗，作业人员带药检维修设备设施。

三、职工自行携带工器具、机器设备进厂进行涉药作业。

四、工（库）房实际作业人员数量超过核定人数。

五、工（库）房实际滞留、存储药量超过核定药量。

六、工（库）房内、外部安全距离不足，防护屏障缺失或者不符合要求。

七、防静电、防火、防雷设备设施缺失或者失效。

八、擅自改变工（库）房用途或者违规私搭乱建。

九、工厂围墙缺失或者分区设置不符合国家标准。

十、将氧化剂、还原剂同库储存、违规预混或者在同一工房内粉碎、称量。

十一、在用涉药机械设备未经安全性论证或者擅自更改、改变用途。

十二、中转库、药物总库和成品总库的存储能力与设计产能不匹配。

十三、未建立与岗位相匹配的全员安全生产责任制或者未制定实施生产安全事故隐患排查治理制度。

十四、出租、出借、转让、买卖、冒用或者伪造许可证。

十五、生产经营的产品种类、危险等级超许可范围或者生产使用违禁药物。

十六、分包转包生产线、工房、库房组织生产经营。

十七、一证多厂或者多股东各自独立组织生产经营。

十八、许可证过期、整顿改造、恶劣天气等停产停业期间组织生产经营。

十九、烟花爆竹仓库存放其它爆炸物等危险物品或者生产经营违禁超标产品。

二十、零售点与居民居住场所设置在同一建筑物内或者在零售场所使用明火。

国务院办公厅转发安全监管总局等部门关于进一步加强烟花爆竹安全监督管理工作意见的通知

1. 2010年11月8日
2. 国办发〔2010〕53号

各省、自治区、直辖市人民政府，国务院各部委、各直属机构：

安全监管总局、公安部、质检总局、工商总局、交通运输部、商务部、海关总署《关于进一步加强烟花爆竹安全监督管理工作的意见》已经国务院同意，现转发给你们，请认真贯彻执行。

关于进一步加强烟花爆竹安全监督管理工作的意见

（安全监管总局　公安部　质检总局　工商总局
交通运输部　商务部　海关总署）

2006年《烟花爆竹安全管理条例》公布施行以来，各地区、各有关部门认真贯彻落实国务院决策部署，围绕加强烟花爆竹安全管理采取了一系列有效措施，全国烟花爆竹事故大幅度下降，但在一些地方非法违法生产、经营、运输、燃放烟花爆竹等行为仍屡禁不止，事故时有发生，给人民群众生命财产造成严重损失。为深入落实《国务院关于进一步加强企业安全生产工作的通知》（国发〔2010〕23号）精神，切实加强烟花爆竹安全监管，有效遏制烟花爆竹安全事故的发生，提出如下意见：

一、总体要求

深入贯彻落实科学发展观，牢固树立安全发展的理念，坚持以人为本，坚持"安全第一、预防为主、综合治理"的方针，强化企业安全生产主体责任，落实部门安全监管职责，切实加强烟花爆竹生产、经营、运输、燃放等各环节安全管理和监督，严厉打击非法违法生产经营行为，促进烟花爆竹企业安全生产条件和安全管理水平进一步改善和提高，烟花爆竹安全监管机制进一步健全和完善，形成烟花爆竹安全生产长效机制，烟花爆竹事故明显减少。

二、加强生产环节的安全管理

（一）从严把好烟花爆竹安全生产准入关。科学制定烟花爆竹产业发展规划，严格烟花爆竹行业准入条件，合理控制生产企业数量。积极推动企业按照国家有关标准规范进行安全改造，淘汰落后生产工艺、技术和装备。严格把好安全生产许可关，对不符合当地烟花爆竹产业发展规划和国家有关安全技术标准要求的，一律不予许可。到"十二五"末，全国烟花爆竹生产企业数量比"十一五"末减少20%。

（二）严格控制礼花弹等高危产品生产。开展礼花弹类产品专项治理，严格礼花弹等高危产品的安全生产标准和生产条件，严格控制礼花弹生产企业数量，禁止生产药物敏感度高、药量大、燃放无固定轨迹等危险性大的产品，淘汰对环境污染严重的产品。建立礼花弹生产企业国家备案公示和统一产品标识登记管理制度，对礼花弹生产、销售、运输、燃放和进出口全过程实行严格管控。礼花弹等A级产品由生产企业直接向经公安机关批准燃放的单位销售或供出口。

（三）加强烟花爆竹药物和半成品安全监管。严格管理黑火药、烟火药、引火线的生产、销售和运输，黑火药、引火线原则上不得跨省际长距离运输。禁止销售、购买烟火药和含药的烟花爆竹半成品，严禁使用退役双（多）基发射药或直接使用退役单基发射药生产烟花爆竹。依法将氯酸钾纳入易制爆危险化学品监管范围，严格销售、购买和使用流向登记，严禁使用氯酸钾生产烟花爆竹。

（四）加强烟花爆竹产品质量标准和包装标识管理。质检部门要会同安全监管、公安等有关部门，及时组织修订有关产品质量技术标准，科学进行产品分类、分级，从严规定产品种类、规格、药量等重要安全技术指标，取消个人燃放的小礼花类、摩擦类、烟雾类和内筒型组合烟花等危险性大的产品品种。产品包装必须对药量、等级、生产日期、燃放要求等做出完整清晰的标志。

（五）加强烟花爆竹产品质量监督抽查。质检部门要加强烟花爆竹产品质量监督抽查工作，对监督抽查发现不合格产品的生产企业，要严格按照有关规定责令其认真整改，限期复查，并及时将抽查不合格产品和企业情况通报有关部门，共同做好不合格产品和相关生产企业的处理工作。

三、规范经营环节的安全管理

（一）严格烟花爆竹市场准入。合理布局烟花爆竹批发企业和零售点。对从事烟花爆竹批发、零售的企业和经营者，必须取得安全生产监督管理部门核发的经营许可证后，才能核发营业执照。对已被取消经营许可证的企业或经营者，安全生产监督管理部门应当在取消许可证后5个工作日内通知工商行政管理部门，由工商行政管理部门撤销登记注册或吊销营业执照，或者责令当事人依法办理变更登记。工商行政管理部门要加大市场检查力度，依法查处无照经营、假冒商标侵权、虚假宣传等违法违规行为。

（二）完善烟花爆竹购销合同制度。进一步加强烟花爆竹购销合同管理，生产和批发企业在买卖烟花爆竹时必须签订书面购销合同，并认真查验相关资质，严禁销售、购买假冒伪劣烟花爆竹产品。烟花爆竹生产企业不得从其他生产经营企业购买烟花爆竹产品后出售或加贴本企业的标识进行销售。烟花爆竹批发企业和零售点不得销售礼花弹等A级产品。

（三）加强烟花爆竹流向信息化管理。烟花爆竹生产经营企业要按照有关要求，建立完善购买、销售登记制度，登记记录至少要保存两年备查。加快建立全国统一的烟花爆竹流向管理信息系统，对礼花弹的生产、销售、运输、燃放、进出口流向实施有效监管，并逐步实现对所有烟花爆竹产品和黑火药、引火线以及重要危险性原材料流向的信息化监管。

四、加强运输和出口环节的安全管理

（一）严格烟花爆竹道路运输许可管理制度。凡道路运输烟花爆竹的，必须持有《烟花爆竹道路运输许可证》。运达地县级公安机关在开具《烟花爆竹道路运输许可证》时，要依照相关法律法规规定的程序、时限、条件等，严格审查托运人提交的材料，查验供货单位从事烟花爆竹生产、经营的资质证明。对不符合条件的，不得开具《烟花爆竹道路运输许可证》。公安机关要切实加强对道路运输烟花爆竹的监督检查，依法严肃查处违法违规运输行为。

（二）加强烟花爆竹运输车辆和相关人员管理。道路运输烟花爆竹，必须使用符合安全要求的危险货物运输车辆，并加装具有行驶记录功能的卫星定位系统，实行运输全过程监控。承运人、运输车辆及驾驶员、押运员，必须持有交通运输部门核发的相关资质、资格证明。交通运输部门要严格对烟花爆竹承运人、运输车辆及驾驶员、押运员的监管。

（三）加强对烟花爆竹出口安全管理。交通运输部门加强对出口运输港口烟花爆竹装运、临时存放等环节的安全监管和船舶适装审核。质检、海关部门加强出口烟花爆竹的产品质量检验、装箱监督和通关查验。商务部门配合相关执法部门加强烟花爆竹出口生产经营企业的监督管理，对经执法部门认定存在违法违规行为的企业，依法从严处罚。

五、加强燃放环节的安全管理

（一）完善大型焰火燃放活动分级管理制度。公安部门要制定大型焰火燃放活动分级管理办法，依法加强燃放活动的安全管理，严格审批大型焰火燃放活动，严格审查燃放作业单位资质、作业人员资格，并协助主办单位做好安全保卫、消防救援和警戒工作。大型焰火燃放活动所需烟花爆竹的临时存放场所必须符合安全规定，并尽量缩短存放时间。对违规燃放的，要严肃追究有关人员的责任。

（二）加强对群众燃放烟花爆竹的安全管理和宣传教育。各地区、各有关部门要加强对群众燃放烟花爆竹的安全管理，加强安全燃放知识的宣传普及，充分利用新闻媒体、中小学校教育等手段广泛宣传有关烟花爆竹的法律法规、标准和燃放常识等，引导群众自觉抵制假冒伪劣产品，安全燃放烟花爆竹。

六、严厉打击非法违法行为

（一）健全完善打击非法生产经营烟花爆竹工作机制。各级公安、安全监管、质检、工商、交通运输等部门要在同级人民政府的统一领导下，建立联合执法机制，按照职责分工，密切配合，开展执法检查。烟花爆竹传统产区和问题突出地区的县、乡两级人民政府，要进一步加强对打击非法生产经营行为（以下简称“打非”）工作的组织领导，由政府主要领导负总责，分管领导具体牵头，始终保持高压态势，组织开展“打非”行动，并向社会公布举报电话，建立群众举报奖励制度。

（二）严厉打击涉及烟花爆竹的非法违法行为。对组织从事非法违法生产、经营、运输、燃放、进出口烟花爆竹的单位或者个人，要依法依规严格处罚；构成犯罪的，依法追究刑事责任。对查出的非法生产经营窝点，要依法予以取缔，并追根溯源，查清斩断非法生产原材料供应和产品销售的经济链条。对因“打非”工作职责不落实、工作开展不力引发事故的，要追究相关单位和人员的责任。各地区要研究制订相关政策，鼓励烟花爆竹产业集约化发展，支持经济落后地区配备爆炸物品探测仪等必要装备，强化“打非”能力。

七、切实落实烟花爆竹安全管理和监督责任

（一）严格落实企业安全生产主体责任。烟花爆竹生产经营企业主要负责人是安全生产的第一责任人，要切实加强对安全生产工作的领导。全面推进安全生产标准化建设，建立健全安全生产管理规章制度，加大安全投入，建设完善安全防护屏障、防雷防火防静电等重要安全设施，持续深入开展隐患排查治理工作，及时消除各类隐患。严禁超范围、超人员、超药量和擅自改变工房用途，严禁分包转包企业或生产线，严禁使用童工和学生，强化危险生产工序持证上岗制度，杜绝“一证多厂”和擅自以转包、倒卖、出租等形式非法转让安全生产许可证等违规行为。

（二）加强有关部门的协调配合。建立由安全监管总局牵头，公安、质检、工商、交通运输、商务、海关等部门参加的烟花爆竹安全监管部际联席会议制度，定期分析、通报烟花爆竹安全生产形势，研究协调解决烟花爆竹安全监管工作的重要事项，组织开展部门联合执法和专项整治。各地区也要建立相应的部门协调工作机制，根据烟花爆竹生产、经营、运输、燃放的特点和规律定期开展安全监督检查。要充分发挥行业协会的指导和自律作用，引导烟花爆竹行业健康、安全发展。

（三）严肃查处各类烟花爆竹事故。凡是发生人员伤亡责任事故的烟花爆竹生产经营企业，一律停产停业整顿，限期消除隐患，经当地安全监管部门验收合格后才能恢复生产经营。对发生一次死亡3人以上责任事故的烟花爆竹生产经营企业，一律停产停业整顿并依法重新审查安全生产条件，不再具备安全生产条件的，依法吊销安全生产许可证或经营许可证。

国家安全生产监督管理总局办公厅关于加强烟花爆竹生产机械设备使用安全管理工作的通知

1. 2013年3月11日
2. 安监总厅管三〔2013〕21号

各省、自治区、直辖市及新疆生产建设兵团安全生产监督管理局：

实行烟花爆竹生产机械化是提高生产本质安全程

度，提升生产效率，实现行业安全、可持续发展的必由之路。近年来，各地区高度重视并积极推动烟花爆竹生产机械化工作，取得了一定成效。但是，一些地区在烟花爆竹生产机械设备推广应用过程中，相继出现了因机械设备安全性能不过关、安全措施不到位、作业操作不规范、安全管理不严格等引发的事故。为进一步推动烟花爆竹生产机械化工作，切实加强机械设备推广应用的安全管理，严防事故发生，现就有关要求通知如下：

一、高度重视并积极推动烟花爆竹生产机械化工作

各地区要以科学发展观为指导，坚持安全发展，树立科技强安的理念，积极推进烟花爆竹生产科技进步，坚定烟花爆竹生产机械化发展方向，通过实行生产机械化，淘汰落后生产工艺，努力实现人药隔离操作，减少危险工序现场作业人员，降低事故伤害。省级安全监管局要加强对推动烟花爆竹生产机械化工作的组织领导，制定本地区实施生产机械化工作计划，对经过技术鉴定和安全论证的成熟机械设备，要加快推广；对在规定时限内未实现机械化生产的企业，依法责令停产整顿直至提请政府予以关闭。

二、做好烟花爆竹生产机械设备的技术鉴定和安全论证

省级安全监管局要鼓励、支持烟花爆竹生产企业及相关企事业单位开展烟花爆竹生产机械设备的研究开发。要积极配合科技部门对新研发的机械设备及时进行科技成果技术鉴定，并在正式推广应用前，组织相关专家对机械设备的安全性能进行论证。机械设备改进升级、改型换代后，要再次组织有关专家进行安全论证。要加强对烟花爆竹生产企业引进机械设备的监督检查，凡未通过省级以上科技部门科技成果技术鉴定，以及经安全论证存在严重缺陷和事故隐患的涉药机械设备，不得在烟花爆竹行业进行推广应用；凡未形成完善的企业标准和安全操作说明书的机械设备，不得在烟花爆竹生产企业投入使用。

三、严格对烟花爆竹生产机械配套基础设施的安全审查

烟花爆竹生产企业引进机械化生产设备，必须进行相应的生产工艺和基础设施改造。要加强建设项目设计和施工质量管理，委托具有相应资质的机构进行建设项目设计，严格按照设计图纸进行施工，确保工房建筑结构符合规范要求。要认真组织好试生产工作，确保机械设备运转流畅、安全装置切实有效、作业人员操作熟练后，才能进行正式生产。相关安全监管部门要按照《建设项目安全设施“三同时”监督管理暂行办法》（国家安全监管总局令第36号）、《烟花爆竹生产企业安全生产许可证实施办法》（国家安全监管总局令第54号）以及《烟花爆竹工程设计安全规范》（GB 50161）等有关规定，认真组织相关建设项目的设计审查和竣工验收。在日常监管中发现烟花爆竹生产企业未进行相应的工艺和基础设施改造，或者未办理相关安全设施“三同时”审批手续，以及烟花爆竹机械化生产场所安全距离、防护屏障、电气设施、定员定量等不符合相关标准规范规定的，要立即责令改正，并依法给予罚款直至吊销安全生产许可证等处罚。

四、强化对烟花爆竹生产机械设备使用的管理和监督

烟花爆竹生产企业要针对机械化生产特点，制定严格的安全管理制度和安全操作规程，加强对从业人员的安全培训，切实提高企业安全管理水平和从业人员安全操作技能。要重点加强对涉药机械设备使用的安全管理，严防超定员、超药量和违规作业等行为，严禁随意改动工艺流程、运行环境、电气线路、工房结构以及防火、防爆、防静电等配套安全设施。要定期停机检查机械设备运行状况和作业环境，及时进行维护保养，严禁设备“带病”运行，严防生产现场粉尘积聚和监控、报警设施失灵等问题。要建立完善的机械设备检维修审批制度和相关记录档案，在检维修作业前必须认真清理机械设备内部残余药物和现场粉尘，严格控制检维修作业现场人员数量，严禁在机械设备带药和运转期间进行检维修作业，严禁无关人员进入检维修作业现场。机械设备制造企业要做好售出机械设备的安装调试、技术指导、检修维护等售后服务工作，积极协助使用企业完善安全管理措施、培训相关作业人员。各级安全监管部门要加强对涉药机械设备的监督检查，指导和督促企业强化安全管理措施，落实安全生产主体责任。

国家安全生产监督管理总局办公厅、公安部办公厅关于做好关闭烟花爆竹生产企业遗留危险性废弃物排查清理处置工作的通知

1. 2016年6月1日

2. 安监总厅管三〔2016〕52号

各省、自治区、直辖市及新疆生产建设兵团安全生产监督管理局、公安厅（局）：

近年来，各地在销毁处置关闭烟花爆竹生产企业遗留危险性废弃物过程中，发生了多起爆炸事故，教训

十分深刻。为认真贯彻落实国务院领导同志有关重要批示精神，严防类似事故再次发生，经国家安全监管总局、公安部研究，现就做好关闭烟花爆竹生产企业遗留危险性废弃物排查清理处置工作通知如下：

一、各地区安全监管部门、公安机关要提高思想认识，高度重视关闭烟花爆竹生产企业遗留危险性废弃物排查清理处置工作，加强组织领导，按照职责分工，密切协作配合，结合实际制定具体工作方案，明确工作任务，细化工作措施，落实工作经费，确保关闭烟花爆竹生产企业遗留危险性废弃物排查清理处置工作安全、有序开展。

二、督促指导县级安全监管部门、公安机关在当地人民政府的统一领导下，认真梳理本地区2006年以来关闭烟花爆竹生产企业情况，对关闭烟花爆竹生产企业逐一排查清理，确保不漏企业、不留死角；对排查清理出的危险性废弃物，依据《烟花爆竹安全管理条例》（国务院令第455号）规定组织销毁处置。排查清理和销毁处置时，要组织有关专家、专业机构队伍及原烟花爆竹生产企业参与，严格按照《烟花爆竹作业安全技术规程》（GB 11652—2012）、《公安机关处置爆炸物品工作安全规范》（公通字〔2010〕51号）和《烟花爆竹销毁安全指南（暂行）》（见附件1）进行，落实安全措施，确保过程安全。排查清理和销毁处置完成后，分别填写《关闭烟花爆竹生产企业遗留危险性废弃物排查清理处置情况汇总表》（见附件2），报送当地人民政府，同时逐级汇总分别上报至省级安全监管局、公安厅（局）。

三、各地区要依法建立关闭烟花爆竹生产企业危险性废弃物清理处置工作制度，规范工作程序，严格安全要求，严控安全风险，形成长效机制。今后，对关闭的烟花爆竹生产企业，必须限期做好危险性废弃物的排查清理和销毁处置工作，确保不留隐患。

请各省级安全监管局、公安厅（局）抓好本通知要求的贯彻落实工作，2016年9月底前完成已关闭烟花爆竹生产企业遗留危险性废弃物排查清理和销毁处置工作，并于2016年10月15日前将本地区《关闭烟花爆竹生产企业遗留危险性废弃物排查清理处置情况汇总表》及工作总结，分别报送国家安全监管总局监管三司和公安部治安管理局。

附件：1. 烟花爆竹销毁安全指南（暂行）（略）
2. 关闭烟花爆竹生产企业遗留危险性废弃物排查清理处置情况汇总表（略）

国家安全生产监督管理总局办公厅关于B级以上小礼花组合烟花相关问题的复函

1. 2015年5月20日
2. 安监总厅管三函〔2015〕78号

四川省安全生产监督管理局：

你局《关于取消B级以上小礼花组合烟花相关问题的请示》（川安监〔2015〕47号）收悉。经研究，现函复如下：

根据国家安全监管总局等六部门《关于做好烟花爆竹旺季安全生产工作的通知》（安监总管三〔2013〕122号）和《国家安全监管总局关于湖南省醴陵市浦口南阳出口鞭炮烟花厂“9·22”重大爆炸事故的通报》（安监总明电〔2014〕15号）要求，要严格把住礼花弹、小礼花等专业燃放类产品的许可准入关，从严控制专业燃放类产品生产企业数量；A级组合烟花、B级小礼花、B级以上小礼花组合烟花（含B级小礼花组合烟花，包括同类组合和不同类组合）只能由具有礼花弹生产资质的企业生产。

五、劳动安全与职业健康

资料补充栏

中华人民共和国劳动法（节录）

1. 1994年7月5日第八届全国人民代表大会常务委员会第八次会议通过
2. 根据2009年8月27日第十一届全国人民代表大会常务委员会第十次会议《关于修改部分法律的决定》第一次修正
3. 根据2018年12月29日第十三届全国人民代表大会常务委员会第七次会议《关于修改〈中华人民共和国劳动法〉等七部法律的决定》第二次修正

第五十二条 【用人单位职责】用人单位必须建立、健全劳动安全卫生制度，严格执行国家劳动安全卫生规程和标准，对劳动者进行劳动安全卫生教育，防止劳动过程中的事故，减少职业危害。

第五十三条 【劳动安全卫生设施标准】劳动安全卫生设施必须符合国家规定的标准。

新建、改建、扩建工程的劳动安全卫生设施必须与主体工程同时设计、同时施工、同时投入生产和使用。

第五十四条 【劳动者劳动安全防护及健康保护】用人单位必须为劳动者提供符合国家规定的劳动安全卫生条件和必要的劳动防护用品，对从事有职业危害作业的劳动者应当定期进行健康检查。

第五十五条 【特种作业资格】从事特种作业的劳动者必须经过专门培训并取得特种作业资格。

第五十六条 【劳动过程安全防护】劳动者在劳动过程中必须严格遵守安全操作规程。

劳动者对用人单位管理人员违章指挥、强令冒险作业，有权拒绝执行；对危害生命安全和身体健康的行为，有权提出批评、检举和控告。

第五十七条 【伤亡事故和职业病统计报告、处理制度】国家建立伤亡事故和职业病统计报告和处理制度。县级以上各级人民政府劳动行政部门、有关部门和用人单位应当依法对劳动者在劳动过程中发生的伤亡事故和劳动者的职业病状况，进行统计、报告和处理。

第九十二条 【用人单位违反劳保规定的处罚】用人单位的劳动安全设施和劳动卫生条件不符合国家规定或者未向劳动者提供必要的劳动防护用品和劳动保护设施的，由劳动行政部门或者有关部门责令改正，可以处以罚款；情节严重的，提请县级以上人民政府决定责令停产整顿；对事故隐患不采取措施，致使发生重大事故，造成劳动者生命和财产损失的，对责任人员依照刑法有关规定追究刑事责任。

第九十三条 【违章作业造成事故处罚】用人单位强令劳动者违章冒险作业，发生重大伤亡事故，造成严重后果的，对责任人员依法追究刑事责任。

中华人民共和国职业病防治法

1. 2001年10月27日第九届全国人民代表大会常务委员会第二十四次会议通过
2. 根据2011年12月31日第十一届全国人民代表大会常务委员会第二十四次会议《关于修改〈中华人民共和国职业病防治法〉的决定》第一次修正
3. 根据2016年7月2日第十二届全国人民代表大会常务委员会第二十一次会议《关于修改〈中华人民共和国节约能源法〉等六部法律的决定》第二次修正
4. 根据2017年11月4日第十二届全国人民代表大会常务委员会第三十次会议《关于修改〈中华人民共和国会计法〉等十一部法律的决定》第三次修正
5. 根据2018年12月29日第十三届全国人民代表大会常务委员会第七次会议《关于修改〈中华人民共和国劳动法〉等七部法律的决定》第四次修正

目　　录

第一章　总　　则

第一条 【立法目的】为了预防、控制和消除职业病危害，防治职业病，保护劳动者健康及其相关权益，促进经济社会发展，根据宪法，制定本法。

第二条 【职业病概念】本法适用于中华人民共和国领域内的职业病防治活动。

本法所称职业病，是指企业、事业单位和个体经济组织等用人单位的劳动者在职业活动中，因接触粉尘、放射性物质和其他有毒、有害因素而引起的疾病。

职业病的分类和目录由国务院卫生行政部门会同国务院劳动保障行政部门制定、调整并公布。

第三条 【工作方针】职业病防治工作坚持预防为主、防治结合的方针，建立用人单位负责、行政机关监管、行业自律、职工参与和社会监督的机制，实行分类管理、综合治理。

第四条　【职业卫生保护权】劳动者依法享有职业卫生保护的权利。

用人单位应当为劳动者创造符合国家职业卫生标准和卫生要求的工作环境和条件，并采取措施保障劳动者获得职业卫生保护。

工会组织依法对职业病防治工作进行监督，维护劳动者的合法权益。用人单位制定或者修改有关职业病防治的规章制度，应当听取工会组织的意见。

第五条　【用人单位防治责任】用人单位应当建立、健全职业病防治责任制，加强对职业病防治的管理，提高职业病防治水平，对本单位产生的职业病危害承担责任。

第六条　【主要责任人】用人单位的主要负责人对本单位的职业病防治工作全面负责。

第七条　【工伤保险】用人单位必须依法参加工伤保险。

国务院和县级以上地方人民政府劳动保障行政部门应当加强对工伤保险的监督管理，确保劳动者依法享受工伤保险待遇。

第八条　【在技术、工艺、设备、材料上控制职业病】国家鼓励和支持研制、开发、推广、应用有利于职业病防治和保护劳动者健康的新技术、新工艺、新设备、新材料，加强对职业病的机理和发生规律的基础研究，提高职业病防治科学技术水平；积极采用有效的职业病防治技术、工艺、设备、材料；限制使用或者淘汰职业病危害严重的技术、工艺、设备、材料。

国家鼓励和支持职业病医疗康复机构的建设。

第九条　【职业卫生监督制度】国家实行职业卫生监督制度。

国务院卫生行政部门、劳动保障行政部门依照本法和国务院确定的职责，负责全国职业病防治的监督管理工作。国务院有关部门在各自的职责范围内负责职业病防治的有关监督管理工作。

县级以上地方人民政府卫生行政部门、劳动保障行政部门依据各自职责，负责本行政区域内职业病防治的监督管理工作。县级以上地方人民政府有关部门在各自的职责范围内负责职业病防治的有关监督管理工作。

县级以上人民政府卫生行政部门、劳动保障行政部门（以下统称职业卫生监督管理部门）应当加强沟通，密切配合，按照各自职责分工，依法行使职权，承担责任。

第十条　【防治规划】国务院和县级以上地方人民政府应当制定职业病防治规划，将其纳入国民经济和社会发展计划，并组织实施。

县级以上地方人民政府统一负责、领导、组织、协调本行政区域的职业病防治工作，建立健全职业病防治工作体制、机制，统一领导、指挥职业卫生突发事件应对工作；加强职业病防治能力建设和服务体系建设，完善、落实职业病防治工作责任制。

乡、民族乡、镇的人民政府应当认真执行本法，支持职业卫生监督管理部门依法履行职责。

第十一条　【宣传教育】县级以上人民政府职业卫生监督管理部门应当加强对职业病防治的宣传教育，普及职业病防治的知识，增强用人单位的职业病防治观念，提高劳动者的职业健康意识、自我保护意识和行使职业卫生保护权利的能力。

第十二条　【国家职业卫生标准的制定与公布】有关防治职业病的国家职业卫生标准，由国务院卫生行政部门组织制定并公布。

国务院卫生行政部门应当组织开展重点职业病监测和专项调查，对职业健康风险进行评估，为制定职业卫生标准和职业病防治政策提供科学依据。

县级以上地方人民政府卫生行政部门应当定期对本行政区域的职业病防治情况进行统计和调查分析。

第十三条　【检举、控告和奖励】任何单位和个人有权对违反本法的行为进行检举和控告。有关部门收到相关的检举和控告后，应当及时处理。

对防治职业病成绩显著的单位和个人，给予奖励。

第二章　前期预防

第十四条　【从源头上控制和消除】用人单位应当依照法律、法规要求，严格遵守国家职业卫生标准，落实职业病预防措施，从源头上控制和消除职业病危害。

第十五条　【职业卫生要求】产生职业病危害的用人单位的设立除应当符合法律、行政法规规定的设立条件外，其工作场所还应当符合下列职业卫生要求：

（一）职业病危害因素的强度或者浓度符合国家职业卫生标准；

（二）有与职业病危害防护相适应的设施；

（三）生产布局合理，符合有害与无害作业分开的原则；

（四）有配套的更衣间、洗浴间、孕妇休息间等卫生设施；

（五）设备、工具、用具等设施符合保护劳动者生理、心理健康的要求；

（六）法律、行政法规和国务院卫生行政部门关于保护劳动者健康的其他要求。

第十六条 【危害项目申报制度】国家建立职业病危害项目申报制度。

用人单位工作场所存在职业病目录所列职业病的危害因素的，应当及时、如实向所在地卫生行政部门申报危害项目，接受监督。

职业病危害因素分类目录由国务院卫生行政部门制定、调整并公布。职业病危害项目申报的具体办法由国务院卫生行政部门制定。

第十七条 【职业病危害预评价报告】新建、扩建、改建建设项目和技术改造、技术引进项目（以下统称建设项目）可能产生职业病危害的，建设单位在可行性论证阶段应当进行职业病危害预评价。

医疗机构建设项目可能产生放射性职业病危害的，建设单位应当向卫生行政部门提交放射性职业病危害预评价报告。卫生行政部门应当自收到预评价报告之日起三十日内，作出审核决定并书面通知建设单位。未提交预评价报告或者预评价报告未经卫生行政部门审核同意的，不得开工建设。

职业病危害预评价报告应当对建设项目可能产生的职业病危害因素及其对工作场所和劳动者健康的影响作出评价，确定危害类别和职业病防护措施。

建设项目职业病危害分类管理办法由国务院卫生行政部门制定。

第十八条 【职业病防护设施费用、设计及职业病危害控制效果评价】建设项目的职业病防护设施所需费用应当纳入建设项目工程预算，并与主体工程同时设计，同时施工，同时投入生产和使用。

建设项目的职业病防护设施设计应当符合国家职业卫生标准和卫生要求；其中，医疗机构放射性职业病危害严重的建设项目的防护设施设计，应当经卫生行政部门审查同意后，方可施工。

建设项目在竣工验收前，建设单位应当进行职业病危害控制效果评价。

医疗机构可能产生放射性职业病危害的建设项目竣工验收时，其放射性职业病防护设施经卫生行政部门验收合格后，方可投入使用；其他建设项目的职业病防护设施应当由建设单位负责依法组织验收，验收合格后，方可投入生产和使用。卫生行政部门应当加强对建设单位组织的验收活动和验收结果的监督核查。

第十九条 【特殊管理】国家对从事放射性、高毒、高危粉尘等作业实行特殊管理。具体管理办法由国务院制定。

第三章 劳动过程中的防护与管理

第二十条 【职业病防治管理措施】用人单位应当采取下列职业病防治管理措施：

（一）设置或者指定职业卫生管理机构或者组织，配备专职或者兼职的职业卫生管理人员，负责本单位的职业病防治工作；

（二）制定职业病防治计划和实施方案；

（三）建立、健全职业卫生管理制度和操作规程；

（四）建立、健全职业卫生档案和劳动者健康监护档案；

（五）建立、健全工作场所职业病危害因素监测及评价制度；

（六）建立、健全职业病危害事故应急救援预案。

第二十一条 【保障资金投入】用人单位应当保障职业病防治所需的资金投入，不得挤占、挪用，并对因资金投入不足导致的后果承担责任。

第二十二条 【提供职业病防护用品】用人单位必须采用有效的职业病防护设施，并为劳动者提供个人使用的职业病防护用品。

用人单位为劳动者个人提供的职业病防护用品必须符合防治职业病的要求；不符合要求的，不得使用。

第二十三条 【技术、工艺、设备、材料替代】用人单位应当优先采用有利于防治职业病和保护劳动者健康的新技术、新工艺、新设备、新材料，逐步替代职业病危害严重的技术、工艺、设备、材料。

第二十四条 【职业病公告和警示】产生职业病危害的用人单位，应当在醒目位置设置公告栏，公布有关职业病防治的规章制度、操作规程、职业病危害事故应急救援措施和工作场所职业病危害因素检测结果。

对产生严重职业病危害的作业岗位，应当在其醒目位置，设置警示标识和中文警示说明。警示说明应当载明产生职业病危害的种类、后果、预防以及应急救治措施等内容。

第二十五条 【职业病防护设备、应急、救援设施和个人使用的职业病防护用品】对可能发生急性职业损伤的有毒、有害工作场所，用人单位应当设置报警装置，配置现场急救用品、冲洗设备、应急撤离通道和必要的泄险区。

对放射工作场所和放射性同位素的运输、贮存，用人单位必须配置防护设备和报警装置，保证接触放射线的工作人员佩戴个人剂量计。

对职业病防护设备、应急救援设施和个人使用的职业病防护用品，用人单位应当进行经常性的维护、检修，定期检测其性能和效果，确保其处于正常状态，不得擅自拆除或者停止使用。

第二十六条　【符合国家职业卫生标准和卫生要求】用人单位应当实施由专人负责的职业病危害因素日常监测，并确保监测系统处于正常运行状态。

用人单位应当按照国务院卫生行政部门的规定，定期对工作场所进行职业病危害因素检测、评价。检测、评价结果存入用人单位职业卫生档案，定期向所在地卫生行政部门报告并向劳动者公布。

职业病危害因素检测、评价由依法设立的取得国务院卫生行政部门或者设区的市级以上地方人民政府卫生行政部门按照职责分工给予资质认可的职业卫生技术服务机构进行。职业卫生技术服务机构所作检测、评价应当客观、真实。

发现工作场所职业病危害因素不符合国家职业卫生标准和卫生要求时，用人单位应当立即采取相应治理措施，仍然达不到国家职业卫生标准和卫生要求的，必须停止存在职业病危害因素的作业；职业病危害因素经治理后，符合国家职业卫生标准和卫生要求的，方可重新作业。

第二十七条　【卫生行政部门的监督职责】职业卫生技术服务机构依法从事职业病危害因素检测、评价工作，接受卫生行政部门的监督检查。卫生行政部门应当依法履行监督职责。

第二十八条　【设备警示说明】向用人单位提供可能产生职业病危害的设备的，应当提供中文说明书，并在设备的醒目位置设置警示标识和中文警示说明。警示说明应当载明设备性能、可能产生的职业病危害、安全操作和维护注意事项、职业病防护以及应急救治措施等内容。

第二十九条　【材料危险说明】向用人单位提供可能产生职业病危害的化学品、放射性同位素和含有放射性物质的材料的，应当提供中文说明书。说明书应当载明产品特性、主要成份、存在的有害因素、可能产生的危害后果、安全使用注意事项、职业病防护以及应急救治措施等内容。产品包装应当有醒目的警示标识和中文警示说明。贮存上述材料的场所应当在规定的部位设置危险物品标识或者放射性警示标识。

国内首次使用或者首次进口与职业病危害有关的化学材料，使用单位或者进口单位按照国家规定经国务院有关部门批准后，应当向国务院卫生行政部门报送该化学材料的毒性鉴定以及经有关部门登记注册或者批准进口的文件等资料。

进口放射性同位素、射线装置和含有放射性物质的物品的，按照国家有关规定办理。

第三十条　【明令禁止】任何单位和个人不得生产、经营、进口和使用国家明令禁止使用的可能产生职业病危害的设备或者材料。

第三十一条　【不得违法转移或接受产生职业病危害的作业】任何单位和个人不得将产生职业病危害的作业转移给不具备职业病防护条件的单位和个人。不具备职业病防护条件的单位和个人不得接受产生职业病危害的作业。

第三十二条　【知悉职业病危害】用人单位对采用的技术、工艺、设备、材料，应当知悉其产生的职业病危害，对有职业病危害的技术、工艺、设备、材料隐瞒其危害而采用的，对所造成的职业病危害后果承担责任。

第三十三条　【告知职业病危害】用人单位与劳动者订立劳动合同（含聘用合同，下同）时，应当将工作过程中可能产生的职业病危害及其后果、职业病防护措施和待遇等如实告知劳动者，并在劳动合同中写明，不得隐瞒或者欺骗。

劳动者在已订立劳动合同期间因工作岗位或者工作内容变更，从事与所订立劳动合同中未告知的存在职业病危害的作业时，用人单位应当依照前款规定，向劳动者履行如实告知的义务，并协商变更原劳动合同相关条款。

用人单位违反前两款规定的，劳动者有权拒绝从事存在职业病危害的作业，用人单位不得因此解除与劳动者所订立的劳动合同。

第三十四条　【职业卫生培训】用人单位的主要负责人和职业卫生管理人员应当接受职业卫生培训，遵守职业病防治法律、法规，依法组织本单位的职业病防治工作。

用人单位应当对劳动者进行上岗前的职业卫生培训和在岗期间的定期职业卫生培训，普及职业卫生知识，督促劳动者遵守职业病防治法律、法规、规章和操作规程，指导劳动者正确使用职业病防护设备和个人使用的职业病防护用品。

劳动者应当学习和掌握相关的职业卫生知识，增强职业病防范意识，遵守职业病防治法律、法规、规章和操作规程，正确使用、维护职业病防护设备和个人使用的职业病防护用品，发现职业病危害事故隐患应当及时报告。

劳动者不履行前款规定义务的，用人单位应当对其进行教育。

第三十五条 【职业健康检查】对从事接触职业病危害的作业的劳动者，用人单位应当按照国务院卫生行政部门的规定组织上岗前、在岗期间和离岗时的职业健康检查，并将检查结果书面告知劳动者。职业健康检查费用由用人单位承担。

用人单位不得安排未经上岗前职业健康检查的劳动者从事接触职业病危害的作业；不得安排有职业禁忌的劳动者从事其所禁忌的作业；对在职业健康检查中发现有与所从事的职业相关的健康损害的劳动者，应当调离原工作岗位，并妥善安置；对未进行离岗前职业健康检查的劳动者不得解除或者终止与其订立的劳动合同。

职业健康检查应当由取得《医疗机构执业许可证》的医疗卫生机构承担。卫生行政部门应当加强对职业健康检查工作的规范管理，具体管理办法由国务院卫生行政部门制定。

第三十六条 【职业健康监护档案】用人单位应当为劳动者建立职业健康监护档案，并按照规定的期限妥善保存。

职业健康监护档案应当包括劳动者的职业史、职业病危害接触史、职业健康检查结果和职业病诊疗等有关个人健康资料。

劳动者离开用人单位时，有权索取本人职业健康监护档案复印件，用人单位应当如实、无偿提供，并在所提供的复印件上签章。

第三十七条 【急性职业病危害事故的应急救援和控制措施】发生或者可能发生急性职业病危害事故时，用人单位应当立即采取应急救援和控制措施，并及时报告所在地卫生行政部门和有关部门。卫生行政部门接到报告后，应当及时会同有关部门组织调查处理；必要时，可以采取临时控制措施。卫生行政部门应当组织做好医疗救治工作。

对遭受或者可能遭受急性职业病危害的劳动者，用人单位应当及时组织救治、进行健康检查和医学观察，所需费用由用人单位承担。

第三十八条 【对未成年工和女职工的保护】用人单位不得安排未成年工从事接触职业病危害的作业；不得安排孕期、哺乳期的女职工从事对本人和胎儿、婴儿有危害的作业。

第三十九条 【劳动者职业卫生保护权利】劳动者享有下列职业卫生保护权利：

（一）获得职业卫生教育、培训；

（二）获得职业健康检查、职业病诊疗、康复等职业病防治服务；

（三）了解工作场所产生或者可能产生的职业病危害因素、危害后果和应当采取的职业病防护措施；

（四）要求用人单位提供符合防治职业病要求的职业病防护设施和个人使用的职业病防护用品，改善工作条件；

（五）对违反职业病防治法律、法规以及危及生命健康的行为提出批评、检举和控告；

（六）拒绝违章指挥和强令进行没有职业病防护措施的作业；

（七）参与用人单位职业卫生工作的民主管理，对职业病防治工作提出意见和建议。

用人单位应当保障劳动者行使前款所列权利。因劳动者依法行使正当权利而降低其工资、福利等待遇或者解除、终止与其订立的劳动合同的，其行为无效。

第四十条 【工会职责】工会组织应当督促并协助用人单位开展职业卫生宣传教育和培训，有权对用人单位的职业病防治工作提出意见和建议，依法代表劳动者与用人单位签订劳动安全卫生专项集体合同，与用人单位就劳动者反映的有关职业病防治的问题进行协调并督促解决。

工会组织对用人单位违反职业病防治法律、法规，侵犯劳动者合法权益的行为，有权要求纠正；产生严重职业病危害时，有权要求采取防护措施，或者向政府有关部门建议采取强制性措施；发生职业病危害事故时，有权参与事故调查处理；发现危及劳动者生命健康的情形时，有权向用人单位建议组织劳动者撤离危险现场，用人单位应当立即作出处理。

第四十一条 【费用列支】用人单位按照职业病防治要求，用于预防和治理职业病危害、工作场所卫生检测、健康监护和职业卫生培训等费用，按照国家有关规定，在生产成本中据实列支。

第四十二条 【职责分工】职业卫生监督管理部门应当按照职责分工，加强对用人单位落实职业病防护管理措施情况的监督检查，依法行使职权，承担责任。

第四章 职业病诊断与职业病病人保障

第四十三条 【职业病诊断的医疗卫生机构资格】职业

病诊断应当由取得《医疗机构执业许可证》的医疗卫生机构承担。卫生行政部门应当加强对职业病诊断工作的规范管理,具体管理办法由国务院卫生行政部门制定。

承担职业病诊断的医疗卫生机构还应当具备下列条件:

(一)具有与开展职业病诊断相适应的医疗卫生技术人员;

(二)具有与开展职业病诊断相适应的仪器、设备;

(三)具有健全的职业病诊断质量管理制度。

承担职业病诊断的医疗卫生机构不得拒绝劳动者进行职业病诊断的要求。

第四十四条　【职业病诊断地】劳动者可以在用人单位所在地、本人户籍所在地或者经常居住地依法承担职业病诊断的医疗卫生机构进行职业病诊断。

第四十五条　【相关法规制定】职业病诊断标准和职业病诊断、鉴定办法由国务院卫生行政部门制定。职业病伤残等级的鉴定办法由国务院劳动保障行政部门会同国务院卫生行政部门制定。

第四十六条　【职业病诊断因素】职业病诊断,应当综合分析下列因素:

(一)病人的职业史;

(二)职业病危害接触史和工作场所职业病危害因素情况;

(三)临床表现以及辅助检查结果等。

没有证据否定职业病危害因素与病人临床表现之间的必然联系的,应当诊断为职业病。

职业病诊断证明书应当由参与诊断的取得职业病诊断资格的执业医师签署,并经承担职业病诊断的医疗卫生机构审核盖章。

第四十七条　【用人单位提供资料及协助调查义务】用人单位应当如实提供职业病诊断、鉴定所需的劳动者职业史和职业病危害接触史、工作场所职业病危害因素检测结果等资料;卫生行政部门应当监督检查和督促用人单位提供上述资料;劳动者和有关机构也应当提供与职业病诊断、鉴定有关的资料。

职业病诊断、鉴定机构需要了解工作场所职业病危害因素情况时,可以对工作场所进行现场调查,也可以向卫生行政部门提出,卫生行政部门应当在十日内组织现场调查。用人单位不得拒绝、阻挠。

第四十八条　【对存在异议的资料或职业病危害因素情况的判定】职业病诊断、鉴定过程中,用人单位不提供工作场所职业病危害因素检测结果等资料的,诊断、鉴定机构应当结合劳动者的临床表现、辅助检查结果和劳动者的职业史、职业病危害接触史,并参考劳动者的自述、卫生行政部门提供的日常监督检查信息等,作出职业病诊断、鉴定结论。

劳动者对用人单位提供的工作场所职业病危害因素检测结果等资料有异议,或者因劳动者的用人单位解散、破产,无用人单位提供上述资料的,诊断、鉴定机构应当提请卫生行政部门进行调查,卫生行政部门应当自接到申请之日起三十日内对存在异议的资料或者工作场所职业病危害因素情况作出判定;有关部门应当配合。

第四十九条　【申请仲裁或依法起诉】职业病诊断、鉴定过程中,在确认劳动者职业史、职业病危害接触史时,当事人对劳动关系、工种、工作岗位或者在岗时间有争议的,可以向当地的劳动人事争议仲裁委员会申请仲裁;接到申请的劳动人事争议仲裁委员会应当受理,并在三十日内作出裁决。

当事人在仲裁过程中对自己提出的主张,有责任提供证据。劳动者无法提供由用人单位掌握管理的与仲裁主张有关的证据的,仲裁庭应当要求用人单位在指定期限内提供;用人单位在指定期限内不提供的,应当承担不利后果。

劳动者对仲裁裁决不服的,可以依法向人民法院提起诉讼。

用人单位对仲裁裁决不服的,可以在职业病诊断、鉴定程序结束之日起十五日内依法向人民法院提起诉讼;诉讼期间,劳动者的治疗费用按照职业病待遇规定的途径支付。

第五十条　【发现职业病病人报告制度】用人单位和医疗卫生机构发现职业病病人或者疑似职业病病人时,应当及时向所在地卫生行政部门报告。确诊为职业病的,用人单位还应当向所在地劳动保障行政部门报告。接到报告的部门应当依法作出处理。

第五十一条　【职业病统计报告的管理】县级以上地方人民政府卫生行政部门负责本行政区域内的职业病统计报告的管理工作,并按照规定上报。

第五十二条　【职业病诊断争议处理】当事人对职业病诊断有异议的,可以向作出诊断的医疗卫生机构所在地地方人民政府卫生行政部门申请鉴定。

职业病诊断争议由设区的市级以上地方人民政府卫生行政部门根据当事人的申请,组织职业病诊断鉴定委员会进行鉴定。

当事人对设区的市级职业病诊断鉴定委员会的鉴定结论不服的，可以向省、自治区、直辖市人民政府卫生行政部门申请再鉴定。

第五十三条 【职业病诊断鉴定委员会组成和诊断费用承担】职业病诊断鉴定委员会由相关专业的专家组成。

省、自治区、直辖市人民政府卫生行政部门应当设立相关的专家库，需要对职业病争议作出诊断鉴定时，由当事人或者当事人委托有关卫生行政部门从专家库中以随机抽取的方式确定参加诊断鉴定委员会的专家。

职业病诊断鉴定委员会应当按照国务院卫生行政部门颁布的职业病诊断标准和职业病诊断、鉴定办法进行职业病诊断鉴定，向当事人出具职业病诊断鉴定书。职业病诊断、鉴定费用由用人单位承担。

第五十四条 【职业病诊断鉴定委员会成员道德和纪律】职业病诊断鉴定委员会组成人员应当遵守职业道德，客观、公正地进行诊断鉴定，并承担相应的责任。职业病诊断鉴定委员会组成人员不得私下接触当事人，不得收受当事人的财物或者其他好处，与当事人有利害关系的，应当回避。

人民法院受理有关案件需要进行职业病鉴定时，应当从省、自治区、直辖市人民政府卫生行政部门依法设立的相关的专家库中选取参加鉴定的专家。

第五十五条 【疑似职业病病人的发现及诊断】医疗卫生机构发现疑似职业病病人时，应当告知劳动者本人并及时通知用人单位。

用人单位应当及时安排对疑似职业病病人进行诊断；在疑似职业病病人诊断或者医学观察期间，不得解除或者终止与其订立的劳动合同。

疑似职业病病人在诊断、医学观察期间的费用，由用人单位承担。

第五十六条 【职业病待遇】用人单位应当保障职业病病人依法享受国家规定的职业病待遇。

用人单位应当按照国家有关规定，安排职业病病人进行治疗、康复和定期检查。

用人单位对不适宜继续从事原工作的职业病病人，应当调离原岗位，并妥善安置。

用人单位对从事接触职业病危害的作业的劳动者，应当给予适当岗位津贴。

第五十七条 【社会保障】职业病病人的诊疗、康复费用，伤残以及丧失劳动能力的职业病病人的社会保障，按照国家有关工伤保险的规定执行。

第五十八条 【赔偿】职业病病人除依法享有工伤保险外，依照有关民事法律，尚有获得赔偿的权利的，有权向用人单位提出赔偿要求。

第五十九条 【用人单位责任承担】劳动者被诊断患有职业病，但用人单位没有依法参加工伤保险的，其医疗和生活保障由该用人单位承担。

第六十条 【职业病病人变动工作单位和用人单位变动】职业病病人变动工作单位，其依法享有的待遇不变。

用人单位在发生分立、合并、解散、破产等情形时，应当对从事接触职业病危害的作业的劳动者进行健康检查，并按照国家有关规定妥善安置职业病病人。

第六十一条 【申请医疗、生活救助】用人单位已经不存在或者无法确认劳动关系的职业病病人，可以向地方人民政府医疗保障、民政部门申请医疗救助和生活等方面的救助。

地方各级人民政府应当根据本地区的实际情况，采取其他措施，使前款规定的职业病病人获得医疗救治。

第五章 监督检查

第六十二条 【监督检查部门】县级以上人民政府职业卫生监督管理部门依照职业病防治法律、法规、国家职业卫生标准和卫生要求，依据职责划分，对职业病防治工作进行监督检查。

第六十三条 【监督措施】卫生行政部门履行监督检查职责时，有权采取下列措施：

（一）进入被检查单位和职业病危害现场，了解情况，调查取证；

（二）查阅或者复制与违反职业病防治法律、法规的行为有关的资料和采集样品；

（三）责令违反职业病防治法律、法规的单位和个人停止违法行为。

第六十四条 【临时控制措施】发生职业病危害事故或者有证据证明危害状态可能导致职业病危害事故发生时，卫生行政部门可以采取下列临时控制措施：

（一）责令暂停导致职业病危害事故的作业；

（二）封存造成职业病危害事故或者可能导致职业病危害事故发生的材料和设备；

（三）组织控制职业病危害事故现场。

在职业病危害事故或者危害状态得到有效控制后，卫生行政部门应当及时解除控制措施。

第六十五条 【职业卫生监督执法人员职责】职业卫生监督执法人员依法执行职务时，应当出示监督执法证件。

职业卫生监督执法人员应当忠于职守，秉公执法，严格遵守执法规范；涉及用人单位的秘密的，应当为其保密。

第六十六条 【支持配合检查】职业卫生监督执法人员依法执行职务时，被检查单位应当接受检查并予以支持配合，不得拒绝和阻碍。

第六十七条 【卫生行政部门及职业卫生监督执法人员禁止行为】卫生行政部门及其职业卫生监督执法人员履行职责时，不得有下列行为：

（一）对不符合法定条件的，发给建设项目有关证明文件、资质证明文件或者予以批准；

（二）对已经取得有关证明文件的，不履行监督检查职责；

（三）发现用人单位存在职业病危害的，可能造成职业病危害事故，不及时依法采取控制措施；

（四）其他违反本法的行为。

第六十八条 【职业卫生监督执法人员资格认定】职业卫生监督执法人员应当依法经过资格认定。

职业卫生监督管理部门应当加强队伍建设，提高职业卫生监督执法人员的政治、业务素质，依照本法和其他有关法律、法规的规定，建立、健全内部监督制度，对其工作人员执行法律、法规和遵守纪律的情况，进行监督检查。

第六章 法律责任

第六十九条 【建设单位法律责任】建设单位违反本法规定，有下列行为之一的，由卫生行政部门给予警告，责令限期改正；逾期不改正的，处十万元以上五十万元以下的罚款；情节严重的，责令停止产生职业病危害的作业，或者提请有关人民政府按照国务院规定的权限责令停建、关闭：

（一）未按照规定进行职业病危害预评价的；

（二）医疗机构可能产生放射性职业病危害的建设项目未按照规定提交放射性职业病危害预评价报告，或者放射性职业病危害预评价报告未经卫生行政部门审核同意，开工建设的；

（三）建设项目的职业病防护设施未按照规定与主体工程同时设计、同时施工、同时投入生产和使用的；

（四）建设项目的职业病防护设施设计不符合国家职业卫生标准和卫生要求，或者医疗机构放射性职业病危害严重的建设项目的防护设施设计未经卫生行政部门审查同意擅自施工的；

（五）未按照规定对职业病防护设施进行职业病危害控制效果评价的；

（六）建设项目竣工投入生产和使用前，职业病防护设施未按照规定验收合格的。

第七十条 【警告和罚款】违反本法规定，有下列行为之一的，由卫生行政部门给予警告，责令限期改正；逾期不改正的，处十万元以下的罚款：

（一）工作场所职业病危害因素检测、评价结果没有存档、上报、公布的；

（二）未采取本法第二十条规定的职业病防治管理措施的；

（三）未按照规定公布有关职业病防治的规章制度、操作规程、职业病危害事故应急救援措施的；

（四）未按照规定组织劳动者进行职业卫生培训，或者未对劳动者个人职业病防护采取指导、督促措施的；

（五）国内首次使用或者首次进口与职业病危害有关的化学材料，未按照规定报送毒性鉴定资料以及经有关部门登记注册或者批准进口的文件的。

第七十一条 【用人单位法律责任（一）】用人单位违反本法规定，有下列行为之一的，由卫生行政部门责令限期改正，给予警告，可以并处五万元以上十万元以下的罚款：

（一）未按照规定及时、如实向卫生行政部门申报产生职业病危害的项目的；

（二）未实施由专人负责的职业病危害因素日常监测，或者监测系统不能正常监测的；

（三）订立或者变更劳动合同时，未告知劳动者职业病危害真实情况的；

（四）未按照规定组织职业健康检查、建立职业健康监护档案或者未将检查结果书面告知劳动者的；

（五）未依照本法规定在劳动者离开用人单位时提供职业健康监护档案复印件的。

第七十二条 【用人单位法律责任（二）】用人单位违反本法规定，有下列行为之一的，由卫生行政部门给予警告，责令限期改正，逾期不改正的，处五万元以上二十万元以下的罚款；情节严重的，责令停止产生职业病危害的作业，或者提请有关人民政府按照国务院规定的权限责令关闭：

（一）工作场所职业病危害因素的强度或者浓度超过国家职业卫生标准的；

（二）未提供职业病防护设施和个人使用的职业病防护用品，或者提供的职业病防护设施和个人使用的职业病防护用品不符合国家职业卫生标准和卫生要求的；

（三）对职业病防护设备、应急救援设施和个人使用的职业病防护用品未按照规定进行维护、检修、检测，或者不能保持正常运行、使用状态的；

（四）未按照规定对工作场所职业病危害因素进行检测、评价的；

（五）工作场所职业病危害因素经治理仍然达不到国家职业卫生标准和卫生要求时，未停止存在职业病危害因素的作业的；

（六）未按照规定安排职业病病人、疑似职业病病人进行诊治的；

（七）发生或者可能发生急性职业病危害事故时，未立即采取应急救援和控制措施或者未按照规定及时报告的；

（八）未按照规定在产生严重职业病危害的作业岗位醒目位置设置警示标识和中文警示说明的；

（九）拒绝职业卫生监督管理部门监督检查的；

（十）隐瞒、伪造、篡改、毁损职业健康监护档案、工作场所职业病危害因素检测评价结果等相关资料，或者拒不提供职业病诊断、鉴定所需资料的；

（十一）未按照规定承担职业病诊断、鉴定费用和职业病病人的医疗、生活保障费用的。

第七十三条 【未提供说明的处罚】向用人单位提供可能产生职业病危害的设备、材料，未按照规定提供中文说明书或者设置警示标识和中文警示说明的，由卫生行政部门责令限期改正，给予警告，并处五万元以上二十万元以下的罚款。

第七十四条 【未按规定报告的处罚】用人单位和医疗卫生机构未按照规定报告职业病、疑似职业病的，由有关主管部门依据职责分工责令限期改正，给予警告，可以并处一万元以下的罚款；弄虚作假的，并处二万元以上五万元以下的罚款；对直接负责的主管人员和其他直接责任人员，可以依法给予降级或者撤职的处分。

第七十五条 【责令限期治理、停业、关闭】违反本法规定，有下列情形之一的，由卫生行政部门责令限期治理，并处五万元以上三十万元以下的罚款；情节严重的，责令停止产生职业病危害的作业，或者提请有关人民政府按照国务院规定的权限责令关闭：

（一）隐瞒技术、工艺、设备、材料所产生的职业病危害而采用的；

（二）隐瞒本单位职业卫生真实情况的；

（三）可能发生急性职业损伤的有毒、有害工作场所、放射工作场所或者放射性同位素的运输、贮存不符合本法第二十五条规定的；

（四）使用国家明令禁止使用的可能产生职业病危害的设备或者材料的；

（五）将产生职业病危害的作业转移给没有职业病防护条件的单位和个人，或者没有职业病防护条件的单位和个人接受产生职业病危害的作业的；

（六）擅自拆除、停止使用职业病防护设备或者应急救援设施的；

（七）安排未经职业健康检查的劳动者、有职业禁忌的劳动者、未成年工或者孕期、哺乳期女职工从事接触职业病危害的作业或者禁忌作业的；

（八）违章指挥和强令劳动者进行没有职业病防护措施的作业的。

第七十六条 【生产、经营、进口国家明令禁用的设备或材料的处罚】生产、经营或者进口国家明令禁止使用的可能产生职业病危害的设备或者材料的，依照有关法律、行政法规的规定给予处罚。

第七十七条 【对劳动者生命健康造成严重损害的处罚】用人单位违反本法规定，已经对劳动者生命健康造成严重损害的，由卫生行政部门责令停止产生职业病危害的作业，或者提请有关人民政府按照国务院规定的权限责令关闭，并处十万元以上五十万元以下的罚款。

第七十八条 【重大事故或严重后果直接责任人员的刑事责任】用人单位违反本法规定，造成重大职业病危害事故或者其他严重后果，构成犯罪的，对直接负责的主管人员和其他直接责任人员，依法追究刑事责任。

第七十九条 【擅自从事职业卫生技术服务的处罚】未取得职业卫生技术服务资质认可擅自从事职业卫生技术服务的，由卫生行政部门责令立即停止违法行为，没收违法所得；违法所得五千元以上的，并处违法所得二倍以上十倍以下的罚款；没有违法所得或者违法所得不足五千元的，并处五千元以上五万元以下的罚款；情节严重的，对直接负责的主管人员和其他直接责任人员，依法给予降级、撤职或者开除的处分。

第八十条 【越权从事职业卫生技术服务等行为的处罚】从事职业卫生技术服务的机构和承担职业病诊断的医疗卫生机构违反本法规定，有下列行为之一的，由卫生行政部门责令立即停止违法行为，给予警告，没收违法所得；违法所得五千元以上的，并处违法所得二倍以上五倍以下的罚款；没有违法所得或者违法所得不足五千元的，并处五千元以上二万元以下的罚款；情节严重的，由原认可或者登记机关取消其相应的资格；对直接负责的主管人员和其他直接责任人员，依法给予降级、撤职或者开除的处分；构成犯罪的，依法追究刑事责任：

（一）超出资质认可或者诊疗项目登记范围从事职业卫生技术服务或者职业病诊断的；

（二）不按照本法规定履行法定职责的；

（三）出具虚假证明文件的。

第八十一条 【对受贿鉴定委员会组成人员的处罚】职业病诊断鉴定委员会组成人员收受职业病诊断争议当事人的财物或者其他好处的，给予警告，没收收受的财物，可以并处三千元以上五万元以下的罚款，取消其担任职业病诊断鉴定委员会组成人员的资格，并从省、自治区、直辖市人民政府卫生行政部门设立的专家库中予以除名。

第八十二条 【对不按照规定报告的处罚】卫生行政部门不按照规定报告职业病和职业病危害事故的，由上一级行政部门责令改正，通报批评，给予警告；虚报、瞒报的，对单位负责人、直接负责的主管人员和其他直接责任人员依法给予降级、撤职或者开除的处分。

第八十三条 【县级以上地方人民政府及职业卫生监管部门渎职责任】县级以上地方人民政府在职业病防治工作中未依照本法履行职责，本行政区域出现重大职业病危害事故、造成严重社会影响的，依法对直接负责的主管人员和其他直接责任人员给予记大过直至开除的处分。

县级以上人民政府职业卫生监督管理部门不履行本法规定的职责，滥用职权、玩忽职守、徇私舞弊，依法对直接负责的主管人员和其他直接责任人员给予记大过或者降级的处分；造成职业病危害事故或者其他严重后果的，依法给予撤职或者开除的处分。

第八十四条 【刑事责任】违反本法规定，构成犯罪的，依法追究刑事责任。

第七章 附 则

第八十五条 【用语含义】本法下列用语的含义：

职业病危害，是指对从事职业活动的劳动者可能导致职业病的各种危害。职业病危害因素包括：职业活动中存在的各种有害的化学、物理、生物因素以及在作业过程中产生的其他职业有害因素。

职业禁忌，是指劳动者从事特定职业或者接触特定职业病危害因素时，比一般职业人群更易于遭受职业病危害和罹患职业病或者可能导致原有自身疾病病情加重，或者在从事作业过程中诱发可能导致对他人生命健康构成危险的疾病的个人特殊生理或者病理状态。

第八十六条 【参照】本法第二条规定的用人单位以外的单位，产生职业病危害的，其职业病防治活动可以参照本法执行。

劳务派遣用工单位应当履行本法规定的用人单位的义务。

中国人民解放军参照执行本法的办法，由国务院、中央军事委员会制定。

第八十七条 【对放射性职业病危害控制的监管】对医疗机构放射性职业病危害控制的监督管理，由卫生行政部门依照本法的规定实施。

第八十八条 【施行日期】本法自 2002 年 5 月 1 日起施行。

中华人民共和国尘肺病防治条例

1. 1987 年 12 月 3 日国务院发布
2. 国发〔1987〕105 号

第一章 总 则

第一条 为保护职工健康，消除粉尘危害，防止发生尘肺病，促进生产发展，制定本条例。

第二条 本条例适用于所有有粉尘作业的企业、事业单位。

第三条 尘肺病系指在生产活动中吸入粉尘而发生的肺组织纤维化为主的疾病。

第四条 地方各级人民政府要加强对尘肺病防治工作的领导。在制定本地区国民经济和社会发展计划时，要统筹安排尘肺病防治工作。

第五条 企业、事业单位的主管部门应当根据国家卫生等有关标准，结合实际情况，制定所属企业的尘肺病防治规划，并督促其施行。

乡镇企业主管部门，必须指定专人负责乡镇企业尘肺病的防治工作，建立监督检查制度，并指导乡镇企业对尘肺病的防治工作。

第六条 企业、事业单位的负责人，对本单位的尘肺病防治工作负有直接责任，应采取有效措施使本单位的粉尘作业场所达到国家卫生标准。

第二章 防 尘

第七条 凡有粉尘作业的企业、事业单位应采取综合防尘措施和无尘或低尘的新技术、新工艺、新设备，使作业场所的粉尘浓度不超过国家卫生标准。

第八条 尘肺病诊断标准由卫生行政部门制定，粉尘浓度卫生标准由卫生行政部门会同劳动等有关部门联合制定。

第九条 防尘设施的鉴定和定型制度,由劳动部门会同卫生行政部门制定。任何企业、事业单位除特殊情况外,未经上级主管部门批准,不得停止运行或者拆除防尘设施。

第十条 防尘经费应当纳入基本建设和技术改造经费计划,专款专用,不得挪用。

第十一条 严禁任何企业、事业单位将粉尘作业转嫁、外包或以联营的形式给没有防尘设施的乡镇、街道企业或个体工商户。

中、小学校各类校办的实习工厂或车间,禁止从事有粉尘的作业。

第十二条 职工使用的防止粉尘危害的防护用品,必须符合国家的有关标准。企业、事业单位应当建立严格的管理制度,并教育职工按规定和要求使用。

对初次从事粉尘作业的职工,由其所在单位进行防尘知识教育和考核,考试合格后方可从事粉尘作业。

不满十八周岁的未成年人,禁止从事粉尘作业。

第十三条 新建、改建、扩建、续建有粉尘作业的工程项目,防尘设施必须与主体工程同时设计、同时施工、同时投产。设计任务书,必须经当地卫生行政部门、劳动部门和工会组织审查同意后,方可施工。竣工验收,应由当地卫生行政部门、劳动部门和工会组织参加,凡不符合要求的,不得投产。

第十四条 作业场所的粉尘浓度超过国家卫生标准,又未积极治理,严重影响职工安全健康时,职工有权拒绝操作。

第三章 监督和监测

第十五条 卫生行政部门、劳动部门和工会组织分工协作,互相配合,对企业、事业单位的尘肺病防治工作进行监督。

第十六条 卫生行政部门负责卫生标准的监测;劳动部门负责劳动卫生工程技术标准的监测。

工会组织负责组织职工群众对本单位的尘肺病防治工作进行监督,并教育职工遵守操作规程与防尘制度。

第十七条 凡有粉尘作业的企业、事业单位,必须定期测定作业场所的粉尘浓度。测尘结果必须向主管部门和当地卫生行政部门、劳动部门和工会组织报告,并定期向职工公布。

从事粉尘作业的单位必须建立测尘资料档案。

第十八条 卫生行政部门和劳动部门,要对从事粉尘作业的企业、事业单位的测尘机构加强业务指导,并对测尘人员加强业务指导和技术培训。

第四章 健康管理

第十九条 各企业、事业单位对新从事粉尘作业的职工,必须进行健康检查。对在职和离职的从事粉尘作业的职工,必须定期进行健康检查。检查的内容、期限和尘肺病诊断标准,按卫生行政部门有关职业病管理的规定执行。

第二十条 各企业、事业单位必须贯彻执行职业病报告制度,按期向当地卫生行政部门、劳动部门、工会组织和本单位的主管部门报告职工尘肺病发生和死亡情况。

第二十一条 各企业、事业单位对已确诊为尘肺病的职工,必须调离粉尘作业岗位,并给予治疗或疗养。尘肺病患者的社会保险待遇,按国家有关规定办理。

第五章 奖励和处罚

第二十二条 对在尘肺病防治工作中做出显著成绩的单位和个人,由其上级主管部门给予奖励。

第二十三条 凡违反本条例规定,有下列行为之一的,卫生行政部门和劳动部门,可视其情节轻重,给予警告、限期治理、罚款和停业整顿的处罚。但停业整顿的处罚,需经当地人民政府同意。

(一)作业场所粉尘浓度超过国家卫生标准,逾期不采取措施的;

(二)任意拆除防尘设施,致使粉尘危害严重的;

(三)挪用防尘措施经费的;

(四)工程设计和竣工验收未经卫生行政部门、劳动部门和工会组织审查同意,擅自施工、投产的;

(五)将粉尘作业转嫁、外包或以联营的形式给没有防尘设施的乡镇、街道企业或个体工商户的;

(六)不执行健康检查制度和测尘制度的;

(七)强令尘肺病患者继续从事粉尘作业的;

(八)假报测尘结果或尘肺病诊断结果的;

(九)安排未成年人从事粉尘作业的。

第二十四条 当事人对处罚不服的,可在接到处罚通知之日起十五日内,向作出处理的部门的上级机关申请复议。但是,对停业整顿的决定应当立即执行。上级机关应当在接到申请之日起三十日内作出答复。对答复不服的,可以在接到答复之日起十五日内,向人民法院起诉。

第二十五条 企业、事业单位负责人和监督、监测人员玩忽职守,致使公共财产、国家和人民利益遭受损失,情节轻微的，由其主管部门给予行政处分；造成重大损失，构成犯罪的，由司法机关依法追究直接责任人员的刑事责任。

第六章　附　　则

第二十六条　本条例由国务院卫生行政部门和劳动部门联合进行解释。

第二十七条　各省、自治区、直辖市人民政府应当结合当地实际情况，制定本条例的实施办法。

第二十八条　本条例自发布之日起施行。

使用有毒物品作业场所劳动保护条例

2002年5月12日国务院令第352号公布施行

第一章　总　　则

第一条　为了保证作业场所安全使用有毒物品，预防、控制和消除职业中毒危害，保护劳动者的生命安全、身体健康及其相关权益，根据职业病防治法和其他有关法律、行政法规的规定，制定本条例。

第二条　作业场所使用有毒物品可能产生职业中毒危害的劳动保护，适用本条例。

第三条　按照有毒物品产生的职业中毒危害程度，有毒物品分为一般有毒物品和高毒物品。国家对作业场所使用高毒物品实行特殊管理。

一般有毒物品目录、高毒物品目录由国务院卫生行政部门会同有关部门依据国家标准制定、调整并公布。

第四条　从事使用有毒物品作业的用人单位（以下简称用人单位）应当使用符合国家标准的有毒物品，不得在作业场所使用国家明令禁止使用的有毒物品或者使用不符合国家标准的有毒物品。

用人单位应当尽可能使用无毒物品；需要使用有毒物品的，应当优先选择使用低毒物品。

第五条　用人单位应当依照本条例和其他有关法律、行政法规的规定，采取有效的防护措施，预防职业中毒事故的发生，依法参加工伤保险，保障劳动者的生命安全和身体健康。

第六条　国家鼓励研制、开发、推广、应用有利于预防、控制、消除职业中毒危害和保护劳动者健康的新技术、新工艺、新材料；限制使用或者淘汰有关职业中毒危害严重的技术、工艺、材料；加强对有关职业病的机理和发生规律的基础研究，提高有关职业病防治科学技术水平。

第七条　禁止使用童工。

用人单位不得安排未成年人和孕期、哺乳期的女职工从事使用有毒物品的作业。

第八条　工会组织应当督促并协助用人单位开展职业卫生宣传教育和培训，对用人单位的职业卫生工作提出意见和建议，与用人单位就劳动者反映的职业病防治问题进行协调并督促解决。

工会组织对用人单位违反法律、法规，侵犯劳动者合法权益的行为，有权要求纠正；产生严重职业中毒危害时，有权要求用人单位采取防护措施，或者向政府有关部门建议采取强制性措施；发生职业中毒事故时，有权参与事故调查处理；发现危及劳动者生命、健康的情形时，有权建议用人单位组织劳动者撤离危险现场，用人单位应当立即作出处理。

第九条　县级以上人民政府卫生行政部门及其他有关行政部门应当依据各自的职责，监督用人单位严格遵守本条例和其他有关法律、法规的规定，加强作业场所使用有毒物品的劳动保护，防止职业中毒事故发生，确保劳动者依法享有的权利。

第十条　各级人民政府应当加强对使用有毒物品作业场所职业卫生安全及相关劳动保护工作的领导，督促、支持卫生行政部门及其他有关行政部门依法履行监督检查职责，及时协调、解决有关重大问题；在发生职业中毒事故时，应当采取有效措施，控制事故危害的蔓延并消除事故危害，并妥善处理有关善后工作。

第二章　作业场所的预防措施

第十一条　用人单位的设立，应当符合有关法律、行政法规规定的设立条件，并依法办理有关手续，取得营业执照。

用人单位的使用有毒物品作业场所，除应当符合职业病防治法规定的职业卫生要求外，还必须符合下列要求：

（一）作业场所与生活场所分开，作业场所不得住人；

（二）有害作业与无害作业分开，高毒作业场所与其他作业场所隔离；

（三）设置有效的通风装置；可能突然泄漏大量有毒物品或者易造成急性中毒的作业场所，设置自动报警装置和事故通风设施；

（四）高毒作业场所设置应急撤离通道和必要的泄险区。

用人单位及其作业场所符合前两款规定的，由卫生行政部门发给职业卫生安全许可证，方可从事使用有毒物品的作业。

第十二条 使用有毒物品作业场所应当设置黄色区域警示线、警示标识和中文警示说明。警示说明应当载明产生职业中毒危害的种类、后果、预防以及应急救治措施等内容。

高毒作业场所应当设置红色区域警示线、警示标识和中文警示说明，并设置通讯报警设备。

第十三条 新建、扩建、改建的建设项目和技术改造、技术引进项目（以下统称建设项目），可能产生职业中毒危害的，应当依照职业病防治法的规定进行职业中毒危害预评价，并经卫生行政部门审核同意；可能产生职业中毒危害的建设项目的职业中毒危害防护设施应当与主体工程同时设计，同时施工，同时投入生产和使用；建设项目竣工，应当进行职业中毒危害控制效果评价，并经卫生行政部门验收合格。

存在高毒作业的建设项目的职业中毒危害防护设施设计，应当经卫生行政部门进行卫生审查；经审查，符合国家职业卫生标准和卫生要求的，方可施工。

第十四条 用人单位应当按照国务院卫生行政部门的规定，向卫生行政部门及时、如实申报存在职业中毒危害项目。

从事使用高毒物品作业的用人单位，在申报使用高毒物品作业项目时，应当向卫生行政部门提交下列有关资料：

（一）职业中毒危害控制效果评价报告；

（二）职业卫生管理制度和操作规程等材料；

（三）职业中毒事故应急救援预案。

从事使用高毒物品作业的用人单位变更所使用的高毒物品品种的，应当依照前款规定向原受理申报的卫生行政部门重新申报。

第十五条 用人单位变更名称、法定代表人或者负责人的，应当向原受理申报的卫生行政部门备案。

第十六条 从事使用高毒物品作业的用人单位，应当配备应急救援人员和必要的应急救援器材、设备，制定事故应急救援预案，并根据实际情况变化对应急救援预案适时进行修订，定期组织演练。事故应急救援预案和演练记录应当报当地卫生行政部门、安全生产监督管理部门和公安部门备案。

第三章 劳动过程的防护

第十七条 用人单位应当依照职业病防治法的有关规定，采取有效的职业卫生防护管理措施，加强劳动过程中的防护与管理。

从事使用高毒物品作业的用人单位，应当配备专职的或者兼职的职业卫生医师和护士；不具备配备专职的或者兼职的职业卫生医师和护士条件的，应当与依法取得资质认证的职业卫生技术服务机构签订合同，由其提供职业卫生服务。

第十八条 用人单位应当与劳动者订立劳动合同，将工作过程中可能产生的职业中毒危害及其后果、职业中毒危害防护措施和待遇等如实告知劳动者，并在劳动合同中写明，不得隐瞒或者欺骗。

劳动者在已订立劳动合同期间因工作岗位或者工作内容变更，从事劳动合同中未告知的存在职业中毒危害的作业时，用人单位应当依照前款规定，如实告知劳动者，并协商变更原劳动合同有关条款。

用人单位违反前两款规定的，劳动者有权拒绝从事存在职业中毒危害的作业，用人单位不得因此单方面解除或者终止与劳动者所订立的劳动合同。

第十九条 用人单位有关管理人员应当熟悉有关职业病防治的法律、法规以及确保劳动者安全使用有毒物品作业的知识。

用人单位应当对劳动者进行上岗前的职业卫生培训和在岗期间的定期职业卫生培训，普及有关职业卫生知识，督促劳动者遵守有关法律、法规和操作规程，指导劳动者正确使用职业中毒危害防护设备和个人使用的职业中毒危害防护用品。

劳动者经培训考核合格，方可上岗作业。

第二十条 用人单位应当确保职业中毒危害防护设备、应急救援设施、通讯报警装置处于正常适用状态，不得擅自拆除或者停止运行。

用人单位应当对前款所列设施进行经常性的维护、检修，定期检测其性能和效果，确保其处于良好运行状态。

职业中毒危害防护设备、应急救援设施和通讯报警装置处于不正常状态时，用人单位应当立即停止使用有毒物品作业；恢复正常状态后，方可重新作业。

第二十一条 用人单位应当为从事使用有毒物品作业的劳动者提供符合国家职业卫生标准的防护用品，并确保劳动者正确使用。

第二十二条 有毒物品必须附具说明书，如实载明产品特性、主要成分、存在的职业中毒危害因素、可能产生的危害后果、安全使用注意事项、职业中毒危害防护以及应急救治措施等内容；没有说明书或者说明书不符合要求的，不得向用人单位销售。

用人单位有权向生产、经营有毒物品的单位索取说明书。

第二十三条 有毒物品的包装应当符合国家标准，并以易于劳动者理解的方式加贴或者拴挂有毒物品安全标签。有毒物品的包装必须有醒目的警示标识和中文警示说明。

经营、使用有毒物品的单位，不得经营、使用没有安全标签、警示标识和中文警示说明的有毒物品。

第二十四条 用人单位维护、检修存在高毒物品的生产装置，必须事先制订维护、检修方案，明确职业中毒危害防护措施，确保维护、检修人员的生命安全和身体健康。

维护、检修存在高毒物品的生产装置，必须严格按照维护、检修方案和操作规程进行。维护、检修现场应当有专人监护，并设置警示标志。

第二十五条 需要进入存在高毒物品的设备、容器或者狭窄封闭场所作业时，用人单位应当事先采取下列措施：

（一）保持作业场所良好的通风状态，确保作业场所职业中毒危害因素浓度符合国家职业卫生标准；

（二）为劳动者配备符合国家职业卫生标准的防护用品；

（三）设置现场监护人员和现场救援设备。

未采取前款规定措施或者采取的措施不符合要求的，用人单位不得安排劳动者进入存在高毒物品的设备、容器或者狭窄封闭场所作业。

第二十六条 用人单位应当按照国务院卫生行政部门的规定，定期对使用有毒物品作业场所职业中毒危害因素进行检测、评价。检测、评价结果存入用人单位职业卫生档案，定期向所在地卫生行政部门报告并向劳动者公布。

从事使用高毒物品作业的用人单位应当至少每一个月对高毒作业场所进行一次职业中毒危害因素检测；至少每半年进行一次职业中毒危害控制效果评价。

高毒作业场所职业中毒危害因素不符合国家职业卫生标准和卫生要求时，用人单位必须立即停止高毒作业，并采取相应的治理措施；经治理，职业中毒危害因素符合国家职业卫生标准和卫生要求的，方可重新作业。

第二十七条 从事使用高毒物品作业的用人单位应当设置淋浴间和更衣室，并设置清洗、存放或者处理从事使用高毒物品作业劳动者的工作服、工作鞋帽等物品的专用间。

劳动者结束作业时，其使用的工作服、工作鞋帽等物品必须存放在高毒作业区域内，不得穿戴到非高毒作业区域。

第二十八条 用人单位应当按照规定对从事使用高毒物品作业的劳动者进行岗位轮换。

用人单位应当为从事使用高毒物品作业的劳动者提供岗位津贴。

第二十九条 用人单位转产、停产、停业或者解散、破产的，应当采取有效措施，妥善处理留存或者残留有毒物品的设备、包装物和容器。

第三十条 用人单位应当对本单位执行本条例规定的情况进行经常性的监督检查；发现问题，应当及时依照本条例规定的要求进行处理。

第四章 职业健康监护

第三十一条 用人单位应当组织从事使用有毒物品作业的劳动者进行上岗前职业健康检查。

用人单位不得安排未经上岗前职业健康检查的劳动者从事使用有毒物品的作业，不得安排有职业禁忌的劳动者从事其所禁忌的作业。

第三十二条 用人单位应当对从事使用有毒物品作业的劳动者进行定期职业健康检查。

用人单位发现有职业禁忌或者有与所从事职业相关的健康损害的劳动者，应当将其及时调离原工作岗位，并妥善安置。

用人单位对需要复查和医学观察的劳动者，应当按照体检机构的要求安排其复查和医学观察。

第三十三条 用人单位应当对从事使用有毒物品作业的劳动者进行离岗时的职业健康检查；对离岗时未进行职业健康检查的劳动者，不得解除或者终止与其订立的劳动合同。

用人单位发生分立、合并、解散、破产等情形的，应当对从事使用有毒物品作业的劳动者进行健康检查，并按照国家有关规定妥善安置职业病病人。

第三十四条 用人单位对受到或者可能受到急性职业中毒危害的劳动者，应当及时组织进行健康检查和医学观察。

第三十五条 劳动者职业健康检查和医学观察的费用，由用人单位承担。

第三十六条 用人单位应当建立职业健康监护档案。

职业健康监护档案应当包括下列内容：

（一）劳动者的职业史和职业中毒危害接触史；

（二）相应作业场所职业中毒危害因素监测结果；

（三）职业健康检查结果及处理情况；

（四）职业病诊疗等劳动者健康资料。

第五章 劳动者的权利与义务

第三十七条 从事使用有毒物品作业的劳动者在存在威胁生命安全或者身体健康危险的情况下,有权通知用人单位并从使用有毒物品造成的危险现场撤离。

用人单位不得因劳动者依据前款规定行使权利,而取消或者减少劳动者在正常工作时享有的工资、福利待遇。

第三十八条 劳动者享有下列职业卫生保护权利:

(一)获得职业卫生教育、培训;

(二)获得职业健康检查、职业病诊疗、康复等职业病防治服务;

(三)了解工作场所产生或者可能产生的职业中毒危害因素、危害后果和应当采取的职业中毒危害防护措施;

(四)要求用人单位提供符合防治职业病要求的职业中毒危害防护设施和个人使用的职业中毒危害防护用品,改善工作条件;

(五)对违反职业病防治法律、法规,危及生命、健康的行为提出批评、检举和控告;

(六)拒绝违章指挥和强令进行没有职业中毒危害防护措施的作业;

(七)参与用人单位职业卫生工作的民主管理,对职业病防治工作提出意见和建议。

用人单位应当保障劳动者行使前款所列权利。禁止因劳动者依法行使正当权利而降低其工资、福利等待遇或者解除、终止与其订立的劳动合同。

第三十九条 劳动者有权在正式上岗前从用人单位获得下列资料:

(一)作业场所使用的有毒物品的特性、有害成分、预防措施、教育和培训资料;

(二)有毒物品的标签、标识及有关资料;

(三)有毒物品安全使用说明书;

(四)可能影响安全使用有毒物品的其他有关资料。

第四十条 劳动者有权查阅、复印其本人职业健康监护档案。

劳动者离开用人单位时,有权索取本人健康监护档案复印件;用人单位应当如实、无偿提供,并在所提供的复印件上签章。

第四十一条 用人单位按照国家规定参加工伤保险的,患职业病的劳动者有权按照国家有关工伤保险的规定,享受下列工伤保险待遇:

(一)医疗费:因患职业病进行诊疗所需费用,由工伤保险基金按照规定标准支付;

(二)住院伙食补助费:由用人单位按照当地因公出差伙食标准的一定比例支付;

(三)康复费:由工伤保险基金按照规定标准支付;

(四)残疾用具费:因残疾需要配置辅助器具的,所需费用由工伤保险基金按照普及型辅助器具标准支付;

(五)停工留薪期待遇:原工资、福利待遇不变,由用人单位支付;

(六)生活护理补助费:经评残并确认需要生活护理的,生活护理补助费由工伤保险基金按照规定标准支付;

(七)一次性伤残补助金:经鉴定为十级至一级伤残的,按照伤残等级享受相当于6个月至24个月的本人工资的一次性伤残补助金,由工伤保险基金支付;

(八)伤残津贴:经鉴定为四级至一级伤残的,按照规定享受相当于本人工资75%至90%的伤残津贴,由工伤保险基金支付;

(九)死亡补助金:因职业中毒死亡的,由工伤保险基金按照不低于48个月的统筹地区上年度职工月平均工资的标准一次支付;

(十)丧葬补助金:因职业中毒死亡的,由工伤保险基金按照6个月的统筹地区上年度职工月平均工资的标准一次支付;

(十一)供养亲属抚恤金:因职业中毒死亡的,对由死者生前提供主要生活来源的亲属由工伤保险基金支付抚恤金:对其配偶每月按照统筹地区上年度职工月平均工资的40%发给,对其生前供养的直系亲属每人每月按照统筹地区上年度职工月平均工资的30%发给;

(十二)国家规定的其他工伤保险待遇。

本条例施行后,国家对工伤保险待遇的项目和标准作出调整时,从其规定。

第四十二条 用人单位未参加工伤保险的,其劳动者从事有毒物品作业患职业病的,用人单位应当按照国家有关工伤保险规定的项目和标准,保证劳动者享受工伤待遇。

第四十三条 用人单位无营业执照以及被依法吊销营业执照,其劳动者从事使用有毒物品作业患职业病的,应当按照国家有关工伤保险规定的项目和标准,给予劳动者一次性赔偿。

第四十四条 用人单位分立、合并的,承继单位应当承担由原用人单位对患职业病的劳动者承担的补偿责任。

用人单位解散、破产的，应当依法从其清算财产中优先支付患职业病的劳动者的补偿费用。

第四十五条　劳动者除依法享有工伤保险外，依照有关民事法律的规定，尚有获得赔偿的权利的，有权向用人单位提出赔偿要求。

第四十六条　劳动者应当学习和掌握相关职业卫生知识，遵守有关劳动保护的法律、法规和操作规程，正确使用和维护职业中毒危害防护设施及其用品；发现职业中毒事故隐患时，应当及时报告。

作业场所出现使用有毒物品产生的危险时，劳动者应当采取必要措施，按照规定正确使用防护设施，将危险加以消除或者减少到最低限度。

第六章　监督管理

第四十七条　县级以上人民政府卫生行政部门应当依照本条例的规定和国家有关职业卫生要求，依据职责划分，对作业场所使用有毒物品作业及职业中毒危害检测、评价活动进行监督检查。

卫生行政部门实施监督检查，不得收取费用，不得接受用人单位的财物或者其他利益。

第四十八条　卫生行政部门应当建立、健全监督制度，核查反映用人单位有关劳动保护的材料，履行监督责任。

用人单位应当向卫生行政部门如实、具体提供反映有关劳动保护的材料；必要时，卫生行政部门可以查阅或者要求用人单位报送有关材料。

第四十九条　卫生行政部门应当监督用人单位严格执行有关职业卫生规范。

卫生行政部门应当依照本条例的规定对使用有毒物品作业场所的职业卫生防护设备、设施的防护性能进行定期检验和不定期的抽查；发现职业卫生防护设备、设施存在隐患时，应当责令用人单位立即消除隐患；消除隐患期间，应当责令其停止作业。

第五十条　卫生行政部门应当采取措施，鼓励对用人单位的违法行为进行举报、投诉、检举和控告。

卫生行政部门对举报、投诉、检举和控告应当及时核实，依法作出处理，并将处理结果予以公布。

卫生行政部门对举报人、投诉人、检举人和控告人负有保密的义务。

第五十一条　卫生行政部门执法人员依法执行职务时，应当出示执法证件。

卫生行政部门执法人员应当忠于职守，秉公执法；涉及用人单位秘密的，应当为其保密。

第五十二条　卫生行政部门依法实施罚款的行政处罚，应当依照有关法律、行政法规的规定，实施罚款决定与罚款收缴分离；收缴的罚款以及依法没收的经营所得，必须全部上缴国库。

第五十三条　卫生行政部门履行监督检查职责时，有权采取下列措施：

（一）进入用人单位和使用有毒物品作业场所现场，了解情况，调查取证，进行抽样检查、检测、检验，进行实地检查；

（二）查阅或者复制与违反本条例行为有关的资料，采集样品；

（三）责令违反本条例规定的单位和个人停止违法行为。

第五十四条　发生职业中毒事故或者有证据证明职业中毒危害状态可能导致事故发生时，卫生行政部门有权采取下列临时控制措施：

（一）责令暂停导致职业中毒事故的作业；

（二）封存造成职业中毒事故或者可能导致事故发生的物品；

（三）组织控制职业中毒事故现场。

在职业中毒事故或者危害状态得到有效控制后，卫生行政部门应当及时解除控制措施。

第五十五条　卫生行政部门执法人员依法执行职务时，被检查单位应当接受检查并予以支持、配合，不得拒绝和阻碍。

第五十六条　卫生行政部门应当加强队伍建设，提高执法人员的政治、业务素质，依照本条例的规定，建立、健全内部监督制度，对执法人员执行法律、法规和遵守纪律的情况进行监督检查。

第七章　罚　　则

第五十七条　卫生行政部门的工作人员有下列行为之一，导致职业中毒事故发生的，依照刑法关于滥用职权罪、玩忽职守罪或者其他罪的规定，依法追究刑事责任；造成职业中毒危害但尚未导致职业中毒事故发生，不够刑事处罚的，根据不同情节，依法给予降级、撤职或者开除的行政处分：

（一）对不符合本条例规定条件的涉及使用有毒物品作业事项，予以批准的；

（二）发现用人单位擅自从事使用有毒物品作业，不予取缔的；

（三）对依法取得批准的用人单位不履行监督检查职责，发现其不再具备本条例规定的条件而不撤销原批准或者发现违反本条例的其他行为不予查处的；

（四）发现用人单位存在职业中毒危害，可能造成职业中毒事故，不及时依法采取控制措施的。

第五十八条 用人单位违反本条例的规定，有下列情形之一的，由卫生行政部门给予警告，责令限期改正，处10万元以上50万元以下的罚款；逾期不改正的，提请有关人民政府按照国务院规定的权限责令停建、予以关闭；造成严重职业中毒危害或者导致职业中毒事故发生的，对负有责任的主管人员和其他直接责任人员依照刑法关于重大劳动安全事故罪或者其他罪的规定，依法追究刑事责任：

（一）可能产生职业中毒危害的建设项目，未依照职业病防治法的规定进行职业中毒危害预评价，或者预评价未经卫生行政部门审核同意，擅自开工的；

（二）职业卫生防护设施未与主体工程同时设计，同时施工，同时投入生产和使用的；

（三）建设项目竣工，未进行职业中毒危害控制效果评价，或者未经卫生行政部门验收或者验收不合格，擅自投入使用的；

（四）存在高毒作业的建设项目的防护设施设计未经卫生行政部门审查同意，擅自施工的。

第五十九条 用人单位违反本条例的规定，有下列情形之一的，由卫生行政部门给予警告，责令限期改正，处5万元以上20万元以下的罚款；逾期不改正的，提请有关人民政府按照国务院规定的权限予以关闭；造成严重职业中毒危害或者导致职业中毒事故发生的，对负有责任的主管人员和其他直接责任人员依照刑法关于重大劳动安全事故罪或者其他罪的规定，依法追究刑事责任：

（一）使用有毒物品作业场所未按照规定设置警示标识和中文警示说明的；

（二）未对职业卫生防护设备、应急救援设施、通讯报警装置进行维护、检修和定期检测，导致上述设施处于不正常状态的；

（三）未依照本条例的规定进行职业中毒危害因素检测和职业中毒危害控制效果评价的；

（四）高毒作业场所未按照规定设置撤离通道和泄险区的；

（五）高毒作业场所未按照规定设置警示线的；

（六）未向从事使用有毒物品作业的劳动者提供符合国家职业卫生标准的防护用品，或者未保证劳动者正确使用的。

第六十条 用人单位违反本条例的规定，有下列情形之一的，由卫生行政部门给予警告，责令限期改正，处5万元以上30万元以下的罚款；逾期不改正的，提请有关人民政府按照国务院规定的权限予以关闭；造成严重职业中毒危害或者导致职业中毒事故发生的，对负有责任的主管人员和其他直接责任人员依照刑法关于重大责任事故罪、重大劳动安全事故罪或者其他罪的规定，依法追究刑事责任：

（一）使用有毒物品作业场所未设置有效通风装置的，或者可能突然泄漏大量有毒物品或者易造成急性中毒的作业场所未设置自动报警装置或者事故通风设施的；

（二）职业卫生防护设备、应急救援设施、通讯报警装置处于不正常状态而不停止作业，或者擅自拆除或者停止运行职业卫生防护设备、应急救援设施、通讯报警装置的。

第六十一条 从事使用高毒物品作业的用人单位违反本条例的规定，有下列行为之一的，由卫生行政部门给予警告，责令限期改正，处5万元以上20万元以下的罚款；逾期不改正的，提请有关人民政府按照国务院规定的权限予以关闭；造成严重职业中毒危害或者导致职业中毒事故发生的，对负有责任的主管人员和其他直接责任人员依照刑法关于重大责任事故罪或者其他罪的规定，依法追究刑事责任：

（一）作业场所职业中毒危害因素不符合国家职业卫生标准和卫生要求而不立即停止高毒作业并采取相应的治理措施的，或者职业中毒危害因素治理不符合国家职业卫生标准和卫生要求重新作业的；

（二）未依照本条例的规定维护、检修存在高毒物品的生产装置的；

（三）未采取本条例规定的措施，安排劳动者进入存在高毒物品的设备、容器或者狭窄封闭场所作业的。

第六十二条 在作业场所使用国家明令禁止使用的有毒物品或者使用不符合国家标准的有毒物品的，由卫生行政部门责令立即停止使用，处5万元以上30万元以下的罚款；情节严重的，责令停止使用有毒物品作业，或者提请有关人民政府按照国务院规定的权限予以关闭；造成严重职业中毒危害或者导致职业中毒事故发生的，对负有责任的主管人员和其他直接责任人员依照刑法关于危险物品肇事罪、重大责任事故罪或者其他罪的规定，依法追究刑事责任。

第六十三条 用人单位违反本条例的规定，有下列行为之一的，由卫生行政部门给予警告，责令限期改正；逾期不改正的，处5万元以上30万元以下的罚款；造成严重职业中毒危害或者导致职业中毒事故发生的，对负有责任的主管人员和其他直接责任人员依照刑法关于重大责任事故罪或者其他罪的规定，依法追究刑事责任：

（一）使用未经培训考核合格的劳动者从事高毒作业的；

（二）安排有职业禁忌的劳动者从事所禁忌的作业的；

（三）发现有职业禁忌或者有与所从事职业相关的健康损害的劳动者，未及时调离原工作岗位，并妥善安置的；

（四）安排未成年人或者孕期、哺乳期的女职工从事使用有毒物品作业的；

（五）使用童工的。

第六十四条 违反本条例的规定，未经许可，擅自从事使用有毒物品作业的，由工商行政管理部门、卫生行政部门依据各自职权予以取缔；造成职业中毒事故的，依照刑法关于危险物品肇事罪或者其他罪的规定，依法追究刑事责任；尚不够刑事处罚的，由卫生行政部门没收经营所得，并处经营所得3倍以上5倍以下的罚款；对劳动者造成人身伤害的，依法承担赔偿责任。

第六十五条 从事使用有毒物品作业的用人单位违反本条例的规定，在转产、停产、停业或者解散、破产时未采取有效措施，妥善处理留存或者残留高毒物品的设备、包装物和容器的，由卫生行政部门责令改正，处2万元以上10万元以下的罚款；触犯刑律的，对负有责任的主管人员和其他直接责任人员依照刑法关于重大环境污染事故罪、危险物品肇事罪或者其他罪的规定，依法追究刑事责任。

第六十六条 用人单位违反本条例的规定，有下列情形之一的，由卫生行政部门给予警告，责令限期改正，处5000元以上2万元以下的罚款；逾期不改正的，责令停止使用有毒物品作业，或者提请有关人民政府按照国务院规定的权限予以关闭；造成严重职业中毒危害或者导致职业中毒事故发生的，对负有责任的主管人员和其他直接责任人员依照刑法关于重大劳动安全事故罪、危险物品肇事罪或者其他罪的规定，依法追究刑事责任：

（一）使用有毒物品作业场所未与生活场所分开或者在作业场所住人的；

（二）未将有害作业与无害作业分开的；

（三）高毒作业场所未与其他作业场所有效隔离的；

（四）从事高毒作业未按照规定配备应急救援设施或者制定事故应急救援预案的。

第六十七条 用人单位违反本条例的规定，有下列情形之一的，由卫生行政部门给予警告，责令限期改正，处2万元以上5万元以下的罚款；逾期不改正的，提请有关人民政府按照国务院规定的权限予以关闭：

（一）未按照规定向卫生行政部门申报高毒作业项目的；

（二）变更使用高毒物品品种，未按照规定向原受理申报的卫生行政部门重新申报，或者申报不及时、有虚假的。

第六十八条 用人单位违反本条例的规定，有下列行为之一的，由卫生行政部门给予警告，责令限期改正，处2万元以上5万元以下的罚款；逾期不改正的，责令停止使用有毒物品作业，或者提请有关人民政府按照国务院规定的权限予以关闭：

（一）未组织从事使用有毒物品作业的劳动者进行上岗前职业健康检查，安排未经上岗前职业健康检查的劳动者从事使用有毒物品作业的；

（二）未组织从事使用有毒物品作业的劳动者进行定期职业健康检查的；

（三）未组织从事使用有毒物品作业的劳动者进行离岗职业健康检查的；

（四）对未进行离岗职业健康检查的劳动者，解除或者终止与其订立的劳动合同的；

（五）发生分立、合并、解散、破产情形，未对从事使用有毒物品作业的劳动者进行健康检查，并按照国家有关规定妥善安置职业病病人的；

（六）对受到或者可能受到急性职业中毒危害的劳动者，未及时组织进行健康检查和医学观察的；

（七）未建立职业健康监护档案的；

（八）劳动者离开用人单位时，用人单位未如实、无偿提供职业健康监护档案的；

（九）未依照职业病防治法和本条例的规定将工作过程中可能产生的职业中毒危害及其后果、有关职业卫生防护措施和待遇等如实告知劳动者并在劳动合同中写明的；

（十）劳动者在存在威胁生命、健康危险的情况下，从危险现场中撤离，而被取消或者减少应当享有的待遇的。

第六十九条 用人单位违反本条例的规定，有下列行为之一的，由卫生行政部门给予警告，责令限期改正，处5000元以上2万元以下的罚款；逾期不改正的，责令停止使用有毒物品作业，或者提请有关人民政府按照国务院规定的权限予以关闭：

（一）未按照规定配备或者聘请职业卫生医师和护士的；

（二）未为从事使用高毒物品作业的劳动者设置淋浴间、更衣室或者未设置清洗、存放和处理工作服、工作鞋帽等物品的专用间，或者不能正常使用的；

（三）未安排从事使用高毒物品作业一定年限的劳动者进行岗位轮换的。

第八章 附 则

第七十条 涉及作业场所使用有毒物品可能产生职业中毒危害的劳动保护的有关事项，本条例未作规定的，依照职业病防治法和其他有关法律、行政法规的规定执行。

有毒物品的生产、经营、储存、运输、使用和废弃处置的安全管理，依照危险化学品安全管理条例执行。

第七十一条 本条例自公布之日起施行。

工伤保险条例

1. 2003年4月27日国务院令第375号公布
2. 根据2010年12月20日国务院令第586号《关于修改〈工伤保险条例〉的决定》修订

第一章 总 则

第一条 【立法目的】为了保障因工作遭受事故伤害或者患职业病的职工获得医疗救治和经济补偿，促进工伤预防和职业康复，分散用人单位的工伤风险，制定本条例。

第二条 【适用范围】中华人民共和国境内的企业、事业单位、社会团体、民办非企业单位、基金会、律师事务所、会计师事务所等组织和有雇工的个体工商户（以下称用人单位）应当依照本条例规定参加工伤保险，为本单位全部职工或者雇工（以下称职工）缴纳工伤保险费。

中华人民共和国境内的企业、事业单位、社会团体、民办非企业单位、基金会、律师事务所、会计师事务所等组织的职工和个体工商户的雇工，均有依照本条例的规定享受工伤保险待遇的权利。

第三条 【保险费征缴的法律适用】工伤保险费的征缴按照《社会保险费征缴暂行条例》关于基本养老保险费、基本医疗保险费、失业保险费的征缴规定执行。

第四条 【用人单位基本义务】用人单位应当将参加工伤保险的有关情况在本单位内公示。

用人单位和职工应当遵守有关安全生产和职业病防治的法律法规，执行安全卫生规程和标准，预防工伤事故发生，避免和减少职业病危害。

职工发生工伤时，用人单位应当采取措施使工伤职工得到及时救治。

第五条 【工作管理与承办】国务院社会保险行政部门负责全国的工伤保险工作。

县级以上地方各级人民政府社会保险行政部门负责本行政区域内的工伤保险工作。

社会保险行政部门按照国务院有关规定设立的社会保险经办机构（以下称经办机构）具体承办工伤保险事务。

第六条 【意见征求】社会保险行政部门等部门制定工伤保险的政策、标准，应当征求工会组织、用人单位代表的意见。

第二章 工伤保险基金

第七条 【基金构成】工伤保险基金由用人单位缴纳的工伤保险费、工伤保险基金的利息和依法纳入工伤保险基金的其他资金构成。

第八条 【费率的确定】工伤保险费根据以支定收、收支平衡的原则，确定费率。

国家根据不同行业的工伤风险程度确定行业的差别费率，并根据工伤保险费使用、工伤发生率等情况在每个行业内确定若干费率档次。行业差别费率及行业内费率档次由国务院社会保险行政部门制定，报国务院批准后公布施行。

统筹地区经办机构根据用人单位工伤保险费使用、工伤发生率等情况，适用所属行业内相应的费率档次确定单位缴费费率。

第九条 【费率的调整】国务院社会保险行政部门应当定期了解全国各统筹地区工伤保险基金收支情况，及时提出调整行业差别费率及行业内费率档次的方案，报国务院批准后公布施行。

第十条 【保险费的缴纳】用人单位应当按时缴纳工伤保险费。职工个人不缴纳工伤保险费。

用人单位缴纳工伤保险费的数额为本单位职工工资总额乘以单位缴费费率之积。

对难以按照工资总额缴纳工伤保险费的行业，其缴纳工伤保险费的具体方式，由国务院社会保险行政部门规定。

第十一条 【基金的统筹】工伤保险基金逐步实行省级统筹。

跨地区、生产流动性较大的行业，可以采取相对集中的方式异地参加统筹地区的工伤保险。具体办法由国务院社会保险行政部门会同有关行业的主管部门制定。

第十二条　【基金的提取和使用】工伤保险基金存入社会保障基金财政专户，用于本条例规定的工伤保险待遇，劳动能力鉴定，工伤预防的宣传、培训等费用，以及法律、法规规定的用于工伤保险的其他费用的支付。

工伤预防费用的提取比例、使用和管理的具体办法，由国务院社会保险行政部门会同国务院财政、卫生行政、安全生产监督管理等部门规定。

任何单位或者个人不得将工伤保险基金用于投资运营、兴建或者改建办公场所、发放奖金，或者挪作其他用途。

第十三条　【储备金】工伤保险基金应当留有一定比例的储备金，用于统筹地区重大事故的工伤保险待遇支付；储备金不足支付的，由统筹地区的人民政府垫付。储备金占基金总额的具体比例和储备金的使用办法，由省、自治区、直辖市人民政府规定。

第三章　工伤认定

第十四条　【应当认定为工伤的情形】职工有下列情形之一的，应当认定为工伤：

（一）在工作时间和工作场所内，因工作原因受到事故伤害的；

（二）工作时间前后在工作场所内，从事与工作有关的预备性或者收尾性工作受到事故伤害的；

（三）在工作时间和工作场所内，因履行工作职责受到暴力等意外伤害的；

（四）患职业病的；

（五）因工外出期间，由于工作原因受到伤害或者发生事故下落不明的；

（六）在上下班途中，受到非本人主要责任的交通事故或者城市轨道交通、客运轮渡、火车事故伤害的；

（七）法律、行政法规规定应当认定为工伤的其他情形。

第十五条　【视同工伤的情形与待遇】职工有下列情形之一的，视同工伤：

（一）在工作时间和工作岗位，突发疾病死亡或者在48小时之内经抢救无效死亡的；

（二）在抢险救灾等维护国家利益、公共利益活动中受到伤害的；

（三）职工原在军队服役，因战、因公负伤致残，已取得革命伤残军人证，到用人单位后旧伤复发的。

职工有前款第（一）项、第（二）项情形的，按照本条例的有关规定享受工伤保险待遇；职工有前款第（三）项情形的，按照本条例的有关规定享受除一次性伤残补助金以外的工伤保险待遇。

第十六条　【不为工伤的情形】职工符合本条例第十四条、第十五条的规定，但是有下列情形之一的，不得认定为工伤或者视同工伤：

（一）故意犯罪的；

（二）醉酒或者吸毒的；

（三）自残或者自杀的。

第十七条　【工伤认定的申请】职工发生事故伤害或者按照职业病防治法规定被诊断、鉴定为职业病，所在单位应当自事故伤害发生之日或者被诊断、鉴定为职业病之日起30日内，向统筹地区社会保险行政部门提出工伤认定申请。遇有特殊情况，经报社会保险行政部门同意，申请时限可以适当延长。

用人单位未按前款规定提出工伤认定申请的，工伤职工或者其近亲属、工会组织在事故伤害发生之日或者被诊断、鉴定为职业病之日起1年内，可以直接向用人单位所在地统筹地区社会保险行政部门提出工伤认定申请。

按照本条第一款规定应当由省级社会保险行政部门进行工伤认定的事项，根据属地原则由用人单位所在地的设区的市级社会保险行政部门办理。

用人单位未在本条第一款规定的时限内提交工伤认定申请，在此期间发生符合本条例规定的工伤待遇等有关费用由该用人单位负担。

第十八条　【工伤认定申请材料】提出工伤认定申请应当提交下列材料：

（一）工伤认定申请表；

（二）与用人单位存在劳动关系（包括事实劳动关系）的证明材料；

（三）医疗诊断证明或者职业病诊断证明书（或者职业病诊断鉴定书）。

工伤认定申请表应当包括事故发生的时间、地点、原因以及职工伤害程度等基本情况。

工伤认定申请人提供材料不完整的，社会保险行政部门应当一次性书面告知工伤认定申请人需要补正的全部材料。申请人按照书面告知要求补正材料后，社会保险行政部门应当受理。

第十九条　【对工伤事故的调查核实】社会保险行政部门受理工伤认定申请后，根据审核需要可以对事故伤害进行调查核实，用人单位、职工、工会组织、医疗机构以及有关部门应当予以协助。职业病诊断和诊断争议的鉴定，依照职业病防治法的有关规定执行。对依法取得职业病诊断证明书或者职业病诊断鉴定书的，社会保险行政部门不再进行调查核实。

职工或者其近亲属认为是工伤，用人单位不认为是工伤的，由用人单位承担举证责任。

第二十条　【工伤认定决定的作出】社会保险行政部门应当自受理工伤认定申请之日起60日内作出工伤认定的决定，并书面通知申请工伤认定的职工或者其近亲属和该职工所在单位。

社会保险行政部门对受理的事实清楚、权利义务明确的工伤认定申请，应当在15日内作出工伤认定的决定。

作出工伤认定决定需要以司法机关或者有关行政主管部门的结论为依据的，在司法机关或者有关行政主管部门尚未作出结论期间，作出工伤认定决定的时限中止。

社会保险行政部门工作人员与工伤认定申请人有利害关系的，应当回避。

第四章　劳动能力鉴定

第二十一条　【进行鉴定的条件】职工发生工伤，经治疗伤情相对稳定后存在残疾、影响劳动能力的，应当进行劳动能力鉴定。

第二十二条　【鉴定的等级和标准】劳动能力鉴定是指劳动功能障碍程度和生活自理障碍程度的等级鉴定。

劳动功能障碍分为十个伤残等级，最重的为一级，最轻的为十级。

生活自理障碍分为三个等级：生活完全不能自理、生活大部分不能自理和生活部分不能自理。

劳动能力鉴定标准由国务院社会保险行政部门会同国务院卫生行政部门等部门制定。

第二十三条　【鉴定的申请】劳动能力鉴定由用人单位、工伤职工或者其近亲属向设区的市级劳动能力鉴定委员会提出申请，并提供工伤认定决定和职工工伤医疗的有关资料。

第二十四条　【鉴定委员会的组成】省、自治区、直辖市劳动能力鉴定委员会和设区的市级劳动能力鉴定委员会分别由省、自治区、直辖市和设区的市级社会保险行政部门、卫生行政部门、工会组织、经办机构代表以及用人单位代表组成。

劳动能力鉴定委员会建立医疗卫生专家库。列入专家库的医疗卫生专业技术人员应当具备下列条件：

（一）具有医疗卫生高级专业技术职务任职资格；

（二）掌握劳动能力鉴定的相关知识；

（三）具有良好的职业品德。

第二十五条　【鉴定结论的作出】设区的市级劳动能力鉴定委员会收到劳动能力鉴定申请后，应当从其建立的医疗卫生专家库中随机抽取3名或者5名相关专家组成专家组，由专家组提出鉴定意见。设区的市级劳动能力鉴定委员会根据专家组的鉴定意见作出工伤职工劳动能力鉴定结论；必要时，可以委托具备资格的医疗机构协助进行有关的诊断。

设区的市级劳动能力鉴定委员会应当自收到劳动能力鉴定申请之日起60日内作出劳动能力鉴定结论，必要时，作出劳动能力鉴定结论的期限可以延长30日。劳动能力鉴定结论应当及时送达申请鉴定的单位和个人。

第二十六条　【再次鉴定】申请鉴定的单位或者个人对设区的市级劳动能力鉴定委员会作出的鉴定结论不服的，可以在收到该鉴定结论之日起15日内向省、自治区、直辖市劳动能力鉴定委员会提出再次鉴定申请。省、自治区、直辖市劳动能力鉴定委员会作出的劳动能力鉴定结论为最终结论。

第二十七条　【鉴定工作原则】劳动能力鉴定工作应当客观、公正。劳动能力鉴定委员会组成人员或者参加鉴定的专家与当事人有利害关系的，应当回避。

第二十八条　【复查鉴定】自劳动能力鉴定结论作出之日起1年后，工伤职工或者其近亲属、所在单位或者经办机构认为伤残情况发生变化的，可以申请劳动能力复查鉴定。

第二十九条　【再次鉴定与复查鉴定的期限】劳动能力鉴定委员会依照本条例第二十六条和第二十八条的规定进行再次鉴定和复查鉴定的期限，依照本条例第二十五条第二款的规定执行。

第五章　工伤保险待遇

第三十条　【工伤医疗待遇】职工因工作遭受事故伤害或者患职业病进行治疗，享受工伤医疗待遇。

职工治疗工伤应当在签订服务协议的医疗机构就医，情况紧急时可以先到就近的医疗机构急救。

治疗工伤所需费用符合工伤保险诊疗项目目录、工伤保险药品目录、工伤保险住院服务标准的，从工伤保险基金支付。工伤保险诊疗项目目录、工伤保险药品目录、工伤保险住院服务标准，由国务院社会保险行政部门会同国务院卫生行政部门、食品药品监督管理部门等部门规定。

职工住院治疗工伤的伙食补助费，以及经医疗机构出具证明，报经办机构同意，工伤职工到统筹地区以外就医所需的交通、食宿费用从工伤保险基金支付，基金支付的具体标准由统筹地区人民政府规定。

工伤职工治疗非工伤引发的疾病,不享受工伤医疗待遇,按照基本医疗保险办法处理。

工伤职工到签订服务协议的医疗机构进行工伤康复的费用,符合规定的,从工伤保险基金支付。

第三十一条　【复议与诉讼不停止支付医疗费用】社会保险行政部门作出认定为工伤的决定后发生行政复议、行政诉讼的,行政复议和行政诉讼期间不停止支付工伤职工治疗工伤的医疗费用。

第三十二条　【辅助器具的配置】工伤职工因日常生活或者就业需要,经劳动能力鉴定委员会确认,可以安装假肢、矫形器、假眼、假牙和配置轮椅等辅助器具,所需费用按照国家规定的标准从工伤保险基金支付。

第三十三条　【停工留薪期待遇】职工因工作遭受事故伤害或者患职业病需要暂停工作接受工伤医疗的,在停工留薪期内,原工资福利待遇不变,由所在单位按月支付。

停工留薪期一般不超过12个月。伤情严重或者情况特殊,经设区的市级劳动能力鉴定委员会确认,可以适当延长,但延长不得超过12个月。工伤职工评定伤残等级后,停发原待遇,按照本章的有关规定享受伤残待遇。工伤职工在停工留薪期满后仍需治疗的,继续享受工伤医疗待遇。

生活不能自理的工伤职工在停工留薪期需要护理的,由所在单位负责。

第三十四条　【伤残职工的生活护理费】工伤职工已经评定伤残等级并经劳动能力鉴定委员会确认需要生活护理的,从工伤保险基金按月支付生活护理费。

生活护理费按照生活完全不能自理、生活大部分不能自理或者生活部分不能自理3个不同等级支付,其标准分别为统筹地区上年度职工月平均工资的50%、40%或者30%。

第三十五条　【一至四级伤残待遇】职工因工致残被鉴定为一级至四级伤残的,保留劳动关系,退出工作岗位,享受以下待遇:

(一)从工伤保险基金按伤残等级支付一次性伤残补助金,标准为:一级伤残为27个月的本人工资,二级伤残为25个月的本人工资,三级伤残为23个月的本人工资,四级伤残为21个月的本人工资;

(二)从工伤保险基金按月支付伤残津贴,标准为:一级伤残为本人工资的90%,二级伤残为本人工资的85%,三级伤残为本人工资的80%,四级伤残为本人工资的75%。伤残津贴实际金额低于当地最低工资标准的,由工伤保险基金补足差额;

(三)工伤职工达到退休年龄并办理退休手续后,停发伤残津贴,按照国家有关规定享受基本养老保险待遇。基本养老保险待遇低于伤残津贴的,由工伤保险基金补足差额。

职工因工致残被鉴定为一级至四级伤残的,由用人单位和职工个人以伤残津贴为基数,缴纳基本医疗保险费。

第三十六条　【五至六级伤残待遇】职工因工致残被鉴定为五级、六级伤残的,享受以下待遇:

(一)从工伤保险基金按伤残等级支付一次性伤残补助金,标准为:五级伤残为18个月的本人工资,六级伤残为16个月的本人工资;

(二)保留与用人单位的劳动关系,由用人单位安排适当工作。难以安排工作的,由用人单位按月发给伤残津贴,标准为:五级伤残为本人工资的70%,六级伤残为本人工资的60%,并由用人单位按照规定为其缴纳应缴纳的各项社会保险费。伤残津贴实际金额低于当地最低工资标准的,由用人单位补足差额。

经工伤职工本人提出,该职工可以与用人单位解除或者终止劳动关系,由工伤保险基金支付一次性工伤医疗补助金,由用人单位支付一次性伤残就业补助金。一次性工伤医疗补助金和一次性伤残就业补助金的具体标准由省、自治区、直辖市人民政府规定。

第三十七条　【七至十级伤残待遇】职工因工致残被鉴定为七级至十级伤残的,享受以下待遇:

(一)从工伤保险基金按伤残等级支付一次性伤残补助金,标准为:七级伤残为13个月的本人工资,八级伤残为11个月的本人工资,九级伤残为9个月的本人工资,十级伤残为7个月的本人工资;

(二)劳动、聘用合同期满终止,或者职工本人提出解除劳动、聘用合同的,由工伤保险基金支付一次性工伤医疗补助金,由用人单位支付一次性伤残就业补助金。一次性工伤医疗补助金和一次性伤残就业补助金的具体标准由省、自治区、直辖市人民政府规定。

第三十八条　【工伤复发的待遇】工伤职工工伤复发,确认需要治疗的,享受本条例第三十条、第三十二条和第三十三条规定的工伤待遇。

第三十九条　【因工死亡待遇】职工因工死亡,其近亲属按照下列规定从工伤保险基金领取丧葬补助金、供养亲属抚恤金和一次性工亡补助金:

(一)丧葬补助金为6个月的统筹地区上年度职工月平均工资;

（二）供养亲属抚恤金按照职工本人工资的一定比例发给由因工死亡职工生前提供主要生活来源、无劳动能力的亲属。标准为：配偶每月40%，其他亲属每人每月30%，孤寡老人或者孤儿每人每月在上述标准的基础上增加10%。核定的各供养亲属的抚恤金之和不应高于因工死亡职工生前的工资。供养亲属的具体范围由国务院社会保险行政部门规定；

（三）一次性工亡补助金标准为上一年度全国城镇居民人均可支配收入的20倍。

伤残职工在停工留薪期内因工伤导致死亡的，其近亲属享受本条第一款规定的待遇。

一级至四级伤残职工在停工留薪期满后死亡的，其近亲属可以享受本条第一款第（一）项、第（二）项规定的待遇。

第四十条 【待遇的调整】伤残津贴、供养亲属抚恤金、生活护理费由统筹地区社会保险行政部门根据职工平均工资和生活费用变化等情况适时调整。调整办法由省、自治区、直辖市人民政府规定。

第四十一条 【因工下落不明的待遇】职工因工外出期间发生事故或者在抢险救灾中下落不明的，从事故发生当月起3个月内照发工资，从第4个月起停发工资，由工伤保险基金向其供养亲属按月支付供养亲属抚恤金。生活有困难的，可以预支一次性工亡补助金的50%。职工被人民法院宣告死亡的，按照本条例第三十九条职工因工死亡的规定处理。

第四十二条 【停止享受待遇情形】工伤职工有下列情形之一的，停止享受工伤保险待遇：

（一）丧失享受待遇条件的；

（二）拒不接受劳动能力鉴定的；

（三）拒绝治疗的。

第四十三条 【用人单位变故与职工借调的工伤保险责任】用人单位分立、合并、转让的，承继单位应当承担原用人单位的工伤保险责任；原用人单位已经参加工伤保险的，承继单位应当到当地经办机构办理工伤保险变更登记。

用人单位实行承包经营的，工伤保险责任由职工劳动关系所在单位承担。

职工被借调期间受到工伤事故伤害的，由原用人单位承担工伤保险责任，但原用人单位与借调单位可以约定补偿办法。

企业破产的，在破产清算时依法拨付应当由单位支付的工伤保险待遇费用。

第四十四条 【出境工作的工伤保险处理】职工被派遣出境工作，依据前往国家或者地区的法律应当参加当地工伤保险的，参加当地工伤保险，其国内工伤保险关系中止；不能参加当地工伤保险的，其国内工伤保险关系不中止。

第四十五条 【再次工伤的待遇】职工再次发生工伤，根据规定应当享受伤残津贴的，按照新认定的伤残等级享受伤残津贴待遇。

第六章 监督管理

第四十六条 【经办机构的职责】经办机构具体承办工伤保险事务，履行下列职责：

（一）根据省、自治区、直辖市人民政府规定，征收工伤保险费；

（二）核查用人单位的工资总额和职工人数，办理工伤保险登记，并负责保存用人单位缴费和职工享受工伤保险待遇情况的记录；

（三）进行工伤保险的调查、统计；

（四）按照规定管理工伤保险基金的支出；

（五）按照规定核定工伤保险待遇；

（六）为工伤职工或者其近亲属免费提供咨询服务。

第四十七条 【服务协议】经办机构与医疗机构、辅助器具配置机构在平等协商的基础上签订服务协议，并公布签订服务协议的医疗机构、辅助器具配置机构的名单。具体办法由国务院社会保险行政部门分别会同国务院卫生行政部门、民政部门等部门制定。

第四十八条 【费用核查结算】经办机构按照协议和国家有关目录、标准对工伤职工医疗费用、康复费用、辅助器具费用的使用情况进行核查，并按时足额结算费用。

第四十九条 【公示与建议】经办机构应当定期公布工伤保险基金的收支情况，及时向社会保险行政部门提出调整费率的建议。

第五十条 【听取意见】社会保险行政部门、经办机构应当定期听取工伤职工、医疗机构、辅助器具配置机构以及社会各界对改进工伤保险工作的意见。

第五十一条 【行政监督】社会保险行政部门依法对工伤保险费的征缴和工伤保险基金的支付情况进行监督检查。

财政部门和审计机关依法对工伤保险基金的收支、管理情况进行监督。

第五十二条 【群众监督】任何组织和个人对有关工伤保险的违法行为，有权举报。社会保险行政部门对举报应当及时调查，按照规定处理，并为举报人保密。

第五十三条 【工会监督】工会组织依法维护工伤职工的合法权益,对用人单位的工伤保险工作实行监督。

第五十四条 【争议处理】职工与用人单位发生工伤待遇方面的争议,按照处理劳动争议的有关规定处理。

第五十五条 【行政复议与行政诉讼】有下列情形之一的,有关单位或者个人可以依法申请行政复议,也可以依法向人民法院提起行政诉讼:

(一)申请工伤认定的职工或者其近亲属、该职工所在单位对工伤认定申请不予受理的决定不服的;

(二)申请工伤认定的职工或者其近亲属、该职工所在单位对工伤认定结论不服的;

(三)用人单位对经办机构确定的单位缴费费率不服的;

(四)签订服务协议的医疗机构、辅助器具配置机构认为经办机构未履行有关协议或者规定的;

(五)工伤职工或者其近亲属对经办机构核定的工伤保险待遇有异议的。

第七章 法律责任

第五十六条 【挪用工伤保险基金的责任】单位或者个人违反本条例第十二条规定挪用工伤保险基金,构成犯罪的,依法追究刑事责任;尚不构成犯罪的,依法给予处分或者纪律处分。被挪用的基金由社会保险行政部门追回,并入工伤保险基金;没收的违法所得依法上缴国库。

第五十七条 【社会保险行政部门工作人员的责任】社会保险行政部门工作人员有下列情形之一的,依法给予处分;情节严重,构成犯罪的,依法追究刑事责任:

(一)无正当理由不受理工伤认定申请,或者弄虚作假将不符合工伤条件的人员认定为工伤职工的;

(二)未妥善保管申请工伤认定的证据材料,致使有关证据灭失的;

(三)收受当事人财物的。

第五十八条 【经办机构的责任】经办机构有下列行为之一的,由社会保险行政部门责令改正,对直接负责的主管人员和其他责任人员依法给予纪律处分;情节严重,构成犯罪的,依法追究刑事责任;造成当事人经济损失的,由经办机构依法承担赔偿责任:

(一)未按规定保存用人单位缴费和职工享受工伤保险待遇情况记录的;

(二)不按规定核定工伤保险待遇的;

(三)收受当事人财物的。

第五十九条 【不正当履行服务协议的责任】医疗机构、辅助器具配置机构不按服务协议提供服务的,经办机构可以解除服务协议。

经办机构不按时足额结算费用的,由社会保险行政部门责令改正;医疗机构、辅助器具配置机构可以解除服务协议。

第六十条 【骗取工伤保险待遇的责任】用人单位、工伤职工或者其近亲属骗取工伤保险待遇,医疗机构、辅助器具配置机构骗取工伤保险基金支出的,由社会保险行政部门责令退还,处骗取金额2倍以上5倍以下的罚款;情节严重,构成犯罪的,依法追究刑事责任。

第六十一条 【劳动能力鉴定违法的责任】从事劳动能力鉴定的组织或者个人有下列情形之一的,由社会保险行政部门责令改正,处2000元以上1万元以下的罚款;情节严重,构成犯罪的,依法追究刑事责任:

(一)提供虚假鉴定意见的;

(二)提供虚假诊断证明的;

(三)收受当事人财物的。

第六十二条 【用人单位应参加而未参加工伤保险的责任】用人单位依照本条例规定应当参加工伤保险而未参加的,由社会保险行政部门责令限期参加,补缴应当缴纳的工伤保险费,并自欠缴之日起,按日加收万分之五的滞纳金;逾期仍不缴纳的,处欠缴数额1倍以上3倍以下的罚款。

依照本条例规定应当参加工伤保险而未参加工伤保险的用人单位职工发生工伤的,由该用人单位按照本条例规定的工伤保险待遇项目和标准支付费用。

用人单位参加工伤保险并补缴应当缴纳的工伤保险费、滞纳金后,由工伤保险基金和用人单位依照本条例的规定支付新发生的费用。

第六十三条 【用人单位不协助事故调查核实的责任】用人单位违反本条例第十九条的规定,拒不协助社会保险行政部门对事故进行调查核实的,由社会保险行政部门责令改正,处2000元以上2万元以下的罚款。

第八章 附 则

第六十四条 【术语解释】本条例所称工资总额,是指用人单位直接支付给本单位全部职工的劳动报酬总额。

本条例所称本人工资,是指工伤职工因工作遭受事故伤害或者患职业病前12个月平均月缴费工资。本人工资高于统筹地区职工平均工资300%的,按照统筹地区职工平均工资的300%计算;本人工资低于统筹地区职工平均工资60%的,按照统筹地区职工平均工资的60%计算。

第六十五条 【公务员和参公事业单位、社会团体的工伤保险】公务员和参照公务员法管理的事业单位、社会团体的工作人员因工作遭受事故伤害或者患职业病的，由所在单位支付费用。具体办法由国务院社会保险行政部门会同国务院财政部门规定。

第六十六条 【非法用工单位的一次性赔偿】无营业执照或者未经依法登记、备案的单位以及被依法吊销营业执照或者撤销登记、备案的单位的职工受到事故伤害或者患职业病的，由该单位向伤残职工或者死亡职工的近亲属给予一次性赔偿，赔偿标准不得低于本条例规定的工伤保险待遇；用人单位不得使用童工，用人单位使用童工造成童工伤残、死亡的，由该单位向童工或者童工的近亲属给予一次性赔偿，赔偿标准不得低于本条例规定的工伤保险待遇。具体办法由国务院社会保险行政部门规定。

前款规定的伤残职工或者死亡职工的近亲属就赔偿数额与单位发生争议的，以及前款规定的童工或者童工的近亲属就赔偿数额与单位发生争议的，按照处理劳动争议的有关规定处理。

第六十七条 【施行时间与溯及力】本条例自 2004 年 1 月 1 日起施行。本条例施行前已受到事故伤害或者患职业病的职工尚未完成工伤认定的，按照本条例的规定执行。

女职工劳动保护特别规定

2012 年 4 月 28 日国务院令第 619 号公布施行

第一条 为了减少和解决女职工在劳动中因生理特点造成的特殊困难，保护女职工健康，制定本规定。

第二条 中华人民共和国境内的国家机关、企业、事业单位、社会团体、个体经济组织以及其他社会组织等用人单位及其女职工，适用本规定。

第三条 用人单位应当加强女职工劳动保护，采取措施改善女职工劳动安全卫生条件，对女职工进行劳动安全卫生知识培训。

第四条 用人单位应当遵守女职工禁忌从事的劳动范围的规定。用人单位应当将本单位属于女职工禁忌从事的劳动范围的岗位书面告知女职工。

女职工禁忌从事的劳动范围由本规定附录列示。国务院安全生产监督管理部门会同国务院人力资源社会保障行政部门、国务院卫生行政部门根据经济社会发展情况，对女职工禁忌从事的劳动范围进行调整。

第五条 用人单位不得因女职工怀孕、生育、哺乳降低其工资、予以辞退、与其解除劳动或者聘用合同。

第六条 女职工在孕期不能适应原劳动的，用人单位应当根据医疗机构的证明，予以减轻劳动量或者安排其他能够适应的劳动。

对怀孕 7 个月以上的女职工，用人单位不得延长劳动时间或者安排夜班劳动，并应当在劳动时间内安排一定的休息时间。

怀孕女职工在劳动时间内进行产前检查，所需时间计入劳动时间。

第七条 女职工生育享受 98 天产假，其中产前可以休假 15 天；难产的，增加产假 15 天；生育多胞胎的，每多生育 1 个婴儿，增加产假 15 天。

女职工怀孕未满 4 个月流产的，享受 15 天产假；怀孕满 4 个月流产的，享受 42 天产假。

第八条 女职工产假期间的生育津贴，对已经参加生育保险的，按照用人单位上年度职工月平均工资的标准由生育保险基金支付；对未参加生育保险的，按照女职工产假前工资的标准由用人单位支付。

女职工生育或者流产的医疗费用，按照生育保险规定的项目和标准，对已经参加生育保险的，由生育保险基金支付；对未参加生育保险的，由用人单位支付。

第九条 对哺乳未满 1 周岁婴儿的女职工，用人单位不得延长劳动时间或者安排夜班劳动。

用人单位应当在每天的劳动时间内为哺乳期女职工安排 1 小时哺乳时间；女职工生育多胞胎的，每多哺乳 1 个婴儿每天增加 1 小时哺乳时间。

第十条 女职工比较多的用人单位应当根据女职工的需要，建立女职工卫生室、孕妇休息室、哺乳室等设施，妥善解决女职工在生理卫生、哺乳方面的困难。

第十一条 在劳动场所，用人单位应当预防和制止对女职工的性骚扰。

第十二条 县级以上人民政府人力资源社会保障行政部门、安全生产监督管理部门按照各自职责负责对用人单位遵守本规定的情况进行监督检查。

工会、妇女组织依法对用人单位遵守本规定的情况进行监督。

第十三条 用人单位违反本规定第六条第二款、第七条、第九条第一款规定的，由县级以上人民政府人力资源社会保障行政部门责令限期改正，按照受侵害女职工每人 1000 元以上 5000 元以下的标准计算，处以罚款。

用人单位违反本规定附录第一条、第二条规定的，由县级以上人民政府安全生产监督管理部门责令限期改正，按照受侵害女职工每人 1000 元以上 5000 元以下的标准计算，处以罚款。用人单位违反本规定附录第三条、第四条规定的，由县级以上人民政府安全生产监督管理部门责令限期治理，处5万元以上30万元以下的罚款；情节严重的，责令停止有关作业，或者提请有关人民政府按照国务院规定的权限责令关闭。

第十四条　用人单位违反本规定，侵害女职工合法权益的，女职工可以依法投诉、举报、申诉，依法向劳动人事争议调解仲裁机构申请调解仲裁，对仲裁裁决不服的，依法向人民法院提起诉讼。

第十五条　用人单位违反本规定，侵害女职工合法权益，造成女职工损害的，依法给予赔偿；用人单位及其直接负责的主管人员和其他直接责任人员构成犯罪的，依法追究刑事责任。

第十六条　本规定自公布之日起施行。1988年7月21日国务院发布的《女职工劳动保护规定》同时废止。

附录：

女职工禁忌从事的劳动范围

一、女职工禁忌从事的劳动范围：

（一）矿山井下作业；

（二）体力劳动强度分级标准中规定的第四级体力劳动强度的作业；

（三）每小时负重6次以上、每次负重超过20公斤的作业，或者间断负重、每次负重超过25公斤的作业。

二、女职工在经期禁忌从事的劳动范围：

（一）冷水作业分级标准中规定的第二级、第三级、第四级冷水作业；

（二）低温作业分级标准中规定的第二级、第三级、第四级低温作业；

（三）体力劳动强度分级标准中规定的第三级、第四级体力劳动强度的作业；

（四）高处作业分级标准中规定的第三级、第四级高处作业。

三、女职工在孕期禁忌从事的劳动范围：

（一）作业场所空气中铅及其化合物、汞及其化合物、苯、镉、铍、砷、氰化物、氮氧化物、一氧化碳、二硫化碳、氯、己内酰胺、氯丁二烯、氯乙烯、环氧乙烷、苯胺、甲醛等有毒物质浓度超过国家职业卫生标准的作业；

（二）从事抗癌药物、己烯雌酚生产，接触麻醉剂气体等的作业；

（三）非密封源放射性物质的操作，核事故与放射事故的应急处置；

（四）高处作业分级标准中规定的高处作业；

（五）冷水作业分级标准中规定的冷水作业；

（六）低温作业分级标准中规定的低温作业；

（七）高温作业分级标准中规定的第三级、第四级的作业；

（八）噪声作业分级标准中规定的第三级、第四级的作业；

（九）体力劳动强度分级标准中规定的第三级、第四级体力劳动强度的作业；

（十）在密闭空间、高压室作业或者潜水作业，伴有强烈振动的作业，或者需要频繁弯腰、攀高、下蹲的作业。

四、女职工在哺乳期禁忌从事的劳动范围：

（一）孕期禁忌从事的劳动范围的第一项、第三项、第九项；

（二）作业场所空气中锰、氟、溴、甲醇、有机磷化合物、有机氯化合物等有毒物质浓度超过国家职业卫生标准的作业。

工作场所职业卫生管理规定

1. 2020年12月31日国家卫生健康委员会令第5号公布
2. 自2021年2月1日起施行

第一章　总　　则

第一条　为了加强职业卫生管理工作，强化用人单位职业病防治的主体责任，预防、控制职业病危害，保障劳动者健康和相关权益，根据《中华人民共和国职业病防治法》等法律、行政法规，制定本规定。

第二条　用人单位的职业病防治和卫生健康主管部门对其实施监督管理，适用本规定。

第三条　用人单位应当加强职业病防治工作，为劳动者提供符合法律、法规、规章、国家职业卫生标准和卫生要求的工作环境和条件，并采取有效措施保障劳动者的职业健康。

第四条　用人单位是职业病防治的责任主体，并对本单位产生的职业病危害承担责任。

用人单位的主要负责人对本单位的职业病防治工作全面负责。

第五条　国家卫生健康委依照《中华人民共和国职业病防治法》和国务院规定的职责，负责全国用人单位职业卫生的监督管理工作。

县级以上地方卫生健康主管部门依照《中华人民共和国职业病防治法》和本级人民政府规定的职责，负责本行政区域内用人单位职业卫生的监督管理工作。

第六条　为职业病防治提供技术服务的职业卫生技术服务机构，应当依照国家有关职业卫生技术服务机构管理的相关法律法规及标准、规范的要求，为用人单位提供技术服务。

第七条　任何单位和个人均有权向卫生健康主管部门举报用人单位违反本规定的行为和职业病危害事故。

第二章　用人单位的职责

第八条　职业病危害严重的用人单位，应当设置或者指定职业卫生管理机构或者组织，配备专职职业卫生管理人员。

其他存在职业病危害的用人单位，劳动者超过一百人的，应当设置或者指定职业卫生管理机构或者组织，配备专职职业卫生管理人员；劳动者在一百人以下的，应当配备专职或者兼职的职业卫生管理人员，负责本单位的职业病防治工作。

第九条　用人单位的主要负责人和职业卫生管理人员应当具备与本单位所从事的生产经营活动相适应的职业卫生知识和管理能力，并接受职业卫生培训。

对用人单位主要负责人、职业卫生管理人员的职业卫生培训，应当包括下列主要内容：

（一）职业卫生相关法律、法规、规章和国家职业卫生标准；

（二）职业病危害预防和控制的基本知识；

（三）职业卫生管理相关知识；

（四）国家卫生健康委规定的其他内容。

第十条　用人单位应当对劳动者进行上岗前的职业卫生培训和在岗期间的定期职业卫生培训，普及职业卫生知识，督促劳动者遵守职业病防治的法律、法规、规章、国家职业卫生标准和操作规程。

用人单位应当对职业病危害严重的岗位的劳动者，进行专门的职业卫生培训，经培训合格后方可上岗作业。

因变更工艺、技术、设备、材料，或者岗位调整导致劳动者接触的职业病危害因素发生变化的，用人单位应当重新对劳动者进行上岗前的职业卫生培训。

第十一条　存在职业病危害的用人单位应当制定职业病危害防治计划和实施方案，建立、健全下列职业卫生管理制度和操作规程：

（一）职业病危害防治责任制度；

（二）职业病危害警示与告知制度；

（三）职业病危害项目申报制度；

（四）职业病防治宣传教育培训制度；

（五）职业病防护设施维护检修制度；

（六）职业病防护用品管理制度；

（七）职业病危害监测及评价管理制度；

（八）建设项目职业病防护设施“三同时”管理制度；

（九）劳动者职业健康监护及其档案管理制度；

（十）职业病危害事故处置与报告制度；

（十一）职业病危害应急救援与管理制度；

（十二）岗位职业卫生操作规程；

（十三）法律、法规、规章规定的其他职业病防治制度。

第十二条　产生职业病危害的用人单位的工作场所应当符合下列基本要求：

（一）生产布局合理，有害作业与无害作业分开；

（二）工作场所与生活场所分开，工作场所不得住人；

（三）有与职业病防治工作相适应的有效防护设施；

（四）职业病危害因素的强度或者浓度符合国家职业卫生标准；

（五）有配套的更衣间、洗浴间、孕妇休息间等卫生设施；

（六）设备、工具、用具等设施符合保护劳动者生理、心理健康的要求；

（七）法律、法规、规章和国家职业卫生标准的其他规定。

第十三条　用人单位工作场所存在职业病目录所列职业病的危害因素的，应当按照《职业病危害项目申报办法》的规定，及时、如实向所在地卫生健康主管部门申报职业病危害项目，并接受卫生健康主管部门的监督检查。

第十四条　新建、改建、扩建的工程建设项目和技术改造、技术引进项目（以下统称建设项目）可能产生职业病危害的，建设单位应当按照国家有关建设项目职业病防护设施“三同时”监督管理的规定，进行职业病危害预评价、职业病防护设施设计、职业病危害控制效果评价及相应的评审，组织职业病防护设施验收。

第十五条　产生职业病危害的用人单位，应当在醒目位置设置公告栏，公布有关职业病防治的规章制度、操作规程、职业病危害事故应急救援措施和工作场所职业病危害因素检测结果。

存在或者产生职业病危害的工作场所、作业岗位、设备、设施，应当按照《工作场所职业病危害警示标识》（GBZ 158）的规定，在醒目位置设置图形、警示线、警示语句等警示标识和中文警示说明。警示说明应当载明产生职业病危害的种类、后果、预防和应急处置措施等内容。

存在或者产生高毒物品的作业岗位，应当按照《高毒物品作业岗位职业病危害告知规范》（GBZ/T 203）的规定，在醒目位置设置高毒物品告知卡，告知卡应当载明高毒物品的名称、理化特性、健康危害、防护措施及应急处理等告知内容与警示标识。

第十六条　用人单位应当为劳动者提供符合国家职业卫生标准的职业病防护用品，并督促、指导劳动者按照使用规则正确佩戴、使用，不得发放钱物替代发放职业病防护用品。

用人单位应当对职业病防护用品进行经常性的维护、保养，确保防护用品有效，不得使用不符合国家职业卫生标准或者已经失效的职业病防护用品。

第十七条　在可能发生急性职业损伤的有毒、有害工作场所，用人单位应当设置报警装置，配置现场急救用品、冲洗设备、应急撤离通道和必要的泄险区。

现场急救用品、冲洗设备等应当设在可能发生急性职业损伤的工作场所或者临近地点，并在醒目位置设置清晰的标识。

在可能突然泄漏或者逸出大量有害物质的密闭或者半密闭工作场所，除遵守本条第一款、第二款规定外，用人单位还应当安装事故通风装置以及与事故排风系统相连锁的泄漏报警装置。

生产、销售、使用、贮存放射性同位素和射线装置的场所，应当按照国家有关规定设置明显的放射性标志，其入口处应当按照国家有关安全和防护标准的要求，设置安全和防护设施以及必要的防护安全联锁、报警装置或者工作信号。放射性装置的生产调试和使用场所，应当具有防止误操作、防止工作人员受到意外照射的安全措施。用人单位必须配备与辐射类型和辐射水平相适应的防护用品和监测仪器，包括个人剂量测量报警、固定式和便携式辐射监测、表面污染监测、流出物监测等设备，并保证可能接触放射线的工作人员佩戴个人剂量计。

第十八条　用人单位应当对职业病防护设备、应急救援设施进行经常性的维护、检修和保养，定期检测其性能和效果，确保其处于正常状态，不得擅自拆除或者停止使用。

第十九条　存在职业病危害的用人单位，应当实施由专人负责的工作场所职业病危害因素日常监测，确保监测系统处于正常工作状态。

第二十条　职业病危害严重的用人单位，应当委托具有相应资质的职业卫生技术服务机构，每年至少进行一次职业病危害因素检测，每三年至少进行一次职业病危害现状评价。

职业病危害一般的用人单位，应当委托具有相应资质的职业卫生技术服务机构，每三年至少进行一次职业病危害因素检测。

检测、评价结果应当存入本单位职业卫生档案，并向卫生健康主管部门报告和劳动者公布。

第二十一条　存在职业病危害的用人单位发生职业病危害事故或者国家卫生健康委规定的其他情形的，应当及时委托具有相应资质的职业卫生技术服务机构进行职业病危害现状评价。

用人单位应当落实职业病危害现状评价报告中提出的建议和措施，并将职业病危害现状评价结果及整改情况存入本单位职业卫生档案。

第二十二条　用人单位在日常的职业病危害监测或者定期检测、现状评价过程中，发现工作场所职业病危害因素不符合国家职业卫生标准和卫生要求时，应当立即采取相应治理措施，确保其符合职业卫生环境和条件的要求；仍然达不到国家职业卫生标准和卫生要求的，必须停止存在职业病危害因素的作业；职业病危害因素经治理后，符合国家职业卫生标准和卫生要求的，方可重新作业。

第二十三条　向用人单位提供可能产生职业病危害的设备的，应当提供中文说明书，并在设备的醒目位置设置警示标识和中文警示说明。警示说明应当载明设备性能、可能产生的职业病危害、安全操作和维护注意事项、职业病防护措施等内容。

用人单位应当检查前款规定的事项，不得使用不符合要求的设备。

第二十四条　向用人单位提供可能产生职业病危害的化学品、放射性同位素和含有放射性物质的材料的，应当提供中文说明书。说明书应当载明产品特性、主要成份、存在的有害因素、可能产生的危害后果、安全使用注意事项、职业病防护和应急救治措施等内容。产品包装应当有醒目的警示标识和中文警示说明。贮存上述材料的场所应当在规定的部位设置危险物品标识或者放射性警示标识。

用人单位应当检查前款规定的事项，不得使用不符合要求的材料。

第二十五条 任何用人单位不得使用国家明令禁止使用的可能产生职业病危害的设备或者材料。

第二十六条 任何单位和个人不得将产生职业病危害的作业转移给不具备职业病防护条件的单位和个人。不具备职业病防护条件的单位和个人不得接受产生职业病危害的作业。

第二十七条 用人单位应当优先采用有利于防治职业病危害和保护劳动者健康的新技术、新工艺、新材料、新设备，逐步替代产生职业病危害的技术、工艺、材料、设备。

第二十八条 用人单位对采用的技术、工艺、材料、设备，应当知悉其可能产生的职业病危害，并采取相应的防护措施。对有职业病危害的技术、工艺、设备、材料，故意隐瞒其危害而采用的，用人单位对其所造成的职业病危害后果承担责任。

第二十九条 用人单位与劳动者订立劳动合同时，应当将工作过程中可能产生的职业病危害及其后果、职业病防护措施和待遇等如实告知劳动者，并在劳动合同中写明，不得隐瞒或者欺骗。

劳动者在履行劳动合同期间因工作岗位或者工作内容变更，从事与所订立劳动合同中未告知的存在职业病危害的作业时，用人单位应当依照前款规定，向劳动者履行如实告知的义务，并协商变更原劳动合同相关条款。

用人单位违反本条规定的，劳动者有权拒绝从事存在职业病危害的作业，用人单位不得因此解除与劳动者所订立的劳动合同。

第三十条 对从事接触职业病危害因素作业的劳动者，用人单位应当按照《用人单位职业健康监护监督管理办法》、《放射工作人员职业健康管理办法》、《职业健康监护技术规范》（GBZ 188）、《放射工作人员职业健康监护技术规范》（GBZ 235）等有关规定组织上岗前、在岗期间、离岗时的职业健康检查，并将检查结果书面如实告知劳动者。

职业健康检查费用由用人单位承担。

第三十一条 用人单位应当按照《用人单位职业健康监护监督管理办法》的规定，为劳动者建立职业健康监护档案，并按照规定的期限妥善保存。

职业健康监护档案应当包括劳动者的职业史、职业病危害接触史、职业健康检查结果、处理结果和职业病诊疗等有关个人健康资料。

劳动者离开用人单位时，有权索取本人职业健康监护档案复印件，用人单位应当如实、无偿提供，并在所提供的复印件上签章。

第三十二条 劳动者健康出现损害需要进行职业病诊断、鉴定的，用人单位应当如实提供职业病诊断、鉴定所需的劳动者职业史和职业病危害接触史、工作场所职业病危害因素检测结果和放射工作人员个人剂量监测结果等资料。

第三十三条 用人单位不得安排未成年工从事接触职业病危害的作业，不得安排有职业禁忌的劳动者从事其所禁忌的作业，不得安排孕期、哺乳期女职工从事对本人和胎儿、婴儿有危害的作业。

第三十四条 用人单位应当建立健全下列职业卫生档案资料：

（一）职业病防治责任制文件；

（二）职业卫生管理规章制度、操作规程；

（三）工作场所职业病危害因素种类清单、岗位分布以及作业人员接触情况等资料；

（四）职业病防护设施、应急救援设施基本信息，以及其配置、使用、维护、检修与更换等记录；

（五）工作场所职业病危害因素检测、评价报告与记录；

（六）职业病防护用品配备、发放、维护与更换等记录；

（七）主要负责人、职业卫生管理人员和职业病危害严重工作岗位的劳动者等相关人员职业卫生培训资料；

（八）职业病危害事故报告与应急处置记录；

（九）劳动者职业健康检查结果汇总资料，存在职业禁忌证、职业健康损害或者职业病的劳动者处理和安置情况记录；

（十）建设项目职业病防护设施“三同时”有关资料；

（十一）职业病危害项目申报等有关回执或者批复文件；

（十二）其他有关职业卫生管理的资料或者文件。

第三十五条 用人单位发生职业病危害事故，应当及时向所在地卫生健康主管部门和有关部门报告，并采取有效措施，减少或者消除职业病危害因素，防止事故扩大。对遭受或者可能遭受急性职业病危害的劳动者，用人单位应当及时组织救治、进行健康检查和医学观察，并承担所需费用。

用人单位不得故意破坏事故现场、毁灭有关证据，不得迟报、漏报、谎报或者瞒报职业病危害事故。

第三十六条 用人单位发现职业病病人或者疑似职业病病人时，应当按照国家规定及时向所在地卫生健康主管部门和有关部门报告。

第三十七条 用人单位在卫生健康主管部门行政执法人员依法履行监督检查职责时，应当予以配合，不得拒绝、阻挠。

第三章 监督管理

第三十八条 卫生健康主管部门应当依法对用人单位执行有关职业病防治的法律、法规、规章和国家职业卫生标准的情况进行监督检查，重点监督检查下列内容：

（一）设置或者指定职业卫生管理机构或者组织，配备专职或者兼职的职业卫生管理人员情况；

（二）职业卫生管理制度和操作规程的建立、落实及公布情况；

（三）主要负责人、职业卫生管理人员和职业病危害严重的工作岗位的劳动者职业卫生培训情况；

（四）建设项目职业病防护设施“三同时”制度落实情况；

（五）工作场所职业病危害项目申报情况；

（六）工作场所职业病危害因素监测、检测、评价及结果报告和公布情况；

（七）职业病防护设施、应急救援设施的配置、维护、保养情况，以及职业病防护用品的发放、管理及劳动者佩戴使用情况；

（八）职业病危害因素及危害后果警示、告知情况；

（九）劳动者职业健康监护、放射工作人员个人剂量监测情况；

（十）职业病危害事故报告情况；

（十一）提供劳动者健康损害与职业史、职业病危害接触关系等相关资料的情况；

（十二）依法应当监督检查的其他情况。

第三十九条 卫生健康主管部门应当建立健全职业卫生监督检查制度，加强行政执法人员职业卫生知识的培训，提高行政执法人员的业务素质。

第四十条 卫生健康主管部门应当加强建设项目职业病防护设施“三同时”的监督管理，建立健全相关资料的档案管理制度。

第四十一条 卫生健康主管部门应当加强职业卫生技术服务机构的资质认可管理和技术服务工作的监督检查，督促职业卫生技术服务机构公平、公正、客观、科学地开展职业卫生技术服务。

第四十二条 卫生健康主管部门应当建立健全职业病危害防治信息统计分析制度，加强对用人单位职业病危害因素检测、评价结果、劳动者职业健康监护信息以及职业卫生监督检查信息等资料的统计、汇总和分析。

第四十三条 卫生健康主管部门应当按照有关规定，支持、配合有关部门和机构开展职业病的诊断、鉴定工作。

第四十四条 卫生健康主管部门行政执法人员依法履行监督检查职责时，应当出示有效的执法证件。

行政执法人员应当忠于职守，秉公执法，严格遵守执法规范；涉及被检查单位的技术秘密、业务秘密以及个人隐私的，应当为其保密。

第四十五条 卫生健康主管部门履行监督检查职责时，有权采取下列措施：

（一）进入被检查单位及工作场所，进行职业病危害检测，了解情况，调查取证；

（二）查阅、复制被检查单位有关职业病危害防治的文件、资料，采集有关样品；

（三）责令违反职业病防治法律、法规的单位和个人停止违法行为；

（四）责令暂停导致职业病危害事故的作业，封存造成职业病危害事故或者可能导致职业病危害事故发生的材料和设备；

（五）组织控制职业病危害事故现场。

在职业病危害事故或者危害状态得到有效控制后，卫生健康主管部门应当及时解除前款第四项、第五项规定的控制措施。

第四十六条 发生职业病危害事故，卫生健康主管部门应当依照国家有关规定报告事故和组织事故的调查处理。

第四章 法律责任

第四十七条 用人单位有下列情形之一的，责令限期改正，给予警告，可以并处五千元以上二万元以下的罚款：

（一）未按照规定实行有害作业与无害作业分开、工作场所与生活场所分开的；

（二）用人单位的主要负责人、职业卫生管理人员未接受职业卫生培训的；

（三）其他违反本规定的行为。

第四十八条 用人单位有下列情形之一的，责令限期改正，给予警告；逾期未改正的，处十万元以下的罚款：

（一）未按照规定制定职业病防治计划和实施方案的；

（二）未按照规定设置或者指定职业卫生管理机构或者组织，或者未配备专职或者兼职的职业卫生管理人员的；

（三）未按照规定建立、健全职业卫生管理制度和操作规程的；

（四）未按照规定建立、健全职业卫生档案和劳动者健康监护档案的；

（五）未建立、健全工作场所职业病危害因素监测及评价制度的；

（六）未按照规定公布有关职业病防治的规章制度、操作规程、职业病危害事故应急救援措施的；

（七）未按照规定组织劳动者进行职业卫生培训，或者未对劳动者个体防护采取有效的指导、督促措施的；

（八）工作场所职业病危害因素检测、评价结果未按照规定存档、上报和公布的。

第四十九条　用人单位有下列情形之一的，责令限期改正，给予警告，可以并处五万元以上十万元以下的罚款：

（一）未按照规定及时、如实申报产生职业病危害的项目的；

（二）未实施由专人负责职业病危害因素日常监测，或者监测系统不能正常监测的；

（三）订立或者变更劳动合同时，未告知劳动者职业病危害真实情况的；

（四）未按照规定组织劳动者进行职业健康检查、建立职业健康监护档案或者未将检查结果书面告知劳动者的；

（五）未按照规定在劳动者离开用人单位时提供职业健康监护档案复印件的。

第五十条　用人单位有下列情形之一的，责令限期改正，给予警告；逾期未改正的，处五万元以上二十万元以下的罚款；情节严重的，责令停止产生职业病危害的作业，或者提请有关人民政府按照国务院规定的权限责令关闭：

（一）工作场所职业病危害因素的强度或者浓度超过国家职业卫生标准的；

（二）未提供职业病防护设施和劳动者使用的职业病防护用品，或者提供的职业病防护设施和劳动者使用的职业病防护用品不符合国家职业卫生标准和卫生要求的；

（三）未按照规定对职业病防护设备、应急救援设施和劳动者职业病防护用品进行维护、检修、检测，或者不能保持正常运行、使用状态的；

（四）未按照规定对工作场所职业病危害因素进行检测、现状评价的；

（五）工作场所职业病危害因素经治理仍然达不到国家职业卫生标准和卫生要求时，未停止存在职业病危害因素的作业的；

（六）发生或者可能发生急性职业病危害事故，未立即采取应急救援和控制措施或者未按照规定及时报告的；

（七）未按照规定在产生严重职业病危害的作业岗位醒目位置设置警示标识和中文警示说明的；

（八）拒绝卫生健康主管部门监督检查的；

（九）隐瞒、伪造、篡改、毁损职业健康监护档案、工作场所职业病危害因素检测评价结果等相关资料，或者不提供职业病诊断、鉴定所需要资料的；

（十）未按照规定承担职业病诊断、鉴定费用和职业病病人的医疗、生活保障费用的。

第五十一条　用人单位有下列情形之一的，依法责令限期改正，并处五万元以上三十万元以下的罚款；情节严重的，责令停止产生职业病危害的作业，或者提请有关人民政府按照国务院规定的权限责令关闭：

（一）隐瞒技术、工艺、设备、材料所产生的职业病危害而采用的；

（二）隐瞒本单位职业卫生真实情况的；

（三）可能发生急性职业损伤的有毒、有害工作场所或者放射工作场所不符合法律有关规定的；

（四）使用国家明令禁止使用的可能产生职业病危害的设备或者材料的；

（五）将产生职业病危害的作业转移给没有职业病防护条件的单位和个人，或者没有职业病防护条件的单位和个人接受产生职业病危害的作业的；

（六）擅自拆除、停止使用职业病防护设备或者应急救援设施的；

（七）安排未经职业健康检查的劳动者、有职业禁忌的劳动者、未成年工或者孕期、哺乳期女职工从事接触产生职业病危害的作业或者禁忌作业的；

（八）违章指挥和强令劳动者进行没有职业病防护措施的作业的。

第五十二条　用人单位违反《中华人民共和国职业病防治法》的规定，已经对劳动者生命健康造成严重损害的,责令停止产生职业病危害的作业,或者提请有关人民政府按照国务院规定的权限责令关闭,并处十万元以上五十万元以下的罚款。

造成重大职业病危害事故或者其他严重后果,构成犯罪的,对直接负责的主管人员和其他直接责任人员,依法追究刑事责任。

第五十三条 向用人单位提供可能产生职业病危害的设备或者材料,未按照规定提供中文说明书或者设置警示标识和中文警示说明的,责令限期改正,给予警告,并处五万元以上二十万元以下的罚款。

第五十四条 用人单位未按照规定报告职业病、疑似职业病的,责令限期改正,给予警告,可以并处一万元以下的罚款;弄虚作假的,并处二万元以上五万元以下的罚款。

第五十五条 卫生健康主管部门及其行政执法人员未按照规定报告职业病危害事故的,依照有关规定给予处理;构成犯罪的,依法追究刑事责任。

第五十六条 本规定所规定的行政处罚,由县级以上地方卫生健康主管部门决定。法律、行政法规和国务院有关规定对行政处罚决定机关另有规定的,依照其规定。

第五章 附 则

第五十七条 本规定下列用语的含义:

工作场所,是指劳动者进行职业活动的所有地点,包括建设单位施工场所。

职业病危害严重的用人单位,是指建设项目职业病危害风险分类管理目录中所列职业病危害严重行业的用人单位。建设项目职业病危害风险分类管理目录由国家卫生健康委公布。各省级卫生健康主管部门可以根据本地区实际情况,对分类管理目录作出补充规定。

建设项目职业病防护设施"三同时",是指建设项目的职业病防护设施与主体工程同时设计、同时施工、同时投入生产和使用。

第五十八条 本规定未规定的其他有关职业病防治事项,依照《中华人民共和国职业病防治法》和其他有关法律、法规、规章的规定执行。

第五十九条 医疗机构放射卫生管理按照放射诊疗管理相关规定执行。

第六十条 本规定自2021年2月1日起施行。原国家安全生产监督管理总局2012年4月27日公布的《工作场所职业卫生监督管理规定》同时废止。

职业病危害项目申报办法

1. 2012年4月27日国家安全生产监督管理总局令第48号公布

2. 自2012年6月1日起施行

第一条 为了规范职业病危害项目的申报工作,加强对用人单位职业卫生工作的监督管理,根据《中华人民共和国职业病防治法》,制定本办法。

第二条 用人单位(煤矿除外)工作场所存在职业病目录所列职业病的危害因素的,应当及时、如实向所在地安全生产监督管理部门申报危害项目,并接受安全生产监督管理部门的监督管理。

煤矿职业病危害项目申报办法另行规定。

第三条 本办法所称职业病危害项目,是指存在职业病危害因素的项目。

职业病危害因素按照《职业病危害因素分类目录》确定。

第四条 职业病危害项目申报工作实行属地分级管理的原则。

中央企业、省属企业及其所属用人单位的职业病危害项目,向其所在地设区的市级人民政府安全生产监督管理部门申报。

前款规定以外的其他用人单位的职业病危害项目,向其所在地县级人民政府安全生产监督管理部门申报。

第五条 用人单位申报职业病危害项目时,应当提交《职业病危害项目申报表》和下列文件、资料:

(一)用人单位的基本情况;

(二)工作场所职业病危害因素种类、分布情况以及接触人数;

(三)法律、法规和规章规定的其他文件、资料。

第六条 职业病危害项目申报同时采取电子数据和纸质文本两种方式。

用人单位应当首先通过"职业病危害项目申报系统"进行电子数据申报,同时将《职业病危害项目申报表》加盖公章并由本单位主要负责人签字后,按照本办法第四条和第五条的规定,连同有关文件、资料一并上报所在地设区的市级、县级安全生产监督管理部门。

受理申报的安全生产监督管理部门应当自收到申报文件、资料之日起5个工作日内,出具《职业病危害项目申报回执》。

第七条 职业病危害项目申报不得收取任何费用。

第八条 用人单位有下列情形之一的，应当按照本条规定向原申报机关申报变更职业病危害项目内容：

（一）进行新建、改建、扩建、技术改造或者技术引进建设项目的，自建设项目竣工验收之日起30日内进行申报；

（二）因技术、工艺、设备或者材料等发生变化导致原申报的职业病危害因素及其相关内容发生重大变化的，自发生变化之日起15日内进行申报；

（三）用人单位工作场所、名称、法定代表人或者主要负责人发生变化的，自发生变化之日起15日内进行申报；

（四）经过职业病危害因素检测、评价，发现原申报内容发生变化的，自收到有关检测、评价结果之日起15日内进行申报。

第九条 用人单位终止生产经营活动的，应当自生产经营活动终止之日起15日内向原申报机关报告并办理注销手续。

第十条 受理申报的安全生产监督管理部门应当建立职业病危害项目管理档案。职业病危害项目管理档案应当包括辖区内存在职业病危害因素的用人单位数量、职业病危害因素种类、行业及地区分布、接触人数等内容。

第十一条 安全生产监督管理部门应当依法对用人单位职业病危害项目申报情况进行抽查，并对职业病危害项目实施监督检查。

第十二条 安全生产监督管理部门及其工作人员应当保守用人单位商业秘密和技术秘密。违反有关保密义务的，应当承担相应的法律责任。

第十三条 安全生产监督管理部门应当建立健全举报制度，依法受理和查处有关用人单位违反本办法行为的举报。

任何单位和个人均有权向安全生产监督管理部门举报用人单位违反本办法的行为。

第十四条 用人单位未按照本办法规定及时、如实地申报职业病危害项目的，责令限期改正，给予警告，可以并处5万元以上10万元以下的罚款。

第十五条 用人单位有关事项发生重大变化，未按照本办法的规定申报变更职业病危害项目内容的，责令限期改正，可以并处5千元以上3万元以下的罚款。

第十六条 《职业病危害项目申报表》、《职业病危害项目申报回执》的式样由国家安全生产监督管理总局规定。

第十七条 本办法自2012年6月1日起施行。国家安全生产监督管理总局2009年9月8日公布的《作业场所职业危害申报管理办法》同时废止。

用人单位职业健康监护监督管理办法

1. *2012年4月27日国家安全生产监督管理总局令第49号公布*
2. *自2012年6月1日起施行*

第一章 总 则

第一条 为了规范用人单位职业健康监护工作，加强职业健康监护的监督管理，保护劳动者健康及其相关权益，根据《中华人民共和国职业病防治法》，制定本办法。

第二条 用人单位从事接触职业病危害作业的劳动者（以下简称劳动者）的职业健康监护和安全生产监督管理部门对其实施监督管理，适用本办法。

第三条 本办法所称职业健康监护，是指劳动者上岗前、在岗期间、离岗时、应急的职业健康检查和职业健康监护档案管理。

第四条 用人单位应当建立、健全劳动者职业健康监护制度，依法落实职业健康监护工作。

第五条 用人单位应当接受安全生产监督管理部门依法对其职业健康监护工作的监督检查，并提供有关文件和资料。

第六条 对用人单位违反本办法的行为，任何单位和个人均有权向安全生产监督管理部门举报或者报告。

第二章 用人单位的职责

第七条 用人单位是职业健康监护工作的责任主体，其主要负责人对本单位职业健康监护工作全面负责。

用人单位应当依照本办法以及《职业健康监护技术规范》（GBZ 188）、《放射工作人员职业健康监护技术规范》（GBZ 235）等国家职业卫生标准的要求，制定、落实本单位职业健康检查年度计划，并保证所需要的专项经费。

第八条 用人单位应当组织劳动者进行职业健康检查，并承担职业健康检查费用。

劳动者接受职业健康检查应当视同正常出勤。

第九条 用人单位应当选择由省级以上人民政府卫生行政部门批准的医疗卫生机构承担职业健康检查工作，并确保参加职业健康检查的劳动者身份的真实性。

第十条 用人单位在委托职业健康检查机构对从事接触

职业病危害作业的劳动者进行职业健康检查时，应当如实提供下列文件、资料：

（一）用人单位的基本情况；

（二）工作场所职业病危害因素种类及其接触人员名册；

（三）职业病危害因素定期检测、评价结果。

第十一条 用人单位应当对下列劳动者进行上岗前的职业健康检查：

（一）拟从事接触职业病危害作业的新录用劳动者，包括转岗到该作业岗位的劳动者；

（二）拟从事有特殊健康要求作业的劳动者。

第十二条 用人单位不得安排未经上岗前职业健康检查的劳动者从事接触职业病危害的作业，不得安排有职业禁忌的劳动者从事其所禁忌的作业。

用人单位不得安排未成年工从事接触职业病危害的作业，不得安排孕期、哺乳期的女职工从事对本人和胎儿、婴儿有危害的作业。

第十三条 用人单位应当根据劳动者所接触的职业病危害因素，定期安排劳动者进行在岗期间的职业健康检查。

对在岗期间的职业健康检查，用人单位应当按照《职业健康监护技术规范》（GBZ 188）等国家职业卫生标准的规定和要求，确定接触职业病危害的劳动者的检查项目和检查周期。需要复查的，应当根据复查要求增加相应的检查项目。

第十四条 出现下列情况之一的，用人单位应当立即组织有关劳动者进行应急职业健康检查：

（一）接触职业病危害因素的劳动者在作业过程中出现与所接触职业病危害因素相关的不适症状的；

（二）劳动者受到急性职业中毒危害或者出现职业中毒症状的。

第十五条 对准备脱离所从事的职业病危害作业或者岗位的劳动者，用人单位应当在劳动者离岗前 30 日内组织劳动者进行离岗时的职业健康检查。劳动者离岗前 90 日内的在岗期间的职业健康检查可以视为离岗时的职业健康检查。

用人单位对未进行离岗时职业健康检查的劳动者，不得解除或者终止与其订立的劳动合同。

第十六条 用人单位应当及时将职业健康检查结果及职业健康检查机构的建议以书面形式如实告知劳动者。

第十七条 用人单位应当根据职业健康检查报告，采取下列措施：

（一）对有职业禁忌的劳动者，调离或者暂时脱离原工作岗位；

（二）对健康损害可能与所从事的职业相关的劳动者，进行妥善安置；

（三）对需要复查的劳动者，按照职业健康检查机构要求的时间安排复查和医学观察；

（四）对疑似职业病病人，按照职业健康检查机构的建议安排其进行医学观察或者职业病诊断；

（五）对存在职业病危害的岗位，立即改善劳动条件，完善职业病防护设施，为劳动者配备符合国家标准的职业病危害防护用品。

第十八条 职业健康监护中出现新发生职业病（职业中毒）或者两例以上疑似职业病（职业中毒）的，用人单位应当及时向所在地安全生产监督管理部门报告。

第十九条 用人单位应当为劳动者个人建立职业健康监护档案，并按照有关规定妥善保存。职业健康监护档案包括下列内容：

（一）劳动者姓名、性别、年龄、籍贯、婚姻、文化程度、嗜好等情况；

（二）劳动者职业史、既往病史和职业病危害接触史；

（三）历次职业健康检查结果及处理情况；

（四）职业病诊疗资料；

（五）需要存入职业健康监护档案的其他有关资料。

第二十条 安全生产行政执法人员、劳动者或者其近亲属、劳动者委托的代理人有权查阅、复印劳动者的职业健康监护档案。

劳动者离开用人单位时，有权索取本人职业健康监护档案复印件，用人单位应当如实、无偿提供，并在所提供的复印件上签章。

第二十一条 用人单位发生分立、合并、解散、破产等情形时，应当对劳动者进行职业健康检查，并依照国家有关规定妥善安置职业病病人；其职业健康监护档案应当依照国家有关规定实施移交保管。

第三章 监督管理

第二十二条 安全生产监督管理部门应当依法对用人单位落实有关职业健康监护的法律、法规、规章和标准的情况进行监督检查，重点监督检查下列内容：

（一）职业健康监护制度建立情况；

（二）职业健康监护计划制定和专项经费落实情况；

（三）如实提供职业健康检查所需资料情况；

（四）劳动者上岗前、在岗期间、离岗时、应急职业健康检查情况；

（五）对职业健康检查结果及建议，向劳动者履行告知义务情况；

（六）针对职业健康检查报告采取措施情况；

（七）报告职业病、疑似职业病情况；

（八）劳动者职业健康监护档案建立及管理情况；

（九）为离开用人单位的劳动者如实、无偿提供本人职业健康监护档案复印件情况；

（十）依法应当监督检查的其他情况。

第二十三条 安全生产监督管理部门应当加强行政执法人员职业健康知识培训，提高行政执法人员的业务素质。

第二十四条 安全生产行政执法人员依法履行监督检查职责时，应当出示有效的执法证件。

安全生产行政执法人员应当忠于职守，秉公执法，严格遵守执法规范；涉及被检查单位技术秘密、业务秘密以及个人隐私的，应当为其保密。

第二十五条 安全生产监督管理部门履行监督检查职责时，有权进入被检查单位，查阅、复制被检查单位有关职业健康监护的文件、资料。

第四章 法律责任

第二十六条 用人单位有下列行为之一的，给予警告，责令限期改正，可以并处3万元以下的罚款：

（一）未建立或者落实职业健康监护制度的；

（二）未按照规定制定职业健康监护计划和落实专项经费的；

（三）弄虚作假，指使他人冒名顶替参加职业健康检查的；

（四）未如实提供职业健康检查所需要的文件、资料的；

（五）未根据职业健康检查情况采取相应措施的；

（六）不承担职业健康检查费用的。

第二十七条 用人单位有下列行为之一的，责令限期改正，给予警告，可以并处5万元以上10万元以下的罚款：

（一）未按照规定组织职业健康检查、建立职业健康监护档案或者未将检查结果如实告知劳动者的；

（二）未按照规定在劳动者离开用人单位时提供职业健康监护档案复印件的。

第二十八条 用人单位有下列情形之一的，给予警告，责令限期改正，逾期不改正的，处5万元以上20万元以下的罚款；情节严重的，责令停止产生职业病危害的作业，或者提请有关人民政府按照国务院规定的权限责令关闭：

（一）未按照规定安排职业病病人、疑似职业病病人进行诊治的；

（二）隐瞒、伪造、篡改、损毁职业健康监护档案等相关资料，或者拒不提供职业病诊断、鉴定所需资料的。

第二十九条 用人单位有下列情形之一的，责令限期治理，并处5万元以上30万元以下的罚款；情节严重的，责令停止产生职业病危害的作业，或者提请有关人民政府按照国务院规定的权限责令关闭：

（一）安排未经职业健康检查的劳动者从事接触职业病危害的作业的；

（二）安排未成年工从事接触职业病危害的作业的；

（三）安排孕期、哺乳期女职工从事对本人和胎儿、婴儿有危害的作业的；

（四）安排有职业禁忌的劳动者从事所禁忌的作业的。

第三十条 用人单位违反本办法规定，未报告职业病、疑似职业病的，由安全生产监督管理部门责令限期改正，给予警告，可以并处1万元以下的罚款；弄虚作假的，并处2万元以上5万元以下的罚款。

第五章 附　　则

第三十一条 煤矿安全监察机构依照本办法负责煤矿劳动者职业健康监护的监察工作。

第三十二条 本办法自2012年6月1日起施行。

煤矿作业场所职业病危害防治规定

1. 2015年2月28日国家安全生产监督管理总局令第73号公布

2. 自2015年4月1日起施行

第一章 总　　则

第一条 为加强煤矿作业场所职业病危害的防治工作，强化煤矿企业职业病危害防治主体责任，预防、控制职业病危害，保护煤矿劳动者健康，依据《中华人民共和国职业病防治法》、《中华人民共和国安全生产法》、《煤矿安全监察条例》等法律、行政法规，制定本规定。

第二条 本规定适用于中华人民共和国领域内各类煤矿及其所属为煤矿服务的矿井建设施工、洗煤厂、选煤厂等存在职业病危害的作业场所职业病危害预防和治理活动。

第三条　本规定所称煤矿作业场所职业病危害（以下简称职业病危害），是指由粉尘、噪声、热害、有毒有害物质等因素导致煤矿劳动者职业病的危害。

第四条　煤矿是本企业职业病危害防治的责任主体。

职业病危害防治坚持以人为本、预防为主、综合治理的方针，按照源头治理、科学防治、严格管理、依法监督的要求开展工作。

第二章　职业病危害防治管理

第五条　煤矿主要负责人（法定代表人、实际控制人，下同）是本单位职业病危害防治工作的第一责任人，对本单位职业病危害防治工作全面负责。

第六条　煤矿应当建立健全职业病危害防治领导机构，制定职业病危害防治规划，明确职责分工和落实工作经费，加强职业病危害防治工作。

第七条　煤矿应当设置或者指定职业病危害防治的管理机构，配备专职职业卫生管理人员，负责职业病危害防治日常管理工作。

第八条　煤矿应当制定职业病危害防治年度计划和实施方案，并建立健全下列制度：

（一）职业病危害防治责任制度；

（二）职业病危害警示与告知制度；

（三）职业病危害项目申报制度；

（四）职业病防治宣传、教育和培训制度；

（五）职业病防护设施管理制度；

（六）职业病个体防护用品管理制度；

（七）职业病危害日常监测及检测、评价管理制度；

（八）建设项目职业病防护设施与主体工程同时设计、同时施工、同时投入生产和使用（以下简称建设项目职业卫生“三同时”）的制度；

（九）劳动者职业健康监护及其档案管理制度；

（十）职业病诊断、鉴定及报告制度；

（十一）职业病危害防治经费保障及使用管理制度；

（十二）职业卫生档案管理制度；

（十三）职业病危害事故应急管理制度；

（十四）法律、法规、规章规定的其他职业病危害防治制度。

第九条　煤矿应当配备专职或者兼职的职业病危害因素监测人员，装备相应的监测仪器设备。监测人员应当经培训合格；未经培训合格的，不得上岗作业。

第十条　煤矿应当以矿井为单位开展职业病危害因素日常监测，并委托具有资质的职业卫生技术服务机构，每年进行一次作业场所职业病危害因素检测，每三年进行一次职业病危害现状评价。根据监测、检测、评价结果，落实整改措施，同时将日常监测、检测、评价、落实整改情况存入本单位职业卫生档案。检测、评价结果向所在地安全生产监督管理部门和驻地煤矿安全监察机构报告，并向劳动者公布。

第十一条　煤矿不得使用国家明令禁止使用的可能产生职业病危害的技术、工艺、设备和材料，限制使用或者淘汰职业病危害严重的技术、工艺、设备和材料。

第十二条　煤矿应当优化生产布局和工艺流程，使有害作业和无害作业分开，减少接触职业病危害的人数和接触时间。

第十三条　煤矿应当按照《煤矿职业安全卫生个体防护用品配备标准》（AQ 1051）规定，为接触职业病危害的劳动者提供符合标准的个体防护用品，并指导和督促其正确使用。

第十四条　煤矿应当履行职业病危害告知义务，与劳动者订立或者变更劳动合同时，应当将作业过程中可能产生的职业病危害及其后果、防护措施和相关待遇等如实告知劳动者，并在劳动合同中载明，不得隐瞒或者欺骗。

第十五条　煤矿应当在醒目位置设置公告栏，公布有关职业病危害防治的规章制度、操作规程和作业场所职业病危害因素检测结果；对产生严重职业病危害的作业岗位，应当在醒目位置设置警示标识和中文警示说明。

第十六条　煤矿主要负责人、职业卫生管理人员应当具备煤矿职业卫生知识和管理能力，接受职业病危害防治培训。培训内容应当包括职业卫生相关法律、法规、规章和标准，职业病危害预防和控制的基本知识，职业卫生管理相关知识等内容。

煤矿应当对劳动者进行上岗前、在岗期间的定期职业病危害防治知识培训，督促劳动者遵守职业病防治法律、法规、规章、标准和操作规程，指导劳动者正确使用职业病防护设备和个体防护用品。上岗前培训时间不少于4学时，在岗期间的定期培训时间每年不少于2学时。

第十七条　煤矿应当建立健全企业职业卫生档案。企业职业卫生档案应当包括下列内容：

（一）职业病防治责任制文件；

（二）职业卫生管理规章制度；

（三）作业场所职业病危害因素种类清单、岗位分布以及作业人员接触情况等资料；

（四）职业病防护设施、应急救援设施基本信息及其配置、使用、维护、检修与更换等记录；

（五）作业场所职业病危害因素检测、评价报告与记录；

（六）职业病个体防护用品配备、发放、维护与更换等记录；

（七）煤矿企业主要负责人、职业卫生管理人员和劳动者的职业卫生培训资料；

（八）职业病危害事故报告与应急处置记录；

（九）劳动者职业健康检查结果汇总资料，存在职业禁忌证、职业健康损害或者职业病的劳动者处理和安置情况记录；

（十）建设项目职业卫生“三同时”有关技术资料；

（十一）职业病危害项目申报情况记录；

（十二）其他有关职业卫生管理的资料或者文件。

第十八条 煤矿应当保障职业病危害防治专项经费，经费在财政部、国家安全监管总局《关于印发〈企业安全生产费用提取和使用管理办法〉的通知》（财企〔2012〕16号）第十七条“（十）其他与安全生产直接相关的支出”中列支。

第十九条 煤矿发生职业病危害事故，应当及时向所在地安全生产监督管理部门和驻地煤矿安全监察机构报告，同时积极采取有效措施，减少或者消除职业病危害因素，防止事故扩大。对遭受或者可能遭受急性职业病危害的劳动者，应当及时组织救治，并承担所需费用。

煤矿不得迟报、漏报、谎报或者瞒报煤矿职业病危害事故。

第三章 建设项目职业病防护设施“三同时”管理

第二十条 煤矿建设项目职业病防护设施必须与主体工程同时设计、同时施工、同时投入生产和使用。职业病防护设施所需费用应当纳入建设项目工程预算。

第二十一条 煤矿建设项目在可行性论证阶段，建设单位应当委托具有资质的职业卫生技术服务机构进行职业病危害预评价，编制预评价报告。

第二十二条 煤矿建设项目在初步设计阶段，应当委托具有资质的设计单位编制职业病防护设施设计专篇。

第二十三条 煤矿建设项目完工后，在试运行期内，应当委托具有资质的职业卫生技术服务机构进行职业病危害控制效果评价，编制控制效果评价报告。

第四章 职业病危害项目申报

第二十四条 煤矿在申领、换发煤矿安全生产许可证时，应当如实向驻地煤矿安全监察机构申报职业病危害项目，同时抄报所在地安全生产监督管理部门。

第二十五条 煤矿申报职业病危害项目时，应当提交下列文件、资料：

（一）煤矿的基本情况；

（二）煤矿职业病危害防治领导机构、管理机构情况；

（三）煤矿建立职业病危害防治制度情况；

（四）职业病危害因素名称、监测人员及仪器设备配备情况；

（五）职业病防护设施及个体防护用品配备情况；

（六）煤矿主要负责人、职业卫生管理人员及劳动者职业卫生培训情况证明材料；

（七）劳动者职业健康检查结果汇总资料，存在职业禁忌症、职业健康损害或者职业病的劳动者处理和安置情况记录；

（八）职业病危害警示标识设置与告知情况；

（九）煤矿职业卫生档案管理情况；

（十）法律、法规和规章规定的其他资料。

第二十六条 安全生产监督管理部门和煤矿安全监察机构及其工作人员应当对煤矿企业职业病危害项目申报材料中涉及的商业和技术等秘密保密。违反有关保密义务的，应当承担相应的法律责任。

第五章 职业健康监护

第二十七条 对接触职业病危害的劳动者，煤矿应当按照国家有关规定组织上岗前、在岗期间和离岗时的职业健康检查，并将检查结果书面告知劳动者。职业健康检查费用由煤矿承担。职业健康检查由省级以上人民政府卫生行政部门批准的医疗卫生机构承担。

第二十八条 煤矿不得安排未经上岗前职业健康检查的人员从事接触职业病危害的作业；不得安排有职业禁忌的人员从事其所禁忌的作业；不得安排未成年工从事接触职业病危害的作业；不得安排孕期、哺乳期的女职工从事对本人和胎儿、婴儿有危害的作业。

第二十九条 劳动者接受职业健康检查应当视同正常出勤，煤矿企业不得以常规健康检查代替职业健康检查。接触职业病危害作业的劳动者的职业健康检查周期按照表1执行。

表1　接触职业病危害作业的劳动者的职业健康检查周期

接触有害物质	体检对象	检查周期
煤尘（以煤尘为主）	在岗人员	2年1次
	观察对象、Ⅰ期煤工尘肺患者	每年1次
岩尘（以岩尘为主）	在岗人员、观察对象、Ⅰ期矽肺患者	
噪声	在岗人员	
高温	在岗人员	
化学毒物	在岗人员	根据所接触的化学毒物确定检查周期
接触粉尘危害作业退休人员的职业健康检查周期按照有关规定执行		

第三十条　煤矿不得以劳动者上岗前职业健康检查代替在岗期间定期的职业健康检查，也不得以劳动者在岗期间职业健康检查代替离岗时职业健康检查，但最后一次在岗期间的职业健康检查在离岗前的90日内的，可以视为离岗时检查。对未进行离岗前职业健康检查的劳动者，煤矿不得解除或者终止与其订立的劳动合同。

第三十一条　煤矿应当根据职业健康检查报告，采取下列措施：

（一）对有职业禁忌的劳动者，调离或者暂时脱离原工作岗位；

（二）对健康损害可能与所从事的职业相关的劳动者，进行妥善安置；

（三）对需要复查的劳动者，按照职业健康检查机构要求的时间安排复查和医学观察；

（四）对疑似职业病病人，按照职业健康检查机构的建议安排其进行医学观察或者职业病诊断；

（五）对存在职业病危害的岗位，改善劳动条件，完善职业病防护设施。

第三十二条　煤矿应当为劳动者个人建立职业健康监护档案，并按照有关规定的期限妥善保存。

职业健康监护档案应当包括劳动者个人基本情况、劳动者职业史和职业病危害接触史，历次职业健康检查结果及处理情况，职业病诊疗等资料。

劳动者离开煤矿时，有权索取本人职业健康监护档案复印件，煤矿必须如实、无偿提供，并在所提供的复印件上签章。

第三十三条　劳动者健康出现损害需要进行职业病诊断、鉴定的，煤矿企业应当如实提供职业病诊断、鉴定所需的劳动者职业史和职业病危害接触史、作业场所职业病危害因素检测结果等资料。

第六章　粉尘危害防治

第三十四条　煤矿应当在正常生产情况下对作业场所的粉尘浓度进行监测。粉尘浓度应当符合表2的要求；不符合要求的，应当采取有效措施。

表2　煤矿作业场所粉尘浓度要求

粉尘种类	游离 SiO_2 含量（%）	时间加权平均容许浓度（mg/m^3）	
		总粉尘	呼吸性粉尘
煤尘	<10	4	2.5
矽尘	10≤～≤50	1	0.7
	50<～≤80	0.7	0.3
	>80	0.5	0.2
水泥尘	<10	4	1.5

第三十五条　煤矿进行粉尘监测时，其监测点的选择和布置应当符合表3的要求。

表3　煤矿作业场所测尘点的选择和布置要求

类别	生产工艺	测尘点布置
采煤工作面	司机操作采煤机、打眼、人工落煤及攉煤	工人作业地点
	多工序同时作业	回风巷距工作面10～15m处
掘进工作面	司机操作掘进机、打眼、装岩（煤）、锚喷支护	工人作业地点
	多工序同时作业（爆破作业除外）	距掘进头10～15m回风侧
其他场所	翻罐笼作业、巷道维修、转载点	工人作业地点
露天煤矿	穿孔机作业、挖掘机作业	下风侧3～5m处
	司机操作穿孔机、司机操作挖掘机、汽车运输	操作室内
地面作业场所	地面煤仓、储煤场、输送机运输等处生产作业	作业人员活动范围内

第三十六条　粉尘监测采用定点或者个体方法进行，推广实时在线监测系统。粉尘监测应当符合下列要求：

（一）总粉尘浓度，煤矿井下每月测定2次或者采用实时在线监测，地面及露天煤矿每月测定1次或者采用实时在线监测；

（二）呼吸性粉尘浓度每月测定1次；

（三）粉尘分散度每6个月监测1次；

（四）粉尘中游离 SiO_2 含量，每6个月测定1次，在变更工作面时也应当测定1次。

第三十七条 煤矿应当使用粉尘采样器、直读式粉尘浓度测定仪等仪器设备进行粉尘浓度的测定。井工煤矿的采煤工作面回风巷、掘进工作面回风侧应当设置粉尘浓度传感器，并接入安全监测监控系统。

第三十八条 井工煤矿必须建立防尘洒水系统。永久性防尘水池容量不得小于200m^3，且贮水量不得小于井下连续2h的用水量，备用水池贮水量不得小于永久性防尘水池的50%。

防尘管路应当敷设到所有能产生粉尘和沉积粉尘的地点，没有防尘供水管路的采掘工作面不得生产。静压供水管路管径应当满足矿井防尘用水量的要求，强度应当满足静压水压力的要求。

防尘用水水质悬浮物的含量不得超过30mg/L，粒径不大于0.3mm，水的pH值应当在6～9范围内，水的碳酸盐硬度不超过3mmol/L。使用降尘剂时，降尘剂应当无毒、无腐蚀、不污染环境。

第三十九条 井工煤矿掘进井巷和硐室时，必须采用湿式钻眼，使用水炮泥，爆破前后冲洗井壁巷帮，爆破过程中采用高压喷雾（喷雾压力不低于8MPa）或者压气喷雾降尘、装岩（煤）洒水和净化风流等综合防尘措施。

第四十条 井工煤矿在煤、岩层中钻孔，应当采取湿式作业。煤（岩）与瓦斯突出煤层或者软煤层中难以采取湿式钻孔时，可以采取干式钻孔，但必须采取除尘器捕尘、除尘，除尘器的呼吸性粉尘除尘效率不得低于90%。

第四十一条 井工煤矿炮采工作面应当采取湿式钻眼，使用水炮泥，爆破前后应当冲洗煤壁，爆破时应当采用高压喷雾（喷雾压力不低于8MPa）或者压气喷雾降尘，出煤时应当洒水降尘。

第四十二条 井工煤矿采煤机作业时，必须使用内、外喷雾装置。内喷雾压力不得低于2MPa，外喷雾压力不得低于4MPa。内喷雾装置不能正常使用时，外喷雾压力不得低于8MPa，否则采煤机必须停机。液压支架必须安装自动喷雾降尘装置，实现降柱、移架同步喷雾。破碎机必须安装防尘罩，并加装喷雾装置或者除尘器。放顶煤采煤工作面的放煤口，必须安装高压喷雾装置（喷雾压力不低于8MPa）或者采取压气喷雾降尘。

第四十三条 井工煤矿掘进机作业时，应当使用内、外喷雾装置和控尘装置、除尘器等构成的综合防尘系统。掘进机内喷雾压力不得低于2MPa，外喷雾压力不得低于4MPa。内喷雾装置不能正常使用时，外喷雾压力不得低于8MPa；除尘器的呼吸性粉尘除尘效率不得低于90%。

第四十四条 井工煤矿的采煤工作面回风巷、掘进工作面回风侧应当分别安设至少2道自动控制风流净化水幕。

第四十五条 煤矿井下煤仓放煤口、溜煤眼放煤口以及地面带式输送机走廊必须安设喷雾装置或者除尘器，作业时进行喷雾降尘或者用除尘器除尘。煤仓放煤口、溜煤眼放煤口采用喷雾降尘时，喷雾压力不得低于8MPa。

第四十六条 井工煤矿的所有煤层必须进行煤层注水可注性测试。对于可注水煤层必须进行煤层注水。煤层注水过程中应当对注水流量、注水量及压力等参数进行监测和控制，单孔注水总量应当使该钻孔预湿煤体的平均水分含量增量不得低于1.5%，封孔深度应当保证注水过程中煤壁及钻孔不漏水、不跑水。在厚煤层分层开采时，在确保安全前提下，应当采取在上一分层的采空区内灌水，对下一分层的煤体进行湿润。

第四十七条 井工煤矿打锚杆眼应当实施湿式钻孔，喷射混凝土时应当采用潮喷或者湿喷工艺，喷射机、喷浆点应当配备捕尘、除尘装置，距离锚喷作业点下风向100m内，应当设置2道以上自动控制风流净化水幕。

第四十八条 井工煤矿转载点应当采用自动喷雾降尘（喷雾压力应当大于0.7MPa）或者密闭尘源除尘器抽尘净化等措施。转载点落差超过0.5m，必须安装溜槽或者导向板。装煤点下风侧20m内，必须设置一道自动控制风流净化水幕。运输巷道内应当设置自动控制风流净化水幕。

第四十九条 露天煤矿粉尘防治应当符合下列要求：

（一）设置有专门稳定可靠供水水源的加水站（池），加水能力满足洒水降尘所需的最大供给量；

（二）采取湿式钻孔；不能实现湿式钻孔时，设置有效的孔口捕尘装置；

（三）破碎作业时，密闭作业区域并采用喷雾降尘或者除尘器除尘；

（四）加强对穿孔机、挖掘机、汽车等司机操作室的防护；

（五）挖掘机装车前，对煤（岩）洒水，卸煤（岩）时喷雾降尘；

（六）对运输路面经常清理浮尘、洒水，加强维护，保持路面平整。

第五十条　洗选煤厂原煤准备（给煤、破碎、筛分、转载）过程中宜密闭尘源，并采取喷雾降尘或者除尘器除尘。

第五十一条　储煤场厂区应当定期洒水抑尘，储煤场四周应当设抑尘网，装卸煤炭应当喷雾降尘或者洒水车降尘，煤炭外运时应当采取密闭措施。

第七章　噪声危害防治

第五十二条　煤矿作业场所噪声危害依照下列标准判定：

（一）劳动者每天连续接触噪声时间达到或者超过8h的，噪声声级限值为85dB（A）；

（二）劳动者每天接触噪声时间不足8h的，可以根据实际接触噪声的时间，按照接触噪声时间减半、噪声声级限值增加3dB（A）的原则确定其声级限值。

第五十三条　煤矿应当配备2台以上噪声测定仪器，并对作业场所噪声每6个月监测1次。

第五十四条　煤矿作业场所噪声的监测地点主要包括：

（一）井工煤矿的主要通风机、提升机、空气压缩机、局部通风机、采煤机、掘进机、风动凿岩机、风钻、乳化液泵、水泵等地点；

（二）露天煤矿的挖掘机、穿孔机、矿用汽车、输送机、排土机和爆破作业等地点；

（三）选煤厂破碎机、筛分机、空压机等地点。

煤矿进行监测时，应当在每个监测地点选择3个测点，监测结果以3个监测点的平均值为准。

第五十五条　煤矿应当优先选用低噪声设备，通过隔声、消声、吸声、减振、减少接触时间、佩戴防护耳塞（罩）等措施降低噪声危害。

第八章　热 害 防 治

第五十六条　井工煤矿采掘工作面的空气温度不得超过26℃，机电设备硐室的空气温度不得超过30℃。当空气温度超过上述要求时，煤矿必须缩短超温地点工作人员的工作时间，并给予劳动者高温保健待遇。采掘工作面的空气温度超过30℃、机电设备硐室的空气温度超过34℃时，必须停止作业。

第五十七条　井工煤矿采掘工作面和机电设备硐室应当设置温度传感器。

第五十八条　井工煤矿应当采取通风降温、采用分区式开拓方式缩短入风线路长度等措施，降低工作面的温度；当采用上述措施仍然无法达到作业环境标准温度的，应当采用制冷等降温措施。

第五十九条　井工煤矿地面辅助生产系统和露天煤矿应当合理安排劳动者工作时间，减少高温时段室外作业。

第九章　职业中毒防治

第六十条　煤矿作业场所主要化学毒物浓度不得超过表4的要求。

表4　煤矿主要化学毒物最高允许浓度

化学毒物名称	最高允许浓度（%）
CO	0.0024
H_2S	0.00066
NO（换算成 NO_2）	0.00025
SO_2	0.0005

第六十一条　煤矿进行化学毒物监测时，应当选择有代表性的作业地点，其中包括空气中有害物质浓度最高、作业人员接触时间最长的作业地点。采样应当在正常生产状态下进行。

第六十二条　煤矿应当对NO（换算成 NO_2）、CO、SO_2 每3个月至少监测1次，对 H_2S 每月至少监测1次。煤层有自燃倾向的，应当根据需要随时监测。

第六十三条　煤矿作业场所应当加强通风降低有害气体的浓度，在采用通风措施无法达到表4的规定时，应当采用净化、化学吸收等措施降低有害气体的浓度。

第十章　法 律 责 任

第六十四条　煤矿违反本规定，有下列行为之一的，给予警告，责令限期改正；逾期不改正的，处十万元以下的罚款：

（一）作业场所职业病危害因素检测、评价结果没有存档、上报、公布的；

（二）未设置职业病防治管理机构或者配备专职职业卫生管理人员的；

（三）未制定职业病防治计划或者实施方案的；

（四）未建立健全职业病危害防治制度的；

（五）未建立健全企业职业卫生档案或者劳动者职业健康监护档案的；

（六）未公布有关职业病防治的规章制度、操作规程、职业病危害事故应急救援措施的；

（七）未组织劳动者进行职业卫生培训，或者未对劳动者个人职业病防护采取指导、督促措施的。

第六十五条　煤矿违反本规定，有下列行为之一的，给予警告，可以并处五万元以上十万元以下的罚款：

（一）未如实申报产生职业病危害的项目的；

（二）未实施由专人负责的职业病危害因素日常监测，或者监测系统不能正常监测的；

（三）订立或者变更劳动合同时，未告知劳动者职业病危害真实情况的；

（四）未组织职业健康检查、建立职业健康监护档案，或者未将检查结果书面告知劳动者的；

（五）未在劳动者离开煤矿企业时提供职业健康监护档案复印件的。

第六十六条 煤矿违反本规定，有下列行为之一的，责令限期改正，逾期不改正的，处五万元以上二十万元以下的罚款；情节严重的，责令停止产生职业病危害的作业，或者提请有关人民政府按照国务院规定的权限责令关闭：

（一）作业场所职业病危害因素的强度或者浓度超过本规定要求的；

（二）未提供职业病防护设施和个人使用的职业病防护用品，或者提供的职业病防护设施和个人使用的职业病防护用品不符合本规定要求的；

（三）未对作业场所职业病危害因素进行检测、评价的；

（四）作业场所职业病危害因素经治理仍然达不到本规定要求时，未停止存在职业病危害因素的作业的；

（五）发生或者可能发生急性职业病危害事故时，未立即采取应急救援和控制措施，或者未按照规定及时报告的；

（六）未按照规定在产生严重职业病危害的作业岗位醒目位置设置警示标识和中文警示说明的。

第六十七条 煤矿违反本规定，有下列情形之一的，责令限期治理，并处五万元以上三十万元以下的罚款；情节严重的，责令停止产生职业病危害的作业，或者暂扣、吊销煤矿安全生产许可证：

（一）隐瞒本单位职业卫生真实情况的；

（二）使用国家明令禁止使用的可能产生职业病危害的设备或者材料的；

（三）安排未经职业健康检查的劳动者、有职业禁忌的劳动者、未成年工或者孕期、哺乳期女职工从事接触职业病危害的作业或者禁忌作业的。

第六十八条 煤矿违反本规定，有下列行为之一的，给予警告，责令限期改正，逾期不改正的，处三万元以下的罚款：

（一）未投入职业病防治经费的；

（二）未建立职业病防治领导机构的；

（三）煤矿企业主要负责人、职业卫生管理人员和职业病危害因素监测人员未接受职业卫生培训的。

第六十九条 煤矿违反本规定，造成重大职业病危害事故或者其他严重后果，构成犯罪的，对直接负责的主管人员和其他直接责任人员，依法追究刑事责任。

第七十条 煤矿违反本规定的其他违法行为，依照《中华人民共和国职业病防治法》和其他行政法规、规章的规定给予行政处罚。

第七十一条 本规定设定的行政处罚，由煤矿安全监察机构实施。

第十一章 附 则

第七十二条 本规定中未涉及的其他职业病危害因素，按照国家有关规定执行。

第七十三条 本规定自2015年4月1日起施行。

建设项目职业病防护设施“三同时”监督管理办法

1. 2017年3月9日国家安全生产监督管理总局令第90号公布

2. 自2017年5月1日起施行

第一章 总 则

第一条 为了预防、控制和消除建设项目可能产生的职业病危害，加强和规范建设项目职业病防护设施建设的监督管理，根据《中华人民共和国职业病防治法》，制定本办法。

第二条 安全生产监督管理部门职责范围内、可能产生职业病危害的新建、改建、扩建和技术改造、技术引进建设项目（以下统称建设项目）职业病防护设施建设及其监督管理，适用本办法。

本办法所称的可能产生职业病危害的建设项目，是指存在或者产生职业病危害因素分类目录所列职业病危害因素的建设项目。

本办法所称的职业病防护设施，是指消除或者降低工作场所的职业病危害因素的浓度或者强度，预防和减少职业病危害因素对劳动者健康的损害或者影响，保护劳动者健康的设备、设施、装置、构（建）筑物等的总称。

第三条 负责本办法第二条规定建设项目投资、管理的单位（以下简称建设单位）是建设项目职业病防护设施建设的责任主体。

建设项目职业病防护设施必须与主体工程同时设计、同时施工、同时投入生产和使用（以下统称建设项目职业病防护设施“三同时”）。建设单位应当优先采用有利于保护劳动者健康的新技术、新工艺、新设备和新材料，职业病防护设施所需费用应当纳入建设项目工程预算。

第四条 建设单位对可能产生职业病危害的建设项目，应当依照本办法进行职业病危害预评价、职业病防护设施设计、职业病危害控制效果评价及相应的评审，组织职业病防护设施验收，建立健全建设项目职业卫生管理制度与档案。

建设项目职业病防护设施"三同时"工作可以与安全设施"三同时"工作一并进行。建设单位可以将建设项目职业病危害预评价和安全预评价、职业病防护设施设计和安全设施设计、职业病危害控制效果评价和安全验收评价合并出具报告或者设计，并对职业病防护设施与安全设施一并组织验收。

第五条 国家安全生产监督管理总局在国务院规定的职责范围内对全国建设项目职业病防护设施"三同时"实施监督管理。

县级以上地方各级人民政府安全生产监督管理部门依法在本级人民政府规定的职责范围内对本行政区域内的建设项目职业病防护设施"三同时"实施分类分级监督管理，具体办法由省级安全生产监督管理部门制定，并报国家安全生产监督管理总局备案。

跨两个及两个以上行政区域的建设项目职业病防护设施"三同时"由其共同的上一级人民政府安全生产监督管理部门实施监督管理。

上一级人民政府安全生产监督管理部门根据工作需要，可以将其负责的建设项目职业病防护设施"三同时"监督管理工作委托下一级人民政府安全生产监督管理部门实施；接受委托的安全生产监督管理部门不得再委托。

第六条 国家根据建设项目可能产生职业病危害的风险程度，将建设项目分为职业病危害一般、较重和严重3个类别，并对职业病危害严重建设项目实施重点监督检查。

建设项目职业病危害分类管理目录由国家安全生产监督管理总局制定并公布。省级安全生产监督管理部门可以根据本地区实际情况，对建设项目职业病危害分类管理目录作出补充规定，但不得低于国家安全生产监督管理总局规定的管理层级。

第七条 安全生产监督管理部门应当建立职业卫生专家库(以下简称专家库)，并根据需要聘请专家库专家参与建设项目职业病防护设施"三同时"的监督检查工作。

专家库专家应当熟悉职业病危害防治有关法律、法规、规章、标准，具有较高的专业技术水平、实践经验和有关业务背景及良好的职业道德，按照客观、公正的原则，对所参与的工作提出技术意见，并对该意见负责。

专家库专家实行回避制度，参加监督检查的专家库专家不得参与该建设项目职业病防护设施"三同时"的评审及验收等相应工作，不得与该建设项目建设单位、评价单位、设计单位、施工单位或者监理单位等相关单位存在直接利害关系。

第八条 除国家保密的建设项目外，产生职业病危害的建设单位应当通过公告栏、网站等方式及时公布建设项目职业病危害预评价、职业病防护设施设计、职业病危害控制效果评价的承担单位、评价结论、评审时间及评审意见，以及职业病防护设施验收时间、验收方案和验收意见等信息，供本单位劳动者和安全生产监督管理部门查询。

第二章 职业病危害预评价

第九条 对可能产生职业病危害的建设项目，建设单位应当在建设项目可行性论证阶段进行职业病危害预评价，编制预评价报告。

第十条 建设项目职业病危害预评价报告应当符合职业病防治有关法律、法规、规章和标准的要求，并包括下列主要内容：

(一)建设项目概况，主要包括项目名称、建设地点、建设内容、工作制度、岗位设置及人员数量等；

(二)建设项目可能产生的职业病危害因素及其对工作场所、劳动者健康影响与危害程度的分析与评价；

(三)对建设项目拟采取的职业病防护设施和防护措施进行分析、评价，并提出对策与建议；

(四)评价结论，明确建设项目的职业病危害风险类别及拟采取的职业病防护设施和防护措施是否符合职业病防治有关法律、法规、规章和标准的要求。

第十一条 建设单位进行职业病危害预评价时，对建设项目可能产生的职业病危害因素及其对工作场所、劳动者健康影响与危害程度的分析与评价，可以运用工程分析、类比调查等方法。其中，类比调查数据应当采用获得资质认可的职业卫生技术服务机构出具的、与建设项目规模和工艺类似的用人单位职业病危害因素检测结果。

第十二条 职业病危害预评价报告编制完成后，属于职业病危害一般或者较重的建设项目，其建设单位主要负责人或其指定的负责人应当组织具有职业卫生相关专业背景的中级及中级以上专业技术职称人员或者具有职业卫生相关专业背景的注册安全工程师（以下统称职业卫生专业技术人员）对职业病危害预评价报告进行评审，并形成是否符合职业病防治有关法律、法规、规章和标准要求的评审意见；属于职业病危害严重的建设项目，其建设单位主要负责人或其指定的负责人应当组织外单位职业卫生专业技术人员参加评审工作，并形成评审意见。

建设单位应当按照评审意见对职业病危害预评价报告进行修改完善，并对最终的职业病危害预评价报告的真实性、客观性和合规性负责。职业病危害预评价工作过程应当形成书面报告备查。书面报告的具体格式由国家安全生产监督管理总局另行制定。

第十三条　建设项目职业病危害预评价报告有下列情形之一的，建设单位不得通过评审：

（一）对建设项目可能产生的职业病危害因素识别不全，未对工作场所职业病危害对劳动者健康影响与危害程度进行分析与评价的，或者评价不符合要求的；

（二）未对建设项目拟采取的职业病防护设施和防护措施进行分析、评价，对存在的问题未提出对策措施的；

（三）建设项目职业病危害风险分析与评价不正确的；

（四）评价结论和对策措施不正确的；

（五）不符合职业病防治有关法律、法规、规章和标准规定的其他情形的。

第十四条　建设项目职业病危害预评价报告通过评审后，建设项目的生产规模、工艺等发生变更导致职业病危害风险发生重大变化的，建设单位应当对变更内容重新进行职业病危害预评价和评审。

第三章　职业病防护设施设计

第十五条　存在职业病危害的建设项目，建设单位应当在施工前按照职业病防治有关法律、法规、规章和标准的要求，进行职业病防护设施设计。

第十六条　建设项目职业病防护设施设计应当包括下列内容：

（一）设计依据；

（二）建设项目概况及工程分析；

（三）职业病危害因素分析及危害程度预测；

（四）拟采取的职业病防护设施和应急救援设施的名称、规格、型号、数量、分布，并对防控性能进行分析；

（五）辅助用室及卫生设施的设置情况；

（六）对预评价报告中拟采取的职业病防护设施、防护措施及对策措施采纳情况的说明；

（七）职业病防护设施和应急救援设施投资预算明细表；

（八）职业病防护设施和应急救援设施可以达到的预期效果及评价。

第十七条　职业病防护设施设计完成后，属于职业病危害一般或者较重的建设项目，其建设单位主要负责人或其指定的负责人应当组织职业卫生专业技术人员对职业病防护设施设计进行评审，并形成是否符合职业病防治有关法律、法规、规章和标准要求的评审意见；属于职业病危害严重的建设项目，其建设单位主要负责人或其指定的负责人应当组织外单位职业卫生专业技术人员参加评审工作，并形成评审意见。

建设单位应当按照评审意见对职业病防护设施设计进行修改完善，并对最终的职业病防护设施设计的真实性、客观性和合规性负责。职业病防护设施设计工作过程应当形成书面报告备查。书面报告的具体格式由国家安全生产监督管理总局另行制定。

第十八条　建设项目职业病防护设施设计有下列情形之一的，建设单位不得通过评审和开工建设：

（一）未对建设项目主要职业病危害进行防护设施设计或者设计内容不全的；

（二）职业病防护设施设计未按照评审意见进行修改完善的；

（三）未采纳职业病危害预评价报告中的对策措施，且未作充分论证说明的；

（四）未对职业病防护设施和应急救援设施的预期效果进行评价的；

（五）不符合职业病防治有关法律、法规、规章和标准规定的其他情形的。

第十九条　建设单位应当按照评审通过的设计和有关规定组织职业病防护设施的采购和施工。

第二十条　建设项目职业病防护设施设计在完成评审后，建设项目的生产规模、工艺等发生变更导致职业病危害风险发生重大变化的，建设单位应当对变更的内容重新进行职业病防护设施设计和评审。

第四章　职业病危害控制效果评价与防护设施验收

第二十一条　建设项目职业病防护设施建设期间，建设单位应当对其进行经常性的检查，对发现的问题及时进行整改。

第二十二条　建设项目投入生产或者使用前，建设单位应当依照职业病防治有关法律、法规、规章和标准要求，采取下列职业病危害防治管理措施：

（一）设置或者指定职业卫生管理机构，配备专职或者兼职的职业卫生管理人员；

（二）制定职业病防治计划和实施方案；

（三）建立、健全职业卫生管理制度和操作规程；

（四）建立、健全职业卫生档案和劳动者健康监护档案；

（五）实施由专人负责的职业病危害因素日常监测，并确保监测系统处于正常运行状态；

（六）对工作场所进行职业病危害因素检测、评价；

（七）建设单位的主要负责人和职业卫生管理人员应当接受职业卫生培训，并组织劳动者进行上岗前的职业卫生培训；

（八）按照规定组织从事接触职业病危害作业的劳动者进行上岗前职业健康检查，并将检查结果书面告知劳动者；

（九）在醒目位置设置公告栏，公布有关职业病危害防治的规章制度、操作规程、职业病危害事故应急救援措施和工作场所职业病危害因素检测结果。对产生严重职业病危害的作业岗位，应当在其醒目位置，设置警示标识和中文警示说明；

（十）为劳动者个人提供符合要求的职业病防护用品；

（十一）建立、健全职业病危害事故应急救援预案；

（十二）职业病防治有关法律、法规、规章和标准要求的其他管理措施。

第二十三条　建设项目完工后，需要进行试运行的，其配套建设的职业病防护设施必须与主体工程同时投入试运行。

试运行时间应当不少于 30 日，最长不得超过 180 日，国家有关部门另有规定或者特殊要求的行业除外。

第二十四条　建设项目在竣工验收前或者试运行期间，建设单位应当进行职业病危害控制效果评价，编制评价报告。建设项目职业病危害控制效果评价报告应当符合职业病防治有关法律、法规、规章和标准的要求，包括下列主要内容：

（一）建设项目概况；

（二）职业病防护设施设计执行情况分析、评价；

（三）职业病防护设施检测和运行情况分析、评价；

（四）工作场所职业病危害因素检测分析、评价；

（五）工作场所职业病危害因素日常监测情况分析、评价；

（六）职业病危害因素对劳动者健康危害程度分析、评价；

（七）职业病危害防治管理措施分析、评价；

（八）职业健康监护状况分析、评价；

（九）职业病危害事故应急救援和控制措施分析、评价；

（十）正常生产后建设项目职业病防治效果预期分析、评价；

（十一）职业病危害防护补充措施及建议；

（十二）评价结论，明确建设项目的职业病危害风险类别，以及采取控制效果评价报告所提对策建议后，职业病防护设施和防护措施是否符合职业病防治有关法律、法规、规章和标准的要求。

第二十五条　建设单位在职业病防护设施验收前，应当编制验收方案。验收方案应当包括下列内容：

（一）建设项目概况和风险类别，以及职业病危害预评价、职业病防护设施设计执行情况；

（二）参与验收的人员及其工作内容、责任；

（三）验收工作时间安排、程序等。

建设单位应当在职业病防护设施验收前 20 日将验收方案向管辖该建设项目的安全生产监督管理部门进行书面报告。

第二十六条　属于职业病危害一般或者较重的建设项目，其建设单位主要负责人或其指定的负责人应当组织职业卫生专业技术人员对职业病危害控制效果评价报告进行评审以及对职业病防护设施进行验收，并形成是否符合职业病防治有关法律、法规、规章和标准要求的评审意见和验收意见。属于职业病危害严重的建设项目，其建设单位主要负责人或其指定的负责人应当组织外单位职业卫生专业技术人员参加评审和验收工作，并形成评审和验收意见。

建设单位应当按照评审与验收意见对职业病危害控制效果评价报告和职业病防护设施进行整改完善，并对最终的职业病危害控制效果评价报告和职业病防护设施验收结果的真实性、合规性和有效性负责。

建设单位应当将职业病危害控制效果评价和职业病防护设施验收工作过程形成书面报告备查，其中职业病危害严重的建设项目应当在验收完成之日起20日内向管辖该建设项目的安全生产监督管理部门提交书面报告。书面报告的具体格式由国家安全生产监督管理总局另行制定。

第二十七条 有下列情形之一的，建设项目职业病危害控制效果评价报告不得通过评审、职业病防护设施不得通过验收：

（一）评价报告内容不符合本办法第二十四条要求的；

（二）评价报告未按照评审意见整改的；

（三）未按照建设项目职业病防护设施设计组织施工，且未充分论证说明的；

（四）职业病危害防治管理措施不符合本办法第二十二条要求的；

（五）职业病防护设施未按照验收意见整改的；

（六）不符合职业病防治有关法律、法规、规章和标准规定的其他情形的。

第二十八条 分期建设、分期投入生产或者使用的建设项目，其配套的职业病防护设施应当分期与建设项目同步进行验收。

第二十九条 建设项目职业病防护设施未按照规定验收合格的，不得投入生产或者使用。

第五章 监督检查

第三十条 安全生产监督管理部门应当在职责范围内按照分类分级监管的原则，将建设单位开展建设项目职业病防护设施"三同时"情况的监督检查纳入安全生产年度监督检查计划，并按照监督检查计划与安全设施"三同时"实施一体化监督检查，对发现的违法行为应当依法予以处理；对违法行为情节严重的，应当按照规定纳入安全生产不良记录"黑名单"管理。

第三十一条 安全生产监督管理部门应当依法对建设单位开展建设项目职业病危害预评价情况进行监督检查，重点监督检查下列事项：

（一）是否进行建设项目职业病危害预评价；

（二）是否对建设项目可能产生的职业病危害因素及其对工作场所、劳动者健康影响与危害程度进行分析、评价；

（三）是否对建设项目拟采取的职业病防护设施和防护措施进行评价，是否提出对策与建议；

（四）是否明确建设项目职业病危害风险类别；

（五）主要负责人或其指定的负责人是否组织职业卫生专业技术人员对职业病危害预评价报告进行评审，职业病危害预评价报告是否按照评审意见进行修改完善；

（六）职业病危害预评价工作过程是否形成书面报告备查；

（七）是否按照本办法规定公布建设项目职业病危害预评价情况；

（八）依法应当监督检查的其他事项。

第三十二条 安全生产监督管理部门应当依法对建设单位开展建设项目职业病防护设施设计情况进行监督检查，重点监督检查下列事项：

（一）是否进行职业病防护设施设计；

（二）是否采纳职业病危害预评价报告中的对策与建议，如未采纳是否进行充分论证说明；

（三）是否明确职业病防护设施和应急救援设施的名称、规格、型号、数量、分布，并对防控性能进行分析；

（四）是否明确辅助用室及卫生设施的设置情况；

（五）是否明确职业病防护设施和应急救援设施投资预算；

（六）主要负责人或其指定的负责人是否组织职业卫生专业技术人员对职业病防护设施设计进行评审，职业病防护设施设计是否按照评审意见进行修改完善；

（七）职业病防护设施设计工作过程是否形成书面报告备查；

（八）是否按照本办法规定公布建设项目职业病防护设施设计情况；

（九）依法应当监督检查的其他事项。

第三十三条 安全生产监督管理部门应当依法对建设单位开展建设项目职业病危害控制效果评价及职业病防护设施验收情况进行监督检查，重点监督检查下列事项：

（一）是否进行职业病危害控制效果评价及职业病防护设施验收；

（二）职业病危害防治管理措施是否齐全；

（三）主要负责人或其指定的负责人是否组织职业卫生专业技术人员对建设项目职业病危害控制效果评价报告进行评审和对职业病防护设施进行验收，是否按照评审意见和验收意见对职业病危害控制效果评价报告和职业病防护设施进行整改完善；

（四）建设项目职业病危害控制效果评价及职业病防护设施验收工作过程是否形成书面报告备查；

（五）建设项目职业病防护设施验收方案、职业病危害严重建设项目职业病危害控制效果评价与职业病防护设施验收工作报告是否按照规定向安全生产监督管理部门进行报告；

（六）是否按照本办法规定公布建设项目职业病危害控制效果评价和职业病防护设施验收情况；

（七）依法应当监督检查的其他事项。

第三十四条　安全生产监督管理部门应当按照下列规定对建设单位组织的验收活动和验收结果进行监督核查，并纳入安全生产年度监督检查计划：

（一）对职业病危害严重建设项目的职业病防护设施的验收方案和验收工作报告，全部进行监督核查；

（二）对职业病危害较重和一般的建设项目职业病防护设施的验收方案和验收工作报告，按照国家安全生产监督管理总局规定的"双随机"方式实施抽查。

第三十五条　安全生产监督管理部门应当加强监督检查人员建设项目职业病防护设施"三同时"知识的培训，提高业务素质。

第三十六条　安全生产监督管理部门及其工作人员不得有下列行为：

（一）强制要求建设单位接受指定的机构、职业卫生专业技术人员开展建设项目职业病防护设施"三同时"有关工作；

（二）以任何理由或者方式向建设单位和有关机构收取或者变相收取费用；

（三）向建设单位摊派财物、推销产品；

（四）在建设单位和有关机构报销任何费用。

第三十七条　任何单位或者个人发现建设单位、安全生产监督管理部门及其工作人员、有关机构和人员违反职业病防治有关法律、法规、标准和本办法规定的行为，均有权向安全生产监督管理部门或者有关部门举报。

受理举报的安全生产监督管理部门应当为举报人保密，并依法对举报内容进行核查和处理。

第三十八条　上级安全生产监督管理部门应当加强对下级安全生产监督管理部门建设项目职业病防护设施"三同时"监督执法工作的检查、指导。

地方各级安全生产监督管理部门应当定期汇总分析有关监督执法情况，并按照要求逐级上报。

第六章　法 律 责 任

第三十九条　建设单位有下列行为之一的，由安全生产监督管理部门给予警告，责令限期改正；逾期不改正的，处10万元以上50万元以下的罚款；情节严重的，责令停止产生职业病危害的作业，或者提请有关人民政府按照国务院规定的权限责令停建、关闭：

（一）未按照本办法规定进行职业病危害预评价的；

（二）建设项目的职业病防护设施未按照规定与主体工程同时设计、同时施工、同时投入生产和使用的；

（三）建设项目的职业病防护设施设计不符合国家职业卫生标准和卫生要求的；

（四）未按照本办法规定对职业病防护设施进行职业病危害控制效果评价的；

（五）建设项目竣工投入生产和使用前，职业病防护设施未按照本办法规定验收合格的。

第四十条　建设单位有下列行为之一的，由安全生产监督管理部门给予警告，责令限期改正；逾期不改正的，处5000元以上3万元以下的罚款：

（一）未按照本办法规定，对职业病危害预评价报告、职业病防护设施设计、职业病危害控制效果评价报告进行评审或者组织职业病防护设施验收的；

（二）职业病危害预评价、职业病防护设施设计、职业病危害控制效果评价或者职业病防护设施验收工作过程未形成书面报告备查的；

（三）建设项目的生产规模、工艺等发生变更导致职业病危害风险发生重大变化的，建设单位对变更内容未重新进行职业病危害预评价和评审，或者未重新进行职业病防护设施设计和评审的；

（四）需要试运行的职业病防护设施未与主体工程同时试运行的；

（五）建设单位未按照本办法第八条规定公布有关信息的。

第四十一条　建设单位在职业病危害预评价报告、职业病防护设施设计、职业病危害控制效果评价报告编制、评审以及职业病防护设施验收等过程中弄虚作假的，由安全生产监督管理部门责令限期改正，给予警告，可以并处5000元以上3万元以下的罚款。

第四十二条　建设单位未按照规定及时、如实报告建设项目职业病防护设施验收方案，或者职业病危害严重建设项目未提交职业病危害控制效果评价与职业病防护设施验收的书面报告的，由安全生产监督管理部门责令限期改正，给予警告，可以并处5000元以上3万元以下的罚款。

第四十三条　参与建设项目职业病防护设施"三同时"监督检查工作的专家库专家违反职业道德或者行为规范，降低标准、弄虚作假、牟取私利，作出显失公正或者虚假意见的，由安全生产监督管理部门将其从专家库除名,终身不得再担任专家库专家。职业卫生专业技术人员在建设项目职业病防护设施"三同时"评审、验收等活动中涉嫌犯罪的,移送司法机关依法追究刑事责任。

第四十四条 违反本办法规定的其他行为,依照《中华人民共和国职业病防治法》有关规定给予处理。

第七章 附 则

第四十五条 煤矿建设项目职业病防护设施"三同时"的监督检查工作按照新修订发布的《煤矿和煤层气地面开采建设项目安全设施监察规定》执行,煤矿安全监察机构按照规定履行国家监察职责。

第四十六条 本办法自 2017 年 5 月 1 日起施行。国家安全安全生产监督管理总局 2012 年 4 月 27 日公布的《建设项目职业卫生"三同时"监督管理暂行办法》同时废止。

防暑降温措施管理办法

1. 2012 年 6 月 29 日国家安全生产监督管理总局、卫生部、人力资源和社会保障部、中华全国总工会发布

2. 安监总安健〔2012〕89 号

第一条 为了加强高温作业、高温天气作业劳动保护工作,维护劳动者健康及其相关权益,根据《中华人民共和国职业病防治法》、《中华人民共和国安全生产法》、《中华人民共和国劳动法》、《中华人民共和国工会法》等有关法律、行政法规的规定,制定本办法。

第二条 本办法适用于存在高温作业及在高温天气期间安排劳动者作业的企业、事业单位和个体经济组织等用人单位。

第三条 高温作业是指有高气温、或有强烈的热辐射、或伴有高气湿(相对湿度≥80% RH)相结合的异常作业条件、湿球黑球温度指数(WBGT 指数)超过规定限值的作业。

高温天气是指地市级以上气象主管部门所属气象台站向公众发布的日最高气温 35℃以上的天气。

高温天气作业是指用人单位在高温天气期间安排劳动者在高温自然气象环境下进行的作业。

工作场所高温作业 WBGT 指数测量依照《工作场所物理因素测量 第 7 部分:高温》(GBZ/T 189.7)执行;高温作业职业接触限值依照《工作场所有害因素职业接触限值第 2 部分:物理因素》(GBZ 2.2)执行;高温作业分级依照《工作场所职业病危害作业分级第 3 部分:高温》(GBZ/T 229.3)执行。

第四条 国务院安全生产监督管理部门、卫生行政部门、人力资源社会保障行政部门依照相关法律、行政法规和国务院确定的职责,负责全国高温作业、高温天气作业劳动保护的监督管理工作。

县级以上地方人民政府安全生产监督管理部门、卫生行政部门、人力资源社会保障行政部门依据法律、行政法规和各自职责,负责本行政区域内高温作业、高温天气作业劳动保护的监督管理工作。

第五条 用人单位应当建立、健全防暑降温工作制度,采取有效措施,加强高温作业、高温天气作业劳动保护工作,确保劳动者身体健康和生命安全。

用人单位的主要负责人对本单位的防暑降温工作全面负责。

第六条 用人单位应当根据国家有关规定,合理布局生产现场,改进生产工艺和操作流程,采用良好的隔热、通风、降温措施,保证工作场所符合国家职业卫生标准要求。

第七条 用人单位应当落实以下高温作业劳动保护措施:

(一)优先采用有利于控制高温的新技术、新工艺、新材料、新设备,从源头上降低或者消除高温危害。对于生产过程中不能完全消除的高温危害,应当采取综合控制措施,使其符合国家职业卫生标准要求。

(二)存在高温职业病危害的建设项目,应当保证其设计符合国家职业卫生相关标准和卫生要求,高温防护设施应当与主体工程同时设计,同时施工,同时投入生产和使用。

(三)存在高温职业病危害的用人单位,应当实施由专人负责的高温日常监测,并按照有关规定进行职业病危害因素检测、评价。

(四)用人单位应当依照有关规定对从事接触高温危害作业劳动者组织上岗前、在岗期间和离岗时的职业健康检查,将检查结果存入职业健康监护档案并书面告知劳动者。职业健康检查费用由用人单位承担。

(五)用人单位不得安排怀孕女职工和未成年工从事《工作场所职业病危害作业分级第 3 部分:高温》(GBZ/T 229.3)中第三级以上的高温工作场所作业。

第八条 在高温天气期间,用人单位应当按照下列规定,根据生产特点和具体条件,采取合理安排工作时间、轮换作业、适当增加高温工作环境下劳动者的休息时间和减轻劳动强度、减少高温时段室外作业等措施:

（一）用人单位应当根据地市级以上气象主管部门所属气象台当日发布的预报气温，调整作业时间，但因人身财产安全和公众利益需要紧急处理的除外：

1. 日最高气温达到40℃以上，应当停止当日室外露天作业；

2. 日最高气温达到37℃以上、40℃以下时，用人单位全天安排劳动者室外露天作业时间累计不得超过6小时，连续作业时间不得超过国家规定，且在气温最高时段3小时内不得安排室外露天作业；

3. 日最高气温达到35℃以上、37℃以下时，用人单位应当采取换班轮休等方式，缩短劳动者连续作业时间，并且不得安排室外露天作业劳动者加班。

（二）在高温天气来临之前，用人单位应当对高温天气作业的劳动者进行健康检查，对患有心、肺、脑血管性疾病、肺结核、中枢神经系统疾病及其他身体状况不适合高温作业环境的劳动者，应当调整作业岗位。职业健康检查费用由用人单位承担。

（三）用人单位不得安排怀孕女职工和未成年工在35℃以上的高温天气期间从事室外露天作业及温度在33℃以上的工作场所作业。

（四）因高温天气停止工作、缩短工作时间的，用人单位不得扣除或降低劳动者工资。

第九条 用人单位应当向劳动者提供符合要求的个人防护用品，并督促和指导劳动者正确使用。

第十条 用人单位应当对劳动者进行上岗前职业卫生培训和在岗期间的定期职业卫生培训，普及高温防护、中暑急救等职业卫生知识。

第十一条 用人单位应当为高温作业、高温天气作业的劳动者供给足够的、符合卫生标准的防暑降温饮料及必需的药品。

不得以发放钱物替代提供防暑降温饮料。防暑降温饮料不得充抵高温津贴。

第十二条 用人单位应当在高温工作环境设立休息场所。休息场所应当设有座椅，保持通风良好或者配有空调等防暑降温设施。

第十三条 用人单位应当制定高温中暑应急预案，定期进行应急救援的演习，并根据从事高温作业和高温天气作业的劳动者数量及作业条件等情况，配备应急救援人员和足量的急救药品。

第十四条 劳动者出现中暑症状时，用人单位应当立即采取救助措施，使其迅速脱离高温环境，到通风阴凉处休息，供给防暑降温饮料，并采取必要的对症处理措施；病情严重者，用人单位应当及时送医疗卫生机构治疗。

第十五条 劳动者应当服从用人单位合理调整高温天气作息时间或者对有关工作地点、工作岗位的调整安排。

第十六条 工会组织代表劳动者就高温作业和高温天气劳动保护事项与用人单位进行平等协商，签订集体合同或者高温作业和高温天气劳动保护专项集体合同。

第十七条 劳动者从事高温作业的，依法享受岗位津贴。

用人单位安排劳动者在35℃以上高温天气从事室外露天作业以及不能采取有效措施将工作场所温度降低到33℃以下的，应当向劳动者发放高温津贴，并纳入工资总额。高温津贴标准由省级人力资源社会保障行政部门会同有关部门制定，并根据社会经济发展状况适时调整。

第十八条 承担职业性中暑诊断的医疗卫生机构，应当经省级人民政府卫生行政部门批准。

第十九条 劳动者因高温作业或者高温天气作业引起中暑，经诊断为职业病的，享受工伤保险待遇。

第二十条 工会组织依法对用人单位的高温作业、高温天气劳动保护措施实行监督。发现违法行为，工会组织有权向用人单位提出，用人单位应当及时改正。用人单位拒不改正的，工会组织应当提请有关部门依法处理，并对处理结果进行监督。

第二十一条 用人单位违反职业病防治与安全生产法律、行政法规，危害劳动者身体健康的，由县级以上人民政府相关部门依据各自职责责令用人单位整改或者停止作业；情节严重的，按照国家有关法律法规追究用人单位及其负责人的相应责任；构成犯罪的，依法追究刑事责任。

用人单位违反国家劳动保障法律、行政法规有关工作时间、工资津贴规定，侵害劳动者劳动保障权益的，由县级以上人力资源社会保障行政部门依法责令改正。

第二十二条 各省级人民政府安全生产监督管理部门、卫生行政部门、人力资源社会保障行政部门和工会组织可以根据本办法，制定实施细则。

第二十三条 本办法由国家安全生产监督管理总局会同卫生部、人力资源和社会保障部、全国总工会负责解释。

第二十四条 本办法所称“以上”摄氏度（℃）含本数，“以下”摄氏度（℃）不含本数。

第二十五条 本办法自发布之日起施行。1960年7月1日卫生部、劳动部、全国总工会联合公布的《防暑降温措施暂行办法》同时废止。

用人单位职业病危害因素定期检测管理规范

1. 2015年2月28日国家安全生产监督管理总局办公厅发布

2. 安监总厅安健〔2015〕16号

第一条 为了加强和规范用人单位职业病危害因素定期检测工作,及时有效地预防、控制和消除职业病危害,保护劳动者职业健康权益,依据《中华人民共和国职业病防治法》(以下简称《职业病防治法》)和《工作场所职业卫生监督管理规定》(国家安全监管总局令第47号),制定本规范。

第二条 产生职业病危害的用人单位对其工作场所进行职业病危害因素定期检测及其管理,适用本规范。

第三条 职业病危害因素定期检测是指用人单位定期委托具备资质的职业卫生技术服务机构对其产生职业病危害的工作场所进行的检测。

本规范所指职业病危害因素是指《职业病危害因素分类目录》中所列危害因素以及国家职业卫生标准中有职业接触限值及检测方法的危害因素。

第四条 用人单位应当建立职业病危害因素定期检测制度,每年至少委托具备资质的职业卫生技术服务机构对其存在职业病危害因素的工作场所进行一次全面检测。法律法规另有规定的,按其规定执行。

第五条 用人单位应当将职业病危害因素定期检测工作纳入年度职业病防治计划和实施方案,明确责任部门或责任人,所需检测费用纳入年度经费预算予以保障。

第六条 用人单位应当建立职业病危害因素定期检测档案,并纳入其职业卫生档案体系。

第七条 用人单位在与职业卫生技术服务机构签订定期检测合同前,应当对职业卫生技术服务机构的资质、计量认证范围等事项进行核对,并将相关资质证书复印存档。

定期检测范围应当包含用人单位产生职业病危害的全部工作场所,用人单位不得要求职业卫生技术服务机构仅对部分职业病危害因素或部分工作场所进行指定检测。

第八条 用人单位与职业卫生技术服务机构签订委托协议后,应将其生产工艺流程、产生职业病危害的原辅材料和设备、职业病防护设施、劳动工作制度等与检测有关的情况告知职业卫生技术服务机构。

用人单位应当在确保正常生产的状况下,配合职业卫生技术服务机构做好采样前的现场调查和工作日写实工作,并由陪同人员在技术服务机构现场记录表上签字确认。

第九条 职业卫生技术服务机构对用人单位工作场所进行现场调查后,结合用人单位提供的相关材料,制定现场采样和检测计划,用人单位主要负责人按照国家有关采样规范确认无误后,应当在现场采样和检测计划上签字。

第十条 职业卫生技术服务机构在进行现场采样检测时,用人单位应当保证生产过程处于正常状态,不得故意减少生产负荷或停产、停机。用人单位因故需要停产、停机或减负运行的,应当及时通知技术服务机构变更现场采样和检测计划。

用人单位应当对技术服务机构现场采样检测过程进行拍照或摄像留证。

第十一条 采样检测结束时,用人单位陪同人员应当对现场采样检测记录进行确认并签字。

第十二条 用人单位与职业卫生技术服务机构应当互相监督,保证采样检测符合以下要求:

(一)采用定点采样时,选择空气中有害物质浓度最高、劳动者接触时间最长的工作地点采样;采用个体采样时,选择接触有害物质浓度最高和接触时间最长的劳动者采样;

(二)空气中有害物质浓度随季节发生变化的工作场所,选择空气中有害物质浓度最高的时节为重点采样时段;同时风速、风向、温度、湿度等气象条件应满足采样要求;

(三)在工作周内,应当将有害物质浓度最高的工作日选择为重点采样日;在工作日内,应当将有害物质浓度最高的时段选择为重点采样时段;

(四)高温测量时,对于常年从事接触高温作业的,测量夏季最热月份湿球黑球温度;不定期接触高温作业的,测量工期内最热月份湿球黑球温度;从事室外作业的,测量夏季最热月份晴天有太阳辐射时湿球黑球温度。

第十三条 用人单位在委托职业卫生技术服务机构进行定期检测过程中不得有下列行为:

(一)委托不具备相应资质的职业卫生技术服务机构检测;

(二)隐瞒生产所使用的原辅材料成分及用量、生产工艺与布局等有关情况;

（三）要求职业卫生技术服务机构在异常气象条件、减少生产负荷、开工时间不足等不能反映真实结果的状态下进行采样检测；

（四）要求职业卫生技术服务机构更改采样检测数据；

（五）要求职业卫生技术服务机构对指定地点或指定职业病危害因素进行采样检测；

（六）以拒付少付检测费用等不正当手段干扰职业卫生技术服务机构正常采样检测工作；

（七）妨碍正常采样检测工作，影响检测结果真实性的其他行为。

第十四条　用人单位应当要求职业卫生技术服务机构及时提供定期检测报告，定期检测报告经用人单位主要负责人审阅签字后归档。

在收到定期检测报告后一个月之内，用人单位应当将定期检测结果向所在地安全生产监督管理部门报告。

第十五条　定期检测结果中职业病危害因素浓度或强度超过职业接触限值的，职业卫生技术服务机构应提出相应整改建议。用人单位应结合本单位的实际情况，制定切实有效的整改方案，立即进行整改。整改落实情况应有明确的记录并存入职业卫生档案备查。

第十六条　用人单位应当及时在工作场所公告栏向劳动者公布定期检测结果和相应的防护措施。

第十七条　安全生产监管部门应当加强对用人单位职业病危害因素定期检测工作的监督检查。发现用人单位违反本规范的，依据《职业病防治法》、《工作场所职业卫生监督管理规定》等法律法规及规章的规定予以处罚。

第十八条　本规范未规定的其他有关事项，依照《职业病防治法》和其他有关法律法规规章及职业卫生标准的规定执行。

用人单位劳动防护用品管理规范

1. 2015年12月29日国家安全生产监督管理总局办公厅发布

2. 根据2018年1月15日《国家安全监管总局办公厅关于修改〈用人单位劳动防护用品管理规范〉的通知》（安监总厅安健〔2018〕3号）修正

第一章　总　　则

第一条　为规范用人单位劳动防护用品的使用和管理，保障劳动者安全健康及相关权益，根据《中华人民共和国安全生产法》、《中华人民共和国职业病防治法》等法律、行政法规和规章，制定本规范。

第二条　本规范适用于中华人民共和国境内企业、事业单位和个体经济组织等用人单位的劳动防护用品管理工作。

第三条　本规范所称的劳动防护用品，是指由用人单位为劳动者配备的，使其在劳动过程中免遭或者减轻事故伤害及职业病危害的个体防护装备。

第四条　劳动防护用品是由用人单位提供的，保障劳动者安全与健康的辅助性、预防性措施，不得以劳动防护用品替代工程防护设施和其他技术、管理措施。

第五条　用人单位应当健全管理制度，加强劳动防护用品配备、发放、使用等管理工作。

第六条　用人单位应当安排专项经费用于配备劳动防护用品，不得以货币或者其他物品替代。该项经费计入生产成本，据实列支。

第七条　用人单位应当为劳动者提供符合国家标准或者行业标准的劳动防护用品。使用进口的劳动防护用品，其防护性能不得低于我国相关标准。

第八条　劳动者在作业过程中，应当按照规章制度和劳动防护用品使用规则，正确佩戴和使用劳动防护用品。

第九条　用人单位使用的劳务派遣工、接纳的实习学生应当纳入本单位人员统一管理，并配备相应的劳动防护用品。对处于作业地点的其他外来人员，必须按照与进行作业的劳动者相同的标准，正确佩戴和使用劳动防护用品。

第二章　劳动防护用品选择

第十条　劳动防护用品分为以下十大类：

（一）防御物理、化学和生物危险、有害因素对头部伤害的头部防护用品。

（二）防御缺氧空气和空气污染物进入呼吸道的呼吸防护用品。

（三）防御物理和化学危险、有害因素对眼面部伤害的眼面部防护用品。

（四）防噪声危害及防水、防寒等的听力防护用品。

（五）防御物理、化学和生物危险、有害因素对手部伤害的手部防护用品。

（六）防御物理和化学危险、有害因素对足部伤害的足部防护用品。

（七）防御物理、化学和生物危险、有害因素对躯干伤害的躯干防护用品。

（八）防御物理、化学和生物危险、有害因素损伤皮肤或引起皮肤疾病的护肤用品。

（九）防止高处作业劳动者坠落或者高处落物伤害的坠落防护用品。

（十）其他防御危险、有害因素的劳动防护用品。

第十一条 用人单位应按照识别、评价、选择的程序（见附件1），结合劳动者作业方式和工作条件，并考虑其个人特点及劳动强度，选择防护功能和效果适用的劳动防护用品。

（一）接触粉尘、有毒、有害物质的劳动者应当根据不同粉尘种类、粉尘浓度及游离二氧化硅含量和毒物的种类及浓度配备相应的呼吸器（见附件2）、防护服、防护手套和防护鞋等。具体可参照《呼吸防护用品自吸过滤式防颗粒物呼吸器》（GB 2626）、《呼吸防护用品的选择、使用及维护》（GB/T 18664）、《防护服装化学防护服的选择、使用和维护》（GB/T 24536）、《手部防护 防护手套的选择、使用和维护指南》（GB/T 29512）和《个体防护装备足部防护鞋（靴）的选择、使用和维护指南》（GB/T 28409）等标准。

（二）接触噪声的劳动者，当暴露于 80dB ≤ LEX，8h < 85dB 的工作场所时，用人单位应当根据劳动者需求为其配备适用的护听器；当暴露于 LEX，8h ≥ 85dB 的工作场所时，用人单位必须为劳动者配备适用的护听器，并指导劳动者正确佩戴和使用（见附件2）。具体可参照《护听器的选择指南》（GB/T 23466）。

（三）工作场所中存在电离辐射危害的，经危害评价确认劳动者需佩戴劳动防护用品的，用人单位可参照电离辐射的相关标准及《个体防护装备配备基本要求》（GB/T 29510）为劳动者配备劳动防护用品，并指导劳动者正确佩戴和使用。

（四）从事存在物体坠落、碎屑飞溅、转动机械和锋利器具等作业的劳动者，用人单位还可参照《个体防护装备选用规范》（GB/T 11651）、《头部防护安全帽选用规范》（GB/T 30041）和《坠落防护装备安全使用规范》（GB/T 23468）等标准，为劳动者配备适用的劳动防护用品。

第十二条 同一工作地点存在不同种类的危险、有害因素的，应当为劳动者同时提供防御各类危害的劳动防护用品。需要同时配备的劳动防护用品，还应考虑其可兼容性。

劳动者在不同地点工作，并接触不同的危险、有害因素，或接触不同的危害程度的有害因素的，为其选配的劳动防护用品应满足不同工作地点的防护需求。

第十三条 劳动防护用品的选择还应当考虑其佩戴的合适性和基本舒适性，根据个人特点和需求选择适合号型、式样。

第十四条 用人单位应当在可能发生急性职业损伤的有毒、有害工作场所配备应急劳动防护用品，放置于现场临近位置并有醒目标识。

用人单位应当为巡检等流动性作业的劳动者配备随身携带的个人应急防护用品。

第三章 劳动防护用品采购、发放、培训及使用

第十五条 用人单位应当根据劳动者工作场所中存在的危险、有害因素种类及危害程度、劳动环境条件、劳动防护用品有效使用时间制定适合本单位的劳动防护用品配备标准（见附件3）。

第十六条 用人单位应当根据劳动防护用品配备标准制定采购计划，购买符合标准的合格产品。

第十七条 用人单位应当查验并保存劳动防护用品检验报告等质量证明文件的原件或复印件。

第十八条 用人单位应当按照本单位制定的配备标准发放劳动防护用品，并作好登记（见附件4）。

第十九条 用人单位应当对劳动者进行劳动防护用品的使用、维护等专业知识的培训。

第二十条 用人单位应当督促劳动者在使用劳动防护用品前，对劳动防护用品进行检查，确保外观完好、部件齐全、功能正常。

第二十一条 用人单位应当定期对劳动防护用品的使用情况进行检查，确保劳动者正确使用。

第四章 劳动防护用品维护、更换及报废

第二十二条 劳动防护用品应当按照要求妥善保存，及时更换，保证其在有效期内。

公用的劳动防护用品应当由车间或班组统一保管，定期维护。

第二十三条 用人单位应当对应急劳动防护用品进行经常性的维护、检修，定期检测劳动防护用品的性能和效果，保证其完好有效。

第二十四条 用人单位应当按照劳动防护用品发放周期定期发放，对工作过程中损坏的，用人单位应及时更换。

第二十五条 安全帽、呼吸器、绝缘手套等安全性能要求高、易损耗的劳动防护用品，应当按照有效防护功能最低指标和有效使用期，到期强制报废。

第五章　附　　则

第二十六条　本规范所称的工作地点，是指劳动者从事职业活动或进行生产管理而经常或定时停留的岗位和作业地点。

第二十七条　煤矿劳动防护用品的管理，按照《煤矿职业安全卫生个体防护用品配备标准》（AQ 1051）规定执行。

附件 1

劳动防护用品选择程序

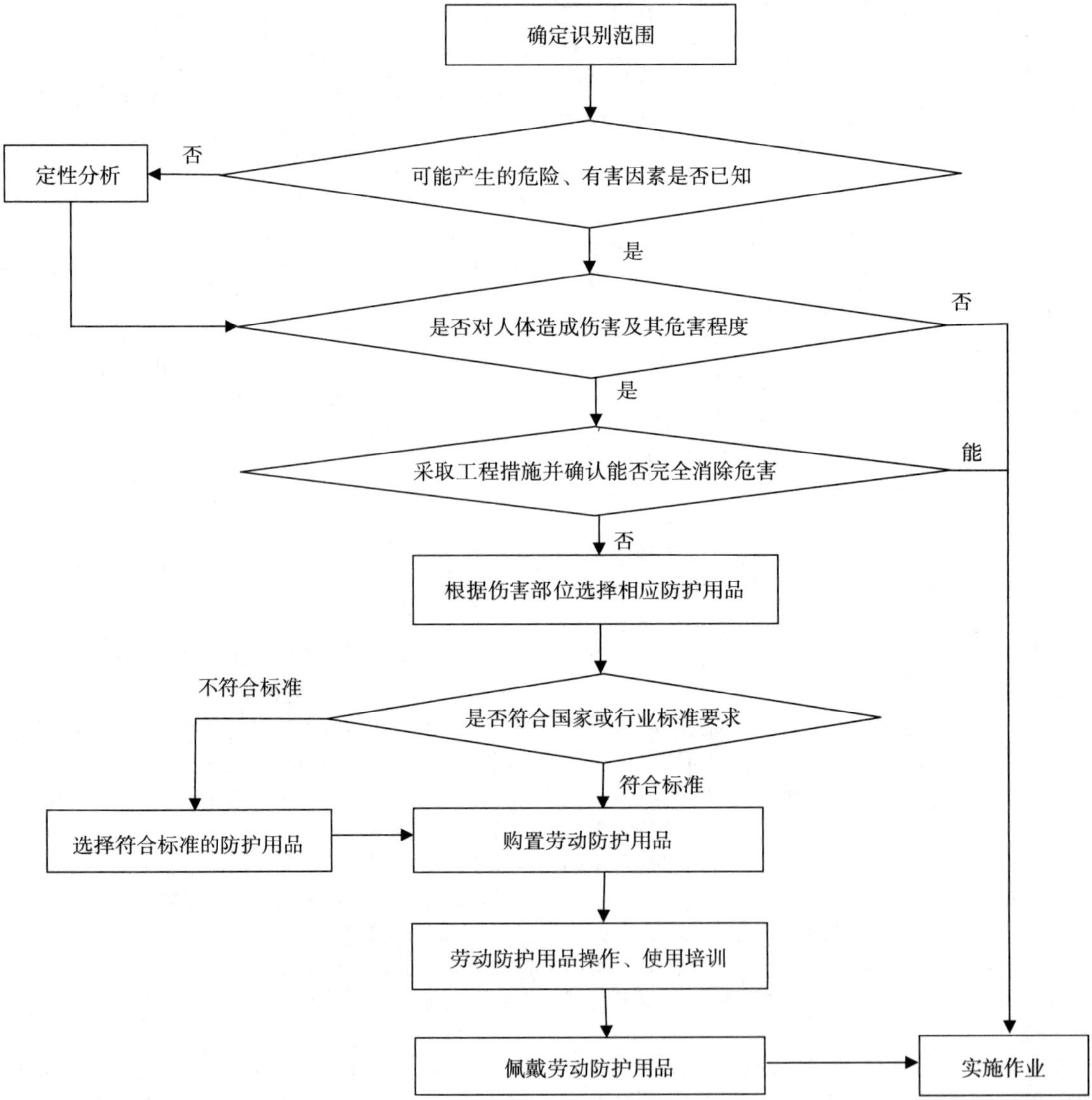

附件 2

呼吸器和护听器的选用

危害因素	分　类	要　求
颗粒物	一般粉尘,如煤尘、水泥尘、木粉尘、云母尘、滑石尘及其他粉尘	过滤效率至少满足《呼吸防护用品自吸过滤式防颗粒物呼吸器》(GB 2626)规定的 KN90 级别的防颗粒物呼吸器
	石棉	可更换式防颗粒物半面罩或全面罩,过滤效率至少满足 GB 2626 规定的 KN95 级别的防颗粒物呼吸器
	矽尘、金属粉尘(如铅尘、镉尘)、砷尘、烟(如焊接烟、铸造烟)	过滤效率至少满足 GB 2626 规定的 KN95 级别的防颗粒物呼吸器
	放射性颗粒物	过滤效率至少满足 GB 2626 规定的 KN100 级别的防颗粒物呼吸器
	致癌性油性颗粒物(如焦炉烟、沥青烟等)	过滤效率至少满足 GB 2626 规定的 KP95 级别的防颗粒物呼吸器
化学物质	窒息气体	隔绝式正压呼吸器
	无机气体、有机蒸气	防毒面具 面罩类型: 工作场所毒物浓度超标不大于 10 倍,使用送风或自吸过滤半面罩;工作场所毒物浓度超标不大于 100 倍,使用送风或自吸过滤全面罩;工作场所毒物浓度超标大于 100 倍,使用隔绝式或送风过滤式全面罩
	酸、碱性溶液、蒸气	防酸碱面罩、防酸碱手套、防酸碱服、防酸碱鞋
噪声	劳动者暴露于工作场所 80dB≤LEX,8h<85 dB 的	用人单位应根据劳动者需求为其配备适用的护听器
	劳动者暴露于工作场所 LEX,8h≥85dB 的	用人单位应为劳动者配备适用的护听器,并指导劳动者正确佩戴和使用。劳动者暴露于工作场所 LEX,8h 为 85 ~ 95dB 的应选用护听器 SNR 为 17 ~ 34dB 的耳塞或耳罩;劳动者暴露于工作场所 LEX,8h≥95dB 的应选用护听器 SNR≥34dB 的耳塞、耳罩或者同时佩戴耳塞和耳罩,耳塞和耳罩组合使用时的声衰减值,可按二者中较高的声衰减值增加 5dB 估算

附件3

用人单位劳动防护用品配备标准

岗位/工种	作业者数量	危险、有害因素类别	危险、有害因素浓度/强度	配备的防护用品种类	防护用品型号/级别	防护用品发放周期	呼吸器过滤元件更换周期

附件4

劳动防护用品发放登记表

单位/车间：

序号	岗位/工种	员工姓名	防护用品名称	型号	数量	领用人签字	备注

发放人：　　　　　　　　日期：　　　年　　月　　日

国家卫生健康委办公厅关于公布建设项目职业病危害风险分类管理目录的通知

1. 2021年3月12日
2. 国卫办职健发〔2021〕5号

各省、自治区、直辖市及新疆生产建设兵团卫生健康委，中国国家铁路集团有限公司，各中央企业：

根据《职业病防治法》及《工作场所职业卫生管理规定》（国家卫生健康委员会令第5号）有关规定，国家卫生健康委组织修订了《建设项目职业病危害风险分类管理目录》（以下简称《目录》），现予公布，并就有关事项通知如下：

一、《目录》适用于建设项目职业病防护设施“三同时”分类监督管理和用人单位工作场所职业病危害因素定期检测频次确定。

二、各级卫生健康行政部门应当按照建设项目职业病防护设施“三同时”、工作场所职业卫生管理相关规定和本《目录》，对建设项目职业病防护设施“三同时”、用人单位工作场所职业病危害因素定期检测实施监督管理。

三、建设单位和用人单位应当按照建设项目职业病防护设施“三同时”、工作场所职业卫生管理相关规定和本《目录》，开展建设项目职业病防护设施管理和工作场所职业病危害因素定期检测工作。

四、《目录》是在《职业病危害因素分类目录》（国卫疾控发〔2015〕92号）基础上，按照《国民经济行业分类》（GB/T 4754－2017）对建设项目和用人单位可能存在职业病危害的风险程度进行的行业分类。

在实际运用中，如果一般风险行业的建设项目（或用人单位工作场所）采用的原材料、生产工艺和产品等可能产生的职业病危害的风险程度，与其在本《目录》中所列行业职业病危害的风险程度有明显区别的，建设单位（或用人单位）可以根据职业病危害评价结果，确定该建设项目（或工作场所）职业病危害的风险类别。如果同一个项目（或用人单位）不同子项目内容（或工作场所）分别属于不同行业的，应当根据风险级别高者确定风险类别。

五、建设单位（或用人单位）所属行业存在职业病危害但未纳入本《目录》风险分类的，可根据职业病危害评价结果确定风险类别。

六、各省级卫生健康行政部门可根据本地区实际情况对《目录》进行补充。

七、《目录》实施过程中发现的问题，请各省级卫生健康行政部门、中央企业及时报告国家卫生健康委。

八、《目录》自公布之日起施行，原国家安全生产监督管理总局2012年5月31日公布的《建设项目职业病危害风险分类管理目录（2012年版）》（安监总安健〔2012〕73号）同时废止。

附件

建设项目职业病危害风险分类管理目录

序号	行业编码	类别名称	严重	一般
一	A	农、林、牧、渔业		
（一）	A01	农业		
1	A011	谷物种植		√
2	A012	豆类、油料和薯类种植		√
3	A013	棉、麻、糖、烟草种植		√
4	A014	蔬菜、食用菌及园艺作物种植		√
5	A015	水果种植		√
6	A016	坚果、含油果、香料和饮料作物种植		√
7	A017	中药材种植		√

续表

序号	行业编码	类别名称	严重	一般
8	A018	草种植及割草		√
9	A019	其他农业		√
（二）	A02	林业		
1	A021	林木育种和育苗		√
2	A022	造林和更新		√
3	A023	森林经营、管护和改培		√
4	A024	木材和竹材采运		√
5	A025	林产品采集		√
（三）	A03	畜牧业		
1	A031	牲畜饲养		
1.1	—	牲畜饲养（牛、羊）	√	
1.2	—	牲畜饲养（其他）		√
2	A032	家禽饲养		√
3	A033	狩猎和捕捉动物		√
4	A039	其他畜牧业		√
（四）	A04	渔业		
1	A041	水产养殖		√
2	A042	水产捕捞		√
（五）	A05	农、林、牧、渔专业及辅助性活动		
1	A051	农业专业及辅助性活动		√
2	A052	林业专业及辅助性活动		√
3	A053	畜牧专业及辅助性活动		
3.1	—	畜牧专业及辅助性活动（牛、羊）	√	
3.2	—	畜牧专业及辅助性活动（其他）		√
4	A054	渔业专业及辅助性活动		√
二	B	采矿业		
（一）	B06	煤炭开采和洗选业		
1	B061	烟煤和无烟煤开采洗选	√	
2	B062	褐煤开采洗选	√	
3	B069	其他煤炭采选	√	
（二）	B07	石油和天然气开采业		
1	B071	石油开采	√	

续表

序号	行业编码	类别名称	严重	一般
2	B072	天然气开采		
2.1	—	含硫天然气开采	√	
2.2	—	其他天然气开采		√
(三)	B08	黑色金属矿采选业		
1	B081	铁矿采选	√	
2	B082	锰矿、铬矿采选	√	
3	B089	其他黑色金属矿采选	√	
(四)	B09	有色金属矿采选业		
1	B091	常用有色金属矿采选	√	
2	B092	贵金属矿采选	√	
3	B093	稀有稀土金属矿采选	√	
(五)	B10	非金属矿采选业		
1	B101	土砂石开采	√	
2	B102	化学矿开采	√	
3	B103	采盐		√
4	B109	石棉、石英砂及其他非金属矿采选	√	
(六)	B11	开采专业及辅助性活动		
1	B111	煤炭开采和洗选专业及辅助性活动	√	
2	B112	石油和天然气开采专业及辅助性活动	√	
3	B119	其他开采专业及辅助性活动	√	
(七)	B12	其他采矿业		
1	B120	其他采矿业	√	
三	C	制造业		
(一)	C13	农副食品加工业		
1	C131	谷物磨制		√
2	C132	饲料加工		√
3	C133	植物油加工		√
4	C134	制糖业		√
5	C135	屠宰及肉类加工		√
6	C136	水产品加工		√
7	C137	蔬菜、菌类、水果和坚果加工		√
8	C139	其他农副食品加工		√

续表

序号	行业编码	类别名称	严重	一般
（二）	C14	食品制造业		
1	C141	焙烤食品制造		√
2	C142	糖果、巧克力及蜜饯制造		√
3	C143	方便食品制造		√
4	C144	乳制品制造		√
5	C145	罐头食品制造		√
6	C146	调味品、发酵制品制造		√
7	C149	其他食品制造		√
（三）	C15	酒、饮料和精制茶制造业		
1	C151	酒的制造		√
2	C152	饮料制造		√
3	C153	精制茶加工		√
（四）	C16	烟草制品业		
1	C161	烟叶复烤		√
2	C162	卷烟制造		√
3	C169	其他烟草制品制造		√
（五）	C17	纺织业		
1	C171	棉纺织及印染精加工	√	
2	C172	毛纺织及染整精加工	√	
3	C173	麻纺织及染整精加工	√	
4	C174	丝绢纺织及印染精加工	√	
5	C175	化纤织造及印染精加工	√	
6	C176	针织或钩针编织物及其制品制造		√
7	C177	家用纺织制成品制造		√
8	C178	产业用纺织制成品制造		√
（六）	C18	纺织服装、服饰业		
1	C181	机织服装制造		√
2	C182	针织或钩针编织服装制造		√
3	C183	服饰制造		√
（七）	C19	皮革、毛皮、羽毛及其制品和制鞋业		
1	C191	皮革鞣制加工	√	
2	C192	皮革制品制造	√	

续表

序号	行业编码	类别名称	严重	一般
3	C193	毛皮鞣制及制品加工	√	
4	C194	羽毛(绒)加工及制品制造		√
5	C195	制鞋业 *	√	
(八)	C20	木材加工和木、竹、藤、棕、草制品业		
1	C201	木材加工		√
2	C202	人造板制造	√	
3	C203	木质制品制造 *	√	
4	C204	竹、藤、棕、草等制品制造		√
(九)	C21	家具制造业		
1	C211	木质家具制造 *	√	
2	C212	竹、藤家具制造		√
3	C213	金属家具制造 *	√	
4	C214	塑料家具制造		√
5	C219	其他家具制造		√
(十)	C22	造纸和纸制品业		
1	C221	纸浆制造	√	
2	C222	造纸	√	
3	C223	纸制品制造		√
(十一)	C23	印刷和记录媒介复制业		
1	C231	印刷 *	√	
2	C232	装订及印刷相关服务		√
(十二)	C24	文教、工美、体育和娱乐用品制造业		
1	C241	文教办公用品制造		√
2	C242	乐器制造		√
3	C243	工艺美术及礼仪用品制造		
3.1	—	工艺美术及礼仪用品制造(雕塑、金属、漆器、珠宝)	√	
3.2	—	工艺美术及礼仪用品制造(其他)		√
4	C244	体育用品制造		
4.1	—	体育用品制造(高尔夫球制品)	√	
4.2	—	体育用品制造(其他)		√
5	C245	玩具制造		√
6	C246	游艺器材及娱乐用品制造		√

续表

序号	行业编码	类别名称	严重	一般
（十三）	C25	石油、煤炭及其他燃料加工业		
1	C251	精炼石油产品制造	√	
2	C252	煤炭加工	√	
3	C253	核燃料加工	√	
4	C254	生物质燃料加工	√	
（十四）	C26	化学原料和化学制品制造业		
1	C261	基础化学原料制造	√	
2	C262	肥料制造	√	
3	C263	农药制造	√	
4	C264	涂料、油墨、颜料及类似产品制造	√	
5	C265	合成材料制造	√	
6	C266	专用化学产品制造	√	
7	C267	炸药、火工及焰火产品制造	√	
8	C268	日用化学产品制造		√
（十五）	C27	医药制造业		
1	C271	化学药品原料药制造	√	
2	C272	化学药品制剂制造		√
3	C273	中药饮片加工		√
4	C274	中成药生产		√
5	C275	兽用药品制造		√
6	C276	生物药品制品制造		√
7	C277	卫生材料及医药用品制造		√
8	C278	药用辅料及包装材料制造		√
（十六）	C28	化学纤维制造业		
1	C281	纤维素纤维原料及纤维制造	√	
2	C282	合成纤维制造	√	
3	C283	生物基材料制造		√
（十七）	C29	橡胶和塑料制品业		
1	C291	橡胶制品业	√	
2	C292	塑料制品业	√	
（十八）	C30	非金属矿物制品业		
1	C301	水泥、石灰和石膏制造	√	

续表

序号	行业编码	类别名称	严重	一般
2	C302	石膏、水泥制品及类似制品制造	√	
3	C303	砖瓦、石材等建筑材料制造	√	
4	C304	玻璃制造	√	
5	C305	玻璃制品制造	√	
6	C306	玻璃纤维和玻璃纤维增强塑料制品制造	√	
7	C307	陶瓷制品制造	√	
8	C308	耐火材料制品制造	√	
9	C309	石墨及其他非金属矿物制品制造	√	
（十九）	C31	黑色金属冶炼和压延加工业		
1	C311	炼铁	√	
2	C312	炼钢	√	
3	C313	钢压延加工	√	
4	C314	铁合金冶炼	√	
（二十）	C32	有色金属冶炼和压延加工业		
1	C321	常用有色金属冶炼	√	
2	C322	贵金属冶炼	√	
3	C323	稀有稀土金属冶炼	√	
4	C324	有色金属合金制造	√	
5	C325	有色金属压延加工	√	
（二十一）	C33	金属制品业		
1	C331	结构性金属制品制造	√	
2	C332	金属工具制造	√	
3	C333	集装箱及金属包装容器制造	√	
4	C334	金属丝绳及其制品制造	√	
5	C335	建筑、安全用金属制品制造	√	
6	C336	金属表面处理及热处理加工	√	
7	C337	搪瓷制品制造	√	
8	C338	金属制日用品制造	√	
9	C339	铸造及其他金属制品制造	√	
（二十二）	C34	通用设备制造业		
1	C341	锅炉及原动设备制造	√	
2	C342	金属加工机械制造	√	

续表

序号	行业编码	类别名称	严重	一般
3	C343	物料搬运设备制造	√	
4	C344	泵、阀门、压缩机及类似机械制造	√	
5	C345	轴承、齿轮和传动部件制造	√	
6	C346	烘炉、风机、包装等设备制造	√	
7	C347	文化、办公用机械制造	√	
8	C348	通用零部件制造	√	
9	C349	其他通用设备制造业	√	
（二十三）	C35	专用设备制造业		
1	C351	采矿、冶金、建筑专用设备制造	√	
2	C352	化工、木材、非金属加工专用设备制造	√	
3	C353	食品、饮料、烟草及饲料生产专用设备制造	√	
4	C354	印刷、制药、日化及日用品生产专用设备制造	√	
5	C355	纺织、服装和皮革加工专用设备制造	√	
6	C356	电子和电工机械专用设备制造	√	
7	C357	农、林、牧、渔专用机械制造	√	
8	C358	医疗仪器设备及器械制造	√	
9	C359	环保、邮政、社会公共服务及其他专用设备制造	√	
（二十四）	C36	汽车制造业		
1	C361	汽车整车制造	√	
2	C362	汽车用发动机制造	√	
3	C363	改装汽车制造	√	
4	C364	低速汽车制造	√	
5	C365	电车制造	√	
6	C366	汽车车身、挂车制造	√	
7	C367	汽车零部件及配件制造	√	
（二十五）	C37	铁路、船舶、航空航天和其他运输设备制造业		
1	C371	铁路运输设备制造	√	
2	C372	城市轨道交通设备制造	√	
3	C373	船舶及相关装置制造	√	
4	C374	航空、航天器及设备制造	√	
5	C375	摩托车制造	√	
6	C376	自行车和残疾人座车制造	√	

续表

序号	行业编码	类别名称	严重	一般
7	C377	助动车制造	√	
8	C378	非公路休闲车及零配件制造	√	
9	C379	潜水救捞及其他未列明运输设备制造	√	
（二十六）	C38	电气机械和器材制造业		
1	C381	电机制造	√	
2	C382	输配电及控制设备制造	√	
3	C383	电线、电缆、光缆及电工器材制造	√	
4	C384	电池制造	√	
5	C385	家用电力器具制造	√	
6	C386	非电力家用器具制造		√
7	C387	照明器具制造		√
8	C389	其他电气机械及器材制造		√
（二十七）	C39	计算机、通信和其他电子设备制造业		
1	C391	计算机制造		√
2	C392	通信设备制造		√
3	C393	广播电视设备制造		√
4	C394	雷达及配套设备制造		√
5	C395	非专业视听设备制造		√
6	C396	智能消费设备制造		√
7	C397	电子器件制造	√	
8	C398	电子元件及电子专用材料制造	√	
9	C399	其他电子设备制造		√
（二十八）	C40	仪器仪表制造业		
1	C401	通用仪器仪表制造		√
2	C402	专用仪器仪表制造		√
3	C403	钟表与计时仪器制造		√
4	C404	光学仪器制造		√
5	C405	衡器制造		√
6	C409	其他仪器仪表制造业		√
（二十九）	C41	其他制造业		
1	C411	日用杂品制造		√
2	C412	核辐射加工	√	

续表

序号	行业编码	类别名称	严重	一般
3	C419	其他未列明制造业		√
(三十)	C42	废弃资源综合利用业		
1	C421	金属废料和碎屑加工处理	√	
2	C422	非金属废料和碎屑加工处理	√	
(三十一)	C43	金属制品、机械和设备修理业		
1	C431	金属制品修理		√
2	C432	通用设备修理		√
3	C433	专用设备修理		√
4	C434	铁路、船舶、航空航天等运输设备修理	√	
5	C435	电气设备修理		√
6	C436	仪器仪表修理		√
7	C439	其他机械和设备修理业		√
四	D	电力、热力、燃气及水生产和供应业		
(一)	D44	电力、热力生产和供应业		
1	D441	电力生产		
1.1	—	电力生产(火力发电、热电联产、核力发电、生物质能发电)	√	
1.2	—	电力生产(其他)		√
2	D442	电力供应		√
3	D443	热力生产和供应		
3.1	—	热力生产和供应(燃煤、核能)	√	
3.2	—	热力生产和供应(其他)		√
(二)	D45	燃气生产和供应业		
1	D451	燃气生产和供应业		
1.1	—	燃气生产	√	
1.2	—	燃气供应		√
2	D452	生物质燃气生产和供应业		√
(三)	D46	水的生产和供应业		
1	D461	自来水生产和供应		√
2	D462	污水处理及其再生利用		√
3	D463	海水淡化处理		√
4	D469	其他水的处理、利用和分配		√
五	E	建筑业		

续表

序号	行业编码	类别名称	严重	一般
（一）	E47	房屋建筑业		
1	E471	住宅房屋建筑	√	
2	E472	体育场馆建筑	√	
3	E479	其他房屋建筑业	√	
（二）	E48	土木工程建筑业		
1	E481	铁路、道路、隧道和桥梁工程建筑	√	
2	E482	水利和水运工程建筑	√	
3	E483	海洋工程建筑	√	
4	E484	工矿工程建筑	√	
5	E485	架线和管道工程建筑	√	
6	E486	节能环保工程施工	√	
7	E487	电力工程施工	√	
8	E489	其他土木工程建筑	√	
（三）	E49	建筑安装业		
1	E491	电气安装		√
2	E492	管道和设备安装		√
3	E499	其他建筑安装业		√
（四）	E50	建筑装饰、装修和其他建筑业		
1	E501	建筑装饰和装修业	√	
2	E502	建筑物拆除和场地准备	√	
3	E503	提供施工设备服务	√	
4	E509	其他未列明建筑业	√	
六	F	批发和零售业		
（一）	F51	批发业		
1	F516	矿产品、建材及化工产品批发		√
（二）	F52	零售业		
1	F526	汽车、摩托车、零配件和燃料及其他动力销售		
1.1	F5265	机动车燃油零售		√
1.2	F5266	机动车燃气零售		√
七	G	交通运输、仓储和邮政业		
（一）	G53	铁路运输业		
1	G533	铁路运输辅助活动		√

续表

序号	行业编码	类别名称	严重	一般
（二）	G54	道路运输业		
1	G541	城市公共交通运输（城市轨道交通）		√
2	G544	道路运输辅助活动		√
（三）	G55	水上运输业		
1	G551	水上旅客运输		√
2	G552	水上货物运输		√
3	G553	水上运输辅助活动		√
（四）	G56	航空运输业		
1	G561	航空客货运输		√
2	G562	通用航空服务		√
3	G563	航空运输辅助活动		√
（五）	G57	管道运输业		
1	G571	海底管道运输		√
2	G572	陆地管道运输		√
（六）	G59	装卸搬运和仓储业		
1	G591	装卸搬运		√
2	G593	低温仓储		√
3	G594	危险品仓储		√
4	G595	谷物、棉花等农产品仓储		√
5	G596	中药材仓储		√
6	G599	其他仓储业		√
八	H	住宿和餐饮业		
（一）	H62	餐饮业		
1	H621	正餐服务		√
2	H622	快餐服务		√
九	M	科学研究和技术服务业		
（一）	M73	研究和试验发展		
1	M731	自然科学研究和试验发展		√
2	M732	工程和技术研究和试验发展		√
3	M733	农业科学和试验发展		√
4	M734	医学研究和试验发展		√
（二）	M74	专业技术服务业		

续表

序号	行业编码	类别名称	严重	一般
1	M746	环境与生态监测检测服务		√
十	N	水利、环境和公共设施管理业		
(一)	N77	生态保护和环境治理业		
1	N772	环境治理业		
1.1	—	环境治理业(危险废物治理、放射性废物治理)	√	
1.2	—	环境治理业(其他)		√
(二)	N78	公共设施管理业		
1	N782	环境卫生管理		√
十一	O	居民服务、修理和其他服务业		
(一)	O80	居民服务业		
1	O803	洗染服务		√
2	O808	殡葬服务		√
(二)	O81	机动车、电子产品和日用产品修理业		
1	O811	汽车、摩托车修理与维护 *	√	
(三)	O82	其他服务业		
1	O822	宠物服务		√
十二	Q	卫生和社会工作		
(一)	Q84	卫生		
1	Q841	医院		√

注：* 不使用含苯、正己烷、1,2 二氯乙烷、三氯甲烷等物质的胶黏剂、清洗剂、油墨、油漆时，按职业病危害一般进行管理。

国家安全生产监督管理总局办公厅关于汽车加油站建设项目职业卫生“三同时”有关问题的复函

1. 2015 年 4 月 30 日

2. 安监总厅安健函〔2015〕59 号

广东省安全生产监督管理局：

你局《关于汽车加油站新建、改建和扩建建设项目是否实施职业卫生“三同时”问题的请示》(粤安监〔2015〕41 号)收悉。经研究，现函复如下：

新建、改建和扩建汽车加油站，属于可能产生一般职业病危害的建设项目，建设单位应当按照《中华人民共和国职业病防治法》和《建设项目职业卫生“三同时”监督管理暂行办法》(国家安全监管总局令第 51 号)等有关规定，向安全监管部门申请职业卫生“三同时”的备案。目前，国家安全监管总局正按国务院统一部署对建设项目职业卫生“三同时”行政许可事项进行改革，在具体办法尚未发布之前，仍按现规定执行。

人力资源社会保障部、国家卫生健康委员会关于做好尘肺病重点行业工伤保险有关工作的通知

1. 2019 年 12 月 2 日

2. 人社部发〔2019〕125 号

各省、自治区、直辖市及新疆生产建设兵团人力资源社会保障厅(局)、卫生健康委：

为切实做好尘肺病重点行业和企业职工工伤保险权益保障工作，预防和减少尘肺病重点行业和企业职

业伤害事故的发生，加强尘肺病工伤职工职业健康保护工作，按照国务院第46次常务会议精神，现就做好尘肺病重点行业工伤保险有关工作通知如下：

一、高度重视尘肺病工伤职工权益保障工作

党中央、国务院高度重视尘肺病患者特别是尘肺病农民工的权益保障工作。各地要以习近平新时代中国特色社会主义思想为指导，深入贯彻党的十九大以及十九届二中、三中、四中全会精神，坚持以人民为中心的发展思想，将大力推进尘肺病重点行业和企业参加工伤保险，依法落实已参保尘肺病工伤职工的工伤保险待遇作为重要任务抓好抓实。要按照预防为主、防治结合的方针，有效加强职业性尘肺病预防控制，切实保障劳动者职业健康权益。

二、开展尘肺病重点行业工伤保险扩面专项行动

自2020年开始，依据卫生健康系统粉尘危害基础数据库信息，在煤矿、非煤矿山、冶金、建材等尘肺病重点行业，开展为期三年的工伤保险扩面专项行动，原则上做到应保尽保。各地卫生健康部门要及时向人力资源社会保障部门提供粉尘危害基础数据库信息，特别是尘肺病重点行业的企业数、企业名称、地址、经营范围、法人代表、职工人数、职工个人身份信息及其工作岗位等信息的更新情况。各地人力资源社会保障部门要根据卫生健康部门粉尘危害基础数据库信息数据情况，有针对性地制定扩面专项行动工作计划，加大扩面工作实施力度，将尘肺病重点行业职工依法纳入工伤保险保障范围。

三、开展尘肺病重点行业工伤预防专项行动

自2020年开始，在煤矿、非煤矿山、冶金、建材等尘肺病重点行业开展为期三年的工伤预防专项行动，有效降低工伤发生率。各地人力资源社会保障部门要积极会同卫生健康等部门，按照人力资源社会保障部等四部门印发的《工伤预防费使用管理暂行办法》（人社部规〔2017〕13号）的规定和程序要求，结合本地区尘肺病重点行业分布的实际情况，将相关尘肺病重点行业列入本地区的年度工伤预防重点领域，合理确定本地区涉及尘肺病重点企业工伤预防项目，并切实做好项目的组织实施、绩效评估和验收等工作。粉尘危害高发企业要依法承担起尘肺病预防的主体责任，切实做好粉尘危害预防控制、组织劳动者进行职业健康检查以及尘肺病预防宣传和培训等工作。

四、进一步提升尘肺病工伤职工待遇保障能力和水平

各地要全面落实职业病防治法和《工伤保险条例》等法律法规的规定，做好职业性尘肺病人诊断和相关待遇保障工作。职业病诊断机构应严格依据相关法律法规和规章规定，对符合职业性尘肺病相关诊断标准的，及时作出职业性尘肺病诊断。对已诊断且明确参加了工伤保险的职业性尘肺病工伤职工，社会保险经办机构要按规定及时支付工伤保险待遇。要加强尘肺病工伤职工的医疗救治工作，切实将工伤保险药品目录中尘肺病用药充分用于尘肺病工伤职工的治疗，及时将符合工伤医疗诊疗规范的尘肺病治疗技术和手段纳入工伤保险基金支付范围。要加强对尘肺病工伤职工的管理服务工作，为尘肺病工伤职工依法申请工伤保险待遇提供方便快捷的支持。要认真落实好工伤保险待遇定期调整的工作机制，切实做好尘肺病工伤职工权益保障工作。

五、加强组织领导确保各项工作任务落实

各地人力资源社会保障、卫生健康等部门要切实加强组织领导、密切协调配合，在国家职业病防治工作机制的统一指导下，通过建立长效沟通机制、细化任务分工、实现信息共享等措施，将各项工作任务抓细抓实。各地特别是尘肺病重点行业相对集中的地区，要围绕做好尘肺病重点行业和企业工伤保险工作制定工作方案，加强统一调度、定期督导检查、建立信息通报等制度，确保相关工作任务在规定时限内取得实效。人力资源社会保障部、国家卫生健康委将定期对各地工作推进落实情况进行调度，并对各地工作进展情况和成效进行总结评估和交流。

各地工作中遇到的重大问题，请及时报告人力资源社会保障部、国家卫生健康委。

六、建设工程与项目安全

资料补充栏

建设工程安全生产管理条例

1. 2003年11月24日国务院令第393号公布
2. 自2004年2月1日起施行

第一章 总 则

第一条 为了加强建设工程安全生产监督管理,保障人民群众生命和财产安全,根据《中华人民共和国建筑法》、《中华人民共和国安全生产法》,制定本条例。

第二条 在中华人民共和国境内从事建设工程的新建、扩建、改建和拆除等有关活动及实施对建设工程安全生产的监督管理,必须遵守本条例。

本条例所称建设工程,是指土木工程、建筑工程、线路管道和设备安装工程及装修工程。

第三条 建设工程安全生产管理,坚持安全第一、预防为主的方针。

第四条 建设单位、勘察单位、设计单位、施工单位、工程监理单位及其他与建设工程安全生产有关的单位,必须遵守安全生产法律、法规的规定,保证建设工程安全生产,依法承担建设工程安全生产责任。

第五条 国家鼓励建设工程安全生产的科学技术研究和先进技术的推广应用,推进建设工程安全生产的科学管理。

第二章 建设单位的安全责任

第六条 建设单位应当向施工单位提供施工现场及毗邻区域内供水、排水、供电、供气、供热、通信、广播电视等地下管线资料,气象和水文观测资料,相邻建筑物和构筑物、地下工程的有关资料,并保证资料的真实、准确、完整。

建设单位因建设工程需要,向有关部门或者单位查询前款规定的资料时,有关部门或者单位应当及时提供。

第七条 建设单位不得对勘察、设计、施工、工程监理等单位提出不符合建设工程安全生产法律、法规和强制性标准规定的要求,不得压缩合同约定的工期。

第八条 建设单位在编制工程概算时,应当确定建设工程安全作业环境及安全施工措施所需费用。

第九条 建设单位不得明示或者暗示施工单位购买、租赁、使用不符合安全施工要求的安全防护用具、机械设备、施工机具及配件、消防设施和器材。

第十条 建设单位在申请领取施工许可证时,应当提供建设工程有关安全施工措施的资料。

依法批准开工报告的建设工程,建设单位应当自开工报告批准之日起15日内,将保证安全施工的措施报送建设工程所在地的县级以上地方人民政府建设行政主管部门或者其他有关部门备案。

第十一条 建设单位应当将拆除工程发包给具有相应资质等级的施工单位。

建设单位应当在拆除工程施工15日前,将下列资料报送建设工程所在地的县级以上地方人民政府建设行政主管部门或者其他有关部门备案:

(一)施工单位资质等级证明;

(二)拟拆除建筑物、构筑物及可能危及毗邻建筑的说明;

(三)拆除施工组织方案;

(四)堆放、清除废弃物的措施。

实施爆破作业的,应当遵守国家有关民用爆炸物品管理的规定。

第三章 勘察、设计、工程监理及其他有关单位的安全责任

第十二条 勘察单位应当按照法律、法规和工程建设强制性标准进行勘察,提供的勘察文件应当真实、准确,满足建设工程安全生产的需要。

勘察单位在勘察作业时,应当严格执行操作规程,采取措施保证各类管线、设施和周边建筑物、构筑物的安全。

第十三条 设计单位应当按照法律、法规和工程建设强制性标准进行设计,防止因设计不合理导致生产安全事故的发生。

设计单位应当考虑施工安全操作和防护的需要,对涉及施工安全的重点部位和环节在设计文件中注明,并对防范生产安全事故提出指导意见。

采用新结构、新材料、新工艺的建设工程和特殊结构的建设工程,设计单位应当在设计中提出保障施工作业人员安全和预防生产安全事故的措施建议。

设计单位和注册建筑师等注册执业人员应当对其设计负责。

第十四条 工程监理单位应当审查施工组织设计中的安全技术措施或者专项施工方案是否符合工程建设强制性标准。

工程监理单位在实施监理过程中,发现存在安全事故隐患的,应当要求施工单位整改;情况严重的,应当要求施工单位暂时停止施工,并及时报告建设单位。

施工单位拒不整改或者不停止施工的，工程监理单位应当及时向有关主管部门报告。

工程监理单位和监理工程师应当按照法律、法规和工程建设强制性标准实施监理，并对建设工程安全生产承担监理责任。

第十五条 为建设工程提供机械设备和配件的单位，应当按照安全施工的要求配备齐全有效的保险、限位等安全设施和装置。

第十六条 出租的机械设备和施工机具及配件，应当具有生产（制造）许可证、产品合格证。

出租单位应当对出租的机械设备和施工机具及配件的安全性能进行检测，在签订租赁协议时，应当出具检测合格证明。

禁止出租检测不合格的机械设备和施工机具及配件。

第十七条 在施工现场安装、拆卸施工起重机械和整体提升脚手架、模板等自升式架设设施，必须由具有相应资质的单位承担。

安装、拆卸施工起重机械和整体提升脚手架、模板等自升式架设设施，应当编制拆装方案、制定安全施工措施，并由专业技术人员现场监督。

施工起重机械和整体提升脚手架、模板等自升式架设设施安装完毕后，安装单位应当自检，出具自检合格证明，并向施工单位进行安全使用说明，办理验收手续并签字。

第十八条 施工起重机械和整体提升脚手架、模板等自升式架设设施的使用达到国家规定的检验检测期限的，必须经具有专业资质的检验检测机构检测。经检测不合格的，不得继续使用。

第十九条 检验检测机构对检测合格的施工起重机械和整体提升脚手架、模板等自升式架设设施，应当出具安全合格证明文件，并对检测结果负责。

第四章 施工单位的安全责任

第二十条 施工单位从事建设工程的新建、扩建、改建和拆除等活动，应当具备国家规定的注册资本、专业技术人员、技术装备和安全生产等条件，依法取得相应等级的资质证书，并在其资质等级许可的范围内承揽工程。

第二十一条 施工单位主要负责人依法对本单位的安全生产工作全面负责。施工单位应当建立健全安全生产责任制度和安全生产教育培训制度，制定安全生产规章制度和操作规程，保证本单位安全生产条件所需资金的投入，对所承担的建设工程进行定期和专项安全检查，并做好安全检查记录。

施工单位的项目负责人应当由取得相应执业资格的人员担任，对建设工程项目的安全施工负责，落实安全生产责任制度、安全生产规章制度和操作规程，确保安全生产费用的有效使用，并根据工程的特点组织制定安全施工措施，消除安全事故隐患，及时、如实报告生产安全事故。

第二十二条 施工单位对列入建设工程概算的安全作业环境及安全施工措施所需费用，应当用于施工安全防护用具及设施的采购和更新、安全施工措施的落实、安全生产条件的改善，不得挪作他用。

第二十三条 施工单位应当设立安全生产管理机构，配备专职安全生产管理人员。

专职安全生产管理人员负责对安全生产进行现场监督检查。发现安全事故隐患，应当及时向项目负责人和安全生产管理机构报告；对违章指挥、违章操作的，应当立即制止。

专职安全生产管理人员的配备办法由国务院建设行政主管部门会同国务院其他有关部门制定。

第二十四条 建设工程实行施工总承包的，由总承包单位对施工现场的安全生产负总责。

总承包单位应当自行完成建设工程主体结构的施工。

总承包单位依法将建设工程分包给其他单位的，分包合同中应当明确各自的安全生产方面的权利、义务。总承包单位和分包单位对分包工程的安全生产承担连带责任。

分包单位应当服从总承包单位的安全生产管理，分包单位不服从管理导致生产安全事故的，由分包单位承担主要责任。

第二十五条 垂直运输机械作业人员、安装拆卸工、爆破作业人员、起重信号工、登高架设作业人员等特种作业人员，必须按照国家有关规定经过专门的安全作业培训，并取得特种作业操作资格证书后，方可上岗作业。

第二十六条 施工单位应当在施工组织设计中编制安全技术措施和施工现场临时用电方案，对下列达到一定规模的危险性较大的分部分项工程编制专项施工方案，并附具安全验算结果，经施工单位技术负责人、总监理工程师签字后实施，由专职安全生产管理人员进行现场监督：

（一）基坑支护与降水工程；

（二）土方开挖工程；

（三）模板工程；

（四）起重吊装工程；

（五）脚手架工程；

（六）拆除、爆破工程；

（七）国务院建设行政主管部门或者其他有关部门规定的其他危险性较大的工程。

对前款所列工程中涉及深基坑、地下暗挖工程、高大模板工程的专项施工方案，施工单位还应当组织专家进行论证、审查。

本条第一款规定的达到一定规模的危险性较大工程的标准，由国务院建设行政主管部门会同国务院其他有关部门制定。

第二十七条 建设工程施工前，施工单位负责项目管理的技术人员应当对有关安全施工的技术要求向施工作业班组、作业人员作出详细说明，并由双方签字确认。

第二十八条 施工单位应当在施工现场入口处、施工起重机械、临时用电设施、脚手架、出入通道口、楼梯口、电梯井口、孔洞口、桥梁口、隧道口、基坑边沿、爆破物及有害危险气体和液体存放处等危险部位，设置明显的安全警示标志。安全警示标志必须符合国家标准。

施工单位应当根据不同施工阶段和周围环境及季节、气候的变化，在施工现场采取相应的安全施工措施。施工现场暂时停止施工的，施工单位应当做好现场防护，所需费用由责任方承担，或者按照合同约定执行。

第二十九条 施工单位应当将施工现场的办公、生活区与作业区分开设置，并保持安全距离；办公、生活区的选址应当符合安全性要求。职工的膳食、饮水、休息场所等应当符合卫生标准。施工单位不得在尚未竣工的建筑物内设置员工集体宿舍。

施工现场临时搭建的建筑物应当符合安全使用要求。施工现场使用的装配式活动房屋应当具有产品合格证。

第三十条 施工单位对因建设工程施工可能造成损害的毗邻建筑物、构筑物和地下管线等，应当采取专项防护措施。

施工单位应当遵守有关环境保护法律、法规的规定，在施工现场采取措施，防止或者减少粉尘、废气、废水、固体废物、噪声、振动和施工照明对人和环境的危害和污染。

在城市市区内的建设工程，施工单位应当对施工现场实行封闭围挡。

第三十一条 施工单位应当在施工现场建立消防安全责任制度，确定消防安全责任人，制定用火、用电、使用易燃易爆材料等各项消防安全管理制度和操作规程，设置消防通道、消防水源，配备消防设施和灭火器材，并在施工现场入口处设置明显标志。

第三十二条 施工单位应当向作业人员提供安全防护用具和安全防护服装，并书面告知危险岗位的操作规程和违章操作的危害。

作业人员有权对施工现场的作业条件、作业程序和作业方式中存在的安全问题提出批评、检举和控告，有权拒绝违章指挥和强令冒险作业。

在施工中发生危及人身安全的紧急情况时，作业人员有权立即停止作业或者在采取必要的应急措施后撤离危险区域。

第三十三条 作业人员应当遵守安全施工的强制性标准、规章制度和操作规程，正确使用安全防护用具、机械设备等。

第三十四条 施工单位采购、租赁的安全防护用具、机械设备、施工机具及配件，应当具有生产（制造）许可证、产品合格证，并在进入施工现场前进行查验。

施工现场的安全防护用具、机械设备、施工机具及配件必须由专人管理，定期进行检查、维修和保养，建立相应的资料档案，并按照国家有关规定及时报废。

第三十五条 施工单位在使用施工起重机械和整体提升脚手架、模板等自升式架设设施前，应当组织有关单位进行验收，也可以委托具有相应资质的检验检测机构进行验收；使用承租的机械设备和施工机具及配件的，由施工总承包单位、分包单位、出租单位和安装单位共同进行验收。验收合格的方可使用。

《特种设备安全监察条例》规定的施工起重机械，在验收前应当经有相应资质的检验检测机构监督检验合格。

施工单位应当自施工起重机械和整体提升脚手架、模板等自升式架设设施验收合格之日起 30 日内，向建设行政主管部门或者其他有关部门登记。登记标志应当置于或者附着于该设备的显著位置。

第三十六条 施工单位的主要负责人、项目负责人、专职安全生产管理人员应当经建设行政主管部门或者其他有关部门考核合格后方可任职。

施工单位应当对管理人员和作业人员每年至少进行一次安全生产教育培训，其教育培训情况记入个人工作档案。安全生产教育培训考核不合格的人员，不得上岗。

第三十七条 作业人员进入新的岗位或者新的施工现场前，应当接受安全生产教育培训。未经教育培训或者教育培训考核不合格的人员，不得上岗作业。

施工单位在采用新技术、新工艺、新设备、新材料时，应当对作业人员进行相应的安全生产教育培训。

第三十八条　施工单位应当为施工现场从事危险作业的人员办理意外伤害保险。

意外伤害保险费由施工单位支付。实行施工总承包的，由总承包单位支付意外伤害保险费。意外伤害保险期限自建设工程开工之日起至竣工验收合格止。

第五章　监督管理

第三十九条　国务院负责安全生产监督管理的部门依照《中华人民共和国安全生产法》的规定，对全国建设工程安全生产工作实施综合监督管理。

县级以上地方人民政府负责安全生产监督管理的部门依照《中华人民共和国安全生产法》的规定，对本行政区域内建设工程安全生产工作实施综合监督管理。

第四十条　国务院建设行政主管部门对全国的建设工程安全生产实施监督管理。国务院铁路、交通、水利等有关部门按照国务院规定的职责分工，负责有关专业建设工程安全生产的监督管理。

县级以上地方人民政府建设行政主管部门对本行政区域内的建设工程安全生产实施监督管理。县级以上地方人民政府交通、水利等有关部门在各自的职责范围内，负责本行政区域内的专业建设工程安全生产的监督管理。

第四十一条　建设行政主管部门和其他有关部门应当将本条例第十条、第十一条规定的有关资料的主要内容抄送同级负责安全生产监督管理的部门。

第四十二条　建设行政主管部门在审核发放施工许可证时，应当对建设工程是否有安全施工措施进行审查，对没有安全施工措施的，不得颁发施工许可证。

建设行政主管部门或者其他有关部门对建设工程是否有安全施工措施进行审查时，不得收取费用。

第四十三条　县级以上人民政府负有建设工程安全生产监督管理职责的部门在各自的职责范围内履行安全监督检查职责时，有权采取下列措施：

（一）要求被检查单位提供有关建设工程安全生产的文件和资料；

（二）进入被检查单位施工现场进行检查；

（三）纠正施工中违反安全生产要求的行为；

（四）对检查中发现的安全事故隐患，责令立即排除；重大安全事故隐患排除前或者排除过程中无法保证安全的，责令从危险区域内撤出作业人员或者暂时停止施工。

第四十四条　建设行政主管部门或者其他有关部门可以将施工现场的监督检查委托给建设工程安全监督机构具体实施。

第四十五条　国家对严重危及施工安全的工艺、设备、材料实行淘汰制度。具体目录由国务院建设行政主管部门会同国务院其他有关部门制定并公布。

第四十六条　县级以上人民政府建设行政主管部门和其他有关部门应当及时受理对建设工程生产安全事故及安全事故隐患的检举、控告和投诉。

第六章　生产安全事故的应急救援和调查处理

第四十七条　县级以上地方人民政府建设行政主管部门应当根据本级人民政府的要求，制定本行政区域内建设工程特大生产安全事故应急救援预案。

第四十八条　施工单位应当制定本单位生产安全事故应急救援预案，建立应急救援组织或者配备应急救援人员，配备必要的应急救援器材、设备，并定期组织演练。

第四十九条　施工单位应当根据建设工程施工的特点、范围，对施工现场易发生重大事故的部位、环节进行监控，制定施工现场生产安全事故应急救援预案。实行施工总承包的，由总承包单位统一组织编制建设工程生产安全事故应急救援预案，工程总承包单位和分包单位按照应急救援预案，各自建立应急救援组织或者配备应急救援人员，配备救援器材、设备，并定期组织演练。

第五十条　施工单位发生生产安全事故，应当按照国家有关伤亡事故报告和调查处理的规定，及时、如实地向负责安全生产监督管理的部门、建设行政主管部门或者其他有关部门报告；特种设备发生事故的，还应当同时向特种设备安全监督管理部门报告。接到报告的部门应当按照国家有关规定，如实上报。

实行施工总承包的建设工程，由总承包单位负责上报事故。

第五十一条　发生生产安全事故后，施工单位应当采取措施防止事故扩大，保护事故现场。需要移动现场物品时，应当做出标记和书面记录，妥善保管有关证物。

第五十二条　建设工程生产安全事故的调查、对事故责任单位和责任人的处罚与处理，按照有关法律、法规的规定执行。

第七章　法律责任

第五十三条　违反本条例的规定，县级以上人民政府建设行政主管部门或者其他有关行政管理部门的工作人员，有下列行为之一的，给予降级或者撤职的行政处分；构成犯罪的，依照刑法有关规定追究刑事责任：

（一）对不具备安全生产条件的施工单位颁发资质证书的；

（二）对没有安全施工措施的建设工程颁发施工许可证的；

（三）发现违法行为不予查处的；

（四）不依法履行监督管理职责的其他行为。

第五十四条 违反本条例的规定，建设单位未提供建设工程安全生产作业环境及安全施工措施所需费用的，责令限期改正；逾期未改正的，责令该建设工程停止施工。

建设单位未将保证安全施工的措施或者拆除工程的有关资料报送有关部门备案的，责令限期改正，给予警告。

第五十五条 违反本条例的规定，建设单位有下列行为之一的，责令限期改正，处20万元以上50万元以下的罚款；造成重大安全事故，构成犯罪的，对直接责任人员，依照刑法有关规定追究刑事责任；造成损失的，依法承担赔偿责任：

（一）对勘察、设计、施工、工程监理等单位提出不符合安全生产法律、法规和强制性标准规定的要求的；

（二）要求施工单位压缩合同约定的工期的；

（三）将拆除工程发包给不具有相应资质等级的施工单位的。

第五十六条 违反本条例的规定，勘察单位、设计单位有下列行为之一的，责令限期改正，处10万元以上30万元以下的罚款；情节严重的，责令停业整顿，降低资质等级，直至吊销资质证书；造成重大安全事故，构成犯罪的，对直接责任人员，依照刑法有关规定追究刑事责任；造成损失的，依法承担赔偿责任：

（一）未按照法律、法规和工程建设强制性标准进行勘察、设计的；

（二）采用新结构、新材料、新工艺的建设工程和特殊结构的建设工程，设计单位未在设计中提出保障施工作业人员安全和预防生产安全事故的措施建议的。

第五十七条 违反本条例的规定，工程监理单位有下列行为之一的，责令限期改正；逾期未改正的，责令停业整顿，并处10万元以上30万元以下的罚款；情节严重的，降低资质等级，直至吊销资质证书；造成重大安全事故，构成犯罪的，对直接责任人员，依照刑法有关规定追究刑事责任；造成损失的，依法承担赔偿责任：

（一）未对施工组织设计中的安全技术措施或者专项施工方案进行审查的；

（二）发现安全事故隐患未及时要求施工单位整改或者暂时停止施工的；

（三）施工单位拒不整改或者不停止施工，未及时向有关主管部门报告的；

（四）未依照法律、法规和工程建设强制性标准实施监理的。

第五十八条 注册执业人员未执行法律、法规和工程建设强制性标准的，责令停止执业3个月以上1年以下；情节严重的，吊销执业资格证书，5年内不予注册；造成重大安全事故的，终身不予注册；构成犯罪的，依照刑法有关规定追究刑事责任。

第五十九条 违反本条例的规定，为建设工程提供机械设备和配件的单位，未按照安全施工的要求配备齐全有效的保险、限位等安全设施和装置的，责令限期改正，处合同价款1倍以上3倍以下的罚款；造成损失的，依法承担赔偿责任。

第六十条 违反本条例的规定，出租单位出租未经安全性能检测或者经检测不合格的机械设备和施工机具及配件的，责令停业整顿，并处5万元以上10万元以下的罚款；造成损失的，依法承担赔偿责任。

第六十一条 违反本条例的规定，施工起重机械和整体提升脚手架、模板等自升式架设设施安装、拆卸单位有下列行为之一的，责令限期改正，处5万元以上10万元以下的罚款；情节严重的，责令停业整顿，降低资质等级，直至吊销资质证书；造成损失的，依法承担赔偿责任：

（一）未编制拆装方案、制定安全施工措施的；

（二）未由专业技术人员现场监督的；

（三）未出具自检合格证明或者出具虚假证明的；

（四）未向施工单位进行安全使用说明，办理移交手续的。

施工起重机械和整体提升脚手架、模板等自升式架设设施安装、拆卸单位有前款规定的第（一）项、第（三）项行为，经有关部门或者单位职工提出后，对事故隐患仍不采取措施，因而发生重大伤亡事故或者造成其他严重后果，构成犯罪的，对直接责任人员，依照刑法有关规定追究刑事责任。

第六十二条 违反本条例的规定，施工单位有下列行为之一的，责令限期改正；逾期未改正的，责令停业整顿，依照《中华人民共和国安全生产法》的有关规定处以罚款；造成重大安全事故，构成犯罪的，对直接责任人员，依照刑法有关规定追究刑事责任：

（一）未设立安全生产管理机构、配备专职安全生产管理人员或者分部分项工程施工时无专职安全生产管理人员现场监督的；

（二）施工单位的主要负责人、项目负责人、专职安全生产管理人员、作业人员或者特种作业人员，未经安全教育培训或者经考核不合格即从事相关工作的；

（三）未在施工现场的危险部位设置明显的安全警示标志，或者未按照国家有关规定在施工现场设置消防通道、消防水源、配备消防设施和灭火器材的；

（四）未向作业人员提供安全防护用具和安全防护服装的；

（五）未按照规定在施工起重机械和整体提升脚手架、模板等自升式架设设施验收合格后登记的；

（六）使用国家明令淘汰、禁止使用的危及施工安全的工艺、设备、材料的。

第六十三条　违反本条例的规定，施工单位挪用列入建设工程概算的安全生产作业环境及安全施工措施所需费用的，责令限期改正，处挪用费用20%以上50%以下的罚款；造成损失的，依法承担赔偿责任。

第六十四条　违反本条例的规定，施工单位有下列行为之一的，责令限期改正；逾期未改正的，责令停业整顿，并处5万元以上10万元以下的罚款；造成重大安全事故，构成犯罪的，对直接责任人员，依照刑法有关规定追究刑事责任：

（一）施工前未对有关安全施工的技术要求作出详细说明的；

（二）未根据不同施工阶段和周围环境及季节、气候的变化，在施工现场采取相应的安全施工措施，或者在城市市区内的建设工程的施工现场未实行封闭围挡的；

（三）在尚未竣工的建筑物内设置员工集体宿舍的；

（四）施工现场临时搭建的建筑物不符合安全使用要求的；

（五）未对因建设工程施工可能造成损害的毗邻建筑物、构筑物和地下管线等采取专项防护措施的。

施工单位有前款规定第（四）项、第（五）项行为，造成损失的，依法承担赔偿责任。

第六十五条　违反本条例的规定，施工单位有下列行为之一的，责令限期改正；逾期未改正的，责令停业整顿，并处10万元以上30万元以下的罚款；情节严重的，降低资质等级，直至吊销资质证书；造成重大安全事故，构成犯罪的，对直接责任人员，依照刑法有关规定追究刑事责任；造成损失的，依法承担赔偿责任：

（一）安全防护用具、机械设备、施工机具及配件在进入施工现场前未经查验或者查验不合格即投入使用的；

（二）使用未经验收或者验收不合格的施工起重机械和整体提升脚手架、模板等自升式架设设施的；

（三）委托不具有相应资质的单位承担施工现场安装、拆卸施工起重机械和整体提升脚手架、模板等自升式架设设施的；

（四）在施工组织设计中未编制安全技术措施、施工现场临时用电方案或者专项施工方案的。

第六十六条　违反本条例的规定，施工单位的主要负责人、项目负责人未履行安全生产管理职责的，责令限期改正；逾期未改正的，责令施工单位停业整顿；造成重大安全事故、重大伤亡事故或者其他严重后果，构成犯罪的，依照刑法有关规定追究刑事责任。

作业人员不服管理、违反规章制度和操作规程冒险作业造成重大伤亡事故或者其他严重后果，构成犯罪的，依照刑法有关规定追究刑事责任。

施工单位的主要负责人、项目负责人有前款违法行为，尚不够刑事处罚的，处2万元以上20万元以下的罚款或者按照管理权限给予撤职处分；自刑罚执行完毕或者受处分之日起，5年内不得担任任何施工单位的主要负责人、项目负责人。

第六十七条　施工单位取得资质证书后，降低安全生产条件的，责令限期改正；经整改仍未达到与其资质等级相适应的安全生产条件的，责令停业整顿，降低其资质等级直至吊销资质证书。

第六十八条　本条例规定的行政处罚，由建设行政主管部门或者其他有关部门依照法定职权决定。

违反消防安全管理规定的行为，由公安消防机构依法处罚。

有关法律、行政法规对建设工程安全生产违法行为的行政处罚决定机关另有规定的，从其规定。

第八章　附　　则

第六十九条　抢险救灾和农民自建低层住宅的安全生产管理，不适用本条例。

第七十条　军事建设工程的安全生产管理，按照中央军事委员会的有关规定执行。

第七十一条　本条例自2004年2月1日起施行。

建筑施工企业安全生产许可证管理规定

1. *2004年7月5日建设部令第128号公布*
2. *根据2015年1月22日住房和城乡建设部令第23号《关于修改〈市政公用设施抗灾设防管理规定〉等部门规章的决定》修正*

第一章 总 则

第一条 为了严格规范建筑施工企业安全生产条件，进一步加强安全生产监督管理，防止和减少生产安全事故，根据《安全生产许可证条例》、《建设工程安全生产管理条例》等有关行政法规，制定本规定。

第二条 国家对建筑施工企业实行安全生产许可制度。

建筑施工企业未取得安全生产许可证的，不得从事建筑施工活动。

本规定所称建筑施工企业，是指从事土木工程、建筑工程、线路管道和设备安装工程及装修工程的新建、扩建、改建和拆除等有关活动的企业。

第三条 国务院住房城乡建设主管部门负责对全国建筑施工企业安全生产许可证的颁发和管理工作进行监督指导。

省、自治区、直辖市人民政府住房城乡建设主管部门负责本行政区域内建筑施工企业安全生产许可证的颁发和管理工作。

市、县人民政府住房城乡建设主管部门负责本行政区域内建筑施工企业安全生产许可证的监督管理，并将监督检查中发现的企业违法行为及时报告安全生产许可证颁发管理机关。

第二章 安全生产条件

第四条 建筑施工企业取得安全生产许可证，应当具备下列安全生产条件：

（一）建立、健全安全生产责任制，制定完备的安全生产规章制度和操作规程；

（二）保证本单位安全生产条件所需资金的投入；

（三）设置安全生产管理机构，按照国家有关规定配备专职安全生产管理人员；

（四）主要负责人、项目负责人、专职安全生产管理人员经住房城乡建设主管部门或者其他有关部门考核合格；

（五）特种作业人员经有关业务主管部门考核合格，取得特种作业操作资格证书；

（六）管理人员和作业人员每年至少进行一次安全生产教育培训并考核合格；

（七）依法参加工伤保险，依法为施工现场从事危险作业的人员办理意外伤害保险，为从业人员交纳保险费；

（八）施工现场的办公、生活区及作业场所和安全防护用具、机械设备、施工机具及配件符合有关安全生产法律、法规、标准和规程的要求；

（九）有职业危害防治措施，并为作业人员配备符合国家标准或者行业标准的安全防护用具和安全防护服装；

（十）有对危险性较大的分部分项工程及施工现场易发生重大事故的部位、环节的预防、监控措施和应急预案；

（十一）有生产安全事故应急救援预案、应急救援组织或者应急救援人员，配备必要的应急救援器材、设备；

（十二）法律、法规规定的其他条件。

第三章 安全生产许可证的申请与颁发

第五条 建筑施工企业从事建筑施工活动前，应当依照本规定向企业注册所在地省、自治区、直辖市人民政府住房城乡建设主管部门申请领取安全生产许可证。

中央管理的建筑施工企业（集团公司、总公司）应当向国务院住房城乡建设主管部门申请领取安全生产许可证。

前款规定以外的其他建筑施工企业，包括中央管理的建筑施工企业（集团公司、总公司）下属的建筑施工企业，应当向企业注册所在地省、自治区、直辖市人民政府住房城乡建设主管部门申请领取安全生产许可证。

第六条 建筑施工企业申请安全生产许可证时，应当向住房城乡建设主管部门提供下列材料：

（一）建筑施工企业安全生产许可证申请表；

（二）企业法人营业执照；

（三）第四条规定的相关文件、材料。

建筑施工企业申请安全生产许可证，应当对申请材料实质内容的真实性负责，不得隐瞒有关情况或者提供虚假材料。

第七条 住房城乡建设主管部门应当自受理建筑施工企业的申请之日起45日内审查完毕；经审查符合安全生产条件的，颁发安全生产许可证；不符合安全生产条件的，不予颁发安全生产许可证，书面通知企业并说明理由。企业自接到通知之日起应当进行整改，整改合格后方可再次提出申请。

住房城乡建设主管部门审查建筑施工企业安全生产许可证申请，涉及铁路、交通、水利等有关专业工程时，可以征求铁路、交通、水利等有关部门的意见。

第八条 安全生产许可证的有效期为3年。安全生产许可证有效期满需要延期的，企业应当于期满前3个月向原安全生产许可证颁发管理机关申请办理延期手续。

企业在安全生产许可证有效期内，严格遵守有关安全生产的法律法规，未发生死亡事故的，安全生产许可证有效期届满时，经原安全生产许可证颁发管理机关同意，不再审查，安全生产许可证有效期延期3年。

第九条 建筑施工企业变更名称、地址、法定代表人等，应当在变更后10日内，到原安全生产许可证颁发管理机关办理安全生产许可证变更手续。

第十条 建筑施工企业破产、倒闭、撤销的，应当将安全生产许可证交回原安全生产许可证颁发管理机关予以注销。

第十一条 建筑施工企业遗失安全生产许可证，应当立即向原安全生产许可证颁发管理机关报告，并在公众媒体上声明作废后，方可申请补办。

第十二条 安全生产许可证申请表采用建设部规定的统一式样。

安全生产许可证采用国务院安全生产监督管理部门规定的统一式样。

安全生产许可证分正本和副本，正、副本具有同等法律效力。

第四章 监督管理

第十三条 县级以上人民政府住房城乡建设主管部门应当加强对建筑施工企业安全生产许可证的监督管理。住房城乡建设主管部门在审核发放施工许可证时，应当对已经确定的建筑施工企业是否有安全生产许可证进行审查，对没有取得安全生产许可证的，不得颁发施工许可证。

第十四条 跨省从事建筑施工活动的建筑施工企业有违反本规定行为的，由工程所在地的省级人民政府住房城乡建设主管部门将建筑施工企业在本地区的违法事实、处理结果和处理建议抄告原安全生产许可证颁发管理机关。

第十五条 建筑施工企业取得安全生产许可证后，不得降低安全生产条件，并应当加强日常安全生产管理，接受住房城乡建设主管部门的监督检查。安全生产许可证颁发管理机关发现企业不再具备安全生产条件的，应当暂扣或者吊销安全生产许可证。

第十六条 安全生产许可证颁发管理机关或者其上级行政机关发现有下列情形之一的，可以撤销已经颁发的安全生产许可证：

（一）安全生产许可证颁发管理机关工作人员滥用职权、玩忽职守颁发安全生产许可证的；

（二）超越法定职权颁发安全生产许可证的；

（三）违反法定程序颁发安全生产许可证的；

（四）对不具备安全生产条件的建筑施工企业颁发安全生产许可证的；

（五）依法可以撤销已经颁发的安全生产许可证的其他情形。

依照前款规定撤销安全生产许可证，建筑施工企业的合法权益受到损害的，住房城乡建设主管部门应当依法给予赔偿。

第十七条 安全生产许可证颁发管理机关应当建立、健全安全生产许可证档案管理制度，定期向社会公布企业取得安全生产许可证的情况，每年向同级安全生产监督管理部门通报建筑施工企业安全生产许可证颁发和管理情况。

第十八条 建筑施工企业不得转让、冒用安全生产许可证或者使用伪造的安全生产许可证。

第十九条 住房城乡建设主管部门工作人员在安全生产许可证颁发、管理和监督检查工作中，不得索取或者接受建筑施工企业的财物，不得谋取其他利益。

第二十条 任何单位或者个人对违反本规定的行为，有权向安全生产许可证颁发管理机关或者监察机关等有关部门举报。

第五章 罚则

第二十一条 违反本规定，住房城乡建设主管部门工作人员有下列行为之一的，给予降级或者撤职的行政处分；构成犯罪的，依法追究刑事责任：

（一）向不符合安全生产条件的建筑施工企业颁发安全生产许可证的；

（二）发现建筑施工企业未依法取得安全生产许可证擅自从事建筑施工活动，不依法处理的；

（三）发现取得安全生产许可证的建筑施工企业不再具备安全生产条件，不依法处理的；

（四）接到对违反本规定行为的举报后，不及时处理的；

（五）在安全生产许可证颁发、管理和监督检查工作中，索取或者接受建筑施工企业的财物，或者谋取其他利益的。

由于建筑施工企业弄虚作假，造成前款第（一）项行为的，对住房城乡建设主管部门工作人员不予处分。

第二十二条　取得安全生产许可证的建筑施工企业，发生重大安全事故的，暂扣安全生产许可证并限期整改。

第二十三条　建筑施工企业不再具备安全生产条件的，暂扣安全生产许可证并限期整改；情节严重的，吊销安全生产许可证。

第二十四条　违反本规定，建筑施工企业未取得安全生产许可证擅自从事建筑施工活动的，责令其在建项目停止施工，没收违法所得，并处10万元以上50万元以下的罚款；造成重大安全事故或者其他严重后果，构成犯罪的，依法追究刑事责任。

第二十五条　违反本规定，安全生产许可证有效期满未办理延期手续，继续从事建筑施工活动的，责令其在建项目停止施工，限期补办延期手续，没收违法所得，并处5万元以上10万元以下的罚款；逾期仍不办理延期手续，继续从事建筑施工活动的，依照本规定第二十四条的规定处罚。

第二十六条　违反本规定，建筑施工企业转让安全生产许可证的，没收违法所得，处10万元以上50万元以下的罚款，并吊销安全生产许可证；构成犯罪的，依法追究刑事责任；接受转让的，依照本规定第二十四条的规定处罚。

冒用安全生产许可证或者使用伪造的安全生产许可证的，依照本规定第二十四条的规定处罚。

第二十七条　违反本规定，建筑施工企业隐瞒有关情况或者提供虚假材料申请安全生产许可证的，不予受理或者不予颁发安全生产许可证，并给予警告，1年内不得申请安全生产许可证。

建筑施工企业以欺骗、贿赂等不正当手段取得安全生产许可证的，撤销安全生产许可证，3年内不得再次申请安全生产许可证；构成犯罪的，依法追究刑事责任。

第二十八条　本规定的暂扣、吊销安全生产许可证的行政处罚，由安全生产许可证的颁发管理机关决定；其他行政处罚，由县级以上地方人民政府住房城乡建设主管部门决定。

第六章　附　　则

第二十九条　本规定施行前已依法从事建筑施工活动的建筑施工企业，应当自《安全生产许可证条例》施行之日起(2004年1月13日起)1年内向住房城乡建设主管部门申请办理建筑施工企业安全生产许可证；逾期不办理安全生产许可证，或者经审查不符合本规定的安全生产条件，未取得安全生产许可证，继续进行建筑施工活动的，依照本规定第二十四条的规定处罚。

第三十条　本规定自公布之日起施行。

建筑施工企业安全生产许可证管理规定实施意见

1. 2004年8月27日建设部发布
2. 建质〔2004〕148号

为了贯彻落实《建筑施工企业安全生产许可证管理规定》(建设部令第128号，以下简称《规定》)，制定本实施意见。

一、安全生产许可证的适用对象

(一)建筑施工企业安全生产许可证的适用对象为：在中华人民共和国境内从事土木工程、建筑工程、线路管道和设备安装工程及装修工程的新建、扩建、改建和拆除等有关活动，依法取得工商行政管理部门颁发的《企业法人营业执照》，符合《规定》要求的安全生产条件的建筑施工企业。

二、安全生产许可证的申请

(二)安全生产许可证颁发管理机关应当在办公场所、本机关网站上公示审批安全生产许可证的依据、条件、程序、期限，申请所需提交的全部资料目录以及申请书示范文本等。

(三)建筑施工企业从事建筑施工活动前，应当按照分级、属地管理的原则，向企业注册地省级以上人民政府建设主管部门申请领取安全生产许可证。

(四)中央管理的建筑施工企业(集团公司、总公司)应当向建设部申请领取安全生产许可证，建设部主管业务司局为工程质量安全监督与行业发展司。中央管理的建筑施工企业(集团公司、总公司)是指国资委代表国务院履行出资人职责的建筑施工类企业总部(名单见附件一)。

(五)中央管理的建筑施工企业(集团公司、总公司)下属的建筑施工企业，以及其他建筑施工企业向注册所在地省、自治区、直辖市人民政府建设主管部门申请领取安全生产许可证。

三、申请材料

(六)申请人申请安全生产许可证时，应当按照《规定》第六条的要求，向安全生产许可证颁发管理机关提供下列材料(括号里为材料的具体要求)：

1. 建筑施工企业安全生产许可证申请表(一式三份，样式见附件二)；

2. 企业法人营业执照(复印件);

3. 各级安全生产责任制和安全生产规章制度目录及文件,操作规程目录;

4. 保证安全生产投入的证明文件(包括企业保证安全生产投入的管理办法或规章制度、年度安全资金投入计划及实施情况);

5. 设置安全生产管理机构和配备专职安全生产管理人员的文件(包括企业设置安全管理机构的文件、安全管理机构的工作职责、安全机构负责人的任命文件、安全管理机构组成人员明细表);

6. 主要负责人、项目负责人、专职安全生产管理人员安全生产考核合格名单及证书(复印件);

7. 本企业特种作业人员名单及操作资格证书(复印件);

8. 本企业管理人员和作业人员年度安全培训教育材料(包括企业培训计划、培训考核记录);

9. 从业人员参加工伤保险以及施工现场从事危险作业人员参加意外伤害保险有关证明;

10. 施工起重机械设备检测合格证明;

11. 职业危害防治措施(要针对本企业业务特点可能会导致的职业病种类制定相应的预防措施);

12. 危险性较大分部分项工程及施工现场易发生重大事故的部位、环节的预防监控措施和应急预案(根据本企业业务特点,详细列出危险性较大分部分项工程和事故易发部位、环节及有针对性和可操作性的控制措施和应急预案);

13. 生产安全事故应急救援预案(应本着事故发生后有效救援原则,列出救援组织人员详细名单、救援器材、设备清单和救援演练记录)。

其中,第2至第13项统一装订成册。企业在申请安全生产许可证时,需要交验所有证件、凭证原件。

(七)申请人应对申请材料实质内容的真实性负责。

四、安全生产许可证申请的受理和颁发

(八)安全生产许可证颁发管理机关对申请人提交的申请,应当按照下列规定分别处理:

1. 对申请事项不属于本机关职权范围的申请,应当及时作出不予受理的决定,并告知申请人向有关安全生产许可证颁发管理机关申请;

2. 对申请材料存在可以当场更正的错误的,应当允许申请人当场更正;

3. 申请材料不齐全或者不符合要求的,应当当场或者在5个工作日内书面一次告知申请人需要补正的全部内容,逾期不告知的,自收到申请材料之日起即为受理;

4. 申请材料齐全、符合要求或者按照要求全部补正的,自收到申请材料或者全部补正之日起为受理。

(九)对于隐瞒有关情况或者提供虚假材料申请安全生产许可证的,安全生产许可证颁发管理机关不予受理,该企业一年之内不得再次申请安全生产许可证。

(十)对已经受理的申请,安全生产许可证颁发管理机关对申请材料进行审查,必要时应到企业施工现场进行抽查。涉及铁路、交通、水利等有关专业工程时,可以征求铁道、交通、水利等部门的意见。安全生产许可证颁发管理机关在受理申请之日起45个工作日内应作出颁发或者不予颁发安全生产许可证的决定。

安全生产许可证颁发管理机关作出准予颁发申请人安全生产许可证决定的,应当自决定之日起10个工作日内向申请人颁发、送达安全生产许可证;对作出不予颁发决定的,应当在10个工作日内书面通知申请人并说明理由。

(十一)安全生产许可证有效期为3年。安全生产许可证有效期满需要延期的,企业应当于期满前3个月向原安全生产许可证颁发管理机关提出延期申请,并提交本意见第6条规定的文件、资料以及原安全生产许可证。

建筑施工企业在安全生产许可证有效期内,严格遵守有关安全生产法律、法规和规章,未发生死亡事故的,安全生产许可证有效期届满时,经原安全生产许可证颁发管理机关同意,不再审查,直接办理延期手续。

对于本条第二款规定情况以外的建筑施工企业,安全生产许可证颁发管理机关应当对其安全生产条件重新进行审查,审查合格的,办理延期手续。

(十二)对申请延期的申请人审查合格或有效期满经原安全生产许可证颁发管理机关同意不再审查直接办理延期手续的企业,安全生产许可证颁发管理机关收回原安全生产许可证,换发新的安全生产许可证。

五、安全生产许可证证书

(十三)建筑施工企业安全生产许可证采用国家安全生产监督管理局规定的统一样式。证书分为正本和副本,正本为悬挂式,副本为折页式,正、副本具有同等法律效力。建筑施工企业安全生产许可证证书由建设部统一印制,实行全国统一编码。证书式样、编码方法和证书订购等有关事宜见附件三。

（十四）中央管理的建筑施工企业（集团公司、总公司）的安全生产许可证加盖建设部公章有效。中央管理的建筑施工企业（集团公司、总公司）下属的建筑施工企业，以及其他建筑施工企业的安全生产许可证加盖省、自治区、直辖市人民政府建设主管部门公章有效。由建设部以及各省、自治区、直辖市人民政府建设主管部门颁发的安全生产许可证均在全国范围内有效。

（十五）每个具有独立企业法人资格的建筑施工企业只能取得一套安全生产许可证，包括一个正本，两个副本。企业需要增加副本的，经原安全生产许可证颁发管理机关批准，可以适当增加。

（十六）建筑施工企业的名称、地址、法定代表人等内容发生变化的，应当自工商营业执照变更之日起10个工作日内提出申请，持原安全生产许可证和变更后的工商营业执照、变更批准文件等相关证明材料，向原安全生产许可证颁发管理机关申请变更安全生产许可证。安全生产许可证颁发管理机关在对申请人提交的相关文件、资料审查后，及时办理安全生产许可证变更手续。

（十七）建筑施工企业遗失安全生产许可证，应持申请补办的报告及在公众媒体上刊登的遗失作废声明向原安全生产许可证颁发管理机关申请补办。

六、对取得安全生产许可证单位的监督管理

（十八）2005年1月13日以后，建设主管部门在向建设单位审核发放施工许可证时，应当对已经确定的建筑施工企业是否取得安全生产许可证进行审查，没有取得安全生产许可证的，不得颁发施工许可证。对于依法批准开工报告的建设工程，在建设单位报送建设工程所在地县级以上地方人民政府或者其他有关部门备案的安全施工措施资料中，应包括承接工程项目的建筑施工企业的安全生产许可证。

（十九）市、县级人民政府建设主管部门负责本行政区域内取得安全生产许可证的建筑施工企业的日常监督管理工作。在监督检查过程中发现企业有违反《规定》行为的，市、县级人民政府建设主管部门应及时、逐级向本地安全生产许可证颁发管理机关报告。本行政区域内取得安全生产许可证的建筑施工企业既包括在本地区注册的建筑施工企业，也包括跨省在本地区从事建筑施工活动的建筑施工企业。

跨省从事建筑施工活动的建筑施工企业有违反《规定》行为的，由工程所在地的省级人民政府建设主管部门将其在本地区的违法事实、处理建议和处理结果抄告其安全生产许可证颁发管理机关。

安全生产许可证颁发管理机关根据下级建设主管部门报告或者其他省级人民政府建设主管部门抄告的违法事实、处理建议和处理结果，按照《规定》对企业进行相应处罚，并将处理结果通告原报告或抄告部门。

（二十）根据《建设工程安全生产管理条例》，县级以上地方人民政府交通、水利等有关部门负责本行政区域内有关专业建设工程安全生产的监督管理，对从事有关专业建设工程的建筑施工企业违反《规定》的，将其违法事实抄告同级建设主管部门；铁路建设安全生产监督管理机构负责铁路建设工程安全生产监督管理，对从事铁路建设工程的建筑施工企业违反《规定》的，将其违法事实抄告省级以上人民政府建设主管部门。

（二十一）安全生产许可证颁发管理机关或者其上级行政机关发现有下列情形之一的，可以撤销已经颁发的安全生产许可证：

1. 安全生产许可证颁发管理机关工作人员滥用职权、玩忽职守颁发安全生产许可证的；
2. 超越法定职权颁发安全生产许可证的；
3. 违反法定程序颁发安全生产许可证的；
4. 对不具备安全生产条件的建筑施工企业颁发安全生产许可证的；
5. 依法可以撤销已经颁发的安全生产许可证的其他情形。

依照前款规定撤销安全生产许可证，建筑施工企业的合法权益受到损害的，建设主管部门应当依法给予赔偿。

（二十二）发生下列情形之一的，安全生产许可证颁发管理机关应当依法注销已经颁发的安全生产许可证：

1. 企业依法终止的；
2. 安全生产许可证有效期届满未延续的；
3. 安全生产许可证依法被撤销、吊销的；
4. 因不可抗力导致行政许可事项无法实施的；
5. 依法应当注销安全生产许可证的其他情形。

（二十三）安全生产许可证颁发管理机关应当建立健全安全生产许可证档案，定期通过报纸、网络等公众媒体向社会公布企业取得安全生产许可证的情况，以及暂扣、吊销安全生产许可证等行政处罚情况。

七、对取得安全生产许可证单位的行政处罚

（二十四）安全生产许可证颁发管理机关或市、县级人民政府建设主管部门发现取得安全生产许可证的建筑施工企业不再具备《规定》第四条规定安全生产条件的，责令限期改正；经整改仍未达到规定安全生产条件的，处以暂扣安全生产许可证7日至30日的处罚；安全生产许可证暂扣期间，拒不整改或经整改仍未达到规定安全生产条件的，处以延长暂扣期7至15天直至吊销安全生产许可证的处罚。

（二十五）企业发生死亡事故的，安全生产许可证颁发管理机关应当立即对企业安全生产条件进行复查，发现企业不再具备《规定》第四条规定安全生产条件的，处以暂扣安全生产许可证30日至90日的处罚；安全生产许可证暂扣期间，拒不整改或经整改仍未达到规定安全生产条件的，处以延长暂扣期30日至60日直至吊销安全生产许可证的处罚。

（二十六）企业安全生产许可证被暂扣期间，不得承揽新的工程项目，发生问题的在建项目停工整改，整改合格后方可继续施工；企业安全生产许可证被吊销后，该企业不得进行任何施工活动，且一年之内不得重新申请安全生产许可证。

八、附则

（二十七）由建设部直接实施的建筑施工企业安全生产许可证审批，按照《关于印发〈建设部机关实施行政许可工作规程〉的通知》（建法〔2004〕111号）进行，使用规范许可文书并加盖建设部行政许可专用章。各省、自治区、直辖市人民政府建设主管部门参照上述文件规定，规范许可程序和各项许可文书。

（二十八）各省、自治区、直辖市人民政府建设主管部门可依照《规定》和本意见，制定本地区的实施细则。

附件：（略）

建设项目安全设施“三同时”监督管理办法

1. 2010年12月14日国家安全生产监督管理总局令第36号公布

2. 根据2015年4月2日国家安全生产监督管理总局令第77号《关于修改〈《生产安全事故报告和调查处理条例》罚款处罚暂行规定〉等四部规章的决定》修正

第一章 总 则

第一条 为加强建设项目安全管理，预防和减少生产安全事故，保障从业人员生命和财产安全，根据《中华人民共和国安全生产法》和《国务院关于进一步加强企业安全生产工作的通知》等法律、行政法规和规定，制定本办法。

第二条 经县级以上人民政府及其有关主管部门依法审批、核准或者备案的生产经营单位新建、改建、扩建工程项目（以下统称建设项目）安全设施的建设及其监督管理，适用本办法。

法律、行政法规及国务院对建设项目安全设施建设及其监督管理另有规定的，依照其规定。

第三条 本办法所称的建设项目安全设施，是指生产经营单位在生产经营活动中用于预防生产安全事故的设备、设施、装置、构（建）筑物和其他技术措施的总称。

第四条 生产经营单位是建设项目安全设施建设的责任主体。建设项目安全设施必须与主体工程同时设计、同时施工、同时投入生产和使用（以下简称“三同时”）。安全设施投资应当纳入建设项目概算。

第五条 国家安全生产监督管理总局对全国建设项目安全设施“三同时”实施综合监督管理，并在国务院规定的职责范围内承担有关建设项目安全设施“三同时”的监督管理。

县级以上地方各级安全生产监督管理部门对本行政区域内的建设项目安全设施“三同时”实施综合监督管理，并在本级人民政府规定的职责范围内承担本级人民政府及其有关主管部门审批、核准或者备案的建设项目安全设施“三同时”的监督管理。

跨两个及两个以上行政区域的建设项目安全设施“三同时”由其共同的上一级人民政府安全生产监督管理部门实施监督管理。

上一级人民政府安全生产监督管理部门根据工作需要，可以将其负责监督管理的建设项目安全设施“三同时”工作委托下一级人民政府安全生产监督管理部门实施监督管理。

第六条 安全生产监督管理部门应当加强建设项目安全设施建设的日常安全监管，落实有关行政许可及其监管责任，督促生产经营单位落实安全设施建设责任。

第二章 建设项目安全预评价

第七条 下列建设项目在进行可行性研究时，生产经营单位应当按照国家规定，进行安全预评价：

（一）非煤矿矿山建设项目；

（二）生产、储存危险化学品（包括使用长输管道输送危险化学品，下同）的建设项目；

（三）生产、储存烟花爆竹的建设项目；

（四）金属冶炼建设项目；

（五）使用危险化学品从事生产并且使用量达到

规定数量的化工建设项目(属于危险化学品生产的除外,下同);

(六)法律、行政法规和国务院规定的其他建设项目。

第八条 生产经营单位应当委托具有相应资质的安全评价机构,对其建设项目进行安全预评价,并编制安全预评价报告。

建设项目安全预评价报告应当符合国家标准或者行业标准的规定。

生产、储存危险化学品的建设项目和化工建设项目安全预评价报告除符合本条第二款的规定外,还应当符合有关危险化学品建设项目的规定。

第九条 本办法第七条规定以外的其他建设项目,生产经营单位应当对其安全生产条件和设施进行综合分析,形成书面报告备查。

第三章 建设项目安全设施设计审查

第十条 生产经营单位在建设项目初步设计时,应当委托有相应资质的设计单位对建设项目安全设施同时进行设计,编制安全设施设计。

安全设施设计必须符合有关法律、法规、规章和国家标准或者行业标准、技术规范的规定,并尽可能采用先进适用的工艺、技术和可靠的设备、设施。本办法第七条规定的建设项目安全设施设计还应当充分考虑建设项目安全预评价报告提出的安全对策措施。

安全设施设计单位、设计人应当对其编制的设计文件负责。

第十一条 建设项目安全设施设计应当包括下列内容:

(一)设计依据;

(二)建设项目概述;

(三)建设项目潜在的危险、有害因素和危险、有害程度及周边环境安全分析;

(四)建筑及场地布置;

(五)重大危险源分析及检测监控;

(六)安全设施设计采取的防范措施;

(七)安全生产管理机构设置或者安全生产管理人员配备要求;

(八)从业人员安全生产教育和培训要求;

(九)工艺、技术和设备、设施的先进性和可靠性分析;

(十)安全设施专项投资概算;

(十一)安全预评价报告中的安全对策及建议采纳情况;

(十二)预期效果以及存在的问题与建议;

(十三)可能出现的事故预防及应急救援措施;

(十四)法律、法规、规章、标准规定需要说明的其他事项。

第十二条 本办法第七条第(一)项、第(二)项、第(三)项、第(四)项规定的建设项目安全设施设计完成后,生产经营单位应当按照本办法第五条的规定向安全生产监督管理部门提出审查申请,并提交下列文件资料:

(一)建设项目审批、核准或者备案的文件;

(二)建设项目安全设施设计审查申请;

(三)设计单位的设计资质证明文件;

(四)建设项目安全设施设计;

(五)建设项目安全预评价报告及相关文件资料;

(六)法律、行政法规、规章规定的其他文件资料。

安全生产监督管理部门收到申请后,对属于本部门职责范围内的,应当及时进行审查,并在收到申请后5个工作日内作出受理或者不予受理的决定,书面告知申请人;对不属于本部门职责范围内的,应当将有关文件资料转送有审查权的安全生产监督管理部门,并书面告知申请人。

第十三条 对已经受理的建设项目安全设施设计审查申请,安全生产监督管理部门应当自受理之日起20个工作日内作出是否批准的决定,并书面告知申请人。20个工作日内不能作出决定的,经本部门负责人批准,可以延长10个工作日,并应当将延长期限的理由书面告知申请人。

第十四条 建设项目安全设施设计有下列情形之一的,不予批准,并不得开工建设:

(一)无建设项目审批、核准或者备案文件的;

(二)未委托具有相应资质的设计单位进行设计的;

(三)安全预评价报告由未取得相应资质的安全评价机构编制的;

(四)设计内容不符合有关安全生产的法律、法规、规章和国家标准或者行业标准、技术规范的规定的;

(五)未采纳安全预评价报告中的安全对策和建议,且未作充分论证说明的;

(六)不符合法律、行政法规规定的其他条件的。

建设项目安全设施设计审查未予批准的,生产经营单位经过整改后可以向原审查部门申请再审。

第十五条 已经批准的建设项目及其安全设施设计有下列情形之一的,生产经营单位应当报原批准部门审查同意;未经审查同意的,不得开工建设:

（一）建设项目的规模、生产工艺、原料、设备发生重大变更的；

（二）改变安全设施设计且可能降低安全性能的；

（三）在施工期间重新设计的。

第十六条 本办法第七条第（一）项、第（二）项、第（三）项和第（四）项规定以外的建设项目安全设施设计，由生产经营单位组织审查，形成书面报告备查。

第四章 建设项目安全设施施工和竣工验收

第十七条 建设项目安全设施的施工应当由取得相应资质的施工单位进行，并与建设项目主体工程同时施工。

施工单位应当在施工组织设计中编制安全技术措施和施工现场临时用电方案，同时对危险性较大的分部分项工程依法编制专项施工方案，并附具安全验算结果，经施工单位技术负责人、总监理工程师签字后实施。

施工单位应当严格按照安全设施设计和相关施工技术标准、规范施工，并对安全设施的工程质量负责。

第十八条 施工单位发现安全设施设计文件有错漏的，应当及时向生产经营单位、设计单位提出。生产经营单位、设计单位应当及时处理。

施工单位发现安全设施存在重大事故隐患时，应当立即停止施工并报告生产经营单位进行整改。整改合格后，方可恢复施工。

第十九条 工程监理单位应当审查施工组织设计中的安全技术措施或者专项施工方案是否符合工程建设强制性标准。

工程监理单位在实施监理过程中，发现存在事故隐患的，应当要求施工单位整改；情况严重的，应当要求施工单位暂时停止施工，并及时报告生产经营单位。施工单位拒不整改或者不停止施工的，工程监理单位应当及时向有关主管部门报告。

工程监理单位、监理人员应当按照法律、法规和工程建设强制性标准实施监理，并对安全设施工程的工程质量承担监理责任。

第二十条 建设项目安全设施建成后，生产经营单位应当对安全设施进行检查，对发现的问题及时整改。

第二十一条 本办法第七条规定的建设项目竣工后，根据规定建设项目需要试运行（包括生产、使用，下同）的，应当在正式投入生产或者使用前进行试运行。

试运行时间应当不少于30日，最长不得超过180日，国家有关部门有规定或者特殊要求的行业除外。

生产、储存危险化学品的建设项目和化工建设项目，应当在建设项目试运行前将试运行方案报负责建设项目安全许可的安全生产监督管理部门备案。

第二十二条 本办法第七条规定的建设项目安全设施竣工或者试运行完成后，生产经营单位应当委托具有相应资质的安全评价机构对安全设施进行验收评价，并编制建设项目安全验收评价报告。

建设项目安全验收评价报告应当符合国家标准或者行业标准的规定。

生产、储存危险化学品的建设项目和化工建设项目安全验收评价报告除符合本条第二款的规定外，还应当符合有关危险化学品建设项目的规定。

第二十三条 建设项目竣工投入生产或者使用前，生产经营单位应当组织对安全设施进行竣工验收，并形成书面报告备查。安全设施竣工验收合格后，方可投入生产和使用。

安全监管部门应当按照下列方式之一对本办法第七条第（一）项、第（二）项、第（三）项和第（四）项规定建设项目的竣工验收活动和验收结果的监督核查：

（一）对安全设施竣工验收报告按照不少于总数10%的比例进行随机抽查；

（二）在实施有关安全许可时，对建设项目安全设施竣工验收报告进行审查。

抽查和审查以书面方式为主。对竣工验收报告的实质内容存在疑问，需要到现场核查的，安全监管部门应当指派两名以上工作人员对有关内容进行现场核查。工作人员应当提出现场核查意见，并如实记录在案。

第二十四条 建设项目的安全设施有下列情形之一的，建设单位不得通过竣工验收，并不得投入生产或者使用：

（一）未选择具有相应资质的施工单位施工的；

（二）未按照建设项目安全设施设计文件施工或者施工质量未达到建设项目安全设施设计文件要求的；

（三）建设项目安全设施的施工不符合国家有关施工技术标准的；

（四）未选择具有相应资质的安全评价机构进行安全验收评价或者安全验收评价不合格的；

（五）安全设施和安全生产条件不符合有关安全生产法律、法规、规章和国家标准或者行业标准、技术规范规定的；

（六）发现建设项目试运行期间存在事故隐患未整改的；

（七）未依法设置安全生产管理机构或者配备安

全生产管理人员的；

（八）从业人员未经过安全生产教育和培训或者不具备相应资格的；

（九）不符合法律、行政法规规定的其他条件的。

第二十五条 生产经营单位应当按照档案管理的规定，建立建设项目安全设施"三同时"文件资料档案，并妥善保存。

第二十六条 建设项目安全设施未与主体工程同时设计、同时施工或者同时投入使用的，安全生产监督管理部门对与此有关的行政许可一律不予审批，同时责令生产经营单位立即停止施工、限期改正违法行为，对有关生产经营单位和人员依法给予行政处罚。

第五章 法律责任

第二十七条 建设项目安全设施"三同时"违反本办法的规定，安全生产监督管理部门及其工作人员给予审批通过或者颁发有关许可证的，依法给予行政处分。

第二十八条 生产经营单位对本办法第七条第（一）项、第（二）项、第（三）项和第（四）项规定的建设项目有下列情形之一的，责令停止建设或者停产停业整顿，限期改正；逾期未改正的，处50万元以上100万元以下的罚款，对其直接负责的主管人员和其他直接责任人员处2万元以上5万元以下的罚款；构成犯罪的，依照刑法有关规定追究刑事责任：

（一）未按照本办法规定对建设项目进行安全评价的；

（二）没有安全设施设计或者安全设施设计未按照规定报经安全生产监督管理部门审查同意，擅自开工的；

（三）施工单位未按照批准的安全设施设计施工的；

（四）投入生产或者使用前，安全设施未经验收合格的。

第二十九条 已经批准的建设项目安全设施设计发生重大变更，生产经营单位未报原批准部门审查同意擅自开工建设的，责令限期改正，可以并处1万元以上3万元以下的罚款。

第三十条 本办法第七条第（一）项、第（二）项、第（三）项和第（四）项规定以外的建设项目有下列情形之一的，对有关生产经营单位责令限期改正，可以并处5000元以上3万元以下的罚款：

（一）没有安全设施设计的；

（二）安全设施设计未组织审查，并形成书面审查报告的；

（三）施工单位未按照安全设施设计施工的；

（四）投入生产或者使用前，安全设施未经竣工验收合格，并形成书面报告的。

第三十一条 承担建设项目安全评价的机构弄虚作假、出具虚假报告，尚未构成犯罪的，没收违法所得，违法所得在10万元以上的，并处违法所得二倍以上五倍以下的罚款；没有违法所得或者违法所得不足10万元的，单处或者并处10万元以上20万元以下的罚款，对其直接负责的主管人员和其他直接责任人员处2万元以上5万元以下的罚款；给他人造成损害的，与生产经营单位承担连带赔偿责任。

对有前款违法行为的机构，吊销其相应资质。

第三十二条 本办法规定的行政处罚由安全生产监督管理部门决定。法律、行政法规对行政处罚的种类、幅度和决定机关另有规定的，依照其规定。

安全生产监督管理部门对应当由其他有关部门进行处理的"三同时"问题，应当及时移送有关部门并形成记录备查。

第六章 附 则

第三十三条 本办法自2011年2月1日起施行。

隧道施工安全九条规定

1. 2014年9月19日国家安全生产监督管理总局、交通运输部、国务院国有资产监督管理委员会、国家铁路局发布
2. 安监总管二〔2014〕104号

一、必须证照齐全，严禁无资质施工、转包、违法分包和人员不经教育培训上岗作业。

二、必须按照标准规范和设计要求编制专项施工方案，确保按方案组织实施，严禁擅自改变施工方法。

三、必须强化施工工序和现场管理，确保支（防）护到位，严禁支护滞后和安全步距超标。

四、必须落实超前水文地质探测预报各项规定，监控量（探）测数据超标立即停工撤人，严禁冒险施工作业。

五、必须对有毒有害气体进行监测监控，加强通风管理，严禁浓度超标施工作业。

六、必须严格控制现场作业人数，掘进作业面应实施机械化作业，严禁超员组织施工作业。

七、必须按照规定设置逃生通道，严禁在安全设施不到位的情况下施工作业。

八、必须按照规定严格民用爆炸物品管理，严禁在施工现场违规运输、存放和使用民用爆炸物品。

九、必须按照规定制定应急预案、配备救援装备，严禁事故发生后违章指挥、冒险施救。

施工现场安全防护用具及机械设备使用监督管理规定

1. 1998年9月4日建设部、国家工商行政管理局、国家质量技术监督局发布
2. 建设〔1998〕64号
3. 自1998年10月1日起施行

第一条　为加强对施工现场上使用的安全防护用具及机械设备的监督管理，防止因不合格产品流入施工现场而造成伤亡事故，确保施工安全，制定本规定。

第二条　凡从事建筑施工（包括土木建筑、线路管道设备安装、装饰装修）的企业和个人以及为其提供安全防护用具及机械设备的单位和个人，必须遵守本规定。

第三条　本规定所指的安全防护用具及机械设备，是指在施工现场上使用的安全防护用品，安全防护设施、电气产品、架设机具和施工机械设备：

（一）安全防护用具

1. 安全防护用品，包括安全帽、安全带、安全网、安全绳及其他个人防护用品等；

2. 安全防护设施，包括各种“临边、洞口”的防护用具等；

3. 电气产品，包括手持电动工具、木工机具、钢筋机械、振动机具、漏电保护器、电闸箱、电缆、电器开关、插座及电工元器件等；

4. 架设机具，包括用竹、木、钢等材料组成的各类脚手架及其零部件、登高设施、简易起重吊装机具等。

（二）施工机械设备

包括大中型起重机械、施工电梯、挖掘机、打桩机、混凝土搅拌机等施工机械设备。

第四条　各级建设行政主管部门负责对施工现场安全防护用具及施工机械设备的使用实施监督管理。施工现场安全防护用具及机械设备使用的具体监督管理工作，可以委托所属的建筑安全监督管理机构负责实施。

工商行政管理机关负责查处市场管理和商标管理中发现的经销掺假或假冒的安全防护用具及机械设备；质量技术监督机关负责查处生产和流通领域中安全防护用具及机械设备的质量违法行为。

第五条　为施工现场提供安全防护用具及机械设备的生产、销售单位，必须遵守有关的法律、法规、规章和标准，设计、生产、销售符合施工安全要求的产品。

第六条　向建筑施工企业或者施工现场销售安全防护用具及机械设备的单位，应当提供检测合格证明及下列资料：

（一）产品的生产许可证（指实行生产许可证的产品）和出厂产品合格证；

（二）产品的有关技术标准、规范；

（三）产品的有关图纸及技术资料；

（四）产品的技术性能、安全防护装置的说明。

第七条　建筑安全监督管理机构要对建筑施工企业或者施工现场使用的安全防护用具及机械设备，进行定期或者不定期的抽检，发现不合格产品或者技术指标和安全性能不能满足施工安全需要的产品，必须立即停止使用，并清除出施工现场。

第八条　建筑施工企业和施工现场必须采购、使用具有生产许可证、产品合格证的产品，并建立安全防护用具及机械设备的采购、使用、检查、维修、保养的责任制。

第九条　施工现场新安装或者停工6个月以上又重新使用的塔式起重机、龙门架（井字架）、整体提升脚手架等，在使用前必须组织由本企业的安全、施工等技术管理人员参加的检验，经检验合格后方可使用。不能自行检验的，可以委托当地建筑安全监督管理机构进行检验。

第十条　建筑施工企业及其项目经理部必须对施工中使用的安全防护用具及机械设备进行定期检查，发现隐患或者不符合要求的，应当立即采取措施解决。

第十一条　建设，工商行政管理、质量技术监督行政主管部门根据职能分工，可以对施工现场安全防护用具及机械设备组织联合检查，并公布合格或者不合格产品名录。

有条件的城市可以建立安全防护用具及机械设备交易市场，为生产、销售单位和建筑施工企业提供服务，并加强监督管理。

第十二条　对于违反本规定的生产、销售单位和建筑施工企业，由建设、工商行政管理、质量技术监督行政主管部门根据各自的职责，依法作出处罚。

第十三条　本规定自1998年10月1日起施行。

建筑工程预防高处坠落事故若干规定

1. 2003年4月17日建设部发布
2. 建质〔2003〕82号

第一条　为预防高处坠落事故发生，保证施工安全，依据

《建筑法》和《安全生产法》对施工企业提出的有关要求，制定本规定。

第二条 本规定适用于脚手架上作业、各类登高作业、外用电梯安装作业及洞口临边作业等可能发生高处坠落的施工作业。

第三条 施工单位的法定代表人对本单位的安全生产全面负责。施工单位在编制施工组织设计时，应制定预防高处坠落事故的安全技术措施。

项目经理对本项目的安全生产全面负责。项目经理部应结合施工组织设计，根据建筑工程特点编制预防高处坠落事故的专项施工方案，并组织实施。

第四条 施工单位应做好高处作业人员的安全教育及相关的安全预防工作。

（一）所有高处作业人员应接受高处作业安全知识的教育；特种高处作业人员应持证上岗，上岗前应依据有关规定进行专门的安全技术签字交底。采用新工艺、新技术、新材料和新设备的，应按规定对作业人员进行相关安全技术签字交底。

（二）高处作业人员应经过体检，合格后方可上岗。施工单位应为作业人员提供合格的安全帽、安全带等必备的安全防护用具，作业人员应按规定正确佩戴和使用。

第五条 施工单位应按类别，有针对性地将各类安全警示标志悬挂于施工现场各相应部位，夜间应设红灯示警。

第六条 高处作业前，应由项目分管负责人组织有关部门对安全防护设施进行验收，经验收合格签字后，方可作业。安全防护设施应做到定型化、工具化，防护栏杆以黄黑（或红白）相间的条纹标示，盖件等以黄（或红）色标示。需要临时拆除或变动安全设施的，应经项目分管负责人审批签字，并组织有关部门验收，经验收合格签字后，方可实施。

第七条 物料提升机应按有关规定由其产权单位编制安装拆卸施工方案，产权单位分管负责人审批签字，并负责安装和拆卸；使用前与施工单位共同进行验收，经验收合格签字后，方可作业。物料提升机应有完好的停层装置，各层联络要有明确信号和楼层标记。物料提升机上料口应装设有联锁装置的安全门，同时采用断绳保护装置或安全停靠装置。通道口走道板应满铺并固定牢靠，两侧边应设置符合要求的防护栏杆和挡脚板，并用密目式安全网封闭两侧。物料提升机严禁乘人。

第八条 施工外用电梯应按有关规定由其产权单位编制安装拆卸施工方案，产权单位分管负责人审批签字，并负责安装和拆卸；使用前与施工单位共同进行验收，经验收合格签字后，方可作业。施工外用电梯各种限位应灵敏可靠，楼层门应采取防止人员和物料坠落措施，电梯上下运行行程内应保证无障碍物。电梯轿厢内乘人、载物时，严禁超载，载荷应均匀分布，防止偏重。

第九条 移动式操作平台应按相关规定编制施工方案，项目分管负责人审批签字并组织有关部门验收，经验收合格签字后，方可作业。移动式操作平台立杆应保持垂直，上部适当向内收紧，平台作业面不得超出底脚。立杆底部和平台立面应分别设置扫地杆、剪刀撑或斜撑，平台应用坚实木板满铺，并设置防护栏杆和登高扶梯。

第十条 各类作业平台、卸料平台应按相关规定编制施工方案，项目分管负责人审批签字并组织有关部门验收，经验收合格签字后，方可作业。架体应保持稳固，不得与施工脚手架连接。作业平台上严禁超载。

第十一条 脚手架应按相关规定编制施工方案，施工单位分管负责人审批签字，项目分管负责人组织有关部门验收，经验收合格签字后，方可作业。作业层脚手架的脚手板应铺设严密，下部应用安全平网兜底。脚手架外侧应采用密目式安全网做全封闭，不得留有空隙。密目式安全网应可靠固定在架体上。作业层脚手板与建筑物之间的空隙大于15cm时应作全封闭，防止人员和物料坠落。作业人员上下应有专用通道，不得攀爬架体。

第十二条 附着式升降脚手架和其他外挂式脚手架应按相关规定由其产权单位编制施工方案，产权单位分管负责人审批签字，并与施工单位在使用前进行验收，经验收合格签字后，方可作业。附着式升降脚手架和其他外挂式脚手架每提升一次，都应由项目分管负责人组织有关部门验收，经验收合格签字后，方可作业。附着式升降脚手架和其他外挂式脚手架应设置安全可靠的防倾覆、防坠落装置，每一作业层架体外侧应设置符合要求的防护栏杆和挡脚板。附着式升降脚手架和其他外挂式脚手架升降时，应设专人对脚手架作业区域进行监护。

第十三条 模板工程应按相关规定编制施工方案，施工单位分管负责人审批签字；项目分管负责人组织有关部门验收，经验收合格签字后，方可作业。模板工程在绑扎钢筋、粉刷模板、支拆模板时应保证作业人员有可靠立足点，作业面应按规定设置安全防护设施。模板及其支撑体系的施工荷载应均匀堆置，并不得超过设计计算要求。

第十四条　吊篮应按相关规定由其产权单位编制施工方案，产权单位分管负责人审批签字，并与施工单位在使用前进行验收，经验收合格签字后，方可作业。吊篮产权单位应做好日常例保和记录。吊篮悬挂机构的结构件应选用钢材或其他适合的金属结构材料制造，其结构应具有足够的强度和刚度。作业人员应按规定佩戴安全带；安全带应挂设在单独设置的安全绳上，严禁安全绳与吊篮连接。

第十五条　施工单位对电梯井门应按定型化、工具化的要求设计制作，其高度应在15m至18m范围内。电梯井内不超过10m应设置一道安全平网；安装拆卸电梯井内安全平网时，作业人员应按规定佩戴安全带。

第十六条　施工单位进行屋面卷材防水层施工时，屋面周围应设置符合要求的防护栏杆。屋面上的孔洞应加盖封严，短边尺寸大于15m时，孔洞周边也应设置符合要求的防护栏杆，底部加设安全平网。在坡度较大的屋面作业时，应采取专门的安全措施。

建筑工程预防坍塌事故若干规定

1．2003年4月17日建设部发布

2．建质〔2003〕82号

第一条　为预防坍塌事故发生，保证施工安全，依据《建筑法》和《安全生产法》对施工企业提出的有关要求，制定本规定。

第二条　凡从事建筑工程新建、改建、扩建等活动的有关单位，应当遵守本规定。

第三条　本规定所称坍塌是指施工基坑（槽）坍塌、边坡坍塌、基础桩壁坍塌、模板支撑系统失稳坍塌及施工现场临时建筑（包括施工围墙）倒塌等。

第四条　施工单位的法定代表人对本单位的安全生产全面负责，施工单位在编制施工组织设计时，应制定预防坍塌事故的安全技术措施。

项目经理对本项目的安全生产全面负责。项目经理部应结合施工组织设计，根据建筑工程特点，编制预防坍塌事故的专项施工方案，并组织实施。

第五条　基坑（槽）、边坡、基础桩、模板和临时建筑作业前，施工单位应按设计单位要求，根据地质情况、施工工艺、作业条件及周边环境编制施工方案，单位分管负责人审批签字，项目分管负责人组织有关部门验收，经验收合格签字后，方可作业。

第六条　土方开挖前，施工单位应确认地下管线的埋置深度、位置及防护要求后，制定防护措施，经项目分管负责人审批签字后，方可作业。土方开挖时，施工单位应对相邻建（构）筑物、道路的沉降和位移情况进行观测。

第七条　施工单位应编制深基坑（槽）、高切坡、桩基和超高、超重、大跨度模板支撑系统等专项施工方案，并组织专家审查。

本规定所称深基坑（槽）是指开挖深度超过5m的基坑（槽）、或深度未超过5m但地质情况和周围环境较复杂的基坑（槽）。高切坡是指岩质边坡超过30m、或土质边坡超过15m的边坡。超高、超重、大跨度模板支撑系统是指高度超过8m、或跨度超过18m、或施工总荷载大于10KN/m、或集中线荷载大于15KN/m的模板支撑系统。

第八条　施工单位应作好施工区域内临时排水系统规划，临时排水不得破坏相邻建（构）筑物的地基和挖、填土方的边坡。在地形、地质条件复杂，可能发生滑坡、坍塌的地段挖方时，应由设计单位确定排水方案。场地周围出现地表水汇流、排泻或地下水管渗漏时，施工单位应组织排水，对基坑采取保护措施。开挖低于地下水位的基坑（槽）、边坡和基础桩时，施工单位应合理选用降水措施降低地下水位。

第九条　基坑（槽）、边坡设置坑（槽）壁支撑时，施工单位应根据开挖深度、土质条件、地下水位、施工方法及相邻建（构）筑物等情况设计支撑。拆除支撑时应按基坑（槽）回填顺序自下而上逐层拆除，随拆随填，防止边坡塌方或相邻建（构）筑物产生破坏，必要时应采取加固措施

第十条　基坑（槽）、边坡和基础桩孔边堆置各类建筑材料的，应按规定距离堆置。各类施工机械距基坑（槽）、边坡和基础桩孔边的距离，应根据设备重量、基坑（槽）、边坡和基础桩的支护、土质情况确定，并不得小于15m。

第十一条　基坑（槽）作业时，施工单位应在施工方案中确定攀登设施及专用通道，作业人员不得攀爬模板、脚手架等临时设施。

第十二条　机械开挖土方时，作业人员不得进入机械作业范围内进行清理或找坡作业。

第十三条　地质灾害易发区内施工时，施工单位应根据地质勘察资料编制施工方案，单位分管负责人审批签字，项目分管负责人组织有关部门验收，经验收合格签字后，方可作业。施工时应遵循自上而下的开挖顺序，

严禁先切除坡脚。爆破施工时,应防止爆破震动影响边坡稳定。

第十四条　施工单位应防止地面水流入基坑(槽)内造成边坡塌方或土体破坏。基坑(槽)开挖后,应及时进行地下结构和安装工程施工,基坑(槽)开挖或回填应连续进行。在施工过程中,应随时检查坑(槽)壁的稳定情况。

第十五条　模板作业时,施工单位对模板支撑宜采用钢支撑材料作支撑立柱,不得使用严重锈蚀、变形、断裂、脱焊、螺栓松动的钢支撑材料和竹材作立柱。支撑立柱基础应牢固,并按设计计算严格控制模板支撑系统的沉降量。支撑立柱基础为泥土地面时,应采取排水措施,对地面平整、夯实,并加设满足支撑承载力要求的垫板后,方可用以支撑立柱。斜支撑和立柱应牢固拉接,行成整体。

第十六条　基坑(槽)、边坡和基础桩施工及模板作业时,施工单位应指定专人指挥、监护,出现位移、开裂及渗漏时,应立即停止施工,将作业人员撤离作业现场,待险情排除后,方可作业。

第十七条　楼面、屋面堆放建筑材料、模板、施工机具或其他物料时,施工单位应严格控制数量、重量,防止超载。堆放数量较多时,应进行荷载计算,并对楼面、屋面进行加固。

第十八条　施工单位应按地质资料和设计规范,确定临时建筑的基础型式和平面布局,并按施工规范进行施工。施工现场临时建筑与建筑材料等的间距应符合技术标准。

第十九条　临时建筑外侧为街道或行人通道的,施工单位应采取加固措施。禁止在施工围墙墙体上方或紧靠施工围墙架设广告或宣传标牌。施工围墙外侧应有禁止人群停留、聚集和堆砌土方、货物等的警示。

第二十条　施工现场使用的组装式活动房屋应有产品合格证。施工单位在组装后进行验收,经验收合格签字后,方能使用。对搭设在空旷、山脚等处的活动房应采取防风、防洪和防暴雨等措施。

第二十一条　雨期施工,施工单位应对施工现场的排水系统进行检查和维护,保证排水畅通。在傍山、沿河地区施工时,应采取必要的防洪、防泥石流措施。

深基坑特别是稳定性差的土质边坡、顺向坡,施工方案应充分考虑雨季施工等诱发因素,提出预案措施。

第二十二条　冬季解冻期施工时,施工单位应对基坑(槽)和基础桩支护进行检查,无异常情况后,方可施工。

建筑施工人员个人劳动保护用品使用管理暂行规定

1. 2007年11月5日建设部发布
2. 建质〔2007〕255号

第一条　为加强对建筑施工人员个人劳动保护用品的使用管理,保障施工作业人员安全与健康,根据《中华人民共和国建筑法》、《建设工程安全生产管理条例》、《安全生产许可证条例》等法律法规,制定本规定。

第二条　本规定所称个人劳动保护用品,是指在建筑施工现场,从事建筑施工活动的人员使用的安全帽、安全带以及安全(绝缘)鞋、防护眼镜、防护手套、防尘(毒)口罩等个人劳动保护用品(以下简称"劳动保护用品")。

第三条　凡从事建筑施工活动的企业和个人,劳动保护用品的采购、发放、使用、管理等必须遵守本规定。

第四条　劳动保护用品的发放和管理,坚持"谁用工,谁负责"的原则。施工作业人员所在企业(包括总承包企业、专业承包企业、劳务企业等,下同)必须按国家规定免费发放劳动保护用品,更换已损坏或已到使用期限的劳动保护用品,不得收取或变相收取任何费用。

劳动保护用品必须以实物形式发放,不得以货币或其他物品替代。

第五条　企业应建立完善劳动保护用品的采购、验收、保管、发放、使用、更换、报废等规章制度。同时应建立相应的管理台账,管理台账保存期限不得少于两年,以保证劳动保护用品的质量具有可追溯性。

第六条　企业采购、个人使用的安全帽、安全带及其他劳动防护用品等,必须符合《安全帽》(GB 2811)、《安全带》(GB 6095)及其他劳动保护用品相关国家标准的要求。

企业、施工作业人员,不得采购和使用无安全标记或不符合国家相关标准要求的劳动保护用品。

第七条　企业应当按照劳动保护用品采购管理制度的要求,明确企业内部有关部门、人员的采购管理职责。企业在一个地区组织施工的,可以集中统一采购;对企业工程项目分布在多个地区,集中统一采购有困难的,可由各地区或项目部集中采购。

第八条　企业采购劳动保护用品时,应查验劳动保护用品生产厂家或供货商的生产、经营资格,验明商品合格证明和商品标识,以确保采购劳动保护用品的质量符合安全使用要求。

企业应当向劳动保护用品生产厂家或供货商索要法定检验机构出具的检验报告或由供货商签字盖章的检验报告复印件,不能提供检验报告或检验报告复印件的劳动保护用品不得采购。

第九条 企业应加强对施工作业人员的教育培训,保证施工作业人员能正确使用劳动保护用品。

工程项目部应有教育培训的记录,有培训人员和被培训人员的签名和时间。

第十条 企业应加强对施工作业人员劳动保护用品使用情况的检查,并对施工作业人员劳动保护用品的质量和正确使用负责。实行施工总承包的工程项目,施工总承包企业应加强对施工现场内所有施工作业人员劳动保护用品的监督检查。督促相关分包企业和人员正确使用劳动保护用品。

第十一条 施工作业人员有接受安全教育培训的权利,有按照工作岗位规定使用合格的劳动保护用品的权利;有拒绝违章指挥、拒绝使用不合格劳动保护用品的权利。同时,也负有正确使用劳动保护用品的义务。

第十二条 监理单位要加强对施工现场劳动保护用品的监督检查。发现有不使用、或使用不符合要求的劳动保护用品,应责令相关企业立即改正。对拒不改正的,应当向建设行政主管部门报告。

第十三条 建设单位应当及时、足额向施工企业支付安全措施专项经费,并督促施工企业落实安全防护措施,使用符合相关国家产品质量要求的劳动保护用品。

第十四条 各级建设行政主管部门应当加强对施工现场劳动保护用品使用情况的监督管理。发现有不使用、或使用不符合要求的劳动保护用品的违法违规行为的,应当责令改正;对因不使用或使用不符合要求的劳动保护用品造成事故或伤害的,应当依据《建设工程安全生产管理条例》和《安全生产许可证条例》等法律法规,对有关责任方给予行政处罚。

第十五条 各级建设行政主管部门应将企业劳动保护用品的发放、管理情况列入建筑施工企业《安全生产许可证》条件的审查内容之一;施工现场劳动保护用品的质量情况作为认定企业是否降低安全生产条件的内容之一;施工作业人员是否正确使用劳动保护用品情况作为考核企业安全生产教育培训是否到位的依据之一。

第十六条 各地建设行政主管部门可建立合格劳动保护用品的信息公告制度,为企业购买合格的劳动保护用品提供信息服务。同时依法加大对采购、使用不合格劳动保护用品的处罚力度。

第十七条 施工现场内,为保证施工作业人员安全与健康所需的其他劳动保护用品可参照本规定执行。

第十八条 各地可根据本规定,制定具体的实施办法。

第十九条 本规定自发布之日起施行。

建筑施工企业安全生产管理机构设置及专职安全生产管理人员配备办法

1. 2008年5月13日住房和城乡建设部发布
2. 建质〔2008〕91号

第一条 为规范建筑施工企业安全生产管理机构的设置,明确建筑施工企业和项目专职安全生产管理人员的配备标准,根据《中华人民共和国安全生产法》、《建设工程安全生产管理条例》、《安全生产许可证条例》及《建筑施工企业安全生产许可证管理规定》,制定本办法。

第二条 从事土木工程、建筑工程、线路管道和设备安装工程及装修工程的新建、改建、扩建和拆除等活动的建筑施工企业安全生产管理机构的设置及其专职安全生产管理人员的配备,适用本办法。

第三条 本办法所称安全生产管理机构是指建筑施工企业设置的负责安全生产管理工作的独立职能部门。

第四条 本办法所称专职安全生产管理人员是指经建设主管部门或者其他有关部门安全生产考核合格取得安全生产考核合格证书,并在建筑施工企业及其项目从事安全生产管理工作的专职人员。

第五条 建筑施工企业应当依法设置安全生产管理机构,在企业主要负责人的领导下开展本企业的安全生产管理工作。

第六条 建筑施工企业安全生产管理机构具有以下职责:

(一)宣传和贯彻国家有关安全生产法律法规和标准;

(二)编制并适时更新安全生产管理制度并监督实施;

(三)组织或参与企业生产安全事故应急救援预案的编制及演练;

(四)组织开展安全教育培训与交流;

(五)协调配备项目专职安全生产管理人员;

(六)制订企业安全生产检查计划并组织实施;

（七）监督在建项目安全生产费用的使用；

（八）参与危险性较大工程安全专项施工方案专家论证会；

（九）通报在建项目违规违章查处情况；

（十）组织开展安全生产评优评先表彰工作；

（十一）建立企业在建项目安全生产管理档案；

（十二）考核评价分包企业安全生产业绩及项目安全生产管理情况；

（十三）参加生产安全事故的调查和处理工作；

（十四）企业明确的其他安全生产管理职责。

第七条　建筑施工企业安全生产管理机构专职安全生产管理人员在施工现场检查过程中具有以下职责：

（一）查阅在建项目安全生产有关资料、核实有关情况；

（二）检查危险性较大工程安全专项施工方案落实情况；

（三）监督项目专职安全生产管理人员履责情况；

（四）监督作业人员安全防护用品的配备及使用情况；

（五）对发现的安全生产违章违规行为或安全隐患，有权当场予以纠正或作出处理决定；

（六）对不符合安全生产条件的设施、设备、器材，有权当场作出查封的处理决定；

（七）对施工现场存在的重大安全隐患有权越级报告或直接向建设主管部门报告；

（八）企业明确的其他安全生产管理职责。

第八条　建筑施工企业安全生产管理机构专职安全生产管理人员的配备应满足下列要求，并应根据企业经营规模、设备管理和生产需要予以增加：

（一）建筑施工总承包资质序列企业：特级资质不少于6人；一级资质不少于4人；二级和二级以下资质企业不少于3人。

（二）建筑施工专业承包资质序列企业：一级资质不少于3人；二级和二级以下资质企业不少于2人。

（三）建筑施工劳务分包资质序列企业：不少于2人。

（四）建筑施工企业的分公司、区域公司等较大的分支机构（以下简称分支机构）应依据实际生产情况配备不少于2人的专职安全生产管理人员。

第九条　建筑施工企业应当实行建设工程项目专职安全生产管理人员委派制度。建设工程项目的专职安全生产管理人员应当定期将项目安全生产管理情况报告企业安全生产管理机构。

第十条　建筑施工企业应当在建设工程项目组建安全生产领导小组。建设工程实行施工总承包的，安全生产领导小组由总承包企业、专业承包企业和劳务分包企业项目经理、技术负责人和专职安全生产管理人员组成。

第十一条　安全生产领导小组的主要职责：

（一）贯彻落实国家有关安全生产法律法规和标准；

（二）组织制定项目安全生产管理制度并监督实施；

（三）编制项目生产安全事故应急救援预案并组织演练；

（四）保证项目安全生产费用的有效使用；

（五）组织编制危险性较大工程安全专项施工方案；

（六）开展项目安全教育培训；

（七）组织实施项目安全检查和隐患排查；

（八）建立项目安全生产管理档案；

（九）及时、如实报告安全生产事故。

第十二条　项目专职安全生产管理人员具有以下主要职责：

（一）负责施工现场安全生产日常检查并做好检查记录；

（二）现场监督危险性较大工程安全专项施工方案实施情况；

（三）对作业人员违规违章行为有权予以纠正或查处；

（四）对施工现场存在的安全隐患有权责令立即整改；

（五）对于发现的重大安全隐患，有权向企业安全生产管理机构报告；

（六）依法报告生产安全事故情况。

第十三条　总承包单位配备项目专职安全生产管理人员应当满足下列要求：

（一）建筑工程、装修工程按照建筑面积配备：

1. 1万平方米以下的工程不少于1人；

2. 1万～5万平方米的工程不少于2人；

3. 5万平方米及以上的工程不少于3人，且按专业配备专职安全生产管理人员。

（二）土木工程、线路管道、设备安装工程按照工程合同价配备：

1. 5000万元以下的工程不少于1人；

2. 5000万～1亿元的工程不少于2人；

3. 1亿元及以上的工程不少于3人，且按专业配备专职安全生产管理人员。

第十四条 分包单位配备项目专职安全生产管理人员应当满足下列要求：

（一）专业承包单位应当配备至少1人，并根据所承担的分部分项工程的工程量和施工危险程度增加。

（二）劳务分包单位施工人员在50人以下的，应当配备1名专职安全生产管理人员；50人～200人的，应当配备2名专职安全生产管理人员；200人及以上的，应当配备3名及以上专职安全生产管理人员，并根据所承担的分部分项工程施工危险实际情况增加，不得少于工程施工人员总人数的5‰。

第十五条 采用新技术、新工艺、新材料或致害因素多、施工作业难度大的工程项目，项目专职安全生产管理人员的数量应当根据施工实际情况，在第十三条、第十四条规定的配备标准上增加。

第十六条 施工作业班组可以设置兼职安全巡查员，对本班组的作业场所进行安全监督检查。

建筑施工企业应当定期对兼职安全巡查员进行安全教育培训。

第十七条 安全生产许可证颁发管理机关颁发安全生产许可证时，应当审查建筑施工企业安全生产管理机构设置及其专职安全生产管理人员的配备情况。

第十八条 建设主管部门核发施工许可证或者核准开工报告时，应当审查该工程项目专职安全生产管理人员的配备情况。

第十九条 建设主管部门应当监督检查建筑施工企业安全生产管理机构及其专职安全生产管理人员履责情况。

第二十条 本办法自颁发之日起实施，原《关于印发〈建筑施工企业安全生产管理机构设置及专职安全生产管理人员配备办法〉和〈危险性较大工程安全专项施工方案编制及专家论证审查办法〉的通知》（建质〔2004〕213号）中的《建筑施工企业安全生产管理机构设置及专职安全生产管理人员配备办法》废止。

建筑施工企业负责人及项目负责人施工现场带班暂行办法

1. 2011年7月22日住房和城乡建设部发布
2. 建质〔2011〕111号

第一条 为进一步加强建筑施工现场质量安全管理工作，根据《国务院关于进一步加强企业安全生产工作的通知》（国发〔2010〕23号）要求和有关法规规定，制定本办法。

第二条 本办法所称的建筑施工企业负责人，是指企业的法定代表人、总经理、主管质量安全和生产工作的副总经理、总工程师和副总工程师。

本办法所称的项目负责人，是指工程项目的项目经理。

本办法所称的施工现场，是指进行房屋建筑和市政工程施工作业活动的场所。

第三条 建筑施工企业应当建立企业负责人及项目负责人施工现场带班制度，并严格考核。

施工现场带班制度应明确其工作内容、职责权限和考核奖惩等要求。

第四条 施工现场带班包括企业负责人带班检查和项目负责人带班生产。

企业负责人带班检查是指由建筑施工企业负责人带队实施对工程项目质量安全生产状况及项目负责人带班生产情况的检查。

项目负责人带班生产是指项目负责人在施工现场组织协调工程项目的质量安全生产活动。

第五条 建筑施工企业法定代表人是落实企业负责人及项目负责人施工现场带班制度的第一责任人，对落实带班制度全面负责。

第六条 建筑施工企业负责人要定期带班检查，每月检查时间不少于其工作日的25%。

建筑施工企业负责人带班检查时，应认真做好检查记录，并分别在企业和工程项目存档备查。

第七条 工程项目进行超过一定规模的危险性较大的分部分项工程施工时，建筑施工企业负责人应到施工现场进行带班检查。对于有分公司（非独立法人）的企业集团，集团负责人因故不能到现场的，可书面委托工程所在地的分公司负责人对施工现场进行带班检查。

本条所称“超过一定规模的危险性较大的分部分项工程”详见《关于印发〈危险性较大的分部分项工程安全管理办法〉的通知》（建质〔2009〕87号）的规定。

第八条 工程项目出现险情或发现重大隐患时，建筑施工企业负责人应到施工现场带班检查，督促工程项目进行整改，及时消除险情和隐患。

第九条 项目负责人是工程项目质量安全管理的第一责任人，应对工程项目落实带班制度负责。

项目负责人在同一时期只能承担一个工程项目的管理工作。

第十条 项目负责人带班生产时，要全面掌握工程项目质量安全生产状况，加强对重点部位、关键环节的控制，及时消除隐患。要认真做好带班生产记录并签字存档备查。

第十一条 项目负责人每月带班生产时间不得少于本月施工时间的80%。因其他事务需离开施工现场时，应向工程项目的建设单位请假，经批准后方可离开。离开期间应委托项目相关负责人负责其外出时的日常工作。

第十二条 各级住房城乡建设主管部门应加强对建筑施工企业负责人及项目负责人施工现场带班制度的落实情况的检查。对未执行带班制度的企业和人员，按有关规定处理；发生质量安全事故的，要给予企业规定上限的经济处罚，并依法从重追究企业法定代表人及相关人员的责任。

第十三条 工程项目的建设、监理等相关责任主体的施工现场带班要求应参照本办法执行。

第十四条 省级住房城乡建设主管部门可依照本办法制定实施细则。

第十五条 本办法自发文之日起施行。

房屋市政工程生产安全事故报告和查处工作规程

1. 2013年1月14日住房和城乡建设部发布
2. 建质〔2013〕4号

第一条 为规范房屋市政工程生产安全事故报告和查处工作，落实事故责任追究制度，防止和减少事故发生，根据《建设工程安全生产管理条例》、《生产安全事故报告和调查处理条例》等有关规定，制定本规程。

第二条 房屋市政工程生产安全事故，是指在房屋建筑和市政基础设施工程施工过程中发生的造成人身伤亡或者重大直接经济损失的生产安全事故。

第三条 根据造成的人员伤亡或者直接经济损失，房屋市政工程生产安全事故分为以下等级：

（一）特别重大事故，是指造成30人以上死亡，或者100人以上重伤，或者1亿元以上直接经济损失的事故；

（二）重大事故，是指造成10人以上30人以下死亡，或者50人以上100人以下重伤，或者5000万元以上1亿元以下直接经济损失的事故；

（三）较大事故，是指造成3人以上10人以下死亡，或者10人以上50人以下重伤，或者1000万元以上5000万元以下直接经济损失的事故；

（四）一般事故，是指造成3人以下死亡，或者10人以下重伤，或者100万元以上1000万元以下直接经济损失的事故。

本等级划分所称的“以上”包括本数，所称的“以下”不包括本数。

第四条 房屋市政工程生产安全事故的报告，应当及时、准确、完整，任何单位和个人对事故不得迟报、漏报、谎报或者瞒报。

房屋市政工程生产安全事故的查处，应当坚持实事求是、尊重科学的原则，及时、准确地查明事故原因，总结事故教训，并对事故责任者依法追究责任。

第五条 事故发生地住房城乡建设主管部门接到施工单位负责人或者事故现场有关人员的事故报告后，应当逐级上报事故情况。

特别重大、重大、较大事故逐级上报至国务院住房城乡建设主管部门，一般事故逐级上报至省级住房城乡建设主管部门。

必要时，住房城乡建设主管部门可以越级上报事故情况。

第六条 国务院住房城乡建设主管部门应当在特别重大和重大事故发生后4小时内，向国务院上报事故情况。

省级住房城乡建设主管部门应当在特别重大、重大事故或者可能演化为特别重大、重大的事故发生后3小时内，向国务院住房城乡建设主管部门上报事故情况。

第七条 较大事故、一般事故发生后，住房城乡建设主管部门每级上报事故情况的时间不得超过2小时。

第八条 事故报告主要应当包括以下内容：

（一）事故的发生时间、地点和工程项目名称；

（二）事故已经造成或者可能造成的伤亡人数（包括下落不明人数）；

（三）事故工程项目的建设单位及项目负责人、施工单位及其法定代表人和项目经理、监理单位及其法定代表人和项目总监；

（四）事故的简要经过和初步原因；

（五）其他应当报告的情况。

第九条 省级住房城乡建设主管部门应当通过传真向国务院住房城乡建设主管部门书面上报特别重大、重大、较大事故情况。

特殊情形下确实不能按时书面上报的，可先电话报告，了解核实情况后及时书面上报。

第十条　事故报告后出现新情况，以及事故发生之日起30日内伤亡人数发生变化的，住房城乡建设主管部门应当及时补报。

第十一条　住房城乡建设主管部门应当及时通报事故基本情况以及事故工程项目的建设单位及项目负责人、施工单位及其法定代表人和项目经理、监理单位及其法定代表人和项目总监。

国务院住房城乡建设主管部门对特别重大、重大、较大事故进行全国通报。

第十二条　住房城乡建设主管部门应当按照有关人民政府的要求，依法组织或者参与事故调查工作。

第十三条　住房城乡建设主管部门应当积极参加事故调查工作，应当选派具有事故调查所需要的知识和专长，并与所调查的事故没有直接利害关系的人员参加事故调查工作。

参加事故调查工作的人员应当诚信公正、恪尽职守，遵守事故调查组的纪律。

第十四条　住房城乡建设主管部门应当按照有关人民政府对事故调查报告的批复，依照法律法规，对事故责任企业实施吊销资质证书或者降低资质等级、吊销或者暂扣安全生产许可证、责令停业整顿、罚款等处罚，对事故责任人员实施吊销执业资格注册证书或者责令停止执业、吊销或者暂扣安全生产考核合格证书、罚款等处罚。

第十五条　对事故责任企业或者人员的处罚权限在上级住房城乡建设主管部门的，当地住房城乡建设主管部门应当在收到有关人民政府对事故调查报告的批复后15日内，逐级将事故调查报告（附具有关证据材料）、有关人民政府批复文件、本部门处罚建议等材料报送至有处罚权限的住房城乡建设主管部门。

接收到材料的住房城乡建设主管部门应当按照有关人民政府对事故调查报告的批复，依照法律法规，对事故责任企业或者人员实施处罚，并向报送材料的住房城乡建设主管部门反馈处罚情况。

第十六条　对事故责任企业或者人员的处罚权限在其他省级住房城乡建设主管部门的，事故发生地省级住房城乡建设主管部门应当将事故调查报告（附具有关证据材料）、有关人民政府批复文件、本部门处罚建议等材料转送至有处罚权限的其他省级住房城乡建设主管部门，同时抄报国务院住房城乡建设主管部门。

接收到材料的其他省级住房城乡建设主管部门应当按照有关人民政府对事故调查报告的批复，依照法律法规，对事故责任企业或者人员实施处罚，并向转送材料的事故发生地省级住房城乡建设主管部门反馈处罚情况，同时抄报国务院住房城乡建设主管部门。

第十七条　住房城乡建设主管部门应当按照规定，对下级住房城乡建设主管部门的房屋市政工程生产安全事故查处工作进行督办。

国务院住房城乡建设主管部门对重大、较大事故查处工作进行督办，省级住房城乡建设主管部门对一般事故查处工作进行督办。

第十八条　住房城乡建设主管部门应当对发生事故的企业和工程项目吸取事故教训、落实防范和整改措施的情况进行监督检查。

第十九条　住房城乡建设主管部门应当及时向社会公布事故责任企业和人员的处罚情况，接受社会监督。

第二十条　对于经调查认定为非生产安全事故的，住房城乡建设主管部门应当在事故性质认定后10日内，向上级住房城乡建设主管部门报送有关材料。

第二十一条　省级住房城乡建设主管部门应当按照规定，通过“全国房屋市政工程生产安全事故信息报送及统计分析系统”及时、全面、准确地报送事故简要信息、事故调查信息和事故处罚信息。

第二十二条　住房城乡建设主管部门应当定期总结分析事故报告和查处工作，并将有关情况报送上级住房城乡建设主管部门。

国务院住房城乡建设主管部门定期对事故报告和查处工作进行通报。

第二十三条　省级住房城乡建设主管部门可结合本地区实际，依照本规程制定具体实施细则。

第二十四条　本规程自印发之日起施行。

房屋建筑和市政基础设施工程施工安全监督规定

1. *2014年10月24日住房和城乡建设部发布*
2. *建质〔2014〕153号*
3. *根据2019年3月18日《住房城乡建设部关于修改有关文件的通知》（建法规〔2019〕3号）修订*

第一条　为了加强房屋建筑和市政基础设施工程施工安全监督，保护人民群众生命财产安全，规范住房城乡建设主管部门安全监督行为，根据《中华人民共和国建筑法》、《中华人民共和国安全生产法》、《建设工程安全生产管理条例》等有关法律、行政法规，制定本规定。

第二条 本规定所称施工安全监督，是指住房城乡建设主管部门依据有关法律法规，对房屋建筑和市政基础设施工程的建设、勘察、设计、施工、监理等单位及人员（以下简称工程建设责任主体）履行安全生产职责，执行法律、法规、规章、制度及工程建设强制性标准等情况实施抽查并对违法违规行为进行处理的行政执法活动。

第三条 国务院住房城乡建设主管部门负责指导全国房屋建筑和市政基础设施工程施工安全监督工作。

县级以上地方人民政府住房城乡建设主管部门负责本行政区域内房屋建筑和市政基础设施工程施工安全监督工作。

县级以上地方人民政府住房城乡建设主管部门可以将施工安全监督工作委托所属的施工安全监督机构具体实施。

第四条 住房城乡建设主管部门应当加强施工安全监督机构建设，建立施工安全监督工作考核制度。

第五条 施工安全监督机构应当具备以下条件：

（一）具有完整的组织体系，岗位职责明确；

（二）具有符合本规定第六条规定的施工安全监督人员，人员数量满足监督工作需要且专业结构合理，其中监督人员应当占监督机构总人数的75%以上；

（三）具有固定的工作场所，配备满足监督工作需要的仪器、设备、工具及安全防护用品；

（四）有健全的施工安全监督工作制度，具备与监督工作相适应的信息化管理条件。

第六条 施工安全监督人员应当具备下列条件：

（一）具有工程类相关专业大专及以上学历或初级及以上专业技术职称；

（二）具有两年及以上施工安全管理经验；

（三）熟悉掌握相关法律法规和工程建设标准规范；

（四）经业务培训考核合格，取得相关执法证书；

（五）具有良好的职业道德。

第七条 县级以上地方人民政府住房城乡建设主管部门或其所属的施工安全监督机构（以下合称监督机构）应当对本行政区域内已取得施工许可证的工程项目实施施工安全监督。

第八条 施工安全监督主要包括以下内容：

（一）抽查工程建设责任主体履行安全生产职责情况；

（二）抽查工程建设责任主体执行法律、法规、规章、制度及工程建设强制性标准情况；

（三）抽查建筑施工安全生产标准化开展情况；

（四）组织或参与工程项目施工安全事故的调查处理；

（五）依法对工程建设责任主体违法违规行为实施行政处罚；

（六）依法处理与工程项目施工安全相关的投诉、举报。

第九条 监督机构实施工程项目的施工安全监督，应当依照下列程序进行：

（一）建设单位申请办理工程项目施工许可证；

（二）制定工程项目施工安全监督工作计划并组织实施；

（三）实施工程项目施工安全监督抽查并形成监督记录；

（四）评定工程项目安全生产标准化工作并办理终止施工安全监督手续；

（五）整理工程项目施工安全监督资料并立卷归档。

第十条 监督机构实施工程项目的施工安全监督，有权采取下列措施：

（一）要求工程建设责任主体提供有关工程项目安全管理的文件和资料；

（二）进入工程项目施工现场进行安全监督抽查；

（三）发现安全隐患，责令整改或暂时停止施工；

（四）发现违法违规行为，按权限实施行政处罚或移交有关部门处理；

（五）向社会公布工程建设责任主体安全生产不良信息。

第十一条 工程项目因故中止施工的，监督机构对工程项目中止施工安全监督。

工程项目经建设、监理、施工单位确认施工结束的，监督机构对工程项目终止施工安全监督。

第十二条 施工安全监督人员有下列玩忽职守、滥用职权、徇私舞弊情形之一，造成严重后果的，给予行政处分；构成犯罪的，依法追究刑事责任：

（一）发现施工安全违法违规行为不予查处的；

（二）在监督过程中，索取或者接受他人财物，或者谋取其他利益的；

（三）对涉及施工安全的举报、投诉不处理的。

第十三条 有下列情形之一的，监督机构和施工安全监督人员不承担责任：

（一）工程项目中止施工安全监督期间或者施工安全监督终止后，发生安全事故的；

（二）对发现的施工安全违法行为和安全隐患已经依法查处，工程建设责任主体拒不执行安全监管指令发生安全事故的；

（三）现行法规标准尚无规定或工程建设责任主体弄虚作假，致使无法作出正确执法行为的；

（四）因自然灾害等不可抗力导致安全事故的；

（五）按照工程项目监督工作计划已经履行监督职责的。

第十四条　省、自治区、直辖市人民政府住房城乡建设主管部门可以根据本规定制定具体实施办法。

第十五条　本规定自发布之日起施行。原《建筑工程安全生产监督管理工作导则》同时废止。

房屋市政工程生产安全重大事故隐患判定标准（2022版）

1．2022年4月19日住房和城乡建设部发布
2．建质规〔2022〕2号

第一条　为准确认定、及时消除房屋建筑和市政基础设施工程生产安全重大事故隐患，有效防范和遏制群死群伤事故发生，根据《中华人民共和国建筑法》《中华人民共和国安全生产法》《建设工程安全生产管理条例》等法律和行政法规，制定本标准。

第二条　本标准所称重大事故隐患，是指在房屋建筑和市政基础设施工程（以下简称房屋市政工程）施工过程中，存在的危害程度较大、可能导致群死群伤或造成重大经济损失的生产安全事故隐患。

第三条　本标准适用于判定新建、扩建、改建、拆除房屋市政工程的生产安全重大事故隐患。

县级及以上人民政府住房和城乡建设主管部门和施工安全监督机构在监督检查过程中可依照本标准判定房屋市政工程生产安全重大事故隐患。

第四条　施工安全管理有下列情形之一的，应判定为重大事故隐患：

（一）建筑施工企业未取得安全生产许可证擅自从事建筑施工活动；

（二）施工单位的主要负责人、项目负责人、专职安全生产管理人员未取得安全生产考核合格证书从事相关工作；

（三）建筑施工特种作业人员未取得特种作业人员操作资格证书上岗作业；

（四）危险性较大的分部分项工程未编制、未审核专项施工方案，或未按规定组织专家对“超过一定规模的危险性较大的分部分项工程范围”的专项施工方案进行论证。

第五条　基坑工程有下列情形之一的，应判定为重大事故隐患：

（一）对因基坑工程施工可能造成损害的毗邻重要建筑物、构筑物和地下管线等，未采取专项防护措施；

（二）基坑土方超挖且未采取有效措施；

（三）深基坑施工未进行第三方监测；

（四）有下列基坑坍塌风险预兆之一，且未及时处理：

1．支护结构或周边建筑物变形值超过设计变形控制值；

2．基坑侧壁出现大量漏水、流土；

3．基坑底部出现管涌；

4．桩间土流失孔洞深度超过桩径。

第六条　模板工程有下列情形之一的，应判定为重大事故隐患：

（一）模板工程的地基基础承载力和变形不满足设计要求；

（二）模板支架承受的施工荷载超过设计值；

（三）模板支架拆除及滑模、爬模爬升时，混凝土强度未达到设计或规范要求。

第七条　脚手架工程有下列情形之一的，应判定为重大事故隐患：

（一）脚手架工程的地基基础承载力和变形不满足设计要求；

（二）未设置连墙件或连墙件整层缺失；

（三）附着式升降脚手架未经验收合格即投入使用；

（四）附着式升降脚手架的防倾覆、防坠落或同步升降控制装置不符合设计要求、失效、被人为拆除破坏；

（五）附着式升降脚手架使用过程中架体悬臂高度大于架体高度的2/5或大于6米。

第八条　起重机械及吊装工程有下列情形之一的，应判定为重大事故隐患：

（一）塔式起重机、施工升降机、物料提升机等起重机械设备未经验收合格即投入使用，或未按规定办理使用登记；

（二）塔式起重机独立起升高度、附着间距和最高附着以上的最大悬高及垂直度不符合规范要求；

（三）施工升降机附着间距和最高附着以上的最大悬高及垂直度不符合规范要求；

（四）起重机械安装、拆卸、顶升加节以及附着前未对结构件、顶升机构和附着装置以及高强度螺栓、销轴、定位板等连接件及安全装置进行检查；

（五）建筑起重机械的安全装置不齐全、失效或者被违规拆除、破坏；

（六）施工升降机防坠安全器超过定期检验有效期，标准节连接螺栓缺失或失效；

（七）建筑起重机械的地基基础承载力和变形不满足设计要求。

第九条 高处作业有下列情形之一的，应判定为重大事故隐患：

（一）钢结构、网架安装用支撑结构地基基础承载力和变形不满足设计要求，钢结构、网架安装用支撑结构未按设计要求设置防倾覆装置；

（二）单榀钢桁架（屋架）安装时未采取防失稳措施；

（三）悬挑式操作平台的搁置点、拉结点、支撑点未设置在稳定的主体结构上，且未做可靠连接。

第十条 施工临时用电方面，特殊作业环境（隧道、人防工程，高温、有导电灰尘、比较潮湿等作业环境）照明未按规定使用安全电压的，应判定为重大事故隐患。

第十一条 有限空间作业有下列情形之一的，应判定为重大事故隐患：

（一）有限空间作业未履行“作业审批制度”，未对施工人员进行专项安全教育培训，未执行“先通风、再检测、后作业”原则；

（二）有限空间作业时现场未有专人负责监护工作。

第十二条 拆除工程方面，拆除施工作业顺序不符合规范和施工方案要求的，应判定为重大事故隐患。

第十三条 暗挖工程有下列情形之一的，应判定为重大事故隐患：

（一）作业面带水施工未采取相关措施，或地下水控制措施失效且继续施工；

（二）施工时出现涌水、涌沙、局部坍塌，支护结构扭曲变形或出现裂缝，且有不断增大趋势，未及时采取措施。

第十四条 使用危害程度较大、可能导致群死群伤或造成重大经济损失的施工工艺、设备和材料，应判定为重大事故隐患。

第十五条 其他严重违反房屋市政工程安全生产法律法规、部门规章及强制性标准，且存在危害程度较大、可能导致群死群伤或造成重大经济损失的现实危险，应判定为重大事故隐患。

第十六条 本标准自发布之日起执行。

住房和城乡建设部、应急管理部关于加强建筑施工安全事故责任企业人员处罚的意见

1. 2019年11月20日
2. 建质规〔2019〕9号

各省、自治区、直辖市及新疆生产建设兵团住房和城乡建设厅（委、局）、应急管理厅（局）：

为严格落实建筑施工企业主要负责人、项目负责人和专职安全生产管理人员等安全生产责任，有效防范安全生产风险，坚决遏制较大及以上生产安全事故，根据《中华人民共和国建筑法》《中华人民共和国安全生产法》《建设工程安全生产管理条例》等法律法规及有关文件规定，现就加强建筑施工安全事故责任企业人员处罚提出以下意见：

一、推行安全生产承诺制

建筑施工企业承担安全生产主体责任，必须遵守安全生产法律、法规，建立、健全安全生产责任制和安全生产规章制度。地方各级住房和城乡建设主管部门要督促建筑施工企业法定代表人和项目负责人分别代表企业和项目向社会公开承诺：严格执行安全生产各项法律法规和标准规范，严格落实安全生产责任制度，自觉接受政府部门依法检查；因违法违规行为导致生产安全事故发生的，承担相应法律责任，接受政府部门依法实施的处罚。

二、吊销责任人员从业资格

建筑施工企业主要负责人、项目负责人和专职安全生产管理人员等必须具备相应的安全生产知识和管理能力。对没有履行安全生产职责、造成生产安全事故特别是较大及以上事故发生的建筑施工企业有关责任人员，住房和城乡建设主管部门要依法暂停或撤销其与安全生产相关执业资格、岗位证书，并依法实施职业禁入；构成犯罪的，依法追究刑事责任。对负有事故责任的勘察、设计、监理等单位有关注册执业人员，也要依法责令停止执业直至吊销相关注册证书，不准从事相关建筑活动。

三、依法加大责任人员问责力度

建筑施工企业应当建立完善安全生产管理制度，

逐级建立健全安全生产责任制，建立安全生产考核和奖惩机制，严格安全生产业绩考核。对没有履行安全生产职责、造成事故特别是较大及以上生产安全事故发生的企业责任人员，地方各级住房和城乡建设主管部门要严格按照《建设工程安全生产管理条例》和地方政府事故调查结论进行处罚，对发现负有监管职责的工作人员有滥用职权、玩忽职守、徇私舞弊行为的，依法给予处分。

四、依法强化责任人员刑事责任追究

建筑施工企业主要负责人、项目负责人和专职安全生产管理人员等应当依法履行安全生产义务。对在事故调查中发现建筑施工企业有关人员涉嫌犯罪的，应当按照《安全生产行政执法与刑事司法衔接工作办法》，及时将有关材料或者其复印件移交有管辖权的公安机关依法处理。地方各级住房和城乡建设主管部门、应急管理主管部门要积极配合司法机关依照刑法有关规定对负有重大责任、构成犯罪的企业有关人员追究刑事责任。

五、强化责任人员失信惩戒

地方各级住房和城乡建设主管部门、应急管理主管部门要积极推进建筑施工领域安全生产诚信体系建设，依托各相关领域信用信息共享平台，建立完善建筑施工领域安全生产不良信用记录和诚信“黑名单”制度。按规定将不履行安全生产职责、造成事故特别是较大及以上生产安全事故发生的企业主要负责人、项目负责人和专职安全生产管理人员等，纳入建筑施工领域安全生产不良信用记录和安全生产诚信“黑名单”。进一步加强联合失信惩戒，依照《关于印发〈关于对安全生产领域失信生产经营单位及其有关人员开展联合惩戒的合作备忘录〉的通知》（发改财金〔2016〕1001号）等相关规定，对生产安全事故责任人员予以惩戒。

七、消防安全

资料补充栏

中华人民共和国消防法

1. *1998年4月29日第九届全国人民代表大会常务委员会第二次会议通过*
2. *2008年10月28日第十一届全国人民代表大会常务委员会第五次会议修订*
3. *根据2019年4月23日第十三届全国人民代表大会常务委员会第十次会议《关于修改〈中华人民共和国建筑法〉等八部法律的决定》第一次修正*
4. *根据2021年4月29日第十三届全国人民代表大会常务委员会第二十八次会议《关于修改〈中华人民共和国道路交通安全法〉等八部法律的决定》第二次修正*

目　录

第一章　总　　则

第一条　【立法目的】为了预防火灾和减少火灾危害，加强应急救援工作，保护人身、财产安全，维护公共安全，制定本法。

第二条　【消防工作的方针、原则、制度】消防工作贯彻预防为主、防消结合的方针，按照政府统一领导、部门依法监管、单位全面负责、公民积极参与的原则，实行消防安全责任制，建立健全社会化的消防工作网络。

第三条　【各级人民政府的消防工作职责】国务院领导全国的消防工作。地方各级人民政府负责本行政区域内的消防工作。

各级人民政府应当将消防工作纳入国民经济和社会发展计划，保障消防工作与经济社会发展相适应。

第四条　【消防工作监督管理体制】国务院应急管理部门对全国的消防工作实施监督管理。县级以上地方人民政府应急管理部门对本行政区域内的消防工作实施监督管理，并由本级人民政府消防救援机构负责实施。军事设施的消防工作，由其主管单位监督管理，消防救援机构协助；矿井地下部分、核电厂、海上石油天然气设施的消防工作，由其主管单位监督管理。

县级以上人民政府其他有关部门在各自的职责范围内，依照本法和其他相关法律、法规的规定做好消防工作。

法律、行政法规对森林、草原的消防工作另有规定的，从其规定。

第五条　【单位、个人的消防义务】任何单位和个人都有维护消防安全、保护消防设施、预防火灾、报告火警的义务。任何单位和成年人都有参加有组织的灭火工作的义务。

第六条　【消防宣传教育义务】各级人民政府应当组织开展经常性的消防宣传教育，提高公民的消防安全意识。

机关、团体、企业、事业等单位，应当加强对本单位人员的消防宣传教育。

应急管理部门及消防救援机构应当加强消防法律、法规的宣传，并督促、指导、协助有关单位做好消防宣传教育工作。

教育、人力资源行政主管部门和学校、有关职业培训机构应当将消防知识纳入教育、教学、培训的内容。

新闻、广播、电视等有关单位，应当有针对性地面向社会进行消防宣传教育。

工会、共产主义青年团、妇女联合会等团体应当结合各自工作对象的特点，组织开展消防宣传教育。

村民委员会、居民委员会应当协助人民政府以及公安机关、应急管理等部门，加强消防宣传教育。

第七条　【鼓励支持消防事业，表彰奖励有突出贡献的单位、个人】国家鼓励、支持消防科学研究和技术创新，推广使用先进的消防和应急救援技术、设备；鼓励、支持社会力量开展消防公益活动。

对在消防工作中有突出贡献的单位和个人，应当按照国家有关规定给予表彰和奖励。

第二章　火灾预防

第八条　【消防规划】地方各级人民政府应当将包括消防安全布局、消防站、消防供水、消防通信、消防车通道、消防装备等内容的消防规划纳入城乡规划，并负责组织实施。

城乡消防安全布局不符合消防安全要求的，应当调整、完善；公共消防设施、消防装备不足或者不适应实际需要的，应当增建、改建、配置或者进行技术改造。

第九条　【消防设计、施工要求】建设工程的消防设计、施工必须符合国家工程建设消防技术标准。建设、设计、施工、工程监理等单位依法对建设工程的消防设计、施工质量负责。

第十条　【消防设计审查验收】对按照国家工程建设消防技术标准需要进行消防设计的建设工程，实行建设工程消防设计审查验收制度。

第十一条　【消防设计文件报送审查】国务院住房和城乡建设主管部门规定的特殊建设工程，建设单位应当将消防设计文件报送住房和城乡建设主管部门审查，住房和城乡建设主管部门依法对审查的结果负责。

前款规定以外的其他建设工程，建设单位申请领取施工许可证或者申请批准开工报告时应当提供满足施工需要的消防设计图纸及技术资料。

第十二条　【消防设计未经审查或者审查不合格的法律后果】特殊建设工程未经消防设计审查或者审查不合格的，建设单位、施工单位不得施工；其他建设工程，建设单位未提供满足施工需要的消防设计图纸及技术资料的，有关部门不得发放施工许可证或者批准开工报告。

第十三条　【消防验收、备案和抽查】国务院住房和城乡建设主管部门规定应当申请消防验收的建设工程竣工，建设单位应当向住房和城乡建设主管部门申请消防验收。

前款规定以外的其他建设工程，建设单位在验收后应当报住房和城乡建设主管部门备案，住房和城乡建设主管部门应当进行抽查。

依法应当进行消防验收的建设工程，未经消防验收或者消防验收不合格的，禁止投入使用；其他建设工程经依法抽查不合格的，应当停止使用。

第十四条　【消防设计审查、消防验收、备案和抽查的具体办法】建设工程消防设计审查、消防验收、备案和抽查的具体办法，由国务院住房和城乡建设主管部门规定。

第十五条　【公众聚集场所的消防安全检查】公众聚集场所投入使用、营业前消防安全检查实行告知承诺管理。公众聚集场所在投入使用、营业前，建设单位或者使用单位应当向场所所在地的县级以上地方人民政府消防救援机构申请消防安全检查，作出场所符合消防技术标准和管理规定的承诺，提交规定的材料，并对其承诺和材料的真实性负责。

消防救援机构对申请人提交的材料进行审查；申请材料齐全、符合法定形式的，应当予以许可。消防救援机构应当根据消防技术标准和管理规定，及时对作出承诺的公众聚集场所进行核查。

申请人选择不采用告知承诺方式办理的，消防救援机构应当自受理申请之日起十个工作日内，根据消防技术标准和管理规定，对该场所进行检查。经检查符合消防安全要求的，应当予以许可。

公众聚集场所未经消防救援机构许可的，不得投入使用、营业。消防安全检查的具体办法，由国务院应急管理部门制定。

第十六条　【单位的消防安全职责】机关、团体、企业、事业等单位应当履行下列消防安全职责：

（一）落实消防安全责任制，制定本单位的消防安全制度、消防安全操作规程，制定灭火和应急疏散预案；

（二）按照国家标准、行业标准配置消防设施、器材，设置消防安全标志，并定期组织检验、维修，确保完好有效；

（三）对建筑消防设施每年至少进行一次全面检测，确保完好有效，检测记录应当完整准确，存档备查；

（四）保障疏散通道、安全出口、消防车通道畅通，保证防火防烟分区、防火间距符合消防技术标准；

（五）组织防火检查，及时消除火灾隐患；

（六）组织进行有针对性的消防演练；

（七）法律、法规规定的其他消防安全职责。

单位的主要负责人是本单位的消防安全责任人。

第十七条　【消防安全重点单位的消防安全职责】县级以上地方人民政府消防救援机构应当将发生火灾可能性较大以及发生火灾可能造成重大的人身伤亡或者财产损失的单位，确定为本行政区域内的消防安全重点单位，并由应急管理部门报本级人民政府备案。

消防安全重点单位除应当履行本法第十六条规定的职责外，还应当履行下列消防安全职责：

（一）确定消防安全管理人，组织实施本单位的消防安全管理工作；

（二）建立消防档案，确定消防安全重点部位，设置防火标志，实行严格管理；

（三）实行每日防火巡查，并建立巡查记录；

（四）对职工进行岗前消防安全培训，定期组织消防安全培训和消防演练。

第十八条　【共用建筑物的消防安全责任】同一建筑物由两个以上单位管理或者使用的，应当明确各方的消防安全责任，并确定责任人对共用的疏散通道、安全出口、建筑消防设施和消防车通道进行统一管理。

住宅区的物业服务企业应当对管理区域内的共用消防设施进行维护管理，提供消防安全防范服务。

第十九条　【易燃易爆危险品生产经营场所的设置要求】生产、储存、经营易燃易爆危险品的场所不得与居住场所设置在同一建筑物内，并应当与居住场所保持安全距离。

生产、储存、经营其他物品的场所与居住场所设置在同一建筑物内的，应当符合国家工程建设消防技术标准。

第二十条 【大型群众性活动的消防安全】举办大型群众性活动，承办人应当依法向公安机关申请安全许可，制定灭火和应急疏散预案并组织演练，明确消防安全责任分工，确定消防安全管理人员，保持消防设施和消防器材配置齐全、完好有效，保证疏散通道、安全出口、疏散指示标志、应急照明和消防车通道符合消防技术标准和管理规定。

第二十一条 【特殊场所和特种作业防火要求】禁止在具有火灾、爆炸危险的场所吸烟、使用明火。因施工等特殊情况需要使用明火作业的，应当按照规定事先办理审批手续，采取相应的消防安全措施；作业人员应当遵守消防安全规定。

进行电焊、气焊等具有火灾危险作业的人员和自动消防系统的操作人员，必须持证上岗，并遵守消防安全操作规程。

第二十二条 【危险物品生产经营单位设置的消防安全要求】生产、储存、装卸易燃易爆危险品的工厂、仓库和专用车站、码头的设置，应当符合消防技术标准。易燃易爆气体和液体的充装站、供应站、调压站，应当设置在符合消防安全要求的位置，并符合防火防爆要求。

已经设置的生产、储存、装卸易燃易爆危险品的工厂、仓库和专用车站、码头，易燃易爆气体和液体的充装站、供应站、调压站，不再符合前款规定的，地方人民政府应当组织、协调有关部门、单位限期解决，消除安全隐患。

第二十三条 【易燃易爆危险品和可燃物资仓库管理】生产、储存、运输、销售、使用、销毁易燃易爆危险品，必须执行消防技术标准和管理规定。

进入生产、储存易燃易爆危险品的场所，必须执行消防安全规定。禁止非法携带易燃易爆危险品进入公共场所或者乘坐公共交通工具。

储存可燃物资仓库的管理，必须执行消防技术标准和管理规定。

第二十四条 【消防产品标准、强制性产品认证和技术鉴定制度】消防产品必须符合国家标准；没有国家标准的，必须符合行业标准。禁止生产、销售或者使用不合格的消防产品以及国家明令淘汰的消防产品。

依法实行强制性产品认证的消防产品，由具有法定资质的认证机构按照国家标准、行业标准的强制性要求认证合格后，方可生产、销售、使用。实行强制性产品认证的消防产品目录，由国务院产品质量监督部门会同国务院应急管理部门制定并公布。

新研制的尚未制定国家标准、行业标准的消防产品，应当按照国务院产品质量监督部门会同国务院应急管理部门规定的办法，经技术鉴定符合消防安全要求的，方可生产、销售、使用。

依照本条规定经强制性产品认证合格或者技术鉴定合格的消防产品，国务院应急管理部门应当予以公布。

第二十五条 【对消防产品质量的监督检查】产品质量监督部门、工商行政管理部门、消防救援机构应当按照各自职责加强对消防产品质量的监督检查。

第二十六条 【建筑构件、建筑材料和室内装修、装饰材料的防火要求】建筑构件、建筑材料和室内装修、装饰材料的防火性能必须符合国家标准；没有国家标准的，必须符合行业标准。

人员密集场所室内装修、装饰，应当按照消防技术标准的要求，使用不燃、难燃材料。

第二十七条 【电器产品、燃气用具产品标准及其安装、使用的消防安全要求】电器产品、燃气用具的产品标准，应当符合消防安全的要求。

电器产品、燃气用具的安装、使用及其线路、管路的设计、敷设、维护保养、检测，必须符合消防技术标准和管理规定。

第二十八条 【保护消防设施、器材，保障消防通道畅通】任何单位、个人不得损坏、挪用或者擅自拆除、停用消防设施、器材，不得埋压、圈占、遮挡消火栓或者占用防火间距，不得占用、堵塞、封闭疏散通道、安全出口、消防车通道。人员密集场所的门窗不得设置影响逃生和灭火救援的障碍物。

第二十九条 【公共消防设施的维护】负责公共消防设施维护管理的单位，应当保持消防供水、消防通信、消防车通道等公共消防设施的完好有效。在修建道路以及停电、停水、截断通信线路时有可能影响消防队灭火救援的，有关单位必须事先通知当地消防救援机构。

第三十条 【加强农村消防工作】地方各级人民政府应当加强对农村消防工作的领导，采取措施加强公共消防设施建设，组织建立和督促落实消防安全责任制。

第三十一条 【重要防火时期的消防工作】在农业收获季节、森林和草原防火期间、重大节假日期间以及火灾多发季节，地方各级人民政府应当组织开展有针对性的消防宣传教育，采取防火措施，进行消防安全检查。

第三十二条　【基层组织的群众性消防工作】乡镇人民政府、城市街道办事处应当指导、支持和帮助村民委员会、居民委员会开展群众性的消防工作。村民委员会、居民委员会应当确定消防安全管理人，组织制定防火安全公约，进行防火安全检查。

第三十三条　【火灾公众责任保险】国家鼓励、引导公众聚集场所和生产、储存、运输、销售易燃易爆危险品的企业投保火灾公众责任保险；鼓励保险公司承保火灾公众责任保险。

第三十四条　【对消防安全技术服务的规范】消防设施维护保养检测、消防安全评估等消防技术服务机构应当符合从业条件，执业人员应当依法获得相应的资格；依照法律、行政法规、国家标准、行业标准和执业准则，接受委托提供消防技术服务，并对服务质量负责。

第三章　消防组织

第三十五条　【消防组织建设】各级人民政府应当加强消防组织建设，根据经济社会发展的需要，建立多种形式的消防组织，加强消防技术人才培养，增强火灾预防、扑救和应急救援的能力。

第三十六条　【政府建立消防队】县级以上地方人民政府应当按照国家规定建立国家综合性消防救援队、专职消防队，并按照国家标准配备消防装备，承担火灾扑救工作。

乡镇人民政府应当根据当地经济发展和消防工作的需要，建立专职消防队、志愿消防队，承担火灾扑救工作。

第三十七条　【应急救援职责】国家综合性消防救援队、专职消防队按照国家规定承担重大灾害事故和其他以抢救人员生命为主的应急救援工作。

第三十八条　【消防队的能力建设】国家综合性消防救援队、专职消防队应当充分发挥火灾扑救和应急救援专业力量的骨干作用；按照国家规定，组织实施专业技能训练，配备并维护保养装备器材，提高火灾扑救和应急救援的能力。

第三十九条　【建立专职消防队】下列单位应当建立单位专职消防队，承担本单位的火灾扑救工作：

（一）大型核设施单位、大型发电厂、民用机场、主要港口；

（二）生产、储存易燃易爆危险品的大型企业；

（三）储备可燃的重要物资的大型仓库、基地；

（四）第一项、第二项、第三项规定以外的火灾危险性较大、距离国家综合性消防救援队较远的其他大型企业；

（五）距离国家综合性消防救援队较远、被列为全国重点文物保护单位的古建筑群的管理单位。

第四十条　【专职消防队的验收及队员福利待遇】专职消防队的建立，应当符合国家有关规定，并报当地消防救援机构验收。

专职消防队的队员依法享受社会保险和福利待遇。

第四十一条　【群众性消防组织】机关、团体、企业、事业等单位以及村民委员会、居民委员会根据需要，建立志愿消防队等多种形式的消防组织，开展群众性自防自救工作。

第四十二条　【消防救援机构与专职消防队、志愿消防队等消防组织的关系】消防救援机构应当对专职消防队、志愿消防队等消防组织进行业务指导；根据扑救火灾的需要，可以调动指挥专职消防队参加火灾扑救工作。

第四章　灭火救援

第四十三条　【火灾应急预案、应急反应和处置机制】县级以上地方人民政府应当组织有关部门针对本行政区域内的火灾特点制定应急预案，建立应急反应和处置机制，为火灾扑救和应急救援工作提供人员、装备等保障。

第四十四条　【火灾报警；现场疏散、扑救；消防队接警出动】任何人发现火灾都应当立即报警。任何单位、个人都应当无偿为报警提供便利，不得阻拦报警。严禁谎报火警。

人员密集场所发生火灾，该场所的现场工作人员应当立即组织、引导在场人员疏散。

任何单位发生火灾，必须立即组织力量扑救。邻近单位应当给予支援。

消防队接到火警，必须立即赶赴火灾现场，救助遇险人员，排除险情，扑灭火灾。

第四十五条　【组织火灾现场扑救及火灾现场总指挥的权限】消防救援机构统一组织和指挥火灾现场扑救，应当优先保障遇险人员的生命安全。

火灾现场总指挥根据扑救火灾的需要，有权决定下列事项：

（一）使用各种水源；

（二）截断电力、可燃气体和可燃液体的输送，限制用火用电；

（三）划定警戒区，实行局部交通管制；

（四）利用临近建筑物和有关设施；

（五）为了抢救人员和重要物资，防止火势蔓延，拆除或者破损毗邻火灾现场的建筑物、构筑物或者设施等；

（六）调动供水、供电、供气、通信、医疗救护、交通运输、环境保护等有关单位协助灭火救援。

根据扑救火灾的紧急需要，有关地方人民政府应当组织人员、调集所需物资支援灭火。

第四十六条 【重大灾害事故应急救援实行统一领导】国家综合性消防救援队、专职消防队参加火灾以外的其他重大灾害事故的应急救援工作，由县级以上人民政府统一领导。

第四十七条 【消防交通优先】消防车、消防艇前往执行火灾扑救或者应急救援任务，在确保安全的前提下，不受行驶速度、行驶路线、行驶方向和指挥信号的限制，其他车辆、船舶以及行人应当让行，不得穿插超越；收费公路、桥梁免收车辆通行费。交通管理指挥人员应当保证消防车、消防艇迅速通行。

赶赴火灾现场或者应急救援现场的消防人员和调集的消防装备、物资，需要铁路、水路或者航空运输的，有关单位应当优先运输。

第四十八条 【消防设施、器材严禁挪作他用】消防车、消防艇以及消防器材、装备和设施，不得用于与消防和应急救援工作无关的事项。

第四十九条 【扑救火灾、应急救援免收费用】国家综合性消防救援队、专职消防队扑救火灾、应急救援，不得收取任何费用。

单位专职消防队、志愿消防队参加扑救外单位火灾所损耗的燃料、灭火剂和器材、装备等，由火灾发生地的人民政府给予补偿。

第五十条 【医疗、抚恤】对因参加扑救火灾或者应急救援受伤、致残或者死亡的人员，按照国家有关规定给予医疗、抚恤。

第五十一条 【火灾事故调查】消防救援机构有权根据需要封闭火灾现场，负责调查火灾原因，统计火灾损失。

火灾扑灭后，发生火灾的单位和相关人员应当按照消防救援机构的要求保护现场，接受事故调查，如实提供与火灾有关的情况。

消防救援机构根据火灾现场勘验、调查情况和有关的检验、鉴定意见，及时制作火灾事故认定书，作为处理火灾事故的证据。

第五章 监督检查

第五十二条 【人民政府的监督检查】地方各级人民政府应当落实消防工作责任制，对本级人民政府有关部门履行消防安全职责的情况进行监督检查。

县级以上地方人民政府有关部门应当根据本系统的特点，有针对性地开展消防安全检查，及时督促整改火灾隐患。

第五十三条 【消防救援机构的监督检查】消防救援机构应当对机关、团体、企业、事业等单位遵守消防法律、法规的情况依法进行监督检查。公安派出所可以负责日常消防监督检查、开展消防宣传教育，具体办法由国务院公安部门规定。

消防救援机构、公安派出所的工作人员进行消防监督检查，应当出示证件。

第五十四条 【消除火灾隐患】消防救援机构在消防监督检查中发现火灾隐患的，应当通知有关单位或者个人立即采取措施消除隐患；不及时消除隐患可能严重威胁公共安全的，消防救援机构应当依照规定对危险部位或者场所采取临时查封措施。

第五十五条 【重大火灾隐患的发现及处理】消防救援机构在消防监督检查中发现城乡消防安全布局、公共消防设施不符合消防安全要求，或者发现本地区存在影响公共安全的重大火灾隐患的，应当由应急管理部门书面报告本级人民政府。

接到报告的人民政府应当及时核实情况，组织或者责成有关部门、单位采取措施，予以整改。

第五十六条 【相关部门及其工作人员应当遵循的执法原则】住房和城乡建设主管部门、消防救援机构及其工作人员应当按照法定的职权和程序进行消防设计审查、消防验收、备案抽查和消防安全检查，做到公正、严格、文明、高效。

住房和城乡建设主管部门、消防救援机构及其工作人员进行消防设计审查、消防验收、备案抽查和消防安全检查等，不得收取费用，不得利用职务谋取利益；不得利用职务为用户、建设单位指定或者变相指定消防产品的品牌、销售单位或者消防技术服务机构、消防设施施工单位。

第五十七条 【社会和公民监督】住房和城乡建设主管部门、消防救援机构及其工作人员执行职务，应当自觉接受社会和公民的监督。

任何单位和个人都有权对住房和城乡建设主管部门、消防救援机构及其工作人员在执法中的违法行为进行检举、控告。收到检举、控告的机关，应当按照职责及时查处。

第六章 法律责任

第五十八条 【对不符合消防设计审查、消防验收、消防

安全检查要求等行为的处罚】违反本法规定，有下列行为之一的，由住房和城乡建设主管部门、消防救援机构按照各自职权责令停止施工、停止使用或者停产停业，并处三万元以上三十万元以下罚款：

（一）依法应当进行消防设计审查的建设工程，未经依法审查或者审查不合格，擅自施工的；

（二）依法应当进行消防验收的建设工程，未经消防验收或者消防验收不合格，擅自投入使用的；

（三）本法第十三条规定的其他建设工程验收后经依法抽查不合格，不停止使用的；

（四）公众聚集场所未经消防救援机构许可，擅自投入使用、营业的，或者经核查发现场所使用、营业情况与承诺内容不符的。

核查发现公众聚集场所使用、营业情况与承诺内容不符，经责令限期改正，逾期不整改或者整改后仍达不到要求的，依法撤销相应许可。

建设单位未依照本法规定在验收后报住房和城乡建设主管部门备案的，由住房和城乡建设主管部门责令改正，处五千元以下罚款。

第五十九条 【对不按消防技术标准设计、施工的行为的处罚】违反本法规定，有下列行为之一的，由住房和城乡建设主管部门责令改正或者停止施工，并处一万元以上十万元以下罚款：

（一）建设单位要求建筑设计单位或者建筑施工企业降低消防技术标准设计、施工的；

（二）建筑设计单位不按照消防技术标准强制性要求进行消防设计的；

（三）建筑施工企业不按照消防设计文件和消防技术标准施工，降低消防施工质量的；

（四）工程监理单位与建设单位或者建筑施工企业串通，弄虚作假，降低消防施工质量的。

第六十条 【对违背消防安全职责行为的处罚】单位违反本法规定，有下列行为之一的，责令改正，处五千元以上五万元以下罚款：

（一）消防设施、器材或者消防安全标志的配置、设置不符合国家标准、行业标准，或者未保持完好有效的；

（二）损坏、挪用或者擅自拆除、停用消防设施、器材的；

（三）占用、堵塞、封闭疏散通道、安全出口或者有其他妨碍安全疏散行为的；

（四）埋压、圈占、遮挡消火栓或者占用防火间距的；

（五）占用、堵塞、封闭消防车通道，妨碍消防车通行的；

（六）人员密集场所在门窗上设置影响逃生和灭火救援的障碍物的；

（七）对火灾隐患经消防救援机构通知后不及时采取措施消除的。

个人有前款第二项、第三项、第四项、第五项行为之一的，处警告或者五百元以下罚款。

有本条第一款第三项、第四项、第五项、第六项行为，经责令改正拒不改正的，强制执行，所需费用由违法行为人承担。

第六十一条 【对易燃易爆危险品生产经营场所设置不符合规定的处罚】生产、储存、经营易燃易爆危险品的场所与居住场所设置在同一建筑物内，或者未与居住场所保持安全距离的，责令停产停业，并处五千元以上五万元以下罚款。

生产、储存、经营其他物品的场所与居住场所设置在同一建筑物内，不符合消防技术标准的，依照前款规定处罚。

第六十二条 【对涉及消防的违反治安管理行为的处罚】有下列行为之一的，依照《中华人民共和国治安管理处罚法》的规定处罚：

（一）违反有关消防技术标准和管理规定生产、储存、运输、销售、使用、销毁易燃易爆危险品的；

（二）非法携带易燃易爆危险品进入公共场所或者乘坐公共交通工具的；

（三）谎报火警的；

（四）阻碍消防车、消防艇执行任务的；

（五）阻碍消防救援机构的工作人员依法执行职务的。

第六十三条 【对违反危险场所消防管理规定行为的处罚】违反本法规定，有下列行为之一的，处警告或者五百元以下罚款；情节严重的，处五日以下拘留：

（一）违反消防安全规定进入生产、储存易燃易爆危险品场所的；

（二）违反规定使用明火作业或者在具有火灾、爆炸危险的场所吸烟、使用明火的。

第六十四条 【对过失引起火灾、阻拦报火警等行为的处罚】违反本法规定，有下列行为之一，尚不构成犯罪的，处十日以上十五日以下拘留，可以并处五百元以下罚款；情节较轻的，处警告或者五百元以下罚款：

（一）指使或者强令他人违反消防安全规定，冒险作业的；

（二）过失引起火灾的；

（三）在火灾发生后阻拦报警，或者负有报告职责的人员不及时报警的；

（四）扰乱火灾现场秩序，或者拒不执行火灾现场指挥员指挥，影响灭火救援的；

（五）故意破坏或者伪造火灾现场的；

（六）擅自拆封或者使用被消防救援机构查封的场所、部位的。

第六十五条　【对生产、销售、使用不合格或国家明令淘汰的消防产品行为的处理】违反本法规定，生产、销售不合格的消防产品或者国家明令淘汰的消防产品的，由产品质量监督部门或者工商行政管理部门依照《中华人民共和国产品质量法》的规定从重处罚。

人员密集场所使用不合格的消防产品或者国家明令淘汰的消防产品的，责令限期改正；逾期不改正的，处五千元以上五万元以下罚款，并对其直接负责的主管人员和其他直接责任人员处五百元以上二千元以下罚款；情节严重的，责令停产停业。

消防救援机构对于本条第二款规定的情形，除依法对使用者予以处罚外，应当将发现不合格的消防产品和国家明令淘汰的消防产品的情况通报产品质量监督部门、工商行政管理部门。产品质量监督部门、工商行政管理部门应当对生产者、销售者依法及时查处。

第六十六条　【对电器产品、燃气用具的安装、使用等不符合消防技术标准和管理规定的处罚】电器产品、燃气用具的安装、使用及其线路、管路的设计、敷设、维护保养、检测不符合消防技术标准和管理规定的，责令限期改正；逾期不改正的，责令停止使用，可以并处一千元以上五千元以下罚款。

第六十七条　【单位未履行消防安全职责的法律责任】机关、团体、企业、事业等单位违反本法第十六条、第十七条、第十八条、第二十一条第二款规定的，责令限期改正；逾期不改正的，对其直接负责的主管人员和其他直接责任人员依法给予处分或者给予警告处罚。

第六十八条　【人员密集场所现场工作人员不履行职责的法律责任】人员密集场所发生火灾，该场所的现场工作人员不履行组织、引导在场人员疏散的义务，情节严重，尚不构成犯罪的，处五日以上十日以下拘留。

第六十九条　【消防技术服务机构失职的法律责任】消防设施维护保养检测、消防安全评估等消防技术服务机构，不具备从业条件从事消防技术服务活动或者出具虚假文件的，由消防救援机构责令改正，处五万元以上十万元以下罚款，并对直接负责的主管人员和其他直接责任人员处一万元以上五万元以下罚款；不按照国家标准、行业标准开展消防技术服务活动的，责令改正，处五万元以下罚款，并对直接负责的主管人员和其他直接责任人员处一万元以下罚款；有违法所得的，并处没收违法所得；给他人造成损失的，依法承担赔偿责任；情节严重的，依法责令停止执业或者吊销相应资格；造成重大损失的，由相关部门吊销营业执照，并对有关责任人员采取终身市场禁入措施。

前款规定的机构出具失实文件，给他人造成损失的，依法承担赔偿责任；造成重大损失的，由消防救援机构依法责令停止执业或者吊销相应资格，由相关部门吊销营业执照，并对有关责任人员采取终身市场禁入措施。

第七十条　【对违反消防行为的处罚程序】本法规定的行政处罚，除应当由公安机关依照《中华人民共和国治安管理处罚法》的有关规定决定的外，由住房和城乡建设主管部门、消防救援机构按照各自职权决定。

被责令停止施工、停止使用、停产停业的，应当在整改后向作出决定的部门或者机构报告，经检查合格，方可恢复施工、使用、生产、经营。

当事人逾期不执行停产停业、停止使用、停止施工决定的，由作出决定的部门或者机构强制执行。

责令停产停业，对经济和社会生活影响较大的，由住房和城乡建设主管部门或者应急管理部门报请本级人民政府依法决定。

第七十一条　【有关主管部门的工作人员滥用职权、玩忽职守、徇私舞弊的法律责任】住房和城乡建设主管部门、消防救援机构的工作人员滥用职权、玩忽职守、徇私舞弊，有下列行为之一，尚不构成犯罪的，依法给予处分：

（一）对不符合消防安全要求的消防设计文件、建设工程、场所准予审查合格、消防验收合格、消防安全检查合格的；

（二）无故拖延消防设计审查、消防验收、消防安全检查，不在法定期限内履行职责的；

（三）发现火灾隐患不及时通知有关单位或者个人整改的；

（四）利用职务为用户、建设单位指定或者变相指定消防产品的品牌、销售单位或者消防技术服务机构、消防设施施工单位的；

（五）将消防车、消防艇以及消防器材、装备和设施用于与消防和应急救援无关的事项的；

（六）其他滥用职权、玩忽职守、徇私舞弊的行为。

产品质量监督、工商行政管理等其他有关行政主管部门的工作人员在消防工作中滥用职权、玩忽职守、徇私舞弊，尚不构成犯罪的，依法给予处分。

第七十二条　【刑事责任】违反本法规定，构成犯罪的，依法追究刑事责任。

第七章　附　　则

第七十三条　【用语含义】本法下列用语的含义：

（一）消防设施，是指火灾自动报警系统、自动灭火系统、消火栓系统、防烟排烟系统以及应急广播和应急照明、安全疏散设施等。

（二）消防产品，是指专门用于火灾预防、灭火救援和火灾防护、避难、逃生的产品。

（三）公众聚集场所，是指宾馆、饭店、商场、集贸市场、客运车站候车室、客运码头候船厅、民用机场航站楼、体育场馆、会堂以及公共娱乐场所等。

（四）人员密集场所，是指公众聚集场所，医院的门诊楼、病房楼，学校的教学楼、图书馆、食堂和集体宿舍，养老院，福利院，托儿所，幼儿园，公共图书馆的阅览室，公共展览馆、博物馆的展示厅，劳动密集型企业的生产加工车间和员工集体宿舍，旅游、宗教活动场所等。

第七十四条　【施行日期】本法自2009年5月1日起施行。

托育机构消防安全指南(试行)

1. 2022年1月14日国家卫生健康委办公厅、应急管理部办公厅发布

2. 国卫办人口函〔2022〕21号

本指南中的托育机构，是指为3岁以下婴幼儿提供全日托、半日托、计时托、临时托等托育服务的机构。为规范托育机构消防安全工作，提升消防安全管理水平，制定如下指南。

一、消防安全基本条件

（一）托育机构不得设置在四层及四层以上、地下或半地下，具体设置楼层应符合《建筑设计防火规范》(GB 50016)的有关规定。

（二）托育机构不得设置在“三合一”场所（住宿与生产、储存、经营合用场所）和彩钢板建筑内，不得与生产、储存、经营易燃易爆危险品场所设置在同一建筑物内。

（三）托育机构与所在建筑内其他功能场所应采取有效的防火分隔措施，当需要局部连通时，墙上开设的门、窗应采用乙级防火门、窗。托育机构与办公经营场所组合设置时，其疏散楼梯应与办公经营场所采取有效的防火分隔措施。

（四）托育机构楼梯的设置形式、数量、宽度等设置要求应符合《建筑设计防火规范》(GB 50016)的有关规定。疏散楼梯的梯段和平台均应采用不燃材料制作。托育机构设置在高层建筑内时，应设置独立的安全出口和疏散楼梯。托育机构中建筑面积大于50平方米的房间，其疏散门数量不应少于2个。

（五）托育机构室内装修材料应符合《建筑内部装修设计防火规范》(GB 50222)的有关规定，不得采用易燃可燃装修材料。为防止婴幼儿摔伤、碰伤，确需少量使用易燃可燃材料时，应与电源插座、电气线路、用电设备等保持一定的安全距离。

（六）托育机构应按照国家标准、行业标准设置消防设施、器材。大中型托育机构（参照《托儿所、幼儿园建筑设计规范》JGJ39的有关规定）应按标准设置自动喷水灭火系统和火灾自动报警系统（可不安装声光报警装置）；其他托育机构应安装具有联网报警功能的独立式火灾探测报警器，有条件的可安装简易喷淋设施。建筑面积50平方米以上的房间、建筑长度大于20米的疏散走道应具备自然排烟条件或设置机械排烟设施。托育机构应设置满足照度要求的应急照明灯和灯光疏散指示标志。托育机构每50平方米配置1具5Kg以上ABC类干粉灭火器或2具6L水基型灭火器，且每个设置点不少于2具。

（七）托育机构使用燃气的厨房应配备可燃气体浓度报警装置、燃气紧急切断装置以及灭火器、灭火毯等灭火器材，并与其他区域采取防火隔墙和防火门等有效的防火分隔措施。

（八）托育机构应根据托育从业人员、婴幼儿的数量，配备简易防毒面具并放置在便于紧急取用的位置，满足安全疏散逃生需要。托育从业人员应经过消防安全培训，具备协助婴幼儿疏散逃生的能力。婴幼儿休息床铺设置应便于安全疏散。

（九）托育机构应安装24小时可视监控设备或可视监控系统，图像应能在值班室、所在建筑消防控制室等场所实时显示，视频图像信息保存期限不应少于30天。

（十）托育机构电气线路、燃气管路的设计、敷设应由具备电气设计施工资质、燃气设计施工资质的机构或人员实施，应采用合格的电气设备、电气线路和燃气灶具、阀门、管线。

二、消防安全管理

（十一）托育机构应落实全员消防安全责任制。法定代表人、主要负责人或实际控制人是本单位的消防安全第一责任人，消防安全管理人应负责具体落实消防安全职责。托育从业人员应落实本岗位的消防安全责任。托育机构与租赁场所的业主方、物业方在租赁协议中应明确各自的消防安全责任。

（十二）托育机构应制定安全用火用电用气、防火检查巡查、火灾隐患整改、消防培训演练等消防安全管理制度。

（十三）托育机构应严格落实防火巡查、检查要求，及时发现并纠正违规用火用电用气和锁闭安全出口等行为，对检查发现的火灾隐患，应及时予以整改。

（十四）托育机构应定期开展消防安全培训，从业人员培训合格后方可上岗，上岗后每半年至少接受一次消防安全培训，尤其是加强协助婴幼儿疏散逃生技能的培训。

（十五）托育机构应定期检验维修消防设施，至少每年开展一次全面检测，确保消防设施完好有效，不得遮挡、损坏、挪用消防设施器材。

三、用火用电用气安全管理

（十六）托育机构不得使用蜡烛、蚊香、火炉等明火，禁止吸烟，并设置明显的禁止标志。

（十七）设在高层建筑内的托育机构厨房不得使用瓶装液化气，每季度应清洗排油烟罩、油烟管道。

（十八）托育机构的电气线路应穿管保护，电气线路接头应采用接线端子连接，不得采用铰接等方式连接。不得采用延长线插座串接方式取电。

（十九）托育机构不得私拉乱接电线，不得将电气线路、插座、电气设备直接敷设在易燃可燃材料制作的儿童游乐设施、室内装饰物等内部及表面。

（二十）托育机构内大功率电热汀取暖器、暖风机、对流式电暖气、电热膜等取暖设备的配电回路，应设置与线路安全载流量匹配的短路、过载保护装置。

（二十一）托育机构内冰箱、冷柜、空调以及加湿器、通风装置等长时间通电设备，应落实有效的安全检查、防护措施。

（二十二）电动自行车、电动平衡车及其蓄电池不得在托育机构的托育场所、楼梯间、走道、安全出口违规停放、充电；具有蓄电功能的儿童游乐设施，不得在托育工作期间充电。

四、易燃可燃物安全管理

（二十三）托育机构的房间、走道、墙面、顶棚不得违规采用泡沫、海绵、毛毯、木板、彩钢板等易燃可燃材料装饰装修。

（二十四）托育机构不得大量采用易燃可燃物挂件、塑料仿真树木、海洋球、氢气球等各类装饰造型物。

（二十五）除日常用量的消毒酒精、空气清新剂外，托育机构不得存放汽油、烟花爆竹等易燃易爆危险品。

（二十六）托育机构应定期清理废弃的易燃可燃杂物。

五、安全疏散管理

（二十七）托育机构应保持疏散楼梯畅通，不得锁闭、占用、堵塞、封闭安全出口、疏散通道。疏散门应采用向疏散方向开启的平开门，不得采用推拉门、卷帘门、吊门、转门和折叠门。

（二十八）托育机构的常闭式防火门应处于常闭状态，并设明显的提示标识。设门禁装置的疏散门应当安装紧急开启装置。

（二十九）托育机构疏散通道顶棚、墙面不得设置影响疏散的凸出装饰物，不得采用镜面反光材料等影响人员疏散。

（三十）托育机构不得在门窗上设置影响逃生和灭火救援的铁栅栏等障碍物，必须设置时应保证火灾情况下能及时开启。

六、应急处置管理

（三十一）托育机构应制定灭火和应急疏散预案，针对婴幼儿疏散应有专门的应急预案和实施方法，明确托育从业人员协助婴幼儿应急疏散的岗位职责。

（三十二）托育机构应每半年至少组织开展一次全员消防演练，尤其是要针对婴幼儿没有自主疏散能力的特点，加强应急疏散演练。

（三十三）托育机构应与所在建筑的消防控制室、志愿消防队或微型消防站建立联勤联动机制，建立可靠的应急通讯联络方式，并每年开展联合消防演练。

（三十四）托育机构的从业人员应掌握简易防毒面具和室内消火栓、消防软管卷盘、灭火器、灭火毯的操作使用方法，知晓“119”火警报警方法程序，具备初起火灾扑救和组织应急疏散逃生的能力。

（三十五）婴幼儿休息期间，托育机构应明确 2 名以上人员专门负责值班看护，确保发生火灾事故时能够快速处置、及时疏散。

高层民用建筑消防安全管理规定

1. 2021年6月21日应急管理部令第5号公布
2. 自2021年8月1日起施行

第一章　总　　则

第一条　为了加强高层民用建筑消防安全管理，预防火灾和减少火灾危害，根据《中华人民共和国消防法》等法律、行政法规和国务院有关规定，制定本规定。

第二条　本规定适用于已经建成且依法投入使用的高层民用建筑（包括高层住宅建筑和高层公共建筑）的消防安全管理。

第三条　高层民用建筑消防安全管理贯彻预防为主、防消结合的方针，实行消防安全责任制。

建筑高度超过100米的高层民用建筑应当实行更加严格的消防安全管理。

第二章　消防安全职责

第四条　高层民用建筑的业主、使用人是高层民用建筑消防安全责任主体，对高层民用建筑的消防安全负责。高层民用建筑的业主、使用人是单位的，其法定代表人或者主要负责人是本单位的消防安全责任人。

高层民用建筑的业主、使用人可以委托物业服务企业或者消防技术服务机构等专业服务单位（以下统称消防服务单位）提供消防安全服务，并应当在服务合同中约定消防安全服务的具体内容。

第五条　同一高层民用建筑有两个及以上业主、使用人的，各业主、使用人对其专有部分的消防安全负责，对共有部分的消防安全共同负责。

同一高层民用建筑有两个及以上业主、使用人的，应当共同委托物业服务企业，或者明确一个业主、使用人作为统一管理人，对共有部分的消防安全实行统一管理，协调、指导业主、使用人共同做好整栋建筑的消防安全工作，并通过书面形式约定各方消防安全责任。

第六条　高层民用建筑以承包、租赁或者委托经营、管理等形式交由承包人、承租人、经营管理人使用的，当事人在订立承包、租赁、委托管理等合同时，应当明确各方消防安全责任。委托方、出租方依照法律规定，可以对承包方、承租方、受托方的消防安全工作统一协调、管理。

实行承包、租赁或者委托经营、管理时，业主应当提供符合消防安全要求的建筑物，督促使用人加强消防安全管理。

第七条　高层公共建筑的业主单位、使用单位应当履行下列消防安全职责：

（一）遵守消防法律法规，建立和落实消防安全管理制度；

（二）明确消防安全管理机构或者消防安全管理人员；

（三）组织开展防火巡查、检查，及时消除火灾隐患；

（四）确保疏散通道、安全出口、消防车通道畅通；

（五）对建筑消防设施、器材定期进行检验、维修，确保完好有效；

（六）组织消防宣传教育培训，制定灭火和应急疏散预案，定期组织消防演练；

（七）按照规定建立专职消防队、志愿消防队（微型消防站）等消防组织；

（八）法律、法规规定的其他消防安全职责。

委托物业服务企业，或者明确统一管理人实施消防安全管理的，物业服务企业或者统一管理人应当按照约定履行前款规定的消防安全职责，业主单位、使用单位应当督促并配合物业服务企业或者统一管理人做好消防安全工作。

第八条　高层公共建筑的业主、使用人、物业服务企业或者统一管理人应当明确专人担任消防安全管理人，负责整栋建筑的消防安全管理工作，并在建筑显著位置公示其姓名、联系方式和消防安全管理职责。

高层公共建筑的消防安全管理人应当履行下列消防安全管理职责：

（一）拟订年度消防工作计划，组织实施日常消防安全管理工作；

（二）组织开展防火检查、巡查和火灾隐患整改工作；

（三）组织实施对建筑共用消防设施设备的维护保养；

（四）管理专职消防队、志愿消防队（微型消防站）等消防组织；

（五）组织开展消防安全的宣传教育和培训；

（六）组织编制灭火和应急疏散综合预案并开展演练。

高层公共建筑的消防安全管理人应当具备与其职责相适应的消防安全知识和管理能力。对建筑高度超过100米的高层公共建筑，鼓励有关单位聘用相应级别的注册消防工程师或者相关工程类中级及以上专业技术职务的人员担任消防安全管理人。

第九条 高层住宅建筑的业主、使用人应当履行下列消防安全义务：

（一）遵守住宅小区防火安全公约和管理规约约定的消防安全事项；

（二）按照不动产权属证书载明的用途使用建筑；

（三）配合消防服务单位做好消防安全工作；

（四）按照法律规定承担消防服务费用以及建筑消防设施维修、更新和改造的相关费用；

（五）维护消防安全，保护消防设施，预防火灾，报告火警，成年人参加有组织的灭火工作；

（六）法律、法规规定的其他消防安全义务。

第十条 接受委托的高层住宅建筑的物业服务企业应当依法履行下列消防安全职责：

（一）落实消防安全责任，制定消防安全制度，拟订年度消防安全工作计划和组织保障方案；

（二）明确具体部门或者人员负责消防安全管理工作；

（三）对管理区域内的共用消防设施、器材和消防标志定期进行检测、维护保养，确保完好有效；

（四）组织开展防火巡查、检查，及时消除火灾隐患；

（五）保障疏散通道、安全出口、消防车通道畅通，对占用、堵塞、封闭疏散通道、安全出口、消防车通道等违规行为予以制止；制止无效的，及时报告消防救援机构等有关行政管理部门依法处理；

（六）督促业主、使用人履行消防安全义务；

（七）定期向所在住宅小区业主委员会和业主、使用人通报消防安全情况，提示消防安全风险；

（八）组织开展经常性的消防宣传教育；

（九）制定灭火和应急疏散预案，并定期组织演练；

（十）法律、法规规定和合同约定的其他消防安全职责。

第十一条 消防救援机构和其他负责消防监督检查的机构依法对高层民用建筑进行消防监督检查，督促业主、使用人、受委托的消防服务单位等落实消防安全责任；对监督检查中发现的火灾隐患，通知有关单位或者个人立即采取措施消除隐患。

消防救援机构应当加强高层民用建筑消防安全法律、法规的宣传，督促、指导有关单位做好高层民用建筑消防安全宣传教育工作。

第十二条 村民委员会、居民委员会应当依法组织制定防火安全公约，对高层民用建筑进行防火安全检查，协助人民政府和有关部门加强消防宣传教育；对老年人、未成年人、残疾人等开展有针对性的消防宣传教育，加强消防安全帮扶。

第十三条 供水、供电、供气、供热、通信、有线电视等专业运营单位依法对高层民用建筑内由其管理的设施设备消防安全负责，并定期进行检查和维护。

第三章 消防安全管理

第十四条 高层民用建筑施工期间，建设单位应当与施工单位明确施工现场的消防安全责任。施工期间应当严格落实现场防范措施，配置消防器材，指定专人监护，采取防火分隔措施，不得影响其他区域的人员安全疏散和建筑消防设施的正常使用。

高层民用建筑的业主、使用人不得擅自变更建筑使用功能、改变防火防烟分区，不得违反消防技术标准使用易燃、可燃装修装饰材料。

第十五条 高层民用建筑的业主、使用人或者物业服务企业、统一管理人应当对动用明火作业实行严格的消防安全管理，不得在具有火灾、爆炸危险的场所使用明火；因施工等特殊情况需要进行电焊、气焊等明火作业的，应当按照规定办理动火审批手续，落实现场监护人，配备消防器材，并在建筑主入口和作业现场显著位置公告。作业人员应当依法持证上岗，严格遵守消防安全规定，清除周围及下方的易燃、可燃物，采取防火隔离措施。作业完毕后，应当进行全面检查，消除遗留火种。

高层公共建筑内的商场、公共娱乐场所不得在营业期间动火施工。

高层公共建筑内应当确定禁火禁烟区域，并设置明显标志。

第十六条 高层民用建筑内电器设备的安装使用及其线路敷设、维护保养和检测应当符合消防技术标准及管理规定。

高层民用建筑业主、使用人或者消防服务单位，应当安排专业机构或者电工定期对管理区域内由其管理的电器设备及线路进行检查；对不符合安全要求的，应当及时维修、更换。

第十七条 高层民用建筑内燃气用具的安装使用及其管路敷设、维护保养和检测应当符合消防技术标准及管理规定。禁止违反燃气安全使用规定，擅自安装、改装、拆除燃气设备和用具。

高层民用建筑使用燃气应当采用管道供气方式。禁止在高层民用建筑地下部分使用液化石油气。

第十八条　禁止在高层民用建筑内违反国家规定生产、储存、经营甲、乙类火灾危险性物品。

第十九条　设有建筑外墙外保温系统的高层民用建筑，其管理单位应当在主入口及周边相关显著位置，设置提示性和警示性标识，标示外墙外保温材料的燃烧性能、防火要求。对高层民用建筑外墙外保温系统破损、开裂和脱落的，应当及时修复。高层民用建筑在进行外墙外保温系统施工时，建设单位应当采取必要的防火隔离以及限制住人和使用的措施，确保建筑内人员安全。

禁止使用易燃、可燃材料作为高层民用建筑外墙外保温材料。禁止在其建筑内及周边禁放区域燃放烟花爆竹；禁止在其外墙周围堆放可燃物。对于使用难燃外墙外保温材料或者采用与基层墙体、装饰层之间有空腔的建筑外墙外保温系统的高层民用建筑，禁止在其外墙动火用电。

第二十条　高层民用建筑的电缆井、管道井等竖向管井和电缆桥架应当在每层楼板处进行防火封堵，管井检查门应当采用防火门。

禁止占用电缆井、管道井，或者在电缆井、管道井等竖向管井堆放杂物。

第二十一条　高层民用建筑的户外广告牌、外装饰不得采用易燃、可燃材料，不得妨碍防烟排烟、逃生和灭火救援，不得改变或者破坏建筑立面防火结构。

禁止在高层民用建筑外窗设置影响逃生和灭火救援的障碍物。

建筑高度超过50米的高层民用建筑外墙上设置的装饰、广告牌应当采用不燃材料并易于破拆。

第二十二条　禁止在消防车通道、消防车登高操作场地设置构筑物、停车泊位、固定隔离桩等障碍物。

禁止在消防车通道上方、登高操作面设置妨碍消防车作业的架空管线、广告牌、装饰物等障碍物。

第二十三条　高层公共建筑内餐饮场所的经营单位应当及时对厨房灶具和排油烟罩设施进行清洗，排油烟管道每季度至少进行一次检查、清洗。

高层住宅建筑的公共排油烟管道应当定期检查，并采取防火措施。

第二十四条　除为满足高层民用建筑的使用功能所设置的自用物品暂存库房、档案室和资料室等附属库房外，禁止在高层民用建筑内设置其他库房。

高层民用建筑的附属库房应当采取相应的防火分隔措施，严格遵守有关消防安全管理规定。

第二十五条　高层民用建筑内的锅炉房、变配电室、空调机房、自备发电机房、储油间、消防水泵房、消防水箱间、防排烟风机房等设备用房应当按照消防技术标准设置，确定为消防安全重点部位，设置明显的防火标志，实行严格管理，并不得占用和堆放杂物。

第二十六条　高层民用建筑消防控制室应当由其管理单位实行24小时值班制度，每班不应少于2名值班人员。

消防控制室值班操作人员应当依法取得相应等级的消防行业特有工种职业资格证书，熟练掌握火警处置程序和要求，按照有关规定检查自动消防设施、联动控制设备运行情况，确保其处于正常工作状态。

消防控制室内应当保存高层民用建筑总平面布局图、平面布置图和消防设施系统图及控制逻辑关系说明、建筑消防设施维修保养记录和检测报告等资料。

第二十七条　高层公共建筑内有关单位、高层住宅建筑所在社区居民委员会或者物业服务企业按照规定建立的专职消防队、志愿消防队（微型消防站）等消防组织，应当配备必要的人员、场所和器材、装备，定期进行消防技能培训和演练，开展防火巡查、消防宣传，及时处置、扑救初起火灾。

第二十八条　高层民用建筑的疏散通道、安全出口应当保持畅通，禁止堆放物品、锁闭出口、设置障碍物。平时需要控制人员出入或者设有门禁系统的疏散门，应当保证发生火灾时易于开启，并在现场显著位置设置醒目的提示和使用标识。

高层民用建筑的常闭式防火门应当保持常闭，闭门器、顺序器等部件应当完好有效；常开式防火门应当保证发生火灾时自动关闭并反馈信号。

禁止圈占、遮挡消火栓，禁止在消火栓箱内堆放杂物，禁止在防火卷帘下堆放物品。

第二十九条　高层民用建筑内应当在显著位置设置标识，指示避难层（间）的位置。

禁止占用高层民用建筑避难层（间）和避难走道或者堆放杂物，禁止锁闭避难层（间）和避难走道出入口。

第三十条　高层公共建筑的业主、使用人应当按照国家标准、行业标准配备灭火器材以及自救呼吸器、逃生缓降器、逃生绳等逃生疏散设施器材。

高层住宅建筑应当在公共区域的显著位置摆放灭火器材，有条件的配置自救呼吸器、逃生绳、救援哨、疏散用手电筒等逃生疏散设施器材。

鼓励高层住宅建筑的居民家庭制定火灾疏散逃生计划，并配置必要的灭火和逃生疏散器材。

第三十一条　高层民用建筑的消防车通道、消防车登高操作场地、灭火救援窗、灭火救援破拆口、消防车取水口、室外消火栓、消防水泵接合器、常闭式防火门等应当设置明显的提示性、警示性标识。消防车通道、消防车登高操作场地、防火卷帘下方还应当在地面标识出禁止占用的区域范围。消火栓箱、灭火器箱上应当张贴使用方法的标识。

高层民用建筑的消防设施配电柜电源开关、消防设备用房内管道阀门等应当标识开、关状态；对需要保持常开或者常闭状态的阀门，应当采取铅封等限位措施。

第三十二条　不具备自主维护保养检测能力的高层民用建筑业主、使用人或者物业服务企业应当聘请具备从业条件的消防技术服务机构或者消防设施施工安装企业对建筑消防设施进行维护保养和检测；存在故障、缺损的，应当立即组织维修、更换，确保完好有效。

因维修等需要停用建筑消防设施的，高层民用建筑的管理单位应当严格履行内部审批手续，制定应急方案，落实防范措施，并在建筑入口处等显著位置公告。

第三十三条　高层公共建筑消防设施的维修、更新、改造的费用，由业主、使用人按照有关法律规定承担，共有部分按照专有部分建筑面积所占比例承担。

高层住宅建筑的消防设施日常运行、维护和维修、更新、改造费用，由业主依照法律规定承担；委托消防服务单位的，消防设施的日常运行、维护和检测费用应当纳入物业服务或者消防技术服务专项费用。共用消防设施的维修、更新、改造费用，可以依法从住宅专项维修资金列支。

第三十四条　高层民用建筑应当进行每日防火巡查，并填写巡查记录。其中，高层公共建筑内公众聚集场所在营业期间应当至少每2小时进行一次防火巡查，医院、养老院、寄宿制学校、幼儿园应当进行白天和夜间防火巡查，高层住宅建筑和高层公共建筑内的其他场所可以结合实际确定防火巡查的频次。

防火巡查应当包括下列内容：

（一）用火、用电、用气有无违章情况；

（二）安全出口、疏散通道、消防车通道畅通情况；

（三）消防设施、器材完好情况，常闭式防火门关闭情况；

（四）消防安全重点部位人员在岗在位等情况。

第三十五条　高层住宅建筑应当每月至少开展一次防火检查，高层公共建筑应当每半个月至少开展一次防火检查，并填写检查记录。

防火检查应当包括下列内容：

（一）安全出口和疏散设施情况；

（二）消防车通道、消防车登高操作场地和消防水源情况；

（三）灭火器材配置及有效情况；

（四）用火、用电、用气和危险品管理制度落实情况；

（五）消防控制室值班和消防设施运行情况；

（六）人员教育培训情况；

（七）重点部位管理情况；

（八）火灾隐患整改以及防范措施的落实等情况。

第三十六条　对防火巡查、检查发现的火灾隐患，高层民用建筑的业主、使用人、受委托的消防服务单位，应当立即采取措施予以整改。

对不能当场改正的火灾隐患，应当明确整改责任、期限，落实整改措施，整改期间应当采取临时防范措施，确保消防安全；必要时，应当暂时停止使用危险部位。

第三十七条　禁止在高层民用建筑公共门厅、疏散走道、楼梯间、安全出口停放电动自行车或者为电动自行车充电。

鼓励在高层住宅小区内设置电动自行车集中存放和充电的场所。电动自行车存放、充电场所应当独立设置，并与高层民用建筑保持安全距离；确需设置在高层民用建筑内的，应当与该建筑的其他部分进行防火分隔。

电动自行车存放、充电场所应当配备必要的消防器材，充电设施应当具备充满自动断电功能。

第三十八条　鼓励高层民用建筑推广应用物联网和智能化技术手段对电气、燃气消防安全和消防设施运行等进行监控和预警。

未设置自动消防设施的高层住宅建筑，鼓励因地制宜安装火灾报警和喷水灭火系统、火灾应急广播以及可燃气体探测、无线手动火灾报警、无线声光火灾警报等消防设施。

第三十九条　高层民用建筑的业主、使用人或者消防服务单位、统一管理人应当每年至少组织开展一次整栋建筑的消防安全评估。消防安全评估报告应当包括存在的消防安全问题、火灾隐患以及改进措施等内容。

第四十条　鼓励、引导高层公共建筑的业主、使用人投保火灾公众责任保险。

第四章　消防宣传教育和灭火疏散预案

第四十一条　高层公共建筑内的单位应当每半年至少对员工开展一次消防安全教育培训。

高层公共建筑内的单位应当对本单位员工进行上岗前消防安全培训，并对消防安全管理人员、消防控制室值班人员和操作人员、电工、保安员等重点岗位人员组织专门培训。

高层住宅建筑的物业服务企业应当每年至少对居住人员进行一次消防安全教育培训，进行一次疏散演练。

第四十二条　高层民用建筑应当在每层的显著位置张贴安全疏散示意图，公共区域电子显示屏应当播放消防安全提示和消防安全知识。

高层公共建筑除遵守本条第一款规定外，还应当在首层显著位置提示公众注意火灾危险，以及安全出口、疏散通道和灭火器材的位置。

高层住宅小区除遵守本条第一款规定外，还应当在显著位置设置消防安全宣传栏，在高层住宅建筑单元入口处提示安全用火、用电、用气，以及电动自行车存放、充电等消防安全常识。

第四十三条　高层民用建筑应当结合场所特点，分级分类编制灭火和应急疏散预案。

规模较大或者功能业态复杂，且有两个及以上业主、使用人或者多个职能部门的高层公共建筑，有关单位应当编制灭火和应急疏散总预案，各单位或者职能部门应当根据场所、功能分区、岗位实际编制专项灭火和应急疏散预案或者现场处置方案（以下统称分预案）。

灭火和应急疏散预案应当明确应急组织机构，确定承担通信联络、灭火、疏散和救护任务的人员及其职责，明确报警、联络、灭火、疏散等处置程序和措施。

第四十四条　高层民用建筑的业主、使用人、受委托的消防服务单位应当结合实际，按照灭火和应急疏散总预案和分预案分别组织实施消防演练。

高层民用建筑应当每年至少进行一次全要素综合演练，建筑高度超过100米的高层公共建筑应当每半年至少进行一次全要素综合演练。编制分预案的，有关单位和职能部门应当每季度至少进行一次综合演练或者专项灭火、疏散演练。

演练前，有关单位应当告知演练范围内的人员并进行公告；演练时，应当设置明显标识；演练结束后，应当进行总结评估，并及时对预案进行修订和完善。

第四十五条　高层公共建筑内的人员密集场所应当按照楼层、区域确定疏散引导员，负责在火灾发生时组织、引导在场人员安全疏散。

第四十六条　火灾发生时，发现火灾的人员应当立即拨打119电话报警。

火灾发生后，高层民用建筑的业主、使用人、消防服务单位应当迅速启动灭火和应急疏散预案，组织人员疏散，扑救初起火灾。

火灾扑灭后，高层民用建筑的业主、使用人、消防服务单位应当组织保护火灾现场，协助火灾调查。

第五章　法律责任

第四十七条　违反本规定，有下列行为之一的，由消防救援机构责令改正，对经营性单位和个人处2000元以上10000元以下罚款，对非经营性单位和个人处500元以上1000元以下罚款：

（一）在高层民用建筑内进行电焊、气焊等明火作业，未履行动火审批手续、进行公告，或者未落实消防现场监护措施的；

（二）高层民用建筑设置的户外广告牌、外装饰妨碍防烟排烟、逃生和灭火救援，或者改变、破坏建筑立面防火结构的；

（三）未设置外墙外保温材料提示性和警示性标识，或者未及时修复破损、开裂和脱落的外墙外保温系统的；

（四）未按照规定落实消防控制室值班制度，或者安排不具备相应条件的人员值班的；

（五）未按照规定建立专职消防队、志愿消防队等消防组织的；

（六）因维修等需要停用建筑消防设施未进行公告、未制定应急预案或者未落实防范措施的；

（七）在高层民用建筑的公共门厅、疏散走道、楼梯间、安全出口停放电动自行车或者为电动自行车充电，拒不改正的。

第四十八条　违反本规定的其他消防安全违法行为，依照《中华人民共和国消防法》第六十条、第六十一条、第六十四条、第六十五条、第六十六条、第六十七条、第六十八条、第六十九条和有关法律法规予以处罚；构成犯罪的，依法追究刑事责任。

第四十九条　消防救援机构及其工作人员在高层民用建筑消防监督检查中，滥用职权、玩忽职守、徇私舞弊的，对直接负责的主管人员和其他直接责任人员依法给予处分；构成犯罪的，依法追究刑事责任。

第六章　附　　则

第五十条　本规定下列用语的含义：

（一）高层住宅建筑，是指建筑高度大于27米的住宅建筑。

（二）高层公共建筑，是指建筑高度大于24米的非单层公共建筑，包括宿舍建筑、公寓建筑、办公建筑、科研建筑、文化建筑、商业建筑、体育建筑、医疗建筑、交通建筑、旅游建筑、通信建筑等。

（三）业主，是指高层民用建筑的所有权人，包括单位和个人。

（四）使用人，是指高层民用建筑的承租人和其他实际使用人，包括单位和个人。

第五十一条　本规定自2021年8月1日起施行。

社会消防技术服务管理规定

1. 2021年9月13日应急管理部令第7号公布
2. 自2021年11月9日起施行

第一章　总　　则

第一条　为规范社会消防技术服务活动，维护消防技术服务市场秩序，促进提高消防技术服务质量，根据《中华人民共和国消防法》，制定本规定。

第二条　在中华人民共和国境内从事社会消防技术服务活动、对消防技术服务机构实施监督管理，适用本规定。

本规定所称消防技术服务机构是指从事消防设施维护保养检测、消防安全评估等社会消防技术服务活动的企业。

第三条　消防技术服务机构及其从业人员开展社会消防技术服务活动应当遵循客观独立、合法公正、诚实信用的原则。

本规定所称消防技术服务从业人员，是指依法取得注册消防工程师资格并在消防技术服务机构中执业的专业技术人员，以及按照有关规定取得相应消防行业特有工种职业资格，在消防技术服务机构中从事社会消防技术服务活动的人员。

第四条　消防技术服务行业组织应当加强行业自律管理，规范从业行为，促进提升服务质量。

消防技术服务行业组织不得从事营利性社会消防技术服务活动，不得从事或者通过消防技术服务机构进行行业垄断。

第二章　从业条件

第五条　从事消防设施维护保养检测的消防技术服务机构，应当具备下列条件：

（一）取得企业法人资格；

（二）工作场所建筑面积不少于200平方米；

（三）消防技术服务基础设备和消防设施维护保养检测设备配备符合有关规定要求；

（四）注册消防工程师不少于2人，其中一级注册消防工程师不少于1人；

（五）取得消防设施操作员国家职业资格证书的人员不少于6人，其中中级技能等级以上的不少于2人；

（六）健全的质量管理体系。

第六条　从事消防安全评估的消防技术服务机构，应当具备下列条件：

（一）取得企业法人资格；

（二）工作场所建筑面积不少于100平方米；

（三）消防技术服务基础设备和消防安全评估设备配备符合有关规定要求；

（四）注册消防工程师不少于2人，其中一级注册消防工程师不少于1人；

（五）健全的消防安全评估过程控制体系。

第七条　同时从事消防设施维护保养检测、消防安全评估的消防技术服务机构，应当具备下列条件：

（一）取得企业法人资格；

（二）工作场所建筑面积不少于200平方米；

（三）消防技术服务基础设备和消防设施维护保养检测、消防安全评估设备配备符合规定的要求；

（四）注册消防工程师不少于2人，其中一级注册消防工程师不少于1人；

（五）取得消防设施操作员国家职业资格证书的人员不少于6人，其中中级技能等级以上的不少于2人；

（六）健全的质量管理和消防安全评估过程控制体系。

第八条　消防技术服务机构可以在全国范围内从业。

第三章　社会消防技术服务活动

第九条　消防技术服务机构及其从业人员应当依照法律法规、技术标准和从业准则，开展下列社会消防技术服务活动，并对服务质量负责：

（一）消防设施维护保养检测机构可以从事建筑消防设施维护保养、检测活动；

（二）消防安全评估机构可以从事区域消防安全评估、社会单位消防安全评估、大型活动消防安全评估等活动，以及消防法律法规、消防技术标准、火灾隐患整改、消防安全管理、消防宣传教育等方面的咨询活动。

消防技术服务机构出具的结论文件，可以作为消防救援机构实施消防监督管理和单位（场所）开展消防安全管理的依据。

第十条　消防设施维护保养检测机构应当按照国家标准、行业标准规定的工艺、流程开展维护保养检测，保证经维护保养的建筑消防设施符合国家标准、行业标准。

第十一条　消防技术服务机构应当依法与从业人员签订劳动合同，加强对所属从业人员的管理。注册消防工程师不得同时在两个以上社会组织执业。

第十二条　消防技术服务机构应当设立技术负责人，对本机构的消防技术服务实施质量监督管理，对出具的书面结论文件进行技术审核。技术负责人应当具备一级注册消防工程师资格。

第十三条　消防技术服务机构承接业务，应当与委托人签订消防技术服务合同，并明确项目负责人。项目负责人应当具备相应的注册消防工程师资格。

消防技术服务机构不得转包、分包消防技术服务项目。

第十四条　消防技术服务机构出具的书面结论文件应当由技术负责人、项目负责人签名并加盖执业印章，同时加盖消防技术服务机构印章。

消防设施维护保养检测机构对建筑消防设施进行维护保养后，应当制作包含消防技术服务机构名称及项目负责人、维护保养日期等信息的标识，在消防设施所在建筑的醒目位置上予以公示。

第十五条　消防技术服务机构应当对服务情况作出客观、真实、完整的记录，按消防技术服务项目建立消防技术服务档案。

消防技术服务档案保管期限为6年。

第十六条　消防技术服务机构应当在其经营场所的醒目位置公示营业执照、工作程序、收费标准、从业守则、注册消防工程师注册证书、投诉电话等事项。

第十七条　消防技术服务机构收费应当遵守价格管理法律法规的规定。

第十八条　消防技术服务机构在从事社会消防技术服务活动中，不得有下列行为：

（一）不具备从业条件，从事社会消防技术服务活动；

（二）出具虚假、失实文件；

（三）消防设施维护保养检测机构的项目负责人或者消防设施操作员未到现场实地开展工作；

（四）泄露委托人商业秘密；

（五）指派无相应资格从业人员从事社会消防技术服务活动；

（六）冒用其他消防技术服务机构名义从事社会消防技术服务活动；

（七）法律、法规、规章禁止的其他行为。

第四章　监督管理

第十九条　县级以上人民政府消防救援机构依照有关法律、法规和本规定，对本行政区域内的社会消防技术服务活动实施监督管理。

消防技术服务机构及其从业人员对消防救援机构依法进行的监督管理应当协助和配合，不得拒绝或者阻挠。

第二十条　应急管理部消防救援局应当建立和完善全国统一的社会消防技术服务信息系统，公布消防技术服务机构及其从业人员的有关信息，发布从业、诚信和监督管理信息，并为社会提供有关信息查询服务。

第二十一条　县级以上人民政府消防救援机构对社会消防技术服务活动开展监督检查的形式有：

（一）结合日常消防监督检查工作，对消防技术服务质量实施监督抽查；

（二）根据需要实施专项检查；

（三）发生火灾事故后实施倒查；

（四）对举报投诉和交办移送的消防技术服务机构及其从业人员的违法从业行为进行核查。

开展社会消防技术服务活动监督检查可以根据实际需要，通过网上核查、服务单位实地核查、机构办公场所现场检查等方式实施。

第二十二条　消防救援机构在对单位（场所）实施日常消防监督检查时，可以对为该单位（场所）提供服务的消防技术服务机构的服务质量实施监督抽查。抽查内容为：

（一）是否冒用其他消防技术服务机构名义从事社会消防技术服务活动；

（二）从事相关社会消防技术服务活动的人员是否具有相应资格；

（三）是否按照国家标准、行业标准维护保养、检测建筑消防设施，经维护保养的建筑消防设施是否符合国家标准、行业标准；

（四）消防设施维护保养检测机构的项目负责人或者消防设施操作员是否到现场实地开展工作；

（五）是否出具虚假、失实文件；

（六）出具的书面结论文件是否由技术负责人、项目负责人签名、盖章，并加盖消防技术服务机构印章；

（七）是否与委托人签订消防技术服务合同；

（八）是否在经其维护保养的消防设施所在建筑的醒目位置公示消防技术服务信息。

第二十三条 消防救援机构根据消防监督管理需要，可以对辖区内从业的消防技术服务机构进行专项检查。专项检查应当随机抽取检查对象，随机选派检查人员，检查情况及查处结果及时向社会公开。专项检查可以抽查下列内容：

（一）是否具备从业条件；

（二）所属注册消防工程师是否同时在两个以上社会组织执业；

（三）从事相关社会消防技术服务活动的人员是否具有相应资格；

（四）是否转包、分包消防技术服务项目；

（五）是否出具虚假、失实文件；

（六）是否设立技术负责人、明确项目负责人，出具的书面结论文件是否由技术负责人、项目负责人签名、盖章，并加盖消防技术服务机构印章；

（七）是否与委托人签订消防技术服务合同；

（八）是否在经营场所公示营业执照、工作程序、收费标准、从业守则、注册消防工程师注册证书、投诉电话等事项；

（九）是否建立和保管消防技术服务档案。

第二十四条 发生有人员死亡或者造成重大社会影响的火灾，消防救援机构开展火灾事故调查时，应当对为起火单位（场所）提供服务的消防技术服务机构实施倒查。

消防救援机构组织调查其他火灾，可以根据需要对为起火单位（场所）提供服务的消防技术服务机构实施倒查。

倒查按照本规定第二十二条、第二十三条的抽查内容实施。

第二十五条 消防救援机构及其工作人员不得设立消防技术服务机构，不得参与消防技术服务机构的经营活动，不得指定或者变相指定消防技术服务机构，不得利用职务接受有关单位或者个人财物，不得滥用行政权力排除、限制竞争。

第五章　法律责任

第二十六条 消防技术服务机构违反本规定，冒用其他消防技术服务机构名义从事社会消防技术服务活动的，责令改正，处2万元以上3万元以下罚款。

第二十七条 消防技术服务机构违反本规定，有下列情形之一的，责令改正，处1万元以上2万元以下罚款：

（一）所属注册消防工程师同时在两个以上社会组织执业的；

（二）指派无相应资格从业人员从事社会消防技术服务活动的；

（三）转包、分包消防技术服务项目的。

对有前款第一项行为的注册消防工程师，处5000元以上1万元以下罚款。

第二十八条 消防技术服务机构违反本规定，有下列情形之一的，责令改正，处1万元以下罚款：

（一）未设立技术负责人、未明确项目负责人的；

（二）出具的书面结论文件未经技术负责人、项目负责人签名、盖章，或者未加盖消防技术服务机构印章的；

（三）承接业务未依法与委托人签订消防技术服务合同的；

（四）消防设施维护保养检测机构的项目负责人或者消防设施操作员未到现场实地开展工作的；

（五）未建立或者保管消防技术服务档案的；

（六）未公示营业执照、工作程序、收费标准、从业守则、注册消防工程师注册证书、投诉电话等事项的。

第二十九条 消防技术服务机构不具备从业条件从事社会消防技术服务活动或者出具虚假文件、失实文件的，或者不按照国家标准、行业标准开展社会消防技术服务活动的，由消防救援机构依照《中华人民共和国消防法》第六十九条的有关规定处罚。

第三十条 消防设施维护保养检测机构未按照本规定要求在经其维护保养的消防设施所在建筑的醒目位置上公示消防技术服务信息的，责令改正，处5000元以下罚款。

第三十一条 消防救援机构对消防技术服务机构及其从业人员实施积分信用管理，具体办法由应急管理部消防救援局制定。

第三十二条 消防技术服务机构有违反本规定的行为，给他人造成损失的，依法承担赔偿责任；经维护保养的建筑消防设施不能正常运行，发生火灾时未发挥应有作用，导致伤亡、损失扩大的，从重处罚；构成犯罪的，依法追究刑事责任。

第三十三条 本规定中的行政处罚由违法行为地设区的市级、县级人民政府消防救援机构决定。

第三十四条 消防技术服务机构及其从业人员对消防救援机构在消防技术服务监督管理中作出的具体行政行为不服的,可以依法申请行政复议或者提起行政诉讼。

第三十五条 消防救援机构的工作人员设立消防技术服务机构,或者参与消防技术服务机构的经营活动,或者指定、变相指定消防技术服务机构,或者利用职务接受有关单位、个人财物,或者滥用行政权力排除、限制竞争,或者有其他滥用职权、玩忽职守、徇私舞弊的行为,依照有关规定给予处分;构成犯罪的,依法追究刑事责任。

第六章 附 则

第三十六条 保修期内的建筑消防设施由施工单位进行维护保养的,不适用本规定。

第三十七条 本规定所称虚假文件,是指消防技术服务机构未提供服务或者以篡改结果方式出具的消防技术文件,或者出具的与当时实际情况严重不符、结论定性严重偏离客观实际的消防技术文件。

本规定所称失实文件,是指消防技术服务机构出具的与当时实际情况部分不符、结论定性部分偏离客观实际的消防技术文件。

第三十八条 本规定中的“以上”、“以下”均含本数。

第三十九条 执行本规定所需要的文书式样,以及消防技术服务机构应当配备的仪器、设备、设施目录,由应急管理部制定。

第四十条 本规定自2021年11月9日起施行。

仓库防火安全管理规则

1990年4月10日公安部令第6号发布施行

第一章 总 则

第一条 为了加强仓库消防安全管理,保护仓库免受火灾危害。根据《中华人民共和国消防条例》及其实施细则的有关规定,制定本规则。

第二条 仓库消防安全必须贯彻“预防为主,防消结合”的方针,实行“谁主管,谁负责”的原则。仓库消防安全由本单位及其上级主管部门负责。

第三条 本规则由县级以上公安机关消防监督机构负责监督。

第四条 本规则适用于国家、集体和个体经营的储存物品的各类仓库、堆栈、货场。储存火药、炸药、火工品和军工物资的仓库,按照国家有关规定执行。

第二章 组 织 管 理

第五条 新建、扩建和改建的仓库建筑设计,要符合国家建筑设计防火规范的有关规定,并经公安消防监督机构审核。仓库竣工时,其主管部门应当会同公安消防监督等有关部门进行验收;验收不合格的,不得交付使用。

第六条 仓库应当确定一名主要领导人为防火负责人,全面负责仓库的消防安全管理工作。

第七条 仓库防火负责人负有下列职责:

一、组织学习贯彻消防法规,完成上级部署的消防工作;

二、组织制定电源、火源、易燃易爆物品的安全管理和值班巡逻等制度,落实逐级防火责任制和岗位防火责任制;

三、组织对职工进行消防宣传、业务培训和考核,提高职工的安全素质;

四、组织开展防火检查,消除火险隐患;

五、领导专职、义务消防队组织和专职、兼职消防人员,制定灭火应急方案,组织扑救火灾;

六、定期总结消防安全工作,实施奖惩。

第八条 国家储备库、专业仓库应当配备专职消防干部;其他仓库可以根据需要配备专职或兼职消防人员。

第九条 国家储备库、专业仓库和火灾危险性大、距公安消防队较远的其他大型仓库,应当按照有关规定建立专职消防队。

第十条 各类仓库都应当建立义务消防组织,定期进行业务培训,开展自防自救工作。

第十一条 仓库防火负责人的确定和变动,应当向当地公安消防监督机构备案;专职消防干部、人员和专职消防队长的配备与更换,应当征求当地公安消防监督机构的意见。

第十二条 仓库保管员应当熟悉储存物品的分类、性质、保管业务知识和防火安全制度,掌握消防器材的操作使用和维护保养方法,做好本岗位的防火工作。

第十三条 对仓库新职工应当进行仓储业务和消防知识的培训,经考试合格,方可上岗作业。

第十四条 仓库严格执行夜间值班、巡逻制度,带班人员应当认真检查,督促落实。

第三章 储 存 管 理

第十五条 依据国家《建筑设计防火规范》的规定,按照仓库储存物品的火灾危险程度分为甲、乙、丙、丁、戊五类(详见附表)。

第十六条 露天存放物品应当分类、分堆、分组和分垛，并留出必要的防火间距。堆场的总储量以及与建筑物等之间的防火距离，必须符合建筑设计防火规范的规定。

第十七条 甲、乙类桶装液体，不宜露天存放。必须露天存放时，在炎热季节必须采取降温措施。

第十八条 库存物品应当分类、分垛储存，每垛占地面积不宜大于一百平方米，垛与垛间距不小于一米，垛与墙间距不小于零点五米，垛与梁、柱间距不小于零点三米，主要通道的宽度不小于二米。

第十九条 甲、乙类物品和一般物品以及容易相互发生化学反应或者灭火方法不同的物品，必须分间、分库储存，并在醒目处标明储存物品的名称、性质和灭火方法。

第二十条 易自燃或者遇水分解的物品，必须在温度较低、通风良好和空气干燥的场所储存，并安装专用仪器定时检测，严格控制湿度与温度。

第二十一条 物品入库前应当有专人负责检查，确定无火种等隐患后，方准入库。

第二十二条 甲、乙类物品的包装容器应当牢固、密封，发现破损、残缺，变形和物品变质、分解等情况时，应当及时进行安全处理，严防跑、冒、滴、漏。

第二十三条 使用过的油棉纱、油手套等沾油纤维物品以及可燃包装，应当存放在安全地点，定期处理。

第二十四条 库房内因物品防冻必须采暖时，应当采用水暖，其散热器、供暖管道与储存物品的距离不小于零点三米。

第二十五条 甲、乙类物品库房内不准设办公室、休息室。其他库房必需设办公室时，可以贴邻库房一角设置无孔洞的一、二级耐火等级的建筑，其门窗直通库外，具体实施，应征得当地公安消防监督机构的同意。

第二十六条 储存甲、乙、丙类物品的库房布局、储存类别不得擅自改变。如确需改变的，应当报经当地公安消防监督机构同意。

第四章 装卸管理

第二十七条 进入库区的所有机动车辆，必须安装防火罩。

第二十八条 蒸汽机车驶入库区时，应当关闭灰箱和送风器，并不得在库区清炉。仓库应当派专人负责监护。

第二十九条 汽车、拖拉机不准进入甲、乙、丙类物品库房。

第三十条 进入甲、乙类物品库房的电瓶车、铲车必须是防爆型的；进入丙类物品库房的电瓶车、铲车，必须装有防止火花溅出的安全装置。

第三十一条 各种机动车辆装卸物品后，不准在库区、库房、货场内停放和修理。

第三十二条 库区内不得搭建临时建筑和构筑物。因装卸作业确需搭建时，必须经单位防火负责人批准，装卸作业结束后立即拆除。

第三十三条 装卸甲、乙类物品时，操作人员不得穿戴易产生静电的工作服、帽和使用易产生火花的工具，严防震动、撞击、重压、摩擦和倒置。对易产生静电的装卸设备要采取消除静电的措施。

第三十四条 库房内固定的吊装设备需要维修时，应当采取防火安全措施，经防火负责人批准后，方可进行。

第三十五条 装卸作业结束后，应当对库区、库房进行检查，确认安全后，方可离人。

第五章 电器管理

第三十六条 仓库的电气装置必须符合国家现行的有关电气设计和施工安装验收标准规范的规定。

第三十七条 甲、乙类物品库房和丙类液体库房的电气装置，必须符合国家现行的有关爆炸危险场所的电气安全规定。

第三十八条 储存丙类固体物品的库房，不准使用碘钨灯和超过六十瓦以上的白炽灯等高温照明灯具。当使用日光灯等低温照明灯具和其他防燃型照明灯具时，应当对镇流器采取隔热、散热等防火保护措施，确保安全。

第三十九条 库房内不准设置移动式照明灯具。照明灯具下方不准堆放物品，其垂直下方与储存物品水平间距离不得小于零点五米。

第四十条 库房内敷设的配电线路，需穿金属管或用非燃硬塑料管保护。

第四十一条 库区的每个库房应当在库房外单独安装开关箱，保管人员离库时，必须拉闸断电。禁止使用不合规格的保险装置。

第四十二条 库房内不准使用电炉、电烙铁、电熨斗等电热器具和电视机、电冰箱等家用电器。

第四十三条 仓库电器设备的周围和架空线路的下方严禁堆放物品。对提升、码垛等机械设备易产生火花的部位，要设置防护罩。

第四十四条 仓库必须按照国家有关防雷设计安装规范的规定，设置防雷装置，并定期检测，保证有效。

第四十五条 仓库的电器设备，必须由持合格证的电工进行安装、检查和维修保养。电工应当严格遵守各项电器操作规程。

第六章　火 源 管 理

第四十六条　仓库应当设置醒目的防火标志。进入甲、乙类物品库区的人员，必须登记，并交出携带的火种。

第四十七条　库房内严禁使用明火。库房外动用明火作业时，必须办理动火证，经仓库或单位防火负责人批准，并采取严格的安全措施。动火证应当注明动火地点、时间、动火人、现场监护人、批准人和防火措施等内容。

第四十八条　库房内不准使用火炉取暖。在库区使用时，应当经防火负责人批准。

第四十九条　防火负责人在审批火炉的使用地点时，必须根据储存物品的分类，按照有关防火间距的规定审批，并制定防火安全管理制度，落实到人。

第五十条　库区以及周围五十米内，严禁燃放烟花爆竹。

第七章　消防设施和器材管理

第五十一条　仓库内应当按照国家有关消防技术规范，设置、配备消防设施和器材。

第五十二条　消防器材应当设置在明显和便于取用的地点，周围不准堆放物品和杂物。

第五十三条　仓库的消防设施、器材，应当由专人管理，负责检查、维修、保养、更换和添置，保证完好有效，严禁圈占、埋压和挪用。

第五十四条　甲、乙、丙类物品国家储备库、专业性仓库以及其他大型物资仓库，应当按照国家有关技术规范的规定安装相应的报警装置，附近有公安消防队的宜设置与其直通的报警电话。

第五十五条　对消防水池、消火栓、灭火器等消防设施、器材，应当经常进行检查，保持完整好用。地处寒区的仓库，寒冷季节要采取防冻措施。

第五十六条　库区的消防车道和仓库的安全出口、疏散楼梯等消防通道，严禁堆放物品。

第八章　奖　　惩

第五十七条　仓库消防工作成绩显著的单位和个人，由公安机关、上级主管部门或者本单位给予表彰、奖励。

第五十八条　对违反本规则的单位和人员，国家法规有规定的，应当按照国家法规予以处罚；国家法规没有规定的，可以按照地方有关法规、规章进行处罚；触犯刑律的，由司法机关追究刑事责任。

第九章　附　　则

第五十九条　储存丁、戊类物品的库房或露天堆栈、货场，执行本规则时，在确保安全并征得当地公安消防监督机构同意的情况下，可以适当放宽。

第六十条　铁路车站、交通港口码头等昼夜作业的中转性仓库，可以按照本规则的原则要求，由铁路、交通等部门自行制定管理办法。

第六十一条　各省、自治区、直辖市和国务院有关部、委根据本规则制订的具体管理办法，应当送公安部备案。

第六十二条　本规则自发布之日起施行。1980 年 8 月 1 日经国务院批准、同年 8 月 15 日公安部公布施行的《仓库防火安全管理规则》即行废止。

附表：（略）

公共娱乐场所消防安全管理规定

1999 年 5 月 25 日公安部令第 39 号发布施行

第一条　为了预防火灾，保障公共安全，依据《中华人民共和国消防法》制定本规定。

第二条　本规定所称公共娱乐场所，是指向公众开放的下列室内场所：

（一）影剧院、录像厅、礼堂等演出、放映场所；

（二）舞厅、卡拉 OK 厅等歌舞娱乐场所；

（三）具有娱乐功能的夜总会、音乐茶座和餐饮场所；

（四）游艺、游乐场所；

（五）保龄球馆、旱冰场、桑拿浴室等营业性健身、休闲场所。

第三条　公共娱乐场所应当在法定代表人或者主要负责人中确定一名本单位的消防安全责任人。在消防安全责任人确定或者变更时，应当向当地公安消防机构备案。

消防安全责任人应当依照《消防法》第十四条和第十六条规定履行消防安全职责，负责检查和落实本单位防火措施、灭火预案的制定和演练以及建筑消防设施、消防通道、电源和火源管理等。

公共娱乐场所的房产所有者在与其他单位、个人发生租赁、承包等关系后，公共娱乐场所的消防安全由经营者负责。

第四条　新建、改建、扩建公共娱乐场所或者变更公共娱乐场所内部装修的，其消防设计应当符合国家有关建筑消防技术标准的规定。

第五条　新建、改建、扩建公共娱乐场所或者变更公共娱乐场所内部装修的，建设或者经营单位应当依法将消防设计图纸报送当地公安消防机构审核，经审核同意方可施工；工程竣工时，必须经公安消防机构进行消防验收；未经验收或者经验收不合格的，不得投入使用。

第六条 公众聚集的娱乐场所在使用或者开业前，必须具备消防安全条件，依法向当地公安消防机构申报检查，经消防安全检查合格后，发给《消防安全检查意见书》，方可使用或者开业。

第七条 公共娱乐场所宜设置在耐火等级不低于二级的建筑物内；已经核准设置在三级耐火等级建筑内的公共娱乐场所，应当符合特定的防火安全要求。

公共娱乐场所不得设置在文物古建筑和博物馆、图书馆建筑内，不得毗连重要仓库或者危险物品仓库；不得在居民住宅楼内改建公共娱乐场所。

公共娱乐场所与其他建筑相毗连或者附设在其他建筑物内时，应当按照独立的防火分区设置；商住楼内的公共娱乐场所与居民住宅的安全出口应当分开设置。

第八条 公共娱乐场所的内部装修设计和施工，应当符合《建筑内部装修设计防火规范》和有关建筑内部装饰装修防火管理的规定。

第九条 公共娱乐场所的安全出口数目、疏散宽度和距离，应当符合国家有关建筑设计防火规范的规定。

安全出口处不得设置门槛、台阶，疏散门应向外开启，不得采用卷帘门、转门、吊门和侧拉门，门口不得设置门帘、屏风等影响疏散的遮挡物。

公共娱乐场所在营业时必须确保安全出口和疏散通道畅通无阻，严禁将安全出口上锁、阻塞。

第十条 安全出口、疏散通道和楼梯口应当设置符合标准的灯光疏散指示标志。指示标志应当设在门的顶部、疏散通道和转角处距地面一米以下的墙面上。设在走道上的指示标志的间距不得大于二十米。

第十一条 公共娱乐场所内应当设置火灾事故应急照明灯，照明供电时间不得少于二十分钟。

第十二条 公共娱乐场所必须加强电气防火安全管理，及时消除火灾隐患。不得超负荷用电，不得擅自拉接临时电线。

第十三条 在地下建筑内设置公共娱乐场所，除符合本规定其他条款的要求外，还应当符合下列规定：

（一）只允许设在地下一层；

（二）通往地面的安全出口不应少于二个，安全出口、楼梯和走道的宽度应当符合有关建筑设计防火规范的规定；

（三）应当设置机械防烟排烟设施；

（四）应当设置火灾自动报警系统和自动喷水灭火系统；

（五）严禁使用液化石油气。

第十四条 公共娱乐场所内严禁带入和存放易燃易爆物品。

第十五条 严禁在公共娱乐场所营业时进行设备检修、电气焊、油漆粉刷等施工、维修作业。

第十六条 演出、放映场所的观众厅内禁止吸烟和明火照明。

第十七条 公共娱乐场所在营业时，不得超过额定人数。

第十八条 卡拉OK厅及其包房内，应当设置声音或者视像警报，保证在火灾发生初期，将各卡拉OK房间的画面、音响消除，播送火灾警报，引导人们安全疏散。

第十九条 公共娱乐场所应当制定防火安全管理制度，制定紧急安全疏散方案。在营业时间和营业结束后，应当指定专人进行安全巡视检查。

第二十条 公共娱乐场所应当建立全员防火安全责任制度，全体员工都应当熟知必要的消防安全知识，会报火警，会使用灭火器材，会组织人员疏散。新职工上岗前必须进行消防安全培训。

第二十一条 公共娱乐场所应当按照《建筑灭火器配置设计规范》配置灭火器材，设置报警电话，保证消防设施、设备完好有效。

第二十二条 对违反本规定的行为，依照《中华人民共和国消防法》和地方性消防法规、规章予以处罚；构成犯罪的，依法追究刑事责任。

第二十三条 本规定自发布之日起施行。1995年1月26日公安部发布的《公共娱乐场所消防安全管理规定》同时废止。

机关、团体、企业、事业单位消防安全管理规定

1. 2001年11月14日公安部令第61号发布
2. 自2002年5月1日起施行

第一章 总 则

第一条 为了加强和规范机关、团体、企业、事业单位的消防安全管理，预防火灾和减少火灾危害，根据《中华人民共和国消防法》，制定本规定。

第二条 本规定适用于中华人民共和国境内的机关、团体、企业、事业单位（以下统称单位）自身的消防安全管理。

法律、法规另有规定的除外。

第三条 单位应当遵守消防法律、法规、规章（以下统称

消防法规），贯彻预防为主、防消结合的消防工作方针，履行消防安全职责，保障消防安全。

第四条　法人单位的法定代表人或者非法人单位的主要负责人是单位的消防安全责任人，对本单位的消防安全工作全面负责。

第五条　单位应当落实逐级消防安全责任制和岗位消防安全责任制，明确逐级和岗位消防安全职责，确定各级、各岗位的消防安全责任人。

第二章　消防安全责任

第六条　单位的消防安全责任人应当履行下列消防安全职责：

（一）贯彻执行消防法规，保障单位消防安全符合规定，掌握本单位的消防安全情况；

（二）将消防工作与本单位的生产、科研、经营、管理等活动统筹安排，批准实施年度消防工作计划；

（三）为本单位的消防安全提供必要的经费和组织保障；

（四）确定逐级消防安全责任，批准实施消防安全制度和保障消防安全的操作规程；

（五）组织防火检查，督促落实火灾隐患整改，及时处理涉及消防安全的重大问题；

（六）根据消防法规的规定建立专职消防队、义务消防队；

（七）组织制定符合本单位实际的灭火和应急疏散预案，并实施演练。

第七条　单位可以根据需要确定本单位的消防安全管理人。消防安全管理人对单位的消防安全责任人负责，实施和组织落实下列消防安全管理工作：

（一）拟订年度消防工作计划，组织实施日常消防安全管理工作；

（二）组织制订消防安全制度和保障消防安全的操作规程并检查督促其落实；

（三）拟订消防安全工作的资金投入和组织保障方案；

（四）组织实施防火检查和火灾隐患整改工作；

（五）组织实施对本单位消防设施、灭火器材和消防安全标志的维护保养，确保其完好有效，确保疏散通道和安全出口畅通；

（六）组织管理专职消防队和义务消防队；

（七）在员工中组织开展消防知识、技能的宣传教育和培训，组织灭火和应急疏散预案的实施和演练；

（八）单位消防安全责任人委托的其他消防安全管理工作。

消防安全管理人应当定期向消防安全责任人报告消防安全情况，及时报告涉及消防安全的重大问题。未确定消防安全管理人的单位，前款规定的消防安全管理工作由单位消防安全责任人负责实施。

第八条　实行承包、租赁或者委托经营、管理时，产权单位应当提供符合消防安全要求的建筑物，当事人在订立的合同中依照有关规定明确各方的消防安全责任；消防车通道、涉及公共消防安全的疏散设施和其他建筑消防设施应当由产权单位或者委托管理的单位统一管理。

承包、承租或者受委托经营、管理的单位应当遵守本规定，在其使用、管理范围内履行消防安全职责。

第九条　对于有两个以上产权单位和使用单位的建筑物，各产权单位、使用单位对消防车通道、涉及公共消防安全的疏散设施和其他建筑消防设施应当明确管理责任，可以委托统一管理。

第十条　居民住宅区的物业管理单位应当在管理范围内履行下列消防安全职责：

（一）制定消防安全制度，落实消防安全责任，开展消防安全宣传教育；

（二）开展防火检查，消除火灾隐患；

（三）保障疏散通道、安全出口、消防车通道畅通；

（四）保障公共消防设施、器材以及消防安全标志完好有效。

其他物业管理单位应当对受委托管理范围内的公共消防安全管理工作负责。

第十一条　举办集会、焰火晚会、灯会等具有火灾危险的大型活动的主办单位、承办单位以及提供场地的单位，应当在订立的合同中明确各方的消防安全责任。

第十二条　建筑工程施工现场的消防安全由施工单位负责。实行施工总承包的，由总承包单位负责。分包单位向总承包单位负责，服从总承包单位对施工现场的消防安全管理。

对建筑物进行局部改建、扩建和装修的工程，建设单位应当与施工单位在订立的合同中明确各方对施工现场的消防安全责任。

第三章　消防安全管理

第十三条　下列范围的单位是消防安全重点单位，应当按照本规定的要求，实行严格管理：

（一）商场（市场）、宾馆（饭店）、体育场（馆）、会堂、公共娱乐场所等公众聚集场所（以下统称公众聚集场所）；

（二）医院、养老院和寄宿制的学校、托儿所、幼儿园；

（三）国家机关；

（四）广播电台、电视台和邮政、通信枢纽；

（五）客运车站、码头、民用机场；

（六）公共图书馆、展览馆、博物馆、档案馆以及具有火灾危险性的文物保护单位；

（七）发电厂（站）和电网经营企业；

（八）易燃易爆化学物品的生产、充装、储存、供应、销售单位；

（九）服装、制鞋等劳动密集型生产、加工企业；

（十）重要的科研单位；

（十一）其他发生火灾可能性较大以及一旦发生火灾可能造成重大人身伤亡或者财产损失的单位。

高层办公楼（写字楼）、高层公寓楼等高层公共建筑，城市地下铁道、地下观光隧道等地下公共建筑和城市重要的交通隧道，粮、棉、木材、百货等物资集中的大型仓库和堆场，国家和省级等重点工程的施工现场，应当按照本规定对消防安全重点单位的要求，实行严格管理。

第十四条 消防安全重点单位及其消防安全责任人、消防安全管理人应当报当地公安消防机构备案。

第十五条 消防安全重点单位应当设置或者确定消防工作的归口管理职能部门，并确定专职或者兼职的消防管理人员；其他单位应当确定专职或者兼职消防管理人员，可以确定消防工作的归口管理职能部门。归口管理职能部门和专兼职消防管理人员在消防安全责任人或者消防安全管理人的领导下开展消防安全管理工作。

第十六条 公众聚集场所应当在具备下列消防安全条件后，向当地公安消防机构申报进行消防安全检查，经检查合格后方可开业使用：

（一）依法办理建筑工程消防设计审核手续，并经消防验收合格；

（二）建立健全消防安全组织，消防安全责任明确；

（三）建立消防安全管理制度和保障消防安全的操作规程；

（四）员工经过消防安全培训；

（五）建筑消防设施齐全、完好有效；

（六）制定灭火和应急疏散预案。

第十七条 举办集会、焰火晚会、灯会等具有火灾危险的大型活动，主办或者承办单位应当在具备消防安全条件后，向公安消防机构申报对活动现场进行消防安全检查，经检查合格后方可举办。

第十八条 单位应当按照国家有关规定，结合本单位的特点，建立健全各项消防安全制度和保障消防安全的操作规程，并公布执行。

单位消防安全制度主要包括以下内容：消防安全教育、培训；防火巡查、检查；安全疏散设施管理；消防（控制室）值班；消防设施、器材维护管理；火灾隐患整改；用火、用电安全管理；易燃易爆危险物品和场所防火防爆；专职和义务消防队的组织管理；灭火和应急疏散预案演练；燃气和电气设备的检查和管理（包括防雷、防静电）；消防安全工作考评和奖惩；其他必要的消防安全内容。

第十九条 单位应当将容易发生火灾、一旦发生火灾可能严重危及人身和财产安全以及对消防安全有重大影响的部位确定为消防安全重点部位，设置明显的防火标志，实行严格管理。

第二十条 单位应当对动用明火实行严格的消防安全管理。禁止在具有火灾、爆炸危险的场所使用明火；因特殊情况需要进行电、气焊等明火作业的，动火部门和人员应当按照单位的用火管理制度办理审批手续，落实现场监护人，在确认无火灾、爆炸危险后方可动火施工。动火施工人员应当遵守消防安全规定，并落实相应的消防安全措施。

公众聚集场所或者两个以上单位共同使用的建筑物局部施工需要使用明火时，施工单位和使用单位应当共同采取措施，将施工区和使用区进行防火分隔，清除动火区域的易燃、可燃物，配置消防器材，专人监护，保证施工及使用范围的消防安全。

公共娱乐场所在营业期间禁止动火施工。

第二十一条 单位应当保障疏散通道、安全出口畅通，并设置符合国家规定的消防安全疏散指示标志和应急照明设施，保持防火门、防火卷帘、消防安全疏散指示标志、应急照明、机械排烟送风、火灾事故广播等设施处于正常状态。

严禁下列行为：

（一）占用疏散通道；

（二）在安全出口或者疏散通道上安装栅栏等影响疏散的障碍物；

（三）在营业、生产、教学、工作等期间将安全出口上锁、遮挡或者将消防安全疏散指示标志遮挡、覆盖；

（四）其他影响安全疏散的行为。

第二十二条 单位应当遵守国家有关规定，对易燃易爆危险物品的生产、使用、储存、销售、运输或者销毁实行严格的消防安全管理。

第二十三条　单位应当根据消防法规的有关规定，建立专职消防队、义务消防队，配备相应的消防装备、器材，并组织开展消防业务学习和灭火技能训练，提高预防和扑救火灾的能力。

第二十四条　单位发生火灾时，应当立即实施灭火和应急疏散预案，务必做到及时报警，迅速扑救火灾，及时疏散人员。邻近单位应当给予支援。任何单位、人员都应当无偿为报火警提供便利，不得阻拦报警。

单位应当为公安消防机构抢救人员、扑救火灾提供便利和条件。

火灾扑灭后，起火单位应当保护现场，接受事故调查，如实提供火灾事故的情况，协助公安消防机构调查火灾原因，核定火灾损失，查明火灾事故责任。未经公安消防机构同意，不得擅自清理灾现场。

第四章　防 火 检 查

第二十五条　消防安全重点单位应当进行每日防火巡查，并确定巡查的人员、内容、部位和频次。其他单位可以根据需要组织防火巡查。巡查的内容应当包括：

（一）用火、用电有无违章情况；

（二）安全出口、疏散通道是否畅通，安全疏散指示标志、应急照明是否完好；

（三）消防设施、器材和消防安全标志是否在位、完整；

（四）常闭式防火门是否处于关闭状态，防火卷帘下是否堆放物品影响使用；

（五）消防安全重点部位的人员在岗情况；

（六）其他消防安全情况。

公众聚集场所在营业期间的防火巡查应当至少每二小时一次；营业结束时应当对营业现场进行检查，消除遗留火种。医院、养老院、寄宿制的学校、托儿所、幼儿园应当加强夜间防火巡查，其他消防安全重点单位可以结合实际组织夜间防火巡查。

防火巡查人员应当及时纠正违章行为，妥善处置火灾危险，无法当场处置的，应当立即报告。发现初起火灾应当立即报警并及时扑救。

防火巡查应当填写巡查记录，巡查人员及其主管人员应当在巡查记录上签名。

第二十六条　机关、团体、事业单位应当至少每季度进行一次防火检查，其他单位应当至少每月进行一次防火检查。检查的内容应当包括：

（一）火灾隐患的整改情况以及防范措施的落实情况；

（二）安全疏散通道、疏散指示标志、应急照明和安全出口情况；

（三）消防车通道、消防水源情况；

（四）灭火器材配置及有效情况；

（五）用火、用电有无违章情况；

（六）重点工种人员以及其他员工消防知识的掌握情况；

（七）消防安全重点部位的管理情况；

（八）易燃易爆危险物品和场所防火防爆措施的落实情况以及其他重要物资的防火安全情况；

（九）消防（控制室）值班情况和设施运行、记录情况；

（十）防火巡查情况；

（十一）消防安全标志的设置情况和完好、有效情况；

（十二）其他需要检查的内容。

防火检查应当填写检查记录。检查人员和被检查部门负责人应当在检查记录上签名。

第二十七条　单位应当按照建筑消防设施检查维修保养有关规定的要求，对建筑消防设施的完好有效情况进行检查和维修保养。

第二十八条　设有自动消防设施的单位，应当按照有关规定定期对其自动消防设施进行全面检查测试，并出具检测报告，存档备查。

第二十九条　单位应当按照有关规定定期对灭火器进行维护保养和维修检查。对灭火器应当建立档案资料，记明配置类型、数量、设置位置、检查维修单位（人员）、更换药剂的时间等有关情况。

第五章　火灾隐患整改

第三十条　单位对存在的火灾隐患，应当及时予以消除。

第三十一条　对下列违反消防安全规定的行为，单位应当责成有关人员当场改正并督促落实：

（一）违章进入生产、储存易燃易爆危险物品场所的；

（二）违章使用明火作业或者在具有火灾、爆炸危险的场所吸烟、使用明火等违反禁令的；

（三）将安全出口上锁、遮挡，或者占用、堆放物品影响疏散通道畅通的；

（四）消火栓、灭火器材被遮挡影响使用或者被挪作他用的；

（五）常闭式防火门处于开启状态，防火卷帘下堆放物品影响使用的；

（六）消防设施管理、值班人员和防火巡查人员脱岗的；

（七）违章关闭消防设施、切断消防电源的；

（八）其他可以当场改正的行为。

违反前款规定的情况以及改正情况应当有记录并存档备查。

第三十二条 对不能当场改正的火灾隐患，消防工作归口管理职能部门或者专兼职消防管理人员应当根据本单位的管理分工，及时将存在的火灾隐患向单位的消防安全管理人或者消防安全责任人报告，提出整改方案。消防安全管理人或者消防安全责任人应当确定整改的措施、期限以及负责整改的部门、人员，并落实整改资金。

在火灾隐患未消除之前，单位应当落实防范措施，保障消防安全。不能确保消防安全，随时可能引发火灾或者一旦发生火灾将严重危及人身安全的，应当将危险部位停产停业整改。

第三十三条 火灾隐患整改完毕，负责整改的部门或者人员应当将整改情况记录报送消防安全责任人或者消防安全管理人签字确认后存档备查。

第三十四条 对于涉及城市规划布局而不能自身解决的重大火灾隐患，以及机关、团体、事业单位确无能力解决的重大火灾隐患，单位应当提出解决方案并及时向其上级主管部门或者当地人民政府报告。

第三十五条 对公安消防机构责令限期改正的火灾隐患，单位应当在规定的期限内改正并写出火灾隐患整改复函，报送公安消防机构。

第六章 消防安全宣传教育和培训

第三十六条 单位应当通过多种形式开展经常性的消防安全宣传教育。消防安全重点单位对每名员工应当至少每年进行一次消防安全培训。宣传教育和培训内容应当包括：

（一）有关消防法规、消防安全制度和保障消防安全的操作规程；

（二）本单位、本岗位的火灾危险性和防火措施；

（三）有关消防设施的性能、灭火器材的使用方法；

（四）报火警、扑救初起火灾以及自救逃生的知识和技能。

公众聚集场所对员工的消防安全培训应当至少每半年进行一次，培训的内容还应当包括组织、引导在场群众疏散的知识和技能。

单位应当组织新上岗和进入新岗位的员工进行上岗前的消防安全培训。

第三十七条 公众聚集场所在营业、活动期间，应当通过张贴图画、广播、闭路电视等向公众宣传防火、灭火、疏散逃生等常识。

学校、幼儿园应当通过寓教于乐等多种形式对学生和幼儿进行消防安全常识教育。

第三十八条 下列人员应当接受消防安全专门培训：

（一）单位的消防安全责任人、消防安全管理人；

（二）专、兼职消防管理人员；

（三）消防控制室的值班、操作人员；

（四）其他依照规定应当接受消防安全专门培训的人员。

前款规定中的第（三）项人员应当持证上岗。

第七章 灭火、应急疏散预案和演练

第三十九条 消防安全重点单位制定的灭火和应急疏散预案应当包括下列内容：

（一）组织机构，包括：灭火行动组、通讯联络组、疏散引导组、安全防护救护组；

（二）报警和接警处置程序；

（三）应急疏散的组织程序和措施；

（四）扑救初起火灾的程序和措施；

（五）通讯联络、安全防护救护的程序和措施。

第四十条 消防安全重点单位应当按照灭火和应急疏散预案，至少每半年进行一次演练，并结合实际，不断完善预案。其他单位应当结合本单位实际，参照制定相应的应急方案，至少每年组织一次演练。

消防演练时，应当设置明显标识并事先告知演练范围内的人员。

第八章 消 防 档 案

第四十一条 消防安全重点单位应当建立健全消防档案。消防档案应当包括消防安全基本情况和消防安全管理情况。消防档案应当详实，全面反映单位消防工作的基本情况，并附有必要的图表，根据情况变化及时更新。

单位应当对消防档案统一保管、备查。

第四十二条 消防安全基本情况应当包括以下内容：

（一）单位基本概况和消防安全重点部位情况；

（二）建筑物或者场所施工、使用或者开业前的消防设计审核、消防验收以及消防安全检查的文件、资料；

（三）消防管理组织机构和各级消防安全责任人；

（四）消防安全制度；

（五）消防设施、灭火器材情况；

（六）专职消防队、义务消防队人员及其消防装备配备情况；

（七）与消防安全有关的重点工种人员情况；

（八）新增消防产品、防火材料的合格证明材料；

（九）灭火和应急疏散预案。

第四十三条 消防安全管理情况应当包括以下内容：

（一）公安消防机构填发的各种法律文书；

（二）消防设施定期检查记录、自动消防设施全面检查测试的报告以及维修保养的记录；

（三）火灾隐患及其整改情况记录；

（四）防火检查、巡查记录；

（五）有关燃气、电气设备检测（包括防雷、防静电）等记录资料；

（六）消防安全培训记录；

（七）灭火和应急疏散预案的演练记录；

（八）火灾情况记录；

（九）消防奖惩情况记录。

前款规定中的第（二）、（三）、（四）、（五）项记录，应当记明检查的人员、时间、部位、内容、发现的火灾隐患以及处理措施等；第（六）项记录，应当记明培训的时间、参加人员、内容等；第（七）项记录，应当记明演练的时间、地点、内容、参加部门以及人员等。

第四十四条 其他单位应当将本单位的基本概况、公安消防机构填发的各种法律文书、与消防工作有关的材料和记录等统一保管备查。

第九章 奖 惩

第四十五条 单位应当将消防安全工作纳入内部检查、考核、评比内容。对在消防安全工作中成绩突出的部门（班组）和个人，单位应当给予表彰奖励。对未依法履行消防安全职责或者违反单位消防安全制度的行为，应当依照有关规定对责任人员给予行政纪律处分或者其他处理。

第四十六条 违反本规定，依法应当给予行政处罚的，依照有关法律、法规予以处罚；构成犯罪的，依法追究刑事责任。

第十章 附 则

第四十七条 公安消防机构对本规定的执行情况依法实施监督，并对自身滥用职权、玩忽职守、徇私舞弊的行为承担法律责任。

第四十八条 本规定自2002年5月1日起施行。本规定施行以前公安部发布的规章中的有关规定与本规定不一致的，以本规定为准。

企业事业单位专职消防队组织条例

1. 1987年1月19日国家经济委员会、公安部、劳动人事部、财政部发布

2. 〔87〕公发1号

第一章 总 则

第一条 为加强企业事业单位专职消防队的建设，保障本企业事业单位的消防安全，根据《中华人民共和国消防条例》第十七条的规定，制定本条例。

第二条 企业事业单位专职消防队（简称专职消防队）必须贯彻“预防为主，防消结合”的方针，切实做好本单位的防火、灭火工作。需要时，应协同公安消防队扑救外单位火灾。

第三条 专职消防队由厂长、经理等单位负责人领导，日常工作由本单位公安、保卫或安全技术部门管理，在业务上接受当地公安消防监督部门的指导。

第四条 专职消防队的建立和人员编制，均应以企业事业单位的实际需要为原则，经费由建队单位承担。企业单位专职消防队的建立或撤销，须经当地公安消防监督部门会同企业单位主管部门商定；事业单位设置专职消防队和人员编制，要报编制部门批准。单位领导决定消防队干部的任免、调动时，应当征求当地公安消防监督部门的意见。

第二章 建 队

第五条 下列单位应当建立专职消防队：

（一）火灾危险性大，距离当地公安消防队（站）较远的大、中型企业事业单位；

（二）重要的港口、码头、飞机航站；

（三）专用仓库、储油或储气基地；

（四）国家列为重点文物保护的古建筑群；

（五）当地公安消防监督部门认为应当建立专职消防队的其他单位。

第六条 企业专职消防队的人员和消防车配备数量，由建队单位和当地公安消防监督部门商定；事业单位专职消防队人员数量，由编制部门审批。

第七条 本单位设置两个以上专职消防队、人数在一百人左右的，可以成立专职消防大队；设置五个以上专职消防队、人数在二百人左右的，可以成立专职消防支队。

第三章 火 灾 预 防

第八条 专职消防队要建立防火责任制，定期深入责任区进行防火检查，督促消除火险隐患，建立防火档案。

第九条 专职消防队要在本单位开展消防宣传活动，普及消防常识，推动消防安全制度的贯彻落实，并负责训练义务消防队。

第十条 在本单位改变生产、储存物资的性质、变更原材料、产品以及需要进行新建、扩建、改建工程施工时，专职消防队应当向单位领导和有关部门提出改进消防安全措施的意见和建议。

第十一条 专职消防队应当定期向主管领导和公安消防监督部门汇报消防工作。发现违反消防法规的情况，应当及时提出纠正意见。如不采纳，可向本单位领导和当地公安消防监督部门报告。

第四章 执勤备战

第十二条 专职消防队的执勤、灭火战斗、业务训练应当参照执行公安部发布的《公安消防队执勤条令》、《公安消防队灭火战斗条令》和《消防战士基本功训练规定》。

第十三条 专职消防队应当加强灭火战术、技术的训练，对本单位的重点保卫部位必须制定灭火作战方案，进行实地演练，不断提高业务素质和灭火战斗能力。

第十四条 专职消防队要随时做好灭火战斗准备，一旦发生火灾要立即扑救，及时抢救人员和物资，并向公安消防监督部门报告。当接到消防监督部门的外出灭火调令时，应当迅速出动，听从指挥。

第十五条 专职消防队要建立正规的执勤秩序，实行昼夜执勤制度并加强节假日执勤。执勤人员要坚守岗位，不得擅离职守。

第十六条 专职消防队的执勤人员，由执勤队长、战斗(班)员、驾驶员和电话员组成。执勤队长由队长、指导员轮流担任。每辆水罐消防车或泡沫消防车，执勤战斗员不少于五名；每辆轻便消防车执勤战斗员不少于三名；特种消防车(艇)的执勤战斗员根据需要配备。

第五章 消防队员

第十七条 专职消防队队员条件是：热爱消防工作，身体健康，具有初中以上文化程度，年龄在十八岁以上、三十岁以下的男性公民。

第十八条 专职消防队的队员，应当优先在本单位职工中选调。不足时，应当在国家劳动工资计划指标内先从城镇待业人员中招收；必要时经省、自治区、直辖市人民政府批准，可以从农村青年中招收(户粮关系不转)。新招消防队员，根据工作需要确定用工形式，可以招用五年以上的长期工、一年至五年的短期工和定期轮换工，但不论采取哪一种用工形式，都应当执行劳动合同制的有关规定。

第十九条 专职消防队在不影响执勤备战和业务训练的前提下，要有组织有计划地开展培养两用人才活动，为离队后的工作安排创造条件。

第二十条 专职消防队的队长或指导员应当由干部担任。

第六章 工资福利

第二十一条 专职消防队人员实行本单位工资奖金制度，享受本单位生产职工同等保险福利待遇。离队后，按新的岗位确定待遇。

第二十二条 从社会上招收的专职消防队人员的转正定级和工资待遇及以后的晋级，按照国家有关政策和本单位有关规定执行。

第二十三条 专职消防队人员因执勤需要集体住宿必需的营具，由建队单位购置。

第二十四条 专职消防队人员在业务训练、灭火战斗中受伤、致残、死亡，应当按照本单位执行的有关劳动保险或伤亡抚恤规定办理；壮烈牺牲符合《革命烈士褒扬条例》规定的革命烈士条件的，可以按规定的审批手续，申请批准为革命烈士。

第二十五条 专职消防队人员着上绿下蓝制式服装，佩戴领章、帽徽。式样、供应标准和价拨办法由公安部商有关部门另定。

第七章 经费

第二十六条 企业单位的消防维护费和日常经费(如消防队员的工资、消防用材料物资)应在企业管理费中列支；支付给消防队员的奖金、福利应在企业奖励基金和职工福利基金中列支；购置的消防器材属于固定资产的，应在企业更新改造基金、生产发展基金中列支。

第二十七条 专职消防队的营房设施，参照执行公安部颁发的《消防站建筑设计标准》，由建队单位负责营建。

第二十八条 专职消防队所需消防车(艇)、器材、油料、通讯设备和人员的战斗装备等，应当做出计划，报本单位领导批准购置。

第二十九条 专职消防队为外单位扑救火灾消耗的燃料、灭火剂以及器材装备的折损等费用，应当根据有关规定按照实际消耗给予补偿。

第八章　附　　则

第三十条　各省、自治区、直辖市公安机关可以根据本条例，结合当地实际情况，制定具体实施办法。

第三十一条　本条例由国家经委、公安部、劳动人事部、财政部联合制定，由公安部负责解释。

第三十二条　本条例自发布之日起施行。

八、其 他

资料补充栏

中华人民共和国特种设备安全法

1. 2013年6月29日第十二届全国人民代表大会常务委员会第三次会议通过
2. 2013年6月29日中华人民共和国主席令第4号公布
3. 自2014年1月1日起施行

目　　录

第一章　总　　则

第一条　【立法目的】为了加强特种设备安全工作，预防特种设备事故，保障人身和财产安全，促进经济社会发展，制定本法。

第二条　【调整范围】特种设备的生产（包括设计、制造、安装、改造、修理）、经营、使用、检验、检测和特种设备安全的监督管理，适用本法。

本法所称特种设备，是指对人身和财产安全有较大危险性的锅炉、压力容器（含气瓶）、压力管道、电梯、起重机械、客运索道、大型游乐设施、场（厂）内专用机动车辆，以及法律、行政法规规定适用本法的其他特种设备。

国家对特种设备实行目录管理。特种设备目录由国务院负责特种设备安全监督管理的部门制定，报国务院批准后执行。

第三条　【基本原则】特种设备安全工作应当坚持安全第一、预防为主、节能环保、综合治理的原则。

第四条　【安全监督管理方式】国家对特种设备的生产、经营、使用，实施分类的、全过程的安全监督管理。

第五条　【安全监督管理行政部门】国务院负责特种设备安全监督管理的部门对全国特种设备安全实施监督管理。县级以上地方各级人民政府负责特种设备安全监督管理的部门对本行政区域内特种设备安全实施监督管理。

第六条　【领导安全工作】国务院和地方各级人民政府应当加强对特种设备安全工作的领导，督促各有关部门依法履行监督管理职责。

县级以上地方各级人民政府应当建立协调机制，及时协调、解决特种设备安全监督管理中存在的问题。

第七条　【遵纪守法】特种设备生产、经营、使用单位应当遵守本法和其他有关法律、法规，建立、健全特种设备安全和节能责任制度，加强特种设备安全和节能管理，确保特种设备生产、经营、使用安全，符合节能要求。

第八条　【技术规范】特种设备生产、经营、使用、检验、检测应当遵守有关特种设备安全技术规范及相关标准。

特种设备安全技术规范由国务院负责特种设备安全监督管理的部门制定。

第九条　【行业自律】特种设备行业协会应当加强行业自律，推进行业诚信体系建设，提高特种设备安全管理水平。

第十条　【支持研究与推广应用】国家支持有关特种设备安全的科学技术研究，鼓励先进技术和先进管理方法的推广应用，对做出突出贡献的单位和个人给予奖励。

第十一条　【宣传教育】负责特种设备安全监督管理的部门应当加强特种设备安全宣传教育，普及特种设备安全知识，增强社会公众的特种设备安全意识。

第十二条　【举报】任何单位和个人有权向负责特种设备安全监督管理的部门和有关部门举报涉及特种设备安全的违法行为，接到举报的部门应当及时处理。

第二章　生产、经营、使用

第一节　一 般 规 定

第十三条　【单位及主要负责人】特种设备生产、经营、使用单位及其主要负责人对其生产、经营、使用的特种设备安全负责。

特种设备生产、经营、使用单位应当按照国家有关规定配备特种设备安全管理人员、检测人员和作业人员，并对其进行必要的安全教育和技能培训。

第十四条　【取得相应资格】特种设备安全管理人员、检测人员和作业人员应当按照国家有关规定取得相应资格，方可从事相关工作。特种设备安全管理人员、检测人员和作业人员应当严格执行安全技术规范和管理制度，保证特种设备安全。

第十五条 【检测、保养与检验】特种设备生产、经营、使用单位对其生产、经营、使用的特种设备应当进行自行检测和维护保养，对国家规定实行检验的特种设备应当及时申报并接受检验。

第十六条 【技术评审】特种设备采用新材料、新技术、新工艺，与安全技术规范的要求不一致，或者安全技术规范未作要求、可能对安全性能有重大影响的，应当向国务院负责特种设备安全监督管理的部门申报，由国务院负责特种设备安全监督管理的部门及时委托安全技术咨询机构或者相关专业机构进行技术评审，评审结果经国务院负责特种设备安全监督管理的部门批准，方可投入生产、使用。

国务院负责特种设备安全监督管理的部门应当将允许使用的新材料、新技术、新工艺的有关技术要求，及时纳入安全技术规范。

第十七条 【责任保险】国家鼓励投保特种设备安全责任保险。

第二节 生 产

第十八条 【许可制度】国家按照分类监督管理的原则对特种设备生产实行许可制度。特种设备生产单位应当具备下列条件，并经负责特种设备安全监督管理的部门许可，方可从事生产活动：

（一）有与生产相适应的专业技术人员；

（二）有与生产相适应的设备、设施和工作场所；

（三）有健全的质量保证、安全管理和岗位责任等制度。

第十九条 【对安全性能负责】特种设备生产单位应当保证特种设备生产符合安全技术规范及相关标准的要求，对其生产的特种设备的安全性能负责。不得生产不符合安全性能要求和能效指标以及国家明令淘汰的特种设备。

第二十条 【设计文件的鉴定与型式试验】锅炉、气瓶、氧舱、客运索道、大型游乐设施的设计文件，应当经负责特种设备安全监督管理的部门核准的检验机构鉴定，方可用于制造。

特种设备产品、部件或者试制的特种设备新产品、新部件以及特种设备采用的新材料，按照安全技术规范的要求需要通过型式试验进行安全性验证的，应当经负责特种设备安全监督管理的部门核准的检验机构进行型式试验。

第二十一条 【附随资料、文件，设置铭牌、标志、说明】特种设备出厂时，应当随附安全技术规范要求的设计文件、产品质量合格证明、安装及使用维护保养说明、监督检验证明等相关技术资料和文件，并在特种设备显著位置设置产品铭牌、安全警示标志及其说明。

第二十二条 【电梯的安装、改造、修理】电梯的安装、改造、修理，必须由电梯制造单位或者其委托的依照本法取得相应许可的单位进行。电梯制造单位委托其他单位进行电梯安装、改造、修理的，应当对其安装、改造、修理进行安全指导和监控，并按照安全技术规范的要求进行校验和调试。电梯制造单位对电梯安全性能负责。

第二十三条 【事前书面告知义务】特种设备安装、改造、修理的施工单位应当在施工前将拟进行的特种设备安装、改造、修理情况书面告知直辖市或者设区的市级人民政府负责特种设备安全监督管理的部门。

第二十四条 【验收后资料文件移交义务】特种设备安装、改造、修理竣工后，安装、改造、修理的施工单位应当在验收后三十日内将相关技术资料和文件移交特种设备使用单位。特种设备使用单位应当将其存入该特种设备的安全技术档案。

第二十五条 【对特殊设备的监督检验】锅炉、压力容器、压力管道元件等特种设备的制造过程和锅炉、压力容器、压力管道、电梯、起重机械、客运索道、大型游乐设施的安装、改造、重大修理过程，应当经特种设备检验机构按照安全技术规范的要求进行监督检验；未经监督检验或者监督检验不合格的，不得出厂或者交付使用。

第二十六条 【缺陷特种设备召回制度】国家建立缺陷特种设备召回制度。因生产原因造成特种设备存在危及安全的同一性缺陷的，特种设备生产单位应当立即停止生产，主动召回。

国务院负责特种设备安全监督管理的部门发现特种设备存在应当召回而未召回的情形时，应当责令特种设备生产单位召回。

第三节 经 营

第二十七条 【建立检查验收和销售记录制度】特种设备销售单位销售的特种设备，应当符合安全技术规范及相关标准的要求，其设计文件、产品质量合格证明、安装及使用维护保养说明、监督检验证明等相关技术资料和文件应当齐全。

特种设备销售单位应当建立特种设备检查验收和销售记录制度。

禁止销售未取得许可生产的特种设备，未经检验和检验不合格的特种设备，或者国家明令淘汰和已经报废的特种设备。

第二十八条　【禁止出租、维护保养的情形】特种设备出租单位不得出租未取得许可生产的特种设备或者国家明令淘汰和已经报废的特种设备，以及未按照安全技术规范的要求进行维护保养和未经检验或者检验不合格的特种设备。

第二十九条　【出租期间的使用管理和维护保养义务】特种设备在出租期间的使用管理和维护保养义务由特种设备出租单位承担，法律另有规定或者当事人另有约定的除外。

第三十条　【对进口特种设备的要求】进口的特种设备应当符合我国安全技术规范的要求，并经检验合格；需要取得我国特种设备生产许可的，应当取得许可。

进口特种设备随附的技术资料和文件应当符合本法第二十一条的规定，其安装及使用维护保养说明、产品铭牌、安全警示标志及其说明应当采用中文。

特种设备的进出口检验，应当遵守有关进出口商品检验的法律、行政法规。

第三十一条　【进口特种设备的提前告知义务】进口特种设备，应当向进口地负责特种设备安全监督管理的部门履行提前告知义务。

第四节　使　　用

第三十二条　【使用与禁止使用的要求】特种设备使用单位应当使用取得许可生产并经检验合格的特种设备。

禁止使用国家明令淘汰和已经报废的特种设备。

第三十三条　【使用登记】特种设备使用单位应当在特种设备投入使用前或者投入使用后三十日内，向负责特种设备安全监督管理的部门办理使用登记，取得使用登记证书。登记标志应当置于该特种设备的显著位置。

第三十四条　【建立安全管理制度】特种设备使用单位应当建立岗位责任、隐患治理、应急救援等安全管理制度，制定操作规程，保证特种设备安全运行。

第三十五条　【安全技术档案】特种设备使用单位应当建立特种设备安全技术档案。安全技术档案应当包括以下内容：

（一）特种设备的设计文件、产品质量合格证明、安装及使用维护保养说明、监督检验证明等相关技术资料和文件；

（二）特种设备的定期检验和定期自行检查记录；

（三）特种设备的日常使用状况记录；

（四）特种设备及其附属仪器仪表的维护保养记录；

（五）特种设备的运行故障和事故记录。

第三十六条　【对特种设备的使用安全负责】电梯、客运索道、大型游乐设施等为公众提供服务的特种设备的运营使用单位，应当对特种设备的使用安全负责，设置特种设备安全管理机构或者配备专职的特种设备安全管理人员；其他特种设备使用单位，应当根据情况设置特种设备安全管理机构或者配备专职、兼职的特种设备安全管理人员。

第三十七条　【安全距离、安全防护措施】特种设备的使用应当具有规定的安全距离、安全防护措施。

与特种设备安全相关的建筑物、附属设施，应当符合有关法律、行政法规的规定。

第三十八条　【共有特种设备的管理】特种设备属于共有的，共有人可以委托物业服务单位或者其他管理人管理特种设备，受托人履行本法规定的特种设备使用单位的义务，承担相应责任。共有人未委托的，由共有人或者实际管理人履行管理义务，承担相应责任。

第三十九条　【维护保养和定期自行检查】特种设备使用单位应当对其使用的特种设备进行经常性维护保养和定期自行检查，并作出记录。

特种设备使用单位应当对其使用的特种设备的安全附件、安全保护装置进行定期校验、检修，并作出记录。

第四十条　【定期检验】特种设备使用单位应当按照安全技术规范的要求，在检验合格有效期届满前一个月向特种设备检验机构提出定期检验要求。

特种设备检验机构接到定期检验要求后，应当按照安全技术规范的要求及时进行安全性能检验。特种设备使用单位应当将定期检验标志置于该特种设备的显著位置。

未经定期检验或者检验不合格的特种设备，不得继续使用。

第四十一条　【经常性检查、及时报告义务】特种设备安全管理人员应当对特种设备使用状况进行经常性检查，发现问题应当立即处理；情况紧急时，可以决定停止使用特种设备并及时报告本单位有关负责人。

特种设备作业人员在作业过程中发现事故隐患或者其他不安全因素，应当立即向特种设备安全管理人员和单位有关负责人报告；特种设备运行不正常时，特种设备作业人员应当按照操作规程采取有效措施保证安全。

第四十二条　【全面检查】特种设备出现故障或者发生异常情况，特种设备使用单位应当对其进行全面检查，消除事故隐患，方可继续使用。

第四十三条　【电梯、客运索道、大型游乐设施的安全要求】客运索道、大型游乐设施在每日投入使用前，其运营使用单位应当进行试运行和例行安全检查，并对安全附件和安全保护装置进行检查确认。

电梯、客运索道、大型游乐设施的运营使用单位应当将电梯、客运索道、大型游乐设施的安全使用说明、安全注意事项和警示标志置于易于为乘客注意的显著位置。

公众乘坐或者操作电梯、客运索道、大型游乐设施，应当遵守安全使用说明和安全注意事项的要求，服从有关工作人员的管理和指挥；遇有运行不正常时，应当按照安全指引，有序撤离。

第四十四条　【锅炉的安全要求】锅炉使用单位应当按照安全技术规范的要求进行锅炉水（介）质处理，并接受特种设备检验机构的定期检验。

从事锅炉清洗，应当按照安全技术规范的要求进行，并接受特种设备检验机构的监督检验。

第四十五条　【电梯的维护保养】电梯的维护保养应当由电梯制造单位或者依照本法取得许可的安装、改造、修理单位进行。

电梯的维护保养单位应当在维护保养中严格执行安全技术规范的要求，保证其维护保养的电梯的安全性能，并负责落实现场安全防护措施，保证施工安全。

电梯的维护保养单位应当对其维护保养的电梯的安全性能负责；接到故障通知后，应当立即赶赴现场，并采取必要的应急救援措施。

第四十六条　【电梯制造单位的义务】电梯投入使用后，电梯制造单位应当对其制造的电梯的安全运行情况进行跟踪调查和了解，对电梯的维护保养单位或者使用单位在维护保养和安全运行方面存在的问题，提出改进建议，并提供必要的技术帮助；发现电梯存在严重事故隐患时，应当及时告知电梯使用单位，并向负责特种设备安全监督管理的部门报告。电梯制造单位对调查和了解的情况，应当作出记录。

第四十七条　【变更登记】特种设备进行改造、修理，按照规定需要变更使用登记的，应当办理变更登记，方可继续使用。

第四十八条　【特种设备的报废】特种设备存在严重事故隐患，无改造、修理价值，或者达到安全技术规范规定的其他报废条件的，特种设备使用单位应当依法履行报废义务，采取必要措施消除该特种设备的使用功能，并向原登记的负责特种设备安全监督管理的部门办理使用登记证书注销手续。

前款规定报废条件以外的特种设备，达到设计使用年限可以继续使用的，应当按照安全技术规范的要求通过检验或者安全评估，并办理使用登记证书变更，方可继续使用。允许继续使用的，应当采取加强检验、检测和维护保养等措施，确保使用安全。

第四十九条　【充装活动的安全要求】移动式压力容器、气瓶充装单位，应当具备下列条件，并经负责特种设备安全监督管理的部门许可，方可从事充装活动：

（一）有与充装和管理相适应的管理人员和技术人员；

（二）有与充装和管理相适应的充装设备、检测手段、场地厂房、器具、安全设施；

（三）有健全的充装管理制度、责任制度、处理措施。

充装单位应当建立充装前后的检查、记录制度，禁止对不符合安全技术规范要求的移动式压力容器和气瓶进行充装。

气瓶充装单位应当向气体使用者提供符合安全技术规范要求的气瓶，对气体使用者进行气瓶安全使用指导，并按照安全技术规范的要求办理气瓶使用登记，及时申报定期检验。

第三章　检验、检测

第五十条　【检验、检测机构的资质】从事本法规定的监督检验、定期检验的特种设备检验机构，以及为特种设备生产、经营、使用提供检测服务的特种设备检测机构，应当具备下列条件，并经负责特种设备安全监督管理的部门核准，方可从事检验、检测工作：

（一）有与检验、检测工作相适应的检验、检测人员；

（二）有与检验、检测工作相适应的检验、检测仪器和设备；

（三）有健全的检验、检测管理制度和责任制度。

第五十一条　【检验、检测人员的资格与执业】特种设备检验、检测机构的检验、检测人员应当经考核，取得检验、检测人员资格，方可从事检验、检测工作。

特种设备检验、检测机构的检验、检测人员不得同时在两个以上检验、检测机构中执业；变更执业机构的，应当依法办理变更手续。

第五十二条　【遵纪守法】特种设备检验、检测工作应当遵守法律、行政法规的规定，并按照安全技术规范的要求进行。

特种设备检验、检测机构及其检验、检测人员应当依法为特种设备生产、经营、使用单位提供安全、可靠、便捷、诚信的检验、检测服务。

第五十三条 【检验、检测结果与鉴定结论】特种设备检验、检测机构及其检验、检测人员应当客观、公正、及时地出具检验、检测报告,并对检验、检测结果和鉴定结论负责。

特种设备检验、检测机构及其检验、检测人员在检验、检测中发现特种设备存在严重事故隐患时,应当及时告知相关单位,并立即向负责特种设备安全监督管理的部门报告。

负责特种设备安全监督管理的部门应当组织对特种设备检验、检测机构的检验、检测结果和鉴定结论进行监督抽查,但应当防止重复抽查。监督抽查结果应当向社会公布。

第五十四条 【生产、经营、使用单位提供资料义务】特种设备生产、经营、使用单位应当按照安全技术规范的要求向特种设备检验、检测机构及其检验、检测人员提供特种设备相关资料和必要的检验、检测条件,并对资料的真实性负责。

第五十五条 【检验、检测机构与人员的保密义务】特种设备检验、检测机构及其检验、检测人员对检验、检测过程中知悉的商业秘密,负有保密义务。

特种设备检验、检测机构及其检验、检测人员不得从事有关特种设备的生产、经营活动,不得推荐或者监制、监销特种设备。

第五十六条 【投诉】特种设备检验机构及其检验人员利用检验工作故意刁难特种设备生产、经营、使用单位的,特种设备生产、经营、使用单位有权向负责特种设备安全监督管理的部门投诉,接到投诉的部门应当及时进行调查处理。

第四章 监 督 管 理

第五十七条 【负责监督检查的行政单位;重点安全监督检查】负责特种设备安全监督管理的部门依照本法规定,对特种设备生产、经营、使用单位和检验、检测机构实施监督检查。

负责特种设备安全监督管理的部门应当对学校、幼儿园以及医院、车站、客运码头、商场、体育场馆、展览馆、公园等公众聚集场所的特种设备,实施重点安全监督检查。

第五十八条 【许可审查】负责特种设备安全监督管理的部门实施本法规定的许可工作,应当依照本法和其他有关法律、行政法规规定的条件和程序以及安全技术规范的要求进行审查;不符合规定的,不得许可。

第五十九条 【程序公开与受理期限】负责特种设备安全监督管理的部门在办理本法规定的许可时,其受理、审查、许可的程序必须公开,并应当自受理申请之日起三十日内,作出许可或者不予许可的决定;不予许可的,应当书面向申请人说明理由。

第六十条 【监督管理档案和信息查询系统;督促报废】负责特种设备安全监督管理的部门对依法办理使用登记的特种设备应当建立完整的监督管理档案和信息查询系统;对达到报废条件的特种设备,应当及时督促特种设备使用单位依法履行报废义务。

第六十一条 【履行监督检查职责的职权】负责特种设备安全监督管理的部门在依法履行监督检查职责时,可以行使下列职权:

(一)进入现场进行检查,向特种设备生产、经营、使用单位和检验、检测机构的主要负责人和其他有关人员调查、了解有关情况;

(二)根据举报或者取得的涉嫌违法证据,查阅、复制特种设备生产、经营、使用单位和检验、检测机构的有关合同、发票、账簿以及其他有关资料;

(三)对有证据表明不符合安全技术规范要求或者存在严重事故隐患的特种设备实施查封、扣押;

(四)对流入市场的达到报废条件或者已经报废的特种设备实施查封、扣押;

(五)对违反本法规定的行为作出行政处罚决定。

第六十二条 【书面指令】负责特种设备安全监督管理的部门在依法履行职责过程中,发现违反本法规定和安全技术规范要求的行为或者特种设备存在事故隐患时,应当以书面形式发出特种设备安全监察指令,责令有关单位及时采取措施予以改正或者消除事故隐患。紧急情况下要求有关单位采取紧急处置措施的,应当随后补发特种设备安全监察指令。

第六十三条 【对重大违法行为和严重事故隐患的处理】负责特种设备安全监督管理的部门在依法履行职责过程中,发现重大违法行为或者特种设备存在严重事故隐患时,应当责令有关单位立即停止违法行为、采取措施消除事故隐患,并及时向上级负责特种设备安全监督管理的部门报告。接到报告的负责特种设备安全监督管理的部门应当采取必要措施,及时予以处理。

对违法行为、严重事故隐患的处理需要当地人民政府和有关部门的支持、配合时,负责特种设备安全监督管理的部门应当报告当地人民政府,并通知其他有关部门。当地人民政府和其他有关部门应当采取必要措施,及时予以处理。

第六十四条 【不得要求重复许可、重复检验】地方各级人民政府负责特种设备安全监督管理的部门不得要求已经依照本法规定在其他地方取得许可的特种设备生产单位重复取得许可，不得要求对已经依照本法规定在其他地方检验合格的特种设备重复进行检验。

第六十五条 【对安全监察人员的要求】负责特种设备安全监督管理的部门的安全监察人员应当熟悉相关法律、法规，具有相应的专业知识和工作经验，取得特种设备安全行政执法证件。

特种设备安全监察人员应当忠于职守、坚持原则、秉公执法。

负责特种设备安全监督管理的部门实施安全监督检查时，应当有二名以上特种设备安全监察人员参加，并出示有效的特种设备安全行政执法证件。

第六十六条 【记录】负责特种设备安全监督管理的部门对特种设备生产、经营、使用单位和检验、检测机构实施监督检查，应当对每次监督检查的内容、发现的问题及处理情况作出记录，并由参加监督检查的特种设备安全监察人员和被检查单位的有关负责人签字后归档。被检查单位的有关负责人拒绝签字的，特种设备安全监察人员应当将情况记录在案。

第六十七条 【禁止推荐、监制、监销；保密义务】负责特种设备安全监督管理的部门及其工作人员不得推荐或者监制、监销特种设备；对履行职责过程中知悉的商业秘密负有保密义务。

第六十八条 【定期公布总体状况】国务院负责特种设备安全监督管理的部门和省、自治区、直辖市人民政府负责特种设备安全监督管理的部门应当定期向社会公布特种设备安全总体状况。

第五章 事故应急救援与调查处理

第六十九条 【应急预案】国务院负责特种设备安全监督管理的部门应当依法组织制定特种设备重特大事故应急预案，报国务院批准后纳入国家突发事件应急预案体系。

县级以上地方各级人民政府及其负责特种设备安全监督管理的部门应当依法组织制定本行政区域内特种设备事故应急预案，建立或者纳入相应的应急处置与救援体系。

特种设备使用单位应当制定特种设备事故应急专项预案，并定期进行应急演练。

第七十条 【特种设备发生事故后的处理】特种设备发生事故后，事故发生单位应当按照应急预案采取措施，组织抢救，防止事故扩大，减少人员伤亡和财产损失，保护事故现场和有关证据，并及时向事故发生地县级以上人民政府负责特种设备安全监督管理的部门和有关部门报告。

县级以上人民政府负责特种设备安全监督管理的部门接到事故报告，应当尽快核实情况，立即向本级人民政府报告，并按照规定逐级上报。必要时，负责特种设备安全监督管理的部门可以越级上报事故情况。对特别重大事故、重大事故，国务院负责特种设备安全监督管理的部门应当立即报告国务院并通报国务院安全生产监督管理部门等有关部门。

与事故相关的单位和人员不得迟报、谎报或者瞒报事故情况，不得隐匿、毁灭有关证据或者故意破坏事故现场。

第七十一条 【事故发生后人民政府的职责】事故发生地人民政府接到事故报告，应当依法启动应急预案，采取应急处置措施，组织应急救援。

第七十二条 【事故调查】特种设备发生特别重大事故，由国务院或者国务院授权有关部门组织事故调查组进行调查。

发生重大事故，由国务院负责特种设备安全监督管理的部门会同有关部门组织事故调查组进行调查。

发生较大事故，由省、自治区、直辖市人民政府负责特种设备安全监督管理的部门会同有关部门组织事故调查组进行调查。

发生一般事故，由设区的市级人民政府负责特种设备安全监督管理的部门会同有关部门组织事故调查组进行调查。

事故调查组应当依法、独立、公正开展调查，提出事故调查报告。

第七十三条 【事故报告与责任承担】组织事故调查的部门应当将事故调查报告报本级人民政府，并报上一级人民政府负责特种设备安全监督管理的部门备案。有关部门和单位应当依照法律、行政法规的规定，追究事故责任单位和人员的责任。

事故责任单位应当依法落实整改措施，预防同类事故发生。事故造成损害的，事故责任单位应当依法承担赔偿责任。

第六章 法律责任

第七十四条 【未经许可从事特种设备生产活动的处罚】违反本法规定，未经许可从事特种设备生产活动的，责令停止生产，没收违法制造的特种设备，处十万元以上五十万元以下罚款；有违法所得的，没收违法所得；已经实施安装、改造、修理的，责令恢复原状或者责令限期由取得许可的单位重新安装、改造、修理。

第七十五条　【特种设备设计文件未经鉴定擅自用于制造的处罚】违反本法规定，特种设备的设计文件未经鉴定，擅自用于制造的，责令改正，没收违法制造的特种设备，处五万元以上五十万元以下罚款。

第七十六条　【未进行型式试验的处罚】违反本法规定，未进行型式试验的，责令限期改正；逾期未改正的，处三万元以上三十万元以下罚款。

第七十七条　【未按要求随附技术资料和文件的处罚】违反本法规定，特种设备出厂时，未按照安全技术规范的要求随附相关技术资料和文件的，责令限期改正；逾期未改正的，责令停止制造、销售，处二万元以上二十万元以下罚款；有违法所得的，没收违法所得。

第七十八条　【施工单位违规施工或逾期移交资料文件的处罚】违反本法规定，特种设备安装、改造、修理的施工单位在施工前未书面告知负责特种设备安全监督管理的部门即行施工的，或者在验收后三十日内未将相关技术资料和文件移交特种设备使用单位的，责令限期改正；逾期未改正的，处一万元以上十万元以下罚款。

第七十九条　【未经监督检验的处罚】违反本法规定，特种设备的制造、安装、改造、重大修理以及锅炉清洗过程，未经监督检验的，责令限期改正；逾期未改正的，处五万元以上二十万元以下罚款；有违法所得的，没收违法所得；情节严重的，吊销生产许可证。

第八十条　【电梯制造单位的法律责任】违反本法规定，电梯制造单位有下列情形之一的，责令限期改正；逾期未改正的，处一万元以上十万元以下罚款：

（一）未按照安全技术规范的要求对电梯进行校验、调试的；

（二）对电梯的安全运行情况进行跟踪调查和了解时，发现存在严重事故隐患，未及时告知电梯使用单位并向负责特种设备安全监督管理的部门报告的。

第八十一条　【特种设备生产单位的法律责任】违反本法规定，特种设备生产单位有下列行为之一的，责令限期改正；逾期未改正的，责令停止生产，处五万元以上五十万元以下罚款；情节严重的，吊销生产许可证：

（一）不再具备生产条件、生产许可证已经过期或者超出许可范围生产的；

（二）明知特种设备存在同一性缺陷，未立即停止生产并召回的。

违反本法规定，特种设备生产单位生产、销售、交付国家明令淘汰的特种设备的，责令停止生产、销售，没收违法生产、销售、交付的特种设备，处三万元以上三十万元以下罚款；有违法所得的，没收违法所得。

特种设备生产单位涂改、倒卖、出租、出借生产许可证的，责令停止生产，处五万元以上五十万元以下罚款；情节严重的，吊销生产许可证。

第八十二条　【特种设备经营单位的法律责任】违反本法规定，特种设备经营单位有下列行为之一的，责令停止经营，没收违法经营的特种设备，处三万元以上三十万元以下罚款；有违法所得的，没收违法所得：

（一）销售、出租未取得许可生产，未经检验或者检验不合格的特种设备的；

（二）销售、出租国家明令淘汰、已经报废的特种设备，或者未按照安全技术规范的要求进行维护保养的特种设备的。

违反本法规定，特种设备销售单位未建立检查验收和销售记录制度，或者进口特种设备未履行提前告知义务的，责令改正，处一万元以上十万元以下罚款。

特种设备生产单位销售、交付未经检验或者检验不合格的特种设备的，依照本条第一款规定处罚；情节严重的，吊销生产许可证。

第八十三条　【特种设备使用单位的法律责任（一）】违反本法规定，特种设备使用单位有下列行为之一的，责令限期改正；逾期未改正的，责令停止使用有关特种设备，处一万元以上十万元以下罚款：

（一）使用特种设备未按照规定办理使用登记的；

（二）未建立特种设备安全技术档案或者安全技术档案不符合规定要求，或者未依法设置使用登记标志、定期检验标志的；

（三）未对其使用的特种设备进行经常性维护保养和定期自行检查，或者未对其使用的特种设备的安全附件、安全保护装置进行定期校验、检修，并作出记录的；

（四）未按照安全技术规范的要求及时申报并接受检验的；

（五）未按照安全技术规范的要求进行锅炉水（介）质处理的；

（六）未制定特种设备事故应急专项预案的。

第八十四条　【特种设备使用单位的法律责任（二）】违反本法规定，特种设备使用单位有下列行为之一的，责令停止使用有关特种设备，处三万元以上三十万元以下罚款：

（一）使用未取得许可生产，未经检验或者检验不合格的特种设备，或者国家明令淘汰、已经报废的特种设备的；

（二）特种设备出现故障或者发生异常情况，未对其进行全面检查、消除事故隐患，继续使用的；

（三）特种设备存在严重事故隐患，无改造、修理价值，或者达到安全技术规范规定的其他报废条件，未依法履行报废义务，并办理使用登记证书注销手续的。

第八十五条　【充装单位的法律责任】违反本法规定，移动式压力容器、气瓶充装单位有下列行为之一的，责令改正，处二万元以上二十万元以下罚款；情节严重的，吊销充装许可证：

（一）未按照规定实施充装前后的检查、记录制度的；

（二）对不符合安全技术规范要求的移动式压力容器和气瓶进行充装的。

违反本法规定，未经许可，擅自从事移动式压力容器或者气瓶充装活动的，予以取缔，没收违法充装的气瓶，处十万元以上五十万元以下罚款；有违法所得的，没收违法所得。

第八十六条　【特种设备生产、经营、使用的法律责任】违反本法规定，特种设备生产、经营、使用单位有下列情形之一的，责令限期改正；逾期未改正的，责令停止使用有关特种设备或者停产停业整顿，处一万元以上五万元以下罚款：

（一）未配备具有相应资格的特种设备安全管理人员、检测人员和作业人员的；

（二）使用未取得相应资格的人员从事特种设备安全管理、检测和作业的；

（三）未对特种设备安全管理人员、检测人员和作业人员进行安全教育和技能培训的。

第八十七条　【电梯、客运索道、大型游乐设施运营使用单位的法律责任】违反本法规定，电梯、客运索道、大型游乐设施的运营使用单位有下列情形之一的，责令限期改正；逾期未改正的，责令停止使用有关特种设备或者停产停业整顿，处二万元以上十万元以下罚款：

（一）未设置特种设备安全管理机构或者配备专职的特种设备安全管理人员的；

（二）客运索道、大型游乐设施每日投入使用前，未进行试运行和例行安全检查，未对安全附件和安全保护装置进行检查确认的；

（三）未将电梯、客运索道、大型游乐设施的安全使用说明、安全注意事项和警示标志置于易于为乘客注意的显著位置的。

第八十八条　【未经许可擅自从事电梯维护保养的处罚】违反本法规定，未经许可，擅自从事电梯维护保养的，责令停止违法行为，处一万元以上十万元以下罚款；有违法所得的，没收违法所得。

电梯的维护保养单位未按照本法规定以及安全技术规范的要求，进行电梯维护保养的，依照前款规定处罚。

第八十九条　【发生特种设备事故时的责任承担】发生特种设备事故，有下列情形之一的，对单位处五万元以上二十万元以下罚款；对主要负责人处一万元以上五万元以下罚款；主要负责人属于国家工作人员的，并依法给予处分：

（一）发生特种设备事故时，不立即组织抢救或者在事故调查处理期间擅离职守或者逃匿的；

（二）对特种设备事故迟报、谎报或者瞒报的。

第九十条　【发生特种设备事故时的罚款】发生事故，对负有责任的单位除要求其依法承担相应的赔偿等责任外，依照下列规定处以罚款：

（一）发生一般事故，处十万元以上二十万元以下罚款；

（二）发生较大事故，处二十万元以上五十万元以下罚款；

（三）发生重大事故，处五十万元以上二百万元以下罚款。

第九十一条　【事故主要负责人未履行职责或负有领导责任的处罚】对事故发生负有责任的单位的主要负责人未依法履行职责或者负有领导责任的，依照下列规定处以罚款；属于国家工作人员的，并依法给予处分：

（一）发生一般事故，处上一年年收入百分之三十的罚款；

（二）发生较大事故，处上一年年收入百分之四十的罚款；

（三）发生重大事故，处上一年年收入百分之六十的罚款。

第九十二条　【吊销资格的情形】违反本法规定，特种设备安全管理人员、检测人员和作业人员不履行岗位职责，违反操作规程和有关安全规章制度，造成事故的，吊销相关人员的资格。

第九十三条　【检验、检测机构及其人员的法律责任】违反本法规定，特种设备检验、检测机构及其检验、检测人员有下列行为之一的，责令改正，对机构处五万元以上二十万元以下罚款，对直接负责的主管人员和其他直接责任人员处五千元以上五万元以下罚款；情节严重的，吊销机构资质和有关人员的资格：

（一）未经核准或者超出核准范围、使用未取得相应资格的人员从事检验、检测的；

（二）未按照安全技术规范的要求进行检验、检测的；

（三）出具虚假的检验、检测结果和鉴定结论或者检验、检测结果和鉴定结论严重失实的；

（四）发现特种设备存在严重事故隐患，未及时告知相关单位，并立即向负责特种设备安全监督管理的部门报告的；

（五）泄露检验、检测过程中知悉的商业秘密的；

（六）从事有关特种设备的生产、经营活动的；

（七）推荐或者监制、监销特种设备的；

（八）利用检验工作故意刁难相关单位的。

违反本法规定，特种设备检验、检测机构的检验、检测人员同时在两个以上检验、检测机构中执业的，处五千元以上五万元以下罚款；情节严重的，吊销其资格。

第九十四条 【监督管理部门的法律责任】违反本法规定，负责特种设备安全监督管理的部门及其工作人员有下列行为之一的，由上级机关责令改正；对直接负责的主管人员和其他直接责任人员，依法给予处分：

（一）未依照法律、行政法规规定的条件、程序实施许可的；

（二）发现未经许可擅自从事特种设备的生产、使用或者检验、检测活动不予取缔或者不依法予以处理的；

（三）发现特种设备生产单位不再具备本法规定的条件而不吊销其许可证，或者发现特种设备生产、经营、使用违法行为不予查处的；

（四）发现特种设备检验、检测机构不再具备本法规定的条件而不撤销其核准，或者对其出具虚假的检验、检测结果和鉴定结论或者检验、检测结果和鉴定结论严重失实的行为不予查处的；

（五）发现违反本法规定和安全技术规范要求的行为或者特种设备存在事故隐患，不立即处理的；

（六）发现重大违法行为或者特种设备存在严重事故隐患，未及时向上级负责特种设备安全监督管理的部门报告，或者接到报告的负责特种设备安全监督管理的部门不立即处理的；

（七）要求已经依照本法规定在其他地方取得许可的特种设备生产单位重复取得许可，或者要求对已经依照本法规定在其他地方检验合格的特种设备重复进行检验的；

（八）推荐或者监制、监销特种设备的；

（九）泄露履行职责过程中知悉的商业秘密的；

（十）接到特种设备事故报告未立即向本级人民政府报告，并按照规定上报的；

（十一）迟报、漏报、谎报或者瞒报事故的；

（十二）妨碍事故救援或者事故调查处理的；

（十三）其他滥用职权、玩忽职守、徇私舞弊的行为。

第九十五条 【拒不接受监督检查，擅自动用、调换、转移、损毁被查封、扣押设备的法律责任】违反本法规定，特种设备生产、经营、使用单位或者检验、检测机构拒不接受负责特种设备安全监督管理的部门依法实施的监督检查的，责令限期改正；逾期未改正的，责令停产停业整顿，处二万元以上二十万元以下罚款。

特种设备生产、经营、使用单位擅自动用、调换、转移、损毁被查封、扣押的特种设备或者其主要部件的，责令改正，处五万元以上二十万元以下罚款；情节严重的，吊销生产许可证，注销特种设备使用登记证书。

第九十六条 【吊销许可证后的限制】违反本法规定，被依法吊销许可证的，自吊销许可证之日起三年内，负责特种设备安全监督管理的部门不予受理其新的许可申请。

第九十七条 【民事责任】违反本法规定，造成人身、财产损害的，依法承担民事责任。

违反本法规定，应当承担民事赔偿责任和缴纳罚款、罚金，其财产不足以同时支付时，先承担民事赔偿责任。

第九十八条 【治安管理处罚与刑事责任】违反本法规定，构成违反治安管理行为的，依法给予治安管理处罚；构成犯罪的，依法追究刑事责任。

第七章 附 则

第九十九条 【适用相应法律法规】特种设备行政许可、检验的收费，依照法律、行政法规的规定执行。

第一百条 【适用例外】军事装备、核设施、航空航天器使用的特种设备安全的监督管理不适用本法。

铁路机车、海上设施和船舶、矿山井下使用的特种设备以及民用机场专用设备安全的监督管理，房屋建筑工地、市政工程工地用起重机械和场（厂）内专用机动车辆的安装、使用的监督管理，由有关部门依照本法和其他有关法律的规定实施。

第一百零一条 【施行日期】本法自2014年1月1日起施行。

特种设备安全监察条例

1. 2003年3月11日国务院令第373号公布
2. 根据2009年1月24日国务院令第549号《关于修改〈特种设备安全监察条例〉的决定》修订

第一章　总　　则

第一条　为了加强特种设备的安全监察，防止和减少事故，保障人民群众生命和财产安全，促进经济发展，制定本条例。

第二条　本条例所称特种设备是指涉及生命安全、危险性较大的锅炉、压力容器（含气瓶，下同）、压力管道、电梯、起重机械、客运索道、大型游乐设施和场（厂）内专用机动车辆。

前款特种设备的目录由国务院负责特种设备安全监督管理的部门（以下简称国务院特种设备安全监督管理部门）制订，报国务院批准后执行。

第三条　特种设备的生产（含设计、制造、安装、改造、维修，下同）、使用、检验检测及其监督检查，应当遵守本条例，但本条例另有规定的除外。

军事装备、核设施、航空航天器、铁路机车、海上设施和船舶以及矿山井下使用的特种设备、民用机场专用设备的安全监察不适用本条例。

房屋建筑工地和市政工程工地用起重机械、场（厂）内专用机动车辆的安装、使用的监督管理，由建设行政主管部门依照有关法律、法规的规定执行。

第四条　国务院特种设备安全监督管理部门负责全国特种设备的安全监察工作，县以上地方负责特种设备安全监督管理的部门对本行政区域内特种设备实施安全监察（以下统称特种设备安全监督管理部门）。

第五条　特种设备生产、使用单位应当建立健全特种设备安全、节能管理制度和岗位安全、节能责任制度。

特种设备生产、使用单位的主要负责人应当对本单位特种设备的安全和节能全面负责。

特种设备生产、使用单位和特种设备检验检测机构，应当接受特种设备安全监督管理部门依法进行的特种设备安全监察。

第六条　特种设备检验检测机构，应当依照本条例规定，进行检验检测工作，对其检验检测结果、鉴定结论承担法律责任。

第七条　县级以上地方人民政府应当督促、支持特种设备安全监督管理部门依法履行安全监察职责，对特种设备安全监察中存在的重大问题及时予以协调、解决。

第八条　国家鼓励推行科学的管理方法，采用先进技术，提高特种设备安全性能和管理水平，增强特种设备生产、使用单位防范事故的能力，对取得显著成绩的单位和个人，给予奖励。

国家鼓励特种设备节能技术的研究、开发、示范和推广，促进特种设备节能技术创新和应用。

特种设备生产、使用单位和特种设备检验检测机构，应当保证必要的安全和节能投入。

国家鼓励实行特种设备责任保险制度，提高事故赔付能力。

第九条　任何单位和个人对违反本条例规定的行为，有权向特种设备安全监督管理部门和行政监察等有关部门举报。

特种设备安全监督管理部门应当建立特种设备安全监察举报制度，公布举报电话、信箱或者电子邮件地址，受理对特种设备生产、使用和检验检测违法行为的举报，并及时予以处理。

特种设备安全监督管理部门和行政监察等有关部门应当为举报人保密，并按照国家有关规定给予奖励。

第二章　特种设备的生产

第十条　特种设备生产单位，应当依照本条例规定以及国务院特种设备安全监督管理部门制订并公布的安全技术规范（以下简称安全技术规范）的要求，进行生产活动。

特种设备生产单位对其生产的特种设备的安全性能和能效指标负责，不得生产不符合安全性能要求和能效指标的特种设备，不得生产国家产业政策明令淘汰的特种设备。

第十一条　压力容器的设计单位应当经国务院特种设备安全监督管理部门许可，方可从事压力容器的设计活动。

压力容器的设计单位应当具备下列条件：

（一）有与压力容器设计相适应的设计人员、设计审核人员；

（二）有与压力容器设计相适应的场所和设备；

（三）有与压力容器设计相适应的健全的管理制度和责任制度。

第十二条　锅炉、压力容器中的气瓶（以下简称气瓶）、氧舱和客运索道、大型游乐设施以及高耗能特种设备的设计文件，应当经国务院特种设备安全监督管理部门核准的检验检测机构鉴定，方可用于制造。

第十三条　按照安全技术规范的要求，应当进行型式试验的特种设备产品、部件或者试制特种设备新产品、新部件、新材料，必须进行型式试验和能效测试。

第十四条 锅炉、压力容器、电梯、起重机械、客运索道、大型游乐设施及其安全附件、安全保护装置的制造、安装、改造单位，以及压力管道用管子、管件、阀门、法兰、补偿器、安全保护装置等（以下简称压力管道元件）的制造单位和场（厂）内专用机动车辆的制造、改造单位，应当经国务院特种设备安全监督管理部门许可，方可从事相应的活动。

前款特种设备的制造、安装、改造单位应当具备下列条件：

（一）有与特种设备制造、安装、改造相适应的专业技术人员和技术工人；

（二）有与特种设备制造、安装、改造相适应的生产条件和检测手段；

（三）有健全的质量管理制度和责任制度。

第十五条 特种设备出厂时，应当附有安全技术规范要求的设计文件、产品质量合格证明、安装及使用维修说明、监督检验证明等文件。

第十六条 锅炉、压力容器、电梯、起重机械、客运索道、大型游乐设施、场（厂）内专用机动车辆的维修单位，应当有与特种设备维修相适应的专业技术人员和技术工人以及必要的检测手段，并经省、自治区、直辖市特种设备安全监督管理部门许可，方可从事相应的维修活动。

第十七条 锅炉、压力容器、起重机械、客运索道、大型游乐设施的安装、改造、维修以及场（厂）内专用机动车辆的改造、维修，必须由依照本条例取得许可的单位进行。

电梯的安装、改造、维修，必须由电梯制造单位或者其通过合同委托、同意的依照本条例取得许可的单位进行。电梯制造单位对电梯质量以及安全运行涉及的质量问题负责。

特种设备安装、改造、维修的施工单位应当在施工前将拟进行的特种设备安装、改造、维修情况书面告知直辖市或者设区的市的特种设备安全监督管理部门，告知后即可施工。

第十八条 电梯井道的土建工程必须符合建筑工程质量要求。电梯安装施工过程中，电梯安装单位应当遵守施工现场的安全生产要求，落实现场安全防护措施。电梯安装施工过程中，施工现场的安全生产监督，由有关部门依照有关法律、行政法规的规定执行。

电梯安装施工过程中，电梯安装单位应当服从建筑施工总承包单位对施工现场的安全生产管理，并订立合同，明确各自的安全责任。

第十九条 电梯的制造、安装、改造和维修活动，必须严格遵守安全技术规范的要求。电梯制造单位委托或者同意其他单位进行电梯安装、改造、维修活动的，应当对其安装、改造、维修活动进行安全指导和监控。电梯的安装、改造、维修活动结束后，电梯制造单位应当按照安全技术规范的要求对电梯进行校验和调试，并对校验和调试的结果负责。

第二十条 锅炉、压力容器、电梯、起重机械、客运索道、大型游乐设施的安装、改造、维修以及场（厂）内专用机动车辆的改造、维修竣工后，安装、改造、维修的施工单位应当在验收后30日内将有关技术资料移交使用单位，高耗能特种设备还应当按照安全技术规范的要求提交能效测试报告。使用单位应当将其存入该特种设备的安全技术档案。

第二十一条 锅炉、压力容器、压力管道元件、起重机械、大型游乐设施的制造过程和锅炉、压力容器、电梯、起重机械、客运索道、大型游乐设施的安装、改造、重大维修过程，必须经国务院特种设备安全监督管理部门核准的检验检测机构按照安全技术规范的要求进行监督检验；未经监督检验合格的不得出厂或者交付使用。

第二十二条 移动式压力容器、气瓶充装单位应当经省、自治区、直辖市的特种设备安全监督管理部门许可，方可从事充装活动。

充装单位应当具备下列条件：

（一）有与充装和管理相适应的管理人员和技术人员；

（二）有与充装和管理相适应的充装设备、检测手段、场地厂房、器具、安全设施；

（三）有健全的充装管理制度、责任制度、紧急处理措施。

气瓶充装单位应当向气体使用者提供符合安全技术规范要求的气瓶，对使用者进行气瓶安全使用指导，并按照安全技术规范的要求办理气瓶使用登记，提出气瓶的定期检验要求。

第三章 特种设备的使用

第二十三条 特种设备使用单位，应当严格执行本条例和有关安全生产的法律、行政法规的规定，保证特种设备的安全使用。

第二十四条 特种设备使用单位应当使用符合安全技术规范要求的特种设备。特种设备投入使用前，使用单位应当核对其是否附有本条例第十五条规定的相关文件。

第二十五条　特种设备在投入使用前或者投入使用后30日内，特种设备使用单位应当向直辖市或者设区的市的特种设备安全监督管理部门登记。登记标志应当置于或者附着于该特种设备的显著位置。

第二十六条　特种设备使用单位应当建立特种设备安全技术档案。安全技术档案应当包括以下内容：

（一）特种设备的设计文件、制造单位、产品质量合格证明、使用维护说明等文件以及安装技术文件和资料；

（二）特种设备的定期检验和定期自行检查的记录；

（三）特种设备的日常使用状况记录；

（四）特种设备及其安全附件、安全保护装置、测量调控装置及有关附属仪器仪表的日常维护保养记录；

（五）特种设备运行故障和事故记录；

（六）高耗能特种设备的能效测试报告、能耗状况记录以及节能改造技术资料。

第二十七条　特种设备使用单位应当对在用特种设备进行经常性日常维护保养，并定期自行检查。

特种设备使用单位对在用特种设备应当至少每月进行一次自行检查，并作出记录。特种设备使用单位在对在用特种设备进行自行检查和日常维护保养时发现异常情况的，应当及时处理。

特种设备使用单位应当对在用特种设备的安全附件、安全保护装置、测量调控装置及有关附属仪器仪表进行定期校验、检修，并作出记录。

锅炉使用单位应当按照安全技术规范的要求进行锅炉水（介）质处理，并接受特种设备检验检测机构实施的水（介）质处理定期检验。

从事锅炉清洗的单位，应当按照安全技术规范的要求进行锅炉清洗，并接受特种设备检验检测机构实施的锅炉清洗过程监督检验。

第二十八条　特种设备使用单位应当按照安全技术规范的定期检验要求，在安全检验合格有效期届满前1个月向特种设备检验检测机构提出定期检验要求。

检验检测机构接到定期检验要求后，应当按照安全技术规范的要求及时进行安全性能检验和能效测试。

未经定期检验或者检验不合格的特种设备，不得继续使用。

第二十九条　特种设备出现故障或者发生异常情况，使用单位应当对其进行全面检查，消除事故隐患后，方可重新投入使用。

特种设备不符合能效指标的，特种设备使用单位应当采取相应措施进行整改。

第三十条　特种设备存在严重事故隐患，无改造、维修价值，或者超过安全技术规范规定使用年限，特种设备使用单位应当及时予以报废，并应当向原登记的特种设备安全监督管理部门办理注销。

第三十一条　电梯的日常维护保养必须由依照本条例取得许可的安装、改造、维修单位或者电梯制造单位进行。

电梯应当至少每15日进行一次清洁、润滑、调整和检查。

第三十二条　电梯的日常维护保养单位应当在维护保养中严格执行国家安全技术规范的要求，保证其维护保养的电梯的安全技术性能，并负责落实现场安全防护措施，保证施工安全。

电梯的日常维护保养单位，应当对其维护保养的电梯的安全性能负责。接到故障通知后，应当立即赶赴现场，并采取必要的应急救援措施。

第三十三条　电梯、客运索道、大型游乐设施等为公众提供服务的特种设备运营使用单位，应当设置特种设备安全管理机构或者配备专职的安全管理人员；其他特种设备使用单位，应当根据情况设置特种设备安全管理机构或者配备专职、兼职的安全管理人员。

特种设备的安全管理人员应当对特种设备使用状况进行经常性检查，发现问题的应当立即处理；情况紧急时，可以决定停止使用特种设备并及时报告本单位有关负责人。

第三十四条　客运索道、大型游乐设施的运营使用单位在客运索道、大型游乐设施每日投入使用前，应当进行试运行和例行安全检查，并对安全装置进行检查确认。

电梯、客运索道、大型游乐设施的运营使用单位应当将电梯、客运索道、大型游乐设施的安全注意事项和警示标志置于易于为乘客注意的显著位置。

第三十五条　客运索道、大型游乐设施的运营使用单位的主要负责人应当熟悉客运索道、大型游乐设施的相关安全知识，并全面负责客运索道、大型游乐设施的安全使用。

客运索道、大型游乐设施的运营使用单位的主要负责人至少应当每月召开一次会议，督促、检查客运索道、大型游乐设施的安全使用工作。

客运索道、大型游乐设施的运营使用单位，应当结合本单位的实际情况,配备相应数量的营救装备和急救物品。

第三十六条 电梯、客运索道、大型游乐设施的乘客应当遵守使用安全注意事项的要求,服从有关工作人员的指挥。

第三十七条 电梯投入使用后,电梯制造单位应当对其制造的电梯的安全运行情况进行跟踪调查和了解,对电梯的日常维护保养单位或者电梯的使用单位在安全运行方面存在的问题,提出改进建议,并提供必要的技术帮助。发现电梯存在严重事故隐患的,应当及时向特种设备安全监督管理部门报告。电梯制造单位对调查和了解的情况,应当作出记录。

第三十八条 锅炉、压力容器、电梯、起重机械、客运索道、大型游乐设施、场(厂)内专用机动车辆的作业人员及其相关管理人员(以下统称特种设备作业人员),应当按照国家有关规定经特种设备安全监督管理部门考核合格,取得国家统一格式的特种作业人员证书,方可从事相应的作业或者管理工作。

第三十九条 特种设备使用单位应当对特种设备作业人员进行特种设备安全、节能教育和培训,保证特种设备作业人员具备必要的特种设备安全、节能知识。

特种设备作业人员在作业中应当严格执行特种设备的操作规程和有关的安全规章制度。

第四十条 特种设备作业人员在作业过程中发现事故隐患或者其他不安全因素,应当立即向现场安全管理人员和单位有关负责人报告。

第四章 检 验 检 测

第四十一条 从事本条例规定的监督检验、定期检验、型式试验以及专门为特种设备生产、使用、检验检测提供无损检测服务的特种设备检验检测机构,应当经国务院特种设备安全监督管理部门核准。

特种设备使用单位设立的特种设备检验检测机构,经国务院特种设备安全监督管理部门核准,负责本单位核准范围内的特种设备定期检验工作。

第四十二条 特种设备检验检测机构,应当具备下列条件:

(一)有与所从事的检验检测工作相适应的检验检测人员;

(二)有与所从事的检验检测工作相适应的检验检测仪器和设备;

(三)有健全的检验检测管理制度、检验检测责任制度。

第四十三条 特种设备的监督检验、定期检验、型式试验和无损检测应当由依照本条例经核准的特种设备检验检测机构进行。

特种设备检验检测工作应当符合安全技术规范的要求。

第四十四条 从事本条例规定的监督检验、定期检验、型式试验和无损检测的特种设备检验检测人员应当经国务院特种设备安全监督管理部门组织考核合格,取得检验检测人员证书,方可从事检验检测工作。

检验检测人员从事检验检测工作,必须在特种设备检验检测机构执业,但不得同时在两个以上检验检测机构中执业。

第四十五条 特种设备检验检测机构和检验检测人员进行特种设备检验检测,应当遵循诚信原则和方便企业的原则,为特种设备生产、使用单位提供可靠、便捷的检验检测服务。

特种设备检验检测机构和检验检测人员对涉及的被检验检测单位的商业秘密,负有保密义务。

第四十六条 特种设备检验检测机构和检验检测人员应当客观、公正、及时地出具检验检测结果、鉴定结论。检验检测结果、鉴定结论经检验检测人员签字后,由检验检测机构负责人签署。

特种设备检验检测机构和检验检测人员对检验检测结果、鉴定结论负责。

国务院特种设备安全监督管理部门应当组织对特种设备检验检测机构的检验检测结果、鉴定结论进行监督抽查。县以上地方负责特种设备安全监督管理的部门在本行政区域内也可以组织监督抽查,但是要防止重复抽查。监督抽查结果应当向社会公布。

第四十七条 特种设备检验检测机构和检验检测人员不得从事特种设备的生产、销售,不得以其名义推荐或者监制、监销特种设备。

第四十八条 特种设备检验检测机构进行特种设备检验检测,发现严重事故隐患或者能耗严重超标的,应当及时告知特种设备使用单位,并立即向特种设备安全监督管理部门报告。

第四十九条 特种设备检验检测机构和检验检测人员利用检验检测工作故意刁难特种设备生产、使用单位,特种设备生产、使用单位有权向特种设备安全监督管理部门投诉,接到投诉的特种设备安全监督管理部门应当及时进行调查处理。

第五章 监 督 检 查

第五十条 特种设备安全监督管理部门依照本条例规定,对特种设备生产、使用单位和检验检测机构实施安全监察。

对学校、幼儿园以及车站、客运码头、商场、体育场馆、展览馆、公园等公众聚集场所的特种设备，特种设备安全监督管理部门应当实施重点安全监察。

第五十一条 特种设备安全监督管理部门根据举报或者取得的涉嫌违法证据，对涉嫌违反本条例规定的行为进行查处时，可以行使下列职权：

（一）向特种设备生产、使用单位和检验检测机构的法定代表人、主要负责人和其他有关人员调查、了解与涉嫌从事违反本条例的生产、使用、检验检测有关的情况；

（二）查阅、复制特种设备生产、使用单位和检验检测机构的有关合同、发票、账簿以及其他有关资料；

（三）对有证据表明不符合安全技术规范要求的或者有其他严重事故隐患、能耗严重超标的特种设备，予以查封或者扣押。

第五十二条 依照本条例规定实施许可、核准、登记的特种设备安全监督管理部门，应当严格依照本条例规定条件和安全技术规范要求对有关事项进行审查；不符合本条例规定条件和安全技术规范要求的，不得许可、核准、登记；在申请办理许可、核准期间，特种设备安全监督管理部门发现申请人未经许可从事特种设备相应活动或者伪造许可、核准证书的，不予受理或者不予许可、核准，并在 1 年内不再受理其新的许可、核准申请。

未依法取得许可、核准、登记的单位擅自从事特种设备的生产、使用或者检验检测活动的，特种设备安全监督管理部门应当依法予以处理。

违反本条例规定，被依法撤销许可的，自撤销许可之日起 3 年内，特种设备安全监督管理部门不予受理其新的许可申请。

第五十三条 特种设备安全监督管理部门在办理本条例规定的有关行政审批事项时，其受理、审查、许可、核准的程序必须公开，并应当自受理申请之日起 30 日内，作出许可、核准或者不予许可、核准的决定；不予许可、核准的，应当书面向申请人说明理由。

第五十四条 地方各级特种设备安全监督管理部门不得以任何形式进行地方保护和地区封锁，不得对已经依照本条例规定在其他地方取得许可的特种设备生产单位重复进行许可，也不得要求对依照本条例规定在其他地方检验检测合格的特种设备，重复进行检验检测。

第五十五条 特种设备安全监督管理部门的安全监察人员（以下简称特种设备安全监察人员）应当熟悉相关法律、法规、规章和安全技术规范，具有相应的专业知识和工作经验，并经国务院特种设备安全监督管理部门考核，取得特种设备安全监察人员证书。

特种设备安全监察人员应当忠于职守、坚持原则、秉公执法。

第五十六条 特种设备安全监督管理部门对特种设备生产、使用单位和检验检测机构实施安全监察时，应当有两名以上特种设备安全监察人员参加，并出示有效的特种设备安全监察人员证件。

第五十七条 特种设备安全监督管理部门对特种设备生产、使用单位和检验检测机构实施安全监察，应当对每次安全监察的内容、发现的问题及处理情况，作出记录，并由参加安全监察的特种设备安全监察人员和被检查单位的有关负责人签字后归档。被检查单位的有关负责人拒绝签字的，特种设备安全监察人员应当将情况记录在案。

第五十八条 特种设备安全监督管理部门对特种设备生产、使用单位和检验检测机构进行安全监察时，发现有违反本条例规定和安全技术规范要求的行为或者在用的特种设备存在事故隐患、不符合能效指标的，应当以书面形式发出特种设备安全监察指令，责令有关单位及时采取措施，予以改正或者消除事故隐患。紧急情况下需要采取紧急处置措施的，应当随后补发书面通知。

第五十九条 特种设备安全监督管理部门对特种设备生产、使用单位和检验检测机构进行安全监察，发现重大违法行为或者严重事故隐患时，应当在采取必要措施的同时，及时向上级特种设备安全监督管理部门报告。接到报告的特种设备安全监督管理部门应当采取必要措施，及时予以处理。

对违法行为、严重事故隐患或者不符合能效指标的处理需要当地人民政府和有关部门的支持、配合时，特种设备安全监督管理部门应当报告当地人民政府，并通知其他有关部门。当地人民政府和其他有关部门应当采取必要措施，及时予以处理。

第六十条 国务院特种设备安全监督管理部门和省、自治区、直辖市特种设备安全监督管理部门应当定期向社会公布特种设备安全以及能效状况。

公布特种设备安全以及能效状况，应当包括下列内容：

（一）特种设备质量安全状况；

（二）特种设备事故的情况、特点、原因分析、防范对策；

（三）特种设备能效状况；

（四）其他需要公布的情况。

第六章　事故预防和调查处理

第六十一条　有下列情形之一的，为特别重大事故：

（一）特种设备事故造成30人以上死亡，或者100人以上重伤（包括急性工业中毒，下同），或者1亿元以上直接经济损失的；

（二）600兆瓦以上锅炉爆炸的；

（三）压力容器、压力管道有毒介质泄漏，造成15万人以上转移的；

（四）客运索道、大型游乐设施高空滞留100人以上并且时间在48小时以上的。

第六十二条　有下列情形之一的，为重大事故：

（一）特种设备事故造成10人以上30人以下死亡，或者50人以上100人以下重伤，或者5000万元以上1亿元以下直接经济损失的；

（二）600兆瓦以上锅炉因安全故障中断运行240小时以上的；

（三）压力容器、压力管道有毒介质泄漏，造成5万人以上15万人以下转移的；

（四）客运索道、大型游乐设施高空滞留100人以上并且时间在24小时以上48小时以下的。

第六十三条　有下列情形之一的，为较大事故：

（一）特种设备事故造成3人以上10人以下死亡，或者10人以上50人以下重伤，或者1000万元以上5000万元以下直接经济损失的；

（二）锅炉、压力容器、压力管道爆炸的；

（三）压力容器、压力管道有毒介质泄漏，造成1万人以上5万人以下转移的；

（四）起重机械整体倾覆的；

（五）客运索道、大型游乐设施高空滞留人员12小时以上的。

第六十四条　有下列情形之一的，为一般事故：

（一）特种设备事故造成3人以下死亡，或者10人以下重伤，或者1万元以上1000万元以下直接经济损失的；

（二）压力容器、压力管道有毒介质泄漏，造成500人以上1万人以下转移的；

（三）电梯轿厢滞留人员2小时以上的；

（四）起重机械主要受力结构件折断或者起升机构坠落的；

（五）客运索道高空滞留人员3.5小时以上12小时以下的；

（六）大型游乐设施高空滞留人员1小时以上12小时以下的。

除前款规定外，国务院特种设备安全监督管理部门可以对一般事故的其他情形做出补充规定。

第六十五条　特种设备安全监督管理部门应当制定特种设备应急预案。特种设备使用单位应当制定事故应急专项预案，并定期进行事故应急演练。

压力容器、压力管道发生爆炸或者泄漏，在抢险救援时应当区分介质特性，严格按照相关预案规定程序处理，防止二次爆炸。

第六十六条　特种设备事故发生后，事故发生单位应当立即启动事故应急预案，组织抢救，防止事故扩大，减少人员伤亡和财产损失，并及时向事故发生地县以上特种设备安全监督管理部门和有关部门报告。

县以上特种设备安全监督管理部门接到事故报告，应当尽快核实有关情况，立即向所在地人民政府报告，并逐级上报事故情况。必要时，特种设备安全监督管理部门可以越级上报事故情况。对特别重大事故、重大事故，国务院特种设备安全监督管理部门应当立即报告国务院并通报国务院安全生产监督管理部门等有关部门。

第六十七条　特别重大事故由国务院或者国务院授权有关部门组织事故调查组进行调查。

重大事故由国务院特种设备安全监督管理部门会同有关部门组织事故调查组进行调查。

较大事故由省、自治区、直辖市特种设备安全监督管理部门会同有关部门组织事故调查组进行调查。

一般事故由设区的市的特种设备安全监督管理部门会同有关部门组织事故调查组进行调查。

第六十八条　事故调查报告应当由负责组织事故调查的特种设备安全监督管理部门的所在地人民政府批复，并报上一级特种设备安全监督管理部门备案。

有关机关应当按照批复，依照法律、行政法规规定的权限和程序，对事故责任单位和有关人员进行行政处罚，对负有事故责任的国家工作人员进行处分。

第六十九条　特种设备安全监督管理部门应当在有关地方人民政府的领导下，组织开展特种设备事故调查处理工作。

有关地方人民政府应当支持、配合上级人民政府或者特种设备安全监督管理部门的事故调查处理工作，并提供必要的便利条件。

第七十条　特种设备安全监督管理部门应当对发生事故的原因进行分析，并根据特种设备的管理和技术特点、事故情况对相关安全技术规范进行评估；需要制定或者修订相关安全技术规范的,应当及时制定或者修订。

第七十一条　本章所称的"以上"包括本数,所称的"以下"不包括本数。

第七章　法律责任

第七十二条　未经许可,擅自从事压力容器设计活动的,由特种设备安全监督管理部门予以取缔,处5万元以上20万元以下罚款;有违法所得的,没收违法所得;触犯刑律的,对负有责任的主管人员和其他直接责任人员依照刑法关于非法经营罪或者其他罪的规定,依法追究刑事责任。

第七十三条　锅炉、气瓶、氧舱和客运索道、大型游乐设施以及高耗能特种设备的设计文件,未经国务院特种设备安全监督管理部门核准的检验检测机构鉴定,擅自用于制造的,由特种设备安全监督管理部门责令改正,没收非法制造的产品,处5万元以上20万元以下罚款;触犯刑律的,对负有责任的主管人员和其他直接责任人员依照刑法关于生产、销售伪劣产品罪、非法经营罪或者其他罪的规定,依法追究刑事责任。

第七十四条　按照安全技术规范的要求应当进行型式试验的特种设备产品、部件或者试制特种设备新产品、新部件,未进行整机或者部件型式试验的,由特种设备安全监督管理部门责令限期改正;逾期未改正的,处2万元以上10万元以下罚款。

第七十五条　未经许可,擅自从事锅炉、压力容器、电梯、起重机械、客运索道、大型游乐设施、场(厂)内专用机动车辆及其安全附件、安全保护装置的制造、安装、改造以及压力管道元件的制造活动的,由特种设备安全监督管理部门予以取缔,没收非法制造的产品,已经实施安装、改造的,责令恢复原状或者责令限期由取得许可的单位重新安装、改造,处10万元以上50万元以下罚款;触犯刑律的,对负有责任的主管人员和其他直接责任人员依照刑法关于生产、销售伪劣产品罪、非法经营罪、重大责任事故罪或者其他罪的规定,依法追究刑事责任。

第七十六条　特种设备出厂时,未按照安全技术规范的要求附有设计文件、产品质量合格证明、安装及使用维修说明、监督检验证明等文件的,由特种设备安全监督管理部门责令改正;情节严重的,责令停止生产、销售,处违法生产、销售货值金额30%以下罚款;有违法所得的,没收违法所得。

第七十七条　未经许可,擅自从事锅炉、压力容器、电梯、起重机械、客运索道、大型游乐设施、场(厂)内专用机动车辆的维修或者日常维护保养的,由特种设备安全监督管理部门予以取缔,处1万元以上5万元以下罚款;有违法所得的,没收违法所得;触犯刑律的,对负有责任的主管人员和其他直接责任人员依照刑法关于非法经营罪、重大责任事故罪或者其他罪的规定,依法追究刑事责任。

第七十八条　锅炉、压力容器、电梯、起重机械、客运索道、大型游乐设施的安装、改造、维修的施工单位以及场(厂)内专用机动车辆的改造、维修单位,在施工前未将拟进行的特种设备安装、改造、维修情况书面告知直辖市或者设区的市的特种设备安全监督管理部门即行施工的,或者在验收后30日内未将有关技术资料移交锅炉、压力容器、电梯、起重机械、客运索道、大型游乐设施的使用单位的,由特种设备安全监督管理部门责令限期改正;逾期未改正的,处2000元以上1万元以下罚款。

第七十九条　锅炉、压力容器、压力管道元件、起重机械、大型游乐设施的制造过程和锅炉、压力容器、电梯、起重机械、客运索道、大型游乐设施的安装、改造、重大维修过程,以及锅炉清洗过程,未经国务院特种设备安全监督管理部门核准的检验检测机构按照安全技术规范的要求进行监督检验的,由特种设备安全监督管理部门责令改正,已经出厂的,没收违法生产、销售的产品,已经实施安装、改造、重大维修或者清洗的,责令限期进行监督检验,处5万元以上20万元以下罚款;有违法所得的,没收违法所得;情节严重的,撤销制造、安装、改造或者维修单位已经取得的许可,并由工商行政管理部门吊销其营业执照;触犯刑律的,对负有责任的主管人员和其他直接责任人员依照刑法关于生产、销售伪劣产品罪或者其他罪的规定,依法追究刑事责任。

第八十条　未经许可,擅自从事移动式压力容器或者气瓶充装活动的,由特种设备安全监督管理部门予以取缔,没收违法充装的气瓶,处10万元以上50万元以下罚款;有违法所得的,没收违法所得;触犯刑律的,对负有责任的主管人员和其他直接责任人员依照刑法关于非法经营罪或者其他罪的规定,依法追究刑事责任。

移动式压力容器、气瓶充装单位未按照安全技术规范的要求进行充装活动的,由特种设备安全监督管理部门责令改正,处2万元以上10万元以下罚款;情节严重的,撤销其充装资格。

第八十一条　电梯制造单位有下列情形之一的,由特种设备安全监督管理部门责令限期改正;逾期未改正的,予以通报批评:

(一)未依照本条例第十九条的规定对电梯进行

校验、调试的；

（二）对电梯的安全运行情况进行跟踪调查和了解时，发现存在严重事故隐患，未及时向特种设备安全监督管理部门报告的。

第八十二条 已经取得许可、核准的特种设备生产单位、检验检测机构有下列行为之一的，由特种设备安全监督管理部门责令改正，处2万元以上10万元以下罚款；情节严重的，撤销其相应资格：

（一）未按照安全技术规范的要求办理许可证变更手续的；

（二）不再符合本条例规定或者安全技术规范要求的条件，继续从事特种设备生产、检验检测的；

（三）未依照本条例规定或者安全技术规范要求进行特种设备生产、检验检测的；

（四）伪造、变造、出租、出借、转让许可证书或者监督检验报告的。

第八十三条 特种设备使用单位有下列情形之一的，由特种设备安全监督管理部门责令限期改正；逾期未改正的，处2000元以上2万元以下罚款；情节严重的，责令停止使用或者停产停业整顿：

（一）特种设备投入使用前或者投入使用后30日内，未向特种设备安全监督管理部门登记，擅自将其投入使用的；

（二）未依照本条例第二十六条的规定，建立特种设备安全技术档案的；

（三）未依照本条例第二十七条的规定，对在用特种设备进行经常性日常维护保养和定期自行检查的，或者对在用特种设备的安全附件、安全保护装置、测量调控装置及有关附属仪器仪表进行定期校验、检修，并作出记录的；

（四）未按照安全技术规范的定期检验要求，在安全检验合格有效期届满前1个月向特种设备检验检测机构提出定期检验要求的；

（五）使用未经定期检验或者检验不合格的特种设备的；

（六）特种设备出现故障或者发生异常情况，未对其进行全面检查、消除事故隐患，继续投入使用的；

（七）未制定特种设备事故应急专项预案的；

（八）未依照本条例第三十一条第二款的规定，对电梯进行清洁、润滑、调整和检查的；

（九）未按照安全技术规范要求进行锅炉水（介）质处理的；

（十）特种设备不符合能效指标，未及时采取相应措施进行整改的。

特种设备使用单位使用未取得生产许可的单位生产的特种设备或者将非承压锅炉、非压力容器作为承压锅炉、压力容器使用的，由特种设备安全监督管理部门责令停止使用，予以没收，处2万元以上10万元以下罚款。

第八十四条 特种设备存在严重事故隐患，无改造、维修价值，或者超过安全技术规范规定的使用年限，特种设备使用单位未予以报废，并向原登记的特种设备安全监督管理部门办理注销的，由特种设备安全监督管理部门责令限期改正；逾期未改正的，处5万元以上20万元以下罚款。

第八十五条 电梯、客运索道、大型游乐设施的运营使用单位有下列情形之一的，由特种设备安全监督管理部门责令限期改正；逾期未改正的，责令停止使用或者停产停业整顿，处1万元以上5万元以下罚款：

（一）客运索道、大型游乐设施每日投入使用前，未进行试运行和例行安全检查，并对安全装置进行检查确认的；

（二）未将电梯、客运索道、大型游乐设施的安全注意事项和警示标志置于易于为乘客注意的显著位置的。

第八十六条 特种设备使用单位有下列情形之一的，由特种设备安全监督管理部门责令限期改正；逾期未改正的，责令停止使用或者停产停业整顿，处2000元以上2万元以下罚款：

（一）未依照本条例规定设置特种设备安全管理机构或者配备专职、兼职的安全管理人员的；

（二）从事特种设备作业的人员，未取得相应特种作业人员证书，上岗作业的；

（三）未对特种设备作业人员进行特种设备安全教育和培训的。

第八十七条 发生特种设备事故，有下列情形之一的，对单位，由特种设备安全监督管理部门处5万元以上20万元以下罚款；对主要负责人，由特种设备安全监督管理部门处4000元以上2万元以下罚款；属于国家工作人员的，依法给予处分；触犯刑律的，依照刑法关于重大责任事故罪或者其他罪的规定，依法追究刑事责任：

（一）特种设备使用单位的主要负责人在本单位发生特种设备事故时，不立即组织抢救或者在事故调查处理期间擅离职守或者逃匿的；

（二）特种设备使用单位的主要负责人对特种设备事故隐瞒不报、谎报或者拖延不报的。

第八十八条 对事故发生负有责任的单位，由特种设备安全监督管理部门依照下列规定处以罚款：

（一）发生一般事故的，处10万元以上20万元以下罚款；

（二）发生较大事故的，处20万元以上50万元以下罚款；

（三）发生重大事故的，处50万元以上200万元以下罚款。

第八十九条　对事故发生负有责任的单位的主要负责人未依法履行职责，导致事故发生的，由特种设备安全监督管理部门依照下列规定处以罚款；属于国家工作人员的，并依法给予处分；触犯刑律的，依照刑法关于重大责任事故罪或者其他罪的规定，依法追究刑事责任：

（一）发生一般事故的，处上一年年收入30%的罚款；

（二）发生较大事故的，处上一年年收入40%的罚款；

（三）发生重大事故的，处上一年年收入60%的罚款。

第九十条　特种设备作业人员违反特种设备的操作规程和有关的安全规章制度操作，或者在作业过程中发现事故隐患或者其他不安全因素，未立即向现场安全管理人员和单位有关负责人报告的，由特种设备使用单位给予批评教育、处分；情节严重的，撤销特种设备作业人员资格；触犯刑律的，依照刑法关于重大责任事故罪或者其他罪的规定，依法追究刑事责任。

第九十一条　未经核准，擅自从事本条例所规定的监督检验、定期检验、型式试验以及无损检测等检验检测活动的，由特种设备安全监督管理部门予以取缔，处5万元以上20万元以下罚款；有违法所得的，没收违法所得；触犯刑律的，对负有责任的主管人员和其他直接责任人员依照刑法关于非法经营罪或者其他罪的规定，依法追究刑事责任。

第九十二条　特种设备检验检测机构，有下列情形之一的，由特种设备安全监督管理部门处2万元以上10万元以下罚款；情节严重的，撤销其检验检测资格：

（一）聘用未经特种设备安全监督管理部门组织考核合格并取得检验检测人员证书的人员，从事相关检验检测工作的；

（二）在进行特种设备检验检测中，发现严重事故隐患或者能耗严重超标，未及时告知特种设备使用单位，并立即向特种设备安全监督管理部门报告的。

第九十三条　特种设备检验检测机构和检验检测人员，出具虚假的检验检测结果、鉴定结论或者检验检测结果、鉴定结论严重失实的，由特种设备安全监督管理部门对检验检测机构没收违法所得，处5万元以上20万元以下罚款，情节严重的，撤销其检验检测资格；对检验检测人员处5000元以上5万元以下罚款，情节严重的，撤销其检验检测资格，触犯刑律的，依照刑法关于中介组织人员提供虚假证明文件罪、中介组织人员出具证明文件重大失实罪或者其他罪的规定，依法追究刑事责任。

特种设备检验检测机构和检验检测人员，出具虚假的检验检测结果、鉴定结论或者检验检测结果、鉴定结论严重失实，造成损害的，应当承担赔偿责任。

第九十四条　特种设备检验检测机构或者检验检测人员从事特种设备的生产、销售，或者以其名义推荐或者监制、监销特种设备的，由特种设备安全监督管理部门撤销特种设备检验检测机构和检验检测人员的资格，处5万元以上20万元以下罚款；有违法所得的，没收违法所得。

第九十五条　特种设备检验检测机构和检验检测人员利用检验检测工作故意刁难特种设备生产、使用单位，由特种设备安全监督管理部门责令改正；拒不改正的，撤销其检验检测资格。

第九十六条　检验检测人员，从事检验检测工作，不在特种设备检验检测机构执业或者同时在两个以上检验检测机构中执业的，由特种设备安全监督管理部门责令改正，情节严重的，给予停止执业6个月以上2年以下的处罚；有违法所得的，没收违法所得。

第九十七条　特种设备安全监督管理部门及其特种设备安全监察人员，有下列违法行为之一的，对直接负责的主管人员和其他直接责任人员，依法给予降级或者撤职的处分；触犯刑律的，依照刑法关于受贿罪、滥用职权罪、玩忽职守罪或者其他罪的规定，依法追究刑事责任：

（一）不按照本条例规定的条件和安全技术规范要求，实施许可、核准、登记的；

（二）发现未经许可、核准、登记擅自从事特种设备的生产、使用或者检验检测活动不予取缔或者不依法予以处理的；

（三）发现特种设备生产、使用单位不再具备本条例规定的条件而不撤销其原许可，或者发现特种设备生产、使用违法行为不予查处的；

（四）发现特种设备检验检测机构不再具备本条例规定的条件而不撤销其原核准，或者对其出具虚假的检验检测结果、鉴定结论或者检验检测结果、鉴定结论严重失实的行为不予查处的；

（五）对依照本条例规定在其他地方取得许可的

特种设备生产单位重复进行许可，或者对依照本条例规定在其他地方检验检测合格的特种设备，重复进行检验检测的；

（六）发现有违反本条例和安全技术规范的行为或者在用的特种设备存在严重事故隐患，不立即处理的；

（七）发现重大的违法行为或者严重事故隐患，未及时向上级特种设备安全监督管理部门报告，或者接到报告的特种设备安全监督管理部门不立即处理的；

（八）迟报、漏报、瞒报或者谎报事故的；

（九）妨碍事故救援或者事故调查处理的。

第九十八条 特种设备的生产、使用单位或者检验检测机构，拒不接受特种设备安全监督管理部门依法实施的安全监察的，由特种设备安全监督管理部门责令限期改正；逾期未改正的，责令停产停业整顿，处2万元以上10万元以下罚款；触犯刑律的，依照刑法关于妨害公务罪或者其他罪的规定，依法追究刑事责任。

特种设备生产、使用单位擅自动用、调换、转移、损毁被查封、扣押的特种设备或者其主要部件的，由特种设备安全监督管理部门责令改正，处5万元以上20万元以下罚款；情节严重的，撤销其相应资格。

第八章 附 则

第九十九条 本条例下列用语的含义是：

（一）锅炉，是指利用各种燃料、电或者其他能源，将所盛装的液体加热到一定的参数，并对外输出热能的设备，其范围规定为容积大于或者等于30L的承压蒸汽锅炉；出口水压大于或者等于0.1MPa（表压），且额定功率大于或者等于0.1MW的承压热水锅炉；有机热载体锅炉。

（二）压力容器，是指盛装气体或者液体，承载一定压力的密闭设备，其范围规定为最高工作压力大于或者等于0.1MPa（表压），且压力与容积的乘积大于或者等于2.5MPa·L的气体、液化气体和最高工作温度高于或者等于标准沸点的液体的固定式容器和移动式容器；盛装公称工作压力大于或者等于0.2MPa（表压），且压力与容积的乘积大于或者等于1.0MPa·L的气体、液化气体和标准沸点等于或者低于60℃液体的气瓶；氧舱等。

（三）压力管道，是指利用一定的压力，用于输送气体或者液体的管状设备，其范围规定为最高工作压力大于或者等于0.1MPa（表压）的气体、液化气体、蒸汽介质或者可燃、易爆、有毒、有腐蚀性、最高工作温度高于或者等于标准沸点的液体介质，且公称直径大于25mm的管道。

（四）电梯，是指动力驱动，利用沿刚性导轨运行的箱体或者沿固定线路运行的梯级（踏步），进行升降或者平行运送人、货物的机电设备，包括载人（货）电梯、自动扶梯、自动人行道等。

（五）起重机械，是指用于垂直升降或者垂直升降并水平移动重物的机电设备，其范围规定为额定起重量大于或者等于0.5t的升降机；额定起重量大于或者等于1t，且提升高度大于或者等于2m的起重机和承重形式固定的电动葫芦等。

（六）客运索道，是指动力驱动，利用柔性绳索牵引箱体等运载工具运送人员的机电设备，包括客运架空索道、客运缆车、客运拖牵索道等。

（七）大型游乐设施，是指用于经营目的，承载乘客游乐的设施，其范围规定为设计最大运行线速度大于或者等于2m/s，或者运行高度距地面高于或者等于2m的载人大型游乐设施。

（八）场（厂）内专用机动车辆，是指除道路交通、农用车辆以外仅在工厂厂区、旅游景区、游乐场所等特定区域使用的专用机动车辆。

特种设备包括其所用的材料、附属的安全附件、安全保护装置和与安全保护装置相关的设施。

第一百条 压力管道设计、安装、使用的安全监督管理办法由国务院另行制定。

第一百零一条 国务院特种设备安全监督管理部门可以授权省、自治区、直辖市特种设备安全监督管理部门负责本条例规定的特种设备行政许可工作，具体办法由国务院特种设备安全监督管理部门制定。

第一百零二条 特种设备行政许可、检验检测，应当按照国家有关规定收取费用。

第一百零三条 本条例自2003年6月1日起施行。1982年2月6日国务院发布的《锅炉压力容器安全监察暂行条例》同时废止。

特种设备生产单位落实质量安全主体责任监督管理规定

1. 2023年4月4日国家市场监督管理总局令第73号公布
2. 自2023年5月5日起施行

第一章 总 则

第一条 为了督促特种设备生产单位，包括锅炉、压力容器、气瓶、压力管道、电梯、起重机械、客运索道、大型游乐设施、场（厂）内专用机动车辆的设计、制造、安装、改造、修理单位(以下简称生产单位),落实质量安全主体责任,强化生产单位主要负责人特种设备质量安全责任,规范质量安全管理人员行为,根据《中华人民共和国特种设备安全法》、《特种设备安全监察条例》等法律法规,制定本规定。

第二条　特种设备生产单位主要负责人、质量安全总监、质量安全员,依法落实特种设备质量安全责任的行为及其监督管理,适用本规定。

第三条　特种设备生产单位应当建立健全质量保证、安全管理和岗位责任等制度,落实质量安全责任制,依法配备与生产相适应的专业技术人员、设备、设施和工作场所。特种设备生产单位应当保证特种设备生产符合安全技术规范及相关标准的要求,对其生产的特种设备的安全性能负责。

第二章　锅　　炉

第四条　锅炉生产单位应当依法配备质量安全总监和质量安全员,明确质量安全总监和质量安全员的岗位职责。

锅炉生产单位主要负责人对本单位锅炉质量安全全面负责,建立并落实锅炉质量安全主体责任的长效机制。质量安全总监和质量安全员应当按照岗位职责,协助单位主要负责人做好锅炉质量安全管理工作。

第五条　锅炉生产单位主要负责人应当支持和保障质量安全总监和质量安全员依法开展锅炉质量安全管理工作,在作出涉及锅炉质量安全的重大决策前,应当充分听取质量安全总监和质量安全员的意见和建议。

质量安全总监、质量安全员发现锅炉产品存在危及安全的缺陷时,应当提出停止相关锅炉生产等否决建议,锅炉生产单位应当立即分析研判,采取处置措施,消除风险隐患。对已经出厂的产品发现存在同一性缺陷的,应当依法及时召回,并报当地省级市场监督管理部门。

第六条　质量安全总监和质量安全员应当具备下列锅炉质量安全管理能力:

(一)熟悉锅炉生产相关法律法规、安全技术规范、标准和本单位质量保证体系;

(二)质量安全总监不得兼任质量安全员,质量安全员最多只能担任两个不相关的质量控制岗位;

(三)具备识别和防控锅炉质量安全风险的专业知识;

(四)熟悉本单位锅炉质量安全相关的设施设备、工艺流程、操作规程等生产过程控制要求;

(五)具有与所负责工作相关的专业教育背景和工作经验,熟悉任职岗位的工作任务和要求;

(六)符合特种设备法律法规和安全技术规范的其他要求。

第七条　质量安全总监按照职责要求,直接对本单位主要负责人负责,承担下列职责:

(一)组织贯彻、实施锅炉有关的法律法规、安全技术规范及相关标准,对质量保证系统的实施负责;

(二)组织制定质量保证手册、程序文件、作业指导书等质量保证体系文件,批准程序文件;

(三)指导和协调、监督检查质量保证体系各质量控制系统的工作;

(四)组织建立并持续维护锅炉质量安全追溯体系;

(五)组织质量分析、质量审核并协助进行管理评审工作;

(六)实施对不合格品(项)的控制,行使质量安全一票否决权;

(七)建立企业公告板制度,对所生产的锅炉安全事故事件、质量缺陷和事故隐患等情况,及时予以公示;

(八)组织建立和健全内外部质量信息反馈和处理的信息系统;

(九)向市场监督管理部门如实反映质量安全问题;

(十)组织对质量安全员定期进行教育和培训;

(十一)接受和配合市场监督管理部门开展的监督检查和事故调查,并如实提供有关材料;

(十二)履行市场监督管理部门规定和本单位要求的其他锅炉质量安全管理职责。

锅炉生产单位应当按照前款规定,结合本单位实际,细化制定《锅炉质量安全总监职责》。

第八条　质量安全员按照职责要求,对质量安全总监或者单位主要负责人负责,承担下列职责:

(一)负责审核质量控制程序文件和作业指导书;

(二)按照安全技术规范和质量保证手册要求,审查确认相关工作见证,检查生产过程的质量控制程序和要求实施情况;

(三)发现问题应当与当事人及时联系、解决,必要时责令停止当事人的工作,将情况向质量安全总监报告;

(四)组织对相关技术人员定期进行教育和培训;

(五)配合检验机构做好锅炉设计文件鉴定、型式试验、监督检验等工作;

（六）接受和配合市场监督管理部门开展的监督检查和事故调查，并如实提供有关材料；

（七）履行市场监督管理部门规定和本单位要求的其他锅炉质量安全管理职责。

锅炉生产单位应当按照前款规定，结合本单位实际，细化制定《锅炉质量安全员守则》。

第九条　锅炉生产单位应当建立基于锅炉质量安全风险防控的动态管理机制，结合本单位实际，落实自查要求，制定《锅炉质量安全风险管控清单》，建立健全日管控、周排查、月调度工作制度和机制。

第十条　锅炉生产单位应当建立锅炉质量安全日管控制度。质量安全员要每日根据《锅炉质量安全风险管控清单》进行检查，形成《每日锅炉质量安全检查记录》，对发现的质量安全风险隐患，应当立即采取防范措施，及时上报质量安全总监或者单位主要负责人。未发现问题的，也应当予以记录，实行零风险报告。

第十一条　锅炉生产单位应当建立锅炉质量安全周排查制度。质量安全总监要每周至少组织一次风险隐患排查，分析研判锅炉质量安全管理情况，研究解决日管控中发现的问题，形成《每周锅炉质量安全排查治理报告》。

第十二条　锅炉生产单位应当建立锅炉质量安全月调度制度。单位主要负责人要每月至少听取一次质量安全总监管理工作情况汇报，对当月锅炉质量安全日常管理、风险隐患排查治理等情况进行总结，对下个月重点工作作出调度安排，形成《每月锅炉质量安全调度会议纪要》。

第十三条　锅炉生产单位应当将主要负责人、质量安全总监和质量安全员的设立、调整情况，《锅炉质量安全风险管控清单》、《锅炉质量安全总监职责》、《锅炉质量安全员守则》以及质量安全总监、质量安全员提出的意见建议、报告和问题整改落实等履职情况予以记录并存档备查。

第十四条　市场监督管理部门应当将锅炉生产单位建立并落实锅炉质量安全责任制等管理制度，在日管控、周排查、月调度中发现的锅炉质量安全风险隐患以及整改情况作为监督检查的重要内容。

第十五条　锅炉生产单位应当对质量安全总监和质量安全员进行法律法规、标准和专业知识培训、考核，同时对培训、考核情况予以记录并存档备查。

县级以上地方市场监督管理部门按照国家市场监督管理总局制定的《锅炉质量安全管理人员考核指南》，组织对本辖区内锅炉生产单位的质量安全总监和质量安全员随机进行监督抽查考核并公布考核结果。监督抽查考核不得收取费用。

监督抽查考核不合格，不再符合锅炉生产要求的，生产单位应当立即采取整改措施。

第十六条　锅炉生产单位应当为质量安全总监和质量安全员提供必要的工作条件、教育培训和岗位待遇，充分保障其依法履行职责。

鼓励锅炉生产单位建立对质量安全总监和质量安全员的激励约束机制，对工作成效显著的给予表彰和奖励，对履职不到位的予以惩戒。

市场监督管理部门在查处锅炉生产单位违法行为时，应当将锅炉生产单位落实质量安全主体责任情况作为判断其主观过错、违法情节、处罚幅度等考量的重要因素。

锅炉生产单位及其主要负责人无正当理由未采纳质量安全总监和质量安全员依照本规定第五条提出的意见或者建议的，应当认为质量安全总监和质量安全员已经依法履职尽责，不予处罚。

第十七条　锅炉生产单位未按规定建立锅炉质量安全管理制度，或者未按规定配备、培训、考核质量安全总监和质量安全员的，由县级以上地方市场监督管理部门责令改正并给予通报批评；拒不改正的，处五千元以上五万元以下罚款，并将处罚情况纳入国家企业信用信息公示系统。法律、行政法规另有规定的，依照其规定执行。

锅炉生产单位主要负责人、质量安全总监、质量安全员未按规定要求落实质量安全责任的，由县级以上地方市场监督管理部门责令改正并给予通报批评；拒不改正的，对责任人处二千元以上一万元以下罚款。法律、行政法规另有规定的，依照其规定执行。

第十八条　本规定下列用语的含义是：

（一）锅炉生产单位主要负责人是指本单位的法定代表人、法定代表委托人或者实际控制人；

（二）质量安全总监是指本单位管理层中负责质量保证系统安全运转的管理人员；

（三）质量安全员是指本单位具体负责质量过程控制的检查人员。

第三章　压力容器

第十九条　压力容器生产单位应当依法配备质量安全总监和质量安全员，明确质量安全总监和质量安全员的岗位职责。

压力容器生产单位主要负责人对本单位压力容器质量安全全面负责，建立并落实压力容器质量安全主体责任的长效机制。质量安全总监和质量安全员应当按照岗位职责，协助单位主要负责人做好压力容器质量安全管理工作。

第二十条　压力容器生产单位主要负责人应当支持和保障质量安全总监和质量安全员依法开展压力容器质量安全管理工作，在作出涉及压力容器质量安全的重大决策前，应当充分听取质量安全总监和质量安全员的意见和建议。

质量安全总监、质量安全员发现压力容器产品存在危及安全的缺陷时，应当提出停止相关压力容器生产等否决建议，压力容器生产单位应当立即分析研判，采取处置措施，消除风险隐患。对已经出厂的产品发现存在同一性缺陷的，应当依法及时召回，并报当地省级市场监督管理部门。

第二十一条　质量安全总监和质量安全员应当具备下列压力容器质量安全管理能力：

（一）熟悉压力容器生产相关法律法规、安全技术规范、标准和本单位质量保证体系；

（二）质量安全总监不得兼任质量安全员，质量安全员最多只能担任两个不相关的质量控制岗位；

（三）具备识别和防控压力容器质量安全风险的专业知识；

（四）熟悉本单位压力容器质量安全相关的设施设备、工艺流程、操作规程等生产过程控制要求；

（五）具有与所负责工作相关的专业教育背景和工作经验，熟悉任职岗位的工作任务和要求；

（六）符合特种设备法律法规和安全技术规范的其他要求。

第二十二条　质量安全总监按照职责要求，直接对本单位主要负责人负责，承担下列职责：

（一）组织贯彻、实施压力容器有关的法律法规、安全技术规范及相关标准，对质量保证系统的实施负责；

（二）组织制定质量保证手册、程序文件、作业指导书等质量保证体系文件，批准程序文件；

（三）指导和协调、监督检查质量保证体系各质量控制系统的工作；

（四）组织建立并持续维护压力容器质量安全追溯体系；

（五）组织质量分析、质量审核并协助进行管理评审工作；

（六）实施对不合格品（项）的控制，行使质量安全一票否决权；

（七）建立企业公告板制度，对所生产的压力容器安全事故事件、质量缺陷和事故隐患等情况，及时予以公示；

（八）组织建立和健全内外部质量信息反馈和处理的信息系统；

（九）向市场监督管理部门如实反映质量安全问题；

（十）组织对质量安全员定期进行教育和培训；

（十一）接受和配合市场监督管理部门开展的监督检查和事故调查，并如实提供有关材料；

（十二）履行市场监督管理部门规定和本单位要求的其他压力容器质量安全管理职责。

压力容器生产单位应当按照前款规定，结合本单位实际，细化制定《压力容器质量安全总监职责》。

第二十三条　质量安全员按照职责要求，对质量安全总监或者单位主要负责人负责，承担下列职责：

（一）负责审核质量控制程序文件和作业指导书；

（二）按照安全技术规范和质量保证手册要求，审查确认相关工作见证，检查生产过程的质量控制程序和要求实施情况；

（三）发现问题应当与当事人及时联系、解决，必要时责令停止当事人的工作，将情况向质量安全总监报告；

（四）组织对相关技术人员定期进行教育和培训；

（五）配合检验机构做好压力容器型式试验、监督检验等工作；

（六）接受和配合市场监督管理部门开展的监督检查和事故调查，并如实提供有关材料；

（七）履行市场监督管理部门规定和本单位要求的其他压力容器质量安全管理职责。

压力容器生产单位应当按照前款规定，结合本单位实际，细化制定《压力容器质量安全员守则》。

第二十四条　压力容器生产单位应当建立基于压力容器质量安全风险防控的动态管理机制，结合本单位实际，落实自查要求，制定《压力容器质量安全风险管控清单》，建立健全日管控、周排查、月调度工作制度和机制。

第二十五条　压力容器生产单位应当建立压力容器质量安全日管控制度。质量安全员要每日根据《压力容器质量安全风险管控清单》进行检查，形成《每日压力容器质量安全检查记录》，对发现的质量安全风险隐患，应当立即采取防范措施，及时上报质量安全总监或者单位主要负责人。未发现问题的，也应当予以记录，实行零风险报告。

第二十六条　压力容器生产单位应当建立压力容器质量安全周排查制度。质量安全总监要每周至少组织一次风险隐患排查，分析研判压力容器质量安全管理情况，研究解决日管控中发现的问题，形成《每周压力容器质量安全排查治理报告》。

第二十七条　压力容器生产单位应当建立压力容器质量安全月调度制度。单位主要负责人要每月至少听取一次质量安全总监管理工作情况汇报，对当月压力容器质量安全日常管理、风险隐患排查治理等情况进行总结，对下个月重点工作作出调度安排，形成《每月压力容器质量安全调度会议纪要》。

第二十八条　压力容器生产单位应当将主要负责人、质量安全总监和质量安全员的设立、调整情况，《压力容器质量安全风险管控清单》、《压力容器质量安全总监职责》、《压力容器质量安全员守则》以及质量安全总监、质量安全员提出的意见建议、报告和问题整改落实等履职情况予以记录并存档备查。

第二十九条　市场监督管理部门应当将压力容器生产单位建立并落实压力容器质量安全责任制等管理制度，在日管控、周排查、月调度中发现的压力容器质量安全风险隐患以及整改情况作为监督检查的重要内容。

第三十条　压力容器生产单位应当对质量安全总监和质量安全员进行法律法规、标准和专业知识培训、考核，同时对培训、考核情况予以记录并存档备查。

县级以上地方市场监督管理部门按照国家市场监督管理总局制定的《压力容器质量安全管理人员考核指南》，组织对本辖区内压力容器生产单位的质量安全总监和质量安全员随机进行监督抽查考核并公布考核结果。监督抽查考核不得收取费用。

监督抽查考核不合格，不再符合压力容器生产要求的，生产单位应当立即采取整改措施。

第三十一条　压力容器生产单位应当为质量安全总监和质量安全员提供必要的工作条件、教育培训和岗位待遇，充分保障其依法履行职责。

鼓励压力容器生产单位建立对质量安全总监和质量安全员的激励约束机制，对工作成效显著的给予表彰和奖励，对履职不到位的予以惩戒。

市场监督管理部门在查处压力容器生产单位违法行为时，应当将压力容器生产单位落实质量安全主体责任情况作为判断其主观过错、违法情节、处罚幅度等考量的重要因素。

压力容器生产单位及其主要负责人无正当理由未采纳质量安全总监和质量安全员依照本规定第二十条提出的意见或者建议的，应当认为质量安全总监和质量安全员已经依法履职尽责，不予处罚。

第三十二条　压力容器生产单位未按规定建立压力容器质量安全管理制度，或者未按规定配备、培训、考核质量安全总监和质量安全员的，由县级以上地方市场监督管理部门责令改正并给予通报批评；拒不改正的，处五千元以上五万元以下罚款，并将处罚情况纳入国家企业信用信息公示系统。法律、行政法规另有规定的，依照其规定执行。

压力容器生产单位主要负责人、质量安全总监、质量安全员未按规定要求落实质量安全责任的，由县级以上地方市场监督管理部门责令改正并给予通报批评；拒不改正的，对责任人处二千元以上一万元以下罚款。法律、行政法规另有规定的，依照其规定执行。

第三十三条　本规定下列用语的含义是：

（一）压力容器生产单位主要负责人是指本单位的法定代表人、法定代表委托人或者实际控制人；

（二）质量安全总监是指本单位管理层中负责质量保证系统安全运转的管理人员；

（三）质量安全员是指本单位具体负责质量过程控制的检查人员。

第四章　气　　瓶

第三十四条　气瓶生产单位应当依法配备质量安全总监和质量安全员，明确质量安全总监和质量安全员的岗位职责。

气瓶生产单位主要负责人对本单位气瓶质量安全全面负责，建立并落实气瓶质量安全主体责任的长效机制。质量安全总监和质量安全员应当按照岗位职责，协助单位主要负责人做好气瓶质量安全管理工作。

第三十五条　气瓶生产单位主要负责人应当支持和保障质量安全总监和质量安全员依法开展气瓶质量安全管理工作，在作出涉及气瓶质量安全的重大决策前，应当充分听取质量安全总监和质量安全员的意见和建议。

质量安全总监、质量安全员发现气瓶产品存在危及安全的缺陷时，应当提出停止相关气瓶生产等否决建议，气瓶生产单位应当立即分析研判，采取处置措施，消除风险隐患。对已经出厂的产品发现存在同一性缺陷的，应当依法及时召回，并报当地省级市场监督管理部门。

第三十六条　质量安全总监和质量安全员应当具备下列气瓶质量安全管理能力：

（一）熟悉气瓶生产相关法律法规、安全技术规范、标准和本单位质量保证体系；

（二）质量安全总监不得兼任质量安全员，质量安全员最多只能担任两个不相关的质量控制岗位；

（三）具备识别和防控气瓶质量安全风险的专业知识；

（四）熟悉本单位气瓶质量安全相关的设施设备、工艺流程、操作规程等生产过程控制要求；

（五）具有与所负责工作相关的专业教育背景和工作经验，熟悉任职岗位的工作任务和要求；

（六）符合特种设备法律法规和安全技术规范的其他要求。

第三十七条　质量安全总监按照职责要求，直接对本单位主要负责人负责，承担下列职责：

（一）组织贯彻、实施气瓶有关的法律法规、安全技术规范及相关标准，对质量保证系统的实施负责；

（二）组织制定质量保证手册、程序文件、作业指导书等质量保证体系文件，批准程序文件；

（三）指导和协调、监督检查质量保证体系各质量控制系统的工作；

（四）组织建立并持续维护气瓶质量安全追溯体系；

（五）组织质量分析、质量审核并协助进行管理评审工作；

（六）实施对不合格品（项）的控制，行使质量安全一票否决权；

（七）建立企业公告板制度，对所生产的气瓶安全事故事件、质量缺陷和事故隐患等情况，及时予以公示；

（八）组织建立和健全内外部质量信息反馈和处理的信息系统；

（九）向市场监督管理部门如实反映质量安全问题；

（十）组织对质量安全员定期进行教育和培训；

（十一）接受和配合市场监督管理部门开展的监督检查和事故调查，并如实提供有关材料；

（十二）履行市场监督管理部门规定和本单位要求的其他气瓶质量安全管理职责。

气瓶生产单位应当按照前款规定，结合本单位实际，细化制定《气瓶质量安全总监职责》。

第三十八条　质量安全员按照职责要求，对质量安全总监或者单位主要负责人负责，承担下列职责：

（一）负责审核质量控制程序文件和作业指导书；

（二）按照安全技术规范和质量保证手册要求，审查确认相关工作见证，检查生产过程的质量控制程序和要求实施情况；

（三）落实本单位气瓶制造质量安全追溯信息平台各项功能，并实施每日检查；

（四）发现问题应当与当事人及时联系、解决，必要时责令停止当事人的工作，将情况向质量安全总监报告；

（五）组织对相关技术人员定期进行教育和培训；

（六）配合检验机构做好气瓶设计文件鉴定、型式试验、监督检验等工作；

（七）接受和配合市场监督管理部门开展的监督检查和事故调查，并如实提供有关材料；

（八）履行市场监督管理部门规定和本单位要求的其他气瓶质量安全管理职责。

气瓶生产单位应当按照前款规定，结合本单位实际，细化制定《气瓶质量安全员守则》。

第三十九条　气瓶生产单位应当建立基于气瓶质量安全风险防控的动态管理机制，结合本单位实际，落实自查要求，制定《气瓶质量安全风险管控清单》，建立健全日管控、周排查、月调度工作制度和机制。

第四十条　气瓶生产单位应当建立气瓶质量安全日管控制度。质量安全员要每日根据《气瓶质量安全风险管控清单》进行检查，形成《每日气瓶质量安全检查记录》，对发现的质量安全风险隐患，应当立即采取防范措施，及时上报质量安全总监或者单位主要负责人。未发现问题的，也应当予以记录，实行零风险报告。

第四十一条　气瓶生产单位应当建立气瓶质量安全周排查制度。质量安全总监要每周至少组织一次风险隐患排查，分析研判气瓶质量安全管理情况，研究解决日管控中发现的问题，形成《每周气瓶质量安全排查治理报告》。

第四十二条　气瓶生产单位应当建立气瓶质量安全月调度制度。单位主要负责人要每月至少听取一次质量安全总监管理工作情况汇报，对当月气瓶质量安全日常管理、风险隐患排查治理等情况进行总结，对下个月重点工作作出调度安排，形成《每月气瓶质量安全调度会议纪要》。

第四十三条　气瓶生产单位应当将主要负责人、质量安全总监和质量安全员的设立、调整情况，《气瓶质量安全风险管控清单》、《气瓶质量安全总监职责》、《气瓶质量安全员守则》以及质量安全总监、质量安全员提出的意见建议、报告和问题整改落实等履职情况予以记录并存档备查。

第四十四条　市场监督管理部门应当将气瓶生产单位建立并落实气瓶质量安全责任制等管理制度，在日管控、周排查、月调度中发现的气瓶质量安全风险隐患以及整改情况作为监督检查的重要内容。

第四十五条　气瓶生产单位应当对质量安全总监和质量安全员进行法律法规、标准和专业知识培训、考核，同时对培训、考核情况予以记录并存档备查。

县级以上地方市场监督管理部门按照国家市场监督管理总局制定的《气瓶质量安全管理人员考核指南》，组织对本辖区内气瓶生产单位的质量安全总监和质量安全员随机进行监督抽查考核并公布考核结果。监督抽查考核不得收取费用。

监督抽查考核不合格，不再符合气瓶生产要求的，生产单位应当立即采取整改措施。

第四十六条　气瓶生产单位应当为质量安全总监和质量安全员提供必要的工作条件、教育培训和岗位待遇，充分保障其依法履行职责。

鼓励气瓶生产单位建立对质量安全总监和质量安全员的激励约束机制，对工作成效显著的给予表彰和奖励，对履职不到位的予以惩戒。

市场监督管理部门在查处气瓶生产单位违法行为时，应当将气瓶生产单位落实质量安全主体责任情况作为判断其主观过错、违法情节、处罚幅度等考量的重要因素。

气瓶生产单位及其主要负责人无正当理由未采纳质量安全总监和质量安全员依照本规定第三十五条提出的意见或者建议的，应当认为质量安全总监和质量安全员已经依法履职尽责，不予处罚。

第四十七条　气瓶生产单位未按规定建立气瓶质量安全管理制度，或者未按规定配备、培训、考核质量安全总监和质量安全员的，由县级以上地方市场监督管理部门责令改正并给予通报批评；拒不改正的，处五千元以上五万元以下罚款，并将处罚情况纳入国家企业信用信息公示系统。法律、行政法规另有规定的，依照其规定执行。

气瓶生产单位主要负责人、质量安全总监、质量安全员未按规定要求落实质量安全责任的，由县级以上地方市场监督管理部门责令改正并给予通报批评；拒不改正的，对责任人处二千元以上一万元以下罚款。法律、行政法规另有规定的，依照其规定执行。

第四十八条　本规定下列用语的含义是：

（一）气瓶生产单位主要负责人是指本单位的法定代表人、法定代表委托人或者实际控制人；

（二）质量安全总监是指本单位管理层中负责质量保证系统安全运转的管理人员；

（三）质量安全员是指本单位具体负责质量过程控制的检查人员。

第五章　压力管道

第四十九条　压力管道生产单位应当依法配备质量安全总监和质量安全员，明确质量安全总监和质量安全员的岗位职责。

压力管道生产单位主要负责人对本单位压力管道质量安全全面负责，建立并落实压力管道质量安全主体责任的长效机制。质量安全总监和质量安全员应当按照岗位职责，协助单位主要负责人做好压力管道质量安全管理工作。

第五十条　压力管道生产单位主要负责人应当支持和保障质量安全总监和质量安全员依法开展压力管道质量安全管理工作，在作出涉及压力管道质量安全的重大决策前，应当充分听取质量安全总监和质量安全员的意见和建议。

质量安全总监、质量安全员发现压力管道产品存在危及安全的缺陷时，应当提出停止相关压力管道生产等否决建议，压力管道生产单位应当立即分析研判，采取处置措施，消除风险隐患。对已经出厂的产品发现存在同一性缺陷的，应当依法及时召回，并报当地省级市场监督管理部门。

第五十一条　质量安全总监和质量安全员应当具备下列压力管道质量安全管理能力：

（一）熟悉压力管道生产相关法律法规、安全技术规范、标准和本单位质量保证体系；

（二）质量安全总监不得兼任质量安全员，质量安全员最多只能担任两个不相关的质量控制岗位；

（三）具备识别和防控压力管道质量安全风险的专业知识；

（四）熟悉本单位压力管道质量安全相关的设施设备、工艺流程、操作规程等生产过程控制要求；

（五）具有与所负责工作相关的专业教育背景和工作经验，熟悉任职岗位的工作任务和要求；

（六）符合特种设备法律法规和安全技术规范的其他要求。

第五十二条　质量安全总监按照职责要求，直接对本单位主要负责人负责，承担下列职责：

（一）组织贯彻、实施压力管道有关的法律法规、安全技术规范及相关标准，对质量保证系统的实施负责；

（二）组织制定质量保证手册、程序文件、作业指导书等质量保证体系文件，批准程序文件；

（三）指导和协调、监督检查质量保证体系各质量控制系统的工作；

（四）组织建立并持续维护压力管道质量安全追溯体系；

（五）组织质量分析、质量审核并协助进行管理评审工作；

（六）实施对不合格品（项）的控制，行使质量安全一票否决权；

（七）建立企业公告板制度，对所生产的压力管道安全事故事件、质量缺陷和事故隐患等情况，及时予以公示；

（八）组织建立和健全内外部质量信息反馈和处理的信息系统；

（九）向市场监督管理部门如实反映质量安全问题；

（十）组织对质量安全员定期进行教育和培训；

（十一）接受和配合市场监督管理部门开展的监督检查和事故调查，并如实提供有关材料；

（十二）履行市场监督管理部门规定和本单位要求的其他压力管道质量安全管理职责。

压力管道生产单位应当按照前款规定，结合本单位实际，细化制定《压力管道质量安全总监职责》。

第五十三条　质量安全员按照职责要求，对质量安全总监或者单位主要负责人负责，承担下列职责：

（一）负责审核质量控制程序文件和作业指导书；

（二）按照安全技术规范和质量保证手册要求，审查确认相关工作见证，检查生产过程的质量控制程序和要求实施情况；

（三）发现问题应当与当事人及时联系、解决，必要时责令停止当事人的工作，将情况向质量安全总监报告；

（四）组织对相关技术人员定期进行教育和培训；

（五）配合检验机构做好压力管道元件型式试验、压力管道监督检验等工作；

（六）接受和配合市场监督管理部门开展的监督检查和事故调查，并如实提供有关材料；

（七）履行市场监督管理部门规定和本单位要求的其他压力管道质量安全管理职责。

压力管道生产单位应当按照前款规定，结合本单位实际，细化制定《压力管道质量安全员守则》。

第五十四条　压力管道生产单位应当建立基于压力管道质量安全风险防控的动态管理机制，结合本单位实际，落实自查要求，制定《压力管道质量安全风险管控清单》，建立健全日管控、周排查、月调度工作制度和机制。

第五十五条　压力管道生产单位应当建立压力管道质量安全日管控制度。质量安全员要每日根据《压力管道质量安全风险管控清单》进行检查，形成《每日压力管道质量安全检查记录》，对发现的质量安全风险隐患，应当立即采取防范措施，及时上报质量安全总监或者单位主要负责人。未发现问题的，也应当予以记录，实行零风险报告。

第五十六条　压力管道生产单位应当建立压力管道质量安全周排查制度。质量安全总监要每周至少组织一次风险隐患排查，分析研判压力管道质量安全管理情况，研究解决日管控中发现的问题，形成《每周压力管道质量安全排查治理报告》。

第五十七条　压力管道生产单位应当建立压力管道质量安全月调度制度。单位主要负责人要每月至少听取一次质量安全总监管理工作情况汇报，对当月压力管道质量安全日常管理、风险隐患排查治理等情况进行总结，对下个月重点工作作出调度安排，形成《每月压力管道质量安全调度会议纪要》。

第五十八条　压力管道生产单位应当将主要负责人、质量安全总监和质量安全员的设立、调整情况，《压力管道质量安全风险管控清单》、《压力管道质量安全总监职责》、《压力管道质量安全员守则》以及质量安全总监、质量安全员提出的意见建议、报告和问题整改落实等履职情况予以记录并存档备查。

第五十九条　市场监督管理部门应当将压力管道生产单位建立并落实压力管道质量安全责任制等管理制度，在日管控、周排查、月调度中发现的压力管道质量安全风险隐患以及整改情况作为监督检查的重要内容。

第六十条　压力管道生产单位应当对质量安全总监和质量安全员进行法律法规、标准和专业知识培训、考核，同时对培训、考核情况予以记录并存档备查。

县级以上地方市场监督管理部门按照国家市场监督管理总局制定的《压力管道质量安全管理人员考核指南》，组织对本辖区内压力管道生产单位的质量安全总监和质量安全员随机进行监督抽查考核并公布考核结果。监督抽查考核不得收取费用。

监督抽查考核不合格，不再符合压力管道生产要求的，生产单位应当立即采取整改措施。

第六十一条　压力管道生产单位应当为质量安全总监和

质量安全员提供必要的工作条件、教育培训和岗位待遇,充分保障其依法履行职责。

鼓励压力管道生产单位建立对质量安全总监和质量安全员的激励约束机制,对工作成效显著的给予表彰和奖励,对履职不到位的予以惩戒。

市场监督管理部门在查处压力管道生产单位违法行为时,应当将压力管道生产单位落实质量安全主体责任情况作为判断其主观过错、违法情节、处罚幅度等考量的重要因素。

压力管道生产单位及其主要负责人无正当理由未采纳质量安全总监和质量安全员依照本规定第五十条提出的意见或者建议的,应当认为质量安全总监和质量安全员已经依法履职尽责,不予处罚。

第六十二条 压力管道生产单位未按规定建立压力管道质量安全管理制度,或者未按规定配备、培训、考核质量安全总监和质量安全员的,由县级以上地方市场监督管理部门责令改正并给予通报批评;拒不改正的,处五千元以上五万元以下罚款,并将处罚情况纳入国家企业信用信息公示系统。法律、行政法规另有规定的,依照其规定执行。

压力管道生产单位主要负责人、质量安全总监、质量安全员未按规定要求落实质量安全责任的,由县级以上地方市场监督管理部门责令改正并给予通报批评;拒不改正的,对责任人处二千元以上一万元以下罚款。法律、行政法规另有规定的,依照其规定执行。

第六十三条 本规定下列用语的含义是:

(一)压力管道生产单位主要负责人是指本单位的法定代表人、法定代表委托人或者实际控制人;

(二)质量安全总监是指本单位管理层中负责质量保证系统安全运转的管理人员;

(三)质量安全员是指本单位具体负责质量过程控制的检查人员;

(四)压力管道生产单位是指压力管道设计、安装、改造、修理单位或者压力管道元件制造单位。

第六章 电 梯

第六十四条 电梯制造单位进行电梯及其安全保护装置和主要部件的设计时,应当开展有关电梯安全性能的风险评价,采取适当措施消除风险隐患,保证其所设计的电梯及其安全保护装置和主要部件不存在危及人身、财产安全等危险。

电梯制造单位应当明确电梯的主要部件和安全保护装置质量保证期限自监督检验合格起不得低于五年。在质量保证期限内,存在质量问题的,电梯的制造单位应当负责免费修理或者更换。对本单位制造并已经投入使用的电梯,电梯制造单位应提供必要的技术服务和必需的备品配件,指导并协助解决电梯使用过程中涉及的质量安全问题。

第六十五条 电梯生产单位应当依法配备质量安全总监和质量安全员,明确质量安全总监和质量安全员的岗位职责。

电梯生产单位主要负责人对本单位电梯质量安全全面负责,建立并落实电梯质量安全主体责任的长效机制。质量安全总监和质量安全员应当按照岗位职责,协助单位主要负责人做好电梯质量安全管理工作。

第六十六条 电梯生产单位主要负责人应当支持和保障质量安全总监和质量安全员依法开展电梯质量安全管理工作,在作出涉及电梯质量安全的重大决策前,应当充分听取质量安全总监和质量安全员的意见和建议。

质量安全总监、质量安全员发现电梯产品存在危及安全的缺陷时,应当提出停止相关电梯生产等否决建议,电梯生产单位应当立即分析研判,采取处置措施,消除风险隐患。对已经出厂的产品发现存在同一性缺陷的,应当依法及时召回,并报当地省级市场监督管理部门。

第六十七条 质量安全总监和质量安全员应当具备下列电梯质量安全管理能力:

(一)熟悉电梯生产相关法律法规、安全技术规范、标准和本单位质量保证体系;

(二)质量安全总监不得兼任质量安全员,质量安全员最多只能担任两个不相关的质量控制岗位;

(三)具备识别和防控电梯质量安全风险的专业知识;

(四)熟悉本单位电梯质量安全相关的设施设备、工艺流程、操作规程等生产过程控制要求;

(五)具有与所负责工作相关的专业教育背景和工作经验,熟悉任职岗位的工作任务和要求;

(六)符合特种设备法律法规和安全技术规范的其他要求。

第六十八条 质量安全总监按照职责要求,直接对本单位主要负责人负责,承担下列职责:

(一)组织贯彻、实施电梯有关的法律法规、安全技术规范及相关标准,对质量保证系统的实施负责;

(二)组织制定质量保证手册、程序文件、作业指导书等质量保证体系文件,批准程序文件;

(三)指导和协调、监督检查质量保证体系各质量控制系统的工作;

（四）组织建立并持续维护电梯质量安全追溯体系、关键部件寿命公示和产品质量保证期限工作；

（五）组织质量分析、质量审核并协助进行管理评审工作；

（六）实施对不合格品（项）的控制，行使质量安全一票否决权；

（七）建立企业公告板制度，对所生产的电梯安全事故事件、质量缺陷和事故隐患等情况，及时予以公示；

（八）组织建立和健全内外部质量信息反馈和处理的信息系统；

（九）向市场监督管理部门如实反映质量安全问题；

（十）组织对质量安全员定期进行教育和培训；

（十一）接受和配合市场监督管理部门开展的监督检查和事故调查，并如实提供有关材料；

（十二）履行市场监督管理部门规定和本单位要求的其他电梯质量安全管理职责。

电梯生产单位应当按照前款规定，结合本单位实际，细化制定《电梯质量安全总监职责》。

第六十九条　质量安全员按照职责要求，对质量安全总监或者单位主要负责人负责，承担下列职责：

（一）负责审核质量控制程序文件和作业指导书；

（二）按照安全技术规范和质量保证手册要求，审查确认相关工作见证，检查生产过程的质量控制程序和要求实施情况；

（三）发现问题应当与当事人及时联系、解决，必要时责令停止当事人的工作，将情况向质量安全总监报告；

（四）组织对相关技术人员定期进行教育和培训；

（五）配合检验机构做好电梯型式试验、监督检验等工作；

（六）接受和配合市场监督管理部门开展的监督检查和事故调查，并如实提供有关材料；

（七）履行市场监督管理部门规定和本单位要求的其他电梯质量安全管理职责。

电梯生产单位应当按照前款规定，结合本单位实际，细化制定《电梯质量安全员守则》。

第七十条　电梯生产单位应当建立基于电梯质量安全风险防控的动态管理机制，结合本单位实际，落实自查要求，制定《电梯质量安全风险管控清单》，建立健全日管控、周排查、月调度工作制度和机制。

第七十一条　电梯生产单位应当建立电梯质量安全日管控制度。质量安全员要每日根据《电梯质量安全风险管控清单》进行检查，形成《每日电梯质量安全检查记录》，对发现的质量安全风险隐患，应当立即采取防范措施，及时上报质量安全总监或者单位主要负责人。未发现问题的，也应当予以记录，实行零风险报告。

第七十二条　电梯生产单位应当建立电梯质量安全周排查制度。质量安全总监要每周至少组织一次风险隐患排查，分析研判电梯质量安全管理情况，研究解决日管控中发现的问题，形成《每周电梯质量安全排查治理报告》。

第七十三条　电梯生产单位应当建立电梯质量安全月调度制度。单位主要负责人要每月至少听取一次质量安全总监管理工作情况汇报，对当月电梯质量安全日常管理、风险隐患排查治理等情况进行总结，对下个月重点工作作出调度安排，形成《每月电梯质量安全调度会议纪要》。

第七十四条　电梯生产单位应当将主要负责人、质量安全总监和质量安全员的设立、调整情况，《电梯质量安全风险管控清单》、《电梯质量安全总监职责》、《电梯质量安全员守则》以及质量安全总监、质量安全员提出的意见建议、报告和问题整改落实等履职情况予以记录并存档备查。

第七十五条　市场监督管理部门应当将电梯生产单位建立并落实电梯质量安全责任制等管理制度，在日管控、周排查、月调度中发现的电梯质量安全风险隐患以及整改情况作为监督检查的重要内容。

第七十六条　电梯生产单位应当对质量安全总监和质量安全员进行法律法规、标准和专业知识培训、考核，同时对培训、考核情况予以记录并存档备查。

县级以上地方市场监督管理部门按照国家市场监督管理总局制定的《电梯质量安全管理人员考核指南》，组织对本辖区内电梯生产单位的质量安全总监和质量安全员随机进行监督抽查考核并公布考核结果。监督抽查考核不得收取费用。

监督抽查考核不合格，不再符合电梯生产要求的，生产单位应当立即采取整改措施。

第七十七条　电梯生产单位应当为质量安全总监和质量安全员提供必要的工作条件、教育培训和岗位待遇，充分保障其依法履行职责。

鼓励电梯生产单位建立对质量安全总监和质量安全员的激励约束机制，对工作成效显著的给予表彰和奖励，对履职不到位的予以惩戒。

市场监督管理部门在查处电梯生产单位违法行为

时，应当将电梯生产单位落实质量安全主体责任情况作为判断其主观过错、违法情节、处罚幅度等考量的重要因素。

电梯生产单位及其主要负责人无正当理由未采纳质量安全总监和质量安全员依照本规定第六十六条提出的意见或者建议的，应当认为质量安全总监和质量安全员已经依法履职尽责，不予处罚。

第七十八条 电梯生产单位未按规定建立电梯质量安全管理制度，或者未按规定配备、培训、考核质量安全总监和质量安全员的，由县级以上地方市场监督管理部门责令改正并给予通报批评；拒不改正的，处五千元以上五万元以下罚款，并将处罚情况纳入国家企业信用信息公示系统。法律、行政法规另有规定的，依照其规定执行。

电梯生产单位主要负责人、质量安全总监、质量安全员未按规定要求落实质量安全责任的，由县级以上地方市场监督管理部门责令改正并给予通报批评；拒不改正的，对责任人处二千元以上一万元以下罚款。法律、行政法规另有规定的，依照其规定执行。

第七十九条 本规定下列用语的含义是：

（一）电梯生产单位主要负责人是指本单位的法定代表人、法定代表委托人或者实际控制人；

（二）质量安全总监是指本单位管理层中负责质量保证系统安全运转的管理人员；

（三）质量安全员是指本单位具体负责质量过程控制的检查人员。

第七章 起重机械

第八十条 起重机械生产单位应当依法配备质量安全总监和质量安全员，明确质量安全总监和质量安全员的岗位职责。

起重机械生产单位主要负责人对本单位起重机械质量安全全面负责，建立并落实起重机械质量安全主体责任的长效机制。质量安全总监和质量安全员应当按照岗位职责，协助单位主要负责人做好起重机械质量安全管理工作。

第八十一条 起重机械生产单位主要负责人应当支持和保障质量安全总监和质量安全员依法开展起重机械质量安全管理工作，在作出涉及起重机械质量安全的重大决策前，应当充分听取质量安全总监和质量安全员的意见和建议。

质量安全总监、质量安全员发现起重机械产品存在危及安全的缺陷时，应当提出停止相关起重机械生产等否决建议，起重机械生产单位应当立即分析研判，采取处置措施，消除风险隐患。对已经出厂的产品发现存在同一性缺陷的，应当依法及时召回，并报当地省级市场监督管理部门。

第八十二条 质量安全总监和质量安全员应当具备下列起重机械质量安全管理能力：

（一）熟悉起重机械生产相关法律法规、安全技术规范、标准和本单位质量保证体系；

（二）质量安全总监不得兼任质量安全员，质量安全员最多只能担任两个不相关的质量控制岗位；

（三）具备识别和防控起重机械质量安全风险的专业知识；

（四）熟悉本单位起重机械质量安全相关的设施设备、工艺流程、操作规程等生产过程控制要求；

（五）具有与所负责工作相关的专业教育背景和工作经验，熟悉任职岗位的工作任务和要求；

（六）符合特种设备法律法规和安全技术规范的其他要求。

第八十三条 质量安全总监按照职责要求，直接对本单位主要负责人负责，承担下列职责：

（一）组织贯彻、实施起重机械有关的法律法规、安全技术规范及相关标准，对质量保证系统的实施负责；

（二）组织制定质量保证手册、程序文件、作业指导书等质量保证体系文件，批准程序文件；

（三）指导和协调、监督检查质量保证体系各质量控制系统的工作；

（四）组织建立并持续维护起重机械质量安全追溯体系；

（五）组织质量分析、质量审核并协助进行管理评审工作；

（六）实施对不合格品（项）的控制，行使质量安全一票否决权；

（七）建立企业公告板制度，对所生产的起重机械安全事故事件、质量缺陷和事故隐患等情况，及时予以公示；

（八）组织建立和健全内外部质量信息反馈和处理的信息系统；

（九）向市场监督管理部门如实反映质量安全问题；

（十）组织对质量安全员定期进行教育和培训；

（十一）接受和配合市场监督管理部门开展的监督检查和事故调查，并如实提供有关材料；

（十二）履行市场监督管理部门规定和本单位要

求的其他起重机械质量安全管理职责。

起重机械生产单位应当按照前款规定，结合本单位实际，细化制定《起重机械质量安全总监职责》。

第八十四条　质量安全员按照职责要求，对质量安全总监或者单位主要负责人负责，承担下列职责：

（一）负责审核质量控制程序文件和作业指导书；

（二）按照安全技术规范和质量保证手册要求，审查确认相关工作见证，检查生产过程的质量控制程序和要求实施情况；

（三）发现问题应当与当事人及时联系、解决，必要时责令停止当事人的工作，将情况向质量安全总监报告；

（四）组织对相关技术人员定期进行教育和培训；

（五）配合检验机构做好起重机械型式试验、监督检验等工作；

（六）接受和配合市场监督管理部门开展的监督检查和事故调查，并如实提供有关材料；

（七）履行市场监督管理部门规定和本单位要求的其他起重机械质量安全管理职责。

起重机械生产单位应当按照前款规定，结合本单位实际，细化制定《起重机械质量安全员守则》。

第八十五条　起重机械生产单位应当建立基于起重机械质量安全风险防控的动态管理机制，结合本单位实际，落实自查要求，制定《起重机械质量安全风险管控清单》，建立健全日管控、周排查、月调度工作制度和机制。

第八十六条　起重机械生产单位应当建立起重机械质量安全日管控制度。质量安全员要每日根据《起重机械质量安全风险管控清单》进行检查，形成《每日起重机械质量安全检查记录》，对发现的质量安全风险隐患，应当立即采取防范措施，及时上报质量安全总监或者单位主要负责人。未发现问题的，也应当予以记录，实行零风险报告。

第八十七条　起重机械生产单位应当建立起重机械质量安全周排查制度。质量安全总监要每周至少组织一次风险隐患排查，分析研判起重机械质量安全管理情况，研究解决日管控中发现的问题，形成《每周起重机械质量安全排查治理报告》。

第八十八条　起重机械生产单位应当建立起重机械质量安全月调度制度。单位主要负责人要每月至少听取一次质量安全总监管理工作情况汇报，对当月起重机械质量安全日常管理、风险隐患排查治理等情况进行总结，对下个月重点工作作出调度安排，形成《每月起重机械质量安全调度会议纪要》。

第八十九条　起重机械生产单位应当将主要负责人、质量安全总监和质量安全员的设立、调整情况，《起重机械质量安全风险管控清单》、《起重机械质量安全总监职责》、《起重机械质量安全员守则》以及质量安全总监、质量安全员提出的意见建议、报告和问题整改落实等履职情况予以记录并存档备查。

第九十条　市场监督管理部门应当将起重机械生产单位建立并落实起重机械质量安全责任制等管理制度，在日管控、周排查、月调度中发现的起重机械质量安全风险隐患以及整改情况作为监督检查的重要内容。

第九十一条　起重机械生产单位应当对质量安全总监和质量安全员进行法律法规、标准和专业知识培训、考核，同时对培训、考核情况予以记录并存档备查。

县级以上地方市场监督管理部门按照国家市场监督管理总局制定的《起重机械质量安全管理人员考核指南》，组织对本辖区内起重机械生产单位的质量安全总监和质量安全员随机进行监督抽查考核并公布考核结果。监督抽查考核不得收取费用。

监督抽查考核不合格，不再符合起重机械生产要求的，生产单位应当立即采取整改措施。

第九十二条　起重机械生产单位应当为质量安全总监和质量安全员提供必要的工作条件、教育培训和岗位待遇，充分保障其依法履行职责。

鼓励起重机械生产单位建立对质量安全总监和质量安全员的激励约束机制，对工作成效显著的给予表彰和奖励，对履职不到位的予以惩戒。

市场监督管理部门在查处起重机械生产单位违法行为时，应当将起重机械生产单位落实质量安全主体责任情况作为判断其主观过错、违法情节、处罚幅度等考量的重要因素。

起重机械生产单位及其主要负责人无正当理由未采纳质量安全总监和质量安全员依照本规定第八十一条提出的意见或者建议的，应当认为质量安全总监和质量安全员已经依法履职尽责，不予处罚。

第九十三条　起重机械生产单位未按规定建立起重机械质量安全管理制度，或者未按规定配备、培训、考核质量安全总监和质量安全员的，由县级以上地方市场监督管理部门责令改正并给予通报批评；拒不改正的，处五千元以上五万元以下罚款，并将处罚情况纳入国家企业信用信息公示系统。法律、行政法规另有规定的，依照其规定执行。

起重机械生产单位主要负责人、质量安全总监、质量安全员未按规定要求落实质量安全责任的，由县级以上地方市场监督管理部门责令改正并给予通报批评；拒不改正的，对责任人处二千元以上一万元以下罚款。法律、行政法规另有规定的，依照其规定执行。

第九十四条　本规定下列用语的含义是：

（一）起重机械生产单位主要负责人是指本单位的法定代表人、法定代表委托人或者实际控制人；

（二）质量安全总监是指本单位管理层中负责质量保证系统安全运转的管理人员；

（三）质量安全员是指本单位具体负责质量过程控制的检查人员。

第八章　客 运 索 道

第九十五条　客运索道制造单位进行客运索道及其安全保护装置和主要部件的设计时，应当开展有关客运索道安全性能的风险评价，采取适当措施消除风险隐患，保证其所设计的客运索道及其安全保护装置和主要部件不存在危及人身、财产安全等危险。

对本单位制造并已经投入使用的客运索道，客运索道制造单位应提供必要的技术服务和必需的备品配件，指导并协助解决客运索道使用过程中涉及的质量安全问题。

第九十六条　客运索道生产单位应当依法配备质量安全总监和质量安全员，明确质量安全总监和质量安全员的岗位职责。

客运索道生产单位主要负责人对本单位客运索道质量安全全面负责，建立并落实客运索道质量安全主体责任的长效机制。质量安全总监和质量安全员应当按照岗位职责，协助单位主要负责人做好客运索道质量安全管理工作。

第九十七条　客运索道生产单位主要责任人应当支持和保障质量安全总监和质量安全员依法开展客运索道质量安全管理工作，在作出涉及客运索道质量安全的重大决策前，应当充分听取质量安全总监和质量安全员的意见和建议。

质量安全总监、质量安全员发现客运索道产品存在危及安全的缺陷时，应当提出停止相关客运索道生产等否决建议，客运索道生产单位应当立即分析研判，采取处置措施，消除风险隐患。对已经出厂的产品发现存在同一性缺陷的，应当依法及时召回，并报当地省级市场监督管理部门。

第九十八条　质量安全总监和质量安全员应当具备下列客运索道质量安全管理能力：

（一）熟悉客运索道生产相关法律法规、安全技术规范、标准和本单位质量保证体系；

（二）质量安全总监不得兼任质量安全员，质量安全员最多只能担任两个不相关的质量控制岗位；

（三）具备识别和防控客运索道质量安全风险的专业知识；

（四）熟悉本单位客运索道质量安全相关的设施设备、工艺流程、操作规程等生产过程控制要求；

（五）具有与所负责工作相关的专业教育背景和工作经验，熟悉任职岗位的工作任务和要求；

（六）符合特种设备法律法规和安全技术规范的其他要求。

第九十九条　质量安全总监按照职责要求，直接对本单位主要负责人负责，承担下列职责：

（一）组织贯彻、实施客运索道有关的法律法规、安全技术规范及相关标准，对质量保证系统的实施负责；

（二）组织制定质量保证手册、程序文件、作业指导书等质量保证体系文件，批准程序文件；

（三）指导和协调、监督检查质量保证体系各质量控制系统的工作；

（四）组织建立并持续维护客运索道质量安全追溯体系；

（五）组织质量分析、质量审核并协助进行管理评审工作；

（六）实施对不合格品（项）的控制，行使质量安全一票否决权；

（七）建立企业公告板制度，对所生产的客运索道安全事故事件、质量缺陷和事故隐患等情况，及时予以公示；

（八）组织建立和健全内外部质量信息反馈和处理的信息系统；

（九）向市场监督管理部门如实反映质量安全问题；

（十）组织对质量安全员定期进行教育和培训；

（十一）接受和配合市场监督管理部门开展的监督检查和事故调查，并如实提供有关材料；

（十二）履行市场监督管理部门规定和本单位要求的其他客运索道质量安全管理职责。

客运索道生产单位应当按照前款规定，结合本单位实际，细化制定《客运索道质量安全总监职责》。

第一百条　质量安全员按照职责要求，对质量安全总监或者单位主要负责人负责，承担下列职责：

（一）负责审核质量控制程序文件和作业指导书；

（二）按照安全技术规范和质量保证手册要求，审查确认相关工作见证，检查生产过程的质量控制程序和要求实施情况；

（三）发现问题应当与当事人及时联系、解决，必要时责令停止当事人的工作，将情况向质量安全总监报告；

（四）组织对相关技术人员定期进行教育和培训；

（五）配合检验机构做好客运索道设计文件鉴定、型式试验、监督检验等工作；

（六）接受和配合市场监督管理部门开展的监督检查和事故调查，并如实提供有关材料；

（七）履行市场监督管理部门规定和本单位要求的其他客运索道质量安全管理职责。

客运索道生产单位应当按照前款规定，结合本单位实际，细化制定《客运索道质量安全员守则》。

第一百零一条　客运索道生产单位应当建立基于客运索道质量安全风险防控的动态管理机制，结合本单位实际，落实自查要求，制定《客运索道质量安全风险管控清单》，建立健全日管控、周排查、月调度工作制度和机制。

第一百零二条　客运索道生产单位应当建立客运索道质量安全日管控制度。质量安全员要每日根据《客运索道质量安全风险管控清单》进行检查，形成《每日客运索道质量安全检查记录》，对发现的质量安全风险隐患，应当立即采取防范措施，及时上报质量安全总监或者单位主要负责人。未发现问题的，也应当予以记录，实行零风险报告。

第一百零三条　客运索道生产单位应当建立客运索道质量安全周排查制度。质量安全总监要每周至少组织一次风险隐患排查，分析研判客运索道质量安全管理情况，研究解决日管控中发现的问题，形成《每周客运索道质量安全排查治理报告》。

第一百零四条　客运索道生产单位应当建立客运索道质量安全月调度制度。单位主要负责人要每月至少听取一次质量安全总监管理工作情况汇报，对当月客运索道质量安全日常管理、风险隐患排查治理等情况进行总结，对下个月重点工作作出调度安排，形成《每月客运索道质量安全调度会议纪要》。

第一百零五条　客运索道生产单位应当将主要负责人、质量安全总监和质量安全员的设立、调整情况，《客运索道质量安全风险管控清单》、《客运索道质量安全总监职责》、《客运索道质量安全员守则》以及质量安全总监、质量安全员提出的意见建议、报告和问题整改落实等履职情况予以记录并存档备查。

第一百零六条　市场监督管理部门应当将客运索道生产单位建立并落实客运索道质量安全责任制等管理制度，在日管控、周排查、月调度中发现的客运索道质量安全风险隐患以及整改情况作为监督检查的重要内容。

第一百零七条　客运索道生产单位应当对质量安全总监和质量安全员进行法律法规、标准和专业知识培训、考核，同时对培训、考核情况予以记录并存档备查。

县级以上地方市场监督管理部门按照国家市场监督管理总局制定的《客运索道质量安全管理人员考核指南》，组织对本辖区内客运索道生产单位的质量安全总监和质量安全员随机进行监督抽查考核并公布考核结果。监督抽查考核不得收取费用。

监督抽查考核不合格，不再符合客运索道生产要求的，生产单位应当立即采取整改措施。

第一百零八条　客运索道生产单位应当为质量安全总监和质量安全员提供必要的工作条件、教育培训和岗位待遇，充分保障其依法履行职责。

鼓励客运索道生产单位建立对质量安全总监和质量安全员的激励约束机制，对工作成效显著的给予表彰和奖励，对履职不到位的予以惩戒。

市场监督管理部门在查处客运索道生产单位违法行为时，应当将客运索道生产单位落实质量安全主体责任情况作为判断其主观过错、违法情节、处罚幅度等考量的重要因素。

客运索道生产单位及其主要负责人无正当理由未采纳质量安全总监和质量安全员依照本规定第九十七条提出的意见或者建议的，应当认为质量安全总监和质量安全员已经依法履职尽责，不予处罚。

第一百零九条　客运索道生产单位未按规定建立客运索道质量安全管理制度，或者未按规定配备、培训、考核质量安全总监和质量安全员的，由县级以上地方市场监督管理部门责令改正并给予通报批评；拒不改正的，处五千元以上五万元以下罚款，并将处罚情况纳入国家企业信用信息公示系统。法律、行政法规另有规定的，依照其规定执行。

客运索道生产单位主要负责人、质量安全总监、质量安全员未按规定要求落实质量安全责任的，由县级以上地方市场监督管理部门责令改正并给予通报批评；拒不改正的，对责任人处二千元以上一万元以下罚款。法律、行政法规另有规定的，依照其规定执行。

第一百一十条　本规定下列用语的含义是：

（一）客运索道生产单位主要负责人是指本单位的法定代表人、法定代表委托人或者实际控制人；

（二）质量安全总监是指本单位管理层中负责质量保证系统安全运转的管理人员；

（三）质量安全员是指本单位具体负责质量过程控制的检查人员。

第九章　大型游乐设施

第一百一十一条　大型游乐设施制造单位进行大型游乐设施及其安全保护装置和主要部件的设计时，应当开展有关大型游乐设施安全性能的风险评价，采取适当措施消除风险隐患，保证其所设计的大型游乐设施及其安全保护装置和主要部件不存在危及人身、财产安全等危险。

对本单位制造并已经投入使用的大型游乐设施，大型游乐设施制造单位应提供必要的技术服务和必需的备品配件，指导并协助解决大型游乐设施使用过程中涉及的质量安全问题。

第一百一十二条　大型游乐设施生产单位应当依法配备质量安全总监和质量安全员，明确质量安全总监和质量安全员的岗位职责。

大型游乐设施生产单位主要负责人对本单位大型游乐设施质量安全全面负责，建立并落实大型游乐设施质量安全主体责任的长效机制。质量安全总监和质量安全员应当按照岗位职责，协助单位主要负责人做好大型游乐设施质量安全管理工作。

第一百一十三条　大型游乐设施生产单位主要负责人应当支持和保障质量安全总监和质量安全员依法开展大型游乐设施质量安全管理工作，在作出涉及大型游乐设施质量安全的重大决策前，应当充分听取质量安全总监和质量安全员的意见和建议。

质量安全总监、质量安全员发现大型游乐设施产品存在危及安全的缺陷时，应当提出停止相关大型游乐设施生产等否决建议，大型游乐设施生产单位应当立即分析研判，采取处置措施，消除风险隐患。对已经出厂的产品发现存在同一性缺陷的，应当依法及时召回，并报当地省级市场监督管理部门。

第一百一十四条　质量安全总监和质量安全员应当具备下列大型游乐设施质量安全管理能力：

（一）熟悉大型游乐设施生产相关法律法规、安全技术规范、标准和本单位质量保证体系；

（二）质量安全总监不得兼任质量安全员，质量安全员最多只能担任两个不相关的质量控制岗位；

（三）具备识别和防控大型游乐设施质量安全风险的专业知识；

（四）熟悉本单位大型游乐设施质量安全相关的设施设备、工艺流程、操作规程等生产过程控制要求；

（五）具有与所负责工作相关的专业教育背景和工作经验，熟悉任职岗位的工作任务和要求；

（六）符合特种设备法律法规和安全技术规范的其他要求。

第一百一十五条　质量安全总监按照职责要求，直接对本单位主要负责人负责，承担下列职责：

（一）组织贯彻、实施大型游乐设施有关的法律法规、安全技术规范及相关标准，对质量保证系统的实施负责；

（二）组织制定质量保证手册、程序文件、作业指导书等质量保证体系文件，批准程序文件；

（三）指导和协调、监督检查质量保证体系各质量控制系统的工作；

（四）组织建立并持续维护大型游乐设施质量安全追溯体系；

（五）组织质量分析、质量审核并协助进行管理评审工作；

（六）实施对不合格品（项）的控制，行使质量安全一票否决权；

（七）建立企业公告板制度，对所生产的大型游乐设施安全事故事件、质量缺陷和事故隐患等情况，及时予以公示；

（八）组织建立和健全内外部质量信息反馈和处理的信息系统；

（九）向市场监督管理部门如实反映质量安全问题；

（十）组织对质量安全员定期进行教育和培训；

（十一）接受和配合市场监督管理部门开展的监督检查和事故调查，并如实提供有关材料；

（十二）履行市场监督管理部门规定和本单位要求的其他大型游乐设施质量安全管理职责。

大型游乐设施生产单位应当按照前款规定，结合本单位实际，细化制定《大型游乐设施质量安全总监职责》。

第一百一十六条　质量安全员按照职责要求，对质量安全总监或者单位主要负责人负责，承担下列职责：

（一）负责审核质量控制程序文件和作业指导书；

（二）按照安全技术规范和质量保证手册要求，审查确认相关工作见证，检查生产过程的质量控制程序和要求实施情况；

（三）发现问题应当与当事人及时联系、解决，必要时责令停止当事人的工作，将情况向质量安全总监报告；

（四）组织对相关技术人员定期进行教育和培训；

（五）配合检验机构做好大型游乐设施设计文件鉴定、型式试验、监督检验等工作；

（六）接受和配合市场监督管理部门开展的监督检查和事故调查，并如实提供有关材料；

（七）履行市场监督管理部门规定和本单位要求的其他大型游乐设施质量安全管理职责。

大型游乐设施生产单位应当按照前款规定，结合本单位实际，细化制定《大型游乐设施质量安全员守则》。

第一百一十七条 大型游乐设施生产单位应当建立基于大型游乐设施质量安全风险防控的动态管理机制，结合本单位实际，落实自查要求，制定《大型游乐设施质量安全风险管控清单》，建立健全日管控、周排查、月调度工作制度和机制。

第一百一十八条 大型游乐设施生产单位应当建立大型游乐设施质量安全日管控制度。质量安全员要每日根据《大型游乐设施质量安全风险管控清单》进行检查，形成《每日大型游乐设施质量安全检查记录》，对发现的质量安全风险隐患，应当立即采取防范措施，及时上报质量安全总监或者单位主要负责人。未发现问题的，也应当予以记录，实行零风险报告。

第一百一十九条 大型游乐设施生产单位应当建立大型游乐设施质量安全周排查制度。质量安全总监要每周至少组织一次风险隐患排查，分析研判大型游乐设施质量安全管理情况，研究解决日管控中发现的问题，形成《每周大型游乐设施质量安全排查治理报告》。

第一百二十条 大型游乐设施生产单位应当建立大型游乐设施质量安全月调度制度。单位主要负责人要每月至少听取一次质量安全总监管理工作情况汇报，对当月大型游乐设施质量安全日常管理、风险隐患排查治理等情况进行总结，对下个月重点工作作出调度安排，形成《每月大型游乐设施质量安全调度会议纪要》。

第一百二十一条 大型游乐设施生产单位应当将主要负责人、质量安全总监和质量安全员的设立、调整情况，《大型游乐设施质量安全风险管控清单》、《大型游乐设施质量安全总监职责》、《大型游乐设施质量安全员守则》以及质量安全总监、质量安全员提出的意见建议、报告和问题整改落实等履职情况予以记录并存档备查。

第一百二十二条 市场监督管理部门应当将大型游乐设施生产单位建立并落实大型游乐设施质量安全责任制等管理制度，在日管控、周排查、月调度中发现的大型游乐设施质量安全风险隐患以及整改情况作为监督检查的重要内容。

第一百二十三条 大型游乐设施生产单位应当对质量安全总监和质量安全员进行法律法规、标准和专业知识培训、考核，同时对培训、考核情况予以记录并存档备查。

县级以上地方市场监督管理部门按照国家市场监督管理总局制定的《大型游乐设施质量安全管理人员考核指南》，组织对本辖区内大型游乐设施生产单位的质量安全总监和质量安全员随机进行监督抽查考核并公布考核结果。监督抽查考核不得收取费用。

监督抽查考核不合格，不再符合大型游乐设施生产要求的，生产单位应当立即采取整改措施。

第一百二十四条 大型游乐设施生产单位应当为质量安全总监和质量安全员提供必要的工作条件、教育培训和岗位待遇，充分保障其依法履行职责。

鼓励大型游乐设施生产单位建立对质量安全总监和质量安全员的激励约束机制，对工作成效显著的给予表彰和奖励，对履职不到位的予以惩戒。

市场监督管理部门在查处大型游乐设施生产单位违法行为时，应当将大型游乐设施生产单位落实质量安全主体责任情况作为判断其主观过错、违法情节、处罚幅度等考量的重要因素。

大型游乐设施生产单位及其主要负责人无正当理由未采纳质量安全总监和质量安全员依照本规定第一百一十三条提出的意见或者建议的，应当认为质量安全总监和质量安全员已经依法履职尽责，不予处罚。

第一百二十五条 大型游乐设施生产单位未按规定建立大型游乐设施质量安全管理制度，或者未按规定配备、培训、考核质量安全总监和质量安全员的，由县级以上地方市场监督管理部门责令改正并给予通报批评；拒不改正的，处五千元以上五万元以下罚款，并将处罚情况纳入国家企业信用信息公示系统。法律、行政法规另有规定的，依照其规定执行。

大型游乐设施生产单位主要负责人、质量安全总监、质量安全员未按规定要求落实质量安全责任的，由县级以上地方市场监督管理部门责令改正并给予通报批评；拒不改正的，对责任人处二千元以上一万元以下罚款。法律、行政法规另有规定的，依照其规定执行。

第一百二十六条 本规定下列用语的含义是：

（一）大型游乐设施生产单位主要负责人是指本单位的法定代表人、法定代表委托人或者实际控制人；

（二）质量安全总监是指本单位管理层中负责质量保证系统安全运转的管理人员；

（三）质量安全员是指本单位具体负责质量过程控制的检查人员。

第十章　场（厂）内专用机动车辆

第一百二十七条　场（厂）内专用机动车辆（以下简称场车）生产单位应当依法配备质量安全总监和质量安全员，明确质量安全总监和质量安全员的岗位职责。

场车生产单位主要负责人对本单位场车质量安全全面负责，建立并落实场车质量安全主体责任的长效机制。质量安全总监和质量安全员应当按照岗位职责，协助单位主要负责人做好场车质量安全管理工作。

第一百二十八条　场车生产单位主要负责人应当支持和保障质量安全总监和质量安全员依法开展场车质量安全管理工作，在作出涉及场车质量安全的重大决策前，应当充分听取质量安全总监和质量安全员的意见和建议。

质量安全总监、质量安全员发现场车产品存在危及安全的缺陷时，应当提出停止相关场车生产等否决建议，场车生产单位应当立即分析研判，采取处置措施，消除风险隐患。对已经出厂的产品发现存在同一性缺陷的，应当依法及时召回，并报当地省级市场监督管理部门。

第一百二十九条　质量安全总监和质量安全员应当具备下列场车质量安全管理能力：

（一）熟悉场车生产相关法律法规、安全技术规范、标准和本单位质量保证体系；

（二）质量安全总监不得兼任质量安全员，质量安全员最多只能担任两个不相关的质量控制岗位；

（三）具备识别和防控场车质量安全风险的专业知识；

（四）熟悉本单位场车质量安全相关的设施设备、工艺流程、操作规程等生产过程控制要求；

（五）具有与所负责工作相关的专业教育背景和工作经验，熟悉任职岗位的工作任务和要求；

（六）符合特种设备法律法规和安全技术规范的其他要求。

第一百三十条　质量安全总监按照职责要求，直接对本单位主要负责人负责，承担下列职责：

（一）组织贯彻、实施场车有关的法律法规、安全技术规范及相关标准，对质量保证系统的实施负责；

（二）组织制定质量保证手册、程序文件、作业指导书等质量保证体系文件，批准程序文件；

（三）指导和协调、监督检查质量保证体系各质量控制系统的工作；

（四）组织建立并持续维护场车质量安全追溯体系；

（五）组织质量分析、质量审核并协助进行管理评审工作；

（六）实施对不合格品（项）的控制，行使质量安全一票否决权；

（七）建立企业公告板制度，对所生产的场车安全事故事件、质量缺陷和事故隐患等情况，及时予以公示；

（八）组织建立和健全内外部质量信息反馈和处理的信息系统；

（九）向市场监督管理部门如实反映质量安全问题；

（十）组织对质量安全员定期进行教育和培训；

（十一）接受和配合市场监督管理部门开展的监督检查和事故调查，并如实提供有关材料；

（十二）履行市场监督管理部门规定和本单位要求的其他场车质量安全管理职责。

场车生产单位应当按照前款规定，结合本单位实际，细化制定《场车质量安全总监职责》。

第一百三十一条　质量安全员按照职责要求，对质量安全总监或者单位主要负责人负责，承担下列职责：

（一）负责审核质量控制程序文件和作业指导书；

（二）按照安全技术规范和质量保证手册要求，审查确认相关工作见证，检查生产过程的质量控制程序和要求实施情况；

（三）发现问题应当与当事人及时联系、解决，必要时责令停止当事人的工作，将情况向质量安全总监报告；

（四）组织对相关技术人员定期进行教育和培训；

（五）配合检验机构做好场车型式试验等工作；

（六）接受和配合市场监督管理部门开展的监督检查和事故调查，并如实提供有关材料；

（七）履行市场监督管理部门规定和本单位要求的其他场车质量安全管理职责。

场车生产单位应当按照前款规定，结合本单位实际，细化制定《场车质量安全员守则》。

第一百三十二条　场车生产单位应当建立基于场车质量安全风险防控的动态管理机制，结合本单位实际，落实自查要求，制定《场车质量安全风险管控清单》，建立健全日管控、周排查、月调度工作制度和机制。

第一百三十三条　场车生产单位应当建立场车质量安全日管控制度。质量安全员要每日根据《场车质量安全风险管控清单》进行检查，形成《每日场车质量安全检查记录》，对发现的质量安全风险隐患，应当立即采取防范措施，及时上报质量安全总监或者单位主要负责人。未发现问题的，也应当予以记录，实行零风险报告。

第一百三十四条　场车生产单位应当建立场车质量安全周排查制度。质量安全总监要每周至少组织一次风险隐患排查，分析研判场车质量安全管理情况，研究解决日管控中发现的问题，形成《每周场车质量安全排查治理报告》。

第一百三十五条　场车生产单位应当建立场车质量安全月调度制度。单位主要负责人要每月至少听取一次质量安全总监管理工作情况汇报，对当月场车质量安全日常管理、风险隐患排查治理等情况进行总结，对下个月重点工作作出调度安排，形成《每月场车质量安全调度会议纪要》。

第一百三十六条　场车生产单位应当将主要负责人、质量安全总监和质量安全员的设立、调整情况，《场车质量安全风险管控清单》、《场车质量安全总监职责》、《场车质量安全员守则》以及质量安全总监、质量安全员提出的意见建议、报告和问题整改落实等履职情况予以记录并存档备查。

第一百三十七条　市场监督管理部门应当将场车生产单位建立并落实场车质量安全责任制等管理制度，在日管控、周排查、月调度中发现的场车质量安全风险隐患以及整改情况作为监督检查的重要内容。

第一百三十八条　场车生产单位应当对质量安全总监和质量安全员进行法律法规、标准和专业知识培训、考核，同时对培训、考核情况予以记录并存档备查。

县级以上地方市场监督管理部门按照国家市场监督管理总局制定的《场车质量安全管理人员考核指南》，组织对本辖区内场车生产单位的质量安全总监和质量安全员随机进行监督抽查考核并公布考核结果。监督抽查考核不得收取费用。

监督抽查考核不合格，不再符合场车生产要求的，生产单位应当立即采取整改措施。

第一百三十九条　场车生产单位应当为质量安全总监和质量安全员提供必要的工作条件、教育培训和岗位待遇，充分保障其依法履行职责。

鼓励场车生产单位建立对质量安全总监和质量安全员的激励约束机制，对工作成效显著的给予表彰和奖励，对履职不到位的予以惩戒。

市场监督管理部门在查处场车生产单位违法行为时，应当将场车生产单位落实质量安全主体责任情况作为判断其主观过错、违法情节、处罚幅度等考量的重要因素。

场车生产单位及其主要负责人无正当理由未采纳质量安全总监和质量安全员依照本规定第一百二十八条提出的意见或者建议的，应当认为质量安全总监和质量安全员已经依法履职尽责，不予处罚。

第一百四十条　场车生产单位未按规定建立场车质量安全管理制度，或者未按规定配备、培训、考核质量安全总监和质量安全员的，由县级以上地方市场监督管理部门责令改正并给予通报批评；拒不改正的，处五千元以上五万元以下罚款，并将处罚情况纳入国家企业信用信息公示系统。法律、行政法规另有规定的，依照其规定执行。

场车生产单位主要负责人、质量安全总监、质量安全员未按规定要求落实质量安全责任的，由县级以上地方市场监督管理部门责令改正并给予通报批评；拒不改正的，对责任人处二千元以上一万元以下罚款。法律、行政法规另有规定的，依照其规定执行。

第一百四十一条　本规定下列用语的含义是：

（一）场车生产单位主要负责人是指本单位的法定代表人、法定代表委托人或者实际控制人；

（二）质量安全总监是指本单位管理层中负责质量保证系统安全运转的管理人员；

（三）质量安全员是指本单位具体负责质量过程控制的检查人员。

第十一章　附　　则

第一百四十二条　本规定自2023年5月5日起施行。

特种设备使用单位落实使用安全主体责任监督管理规定

1. 2023年4月4日国家市场监督管理总局令第74号公布
2. 自2023年5月5日起施行

第一章　总　　则

第一条　为了督促特种设备使用单位，包括锅炉、压力容器、气瓶、压力管道、电梯、起重机械、客运索道、大型游乐设施、场(厂)内专用机动车辆的使用单位(以下简称使用单位),落实安全主体责任,强化使用单位主要负责人特种设备使用安全责任,规范安全管理人员行为,根据《中华人民共和国特种设备安全法》、《特种设备安全监察条例》等法律法规,制定本规定。

第二条 特种设备使用单位主要负责人、安全总监、安全员,依法落实特种设备使用安全责任的行为及其监督管理,适用本规定。

房屋建筑工地、市政工程工地用起重机械和场(厂)内专用机动车辆使用安全责任的落实及其监督管理,不适用本规定。

第三条 特种设备使用单位应当建立健全使用安全管理制度,落实使用安全责任制,保证特种设备安全运行。

第二章 锅 炉

第四条 锅炉使用单位应当依法配备锅炉安全总监和锅炉安全员,明确锅炉安全总监和锅炉安全员的岗位职责。

锅炉使用单位主要负责人对本单位锅炉使用安全全面负责,建立并落实锅炉使用安全主体责任的长效机制。锅炉安全总监和锅炉安全员应当按照岗位职责,协助单位主要负责人做好锅炉使用安全管理工作。

第五条 锅炉使用单位主要负责人应当支持和保障锅炉安全总监和锅炉安全员依法开展锅炉使用安全管理工作,在作出涉及锅炉安全的重大决策前,应当充分听取锅炉安全总监和锅炉安全员的意见和建议。

锅炉安全员发现锅炉存在一般事故隐患时,应当立即进行处理;发现存在严重事故隐患时,应当立即责令停止使用并向锅炉安全总监报告,锅炉安全总监应当立即组织分析研判,采取处置措施,消除严重事故隐患。

第六条 锅炉使用单位应当根据本单位锅炉的数量、用途、使用环境等情况,配备锅炉安全总监和足够数量的锅炉安全员,并逐台明确负责的锅炉安全员。

第七条 锅炉安全总监和锅炉安全员应当具备下列锅炉使用安全管理能力:

(一)熟悉锅炉使用相关法律法规、安全技术规范、标准和本单位锅炉安全使用要求;

(二)具备识别和防控锅炉使用安全风险的专业知识;

(三)具备按照相关要求履行岗位职责的能力;

(四)符合特种设备法律法规和安全技术规范的其他要求。

第八条 锅炉安全总监按照职责要求,直接对本单位主要负责人负责,承担下列职责:

(一)组织宣传、贯彻锅炉有关的法律法规、安全技术规范及相关标准;

(二)组织制定本单位锅炉使用安全管理制度,督促落实锅炉使用安全责任制,组织开展锅炉安全合规管理;

(三)组织制定锅炉事故应急专项预案并开展应急演练;

(四)落实锅炉安全事故报告义务,采取措施防止事故扩大;

(五)对锅炉安全员进行安全教育和技术培训,监督、指导锅炉安全员做好相关工作;

(六)按照规定组织开展锅炉使用安全风险评价工作,拟定并督促落实锅炉使用安全风险防控措施;

(七)对本单位锅炉使用安全管理工作进行检查,及时向主要负责人报告有关情况,提出改进措施;

(八)接受和配合有关部门开展锅炉安全监督检查、监督检验、定期检验和事故调查等工作,如实提供有关材料;

(九)履行市场监督管理部门规定和本单位要求的其他锅炉使用安全管理职责。

锅炉使用单位应当按照前款规定,结合本单位实际,细化制定《锅炉安全总监职责》。

第九条 锅炉安全员按照职责要求,对锅炉安全总监或者单位主要负责人负责,承担下列职责:

(一)建立健全锅炉安全技术档案并办理本单位锅炉使用登记;

(二)组织制定锅炉安全操作规程;

(三)组织对锅炉作业人员和技术人员进行教育和培训;

(四)组织对锅炉进行日常巡检,监督检查锅炉作业人员到岗值守、巡回检查等工作情况,纠正和制止违章作业行为;

(五)编制锅炉定期检验计划,组织实施锅炉燃烧器年度检查,督促落实锅炉定期检验和后续整改等工作;

(六)按照规定报告锅炉事故,参加锅炉事故救援,协助进行事故调查和善后处理;

(七)履行市场监督管理部门规定和本单位要求的其他锅炉使用安全管理职责。

锅炉使用单位应当按照前款规定,结合本单位实际,细化制定《锅炉安全员守则》。

第十条 锅炉使用单位应当建立基于锅炉安全风险防控

的动态管理机制，结合本单位实际，落实自查要求，制定《锅炉安全风险管控清单》，建立健全日管控、周排查、月调度工作制度和机制。锅炉停（备）用期间，使用单位应当做好锅炉及水处理设备的防腐蚀等停炉保养工作。

第十一条　锅炉使用单位应当建立锅炉安全日管控制度。锅炉安全员要每日根据《锅炉安全风险管控清单》，按照相关安全技术规范和本单位安全管理制度的要求，对投入使用的锅炉进行巡检，形成《每日锅炉安全检查记录》，对发现的安全风险隐患，应当立即采取防范措施，及时上报锅炉安全总监或者单位主要负责人。未发现问题的，也应当予以记录，实行零风险报告。

第十二条　锅炉使用单位应当建立锅炉安全周排查制度。锅炉安全总监要每周至少组织一次风险隐患排查，分析研判锅炉使用安全管理情况，研究解决日管控中发现的问题，形成《每周锅炉安全排查治理报告》。

第十三条　锅炉使用单位应当建立锅炉安全月调度制度。锅炉使用单位主要负责人要每月至少听取一次锅炉安全总监管理工作情况汇报，对当月锅炉安全日常管理、风险隐患排查治理等情况进行总结，对下个月重点工作作出调度安排，形成《每月锅炉安全调度会议纪要》。

第十四条　锅炉使用单位应当将主要负责人、锅炉安全总监和锅炉安全员的设立、调整情况，《锅炉安全风险管控清单》、《锅炉安全总监职责》、《锅炉安全员守则》以及锅炉安全总监、锅炉安全员提出的意见建议、报告和问题整改落实等履职情况予以记录并存档备查。

第十五条　市场监督管理部门应当将锅炉使用单位建立并落实锅炉使用安全责任制等管理制度，在日管控、周排查、月调度中发现的锅炉使用安全风险隐患以及整改情况作为监督检查的重要内容。

第十六条　锅炉使用单位应当对锅炉安全总监和锅炉安全员进行法律法规、标准和专业知识培训、考核，同时对培训、考核情况予以记录并存档备查。

县级以上地方市场监督管理部门按照国家市场监督管理总局制定的《锅炉使用安全管理人员考核指南》，组织对本辖区内锅炉使用单位的锅炉安全总监和锅炉安全员随机进行监督抽查考核并公布考核结果。监督抽查考核不得收取费用。

监督抽查考核不合格，不再符合锅炉使用要求的，使用单位应当立即采取整改措施。

第十七条　锅炉使用单位应当为锅炉安全总监和锅炉安全员提供必要的工作条件、教育培训和岗位待遇，充分保障其依法履行职责。

鼓励锅炉使用单位建立对锅炉安全总监和锅炉安全员的激励约束机制，对工作成效显著的给予表彰和奖励，对履职不到位的予以惩戒。

市场监督管理部门在查处锅炉使用单位违法行为时，应当将锅炉使用单位落实安全主体责任情况作为判断其主观过错、违法情节、处罚幅度等考量的重要因素。

锅炉使用单位及其主要负责人无正当理由未采纳锅炉安全总监和锅炉安全员依照本规定第五条提出的意见或者建议的，应当认为锅炉安全总监和锅炉安全员已经依法履职尽责，不予处罚。

第十八条　锅炉使用单位未按规定建立安全管理制度，或者未按规定配备、培训、考核锅炉安全总监和锅炉安全员的，由县级以上地方市场监督管理部门责令改正并给予通报批评；拒不改正的，处五千元以上五万元以下罚款，并将处罚情况纳入国家企业信用信息公示系统。法律、行政法规另有规定的，依照其规定执行。

锅炉使用单位主要负责人、锅炉安全总监、锅炉安全员未按规定要求落实使用安全责任的，由县级以上地方市场监督管理部门责令改正并给予通报批评；拒不改正的，对责任人处二千元以上一万元以下罚款。法律、行政法规另有规定的，依照其规定执行。

第十九条　本规定下列用语的含义是：

（一）锅炉使用单位主要负责人是指本单位的法定代表人、法定代表委托人或者实际控制人；

（二）锅炉安全总监是指本单位管理层中负责锅炉使用安全的管理人员；

（三）锅炉安全员是指本单位具体负责锅炉使用安全的检查人员。

第三章　压力容器

第二十条　压力容器使用单位应当依法配备压力容器安全总监和压力容器安全员，明确压力容器安全总监和压力容器安全员的岗位职责。

压力容器使用单位主要负责人对本单位压力容器使用安全全面负责，建立并落实压力容器使用安全主体责任的长效机制。压力容器安全总监和压力容器安全员应当按照岗位职责，协助单位主要负责人做好压力容器使用安全管理工作。

第二十一条　压力容器使用单位主要负责人应当支持和保障压力容器安全总监和压力容器安全员依法开展压力容器使用安全管理工作，在作出涉及压力容器安全的重大决策前，应当充分听取压力容器安全总监和压力容器安全员的意见和建议。

压力容器安全员发现压力容器存在一般事故隐患时，应当立即进行处理；发现存在严重事故隐患时，应当立即责令停止使用并向压力容器安全总监报告，压力容器安全总监应当立即组织分析研判，采取处置措施，消除严重事故隐患。

第二十二条 压力容器使用单位应当根据本单位压力容器的数量、用途、使用环境等情况，配备压力容器安全总监和足够数量的压力容器安全员，并逐台明确负责的压力容器安全员。

第二十三条 压力容器安全总监和压力容器安全员应当具备下列压力容器使用安全管理能力：

（一）熟悉压力容器使用相关法律法规、安全技术规范、标准和本单位压力容器安全使用要求；

（二）具备识别和防控压力容器使用安全风险的专业知识；

（三）具备按照相关要求履行岗位职责的能力；

（四）符合特种设备法律法规和安全技术规范的其他要求。

第二十四条 压力容器安全总监按照职责要求，直接对本单位主要负责人负责，承担下列职责：

（一）组织宣传、贯彻压力容器有关的法律法规、安全技术规范及相关标准；

（二）组织制定本单位压力容器使用安全管理制度，督促落实压力容器使用安全责任制，组织开展压力容器安全合规管理；

（三）组织制定压力容器事故应急专项预案并开展应急演练；

（四）落实压力容器安全事故报告义务，采取措施防止事故扩大；

（五）对压力容器安全员进行安全教育和技术培训，监督、指导压力容器安全员做好相关工作；

（六）按照规定组织开展压力容器使用安全风险评价工作，拟定并督促落实压力容器使用安全风险防控措施；

（七）对本单位压力容器使用安全管理工作进行检查，及时向主要负责人报告有关情况，提出改进措施；

（八）接受和配合有关部门开展压力容器安全监督检查、监督检验、定期检验和事故调查等工作，如实提供有关材料；

（九）履行市场监督管理部门规定和本单位要求的其他压力容器使用安全管理职责。

压力容器使用单位应当按照前款规定，结合本单位实际，细化制定《压力容器安全总监职责》。

第二十五条 压力容器安全员按照职责要求，对压力容器安全总监或者单位主要负责人负责，承担下列职责：

（一）建立健全压力容器安全技术档案并办理本单位压力容器使用登记；

（二）组织制定压力容器安全操作规程；

（三）组织对压力容器作业人员和技术人员进行教育和培训；

（四）组织对压力容器进行日常巡检，纠正和制止违章作业行为；

（五）编制压力容器定期检验计划，督促落实压力容器定期检验和后续整改等工作；

（六）按照规定报告压力容器事故，参加压力容器事故救援，协助进行事故调查和善后处理；

（七）履行市场监督管理部门规定和本单位要求的其他压力容器使用安全管理职责。

压力容器使用单位应当按照前款规定，结合本单位实际，细化制定《压力容器安全员守则》。

第二十六条 压力容器使用单位应当建立基于压力容器安全风险防控的动态管理机制，结合本单位实际，落实自查要求，制定《压力容器安全风险管控清单》，建立健全日管控、周排查、月调度工作制度和机制。

第二十七条 压力容器使用单位应当建立压力容器安全日管控制度。压力容器安全员要每日根据《压力容器安全风险管控清单》，按照相关安全技术规范和本单位安全管理制度的要求，对投入使用的压力容器进行巡检，形成《每日压力容器安全检查记录》，对发现的安全风险隐患，应当立即采取防范措施，及时上报压力容器安全总监或者单位主要负责人。未发现问题的，也应当予以记录，实行零风险报告。

第二十八条 压力容器使用单位应当建立压力容器安全周排查制度。压力容器安全总监要每周至少组织一次风险隐患排查，分析研判压力容器使用安全管理情况，研究解决日管控中发现的问题，形成《每周压力容器安全排查治理报告》。

第二十九条 压力容器使用单位应当建立压力容器安全月调度制度。压力容器使用单位主要负责人要每月至少听取一次压力容器安全总监管理工作情况汇报，对当月压力容器安全日常管理、风险隐患排查治理等情况进行总结，对下个月重点工作作出调度安排，形成《每月压力容器安全调度会议纪要》。

第三十条　压力容器使用单位应当将主要负责人、压力容器安全总监和压力容器安全员的设立、调整情况，《压力容器安全风险管控清单》、《压力容器安全总监职责》、《压力容器安全员守则》以及压力容器安全总监、压力容器安全员提出的意见建议、报告和问题整改落实等履职情况予以记录并存档备查。

第三十一条　市场监督管理部门应当将压力容器使用单位建立并落实压力容器使用安全责任制等管理制度，在日管控、周排查、月调度中发现的压力容器使用安全风险隐患以及整改情况作为监督检查的重要内容。

第三十二条　压力容器使用单位应当对压力容器安全总监和压力容器安全员进行法律法规、标准和专业知识培训、考核，同时对培训、考核情况予以记录并存档备查。

县级以上地方市场监督管理部门按照国家市场监督管理总局制定的《压力容器使用安全管理人员考核指南》，组织对本辖区内压力容器使用单位的压力容器安全总监和压力容器安全员随机进行监督抽查考核并公布考核结果。监督抽查考核不得收取费用。

监督抽查考核不合格，不再符合压力容器使用要求的，使用单位应当立即采取整改措施。

第三十三条　压力容器使用单位应当为压力容器安全总监和压力容器安全员提供必要的工作条件、教育培训和岗位待遇，充分保障其依法履行职责。

鼓励压力容器使用单位建立对压力容器安全总监和压力容器安全员的激励约束机制，对工作成效显著的给予表彰和奖励，对履职不到位的予以惩戒。

市场监督管理部门在查处压力容器使用单位违法行为时，应当将压力容器使用单位落实安全主体责任情况作为判断其主观过错、违法情节、处罚幅度等考量的重要因素。

压力容器使用单位及其主要负责人无正当理由未采纳压力容器安全总监和压力容器安全员依照本规定第二十一条提出的意见或者建议的，应当认为压力容器安全总监和压力容器安全员已经依法履职尽责，不予处罚。

第三十四条　压力容器使用单位未按规定建立安全管理制度，或者未按规定配备、培训、考核压力容器安全总监和压力容器安全员的，由县级以上地方市场监督管理部门责令改正并给予通报批评；拒不改正的，处五千元以上五万元以下罚款，并将处罚情况纳入国家企业信用信息公示系统。法律、行政法规另有规定的，依照其规定执行。

压力容器使用单位主要负责人、压力容器安全总监、压力容器安全员未按规定要求落实使用安全责任的，由县级以上地方市场监督管理部门责令改正并给予通报批评；拒不改正的，对责任人处二千元以上一万元以下罚款。法律、行政法规另有规定的，依照其规定执行。

第三十五条　本规定下列用语的含义是：

（一）压力容器使用单位主要负责人是指本单位的法定代表人、法定代表委托人或者实际控制人；

（二）压力容器安全总监是指本单位管理层中负责压力容器使用安全的管理人员；

（三）压力容器安全员是指本单位具体负责压力容器使用安全的检查人员；

（四）压力容器使用单位包括使用压力容器的单位和移动式压力容器充装单位。

第四章　气　　瓶

第三十六条　气瓶充装单位应当依法配备气瓶安全总监和气瓶安全员，明确气瓶安全总监和气瓶安全员的岗位职责。

气瓶充装单位主要负责人对本单位气瓶充装安全全面负责，建立并落实气瓶充装安全主体责任的长效机制。气瓶安全总监和气瓶安全员应当按照岗位职责，协助单位主要负责人做好气瓶充装安全管理工作。

第三十七条　气瓶充装单位主要负责人应当支持和保障气瓶安全总监和气瓶安全员依法开展气瓶充装安全管理工作，在作出涉及气瓶充装安全的重大决策前，应当充分听取气瓶安全总监和气瓶安全员的意见和建议。

气瓶安全员发现气瓶充装存在一般事故隐患时，应当立即进行处理；发现存在严重事故隐患时，应当立即责令停止气瓶充装活动并向气瓶安全总监报告，气瓶安全总监应当立即组织分析研判，采取处置措施，消除严重事故隐患。

第三十八条　气瓶充装单位应当根据本单位气瓶的数量、充装介质等情况，配备气瓶安全总监和足够数量的气瓶安全员，并逐个充装工位明确负责的气瓶安全员。

第三十九条　气瓶安全总监和气瓶安全员应当具备下列气瓶充装安全管理能力：

（一）熟悉气瓶充装相关法律法规、安全技术规范、标准和本单位气瓶充装过程控制等安全要求；

（二）具备识别和防控气瓶安全风险的专业知识；

（三）具备按照相关要求履行岗位职责的能力；

（四）符合特种设备法律法规和安全技术规范的其他要求。

第四十条 气瓶安全总监按照职责要求,直接对本单位主要负责人负责,承担下列职责:

(一)组织宣传、贯彻气瓶有关的法律法规、安全技术规范及相关标准;

(二)组织制定本单位气瓶充装安全管理制度,督促落实气瓶充装安全责任制,组织开展气瓶安全合规管理;

(三)组织制定气瓶事故应急专项预案并开展应急演练;

(四)落实气瓶安全事故报告义务,采取措施防止事故扩大;

(五)对气瓶安全员进行安全教育和技术培训,监督、指导气瓶安全员做好相关工作;

(六)按照规定组织开展气瓶充装安全风险评价工作,拟定并督促落实气瓶充装安全风险防控措施;

(七)对本单位气瓶充装安全管理工作进行检查,及时向主要负责人报告有关情况,提出改进措施;

(八)接受和配合有关部门开展气瓶安全监督检查、定期检验和事故调查等工作,如实提供有关材料;

(九)组织建立并持续维护气瓶充装质量安全追溯体系;

(十)组织编制安全用气须知或者用气说明书;

(十一)组织实施报废气瓶的去功能化和办理注销使用登记;

(十二)本单位投保气瓶充装安全责任保险的,落实相应的保险管理职责;

(十三)履行市场监督管理部门规定和本单位要求的其他气瓶安全管理职责。

气瓶充装单位应当按照前款规定,结合本单位实际,细化制定《气瓶安全总监职责》。

第四十一条 气瓶安全员按照职责要求,对气瓶安全总监或者单位主要负责人负责,承担下列职责:

(一)建立健全气瓶安全技术档案并办理本单位气瓶使用登记;

(二)组织制定气瓶充装安全操作规程;

(三)组织对气瓶作业人员和技术人员进行教育和培训;

(四)对气瓶进行日常巡检,组织实施气瓶充装前、后检查,纠正和制止违章作业行为;

(五)编制气瓶定期检验计划,督促落实气瓶定期检验和后续整改等工作;

(六)按照规定报告气瓶事故,参加气瓶事故救援,协助进行事故调查和善后处理;

(七)落实本单位气瓶充装质量安全追溯体系的各项功能,逐只扫描出厂气瓶追溯标签确保气瓶满足可追溯要求;

(八)负责向用气方宣传用气安全须知或者提供用气说明书;

(九)履行市场监督管理部门规定和本单位要求的其他气瓶安全管理职责。

气瓶充装单位应当按照前款规定,结合本单位实际,细化制定《气瓶安全员守则》。

第四十二条 气瓶充装单位应当建立基于气瓶充装安全风险防控的动态管理机制。结合本单位实际,落实自查要求,制定《气瓶充装安全风险管控清单》,建立健全日管控、周排查、月调度工作制度和机制。

第四十三条 气瓶充装单位应当建立气瓶充装安全日管控制度。气瓶安全员要每日根据《气瓶充装安全风险管控清单》,按照相关安全技术规范和本单位安全管理制度的要求,对气瓶进行巡检,形成《每日气瓶充装安全检查记录》,对发现的安全风险隐患,应当立即采取防范措施,及时上报气瓶安全总监或者单位主要负责人。未发现问题的,也应当予以记录,实行零风险报告。

第四十四条 气瓶充装单位应当建立气瓶充装安全周排查制度。气瓶安全总监要每周至少组织一次风险隐患排查,分析研判气瓶充装安全管理情况,研究解决日管控中发现的问题,形成《每周气瓶充装安全排查治理报告》。

第四十五条 气瓶充装单位应当建立气瓶充装安全月调度制度。气瓶充装单位主要负责人要每月至少听取一次气瓶安全总监管理工作情况汇报,对当月气瓶充装安全日常管理、风险隐患排查治理等情况进行总结,对下个月重点工作作出调度安排,形成《每月气瓶充装安全调度会议纪要》。

第四十六条 气瓶充装单位应当将主要负责人、气瓶安全总监和气瓶安全员的设立、调整情况,《气瓶充装安全风险管控清单》、《气瓶安全总监职责》、《气瓶安全员守则》以及气瓶安全总监、气瓶安全员提出的意见建议、报告和问题整改落实等履职情况予以记录并存档备查。

第四十七条 市场监督管理部门应当将气瓶充装单位建立并落实气瓶充装安全责任制等管理制度,在日管控、周排查、月调度中发现的气瓶充装安全风险隐患以及整改情况作为监督检查的重要内容。

第四十八条 气瓶充装单位应当对气瓶安全总监和气瓶

安全员进行法律法规、标准和专业知识培训、考核，同时对培训、考核情况予以记录并存档备查。

县级以上地方市场监督管理部门按照国家市场监督管理总局制定的《气瓶充装安全管理人员考核指南》，组织对本辖区内气瓶充装单位的气瓶安全总监和气瓶安全员随机进行监督抽查考核并公布考核结果。监督抽查考核不得收取费用。

监督抽查考核不合格，不再符合气瓶充装要求的，充装单位应当立即采取整改措施。

第四十九条　气瓶充装单位应当为气瓶安全总监和气瓶安全员提供必要的工作条件、教育培训和岗位待遇，充分保障其依法履行职责。

鼓励气瓶充装单位建立对气瓶安全总监和气瓶安全员的激励约束机制，对工作成效显著的给予表彰和奖励，对履职不到位的予以惩戒。

市场监督管理部门在查处气瓶充装单位违法行为时，应当将气瓶充装单位落实安全主体责任情况作为判断其主观过错、违法情节、处罚幅度等考量的重要因素。

气瓶充装单位及其主要负责人无正当理由未采纳气瓶安全总监和气瓶安全员依照本规定第三十七条提出的意见或者建议的，应当认为气瓶安全总监和气瓶安全员已经依法履职尽责，不予处罚。

第五十条　气瓶充装单位未按规定建立安全管理制度，或者未按规定配备、培训、考核气瓶安全总监和气瓶安全员的，由县级以上地方市场监督管理部门责令改正并给予通报批评；拒不改正的，处五千元以上五万元以下罚款，并将处罚情况纳入国家企业信用信息公示系统。法律、行政法规另有规定的，依照其规定执行。

气瓶充装单位主要负责人、气瓶安全总监、气瓶安全员未按规定要求落实充装安全责任的，由县级以上地方市场监督管理部门责令改正并给予通报批评；拒不改正的，对责任人处二千元以上一万元以下罚款。法律、行政法规另有规定的，依照其规定执行。

第五十一条　本规定下列用语的含义是：

（一）气瓶充装单位主要负责人是指本单位的法定代表人、法定代表委托人或者实际控制人；

（二）气瓶安全总监是指本单位管理层中负责气瓶充装安全的管理人员；

（三）气瓶安全员是指本单位具体负责气瓶充装安全的检查人员；

（四）气瓶使用单位一般是指气瓶充装单位。

第五章　压力管道

第五十二条　压力管道使用单位应当依法配备压力管道安全总监和压力管道安全员，明确压力管道安全总监和压力管道安全员的岗位职责。

压力管道使用单位主要负责人对本单位压力管道使用安全全面负责，建立并落实压力管道使用安全主体责任的长效机制。压力管道安全总监和压力管道安全员应当按照岗位职责，协助单位主要负责人做好压力管道使用安全管理工作。

第五十三条　压力管道使用单位主要负责人应当支持和保障压力管道安全总监和压力管道安全员依法开展压力管道使用安全管理工作，在作出涉及压力管道安全的重大决策前，应当充分听取压力管道安全总监和压力管道安全员的意见和建议。

压力管道安全员发现压力管道存在一般事故隐患时，应当立即进行处理；发现存在严重事故隐患时，应当立即责令停止使用并向压力管道安全总监报告，压力管道安全总监应当立即组织分析研判，采取处置措施，消除严重事故隐患。

第五十四条　压力管道使用单位应当根据本单位压力管道的数量、用途、使用环境等情况，配备压力管道安全总监和足够数量的压力管道安全员，并逐条明确负责的压力管道安全员。

第五十五条　压力管道安全总监和压力管道安全员应当具备下列压力管道使用安全管理能力：

（一）熟悉压力管道使用相关法律法规、安全技术规范、标准和本单位压力管道安全使用要求；

（二）具备识别和防控压力管道使用安全风险的专业知识；

（三）具备按照相关要求履行岗位职责的能力；

（四）符合特种设备法律法规和安全技术规范的其他要求。

第五十六条　压力管道安全总监按照职责要求，直接对本单位主要负责人负责，承担下列职责：

（一）组织宣传、贯彻压力管道有关的法律法规、安全技术规范及相关标准；

（二）组织制定本单位压力管道使用安全管理制度，督促落实压力管道使用安全责任制，组织开展压力管道安全合规管理；

（三）组织制定压力管道事故应急专项预案并开展应急演练；

（四）落实压力管道安全事故报告义务，采取措施防止事故扩大；

（五）对压力管道安全员进行安全教育和技术培训，监督、指导压力管道安全员做好相关工作；

（六）按照规定组织开展压力管道使用安全风险评价工作，拟定并督促落实压力管道使用安全风险防控措施；

（七）对本单位压力管道使用安全管理工作进行检查，及时向主要负责人报告有关情况，提出改进措施；

（八）接受和配合有关部门开展压力管道安全监督检查、监督检验、定期检验和事故调查等工作，如实提供有关材料；

（九）履行市场监督管理部门规定和本单位要求的其他压力管道使用安全管理职责。

压力管道使用单位应当按照前款规定，结合本单位实际，细化制定《压力管道安全总监职责》。

第五十七条 压力管道安全员按照职责要求，对压力管道安全总监或者单位主要负责人负责，承担下列职责：

（一）建立健全压力管道安全技术档案并办理本单位压力管道使用登记；

（二）组织制定压力管道安全操作规程；

（三）组织对压力管道技术人员进行教育和培训；

（四）组织对压力管道进行日常巡检，纠正和制止违章作业行为；

（五）编制压力管道定期检验计划，督促落实压力管道定期检验和后续整改等工作；

（六）按照规定报告压力管道事故，参加压力管道事故救援，协助进行事故调查和善后处理；

（七）履行市场监督管理部门规定和本单位要求的其他压力管道使用安全管理职责。

压力管道使用单位应当按照前款规定，结合本单位实际，细化制定《压力管道安全员守则》。

第五十八条 压力管道使用单位应当建立基于压力管道安全风险防控的动态管理机制，结合本单位实际，落实自查要求，制定《压力管道安全风险管控清单》，建立健全日管控、周排查、月调度工作制度和机制。

第五十九条 压力管道使用单位应当建立压力管道安全日管控制度。压力管道安全员要每日根据《压力管道安全风险管控清单》，按照相关安全技术规范和本单位安全管理制度的要求，对投入使用的压力管道进行巡检，形成《每日压力管道安全检查记录》，对发现的安全风险隐患，应当立即采取防范措施，及时上报压力管道安全总监或者单位主要负责人。未发现问题的，也应当予以记录，实行零风险报告。

第六十条 压力管道使用单位应当建立压力管道安全周排查制度。压力管道安全总监要每周至少组织一次风险隐患排查，分析研判压力管道使用安全管理情况，研究解决日管控中发现的问题，形成《每周压力管道安全排查治理报告》。

第六十一条 压力管道使用单位应当建立压力管道安全月调度制度。压力管道使用单位主要负责人要每月至少听取一次压力管道安全总监管理工作情况汇报，对当月压力管道安全日常管理、风险隐患排查治理等情况进行总结，对下个月重点工作作出调度安排，形成《每月压力管道安全调度会议纪要》。

第六十二条 压力管道使用单位应当将主要负责人、压力管道安全总监和压力管道安全员的设立、调整情况，《压力管道安全风险管控清单》、《压力管道安全总监职责》、《压力管道安全员守则》以及压力管道安全总监、压力管道安全员提出的意见建议、报告和问题整改落实等履职情况予以记录并存档备查。

第六十三条 市场监督管理部门应当将压力管道使用单位建立并落实压力管道使用安全责任制等管理制度，在日管控、周排查、月调度中发现的压力管道使用安全风险隐患以及整改情况作为监督检查的重要内容。

第六十四条 压力管道使用单位应当对压力管道安全总监和压力管道安全员进行法律法规、标准和专业知识培训、考核，并同时对培训、考核情况予以记录并存档备查。

县级以上地方市场监督管理部门按照国家市场监督管理总局制定的《压力管道使用安全管理人员考核指南》，组织对本辖区内压力管道使用单位的压力管道安全总监和压力管道安全员随机进行监督抽查考核并公布考核结果。监督抽查考核不得收取费用。

监督抽查考核不合格，不再符合压力管道使用要求的，使用单位应当立即采取整改措施。

第六十五条 压力管道使用单位应当为压力管道安全总监和压力管道安全员提供必要的工作条件、教育培训和岗位待遇，充分保障其依法履行职责。

鼓励压力管道使用单位建立对压力管道安全总监和压力管道安全员的激励约束机制，对工作成效显著的给予表彰和奖励，对履职不到位的予以惩戒。

市场监督管理部门在查处压力管道使用单位违法行为时，应当将压力管道使用单位落实安全主体责任情况作为判断其主观过错、违法情节、处罚幅度等考量的重要因素。

压力管道使用单位及其主要负责人无正当理由未采纳压力管道安全总监和压力管道安全员依照本规定第五十三条提出的意见或者建议的，应当认为压力管道安全总监和压力管道安全员已经依法履职尽责，不予处罚。

第六十六条　压力管道使用单位未按规定建立安全管理制度，或者未按规定配备、培训、考核压力管道安全总监和压力管道安全员的，由县级以上地方市场监督管理部门责令改正并给予通报批评；拒不改正的，处五千元以上五万元以下罚款，并将处罚情况纳入国家企业信用信息公示系统。法律、行政法规另有规定的，依照其规定执行。

压力管道使用单位主要负责人、压力管道安全总监、压力管道安全员未按规定要求落实使用安全责任的，由县级以上地方市场监督管理部门责令改正并给予通报批评；拒不改正的，对责任人处二千元以上一万元以下罚款。法律、行政法规另有规定的，依照其规定执行。

第六十七条　本规定下列用语的含义是：

（一）压力管道使用单位主要负责人是指本单位的法定代表人、法定代表委托人或者实际控制人；

（二）压力管道安全总监是指本单位管理层中负责压力管道使用安全的管理人员；

（三）压力管道安全员是指本单位具体负责压力管道使用安全的检查人员；

（四）压力管道使用单位是指工业管道使用单位。

第六章　电　　梯

第六十八条　电梯使用单位对于安装于民用建筑的井道中，利用沿刚性导轨运行的运载装置，进行运送人、货物的机电设备，应当采购和使用符合电梯相关安全技术规范和标准的电梯。

第六十九条　电梯使用单位应当依法配备电梯安全总监和电梯安全员，明确电梯安全总监和电梯安全员的岗位职责。

电梯使用单位主要负责人对本单位电梯使用安全全面负责，建立并落实电梯使用安全主体责任的长效机制。电梯安全总监和电梯安全员应当按照岗位职责，协助单位主要负责人做好电梯使用安全管理工作。

第七十条　电梯使用单位主要负责人应当支持和保障电梯安全总监和电梯安全员依法开展电梯使用安全管理工作，在作出涉及电梯安全的重大决策前，应当充分听取电梯安全总监和电梯安全员的意见和建议。

电梯安全员发现电梯存在一般事故隐患时，应当立即采取相应措施或者通知电梯维护保养单位予以消除；发现存在严重事故隐患时，应当立即责令停止使用并向电梯安全总监报告，电梯安全总监应当立即组织分析研判，采取处置措施，消除严重事故隐患。

第七十一条　电梯使用单位应当根据本单位电梯的数量、用途、使用环境等情况，配备电梯安全总监和足够数量的电梯安全员，并逐台明确负责的电梯安全员。

第七十二条　电梯安全总监和电梯安全员应当具备下列电梯使用安全管理能力：

（一）熟悉电梯使用相关法律法规、安全技术规范、标准和本单位电梯安全使用要求；

（二）具备识别和防控电梯使用安全风险的专业知识；

（三）具备按照相关要求履行岗位职责的能力；

（四）符合特种设备法律法规和安全技术规范的其他要求。

第七十三条　电梯安全总监按照职责要求，直接对本单位主要负责人负责，承担下列职责：

（一）组织宣传、贯彻电梯有关的法律法规、安全技术规范及相关标准；

（二）组织制定本单位电梯使用安全管理制度，督促落实电梯使用安全责任制，组织开展电梯安全合规管理；

（三）组织制定电梯事故应急专项预案并开展应急演练；

（四）落实电梯安全事故报告义务，采取措施防止事故扩大；

（五）对电梯安全员进行安全教育和技术培训，监督、指导电梯安全员做好相关工作；

（六）按照规定组织开展电梯使用安全风险评价工作，拟定并督促落实电梯使用安全风险防控措施；

（七）对本单位电梯使用安全管理工作进行检查，及时向主要负责人报告有关情况，提出改进措施；

（八）接受和配合有关部门开展电梯安全监督检查、监督检验、定期检验和事故调查等工作，如实提供有关材料；

（九）本单位投保电梯保险的，落实相应的保险管理职责；

（十）履行市场监督管理部门规定和本单位要求的其他电梯使用安全管理职责。

电梯使用单位应当按照前款规定，结合本单位实际，细化制定《电梯安全总监职责》。

第七十四条　电梯安全员按照职责要求，对电梯安全总监或者单位主要负责人负责，承担下列职责：

（一）建立健全电梯安全技术档案并办理本单位电梯使用登记；

（二）组织制定电梯安全操作规程；

（三）妥善保管电梯专用钥匙和工具；

（四）组织对电梯作业人员和技术人员进行教育和培训；

（五）对电梯进行日常巡检，引导和监督正确使用电梯；

（六）对电梯维护保养过程和结果进行监督确认，配合做好现场安全工作；

（七）确保电梯紧急报警装置正常使用，保持电梯应急救援通道畅通，在发生故障和困人等突发情况时，立即安抚相关人员，并组织救援；

（八）编制电梯自行检测和定期检验计划，督促落实电梯自行检测、定期检验和后续整改等工作；

（九）按照规定报告电梯事故，参加电梯事故救援，协助进行事故调查和善后处理；

（十）履行市场监督管理部门规定和本单位要求的其他电梯使用安全管理职责。

电梯使用单位应当按照前款规定，结合本单位实际，细化制定《电梯安全员守则》。

第七十五条 电梯使用单位应当建立基于电梯安全风险防控的动态管理机制，结合本单位实际，落实自查要求，制定《电梯安全风险管控清单》，建立健全日管控、周排查、月调度工作制度和机制。

第七十六条 电梯使用单位应当建立电梯安全日管控制度。电梯安全员要每日根据《电梯安全风险管控清单》，按照相关安全技术规范和本单位安全管理制度的要求，对投入使用的电梯进行巡检，形成《每日电梯安全检查记录》，对发现的安全风险隐患，应当立即通知电梯维护保养单位予以整改，及时上报电梯安全总监或者单位主要负责人。未发现问题的，也应当予以记录，实行零风险报告。

第七十七条 电梯使用单位应当建立电梯安全周排查制度。电梯安全总监要每周至少组织一次风险隐患排查，分析研判电梯使用安全管理情况，研究解决日管控中发现的问题，形成《每周电梯安全排查治理报告》。

电梯安全总监应当对维护保养过程进行全过程或者抽样监督，并作出记录，发现问题的应当及时处理。

第七十八条 电梯使用单位应当建立电梯安全月调度制度。电梯使用单位主要负责人要每月至少听取一次电梯安全总监管理工作情况汇报，对当月电梯安全日常管理、风险隐患排查治理等情况进行总结，对下个月重点工作作出调度安排，形成《每月电梯安全调度会议纪要》。

第七十九条 电梯使用单位应当将主要负责人、电梯安全总监和电梯安全员的设立、调整情况，《电梯安全风险管控清单》、《电梯安全总监职责》、《电梯安全员守则》以及电梯安全总监、电梯安全员提出的意见建议、报告和问题整改落实等履职情况予以记录并存档备查。

第八十条 市场监督管理部门应当将电梯使用单位建立并落实电梯使用安全责任制等管理制度，在日管控、周排查、月调度中发现的电梯使用安全风险隐患以及整改情况作为监督检查的重要内容。

第八十一条 电梯使用单位应当对电梯安全总监和电梯安全员进行法律法规、标准和专业知识培训、考核，同时对培训、考核情况予以记录并存档备查。

县级以上地方市场监督管理部门按照国家市场监督管理总局制定的《电梯使用安全管理人员考核指南》，组织对本辖区内电梯使用单位的电梯安全总监和电梯安全员随机进行监督抽查考核并公布考核结果。监督抽查考核不得收取费用。

监督抽查考核不合格，不再符合电梯使用要求的，使用单位应当立即采取整改措施。

第八十二条 电梯使用单位应当为电梯安全总监和电梯安全员提供必要的工作条件、教育培训和岗位待遇，充分保障其依法履行职责。

鼓励电梯使用单位建立对电梯安全总监和电梯安全员的激励约束机制，对工作成效显著的给予表彰和奖励，对履职不到位的予以惩戒。

市场监督管理部门在查处电梯使用单位违法行为时，应当将电梯使用单位落实安全主体责任情况作为判断其主观过错、违法情节、处罚幅度等考量的重要因素。

电梯使用单位及其主要负责人无正当理由未采纳电梯安全总监和电梯安全员依照本规定第七十条提出的意见或者建议的，应当认为电梯安全总监和电梯安全员已经依法履职尽责，不予处罚。

第八十三条 违反本规定，在民用建筑的井道中安装不属于第六十八条所述电梯的机电设备，进行运送人、货物的，责令停止使用，限期予以拆除或者重新安装符合要求的电梯。逾期未改正的，由县级以上地方市场监督管理部门依据《中华人民共和国特种设备安全法》第八十四条予以处罚。

第八十四条 电梯使用单位未按规定建立安全管理制度，或者未按规定配备、培训、考核电梯安全总监和电梯安全员的，由县级以上地方市场监督管理部门责令改正并给予通报批评；拒不改正的，处五千元以上五万元以下罚款，并将处罚情况纳入国家企业信用信息公示系统。法律、行政法规另有规定的，依照其规定执行。

电梯使用单位主要负责人、电梯安全总监、电梯安全员未按规定要求落实使用安全责任的，由县级以上地方市场监督管理部门责令改正并给予通报批评；拒不改正的，对责任人处二千元以上一万元以下罚款。法律、行政法规另有规定的，依照其规定执行。

第八十五条　电梯使用单位是指实际行使电梯使用管理权的单位。符合下列情形之一的为电梯使用单位：

（一）新安装未移交所有权人的，项目建设单位是使用单位；

（二）单一产权且自行管理的，电梯所有权人是使用单位；

（三）委托物业服务企业等市场主体管理的，受委托方是使用单位；

（四）出租房屋内安装的电梯或者出租电梯的，出租单位是使用单位，法律另有规定或者当事人另有约定的，从其规定或者约定；

（五）属于共有产权的，共有人须委托物业服务企业、维护保养单位或者专业公司等市场主体管理电梯，受委托方是使用单位。

除上述情形之外无法确定使用单位的，由电梯所在地乡镇人民政府、街道办事处协调确定使用单位，或者由电梯所在地乡镇人民政府、街道办事处承担使用单位责任。

第八十六条　本规定下列用语的含义是：

（一）电梯使用单位主要负责人是指本单位的法定代表人、法定代表委托人或者实际控制人；

（二）电梯安全总监是指本单位管理层中负责电梯使用安全的管理人员；

（三）电梯安全员是指本单位具体负责电梯使用安全的检查人员。

第七章　起重机械

第八十七条　起重机械使用单位应当依法配备起重机械安全总监和起重机械安全员，明确起重机械安全总监和起重机械安全员的岗位职责。

起重机械使用单位主要负责人对本单位起重机械使用安全全面负责，建立并落实起重机械使用安全主体责任的长效机制。起重机械安全总监和起重机械安全员应当按照岗位职责，协助单位主要负责人做好起重机械使用安全管理工作。

第八十八条　起重机械使用单位主要负责人应当支持和保障起重机械安全总监和起重机械安全员依法开展起重机械使用安全管理工作，在作出涉及起重机械安全的重大决策前，应当充分听取起重机械安全总监和起重机械安全员的意见和建议。

起重机械安全员发现起重机械存在一般事故隐患时，应当立即进行处理；发现存在严重事故隐患时，应当立即责令停止使用并向起重机械安全总监报告，起重机械安全总监应当立即组织分析研判，采取处置措施，消除严重事故隐患。

第八十九条　起重机械使用单位应当根据本单位起重机械的数量、用途、使用环境等情况，配备起重机械安全总监和足够数量的起重机械安全员，并逐台明确负责的起重机械安全员。

第九十条　起重机械安全总监和起重机械安全员应当具备下列起重机械使用安全管理能力：

（一）熟悉起重机械使用相关法律法规、安全技术规范、标准和本单位起重机械安全使用要求；

（二）具备识别和防控起重机械使用安全风险的专业知识；

（三）具备按照相关要求履行岗位职责的能力；

（四）符合特种设备法律法规和安全技术规范的其他要求。

第九十一条　起重机械安全总监按照职责要求，直接对本单位主要负责人负责，承担下列职责：

（一）组织宣传、贯彻起重机械有关的法律法规、安全技术规范及相关标准；

（二）组织制定本单位起重机械使用安全管理制度，督促落实起重机械使用安全责任制，组织开展起重机械安全合规管理；

（三）组织制定起重机械事故应急专项预案并开展应急演练；

（四）落实起重机械安全事故报告义务，采取措施防止事故扩大；

（五）对起重机械安全员进行安全教育和技术培训，监督、指导起重机械安全员做好相关工作；

（六）按照规定组织开展起重机械使用安全风险评价工作，拟定并督促落实起重机械使用安全风险防控措施；

（七）对本单位起重机械使用安全管理工作进行检查，及时向主要负责人报告有关情况，提出改进措施；

（八）接受和配合有关部门开展起重机械安全监

督检查、监督检验、定期检验和事故调查等工作，如实提供有关材料；

（九）履行市场监督管理部门规定和本单位要求的其他起重机械使用安全管理职责。

起重机械使用单位应当按照前款规定，结合本单位实际，细化制定《起重机械安全总监职责》。

第九十二条　起重机械安全员按照职责要求，对起重机械安全总监或者单位主要负责人负责，承担下列职责：

（一）建立健全起重机械安全技术档案并办理本单位起重机械使用登记；

（二）组织制定起重机械安全操作规程；

（三）组织对起重机械作业人员进行教育和培训，指导和监督作业人员正确使用起重机械；

（四）对起重机械进行日常巡检，纠正和制止违章作业行为；

（五）编制起重机械定期检验计划，督促落实起重机械定期检验和后续整改等工作；

（六）按照规定报告起重机械事故，参加起重机械事故救援，协助进行事故调查和善后处理；

（七）履行市场监督管理部门规定和本单位要求的其他起重机械使用安全管理职责。

起重机械使用单位应当按照前款规定，结合本单位实际，细化制定《起重机械安全员守则》。

第九十三条　起重机械使用单位应当建立基于起重机械安全风险防控的动态管理机制，结合本单位实际，落实自查要求，制定《起重机械安全风险管控清单》，建立健全日管控、周排查、月调度工作制度和机制。

第九十四条　起重机械使用单位应当建立起重机械安全日管控制度。起重机械安全员要每日根据《起重机械安全风险管控清单》，按照相关安全技术规范和本单位安全管理制度的要求，对投入使用的起重机械进行巡检，形成《每日起重机械安全检查记录》，对发现的安全风险隐患，应当立即采取防范措施，及时上报起重机械安全总监或者单位主要负责人。未发现问题的，也应当予以记录，实行零风险报告。

第九十五条　起重机械使用单位应当建立起重机械安全周排查制度。起重机械安全总监要每周至少组织一次风险隐患排查，分析研判起重机械使用安全管理情况，研究解决日管控中发现的问题，形成《每周起重机械安全排查治理报告》。

第九十六条　起重机械使用单位应当建立起重机械安全月调度制度。起重机械使用单位主要负责人要每月至少听取一次起重机械安全总监管理工作情况汇报，对当月起重机械安全日常管理、风险隐患排查治理等情况进行总结，对下个月重点工作作出调度安排，形成《每月起重机械安全调度会议纪要》。

第九十七条　起重机械使用单位应当将主要负责人、起重机械安全总监和起重机械安全员的设立、调整情况，《起重机械安全风险管控清单》、《起重机械安全总监职责》、《起重机械安全员守则》以及起重机械安全总监、起重机械安全员提出的意见建议、报告和问题整改落实等履职情况予以记录并存档备查。

第九十八条　市场监督管理部门应当将起重机械使用单位建立并落实起重机械使用安全责任制等管理制度，在日管控、周排查、月调度中发现的起重机械使用安全风险隐患以及整改情况作为监督检查的重要内容。

第九十九条　起重机械使用单位应当对起重机械安全总监和起重机械安全员进行法律法规、标准和专业知识培训、考核，同时对培训、考核情况予以记录并存档备查。

县级以上地方市场监督管理部门按照国家市场监督管理总局制定的《起重机械使用安全管理人员考核指南》，组织对本辖区内起重机械使用单位的起重机械安全总监和起重机械安全员随机进行监督抽查考核并公布考核结果。监督抽查考核不得收取费用。

监督抽查考核不合格，不再符合起重机械使用要求的，使用单位应当立即采取整改措施。

第一百条　起重机械使用单位应当为起重机械安全总监和起重机械安全员提供必要的工作条件、教育培训和岗位待遇，充分保障其依法履行职责。

鼓励起重机械使用单位建立对起重机械安全总监和起重机械安全员的激励约束机制，对工作成效显著的给予表彰和奖励，对履职不到位的予以惩戒。

市场监督管理部门在查处起重机械使用单位违法行为时，应当将起重机械使用单位落实安全主体责任情况作为判断其主观过错、违法情节、处罚幅度等考量的重要因素。

起重机械使用单位及其主要负责人无正当理由未采纳起重机械安全总监和起重机械安全员依照本规定第八十八条提出的意见或者建议的，应当认为起重机械安全总监和起重机械安全员已经依法履职尽责，不予处罚。

第一百零一条　起重机械使用单位未按规定建立安全管理制度，或者未按规定配备、培训、考核起重机械安全总监和起重机械安全员的，由县级以上地方市场监督管理部门责令改正并给予通报批评；拒不改正的，处五千元以上五万元以下罚款，并将处罚情况纳入国家企业信用信息公示系统。法律、行政法规另有规定的，依照其规定执行。

起重机械使用单位主要负责人、起重机械安全总监、起重机械安全员未按规定要求落实使用安全责任的，由县级以上地方市场监督管理部门责令改正并给予通报批评；拒不改正的，对责任人处二千元以上一万元以下罚款。法律、行政法规另有规定的，依照其规定执行。

第一百零二条　本规定下列用语的含义是：

（一）起重机械使用单位主要负责人是指本单位的法定代表人、法定代表委托人或者实际控制人；

（二）起重机械安全总监是指本单位管理层中负责起重机械使用安全的管理人员；

（三）起重机械安全员是指本单位具体负责起重机械使用安全的检查人员。

第八章　客运索道

第一百零三条　客运索道使用单位应当依法配备客运索道安全总监和客运索道安全员，明确客运索道安全总监和客运索道安全员的岗位职责。

客运索道使用单位主要负责人对本单位客运索道使用安全全面负责，建立并落实客运索道使用安全主体责任的长效机制。客运索道安全总监和客运索道安全员应当按照岗位职责，协助单位主要负责人做好客运索道使用安全管理工作。

第一百零四条　客运索道使用单位主要负责人应当支持和保障客运索道安全总监和客运索道安全员依法开展客运索道使用安全管理工作，在作出涉及客运索道安全的重大决策前，应当充分听取客运索道安全总监和客运索道安全员的意见和建议。

客运索道安全员发现客运索道存在一般事故隐患时，应当立即进行处理；发现存在严重事故隐患时，应当立即责令停止使用并向客运索道安全总监报告，客运索道安全总监应当立即组织分析研判，采取处置措施，消除严重事故隐患。

第一百零五条　客运索道使用单位应当根据本单位客运索道的数量、用途、使用环境等情况，配备客运索道安全总监和足够数量的客运索道安全员，并逐条明确负责的客运索道安全员。

第一百零六条　客运索道安全总监和客运索道安全员应当具备下列客运索道使用安全管理能力：

（一）熟悉客运索道使用相关法律法规、安全技术规范、标准和本单位客运索道安全使用要求；

（二）具备识别和防控客运索道使用安全风险的专业知识；

（三）具备按照相关要求履行岗位职责的能力；

（四）符合特种设备法律法规和安全技术规范的其他要求。

第一百零七条　客运索道安全总监按照职责要求，直接对本单位主要负责人负责，承担下列职责：

（一）组织宣传、贯彻客运索道有关的法律法规、安全技术规范及相关标准；

（二）组织制定本单位客运索道使用安全管理制度，督促落实客运索道使用安全责任制，组织开展索道安全合规管理；

（三）组织制定客运索道事故应急专项预案并开展应急演练；

（四）落实客运索道安全事故报告义务，采取措施防止事故扩大；

（五）对客运索道安全员进行安全教育和技术培训，监督、指导客运索道安全员做好相关工作；

（六）按照规定组织开展客运索道使用安全风险评价工作，拟定并督促落实客运索道使用安全风险防控措施；

（七）对本单位客运索道使用安全管理工作进行检查，及时向主要负责人报告有关情况，提出改进措施；

（八）接受和配合有关部门开展客运索道安全监督检查、监督检验、定期检验和事故调查等工作，如实提供有关材料；

（九）本单位投保客运索道保险的，落实相应的保险管理职责；

（十）履行市场监督管理部门规定和本单位要求的其他客运索道使用安全管理职责。

客运索道使用单位应当按照前款规定，结合本单位实际，细化制定《客运索道安全总监职责》。

第一百零八条　客运索道安全员按照职责要求，对客运索道安全总监或者单位主要负责人负责，承担下列职责：

（一）建立健全客运索道安全技术档案并办理本单位客运索道使用登记；

（二）组织制定客运索道安全操作规程；

（三）组织对客运索道作业人员和技术人员进行教育和培训；

（四）组织对客运索道进行日常巡检，纠正和制止违章作业行为；

（五）编制客运索道定期检验计划，督促落实客运索道定期检验和后续整改等工作；

（六）按照规定报告客运索道事故，参加客运索道事故救援，协助进行事故调查和善后处理；

（七）履行市场监督管理部门规定和本单位要求的其他客运索道使用安全管理职责。

客运索道使用单位应当按照前款规定，结合本单位实际，细化制定《客运索道安全员守则》。

第一百零九条　客运索道使用单位应当建立基于客运索道安全风险防控的动态管理机制，结合本单位实际，落实自查要求，制定《客运索道安全风险管控清单》，建立健全日管控、周排查、月调度工作制度和机制。

第一百一十条　客运索道使用单位应当建立客运索道安全日管控制度。客运索道安全员要组织在客运索道每日投入使用前，根据《客运索道安全风险管控清单》，按照相关安全技术规范和本单位安全管理制度的要求，进行试运行和例行安全检查，形成《每日客运索道安全检查记录》。对发现的安全风险隐患，应当立即采取防范措施，及时上报客运索道安全总监或者单位主要负责人。未发现问题的，也应当予以记录，实行零风险报告。

第一百一十一条　客运索道使用单位应当建立客运索道安全周排查制度。客运索道安全总监要每周至少组织一次风险隐患排查，分析研判客运索道使用安全管理情况，研究解决日管控中发现的问题，形成《每周客运索道安全排查治理报告》。

第一百一十二条　客运索道使用单位应当建立客运索道安全月调度制度。客运索道使用单位主要负责人要每月至少听取一次客运索道安全总监管理工作情况汇报，对当月客运索道安全日常管理、风险隐患排查治理等情况进行总结，对下个月重点工作作出调度安排，形成《每月客运索道安全调度会议纪要》。

第一百一十三条　客运索道使用单位应当将主要负责人、客运索道安全总监和客运索道安全员的设立、调整情况，《客运索道安全风险管控清单》、《客运索道安全总监职责》、《客运索道安全员守则》以及客运索道安全总监、客运索道安全员提出的意见建议、报告和问题整改落实等履职情况予以记录并存档备查。

第一百一十四条　市场监督管理部门应当将客运索道使用单位建立并落实客运索道使用安全责任制等管理制度，在日管控、周排查、月调度中发现的客运索道使用安全风险隐患以及整改情况作为监督检查的重要内容。

第一百一十五条　客运索道使用单位应当对客运索道安全总监和客运索道安全员进行法律法规、标准和专业知识培训、考核，同时对培训、考核情况予以记录并存档备查。

县级以上地方市场监督管理部门按照国家市场监督管理总局制定的《客运索道使用安全管理人员考核指南》，组织对本辖区内客运索道使用单位的客运索道安全总监和客运索道安全员随机进行监督抽查考核并公布考核结果。监督抽查考核不得收取费用。

监督抽查考核不合格，不再符合客运索道使用要求的，使用单位应当立即采取整改措施。

第一百一十六条　客运索道使用单位应当为客运索道安全总监和客运索道安全员提供必要的工作条件、教育培训和岗位待遇，充分保障其依法履行职责。

鼓励客运索道使用单位建立对客运索道安全总监和客运索道安全员的激励约束机制，对工作成效显著的给予表彰和奖励，对履职不到位的予以惩戒。

市场监督管理部门在查处客运索道使用单位违法行为时，应当将客运索道使用单位落实安全主体责任情况作为判断其主观过错、违法情节、处罚幅度等考量的重要因素。

客运索道使用单位及其主要负责人无正当理由未采纳客运索道安全总监和客运索道安全员依照本规定第一百零四条提出的意见或者建议的，应当认为客运索道安全总监和客运索道安全员已经依法履职尽责，不予处罚。

第一百一十七条　客运索道使用单位未按规定建立安全管理制度，或者未按规定配备、培训、考核客运索道安全总监和客运索道安全员的，由县级以上地方市场监督管理部门责令改正并给予通报批评；拒不改正的，处五千元以上五万元以下罚款，并将处罚情况纳入国家企业信用信息公示系统。法律、行政法规另有规定的，依照其规定执行。

客运索道使用单位主要负责人、客运索道安全总监、客运索道安全员未按规定要求落实使用安全责任的，由县级以上地方市场监督管理部门责令改正并给予通报批评；拒不改正的，对责任人处二千元以上一万元以下罚款。法律、行政法规另有规定的，依照其规定执行。

第一百一十八条　本规定下列用语的含义是：

（一）客运索道使用单位主要负责人是指本单位的法定代表人、法定代表委托人或者实际控制人；

（二）客运索道安全总监是指本单位管理层中负

责客运索道使用安全的管理人员；

（三）客运索道安全员是指本单位具体负责客运索道使用安全的检查人员。

第九章　大型游乐设施

第一百一十九条　大型游乐设施使用单位应当依法配备大型游乐设施安全总监和大型游乐设施安全员，明确大型游乐设施安全总监和大型游乐设施安全员的岗位职责。

大型游乐设施使用单位主要负责人对本单位大型游乐设施使用安全全面负责，建立并落实大型游乐设施使用安全主体责任的长效机制。大型游乐设施安全总监和大型游乐设施安全员应当按照岗位职责，协助单位主要负责人做好大型游乐设施使用安全管理工作。

第一百二十条　大型游乐设施使用单位主要负责人应当支持和保障大型游乐设施安全总监和大型游乐设施安全员依法开展大型游乐设施使用安全管理工作，在作出涉及大型游乐设施安全的重大决策前，应当充分听取大型游乐设施安全总监和大型游乐设施安全员的意见和建议。

大型游乐设施安全员发现大型游乐设施存在一般事故隐患时，应当立即进行处理；发现存在严重事故隐患时，应当立即责令停止使用并向大型游乐设施安全总监报告，大型游乐设施安全总监应当立即组织分析研判，采取处置措施，消除严重事故隐患。

第一百二十一条　大型游乐设施使用单位应当根据本单位大型游乐设施的数量、用途、使用环境等情况，配备大型游乐设施安全总监和足够数量的大型游乐设施安全员，并逐台明确负责的大型游乐设施安全员。

第一百二十二条　大型游乐设施安全总监和大型游乐设施安全员应当具备下列大型游乐设施使用安全管理能力：

（一）熟悉大型游乐设施使用相关法律法规、安全技术规范、标准和本单位大型游乐设施安全使用要求；

（二）具备识别和防控大型游乐设施使用安全风险的专业知识；

（三）具备按照相关要求履行岗位职责的能力；

（四）符合特种设备法律法规和安全技术规范的其他要求。

第一百二十三条　大型游乐设施安全总监按照职责要求，直接对本单位主要负责人负责，承担下列职责：

（一）组织宣传、贯彻大型游乐设施有关的法律法规、安全技术规范及相关标准；

（二）组织制定本单位大型游乐设施使用安全管理制度，督促落实大型游乐设施使用安全责任制，组织开展大型游乐设施安全合规管理；

（三）组织制定大型游乐设施事故应急专项预案并开展应急演练；

（四）落实大型游乐设施安全事故报告义务，采取措施防止事故扩大；

（五）对大型游乐设施安全员进行安全教育和技术培训，监督、指导大型游乐设施安全员做好相关工作；

（六）按照规定组织开展大型游乐设施使用安全风险评价工作，拟定并督促落实大型游乐设施使用安全风险防控措施；

（七）对本单位大型游乐设施使用安全管理工作进行检查，及时向主要负责人报告有关情况，提出改进措施；

（八）接受和配合有关部门开展大型游乐设施安全监督检查、监督检验、定期检验和事故调查等工作，如实提供有关材料；

（九）履行市场监督管理部门规定和本单位要求的其他大型游乐设施使用安全管理职责。

大型游乐设施使用单位应当按照前款规定，结合本单位实际，细化制定《大型游乐设施安全总监职责》。

第一百二十四条　大型游乐设施安全员按照职责要求，对大型游乐设施安全总监或者单位主要负责人负责，承担下列职责：

（一）建立健全大型游乐设施安全技术档案并办理本单位大型游乐设施使用登记；

（二）组织制定各类大型游乐设施安全操作规程；

（三）组织对大型游乐设施作业人员和技术人员进行教育和培训；

（四）组织对大型游乐设施进行日常检查，纠正和制止违章作业行为；

（五）编制大型游乐设施定期检验计划，督促落实大型游乐设施定期检验和后续整改等工作；

（六）按照规定报告大型游乐设施事故，参加大型游乐设施事故救援，协助进行事故调查和善后处理；

（七）履行市场监督管理部门规定和本单位要求的其他大型游乐设施使用安全管理责任。

大型游乐设施使用单位应当按照前款规定，结合本单位实际，细化制定《大型游乐设施安全员守则》。

第一百二十五条　大型游乐设施使用单位应当建立基于

大型游乐设施安全风险防控的动态管理机制，结合本单位实际，落实自查要求，制定《大型游乐设施安全风险管控清单》，建立健全日管控、周排查、月调度工作制度和机制。

第一百二十六条　大型游乐设施使用单位应当建立安全日管控制度。大型游乐设施安全员要组织在大型游乐设施每日投入使用前，根据《大型游乐设施安全风险管控清单》，按照相关安全技术规范和本单位安全管理制度的要求，进行试运行和例行安全检查，形成《每日大型游乐设施安全检查记录》。对发现的安全风险隐患，应当立即采取防范措施，及时上报大型游乐设施安全总监或者单位主要负责人。未发现问题的，也应当予以记录，实行零风险报告。

第一百二十七条　大型游乐设施使用单位应当建立大型游乐设施安全周排查制度。大型游乐设施安全总监要每周至少组织一次风险隐患排查，分析研判大型游乐设施使用安全管理情况，研究解决日管控中发现的问题，形成《每周大型游乐设施安全排查治理报告》。

第一百二十八条　大型游乐设施使用单位应当建立大型游乐设施使用安全管理月调度制度。大型游乐设施使用单位主要负责人要每月至少听取一次大型游乐设施安全总监管理工作情况汇报，对当月大型游乐设施安全日常管理、风险隐患排查治理等情况进行总结，对下个月重点工作作出调度安排，形成《每月大型游乐设施安全调度会议纪要》。

第一百二十九条　大型游乐设施使用单位应当将主要负责人、大型游乐设施安全总监和大型游乐设施安全员的设立、调整情况，《大型游乐设施安全风险管控清单》、《大型游乐设施安全总监职责》、《大型游乐设施安全员守则》以及大型游乐设施安全总监、大型游乐设施安全员提出的意见建议、报告和问题整改落实等履职情况予以记录并存档备查。

第一百三十条　市场监督管理部门应当将大型游乐设施使用单位建立并落实大型游乐设施使用安全责任制等管理制度，在日管控、周排查、月调度中发现的大型游乐设施使用安全风险隐患以及整改情况作为监督检查的重要内容。

第一百三十一条　大型游乐设施使用单位应当对大型游乐设施安全总监和大型游乐设施安全员进行法律法规、标准和专业知识培训、考核，同时对培训、考核情况予以记录并存档备查。

县级以上地方市场监督管理部门按照国家市场监督管理总局制定的《大型游乐设施使用安全管理人员考核指南》，组织对本辖区内大型游乐设施使用单位的大型游乐设施安全总监和大型游乐设施安全员随机进行监督抽查考核并公布考核结果。监督抽查考核不得收取费用。

监督抽查考核不合格，不再符合大型游乐设施使用要求的，使用单位应当立即采取整改措施。

第一百三十二条　大型游乐设施使用单位应当为大型游乐设施安全总监和大型游乐设施安全员提供必要的工作条件、教育培训和岗位待遇，充分保障其依法履行职责。

鼓励大型游乐设施使用单位建立对大型游乐设施安全总监和大型游乐设施安全员的激励约束机制，对工作成效显著的给予表彰和奖励，对履职不到位的予以惩戒。

市场监督管理部门在查处大型游乐设施使用单位违法行为时，应当将大型游乐设施使用单位落实安全主体责任情况作为判断其主观过错、违法情节、处罚幅度等考量的重要因素。

大型游乐设施使用单位及其主要负责人无正当理由未采纳大型游乐设施安全总监和大型游乐设施安全员依照本规定第一百二十条提出的意见或者建议的，应当认为大型游乐设施安全总监和大型游乐设施安全员已经依法履职尽责，不予处罚。

第一百三十三条　大型游乐设施使用单位未按规定建立安全管理制度，或者未按规定配备、培训、考核大型游乐设施安全总监和大型游乐设施安全员的，由县级以上地方市场监督管理部门责令改正并给予通报批评；拒不改正的，处五千元以上五万元以下罚款，并将处罚情况纳入国家企业信用信息公示系统。法律、行政法规另有规定的，依照其规定执行。

大型游乐设施使用单位主要负责人、大型游乐设施安全总监、大型游乐设施安全员未按规定要求落实使用安全责任的，由县级以上地方市场监督管理部门责令改正并给予通报批评；拒不改正的，对责任人处二千元以上一万元以下罚款。法律、行政法规另有规定的，依照其规定执行。

第一百三十四条　本规定下列用语的含义是：

（一）大型游乐设施使用单位主要负责人是指本单位的法定代表人、法定代表委托人或者实际控制人；

（二）大型游乐设施安全总监是指本单位管理层中负责大型游乐设施使用安全的管理人员；

（三）大型游乐设施安全员是指本单位具体负责大型游乐设施使用安全的检查人员。

第十章　场(厂)内专用机动车辆

第一百三十五条　场(厂)内专用机动车辆(以下简称场车)使用单位应当依法配备场车安全总监和场车安全员,明确场车安全总监和场车安全员的岗位职责。

场车使用单位主要负责人对本单位场车使用安全全面负责,建立并落实场车使用安全主体责任的长效机制。场车安全总监和场车安全员应当按照岗位职责,协助单位主要负责人做好场车使用安全管理工作。

第一百三十六条　场车使用单位主要负责人应当支持和保障场车安全总监和场车安全员依法开展场车使用安全管理工作,在作出涉及场车安全的重大决策前,应当充分听取场车安全总监和场车安全员的意见和建议。

场车安全员发现场车存在一般事故隐患时,应当立即进行处理;发现存在严重事故隐患时,应当立即责令停止使用并向场车安全总监报告,场车安全总监应当立即组织分析研判,采取处置措施,消除严重事故隐患。

第一百三十七条　场车使用单位应当根据本单位场车的数量、用途、使用环境等情况,配备场车安全总监和足够数量的场车安全员,并逐台明确负责的场车安全员。

第一百三十八条　场车安全总监和场车安全员应当具备下列场车使用安全管理能力:

(一)熟悉场车使用相关法律法规、安全技术规范、标准和本单位场车安全使用要求;

(二)具备识别和防控场车使用安全风险的专业知识;

(三)具备按照相关要求履行岗位职责的能力;

(四)符合特种设备法律法规和安全技术规范的其他要求。

第一百三十九条　场车安全总监按照职责要求,直接对本单位主要负责人负责,承担下列职责:

(一)组织宣传、贯彻场车有关的法律法规、安全技术规范及相关标准;

(二)组织制定本单位场车使用安全管理制度,督促落实场车使用安全责任制,组织开展场车安全合规管理;

(三)组织制定场车事故应急专项预案并开展应急演练;

(四)落实场车安全事故报告义务,采取措施防止事故扩大;

(五)对场车安全员进行安全教育和技术培训,监督、指导场车安全员做好相关工作;

(六)按照规定组织开展场车使用安全风险评价工作,拟定并督促落实场车使用安全风险防控措施;

(七)对本单位场车使用安全管理工作进行检查,及时向主要负责人报告有关情况,提出改进措施;

(八)接受和配合有关部门开展场车安全监督检查、定期检验和事故调查等工作,如实提供有关材料;

(九)履行市场监督管理部门规定和本单位要求的其他场车使用安全管理职责。

场车使用单位应当按照前款规定,结合本单位实际,细化制定《场车安全总监职责》。

第一百四十条　场车安全员按照职责要求,对场车安全总监或者单位主要负责人负责,承担下列职责:

(一)建立健全场车安全技术档案,并办理本单位场车使用登记;

(二)组织制定场车安全操作规程;

(三)组织对场车作业人员进行教育和培训,指导和监督作业人员正确使用场车;

(四)对场车和作业区域进行日常巡检,纠正和制止违章作业行为;

(五)编制场车定期检验计划,督促落实场车定期检验和后续整改等工作;

(六)按照规定报告场车事故,参加场车事故救援,协助进行事故调查和善后处理;

(七)履行市场监督管理部门规定和本单位要求的其他场车使用安全管理职责。

场车使用单位应当按照前款规定,结合本单位实际,细化制定《场车安全员守则》。

第一百四十一条　场车使用单位应当建立基于场车安全风险防控的动态管理机制,结合本单位实际,落实自查要求,制定《场车安全风险管控清单》,建立健全日管控、周排查、月调度工作制度和机制。

第一百四十二条　场车使用单位应当建立场车安全日管控制度。

场车安全员要每日根据《场车安全风险管控清单》,按照相关安全技术规范和本单位安全管理制度的要求,对投入使用的场车和作业区域进行巡检,形成《每日场车安全检查记录》,对发现的安全风险隐患,应当立即采取防范措施,及时上报场车安全总监或者单位主要负责人。未发现问题的,也应当予以记录,实行零风险报告。

第一百四十三条　场车使用单位应当建立场车安全周排查制度。场车安全总监要每周至少组织一次风险隐患排查,分析研判场车使用安全管理情况,研究解决日管控中发现的问题,形成《每周场车安全排查治理报告》。

第一百四十四条　场车使用单位应当建立场车安全月调度制度。场车使用单位主要负责人要每月至少听取一次场车安全总监管理工作情况汇报，对当月场车安全日常管理、风险隐患排查治理等情况进行总结，对下个月重点工作作出调度安排，形成《每月场车安全调度会议纪要》。

第一百四十五条　场车使用单位应当将主要负责人、场车安全总监和场车安全员的设立、调整情况，《场车安全风险管控清单》、《场车安全总监职责》、《场车安全员守则》以及场车安全总监、场车安全员提出的意见建议、报告和问题整改落实等履职情况予以记录并存档备查。

第一百四十六条　市场监督管理部门应当将场车使用单位建立并落实场车使用安全责任制等管理制度，在日管控、周排查、月调度中发现的场车使用安全风险隐患以及整改情况作为监督检查的重要内容。

第一百四十七条　场车使用单位应当对场车安全总监和场车安全员进行法律法规、标准和专业知识培训、考核，同时对培训、考核情况予以记录并存档备查。

县级以上地方市场监督管理部门按照国家市场监督管理总局制定的《场车使用安全管理人员考核指南》，组织对本辖区内场车使用单位的场车安全总监和场车安全员随机进行监督抽查考核并公布考核结果。监督抽查考核不得收取费用。

监督抽查考核不合格，不再符合场车使用要求的，使用单位应当立即采取整改措施。

第一百四十八条　场车使用单位应当为场车安全总监和场车安全员提供必要的工作条件、教育培训和岗位待遇，充分保障其依法履行职责。

鼓励场车使用单位建立对场车安全总监和场车安全员的激励约束机制，对工作成效显著的给予表彰和奖励，对履职不到位的予以惩戒。

市场监督管理部门在查处场车使用单位违法行为时，应当将场车使用单位落实安全主体责任情况作为判断其主观过错、违法情节、处罚幅度等考量的重要因素。

场车使用单位及其主要负责人无正当理由未采纳场车安全总监和场车安全员依照本规定第一百三十六条提出的意见或者建议的，应当认为场车安全总监和场车安全员已经依法履职尽责，不予处罚。

第一百四十九条　场车使用单位未按规定建立安全管理制度，或者未按规定配备、培训、考核场车安全总监和场车安全员的，由县级以上地方市场监督管理部门责令改正并给予通报批评；拒不改正的，处五千元以上五万元以下罚款，并将处罚情况纳入国家企业信用信息公示系统。法律、行政法规另有规定的，依照其规定执行。

场车使用单位主要负责人、场车安全总监、场车安全员未按规定要求落实使用安全责任的，由县级以上地方市场监督管理部门责令改正并给予通报批评；拒不改正的，对责任人处二千元以上一万元以下罚款。法律、行政法规另有规定的，依照其规定执行。

第一百五十条　本规定下列用语的含义是：

（一）场车使用单位主要负责人是指本单位的法定代表人、法定代表委托人或者实际控制人；

（二）场车安全总监是指本单位管理层中负责场车使用安全的管理人员；

（三）场车安全员是指本单位具体负责场车使用安全的检查人员。

第十一章　附　　则

第一百五十一条　本规定自2023年5月5日起施行。

水库大坝安全管理条例

1. 1991年3月22日国务院令第77号发布

2. 根据2011年1月8日国务院令第588号《关于废止和修改部分行政法规的决定》第一次修订

3. 根据2018年3月19日国务院令第698号《关于修改和废止部分行政法规的决定》第二次修订

第一章　总　　则

第一条　为加强水库大坝安全管理，保障人民生命财产和社会主义建设的安全，根据《中华人民共和国水法》，制定本条例。

第二条　本条例适用于中华人民共和国境内坝高15米以上或者库容100万立方米以上的水库大坝（以下简称大坝）。大坝包括永久性档水建筑物以及与其配合运用的泄洪、输水和过船建筑物等。

坝高15米以下、10米以上或者库容100万立方米以下、10万立方米以上，对重要城镇、交通干线、重要军事设施、工矿区安全有潜在危险的大坝，其安全管理参照本条例执行。

第三条　国务院水行政主管部门会同国务院有关主管部门对全国的大坝安全实施监督。县级以上地方人民政府水行政主管部门会同有关主管部门对本行政区域内的大坝安全实施监督。

各级水利、能源、建设、交通、农业等有关部门，是其所管辖的大坝的主管部门。

第四条 各级人民政府及其大坝主管部门对其所管辖的大坝的安全实行行政领导负责制。

第五条 大坝的建设和管理应当贯彻安全第一的方针。

第六条 任何单位和个人都有保护大坝安全的义务。

第二章 大 坝 建 设

第七条 兴建大坝必须符合由国务院水行政主管部门会同有关大坝主管部门制定的大坝安全技术标准。

第八条 兴建大坝必须进行工程设计。大坝的工程设计必须由具有相应资格证书的单位承担。

大坝的工程设计应当包括工程观测、通信、动力、照明、交通、消防等管理设施的设计。

第九条 大坝施工必须由具有相应资格证书的单位承担。大坝施工单位必须按照施工承包合同规定的设计文件、图纸要求和有关技术标准进行施工。

建设单位和设计单位应当派驻代表，对施工质量进行监督检查。质量不符合设计要求的，必须返工或者采取补救措施。

第十条 兴建大坝时，建设单位应当按照批准的设计，提请县级以上人民政府依照国家规定划定管理和保护范围，树立标志。

已建大坝尚未划定管理和保护范围的，大坝主管部门应当根据安全管理的需要，提请县级以上人民政府划定。

第十一条 大坝开工后，大坝主管部门应当组建大坝管理单位，由其按照工程基本建设验收规程参与质量检查以及大坝分部、分项验收和蓄水验收工作。

大坝竣工后，建设单位应当申请大坝主管部门组织验收。

第三章 大 坝 管 理

第十二条 大坝及其设施受国家保护，任何单位和个人不得侵占、毁坏。大坝管理单位应当加强大坝的安全保卫工作。

第十三条 禁止在大坝管理和保护范围内进行爆破、打井、采石、采矿、挖沙、取土、修坟等危害大坝安全的活动。

第十四条 非大坝管理人员不得操作大坝的泄洪闸门、输水闸门以及其他设施，大坝管理人员操作时应当遵守有关的规章制度。禁止任何单位和个人干扰大坝的正常管理工作。

第十五条 禁止在大坝的集水区域内乱伐林木、陡坡开荒等导致水库淤积的活动。禁止在库区内围垦和进行采石、取土等危及山体的活动。

第十六条 大坝坝顶确需兼做公路的，须经科学论证和县级以上地方人民政府大坝主管部门批准，并采取相应的安全维护措施。

第十七条 禁止在坝体修建码头、渠道、堆放杂物、晾晒粮草。在大坝管理和保护范围内修建码头、鱼塘的，须经大观主管部门批准，并与坝脚和泄水、输水建筑物保持一定距离，不得影响大坝安全、工程管理和抢险工作。

第十八条 大坝主管部门应当配备具有相应业务水平的大坝安全管理人员。

大坝管理单位应当建立、健全安全管理规章制度。

第十九条 大坝管理单位必须按照有关技术标准，对大坝进行安全监测和检查；对监测资料应当及时整理分析，随时掌握大坝运行状况。发现异常现象和不安全因素时，大坝管理单位应当立即报告大坝主管部门，及时采取措施。

第二十条 大坝管理单位必须做好大坝的养护修理工作，保证大坝和闸门启闭设备完好。

第二十一条 大坝的运行，必须在保证安全的前提下，发挥综合效益。大坝管理单位应当根据批准的计划和大坝主管部门的指令进行水库的调度运用。

在汛期，综合利用的水库，其调度运用必须服从防汛指挥机构的统一指挥；以发电为主的水库，其汛限水位以上的防洪库容及其供水调度运用，必须服从防汛指挥机构的统一指挥。

任何单位和个人不得非法干预水库的调度运用。

第二十二条 大坝主管部门应当建立大坝定期安全检查、鉴定制度。

汛前、汛后，以及暴风、暴雨、特大洪水或者强烈地震发生后，大坝主管部门应当组织对其所管辖的大坝的安全进行检查。

第二十三条 大坝主管部门对其所管辖的大坝应当按期注册登记，建立技术档案。大坝注册登记办法由国务院水行政主管部门会同有关主管部门制定。

第二十四条 大坝管理单位和有关部门应当做好防汛抢险物料的准备和气象水情预报，并保证水情传递、报警以及大坝管理单位与大坝主管部门、上级防汛指挥机构之间联系通畅。

第二十五条 大坝出现险情征兆时，大坝管理单位应当立即报告大坝主管部门和上级防汛指挥机构，并采取抢救措施;有垮坝危险时,应当采取一切措施向预计的垮坝淹没地区发出警报,做好转移工作。

第四章 险坝处理

第二十六条 对尚未达到设计洪水标准、抗震设防标准或者有严重质量缺陷的险坝,大坝主管部门应当组织有关单位进行分类,采取除险加固等措施,或者废弃重建。

在险坝加固前,大坝管理单位应当制定保坝应急措施;经论证必须改变原设计运行方式的,应当报请大坝主管部门审批。

第二十七条 大坝主管部门应当对其所管辖的需要加固的险坝制定加固计划,限期消除危险;有关人民政府应当优先安排所需资金和物料。

险坝加固必须由具有相应设计资格证书的单位作出加固设计,经审批后组织实施。险坝加固竣工后,由大坝主管部门组织验收。

第二十八条 大坝主管部门应当组织有关单位,对险坝可能出现的垮坝方式、淹没范围作出预估,并制定应急方案,报防汛指挥机构批准。

第五章 罚 则

第二十九条 违反本条例规定,有下列行为之一的,由大坝主管部门责令其停止违法行为,赔偿损失,采取补救措施,可以并处罚款;应当给予治安管理处罚的,由公安机关依照《中华人民共和国治安管理处罚法》的规定处罚;构成犯罪的,依法追究刑事责任:

(一)毁坏大坝或者其观测、通信、动力、照明、交通、消防等管理设施的;

(二)在大坝管理和保护范围内进行爆破、打井、采石、采矿、取土、挖沙、修坟等危害大坝安全活动的;

(三)擅自操作大坝的泄洪闸门、输水闸门以及其他设施,破坏大坝正常运行的;

(四)在库区内围垦的;

(五)在坝体修建码头、渠道或者堆放杂物、晾晒粮草的;

(六)擅自在大坝管理和保护范围内修建码头、鱼塘的。

第三十条 盗窃或者抢夺大坝工程设施、器材的,依照刑法规定追究刑事责任。

第三十一条 由于勘测设计失误、施工质量低劣、调度运用不当以及滥用职权,玩忽职守,导致大坝事故的,由其所在单位或者上级主管机关对责任人员给予行政处分;构成犯罪的,依法追究刑事责任。

第三十二条 当事人对行政处罚决定不服的,可以在接到处罚通知之日起15日内,向作出处罚决定机关的上一级机关申请复议;对复议决定不服的,可以在接到复议决定之日起15日内,向人民法院起诉。当事人也可以在接到处罚通知之日起15日内,直接向人民法院起诉。当事人逾期不申请复议或者不向人民法院起诉又不履行处罚决定的,由作出处罚决定的机关申请人民法院强制执行。

对治安管理处罚不服的,依照《中华人民共和国治安管理处罚法》的规定办理。

第六章 附 则

第三十三条 国务院有关部门和各省、自治区、直辖市人民政府可以根据本条例制定实施细则。

第三十四条 本条例自发布之日起施行。

电力安全事故应急处置和调查处理条例

1. 2011年7月7日国务院令第599号公布

2. 自2011年9月1日起施行

第一章 总 则

第一条 为了加强电力安全事故的应急处置工作,规范电力安全事故的调查处理,控制、减轻和消除电力安全事故损害,制定本条例。

第二条 本条例所称电力安全事故,是指电力生产或者电网运行过程中发生的影响电力系统安全稳定运行或者影响电力正常供应的事故(包括热电厂发生的影响热力正常供应的事故)。

第三条 根据电力安全事故(以下简称事故)影响电力系统安全稳定运行或者影响电力(热力)正常供应的程度,事故分为特别重大事故、重大事故、较大事故和一般事故。事故等级划分标准由本条例附表列示。事故等级划分标准的部分项目需要调整的,由国务院电力监管机构提出方案,报国务院批准。

由独立的或者通过单一输电线路与外省连接的省级电网供电的省级人民政府所在地城市,以及由单一输电线路或者单一变电站供电的其他设区的市、县级市,其电网减供负荷或者造成供电用户停电的事故等级划分标准,由国务院电力监管机构另行制定,报国务院批准。

第四条 国务院电力监管机构应当加强电力安全监督管

理，依法建立健全事故应急处置和调查处理的各项制度，组织或者参与事故的调查处理。

国务院电力监管机构、国务院能源主管部门和国务院其他有关部门、地方人民政府及有关部门按照国家规定的权限和程序，组织、协调、参与事故的应急处置工作。

第五条　电力企业、电力用户以及其他有关单位和个人，应当遵守电力安全管理规定，落实事故预防措施，防止和避免事故发生。

县级以上地方人民政府有关部门确定的重要电力用户，应当按照国务院电力监管机构的规定配置自备应急电源，并加强安全使用管理。

第六条　事故发生后，电力企业和其他有关单位应当按照规定及时、准确报告事故情况，开展应急处置工作，防止事故扩大，减轻事故损害。电力企业应当尽快恢复电力生产、电网运行和电力（热力）正常供应。

第七条　任何单位和个人不得阻挠和干涉对事故的报告、应急处置和依法调查处理。

第二章　事 故 报 告

第八条　事故发生后，事故现场有关人员应当立即向发电厂、变电站运行值班人员、电力调度机构值班人员或者本企业现场负责人报告。有关人员接到报告后，应当立即向上一级电力调度机构和本企业负责人报告。本企业负责人接到报告后，应当立即向国务院电力监管机构设在当地的派出机构（以下称事故发生地电力监管机构）、县级以上人民政府安全生产监督管理部门报告；热电厂事故影响热力正常供应的，还应当向供热管理部门报告；事故涉及水电厂（站）大坝安全的，还应当同时向有管辖权的水行政主管部门或者流域管理机构报告。

电力企业及其有关人员不得迟报、漏报或者瞒报、谎报事故情况。

第九条　事故发生地电力监管机构接到事故报告后，应当立即核实有关情况，向国务院电力监管机构报告；事故造成供电用户停电的，应当同时通报事故发生地县级以上地方人民政府。

对特别重大事故、重大事故，国务院电力监管机构接到事故报告后应当立即报告国务院，并通报国务院安全生产监督管理部门、国务院能源主管部门等有关部门。

第十条　事故报告应当包括下列内容：

（一）事故发生的时间、地点（区域）以及事故发生单位；

（二）已知的电力设备、设施损坏情况，停运的发电（供热）机组数量、电网减供负荷或者发电厂减少出力的数值、停电（停热）范围；

（三）事故原因的初步判断；

（四）事故发生后采取的措施、电网运行方式、发电机组运行状况以及事故控制情况；

（五）其他应当报告的情况。

事故报告后出现新情况的，应当及时补报。

第十一条　事故发生后，有关单位和人员应当妥善保护事故现场以及工作日志、工作票、操作票等相关材料，及时保存故障录波图、电力调度数据、发电机组运行数据和输变电设备运行数据等相关资料，并在事故调查组成立后将相关材料、资料移交事故调查组。

因抢救人员或者采取恢复电力生产、电网运行和电力供应等紧急措施，需要改变事故现场、移动电力设备的，应当作出标记、绘制现场简图，妥善保存重要痕迹、物证，并作出书面记录。

任何单位和个人不得故意破坏事故现场，不得伪造、隐匿或者毁灭相关证据。

第三章　事故应急处置

第十二条　国务院电力监管机构依照《中华人民共和国突发事件应对法》和《国家突发公共事件总体应急预案》，组织编制国家处置电网大面积停电事件应急预案，报国务院批准。

有关地方人民政府应当依照法律、行政法规和国家处置电网大面积停电事件应急预案，组织制定本行政区域处置电网大面积停电事件应急预案。

处置电网大面积停电事件应急预案应当对应急组织指挥体系及职责，应急处置的各项措施，以及人员、资金、物资、技术等应急保障作出具体规定。

第十三条　电力企业应当按照国家有关规定，制定本企业事故应急预案。

电力监管机构应当指导电力企业加强电力应急救援队伍建设，完善应急物资储备制度。

第十四条　事故发生后，有关电力企业应当立即采取相应的紧急处置措施，控制事故范围，防止发生电网系统性崩溃和瓦解；事故危及人身和设备安全的，发电厂、变电站运行值班人员可以按照有关规定，立即采取停运发电机组和输变电设备等紧急处置措施。

事故造成电力设备、设施损坏的，有关电力企业应当立即组织抢修。

第十五条　根据事故的具体情况，电力调度机构可以发布开启或者关停发电机组、调整发电机组有功和无功负荷、调整电网运行方式、调整供电调度计划等电力调度命令,发电企业、电力用户应当执行。

事故可能导致破坏电力系统稳定和电网大面积停电的,电力调度机构有权决定采取拉限负荷、解列电网、解列发电机组等必要措施。

第十六条　事故造成电网大面积停电的,国务院电力监管机构和国务院其他有关部门、有关地方人民政府、电力企业应当按照国家有关规定,启动相应的应急预案,成立应急指挥机构,尽快恢复电网运行和电力供应,防止各种次生灾害的发生。

第十七条　事故造成电网大面积停电的,有关地方人民政府及有关部门应当立即组织开展下列应急处置工作:

(一)加强对停电地区关系国计民生、国家安全和公共安全的重点单位的安全保卫,防范破坏社会秩序的行为,维护社会稳定;

(二)及时排除因停电发生的各种险情;

(三)事故造成重大人员伤亡或者需要紧急转移、安置受困人员的,及时组织实施救治、转移、安置工作;

(四)加强停电地区道路交通指挥和疏导,做好铁路、民航运输以及通信保障工作;

(五)组织应急物资的紧急生产和调用,保证电网恢复运行所需物资和居民基本生活资料的供给。

第十八条　事故造成重要电力用户供电中断的,重要电力用户应当按照有关技术要求迅速启动自备应急电源;启动自备应急电源无效的,电网企业应当提供必要的支援。

事故造成地铁、机场、高层建筑、商场、影剧院、体育场馆等人员聚集场所停电的,应当迅速启用应急照明,组织人员有序疏散。

第十九条　恢复电网运行和电力供应,应当优先保证重要电厂厂用电源、重要输变电设备、电力主干网架的恢复,优先恢复重要电力用户、重要城市、重点地区的电力供应。

第二十条　事故应急指挥机构或者电力监管机构应当按照有关规定,统一、准确、及时发布有关事故影响范围、处置工作进度、预计恢复供电时间等信息。

第四章　事故调查处理

第二十一条　特别重大事故由国务院或者国务院授权的部门组织事故调查组进行调查。

重大事故由国务院电力监管机构组织事故调查组进行调查。

较大事故、一般事故由事故发生地电力监管机构组织事故调查组进行调查。国务院电力监管机构认为必要的,可以组织事故调查组对较大事故进行调查。

未造成供电用户停电的一般事故,事故发生地电力监管机构也可以委托事故发生单位调查处理。

第二十二条　根据事故的具体情况,事故调查组由电力监管机构、有关地方人民政府、安全生产监督管理部门、负有安全生产监督管理职责的有关部门派人组成;有关人员涉嫌失职、渎职或者涉嫌犯罪的,应当邀请监察机关、公安机关、人民检察院派人参加。

根据事故调查工作的需要,事故调查组可以聘请有关专家协助调查。

事故调查组组长由组织事故调查组的机关指定。

第二十三条　事故调查组应当按照国家有关规定开展事故调查,并在下列期限内向组织事故调查组的机关提交事故调查报告:

(一)特别重大事故和重大事故的调查期限为60日;特殊情况下,经组织事故调查组的机关批准,可以适当延长,但延长的期限不得超过60日。

(二)较大事故和一般事故的调查期限为45日;特殊情况下,经组织事故调查组的机关批准,可以适当延长,但延长的期限不得超过45日。

事故调查期限自事故发生之日起计算。

第二十四条　事故调查报告应当包括下列内容:

(一)事故发生单位概况和事故发生经过;

(二)事故造成的直接经济损失和事故对电网运行、电力(热力)正常供应的影响情况;

(三)事故发生的原因和事故性质;

(四)事故应急处置和恢复电力生产、电网运行的情况;

(五)事故责任认定和对事故责任单位、责任人的处理建议;

(六)事故防范和整改措施。

事故调查报告应当附具有关证据材料和技术分析报告。事故调查组成员应当在事故调查报告上签字。

第二十五条　事故调查报告报经组织事故调查组的机关同意,事故调查工作即告结束;委托事故发生单位调查的一般事故,事故调查报告应当报经事故发生地电力监管机构同意。

有关机关应当依法对事故发生单位和有关人员进行处罚,对负有事故责任的国家工作人员给予处分。

事故发生单位应当对本单位负有事故责任的人员进行处理。

第二十六条　事故发生单位和有关人员应当认真吸取事

故教训，落实事故防范和整改措施，防止事故再次发生。

电力监管机构、安全生产监督管理部门和负有安全生产监督管理职责的有关部门应当对事故发生单位和有关人员落实事故防范和整改措施的情况进行监督检查。

第五章 法律责任

第二十七条 发生事故的电力企业主要负责人有下列行为之一的，由电力监管机构处其上一年年收入40%至80%的罚款；属于国家工作人员的，并依法给予处分；构成犯罪的，依法追究刑事责任：

（一）不立即组织事故抢救的；

（二）迟报或者漏报事故的；

（三）在事故调查处理期间擅离职守的。

第二十八条 发生事故的电力企业及其有关人员有下列行为之一的，由电力监管机构对电力企业处100万元以上500万元以下的罚款；对主要负责人、直接负责的主管人员和其他直接责任人员处其上一年年收入60%至100%的罚款，属于国家工作人员的，并依法给予处分；构成违反治安管理行为的，由公安机关依法给予治安管理处罚；构成犯罪的，依法追究刑事责任：

（一）谎报或者瞒报事故的；

（二）伪造或者故意破坏事故现场的；

（三）转移、隐匿资金、财产，或者销毁有关证据、资料的；

（四）拒绝接受调查或者拒绝提供有关情况和资料的；

（五）在事故调查中作伪证或者指使他人作伪证的；

（六）事故发生后逃匿的。

第二十九条 电力企业对事故发生负有责任的，由电力监管机构依照下列规定处以罚款：

（一）发生一般事故的，处10万元以上20万元以下的罚款；

（二）发生较大事故的，处20万元以上50万元以下的罚款；

（三）发生重大事故的，处50万元以上200万元以下的罚款；

（四）发生特别重大事故的，处200万元以上500万元以下的罚款。

第三十条 电力企业主要负责人未依法履行安全生产管理职责，导致事故发生的，由电力监管机构依照下列规定处以罚款；属于国家工作人员的，并依法给予处分；构成犯罪的，依法追究刑事责任：

（一）发生一般事故的，处其上一年年收入30%的罚款；

（二）发生较大事故的，处其上一年年收入40%的罚款；

（三）发生重大事故的，处其上一年年收入60%的罚款；

（四）发生特别重大事故的，处其上一年年收入80%的罚款。

第三十一条 电力企业主要负责人依照本条例第二十七条、第二十八条、第三十条规定受到撤职处分或者刑事处罚的，自受处分之日或者刑罚执行完毕之日起5年内，不得担任任何生产经营单位主要负责人。

第三十二条 电力监管机构、有关地方人民政府以及其他负有安全生产监督管理职责的有关部门有下列行为之一的，对直接负责的主管人员和其他直接责任人员依法给予处分；直接负责的主管人员和其他直接责任人员构成犯罪的，依法追究刑事责任：

（一）不立即组织事故抢救的；

（二）迟报、漏报或者瞒报、谎报事故的；

（三）阻碍、干涉事故调查工作的；

（四）在事故调查中作伪证或者指使他人作伪证的。

第三十三条 参与事故调查的人员在事故调查中有下列行为之一的，依法给予处分；构成犯罪的，依法追究刑事责任：

（一）对事故调查工作不负责任，致使事故调查工作有重大疏漏的；

（二）包庇、袒护负有事故责任的人员或者借机打击报复的。

第六章 附 则

第三十四条 发生本条例规定的事故，同时造成人员伤亡或者直接经济损失，依照本条例确定的事故等级与依照《生产安全事故报告和调查处理条例》确定的事故等级不相同的，按事故等级较高者确定事故等级，依照本条例的规定调查处理；事故造成人员伤亡，构成《生产安全事故报告和调查处理条例》规定的重大事故或者特别重大事故的，依照《生产安全事故报告和调查处理条例》的规定调查处理。

电力生产或者电网运行过程中发生发电设备或者输变电设备损坏，造成直接经济损失的事故，未影响电力系统安全稳定运行以及电力正常供应的，由电力监管机构依照《生产安全事故报告和调查处理条例》的规定组成事故调查组对重大事故、较大事故、一般事故进行调查处理。

第三十五条　本条例对事故报告和调查处理未作规定的,适用《生产安全事故报告和调查处理条例》的规定。

第三十六条　核电厂核事故的应急处置和调查处理,依照《核电厂核事故应急管理条例》的规定执行。

第三十七条　本条例自2011年9月1日起施行。

附件:(略)

金属与非金属矿产资源地质勘探安全生产监督管理暂行规定

1. 2010年12月3日国家安全生产监督管理总局令第35号公布

2. 根据2015年5月26日国家安全生产监督管理总局令第78号《关于废止和修改非煤矿矿山领域九部规章的决定》修正

第一章　总　则

第一条　为加强金属与非金属矿产资源地质勘探作业安全的监督管理,预防和减少生产安全事故,根据安全生产法等有关法律、行政法规,制定本规定。

第二条　从事金属与非金属矿产资源地质勘探作业的安全生产及其监督管理,适用本规定。

生产矿山企业的探矿活动不适用本规定。

第三条　本规定所称地质勘探作业,是指在依法批准的勘查作业区范围内从事金属与非金属矿产资源地质勘探的活动。

本规定所称地质勘探单位,是指依法取得地质勘查资质并从事金属与非金属矿产资源地质勘探活动的企事业单位。

第四条　地质勘探单位对本单位地质勘探作业安全生产负主体责任,其主要负责人对本单位的安全生产工作全面负责。

国务院有关部门和省、自治区、直辖市人民政府所属从事矿产地质勘探及管理的企事业法人组织(以下统称地质勘探主管单位),负责对其所属地质勘探单位的安全生产工作进行监督和管理。

第五条　国家安全生产监督管理总局对全国地质勘探作业的安全生产工作实施监督管理。

县级以上地方各级人民政府安全生产监督管理部门对本行政区域内地质勘探作业的安全生产工作实施监督管理。

第二章　安全生产职责

第六条　地质勘探单位应当遵守有关安全生产法律、法规、规章、国家标准以及行业标准的规定,加强安全生产管理,排查治理事故隐患,确保安全生产。

第七条　从事钻探工程、坑探工程施工的地质勘探单位应当取得安全生产许可证。

第八条　地质勘探单位从事地质勘探活动,应当持本单位地质勘查资质证书和地质勘探项目任务批准文件或者合同书,向工作区域所在地县级安全生产监督管理部门书面报告,并接受其监督检查。

第九条　地质勘探单位应当建立健全下列安全生产制度和规程:

(一)主要负责人、分管负责人、安全生产管理人员和职能部门、岗位的安全生产责任制度;

(二)岗位作业安全规程和工种操作规程;

(三)现场安全生产检查制度;

(四)安全生产教育培训制度;

(五)重大危险源检测监控制度;

(六)安全投入保障制度;

(七)事故隐患排查治理制度;

(八)事故信息报告、应急预案管理和演练制度;

(九)劳动防护用品、野外救生用品和野外特殊生活用品配备使用制度;

(十)安全生产考核和奖惩制度;

(十一)其他必须建立的安全生产制度。

第十条　地质勘探单位及其主管单位应当按照下列规定设置安全生产管理机构或者配备专职安全生产管理人员:

(一)地质勘探单位从业人员超过100人的,应当设置安全生产管理机构,并按不低于从业人员1%的比例配备专职安全生产管理人员;从业人员在100人以下的,应当配备不少于2名的专职安全生产管理人员;

(二)所属地质勘探单位从业人员总数在3000人以上的地质勘探主管单位,应当设置安全生产管理机构,并按不低于从业人员总数1‰的比例配备专职安全生产管理人员;从业人员总数在3000人以下的,应当设置安全生产管理机构或者配备不少于1名的专职安全生产管理人员。

专职安全生产管理人员中应当有注册安全工程师。

第十一条　地质勘探单位的主要负责人和安全生产管理人员应当具备与本单位所从事地质勘探活动相适应的安全生产知识和管理能力,并经安全生产监督管理部门考核合格。

地质勘探单位的特种作业人员必须经专门的安全技术培训并考核合格，取得特种作业操作证后，方可上岗作业。

第十二条　地质勘探单位从事坑探工程作业的人员，首次上岗作业前应当接受不少于72小时的安全生产教育和培训，以后每年应当接受不少于20小时的安全生产再培训。

第十三条　地质勘探单位应当按照国家有关规定提取和使用安全生产费用。安全生产费用列入生产成本，并实行专户存储、规范使用。

第十四条　地质勘探工程的设计、施工和安全管理应当符合《地质勘探安全规程》（AQ 2004－2005）的规定。

第十五条　坑探工程的设计方案中应当设有安全专篇。安全专篇应当经所在地安全生产监督管理部门审查同意；未经审查同意的，有关单位不得施工。

坑探工程安全专篇的具体审查办法由省、自治区、直辖市人民政府安全生产监督管理部门制定。

第十六条　地质勘探单位不得将其承担的地质勘探工程项目转包给不具备安全生产条件或者相应地质勘查资质的地质勘探单位，不得允许其他单位以本单位的名义从事地质勘探活动。

第十七条　地质勘探单位不得以探矿名义从事非法采矿活动。

第十八条　地质勘探单位应当为从业人员配备必要的劳动防护用品、野外救生用品和野外特殊生活用品。

第十九条　地质勘探单位应当根据本单位实际情况制定野外作业突发事件等安全生产应急预案，建立健全应急救援组织或者与邻近的应急救援组织签订救护协议，配备必要的应急救援器材和设备，按照有关规定组织开展应急演练。

应急预案应当按照有关规定报安全生产监督管理部门和地质勘探主管单位备案。

第二十条　地质勘探主管单位应当按照国家有关规定，定期检查所属地质勘探单位落实安全生产责任制和安全生产费用提取使用、安全生产教育培训、事故隐患排查治理等情况，并组织实施安全生产绩效考核。

第二十一条　地质勘探单位发生生产安全事故后，应当按照有关规定向事故发生地县级以上安全生产监督管理部门和地质勘探主管单位报告。

第三章　监 督 管 理

第二十二条　安全生产监督管理部门应当加强对地质勘探单位安全生产的监督检查，对检查中发现的事故隐患和安全生产违法违规行为，依法作出现场处理或者实施行政处罚。

第二十三条　安全生产监督管理部门应当建立完善地质勘探单位管理制度，及时掌握本行政区域内地质勘探单位的作业情况。

第二十四条　安全生产监督管理部门应当按照本规定的要求开展对坑探工程安全专篇的审查，建立安全专篇审查档案。

第四章　法 律 责 任

第二十五条　地质勘探单位有下列情形之一的，责令限期改正，可以处5万元以下的罚款；逾期未改正的，责令停产停业整顿，并处5万元以上10万元以下的罚款，对其直接负责的主管人员和其他直接责任人员处1万元以上2万元以下的罚款：

（一）未按照本规定设立安全生产管理机构或者配备专职安全生产管理人员的；

（二）特种作业人员未持证上岗作业的；

（三）从事坑探工程作业的人员未按照规定进行安全生产教育和培训的。

第二十六条　地质勘探单位有下列情形之一的，给予警告，并处3万元以下的罚款：

（一）未按照本规定建立有关安全生产制度和规程的；

（二）未按照规定提取和使用安全生产费用的；

（三）坑探工程安全专篇未经安全生产监督管理部门审查同意擅自施工的。

第二十七条　地质勘探单位未按照规定向工作区域所在地县级安全生产监督管理部门书面报告的，给予警告，并处2万元以下的罚款。

第二十八条　地质勘探单位将其承担的地质勘探工程项目转包给不具备安全生产条件或者相应资质的地质勘探单位的，责令限期改正，没收违法所得；违法所得10万元以上的，并处违法所得2倍以上5倍以下的罚款；没有违法所得或者违法所得不足10万元的，单处或者并处10万元以上20万元以下的罚款；对其直接负责的主管人员和其他直接责任人员处1万元以上2万元以下的罚款；导致发生生产安全事故给他人造成损害的，与承包方承担连带赔偿责任。

第二十九条　本规定规定的行政处罚由县级以上安全生产监督管理部门实施。

第五章　附　　则

第三十条　本规定自2011年1月1日起施行。

煤层气地面开采安全规程(试行)

1．2012年2月22日国家安全生产监督管理总局令第46号公布

2．根据2013年8月29日国家安全生产监督管理总局令第63号《关于修改〈生产经营单位安全培训规定〉等11件规章的决定》修正

第一章　总　　则

第一条　为了加强煤层气地面开采的安全管理，预防和减少生产安全事故，保障从业人员生命健康和财产安全，根据《中华人民共和国安全生产法》等法律、行政法规，制定本规程。

第二条　在中华人民共和国境内从事煤层气地面开采及有关设计、钻井、固井、测井、压裂、排采、集输、压缩等活动的安全生产，适用本规程。

国家标准、行业标准对煤矿井下瓦斯抽采和低浓度瓦斯输送安全另行规定的，依照其规定。

第三条　煤层气地面开采企业以及承包单位（以下统称煤层气企业）应当遵守国家有关安全生产的法律、行政法规、规章、标准和技术规范，依法取得安全生产许可证，接受煤矿安全监察机构的监察。

国家鼓励煤矿企业采用科学方法抽采煤层气。依法设立的煤矿企业地面抽采本企业煤层气应当遵守本规程，但不需要另行取得安全生产许可证。

第四条　煤层气企业应当建立安全生产管理机构，配备相应的专职安全生产管理人员；建立健全安全管理制度和操作规程，落实安全生产责任制，配备满足需要的安全设备和装备。

第五条　煤层气企业的主要负责人对本单位的安全生产工作全面负责。

煤层气企业的主要负责人和安全生产管理人员应当按照有关规定经专门培训并考核合格取得安全资格证书。

第六条　煤层气企业应当制定安全生产教育和培训计划，对从业人员进行安全生产教育和培训，保证从业人员具备必要的安全生产知识，熟悉有关的安全生产规章制度和安全操作规程，掌握本岗位的安全操作技能。未经安全生产教育和培训合格的从业人员，不得上岗作业。

煤层气企业的特种作业人员，应当按照有关规定经专门的安全作业培训，取得特种作业操作资格证书，方可上岗作业。

第七条　煤层气企业应当按照有关规定提取、使用满足安全生产需要的安全生产费用，保障煤层气地面开采的安全。

第八条　煤层气企业应当按照有关规定制定生产安全事故应急预案，组织定期演练，并根据安全生产条件的变化及时修订。

发生生产安全事故后，煤层气企业应当立即采取有效措施组织救援，防止事故扩大，避免人员伤亡和减少财产损失，并按照有关规定及时报告安全生产监管监察部门。

第九条　煤层气地面开采区域存在煤矿矿井的，煤层气企业应当与煤矿企业进行沟通，统筹考虑煤层气地面开采项目方案和煤矿开采计划，共享有关地质资料和工程资料，确保煤层气地面开采安全和煤矿井下安全。

第二章　一般规定

第十条　煤层气地面开采项目应当按照有关规定进行安全条件论证和安全预评价。

第十一条　新建、改建、扩建煤层气开采项目的安全设施，必须与主体工程同时设计、同时施工、同时投入生产和使用。安全设施投资应当纳入建设项目概算。

第十二条　煤层气地面开采项目的总体开发方案和煤层气集输管线、站场、供电等工程设计应当由具有相应资质的单位承担。煤层气井钻井、压裂、排采、修井等施工方案，由煤层气企业负责。

煤层气企业应当建立健全施工方案的审查制度，严格安全条件的审查。施工方案未经煤层气企业主要负责人审查同意的，施工单位不得施工。

第十三条　煤层气地面开采项目的工程施工应当由具有相应资质的监理单位进行监督。监理单位应当按照国家建设工程监理规范的要求对工程施工质量进行监督。

第十四条　煤层气企业进行工程发包时，应当对承包单位的资质条件和安全生产业绩进行审查，与承包单位签订专门的安全生产管理协议，或者在承包合同中约定各自的安全生产管理职责。煤层气企业对承包单位的安全生产工作统一协调、管理。

第十五条　煤层气企业应当经常开展安全生产检查及事故隐患排查，对发现的安全生产问题和事故隐患，应当立即采取措施进行整改；不能立即整改的，应当制定整改方案限期处理。

第十六条　煤层气企业应当对安全阀、压力表、传感器和监测设备进行定期校验、检定。煤层气企业的特种设备应当按照有关规定定期检测。

第十七条 煤层气企业应当建立相应的消防机构，配备专职或者兼职消防人员和必要的装备、器材，或者与所在地消防、应急救援机构签订消防救援合同。

第十八条 煤层气企业应当建立劳动防护用品配备、使用和管理制度，为从业人员提供符合国家标准或者行业标准的劳动防护用品。

煤层气企业应当对从业人员进行劳动防护用品使用的培训，指导、教育从业人员正确佩戴和使用劳动防护用品。

第十九条 煤层气企业进行电焊、气焊(割)等明火作业或其他可能产生火花的作业，应当编制专门的安全技术措施，并经本企业技术负责人审查批准。井场、站场内禁止烟火。

第二十条 煤层气企业应当建立设备管理专人负责制度。设备管理应当符合下列要求：

(一)安全标志正确、齐全、清晰，设置位置合理；

(二)定期进行巡检、维护和保养，确保设备始终处于完好状态；

(三)机械传动部位安装安全防护栏或者防护罩；

(四)按照有关规定对设备进行换季维护保养，防止设备锈蚀、冻裂；

(五)带压设备定期进行试压，合格后方可使用。

第二十一条 站场控制室内的气体探测控制仪超限断电后，煤层气企业应当立即组织专人对相应的设备和室内环境进行检查。严禁强行送电、开机。

第三章 硫化氢防护

第二十二条 在含硫化氢矿区进行施工作业和煤层气生产前，煤层气企业应当对所有生产作业人员和现场监督人员进行硫化氢防护的培训。培训内容应当包括课堂防护知识和现场实际操作，并符合培训时间规定。

对于临时作业人员和其他非定期派遣人员，在施工作业和煤层气生产前，煤层气企业应当对其进行硫化氢防护知识的教育。

第二十三条 在含硫化氢环境中进行生产作业，应当配备固定式和携带式硫化氢监测仪。硫化氢监测仪应当按照有关规定进行定期校验和鉴定。硫化氢重点监测区域应当设有醒目的标志，并设置硫化氢监测探头和报警器。

硫化氢监测仪发出不同级别报警时，煤层气企业应当按照行业标准《含硫化氢油气井安全钻井推荐作法》(SY/T 5087)的规定采取相应的措施。

第二十四条 煤层气企业在含硫化氢环境中进行生产作业，应当配备相应的防护装备，并符合下列要求：

(一)在钻井、试井、修井、井下作业以及站场作业中，配备正压式空气呼吸器及与其匹配的空气压缩机；

(二)有专人管理硫化氢防护装置，确保处于备用状态；

(三)进行检修和抢险作业时，携带硫化氢监测仪和正压式空气呼吸器。

第二十五条 在含硫化氢的矿区，场地及设备的布置应当考虑季节风向。在有可能形成硫化氢和二氧化硫的聚集处，应当确保有良好的通风条件，设置警示标志，使用防爆通风设备，并设置逃生通道及安全区。

第二十六条 在含硫化氢环境中进行钻井、井下作业和煤层气生产以及气体处理所使用的材料及设备，应当适合用于含硫化氢环境。

第二十七条 在含硫化氢环境中进行生产作业时，煤层气企业应当制定防硫化氢应急预案。钻井、井下作业的防硫化氢应急预案，应当规定煤层气井点火程序和决策人。

第二十八条 煤层气企业在含硫化氢的矿区进行煤层气井钻井，应当符合下列要求：

(一)地质及工程设计考虑硫化氢防护的特殊要求；

(二)采取防喷措施，防喷器组及其管线闸门和附件能够满足预期的井口压力；

(三)井场内禁止烟火，并采取控制硫化氢着火的措施；

(四)使用适合于含硫化氢地层的钻井液，并监测、控制钻井液 pH 值；

(五)在含硫化氢地层取芯和进行测试作业时，采取有效的防硫化氢措施。

第二十九条 在煤层气企业含硫化氢的煤层气井进行井下作业，应当符合下列要求：

(一)采取防喷措施；

(二)采取控制硫化氢着火的措施；

(三)当发生修井液气侵，硫化氢气体逸出时，立即通过分离系统分离或者采取其他处理措施；

(四)进入盛放修井液的密闭空间或者限制通风区域，可能产生硫化氢气体时，采取相应的人身安全防护措施；

(五)进行对射孔作业、压裂作业等特殊作业时，采取硫化氢防护措施。

第三十条 在进行含硫化氢的煤层气生产和气体处理作业时，煤层气企业应当对煤层气处理装置的腐蚀进行监测和控制，对可能的硫化氢泄漏进行检测，制定硫化氢防护措施。

作业人员进入可能有硫化氢泄漏的井场、站场、低凹区、污水区及其他硫化氢易于积聚的区域时，以及进入煤层气净化厂的脱硫、再生、硫回收、排污放空区进行检修和抢险时，应当携带正压式空气呼吸器。

第三十一条 含硫化氢煤层气井废弃时，煤层气企业应当考虑废弃方法和封井的条件，使用水泥封隔产出硫化氢的地层。

埋地管线、地面流程管线废弃时，应当经过吹扫净化、封堵塞或者加盖帽。容器应当用清水冲洗、吹扫并排干，敞开在大气中，并采取防止铁的硫化物燃烧的措施。

第四章 工 程 设 计

第三十二条 煤层气企业编写工程设计方案前，应当充分收集有关资料，对作业现场及其周边环境进行调研，并进行危险源辨识和风险评价。

第三十三条 煤层气井不得布置在滑坡、崩塌、泥石流等地质灾害易发地带。

第三十四条 气井井口与周围建（构）筑物、设施的间距应当符合行业标准《煤层气地面开采防火防爆安全规程》（AQ 1081）的规定。

第三十五条 钻井作业时，生活区、值班房应当置于井架侧面，且处于最小频率风向的下风侧，与井口的间距不小于10米。井场发电房与柴油罐的间距应当不小于5米。

第三十六条 井控装置的远程控制台应当安装在井架大门侧前方、距井口不少于25米的专用活动房内，并在周围保持2米以上的行人通道。

第三十七条 钻井工程地质设计应当收集区域地质资料，确定各含水层组深度，制定相应的安全措施。

第三十八条 钻机及配套设备应当满足钻井设计的要求。钻机的额定钻进深度应当大于钻井深度。井架提升能力应当满足钻具重量、地质条件的要求。

动力设施应当满足钻机、泥浆泵、排水泵等设施所需功率。

第三十九条 钻井工艺技术应当有利于保护煤储层，并制定井漏、井涌、井喷、井塌、卡钻、防斜等复杂情况的安全技术措施。

第四十条 探井设计应当参考本地区钻井所采用的井身结构。井径应当留有余地。套管系列设计应当能够保证施工安全。表层套管应当至少下到稳定基岩内10米。

第四十一条 固井作业设计应当保证后续增产作业施工的安全。

套管柱应当进行强度设计，综合考虑内应力、挤应力和拉应力，以满足后续作业的需要。

第四十二条 设计方案应当对各种复杂情况提出预防和处理措施。

第四十三条 煤层气企业应当建立测井安全操作管理和事故处理措施。煤层气企业应当对放射源等危险物品的储存、运输、使用和防护作出特别规定。

第四十四条 煤层气企业应当建立爆炸物品运输和使用、爆炸器材存储和销毁、废旧爆炸物品安全销毁的管理制度。

煤层气企业应当建立防止地面爆炸、施工深度错误、炸枪（卡枪）及炸坏套管的安全防范和处理措施。

第四十五条 所选压裂井口的耐压等级应当大于设计的最高井口压力，泵车组安全阀的设定压力值不得超过生产套管抗内压强度的80%。煤层气企业应当建立砂堵、砂卡、设备损坏等事故的应急处理措施。

第四十六条 排采设备地基、底座基础应当满足载荷要求。电缆、变速箱、其他电气设备、连接设施配套设备应当与电机功率匹配。抽油杆柱应当满足疲劳应力强度要求。

第四十七条 排采泵的防冲距合理值应当根据下泵深度、泵型号、抽油杆的规格及机械性能确定，避免正常工作时柱塞碰泵。

第四十八条 井口应当设置排采沉淀池，煤层气井排出的水经过沉淀后，满足有关规定要求后方可进行排放；水管线应当以一定的坡度通向排采沉淀池，保证水流畅通。

第四十九条 煤层气企业对可能产生静电危险的下列设备和管线应当设置防静电装置：

（一）进出装置或者设施处；

（二）爆炸危险场所的边界；

（三）煤层气储罐、过滤器、脱水装置、缓冲器等及其连接部分；

（四）管道分支处以及直线段每隔200～300米处；

（五）压缩机的吸入口和加气机本身及槽车与加气机连接环节。

在站场入口和主要的操作场所，煤层气企业应当安装人体静电导除装置，防静电接地装置的接地电阻应当不大于100欧姆。

在连接管线的法兰连接处，煤层气企业应当设置金属跨接线(绝缘法兰除外)。当法兰用5根以上螺栓连接时,法兰可以不用金属线跨接,但必须构成电气通路。

第五十条 工程和设备的防静电接地应当符合下列要求:

(一)设施设备和车辆的防静电接地,不得使用链条类导体连线;

(二)防静电接地、防感应雷接地和电气设备接地共同设置的,其接地电阻不大于10欧姆;

(三)防静电接地装置单独设置的,接地电阻不大于100欧姆,埋设周围情况良好;

(四)防静电接地不得使用防直击雷引下线和电气工作零线,测量点位置不得设在爆炸危险区域内;

(五)检修设备、管线可能导致防静电接地系统断路时,预先设置临时性接地,检修完毕后及时恢复。

第五十一条 进站槽车的防静电应当符合下列要求:

(一)槽车及槽车驾驶员、押运员持有合法有效的证件;

(二)槽车设置汽车专用静电接地装置,接地电阻不大于100欧姆;

(三)槽车的防静电接地线连接在作业场所的专用防静电接地点上,且不得采用缠绕等不可靠的连接方法;

(四)槽车的防静电接地连线采用专用导静电橡胶拖地线或者铜芯软绞线。

第五十二条 防雷应当符合下列安全要求:

(一)建(构)筑物、工艺设备、架空管线、各种罐体、电气设备等设置防雷接地装置;

(二)进入变(配)电室的高压电路安装与设备耐压水平相适应的过电压(电涌)保护器;

(三)信息系统配电线路的首、末端与电子器件连接时,装设与电子器件耐压水平相适应的过电压(电涌)保护器;

(四)防雷接地电阻不得大于10欧姆,引下线地面以下0.3米至地面以上1.7米无破坏,接地测试断接点接触良好,埋设周围情况良好;

(五)防雷装置保护范围不得缩小;

(六)防雷击接地措施不得影响输气管线阴极保护效果;

(七)接地装置定期由具备资质的单位进行测试。

第五十三条 煤层气企业应当在站场内设置风向标,并悬挂在有关人员可以看到的位置。

第五十四条 压缩机房应当符合下列要求:

(一)压缩机房设置防爆应急照明系统;

(二)采用封闭式厂房时,有煤层气泄露的报警装置、良好的机械通风设施和足够的泄压面积;

(三)压缩机房电缆沟使用软土或者沙子埋实,并与配电间的电缆沟严密隔开;

(四)压缩机房有醒目的安全警示标志。

第五章 钻井与固井

第五十五条 井场应当平整、坚固。井架地基填方部分不得超过四分之一面积。填方部分应当采取加固措施。

煤层气企业在山坡上修筑井场时,当地层坚硬、稳固时,井场边坡坡度不得大于85度;当地层松软时,井场边坡坡度不得大于60度。必要时,砌筑护坡、挡土墙。

第五十六条 煤层气企业应当对井场的井架、油罐安装防雷防静电接地装置,其接地电阻应当不大于10欧姆。

第五十七条 暴雨、洪水季节,在山沟、洼陷等低凹地带施工时,煤层气企业应当加高地基,修筑防洪设施。

第五十八条 煤层气企业应当在井场配备足够数量的消防器材。消防器材应当由专人管理,定期维护保养,不得挪作他用。消防器材摆放处应当保持通道畅通,确保取用方便。

第五十九条 煤层气企业应当在井场、钻台及井架梯子的入口处,钻台上、高空作业区和绞车、柴油机、发电机等机械设备处,以及油罐区、消防器材房、消防器材箱等场所和设备设施上设置相应的安全警示标志。

第六十条 煤层气企业进行立、放井架及吊装作业,应当与架空线路保持安全距离,并采取措施防止损害架空线路。

第六十一条 井架绷绳安设不少于4根,绷绳强度应当与钻机匹配,地锚牢固可靠。

第六十二条 钻机水龙头和高压水龙带应当设有保险绳。

第六十三条 钻台地板铺设应当平整、紧密、牢固。井架2层以上平台应当安装可靠防护栏杆,防护栏高度应当大于1.2米,采用防滑钢板。

活动工作台应当安装制动、防坠、防窜、行程限制、安全挂钩、手动定位器等安全装置。

第六十四条 钻机钢丝绳安全系数应当大于7;吊卡处于井口时,绞车滚筒钢丝绳圈数不少于7圈;钢丝绳固定连接绳卡应当不少于3个。

第六十五条 发电机应当配备超载保护装置。电动机应当配备短路、过载保护装置。

第六十六条　柴油机排气管应当无破损、无积炭，其出口不得指向循环罐，不得指向油罐区。井场油罐阀门应当无渗漏，罐口封闭上锁，并有专人管理。

第六十七条　井场电气设备应当设保护接零或者保护接地，保护接地电阻应当小于4欧姆。

第六十八条　井场电力线路应当采用电缆，并架空架设；经过通道、设备处应当增加防护套。井场电器安装技术要求参照国家对井场电气安装技术的要求执行。

第六十九条　煤层气企业安装、拆卸井架时，井架上下不得同时作业。

第七十条　施工现场应当有可靠的通信联络，并保持24小时畅通。

第七十一条　煤层气企业安装井控装置时，放喷管线的布局应当考虑当地季节风向、居民区、道路、油罐区、电力线及各种设施等情况。

第七十二条　钻进施工应当符合下列要求：

（一）符合国家标准、行业标准有关常规钻进安全技术的要求；

（二）一开、二开、钻目标煤层前等重要工序，由钻井监理进行全面的安全检查，经验收合格后方可作业；

（三）钻井队按照规定程序和操作规程进行操作，执行钻井作业设计中有关防火防爆的安全技术要求；

（四）选择适当的钻井液；

（五）钻进施工中如出现异常情况，及时采取应急措施，立即启动应急预案。

第七十三条　下套管作业应当符合下列要求：

（一）吊套管上钻台，使用适当的钢丝绳，不得使用棕绳；

（二）套管上扣时推荐使用套管动力钳，下放套管时密切观察指重表读数变化并按程序操作，发现异常及时处理；

（三）套管串总重量不得大于钻机或者井架的提升能力，否则需采取相应的减重措施。套管下放时，需边下放边灌注钻井液，以免将浮鞋、浮箍压坏。

第七十四条　固井作业应当符合下列要求：

（一）摆车时设专人指挥，下完套管需先灌满套管，不得直接开泵洗井；

（二）开泵顶水泥浆时，所有人员不得靠近井口、泵房、高压管汇、安全阀及放压管线。

第六章　测　井

第七十五条　煤层气企业进行测井施工前，应当召开安全会，提出作业安全要求。

测井施工现场不具备安全生产条件的，不得进行测井作业。

第七十六条　井场钻台前方10米以外应当有摆放测井车辆的开阔地带。器材堆置不得影响车辆的进出及就位。

第七十七条　车载仪器及专用器具上井前，煤层气企业应当妥善包装和固定，运输中禁止与有碍安全的货物混装。车载计算机必须采取防震、防尘措施。

测井车辆行车前及长途行车途中，应当做好车况、放射源及仪器设备安全检查。途中留宿的，必须将车辆停放在安全场所。

第七十八条　测井人员不得擅离职守，不允许在井架、钻台上进行与测井无关的其他作业，未经许可不得动用非本岗位的仪器设备。

第七十九条　摆放测井设备应当充分考虑风向。测井仪器车等工作场所的电源、温度、湿度应当符合安全需要，并做好相应消防措施。测井车应当接地良好，电路系统不得有短路和漏电现象。

当钻井井口一定区域内可能有煤层气积聚时，煤层气企业应当停止测井作业。

第八十条　测井前，煤层气企业应当将井口附近的无关物品移开，及时清除钻台转盘及钻台作业面上的钻井液。冬季测井施工时，应当及时清除深度丈量轮和电缆上的结冰。在井口装卸放射源或者其他仪器时，应当先将井口盖好，不得将工具放在转盘上。

仪器开机前，煤层气企业应当对电源、仪器接线及接地、各部件及计算机、需固定装置的安装状况、绞车的刹车及变速装置进行复查。测井过程中，操作人员应当观察仪器、设备的工作状态，发现异常情况及时处理。

第八十一条　下井仪器应当正确连接，牢固可靠。出入井口时，煤层气企业应当有专人在井口指挥。

第八十二条　绞车启动后，电缆提升和下放过程中，应当避免紧急刹车和骤然加速，工作人员应当避开绞车和电缆活动影响区，严禁触摸和跨越电缆。

第八十三条　仪器起下速度应当均匀，不得超过4000米/小时，距井底200米时应当减速慢下；进入套管鞋时，起速不得超过600米/小时，仪器上起离井口约300米时，应当有专人在井口指挥，减速慢行。

第八十四条　下井仪器遇阻时，操作人员应当将仪器提出井口，通井后再进行测井作业。严禁遇阻强冲。

第八十五条　下井仪器遇卡时，操作人员应当立即停车，缓慢上下活动；如仍未解脱，应当迅速研究具体的处理措施。

第八十六条　仪器在井底及裸眼井段静止时间不得超过1分钟，对停留时间有特殊要求的测井项目除外。

第八十七条　仪器工作结束后，操作人员应当将各操纵部件恢复到安全位置。严禁在通电状态下搬运仪器设备和拔、插接线。

第八十八条　夜间施工时，井场应当保障照明良好。

第八十九条　遇有七级以上大风、暴雨、雷电、大雾等恶劣天气，煤层气企业应当暂停测井作业。如正在测井作业，应当将仪器起入套管内，并关闭仪器电源。

第九十条　测井作业时，井内产出硫化氢或者其他有毒、有害气体的，煤层气企业应当按照有关规定采取相应防护措施，并制定测井方案，待批准后方可进行测井作业。

第九十一条　放射源必须存放在专用源库中，源库的设计及源库内外的剂量当量率应当符合国家有关油（气）田测井用密封型放射源卫生防护标准的要求。煤层气企业应当建立健全放射源的使用档案及领用、保管制度。

施工区应当建立临时源库，源库应当设有警戒标志并有防盗、防丢失措施。

第九十二条　运输放射源的防护容器应当加锁。容器外表面除应当标示放射性核素名称、活度、电离辐射警告标志外，还应当标示容器的编号。防护容器、运源车内及车附近的剂量当量率应当符合国家有关油（气）田测井用密封型放射源卫生防护标准的要求。

第九十三条　放射源必须专车运输、专人押运，中途停车、住宿时应当有专人监护。

运源车严禁搭乘无关人员和押运生活消费品。未采取足够安全防护措施的运源车不得进入人口密集区和在公共停车场停留。

第九十四条　在室外、野外从事放射源工作时，煤层气企业必须根据辐射水平或者放射性污染的可能范围划出警戒区，在醒目位置设置电离辐射警告标志，设专人监护，防止无关人员进入警戒区。

第九十五条　煤层气企业应当定期对从事放射性工作的人员进行个人剂量监测和职业健康检查，建立个人剂量档案和职业健康监护档案。如被确认为放射损伤者，煤层气企业应当将其调离放射性工作并及时治疗。

拟参加放射性工作的人员，必须经过体检；有不适应症者，不得参加此项工作。测井施工人员应当按照辐射防护的时间、距离、屏蔽原则，采取最优化的辐射防护方式，进行装、卸放射源作业，禁止直接接触放射源。

第九十六条　严禁打开放射源的密封外壳，严禁使用密封破坏的可溶性放射源测井。必须裸露使用放射源时，应当使用专用工具。放射性液体和固体废物应当收集在贮存设施内封存，定期上交当地环境保护行政主管部门处理。

第九十七条　放射源的调拨、处理、转让、废弃处理，以及遇有放射源被盗、遗失等放射性事故时，煤层气企业必须按照《放射性同位素与射线装置安全和防护条例》和《放射事故管理规定》的规定进行妥善处理。

放射源掉入井内的，煤层气企业应当及时打捞，并指定专人负责实施；打捞失败的，应当检测放射源所在位置，并按照有关规定打水泥塞封固。

第九十八条　严禁在放射工作场所吸烟、进食和饮水。

第七章　射　　孔

第九十九条　射孔作业前应当通井。

射孔作业现场周围的车辆、人员不得使用无线电通信设备；装配现场除工作人员外，严禁其他人员进入，严禁吸烟和使用明火。装配时，操作人员应当站在射孔枪的安全方位。

第一百条　煤层气企业在井口进行接线时，应当将枪身全部下入井内，电缆芯对地短路放电后方可接通。未起爆的枪身应当在断开引线并做好绝缘后，方可起出井口。未起爆的枪身或者已装好的枪身不再进行施工时，应当在圈闭相应的作业区域内及时拆除雷管和射孔弹。

使用过的射孔弹、雷管不得再次使用。

第一百零一条　撞击式井壁取心器炸药的使用，应当遵守国家有关火工品安全管理的规定。

第一百零二条　检测雷管时，检测人员应当使用爆破欧姆表测量，下深超过70米时方可接通电源。

第一百零三条　大雾、雷雨、七级风以上（含七级）天气及夜间不得进行射孔和井壁取心作业。

第一百零四条　施工结束返回后，施工人员应当直接将剩余火工品送交库房，并与保管员办理交接手续。

爆炸物品的销毁，应当符合国家有关石油射孔和井壁取心用爆炸物品销毁标准的规定。

第八章　压　　裂

第一百零五条　井场应当具备能摆放压裂设备并方便作业的足够面积，设有明确的安全警示标志。

第一百零六条　施工作业前，施工人员应当详细了解井场内地下管线及电缆分布情况，并按照设计要求做好施工前准备。

第一百零七条 新井、一年内未进行任何作业的老井均应当进行通井。通井时遇到异常情况的，施工人员应当在采取有效措施后方可继续作业。

第一百零八条 压裂设备、井口装置和地面管汇应当满足压裂施工工艺和压力要求。

压裂施工所用高压泵安全销子的剪断压力不得超过高压泵额定最高工作压力。井口应当用专用支架或者其他方式固定。高压管线长度每间隔 8 米时应当有固定高压管线的措施。

以井口 10 米为半径，沿泵车出口至井口地面流程两侧 10 米为边界，设定为高压危险区，并使用专用安全带设置封闭的安全警戒线。

第一百零九条 摆放设备时，煤层气企业应当安排好混砂车与管汇车、管汇车与压裂泵车、压裂泵车距井口的距离。仪表车应当安放在能看到井口、视野开阔的地点。

第一百一十条 压裂施工必须在白天进行。煤层气企业应当对压裂施工进行统一指挥，指挥员应当随时掌握施工动态，保持通讯系统畅通。

第一百一十一条 煤层气企业在施工前应当召开安全会，提出安全要求，明确安全阀限定值，同时进行下列安全检查：

（一）检查压裂设备、校对仪表，确保压裂主机及辅机的工作状况良好，待修或者未达到施工要求的设备不得参加施工；

（二）按照设计要求试压合格，各部阀门应当灵活好用。设备和管线泄漏时，应当在停泵、泄压后方可检修；

（三）压裂车逐台逐挡充分循环排空，排净残液、余砂。

第一百一十二条 施工期间煤层气企业应当派专人负责巡视边界，严禁非施工人员进入井场。高压区必须设有警戒，无关人员不得进入。

第一百一十三条 施工中进出井场的车辆排气管应当安装阻火器。施工车辆通过井场地面裸露的油、气管线及电缆时，煤层气企业应当采取防止碾压的保护措施。

第一百一十四条 泵车操作应当平稳，严禁无故换档或者停车。出现故障必须停车时，操作人员应当及时通知指挥员采取措施。

第一百一十五条 压裂期间，煤层气企业必须有专人监测剩余压裂液液面、支撑剂剩余量和供应情况，确保连续供液和供砂。

第一百一十六条 加砂过程中，压力突然上升或者发生砂堵时，煤层气企业应当及时研究处理，不得强行憋压。

使用放射性示踪剂的，应当按照有关规定采取相应的防护措施，并定期对放射性示踪剂的活度、存储装置是否完好进行检测，对接触人员进行体检。

第一百一十七条 压裂施工后，煤层气企业应当对设备的气路系统、液压系统、吸入排出系统、仪表系统、混合系统、柱塞泵、卡车、燃料系统等进行安全检查和维修保养。

第九章 排 采

第一百一十八条 排采井场应当符合下列要求：

（一）平整、清洁、无杂草；

（二）井场周围应当设围栏，围栏高度不得低于 1.7 米，并有明确的警示标识；

（三）井场内所有可能对人体产生碰伤、挤伤或者其他伤害的危险物体均应当涂以红色标记，以示警告。

第一百一十九条 煤层气企业应当将排采沉淀池布置在井场围栏范围内；布置在排采围栏范围外时，应当设独立围栏。

第一百二十条 选择放空火炬的位置应当考虑当地全年主风向，置于全年最小频率风向的上风侧。

第一百二十一条 排采设备应当置于远离放空火炬的一侧摆放，发电机排气筒方向不得正对井口。煤层气企业应当定期用可燃气体检测仪检测阀门、管线是否漏气，发现漏气应当立即检修处理。

气、水管线应当分别安装气、水阀门，气管线应当涂成黄色，水管线应当涂成绿色。

第一百二十二条 煤层气企业应当定期检查气水分离器（如有）的阀门、安全阀是否灵活好用。

第一百二十三条 煤层气企业应当对气水分离器（如有）定期排水，防止造成水堵或者积聚。

第一百二十四条 抽油机的安装应当符合下列要求：

（一）地基夯实，水泥基础坐落在土质均匀的原土上，冰冻地区应当开挖至冰冻层以下；

（二）基础表面没有裂纹、变形现象；

（三）抽油机底座与基础墩接触面紧密贴实，地角螺栓不得悬空；

（四）平衡块与曲柄的装配面及曲柄燕尾槽内严禁夹入杂物。

第一百二十五条 抽油机启动前，煤层气企业应当确保抽油机各部位牢固可靠、刹车及皮带松紧适宜、供电系统正常。

第一百二十六条　工作人员巡检时应当与抽油机保持一定的安全距离，刹车操作后应当合上保险装置。抽油机运转或者未停稳时，不得接触、靠近抽油机的运转部位，也不得进行润滑、加油或者调整皮带等操作。

第一百二十七条　进行调整冲程、更换悬绳器等高空作业时，操作人员应当系好安全带并站稳，防止滑落跌伤和工具掉落伤人。

第一百二十八条　更换井口装置时，煤层气企业应当在施工现场配备防火、防爆设施。割焊井口时，煤层气企业必须制定相应的安全技术措施。

第一百二十九条　螺杆泵设备运行期间，应当确保各连接部位无松动、减速箱不漏（缺）油、皮带无松弛、光杆不下滑、机体无过热现象。

第一百三十条　欠载跳闸时，工作人员应当排除方卡子松动、传动部分打滑、断杆卸载等原因后方可开机；过载跳闸时，应当排除短路、缺相现象后方可开机。

第一百三十一条　排采设备的控制柜应当有防护措施，埋地电缆处应当有明显标记。

第一百三十二条　测量电潜泵机组参数时，测量人员必须把控制柜总电源断开，并悬挂警示牌。

第一百三十三条　电潜泵停机时，不得带负荷拉闸。电潜泵出现故障停机时，如未查明原因并排除故障，不得二次启动。

第一百三十四条　动液面测试前，必须在关闭套管阀门并释放压力后，方可安装井口连接器。测试动液面时，应当采用氮气进行击发，严禁采用声弹进行击发。

第一百三十五条　连接器安装完毕后，连接器上的放空阀应当关严，缓慢打开套管阀门。

对有套压井，有关人员必须在套管阀门打开时无异常情况下方可装接信号线。

第一百三十六条　测试结束后，测试人员应当关严套管阀门，打开放空阀门，拆除各连接电缆后，方可卸下井口连接器。

第一百三十七条　示功图测试前，抽油机驴头必须停在下死点，拉住刹车；操作人员应当选择安全的操作位置安装仪器；仪器安装后，必须确保挂上保险装置。

第一百三十八条　修井时，探砂面、冲砂起下管柱应当按照国家有关常规修井作业规程的安全规定执行。

第一百三十九条　冲砂前，水龙带必须拴保险绳，循环管线应当不刺不漏。冲砂时，禁止人员穿越高压区。

第一百四十条　下泵时，井口应当安装防掉、防碰装置，严防井下落物和因碰撞产生火花。禁止挂单吊环操作。

修井机绷绳强度应当与修井机匹配，并确保地锚牢固可靠。

第一百四十一条　洗井时，泵车、水罐车等设备的摆放场地应当处于便于操作的安全位置，出口管线连接应当平直，末端用地锚固定。

第一百四十二条　洗井前必须试压合格，各部阀门应当灵活好用。

第一百四十三条　洗井期间，提升动力设备应当连续运转，不得熄火。泵压升高，洗井不通时，应当及时分析处理，不得强行憋泵；设备和管线泄漏时，应当在停泵、泄压后方可检修。

发生严重漏失时，应当采取有效堵漏措施后再进行施工。

第一百四十四条　煤层气企业应当对报废的煤层气井进行封井处理，建立报废煤层气井的档案，并有施工单位和煤层气企业等有关部门的验收意见。

第一百四十五条　报废的煤层气井的井筒必须用水泥浆或者水泥砂浆封固，封固高度为从井底到最上面一个可采煤层顶板以上 100 米。废弃的井筒必须在井口打水泥塞，并将地面以下 1.5 米套管割掉，用钢板将套管焊住，然后填土至与地面平齐。

第十章　煤层气集输

第一百四十六条　煤层气集输管线线路走向应当根据地形、工程地质、沿线井场（站场）的地理位置以及交通运输、动力等条件，确定最优线路。

管线线路的选择应当符合下列要求：

（一）线路顺直、平缓，减少与天然和人工障碍物的交叉；

（二）避开重要的军事设施、易燃易爆仓库、国家重点文物保护单位等区域；

（三）避开城镇规划区、大型站场、飞机场、火车站和国家级自然保护区等区域。当受条件限制，管线需要在上述区域内通过时，必须征得有关部门同意，留出足够的安全距离，并采取相应的安全保护措施；

（四）严禁管线通过铁路或者公路的隧道、桥梁（管线专用公路的隧道、桥梁除外）以及铁路编组站、大型客运站和变电所；

（五）避开地下杂散电流干扰大的区域；当避开确有困难时，需采取符合标准、规范的排流措施；

（六）避开不良工程地质地段；需选择合适的位置和方式穿越。

第一百四十七条　煤层气管线及管线组件的材质选择，应当综合考虑使用压力、温度、煤层气特性、使用地区、经济性等因素。

煤层气管线及管线组件的材质选择应当符合下列要求：

（一）采用材料的强度、寿命满足安全要求，煤层气集输钢质管道的设计符合《油气集输设计规范》（GB 50350）的有关规定，煤层气采气聚乙烯管道的设计符合《聚乙烯燃气管道工程技术规程》（CJJ 63）的有关规定；

（二）材料生产企业按照相应标准生产，并提供产品质量证明书；

（三）选用的管线组件符合安全标准并有质量证明书；

（四）管线材质满足当地的抗震要求；

（五）采用钢管和钢质组件时，应当根据强度等级、管径、壁厚、焊接方式及使用环境温度等因素提出材料韧性要求；

（六）穿越铁路、公路、大型河流及人口稠密区时，采用钢管，管线组件严禁使用铸铁件。

第一百四十八条　煤层气集输管线应当采用埋地方式敷设，特殊地段也可以采用土堤、地面、架空等方式敷设。管线敷设应当满足抗震要求。

第一百四十九条　埋地管线坡度应当根据地形的要求，采用弹性敷设，管线埋地深度应当在冻土层以下。覆土层最小厚度、管沟边坡和沟底宽度应当符合国家有关输气管道工程设计规范标准的规定。

管线与其他管线交叉时，其垂直净距一般不得小于0.3米；当小于0.3米时，两管间应当设置坚固的绝缘隔离物。管线与电力、通信电缆交叉时，其垂直净距不得小于0.5米。管线在交叉点两侧各延伸10米以上的管段，应当采用相应的最高绝缘等级。

管线改变方向时，应当优先采用弹性敷设（曲率半径应当大于或者等于管线直径的1000倍），垂直面上弹性敷设管线的曲率半径应当大于管线在自重作用下产生的挠度曲线的曲率半径。曲率半径的计算应当符合国家有关输气管道工程设计规范标准的规定。

第一百五十条　用于改变管线走向的弯头的曲率半径应当大于或者等于外直径的4倍，并便于清管器或者检测仪器顺利通过。现场冷弯弯管的最小曲率半径应当符合国家有关输气管道工程设计规范标准的规定。弯管上的环向焊缝应当进行X射线检查。

管线不得采用斜口连接，不允许采用褶皱弯或者虾米弯，管子对接偏差不得大于3度。

第一百五十一条　管线穿、跨越铁路、公路、河流时，应当符合国家油气输送管道穿越工程设计规范标准和油气输送管道跨越工程设计规范标准的有关规定。

第一百五十二条　管线沿线应当设置里程桩、转角桩、标志桩和警示牌等永久性标志。里程桩应当沿气流前进方向从管线起点至终点每500米连续设置。里程桩可以与阴极保护测试桩结合设置。

第一百五十三条　钢制埋地集输管线的设计应当符合国家有关防腐绝缘与阴极保护标准的有关规定。

管线阴极保护达不到规定要求的，经检测确认防腐层发生老化时，煤层气企业应当及时进行防腐层大修。

第一百五十四条　裸露或者架空的管线应当有良好的防腐绝缘层，带保温层的，采取保温和防水措施。管线应当定期排水，防止造成水堵、冰堵。

站场的进出站两端管线，应当加装绝缘接头，确保干线阴极保护可靠性。

第一百五十五条　煤层气企业应当依据煤层气田地面建设总体规划以及所在地区城镇规划、集输管线走向，结合地形、地貌、工程和水文地质条件，统一规划站场的选址及布局，并远离地质灾害易发区，在站场服务年限内避免受采空区、采动区的影响，确保站场安全。

第一百五十六条　站场应当布置在人员集中场所及明火或者散发火花地点全年最小频率风向的上风侧，站场主要设施与周边有关设施的安全距离应当符合下列要求：

（一）与居民区、村镇、公共设施的防火间距不小于30米；

（二）与相邻厂矿企业、35千伏及以上变电所的防火间距不小于30米；

（三）与公路的间距不小于10米；

（四）与铁路线的间距不小于20米；

（五）与架空通信线、架空电力线的间距不小于1.5倍杆高；

（六）与采石场等爆炸作业场地的间距不小于300米。

第一百五十七条　站场内平面布置、防火安全、场内道路交通及与外界公路的连接应当符合《石油天然气工程设计防火规范》（GB 50183）的有关规定。

第一百五十八条　站场的防洪设计标准，应当综合考虑站场规模和受淹损失等因素，集气站重现期为10年至25年，中心处理站重现期为25年至50年。

第一百五十九条　放空管应当位于站场生产区最小频率风向的上风侧，且处于站场外地势较高处，其高度应当比附近建(构)筑物高出2米以上,且总高度不得小于10米。放空管距站场的距离一般不小于10米;当放空量大于12000立方米/小时且等于或者小于40000立方米/小时,放空管距站场的距离应当不小于40米。

第一百六十条　站场设备应当由具备国家规定资质的企业生产,有产品合格证书并满足安全要求。

第一百六十一条　煤层气企业应当定时记录设备的运转状况,定期分析主要设备的运行状态。安全阀和压力表应当定期进行校验。调节阀、减压阀、高(低)压泄压阀等主要阀门应当按照相应运行和维护规程进行操作和维护,并按照规定定期校验。

第一百六十二条　煤层气企业应当在站场的进口处设置明显的安全警示牌、进站须知和逃生路线图,并应当向进入站场的外来人员告知安全注意事项等。

站场应当设置不低于1.7米的非燃烧材料围墙或者围栏,并设置安全警示标志。

站场内大于或者等于35千伏的变配电站应当设置不低于1.5米的围栏。

第一百六十三条　站场的供电负荷和供电电源应当根据《石油天然气安全规程》(AQ 2012)的有关规定确定。用电设备及线路走向应当合理,导体选择及线路敷设应当符合安全规定,线路应当无老化、破损和裸露现象。

第一百六十四条　配电室应当有应急照明,配电室门应当外开,保持通风良好,并安装挡鼠板。电缆沟应当无积水,地沟应当封堵。地沟可燃气体浓度应当定期检验,避免沟内窜气。

第一百六十五条　站场内对管线进行吹扫、试压时,煤层气企业应当编制作业方案,制定安全技术措施。

强度试验和气密试验时发现管线泄漏的,煤层气企业应当查明原因,制定修理方案和安全措施后方可进行修理。

第一百六十六条　压缩机应当允许煤层气组分、进气压力、进气温度和进气量有一定的波动范围。

第一百六十七条　压缩机启动及事故停车安全联锁应当完好。

压缩机的吸入口应当有防止空气进入的措施;压缩机的各级进口应当设凝液分离器或者机械杂质过滤器。分离器应当有排液、液位控制和高液位报警及放空等设施。

第一百六十八条　在煤层气脱水装置前应当设置分离器。

脱水器前及压缩机的出口管线上的截断阀前应当分别设置安全阀。

第一百六十九条　煤层气脱水装置中,气体管线应当选用全启式安全阀,液体管线应当选用微启式安全阀。安全阀弹簧应当具有可靠的防腐蚀性能或者必要的防腐保护措施。

第一百七十条　含硫化氢的煤层气应当脱硫、脱水。距煤层气处理厂较远的酸性煤层气,如因管输产生游离水,应当先脱水、后脱硫。

第一百七十一条　在煤层气处理及输送过程中使用化学药剂时,煤层气企业应当严格执行技术操作规程和措施要求,并落实防冻伤、防中毒和防化学伤害等措施。

第一百七十二条　煤层气企业应当在脱硫溶液系统中设过滤器。

第一百七十三条　进脱硫装置的原料气总管线和再生塔应当设安全阀,液硫储罐最高液位之上应当设置灭火蒸汽管。储罐四周应当设置闭合的不燃烧材料防护墙,墙高应当为1米,四周应当设置相应的消防设施。

第一百七十四条　在含硫容器内作业时,煤层气企业应当进行有毒气体测试,并备有正压式空气呼吸器。

第一百七十五条　集输系统投产应当符合下列要求:

(一)管线与设备的严密性试验合格;

(二)各单体设备、分系统试运行正常,设备工作状态良好,集输系统整体联合试运行正常;

(三)集气管线全线进行试压、清管;

(四)制定安全措施和应急预案。

第一百七十六条　管线投运前,煤层气企业应当对管线内的空气进行置换,避免空气与煤层气混合。

置换过程中的混合气体应当利用放空系统放空,并以放空口为中心设立隔离区并禁止烟火。进行氮气置换时,进入管线的氮气温度应当不低于5摄氏度;排放氮气时应当防止大量氮气聚集造成人员窒息,管线中氮气量过大时应当提前进行多点排放。

第一百七十七条　对管线的监控应当遵守下列规定:

(一)对重要工艺参数及工作状态进行连续检测和记录;

(二)根据沿线情况定期对集输管线进行巡线检查,但每季度至少徒步巡查一次;

(三)定时巡查线路分水器,及时排放污水,并有防止冰冻的措施;

(四)在雨季、汛期或者其他灾害发生后加密巡查;

(五)定期对装有阴极保护设施的管线保护电位

进行测试。

第一百七十八条 对站场的监控应当遵守下列规定：

（一）压力、计量仪表灵敏准确，设备、管汇无渗漏。根据集输流程分布情况，在站场设置限压放空和压力高、低限报警设施；

（二）定时巡查站场内的分离器，及时将污水排放，并有防止冰冻的措施；

（三）站场工艺装置区、计量工作间等位于爆炸危险区域内的电气设备及照明采用防爆电器，其选型、安装和电气线路的布置符合《爆炸和火灾危险环境电力装置设计规范》（GB 50058）的规定。

第一百七十九条 维护与抢修时，应当制定相应的维护与抢修安全措施和实施方案，合理配备专职维护与抢修队伍，抢修物资装备。

第一百八十条 维护与抢修现场应当采取保护措施，划分安全界限，设置警戒线、警示牌。进入作业场地的人员应当穿戴劳动防护用品。与作业无关的人员不得进入警戒区内。

第十一章 煤层气压缩

第一百八十一条 压缩站厂房建筑应当符合下列要求：

（一）压缩机地基基础满足设计载荷要求；

（二）阀组间、压缩机等厂房使用耐火材料，采用不发火地面；

（三）阀组间、压缩机等厂房的门窗向外开启，建筑面积大于100平方米的厂房至少有两个疏散门，并保持通道畅通；

（四）阀组间、压缩机等厂房设置通风设备。

第一百八十二条 压缩工艺流程设计应当根据输气系统工艺要求，满足气体的除尘、分液、增压、冷却和机组的启动、停机、正常操作及安全保护等要求。

煤层气处理后应当符合压缩机组对气质的技术要求。

第一百八十三条 压缩机应当符合下列安全要求：

（一）压缩机组有紧急停车和安全保护联锁装置；

（二）压缩机控制系统设置压力、温度显示与保护联动装置；

（三）压缩机前设置缓冲罐；

（四）煤层气压缩机单排布置；

（五）在高寒地区或者风沙地区压缩机组采用封闭式厂房，其他地区采用敞开式或者半敞开式厂房。

第一百八十四条 新安装或者检修投运压缩机系统装置前，煤层气企业应当对机泵、管线、容器、装置进行系统氮气置换，置换合格后方可投运。

第一百八十五条 设置压缩机组的吸气、排气和泄气管线时，应当避免管线的振动对建筑物造成有害影响；应当有防止空气进入吸气管线的措施，必要时高压排出管线应当设单向阀。

第一百八十六条 压缩机与站内其他建（构）筑物的防火间距应当符合《石油天然气工程设计防火规范》的规定。

第一百八十七条 压缩机组运行时应当符合下列安全保护要求：

（一）压缩机级间设置安全阀，安全阀的泄放能力不得小于压缩机的安全泄放量；

（二）压缩机进、出口设置高、低压报警和停机装置，冷却系统设置温度报警及停车装置，润滑油系统设置低压报警及停机装置。

第一百八十八条 压缩机气液处理应当符合下列要求：

（一）压缩机的卸载排气不得对外放散；

（二）回收气可以输送至压缩机进口缓冲罐；

（三）对压缩机排出的冷凝液进行集中处理。

第一百八十九条 压缩煤层气储气设备应当符合下列安全要求：

（一）储气瓶符合国家有关安全规定和标准；

（二）储气井的设计、建造和检验符合国家有关高压气地下储气井标准的规定；

（三）储气瓶组或者储气井与站内汽车通道相邻一侧，设置安全防撞栏或者采取其他防撞设施；

（四）储气瓶组（储气井）进气总管上设置安全阀及紧急放空管、压力表；每个储气瓶（井）出口设置截止阀。

第一百九十条 煤层气压力储罐（球罐、卧式罐）应当安装紧急放空、安全泄压设施及压力仪表。煤层气储罐（柜）检修动火时，应当经放空、清洗、强制通风，并检验气体中甲烷浓度（低于0.5%为合格）。

第一百九十一条 煤层气企业应当对煤层气储罐定期检测。煤层气储罐区应当有明显的安全警示标志。

第一百九十二条 固定式储罐应当有喷淋水或者遮阳设施。冬季应当有保温防冻措施。

第一百九十三条 压缩煤层气加气机不得设在室内，加气机附近应当设置防撞柱（栏）。

在寒冷地区应当选用适合当地环境温度条件的加气机。

第一百九十四条 加气机的加气软管及软管接头应当选用具有抗腐蚀性能的材料。加气软管上应当设置拉断阀，拉断阀在外力作用下分开后，两端应当自行密封。

第一百九十五条 进站管线上应当设置紧急截断阀，手动紧急截断阀的位置应当便于发生事故时及时切断气源。储气瓶组（储气井）与加气枪之间应当设储气瓶组（储气井）截断阀、主截断阀、紧急截断阀和加气截断阀。

第一百九十六条 工艺安全及监控系统应当符合下列要求：

（一）在站场压力设备和容器上设置安全阀；

（二）当工艺管线、设备或者容器排污可能释放出大量气体时，将其引入分离设备，分出的气体引入气体放空系统，液体引入储罐或者处理系统；

（三）每台压缩机有独立的温度和压力保护装置；

（四）压缩站在管线进站截断阀上游和出站截断阀下游设置限压泄放设施。

第一百九十七条 站场供电和电气安全应当符合下列要求：

（一）站场的消防、通信、控制、仪表等使用不间断电源或者双回路供电，消防、控制、配电等重要场所设置应急照明；

（二）站场内管汇、阀组、压缩机等爆炸危险区域必须使用防爆电气设施，电气线路使用阻燃电缆，线路的敷设采取防爆安全措施；

（三）配电室有防水、防鼠措施，安装挡鼠板，安全通道畅通，指示标志明显。

第一百九十八条 压缩站的防爆应当符合下列要求：

（一）压缩站按照防爆安全要求划分爆炸危险场所；

（二）使用防爆电气设备前，检查其产品合格证、产品安全标志及其安全性能，检查合格并签发合格证后方可使用；

（三）防爆电气设备安装、检查、保养、检修由具有专业资格的人员操作，并在机房、调配区设置“爆炸危险场所”标志牌；

（四）固定电气设备安装稳固，防止外力碰撞、损伤。

第一百九十九条 压缩站内电气设备应当符合下列防爆要求：

（一）整洁，部件齐全紧固，无松动、无损伤、无机械变形，场所清洁、无杂物和易燃物品；

（二）选型符合《爆炸和火灾危险环境有关电力设计规范》的要求；

（三）电缆进线装置密封可靠，空余接线孔封闭符合要求；

（四）设备保护、联锁、检测、报警、接地等装置齐全完整；

（五）防爆灯具的防爆结构、保护罩保持完整；

（六）接地端子接触良好，无松动、无折断、无腐蚀；

（七）应急照明设施符合防爆要求。

第二百条 防爆电气设备检查检修时应当符合下列要求：

（一）日常检查中严禁带电打开设备的密封盒、接线盒、进线装置、隔离密封盒等；

（二）禁止带电检修或者移动电气设备、线路、拆装防爆灯具和更换防爆灯泡、灯管；

（三）断电处悬挂警告牌；

（四）禁止用水冲洗防爆电气设备；

（五）对检修现场的电源电缆线头进行防爆处理；

（六）检修带有电容、电感、探测头等储能元件的防爆设备时，在按照规定放尽能量后方可作业；

（七）检修过程中不得损伤防爆设备的隔爆面；

（八）紧固螺栓不得任意调换或者缺少；

（九）记录检修项目、内容、测试结果、零部件更换、缺陷处理等情况，并归档保存。

第二百零一条 操作压缩机时应当符合下列要求：

（一）定时进行设备和仪表的日常巡检与维护，确保其完好；

（二）定期校验安全阀、压力表，确保其准确性；

（三）开机前检查注油器和机身的油量是否达到开机要求，电气设备是否完好，煤层气泄露监测系统自检有无问题，管线是否松动，阀门及法兰是否有漏气、漏水现象，阀门是否在正确位置，电机有无卡塞情况；

（四）操作时严格执行设备操作规程，注意高温管线，防止烫伤，防止超压、超温及机件损坏；

（五）机器运转过程中随时检查气压、水压、电压、排气温度以及压缩机的振动强度，发现问题及时处理；

（六）压缩机运转过程中观察每一级的气体温度和循环水的温度；

（七）压缩机运转过程中按照规定排污，并密切注意末级排气压力；当压力达到一定值时，及时告知加气工；发生不正常的响声或者压力、温度超出允许范围时，立即停机检查，排除故障；出现紧急情况时，按照事故紧急处理预案进行处理。

第二百零二条 清洗设备、器具时应当符合下列要求：

（一）严禁使用汽油、苯等易燃品清洗设备、器具和地坪；

（二）严禁使用压缩气体清扫储存易燃油品油罐；

（三）严禁使用化纤、塑料、丝绸等容易产生静电的制品擦拭物体及设备；

（四）清洗设备时，作业人员按照规定着装并消除人体静电。

第二百零三条 人员着装和防静电应当符合下列要求：

（一）进入爆炸危险场所，穿着有劳动安全标志的防静电服、棉布工作服和防静电鞋；

（二）进入爆炸危险场所前，预先触摸人体消静电球；

（三）严禁在爆炸危险场所穿衣、脱衣、拍打服装以及梳头、打闹等；

（四）爆炸危险场所的地坪不得涂刷绝缘油漆，或者铺设非导静电的材料。

第二百零四条 人员操作应当符合下列要求：

（一）经过本工种专业安全培训，通过考试取得合格证后，持证上岗；

（二）掌握岗位应急预案的执行程序，遇到紧急情况，能够按照应急措施迅速作出处理；

（三）熟悉本岗位装置的工作原理、构造、性能、技术特征、零部件的名称和作用；

（四）熟悉本岗位电气控制设备的操作方法和有关的电气基本知识；

（五）按照规定穿好工作服，并佩戴有关劳动防护用品；

（六）排污时严禁操作人员将手伸向排污口；

（七）排污时发现异常情况立即报告，由专业人员处理。

第十二章　附　　则

第二百零五条 本规程下列用语的含义：

煤层气，是指赋存在煤层中以甲烷为主要成分、以吸附在煤基质颗粒表面为主、部分游离于煤孔隙中或者溶解于煤层水中的烃类气体。

煤层气地面开采，是指煤层气井的钻井、测井、压裂等施工环节及后期的排采管理、管线集输和压缩工程。

煤层气企业，是指专门从事煤层气地面开采的企业。

井位，是指为了进行煤层气开采而综合各种地质资料进行设计和优选出来的井的布置位置。

排采，是指通过抽排煤层及其围岩中的地下水来降低煤储层的压力，诱导甲烷从煤层中解吸出来。

煤层气井，是指通过地面钻井进入煤层，利用煤层气自身赋存压力与钻井空间的压力差释放煤层气的井孔。

裸眼井，是指在煤层顶部下套管后，一直钻进煤层至设计深度终孔，使煤层裸露的煤层气井。

站场，是指收集煤层气气源，进行净化处理，压缩输送的站场。

阈限值，是指长期暴露的工作人员不会受到不利影响的某种有毒物质在空气中的最大浓度。

安全临界浓度，是指工作人员在露天安全工作8小时可接受的硫化氢最高浓度。

危险临界浓度，是指达到此浓度时，对生命和健康会产生不可逆转的或者延迟性的影响。

置换，是指用氮气等惰性气体将作业管道、设备等集输系统内的空气或者可燃气体替换出来的一种方法。

动火，是指在易燃易爆危险区域内和煤层气容器、管线、设备或者盛装过易燃易爆物品的容器上，使用焊、割等工具，能直接或者间接产生明火的施工作业。

第二百零六条 本规程自2012年4月1日起施行。煤层气地面开采活动施行的其他规程、规范与本规程相抵触的，依照本规程执行。

工贸企业有限空间作业安全规定

1. 2023年11月29日应急管理部令第13号公布
2. 自2024年1月1日起施行

第一条 为了保障有限空间作业安全，预防和减少生产安全事故，根据《中华人民共和国安全生产法》等法律法规，制定本规定。

第二条 冶金、有色、建材、机械、轻工、纺织、烟草、商贸等行业的生产经营单位（以下统称工贸企业）有限空间作业的安全管理与监督，适用本规定。

第三条 本规定所称有限空间，是指封闭或者部分封闭，未被设计为固定工作场所，人员可以进入作业，易造成有毒有害、易燃易爆物质积聚或者氧含量不足的空间。

本规定所称有限空间作业，是指人员进入有限空间实施的作业。

第四条 工贸企业主要负责人是有限空间作业安全第一责任人，应当组织制定有限空间作业安全管理制度，明确有限空间作业审批人、监护人员、作业人员的职责，以及安全培训、作业审批、防护用品、应急救援装备、操作规程和应急处置等方面的要求。

第五条 工贸企业应当实行有限空间作业监护制，明确专职或者兼职的监护人员，负责监督有限空间作业安全措施的落实。

监护人员应当具备与监督有限空间作业相适应的安全知识和应急处置能力，能够正确使用气体检测、机械通风、呼吸防护、应急救援等用品、装备。

第六条　工贸企业应当对有限空间进行辨识，建立有限空间管理台账，明确有限空间数量、位置以及危险因素等信息，并及时更新。

鼓励工贸企业采用信息化、数字化和智能化技术，提升有限空间作业安全风险管控水平。

第七条　工贸企业应当根据有限空间作业安全风险大小，明确审批要求。

对于存在硫化氢、一氧化碳、二氧化碳等中毒和窒息等风险的有限空间作业，应当由工贸企业主要负责人或者其书面委托的人员进行审批，委托进行审批的，相关责任仍由工贸企业主要负责人承担。

未经工贸企业确定的作业审批人批准，不得实施有限空间作业。

第八条　工贸企业将有限空间作业依法发包给其他单位实施的，应当与承包单位在合同或者协议中约定各自的安全生产管理职责。工贸企业对其发包的有限空间作业统一协调、管理，并对现场作业进行安全检查，督促承包单位有效落实各项安全措施。

第九条　工贸企业应当每年至少组织一次有限空间作业专题安全培训，对作业审批人、监护人员、作业人员和应急救援人员培训有限空间作业安全知识和技能，并如实记录。

未经培训合格不得参与有限空间作业。

第十条　工贸企业应当制定有限空间作业现场处置方案，按规定组织演练，并进行演练效果评估。

第十一条　工贸企业应当在有限空间出入口等醒目位置设置明显的安全警示标志，并在具备条件的场所设置安全风险告知牌。

第十二条　工贸企业应当对可能产生有毒物质的有限空间采取上锁、隔离栏、防护网或者其他物理隔离措施，防止人员未经审批进入。监护人员负责在作业前解除物理隔离措施。

第十三条　工贸企业应当根据有限空间危险因素的特点，配备符合国家标准或者行业标准的气体检测报警仪器、机械通风设备、呼吸防护用品、全身式安全带等防护用品和应急救援装备，并对相关用品、装备进行经常性维护、保养和定期检测，确保能够正常使用。

第十四条　有限空间作业应当严格遵守"先通风、再检测、后作业"要求。存在爆炸风险的，应当采取消除或者控制措施，相关电气设施设备、照明灯具、应急救援装备等应当符合防爆安全要求。

作业前，应当组织对作业人员进行安全交底，监护人员应当对通风、检测和必要的隔断、清除、置换等风险管控措施逐项进行检查，确认防护用品能够正常使用且作业现场配备必要的应急救援装备，确保各项作业条件符合安全要求。有专业救援队伍的工贸企业，应急救援人员应当做好应急救援准备，确保及时有效处置突发情况。

第十五条　监护人员应当全程进行监护，与作业人员保持实时联络，不得离开作业现场或者进入有限空间参与作业。

发现异常情况时，监护人员应当立即组织作业人员撤离现场。发生有限空间作业事故后，应当立即按照现场处置方案进行应急处置，组织科学施救。未做好安全措施盲目施救的，监护人员应当予以制止。

作业过程中，工贸企业应当安排专人对作业区域持续进行通风和气体浓度检测。作业中断的，作业人员再次进入有限空间作业前，应当重新通风、气体检测合格后方可进入。

第十六条　存在硫化氢、一氧化碳、二氧化碳等中毒和窒息风险、需要重点监督管理的有限空间，实行目录管理。

监管目录由应急管理部确定、调整并公布。

第十七条　负责工贸企业安全生产监督管理的部门应当加强对工贸企业有限空间作业的监督检查，将检查纳入年度监督检查计划。对发现的事故隐患和违法行为，依法作出处理。

负责工贸企业安全生产监督管理的部门应当将存在硫化氢、一氧化碳、二氧化碳等中毒和窒息风险的有限空间作业工贸企业纳入重点检查范围，突出对监护人员配备和履职情况、作业审批、防护用品和应急救援装备配备等事项的检查。

第十八条　负责工贸企业安全生产监督管理的部门及其行政执法人员发现有限空间作业存在重大事故隐患的，应当责令立即或者限期整改；重大事故隐患排除前或者排除过程中无法保证安全的，应当责令暂时停止作业，撤出作业人员；重大事故隐患排除后，经审查同意，方可恢复作业。

第十九条　工贸企业有下列行为之一的，责令限期改正，处5万元以下的罚款；逾期未改正的，处5万元以上20万元以下的罚款，对其直接负责的主管人员和其他直接责任人员处1万元以上2万元以下的罚款；情节严

重的,责令停产停业整顿;构成犯罪的,依照刑法有关规定追究刑事责任:

（一）未按照规定设置明显的有限空间安全警示标志的;

（二）未按照规定配备、使用符合国家标准或者行业标准的有限空间作业安全仪器、设备、装备和器材的,或者未对其进行经常性维护、保养和定期检测的。

第二十条　工贸企业有下列行为之一的,责令限期改正,处10万元以下的罚款;逾期未改正的,责令停产停业整顿,并处10万元以上20万元以下的罚款,对其直接负责的主管人员和其他直接责任人员处2万元以上5万元以下的罚款:

（一）未按照规定开展有限空间作业专题安全培训或者未如实记录安全培训情况的;

（二）未按照规定制定有限空间作业现场处置方案或者未按照规定组织演练的。

第二十一条　违反本规定,有下列情形之一的,责令限期改正,对工贸企业处5万元以下的罚款,对其直接负责的主管人员和其他直接责任人员处1万元以下的罚款:

（一）未配备监护人员,或者监护人员未按规定履行岗位职责的;

（二）未对有限空间进行辨识,或者未建立有限空间管理台账的;

（三）未落实有限空间作业审批,或者作业未执行"先通风、再检测、后作业"要求的;

（四）未按要求进行通风和气体检测的。

第二十二条　本规定自2024年1月1日起施行。原国家安全生产监督管理总局2013年5月20日公布的《工贸企业有限空间作业安全管理与监督暂行规定》(国家安全生产监督管理总局令第59号)同时废止。

食品生产企业安全生产监督管理暂行规定

1. 2014年1月3日国家安全生产监督管理总局令第66号公布

2. 根据2015年5月29日国家安全生产监督管理总局令第80号《关于废止和修改劳动防护用品和安全培训等领域十部规章的决定》修正

第一章　总　　则

第一条　为加强食品生产企业的安全生产工作,防止和减少生产安全事故,保障从业人员的生命和财产安全,根据《中华人民共和国安全生产法》等有关法律、行政法规,制定本规定。

第二条　食品生产企业的安全生产及其监督管理,适用本规定。农副产品从种植养殖环节进入批发、零售市场或者生产加工企业前的安全生产及其监督管理,不适用本规定。

本规定所称食品生产企业,是指以农业、渔业、畜牧业、林业或者化学工业的产品、半成品为原料,通过工业化加工、制作,为人们提供食用或者饮用的物品的企业。

第三条　国家安全生产监督管理总局对全国食品生产企业的安全生产工作实施监督管理。

县级以上地方人民政府安全生产监督管理部门和有关部门(以下统称负责食品生产企业安全生产监管的部门)根据本级人民政府规定的职责,按照属地监管、分级负责的原则,对本行政区域内食品生产企业的安全生产工作实施监督管理。

食品生产企业的工程建设安全、消防安全和特种设备安全,依照法律、行政法规的规定由县级以上地方人民政府相关部门负责专项监督管理。

第四条　食品生产企业是安全生产的责任主体,其主要负责人对本企业的安全生产工作全面负责,分管安全生产工作的负责人和其他负责人对其职责范围内的安全生产工作负责。

集团公司对其所属或者控股的食品生产企业的安全生产工作负主管责任。

第二章　安全生产的基本要求

第五条　食品生产企业应当严格遵守有关安全生产法律、行政法规和国家标准、行业标准的规定,建立健全安全生产责任制、安全生产规章制度和安全操作规程。

第六条　从业人员超过100人的食品生产企业,应当设置安全生产管理机构或者配备3名以上专职安全生产管理人员,鼓励配备注册安全工程师从事安全生产管理工作。

前款规定以外的其他食品生产企业,应当配备专职或者兼职安全生产管理人员,或者委托安全生产中介机构提供安全生产服务。

委托安全生产中介机构提供安全生产技术、管理服务的,保证安全生产的责任仍由本企业负责。

第七条　食品生产企业应当支持安全生产管理机构和安全生产管理人员履行管理职责,并保证其开展工作所必须的条件。

食品生产企业作出涉及安全生产的决策，应当听取安全生产管理机构以及安全生产管理人员的意见，不得因安全生产管理人员依法履行职责而降低其工资、福利等待遇或者解除与其订立的劳动合同。

第八条　食品生产企业应当推进安全生产标准化建设，强化安全生产基础，做到安全管理标准化、设施设备标准化、作业现场标准化和作业行为标准化，并持续改进，不断提高企业本质安全水平。

第九条　食品生产企业新建、改建和扩建建设项目（以下统称建设项目）的安全设施，必须与主体工程同时设计、同时施工、同时投入生产和使用。安全设施投资应当纳入建设项目概算。

第十条　食品生产企业应当委托具备国家规定资质的工程设计单位、施工单位和监理单位，对建设工程进行设计、施工和监理。

工程设计单位、施工单位和监理单位应当按照有关法律、行政法规、国家标准或者行业标准的规定进行设计、施工和监理，并对其工作成果负责。

第十一条　食品生产企业应当按照有关法律、行政法规的规定，加强工程建设、消防、特种设备的安全管理；对于需要有关部门审批和验收的事项，应当依法向有关部门提出申请；未经有关部门依法批准或者验收合格的，不得投入生产和使用。

第十二条　食品生产企业应当建立健全事故隐患排查治理制度，明确事故隐患治理的措施、责任、资金、时限和预案，采取技术、管理措施，及时发现并消除事故隐患。事故隐患排查治理情况应当如实记录，向从业人员通报，并按规定报告所在地负责食品生产企业安全生产监管的部门。

第十三条　食品生产企业的加工、制作等项目有多个承包单位、承租单位，或者存在空间交叉的，应当对承包单位、承租单位的安全生产工作进行统一协调、管理。承包单位、承租单位应当服从食品生产企业的统一管理，并对作业现场的安全生产负责。

第十四条　食品生产企业应当对新录用、季节性复工、调整工作岗位和离岗半年以上重新上岗的从业人员，进行相应的安全生产教育培训。未经安全生产教育培训合格的从业人员，不得上岗作业。

第十五条　食品生产企业应当定期组织开展危险源辨识，并将其工作场所存在和作业过程中可能产生的危险因素、防范措施和事故应急措施等如实书面告知从业人员，不得隐瞒或者欺骗。

从业人员发现直接危及人身安全的紧急情况时，有权停止作业或者在采取可能的应急措施后撤离作业场所。食品生产企业不得因此降低其工资、福利待遇或者解除劳动合同。

第三章　作业过程的安全管理

第十六条　食品生产企业的作业场所应当符合下列要求：

（一）生产设施设备，按照国家有关规定配备有温度、压力、流量、液位以及粉尘浓度、可燃和有毒气体浓度等工艺指标的超限报警装置；

（二）用电设备设施和场所，采取保护措施，并在配电设备设施上安装剩余电流动作保护装置或者其他防止触电的装置；

（三）涉及烘制、油炸等高温的设施设备和岗位，采用必要的防过热自动报警切断和隔热板、墙等保护设施；

（四）涉及淀粉等可燃性粉尘爆炸危险的场所、设施设备，采用惰化、抑爆、阻爆、泄爆等措施防止粉尘爆炸，现场安全管理措施和条件符合《粉尘防爆安全规程》（GB 15577）等国家标准或者行业标准的要求；

（五）油库（罐）、燃气站、除尘器、压缩空气站、压力容器、压力管道、电缆隧道（沟）等重点防火防爆部位，采取有效、可靠的监控、监测、预警、防火、防爆、防毒等安全措施。安全附件和联锁装置不得随意拆弃和解除，声、光报警等信号不得随意切断；

（六）制冷车间符合《冷库设计规范》（GB 50072）、《冷库安全规程》（GB 28009）等国家标准或者行业标准的规定，设置气体浓度报警装置，且与制冷电机联锁、与事故排风机联动。在包装间、分割间等人员密集场所，严禁采用氨直接蒸发的制冷系统。

第十七条　食品生产企业涉及生产、储存和使用危险化学品的，应当严格按照《危险化学品安全管理条例》等法律、行政法规、国家标准或者行业标准的规定，根据危险化学品的种类和危险特性，在生产、储存和使用场所设置相应的监测、监控、通风、防晒、调温、防火、灭火、防爆、泄压、防毒、中和、防潮、防雷、防静电、防腐、防泄漏以及防护围堤等安全设施设备，并对安全设施设备进行经常性维护保养，保证其正常运行。

食品生产企业的中间产品为危险化学品的，应当依照有关规定取得危险化学品安全生产许可证。

第十八条　食品生产企业应当定期组织对作业场所、仓库、设备设施使用、从业人员持证、劳动防护用品配备和使用、危险源管理情况进行检查，对检查发现的问题应当立即整改；不能立即整改的，应当制定相应的防范措施和整改计划，限期整改。检查应当作好记录，并由有关人员签字。

第十九条 食品生产企业应当加强日常消防安全管理，按照有关规定配置并保持消防设施完好有效。生产作业场所应当设有标志明显、符合要求的安全出口和疏散通道，禁止封堵、锁闭生产作业场所的安全出口和疏散通道。

第二十条 食品生产企业应当使用符合安全技术规范要求的特种设备，并按照国家规定向有关部门登记，进行定期检验。

食品生产企业应当在有危险因素的场所和有关设施、设备上设置明显的安全警示标志和警示说明。

第二十一条 食品生产企业进行高处作业、吊装作业、临近高压输电线路作业、电焊气焊等动火作业，以及在污水池等有限空间内作业的，应当实行作业审批制度，安排专门人员负责现场安全管理，落实现场安全管理措施。

第四章 监 督 管 理

第二十二条 县级以上人民政府负责食品生产企业安全生产监管的部门及其行政执法人员应当在其职责范围内加强对食品生产企业安全生产的监督检查，对违反有关安全生产法律、行政法规、国家标准或者行业标准和本规定的违法行为，依法实施行政处罚。

第二十三条 县级以上地方人民政府负责食品生产企业安全生产监管的部门应当将食品生产企业纳入年度执法工作计划，明确检查的重点企业、关键事项、时间和标准，对检查中发现的重大事故隐患实施挂牌督办。

第二十四条 县级以上地方人民政府负责食品生产企业安全生产监管的部门接到食品生产企业报告的重大事故隐患后，应当根据需要，进行现场核查，督促食品生产企业按照治理方案排除事故隐患，防止事故发生；必要时，可以责令食品生产企业暂时停产停业或者停止使用；重大事故隐患治理后，经县级以上地方人民政府负责食品生产企业安全生产监管的部门审查同意，方可恢复生产经营和使用。

第二十五条 县级以上地方人民政府负责食品生产企业安全生产监管的部门对食品生产企业进行监督检查时，发现其存在工程建设、消防和特种设备等方面的事故隐患或者违法行为的，应当及时移送本级人民政府有关部门处理。

第五章 法 律 责 任

第二十六条 食品生产企业有下列行为之一的，责令限期改正，可以处5万元以下的罚款；逾期未改正的，责令停产停业整顿，并处5万元以上10万元以下的罚款，对其直接负责的主管人员和其他直接责任人员处1万元以上2万元以下的罚款：

（一）未按照规定设置安全生产管理机构或者配备安全生产管理人员的；

（二）未如实记录安全生产教育和培训情况的；

（三）未将事故隐患排查治理情况如实记录或者未向从业人员通报的。

第二十七条 食品生产企业不具备法律、行政法规和国家标准或者行业标准规定的安全生产条件，经停产整顿后仍不具备安全生产条件的，县级以上地方人民政府负责食品生产企业安全生产监管的部门应当提请本级人民政府依法予以关闭。

第二十八条 监督检查人员在对食品生产企业进行监督检查时，滥用职权、玩忽职守、徇私舞弊的，依照有关规定给予处分；构成犯罪的，依法追究刑事责任。

第二十九条 本规定的行政处罚由县级以上地方人民政府负责食品生产企业安全生产监管的部门实施，有关法律、法规和规章对行政处罚的种类、幅度和决定机关另有规定的，依照其规定。

第六章 附 则

第三十条 本规定自2014年3月1日起施行。

冶金企业和有色金属企业安全生产规定

1. 2018年1月4日国家安全生产监督管理总局令第91号公布

2. 自2018年3月1日起施行

第一章 总 则

第一条 为了加强冶金企业和有色金属企业安全生产工作，预防和减少生产安全事故与职业病，保障从业人员安全健康，根据《中华人民共和国安全生产法》《中华人民共和国职业病防治法》，制定本规定。

第二条 冶金企业和有色金属企业（以下统称企业）的安全生产（含职业健康，下同）和监督管理，适用本规定。

机械铸造企业中金属冶炼活动的安全生产和监督管理参照本规定执行。

第三条 本规定所称冶金企业，是指从事黑色金属冶炼及压延加工业等生产活动的企业。

本规定所称有色金属企业，是指从事有色金属冶炼及压延加工业等生产活动的企业。

本规定所称金属冶炼，是指冶金企业和有色金属企业从事达到国家规定规模（体量）的高温熔融金属及熔渣（以下统称高温熔融金属）的生产活动。

黑色金属冶炼及压延加工业、有色金属冶炼及压延加工业的具体目录，由国家安全生产监督管理总局参照《国民经济行业分类》（GB/T 4754）制定并公布。

第四条 企业是安全生产的责任主体。企业所属不具备法人资格的分支机构的安全生产工作，由企业承担管理责任。

第五条 国家安全生产监督管理总局指导、监督全国冶金企业和有色金属企业安全生产工作。

县级以上地方人民政府安全生产监督管理部门和有关部门（以下统称负有冶金有色安全生产监管职责的部门）根据本级人民政府规定的职责，按照属地监管、分级负责的原则，对本行政区域内的冶金企业和有色金属企业的安全生产工作实施监督管理。

第二章 企业的安全生产保障

第六条 企业应当遵守有关安全生产法律、行政法规、规章和国家标准或者行业标准的规定。

企业应当建立安全风险管控和事故隐患排查治理双重预防机制，落实从主要负责人到每一名从业人员的安全风险管控和事故隐患排查治理责任制。

第七条 企业应当按照规定开展安全生产标准化建设工作，推进安全健康管理系统化、岗位操作行为规范化、设备设施本质安全化和作业环境器具定置化，并持续改进。

第八条 企业应当建立健全全员安全生产责任制，主要负责人（包括法定代表人和实际控制人，下同）是本企业安全生产的第一责任人，对本企业的安全生产工作全面负责；其他负责人对分管范围内的安全生产工作负责；各职能部门负责人对职责范围内的安全生产工作负责。

第九条 企业主要负责人应当每年向股东会或者职工代表大会报告本企业安全生产状况，接受股东和从业人员对安全生产工作的监督。

第十条 企业存在金属冶炼工艺，从业人员在一百人以上的，应当设置安全生产管理机构或者配备不低于从业人员千分之三的专职安全生产管理人员，但最低不少于三人；从业人员在一百人以下的，应当设置安全生产管理机构或者配备专职安全生产管理人员。

第十一条 企业主要负责人、安全生产管理人员应当接受安全生产教育和培训，具备与本企业生产经营活动相适应的安全生产知识和管理能力。其中，存在金属冶炼工艺的企业的主要负责人、安全生产管理人员自任职之日起六个月内，必须接受负有冶金有色安全生产监管职责的部门对其进行安全生产知识和管理能力考核，并考核合格。

企业应当按照国家有关规定对从业人员进行安全生产教育和培训，保证从业人员具备必要的安全生产知识，了解有关安全生产法律法规，熟悉本企业规章制度和安全技术操作规程，掌握本岗位安全操作技能，并建立培训档案，记录培训、考核等情况。未经安全生产教育培训合格的从业人员，不得上岗作业。

企业应当对新上岗从业人员进行厂（公司）、车间（职能部门）、班组三级安全生产教育和培训；对调整工作岗位、离岗半年以上重新上岗的从业人员，应当经车间（职能部门）、班组安全生产教育和培训合格后，方可上岗作业。

新工艺、新技术、新材料、新设备投入使用前，企业应当对有关操作岗位人员进行专门的安全生产教育和培训。

第十二条 企业从事煤气生产、储存、输送、使用、维护检修作业的特种作业人员必须依法经专门的安全技术培训，并经考核合格，取得《中华人民共和国特种作业操作证》后，方可上岗作业。

第十三条 企业新建、改建、扩建工程项目（以下统称建设项目）的安全设施和职业病防护设施应当严格执行国家有关安全生产、职业病防治法律、行政法规和国家标准或者行业标准的规定，并与主体工程同时设计、同时施工、同时投入生产和使用。安全设施和职业病防护设施的投资应当纳入建设项目概算。

第十四条 金属冶炼建设项目在可行性研究阶段，建设单位应当依法进行安全评价。

建设项目在初步设计阶段，建设单位应当委托具备国家规定资质的设计单位对其安全设施进行设计，并编制安全设施设计。

建设项目竣工投入生产或者使用前，建设单位应当按照有关规定进行安全设施竣工验收。

第十五条 国家安全生产监督管理总局负责实施国务院审批（核准、备案）的金属冶炼建设项目的安全设施设计审查。

省、自治区、直辖市人民政府负有冶金有色安全生产监管职责的部门对本行政区域内金属冶炼建设项目实施指导和监督管理，确定并公布本行政区域内有关部门对金属冶炼建设项目安全设施设计审查的管辖权限。

第十六条 企业应当对本企业存在的各类危险因素进行辨识，在有较大危险因素的场所和设施、设备上，按照有关国家标准、行业标准的要求设置安全警示标志，并定期进行检查维护。

对于辨识出的重大危险源，企业应当登记建档、监测监控，定期检测、评估，制定应急预案并定期开展应急演练。

企业应当将重大危险源及有关安全措施、应急预案报有关地方人民政府负有冶金有色安全生产监管职责的部门备案。

第十七条 企业应当建立应急救援组织。生产规模较小的，可以不建立应急救援组织，但应当指定兼职的应急救援人员，并且可以与邻近的应急救援队伍签订应急救援协议。

企业应当配备必要的应急救援器材、设备和物资，并进行经常性维护、保养，保证正常运转。

第十八条 企业应当采取有效措施预防、控制和消除职业病危害，保证工作场所的职业卫生条件符合法律、行政法规和国家标准或者行业标准的规定。

企业应当定期对工作场所存在的职业病危害因素进行检测、评价，检测结果应当在本企业醒目位置进行公布。

第十九条 企业应当按照有关规定加强职业健康监护工作，对接触职业病危害的从业人员，应当在上岗前、在岗期间和离岗时组织职业健康检查，将检查结果书面告知从业人员，并为其建立职业健康监护档案。

第二十条 企业应当加强对施工、检修等重点工程和生产经营项目、场所的承包单位的安全管理，不得将有关工程、项目、场所发包给不具备安全生产条件或者相应资质的单位。企业和承包单位的承包协议应当明确约定双方的安全生产责任和义务。

企业应当对承包单位的安全生产进行统一协调、管理，对从事检修工程的承包单位检修方案中的安全措施和应急处置措施进行审核，监督承包单位落实。

企业应当对承包检修作业现场进行安全交底，并安排专人负责安全检查和协调。

第二十一条 企业应当从合法的劳务公司录用劳务人员，并与劳务公司签订合同，对劳务人员进行统一的安全生产教育和培训。

第二十二条 企业的正常生产活动与其他单位的建设施工或者检修活动同时在本企业同一作业区域内进行的，企业应当指定专职安全生产管理人员负责作业现场的安全检查工作，对有关作业活动进行统一协调、管理。

第二十三条 企业应当建立健全设备设施安全管理制度，加强设备设施的检查、维护、保养和检修，确保设备设施安全运行。

对重要岗位的电气、机械等设备，企业应当实行操作牌制度。

第二十四条 企业不得使用不符合国家标准或者行业标准的技术、工艺和设备；对现有工艺、设备进行更新或者改造的，不得降低其安全技术性能。

第二十五条 企业的建（构）筑物应当按照国家标准或者行业标准规定，采取防火、防爆、防雷、防震、防腐蚀、隔热等防护措施，对承受重荷载、荷载发生变化或者受高温熔融金属喷溅、酸碱腐蚀等危害的建（构）筑物，应当定期对建（构）筑物结构进行安全检查。

第二十六条 企业对起重设备进行改造并增加荷重的，应当同时对承重厂房结构进行荷载核定，并对承重结构采取必要的加固措施，确保承重结构具有足够的承重能力。

第二十七条 企业的操作室、会议室、活动室、休息室、更衣室等场所不得设置在高温熔融金属吊运的影响范围内。进行高温熔融金属吊运时，吊罐（包）与大型槽体、高压设备、高压管路、压力容器的安全距离应当符合有关国家标准或者行业标准的规定，并采取有效的防护措施。

第二十八条 企业在进行高温熔融金属冶炼、保温、运输、吊运过程中，应当采取防止泄漏、喷溅、爆炸伤人的安全措施，其影响区域不得有非生产性积水。

高温熔融金属运输专用路线应当避开煤气、氧气、氢气、天然气、水管等管道及电缆；确需通过的，运输车辆与管道、电缆之间应当保持足够的安全距离，并采取有效的隔热措施。

严禁运输高温熔融金属的车辆在管道或者电缆下方，以及有易燃易爆物质的区域停留。

第二十九条 企业对电炉、电解车间应当采取防雨措施和有效的排水设施，防止雨水进入槽下地坪，确保电炉、电解槽下没有积水。

企业对电炉、铸造熔炼炉、保温炉、倾翻炉、铸机、流液槽、熔盐电解槽等设备，应当设置熔融金属紧急排放和储存的设施，并在设备周围设置拦挡围堰，防止熔融金属外流。

第三十条 吊运高温熔融金属的起重机，应当满足《起重机械安全技术监察规程——桥式起重机》（TSGQ 002）和《起重机械定期检验规则》（TSGQ 7015）

的要求。

企业应当定期对吊运、盛装熔融金属的吊具、罐体(本体、耳轴)进行安全检查和探伤检测。

第三十一条 生产、储存、使用煤气的企业应当建立煤气防护站(组),配备必要的煤气防护人员、煤气检测报警装置及防护设施,并且每年至少组织一次煤气事故应急演练。

第三十二条 生产、储存、使用煤气的企业应当严格执行《工业企业煤气安全规程》(GB 6222),在可能发生煤气泄漏、聚集的场所,设置固定式煤气检测报警仪和安全警示标志。

进入煤气区域作业的人员,应当携带便携式一氧化碳检测报警仪,配备空气呼吸器,并由企业安排专门人员进行安全管理。

煤气柜区域应当设有隔离围栏,安装在线监控设备,并由企业安排专门人员值守。煤气柜区域严禁烟火。

第三十三条 企业对涉及煤气、氧气、氢气等易燃易爆危险化学品生产、输送、使用、储存的设施以及油库、电缆隧道(沟)等重点防火部位,应当按照有关规定采取有效、可靠的防火、防爆和防泄漏措施。

企业对具有爆炸危险环境的场所,应当按照《爆炸性气体环境用电气设备》(GB 3836)及《爆炸危险环境电力装置设计规范》(GB 50058)设置自动检测报警和防灭火装置。

第三十四条 企业对反应槽、罐、池、釜和储液罐、酸洗槽应当采取防腐蚀措施,设置事故池,进行经常性安全检查、维护、保养,并定期检测,保证正常运转。

企业实施浸出、萃取作业时,应当采取防火防爆、防冒槽喷溅和防中毒等安全措施。

第三十五条 企业从事产生酸雾危害的电解作业时,应当采取防止酸雾扩散及槽体、厂房防腐措施。电解车间应当保持厂房通风良好,防止电解产生的氢气聚集。

第三十六条 企业在使用酸、碱的作业场所,应当采取防止人员灼伤的措施,并设置安全喷淋或者洗涤设施。

采用剧毒物品的电镀、钝化等作业,企业应当在电镀槽的下方设置事故池,并加强对剧毒物品的安全管理。

第三十七条 企业对生产过程中存在二氧化硫、氯气、砷化氢、氟化氢等有毒有害气体的工作场所,应当采取防止人员中毒的措施。

企业对存在铅、镉、铬、砷、汞等重金属蒸气、粉尘的作业场所,应当采取预防重金属中毒的措施。

第三十八条 企业应当建立有限空间、动火、高处作业、能源介质停送等较大危险作业和检修、维修作业审批制度,实施工作票(作业票)和操作票管理,严格履行内部审批手续,并安排专门人员进行现场安全管理,确保作业安全。

第三十九条 企业在生产装置复产前,应当组织安全检查,进行安全条件确认。

第三章 监督管理

第四十条 负有冶金有色安全生产监管职责的部门应当依法加强对企业安全生产工作的监督检查,明确每个企业的安全生产监督管理主体,发现存在事故隐患的,应当及时处理;发现重大事故隐患的,实施挂牌督办。

第四十一条 负有冶金有色安全生产监管职责的部门应当将企业安全生产标准化建设、安全生产风险管控和隐患排查治理双重预防机制的建立情况纳入安全生产年度监督检查计划,并按照计划检查督促企业开展工作。

第四十二条 负有冶金有色安全生产监管职责的部门应当加强对监督检查人员的冶金和有色金属安全生产专业知识的培训,提高其行政执法能力。

第四十三条 负有冶金有色安全生产监管职责的部门应当为进入有限空间等特定作业场所进行监督检查的人员,配备必需的个体防护用品和监测检查仪器。

第四十四条 负有冶金有色安全生产监管职责的部门应当加强对本行政区域内企业应急预案的备案管理,并将重大事故应急救援纳入地方人民政府应急救援体系。

第四章 法律责任

第四十五条 监督检查人员在对企业进行监督检查时,滥用职权、玩忽职守、徇私舞弊的,依照有关规定给予处分;构成犯罪的,依法追究刑事责任。

第四十六条 企业违反本规定第二十四条至第三十七条的规定,构成生产安全事故隐患的,责令立即消除或者限期消除事故隐患;企业拒不执行的,责令停产停业整顿,并处十万元以上五十万元以下的罚款,对其直接负责的主管人员和其他直接责任人员处二万元以上五万元以下的罚款。

第四十七条 企业违反本规定的其他违法行为,分别依照《中华人民共和国安全生产法》《中华人民共和国职业病防治法》等的规定追究法律责任。

第五章 附 则

第四十八条 本规定自 2018 年 3 月 1 日起施行。国家安全生产监督管理总局2009年9月8日公布的《冶金企业安全生产监督管理规定》（国家安全生产监督管理总局令第26号）同时废止。

工贸企业粉尘防爆安全规定

1. 2021年7月25日应急管理部令第6号公布
2. 自2021年9月1日起施行

第一章　总　　则

第一条　为了加强工贸企业粉尘防爆安全工作，预防和减少粉尘爆炸事故，保障从业人员生命安全，根据《中华人民共和国安全生产法》等法律法规，制定本规定。

第二条　存在可燃性粉尘爆炸危险的冶金、有色、建材、机械、轻工、纺织、烟草、商贸等工贸企业（以下简称粉尘涉爆企业）的粉尘防爆安全工作及其监督管理，适用本规定。

第三条　本规定所称可燃性粉尘，是指在大气条件下，能与气态氧化剂（主要是空气）发生剧烈氧化反应的粉尘、纤维或者飞絮。

本规定所称粉尘爆炸危险场所，是指存在可燃性粉尘和气态氧化剂（主要是空气）的场所，根据爆炸性环境出现的频率或者持续的时间，可划分为不同危险区域。

第四条　粉尘涉爆企业对粉尘防爆安全工作负主体责任，应当具备有关法律法规、规章、国家标准或者行业标准规定的粉尘防爆安全生产条件，建立健全全员安全生产责任制和相关规章制度，加强安全生产标准化、信息化建设，构建安全风险分级管控和隐患排查治理双重预防机制，健全风险防范化解机制，确保安全生产。

第五条　县级以上地方人民政府负责粉尘涉爆企业安全生产监督管理的部门（以下统称负责粉尘涉爆企业安全监管的部门），根据本级人民政府规定的职责，按照分级属地的原则，对本行政区域内粉尘涉爆企业的粉尘防爆安全工作实施监督管理。

国务院应急管理部门应当加强指导监督。

第二章　安全生产保障

第六条　粉尘涉爆企业主要负责人是粉尘防爆安全工作的第一责任人，其他负责人在各自职责范围内对粉尘防爆安全工作负责。

粉尘涉爆企业应当在本单位安全生产责任制中明确主要负责人、相关部门负责人、生产车间负责人及粉尘作业岗位人员粉尘防爆安全职责。

第七条　粉尘涉爆企业应当结合企业实际情况建立和落实粉尘防爆安全管理制度。粉尘防爆安全管理制度应当包括下列内容：

（一）粉尘爆炸风险辨识评估和管控；

（二）粉尘爆炸事故隐患排查治理；

（三）粉尘作业岗位安全操作规程；

（四）粉尘防爆专项安全生产教育和培训；

（五）粉尘清理和处置；

（六）除尘系统和相关安全设施设备运行、维护及检修、维修管理；

（七）粉尘爆炸事故应急处置和救援。

第八条　粉尘涉爆企业应当组织对涉及粉尘防爆的生产、设备、安全管理等有关负责人和粉尘作业岗位等相关从业人员进行粉尘防爆专项安全生产教育和培训，使其了解作业场所和工作岗位存在的爆炸风险，掌握粉尘爆炸事故防范和应急措施；未经教育培训合格的，不得上岗作业。

粉尘涉爆企业应当如实记录粉尘防爆专项安全生产教育和培训的时间、内容及考核等情况，纳入员工教育和培训档案。

第九条　粉尘涉爆企业应当为粉尘作业岗位从业人员提供符合国家标准或者行业标准的劳动防护用品，并监督、教育从业人员按照使用规则佩戴、使用。

第十条　粉尘涉爆企业应当制定有关粉尘爆炸事故应急救援预案，并依法定期组织演练。发生火灾或者粉尘爆炸事故后，粉尘涉爆企业应当立即启动应急响应并撤离疏散全部作业人员至安全场所，不得采用可能引起扬尘的应急处置措施。

第十一条　粉尘涉爆企业应当定期辨识粉尘云、点燃源等粉尘爆炸危险因素，确定粉尘爆炸危险场所的位置、范围，并根据粉尘爆炸特性和涉粉作业人数等关键要素，评估确定有关危险场所安全风险等级，制定并落实管控措施，明确责任部门和责任人员，建立安全风险清单，及时维护安全风险辨识、评估、管控过程的信息档案。

粉尘涉爆企业应当在粉尘爆炸较大危险因素的工艺、场所、设施设备和岗位，设置安全警示标志。

涉及粉尘爆炸危险的工艺、场所、设施设备等发生变更的，粉尘涉爆企业应当重新进行安全风险辨识评估。

第十二条　粉尘涉爆企业应当根据《粉尘防爆安全规

程》等有关国家标准或者行业标准，结合粉尘爆炸风险管控措施，建立事故隐患排查清单，明确和细化排查事项、具体内容、排查周期及责任人员，及时组织开展事故隐患排查治理，如实记录隐患排查治理情况，并向从业人员通报。

构成工贸行业重大事故隐患判定标准规定的重大事故隐患的，应当按照有关规定制定治理方案，落实措施、责任、资金、时限和应急预案，及时消除事故隐患。

第十三条　粉尘涉爆企业新建、改建、扩建涉及粉尘爆炸危险的工程项目安全设施的设计、施工应当按照《粉尘防爆安全规程》等有关国家标准或者行业标准，在安全设施设计文件、施工方案中明确粉尘防爆的相关内容。

设计单位应当对安全设施粉尘防爆相关的设计负责，施工单位应当按照设计进行施工，并对施工质量负责。

第十四条　粉尘涉爆企业存在粉尘爆炸危险场所的建（构）筑物的结构和布局应当符合《粉尘防爆安全规程》等有关国家标准或者行业标准要求，采取防火防爆、防雷等措施，单层厂房屋顶一般应当采用轻型结构，多层厂房应当为框架结构，并设置符合有关标准要求的泄压面积。

粉尘涉爆企业应当严格控制粉尘爆炸危险场所内作业人员数量，在粉尘爆炸危险场所内不得设置员工宿舍、休息室、办公室、会议室等，粉尘爆炸危险场所与其他厂房、仓库、民用建筑的防火间距应当符合《建筑设计防火规范》的规定。

第十五条　粉尘涉爆企业应当按照《粉尘防爆安全规程》等有关国家标准或者行业标准规定，将粉尘爆炸危险场所除尘系统按照不同工艺分区域相对独立设置，可燃性粉尘不得与可燃气体等易加剧爆炸危险的介质共用一套除尘系统，不同防火分区的除尘系统禁止互联互通。存在粉尘爆炸危险的工艺设备应当采用泄爆、隔爆、惰化、抑爆、抗爆等一种或者多种控爆措施，但不得单独采取隔爆措施。禁止采用粉尘沉降室除尘或者采用巷道式构筑物作为除尘风道。铝镁等金属粉尘应当采用负压方式除尘，其他粉尘受工艺条件限制，采用正压方式吹送时，应当采取可靠的防范点燃源的措施。

采用干式除尘系统的粉尘涉爆企业应当按照《粉尘防爆安全规程》等有关国家标准或者行业标准规定，结合工艺实际情况，安装使用锁气卸灰、火花探测熄灭、风压差监测等装置，以及相关安全设备的监测预警信息系统，加强对可能存在点燃源和粉尘云的粉尘爆炸危险场所的实时监控。铝镁等金属粉尘湿式除尘系统应当安装与打磨抛光设备联锁的液位、流速监测报警装置，并保持作业场所和除尘器本体良好通风，防止氢气积聚，及时规范清理沉淀的粉尘泥浆。

第十六条　针对粉碎、研磨、造粒、砂光等易产生机械点燃源的工艺，粉尘涉爆企业应当规范采取杂物去除或者火花探测消除等防范点燃源措施，并定期清理维护，做好相关记录。

第十七条　粉尘防爆相关的泄爆、隔爆、抑爆、惰化、锁气卸灰、除杂、监测、报警、火花探测消除等安全设备的设计、制造、安装、使用、检测、维修、改造和报废，应当符合《粉尘防爆安全规程》等有关国家标准或者行业标准，相关设计、制造、安装单位应当提供相关设备安全性能和使用说明等资料，对安全设备的安全性能负责。

粉尘涉爆企业应当对粉尘防爆安全设备进行经常性维护、保养，并按照《粉尘防爆安全规程》等有关国家标准或者行业标准定期检测或者检查，保证正常运行，做好相关记录，不得关闭、破坏直接关系粉尘防爆安全的监控、报警、防控等设备、设施，或者篡改、隐瞒、销毁其相关数据、信息。粉尘涉爆企业应当规范选用与爆炸危险区域相适应的防爆型电气设备。

第十八条　粉尘涉爆企业应当按照《粉尘防爆安全规程》等有关国家标准或者行业标准，制定并严格落实粉尘爆炸危险场所的粉尘清理制度，明确清理范围、清理周期、清理方式和责任人员，并在相关粉尘爆炸危险场所醒目位置张贴。相关责任人员应当定期清理粉尘并如实记录，确保可能积尘的粉尘作业区域和设备设施全面及时规范清理。粉尘作业区域应当保证每班清理。

铝镁等金属粉尘和镁合金废屑的收集、贮存等处置环节，应当避免粉尘废屑大量堆积或者装袋后多层堆垛码放；需要临时存放的，应当设置相对独立的暂存场所，远离作业现场等人员密集场所，并采取防水防潮、通风、氢气监测等必要的防火防爆措施。含水镁合金废屑应当优先采用机械压块处理方式，镁合金粉尘应当优先采用大量水浸泡方式暂存。

第十九条　粉尘涉爆企业对粉尘爆炸危险场所设备设施或者除尘系统的检修维修作业，应当实行专项作业审批。作业前，应当制定专项方案；对存在粉尘沉积的除尘器、管道等设施设备进行动火作业前，应当清理干净内部积尘和作业区域的可燃性粉尘。作业时，生产设备应当处于停止运行状态，检修维修工具应当采用防止产生火花的防爆工具。作业后，应当妥善清理现场，作业点最高温度恢复到常温后方可重新开始生产。

第二十条 粉尘涉爆企业应当做好粉尘爆炸危险场所设施设备的维护保养，加强对检修承包单位的安全管理，在承包协议中明确规定双方的安全生产权利义务，对检修承包单位的检修方案中涉及粉尘防爆的安全措施和应急处置措施进行审核，并监督承包单位落实。

第二十一条 安全生产技术服务机构为粉尘涉爆企业提供粉尘防爆相关的安全评价、检测、检验、风险评估、隐患排查等安全生产技术服务，应当按照法律、法规、规章和《粉尘防爆安全规程》等有关国家标准或者行业标准开展工作，保证其出具的报告和作出的结果真实、准确、完整，不得弄虚作假。

第三章 监督检查

第二十二条 负责粉尘涉爆企业安全监管的部门应当按照分级属地原则，加强对企业粉尘防爆安全工作的监督检查，制定并落实年度监督检查计划，将粉尘作业人数多、爆炸风险较高的企业作为重点检查对象。

第二十三条 负责粉尘涉爆企业安全监管的部门对企业实施监督检查时，应当重点检查下列内容：

（一）粉尘防爆安全生产责任制和相关安全管理制度的建立、落实情况；

（二）粉尘爆炸风险清单和辨识管控信息档案；

（三）粉尘爆炸事故隐患排查治理台账；

（四）粉尘清理和处置记录；

（五）粉尘防爆专项安全生产教育和培训记录；

（六）粉尘爆炸危险场所检修、维修、动火等作业安全管理情况；

（七）安全设备定期维护保养、检测或者检查等情况；

（八）涉及粉尘爆炸危险的安全设施与主体工程同时设计、同时施工、同时投入生产和使用情况；

（九）应急预案的制定、演练情况。

第二十四条 负责粉尘涉爆企业安全监管的部门应当按照工贸行业重大事故隐患判定标准、执法检查重点事项等有关标准和规定，对企业除尘系统、防火防爆、粉尘清理处置等重点部位和关键环节的粉尘防爆安全措施落实情况进行监督检查，督促企业落实粉尘防爆安全生产主体责任。

第二十五条 负责粉尘涉爆企业安全监管的部门可以根据需要，委托安全生产技术服务机构提供安全评价、检测、检验、隐患排查等技术服务，并承担相关费用。安全生产技术服务机构对其出具的有关报告和作出的结果负责。

安全生产技术服务机构出具的有关报告或者作出的结果可以作为行政执法的依据之一。

粉尘涉爆企业不得拒绝、阻挠负责粉尘涉爆企业安全监管的部门委托的安全生产技术服务机构开展技术服务工作。

第二十六条 负责粉尘涉爆企业安全监管的部门应当加强对监督检查人员的粉尘防爆专业知识培训，使其了解相关法律法规和标准要求，掌握执法检查重点事项和重大事故隐患判定标准，提高其行政执法能力。

第四章 法律责任

第二十七条 粉尘涉爆企业有下列行为之一的，由负责粉尘涉爆企业安全监管的部门依照《中华人民共和国安全生产法》有关规定，责令限期改正，处5万元以下的罚款；逾期未改正的，处5万元以上20万元以下的罚款，对其直接负责的主管人员和其他直接责任人员处1万元以上2万元以下的罚款；情节严重的，责令停产停业整顿；构成犯罪的，依照刑法有关规定追究刑事责任：

（一）未在产生、输送、收集、贮存可燃性粉尘，并且有较大危险因素的场所、设施和设备上设置明显的安全警示标志的；

（二）粉尘防爆安全设备的安装、使用、检测、改造和报废不符合国家标准或者行业标准的；

（三）未对粉尘防爆安全设备进行经常性维护、保养和定期检测或者检查的；

（四）未为粉尘作业岗位相关从业人员提供符合国家标准或者行业标准的劳动防护用品的；

（五）关闭、破坏直接关系粉尘防爆安全的监控、报警、防控等设备、设施，或者篡改、隐瞒、销毁其相关数据、信息的。

第二十八条 粉尘涉爆企业有下列行为之一的，由负责粉尘涉爆企业安全监管的部门依照《中华人民共和国安全生产法》有关规定，责令限期改正，处10万元以下的罚款；逾期未改正的，责令停产停业整顿，并处10万元以上20万元以下的罚款，对其直接负责的主管人员和其他直接责任人员处2万元以上5万元以下的罚款：

（一）未按照规定对有关负责人和粉尘作业岗位相关从业人员进行粉尘防爆专项安全生产教育和培训，或者未如实记录专项安全生产教育和培训情况的；

（二）未如实记录粉尘防爆隐患排查治理情况或者未向从业人员通报的；

（三）未制定有关粉尘爆炸事故应急救援预案或者未定期组织演练的。

第二十九条　粉尘涉爆企业违反本规定第十四条、第十五条、第十六条、第十八条、第十九条的规定，同时构成事故隐患，未采取措施消除的，依照《中华人民共和国安全生产法》有关规定，由负责粉尘涉爆企业安全监管的部门责令立即消除或者限期消除，处5万元以下的罚款；企业拒不执行的，责令停产停业整顿，对其直接负责的主管人员和其他直接责任人员处5万元以上10万元以下的罚款；构成犯罪的，依照刑法有关规定追究刑事责任。

第三十条　粉尘涉爆企业有下列情形之一的，由负责粉尘涉爆企业安全监管的部门责令限期改正，处3万元以下的罚款，对其直接负责的主管人员和其他直接责任人员处1万元以下的罚款：

（一）企业新建、改建、扩建工程项目安全设施没有进行粉尘防爆安全设计，或者未按照设计进行施工的；

（二）未按照规定建立粉尘防爆安全管理制度或者内容不符合企业实际的；

（三）未按照规定辨识评估管控粉尘爆炸安全风险，未建立安全风险清单或者未及时维护相关信息档案的；

（四）粉尘防爆安全设备未正常运行的。

第三十一条　安全生产技术服务机构接受委托开展技术服务工作，出具失实报告的，依照《中华人民共和国安全生产法》有关规定，责令停业整顿，并处3万元以上10万元以下的罚款；给他人造成损害的，依法承担赔偿责任。

安全生产技术服务机构接受委托开展技术服务工作，出具虚假报告的，依照《中华人民共和国安全生产法》有关规定，没收违法所得；违法所得在10万元以上的，并处违法所得2倍以上5倍以下的罚款；没有违法所得或者违法所得不足10万元的，单处或者并处10万元以上20万元以下的罚款；对其直接负责的主管人员和其他直接责任人员处5万元以上10万元以下的罚款；给他人造成损害的，与粉尘涉爆企业承担连带赔偿责任；构成犯罪的，依照刑法有关规定追究刑事责任。

对有前款违法行为的安全生产技术服务机构及其直接责任人员，吊销其相应资质和资格，5年内不得从事安全评价、认证、检测、检验等工作，情节严重的，实行终身行业和职业禁入。

第五章　附　　则

第三十二条　本规定自2021年9月1日起施行。

工贸企业重大事故隐患判定标准

1. 2023年4月14日应急管理部令第10号公布
2. 自2023年5月15日起施行

第一条　为了准确判定、及时消除工贸企业重大事故隐患（以下简称重大事故隐患），根据《中华人民共和国安全生产法》等法律、行政法规，制定本标准。

第二条　本标准适用于判定冶金、有色、建材、机械、轻工、纺织、烟草、商贸等工贸企业重大事故隐患。工贸企业内涉及危险化学品、消防（火灾）、燃气、特种设备等方面的重大事故隐患判定另有规定的，适用其规定。

第三条　工贸企业有下列情形之一的，应当判定为重大事故隐患：

（一）未对承包单位、承租单位的安全生产工作统一协调、管理，或者未定期进行安全检查的；

（二）特种作业人员未按照规定经专门的安全作业培训并取得相应资格，上岗作业的；

（三）金属冶炼企业主要负责人、安全生产管理人员未按照规定经考核合格的。

第四条　冶金企业有下列情形之一的，应当判定为重大事故隐患：

（一）会议室、活动室、休息室、操作室、交接班室、更衣室（含澡堂）等6类人员聚集场所，以及钢铁水罐冷（热）修工位设置在铁水、钢水、液渣吊运跨的地坪区域内的；

（二）生产期间冶炼、精炼和铸造生产区域的事故坑、炉下渣坑，以及熔融金属泄漏和喷溅影响范围内的炉前平台、炉基区域、厂房内吊运和地面运输通道等6类区域存在积水的；

（三）炼钢连铸流程未设置事故钢水罐、中间罐漏钢坑（槽）、中间罐溢流坑（槽）、漏钢回转溜槽，或者模铸流程未设置事故钢水罐（坑、槽）的；

（四）转炉、电弧炉、AOD炉、LF炉、RH炉、VOD炉等炼钢炉的水冷元件未设置出水温度、进出水流量差等监测报警装置，或者监测报警装置未与炉体倾动、氧（副）枪自动提升、电极自动断电和升起装置联锁的；

（五）高炉生产期间炉顶工作压力设定值超过设计文件规定的最高工作压力，或者炉顶工作压力监测

装置未与炉顶放散阀联锁,或者炉顶放散阀的联锁放散压力设定值超过设备设计压力值的;

(六)煤气生产、回收净化、加压混合、储存、使用设施附近的会议室、活动室、休息室、操作室、交接班室、更衣室等6类人员聚集场所,以及可能发生煤气泄漏、积聚的场所和部位未设置固定式一氧化碳浓度监测报警装置,或者监测数据未接入24小时有人值守场所的;

(七)加热炉、煤气柜、除尘器、加压机、烘烤器等设施,以及进入车间前的煤气管道未安装隔断装置的;

(八)正压煤气输配管线水封式排水器的最高封堵煤气压力小于30kPa,或者同一煤气管道隔断装置的两侧共用一个排水器,或者不同煤气管道排水器上部的排水管连通,或者不同介质的煤气管道共用一个排水器的。

第五条 有色企业有下列情形之一的,应当判定为重大事故隐患:

(一)会议室、活动室、休息室、操作室、交接班室、更衣室(含澡堂)等6类人员聚集场所设置在熔融金属吊运跨的地坪区域内的;

(二)生产期间冶炼、精炼、铸造生产区域的事故坑、炉下渣坑,以及熔融金属泄漏、喷溅影响范围内的炉前平台、炉基区域、厂房内吊运和地面运输通道等6类区域存在非生产性积水的;

(三)熔融金属铸造环节未设置紧急排放和应急储存设施的(倾动式熔炼炉、倾动式保温炉、倾动式熔保一体炉、带保温炉的固定式熔炼炉除外);

(四)采用水冷冷却的冶炼炉窑、铸造机(铝加工深井铸造工艺的结晶器除外)、加热炉未设置应急水源的;

(五)熔融金属冶炼炉窑的闭路循环水冷元件未设置出水温度、进出水流量差监测报警装置,或者开路水冷元件未设置进水流量、压力监测报警装置,或者未监测开路水冷元件出水温度的;

(六)铝加工深井铸造工艺的结晶器冷却水系统未设置进水压力、进水流量监测报警装置,或者监测报警装置未与快速切断阀、紧急排放阀、流槽断开装置联锁,或者监测报警装置未与倾动式浇铸炉控制系统联锁的;

(七)铝加工深井铸造工艺的浇铸炉铝液出口流槽、流槽与模盘(分配流槽)入口连接处未设置液位监测报警装置,或者固定式浇铸炉的铝液出口未设置机械锁紧装置的;

(八)铝加工深井铸造工艺的固定式浇铸炉的铝液流槽未设置紧急排放阀,或者流槽与模盘(分配流槽)入口连接处未设置快速切断阀(断开装置),或者流槽与模盘(分配流槽)入口连接处的液位监测报警装置未与快速切断阀(断开装置)、紧急排放阀联锁的;

(九)铝加工深井铸造工艺的倾动式浇铸炉流槽与模盘(分配流槽)入口连接处未设置快速切断阀(断开装置),或者流槽与模盘(分配流槽)入口连接处的液位监测报警装置未与浇铸炉倾动控制系统、快速切断阀(断开装置)联锁的;

(十)铝加工深井铸造机钢丝卷扬系统选用非钢芯钢丝绳,或者未落实钢丝绳定期检查、更换制度的;

(十一)可能发生一氧化碳、砷化氢、氯气、硫化氢等4种有毒气体泄漏、积聚的场所和部位未设置固定式气体浓度监测报警装置,或者监测数据未接入24小时有人值守场所,或者未对可能有砷化氢气体的场所和部位采取同等效果的检测措施的;

(十二)使用煤气(天然气)并强制送风的燃烧装置的燃气总管未设置压力监测报警装置,或者监测报警装置未与紧急自动切断装置联锁的;

(十三)正压煤气输配管线水封式排水器的最高封堵煤气压力小于30kPa,或者同一煤气管道隔断装置的两侧共用一个排水器,或者不同煤气管道排水器上部的排水管连通,或者不同介质的煤气管道共用一个排水器的。

第六条 建材企业有下列情形之一的,应当判定为重大事故隐患:

(一)煤磨袋式收尘器、煤粉仓未设置温度和固定式一氧化碳浓度监测报警装置,或者未设置气体灭火装置的;

(二)筒型储库人工清库作业未落实清库方案中防止高处坠落、坍塌等安全措施的;

(三)水泥企业电石渣原料筒型储库未设置固定式可燃气体浓度监测报警装置,或者监测报警装置未与事故通风装置联锁的;

(四)进入筒型储库、焙烧窑、预热器旋风筒、分解炉、竖炉、篦冷机、磨机、破碎机前,未对可能意外启动的设备和涌入的物料、高温气体、有毒有害气体等采取隔离措施,或者未落实防止高处坠落、坍塌等安全措施的;

(五)采用预混燃烧方式的燃气窑炉(热发生炉煤气窑炉除外)的燃气总管未设置管道压力监测报警装

置,或者监测报警装置未与紧急自动切断装置联锁的;

（六）制氢站、氮氢保护气体配气间、燃气配气间等3类场所未设置固定式可燃气体浓度监测报警装置的;

（七）电熔制品电炉的水冷设备失效的;

（八）玻璃窑炉、玻璃锡槽等设备未设置水冷和风冷保护系统的监测报警装置的。

第七条　机械企业有下列情形之一的,应当判定为重大事故隐患:

（一）会议室、活动室、休息室、更衣室、交接班室等5类人员聚集场所设置在熔融金属吊运跨或者浇注跨的地坪区域内的;

（二）铸造用熔炼炉、精炼炉、保温炉未设置紧急排放和应急储存设施的;

（三）生产期间铸造用熔炼炉、精炼炉、保温炉的炉底、炉坑和事故坑,以及熔融金属泄漏、喷溅影响范围内的炉前平台、炉基区域、造型地坑、浇注作业坑和熔融金属转运通道等8类区域存在积水的;

（四）铸造用熔炼炉、精炼炉、压铸机、氧枪的冷却水系统未设置出水温度、进出水流量差监测报警装置,或者监测报警装置未与熔融金属加热、输送控制系统联锁的;

（五）使用煤气（天然气）的燃烧装置的燃气总管未设置管道压力监测报警装置,或者监测报警装置未与紧急自动切断装置联锁,或者燃烧装置未设置火焰监测和熄火保护系统的;

（六）使用可燃性有机溶剂清洗设备设施、工装器具、地面时,未采取防止可燃气体在周边密闭或者半密闭空间内积聚措施的;

（七）使用非水性漆的调漆间、喷漆室未设置固定式可燃气体浓度监测报警装置或者通风设施的。

第八条　轻工企业有下列情形之一的,应当判定为重大事故隐患:

（一）食品制造企业烘制、油炸设备未设置防过热自动切断装置的;

（二）白酒勾兑、灌装场所和酒库未设置固定式乙醇蒸气浓度监测报警装置,或者监测报警装置未与通风设施联锁的;

（三）纸浆制造、造纸企业使用蒸气、明火直接加热钢瓶汽化液氯的;

（四）日用玻璃、陶瓷制造企业采用预混燃烧方式的燃气窑炉（热发生炉煤气窑炉除外）的燃气总管未设置管道压力监测报警装置,或者监测报警装置未与紧急自动切断装置联锁的;

（五）日用玻璃制造企业玻璃窑炉的冷却保护系统未设置监测报警装置的;

（六）使用非水性漆的调漆间、喷漆室未设置固定式可燃气体浓度监测报警装置或者通风设施的;

（七）锂离子电池储存仓库未对故障电池采取有效物理隔离措施的。

第九条　纺织企业有下列情形之一的,应当判定为重大事故隐患:

（一）纱、线、织物加工的烧毛、开幅、烘干等热定型工艺的汽化室、燃气贮罐、储油罐、热媒炉,未与生产加工等人员聚集场所隔开或者单独设置的;

（二）保险粉、双氧水、次氯酸钠、亚氯酸钠、雕白粉（吊白块）与禁忌物料混合储存,或者保险粉储存场所未采取防水防潮措施的。

第十条　烟草企业有下列情形之一的,应当判定为重大事故隐患:

（一）熏蒸作业场所未配备磷化氢气体浓度监测报警仪器,或者未配备防毒面具,或者熏蒸杀虫作业前未确认无关人员全部撤离熏蒸作业场所的;

（二）使用液态二氧化碳制造膨胀烟丝的生产线和场所未设置固定式二氧化碳浓度监测报警装置,或者监测报警装置未与事故通风设施联锁的。

第十一条　存在粉尘爆炸危险的工贸企业有下列情形之一的,应当判定为重大事故隐患:

（一）粉尘爆炸危险场所设置在非框架结构的多层建（构）筑物内,或者粉尘爆炸危险场所内设有员工宿舍、会议室、办公室、休息室等人员聚集场所的;

（二）不同类别的可燃性粉尘、可燃性粉尘与可燃气体等易加剧爆炸危险的介质共用一套除尘系统,或者不同建（构）筑物、不同防火分区共用一套除尘系统、除尘系统互联互通的;

（三）干式除尘系统未采取泄爆、惰化、抑爆等任一种爆炸防控措施的;

（四）铝镁等金属粉尘除尘系统采用正压除尘方式,或者其他可燃性粉尘除尘系统采用正压吹送粉尘时,未采取火花探测消除等防范点燃源措施的;

（五）除尘系统采用重力沉降室除尘,或者采用干式巷道式构筑物作为除尘风道的;

（六）铝镁等金属粉尘、木质粉尘的干式除尘系统未设置锁气卸灰装置的;

（七）除尘器、收尘仓等划分为20区的粉尘爆炸危险场所电气设备不符合防爆要求的;

（八）粉碎、研磨、造粒等易产生机械点燃源的工艺设备前，未设置铁、石等杂物去除装置，或者木制品加工企业与砂光机连接的风管未设置火花探测消除装置的；

（九）遇湿自燃金属粉尘收集、堆放、储存场所未采取通风等防止氢气积聚措施，或者干式收集、堆放、储存场所未采取防水、防潮措施的；

（十）未落实粉尘清理制度，造成作业现场积尘严重的。

第十二条　使用液氨制冷的工贸企业有下列情形之一的，应当判定为重大事故隐患：

（一）包装、分割、产品整理场所的空调系统采用氨直接蒸发制冷的；

（二）快速冻结装置未设置在单独的作业间内，或者快速冻结装置作业间内作业人员数量超过9人的。

第十三条　存在硫化氢、一氧化碳等中毒风险的有限空间作业的工贸企业有下列情形之一的，应当判定为重大事故隐患：

（一）未对有限空间进行辨识、建立安全管理台账，并且未设置明显的安全警示标志的；

（二）未落实有限空间作业审批，或者未执行“先通风、再检测、后作业”要求，或者作业现场未设置监护人员的。

第十四条　本标准所列情形中直接关系生产安全的监控、报警、防护等设施、设备、装置，应当保证正常运行、使用，失效或者无效均判定为重大事故隐患。

第十五条　本标准自2023年5月15日起施行。《工贸行业重大生产安全事故隐患判定标准（2017版）》（安监总管四〔2017〕129号）同时废止。

工贸行业遏制重特大事故工作意见

1. 2016年6月28日国家安全生产监督管理总局发布
2. 安监总管四〔2016〕68号

为强化安全风险管控和隐患排查治理，着力解决工贸行业企业存在的突出问题，有效防范各类事故，坚决遏制重特大事故，根据国务院安委会办公室《标本兼治遏制重特大事故工作指南》，制定本意见。

一、主要工作目标

坚持标本兼治、综合治理，把安全风险管控挺在隐患前面，把隐患排查治理挺在事故前面，全面分析把握工贸行业风险分级管控和隐患排查治理双重预防工作机制的内涵，构建有效的工作方法措施，提升防控安全风险和排查治理隐患水平；根据本地区工贸行业安全生产工作特点和规律，坚持问题导向，强化基础，摸清企业数量和风险底数，精准地开展专项治理，根治一批重大隐患，淘汰一批落后工艺技术，整改一批安全保障能力差的企业，督促企业开展安全生产标准化建设，建立自主管理的安全生产管理体系，持续改进，有效防范工贸行业各类事故，坚决遏制重特大事故。

二、主要工作任务

（一）认真开展较大危险因素辨识管控。

1. 各地区要认真贯彻落实《国家安全监管总局关于印发开展工贸企业较大危险因素辨识管控提升防范事故能力行动计划的通知》（安监总管四〔2016〕31号）要求，督促企业对照《工贸行业较大危险因素辨识与防范指导手册（2016版）》开展较大危险因素辨识、管控工作。

2. 将国家安全监管总局组织制定的《〈工贸行业较大危险因素辨识与防范指导手册（2016版）〉使用指南》（见附件）转发至每一家工贸企业，要求企业参照该指南将较大危险因素辨识责任落实到班组、岗位，确保岗位员工掌握本岗位的安全风险及相应的防范和应急措施。

3. 加强对重要场所、设备、作业的风险管控和监督检查。一是重大危险源；二是现场作业人员超过10人的密集型作业场所、涉爆粉尘场所、涉及液氨等危险化学品使用的场所；三是停产、复产、检维修、相关方作业等关键环节；四是高温熔融金属吊运、冶金煤气、有限空间、动火等危险作业。

4. 针对劳动密集型作业场所，要依据风险等级，采取作业人员远离危险因素、对危险因素进行隔离屏蔽、限制作业场所人员数量等有针对性的空间物理隔离措施。

（二）抓好重点行业领域专项治理。

1. 实施粉尘防爆治理工程。按照《国家安全监管总局办公厅关于广东深圳精艺星五金加工厂“4·29”粉尘爆炸事故的通报》（安监总厅管四〔2016〕39号）要求，进一步核查粉尘涉爆企业尤其是粉尘作业场所作业人员30人以上企业底数，做到“一地一册、一企一表、一隐患一措施”。在金属粉尘、人员密集的粉尘涉爆企业，推进湿法除尘工艺、作业空间物理隔离、“机械化换人、自动化减人”等方法，降低和消除风险。

2. 开展钢铁企业重大隐患整治。按照《国家安全监管总局国家煤矿安监局关于支持钢铁煤炭行业化解过剩产能实现脱困发展的意见》(安监总管四〔2016〕38号)要求,对钢铁企业安全生产状况五个方面的问题和隐患进行重点整治,结合化解钢铁行业过剩产能,全面提高安全生产保障能力。

3. 继续落实涉氨制冷企业液氨使用重大事故隐患整改。按照《国务院安委会办公室关于督促涉氨制冷企业重大事故隐患整改加强安全监管工作的通知》(安委办函〔2016〕3号)要求,未完成涉氨制冷企业包装间、分割间、产品整理间等人员较多生产场所采用氨直接蒸发制冷空调系统和快速冻结装置未设置在单独作业间内的两类重大事故隐患的省份,要加大隐患整改力度,确保隐患限期整改验收到位;其他省份要对本辖区内两类重大事故隐患整改"回头看",严防假整改、整改不到位或整改后又反弹现象发生。

4. 持续开展有限空间作业条件确认工作。按照《国家安全监管总局办公厅关于开展工贸企业有限空间作业条件确认工作的通知》(安监总管四〔2014〕37号)要求,结合本地实际,针对重点行业存在问题,持续开展工贸企业有限空间作业条件确认工作。对已开展的造纸和酱腌菜生产企业有限空间作业条件确认重点工作专项检查和正在进行的工贸企业附属污水处理系统有限空间作业条件确认工作,要加大推动力度,确保工作质量。

(三)构建风险隐患双重预防性工作机制。

1. 结合隐患排查治理体系建设关于"一企业一清单"要求,制定完善隐患排查行业标准和企业隐患排查清单编制指南,督促指导工贸企业编制完善符合本企业实际的隐患排查清单,明确排查隐患的事项、内容、频次,落实责任单位及责任人。

2. 将存在较大危险因素的场所、部位和环节作为工贸企业隐患自查自改自报工作的重点,实施风险等级管控,提高检查频次,督促企业严格落实隐患排查治理责任,及时发现并消除事故隐患,实现闭环管理。

3. 在深入排查摸底的基础上,按照《标本兼治遏制重特大事故工作指南》要求,建立出省、市、县工贸行业安全风险等级和重大事故隐患分布电子图,结合隐患排查治理体系建设要求,逐步建立完善安全风险和事故隐患数据库,作为今后执法检查的重要依据。

4. 结合企业较大危险因素辨识、管控和隐患排查治理情况,以及安全生产标准化建设水平,确定企业整体安全风险等级和类别,推动安全风险分级分类监管。

三、工作要求

(一)提高思想认识,加强组织领导。各地区要深刻认识工贸行业遏制重特大事故的重要性、紧迫性,认真吸取近年来发生的重特大事故教训,切实加强组织领导,层层推进,落实到企业。

(二)落实工作责任,完善工作措施。各地区要结合本地区企业实际,因地制宜提出具体工作措施,并明确职责,做到有部署、有落实、有检查。

(三)加强监督指导,推动工作落实。各地区要加强对遏制重特大事故工作任务落实情况的监督检查,督促指导工作措施落实,及时解决实施过程中存在的问题,并总结有效做法和典型经验,推动工作深入开展,确保遏制重特大事故工作取得成效。

附件:《工贸行业较大危险因素辨识与防范指导手册(2016版)》使用指南(略)

国家安全生产监督管理总局办公厅关于冶金等工贸行业安全监管工作有关问题的复函

1. 2014年4月30日

2. 安监总厅管四函〔2014〕43号

贵州省安全生产监督管理局:

你局《关于冶金等工贸行业安全监管工作有关问题的请示》(黔安监呈〔2014〕12号)收悉。经研究,现函复如下:

一、《国家安全监管总局办公厅关于造纸等工贸企业配套危险化学品生产储存装置安全监管有关问题的复函》(安监总厅管四函〔2013〕180号)适用于冶金、有色、建材、机械、轻工、纺织、烟草、商贸行业(以下统称冶金等工贸行业)企业。

二、冶金等工贸行业企业配套建设危险化学品生产装置和储存设施的新(改、扩)建设项目,其安全设施"三同时"监督管理,按《建设项目安全设施"三同时"监督管理暂行办法》(国家安全监管总局令第36号)执行,实行备案制度。

三、生产过程中产生的中间产品列入《危险化学品名录》的冶金等工贸企业,在进行相关经营活动时,须办理危险化学品经营许可证。企业应严格按照国家有关危险化学品的法律法规、标准规范要求,做好危险化学品安全生产工作。

四、鉴于冶金等工贸行业企业内部涉及危险化学品生产、使用、储存、运输环节较多,各省级安全监管局应结合地方工作实际,明确具体监管职责和手段,做好相关工作。

国务院安全生产委员会关于加强企业安全生产诚信体系建设的指导意见

1. 2014年11月26日
2. 安委〔2014〕8号

各省、自治区、直辖市及新疆生产建设兵团安全生产委员会，国务院安委会各成员单位，各中央企业：

为认真贯彻落实党的十八届三中、四中全会精神和《国务院关于印发社会信用体系建设规划纲要（2014—2020年）的通知》（国发〔2014〕21号）要求，推动实施《安全生产法》有关规定，强化安全生产依法治理，促进企业依法守信加强安全生产工作，切实保障从业人员生命安全和职业健康，报请国务院领导同志同意，现就加强企业安全生产诚信体系建设提出以下意见。

一、总体要求

以党的十八大和十八届三中、四中全会精神为指导，以煤矿、金属与非金属矿山、交通运输、建筑施工、危险化学品、烟花爆竹、民用爆炸物品、特种设备和冶金等工贸行业领域为重点，建立健全安全生产诚信体系，加强制度建设，强化激励约束，促进企业严格落实安全生产主体责任，依法依规、诚实守信加强安全生产工作，实现由"要我安全向我要安全、我保安全"转变，建立完善持续改进的安全生产工作机制，实现科学发展、安全发展。

二、加强企业安全生产诚信制度建设

（一）建立安全生产承诺制度。

重点承诺内容：一是严格执行安全生产、职业病防治、消防等各项法律法规、标准规范，绝不非法违法组织生产；二是建立健全并严格落实安全生产责任制度；三是确保职工生命安全和职业健康，不违章指挥，不冒险作业，杜绝生产安全责任事故；四是加强安全生产标准化建设和建立隐患排查治理制度；五是自觉接受安全监管监察和相关部门依法检查，严格执行执法指令。

安全监管监察部门、行业主管部门要督促企业向社会和全体员工公开安全承诺，接受各方监督。企业也要结合自身特点，制定明确各个层级一直到区队班组岗位的双向安全承诺事项，并签订和公开承诺书。

（二）建立安全生产不良信用记录制度。

生产经营单位有违反承诺及下列情形之一的，安全监管监察部门和行业主管部门要列入安全生产不良信用记录。主要包括以下内容：一是生产经营单位一年内发生生产安全死亡责任事故的；二是非法违法组织生产经营建设的；三是执法检查发现存在重大安全生产隐患、重大职业病危害隐患的；四是未按规定开展企业安全生产标准化建设的或在规定期限内未达到安全生产标准化要求的；五是未建立隐患排查治理制度，不如实记录和上报隐患排查治理情况，期限内未完成治理整改的；六是拒不执行安全监管监察指令的，以及逾期不履行停产停业、停止使用、停止施工和罚款等处罚的；七是未依法依规报告事故、组织开展抢险救援的；八是其他安全生产非法违法或造成恶劣社会影响的行为。

对责任事故的不良信用记录，实行分级管理，纳入国家相关征信系统。原则上，生产经营单位一年内发生较大（含）以上生产安全责任事故的，纳入国家级安全生产不良信用记录；发生死亡2人（含）以上生产安全责任事故的，纳入省级安全生产不良信用记录；发生一般责任事故的，纳入市（地）级安全生产不良信用记录；发生伤人责任事故的，纳入县（区）级安全生产不良信用记录。纳入国家安全生产不良信用记录的，必须纳入省级记录，依次类推。

不良信用记录管理期限一般为一年。各地区和相关部门可根据具体情况明确安全生产不良信用记录内容及管理层级，但不得低于本意见的标准要求。

（三）建立安全生产诚信"黑名单"制度。

以不良信用记录作为企业安全生产诚信"黑名单"的主要判定依据。生产经营单位有下列情况之一的，纳入国家管理的安全生产诚信"黑名单"：一是一年内发生生产安全重大责任事故，或累计发生责任事故死亡10人（含）以上的；二是重大安全生产隐患不及时整改或整改不到位的；三是发生暴力抗法的行为，或未按时完成行政执法指令的；四是发生事故隐瞒不报、谎报或迟报，故意破坏事故现场、毁灭有关证据的；五是无证、证照不全、超层越界开采、超载超限超时运输等非法违法行为的；六是经监管执法部门认定严重威胁安全生产的其他行为。

有上述第二至第六种情形和下列情形之一的，分别纳入省、市、县级管理的安全生产诚信"黑名单"：一是一年内发生较大生产安全责任事故，或累计发生责任事故死亡超过3人（含）以上的，纳入省级管理的安全生产诚信"黑名单"；二是一年内发生死亡2人（含）以上的生产安全责任事故，或累计发生责任事故死亡超过2人（含）以上的，纳入市（地）级管理的安全生产诚信“黑名单”；三是一年内发生死亡责任事故的，纳入县（区）级管理的安全生产诚信“黑名单”。

纳入国家管理的安全生产诚信“黑名单”，必须同时纳入省级管理，依次类推。

各地区和各相关部门可在此基础上，根据具体情况明确安全生产诚信“黑名单”内容及管理层级，但不得低于本意见的标准要求。

根据企业存在问题的严重程度和整改情况，列入“黑名单”管理的期限一般为一年，对发生较大事故、重大事故、特别重大事故管理的期限分别为一年、二年、三年。一般遵循以下程序：

1. 信息采集。各级安全监管监察部门或行业主管部门通过事故调查、执法检查、群众举报核查等途径，收集记录相关单位名称、案由、违法违规行为等信息。

2. 信息告知。对拟列入“黑名单”的生产经营单位，相关部门要提前告知，并听取申辩意见；对当事方提出的事实、理由和证据成立的，要予以采纳。

3. 信息公布。被列入“黑名单”的企业名单，安全监管监察部门和行业主管部门要提交本级政府安委会办公室，由其在10个工作日内统一向社会公布。

4. 信息删除。被列入“黑名单”的企业，经自查自改后向相关部门提出删除申请，经安全监管监察部门和行业主管部门整改验收合格，公开发布整改合格信息。在“黑名单”管理期限内未再发生不良信用记录情形的，在管理期限届满后提交本级政府安委会办公室统一删除，并在10个工作日内向社会公布。未达到规定要求的，继续保留“黑名单”管理。

（四）建立安全生产诚信评价和管理制度。

开展安全生产诚信评价。把企业安全生产标准化建设评定的等级作为安全生产诚信等级，分别相应地划分为一级、二级、三级，原则上不再重复评级。安全生产标准化等级的发布主体是安全生产诚信等级的授信主体，一年向社会发布一次。

加强分级分类动态管理。重点是巩固一级、促进二级、激励三级。对纳入安全生产不良信用记录和“黑名单”的生产经营单位，根据具体情况，下调或取消安全生产诚信等级，并及时向社会发布。对纳入“黑名单”的生产经营单位，要依法依规停产整顿或取缔关闭。要合理调整监管力量，以“黑名单”为重点，加强重点执法检查，严防事故发生。

（五）建立安全生产诚信报告和执法信息公示制度。

生产经营单位定期向安全监管监察部门或行业主管部门报告安全生产诚信履行情况，重点包括落实安全生产责任和管理制度、安全投入、安全培训、安全生产标准化建设、隐患排查治理、职业病防治和应急管理等方面的情况。各有关部门要在安全生产行政处罚信息形成之日起20个工作日内向社会公示，接受监督。

三、提升企业安全生产诚信大数据支撑能力

（一）加快推进安全生产信用管理信息化建设。

依托安全生产监管信息化管理系统，整合安全生产标准化建设信息系统和隐患排查治理信息系统，建立基础信息平台，以自然人、法人和其他组织统一社会信用代码为基础，构建完备的企业安全生产诚信大数据，建立健全企业安全生产诚信档案，全面、真实、及时记录征信和失信等数据信息，实行动态管理。推动加强企业安全生产诚信信息化建设，准确、完整记录企业及其相关人员兑现安全承诺、生产安全事故、职业病危害事故，以及企业负责人、车间、班组和职工个人等安全生产行为。

（二）加快实现互联互通。

加快推进企业安全生产诚信信息平台与有关行业管理部门、地方政府信用平台的对接，实现与社会信用建设相关部门和单位的信息互联互通，及时通过网络平台和文件告知等形式向财政、投资、国土资源、建设、工商、银行、证券、保险、工会等部门和单位以及上下游相关企业通报有关情况，实现对企业安全生产诚信信息的即时检索查询。

四、建立企业安全生产诚信激励和失信惩戒机制

（一）激励企业安全生产诚实守信。

各级政府及有关部门对安全生产诚实守信企业，开辟“绿色通道”，在相关安全生产行政审批等工作中优先办理。加强安全生产诚信结果的运用，通过提供信用保险、信用担保、商业保理、履约担保、信用管理咨询及培训等服务，在项目立项和改扩建、土地使用、贷款、融资和评优表彰及企业负责人年薪确定等方面将安全生产诚信结果作为重要参考。建立完善安全生产失信企业纠错激励制度，推动企业加强安全生产诚信建设。

（二）严格惩戒安全生产失信企业。

健全失信惩戒制度，完善市场退出机制。企业发生重特大责任事故和非法违法生产造成事故的，各级安全监管监察部门及有关行业管理部门要实施重点监管监察；对企业法定代表人、主要负责人一律取消评优评先资格，通过组织约谈、强制培训等方式予以诫勉，

将其不良行为记录及时公开曝光。强化对安全失信企业或列入安全生产诚信“黑名单”企业实行联动管制措施，在审批相关企业发行股票、债券、再融资等事项时，予以严格审查；在其参与土地出让、采矿权出让的公开竞争中，要依法予以限制或禁入；相关金融机构应当将其作为评级、信贷准入、管理和退出的重要依据，并根据《绿色信贷指引》（银监发〔2014〕3号）的规定，采取风险缓释措施；对已被吊销安全生产许可证或安全生产许可证已过期失效的企业，依法督促其办理变更登记或注销登记，直至依法吊销营业执照；相关部门或保险机构可根据失信企业信用状况调整其保险费率。其他有关部门根据安全生产诚信等级制定失信监管措施。

（三）加强行业自律和社会监督。

各行业协（学）会要把诚信建设纳入各类社会组织章程，制定行业自律规则，完善规范行规行约并监督会员遵守。要在本行业内组织开展安全生产诚信承诺、公约、自查或互查等自身建设活动，对违规的失信者实行行业内通报批评、公开谴责等惩戒措施。鼓励和动员新闻媒体、企业员工举报企业安全生产不良行为，对符合《安全生产举报奖励办法》（安监总财〔2012〕63号）条件的举报人给予奖励，对举报企业重大安全生产隐患和事故的人员实行高限奖励，并严格保密，予以保护。

五、分步实施，扎实推进

（一）2015年底前，地方各级安全监管监察部门和行业主管部门要建立企业安全生产诚信承诺制度、安全生产不良信用记录和“黑名单”制度、安全生产诚信报告和公示制度。

（二）2016年底前，依托国家安全生产监管信息化管理平台，实现安全生产不良信用记录和“黑名单”与国家相关部门和单位互联互通。同步推进建立各省级的企业安全生产诚信建设体系及信息化平台，并投入使用。

（三）2017年底前，各重点行业领域企业安全生产诚信体系全面建成。

（四）2020年底前，所有行业领域建立健全安全生产诚信体系。

各地区、各有关部门要把加强企业安全生产诚信体系建设作为履职尽责、抓预防重治本、创新安全监管机制的重要举措，组织力量，保障经费，狠抓落实。要认真宣传贯彻落实《安全生产法》等法律法规，强化法治观念，推进依法治理。要根据本地区和行业领域实际情况，细化激励及惩戒措施，建立健全各级、各部门间的信息沟通、资源共享、协调联动工作机制。要充分运用市场机制，积极培育发展企业安全生产信用评级机构，逐步开展第三方评价，对相同事项要实行信息共享，防止重复执法和多头评价，减轻企业负担。要加强安全生产诚信宣传教育，充分发挥新闻媒体作用，弘扬社会主义核心价值观，弘扬崇德向善、诚实守信的传统文化和现代市场经济的契约精神，形成以人为本、安全发展，关爱生命、关注安全，崇尚践行安全生产诚信的社会风尚。

各省（区、市）及新疆生产建设兵团安委会、各有关部门要结合实际制定本地区和本行业领域的企业安全生产诚信体系建设实施方案，于2014年12月底前报送国务院安委会办公室。

·典型案例·

邵仲国诉黄浦区安监局安全生产行政处罚决定案

【裁判摘要】

《安全生产法》第八十一条第二款所称“前款违法行为”，是指该条第一款“生产经营单位的主要负责人未履行本法规定的安全生产管理职责”的行为。这种违法行为无论是否被安全生产监管部门发现并责令限期改正，只要导致发生了生产安全事故，安全生产监管部门都有权依照《安全生产法》第八十一条第二款规定，直接对生产经营单位的主要负责人给予行政处罚，不必先责令限期改正后再实施行政处罚。

原告：邵仲国，男，56岁，住上海市法华镇路。

被告：上海市黄浦区安全生产监督管理局，住所地：上海市江西中路。

法定代表人：郑福民，该局局长。

原告邵仲国不服被告上海市黄浦区安全生产监督管理局（以下简称黄浦区安监局）对其作出的安全生产行政处罚决定，向上海市黄浦区人民法院提起行政诉讼。

原告邵仲国诉称：2005年11月7日，被告黄浦区安监局作出第2120050024号行政处罚决定，以原告是上海麦克西饼有限公司（以下简称麦克公司）一次工伤事故的主要责任人为由，根据《中华人民共和国安全生产法》（以下简称安全生产法）的相关规定，决定罚款2万元。麦克公司有安全生产制度，相关生产设备也经过质量检验。作为麦克公司的主要负责人，原告只负责经营，生产安全另有他人负责。再有，按照法律规定，只有发生重伤事故才追究主要责任人的法律责任，而是否为重伤事故，应当根据《人体重伤鉴定标准》进行认定。被告按照上海市劳动局《关于贯彻〈企业职工伤亡事故报告和处理规定〉的意见》（以下简称市劳动局意见），把不属于重伤的此次工伤事故认定为重伤事故，并对不是主要责任人的原告进行处罚。该行政处罚决定认定事实不清、适用法律不当，请求判令撤销被告的这一具体行政行为。

原告邵仲国提交以下证据：

1. 第2120050024号行政处罚决定书、特快专递邮件详情单，用以证明被诉具体行政行为客观存在，作为该具体行政行为的相对人，邵仲国的起诉未超过起诉期限；

2. 麦克公司营业执照，该公司于2002年5月制订的安全制度、2005年8月制订的粉糠机操作规程、2005年9月制订的治安安全管理制度，济南市产品质量监督检验所于2005年7月对济南大亿机械有限公司送检的膨化食品机械的检验报告，用以证明麦克公司是合法经营者，事故发生前有安全生产制度，相关生产设备也进行过质量检查，事故发生后又完善了相关制度；

3. 上海市黄浦区劳动能力鉴定委员会劳鉴（黄）字0512－0010号《鉴定结论书》，本次工伤事故的受伤职工姜继忠致有关部门的信函及其身份证复印件，上海黄浦粮油食品发展有限公司（以下简称黄浦粮油公司）《关于请求对麦克公司免予行政处罚的报告》，用以证明姜继忠因工伤致残的程度为七级，受伤后恢复良好，姜继忠和麦克公司的上级公司均要求免除对麦克公司所作的行政处罚；

4. 黄浦粮油公司向上海市黄浦区人民政府递交的申诉材料，用以证明麦克公司是受到误导，才在调查报告中承认该公司安全生产管理制度不健全。

被告黄浦区安监局辩称：作为法定的安全生产监督管理部门，被告经过调查查明：在麦克公司此次发生的工伤事故中，员工姜继忠的右手尺、桡骨骨折，第2、4掌骨粉碎性骨折。根据市劳动局意见的规定，被告认定此次工伤事故为重伤事故，并依照安全生产法的规定，决定对作为麦克公司主要负责人的原告邵仲国处以2万元罚款。被告的上述具体行政行为，认定事实清楚，适用法律正确，法院应当维持。

被告黄浦区安监局提交以下证据：

1. 麦克公司制作的《事故情况经过》、《陈述笔录》、事故现场照片，用以证明事故发生经过以及事故的起因是麦克公司违反了安全生产管理制度；

2. 工伤事故《紧急通报》、《姜继忠重伤事故调查报告》，用以证明麦克公司的上级公司黄浦粮油公司经调查认为，麦克公司发生的工伤事故为重伤事故，原告邵仲国对事故负有主要责任；

3.《工伤认定书》，用以证明上海市黄浦区劳动和社会保障局认定此次事故为工伤事故；

4. 医院接诊病史、出院记录、出院小结、医疗费现金收据、医疗保险费结算单，用以证明姜继忠的伤情，以及姜继忠是按照工伤进行费用结算；

5.《关于发生姜继忠工伤事故的思想认识》，用以证明原告邵仲国承认其对麦克公司的安全生产管理不够重视，对此次发生的工伤事故负有责任；

6.《立案审批表》、《案件处理报批表》、《行政处罚事先告知书》、送达回执和《行政处罚决定书》，用以证明被告黄浦区安监局作出行政处罚决定经过的程序；

7.《企业职工伤亡事故报告和处理规定》第九条、第十四条，市劳动局意见第五条，用以证明认定此次工伤为重伤的依据；

8. 安全生产法第十七条第（一）、（二）、（四）项，第八十一条第一、二款，《安全生产违法行为行政处罚办法》第三十六条第一款第（一）、（二）、（四）项及该条第二款第（一）项，用以证明作出行政处罚决定的法律依据；

9.《安全生产违法行为行政处罚办法》第十三条、第十四条、第二十一条第一款、第二十二条，用以证明行政处罚的程序依据；

10. 安全生产法第九条第一款、《安全生产违法行为行政处罚办法》第三十四条，用以证明作出行政处罚决定的权力依据。

法庭主持了庭审质证。对被告黄浦区安监局提交的证据，原告邵仲国有以下异议：证据2中《姜继忠重伤事故调查报告》称"粉糠机无铭牌标记、无产品合格证、无生产厂家"与事实不符；证据5《关于发生姜继忠工伤事故的思想认识》，是原告在受到误导的情况下所写，其中关于麦克公司无安全生产制度以及原告对麦克公司的安全生产负有责任等内容不真实；证据7中的市劳动局意见效力层次较低，且这个意见应当由劳动行政管理部门执行，不能作为被告的执法依据。依照劳动部办公厅劳办发〔1993〕140号《企业职工伤亡事故报告统计问题解答》中对重伤的解答，姜继忠的伤势不属重伤范畴，是否构成重伤应当按照司法部、最高人民法院、最高人民检察院、公安部联合发布的《人体重伤鉴定标准》认定。即使适用市劳动局意见，也应适用该意见中有关四肢伤害部分的标准，认定姜继忠的伤势为非重伤，不应适用骨折部分的标准认定为重伤；证据8虽然将安全生产法第八十一条第一款列为执法依据，但被告从未责令原告对麦克公司的安全生产管理限期整改，而是直接进行处罚。对黄浦区安监局提交的其他证据，邵仲国无异议。

针对原告邵仲国的质证意见，被告黄浦区安监局又提交了国家安全生产监督管理总局办公厅安监总厅函字〔2005〕108号《关于〈安全生产法〉第八十条和第八十一条法律适用问题的复函》作为补充证据。该复函明确：安全生产法第八十一条第二款规定的"前款违法行为"，既包括生产经营单位的主要负责人未履行安全生产法规定的安全生产管理职责的行为，也包括经安全生产监管部门责令其限期改正后，逾期仍未改正的行为。黄浦区安监局还提供了上海市人民政府的有关文件，用以证明安全生产监管部门原隶属于劳动行政管理部门，后在机构改革中成立了安全生产监督管理局，劳动行政管理部门中原涉及安全生产监管的职能改由独立的安全生产监督管理局行使。

对原告邵仲国提交的证据，被告黄浦区安监局的质证意见为：证据2中麦克公司2002年5月制订的安全制度、2005年7月济南市产品质量监督检验所的检验报告，以及粉糠机的生产厂家和合格证，在被告对麦克公司的工伤事故进行调查时，原告从未向被告提交过；事故发生后，麦克公司制订的治安安全管理制度和粉糠机操作规程，只能表明该公司在事故发生后完善了安全制度和操作规程，不能证明原告在事故发生前就已经履行了安全生产监督管理职责；证据3中黄浦区劳动能力鉴定委员会对姜继忠作伤残等级鉴定，是要解决劳动者的劳动能力问题，刑事司法部门根据《人体重伤鉴定标准》对受害人作伤情鉴定，是要解决定罪量刑问题，而安全生产监管部门对工伤事故受伤者作伤情鉴定，是要落实安全生产法的相关规定，三个鉴定的目的不同，依据和标准不同，之间没有必然联系，不具有比照作用；证据3中姜继忠的信函，其真实性无法确认，只要被告是依法作出行政处罚决定，其他人（包括麦克公司的上级公司）就无权请求免予处罚；证据4中的申诉材料，被告从未收到过，无法确认其真实性。

经质证、认证，上海市黄浦区人民法院查明：

原告邵仲国是麦克公司的经理。

2005年8月10日上午，麦克公司员工姜继忠在操作粉糠机时，右手被卷入粉糠机内，经诊断：姜继忠的右手尺、桡骨骨折，右手第2、4掌骨粉碎性骨折。事故发生后，麦克公司及其上级部门黄浦粮油公司组成调查小组，对事故进行了调查，制作了调查笔录，并于2005年9月20日作出《姜继忠重伤事故调查报告》。报告说，姜继忠是同年7月6日到面包糠车间从事烘箱和包装工作。8月10日，因该车间一职工缺勤，姜继忠被安排暂时顶替操作粉糠机。姜继忠上机操作时，右手被卷入滚筒内造成事故。报告认定的事故原因有：粉糠机结构不合安全要求，开关设置不合理，留有安全隐患；麦克公司安全管理制度留有漏洞，盲目安排新手上重点岗位操作；重点岗位无安全操作规程，等等。报告认为，麦克公司主要负责人邵仲国对此次事故应负主要责任。10月17日，邵仲国在其撰写的《关于发生姜继忠工伤事故的思想认识》中也承认，事故发生的主要原因是麦克公司安全管理工作松懈，安全生产责任制不完善，安全生产规章制度和安全生产操作规程不健全，作为公司主要负责人，其负有不可推卸的责任。被告黄浦区安监局接到麦克公司的事故报告后，向调查小组调取了相关材料，派员到现场进行了调查，拍摄了现场照片，并于2005年10月8日对该起事故立案处理。经审查，黄浦区安监局于10月26日向邵仲国发出《行政处罚事先告知书》，告知拟对邵仲国进行行政处罚的内容和依据，并告知其在7日内有陈述和申辩的权利。因邵仲国未在期限内提出陈述和申辩，黄浦区安监局于11月7日作出第2120050024号行政处罚决定，认定该起事故为重伤事故，邵仲国违反了安全生产法第十七条第（一）、（二）、（四）项的规定，依照安全生产法第八十一条第二款规定，决定对邵仲国处以罚款2万元。邵仲国不服该处罚决定，提起本案行政诉讼。

诉讼中，双方当事人对安全生产事故造成姜继忠右手尺、桡骨骨折、右手第2、4掌骨粉碎性骨折这一事实无异议。争议焦点在于：1. 姜继忠所受伤害是否属于《安全生产违法行为行政处罚办法》第三十六条第二款第（一）项所指的重伤？2. 邵仲国是否为麦克公司此次工伤事故的主要负责人？能否成为行政处罚的对象？

上海市黄浦区人民法院认为：

一、《安全生产违法行为行政处罚办法》第三十六条第二款第（一）项规定，生产经营单位主要负责人有未建立、健全本单位安全生产责任制，未组织制定本单位安全生产规章制度和操作规程，未督促、检查本单位安全生产工作，及时消除生产安全事故隐患等违法行为，导致发生重伤事故的，对主要负责人处2万元以上5万元以下罚款。

原告邵仲国认为，被告黄浦区安监局按照市劳动局意见第五条，将此次工伤事故认定为重伤事故，不符合劳动部办公厅在《企业职工伤亡事故报告统计问题解答》

中对重伤问题的界定。市劳动局意见的效力层次较低，且执法部门是劳动行政管理部门。黄浦区安监局应当按照《人体重伤鉴定标准》，或者参照上海市黄浦区劳动能力鉴定委员会的《鉴定结论书》，认定姜继忠的伤情是否属于重伤，不应适用市劳动局意见；即使适用这个意见，也应当适用该意见中对四肢伤害部分的认定标准，认定姜继忠的伤势为非重伤，不应适用骨折部分的标准认定为重伤。

原告邵仲国在诉讼中提交的劳动部办公厅《企业职工伤亡事故报告统计问题解答》，其内容仅是对重伤作原则性界定，并没有提出重伤认定的具体标准，对本案要解决的伤情认定问题没有实际意义。《人体重伤鉴定标准》第九十五条规定："本标准仅适用于《中华人民共和国刑法》规定的重伤的法医学鉴定。"本案是对安全生产事故中的伤情进行鉴定，与《人体重伤鉴定标准》分属不同范畴。上海市黄浦区劳动能力鉴定委员会的《鉴定结论书》，只是从劳动能力方面鉴定姜继忠的致残程度，也与本案需要的伤情认定不属同一法律关系。市劳动局意见是为落实国务院制定的《企业职工伤亡事故报告和处理规定》，根据劳动部对该规定所作的解释提出的，具有上位法依据，是合法有效的规范性文件。该意见第五条规定："除头颅骨、胸骨、脊椎骨、股骨、骨盆骨折外，人体的其余部位骨头（其中手指骨、脚趾骨除外）同时造成两根（块）骨折的，属严重骨折，均作重伤事故统计、报告和处理。"根据这一规定，姜继忠的伤情无疑应当被认定为重伤。该意见作出时，上海市安全生产监管部门还由劳动行政管理部门主管，尚未独立建制执法。自安全生产监管部门从劳动行政管理部门分离出来独立建制后，劳动行政管理部门的原工伤事故处理职权，已经依法由安全生产监管部门行使。据此，被告黄浦区安监局按照市劳动局意见第五条规定，认定本起事故为重伤事故，符合国家机关职能依法调整的实际。姜继忠的伤情虽然发生在四肢上，但不是四肢软组织损伤，而是骨折。在市劳动局意见对骨折认定标准有专门规定的情况下，对发生在四肢上的骨折，不应适用该意见中关于"四肢伤害"的认定标准。邵仲国关于姜继忠所受伤害不属于重伤的上述理由，均不能成立。

二、《企业职工伤亡事故报告和处理规定》第九条规定："轻伤、重伤事故，由企业负责人或其指定人员组织生产、技术、安全等有关人员以及工会成员参加的事故调查组，进行调查。"第十二条规定："事故调查组的职责：（一）查明事故发生原因、过程和人员伤亡、经济损失情况；（二）确定事故责任者；（三）提出事故处理意见和防范措施的建议；（四）写出事故调查报告。"第十四条规定："事故调查组在查明事故情况以后，如果对事故的分析和事故责任者的处理不能取得一致意见，劳动部门有权提出结论性意见；如果仍有不同意见，应当报上级劳动部门商有关部门处理；仍不能达成一致意见的，报同级人民政府裁决。但不得超过事故处理工作的时限。"此次工伤事故发生后，在麦克公司及其上级公司组成的事故调查小组所作的《姜继忠重伤事故调查报告》中，不但肯定了姜继忠所受伤情为重伤，而且还指出，麦克公司存在安全生产管理缺陷，安全管理工作松懈，安全生产责任制不完善，安全生产制度和安全生产操作规程不健全，粉糠机操作这一重点岗位缺少安全规程，姜继忠在操作粉糠机之前未经岗位培训等问题。该调查报告认为，事故的发生与管理者安全意识淡薄，工作责任心不强有着必然联系，因此确定原告邵仲国对此次事故负主要责任。邵仲国在其撰写的《关于发生姜继忠工伤事故的思想认识》中，也认同调查报告对事故主要原因的分析，承认其作为公司主要负责人，负有不可推卸的责任。被告黄浦区安监局审查上述材料后，根据这些材料，认定邵仲国在事故发生前未依法履行安全生产监督管理职责，依法应承担责任，并无不当。邵仲国称前述思想认识材料是在受误导的情形下所写，内容不实，作为麦克公司的主要负责人，其只负责经营，生产安全另有他人负责，不应将其作为被处罚人。对这些诉讼主张，邵仲国均未提供相应证据，故难以支持。在诉讼中，邵仲国虽然提供了制订日期为2002年5月的麦克公司安全制度及有关生产设备的质检报告，用以证明麦克公司在事故发生前有安全制度，粉糠机作为设备的一部分，产品质检合格。即使这两份证据确实存在于事故发生前，但由于邵仲国无正当理由不向事故调查组和黄浦区安监局提供，依法应自行承担由此引起的不利法律后果。至于邵仲国提供的麦克公司粉糠机操作规程、治安安全管理制度等证据，均于事故发生后制作，只能证明麦克公司在事故发生后完善了安全生产制度，不能证明邵仲国在事故发生前已经履行了安全生产监督管理职责。故邵仲国认为其已履行安全生产管理职责的理由不能成立，不予支持。

安全生产法第八十一条第二款规定："生产经营单位的主要负责人有前款违法行为，导致发生生产安全事故，构成犯罪的，依照刑法有关规定追究刑事责任；尚不够刑事处罚的，给予撤职处分或者处二万元以上二十万元以下的罚款。"而第一款的规定是："生产经营单位的主要负责人未履行本法规定的安全生产管理职责的，责令限期改正；逾期未改正的，责令生产经营单位停产停业整顿。”显然，第二款所说的“违法行为”，是指第一款中“未履行本法规定的安全生产管理职责”行为。按照第一款规定，对“未履行本法规定的安全生产管理职责”的违法行为，安全生产监管部门发现后，应当责令生产经营单位的主要负责人限期改正，对逾期未改正的，责令停产停业整顿。然而在安全生产监管部门发现前，或者在安全生产监管部门发现并责令改正后，“未履行本法规定的安全生产管理职责”的违法行为导致发生生产安全事故的，则与第一款无关，是第二款规定所指的情形，应当按照第二款规定处理。安全生产监管部门的职责，只是对辖区内各生产经营单位的安全生产工作进行监督管理，以落实安全生产法的规定。安全生产法颁布施行后，每一个生产经营单位都有自觉遵守执行的义务，并非只有在安全生产监管部门的监督管理下，生产经营单位才有执行安全生产法的义务；安全生产监管部门的监督管理不及时或者不到位，也不能因此免除生产经营单位的这种义务。邵仲国认为，对其“未履行本法规定的安全生产管理职责”的违法行为，黄浦区安监局只有先行责令限期改正后才能再对其实施处罚，是对安全生产法第八十一条的误解。

综上，依照安全生产法第九条第一款、《安全生产违法行为行政处罚办法》第三十四条第一款规定，被告黄浦区安监局对黄浦区内的安全生产工作实施监督管理，对辖区内的安全生产违法行为有实施行政处罚的法定职权。黄浦区安监局在接到事故报告后，派员进行了事故现场调查；在查明麦克公司责任人员的违法行为后，填写了《立案审批表》立案审查；在作出行政处罚前，向原告邵仲国送达了《行政处罚事先告知书》，告知邵仲国可以在7日内陈述和申辩；在陈述和申辩期限届满后，作出《行政处罚决定书》，并给邵仲国送达。黄浦区安监局的执法经过，符合《安全生产违法行为行政处罚办法》第十三条、第十四条、第二十一条、第二十二条、第二十四条规定的程序。黄浦区安监局对邵仲国作出的行政处罚决定，有利于从根本上促进企业落实安全生产岗位责任，健全安全生产制度，防止和减少安全生产事故，保护劳动者合法权益，执法目的是正当的，且罚款数额符合法律规定的处罚幅度。邵仲国提供黄浦粮油公司报告和姜继忠的信函，以姜继忠伤情恢复良好等为由，请求免予对麦克公司和邵仲国本人的处罚。这些材料所提出的理由，不符合法律规定免予行政处罚的条件。至于邵仲国提出其经济困难，无履行处罚能力的诉讼意见，则非本案对被诉行政处罚行为合法性审查的范围，不能作为黄浦区安监局行政处罚行为违法的理由，故不能支持。据此，上海市黄浦区人民法院依照《中华人民共和国行政诉讼法》第五十四条第（一）项之规定，于2006年4月10日判决：

维持被告黄浦区安监局于2005年11月7日对原告邵仲国所作的第2120050024号行政处罚决定。

案件受理费810元，由原告邵仲国负担。

宣判后，双方当事人在上诉期内均未提出上诉，一审判决发生法律效力。

附录：

1. 应急管理部与安全生产相关的全部规章目录[①]

2. 原国家安全生产监督管理总局全部规章目录

---

① 本附录内容由编者整理,截至 2023 年 12 月 31 日。"·"号后所列数字为该规章在本书中的页码位置,下同。

国家安全生产监督管理总局令第 13 号:《〈生产安全事故报告和调查处理条例〉罚款处罚暂行规定》(2007 年 7 月 12 日)(名称后修改为《生产安全事故罚款处罚规定(试行)》)·117
国家安全生产监督管理总局令第 12 号:《安全生产检测检验机构管理规定》(2007 年 1 月 31 日)(已废止)
国家安全生产监督管理总局令第 11 号:《注册安全工程师管理规定》(2007 年 1 月 11 日)·92
国家安全生产监督管理总局令第 10 号:《关于修改〈煤矿安全规程〉第六十八条和第一百五十八条的决定》(2006 年10 月 25 日)(已废止)
国家安全生产监督管理总局令第 9 号:《安全生产标准制修订工作细则》(2006 年 10 月 20 日)(已废止)
国家安全生产监督管理总局令第 8 号:《危险化学品建设项目安全许可实施办法》(2006 年 9 月 2 日)(已废止)
国家安全生产监督管理总局令第 7 号:《烟花爆竹经营许可实施办法》(2006 年 8 月 26 日)(已废止)
国家安全生产监督管理总局令第 6 号:《尾矿库安全监督管理规定》(2006 年 4 月 21 日)(已废止)
国家安全生产监督管理总局令第 5 号:《非药品类易制毒化学品生产、经营许可办法》(2006 年 4 月 5 日)·506
国家安全生产监督管理总局令第 4 号:《海洋石油安全生产规定》(2006 年 2 月 7 日)·359
国家安全生产监督管理总局令第 3 号:《生产经营单位安全培训规定》(2006 年 1 月 17 日)·37
国家安全生产监督管理总局令第 2 号:《矿山救护队资质认定管理规定》(2005 年 8 月 23 日)(已废止)
国家安全生产监督管理总局令第 1 号:《劳动防护用品监督管理规定》(2005 年 7 月 22 日)(已废止)

3. 原国家安全生产监督管理局(及国家煤矿安全监察局)全部规章目录

国家安全生产监督管理局(及国家煤矿安全监察局,下同)令第 22 号:《国有煤矿瓦斯治理安全监察规定》(2005 年 1 月 6 日)(已废止)
国家安全生产监督管理局令第 21 号:《国有煤矿瓦斯治理规定》(2005 年 1 月 6 日)(已废止)
国家安全生产监督管理局令第 20 号:《安全生产培训管理办法》(2004 年 12 月 28 日)(已废止)
国家安全生产监督管理局令第 19 号:《小型露天采石场安全生产暂行规定》(2004 年 12 月 28 日)(已废止)
国家安全生产监督管理局令第 18 号:《非煤矿矿山建设项目安全设施设计审查与竣工验收办法》(2004 年 12 月 28 日)(已废止)
国家安全生产监督管理局令第 17 号:《危险化学品生产储存建设项目安全审查办法》(2004 年 12 月 14 日)(已废止)
国家安全生产监督管理局令第 16 号:《煤矿安全规程》(2004 年 11 月 3 日)(已废止)
国家安全生产监督管理局令第 15 号:《安全生产监督罚款管理暂行办法》(2004 年 11 月 3 日)·116
国家安全生产监督管理局令第 14 号:《安全生产行业标准管理规定》(2004 年 11 月 1 日)(已废止)
国家安全生产监督管理局令第 13 号:《安全评价机构管理规定》(2004 年 10 月 20 日)(已废止)
国家安全生产监督管理局令第 12 号:《注册安全工程师注册管理办法》(2004 年 5 月 21 日)(已废止)
国家安全生产监督管理局令第 11 号:《烟花爆竹生产企业安全生产许可证实施办法》(2004 年 5 月 17 日)(已废止)
国家安全生产监督管理局令第 10 号:《危险化学品生产企业安全生产许可证实施办法》(2004 年 5 月 17 日)(已废止)
国家安全生产监督管理局令第 9 号:《非煤矿矿山企业安全生产许可证实施办法》(2004 年 5 月 17 日)(已废止)
国家安全生产监督管理局令第 8 号:《煤矿企业安全生产许可证实施办法》(2004 年 5 月 17 日)(已废止)
国家安全生产监督管理局令第 7 号:《煤矿安全监察罚款管理办法》(2003 年 7 月 14 日)·307
国家安全生产监督管理局令第 6 号:《煤矿建设项目安全设施监察规定》(2003 年 7 月 4 日)·305